上海三联人文经典书库

108

通 史

·上·

[古希腊] 波利比乌斯（Polybius） 著

杨之涵 译

Ἱστορίαι

上海三联书店

"十三五"国家重点图书出版规划项目

国家出版基金资助项目

总　序

陈　恒

　　自百余年前中国学术开始现代转型以来,我国人文社会科学研究历经几代学者不懈努力已取得了可观成就。学术翻译在其中功不可没,严复的开创之功自不必多说,民国时期译介的西方学术著作更大大促进了汉语学术的发展,有助于我国学人开眼看世界,知外域除坚船利器外尚有学问典章可资引进。20世纪80年代以来,中国学术界又开始了一轮至今势头不衰的引介国外学术著作之浪潮,这对中国知识界学术思想的积累和发展乃至对中国社会进步所起到的推动作用,可谓有目共睹。新一轮西学东渐的同时,中国学者在某些领域也进行了开创性研究,出版了不少重要的论著,发表了不少有价值的论文。借此如株苗之嫁接,已生成糅合东西学术精义的果实。我们有充分的理由企盼着,既有着自身深厚的民族传统为根基、呈现出鲜明的本土问题意识,又吸纳了国际学术界多方面成果的学术研究,将会日益滋长繁荣起来。

　　值得注意的是,20世纪80年代以降,西方学术界自身的转型也越来越改变了其传统的学术形态和研究方法,学术史、科学史、考古史、宗教史、性别史、哲学史、艺术史、人类学、语言学、社会学、民俗学等学科的研究日益繁荣。研究方法、手段、内容日新月异,这些领域的变化在很大程度上改变了整个人文社会科学的面貌,也极大地影响了近年来中国学术界的学术取向。不同学科的学者出于深化各自专业研究的需要,对其他学科知识的渴求也越来越迫切,以求能开阔视野,迸发出学术灵感、思想火花。近年来,我们与国外学术界的交往日渐增强,合格的学术翻译队伍也日益扩大,同时我们也深信,学术垃圾的泛滥只是当今学术生产面相之一隅,高质量、原创作的学术著作也在当今的学术中坚和默坐书斋的读书种子中不断产生。然囿于种种原因,人文社会科学各学科的发展并不平衡,学术出版方面也有畸轻畸重的情形(比如国内还鲜有把国人在海外获得博士学位的优秀论文系统地引介到学术界)。

有鉴于此,我们计划组织出版"上海三联人文经典书库",将从译介西学成果、推出原创精品、整理已有典籍三方面展开。译介西学成果拟从西方近现代经典(自文艺复兴以来,但以二战前后的西学著作为主)、西方古代经典(文艺复兴前的西方原典)两方面着手;原创精品取"汉语思想系列"为范畴,不断向学术界推出汉语世界精品力作;整理已有典籍则以民国时期的翻译著作为主。现阶段我们拟从历史、考古、宗教、哲学、艺术等领域着手,在上述三个方面对学术宝库进行挖掘,从而为人文社会科学的发展作出一些贡献,以求为21世纪中国的学术大厦添一砖一瓦。

目　录

中译本序言

高全喜　**撰**

"正如命运女神将这个世界几乎所有的事情都引向同一个方向,并迫使它们都朝一个相同的目的进发一样,作为一名史学家,他的职责也同样应该将命运女神实现其整体意图的这种进程,置于一种简明的视角之下,进而呈现给自己的读者。"[①]早在半年前,杨之涵君就私信我,说他的译著——波利比乌斯的《通史》,煌煌上下两册 100 万字,即将杀青,就要出版面世,请我为之序,我委实不敢。波利比乌斯,何许人耶,《通史》40 卷,旷世之作哉,之涵君矻矻数载,大功告成,我等还是先洗手拜读为盼。这几个月来,我尽可能地抽时间慢慢研读了这部划时代的历史巨著,恰巧期间我亦游学于欧洲数日,虽然没有亦步亦趋地追随波氏之足迹遍游地中海沿岸城郭及崇山峻岭,但还是在欧陆腹地感受到些许古战场的波诡云谲和世界图景的新旧转换,多少与波利比乌斯《通史》所开启的普遍历史叙事若合符节。我们当今所处的时代,不也同样面临着一种升级版的全球化时代的普遍历史叙事的征兆吗?

一、普遍的历史叙事

人是生活在历史中的,一个人如此,一个族群如此,一个国族

[①]　Polybius: *The Histoties*, I, 4, 1(参见波利比乌斯:《通史》,第一卷第 4 章第 1 节,杨之涵译)。

更是如此。但何为历史，何为历史中的人、族群和国族，其中的时间和空间如何计算和丈量，内在的结构和制度如何构建和厘定，蕴含的意识和精神如何培育和生长，等等，这些问题并不是从一开始就如此清晰和为人们所自觉的。人类历史意识的觉醒有一个开启的过程，毫不夸张地说，罗马历史学家波利比乌斯便是这个人类历史意识的开启者，他的 40 卷《通史》第一次建立起一个有关人类历史的普遍性史观。《通史》的出现开辟了一个人类历史作为世界史的崭新时刻，从此以后，才有了所谓的人类历史，此前的历史著作固然有很多，其中也不乏鸿篇巨制和伟大叙事，但它们都不过是某一族群的历史，某一地域的历史，诸如修昔底德斯的《伯罗奔尼撒战争史》，它们毕竟只是希腊诸城邦之间的争斗博弈，厮杀征伐的场域也只是局限于爱琴海一隅，虽然这些城邦集中体现了当时人类政治文明的菁华，但它们并没有达成普遍历史的意识自觉。

波利比乌斯就与希腊史学家们有着根本性的区别，虽然他从身份上说也是一个希腊人，《通史》所叙述的也是围绕着战争所展开的军事与政治史，但波氏却有着明确的世界历史的问题自觉，他要写一部不同于前辈希腊史学家们的《通史》，即一部围绕着罗马的崛起而形成的人类普遍史。对此，他在第一卷中这样写道："可以说，之前的世界历史都是分散的，因为，所有的事件都没有形成统一的整体，换言之，从成因到结果，它们都是局部性的。但是，从现在开始，历史变成了有机的整体：意大利和利比亚的事件同希腊和亚洲的那些事件相勾连，所有的事件都通往一个单向的结果。这就是为什么我要从这个时间开始我的历史写作。"[1]在他看来，在他之前的历史写作，其所抒写的历史还不能称之为人类的历史，只不过是一些分散的诸国史，而他的《通史》大异其趣，其宗旨不是津津乐道于某一个族群在某一地域的兴衰起落、军事战争、人事纠葛、制度更替、文化变迁，等等，而是要为整个人类的历史演变提供一个普遍的历史叙事，勾画其具有普遍性的人事谋略、制度结构和兴

---

[1]　Polybius：*The Histoties*，I，3，3‐5（同上，第一卷第 3 章第 3—5 节）。

盛轨迹乃至未来演变,所谓普遍的历史,就是具有某种命定的在历史时空中展开的人为必然性的机制发生学。他写道:"一个人也许可以通过研读这种特定历史,从而知道罗马人是怎样占领叙拉古和怎样占领西班牙的。然而,他们怎样获得了一个世界性的帝国,哪些东西阻碍了他们的伟大计划,或者,什么东西造就了一个世界性的帝国,这个世界性的帝国又处于一个什么样的阶段,如果没有一种普遍史(a general history)的话,那么,我们就很难弄清楚这些东西。"①

由此一来,波利比乌斯的历史,就不是纯粹客观的自然物理学,而是一种政治史学,即他要为人类普遍历史的担纲者——罗马人的历史提供一个普遍的《通史》演义,即为罗马史作为人类普遍历史的开篇者背书。用波氏自己的话说,他的通史之宗旨便是要探究:"在短短不到五十三年的时间当中,通过何种方法和何种政体,以至于罗马人成功地征服了几乎整个世界?这是人类历史上一个亘古未有的伟大成就。"②

确立这样一个基于罗马创制的世界《通史》的运思宗旨,对于外邦人波利比乌斯来说绝非易事。谁没有自己的爱国主义情怀呢?尤其是处于希腊化时期的波氏家族,投身于波澜壮阔且悲壮莫名的维系希腊邦国之不被殖民的事业,难道会舍弃其朴素的家国情怀转而赞美一个外来的罗马国族吗?波利比乌斯以其史学家的宏阔胸襟和睿智的经验觉察,深刻地感知到伴随着罗马体制从天而降的一个新时代——世界普遍历史时代的到来。因此,他要与过往的希腊史学家们相告别,并深埋自己的去国离家之痛,真切服膺罗马的文治武功、混合宪制和公民美德。非但如此,他还不止一次地亲身考察,殚精竭虑地探究和总结罗马邦国,如何仅用了短暂的53年时间就一跃而起,从蕞尔小邦发展成为一个横跨欧亚非的亘古未有的辉煌之帝国,由此终结了传统的列国本纪史,从而开辟

---

① Polybius:*The Histoties*,VIII,2,5-6(同上,第八卷第2章第5—6节)。
② Polybius:*The Histoties*,I,1,5(同上,第一卷第1章第5节)。

了人类历史的普遍时代,其奉天承运的原因究竟是什么。这才是波利比乌斯作为大历史学家的雄伟气魄和《通史》作为人类史的恢弘格局之所在。所谓洞察时务,不是一时之利弊一事之短长,而是中国太史公所揭示的究天人之际,通古今之变,成一家之言。

鉴于此,波利比乌斯写作《通史》的谋篇布局就颇费周章,其时间上的延展和空间上的扩大要支撑得起他所谓的普遍史,也就是说,波氏关于罗马崛起的历史叙事要提供出一个不同于传统历史(即希腊史学家们的历史观)的新故事,尤其是时空结构上要经得起后来所谓的"历史动力学"的检验。不过,幸运的是,波氏的人生经历恰好为他近距离地观察罗马的军事体制、政制构架和文化生活以及卓越人物的心智行谊提供了很好的条件。他作为罗马统帅小西庇阿的朋友,跟随他征战南北十数年,历经了第三次布匿战争和第三次马其顿战争,所见所识,感慨良多,不仅为罗马崛起之际遭遇的大风大浪所惊悚,也为这个国族所蕴含的顽强精神,尤其是他们创制的政治制度所折服,由此波氏坚定了自己为这个生机勃勃的政治共同体所打造的普遍世界的伟业树碑立传的史家雄心。他写道,当时的大多历史学家,不是闭门造车耽于文本资料,就是凭借文学修辞夸夸其谈,失去了真正的历史学家的本业,即真实、确凿且准确地把发生过的重大历史事件和人物的来龙去脉梳理清楚,并能够洞察其内在的机运和蕴含的深意。"我注意到,尽管大部分当代历史学家在处理个别孤立的战争及其相关的事件时会涉及到它们,但是,据我所知,在涉及事件的发生时间、发生原因以及何以导致最终的结果时,没有人尝试去探究事件的总体规律和一般规律。"①

打开波利比乌斯的《通史》,上述那种大历史叙事的恢宏气势不禁扑面而来。我们看到,《通史》40卷(虽然目前仅完整存留下前5卷,此外只有若干卷的残篇,即便如此也足以领略其不凡的硕大格局)为读者绘制了一幅宏大的具有世界景观的历史画卷,它们远非地中海一隅之天地所能承载,而是以意大利为枢纽,以地中海为

---

① Polybius:*The Histoties*,I,4,3(同上,第一卷第4章第3节)。

4

内海的横跨欧亚非的庞大世界图景。在此,罗马人经历了三次布匿战争,以及贯穿其中的与马其顿的三次战争。通过一系列战争,失败、胜利,再失败直至最后的胜利,罗马人最终赢得了对于周边乃至当时所能涉及的世界范围内的各个部族、列国和帝国的征服与统治,稳固地确立了一个罗马人的"大一统"的帝国事功。这就是波利比乌斯所叙述的《通史》之内容,波氏把这个历史故事不仅视为是一部罗马史,更是一部宏大的人类世界的历史,他称之为普遍的历史。[①] 此外,波利比乌斯要强调的是,这个普遍史不是指辽远的过去,而是当前,即他正在经历着的历史,是一个发生在身边的人们正在经历着的世界历史,所谓历史意识说的就是这种对于当前历史的自觉。作为史家,他叙述的历史不能仅仅是客观的外在的描绘,而是要深入其中,探索历史运行的机理,把握历史担纲者的成因,并为后来者提供真实不欺的资治通鉴。

我们先来看《通史》的时间布局,应该指出,波利比乌斯实际上为读者提供了两个时间结构的维度。第一个维度也就是波氏所指出的,他的《通史》要提供一个公元前 220 年—公元前 168 年这长达 53 年的罗马征服世界的军事与政制史。这个时间结构当然是波氏《通史》的主轴,也是全书的主要内容。从内容上看,这个 53 年确实是罗马崛起的关键时刻,也是罗马人命运经受严峻考验的非常时刻。波利比乌斯用质朴、凝重、厚实之笔为我们刻画了这 53 年间的战争风云、英雄沉浮和制度塑造。通观这个时间刻度,波氏运用的是一种编年史的体例,把 53 年来罗马与各种对峙的力量,诸如迦太基、马其顿、塞琉古以及各方领袖人物的雄才大略和性格短长,一一道来,充分展示了罗马人开国立业之筚路蓝缕、玉汝于成。

应该指出,波利比乌斯在此所提供的时间并不是均质划一的,而是充盈着饱满的历史内容,尤其是军事战争的丰富性和严酷性。

---

① 关于波利比乌斯的生平以及其《通史》所具有的世界的普遍史意义,参见著名史学家克洛尼尔·爱德华兹男爵为洛布本《通史》所撰写的英文版"导论",此文最为精当和简洁。

从现代历史学的视角看,一部古代史就是一部战争史以及围绕着内外战争所凝聚的政治史,所谓"国之大事祀与戎也",说的便是政治与军事,波利比乌斯的《通史》无疑是其典范。波氏善于把握每一场战争的关键点,把战争的前因后果以及战场状况叙述和刻画得惟妙惟肖,犹如使读者置身于一场大剧之中,实现了时间叙事的历史性融会。例如,《通史》关于罗马人与迦太基人长年累月的战争,尤其是第二次布匿战争期间汉尼拔翻越阿尔卑斯山对于罗马人的征战,还有罗马人与马其顿腓力五世的战争,以及公元前146年他站在西庇阿身边目睹迦太基城在熊熊大火下毁灭之时的感慨,等等,这些关键性的时间节点经由波利比乌斯的浓彩重笔之抒写,字字千钧,历历在目,无不展示了历史时间的丰富含义,揭示了人类命运的跌宕起伏和莫名难测。

为什么罗马人只用了53年就一举征服了全世界而确立起雄霸欧亚非的帝国之地位呢?这仅仅是上天的垂爱和偶然的幸运吗?显然远非如此简单。果真如此,波利比乌斯大可不必费尽周章地撰写罗马史志,在他眼里,还有另外一个时间维度,那就是促成罗马共和国崛起的早期发生学,即任何一个事物的壮大和演进都有一个必然的时间逻辑。在《通史》一开篇,波氏就申言,尽管他的历史叙事主要是从公元前220年—公元前168年,但为此还需要一个重要的前期铺垫,即在第一卷开篇他就写道要用相当的篇幅来开启《通史》的正式演绎,具体一点说,波利比乌斯的历史撰写其实是从第一次布匿战争的公元前264年开始,这样实际上就追加了整整44年的时间,即《通史》的时间维度是从公元前264年—公元前168年,大致说来应该是97年,而不是53年。①

---

① 依照我国学者易宁的研究,这个下限在《通史》中还可以延伸到公元前145年罗马人击败亚该亚联盟,至此罗马人才真正彻底地征服当时所有的部落和邦国,其政治模式从征服、统治转为治理和管控。另外,关于罗马崛起的时间与空间结构上的拓展,易宁教授也有富有洞见的分析,指出了它们在演绎中的"变"与"不变"的复合关系。参见易宁:"波利比乌斯的普世史观念",《史学史研究》,2007年第4期。

那么我们由此就认为,波利比乌斯实际上多少有些叠床架屋,完全没有必要如此啰嗦,直接把《通史》上溯44年,用一个单一的时间序列(从公元前264年开始)陈述他的历史故事就足矣。不过,如果我们深入审视,就会发现波利比乌斯的微言大义,他的关于两个时间维度的历史划分蕴含着波氏独创性的史观,具有着革命性的史学意义。我认为,第二个时间维度,即铺垫性的历史陈述,从公元前264年—公元前220年,甚至还可以上溯到更为辽远的时间,它们都还属于传统的罗马史的范畴。这种罗马史观与希腊历史学家的希腊城邦史观,在性质和类别上并没有多少本质性的区别,它们都属于一个国族的发展生长史,罗马共和国乃至罗马帝国也是从这种列国史中发育出来的。

但是,第一个时间序列,亦即从公元前220年以降的罗马史,这个开始于第二次布匿战争的53年来的罗马史,本质上迥异于传统的列国史,它既是作为个别国族的罗马史,更是作为普遍国族的世界史,波利比乌斯念兹在兹的罗马《通史》,就不再局限于一国之发达史,而是作为普遍国族的世界史,由此人类历史进入一个普遍的大一统的新时代。这也正是波利比乌斯为什么刻意强调53年的罗马历史故事,而把此前的时间序列仅仅视为一个铺垫的根本原因所在。"从现在开始,历史变成了有机的整体:意大利和利比亚的事件同希腊和亚洲的那些事件相勾连,所有的事件都通往一个单向的结果。这就是为什么我要从这个时间开始我的历史写作。因为,正是由于罗马人在这场汉尼拔战争中打败了迦太基人,罗马人方才开始相信,自己征服世界的计划迈出了最为关键和最为困难的一步,由此,他们第一次开始将自己的双手伸向其他地方和跨海挥军希腊与亚洲大陆。"[1]也就是说,在罗马史的漫长进程中,其实发生了一次深刻的变革,一次具有世界史意义的普遍革命,即罗马国族的命运经历53年的时间砥砺和冶炼,而从此前分散的各个邦国的时间碎片中脱颖而出,成功地把世界历史凝聚在

---

[1] Polybius:*The Histoties*,I,3,4 - 6(同上,第一卷第3章第4—6节)。

一起,开辟出一个普遍历史时间的新时代。罗马的意义也正在于此,波利比乌斯撰写《通史》的意义也正在于此。"我希望读者能够清楚地认识到,罗马人从一开始就有充足的理由去构造一个世界帝国的雄心,也有充足的力量去实现他们的目标。"①

从这个双层的时间维度中再来审视《通史》的空间结构,我们不难发现,波利比乌斯的普遍史观的横向布局具有全新的战争与和平的融贯视野。以往的列国史的战争叙事,大多基于某个国家的视野,尤其是从战胜国的角度出发,展开战争双方或多方的杀伐征战以及成败利钝,其空间格局往往是单向度的。波利比乌斯的《通史》与此不同,由于有一个普遍史的预设,他对于罗马崛起过程中的多次意义重大的战争,就不单纯仅仅是站在罗马的立场上,甚至不是站在任何一个国家的立场上,而是超越了诸多战争的参与者,呈现出一种更为广阔的胸襟,即便他力挺罗马,那也不是基于罗马的利益立论,而是在罗马共和国成长的身躯上,在罗马战争的一系列凯旋中,发现了普遍的世界史担当者的雏形。由此,波氏与其说是礼赞罗马的胜利,不如说是礼赞赋予罗马的普遍世界史的达成。在《通史》中,波利比乌斯对于罗马战争中的各类对手,尤其是三次战争中的迦太基,给予了非常正面性的描述,对于汉尼拔的英雄气概和大智大勇给予了高度的肯定。此外,波氏在《通史》的叙事中,对于那些弱小的部落族群,以及他们虽挣扎抗争终难免惨遭征服的命运,也给予了真挚的同情。当然,波氏着墨最多的还是罗马人,他作为一个外邦人,目睹罗马人 53 年来的跌宕起伏,不仅

① Polybius:*The Histoties*,I,3,11(同上,第一卷第 3 章第 11 节)。对此,青年学者孔元提出的两个"罗马时刻"的观点,非常具有启发性,也具有重要的理论分析意义,不过,他的两个罗马时刻的划分主要是立足在罗马的"统治"与"治理"的政治差别上,与我的从分散的国别史与统一的普遍史的两个时间维度的划分有所不同。当然,这两个时间维度的复杂联系与转换,确实内涵着孔元所分析的两个罗马时刻的蕴含,或者说,正是通过两个罗马时刻的转换,才使得波利比乌斯的从个别史到普遍史叙事得以完成。参见孔元:"混合政体与罗马帝国的崛起——对波利比乌斯《历史》的一种解读",《政治与法律评论》第 7 辑,北京大学出版社 2010 版。

赞叹他们的胜利与成功,更折服于他们经历挫折和失败的坚韧以及转圜的制度重铸能力。

我们再看,正是基于上述的大视野,波利比乌斯所绘制的空间世界,就显得无限辽阔,可以说囊括了除东方华夏文明之外(限于当时的信息隔绝)的全球文明之所有的领域,它们也是西方人所谓的人类文明步入世界文明的第一个视阈。在此之前的历史叙事,包括希腊的经典历史著作,都没有这样的胸襟和气魄,当然,此前的军事与政治斗争也远没有达到罗马构建大一统的帝国所关涉的深度和广度,恰恰是波利比乌斯赶上了这样的历史机运,他又擅于通过神来之笔为我们描绘了这个世界格局以及它们是如何形成和塑造出来的。通观波氏的《通史》,依照编年史的叙事笔法,波利比乌斯绘制了一幅远比伯罗奔尼撒战争关涉的地中海世界要广阔和深刻得多的大世界,它们随着各种战争的推进大致分为三个版块,并最终因罗马的胜利底定而连为一体,由此成就了罗马主导的普遍世界史的大舞台。

第一板块是意大利——罗马人的建城立国之地,以及围绕着这个中心点的争夺,还有它作为罗马共和国腹地的扩张。虽然这个立国史的地域根基不是波氏《通史》的主要内容,但它作为枢纽一直是波利比乌斯历史观的隐匿中心,这个中心点的要义并非仅仅是自然物理学意义上的土地,而且更是制度,即罗马得以存续的共和国政体制度才是支撑罗马人发展的支柱,才是罗马文治武功之力量的源泉,对此下文我还要专门讨论。所以,我认为,这一空间板块虽然在《通史》中并不凸显,但却极其重要,它是罗马之根。我们看到,每当罗马人在战争中受到挫折遭遇失败,罗马统帅因傲慢、愚蠢和散漫而致使士气溃败时,他们就会退回其发轫之地,借以重新焕发出神奇的精神。例如在第二卷,当汉尼拔率领大军出人意料地翻越阿尔卑斯山突破罗马人的防线,还有在第一卷,罗马人因不熟悉海战所遭遇的海上失败,情形均是如此。可以说台伯河畔的罗马城及意大利,它们构成了罗马人的精神家园,也是波利比乌斯的普遍史发轫之地。

第二板块是《通史》的主要叙事区域,它们是罗马与迦太基的三次战争尤其是第二次战争所涉及的欧亚非的广阔地域。应该指出,波氏《通史》的主线是罗马与迦太基的战争,其中尤以第二次战争即与汉尼拔的战争最为重要和精彩,这场旷日持久的战争,充分展示了罗马成长为世界性民族的制度能力、艰苦卓绝和机运天命。这场战争把旧的世界格局彻底打破,一步步重新组建了新的罗马所主导的世界格局。波利比乌斯用凝重、粗粝的笔触刻画了战争的辐射力,把北非洲、大西洋东岸、环地中海和阿尔卑斯山的空间架构尽收眼底,并将它们连成一个有机的新世界。波利比乌斯最擅长的是历史的真实叙述,随便翻阅一页,我们都可以感受到战争的惨烈和效果,战争场景的方方面面,诸如军事统帅、士兵、民众的各种表现,舰艇海战、步兵战、骑兵战乃至象战,进攻与退守,攻城与迁徙,死亡与逃脱,宣誓与演说,等等,皆被波氏描写得唯妙唯肖,使人如临其境。罗马与迦太基的战争以及最终胜利决定了罗马的命运,也确立了罗马统治世界的疆域,它们是前所未有的,此后考验罗马人的将是一个新的如何统治与治理世界的难题。

第三板块是在第二板块的缝隙中出现的重组欧洲的问题,当然这里的欧洲还是指当时的欧洲地域(意大利、西班牙、北高卢和地中海北岸等),主要是通过与马其顿腓力五世的战争,处理地中海沿岸以及西班牙、高卢的关系,就当时的情势来看,实际上是如何征服与治理希腊古老文明以及散布在周边的各种原始蛮族部落的问题。这个问题虽不紧要但却十分急迫,所以在与迦太基的第二次战争胜利伊始,罗马人并未休整便发动了与马其顿的战争。这场战争在军事上并没有什么悬念,但由此可以使罗马治下的疆域,尤其是希腊诸邦国和高卢蛮族得以稳固,不至于边边角角再出纷争,则是十分必要的。故而,它们构成了波氏《通史》空间格局的第三板块。在此,波利比乌斯埋藏了他的复杂情感,要知道他之所以来到罗马,实是作为亚该亚同盟的人质被掳到罗马,昔日古国的沧桑之变虽使他无限感慨,但命运的演变就是如此,故罗马开启的世界时代的使命不期而然地成为波氏新的寄托。

综上所述，波利比乌斯用他的如椽之笔，从时间和空间两个层面，为我们绘制了一幕恢弘的罗马共和国从弱至强的军事与政治的演变史，这个历史叙事打破了旧的分散的地域邦国史的编纂体例，呈现出一个有机的世界性的普遍历史的观念。① 这在历史学的学科发展中，可谓前无来者，后续有待，这是人类对于自身历史连续性的一种自觉，也是对于罗马政制的一次质的升华。波利比乌斯的人类普遍史因罗马而形赋肉身，罗马因波氏的普遍史而终成正果。

二、罗马的军事与宪制

波利比乌斯是一位实用主义的史学家，他撰写历史不是孤芳自赏，也不是外在描述，而是具有着经世致用的现实目的，正像他自己所说的，"研究个别性的历史的那些人，他们是不可能深刻领悟作为整体的普遍史的。"②"我的著作所具有的独特特质同当下我们当前这个时代的伟大精神是相通的。正如命运女神（Fortune）将这个世界几乎所有的事情都引向同一个方向，并迫使它们都朝一个相同的目的进发一样，作为一名史学家，他的职责也同样应该将命运女神实现其整体意图的这种进程，置于一种简明的视角之下，进而呈现给自己的读者。"③所以，他要探究罗马何以雄霸世界开创普遍事业的原因和道理，以便为后来者提供可资借鉴的教益。

那么，究竟是什么使得罗马人在群雄并起的险恶条件下而一跃胜出的呢？经过波利比乌斯的细致观察和深入研究，他以为这固然由于罗马在军事战争上的不断胜利，但更为根本的还是本源于罗马的政体制度，即处于成长与发展中的生机勃勃的罗马的混合

---

① 参见易宁："波利比乌斯的普世史观念"，《史学史研究》，2007 年第 4 期；易宁："论波利比乌斯《历史》的编纂体例及其思想"，《史学史研究》1995 年第 2 期。

② Polybius：*The Histoties*，VIII，1，11（同上，第八卷第 1 章第 11 节）。

③ Polybius：*The Histoties*，I，4，1（同上，第一卷第 4 章第 1 节）。

宪制。如果没有罗马的优良政体,没有共和国的混合宪制,那么罗马的公民精神就难以凝聚,罗马在遭受战争失败后也难以恢复元气,罗马的士兵也不可能为邦国的事业前赴后继、英勇牺牲。因此,波利比乌斯在《通史》中详尽地展示了他的研究成果,既以历史叙事的方式,又以理论归纳的方式,总之,贯穿整部《通史》的罗马故事属于一种史论结合的编撰体例,在冷峻的叙述中深含着厚重的义理。

我们先来看军事。一般说来,古典社会史的主要内容是军事和政治,在战争取代了祭祀的重要性之后,政制在某种意义上说就成为军事的附属物,传统的"王"首先是部落的军事首领,带兵打仗且能够取得胜利,这是国王得以掌权的基础。当然,这里有一个从祭祀权到军事权的两权对峙以及权重失衡的演变,希腊城邦国家就是如此,罗马城邦国家也是如此,这些都是古典政治社会的传统故事,对此,波利比乌斯并没有给予过多发挥。《通史》先是"照着讲的",战争是波利比乌斯叙述的主要内容,甚至是唯一的内容,一部《通史》看上去就是一部罗马人的征战史,一部把当时的所有部落族群和邦国天下都裹挟进去的战争史。波利比乌斯以不加修辞的粗粝之笔,为我们叙述了53年乃至百年以来的围绕着罗马的兴盛和崛起所发生的一场又一场大小不等、情势各异的战争,其场面和人物以及过程和结局可谓惊心动魄,精彩纷呈,宛若一幕幕荡气回肠的画卷。

问题在于,波利比乌斯并没有满足于此,他不仅描述战争,还要探索战争的机制,尤其是罗马战争获胜的军事制度,也就是说,他除了正面描绘战争过程,还用了大量的篇幅来分析和论述迦太基,尤其是罗马共和国的军事制度,借以解释交战双方之所以胜败的军事原因。我们看到,波利比乌斯详细地讨论了罗马的军制,在前五卷的战争叙述尤其是第六卷专门开列的"论罗马的军事体制"一章中,他不厌其烦地介绍了罗马军事机制的构成体系,包括官佐、士兵、兵种、结构、组织、职责、功能,以及布阵、战斗、行军、驻扎、警戒,还有奖赏、惩罚、荣誉等方方面面的规章制度和举措安排。[①] 由此可见,波利比乌斯不仅是一位历史学家,而且还是一位军事学家,他非常知晓古代军事战争的机理,并由此得以把握罗马军制的堂奥,寻找到罗马人在战争上之所以获胜的缘由。

军事是一门战争的艺术,由于波利比乌斯深谙这种技艺,他在《通史》中总能捕捉到军机事务中的症结,善于把一些关键的要点描绘给读者。例如,他对于汉尼拔的英勇刚毅和足智多谋的刻画可谓用功甚深,尤其是汉尼拔带领着迦太基的军队果敢而艰难地穿越阿尔卑斯山的崇山峻岭,马革裹尸,一路征战,大败罗马人,这些描绘处处都给人留下难以磨灭的印象。当然,波氏《通史》通篇主要关注的还是罗马人的军事技艺,尤其是军事体制,他叙述了罗马人或被动或主动地所参与的数十次战争,其中重要的有与迦太基的战争以及与马其顿的战争。这些战争又都不是一次完成的,而是历经数次战役,长达数年或数十年,例如作为主轴的第二次迦太基战争,就绵延十七年,经历了无数次大大小小的战役,有些是与迦太基直接开战的,有些则是与迦太基的同盟者开战的。在处理战争问题上,波利比乌斯与一般史学家的最大不同,在于他没有就事论事地记录战争状况,平白直叙地描写它们,而是能够把隐藏在战争背后的制度也一并揭示出来,例如士兵的斗志从何而来,将领的荣誉如何重要,还有战役胜负的得失利弊,公民兵与雇佣兵的本质不同,军事统帅的性格特征,甚至还有自然地貌、气候变化、海陆差异,等等。这诸多内容构成了一盘大棋局,前后相连,左右相关,任何一次军事行动不过都是这局棋的一个棋子运动,而贯穿整个大棋局的主导性战争不但是物质力量的博弈,更是制度与精神力量的博弈。

如果说《通史》是一个关于罗马史之为普遍史的双重叙事结构的话,那么,其要点是波利比乌斯有关军事战争的叙述演义,这是

---

① Polybius:*The Histoties*,Ⅵ,9-42(参见《通史》,第六卷第19—42章,论罗马的军事体制)。

显然易见的,《通史》的绝大部分篇幅都是这些内容,它之所以是一部历史学著作,原因也首先在此。但是,这只是表面的现象层次,如此叙述历史显然并非波利比乌斯的旨趣,也非《通史》写作的宗旨。在波利比乌斯眼里,他的《通史》还有另外一层更为根本性的东西,那就是置于军事战争背后的罗马政体或罗马宪制,关于这个制度层面的研究和叙述,才是波氏更为关注的要津,也是他的《通史》所要解决的问题,即罗马国族为什么在短短的 53 年就能够战胜各个竞争对手,包括不可一世的迦太基以及不世出的英雄汉尼拔,并雄霸欧亚非,成为人类普遍史的担当者。究其原因,不在军功伟业,或者说,之所以能够成就如此的军事业绩,还有更为根本的深层原因,那就是罗马的政治体制。所以,只有把《通史》的两个层面结合起来,把军功伟业和政体宪制连为一体,把握其双重的叙述结构,才能真切地读懂波利比乌斯的《通史》,才能体察波氏念兹在兹的深意。

在此,我们就要有必要进入政治学的领域,也就是说,波利比乌斯撰写《通史》的雄心不止在治史,而且还在治政,其著述的不仅是一部经典的历史学著作,而且还是一部经典的政治学著作,其蕴含不让于亚里士多德的《政治学》。关于罗马的政体制度,波利比乌斯集中在第六卷用数万字的篇幅加以阐发,此外,在《通史》的其他字里行间,他关于政体制度的体用之效也随处可及。前文我曾谈及《通史》是一部史论结合的著作,如果不了解罗马的政体制度,乃至古典政治学的政制论述,那么对于波氏历史的理解就要大打折扣。为什么波利比乌斯如此看重政治体制,并且把罗马成功的关键归诸于罗马的混合宪制,甚至认为正是罗马的政体构建及其完善运作才是罗马国族 53 年来成功崛起并步入普遍历史的根本原因呢?要厘清这个问题,还是先要从古典政治思想史入手。

说起来关于政体制度的研究,西方从古希腊肇始就有着悠久的传统,著名的思想家柏拉图、亚里士多德、希罗多德等人都有过众多的经典著作,探讨过诸如君主制、贵族制和民主制以及僭主制、寡头制和暴民政制等多种统治形式,还有这些政体制度的蜕变形态,相关的论述不仅来自思想家们的设想,很多来自雅典、斯巴达、科林斯等城邦国家的政治实践。作为希腊化时期的贵族思想家,波利比乌斯对于上述的各派政治思想应该并不陌生。不过,由于处身于动荡的希腊化晚期,往昔的希腊诸城邦业已灰飞烟灭,且不说曾经富有生机的雅典民主制凋零为明日黄花,即便是固若金汤的斯巴达政体也因内忧外患而堙灭。目睹昔日希腊政制的彻底衰败和如日中天的罗马文治武功的辉煌崛起,波利比乌斯不得不深思过往政体理论的利弊得失,找寻赖以立命的制度寄托。显然,完全照搬柏拉图、亚里士多德乃至修昔底德斯、希罗多德等人的理论,无法敷用于罗马政制,由此,他要排除族群之见,正视罗马政制的实践智慧,为往圣继绝学,从古典政制论中开启出一片新的理论天地。

那么,究竟波利比乌斯基于罗马政治经验而开发出什么新理论呢?一句话,它就是罗马制度实践的混合宪制理论。当然,这套理论并不是波氏凭空想象出来的,它大致有两个方面的渊源。首先,在柏拉图的政体理论中,除了理想的王制(它是柏拉图想象的但在现实中根本无法实现)之外,他还有一种基于法律而治的模糊的混合宪制的想法,亚里士多德也在君主制、贵族制和民主制的利弊评估中提出了中庸的混合治理的宪制方案,这些前贤的有关混合宪制以及共和治理的理论对于波利比乌斯都有着一定的影响,波氏的混合宪制的政体理论对他们既有继承,也有发展。思想史上很多人都认为亚氏的混合政体以及政体循环的思想对波利比乌斯具有直接性的影响,以至于有论者认为波氏不过是重复了亚氏的理论,并没有什么新意。对此,我并不这样认为,如果仔细研究一下,亚氏的混合政体理论并不是一种成熟的政体论,而是一种兼容的混合状态,把君主制、贵族制和民主制的某些成分杂糅在一起,并不具有稳固的制度意义,它与其称之为混合政体,不如称之为共和政体,而且,这种混合杂糅的共和政体在希腊城邦国家并没有有效的制度实践,没有哪一个政体说得上是属于这种混合模式(例如雅典和斯巴达均不是),只不过是亚氏理论的一种理想类型。

　　波利比乌斯对于亚里士多德政体理论的最大发展,就是做实了政体论意义上的混合宪制理论,把人们习以为常的共和政体阐释为一种稳固的混合宪制,并且不仅在理论上有着根本性的变革和新创,而且还把这套理论与罗马共和国的政体联系在一起,将罗马共和政体解释为一种优良且稳固的混合宪制,并且成为支撑罗马崛起雄霸世界的制度基础。这样就进入我所说得对第二个方面,即波利比乌斯不仅说理论上构思,更是一种制度总结和提升,即他的混合宪制不是从空泛的理论中推导出来的,而是从罗马的制度运行中提炼出来的。这样一来,古典的混合宪制就具有了活生生的制度载体,属于罗马的实践中的混合宪制。在亚氏那里是用共和来定义混合,共和是政体的主体形式,混合只不过是兼而有之的意思,但他面临的问题是这样的共和国在希腊诸城邦并没有有效的制度载体;而在波氏这里,则是用混合来定义共和,混合宪制才是政体的主体形式,而活生生的罗马共和国的根本,不是别的什么,恰恰是混合宪制,也就是说,混合政体做实了罗马共和国的本质结构。①

　　在波利比乌斯看来,罗马共和国本质上就是罗马混合宪制,这种体制既不是模糊的,也不是杂糅的,而是一种成熟、稳固且优良的政体制度,并且在他的《通史》所关涉的 53 年的历史中,罗马混

---

① 波利比乌斯写道:"很明显,我们必须认识到,最好的政体是这三种政体的有机结合。对此,我们不仅有理论上的依据,而且,我们也有实践性的事例来予以证明,莱库古(Lycurgus)就是第一位以这种原则来构建政体——斯巴达政体——之人。""然而,就政体形态而言,尽管罗马人最终达到了相同的结果,但是,他们的这种结果不是通过理性的思考,而是通过诸多困难和逆境的磨练而得来。罗马人通过在灾难中所学到的经验来作最佳的选择,因而,他们能够达到同莱库古一样的结果,也即是,所有现存的政体中最为优良的政体。"参见 Polybius: *The Histoties*, VI, 3 - 10, Translated by W. R. Paton, Harvard University Press (参见:《通史》,第六卷第 3—10 章,论国家形态)。另外,参见孔元关于亚里士多德与波利比乌斯政体论述的比较性研究,孔元:"混合政体与罗马帝国的崛起——对波利比乌斯《历史》的一种解读",《政治与法律评论》第 7 辑,北京大学出版社 2010 年版。

合宪制是富有生机的,充满着勃勃生气。按照波氏的观察和考察,迦太基的政体制度似乎也属于这类混合宪制,但是,迦太基在三次与罗马的军事对抗中之所以最终败北,主要是由于这个政体在此时已经度过了它的生长期而处于没落之际,相比之下,此时的罗马恰好处于混合宪制的发展演进的高峰期,所以汉尼拔再是英雄盖世也拗不过命运的击打,而罗马共和国虽然遭遇多次战败,甚至降至低谷,但混合宪制最终能够使其经受严峻的考验,死里求生,重新焕发勃然的生机,支撑和促使罗马共和国一跃成为雄霸世界的帝国。

这个罗马混合宪制究竟是怎样的呢?对此,波利比乌斯并非仅仅是立足在理论上的沙盘推演,而是结合罗马的政体制度运行,在第六卷那些随处可及的章节中,具体分析解剖了看似"共和"实质"混合"的罗马宪制的内容与结构。从形式上看,罗马宪制伴随着罗马共和国的历史演变,到了波利比乌斯《通史》所论述的时代,大致处于他所谓的"全盛时期的罗马政体"阶段,"从薛西斯跨海进抵希腊,尤其是在这次事件后的三十年的时间当中,罗马政体继续向前发展,以至于罗马政体在汉尼拔战争时期达到了最优良和最完满的状态。"①在此,罗马氏族大会所体现的直接民主的内涵在罗马混合宪制中的权重日渐薄弱,但其形式意义还是非常必要的,而真正构成罗马混合宪制的核心内容及其结构的是如下三个机制的创设及其它们之间的相互制衡的动态关系。

首先是执政官。罗马共和国一直实行双执政官的制度,这两名执政官共同行使着国家政治运行的行政性权力(imperium),掌握着罗马共和国的治权。关于治权,又分为对内与对外两个方面,由于罗马立国的军事战争特性,其治权主要是军事权力,其次是治理权力,随着罗马的扩张,又分为罗马城与外部殖民地两个部分。在非常时期,罗马宪制又创设了独裁官,代替执政官总揽罗马共和国

① Polybius:*The Histoties*,VI,11-18(参见:《通史》,第六卷第11—18章,论全盛时期的罗马政体)。

的军事、行政和人事任免等一切大权。应该指出,执政官乃至独裁官具有国王或君主的类似权力,但他不同于国王或君主,不是血缘世袭的,而是经过公民大会的推选并通过元老院的批准,而且有年度和期届限制,执政官是一年期限,独裁官是半年期限,理论上任何一位罗马公民都有资格担任此职。

其次是元老院。元老院无疑是罗马政治制度的中心,或者是罗马政体的轴心和根本,无论是称之为共和国还是混合宪制,元老院都是其中的重中之重,也被视为罗马共和国的压舱石。元老院一般由罗马的贵族群体组成,因此,元老院具有贵族制的性质,在罗马历史中,元老院也有一些变化,波氏那个时代,又分为两种元老成员,一种是首席元老,他们大多担任过执政官、独裁官、监察官等高级职务,占据元老院的多数,另外一种是平民担任过保民官、营造官等官职的次级元老,人数比较少。元老院在职能上具有财政、裁判和外交以及宗教等权力,而且,由于元老们都是具有行政能力的公民组成,且元老的后裔在被选举为元老方面具有优势地位,所以,他们对于罗马共和国的内政外交具有着实质上的主导权,并且通过财政、裁判以及外交决策等权力的深入行使,制约、甚至决定着执政官和独裁官的军事权和行政权。

最后是罗马人民。他们早期体现在"库利亚"大会,但随着罗马共和国的兴起,主要体现在作为平民会议的百人团会议,享有选举、立法与司法等方面的权力。由于罗马社会逐渐深入的贵族与平民阶层之间的矛盾,这使得原先的氏族会议有名无实,百人团会议的平民权力也受到严重地侵害,为了捍卫罗马平民的利益,争取他们在国家政治体制上的各种权力,从公元前494年开始,在罗马混合宪制中就设立的保民官。保民官最初是两人(后增至十人),他们的职权是保护罗马人民或罗马平民阶层的利益不受执政官和元老院贵族的侵犯。保民官均由罗马平民来担任,退职之后,有些可以进入元老院,继续维护平民的权利。应该指出,保民官的创设是罗马政治社会冲突与斗争的产物,它们的设置有效地协调了罗马的阶级矛盾,极大地维护了全体罗马平民的利益,抵御了执政官的专权和元老院的贵族特权之走向极端,保民官构成了罗马混合宪制的重要组成部分,起到了保护人民的作用。①

此外,罗马政制的运行中,还有一系列相关的制度,例如监察官、国库管理官、法律的制定和司法的裁判等,还有社会治安,祖庙和神灵的祭祀,礼仪的颁布,荣誉的嘉奖,还有军事制度中的各类官职的设立与职责,等等,这些大体上都被纳入上述三个组织体制之中。例如,立法方面的权力,主要是归属元老院,即便是执政官颁布的命令条例以及对外签署的条约,也需要元老院的审批核准,当然,关于战争、和平与结盟的决定最终也要获得人民的批准;司法主要是归属人民或归属百人团会议重大的案件审理,尤其是刑事方面的,包括所有被判死刑的罪犯均要由人民决定,当然,执政官与元老院也有一些司法权;至于国库管理、官吏监察和社会治安,也都归属于执政官,但有些方面要征得元老院或保民官的同意。

总之,上述林林总总的内容大体上含括了罗马政体的基本情况,不过,波利比乌斯关注的并不是这些内容的简单陈列介绍,在《通史》中他并没有如此叙述,毕竟不是政治学论著,而是历史著作,他感兴趣的或者说他强调的乃是制度运作的机制,对此,他修正了通常的见解,赋予了混合政体以结构性的意义。大家都说罗马共和国,是的,罗马是一个共和制的国家,但何为共和呢? 要知道,罗马的全称是"罗马元老院和人民",这就凸显了罗马共和国的元老院与人民的二元政治结构的特性。单纯就"共和"来看,其希腊词和拉丁语的词汇,意思均指的是公共,即政治事务乃公共参与的事务,是所有公民参与决策的事务,而不是一人或多人独断的事务。亚里士多德所谓的共和政体说的也是这种意思,所以,共和制

---

① 关于罗马宪制三部分内容的具体论述,参见项焱:"罗马宪制初探",《法学家》2004年第2期;孟昭臣:"共和时期的罗马元老院及其作用",《北方论丛》,2001年第4期;佟德志:"从混合到共和——西方政体复合论的历史与逻辑",《国外理论动态》,2016年第9期。

与君主制相对立,是多人参与政治决策。不过,这个多人又分为两种,一种是少数人参与的叫贵族制,另外一种是多数人参与的叫民主制,它们都属于共和制。当然,共和制的两种形式像一人独断的君主制一样,也有低劣的蜕变之变体,即寡头制和暴民政治,与君主制的蜕变之变体——僭主制一样。

波利比乌斯结合罗马政体,对于亚里士多德的政体理论给予了重大的理论创新,他强调的不是共和制的少数人还是多数人参与政治决策的问题,他认为,共和的实质在于混合体制,即如何达到一种一人、多人和少数人合作治理的宪制结构,这个合作治理的政体结构就是罗马共和国的混合宪制。通过实证的考察以及运行实践的检验,罗马共和国的根本在于混合政体,在这个混合宪制中,平民会议的权力维系着罗马民主的基本架构,尤其是保民官的创设,保证了多数人的罗马平民的利益和权力;而元老院制度则培育和巩固着罗马政体中最有智慧和能力的贵族群体,使得他们实质地参与和决策,主导着罗马政制的大政方针和实质运行,并且持久地维护着这批权贵者的利益和权力不被暴民颠覆;至于执政官以及非常时期的独裁官,他们主要是国家军事事务的领导者和行政事务的执行者,对于一个以征战立国并时时刻刻都处于战争状态的邦国来说,选拔卓越的统帅并授予其完全的军事权力和相对高效的行政权力,无疑是关键性的制度安排。

难能可贵的是,波利比乌斯看到,上述这些权力分划并不是相互隔膜各自为政的,而是统合在一起,形成一种混合的优良结构,从而支撑着罗马邦国的发展壮大和军事战争上的节节胜利。由此,真正行之有效的罗马政体是一种混合宪制,它们结合了君主制、贵族制和民主制的各自优点并且有机地熔铸为一个整体。所以,罗马混合政体不是各种体制的杂糅,不是功能上的中庸之道,也不是表面的共和体制,而是真正富有生机、结构匹配的混合宪制。由此可见,混合不是和稀泥,不是关联性,而是实实在在的政体结构,是一种新的政体制度,与君主制、贵族制、民主制以及它们的低劣变体僭主制、寡头制、暴民体制相比,罗马的混合宪制是一种非常优良的政体模式。波利比乌斯认为,正是这种混合宪制才是罗马战胜迦太基以及诸多军事对手的根本原因,才是支撑罗马成为普遍历史的担当者的制度基石。他在《通史》中确立的写作宗旨,即寻找和揭示罗马53年之所以在军事上战胜无数对手最终雄霸世界的根本原因,均在于此,即罗马践行着一套卓有成效的混合宪制。①

三、罗马政制之浮沉

罗马的未来将会如何呢? 这看上去并不是波利比乌斯在《通史》中关心的问题,但既然波氏讨论了罗马兴盛和崛起的历程与原因,则必然会涉及这个未来朝向问题。因为任何事情都有始终,尤其是人类的历史就更是如此,有它的兴衰起伏和潮涨潮落,即便罗马的未来不是波氏《通史》的主要议题,但其整部97年的罗马发达史叙事以及对应于罗马混合宪制的政体理论,也会使他面对这个

---

① 波利比乌斯在《通史》第六卷中集中讨论了罗马混合宪制的各部分内容,然后,他在未完成的"论全盛时期的罗马政体"一节的最后,总结道:"这就是罗马政体的三个组成要素之间的相互制衡与相互协作,它们的联合足以应对所有的紧急情况,我们不可能找到比它更好的政治体系。因为,每当外来的一些共同威胁逼迫这三者相互团结和相互协作之时,这个国家的力量就会变得异常强大,以至于任何东西都不会被忽略,因为,所有人都在争相寻找符合时势需要的方法,没有一个决定会错失良机,因为,不管是公开还是私下,所有人都在相互协作,以完成自己手上的任务。结果,对于完成所有定下的目标,这种独特的政体形式拥有一种不可抵挡的力量。当他们的外来威胁解除后,人们就在享受胜利后所带来的好运和富足,结果,就在他们享受这种富足生活的过程中,阿谀奉承和散漫懈怠就会腐蚀他们,他们就会变得放肆和跋扈起来。这在过去经常地发生,尤其是政体自身在纠正这种弊端时,更是如此。因为,当这三个要素当中的其中一个要素膨胀起来后,它就会变得野心勃勃和容易侵犯他人,基于上述原因,很明显,对于这三个要素而言,任何一个要素都不是完全独立的,相反,一个要素肯定会被另外两个要素所制衡和阻碍,任何一个要素都不可以主宰或者轻蔑地对待另外两个要素。因而,一切仍然保持了平衡(in statu quo),因为,任何挑衅性的冲动肯定都会被牵制和约束,而且,从一开始,每一个要素都会因为另外两个要素的干预而不安起来[……]"。参见 Polybius: *The Histoties*,VI,11-18(参见:《通史》,第六卷第11—18章,论全盛时期的罗马政体)。

问题,并形成自己的看法。这些看法贯穿于《通史》的叙述,甚至与他的某些观点形成一定的张力关系,尽管它们是隐微的。

　　首先,这个问题涉及政体循环论。说起来,关于政体的循环理论是希腊政治学的一个传统,古希腊的一系列政治学家和历史学家诸如亚里士多德、希罗多德等人都有关于政体循环往复的观点,他们通过观察古代希腊城邦国家的运行状况,加上又找不出任何一个现实的持久稳固的优良政体,从政体运行的流变视角自然就产生了政体循环论。对此,波利比乌斯概括写道:"我们应该可以列举六种政体,其中三种政体是人人所谈及,同时也是我之前刚刚所提到的,另外三种政体则同前三种政体有天然性地关联,我指的是僭主制(μοναρχίαν, monarchy)、寡头制(ὀλιγαρχίαν, oligarchy)和暴民制(ὀχλοκρατίαν, mob-rule)。在这些政体当中,首先出现的是准君主制(μοναρχία, monarchy),这是无需外力就自然形成的一种政体;随后出现的是君主制(βασιλεία, kingship),通过技术性的作用和缺陷性的修正,准君主制(monarchy)会发展成君主制(kingship)。君主制(βασιλεία, kingship)首先会堕落退变成同自己相关联的政体形态,也即是僭主制(τυραννίδ, tyranny);这两种政体的废除随之就会产生贵族制。贵族制(ἀριστοκρατία, aristocracy)因其本性而堕落退变成寡头制(ὀλιγαρχίαν, obligarchy);当愤怒的民众报复这种政体的不公正统治时,民主制(δῆμος, democracy)就出现了。经过适当的时间,这种政体就会滋生放纵和不法,由此,暴民制(ὀχλοκρατία, mob-rule)就出现了,这因而也就结束了政体的循环。对于任何仔细研究所有这些政体本来就有的开端、发展和消亡之人而言,他们都会非常明白我刚刚所说的那番话的真实性。只有当他看到每一种政体在怎样形成和发展后,他方才能够明白,每一种政体会在何时、何以和何处成长、完备、退变和终结。"①

---

① Polybius: *The Histoties*,VI,3-10(参见:《通史》,第六卷第3—10章,论国家形态)。

在犹太基督教产生之前,西方的政治历史观要么是神话式的或者朦胧不清,要么就是较为系统的政体循环论,还没有彻底的历史进步论(历史主义的进步史观与基督教有着内在的联系)。至于东方的阿拉伯世界,或者还处于蒙昧主义,或者有待将来的伊斯兰宗教化处理。此外就是华夏中国,古代中国自有一套基于儒家的天下理论以及公羊三世说,但很难把它们归纳为历史主义的进步史观,相比之下,老庄的政治理论或许可以说是一种粗疏的政治循环论。生活于希腊化时期的波利比乌斯,当然不可能受到原始犹太基督教的影响,更无缘接触华夏中国的政治思想,他主要吸收的还是希腊传统的政体循环论思想。后世的政治思想史论家大多认为,波利比乌斯与亚里士多德两人的政体循环论大体一致,他们的区别不过是一些细枝末节,没有多少理论价值,不值得深究。对此,我有一些不同的意见。我认为,波利比乌斯的政体循环论具有自己的独创性价值,与亚里士多德以及其他古希腊思想家们的政体循环论存在着重要的差别。

第一,波氏的历史观不是彻底的历史循环论,只是局部循环论,也就是说,他认为人类有一个从原始蒙昧时代到政治文明时代的进步或变迁,他把这个状况称之为"一人之治"(monarchy),它是一种准王制(kingship)时代。波利比乌斯写道:"人类在起始阶段很可能也以这样的方式生活,他们像野兽那样群居,追随最强者和最勇敢者的领导,力量是决定统治者统治的唯一因素,因而,我们应该把这种统治称作准君主制。然而,随着时间的流逝,家庭的纽带和社会性的关系就会在这种群居生活中生长,随后就产生了君主制的观念,而且,良善的观念、正义的观念和与之对立的观念也会开始在人们中间出现。"①他主张的政体循环,只是最后倒退这种状态,而不是彻底的原始蒙昧状态,这是他与古希腊思想家们的不同,也与西方历史上文艺启蒙时期的社会契约论的不同。在波氏

---

① Polybius:*The Histoties*,Ⅵ,3-10(参见:《通史》,第六卷第3—10章,论国家形态)。

看来,这一页历史进程是人类无论如何都翻不过去的,不可能倒退至丛林状态,这一点倒是与洛克的政治契约论有某种默契,从理论上说,政治契约论与社会契约论还是有着重大的理论分野的,洛克与卢梭属于两种不同的历史理论路径。波利比乌斯更像是政治契约论的路子,他的政体循环论只是限于政治领域,并不涉及社会领域。当然,这是我们今天的理论思想的发挥,当时的史学家们不可能有如此清晰的认识,波氏也只是一种猜测而已。

第二,更主要的或许是在波氏看来,彻底的循环论与他的人类普遍史的《通史》写作宗旨相抵牾,如果采取亚氏的循环论,那么最终也只是一种城邦国家的循环往复,各种形态的政体流变不过是分散的独立邦国各自的演化与蜕变,循环往复,很难有统而领之的凝聚性力量,因而就不可能形成普遍的人类史。波利比乌斯试图根据罗马混合宪制而构建一种人类的普遍史叙事,显然就难以接受这种彻底的政体循环论,他要为《通史》的演变确立一个新的基础,即便是循环的,但也要有一个底线,由此或许可以突破周而复始的循环,出现一种新的打破循环往复的政体制度形态。当然,这只是一种内在的与他的普遍史的历史逻辑相契合的设想,但是,这种状况如何可能呢?是否真实的存在呢?这对于波氏来说一直是一个疑惑,也是他在写作中十分暧昧不清的地方,甚至也是贯穿《通史》的具有思想性张力的地方。对此,波利比乌斯并没有给出有说服力的解释。

波利比乌斯毕竟是务实的史学家而不是抽象的理论家,对于上述的混合宪制论和政体循环论,他虽然在《通史》中有专卷探讨,但不是他的思想之中心,他关注的还是罗马史尤其是罗马53年来的军事战争和混合宪制。不过,波氏似乎回避了直接面对罗马政制的历史循环问题,因为他集中叙述的是罗马发展与壮大的大国崛起问题,探索的也是基于这种政体形态如何征服列国从而统治世界的原因问题。至于罗马将来走向何方,能否逃脱循环论的窠臼并最终走向衰败和灭亡,这些问题并不是他十分关注的,也是在《通史》中没有予以正面回答的。不过,即便如此,作为一位深刻的具有宏大历史观的史学家,波利比乌斯也不可能彻底回避,因为,这是历史学的基本问题,也是罗马政治发达问题背后必然隐含的问题。细心的读者如果仔细阅读,在波氏《通史》的字里行间,在他叙述和绘制的罗马战争的恢弘场景中,在对于罗马混合宪制的结构分析中,在对一系列历史人物的刻画描写中,还是凝聚着或隐藏着他对于罗马命运的关注以及对于人类普遍史的某种忧虑和慨叹,由此产生了他的独特语境下的天命观。

应该指出,当涉及上述这些历史哲学问题时,波利比乌斯的罗马暨普遍史学观还是有些捉襟见肘的,甚至是暧昧不清的,理论上难免出现一些很不连贯的张力或矛盾。一方面,他为了罗马的不世之伟业而构建了一个普遍史观,因此就不可能采取彻底的历史循环论,只能主张一种有限度的政体循环论,但另外一方面,他的罗马普遍史主要是罗马兴盛史或罗马的大国崛起,如果进一步追问这个普遍意义上人类政治体的进一步演化,在走过鼎盛时期(像迦太基那样)之后,将如何应对内与外的挑战呢? 是否也最终会步入衰败而走向末路? 对此,鉴于当时的历史局限性,他还建立不起一个有效的基于普遍史的历史观,形成一套吸纳了基督教历史主义的早期现代的历史学理论,像吉本那样写出《罗马帝国衰亡史》或孟德斯鸠写出《罗马盛衰原因论》。这样一来,致使波利比乌斯在如何看待罗马政制的升降浮沉时就显得难以一以贯之。例如,他在论述罗马战争胜利的普遍性意义时,就把混合宪制的功能予以夸大了,既然如此优良,就似乎不应该再陷入政体循环的怪圈,或者说,波氏主张的政体循环论应该与他的《通史》没有多少关系,但这又与他撰写《通史》的宗旨相违背。

其实情况也并非完全如此,我们看到,在波利比乌斯对一些重大的战争胜负的评论和对一些著名的历史人物的刻画中,他作为外邦人虽然保持相当的谨慎,但依然还是在字里行间透漏出一些有关对于罗马政制的批评,以及对于未来不确定的某种猜测。这种情况尤其是在论述罗马帝国大局已定的《通史》后半部分可能更是如此,可惜的是这些内容大部分遗失了,只是留下一些残篇,但这些残篇的语言风格与前半部分的自信与热情有所不同,显出很深的忧郁气质。由此,我们就有必要探讨一下波利比乌斯的天命观。在《通史》中,波利比乌斯多次谈到天命,应该指出,天命理论是古典思想的一个传统理论,希腊思想家们很多都有这样的一些看法。由于认识到人是一个有限度的存在,不是神灵,当人类面临一系列凭借自身难以克服的困难时,对于情势的认识自然会产生一种天命的看法,想象一个高于人的超越的天神来决定某种必然的结果,这是天命论的早期表述。不过,本文要强调的是,处于希腊化时期的天命思想与希腊城邦时代的主流思想还是在气质上有所不同,后者是自然性的,与当时的自然宗教和历史循环论密切相关,而前者,即希腊化时期的天命思想,则具有某种悲观主义的色彩,毕竟希腊化时期是希腊城邦国家末路的时期,政治邦国上的山河破碎自然导致这种天命思想的悲观虚无主义色彩。

波利比乌斯当然深知这种悲观主义的天命观,但他要基于罗马的恢弘事业构建自己的普遍史,所以,希腊化色彩的天命观是他不可能接受的,他更多地强调罗马政体制度中的理性刚强和生机勃发的性质,这也与他赞美的罗马之文治武功、混合宪制相匹配。但是,任何一个事情,尤其是任何一个生命体,都有自己的运行周期,都有兴盛和衰落,升降浮沉、潮起潮落是不可能避免的,如此优越的罗马政制也有走向衰败的一天,罗马宪制也有自己的政体循环。所以,波利比乌斯的天命观,虽然主要揭示的是罗马兴盛发达的天命,展示的是罗马征服世界胜利凯旋的天命,而不是希腊化时期的悲观主义论调,但其蕴含依然也还是有一个未来的不知伊于胡底的关切。这个问题对于波利比乌斯可能是无解的,最终他只能交付于天命。①

正像罗马共和国开辟了古典历史的一个新阶段一样,与此相呼

---

① 参见易宁:"论波利比乌斯的'天命说'",《史学理论研究》,1993 年第 3 期;褚建国:"波利比乌斯历史思想初探——兼与早期希腊史家比较",《史学月刊》,2013 年第 3 期。

应，波利比乌斯也开辟了一代罗马新史学，波氏《通史》的伟大之处在于，他不但超越了传统的希腊历史观而基于罗马的雄霸世界构建了一套普遍的世界史学观，此外，他还试图深入其中从而揭示出罗马何以成功的原因，把罗马的文治武功归结为罗马创制的混合宪制政体，这些都是此前的理论家们所未曾讨论的，而波利比乌斯给出了一部洋洋恢弘的《通史》叙事，可谓古典史学的典范之作。从这个意义上说，波利比乌斯是罗马史学乃至普遍的人类史学的第一人或开创者，在此之后才有了所谓的作为整体意义上的人类政治史或人类史，此前只能说是城邦国别史或列国史，还不能说是人类史。

当然，在波利比乌斯那个时代，罗马历史并没有停止更没有终结，所以，波利比乌斯的《通史》并没有穷尽罗马史，更没有真正富有内容地展开人类普遍史，于是我们看到，在波利比乌斯之后，罗马的混合宪制有了进一步的演变，出现了罗马共和体制的衰败、罗马元首制的形成和运行、罗马帝国的演变以及罗马帝国的最终灭亡等，接续着波利比乌斯，在政制理论上，有西塞罗、小加图等政治理论家们对于罗马政体的新认识，在历史叙事上，有李维、普鲁塔克、阿庇安等史学家们对罗马史的新叙事，等等，这些都是罗马故事的自我延展。不仅如此，在人类历史步入近现代，乃至进入当代世界，罗马政治历史依然还是一个经久不衰的主题，罗马的军事战争尤其是罗马的混合宪制，以及罗马内涵的普遍人类史的萌芽，还有罗马帝国的崛起与兴衰，等等，都一直富有活力地被近现代的政治学家和历史学家们所关注。而所有这一切，均离不开波利比乌斯的《通史》，人们必须通过波利比乌斯这个阶梯，才能真正进入罗马展示的世界，了解罗马的军事战争和政体制度以及罗马文明的精神。所以，在这个意义上，我们可以说，波利比乌斯的《通史》在今天依然富有生命力，其所蕴含的历史教益，依然是我们可资借鉴的宝藏。

英译本导言

克洛尼尔·爱德华兹(Colonel Edwards)[①] *撰*

　　大约公元前 208 年,波利比乌斯出生于阿卡迪亚(Arcadia)的梅格洛波利斯(Megalopolis)。他的父亲利科塔斯(Lycortas)将自己的大部分生命——尤其是公元前 181 年至前 168 年——都献给了亚该亚同盟(Achaean League),[②]他是斐洛波曼(Philopoemen)[③]的朋友和支持者;作为大使,他于公元前 189 年出访罗马,并于公元前 186 年和前 181 年访问埃及国王托勒密(Ptolemy Epiphanes);[④]公元前 184 年,他是联盟的将军(Strategus of the League)。在其年

---

① ［中译按］由于《通史》的洛布本英译者帕顿(W. R. Paton)于 1921 年突然去世了,因此,洛布本《通史》的英文版导言就由首席男爵克洛尼尔·爱德华兹(Colonel Edwards, C. B.)撰写。

② ［中译按］亚该亚同盟(Achaean League):公元前 3 世纪时,古希腊伯奔尼撒北部亚该亚人的城邦联盟。在公元前 4 世纪,12 座亚该亚城邦就已组成同盟,以共同对抗海盗侵袭,但是,在亚历山大大帝死后,这个同盟土崩瓦解。公元前 280 年,10 座城邦重新结盟,后来也接受非亚该亚人的城邦加入,先后抵抗马其顿人、斯巴达人和罗马人的入侵。在公元前 146 年,罗马人击败了亚该亚同盟,亚该亚同盟解散。然而,不久之后,他们又重新成立了一个较小规模的同盟,而且,这个较小规模的同盟一直延续到罗马帝国时期。

③ ［中译按］菲洛波曼(Philopoemen,公元前 253 年—前 183 年):古希腊政治家与军事将领,曾担任将军之职。早年生活简朴并接受过哲学教育,后参加战争,他在战争中表现突出,作战英勇,并多次负伤。晚年为政敌所害。

④ ［中译按］托勒密·俄皮法尼斯(Ptolemy Epiphanes),即托勒密四世(Ptolemy IV Philopator)之子托勒密五世(Ptolemy V Epiphanes),公元前 204 年—前 181 年在位。

轻时,波利比乌斯就开始参与公共事务。公元前 189 年,他可能在小亚细亚服役于罗马人对高卢人的军事行动;公元前 183 年,他带着斐洛波曼的骨灰瓮下葬;公元前 181 年,他和自己的父亲利科塔斯一同出使埃及;公元前 169 年至前 168 年,他是亚该亚同盟的骑兵长官(Hipparchus)。

在整个政治联盟期间(公元前 181—前 168 年),波利比乌斯同自己的父亲利科塔斯始终都主张,希腊诸邦必须要接受罗马在希腊的至上地位,希腊诸邦——不管是单独还是作为集体——在管理自己的事务并保持自由时,不要冒犯罗马帝国,或者给她抱怨的借口。然而,希腊和罗马都有大量反对这种合法独立政策的密谋;罗马人疑虑重重,以至于他们认为独立派所诱发的不快,不比共和国公开的敌人要少。因而,在第三次罗马与马其顿战争期间(公元前 172 年—前 168 年),尽管亚该亚同盟正确地保持着这种严格的合法政策,但在国王珀耳修斯(Perseus)在彼得纳(Pydna)战败(公元前 168 年)后,亚该亚同盟的领袖们还是很快地被带去罗马做解释,不少于一千名亚该亚人被送至意大利,以审判他们据说的"对罗马霸权的敌视态度"。波利比乌斯就是其中一员,而我们再也没有听到他父亲利科塔斯的消息了——他可能在这个时期去世了。这些希腊人居住在意大利的城市里,以等待对他们的审判。但是,审判一直没有来临。最后,直到公元前 151 年,亦即经过了漫长的十六年之后,他们方才被允许返回自己的家乡,而当初的一千人,这时只剩下了不到三百人。

波利比乌斯比其他人都要幸运。在罗马对珀耳修斯的战争期间,以及后来在马其顿期间,他认识了埃米利乌斯·保鲁斯(Aemilius Paulus)和他的两个儿子;在公元前 167 年期间,他被允许居住在位于罗马的埃米利乌斯家里,作为这两个男孩的家庭教师。这开启了波利比乌斯与埃米利乌斯·保鲁斯的小儿子——他后来被普布里乌斯·西庇阿·埃米利安努斯(Publius Sicipo Aemilianus)收养——之间的著名友谊。大约在这期间,斯多葛派哲学家帕纳提乌斯(Panaetius)也一同居住在埃米利乌斯·保鲁斯的家里,波利比乌斯与他(可能同波利比乌斯构成竞争关系)一同对埃米利乌斯·保鲁斯的两个儿子施教。借助于埃米利乌斯·保鲁斯,在侨居意大利的十六年期间,波利比乌斯认识了罗马社会的显要人物,并且,他也充分地利用了自己的机运。毫无疑问,他研究过罗马的历史和制度,意在他本人创作一部历史;透过个人和国家,他观察罗马人的生活和性格;①他甚至同年轻的运动员一起行猎野猪。

罗马人欣赏波利比乌斯的能力和学问。公元前 149 年,即他返回阿卡迪亚不到两年时,罗马人邀请他加入了最后那次布匿战争(Punic War)前关于外交的讨论。公元前 147 年,当普布里乌斯·西庇阿作为统帅,重返迦太基城前的罗马军队时,波利比乌斯作为近随,就围攻行动提出了建议,并利用官方提供的船只进行非洲沿岸的探险。当迦太基燃起熊熊大火之时(公元前 146 年),他就站在西庇阿的身边;当迦太基被彻底摧毁后,他返回了希腊,在时间上他即使没有目睹穆米乌斯(Mummius)洗劫科林斯,但无论如何修改了罗马人的执行行动,并且使一些艺术珍品免于毁灭或被掳。当罗马使节们离开希腊时,他们留下波利比乌斯全权处理所有残存下来的城邦的管理事务。他逐渐被视作公众的救主,因为他圆满地完成了这项工作;梅格洛波利斯、曼提尼亚(Mantinea)、提基亚(Tegea)、奥林匹亚(Olympia)和其他地方,都有他的塑像矗立。

在这项工作结束之后,波利比乌斯仍活了大约二十年的时间,但是,我们对他这段时间的活动知之甚少,或者根本就一无所知。在围攻西班牙的努曼提亚(Numantia)期间(公元前 134 年—前 132 年),他可能与西庇阿在一起;他再一次访问了埃及;他继续在欧洲、亚洲、可能还有非洲等地旅行,可能还有所扩展;他的文学作品——除《通史》(History)之外,他还撰写了三卷本的《斐洛波曼的生平》(Life of Philopoemen)、《论兵法》(Treatise on Tactics)和《努曼提亚战争史》(History of the Numantine War)——肯定占据了

---

① 关于罗马人的道德风气,参见第六卷第 56 章。

他很多时间。八十二岁时——当时他正从乡村返回——他意外地从马背上坠落身亡。

波利比乌斯撰写一部时代的通史的计划,这本身可能就是对自己在滞留意大利期间的呈现,当然,他肯定也会有所加工。国外的流放生活,减弱了他同希腊的联系,但是,这也加强了他同罗马的联系。他最初的计划是,撰写从公元前 220 年—前 168 年期间,从罗马崛起到称霸地中海诸国——亦即从第二次布匿战争开始到第三次马其顿战争结束——的历史。为了将罗马人在意大利之外的地区的第一次远征——亦即从公元前 264 年第一次布匿战争开始,而公元前 264 年正是提麦奥斯(Timaeus)①撰写的历史著作搁笔的地方——囊括进来,以及继续记录自己在公元前 146 年所目睹的迦太基和科林斯的毁灭,他后来延伸和扩展了这项计划。最后,《通史》总计有四十卷,其中前两卷是导论性的(προκατασκευή),接下来的三十卷是主体部分,最后八卷则是推论性的(corollary)。整整四十卷的《通史》,只有前五卷被完整地保存下来;余下的部分,仅仅在梗概和节录当中保留了部分段落或者片段——其长度和重要性自然也都不等。

对于自己所要撰写的主题,波利比乌斯异常清醒和敏锐,对此,他自己从未忘记,也不允许自己的读者忘记。"命运女神极其善变,在人们的生活中,她总是不断地制造出各种戏剧,但是,就我们亲眼见证过的而言,在这之前,她肯定从未行显这样的奇迹或者导演这样的戏剧。"②"任何一个不是无动于衷或者浑浑噩噩之人,都不会不想知道,在短短不到五十三年的时间当中(公元前 220 年—前 168 年),罗马人通过何种方法和何种政体,以至于成功地

---

① [中译按]提麦奥斯(Timaeus,前 345 年—前 250 年):亦译作蒂迈欧,古希腊历史学家,公元前 317 年,他从塔乌洛米尼乌姆(Tauromenium)逃亡到雅典后,他在雅典生活了五十年,在希埃隆二世统治时期,他返回了故国。他著有一部 38 卷本的西西里史(从早期到公元前 264 年),其中有涉及意大利、北非以及其他地区的事件。
② 参见第一卷第 4 章。

征服了几乎整个世界？"①因此，一开始，他就陈述了自己撰写这部著作的这个计划（scheme）；在前几卷中，②他数次地重复了这套惯用语，因为，他在适当的时候解释这个扩展的计划，③以便提供一个适当的引介和结论；在最后一卷最后留存下来的那些章节中，④他认为，自己的目的已经圆满地完成。仔细地观察整个部分和事情的连续性，他所构建的体系性历史（πραγματεία），同世界的普遍历史存在"广泛的"（catholic[καθ' ὅλου]⑤）联系，并且，在对因果原则的自觉论证中，他所构建的系统性历史是"实用主义的"（pragmatic）或者"无可置疑的"（apodeictic）。⑥因此，他让自己的著作成为"古代世界当中，最伟大的普遍史（*universal history*）著作，或者，最伟大的世界史著作"。⑦确实，按照这种计划来严格地进行书写的话，还会有比他更加合适的人来撰写这样一部著作吗？

命运本身似乎就注定了由波利比乌斯来完成这项任务。作为一位政治家之子，他自己人生中的前四十年都花在了政治、外交和战争上面；他自然而然地认为，作为一名历史学家不可或缺的要件就是，他能够从自己所了解的人物、环境、事件和地方当中，提炼和记录自己所亲身经历的战争与和平。作为一名行动派，他感到，自己有必要尽可能地搜集和获取第一手资料；他认为，那些在图书馆从事写作而足不出户（stay-at-home）的历史学家（例如提麦奥斯）并不可取。在自己著作的技术性准备过程中，波利比乌斯比任何其他人都要更谨慎和更努力，尽管他是一名实践派，但是，他并不轻视理论。广泛而系统的旅行，⑧让他对地理拥有了一种独到的研

---

① 参见第一卷第1章。
② 例如，第三卷第1—3章、第31章和第32章。
③ 参见第三卷第4章。
④ 参见第四十卷第14章。
⑤ ［中译按］καθ' ὅλου的希腊语原义是"根据整体"。
⑥ 参见第三卷第6—8章。
⑦ 马哈菲（Mahaffy）：《希腊人的生活和思想》（*Greek Life and Thought*），第556页。
⑧ 例如，他重走了据说是汉尼拔（Hannibal）之前所走过的那条路。

究——第三十四卷(这一卷几乎全部是地理学方面的内容)就具体记录了他的许多观察;他一边(正式地或者非正式地)游历诸多不同国家,一边调查文献和档案——毋庸置疑,所有这一切,都让他的著作更加准确、更加连续,也更加完整。他可能不是一位伟大的将军或者外交官,甚至不是一位伟大的地理学家;但是,他总是谨慎地得出自己的结论,而他的结论一般而言又是正确的。探求真相的那种自然本能,驱使和引导着他:"对于任何一种动物而言,如果它丧失视力的话,那么,它将会陷于彻底的绝望,历史亦然,如果历史丧失言说真相的能力,那么,我们只会留下无用的流言。"①他说,真相本身就已经向凡人证明了,她是最大的神明,而且,她拥有最大的权力:真相迟早会战胜所有的对手。②

我们有必要进一步提及波利比乌斯在希腊所处的境况,包括他所处时代的特征和他所持的观点。波利比乌斯是梅格洛波利斯人,梅格洛波利斯城邦的建造是公元前四世纪联盟团结的一个产物。就出身和天性而言,他是一名贵族,他并不同情民主的遗风(democratic survivals)和那些蛊惑人心的运动。作为一名政治家,他意识到,古希腊人以城邦为中心的那种自由和独立思想,已经一去不复返了,除了接受罗马人的宗主权,或者调和罗马人的统治与希腊人的智识之外,他们已经别无选择。在他人生的早期,他就看到了,罗马人的强权是不可避免的,也是不可抗拒的。因此,他努力地通过巧妙的外交手段来指导和保全亚该亚同盟,大体而言,希腊人在这方面做得都非常正确和无懈可击。波利比乌斯是一位斯多葛主义者(Stoic),他认为,罗马人统治世界是神意的安排。通过自己所熟识的罗马人和罗马人的征服战争,他进一步确认和强化了他的这种看法,在《通史》一书中,通过对成因、境况和后果的详细描述,他阐释了罗马人在地中海世界的地位和前景——在那个时代,他远远要比其他任何人,都更明白罗马人在地中海世界的地位

---

① 参见第一卷第 14 章。
② 参见第十三卷第 5 章。

和前景。

　　波利比乌斯生活在一个具有自我意识的时代,当时的批评者极具挑剔性和摧毁性,并且,正确与错误或者真相与谬误的标准,非常地摇摆不定。在《通史》一书中,他自己就严厉地批评其他的作家经常长篇大论而又太过随心所欲地进行写作,①以至于往往沦为别人的话柄。难道他不正是由于对提麦奥斯的处置而被人起了"吹毛求疵者"(ἐπιτίμαιος)②的绰号吗?他把历史学家分成了三种:一种是为金钱而撰史的历史学家,他们迎合国王和当局的欢心或者计划;一种是为浮夸的表现而撰史的历史学家;一种是为事实真相和整个人类而撰史的历史学家。③他欣赏运用修辞学的力量来描述历史上的那些善与恶;但是,他在自己的著作中极力地避免这种撰写方法,因为,他担心自己没有说出"真相、全部的真相和至上的真相"。他运用平常习用的词汇;尽管他的叙述总是非常地清晰和恰当,但是,他的这种风格并不引人注目或者吸引眼球。然而,一位伟大的历史学家认为,"这种叙述方式是完整、朴实和清晰的典范"。④对于罗马史上至关重要的一个世纪,智识的集中不可或缺,但是,除了需要一定的智识之外,它还需要一定的道德判断和灵性认知。大部分人都需要借助想象力和幽默感的对接,以适应自身的智识机制,就这个方面而言,波利比乌斯肯定是有所欠缺的;而且,正是因为太过一贯正确和太富有教益,以至于他的朴实而清晰的叙述,常常让人索然无味。

　　在古代,波利比乌斯的这部著作就受到了高度的评价,并且,

---

① 例如,提麦奥斯的第十二卷。
② [中译按]作者在这里玩文字游戏,"吹毛求疵"的希腊语ἐπιτίμαιος,有前缀ἐπι-和τίμαιος构成,词根即是"提麦奥斯"。"吹毛求疵者"直译为"像提麦奥斯那样的人",本来是历史学家提麦奥斯的绰号,这里转而用在波利比乌斯身上,其含义是:波利比乌斯虽然批评那位吹毛求疵的提麦奥斯,但是,他自己最终也陷入了同样的境地,也像自己批评的对象那样吹毛求疵。
③ 参见第十六卷第14章。
④ 蒙森(Mommsen):《罗马史》(History of Rome)(英译本),第三册(vol. iii),第467页。

这种高度的评价不仅仅限于罗马人。他的《通史》主要面向的是罗马读者吗？答案是，有可能。但是，在一开始时，它仅仅被少数人所理解，例如，西庇阿集团(Scipionic Circle)。① 在他那个时代，许多希腊人——即使不是大部分希腊人——似乎对他有所怀疑，而且，任何一位真正的爱国者，都不会把整整四十卷的著作，来直言不讳地夸赞罗马人的所有一切。然而，除了缺乏修辞之外，他被认为是史撰的典范：他的观点常常被人引用，他的著作被压缩成梗概，或者再版成节录。不幸的是，这种删节本剥夺了我们公正地评估他的整个作品的整全意义。流传下来的梗概和节录(它们之所以从波利比乌斯的著作中挑选出来作梗概和节录，是因为，它们在后人看来最为有趣或者最为重要)，既不能告诉我们波利比乌斯所撰写的整个历史——我们几乎可以说，σχῆμα καθ' ὅλον καὶ μέρος［据整体和部分而来的计划］——也不能揭示波利比乌斯的整个思想。然而，所流传下来的这些篇章已足够确立他的价值，作为一名历史学家，他既有准确的史实，又有理性的思想，他"完成了他所想要达到的目的——用历史来指导人生和揭示真理，并从过去的历史中来准确地预测未来"。②

---

① ［中译按］Scipionic Circle 亦写作 Circle of Scipio，一般译作"西庇阿集团"或者"西庇阿圈子"。它是由一群哲学家、诗人和政治家所组成，这群人由于西庇阿·埃米利安努斯(Scipio Aemilianus)的赞助而得名。他们一起探讨希腊文化、希腊文学和人本主义。除了亲希腊的倾向，这个集团或者圈子也更能体谅罗马的外交政策。这个术语最初源于 19 世纪，在 20 世纪初期，它得到了学界的广泛认可。在西庇阿集团存续期间，其成员也有所变化，它的初期有 15 人，中期有 27 人，晚期则有 10 人。

② 怀特恩巴克(Wyttenbach)：《主要历史学家选集》前言(*Praefatio ad selecla principum historicorum*)。

第一卷

[1]（1）如果之前的编年史家都没有正确地颂扬历史，那么，我觉得，自己有必要劝告所有人选择像当前这部作品的那种著作来研读，因为，没有任何东西可以比过去的知识更能指导人类自身的行动了。（2）然而，有人可能会说，所有的历史学家无一例外地都会在他们著作开头和结尾的地方严肃地声称：研读历史是一个人从政的最佳教育方式和最佳训练方式，而且，勇敢地承受命运起伏的最可靠方法，乃至唯一的方法，那就是回想他人所蒙受的苦难。（3）因此，很明显地，今天没有人觉得自己有必要重复那些经常所说到的中肯话，我自己尤其如此。（4）因为，对于我所撰写的这些事件，它们的跌宕起伏（the very element of the unexpectedness）①将足以激发和挑动所有人——无论是年轻人还是老年人——来研读我的这部体系化的历史著作。（5）毕竟，任何一个不是无动于衷或者浑浑噩噩之人，都不会不想知道，在短短不

---

① 对于波利比乌斯的史学方法而言，这种跌宕起伏（the very element of the unexpectedness，[中译按]直译作"出其不意、出乎意料或者出人意料"）占据重要地位。这种观念源自古希腊的史学家，而他们又是从古希腊悲剧那里借用过来的。亚里士多德将它的功能界定为恐惧和怜悯的激发。对于在这种语境下崛起的罗马帝国而言，它是指不可见的且非理性的因素，这种因素由常常偏爱罗马的提克女神（Tyche[Fortune（福尔图娜）]）所支配。
[中译按]提克（Tyche）：亦译作堤刻、提喀、泰姬或者太姬，她是希腊神话中的命运女神，相当于罗马神话中的福耳图娜（Fortuna）。一般认为，她是提坦神俄刻阿诺斯和忒堤斯的女儿，有时也认为是她宙斯的女儿。她常常以一位头戴璧形金冠的少女形象出现。

到五十三年的时间当中,①罗马人通过何种方法和何种政体,以至于成功地征服了几乎整个世界？这是人类历史上一个亘古未有的伟大成就。(6)抑或者,难道有人会认为,还有比获取这种知识更加重要的东西,从而满腔热情地投入到其他问题的思考或者研究上吗？

[2](1)如果我们将罗马帝国同历史上那些最著名的帝国——这些帝国是历史学家们所关注的重要主题——进行一番对比,你们就会发现,我所要处理的这个问题是多么的重要和伟大。(2)有一些帝国甚至值得同它一较长短。有一段时期,波斯人统治了广袤的地区,但是,当他们太过频繁地冒险越过亚洲的边界后,②不仅他们的帝国岌岌可危,就连他们自己的生存也受到威胁。(3)经过对希腊霸权的多年争夺,斯巴达人最终如愿以偿,但是,他们的霸权仅仅无可争议地维持了区区十二年的时间。③(4)马其顿人在欧洲的统治从亚得里亚海地区(Adriatic Region)一直延伸到多瑙河地区,但是,这块地区不过是这块大陆的一块很小的区域。(5)后来,通过推翻波斯帝国,他们也成为了亚洲的主宰。④ 然而,尽管他们的帝国当时被视为疆域最大的强权帝国,但是,他们还是留下了一个更加广大而未被征服的世界。(6)他们甚至从未尝试争夺西西里、撒丁岛(Sardinia)或者利比亚的统治权,坦率地说,最为好战的西欧诸民族根本就不知道他们的存在。(7)但是,罗马人不仅征服

---

① 即从公元前220年(第二次布匿战争开始)到公元前167年。

② 埃斯库罗斯(Aeschylus)和希罗多德(Herodotus)都将这种逾越边境的行动同会招致nemesis(报复)的hubris(凡人的傲慢)联系在一起。这里所说的行动指的是大流士(Darius)远征斯基泰人(Scythian),以及大流士与薛西斯(Xerxes)入侵希腊。

③ 波利比乌斯并不待见雅典,他完全就没有提及雅典人在公元前五世纪的称霸。斯巴达的霸权估计从公元前405年(莱山德[Lysander]在伊戈斯波塔米[Aegospotami]打败了雅典人)开始到公元前394年(在波斯舰队的帮助下,雅典人科农[Conon]在克尼多斯[Cnidos]击败了斯巴达人)结束。

④ 当大流士在公元前330年去世后,亚历山大成为了大帝(Great King),并统治了埃及、叙利亚、小亚细亚和波斯帝国的东部行省。

了这些地区,而且,他们几乎征服了整个世界,[并且,他们占据如此庞大的帝国,不仅前无古人,而且恐怕也后无来者]。①（8）我的著作将尽可能清晰地阐明[他们是如何一步步地成就这个帝国的]，你们也将会看到,任何研习者无疑都会从严肃的历史阅读中收益甚丰。

[3]（1）我将从第 140 届奥林匹亚大会②和以下事件来开始我的历史著述：（一）希腊地区所谓的同盟者战争（Social War），③这场战争是马其顿的腓力④——腓力是德米特里⑤之子和珀尔修斯之父——联合亚该亚同盟,并首次同埃托利亚同盟的战争；（2）（二）为争夺科利-叙利亚（Coele-Syria），安条克⑥和托勒密（Ptolemy Philopator）⑦双方在亚洲所爆发的战争；⑧（三）在意大利、利比亚以及邻近地区,罗马和迦太基双方所爆发的战争,也即是通常所说的汉尼拔战争。⑨（3）这些事件恰好接续了阿拉图斯（Aratus of Sicyon）⑩的著作所停笔的地方。可以说,之前的世界历史都是分散的,因为,所有的事件都没有形成统一的整体,换言之,从成因到结果,它们都是局部性的。（4）但是,从现在开始,历史变成了有机的整体：意大利和利比亚的事件同希腊和亚洲的那些事件相勾连,所

---

① 在 A 抄本中,这段文字有一部分难以辨认。英译者给它补充了可能性的涵义。
② 即公元前 220 年—前 216 年。
③ [中译按]同盟者战争（Social War）：发生于希腊化时代的希腊地区,时间是从公元前 220 年到前 217 年。它主要是由马其顿腓力五世所领导的泛希腊联盟同埃托利亚同盟、斯巴达和埃利亚（Elis）的战争；公元前 217 年,双方签订了诺帕克图斯和约（Peace of Naupactus）。
④ [中译按]即腓力五世。
⑤ [中译按]即德米特里二世。
⑥ [中译按]即安条克三世。
⑦ [中译按]即爱父者托勒密四世（Ptolemy IV Philopator）。
⑧ 即公元前 219—前 217 年的第四次叙利亚战争。
⑨ 也即是大部分希腊历史学家；他们以一种亲迦太基的观点和以汉尼拔为中心来进行写作。罗马人将这场冲突称作为第二次布匿战争（the Second Punic War）。
⑩ 西西昂的阿拉图斯（Aratus of Sicyon）是一位希腊政治家,他撰写了一系列的回忆录（memoirs），其篇幅超过了三十卷。

有的事件都通往一个单向的结果。（5）这就是为什么我要从这个时间开始我的历史写作。（6）因为，正是由于罗马人在这场汉尼拔战争中打败了迦太基人，罗马人才开始相信，自己征服世界的计划迈出了最为关键和最为困难的一步，由此，他们第一次开始将自己的双手伸向其他地方，并跨海挥师希腊与亚洲大陆。

（7）现在，如果我们希腊人熟知这两个争夺世界统治权的国家，那么，我觉得，我也许就没有必要撰写他们之前的历史，或者，也没有必要解释，他们依靠何种力量和何种目的去进行这项伟大的事业。（8）但是，我们绝大部分希腊人对罗马和迦太基之前的权力和他们之前的历史知之甚少。（9）因此，我觉得有必要在自己著作的这一卷和下一卷中添加一个前言，（10）以确保读者在全神贯注于实际的叙事时不会出现疑惑不解，以及在罗马人进行这项事业，并最终使他们成为我们这个世界的陆海主人时，不会去询问他们所持有的想法或者他们所拥有的力量和资源。（11）而通过这两卷及其所含的导论，我希望读者能够清楚地认识到，罗马人从一开始就有充足的理由去构造一个世界帝国的雄心，也有充足的力量去实现他们的目标。

［4］（1）我的著作所具有的特质同我们当前这个时代的伟大精神是相通的。正如命运女神（Fortune）将这个世界几乎所有的事情都引向同一个方向，并迫使它们都朝一个相同的目的进发一样，作为一名史学家，他的职责也同样应该将命运女神实现其整体意图的这种进程，置于一种简明的视角之下，进而呈现给自己的读者。（2）事实上，这也是最初促使和激励我进行历史写作的首要因素；其次，在我们这个时代，没有一个人去撰写一部通史（a general history），如果他们撰写了一部通史，那么，我去接手这份工作的动力将会大打折扣。（3）然而，我注意到，尽管大部分当代历史学家在处理个别孤立的战争及其相关的事件时会涉及它们，但是，据我所知，在涉及事件的发生时间、发生原因以及何以导致最终的结果时，没有人尝试去探究事件的总体规律和一般规律。（4）因此，我认为，对于命运女神所造就的这些最美好和最有益之物，我们绝不

应该遗漏或者让它们湮没无闻。(5)因为,命运女神极其善变,在人们的生活中,她总是不断地制造出各种戏剧,①但是,就我们亲眼见证过的而言,在这之前,她肯定从未行显这样的奇迹或者导演这样的戏剧。(6)我们不可能从那些历史学家所撰写的孤立的历史事件中,获得这种整全的视角,换言之,如果通过一个接一个地访问每一座名城或者孤立地窥视每一座名城的城市蓝图,他就会立即领悟这整个世界的形态、安排和秩序,那么,这肯定是非常荒诞的。(7)一个人通过研究孤立的历史,就自以为可以获得一种客观而公正的整体史观,对我而言,这就像在砍掉动物之前所拥有的漂亮而有活力的四肢后,他仍幻想着它还拥有勃勃生机时的活力和优雅一样。(8)但是,如果有人当场去重新拼整这只动物,重新恢复它在活着时所具有的形体与优雅,接着再展示给先前的那些人观看,那么,我想他肯定会脱口而出,他先前的想法完全脱离事实而更像是在一场梦境里。(9)我们也许能够从部分中获得一些关于整体的观念,但是,我们肯定不会有透彻的认识或者正确的看法。(10)因此,个别性的历史对整全的认识和真相的探究几乎毫无意义。(11)相反,只有通过研究和对比所有互通的各个组成部分,以及注意它们各自的相似处和不同点,我们方能获得一个整全的观念,并从历史中得到启迪与愉悦。

[5](1)我将以罗马人第一次跨海远离意大利——时间是第129届奥林匹亚大会[公元前264年—前261年]②——来作为本卷的起点(starting-point)。这个起点紧承提麦奥斯的历史著作停笔的地方。(2)因此,我们必须首先阐述,罗马人是如何以及何时在意大利确立自身地位的,以及何种原因促使他们后来跨海到西西

---

① 在这个地方,波利比乌斯认为,命运女神是宇宙间的一种力量,由于她自身的千变万化,以至于她以变化为乐,同时,她也是以一名剧作者来行动的,她设计了凡人的命运。

② 即公元前264年—前260年([中译按]在洛布本中,其原文是公元前264年—前261年)。关于塔乌洛米尼乌姆的提麦奥斯(Timaeus of Tauromenium,公元前350年—前255年),参见企鹅本导论第18、24、26和33页。

里的——西西里是他们踏出意大利本土之外的第一个国家。(3)他们跨海到西西里的真正原因,我必须述而不论地进行陈述;因为,如果我去探求原因的原因,那么,我的整部著作就没有一个清晰的起点和基本的原则。(4)起点必须确定在一个大家普遍认同和人人都知晓的年代,同时,起点必须要有历史事件的清晰呈现,尽管这将要求我要往前追溯一段时期,并作一个简明的相关概要。(5)如果连起点都不为人所知或者争议不断,那么,这部史撰就不可能被大家接受或者信任;但是,如果起点是毋庸置疑的,那么,接下来的所有叙述也将会被读者接受。

[6](1)因此,我们的起点始于伊戈斯波塔米(Aegospotami)战役①后的第十九年和留克特拉(Leuctra)战役②前的第十六年,③(2)同年,斯巴达人同波斯国王签订了著名的安塔西达斯和约(Peace of Antalcidas),④叙拉古僭主老狄奥尼索斯(Dionysius the

---

① 在这场战役中,斯巴达人突袭并几乎全歼了雅典舰队,这场战役同时也是伯罗奔尼撒战争的最后一战(公元前405年)。波利比乌斯选定的年份是公元前387/386年。
　[中译按]伊戈斯波塔米(Aegospotami):色雷斯南部的一条小河和一座古老城镇,它位于现在的土耳其西部。

② 在这场战役中,埃帕米农达(Epaminondas)所率领的底比斯军队击败了斯巴达军队,因而,希腊霸权从此就转移到了底比斯人的手上(公元前371年)。[中译按]留克特拉(Leuctra)战役:公元前371年,底比斯和斯巴达双方在留克特拉所爆发的一场战争。在这场战争中,埃帕米农达首创了斜线式战术。针对当时希腊重步兵方阵一线平推平均分布兵力的特点,其无法在不将列数减少的情况下排出与斯巴达军队相同长度的阵形,埃帕米农达放弃排出与斯巴达相同长度的阵形,而是集中兵力于一翼,他将左翼的列数增多,由传统的八至十二列改为五十列,力求获得突破。但是,有强就有弱,如果自己加强的一侧获得胜利,而削弱的一侧被对方突破,仍然是没有意义的。所以,为了保护自己受到削弱的一翼,他就把它向后回缩并延迟战斗,尽量拖延它与敌人接触的时间,其加强的左翼则以两倍速度冲向斯巴达军,以希望加强的一翼能够求得决定性的突破。就在这一战,他用这种战阵击败了斯巴达的精锐部队,最终,底比斯赢得了胜利。

③ 即公元前387/386年。

④ 安塔西达斯和约(Peace of Antalcidas)结束了斯巴达同波斯人所支持的雅典、底比斯、阿尔戈斯和科林斯之间的战争。这个和约也恢复了波斯国王对小亚细亚的诸希腊城邦的统治(公元前387/386年)。

Elder）也在埃利波洛斯河（Elleporos）击败了意大利的希腊人（the Italiot Greeks），并围攻了利基乌姆城（Rhegium），同时，高卢人突然袭击了罗马，他们占领了除卡皮托（Capitol）之外的整座罗马城。（3）罗马人签订了一个让高卢人满意的停战和约，罗马人就这样出乎意料地重新成为自己国家的主人，从此他们开始开疆拓土，在接下来的数年中，他们不断地与自己的邻居开战。（4）通过自身的英勇和战争的运气，他们击败了所有的拉丁人，之后，他们首次同伊特鲁里亚人（Etruscans）开战，接着，他们又同凯尔特人（Celts）和萨谟奈人（Samnites）开战，他们的领土分别同拉丁人的东部和北部疆域交界。（5）数年后，塔林敦人（Tarentine）粗鲁地对待了罗马使团，由于担心罗马人的报复，于是他们求助于伊庇鲁斯国王皮洛士（Pyrrus）。（6）这次事件发生在高卢人入侵希腊——这些入侵希腊的高卢人，其中有一些在德尔菲附近被歼，其他一些则跨海进入了亚洲——的前一年。① 正如我之前所说，罗马人征服了伊特鲁里亚人和萨谟奈人，并且，他们在许多次战役中击败了意大利的凯尔特人。现在他们第一次进攻意大利的其他地区，就好像这些人不是异族人，而是原本就属于他们的一样。同萨谟奈人和凯尔特人的战争，让罗马人成为了战争技艺的真正大师。（7）在同皮洛士的战争中，罗马人展现出巨大的勇气，当他们把皮洛士和他的军队逐出意大利后，②他们同站在皮洛士一边的那些人继续战斗，最终将他们全部征服。（8）在非凡好运的眷顾下，罗马人最终成功地征服了所有这些对手，并且，他们使生活在意大利的所有民族（凯尔特人除外）都臣服于自己脚下，接着，他们围攻利基乌姆城（当时利基乌姆城正掌握在他们自己的一些罗马同胞手中）。

[7]（1）位于西西里海峡两岸的迈萨纳（Messana）和利基乌姆

---

① 即公元前280年。
② 即公元前274年。

遭遇了非常相似的命运。亚加索克勒斯（Agathocles）①所雇佣的坎帕尼亚人（Campanians）长期以来都在觊觎迈萨纳的美丽和财富；就在我刚刚所描述的那些事件之前，他们抓住机会，通过背叛占领了该地。（2）当他们以朋友之名进入并占领迈萨纳后，就立即开始放逐或者屠杀迈萨纳的市民。（3）接着，他们将这些被放逐的受害者的妻子和家庭据为己有，这就像在愤怒的时刻命运恰好赐予了他们每一个人报复的机会一样。（4）接下来，他们瓜分了所有的土地和所有其他的财产。（5）他们如此快速且轻易地把一座美丽的城市和领土占为己有，以至于其他人也纷纷效仿他们。（6）至于利基乌姆人，当皮洛士国王进入意大利后，由于利基乌姆人害怕遭受他的攻击和担心控制海洋的迦太基人的威胁，他们就乞求罗马人派遣一支部队前来支援自己。（7）罗马人派遣了一支四千人的军队前来，他们的统帅则是坎帕尼亚人德西乌斯（Decius），在一段时间里，他们成功地守住了这座城市和维护了他们的誓言。（8）然而，出于对这座城市及其市民巨大财富的觊觎，他们最终背叛了自己同利基乌姆人的盟誓；他们效仿了马米尔提尼人（Mamertine），②使自己成为雇佣兵的帮凶；他们按照坎帕尼亚人所做的那样驱逐或者屠杀利基乌姆人，并将这座城市据为己有。（9）对于同胞的这番行径，罗马人深感气愤，但是，他们当时也无力阻止，因为，他们当时正忙于我之前所提及的其他战争。（10）然而，一旦他们腾出手来，他们就将肇事者③围困在这座城市里面，对此，我在前面已经提到过。（11）当利基乌姆陷落

---

① 亚加索克勒斯（Agathocles）是叙拉古的僭主，其在位时间是公元前317—前289年。大约在公元前315年，他占领了迈萨纳。他在叙拉古驻派了这些雇佣军，而且，这些雇佣军同意在他去世后离开西西里。但是，在公元前288—前283年，他们占领了迈萨纳。

② 在占领迈萨纳后，坎帕尼亚雇佣军使用了马米尔提尼人（Mamertine）作为自己的称号，Mamertine一词来源于Mamers，而Mamers则是奥斯肯语（Oscan）中的战神（Mars）。

③ ［中译按］这里的肇事者指的是德西乌斯及其手下的军队。

后,①绝大部分被围者在进攻中被屠杀了,他们都在作殊死抵抗,因为,他们都知道等待他们的将是何种命运,但是,也有三百多人投降。(12)当这些因犯被押到罗马后,②执政官让他们所有人都步入集会的广场(Forum),按照罗马人的习俗,他们所有人都要在这个地方接受鞭刑和斩首。罗马人的目的是,希望借助这种惩罚尽可能地恢复他们在盟友中的良好声誉。同时,他们也立即把利基乌姆城和利基乌姆的领土归还给利基乌姆人。

[8](1)依仗罗马人和坎帕尼亚人(他们占领着利基乌姆)的联盟,马米尔提尼人(在夺取迈萨纳后,坎帕尼亚人就以这个称号来称呼自己)不仅继续泰然自若地占据着迈萨纳城及其领土,而且,他们还不断地骚扰迦太基人和叙拉古人在临近地区的领土,③并从西西里的许多地方征收贡金。(2)然而,当利基乌姆的罗马军队现在被自己的罗马同胞紧紧包围后,马米尔提尼人就失去了这种支持,于是,出于下述种种原因,他们立即避入自己城内,以躲避叙拉古人。(3)数年之前,叙拉古军队与国内当局之间发生了冲突。叙拉古军队当时驻扎在米加纳(Mergane)附近,他们从自己的队伍中挑选并任命了两名领袖——阿特米多鲁斯(Artemidorus)和希罗(Hiero),而希罗后来成为叙拉古国王希罗。④(4)尽管希罗当时非常年轻,但是,由于他具有王室的血统和天生的才能而非常适合作

---

① 即公元前270年。——企鹅本注
　[中译按]企鹅本所标注的这个年份,同洛布本所标注(即下一个注释)的公元前271年这个年份,存在相互矛盾之处。

② 即公元前271年。——洛布本注

③ 公元前270年,迦太基占领了西西里的西部和中部,马米尔提尼人占领了西西里的西北角,叙拉古人则占领了从塔乌洛米尼乌姆(Tauromenium)到帕奇努斯海角(Cape Pachynus)的东海岸,以及到埃基利乌姆(Agyrium)的内陆地区。比起迦太基人,马米尔提尼人更多的是与叙拉古人发生冲突。

④ 即公元前275年。——洛布本注
　关于希罗掌权的时间,史料上的记载存在着相互矛盾的地方,其有可能是公元前275/274或者公元前270/269年,时间越早,可能越接近其真正的掌权时间。——企鹅本注
　[中译按]这里的希罗国王即叙拉古国王希罗二世。

一名统治者和政治家。一接受这项任命，他就通过自己的一些亲属的帮助而获准进入城内。一进入城内，他就立即制服了反对派；他的统治是如此温和宽容，以至于叙拉古人一致同意和接受他作为他们的将军，尽管他们对军队擅自任命领袖极度不满。（5）然而，从希罗所实施的第一项措施来看，明智之人立即可以看出，他的野心不仅仅限于军事领域。

[9]（1）希罗注意到，当叙拉古人每次派出军队外出远征时，他们的最高长官们总要陷入争吵，并引发某种革命性的剧变。（2）同时，希罗也了解到，比起其他的同侪，利布提尼（Leptines）拥有更多的追随者和影响力，而且，他尤其受到普通民众的欢迎。希罗通过联姻与利布提尼结盟，以让自己在上阵杀敌和外出远征时，他可以有身后的利布提尼作为自己的后备力量。因此，希罗迎娶了利布提尼的女儿。（3）与此同时，希罗发现那些老雇佣兵并不可靠，而且，他们是军队中潜在的叛乱分子，因此，他以对付盘踞在迈萨纳的外国人①为借口率领军队出征。（4）他将军队驻扎在敌军对面的塞恩图里帕（Centuripa）附近，并且，他将军队部署在西亚莫索鲁斯河（Cyamosorus）沿线。他让自己亲自指挥的骑兵和步兵（由叙拉古市民所组成）远远地隐忍不发，就好像他们是要从另一边展开进攻一样；另一方面，他又命令雇佣兵继续向前进军，以让他们被坎帕尼亚人全歼。（5）在他们溃败期间，他自己和市民则安全地撤回到了叙拉古。②（6）圆满地达到了自己的目的和肃清了军队中难以驾驭与潜在的叛乱元素后，希罗自己重新挑选和征召了大批雇佣兵，从此以后，他安享安全的统治。（7）不久之后，他注意到，由于胜利的缘故，马米尔提尼人行事越来越骄狂和鲁莽，因此，他将市民有效地武装和操练起来。接着，他就把军队拉出去作战。当他在米莱平原（Mylaean Plain）③的洛恩加努斯河（Longanus）附近遭遇

---

① ［中译按］这里的外国人指的是坎帕尼亚人。
② 这场战事可能发生在公元前274年。
③ 米拉亚平原（Mylaean Plain）位于西西里北岸，在迈萨纳以西数英里处。

敌军时,他彻底打败了他们,而且,他还俘虏了敌军的头领。(8)这场战役结束了马米尔提尼人的挑衅行径,并且,当希罗一回到叙拉古,他就被所有的盟友拥立为国王。

[10](1)正如我之前所述,马米尔提尼人之前失去了利基乌姆的支持,而我刚刚又提到,他们现在又在自己的国土上遭受了惨败。他们中一些人主张求助于迦太基人,以保卫自己和自己的城市,而其他一些人则主张向罗马派遣使团,以交出这座城市并乞求作为同宗的罗马人的援助。(2)在很长一段时间当中,罗马人都犹豫不决,因为,他们所要求的援助明显是不合道理的。(3)刚刚在不久之前,罗马人就由于背叛同利基乌姆人的盟誓而处决了自己的大批同胞。(4)如果现在去援助犯下相同罪行的马米尔提尼人,那么,这将是不可原谅的。(5)但是,罗马人又清楚地看到,迦太基人不仅征服了利比亚,而且,他们还将西班牙的大部分地区都置于自己的控制之下,(6)并且,他们还统治着萨丁海和伊特鲁里亚海(Tyrrhenian Seas)的全部岛屿。(6)因此,如果迦太基人再控制西西里,那么,罗马人将会有一个非常麻烦和危险的邻居,因为,他们将会在四面包围罗马人,并威胁意大利的安全。(7)如果马米尔提尼人没有得到罗马人的帮助,那么,迦太基人毫无疑问会很快地占领西西里;(8)一旦迈萨纳落入到他们手里,他们也就会很快地占领叙拉古,因为,他们几乎已经成为西西里其他所有地区的主宰。(9)罗马人预见到了所有这些可能情况,他们认为,自己绝对不应该放弃迈萨纳,如果放弃迈萨纳,这等于让迦太基人建造了一座入侵意大利的桥梁。因此,对于这个问题,他们争论了一段很长的时间。①

[11](1)由于上述原因,即使到最后时刻,元老院也没有批准

---

① 当时迦太基的势力是否会对罗马造成严重的威胁,这很是可疑。更为可能的是,同皮洛士的战争,让罗马人警觉外来敌对势力干预南意大利的危险,正如第二次布匿战争前,马赛人(Massiliots)所做的那样,马米尔提尼人激起了罗马人的这种恐惧。

这项提议,他们认为,干涉行动所获得的任何利益都不能同自己的一贯行动等量齐观。(2)然而,民众——最近结束的战争严重地耗尽了民众的血气,他们迫切需要各方面的休养生息——更乐意听从军事指挥官(military commanders)^①的声音。除了指出军事干预会给罗马人带来前述所说的那些好处之外,军事指挥官们还强调了每一个公民都可以从军事劫掠中获取巨大的利益。(3)因此,他们最终赞成出兵行动。当这项法令被民众通过后,他们接着任命其中一位执政官阿庇乌斯·克劳狄(Appius Claudius)指挥这次远征,并命令他进军迈萨纳。^②(4)马米尔提尼人半是威胁半是计谋地驱逐了迦太基将军,^③尽管后者之前就已经在这座城堡里就职了;接着,他们邀请阿庇乌斯入城,并将这座城市移交到他手上。(5)迦太基人钉死了这位将军,因为,他们认为,他放弃这座城堡是一种懦夫行径和愚蠢之举。(6)接着,他们将舰队驻扎在佩洛里亚角(Cape Pelorias)^④附近,并用地面部队从苏尼斯(Sunes)方向紧紧地进逼迈萨纳。(7)与此同时,希罗认为,当下是将占据迈萨纳的外国人全部驱逐出西西里的大好时机,因此,他同迦太基人结盟,接着,他离开叙拉古,并进军迈萨纳。(8)他的营地驻扎在迦太基人对面的迦尔西山脉(Chalcidian Mountain)附近,同时,他也切断了这座城市的逃亡路线。(9)与此同时,罗马执政官阿庇乌斯冒着巨大的危险,但成功地连夜渡过了海峡。(10)然而,他发现敌人正从四周汹涌地围攻过来,他认为,敌人既控制着陆地又控制着海洋,如果自己被围,那么,这既耻辱而又危险;(11)于是,他以交出马尔提尼人为条件,首先尝试向迦太基人和叙拉古人协商。但是,这没有引起任何回应,最终,他决定必须冒险一战,并首先进攻叙拉古人。(12)因此,他率领自己的军队,并排好作战阵型,而叙拉古国王也

① [中译按]"军事指挥官"(military commanders)也即是"执政官"(consuls)。
② 即公元前264年。
③ 这位迦太基将军的名字是汉诺(Hanno)。
④ 佩洛里亚角(Cape Pelorias)在这座城市以北数英里处。

接受了罗马人的挑战。(13)经过一番漫长而艰苦的战斗之后,阿庇乌斯最终取得了胜利,他将所有的敌军都赶回他们自己的营地。(14)在对敌人的死尸进行一番劫掠之后,阿庇乌斯返回了迈萨纳。(15)预感到这场战争的最终结局的希罗,借着夜色的掩护,急忙地将军队撤回到叙拉古。

[12](1)当第二天听到希罗撤离的消息后,阿庇乌斯深受鼓舞,于是,他决定立即进攻迦太基人。(2)他命令自己的军队提前作好战斗的准备,并在拂晓时分展开进攻。(3)在接下来的战斗中,他屠杀了大批的敌人,并迫使其余的敌人慌乱地撤入周边的城市。(4)当罗马人取得了对迈萨纳的围城之战的胜利后,阿庇乌斯毫不畏惧地四处出击,他摧毁叙拉古人的领土和他们的盟友,没有一个国家胆敢对抗他。最后,他在叙拉古城的前面扎营,并准备围攻这座城市。

(5)这就是罗马军队第一次跨海越过意大利的情况,对此,我也解释了这件事所发生的原因及其背景。(6)对我而言,这次远征似乎是我这整部著作的最好起点。因此,我把它作为我的基底,但是,为了让我的叙述显得更加清晰且不留下任何疑问,我就在概述这些事件时稍稍往前追溯了一些时间。(7)对于渴望整全而深刻地理解罗马人是如何一步步地发展到当下的霸权地位的那些人来说,我认为,追溯她之前的历史是非常有必要的。换言之,他们必须知道:罗马人在自己的古老家乡遭遇巨大的灾难后,[①]他们是如何以及何时开始渐入佳境的;当他们征服意大利后,他们又是如何开始他们对外的冒险之旅的。(8)因此,在这部著作中,如果我给那些最为著名的国家补充一些先前的相关历史,那么,我的读者也不需要大惊小怪。(9)这只是一种奠定基础的方法,它的目的不过是,为了方便读者理解所有这些国家当前的各自地位所形成的原因和背景罢了。我刚刚对罗马人所作的,也同样如出一辙。

---

① "罗马人在自己的古老家乡遭遇巨大的灾难"指的是高卢人在公元前四世纪初入侵罗马。

[13](1)这样的解释已显得多余。对这些事件经过了一番简要概述(这些概述都涵括在导论之中)之后,现在是时候转到我的主题上来了。(2)按照时间顺序,我们首先要讲述罗马和迦太基双方争夺西西里的战事。(3)接着,我们要讲述迦太基人在哈米尔卡(Hamilcar)和其后的哈斯德鲁巴(Hasdrubal)的领导下对西班牙的拓殖。(4)与此同时,罗马人首次入侵了伊利里亚和东部欧洲,紧随前述事件之后的则是罗马人对意大利本土的凯尔特人的战争。(5)希腊也同时爆发了所谓的克里奥米尼斯战争(Cleomenic War),对此,我的导论和第二卷就将以这场战争作结。

(6)详尽地叙述这些事件既毫无必要,又没有任何益处。(7)因为,我的目的不是详尽地记录它们,而是以导论的形式简要概述它们,从而达到将其作为自己作品主题的目的。(8)因此,为了让导论结束的地方同我的《通史》真正开始的地方有效衔接,我将在合适的地方,对那些主要事件进行简要概括。(9)这种方法就可以避免我的叙述方式突然断裂,同时,你们也将看到,轻描这些事件(其他的历史学家之前就已详尽地记载过它们)具有巨大的好处,因为,这种写作安排将会使读者更易于理解整个历史。(10)然而,对于罗马和迦太基为争夺西西里而爆发的第一次战争,我将予以更详尽的记载;(11)因为,如果我们要找到比这场战争持续时间更长,交战双方作战动员的范围更广,交战更加频繁,交战次数更多,战场命运也更加起伏跌宕的一场战争,那么,这绝非易事。(12)在当时的这个时期,这两个国家在道德上都未腐化堕落,而且,他们的运气和力量都势均力敌。(13)因此,这场战争要比之后的任何一场战争——通过对比他们在战争中的各自表现——都更能理解它们两国各自的特点和禀赋。

[14](1)对我而言,促使我特别关注这场战争的另外一个同等

重要的动机是,菲利努斯(Philinus)和法比乌斯(Fabius)①这些先前的那些历史学家,没有充分地阐述事实真相,尽管他们在这个领域享有盛名。(2)从他们的性格和操守来看,我确实不能指责他们在故意误导读者,但是,对于我而言,他们似乎表现得太像深陷热恋之中的恋人。(3)因为,固有的成见和天然的忠诚促使菲利努斯认为,迦太基人在所有方面都表现得极为明智、体面和勇敢,而罗马人却表现得与之完全相反,但是,法比乌斯又与菲利努斯持截然相反的观念。(4)在人类生活的其他方面,我们也不可能完全排除所有这样的偏袒,例如,爱护自己的朋友和忠诚自己的祖国是一个义人的应有之义,而自己朋友的好恶同时也是自己的好恶。(5)但是,一旦他承担起历史学家的角色,那么,他就必须摒弃所有这类因素的干扰。如果敌人的行动值得称许,那么,他就必须夸赞自己的敌人,甚至高度地尊崇他们。正如自己的朋友在犯下错误时,他要毫无保留地批评,甚至责备他们,因为,这是他的职责所在。(6)对于任何一种动物而言,如果它丧失了视力,那么,它将会陷于彻底的绝望,历史亦然,如果历史丧失了言说真相的能力,那么,我们只会留下无用的流言。(7)因此,我们应该不偏不倚地批评我们的朋友或者褒奖我们的敌人;即使面对同一个民族,我们也可以时而褒奖,时而批评,因为,在实际生活中,人不可能一直行事正确,也不可能一直行事错误。(8)因此,在我们的史撰中,我们必须摒弃实际参与者的干扰,下笔必须公正客观。(9)我们必须致力于他们本身值得关注的那些明智的或者愚蠢的举动与言说。②

---

① 法比乌斯(Fabius)的全名是昆图斯·法比乌斯·皮克托(Quintus Fabius Pictor)。他是最古老的罗马历史学家,他经历过汉尼拔战争。他撰写的历史从自己所生活的时代一直追溯到罗马建城,而且,他是用希腊语撰写的,其目的是,向希腊人证明罗马政策的合理性。阿格里根托的菲利努斯(Philinus of Agrigentum)生活在第一次布匿战争时期,他是以亲迦太基的立场来撰写自己的历史。人们普遍认为,法比乌斯和菲利努斯写的历史是波利比乌斯撰写第一次布匿战争的唯一史料来源(exclusive sources)。

② 亦即事实的陈述和观点的评判。

[15](1)我刚刚所说的那番话,其正确性明显可以从下述例子中得到证明。在其第二卷的开头,菲利努斯告诉我们,迦太基人和叙拉古人正在围攻迈萨纳,接着,罗马人通过海路抵达和进入迈萨纳后,他们立即就对叙拉古人展开反击和进攻,但是,当他们的进攻遭受严重挫折后,他们返回了迈萨纳。(2)随后,他们向迦太基人发动进攻,但是,他们不但遭受了更为严重的创伤,而且还损失了大批俘虏。(3)当他作完这些陈述后,他接着说道,在这场战役之后,叙拉古的统治者希罗彻底丧失了理智,他不仅烧毁了自己的营地和帐篷,并在当天晚上连夜逃回了叙拉古,而且,他还撤走了可以威胁迈萨纳领土的全部城堡驻军。(4)对于迦太基人,他同样告诉我们,在这场战役后,他们立即放弃了自己的营地,并分散到临近的城镇,他们甚至不敢同罗马人在乡村争锋。(5)他进一步告诉我们,由于迦太基人的指挥官看到自身军队的士气低落,因此,他们就不敢冒险发动决战。与此同时,紧跟在他们后面的罗马人不仅摧毁了迦太基人和叙拉古人的领土,而且,他们还驻扎在叙拉古城的前面,围攻起叙拉古城来。(6)在我看来,这叙述前后矛盾,根本就不需要进行一番细致的讨论和分析。(7)菲利努斯一开始叙述道,他们围攻迈萨纳,并在作战中取得了胜利,现在他却又说道,他们四散溃逃、放弃乡村、士气低落,并最终被围;(8)然而,他先前所说的那些战败和被围的罗马人现在却开始追击他们的敌人,而且,他们立即占领了乡村,并最终成功地包围了叙拉古。(9)这两种说法不可能调和,要么前一种说法错误,要么后一种说法错误。(10)不过,后一种说法才是正确的;因为,迦太基人和叙拉古人确实放弃了乡村,并且,罗马人立即开始围攻叙拉古和埃克特拉(Echetla)——正如他自己所说——埃克特拉位于叙拉古人的领土和迦太基人的领土之间。(11)因此,我们肯定可以确认,菲利努斯的前一种说法是错误的,并且,这位历史学家关于罗马人在迈萨纳城前战败的说法也是错误的,事实上,罗马人是胜利者。

(12)在菲利努斯的这整部历史著作中,我们可以发现,这种错误反反复复地出现,法比乌斯的著作同样如此,在时机合适的时候,我也同样会展示给大家看。(13)我所说的这番离题话已经走得太远,现在我就回到历史本身,我将严格地遵照事件的时间顺序如实地刻画这场战争,让读者能够有一条捷径来真正理解这场战争。

[16](1)当阿庇乌斯赢得胜利,而他的军团抵达罗马后,①罗马人选举曼尼乌斯·奥塔西里乌斯(Manius Otacilius)和曼尼乌斯·瓦里里乌斯(Manius Valerius)作为执政官,以让他作为指挥官统率全部军队②前往西西里。(2)除开盟友的军队,罗马人拥有四个由罗马公民组成的军团。所有的军团士兵都是每年征召入伍的,每一个军团都由四千名步兵和三百名骑兵组成。(3)他们一到西西里,绝大部分城市就反叛起迦太基与叙拉古来,并纷纷倒向罗马人一边。(4)希罗注意到了西西里人的恐惧和惊慌情绪,同时,他也注意到了罗马军队的数量和力量,因此,他从中得出结论,罗马人的前景要比那些迦太基人更为光明。(5)因此,他的这个判断使他倒向了罗马人,他派遣了数名使者前往罗马执政官那里求和与结盟。(6)鉴于自身的补给问题,罗马人接受了他的友好提议;(7)因为,迦太基人控制着海洋,罗马人非常担心他们会从四面切断自己的生活补给,尤其之前抵达西西里的罗马军队已经面临物资短缺的问题了。(8)因此,考虑到希罗将会给予他们巨大的帮助,他们欣然地接受了他的友好提议。(9)双方签订了和约:这位叙拉古国王需要把战俘不付赎金就交还给罗马人,此外,他还需要给罗马人支付一百泰伦(talents)的金钱;罗马人则把叙拉古人作为盟友。(10)由于现在希罗国王获得了罗马人的保护,所以,他就成为了罗马人紧急时期的物资供应人。在余下的生命里,他都安全地统治着叙拉古,同时,他也赢得了希腊人的许多褒扬和荣誉。(11)他确实可以被视为一位最杰出的国王,不管是在具体情形,还是在整体

---

① 即公元前263年。

② 这一年是公元前263/262年。罗马人将两位执政官所统率的全部军队同时派出,这说明事态非常严重。他们派出去的军队总计大约有四万人。

方针方面,他都长期坐享自己的智慧果实。

[17](1)当和约的条款被提交到罗马后,民众接受和批准了同希罗的这份和约,随后,罗马人决定不再将自己的全部军队部署在这个岛上,他们只留下了两个军团。(2)他们认为,在这位叙拉古国王倒向自己一边后,战场的压力现在已经大大地降低,并且,他们的部队也将会有更好的补给。(3)相反,当迦太基人看到希罗成为自己的敌人,而罗马人越来越深地介入西西里的事务后,他们认为,为了对抗自己的敌人和控制西西里的事务,他们必须加强自己的军力。(4)因此,迦太基人从海洋对面征召了外国雇佣军,其中有许多是利古里亚人(Ligurians)和凯尔特人,不过更多的是伊比利亚人(Iberians),迦太基人把他们全部派往西西里。(5)他们注意到,对于自身的备战而言,阿格里根托城(Agrigentum)享有巨大的自然优势,因为,在他们的行省当中,它是最重要的一座城市,他们在那里集结军队和囤积粮草,他们决定把它作为战争的一座基地。

(6)与此同时,罗马执政官们在同希罗达成和约后返回了罗马,他们的继任者卢西乌斯(Lucius)、波斯图米乌斯(Postumius)和昆图斯·马米里乌斯(Quintus Mamilius)也抵达西西里,继续统率罗马军团。①(7)当他们获悉了迦太基人的计划和迦太基人在阿格里根托城的备战情况后,他们决定采取更为大胆的行动。(8)因此,他们中断了所有其他行动,集中他们的所有兵力进攻阿格里根托,他们将军队驻扎在距离阿格里根托城八斯塔德(stades)的地方,并将迦太基人围在城内动弹不得。(9)当时正好是农作物的收割时节,而且,由于大家都预见到围攻的长期性,罗马士兵就开始抢收谷物,显然,这极不谨慎,也更富冒险性。(10)迦太基人注意到敌人正分散在乡村周围,于是,他们就突袭和进攻了那些抢收者。他们轻易地击败了罗马人,接着,其中一些迦太基人开始抢劫罗马人设防的营地,而另一些迦太基人则进攻那些掩护部队。(11)但是,这种场合同先前经常出现的场合一样,罗马人的优异制

---

① 即公元前 262 年。

度挽救了他们自身;因为,按照他们的习俗,身负职责但擅离岗位或者任何逃跑之人,都要被处死。(12)因此,在这一次战斗中,他们英勇地抗击数量远远超过自己的敌军,尽管遭受巨大的损失,但是,他们杀死了更多的敌人。(13)最终,就在迦太基人着手破坏栅栏的时候,罗马人成功地包围了他们。罗马人当场杀死了他们许多人,而且,在他们逃回城内的过程中,罗马人一边屠杀一边追击他们。

[18](1)此后,迦太基人持更为消极的进攻性策略,而罗马人则在抢收行动中采取更为谨慎的防卫措施。(2)由于迦太基人除了小规模的挑衅之外不敢采取任何冒险行动,于是,罗马人的将军们就将自己的军队分成了两部分,其中一部分军队继续留在城墙外的阿斯克里庇乌斯神殿(Asclepius)附近,另一部分军队则驻扎在这座城市的一侧和赫拉克里亚(Heraclea)的对面。(3)接着,罗马人强化了这两座营地(其中一座营地位于这座城市的一侧)之间的防御:他们挖掘了一条内壕沟来防范城内敌人的袭击,而且,他们还挖掘了一条外壕沟,来防范城外敌人的进攻,并阻止被围之城所常伴有的那种补给人员秘密输入的情况出现。(4)对于壕沟和营地之间的地方,他们则在每隔一段距离的合适位置建造了据点,以部署巡逻的警戒队。(5)他们的食物和其他供给则由他们的盟友搜集,并运往赫尔比苏斯(Herbesus),他们自己则从这座城市不断地取运牲畜和供给到不远的营地,用这种方法,他们充分地保证了自己所需要的供给。(6)双方就这样僵持了长达五个月的时间,在这期间,除了一些小规模的胜利之外,任何一方都没能取得决定性的优势;(7)然而,迦太基人却开始受到饥荒的困扰,因为,大批的民众——总计至少达五万人——被围困在城内。汉尼拔①——他是被围在城内的军队的统帅——发现自己所处的形势严峻,他不断地

---

① 这位将军先前接受了马米提尼斯人所提出的、安排迦太基军队驻扎迈萨纳的提议,而且,他派遣了汉诺(迦太基人后来钉死了汉诺)前去统率这座城市,参见第一卷第11章。

派遣使者到迦太基,以告知他们自己的艰难处境,并乞求他们的增援。(8)因此,迦太基政府用船只将他们所征集的军队和大象运给西西里的汉诺(Hanno),汉诺是迦太基人在这座岛上的另一位将军。^① (9)汉诺将自己的军队和战争物资集中到赫拉克里亚,^②并且,他首先出其不意地攻占了赫尔比苏斯,切断了罗马人物资必需品的供给。(10)结果,罗马人发现自己同时成为了围攻者和被围者;事实上,由于食物和生活必需品的严重匮乏,以至于他们经常讨论怎样解围。(11)如果不是希罗通过各种努力和手段,成功地给他们提供相当数量的必需品,他们最终不可能解决这个问题。

　　[19](1)接着,汉诺注意到疾病和饥饿削弱了罗马人的战斗力,因为罗马军队爆发了流行病,而他觉得自己的军队仍然足够适合作战,因此,他调集自己所有的军队,包括战象,总计大约五十头,快速地从赫拉克里亚进发。(2)他命令努米底亚骑兵行进在前面,他让他们接近敌军的营地,并激怒罗马人,以引诱罗马骑兵出击,接着,他们再撤回到自己的队伍之中。(3)努米底亚人按照这些命令行事,他们向其中一座营地进发,但是,罗马骑兵立即出击,并勇敢地向他们进攻。(4)按照事先的计划,利比亚人撤回到汉诺的队伍之中;接着,他们转身包围和进攻敌军,他们杀死了许多罗马人,并把他们一直追击到他们自己的营地。(5)之后,汉诺占领并扎营在一座名为托鲁斯(Torus)的山丘上,这个地方距离罗马人大约十斯塔德。^③ (6)双方相互僵持了两个月,尽管双方也爆发了小规模的冲突,但没有任何决定性的战况出现。(7)然而,汉尼拔不断地通过城内的烽火和信使来告诉汉诺,民众已经再也不能忍受饥荒了,并且,由于食物匮乏,他自己手下的士兵也越来越多地逃往敌人那里。最终,这位迦太基将军决定冒险开战,而罗马人一

① 汉诺先前同希罗结盟,参见第一卷第11章。
② 赫拉克里亚位于阿格里根托西北方大约二十英里处。
③ [中译按]十斯塔德(ten stades)大约是一英里(a mile)。在企鹅本中,英译者将其译作"十弗隆"(ten furlongs)。

方也迫不及待地渴望开战(罗马人渴望开战的原因,我先前已叙述过)。(8)因此,双方都将部队拉到他们各自营地之间的空地上,准备开战。(9)战斗持续了很长的时间,而罗马人最终成功地击溃了部署在防线前面的迦太基雇佣兵,(10)由于后者的后撤同后面的战象和其他部队相互冲撞,这致使整个迦太基人的军队都陷入了混乱。(11)一场彻底的溃败接踵而至,绝大部分迦太基人惨遭屠戮,其中一些人则逃往了赫拉克里亚。罗马人俘获了大部分的战象和全部的辎重。(12)但是,入夜后,罗马人半是由于胜利的喜悦,半是由于战斗的疲惫,他们放松了自己的警戒,而深感陷入绝境的汉尼拔却认为,放松警戒的罗马人正是自己拯救自己的绝佳机会,于是,大约在半夜时,他率领手下的雇佣兵秘密出城。(13)他们用篓筐装满稻草以填充壕沟,接着,他又设法让自己的军队安全而秘密地撤离罗马人的防线。(14)天亮时,罗马人发现了这事的原委,他们同汉尼拔的后卫部队发生了小规模的遭遇战,接着,罗马大军全力冲向城门。(15)他们在那里没有遭遇任何抵抗。于是,他们冲入城内,并洗劫了这座城市;而且,他们还迫使大批城内的居民沦为奴隶,①并抢占了大量战利品。

[20](1)当阿格里根托所发生的这些事件的消息传到罗马元老院后,在兴奋和喜悦的驱使下,罗马人已不再把自己限定在最初的计划之中。他们不再仅仅满足于拯救马米尔提尼人,也不再仅仅满足于战争所带来的益处。(2)他们现在希望把迦太基人全部驱逐出西西里岛,如果这个目标实现的话,他们的权力将会极大增长。因此,他们都把注意力转移到了这个目标上。(3)他们认为,他们的陆上军力完全可以实现其目标,(4)因为,新近选举出来的执政官卢西乌斯·瓦里里乌斯·弗拉库斯(Lucius Valerius Flaccus)和提图斯·奥塔西里乌斯·克拉苏(Titus Otacilius Crassus)——取代原来围攻阿格里根托的执政官——似乎完全有能力控制西西里的局势;(5)但是,迦太基人完全控制了海洋,战争的

---

① 迪奥多鲁斯·西库鲁斯(Diodorus Siculus)估算的人数是两万五千。

态势仍旧在僵持。（6）在接下来的一段时期，①阿格里根托仍然掌握在罗马人手上，但是，内陆的许多城市由于惧怕罗马人的陆上力量而倒向罗马人。然而，更多的海滨城市则由于害怕迦太基的海上舰队而拒斥罗马人。（7）当罗马人看到战争的天平由于这个原因不断地在双方之间剧烈摇摆，以及意大利海岸反复地遭到敌方海军的洗劫，而利比亚却毫发无损，因此，他们也渴望走向海洋并同迦太基人在海上一争雌雄。②（8）这也是促使我最大限度地记载这场战争的一个原因所在。我不想让我的读者，对罗马人第一次踏足海洋的时间、经过和原因，全都一无所知。

（9）当他们看到战争一直久拖不决，他们就开始建造舰船——一百艘五桨座战船（quinqueremes）和二十艘三桨座战船（triremes）。（10）对于建造五桨座战船，他们面临巨大的困难，因为，他们的造船工毫无这方面的经验，而且，意大利地区从未使用过这种战船。（11）然而，这个困难却比其他事情更好地向我们证明：罗马人一旦决定做一件事情，他们就会勇往直前、永不回头。（12）问题的关键不在于他们没有足够的造船条件，而是在于他们根本就没有任何的造船条件，他们之前甚至都没有想过下海。（13）然而，一旦他们定下这项计划，他们就会无比勇敢地进行这项工作，尽管他们没有任何海上经验，但是，他们却欲与当时无可争议的海上霸主迦太基一争高下。这很好地证明了我刚刚所说的这番话的真实性和他们令人难以置信的勇气。（14）当他们第一次将他们的军队跨海运往迈萨纳时，他们不仅没有任何甲板船，而且也没有任何战船，甚至都没有一艘船只；他们只是从塔林敦人（Tarentines）、洛克里斯人（Locrians）、埃利亚人（Elea）和尼亚波利斯人（Neapolis）那里，借来五桨座舰船和三桨座舰船，并冒着巨大的风险把自己的军队运过海洋。（15）当罗马人穿越海峡时，迦太

---

① 即公元前261年。
② 其他的证据表明，罗马人的动机是非常复杂的，但是，保卫和防御意大利海岸的安全，无疑是他们的首要考虑因素。

基人乘机进攻他们;由于急切地渴望追上罗马人的运兵船,以至于其中一艘迦太基人的甲板船惨遭搁浅,最终落入罗马人的手里。(16)罗马人就用这艘战船作为原型,按照它的样式仿造并建立了自己的整个舰队。很明显,如果没有这次意外性事故,罗马人的整个计划都会因为自身缺乏必要的知识而惨遭停滞。

[21](1)不管怎样,被委任建造舰船的那些人现在热火朝天地工作,而其他人则在征募船员(crews),并在岸上以下列方式训练他们怎样划船:①(2)根据舰船上相应位置的长凳(benches),他们安排桨手(rowers)也坐在陆上相应位置的长凳上;接着,他们将示范兵(fugle-man)安排在他们中间,训练他们在后退时,所有人就立即回推自己的双手,在前进时,所有人就立即前推自己的双手,而且,他们要在示范兵的口令下开始和结束这些动作。(3)船员们就进行这样的操练,一旦他们操练成熟,舰船就会下水。② 接着,他们会在海上进行短暂的划船训练,之后,他们会按照指挥官的命令,沿着意大利海岸驾船航行(sail)。③ (4)罗马人任命一位名叫格纳乌斯·科内利乌斯·西庇阿(Gnaeus Cornelius Scipio)的执政官来负责指挥他们的海军,④数天前,这位西庇阿已经命令船长们,一旦舰队准备得当,就驶向海峡,而他自己则率领十七艘舰船先于他们出海和驶往迈萨纳,因为,他希望获取舰队所亟需的补给和储备。(5)当他抵达那里时,他正好遇上了可以利用反叛而乘机占领利帕拉城(Lipara)⑤的难得机会。在机不可失、时不再来这种急切心态的驱使下,西庇阿冲动地率领上述舰队停泊在这座城镇。(6)迦太

---

① 这种练习是非常必要的,因为,划五桨座舰船(每桨五人)的方法同划三桨座舰船(每桨一人)的方法完全不一样,而三桨座舰船是罗马人迄今为止所接触到的最大型舰船。
② 按照普林尼(Pliny)的传统说法,这些都在六十天内完成。
③ 我们通常需要用到"航行"(sail)这个词语,但是,我们应该牢记,舰船主要是靠划桨驱动的。
④ 即公元前260年。
⑤ 利帕拉城(Lipara)坐落在利帕拉岛上,它是埃奥利斯群岛(Aeolian group)中最大的一座岛屿,当时它掌握在迦太基人的手上。

基人的将军汉尼拔^①在帕诺姆斯(Panormus)听到这个消息后,就派遣了波德斯(Boödes)——迦太基元老院的一名元老——率领二十艘舰船前去迎战。(7)波德斯在夜色的掩护下驶往利帕拉,并将西庇阿困在港口内。(8)天亮的时候,罗马船员急忙逃往岸上,而陷入极度惊恐的西庇阿在自己根本不能有任何作为的情况下,最终投降了敌人。(9)迦太基人立即带上被俘获的舰船和敌军统帅同汉尼拔会合。但是,仅仅几天之后,尽管西庇阿犯下的错误是如此显而易见和近在咫尺,汉尼拔自己却眼睁睁地犯下了同样的错误。(10)因为,当他听到沿着意大利海岸航行的罗马舰队就要到来的消息后,他就想清楚地看一看敌军的数量和部署情况,于是,他就率领五十艘舰船驶向他们。(11)就在他正绕行意大利海角(Cape of Italy)^②时,他突然遇到了秩序井然和阵型齐整的罗马舰队。他损失了绝大部分舰船,尽管他带着余下的舰船侥幸逃离,这次事件还是远远超出了他自己原来的想象和期望。

[22](1)接着,罗马人靠近西西里海岸,当他们听说了西庇阿所遭遇的灾难后,他们立即联络了陆军指挥官盖乌斯·都里乌斯(Gaius Duilius),并等待他的到来。(2)与此同时,他们得知了敌军舰队就在附近地区的消息,于是,他们就开始积极地备战。(3)由于他们的舰船建造粗糙,速度迟缓,因此,有人就建议他们,在舰船上安装一种后来名为"乌鸦"(ravens)的器械来帮助自己作战。(4)它们是按照如下方式建造的:船头矗立着一根高达四英寻(fathoms)^③、直径达三掌^④的圆柱杆。(5)这根圆柱杆的顶部有一个滑轮,而它的底部则有一块宽达四英尺、长达六英寻^⑤的舷梯

---

① 这位汉尼拔与从阿格里根托逃跑的那位汉尼拔是同一个人,参见第一卷第19章。

② 意大利海角也许是现在的梵蒂冈海角(Capo Vaticano),它靠近意大利半岛的脚尖(the toe of Italy)。

③ [中译按]四英寻(four fathoms)大约是二十四英尺。

④ [中译按]三掌(three palms)大约是十英寸。

⑤ [中译按]六英寻大约是三十六英尺。

(gangway),这块舷梯是由木板交叉钉制而成的。(6)距离舷梯一头末端两英寻①的地方,有一个长方形的洞孔(an oblong hole),②它可以转动圆柱杆。舷梯的两侧长边(long sides)都有高及膝盖的护栏。(7)舷梯一头的末端有一个形状像杵一样并起固定作用的铁锥头,而舷梯另一头的末端则有一个圆环,因此,它的整个形状看起来就像一台捣谷机。(8)圆环上系有一根粗绳,当舰船冲向敌军时,他们就用圆柱杆上的滑轮抬升"乌鸦",接着,他们再让"乌鸦"——有时从船头,有时在两船侧舷相撞时旋转回来——停放到敌舰的甲板上。(9)一旦"乌鸦"扎进敌军甲板,它就会把两艘舰船牢牢地连靠在一起;如果两艘舰船的侧面相互连靠在一起,那么,罗马士兵就可以从各个方向跳上敌人的舰船。而如果两艘舰船的船头相互连靠在一起,那么,罗马士兵就可以借助作为舷梯的"乌鸦",进而两两并排地登上敌人的舰船。(10)前面的一对士兵,可以通过紧握自己的盾牌来保护自己的正面,而跟在后面的那些士兵,则可以把盾牌放置在栏杆上面的边缘处来保护侧翼。(11)因此,罗马人就采用了这种装置,他们安静地在海上等待战机。

[23](1)一听到西庇阿遭遇惨败的消息,盖乌斯·都里乌斯立即将自己的军团交给自己的军事保民官(military tribunes)进行指挥,他自己则前往舰队。(2)当他获悉敌军正在洗劫米莱人(Mylae)③的领土后,他带着自己的整个舰队驶向那里。(3)迦太基人一看到他,就迫不及待地率领一百三十艘帆船出海,他们内心非常地高兴和急切,因为,他们看不起没有任何经验的罗马人。(4)

---

① [中译按]两英寻大约是十二英尺。

② 舷梯(36英尺长)由通过一个接口而相互连接的两部分组成,临近的那部分(the near part,12英尺长)一直都呈水平方向,较远的那部分(the far part,24英尺长)则同较近的那部分呈直角,因此,它可以升到圆柱杆(也是24英尺长)的顶部,而且,直到它下落时,它也一直都是垂直的。在这两部分的连接处,整个部分都可以跟着所穿进(pierced)的圆柱杆进行转动。

③ 米莱(Mylae),即现在的米拉佐(Milazzo),它坐落在西西里东北角大约二十五英里的海角上,这场战役发生在公元前260年夏季。

33

他们全部径直驶向敌人,根本就没有考虑维持进攻阵型的问题,就好像他们是来抢夺属于自己的猎物一样。(5)他们的统帅是汉尼拔——他就是那位连夜率领自己的军队秘密逃出阿格里根托的那个人——汉尼拔的旗舰船是七排桨(sevenbanked galley)的大战船,而这艘旗舰船之前属于皮洛士国王。当他们靠近敌军并看到每一艘舰船的船头上高高吊起的"乌鸦"时,迦太基人一开始不知所措,因为,他们对这种从未见过的陌生器械深感惊诧。(6)然而,由于他们向来鄙视自己的对手,因此,前面的那些战船就鲁莽地发起攻击。但是,当战船相撞在一起时,迦太基人发现,自己的战船被罗马人的这种器械给牢牢地固定住了,而且,罗马人的船员们通过"乌鸦"蜂拥地登上自己的战船,并在甲板上同自己进行面对面的近战。一些迦太基人被杀,其他人则惊愕地向罗马人投降,这场海战似乎变成了一场陆战。(7)结果,迦太基人损失了首批参战的三十艘战船及其所有船员,其中包括统帅的旗舰船,不过,汉尼拔自己却通过一艘备用小船奇迹般地顺利逃走。(8)其余的迦太基战船正准备全力地撞向敌船,但是,当他们在驶近后看到前面战船的命运,他们就驶向一边以避开敌船的"乌鸦"。(9)凭借自身战船的速度优势,他们环绕敌船驾驶自己的战船,希望可以在舷侧和船尾避开敌人的"乌鸦";但是,罗马人可以从各个方向全方位地旋转"乌鸦",并扎进任何靠近自己战船的敌方舰船。(10)最后,他们调头逃跑了,这种全新的战术把他们给吓坏了;他们损失了五十艘战船。

[24](1)因此,罗马人就这样出乎意料地将他们的海军梦想变成了现实,并决定加倍扩大战争规模。(2)他们现在进攻西西里海岸,解除了对塞基斯塔(Segesta)的围城(当时塞基斯塔人已处于最后的生死边缘),而且,在离开塞基斯塔后的回程之路上,他们攻占了马塞拉城(Macella)。

(3)在米莱这场海战后,迦太基人的陆军指挥官哈米尔卡①——

---

① 在阿格里根托沦陷后,哈米尔卡(Hamilcar)接替了汉诺的军事指挥权。这位哈米尔卡不是汉尼拔的父亲哈米尔卡·巴卡(Hamilcar Barca)。

当时他正驻守在帕诺姆斯附近——接到消息说,罗马人的盟友与罗马人因为战利品的分配问题而发生了争吵,罗马人的盟友正在帕洛普斯(Paropus)和西米拉温泉(Hot Springs of Himera)①之间的地方驻营。(4)乘他们正忙于分营之际,哈米尔卡率领自己的全部军队对他们发动了突然袭击,杀死了大约四千人。

(5)在这场海战后,汉尼拔率领余下的舰船返回迦太基,但是,没过多久,他又率领一支得到补充的舰队和一些最杰出的海军军官抵达撒丁岛。(6)不久之后,罗马人就把他困在撒丁岛的一个港口里,俘获并摧毁了他的大部分舰队。(7)对此,我应该进行一番解释,罗马人从关注海洋那刻起,他们就开始对撒丁岛产生了兴趣。

(8)在接下来的那一年,②罗马军队在西西里没有留下值得记载的任何事件。(9)但是,这一年快要结束之际,他们接到了他们的新任指挥官奥鲁斯·阿提里乌斯(Aulus Atilius)和盖乌斯·苏比修斯(Gaius Sulpicius)——他们是第二年③的执政官。他们开始进攻帕诺姆斯,因为,迦太基的军队正在那里冬营。(10)当他们抵达这座城市附近后,这两位执政官将自己的全部军队摆成战斗队形,以迎战敌人,但是,敌人没有出来应战就逃走了,因此,他们离开帕诺姆斯,转而进攻希帕纳(Hippana)。(11)他们攻占了这座城市,而且,他们还攻占了米提斯特拉图(Myttistratum),尽管后者凭借坚固的地形抵抗了很长一段时间。(12)接着,通过把攻城器械调到前线,进而在城墙上打开一个缺口,他们占领了刚刚反叛罗马的卡马里纳(Camarina)。(13)用同样的方法,他们占领了恩纳(Enna)和其他几处属于迦太基人的小地方,当他们完成这些行动后,他们开始围攻利帕拉。

---

① 西米拉温泉(Hot Springs of Himera)位于西西里的北部海岸,距离帕诺姆斯(Panormus)以东大约三十英里。
② 即公元前259年。
③ 即公元前258年。

[25](1)第二年，^①当罗马执政官盖乌斯·阿提里乌斯·利古鲁斯(Gaius Atilius Regulus)停泊在廷达里斯(Tyndaris)^②时，他看到迦太基舰队七零八落地从前面航行而过。因此，他就命令自己的船员紧跟在领头的船只后面，而他自己则率领十艘舰船先行出发。(2)迦太基人看到一些正在登船的敌人和一些正要启航的敌军舰船，而先行出发的那些舰船已经远远地把其他舰船抛在了后面，于是，迦太基人就调头回来迎战他们。(3)包围他们之后，除了利古鲁斯所乘坐的那艘舰船外，迦太基人击沉了其余九艘舰船。然而，正是由于这艘舰船装备完备、速度敏捷，它才能够挫败迦太基人的企图，最终逃离危险。与此同时，其余的罗马舰船也赶到了战场，逐渐排列密集阵型。(4)阵型布局完成，他们立即展开进攻，击沉了敌军八艘舰船，俘获了十艘敌军舰船及其船员。其余的迦太基舰船则撤退到利帕拉人(Liparaean)的岛屿上。

(5)这场战役使交战双方认为，双方的实力已经旗鼓相当，因此，双方都加倍地投入到海军舰船的建造和海上控制权的争夺当中。(6)然而，在这段时期里，陆上力量没有发生任何值得记录的战事，不过，也发生了零星的小规模战斗。(7)正如我之前所说，在接下来的那个夏天，^③罗马人完成了他们的准备工作，三百三十艘甲板战船建造完成并下水，^④这些战船都停泊在迈萨纳。(8)接着，他们从迈萨纳沿着西西里海岸往南航行，他们绕过帕奇纳斯海角(Cape Pachynus)，抵达埃克诺姆斯(Ecnomus)，^⑤因为，他们的陆军正驻扎在那里。(9)迦太基人率领三百五十艘甲板战船出航，这些

---

① 即公元前257年。
② 廷达里斯(Tyndaris)位于米莱(Mylae)以西大约十五英里处；时间是公元前257年。
③ 即公元前256年。
④ 据现代估计，罗马人投入的军力大约是230艘舰船，迦太基人则大约是200艘舰船。
⑤ 埃克诺姆斯(Ecnomus)位于西西里岛南部海岸中间和阿格里根托以东大约二十英里处。

战船都停泊在利利巴乌姆（Lilybaeum），接着，他们继续从利利巴乌姆出发，来到并停泊在米诺斯的赫拉克里亚（Heraclea Minoa）。①

[26]（1）罗马人的计划是航行到利比亚，并将整个战场从西西里转移到利比亚，因为，这可以使迦太基人因为关注家乡的安全而无暇顾及西西里。（2）另一方面，迦太基人则决定进行全力阻止。因为，他们知道非洲极易被攻占，一旦接近海岸，任何一个入侵者都能非常容易地征服那里的所有居民。（3）他们绝不允许这种情况出现，因此，他们不惜冒险进行一场海战。（4）一方的目标是全力登陆，而另一方的目标则是全力阻止，双方针锋相对的目标必然会导致接下来的冲突。（5）罗马人为所有可能的偶发事件都作了合适的准备：同敌人海战或者登陆敌人的领土。（6）对于后者，他们从自己的陆军当中挑选出最好的士兵，并且，把这些士兵全部分成四个部分（four corps），以准备未来的登陆作战。每一个部分都有两个名称，它们要么被称作"第一军团"（First Legion），要么被称作"第一中队"（First Squadron），其他部分的名称也同样依此类推。（7）但是，第四部分有一个额外的名称；它们被称作后备兵（triarii），它是罗马陆军中一部分部队的一个常用名称。② 这支军队全部登上舰船，总计大约达十四万人，每一艘舰船都有三百名划桨手和一百二十名海军士兵（marines）。

（8）然而，迦太基人对这场海战也作了精心的准备，他们的士兵人数——如果以舰船的数量来估算士兵人数——总计超过十五万人。③（9）对于这些数字，不仅当时亲眼见过这些兵力的那些人

---

① 赫拉克里亚（Heraclea Minoa）位于阿格里根托以西大约二十五英里处。
② 罗马军队传统上分成了四种：轻步兵（velites）——进行前哨战的部队；青年兵（hastati）——青年精英部队；壮年兵（principes）——正值盛年的部队；后备兵（triarii）——经验丰富的老兵。在这个地方，后备兵可能是那些未经历过两栖作战的部队的别称，换言之，也即是所谓的"老者"（the oldsters）。
③ 波利比乌斯所说的这个人数，是他根据所出现的船只数量估算出来的。这将会得出将近一万名划桨手和四万名海军战士。但是，由于西西里只有四个军团，因此，精锐军队的总人数肯定会更少，据现在估计，其人数大约是一万八千名。

会深感震惊,而且,就连听到这些数字的那些人也会深感诧异——如果从军队和舰船的数量进行判断,你就明白敌对双方冲突的规模、巨大的开支和国力的消耗了。

(10)罗马人充分考虑到,他们必须穿越开阔的大海(open sea),但是,敌舰的速度要超过他们自己的舰船,因此,他们必须想方设法地编排自己舰队的阵型,以确保自身舰队的完整而敌人又难以攻击自己。(11)因此,他们把两艘六排桨的大战船(two six-banked galleys)——执政官马尔库斯·阿提里乌斯·利古鲁斯(Marcus Atilius Regulus)和卢西乌斯·曼利乌斯(Lucius Manlius)在这两艘大战船上进行指挥——并排部署且航行在前面。(12)在这两艘大战船后面,罗马人将舰船排成了一列纵队:第一中队在其中一艘大战船后面,第二中队则在另一艘大战船后面,这样进行编队的话,那么,在这两个中队中,每一对舰船之间的空隙就会变得更大。(13)舰船一队队地呈纵列部署,但是,他们的船头则伸向外面。^① 因此,第一中队和第二中队的形状看起来就像一个楔子,而第三中队则呈一列横队地部署在底部,所以,它最终所呈现的整个形状就是一个三角形。(14)在这个舰队的底座后面,他们则部署了运载马匹的运输船,用牵引绳把这些运输船同第三中队的舰船栓系在了一起。(15)最后,第四中队——即著名的后备兵——则部署在它们后面;这些舰船也是呈一列纵队地进行部署,它们一直向外延伸,以至于它们同前面两边末端的舰船重叠在一起。(16)当他们按照我所描述的那样部署完毕之后,整个舰队队形就像一个楔子形状,它的顶部是开放的,而它的底部则是封闭的,它的整个结构稳固而实用,却难以攻破。

[27](1)大约与此同时,迦太基人的指挥官们对他们的军队作了一个简要的讲话。他们向自己的军队指出,如果他们在这场战役中获胜,他们将来就可以去争夺西西里,但是,如果他们失败,他

---

① 这只能意味着,每一艘舰船的船头都指向开阔的外海(the open sea),而不是指向前面;也即是,它们呈梯形编队。

们将来就只能去保卫自己的国家和家人了。一说完这番话,他们就下令登船。(2)所有人都积极地响应他们的命令,欣然登船,因为,他们将军的那番话已清晰地向他们表明了局势的危险,因此,他们就这样自信满满、情绪高涨地出海了。(3)迦太基人的指挥官一看到敌军的战斗阵型,他们就立即相应地改变自己的队形。把四分之三的舰船呈一字形排开;他们所有的舰船都面向罗马人,但是,他们的右翼则一直伸向公海,以包围敌人的侧翼。(4)其他四分之一的舰船则作为自己整个舰队的左翼,一直向海岸线延伸,同自己的主力部队形成一个犄角。(5)先前在阿格里根托附近遭遇惨败的汉诺指挥右翼。① 他不仅拥有可以猛烈进攻敌人的战船,而且,他还拥有可以进行侧翼包抄且船速最快的五桨座战船。(6)先前指挥廷达里斯海战的哈米尔卡则指挥左翼,② 并且,在作战时他的位置处于战线的中央,这使他可以在战斗中运用下述战术:(7)当罗马人注意到,迦太基人的阵型由于太过漫长而显得异常薄弱时,他们就首先打响了战斗,他们向敌军的中央发动了进攻。③ (8)但是,当哈米尔卡看到罗马人的破坏性阵型后,他就命令迦太基的中央战线立即向后撤退,而罗马人则赶紧追击上去。(9)结果,当罗马人的第一中队和第二中队追击后撤的敌军时,第三中队和第四中队之间就裂开了一道缺口,因为,第三中队栓系在载运马匹的运输船上,而作为一支后备性力量的第四中队(即后备兵)则仍然留在原地。(10)当迦太基人认为,自己已经诱使第一中队和第二中队足够远离其他舰船后,哈米尔卡的坐船发出了信号,于是,他们所有人立即同时调头进攻追击者。(11)接下来的战斗异常激烈。拥有速度优势的迦太基人可以包抄敌人的侧翼,同时也可以非常容易地靠近敌船,并快速地撤退。(12)然而,罗马人

---

① 参见第一卷第 19 章。
② 参见第一卷第 25 章。
③ 埃克诺姆斯(Ecnomus)海战被描述成"结果相反的坎尼战役"(Cannae with the result reversed)。在这种场合中,迦太基的中央太过脆弱,以至于根本无法抵挡罗马人的冲击。

也拥有同等的胜利希望,因为,敌人一旦靠近,他们就可以运用自身的力量优势进行战斗——因为,他们的"乌鸦"可以扎入任何接近自己的舰船。(13)此外,罗马人是在自己指挥官的眼皮底下和亲自督战之下战斗的,因为,他们的两位执政官也亲自参与战斗。这就是中央地带的战事情况。①

[28](1)同时,汉诺指挥的右翼在罗马人第一次进攻期间一直保持了距离,他们穿过公海,进攻后备兵的舰船,这给罗马人带来了巨大的混乱和痛苦。(2)与此同时,部署在海岸附近的迦太基军队则改变了他们原来的队形,他们把船头朝前、对准敌人并加入战斗,并向栓系在载运马匹的运输船上的第三中队进攻。于是,第三中队解开栓系的绳索前去迎战。(3)因此,整个战斗由三场海战构成,并且,这三场海战相互之间相隔甚远。(4)一开始,双方舰队在每一场战役中的部署都势均力敌,因此,战斗也就异常激烈。(5)然而,当交战的军力是如此势均力敌时,交战的结果也就会像人们大致所预料的那样发展。(6)最先参战的那些人最先分开,因为,哈米尔卡的军队最终撤退并逃亡。(7)卢西乌斯现在正忙于在身后抢收战利品,而马尔库斯(Marcus)则急忙从第二中队那里抽调没有受到损害的舰船,前去支援正处于困境之中的后备兵和载运马匹的运输船。(8)一遇到汉诺的舰船,他就立即同他们陷入了争战,后备兵热情高涨,尽管他们遭遇了重创。(9)迦太基人遭到前后夹击,处境困难,他们惊奇地发现,自己已被一支救援军所包围,因此,他们最终只得放弃,于是,他们开始向公海撤退。②(10)与此同时,重返战场的卢西乌斯看到,第三中队被迦太基人的左翼紧紧地包围在岸边,于是,他和马尔库斯(他当时已经离开了已处于安全状态的后备兵和载运马匹的运输船)两人

---

① 这场海战变成了在一国海军进行撞击和另一国海军进行登船之间的竞赛。

② 因为,如果可能,惯常做法都是尽可能地往岸边压靠,因此,决定性的胜利意味着将敌人逼向岸边。执政官舰队的到来扭转了整个迦太基人的战场局势,在俘获的六十四艘舰船当中,有五十艘是来自无法向大海逃亡的迦太基左翼。

一起急忙前去解救岌岌可危的同胞。(11)这些罗马同胞现在的状态就像是陷入围城一样,全部都被团团围住;如果不是因为迦太基人惧怕"乌鸦",以至于迦太基人只是把他们围向陆地,以及因为害怕罗马人的"乌鸦"勾住自己,以至于迦太基人没有向他们发起进攻,他们不久之后肯定就会被全部歼灭。(12)然而,当这两位执政官全速地赶来后,他们反而包围了迦太基人,他们成功地俘获了五十艘舰船及其船员,只有少数敌船沿着海岸偷偷地溜走或跑掉了。(13)正如我在前面所说,各个战役的结果都出来了,整场战争的最后结果全都倒向了罗马人。(14)罗马人损失了二十四艘舰船,而迦太基人则损失了超过三十艘舰船。迦太基人没有俘获罗马人的任何舰船或船员,而罗马人则俘获了六十四艘迦太基人的舰船。

[29](1)在战役结束之后,罗马人重新补给了自己的军队,并修复了从迦太基人那里所俘获的舰船;同时,他们也周到地照顾自己的船员,况且他们的胜利也完全应得这样的照顾。接着,他们继续出海,以驶往和进攻利比亚。(2)他们的先头船队抵达了著名的赫迈乌姆海角(Cape Hermaeum)下方的海岸,这个地方位于整个迦太基海湾(Gulf of Carthage)的前方,并且,它向外伸向西西里方向的海洋。①他们在那里等待其余的舰船,当整个舰船汇合后,他们一直沿着海岸航行,直到阿斯皮斯城(Aspis)。(3)当他们在那里登陆后,他们把舰船拖到岸上,并用壕沟和栅栏包围和保护起来。由于阿斯皮斯城的守军拒绝投降,于是,他们开始围攻这座城镇。(4)与此同时,从海战中幸存下的那些残余的迦太基舰船现在逃回了家乡,他们认为,罗马人肯定会携胜利之威从海上直接进攻迦太基城,因此,迦太基人动用自己的陆上军力和海上军力,全方位地监视所有靠近该城的敌人。(5)然而,当他们听到罗马人已安全登陆,并正在围攻阿斯皮斯城的消息后,他们就放弃了从海上防御敌舰进攻的那些防范措施,集合了自己所有的力量全力保护自己的首都及其周边地区。

————————

① 即现在的波恩海角(Cape Bon)。

（6）当罗马人攻占阿斯皮斯后，他们留下了一支军队来保护这座城镇。接着，他们派遣了一个使团前往罗马，以向后者报告最近所发生的战事，并要求后者指示他们接下来应该怎样行动，以及应该怎样处理整个局势。（7）当时他们正统率全部军队急速地进军并洗劫迦太基人的领土。（8）由于没有遇到任何抵抗，他们摧毁了大批装饰精美和奢侈豪华的宅邸，并抢走了大批牲畜；同时，他们还把超过两万的奴隶掳到自己的舰船上。（9）与此同时，从罗马而来的信使向他们传达罗马下达的命令：其中一位执政官率领足够的军队继续留守当地，而另一位执政官则把舰队带回罗马。（10）因此，马尔库斯·利古鲁斯统率四十艘战船和一万五千步兵以及五千名骑兵留守当地，而卢西乌斯则带着海军船员和所有俘虏，沿着西西里海岸安全地返回了罗马。

［30］（1）迦太基人看到罗马人将会长期驻守在他们的国家，因此，迦太基人首先从他们的人民当中选出了两位将军——汉诺之子哈斯德鲁巴（Hasdrubal）和波斯塔尔（Bostar）；①其次，他们派人到赫拉克里亚，命令哈米尔卡立即返回迦太基。（2）当他率领五百名骑兵和五千名步兵抵达迦太基后，他被任命为第三位将军。接着，他同哈斯德鲁巴以及其他同僚商讨接下来的行动计划。（3）他们决定进军和保卫乡村，以让后者不再遭受罗马人的洗劫。

（4）几天之后，利古鲁斯也开始进军了。对于那些没有城墙保护的地方，他直接攻占和劫掠，而对于那些有城墙保护的地方，他则进行围攻。（5）一抵达亚迪斯城（Adys）——亚迪斯城不是一座无足轻重的城镇——他就在这座城镇周围驻营，并开始积极地准备攻城器械。（6）急于解救这座城镇的迦太基人决定重新控制乡村地区，于是，他们派出了自己的军队。（7）他们占领和驻扎在一座可以俯瞰敌人的山丘，但是，对于他们的军队而言，这座山丘并不是一个有利的地形。（8）他们的主要优势在于他们的骑兵和大象，但是，他们却放弃了水平地形的乡村，而把自己局限在一个陡峭和

---

① 即公元前255年。

难以逾越之地,他们必然会把自己暴露于敌人的绝佳进攻位置,并且,这样的场景也确实发生了。(9)罗马指挥官从他们以往的战争经验中认识到,敌人最有效和最恐怖的那部分军事力量会由于这种地形而变得毫无用处。(10)因此,罗马人没有等迦太基人下来,更没有等迦太基人在平原上展开阵势,而是赶紧抓住机会,天一亮就立即从两边向这座山丘进军。(11)迦太基人根本没有办法使用自己的骑兵和大象,但是,他们的雇佣兵英勇地向前搏杀,并迫使第一军团后撤和逃亡。(12)然而,由于他们向前进军太远,以至于被从山丘另一方向进攻过来的罗马军队给包围和击溃了,整个迦太基军队被迫全部撤出自己的营地。(13)大象和骑兵——它们只要撤退到水平地带——安全地撤退了;在追击了迦太基步兵一段距离后,罗马人停止了追击,接着,他们返回来摧毁了迦太基人的营地。(14)从这场胜战之后,他们完全控制了乡村,而且,他们可以随意地洗劫乡村和城镇。(15)当他们占领了一座名为突尼斯(Tunis)的城镇(无论是对于他们的劫掠活动而言,还是对于他们进军迦太基人的首都和郊区而言,这座城镇都是一处绝佳的基地)后,他们就在那里驻营。

[31](1)在两次败北——即不久前的海战和现在的陆战,这两次败北不是由于他们的军队缺乏勇气,而是由于指挥官的能力不足——之后,迦太基人发现,自己陷入了一种非常严峻的处境之中。(2)与此同时,除了我所提及的这些厄运之外,努米底亚人(Numidians)也在进攻他们,而且,努米底亚人对他们的乡村的创伤甚至要超过罗马人。(3)由于极度的绝望和和严重的饥荒——严重的饥荒由过度拥挤所致,而极度的绝望则由被围的前景所致——致使那些迦太基乡村民众,纷纷惊恐地避入迦太基城。(4)迦太基人已在陆上和海上遭遇了重创,利古鲁斯认为,这座城市将会在很短的时间内被攻占,但是,他担心,自己的继任者在迦太基陷落之前就会从罗马抵达,因此,这就会剥夺他攻占迦太基城的荣誉,所以,他就邀请迦太基人前来商议和谈的可能。(5)迦太基人对于和谈的建议非常地积极,他们派遣了一支由最杰出的公民所

组成的使团前去和谈。然而，一碰见利古鲁斯，这些使团代表就发现，他们难以接受利古鲁斯所提出的和谈条件，他们甚至都不能忍受倾听如此苛刻的和谈条件。①（6）利古鲁斯觉得自己就好像已经实际控制了这座城市一样，因此，他觉得，迦太基人应该把自己所作的任何妥协都视为一种恩惠和善意。（7）迦太基人觉得，即使战败，也不可能出现比接受现在的苛刻条件更为糟糕的结果了。因此，他们不仅带着对利古鲁斯所提出的苛刻条件满腔愤怒返回了家乡，而且，他们还被利古鲁斯的傲慢态度所彻底激怒。（8）尽管迦太基人几乎已经放弃了所有被拯救的希望，但是，迦太基元老院一听到这位罗马将军的苛刻条件，他们立即表现出英勇的气概，他们决心不管付出何种代价，也要尽自己的所有努力，而不辱没过去的荣光。

[32]（1）大约就在这个时候，其中一位先前被派往希腊的征募官带着一批庞大的军队返回了迦太基城，在他所带回的这些士兵当中，有一位名叫科桑西普斯的拉栖代蒙人（Xanthippus of Lacedaemon）。这个人从小按照斯巴达人的训练方式培养长大，而且，他拥有非常丰富的军事经验。（2）当科桑西普斯听说迦太基人近来所遭受的战败和他们战败的经过后，他全面考虑了迦太基人余下的资源，以及他们的骑兵实力和大象威力，他立即判断出，迦太基人不是被罗马人打败的，而是被他们自己打败的，尤其是被他们自己没有军事经验的将领给打败的。（3）由于局势的严重危机，科桑西普斯的这番判断和结论立即传开了，并最终传到了那些将军们的耳朵中，于是，迦太基当局决定把他召集到他们面前来检验他的看法。（4）他走到他们面前向他们陈述了自己对时局的估计，接着，他向他们指出了惨败的原因，他催促说，如果他们能够接受他的建议，充分利用水平地形进军、驻营和作战，就会发现，他们不

---

① 根据迪奥（Dio）所流传下来的残篇（43.22—23）记载，罗马人要求迦太基人支付赔偿金、交还罗马俘虏、赎回迦太基战俘，撤离西西里和撒丁岛、交出所有海军（除留下一艘舰船外），以及只要罗马人提出要求，无论何时，迦太基都要提供五十艘舰船。

仅能够轻易地确保自己的安全,而且还可以打败罗马人。(5)接受了他的说法并决心遵照他的建议行事的这些将军们,立即将他们的军队交给他指挥。(6)科桑西普斯一开始所讲的那番话现在甚至都流传到了国外,以至于在民众中间都引起了一阵混乱以及各种充满希望的流言,然而,当他一操控军队,人们就认可了他。(7)他把军队拉到城前排好队形,接着,他按照规范的军事术语来下达命令和操练军队,他们所展现的秩序与先前那些将军们的无能形成了鲜明的对比。这种印象是如此深刻,以至于士兵们纷纷用欢呼声来表达自己的赞同之意,他们现在甚至都迫不及待地渴望同敌人开战,(8)他们觉得,如果科桑西普斯指挥作战,他们肯定会立于不败之地。当将军们看到军队所恢复的高涨情绪后,他们抓住机会,向他们演说了一番同这个场合正相适宜的讲话,几天之后,他们开赴了战场。① (9)他们这支军队由一万两千名步兵、四千名骑兵和将近一百头战象所组成。

[33](1)当罗马人看到迦太基军队现在正开进平地并驻扎在平原上后,他们都深感震惊,甚至不知所措起来,但是,他们仍渴望同敌人交锋。(2)两军一接触,罗马人第一天就把营地驻扎在距离迦太基人大约十斯塔德②的地方。(3)第二天,迦太基当局召开会议,以讨论他们当下所应该采取的行动及其措施。(4)然而,急于开战的士兵们成群地聚集起来,他们大声地呼唤科桑西普斯的名字,这明显表明,他们渴望立即让他来领导军队,以进军罗马人。(5)当将军们看到士兵们的巨大热情和高涨情绪,同时,科桑西普斯也催促他们不要错过战机后,他们就命令军队作好准备,并委任科桑西普斯按照他自己的判断全权指挥军队。(6)科桑西普斯立即运用了这个权力,他下令战象向前,并将它们呈一字型部署在全

---

① 可能是公元前 255 年 5 月。
② [中译按]十斯塔德大约是一英里。

军的前面,接着,他将由迦太基公民①所组成的军事方阵安排在它们后面的合适位置。(7)他将其中一些雇佣兵部署在右翼,而将那些最机动的部队连同骑兵部署在两翼的前面。(8)罗马人看到敌人所部署的挑战阵势后,他们也跃跃欲试,想上前应战。(9)出于对战象进攻的担心,他们把轻装步兵(velites)部署在前锋的位置,②军团则以众多支队(maniples)③纵深地部署在他们后面,而骑兵则被分别部署在两翼之间。(10)因此,这就使罗马人的整个防线要较以往更为短促,但也更为深邃。尽管这种部署可以有效地防御战象,但是,它不能有效地抵御数量远远超过自己的迦太基骑兵的进攻。(11)当双方都按照自身所计划的整体安排和具体战术结束部署后,他们仍然一动不动地保持着原来的队形,因为,双方都在等待合适的进攻机会。

[34](1)科桑西普斯命令战象的驯象手向前进攻和摧毁敌人的防线,而两翼的骑兵则同时从侧翼包抄过来进攻。与此同时,罗马军队也向前进军,他们像往常一样一边用标枪撞击自己的盾牌,一边发出巨大的吼声和向前进攻。(2)至于两翼的罗马骑兵,由于他们的数量要远远少于迦太基人,所以,他们很快就溃败下来;(3)至于罗马人的步兵,他们的左翼——一方面为了抵御大象的攻击,另一方面他们向来鄙视迦太基人的雇佣军——进攻迦太基人的右翼。(4)他们成功地突破了后者,并一直将后者追赶到他们的营地。(5)然而,迦太基大象的攻击行动摧毁了那些第一列抵御它们的士兵,他们都被踩踏在这些强壮的动物的脚下,成堆的士兵都在混乱之中殒命,但是,主力部队的队形由于纵列深远而在较长的时

---

① 只有在迦太基的国土遭受侵略时,才能征召和动员这些迦太基公民(Carthaginian citizens)。

② 轻装军队(light-armed troops)的武器是投掷标枪(the throwing-javelin)。

③ manipulus,这个单词最初的涵义是"一把、少数、少量"(a handful),由于在早期一根杆子上会盘绕一些干草,所以,它后来就用来指代"旗帜"(a standard),从此,它也就有"同属一个旗帜下的一个分队士兵(a company of soldiers)"的涵义。[中译按]maniples一词的拉丁语是manipulus。

间内都使原有的队形未遭致破坏。(6)然而,在后面的那些罗马队伍最终还是被迦太基骑兵四面包围起来,这迫使他们必须直面危险和英勇战斗;另一方面,先前在大象中间向前杀出了一条血路的那些罗马人,当他们在这些野兽后面重新聚集后,他们现在却又不得不面对迦太基方阵——这些方阵阵容完整,以逸待劳——以至于他们最终被撕成了碎片。(7)此后,罗马人陷入了四面楚歌之中。大批的士兵都被体型巨大的大象踩死,而余下的那些士兵则被庞大的迦太基骑兵射杀。(8)只有极少部分的罗马士兵设法逃走,但是,由于他们深处平原地形,所以,他们当中又有一些人被大象和骑兵杀死;只有大约五百名罗马人——包括利古鲁斯——逃脱,但是,他们随后马上又被迦太基人活捉,其中包括执政官利古鲁斯。(9)在这场战役中,迦太基人大约损失了八百名雇佣兵(这些雇佣兵面对的是罗马人的左翼),而罗马人则只有大约两千人幸存下来。这些幸存下来的军队——正如我之前所说——也是由于追击雇佣兵[①]而脱离了主战场的那些人。(10)除了他们的将军利古鲁斯以及跟随他一起逃亡的那些人,其他人全都丧生了。(11)在非凡运气的庇佑下,幸存下来的罗马支队成功地逃回阿斯皮斯。(12)迦太基人从那些死尸身上剥去有价值的东西,接着,他们带上利古鲁斯和其他俘虏,兴高采烈地返回首都。

[35](1)对于任何一个能够辨别是非和希望获取人生的行动引领之人来说,这些事件蕴含了许多教训。[②](2)降临在利古鲁斯身上的灾难,明白无误地向我们揭示了这样一个箴言,那就是:任何人都不要过分信赖命运女神(Fortune)的眷顾,尤其是在我们站在人生的巅峰之际。(3)我们看到利古鲁斯就是这种人,不久之前,他刚刚拒绝怜悯和宽恕那些失败者,不久之后,他自己却成为乞求怜悯和请求宽恕自己性命的俘虏。(4)这正如欧里庇得斯(Euripides)所言(这也是长期以来大家所公认的至理名言):"一个

---

① [中译按]参见第一卷第三十四章第4节。
② 波利比乌斯在第一卷第1章所提到的那种教训的一个主要例证。

47

明智的建议强于众多的帮手"（one wise counsel conquers many hands）。①(5)因为，一个人的智慧可以战胜那些看似所向披靡和不可战胜的军队，也可以挽救一个已经彻底坠入深渊和军队士气低迷不振的国家。(6)我之所以记录这些事件，是因为，我希望我的读者可以从中受益。(7)因为，所有人的自我提升之路只有两种，一种是借助于自身的挫折而提升，另一种则是借助于他人的挫折而提升，前一种途径更让人印象深刻，而后一种途径则能避免让人痛苦。(8)如果我们能够避免，我们绝不会选择第一种途径，因为，第一种途径往往意味着巨大的危险和刻骨的伤害；然而，我们总是选择第二种途径，因为，我们可以通过它来找到一种自身免受伤害，但不失为最好的解决方法。(9)对于实际的生活而言，我们觉得，最好的教育就是从严肃历史的阅读中不断地累积经验和智慧。(10)因为，历史不会对我们有任何的伤害，相反，不管在任何时刻和任何场合，它都只会使我们作出最好的判断。好吧，对于这个主题，我已经说得够多了。

[36](1)对于所取得的胜利，所有迦太基人都抑制不住自己内心的喜悦，他们彼此相互祝贺，并向诸神献祭以示感谢。(2)但是，这场剧变的设计师和迦太基时来运转的造就者科桑西普斯，不久后就启航回国了，这是一个极为明智和审慎的决定。因为，光彩夺目和史无前例的胜利，往往会招致最深远的嫉妒和最恶毒的诽谤。(3)如果他是一名当地人，那么，他会拥有自己众多亲属和朋友的支持，从而可能在很长一段时间里抵御它们；但是，作为一名外国人，他将会很快地屈服，并将自己陷于巨大的危险之中。(4)然而，促使科桑西普斯离开的另外一个原因，我将在之后更为合适的场合再进行一番陈述。

(5)当这场出乎意料的灾难的消息从利比亚传到罗马后，罗马人立即下令装备自己的舰队，以救援他们在那里幸存下来的军队。(6)在这场胜战之后，迦太基人在阿斯皮斯城前驻营，因为，他们希

---

① 这句话取自于欧里庇得斯的残篇《安提奥佩》（Euripides's *Antiope*.）。

望通过围攻它而俘虏这些幸存者；（7）但是，这些幸存者英勇地保卫这座城市，这使他们的意图没有得逞，最后，他们被迫放弃了围攻。（8）当罗马人正在装备舰船，准备重新驶往利比亚的消息传到迦太基人那里后，迦太基人就开始修复原来的舰船，并建造其他全新的舰船；（9）他们很快就装备了一支两百艘舰船的舰队，接着，他们就让这支舰队出海，监视敌人。

（10）在初夏的时候，①罗马人让三百五十艘舰船②下水，并且，他们派遣马尔库斯·埃米利乌斯（Marcus Aemilius）和塞维乌斯·弗维乌斯（Servius Fulvius）指挥这支舰队，他们两人则率领这支舰队，沿着西西里海岸驶往利比亚。（11）当罗马人在赫迈乌姆（Hermaeum）附近遇到迦太基舰队后，他们就开始攻击后者，他们轻易地击溃了后者，并俘获了一百一十四艘舰船及其船员。（12）接着，当他们在阿斯皮斯把那些先前滞留在利比亚的军队都带上舰船后，他们又扬帆驶往西西里。

［37］（1）他们安全地穿过了海峡，抵达了卡马里纳附近的西西里海岸，但是，他们在那里遭遇了一场前所未有的巨大风暴，这场大风暴是如此恐怖，以至于我们很难用语言来描述。（2）三百六十四艘舰船最终只幸存八十艘；其余的舰船要么沉没，要么被巨浪冲向岩石和海岬而解体，整个海岸到处都是尸体和残骸。（3）先前的所有历史都没有记载过比这更严重的海难。（4）这场灾难的责任归咎于这支舰队的指挥官，而不能归咎于命运；因为，船长们反复地告诫他们，不要沿着面向利比亚海（Lybian Sea）的西西里外海岸

---

① 即公元前 255 年。
② 这个数字与波利比乌斯在第一卷第 26 章所给出的数字相吻合，这些都是来自于他关于埃克诺姆斯战役的资料，据现代计算，这个数字已经降到了大约 200艘。因此，除去过高估计的 100 艘舰船和留在阿斯皮斯的 40 艘舰船，前去救援的舰队，其舰船数量大约是 210 艘。

(outer coast of Sicily)①航行,②因为,这个地方岩石众多,而且,它也几乎没有适合抛锚停泊的地方。他们同时告诫道,从星象上看,危险的天气征兆还未离去,而另一个危险征兆即将来临——因为,他们的航行时间必须是在猎户星升起和天狼星③升起(rising)④之间的这段时间。(5)然而,他们的指挥官根本无视告诫,他们沿着公海上的外海岸航行,因为,他们希望以自己近来的辉煌胜利来震慑沿线的众多城市,进而迫使这些城市投降。(6)但是,现在他们为了这种虚幻的希望而将自己暴露在巨大的灾难当中,他们被迫承认他们自身行动的愚蠢性。(7)一般而言,罗马人在所有方面都依赖自己的力量,他们觉得,自己必须完成定下的目标,他们一旦决心完成它的话,任何事情都阻挡不了他们。他们这种勇往直前的精神往往会给他们带来胜利,但是,有时候这也会让他们遭遇彻底的失败,这场海难就是一个显而易见的例子。(8)在陆地上,他们通过自身的力量来同他人进行对抗,这往往会使他们取得胜利(尽管也会有极少的失败情况出现),因为,他们运用自身的力量来反对另一种同质性的力量。(9)但是,当面对大海和天气时,他们仍然试图运用这种力量来进行争锋的话,那么,就会遭遇彻底的失败。(10)不只这个场合会是这种结果,其他场合也必将步其后尘,除非他们纠正了对勇气与暴力的这种先入之见,因为,正是这些先入为主的成见让他们相信,自己能够在一年之中的任何一个季节航海旅行。

---

① [中译按]"西西里外海岸"(outer coast of Sicily)亦即"西西里南岸"(the southern coast of Sicily)。

② 波利比乌斯所要表达的涵义是逆时针航行,以绕过西西里东南端的帕奇纳斯海角(Cape Pachynus)。事实上,按照古代沿岸航行的惯常做法,罗马指挥官别无选择,因为,西部的港口掌握在迦太基人的手上。

③ 天狼星(Sirius)是在七月出现,而猎户星(Orion)则是在十二月初出现。——洛布本注

④ "升起"(rising)指的是,星象在东方地平线上可以看见之时,到升起的太阳会使它消失不见之前的这段日期,天狼星(Sirius)升起的时间估计是六月二十八日,猎户星(Orion)升起的时间估计是七月四日。——企鹅本注

[38](1)一听到罗马舰队覆亡的消息,迦太基人就觉得,他们现在可以同罗马人在陆上(因为他们最近在陆上刚刚取得胜利)和在海上(因为这场海难)一争雌雄了,因此,他们努力地扩展自己的军事力量和海军力量。(2)他们立即派遣哈斯德鲁巴到西西里,让他统率他们先前所动员的军队和从赫拉克里亚前来会合的那支军队及一百四十头大象。(3)当他们把他派遣出去后,他们又开始在海上装备了两百艘战舰,并为海上远征积极地进行所有的准备。(4)当哈斯德鲁巴安全地抵达利利巴乌姆后,他立即开始训练战象和自己的其他军队,这明显表明,他欲与罗马人争夺乡村的控制权。

(5)当罗马人从幸存者那里充分地了解到这场海难的所有信息后,他们都深感悲痛,但是,他们仍然决心绝不屈服,因此,他们决定再建造一支二百二十艘战船的全新舰队。(6)在三个月的时间内,它们全都建造完成了(这几乎难以令人想象),并且,新选任的执政官奥鲁斯·阿提里乌斯和格纳乌斯·科内利乌斯(Gnaeus Cornelius)完成了对这支舰队的装备,接着,他们让它们下水出海。① (7)穿过海峡后,他们在迈萨纳同风暴中幸存下来的那些舰船会合。接着,当总计三百艘的舰船抵达帕诺姆斯(帕诺姆斯城是迦太基人在西西里地区最重要的一座城市)后,他们就开始围攻这座城市。(8)他们在两处不同的地方匆匆完成了围城工事,当他们完成其他的必要准备工作后,他们就把攻城槌拉运了过来。(9)矗立在海岸边的塔楼很容易地被摧毁了,接着,士兵们通过这个缺口强行攻入,所谓的新城(New Town)被攻占了。由于老城现在直接面对危险,所以,老城的居民也很快地投降了。(10)攻占了帕诺姆斯城,并留下了一支守城的卫戍部队后,执政官就航行返回了罗马。

[39](1)当夏天来临后,②他们的继任者格纳乌斯·塞维利乌斯(Gnaeus Servilius)和盖乌斯·塞姆普洛尼乌斯(Gaius Sempronius)

---

① 即公元前254年夏季。
② 即公元前253年。

就立即让整个罗马舰队都下水出海，从西西里向利比亚航行。（2）他们沿着海岸线航行，登陆了很多地方，但都没有取得任何值得一提的重要成就，最终，来到了洛图斯-伊特尔斯岛（Lotus-eaters）。洛图斯-伊特尔斯又叫作米尼克斯（Meninx），它距离小塞提斯（Lesser Syrtis）不远。（3）由于不知道这里是近岸水域，他们航行在一些浅滩的水域上面，当潮水一退落，舰船就搁浅了，因此，整个舰队都落入了一个非常危险的境地。（4）然而，没过多久，潮水又出乎意料地上涨起来，于是，他们抛掷所有的重物，最终成功地减轻了舰船的重量，（5）他们现在像逃命一样赶紧离开。他们抵达西西里、绕过利利巴乌姆海角（Cape Lilybaeum），停泊在帕诺姆斯；（6）接着，他们急速地穿过公海回到罗马，不过，这一次他们又遭遇了一场恐怖的风暴，以至于他们最终又损失了超过一百五十艘舰船。

（7）这一次罗马当局不得不受制于环境的力量（因为他们频繁遭遇了巨大的灾难），以至于被迫放弃了建造另一支舰队的想法，尽管他们在所有方面都拥有坚定不移的成功决心。（8）他们决定只依靠自己的陆上力量，他们派遣执政官卢西乌斯·卡西利乌斯（Lucius Caecilius）与盖乌斯·弗里乌斯（Gaius Furius）率领一些军团前往西西里，而且，他们仅仅配备了六十艘舰船来补给这些军团。① （9）罗马人所遭遇的上述灾难再一次地使迦太基人的胜利前景更加明朗化；（10）由于罗马人从海上退出，迦太基人现在完全控制了海洋，而且，迦太基人对自身的陆上力量也信心十足。（11）这些期望不是没有依据的，因为，在利比亚之战中，大象破坏了罗马人的防线，并杀死了他们大部分人的消息流传甚广，以至于罗马人在接下来的两年中都非常害怕这种野兽。（12）尽管他们自己所部署的军队——他们有时把军队部署在利利巴乌姆附近，有时部署在塞里努斯（Selinus）附近——距离敌人达五斯塔德或者六斯塔德，②

---

① 即公元前251年。
② ［中译按］"五斯塔德或者六斯塔德"（five or six stades）亦即"五弗隆或者六弗隆"（five or six furlongs）。

但是,他们从不敢主动出击。事实上,他们甚至从未下到平地上去迎击敌军,因为,他们太害怕遭到大象的进攻了。(13)在此期间,他们一直都沿着山地和难行的乡村行进,以至于他们只成功地包围降服了忒尔马(Therma)和利帕拉。(14)当罗马当局注意到自己的军队普遍蔓延的胆怯和沮丧后,他们最终改变了想法,他们决定重新在海上碰碰运气。(15)因此,在盖乌斯·阿提里乌斯和卢西乌斯·曼利乌斯担任执政官期间,我们发现,他们不仅建造了五十艘舰船,而且,他们还积极地招募水手和组建舰队。①

[40](1)与此同时,迦太基的最高指挥官哈斯德鲁巴注意到了自己面前的罗马人所展现出的怯懦。他发现,其中一位执政官已率领西西里全部军力的一半返回了意大利,而卡西利乌斯和余下的军队仍留在帕诺姆斯,以保护盟友的谷物,因为,当时正值收割季节。②(2)因此,哈斯德鲁巴从利利巴乌姆率领军队向前进军,他把军队驻扎在帕诺姆斯的领土边境。(3)卡西利乌斯注意到了哈斯德鲁巴的自信情绪和进攻心态,他希望引诱后者主动攻击,因此,他把自己的军队都留在城墙内。(4)看到这番场景后,哈斯德鲁巴立即感到信心倍增,他觉得,卡西利乌斯不敢冒险出来应战,于是,他率领自己的全部军队勇敢地向帕诺姆斯进军。(5)按照自己原来的计划,卡西利乌斯让他摧毁沿路直至城墙边的谷物,直到让他跨过河流去摧毁城墙前的谷物。(6)当迦太基人的大象和其他军队分隔在河流两岸的时候,他就派遣自己的轻装部队前去骚扰他们,直到他迫使他们动用自己的全部军队。(7)当他看到这项计划奏效后,他就在城墙和壕沟前部署了一些轻装部队。他命令他们,如果大象进入射程范围内,那么,他们就向大象发射自己手上的投掷物(missiles);(8)当它们被驱赶回去后,他们就进入壕沟躲避,如果再有大象过来进攻他们,他们就从壕沟里冲出来射击它们。

(9)同时,他命令那些下层市民搬运投掷物,并把它们堆放在

---

① 即公元前250年。

② 接下来的战斗发生在公元前250年6月。

外面的城墙脚下;而他自己则率领手下的支队部署到面对敌人左翼的城门,并不断地向那些射击的士兵提供增援。(10)没过多久,双方的战斗在各个地方全面爆发了,这时驾骑大象的所有骑手——他们渴望向哈斯德鲁巴展现自己的非凡技能,希望自己在将来的胜利中起到主要作用——冲向前面的敌人,他们轻易地击退了后者,并一直把他们追至壕沟。(11)但是,当大象追到壕沟时,它们受到城墙上的罗马弓箭手的射击而接连受伤,与此同时,部署在壕沟前的生力军也急忙向他们齐射标枪和长矛。(12)当这些大象被射得遍体鳞伤后,它们很快就惊慌乱窜了起来。(13)它们转身冲向自己的军队,踩踏和杀死了许多人,这严重地破坏了他们的阵型,以至于最终使他们陷入了彻底的混乱之中。(14)看到这个情况后,卡西利乌斯立即率领自己的军队勇猛地出击和进攻敌人的侧翼。由于其军队的阵型井然有序,而且又都是生力军,而迦太基人现在已然全都陷入了混乱,结果,迦太基人彻底溃败,罗马人杀死了他们许多人,并迫使其他人退出战场,仓皇逃跑。(15)卡西利乌斯俘获了十头大象及其驯象手,并且,在这场战役结束之后,他成功地围捕和俘获了其余那些抛下驯象手的大象。(16)他充分认识到,这次胜利重新点燃了罗马军队的战斗信心,并重新控制了乡村地区。

[41](1)当这次胜利的消息传到罗马后,人民沸腾了起来,这与其说是因为敌人在这次重挫中损失了他们的大象,不如说他们的军队现在已经恢复了战胜敌人的信心。(2)因此,受到鼓舞的罗马人恢复了他们原来的计划,也即是,他们让执政官统率一支舰队出去作战;因为,他们渴望运用自己手上的一切手段来结束战争。(3)当远征所要求的所有准备工作完成之后,执政官率领两百艘舰船开往了西西里。① 这已经是这场战争的第十四个年头了。②(4)当他们把舰队停泊在利利巴乌姆(他们在这个地方同自己的陆

---

① 据现在的估计,执政官率领的舰船是120艘。
② 即公元前250年。

上力量会合)后,他们就开始围攻这座城市,因为,他们认为,如果他们占领了这座港口,那么,他们就很容易把战场转移到利比亚。(5)对于这个问题,迦太基当局至少在相当程度上同罗马人持相同的看法,他们相当看重这个地方的价值。(6)因此,迦太基当局放弃了其他的所有行动,为了解除敌人对这座城市的围困,他们集中了自己的所有力量;为了实现这个目标,他们甘愿承受任何的危险和牺牲。因为,如果这座城市陷落,那么,他们在西西里就不会留下任何的基地了,罗马人已经占领了除德里帕纳(Drepana)以外的所有西西里地区。

我将简要地描述这个地方的地理位置和它的自然优势,以防止出现我的读者由于地理知识的匮乏,以至于对我的叙述产生疑惑不解的情况。

[42](1)整体上而言,西西里在意大利的位置与伯罗奔尼撒(Peloponnese)在希腊的位置几乎相同。(2)它们的不同之处在于,伯罗奔尼撒是一座半岛,而西西里则是一座岛屿,因此,前者通过陆路进行交通,而后者则通过海路进行交通。(3)西西里的形状是三角形的,而它的三个犄角则呈海岬形。(4)朝向南边和伸向西西里海的那个海岬叫作帕奇纳斯(Pachynus)海岬;(5)朝向北边和形成海峡①的西岸边界的那个海岬则叫作佩洛里亚斯(Pelorias)海岬,它距离意大利大约十二斯塔德;②(6)朝向利比亚方向的第三个海岬叫作利利巴乌姆海岬,而这个海岬正好可以作为进攻迦太基前方海岬的一个基地,两者相距大约一千斯塔德。③ 这个海岬朝向西南方,萨丁海把它和利比亚分隔了开来。(7)这个海岬所在的那个城市也叫作利利巴乌姆,罗马人现在正准备围攻这座城市。这座城市四周都有坚固城墙和高深壕沟的双重保护,④而且,它面向海

---

① 这个海峡指的是迈萨纳海峡。
② [中译按]十二斯塔德大约是 1.5 英里。
③ [中译按]一千斯塔德大约是 115 英里。
④ 根据迪奥多鲁斯(Diodorus)所撰写的《历史》(*History*)一书第 24 卷第 1 章第 2 节的记载,这个壕沟宽达九十英尺,深达六十英尺。

洋的那边都是浅滩水域,通过这片水域进入这座港口需要极强的技能和经验。

(8)罗马人在这座城市两边扎营,而在这两座营地之间的空地,他们建造了一条壕沟、一道栅栏和一面围墙来作防护。(9)接着,他们开始匆匆建造工事,以围攻位于利比亚一侧而最靠近海洋的那座塔楼。他们逐渐地从基地向前推进,因此,他们慢慢地蚕食它们,最终他们成功摧毁了毗连的六座塔楼;同时,他们立即用攻城槌进攻所有其他的塔楼。(10)围攻现在是如此高效和恐怖,以至于每天都可以看到一些塔楼在摇摇欲坠或者崩毁坍塌,罗马人的围攻越来越向市中心靠近了。(11)结果,混乱和恐慌的情绪在被围的全城市民中间蔓延,尽管城内有一支大约一万人的雇佣部队①守卫。(12)然而,迦太基的将军希米尔克(Himilco)不知疲倦地运用各种手段进行抵抗,他针锋相对地建造城墙和地道,从而大大地增加了罗马人的困难度。(13)每天他都会攻击这些围城工事,并试图用火点燃它们。这些反制性进攻不分昼夜地轮番上演,敌人越是靠近,他们所遭遇的抵抗也就越激烈,因此,他们每次所遭受的损失也就比通常的激战更加严重。

[43](1)大约与此同时,雇佣军里面的一些高级军官讨论了投降罗马人的计划。他们深信,他们的部下会听从自己,他们乘着夜色从这座城市冒险航行到罗马人的营地,并同罗马执政官讨论了相关的投降事宜。(2)但是,亚该亚人亚里克森(Alexon)——之前他由于挫败叙拉古雇佣兵的阴谋(当时他们正密谋反对阿格里根托人)而挽救了阿格里根托人——首先发现了这场阴谋,于是,他就把他们的阴谋告诉了迦太基的将军。(3)一听到这个消息,希米尔克立即召集余下的高级军官,并急切地乞求他们的帮助,他向他们允诺,如果他们继续保持对他的忠诚,拒绝参与那些离城之人的阴谋,他将给予他们慷慨的回报和恩惠。(4)这些军官们热烈地回应了他的允诺,于是,他就叫他们立即返回到自己的军中,同时,他

---

① 这支雇佣部队由凯尔特人和希腊人所组成。

派遣汉尼拔(这位汉尼拔是死于萨丁的汉尼拔之子)——因为,他们之前就受他统领,同时也对他非常熟悉——同他们一起回到凯尔特人那里去;对于其他的雇佣军,他则派遣亚里克森前去,因为,他们非常喜欢和信任他。(5)这些军官把全部的雇佣军都召集起来,他们半是恳求,半是保证地对他们说道,每一个人都将得到一笔由将军提供的奖金,最后,他们轻易地说服了军队继续保持他们的忠诚。(6)结果,不久之后,当先前离城去敌人那里协商投降事宜的那些军官,公开地走到城墙,试图去恳求并告诉他们罗马人所作的承诺时,却没有产生任何效果,雇佣军甚至纷纷用石块和其他投掷物来驱离他们。(7)迦太基人基于上述原因而侥幸地逃过一劫,他们差点就因为雇佣兵的背叛而陷入彻底失败。现在正是这位亚里克森——之前他的忠诚不仅挽救了阿格里根托这座城市及其领土,而且还挽救了阿格里根托的法律和自由——让迦太基人免于覆亡的命运。

[44](1)对于所有这些事件,迦太基当局根本就一无所知。但是,他们心里仍然装着一座被围之城的各种亟需,因此,他们把军队装满了五十艘舰船。在给军队下达了适宜的命令之后,他们立即把这些军队交给哈米尔卡之子汉尼拔指挥,而汉尼拔既是三桨座战船的指挥官,同时又是阿德赫巴尔(Adherbal)①最好的密友。他们命令汉尼拔,他不应该踌躇不前,而是应该无所畏惧地抓住机会,以解救这座被围之城。(2)因此,汉尼拔率领载有一万军队的舰队出海了,他把舰队停泊在位于利利巴乌姆和迦太基之间的埃古萨岛(Aegusae),以等待有利的天气。(3)当有利的微风一出现,他就扬起所有的帆船,乘风破浪,直接驶往港湾入口,同时,他又把自己的军队全副武装地部署在甲板上,以听候命令。(4)这部分是因为,敌军舰队出现得太过突然,部分是因为,他们担心风力的作

---

① 这位阿德赫巴尔(Adherbal)有可能是这次远征的统帅,他把汉尼拔留在埃加特斯岛(Aegates Islands),以救援利利巴乌姆,他自己则前往德里帕纳(Drepana),参见第一卷第46章。

57

用会把他们连同汉尼拔的舰船一起吹进敌人的港口,所以,罗马人根本就没有阻拦救援舰队的进入,相反,他们仍留在海上,并对迦太基人的勇敢感到深深的震惊。(5)利利巴乌姆城的所有民众都聚集到城墙上,一方面,他们对不确定的事态走向深感担心和忧虑,另一方面,他们又会对出乎意料的救援希望深感高兴;接着,当舰队驶进港口时,他们不断地通过欢呼和鼓掌来迎候他们。(6)勇敢和冒险精神最终使汉尼拔成功地驶进了港口,接着,他让舰队安全地停泊下来,让军队安全地离船上岸。(7)对此,城内的所有民众都感到非常高兴,但是,他们的高兴不是因为救援军的到来——尽管他们的到来确实极大地提升了他们的希望,并增加了他们的实力——而是因为罗马人不敢阻拦迦太基人驶进港口。

[45](1)卫戍部队的指挥官希米尔克看到,整个军队——原有的守军由于救援部队的到来而士气旺盛,但新到的军队则由于不知道自身的危险处境而锐气饱满——信心十足、斗志昂扬。(2)因此,他希望充分利用自己这两部分军队的这种斗志来烧毁敌人的围城工事。因此,他召集了自己的所有军队,并滔滔不绝地向他们发表了一番合乎时宜的讲话。(3)通过对每一位表现勇敢的士兵都予以慷慨奖赏的允诺,他极大地鼓舞了他们,而且,他还向他们保证,整个军队也都将得到迦太基当局的体面酬谢。(4)整个军队都热情地向他鼓掌欢迎,他们大声地呼喊道,他应该立即率领他们直接进军。对于他们的热情响应,希米尔克深表称赞和感谢,接着,他命令他们先行休息,并等待他们自己军官的命令。(5)不久之后,他召集了自己手下的高级军官开会,在会上,他给他们每一个人都分配和下达了攻击任务、作战暗号和进攻时间。(6)他命令,全部军官和整个军队在晨更时分进入攻击位置。按照事先下达的命令,天一亮,他就率领全军从各个方向对敌人同时展开进攻。(7)预见其意图的罗马人也没有闲着或者毫无准备,相反,他们立即跑去保卫那些受到威胁的地方,坚决地抵抗敌人的进攻。(8)没过多久,双方的所有军队都陷入了争战,一场殊死战斗沿着

整道城墙展开,围攻者的人数不下于两万人,①而罗马一方的人数甚至更多。(9)由于双方都没有遵照严格的阵型作战,每一个人都按照自己觉得最好的方式战斗,他们的作战极度混乱和无序;由于双方作战人数过于庞大——他们要么一个对一个地进行战斗,要么一群对一群地进行战斗——以至于整个战场几乎沦落成单兵战斗的乐园,战争的激烈程度也就更加严酷。(10)然而,在围城工事附近的战斗,他们的杀喊声最大,战况也最酷烈。(11)这里是战斗的中心地带,因为,对于那些攻击者而言,他们的主要任务是把敌人驱离围城工事,而对于那些保卫者而言,他们的主要任务则是坚决地守卫它们。双方都表现出志在必得的决心,前者使出浑身解数驱赶自己的敌人,而后者则寸步不离地坚守自己的位置。由于这种坚定的决心,双方战士最后就留在原地周围来回杀伐,直至战死沙场。(12)与此同时,一些迦太基人手持松木、粗麻屑和火把,他们和其他战士一同从各个方向攻击围城器械,他们把烧着的投掷物英勇地掷向罗马人,而罗马人却没有在一开始就挡住他们的这种攻击,以至于他们最后发现自己身处绝境。(13)但是,迦太基将军注意到,自己的士兵在战斗中损失巨大,但没有实现自己抢夺围攻工事的目标,于是,他就命令号兵吹响了撤退的号令。(14)罗马人几乎就要损失他们全部的围城工事,但是,他们最终还是守住了阵地,并保全了自己的围城工事。

[46](1)至于汉尼拔,他在这场战役后率领自己的战船驶离港口(由于夜色的掩护而未被敌军发现),进军德里帕纳(Drepana),以在那里同迦太基指挥官阿德赫巴尔会合。(2)由于德里帕纳自身的便利位置和港口优势,使得迦太基人一直都非常注重它的防御。(3)德里帕纳距离利利巴乌姆大约一百二十斯塔德。②

(4)本土的迦太基人渴望了解利利巴乌姆所发生的事情,但未

---

① 这个数字表明,整个迦太基军队全部参加了这场战役,也即是,原先的一万守军(参见第一卷第42章),加上汉尼拔手下相同数量的军队。

② [中译按]一百二十斯塔德大约是十五英里。

能如愿以偿,因为,他们自己的军队已被关在了迦太基城内,而且,罗马人对他们进行了非常严密地封锁。因此,其中一位杰出的迦太基公民汉尼拔——他的绰号是"罗德岛人"(Rhodian)——自愿驶往利利巴乌姆,以带回全面的情报。(5)迦太基当局非常欢迎他的提议,但是,他们不相信他能够成功,因为,罗马人的舰船就停泊在港口入口处的外面。(6)在装备好自己的舰船后,汉尼拔启航并抵达了利利巴乌姆前面的一座岛屿。第二天,他发现风向非常有利于自己航行,于是,大约在早上十点钟时,他就在敌人的众目睽睽之下驶进了港口,当敌人看到他后,他们都对他的英勇深感震惊。(7)第二天,汉尼拔立即准备返程。(8)但是,罗马将军决定更加严密地封锁港口的入口处,他在夜间配备了十艘速度最快的舰船,而他自己则同整个军队一起站在港口边观看即将发生的事情。(9)这十艘舰船就等候在出入口两岸,它们尽可能地靠近可以登船的浅滩,而它们的船桨则像两翼一样伸展开来,以随时冲去俘获这艘即将出航的舰船。(10)但是,这位"罗德岛人"就在敌人环伺之下开始出发,他的勇敢和速度都要远远超过罗马人,以至于他不仅让他的舰船及其所有船员都毫发无损驶过敌人的舰船(敌人的舰船就好像不会动一样),而且,在驶离了一小段距离后,他还把船桨收起,并停下船来,就好像在挑衅罗马人一样。(11)然而,由于他的船速太快,以至于没有人去冒险接近和攻击他,接着,他就驾船驶离了,他以自己的区区一艘舰船,就彻底羞辱了整个罗马舰队。(12)在此之后,他又多次地重复了这一光荣事迹,他不断地给迦太基送去最为紧急和最为重要的消息,而这些消息都对迦太基价值巨大。(13)与此同时,他也给这座被围之城提供了源源不断的精神激励,而且,他的勇敢也直接打击了罗马人的士气。

[47](1)汉尼拔最大的信心来源于他正好拥有通过浅滩之路的经验。(2)一旦穿过公海,能看见这座港口,他就可以在自己舰船的船头从意大利方向一直朝向海边的塔楼驾驶,因此,他就可以穿越(covered)从非洲方向以来整个沿线城市的塔楼,这是顺风行驶的舰船驶进港口出入口的唯一方法。(3)这位"罗德岛人"的英

勇鼓舞了其他熟悉当地水情的那些人的信心,以至于后者也跟着效仿他。结果,他们的这番举动让罗马人大伤脑筋,以至于罗马人试图填塞满这座港口的整个出入口来反制他们。(4)然而,他们绝大部分的努力彻底失败了,因为,这个地方的海水太深,以至于他们投掷进去的所有材料和碎石都没能沉积或者堆拢在一起,即使它们沉积在下面,它们也会在洋流的冲击和作用下吹散。(5)然而,在无尽的痛苦努力之下,他们终于在其中一处浅水处矗立起了一座结实的堤岸,一天晚上,一艘四排桨舰船(four-banked ship)在离开港口时搁浅在那里,最终落到了罗马人的手里。(6)这艘舰船建造精良,在俘获和精心地挑选了一些船员来装备它后,罗马人用它来监视所有偷越封锁线的那些人,尤其是那位"罗德岛人"。(7)恰好在那个晚上,"罗德岛人"驾船进入港口,接着,他像往常一样故意在光天化日之下驶离,但是,当他一看到这艘四排桨舰船出海后,他立刻就警觉和恐惧起来。(8)一开始,他试图急忙远离这艘四排桨舰船,但是,当他发现自己被它追上(因为它拥有优秀的划桨手)后,他最终转而同他们开打起来。(9)然而,不管是在人数上,还是在军事素质上,他都抵不过对方,因此,他最终落到了敌人手里。(10)俘获他后,罗马人发现,他的这艘舰船同另一艘舰船一样,建造精良,于是,在对它进行一番特别地装备后,他们也用它来封锁这座港口,因此,他们就这样终结了偷越利利巴乌姆封锁线的所有冒险行径。

[48](1)与此同时,被围的迦太基守城部队仍在积极地建造防御工事,尽管他们已经放弃了破坏或者摧毁敌人的围城工事的想法。(2)一场持续不断的强劲风暴大肆地吹刮那些搬运围城机器的器械,以至于最顶上的那层护顶(penthouse)①都从它们的地基上震落了,而它们前面的木制塔楼也被大风暴吹塌了。(3)在风暴继续肆虐期间,一些希腊雇佣军产生了利用风暴这个绝好的机会去

---

① 这些护顶(penthouse)是棚房上的倾斜斜顶,这种棚房用来保护围攻者,以使他们免遭来自上方的投掷物的攻击。

摧毁罗马人的围城工具的计划,他们将这个计划告诉了卫戍部队的将军。(4)这位迦太基将军同意了他们的这个计划,并且,他积极地为这个计划作各种必要准备。(5)卫戍部队的士兵们在三个不同地方集合,他们从这三个地方火攻敌人的围城工事。整个围城工事设备(apparatus)老化而易燃,而且,强风的作用使大火很快蔓延至塔楼和围城器械(engines),熊熊的大火越烧越大,而这反过来又对罗马人的灭火和抢救器械的工作增加了极大的困难。(6)事发的突然性本身也让那些抢救者不知所措,以至于他们甚至既不知道也不理解所发生之事,他们眼前所弥漫的火焰、火星和浓浓的烟雾,让他们纷纷垮下并倒毙,他们甚至都不能靠近大火,更不要奢谈救火了。(7)罗马人的灭火工作困难重重,而他们敌人的纵火行动却轻而易举。(8)由于风力和风向的作用,所有吹向他们或者刺到他们脸上的东西挡住了罗马人的视线,这让罗马人深受其害,而作为攻击者的卫戍部队却可以清楚地看到自己眼前的罗马人,因此,他们就可以轻而易举地用投掷物或者其他飞掷物,来射中那些救火的罗马人或者直接摧毁那些围城工事。(9)最后的毁灭是如此彻底,以至于塔楼的地基和攻城槌的横梁都被大火化为灰烬。(10)经此灾难,罗马人放弃了用围城工事占领这座城市的计划,相反,他们转而在城市周围挖掘壕沟和建造栅栏;同时,他们建造了一道环绕自己营地的围墙,他们把最后的结果留给了时间。(11)而利利巴乌姆的卫戍部队也重建了倒塌的城墙,他们现在更加自信地等候最后的围城结局。

[49](1)这场灾难的消息传到了罗马,接着,更为庞大的船员——他们要么殒命于大火,要么殒命于保卫围城器械的战斗——殒命的消息也从各个营区传到了罗马,于是,罗马当局赶忙开始招募水手,(2)当他们募集了一支大约一万人的队伍后,他们就把后者派往西西里。(3)这支增援部队坐船渡过海峡,接着,他们再从那里步行到营地;当他们一抵达营地,罗马执政官普布里乌斯·克劳狄·普尔克尔(Publius Claudius Pulcher)就召集保民官们(Tribunes)开会,他告诉他们,现在正是整个舰队进攻德里帕纳的

最佳时机。^①（4）他说,驻守在那里的迦太基将军阿德赫巴尔^②根本没作防备,因为,他根本就不知道这支增援部队的到来,而且,他还仍然以为,罗马人的舰队不可能在围城之战中遭受如此重创的情况下还能够跨海而来增援。（5）保民官们热情地赞同他的计划,于是,他立即就让先前服役的船员和刚刚新到的船员都登上舰船。同时,他还从全军当中挑选了一些最好的士兵,以作海军陆战队士兵之用,他们全都是自愿的,因为,他们所要航行的距离不是很长,但战利品肯定非常丰富。

（6）当一切工作准备停当之后,普尔克尔选择了在不易让敌人察觉的午夜时分出海,他沿着自己右侧的海岸线,以密集队形航行。（7）等到天亮时,航行在舰队前面的那些舰船就进入了德里帕纳守军的视线,对于这意想不到的一幕,阿德赫巴尔一开始感到非常震惊。（8）但是,他马上又恢复了理智,他明白敌人此番前来的目的,于是,他决定即使自己拼尽全力,也要不惜一切代价地避免自己的军队被封锁在这座城市之内。（9）因此,他立即集结沙滩上的船员,并派遣传令官召唤城内的雇佣兵。（10）当他的所有军队全都集结后,他向他们发表了一番简短的讲话,在这番简短的讲话中,他试图向他们解释道,如果他们现在不惜冒险而英勇一战,那么,他们将会有极大的获胜希望;但是,如果他们在危险面前退缩不前,那么,他们就会陷入被围的险境。（11）他们的战斗热情很快被点燃起来了,他们催促他立即率领自己迎战。阿德赫巴尔感谢了他们的积极响应,并褒奖了他们的勇敢,接着,他命令他们立即登上甲板,并让他们紧跟自己的战船,尾随在自己后面。（12）在明白无误地给他们下达了这些命令后,他立即让自己的舰船下海并领队航行,而且,他让自己的舰队紧靠港口对面的礁石航行,因为,罗马人正在驶入港口。

［50］（1）罗马人的指挥官普布里乌斯先前就预计,敌人会在自

---

① 即公元前 249 年。

② 参见第一卷第 46 章。

己进攻的威胁之下撤退,然而,现在他反而看到敌人决心同自己开战。(2)他自己的舰船,有的已经在港口内,有的正好在港口出入口处,而有的则仍在进入港口的路途上,但是,他命令它们全部调转头来,重新启航。(3)航向的突然改变引发了港口内的一些舰船与出入口处的一些舰船的相互撞击,而它们的相互撞击不仅造成了船员之间的巨大混乱,而且也引起了划桨叶片啪啪的断裂声。(4)最终,当他们清空港口后,船长们成功地使舰船排成整齐的阵型,他们靠近岸边,把船头对准敌人。(5)普布里乌斯自己一开始航行在整个舰队的队尾,现在却改变航向,驶向了公海并占据了最左翼的位置。(6)与此同时,阿德赫巴尔用五艘有喙的舰船(beaked ships)包抄了敌人的左翼,他自己则从公海方向把自己所乘坐的那艘舰船对向敌人。(7)当其余四艘舰船航行过来组成阵型后,他让自己的副手命令他们与自己的舰船保持同样的位置,直到五艘舰船全部一致地对准敌人。(8)当他们组成一致战线后,他向他们发出了事先商定的一致前进和冲向罗马舰船的信号,而罗马舰船当时正在近海海岸等候和会合从港口返回的己方舰船。(9)由于他们自身所处的近海海岸位置,因此,他们在作战中的劣势非常明显。

[51](1)当两支舰队相互靠近时,战斗的信号同时从双方的舰船发出,战斗就这样开打了。(2)一开始,双方的力量势均力敌,因为,双方舰船上的陆战队员都是从各自的陆军当中精心挑选出来的。(3)但是,迦太基人逐渐地开始占据上风,因为,他们在整个战役中都拥有众多优势。(4)迦太基人的舰船速度要远远超过罗马人,因为,迦太基人的舰船建造精良,而且,他们的划桨手更加训练有素;他们的位置也更加有利,可以在公海自由地部署自己的阵型。(5)如果他们的任何一艘舰船受到敌船的逼迫,那么,由于自己的船速优势,他们可以安全地撤退到开阔的水域。(6)接着,他们可以在开阔的水域改变航向,以进攻最前面的追击者——要么进攻他们的尾部,要么进攻他们的侧翼。而罗马人则必须困难重重地转过身来,因为,他们的船身重量巨大,而且,他们的水手也经验

不足,因此,迦太基人就可以反复地猛撞他们,击沉了他们很多舰船。(7)如果任何一艘迦太基舰船处境危险,那么,其他舰船就可以不冒任何危险地赶过来营救,因为,他们是在开阔的水域航行,而且,他们也可以随意通过自己阵型的尾部。(8)然而,罗马人的处境却正好与迦太基完全相反。一旦陷入困境,罗马舰队根本无法撤退,他们靠近陆地作战,一旦前面的敌船逼迫自己,他们要么受困在船尾的浅水处,要么由于驶往海岸而惨遭搁浅。(9)在海战中,其中一种最有效的策略就是,穿越敌人的阵型,接着出现在忙于同其他舰船作战的敌船的船尾,但是,对于罗马舰船而言,这根本就不可能做到,因为,他们的舰船太过笨重,而且,他们的船员也缺乏相应的经验。(10)他们不能从船尾帮助那些亟需帮助的战友,因为,他们太过靠近海岸而深受限制,以至于即使他们想去支援自己的战友,那里也没有舰船通过的足够空间。(11)在这场战役的各个阶段,罗马人始终处在这样的不利困境,他们的舰船要么搁浅在浅滩,要么受困在海岸。当罗马指挥官看到这番场景后,他逃跑了,他带着大约三十艘舰船(这些舰船当时恰好在他旁边)沿着海岸向左悄悄地移动。(12)其余的舰船——总计九十三艘——及其船员(除了靠近岸边的舰船上设法成功逃往陆地的那些船员外),则全部被迦太基人俘获。

[52](1)这场战役就这样结束了,阿德赫巴尔在迦太基获得了巨大的声望,因为,迦太基人觉得,这次胜利的取得直接源于他的远见和英勇。(2)然而,普布里乌斯却在罗马声名狼藉,他们强烈抗议他行事鲁莽、轻率和纯粹由于他个人的原因而给罗马带来了如此巨大的灾难。(3)因此,他被送去审判,虽然侥幸逃脱死刑,但是最终被判罚重金。

(4)然而,虽然惨遭重挫,但是,罗马人仍然决心赢取战争,他们没有丝毫的松懈,相反,他们全力以赴地备战。(5)现在一年一度的选举时间到来了,当新任执政官被选举出来后,由于利利巴乌姆的被围者需要补给谷物,而且,军队也需要补给和供应物资,因此,他们就派遣了其中一位执政官卢西乌斯·尤尼乌斯·帕鲁斯

(Lucius Junius Pullus)^①率领六十艘舰船前去护送这趟运输。(6)一到迈萨纳,同利利巴乌姆与西西里的舰船会合后,尤尼乌斯就沿着海岸全速驶往叙拉古,现在他已经拥有一百二十艘战船和大约八百艘装载货物的运输船。(7)在那里,他把其中一半运输船和一些战船委任给财务官(Quaestor),并让他们先行出航,因为,他急于把这些补给立即运输过去。(8)他自己则继续留在叙拉古,以等待从迈萨纳过来的舰船和收拢从内陆盟友那里所运过来的额外补给和谷物。

[53](1)大约与此同时,阿德赫巴尔把海战中所俘获的战俘和舰船送往迦太基城。接着,他让自己的同僚卡萨罗(Carthalo)指挥一支三十艘舰船和后者自己所带来的七十艘舰船的队伍,他命令卡萨罗率领这支舰队突袭罗马人停泊在利利巴乌姆附近的舰队,(2)同时,他命令卡萨罗尽可能地俘获和烧毁敌人的舰船。(3)卡萨罗遵从了这番命令,他在破晓时分展开进攻,他烧毁和俘获了一些罗马舰船,这在罗马人中间引发了巨大的混乱。(4)当罗马人大声地跑去营救这些舰船的时候,利利巴乌姆卫戍部队的指挥官希米尔克听到了他们的响动,(5)而且,由于天色刚刚破晓,他也看到了所发生的事情,于是,他就从城内派遣了一支雇佣军进攻罗马人。(6)罗马人现在四面受敌,处境危险,他们陷入了非同寻常的巨大痛苦之中。在拖走和破坏一些舰船后,迦太基人的舰队统帅随即离开了利利巴乌姆;(7)接着,在朝赫拉克里亚方向航行了一段距离后,他留在那里密切监视通往罗马营地的舰船,因为,他真正的意图是拦截它们。(8)当他手下的侦察兵向他报告说,大批各式舰船正开将过来,于是当它们相距不远后,他立即起锚并驶向他们,以进行迎击,近来的胜利促使他认为,罗马人不堪一击。(9)同时通常航行在舰队前面的轻型船只(light boats),也将迦太基舰队到来的消息报告给了提前从叙拉古派来的财务官们。(10)考虑到

---

① 这个地方有误;卢西乌斯·尤尼乌斯·帕鲁斯(L. Junius)是公元前249年的其中一位执政官,而同一时期的另一位执政官则是普布里乌斯。

自己没有足够的实力冒险一战,因此,财务官们就把舰队停泊在一座听命于罗马人的小型要塞,这座要塞没有港口,但它有一个从陆地伸出来的海岬所环绕的停泊处。(11)在这里下船上岸后,他们部署了弹射器和投石器(这些弹射器和投石器都是他们从要塞内取得的)。(12)迦太基人抵达这座城市附近后,他们一开始想围攻敌人,他们以为,罗马人会因为害怕而撤到城内,到时他们就可以轻易俘获他们的舰船。(13)然而,他们的这些希望落空了,相反,罗马人英勇地进行了抵抗,而且,这个地方的地势也较为险要。因此,他们只拖走了一些满载的舰船,接着,他们航行到某条河流,以停泊舰船和等待罗马人重新出海。

[54](1)留在叙拉古的罗马执政官①在处理完那里的事务后,他绕过了帕奇纳斯海角,航向了利利巴乌姆;他根本不知道自己先前所派去的财务官所遭遇的情况。(2)当自己手下的侦察兵再次向他们的海军统帅报告自己所看到的敌人的消息后,迦太基海军统帅(admiral)卡萨罗选择了出海和全速向前进军,因为,他希望在罗马人尽可能远离他们舰队的情况下攻击他们。(3)尤尼乌斯观察了迦太基舰队一段时间,他注意到他们舰队的庞大,然而,他既不冒险出战,也不逃跑,因为他们相隔太近。(4)因此,他改变了自己的航行线路,并停泊在一处多岩石而又危险重重的延绵海岸,他认为,不管发生什么事情,都比自己的整个舰队和船员落到敌人手里要强。(5)迦太基海军统帅一看到尤尼乌斯这番作法,他就决定不去冒险靠近这个危险的海岸,但是,他在附近的海角找到了一个可以安全停泊的地方——在两支罗马舰队之间,他要时刻保持警醒和密切注意它们的动向。(6)天气现在变得越来越糟糕,从公海上刮来的巨大风暴时刻威胁他们。熟悉当地地理环境和天气征兆的一些迦太基舰船的船长们预见到了即将发生的事情,他们警告卡萨罗,并催促他绕过帕奇纳斯海角。(7)卡萨罗明智地听从了他们的建议,在花费了一番巨大的力气之后,他终于成功地绕过这个海

---

① [中译按]这位罗马执政官指的是卢西乌斯·尤尼乌斯·帕鲁斯。

角,并停泊在一处安全的地方。(8)但是,这两支罗马舰队遇上了这场风暴,并且,这个海岸根本没有安全躲避的地方,因此,风暴将他们彻底摧毁了,以至于风暴过后留下的所有残骸全都毫无用处。由于这种根本意想不到的原因,罗马人的这两支舰队就这样彻底瘫痪了。

[55](1)罗马舰队的覆没再一次燃起了迦太基人的希望,对他们而言,战争的好运似乎倒向了他们一边。(2)相反,尽管罗马人之前也遇到过各种不同程度的不幸,但是,他们从未遭遇过如此深重的灾难,罗马人放弃了海洋,但他们继续控制着陆地。(3)迦太基人现在是海上的主人,^①而且,他们也没有放弃重新占领陆上据点的希望。(4)尽管罗马的所有民众和利利巴乌姆的所有罗马军队都在为这些灾难悲恸不已,但是,他们仍然决心继续围攻。^② 罗马当局毫不犹豫地通过陆路提供补给,而作为围攻的军队也尽可能地继续保持严密的封锁。(5)舰队失事后,执政官尤尼乌斯怀着巨大的痛苦回到了军队,由于急于补救那场灾难所带来的损失,他想出了一些新奇而又有效的方法。(6)当千载难逢的机会一出现,他就立即出其不意地进攻和占领了埃里克斯(Eryx),同时,他还攻占了那里的维纳斯神殿(Venus)和城镇。(7)埃里克斯^③是靠近海边的一座山,这座山位于西西里岛一侧而面朝意大利。它位于德里帕纳和帕诺姆斯之间,更确切地说,它毗邻德里帕纳的边界,而且,它是西西里地区除埃塔纳(Etna)之外最高的一座山。^④(8)它的山顶是平的,而维纳斯-埃里西纳(Venus

---

① 然而,迦太基人没有利用这种优势,这可能是因为,他们的资源由于非洲的内战而受到了削弱。

② 即公元前248年。

③ 埃里克斯山亦即现在特拉帕尼(Trapani)附近的埃里塞山(Erice)。它有2250英尺高,但是,它仍然不是除埃塔纳(Etna)之外最高和最大的一座山。

④ 这个描述有误。

Erycina)神殿①——在西西里地区的所有神殿中,它是最富裕,同时也是最宏伟的神殿——就坐落在上面。(9)这座城镇则沿着山顶下面的斜坡一直延伸,如果从四面爬坡上去,它的路途都非常陡峭而漫长。(10)在山顶和在通往德里帕纳的路上,帕鲁斯(Pullus)部署了守备部队;他严密地防守这两个地方,尤其是后者,因为,他坚信通过这种手段,可以牢牢地控制住这座城市和这整座山。

[56](1)不久之后,迦太基人任命了哈米尔卡·巴卡作为自己的指挥官来负责整个海战。②(2)哈米尔卡一接管舰队,就开始劫掠意大利海岸——这是战争的第十八年。接着,在摧毁洛克里斯(Locris)③和布鲁提(Bruttii)后,他又离开那些地方,并率领整个舰队进攻帕诺姆斯的领土。(3)在那里,他夺取了一处名叫赫克特(Hercte)④的地方。赫克特位于埃里克斯和帕诺姆斯之间的海岸边,对于建造一个安全而永久的营地来说,它被认为是一处理想之地。(4)它是从周围的平地上急速升起而又高大陡峭的一座山。它的坡顶的周长不少于一百斯塔德,⑤坡顶里面的这块高原哺育了一个肥美的牧场,同时,它也是一块适宜的耕作之地;它既可以有利地抵御海风,又可以完全免受危险动物的侵扰。(5)这块高原一边朝向海洋,一边朝向内陆,它的四周都被不可逾越的悬崖所环绕,而这些悬崖之间只需要少许的防守就可以固若金汤。(6)高原

---

① 维纳斯·埃里西纳(Venus Erycina)神殿是一座非常古老的神殿,而且,它有卖淫的传统,这表明,它起源于东方。腓尼基人认为,这个神明与阿斯塔特神(Astarte)是同一个神明,罗马人的传说将维纳斯圣所的建造归诸于埃涅阿斯(Aeneas)。

② 即公元前247年。

③ 洛克里斯(Locris)即现在的卡拉布里亚(Calabria),它位于布鲁提乌姆(Bruttium)的东南海岸。

④ 赫克特(Hercte)亦即现在的佩里基里诺山(Monte Pellegrino)。——洛布本注
波利比乌斯认为,赫克特(Hercte)位于帕诺姆斯(Panormus)与埃里克斯(Eryx)之间,这是错误的。现代学者已经确定,这座山就是现在的卡斯特拉基奥山(Monte Castellaccio),它位于帕勒莫(Palermo)的西北大约七英里的地方。——企鹅本注

⑤ [中译按]一百斯塔德大约是十二英里。

里面还有一个小山丘,这个山丘可以用来建造卫城,同时,它也是监视山下整个地区的绝佳之地。(7)除此之外,赫克特拥有一个港口,对于从德里帕纳或者利利巴乌姆航行到意大利的舰船而言,这个港口是它们停泊和补给丰富淡水的绝佳之地。^①(8)这座山只有三条通道,其中两条位于陆地一侧,另一条则位于大海一侧,而且,这三条通道都异常艰险。(9)将自己的营地建造在这个地方,哈米尔卡冒了巨大的危险,^②因为,在周边地区,他既没有任何一个支援自己的盟友性城市,也没有从其他地方获取任何帮助的希望,但是,他却把自己植入敌人的中间。(10)然而,这对罗马人构成了严重的威胁,并最终使他们陷入了巨大的困境。(11)首先,哈米尔卡可以从这个地方率领自己的舰队出击并摧毁直至库迈(Cumae)的意大利海岸;其次,当罗马人在帕诺姆斯城前(距离他的营地大约五斯塔德^③)建造营地后,在将近三年时间里,他都不断地通过陆路,以各种方式骚扰和攻击罗马人。对于这些战斗,我在这里就不一一详述了。

[57](1)哈米尔卡在西西里同罗马人进行的战役,可以类比作(无论在训练上,还是在勇气上都极为杰出的)两位拳击冠军,为争夺殊荣而展开的一场殊死搏斗。他们彼此之间连续不停地击打,无论是参战者,还是观看者,他们都不可能注意和预料每一次进攻或者每一次击打。(2)但是,我们可以从双方所实施的全面行动及其各自所展现的决心,来清楚地了解他们各自的能力、力量和勇气;对于双方的统帅而言,我们也可以同样照此行事。(3)双方每天上演的伏击、突围、反击和进攻,其原因和战术是如此之多,以至于没有任何一个作家能够正确地描述它们;另一方面,对读者而

---

① 这个港口不可能是帕勒莫(Palermo)港口(因为帕勒莫港口当时正在罗马人手上),对于它的位置,我们必须在佩里基里诺山(Monte Pellegrino)对面的某个位置上寻找。

② 哈米尔卡的到来标志着战争进入了一个全新的和更加积极的阶段,他占领赫克特完全是在回应罗马人占领埃里克斯。

③ [中译按]五斯塔德大约是 0.5 英里。

言,这种叙述本身既让人生厌,也毫无益处。(4)然而,如果我们对这双方的领导能力,以及他们之间相互较量的结果进行一个一般性总结,那么,这或许能够对事实提供一个更加清晰的理解。(5)不管是习以为常的传统性策略,还是因势利导或者形势所逼而催生出来的谋略,还是仰仗大胆和强力的主动进取精神而无中生有出来的高招,大家都无所不用。(6)然而,对于为什么没有取得决定性的胜利,这存在几个原因:首先,他们双方的军力势均力敌;其次,他们双方的壕沟都异常坚固,以至于几乎都坚不可摧;最后,两军的营地彼此之间相隔非常之近,这就是为什么在一些地方他们每天都在战斗,却没有决定性胜利的最重要原因。(7)这些战斗中的伤亡仅限于肉搏战中倒下的那些人,一旦撤退到身后的防线,他们就可以立即摆脱危险,之后,他们又会从那里再次出发并恢复战斗。

[58](1)然而,命运女神——就像一位好的仲裁人①——会出乎意料地转换比赛的场所和改变比赛的性质,她把两军限制在一个更为狭窄的场地,而那里的斗争也就变得更为歇斯底里。(2)正如我之前所说,罗马人在埃里克斯山的山顶和山脚都驻有卫戍部队,但是,哈米尔卡现在占领了位于山顶和卫戍部队所驻守的山脚之间的一座城镇②。(3)结果,山顶上的罗马人处于被团团围困、四面楚歌和命悬一线的状态;而迦太基人也几乎难以置信地坚守住了自己的阵地,尽管敌人从四面八方压向他们,尽管他们的补给也困难重重,因为,他们仅仅占据了一个海上据点和一条连接这个据点的道路。(4)然而,双方都在这里运用围攻所需的所有方法和所有努力:双方都在忍受所有的艰难困苦,也都在尝试所有的进攻手段和所有的战斗方式。(5)最终,他们不是像法比乌斯·皮克托(Fabius Pictor)所说的那样,由于自己的精疲力竭和难忍痛苦而未决出胜负,而是像两位未被打倒和不可征服的胜利者那样未决出

---

① 也即是,在两个旗鼓相当的对手之间作出决定。
② 即公元前244年。

胜负。（6）因为，在其中一方战胜另一方产生之前——尽管双方在这个地方又持续了长达两年①的激烈战斗——这场战争的胜负就已经由其他的方式所决定了。

（7）这就是埃里克斯及其交战的陆军的事态状况。两个国家之间的战斗可以比作成两只斗鸡之间的殊死搏斗。（8）我们可以经常看到，当这些斗鸡由于精疲力竭而无法使用自己的翅膀时，它们的勇气却仍然像先前那样高涨，它们会继续不停地击打，身不由己地死死抓住对方，一直到其中一方最终毙命时方才作罢。②（9）当时的罗马人和迦太基人就属于这种情形。由于连绵不绝的艰苦战斗，双方已经精疲力竭了，最终，他们都开始变得绝望。延绵不绝的税金和花费瘫痪了他们的力量，也耗尽了他们的资源。

[59]（1）然而，尽管如此，罗马人仍然在奋力搏杀，他们好像就是在为自己的生命而战斗，尽管他们由于先前的海难，致使他们从海上全面撤退已有将近五年的时间，但是，他们仍然坚信，自己完全可以只凭借陆军的力量而赢得战争的胜利。（2）现在他们认识到，主要是由于迦太基将军③的大胆行动，导致陆上的军事进展远非自己之前所预想的那样顺利，因此，他们决定在海上进行第三次冒险。（3）他们认为，这种战术——如果能够给敌人致命一击——是他们胜利地结束战争的唯一方法。他们最终成功地做到了。（4）他们第一次海上冒险的失败纯粹是由于时运的不济；第二次则是由于他们在德里帕纳之战的失利，现在第三次的努力终于让他们取得了胜利。（5）埃古萨（Aegusa）海战的胜利，使他们切断了埃里克斯迦太基军队的海上补给，进而最终彻底结束了战争。（6）然而，他们所作的这番努力完全是出于他们自己的决心，而非雄厚的物质资源。因为，他们根本就没有完成这项计划的国家财政资金。

---

① 即公元前 243—前 242 年。

② 这个比喻非常精准。斗鸡的双翅失去作用指的是陆上的五年鏖战，罗马人改变战略的最后一击在埃加特斯岛（Aegates Islands）海战中达到了高潮。

③ ［中译按］这位迦太基将军（Carthaginian general）指的是哈米尔卡。

（7）但是，尽管如此，由于他们领导阶层的爱国精神和慷慨精神，他们还是找到了足够的金钱来实施这项计划；根据自身的财力，他们要么单独一人，要么两人或者三人合伙来建造和装备五桨座战船，不过，条件是，如果远征成功，他们都将得到偿还。（8）通过这种方法，一支两百艘五桨座战船组成的舰队迅速地组建完毕，所有这些战船都是仿照他们所俘获的那艘"罗德岛人"的战船（Rhodians's ship）的样式来建造的。接着，他们任命盖乌斯·鲁塔提乌斯（Gaius Lutatius）作统帅，并在初夏时把他派遣出去。① （9）由于他在西西里海岸突然出现，再加上迦太基的全部海军都已撤回自己的母国，所以，他就立即占领了德里帕纳的港口和利利巴乌姆附近的锚地。（10）首先，他在德里帕纳城周围建造围城工事，并作好所有的围城准备工作。（11）但是，当他尽其所能地动用一切手段进行这项工作时，他就已经预见到，迦太基舰队将会卷土重来，而且，他从未忘记这次远征的原初目的，那就是，只有通过一场胜利的海战，他们方能真正地结束这场战争。（12）为了这个原初目的，他不允许时间白白地浪费掉，相反，他每天都让船员在训练和演习中度过。同时，他也一直注意优质的食物和饮水问题，以让自己的水手能够在最短的时间内，以最好的状态来迎接未来的战斗。

［60］（1）当罗马人派遣一支舰队出海，并重新争夺海上霸权这个意想不到的消息传到迦太基后，（2）迦太基人立即准备好自己的舰船、装备好谷物和其他补给品（因为他们非常关心埃里克斯的军队是否粮草充足），接着，他们就把自己的舰队派往西西里。② （3）他们任命汉诺统率这支舰队。汉诺启航出发并航行到了所谓的霍利岛（Holy Isle），他的计划是：自己要在罗马人没有察觉的情况下，尽快从霍利岛航行到达埃里克斯；然后，卸载物资，以减轻舰船重量；接着，装载上那些最适合作战的雇佣兵，以及巴卡

---

① 即公元前 242 年。
② 即公元前 241 年。

(Barcas)①本人；最后，与敌人交战。（4）在获悉汉诺抵达的情报并察觉到他的意图后，鲁塔提乌斯从军队中挑选出一支精兵登上舰船，并航行到利利巴乌姆之外的埃古萨岛（Island of Aegusa）。②（5）在那里，他挑选了一个合适的场合来对自己的军队进行训诫，接着，他告诉手下那些船长，战斗将在第二天打响。（6）在第二天早上天刚刚破晓时，他看到了一股有利于敌人的强劲海风吹来，而且，如果让自己的舰船进行逆风行驶，肯定也会困难重重，因为，海面波涛汹涌而又起伏巨大。（7）一开始，他还在犹豫要不要在这种环境下展开行动，然而，他转念一想，尽管现在是暴风雨天气，但是，如果自己冒险进攻，那么，他将仅仅是同汉诺及其海军交战，而他们的海军舰船此时正满载着沉重的货物。（8）然而，如果他等待风平浪静的天气，那么，他的耽搁将导致敌人航行到埃里克斯，进而同他们的陆军会合，那时，他就将面对更为轻盈灵活的敌军战船，更为骁勇善战的精锐陆军，以及更为英勇果敢的哈米尔卡（当时罗马人对他最为畏惧）。（9）因此，他决定坚决不错过现在这个机会。当他看到满帆的迦太基舰船后，就立即出发了。由于他的船员轻易地驾驭了波涛（因为他们都受到了良好的训练），因此，他很快地让自己的舰队排成一字型阵型，并以船头对准敌人。

[61]（1）当迦太基人看到罗马人正阻拦自己横渡，他们就降下了船桅，在向敌人靠近的过程中，每条舰船彼此之间都在相互打气欢呼。（2）在这一次，两军的装备水平正好同德里帕纳之战的情形完全相反，其战斗结果自然也就颠倒了过来。（3）罗马人提升了他们的造船系统，同时也移除了他们舰船上除作战之外的所有沉重装备；他们的划桨手技术精湛（因为他们的训练使他们配合默契），而他们的海军战士也都是从他们军队中精心挑选出来的，因此，他们的意志都非常坚定。（4）迦太基人却正好相反。他们的舰船载满货物，以至于在战斗中不易于灵活操作，而他们的船员也没有得

---

① ［中译按］这位"巴卡"（Barcas）亦即"哈米尔卡·巴卡"（Hamilcar Barca）。
② ［中译按］Island of Aegusa 亦写作 Aegatian Isles。

到很好的训练,他们都是匆忙招募的,并且,他们的海军战士也是新近征募的,他们是第一次经历这种艰难的困境和危险的状况。(5)迦太基人根本就没有想到,罗马人会在海上再来与自己争锋,因此,由于他们对敌人的这种轻视,以至于他们疏忽了自己的海军。(6)一交战,他们立即就在许多地方陷入了困境,而且,他们很快就溃败了,罗马人击沉了五十艘舰船,并俘获了七十艘舰船及其船员。(7)余下的舰船则升起船桅,借助顺风(他们非常幸运,风向在他们正需要的时刻,意想不到地转向帮助了他们),安全地返航回了霍利岛。(8)罗马执政官则航行到利利巴乌姆同军团会合,在那里,他忙碌于处置所俘获的舰船和人员。这是一个很大的成就,因为,这次战役俘获的人员总计大约达一万名。

[62](1)当迦太基人听到这场出乎意料的战败消息后,在激情和野心的驱使下,他们决定继续战斗,但是,当他们冷静地评估问题后,他们就迷茫起来了。(2)首先,他们不能再给西西里的己方军队派送供给了,因为,罗马人已经控制了海洋;其次,如果抛弃他们(某种程度上来说,这也是背叛他们),那么,他们就再也没有继续进行作战的其他士兵和其他将领了。(3)因此,他们立即送消息给巴卡,让他全权处理那里的事务。(4)哈米尔卡则完全像一位杰出而审慎的统帅那样行事。只要仍有一线希望,他都要拼尽全力,不管有多么危险,也不管有多么冒险;如果有一位不肯放过任何胜利机会的将军,那么,这位将军毫无疑问就是他。(5)但是,命运现在已经倒转了,他已经没有任何可能的希望,来挽救自己所指挥的军队了。他明智地屈从于局势,并派遣使节去求和。(6)毕竟,在我们看来,辨别失败和胜利是每一位称职的将军的应有之义。(7)鲁塔提乌斯同意和谈,因为,他深知,战争已让当时的罗马人精疲力竭并虚弱不堪,最终,他成功地大致以下述条约结束了战争:

(8)待罗马人民正式批准后,迦太基人和罗马人之间的友谊将以下述条款缔结:迦太基人撤出西西里全岛,并且,迦太基人不得对希罗开战,也不得对叙拉古人用兵,或者,同叙拉古人结盟。迦太基人须向罗马人释放所有俘虏,且无需任何赎金。(9)以二十年为期,迦太基人向罗马人分期支付两千两百埃维厄泰伦(Euboean talent)的金钱。①

[63](1)然而,当这些条款被交到罗马后,罗马人民并没有接受这个和约,但是,他们委派了十位专员去调查这个问题。(2)事实上,当他们抵达后,他们并没有对这些条款作任何实质性的修改,但是,在对迦太基施予更严厉的惩罚方面,他们作了一些轻微性的修改:(3)他们把迦太基人的支付期限削减了一半,②同时增加了一千泰伦的赔偿金额,并要求迦太基人撤离位于西西里和意大利之间的所有岛屿。

(4)为争夺西西里而爆发的罗马人和迦太基人之间的战争,就这样结束了,他们之间签署的和平条款就是上述这些。(5)这场战争无间断地持续了长达二十四年的时间,它是我们所知的最长、最连续和最大规模的战争。撇开所有其他的战斗和军备不论——正如我之前所说——两军参战的五桨座战船总数,有一次就超过了五百艘,而后来有一次则将近七百艘。③(6)罗马人在这场战争中损失了大约七百艘五桨座战船,其中包括他们在海难中被毁的那些舰船,而迦太基人则损失了大约五百艘舰船。(7)因此,如果有人对安提柯(Antigonus)、托勒密或者德米特里(Demetrius)④时代的伟大海战和伟大舰队大感惊奇,那么,我敢肯定,他们要是读到这段战史,他们肯定会对这场军事行动的巨大规模更加惊叹了。

---

① 两千两百埃维厄泰伦(Euboean talent)大约是五十万英镑。埃维厄泰伦(Euboean talent)的价值与阿提卡泰伦(Attic talent)的价值是相同的,参见第三十四卷第 8 章注释。
② [中译按]亦即将二十年的支付期限缩减到十年。
③ 这两次战役分别发生在赫迈埃亚海角(Hermaea)和埃克诺姆斯海角(Ecnomus)。
④ 这些都是最杰出的马其顿将领,他们继承了亚历山大大帝的帝国;为了能够缔造属于自己的希腊化王国,他们彼此之间征战不休。

（8）如果我们考虑到五桨座战船和三桨座战船（三桨座战船是波斯人与希腊人之间和雅典人与斯巴达人之间的海战所使用的战船）之间的区别，我们就会发现，之前的时代根本没有出现过这样庞大规模的海战。（9）这些事实进一步证实了我一开始所提出的主张，那就是，罗马人的霸权不是源于偶然（chance）或者无意识（involuntary）——尽管有些希腊作家会这么认为——而是通过他们自己在这个伟大而危险的事业上的刻意磨练，从而，很自然地让他们不仅获得了征服世界的勇气，而且，也让他们实现了自身的目的。

［64］（1）我的一些读者可能会有所疑问，既然他们现在是世界的主人，而且，他们也远比过去强大，但是，在我们这个时代，为什么他们既没有装备这么庞大的舰船，也没有让这么庞大的舰队出海呢？（2）然而，当我们诉诸罗马人的政治体制（political institutions）时，对于这个问题心存疑问的那些人，就将会豁然开朗，这个主题是我这部著作的一个非常重要的组成部分，我肯定不会草草地对待它，我的读者也不要疏忽遗漏它。（3）它提供了一个非凡的图景（a noble spectacle），但是，由于撰写这个主题的那些作家的无能——其中一些作家是由于自己的无知所致，其他作家则是由于含糊不清而毫无助益的叙述所致——（4）以至于迄今为止，这个问题仍然隐晦不明。（5）然而，对于我们正在谈论的这场战争，你们会发现，这两个国家在思想和行动上所展现出的勃勃雄心、崇高精神和最为重要的称霸决心方面，它们几乎都势均力敌。（6）一般来说，在个人的勇气方面，罗马人确实要远胜一筹，但是，我们必须承认，在胆识和天分方面，迦太基人拥有当时最优秀的一位将军，这位将军就是哈米尔卡·巴卡，而哈米尔卡·巴卡正是后来那位对罗马人开战的汉尼拔的父亲。

［65］（1）在这个条约签订后不久，碰巧这两个国家都遭遇了几乎同样的事故。（2）罗马爆发了同法里斯西人（Falisci）的内战，但是，他们迅速而有利地结束了战争，几天之后，他们就占领了法勒里（Falerii）。（3）而与此同时，迦太基人也爆发了一场同雇佣军的

战争,①他们的雇佣军努米底亚人和利比亚人一起联合起来发动了这场叛乱。这不是一场无关紧要或者微不足道的战争。（4）在这场战争中，迦太基人遭遇了许多重大的危险，最终，他们不仅差点丢掉了自己的领土，而且还差点丢掉了他们自己的自由和他们自己家乡的土地。（5）对于这场战争为什么会久拖不决，这里有诸多值得我去深究的原因，按照我最初的计划，我将对它进行一番扼要和简明地叙述。（6）首先，它可以很容易地让人认识到，通常所说的"无休止战争"（a truceless war）的本质和特征是什么。（7）其次，人们可以从迦太基人所面临的种种危险中清晰地看到，使用雇佣兵的那些雇主，应该事先预见并及早采取防范措施来避免这诸种危险。同时，这场战争也揭示了，一群混乱的野蛮人与那些在一个教化、守法和文明的社会当中成长的民众之间存在的巨大性情差异。（8）然而，最为重要的是，那些事件有助于我们理解，罗马与迦太基之间爆发汉尼拔战争的起因。（9）对于这场战争的真正起因，不论是那些历史学家，还是那些士兵，他们都对此争论不休，如果我给他们作出最接近真相的解释，那么，这将对那些历史研习者助益良多。

[66]（1）条约一签署，巴卡就将自己的军队从埃里克斯移驻到利利巴乌姆，接着，他立即辞去了自己的指挥权，而利利巴乌姆的指挥官基斯克（Gesco）则设法将军队运送到非洲。（2）由于预见到可能发生的情况，基斯克非常明智地让他们间隔性地分批上船，而不是一次性地送走他们。（3）他的目的是：在他们抵达迦太基时，迦太基人有时间给他们支付欠饷，而且，在下一批士兵渡船而来和追上他们之前，迦太基人就已经把他们打发回自己的国家了。（4）这就是基斯克的计划，他设法用这种方式来运送军队。（5）但是，迦太基当局部分原因是他们没有钱（因为他们最近刚刚支付了赔偿费用），部分原因是他们深信，一旦雇佣兵全部聚集到迦太基，那些雇佣兵就会放弃部分欠饷，因为，一旦他们抵达迦太基，迦太

---

① 即公元前241年。

基人就可以把他们留在那里,并把他们限制在城内。(6)随着他们日夜不停地犯下越来越多的罪行,对他们庞大的人数和放荡的灵魂心存疑虑的迦太基当局,首先向雇佣兵的指挥官要求,他们所有人都撤到一座名叫西卡(Sicca)的城镇里去(每一个人都将得到一斯塔特①金币的紧急费用),一直到全额付完他们的欠饷和余下那些仍未到达的雇佣兵从西西里抵达后为止。(7)军队同意离开首都,但是,他们希望像往常那样将他们的行李和家眷留在这里,他们觉得,他们很快就会回来领取饷银。(8)然而,迦太基人却担心,在刚经过长期的别离之后,他们会渴望与自己的孩子或者妻子待在一起,这样的话,他们就会有各种理由拒绝离开迦太基。或者,即使他们真的离开了,他们也会重新回到自己的家人身边,因此,这根本就不会减少这座城市的犯罪。(9)尽管这种预防性措施严重地违背了雇佣兵的意愿,但是,他们还是强迫那些雇佣兵带走了他们的行李和家眷,因此,普遍的敌意也由此产生。

(10)当雇佣兵全都聚集到西卡后,他们生活在一个自由而散漫的生活之中,他们很长时间都没有享受这种没有管制和纪律的生活了,②但是,对于在国外的雇佣兵而言,这种无忧无虑的生活危害最大,可以说,这几乎是他们兵变的第一动因和唯一原因。(11)与此同时,由于他们根本就没有其他事情可做,其中一些人就开始贪婪地计算他们应得的军饷总数,以至于最终达到的金额总数是他们实际应得的许多倍,他们就把这个数额呈交上去,并要求迦太基人支付。(12)整个军队都记得将军们在局势危急的时刻对他们许下的承诺,所有人都毫不怀疑他们将得到迦太基当局欠发给他们的饷银。

[67](1)当全部雇佣军聚集到西卡后,当时担任非洲最高统帅

---

① [中译按]斯塔特(stater)是古代希腊的金币单位。
② 西卡·维纳利亚(Sicca Venerea)——它的这个名称得名于维纳斯神殿(Temple of Venus)——以放荡形骸著称,参见马克斯·瓦勒(Valer. Max),第二卷第6章第15节。

的汉诺来到西卡,他不仅说道,迦太基当局不可能满足他们的要求和实现他们的愿望,而且,他还喋喋不休地谈及当前的赔偿重负和迦太基城的普遍窘迫,以此来劝说他们主动放弃一些之前所商定的报酬。结果,他的这番讲话直接引发了叛变的裂痕,士兵们开始不停开会,其中有一些是各个民族的单独会议,而有一些则是整个军队的集体会议。(2)由于他们既不属于同一个民族,也不使用同一种语言,因此,他们的军营到处都是喧闹和混乱,以至于他们最终陷入了彻底的 τύρβη[动荡]或者骚乱当中。(3)迦太基人雇佣各个民族的军队的做法,确实可以有效地阻止他们迅速联合起来对抗或者忤逆他们的长官,(4)但是,如果他们心生怨恨或者爆发中伤性的流言抑或者离心离德,那么,向他们传递真相或者平息他们的激情或者纠正他们的错误印象的所有努力,都将适得其反。(5)确实,一旦被他人激发出怒火,或者,他们中间流言弥漫的话,这种军队就不会仅仅止步于人性的邪恶了,(6)相反,正如当下所发生的这种情况那样,他们会像凶残的野兽或者发狂的人那样行事。

(7)在这些军队中,有一些是伊比利亚人(Iberians),有一些是凯尔特人,有一些是利古里亚人(Ligurians),有一些则来自于巴利亚里亚群岛(Balearic Islands);他们有大批的希腊混血儿,其中大多数是逃兵和奴隶,不过利比里亚人占据最大比重。(8)因此,把他们全部召集起来以向他们发表讲话,或者,借助其他的手段来向他们所有人进行类似的交流,这都是不可能的;因为,一位将军怎么可能通晓他们所有人的语言呢?(9)尽管可以借助多位译者的翻译来向他们发表讲话,但是,这必将使每一件事情都要重复长达四次或者五次,这肯定是不切实际的。(10)唯一的手段就是通过他们的军官下达命令或者发布要求。这就是汉诺当时所面对的场景,但是,他又不得不继续讲下去,(11)尽管有一些军官一直或者有时听不懂他向他们所讲的所有东西,甚至当他们似乎同意这位将军后,他们向手下的士兵传递的信息——由于无知或者敌意——同这位将军最初的讲话,也完全背道而驰。(12)结果,所有事情都彻底地陷入到了不安、怀疑和混乱的境地。首先,他们觉得,迦太基人故意不派遣那些熟悉他们在西西里的作战表现和对他们许下慷慨承诺的将军,而是派遣一位当时根本就不在场的将军过来协商。(13)最终,他们拒绝了与汉诺的谈判,他们也不再信任他们自己的军官,他们怒火中烧;他们开始向首都进军,他们把营地驻扎在一个名叫突尼斯(Tunis)的地方,这个地方距离迦太基城大约一百二十斯塔德。他们的军队人数超过了两万人。

[68](1)当事情已经到了无法挽回的地步,迦太基人才最终清楚地明白了自己的愚蠢。因为,他们犯下了两个巨大的错误:(2)首先,在没有自己本国公民军的军事力量可以依靠的情况下,他们却将大批的雇佣兵聚集到一个地方。(3)他们的第二个错误甚至更为严重,他们放弃了雇佣军的妻子、儿女和财产,而这些人本可以被扣押为人质,从而在商讨局势时,可以给自己带来更大的安全保障,并确保雇佣军更乐于接受自己的要求。(4)那些相隔太近的营地,现在让他们如坐针毡、恐惧异常,以至于他们急切地不惜一切代价来抚慰他们:(5)他们给雇佣军送去了大批供应物资(这些供应物资以后者所选定的任何价格出售),而且,他们不断地从元老院(Senate)派遣代表过去,并承诺在自己的权限范围内满足他们的所有要求。(6)雇佣兵每天都在不断地增加和提出新的要求,当他们看到迦太基人的恐惧和怯懦后,他们的信心更加充足;(7)而且,由于他们在西西里战胜了罗马军团,这使他们更加傲慢地相信,不仅仅是迦太基人,世界上其他任何一个民族,也都无法在战场上战胜他们。(8)因此,当迦太基人同意他们关于欠饷方面的要求后,他们更进一步地提出赔偿他们所损失的战马的请求。(9)迦太基人认可这个请求后,他们接着又主张,他们应该得到本该就属于他们的口粮——他们的口粮不仅要换作等价的现金,而且,他们还要求以战争期间最高的粮食价格来计算,并且,他们的口粮要从很久以前就开始算起。(10)总之,他们一直不断地提出一些全新的要求,最终,他们将问题推到了根本无法达成协议的地步,因为,他们当中的许多人早已离心离德,乃至有叛乱之意。(11)然而,迦太基人却允诺认可他们所有的要求,于是,雇佣军同

意把所争议的问题提交到之前在西西里服役的其中一位将军手里裁决。(12)对于他们之前在那里一同服役的哈米尔卡·巴卡,他们并无好感,他们觉得,他们之所以受到轻视,很大程度上就是因为他的过错,因为,他没有作为代表亲自前来与他们协商,并且,他们认为,他是主动辞去了自己的指挥权。(13)但是,他们非常倾向于基斯科(基斯科之前是西西里服役的将军),在他们的运输安排以及其他的问题上,他都非常地照顾他们,因此,他们把所争议的问题提交给他处理。

[69](1)当基斯科带着金钱从海上航行到达突尼斯后,他首先私下会晤了那些军官,随后,他根据全军所组成的各个民族分别举行了各民族的军事会议。(2)他严厉地责备了他们之前的行径,并努力地阐明了当前的局势,但是,他最主要谈论的还是未来,他恳求他们继续保持对一开始就雇佣他们的那个民族的忠诚。(3)最后,他一个民族一个民族地分开清偿了他们的欠饷。(4)然而,有一个名叫斯庞恩迪(Spendius)的坎帕尼亚人——他是一个逃亡的罗马奴隶——他在战场上体力强盛、勇气惊人。(5)他担心,如果就此屈就,他的主人就会来索要他,按照罗马人的法律,他到时将会被拷打和处死。因此,他毫不犹豫地通过演讲和行动,来尽可能地破坏同迦太基人的和谈。(6)他得到了一个名叫马索斯(Mathos)的利比亚人的支持,马索斯是一名自由民和战士,不过,在最近的骚乱中,他却起主要作用。(7)因此,他非常担心自己会被挑出来承担全部的惩罚,结果,他与斯庞恩迪不谋而合。(8)这位利比亚人站在他的旁边,他则向他们指出,一旦其他民族领完欠饷后离开他们的国家,那么,他们就会被留下来独自承担迦太基人的全部愤怒,迦太基人的目的就是希望通过严厉地惩罚他们,从而达到震慑所有利比亚人的目的。(9)这种观点很快地把他们鼓动了起来,他们抓住了基斯科延误有关他们战马和粮食的赔偿(尽管他正在清偿他们的欠饷)的这种脆弱借口不放,就立即召开了会议。(10)当斯庞恩迪和马索斯开始诋毁和指责基斯科和迦太基人时,雇佣军全都竖耳倾听,但是,如果有其他人也要走向前去发表

讲话,那么,他们甚至都没有等自己弄明白,他到底是支持还是反对斯庇恩迪,他就立即被石头砸死了。(11)大批的军官和普通士兵就在这样的各种会议中殒命了。(12)事实上,由于这种做法频繁地出现,以至于"石击他"(Stone him)这个短语,成为了他们所有不同民族唯一能够听懂的短语。(13)他们尤其习惯于在午饭酩酊大醉后召开会议,因此,当有人喊出"石击他"时,石头就会从各个方向飞快地投掷过来,以至于任何走上前去对他们发表讲话之人都不可能逃生。(14)由于这个原因,现在没有人胆敢再表达自己的看法了,接着,他们任命马索斯和斯庇恩迪来作为他们的将军。

[70](1)尽管基斯科看到整个军队都陷入了巨大的混乱和动荡之中,但是,他把国家利益看得比其他任何事情都更加重要。他预见到,如果这些军队对人性的一切考量完全充耳不闻,那么,整个迦太基都将面临巨大的危险。(2)因此,尽管自身危险重重,但是,他还是坚持安抚他们;有时他会私下会晤他们的军官,有时他又会把他们一个民族一个民族地召集起来一同商讨,并对他们发表讲话。(3)然而,仍未收到款项的利比亚人走到他面前,以非常傲慢的方式,要求他给他们支付他们自认为应得的款项;而希望约束他们傲慢行径的基斯科,于是就告诉他们去找他们的"将军"马索斯索要。(4)这彻底激怒了利比亚人。首先,他们就地抓抢手边的任何金钱,接着,他们逮捕了基斯科以及同他一起的迦太基人。(5)至于马索斯和斯庇恩迪,他们则认为,点燃战火的最快方式就是犯下一些触犯法律或者违背信义的行径,因此,他们跟着这些肆无忌惮的士兵一起堕落。他们洗劫迦太基人的财产,在一番粗暴地对待基斯科和他的同伴后,他们给后者戴上了脚镣,并关押了起来。(6)他们受制于一些誓言,这些誓言一方面不虔敬,另一方面违反全人类所普遍接受的原则,正因为他们受制于这样一些誓言,以至于他们从那个时候起就与迦太基开战了。

(7)这就是迦太基人同雇佣军的战争——也即是通常所说的利

比亚战争——的起因(origin)和开端(beginning)。^①(8)实现了自身目的的马索斯立即派遣代表到利比亚的众城镇,催促他们为自由而战,并恳求他们的支持和援助。(9)几乎所有利比亚人都同意加入反对迦太基的叛乱,并自愿贡献出自己的军队和物资。他们将自己的军队分成了两部分,以分别围攻乌提卡(Utica)和西帕克里塔(Hippacritae),因为,这些城市拒绝参入叛乱。

[71](1)迦太基人总是习惯性依赖于自己本国乡村所出产的产品,来满足自己的私人用度;而且,他们也习惯性依赖于利比亚所支付的贡金,来承担他们在武装力量和军事给养上的公共花费,并且,他们也一直习惯于使用雇佣兵。(2)但是,现在他们发现自己不仅一下子失去了所有这些资源,而且,他们实际上还眼睁睁看到这些资源转而被用来反对他们自己。(3)结果,他们陷入了极度沮丧和苦恼的境地,事情的结果与他们所预料的完全不同。(4)漫长的西西里战事已经把他们耗尽了,他们希望和平条约的缔结将会给他们带来一些休养生息和一段愉悦的平静时光,但是,事情的发展完全相反,他们现在受到一场更加庞大和更加可怕的战争的威胁。(5)在之前的那场战争中,他们是同罗马人争夺西西里的控制权,但是,现在他们要为自己的生存和自己的家乡,而在自己手上展开一场内战。(6)此外,他们既无充足的武器贮备,也没有一支适当的海军,更没有留下建造一支海军的材料,因为,他们在海上的交战次数已经太多了。(7)他们甚至没有提供给养的设施,也没有任何来自海外的朋友或者盟友前来支援的希望。(8)因此,现在他们彻底地认识到,在国外打响一场海外战争同在国内爆发一场冲突与纷争之间的巨大区别了。

[72](1)然而,所有这些严重的不幸主要都由他们自己所造成。在先前的那场战争期间,他们觉得,自己有理由对利比亚进行严酷统治。(2)他们从农民那里无一例外地强征一半的农业收成,从市民那里征收双倍的税金,而且,他们不允许有任何减免,即使

---

① 即公元前240年。

那些穷人也概莫能外。（3）他们所赞扬和褒奖的人不是温和或者仁慈对待民众的那些人，而是能够为迦太基带来最大数量的物资与供给以及对乡民横征暴敛的那些人，例如汉诺。（4）结果，男人们没有要求起来叛乱；对他们而言，仅仅一个传令兵就已足够。（5）但是，妇女们——多年来她们不断地目睹自己的丈夫和父亲，由于无钱交税而惨遭逮捕——在每一座城市郑重地发誓，自己绝不藏匿任何财产，她们卸下自己所穿戴的珠宝，以慷慨地捐作战争的资金。（6）因此，马索斯和斯庇恩迪现在富得流油，以至于他们不仅可以支付士兵的欠饷（这笔欠饷是他们在鼓动兵变时就允诺的），而且，他们还发现自己有足够的手段来拖延战争。（7）这教育我们，一项正确的政策不仅要照看眼前，更要看顾未来。

[73]（1）然而，尽管迦太基人深陷这样的困境，但是，他们首先任命汉诺作指挥官，因为，他们认为，汉诺之前令人非常满意地结束了利比亚的赫卡托姆皮鲁斯（Hecatompylus）所爆发的一场叛乱问题。接下来，他们开始忙于招募雇佣军和武装已到服役年龄的公民。（2）他们也募集和操练他们的公民骑兵，以及编练先前所遗留下来的所有适航舰船，包括三桨座战船、五桨座战船和大批轻舟。（3）与此同时，马索斯将军队——当时大约有七万利比亚人加入到他的军队——分成几支，以无阻碍地包围乌提卡与西帕克里塔和保护自己的突尼斯主营地，因此，他们把迦太基人全都挡在了整个外利比亚之外。（4）需要说明的是，迦太基城坐落在海湾里面一个凸起的海岬或者半岛上面，而这个海岬或者半岛大部分由海洋所包围，小部分则由湖泊所包围。（5）连接它和利比亚的那块地峡的宽度大约是二十五斯塔德，①距离首都不是很远的乌提卡，就坐落在面向海洋的地峡一侧，而突尼斯则坐落在地峡另一侧的湖岸上。（6）因此，这帮哗变者——他们现在驻扎在这两座城镇的前面，从而切断了迦太基与内陆的联系——继续威胁乌提卡这座都城，（7）他们时不时地——有时在白天，有时在夜晚——出现在城墙

---

① ［中译按］二十五斯塔德大约是3英里。

前,从而不断地引发城内极度的恐慌和骚乱。

[74](1)在装备问题上,汉诺做得相当到位,他有这方面的天赋,但是,当他率领军队开始作战时,他完全就是另外一个人了。(2)对于怎样把握战机,他一无所知,一直以来,他总是表现得无能而又迟缓。(3)当他第一次前去解救乌提卡之围之际,他的强大战象(至少有一百头)让敌人深感颤栗;然而,尽管他拥有获得一场决定性胜利的机会,但是,他却如此糟糕地利用自己的优势,以至于最终他几乎给这座被围之城和自己带来了一场灭顶之灾。(4)他从迦太基带来了石弩、投掷物和所有的围城装备,并把军队驻扎在城前,接着,他开始对壕沟保护的敌军营地展开进攻。(5)大象强行冲进了营地,敌人根本就不能抵挡这种重压性的攻击,他们纷纷撤离。(6)他们许多人惨遭大象的碾压和击杀,但是,他们逃到一座灌木丛生的陡峭山坡后,重新聚集并依托自然性的地理屏障进行坚守。(7)汉诺已经习惯了同努米底亚人和利比亚人作战,有一次努米底亚人和利比亚人作战失利后,他们从战场上连续不停地奔逃了两三天。(8)他那时盘算着,战争这时已经结束,胜利已然属于他,所以,他对自己的军队和营地没有作任何防备,却回到了城内自我享受了起来。(9)聚集在山上的那些雇佣军,他们先前一直就深受巴卡大胆的战术训练的影响,而且,在西西里的战斗中,他们已经习惯了一天之内反反复复撤退和进攻。(10)现在,当看到敌人的将军汉诺由于回城而不在现场,敌军士兵也由于胜利而松懈下来,并纷纷地从军营中悄悄溜走,于是,那些雇佣军就重新集结,并发起进攻。(11)他们杀死了很多敌军,并迫使余下的敌军耻辱地躲进城墙和城门后面。(12)他们俘获了汉诺带出城外的所有围城辎重和所有围城大炮,因此,这些东西,包括汉诺自己的东西,就这样落到了敌人的手里。(13)这不是汉诺仅有的一次疏忽大意。数天之后,在一个名叫格尔扎(Gorza)的地方,敌人正驻扎在他的对面,由于两军相隔不远,他有四次打败他们的机会,其中两次是激战,两次是突袭,(14)但是,他的疏忽和缺乏判断使所有这些机会都白白浪费了。

[75]（1）结果，当迦太基人看到汉诺的种种贻误表现后，他们重新任命了哈米尔卡·巴卡来指挥军队，并派遣他来负责当前的战事。（2）他们拨给了他七十头战象和总计大约一万人的军队，其中包括了他们所能征召到的其他所有雇佣军、从敌军那里潜逃出来的逃兵和迦太基人的公民兵（包括步兵和骑兵）。（3）在他的第一次远征中，哈米尔卡就通过这种出其不意的进攻而震慑了敌人，他不仅打击了敌人的士气，解除了乌提卡之围，而且也当之无愧地证明了自己过去的光辉功绩，满足了民众的热切期盼。（4）他是以下述方式完成这场战役的：连接迦太基和利比亚的狭窄地带是连绵起伏的群山，山里只有几条人工开凿的通道。马索斯在这些山上的所有关键地方都部署了防守的兵力。（5）此外，这里有一条名叫马卡拉斯（Macaras）①的河流，而这条河流的一些地方却阻断了从这座城市到乡村的道路。由于河水太深，这条河通常难以涉水通过，这个地方只有一座桥，而且马索斯在这座桥头建造了一座城镇来进行防卫。（6）所以，不要说迦太基人的军队无法通过，即使一个人在通过时，也无法不被敌人察觉。（7）这就是哈米尔卡所面对的问题，但是，为克服这个困难，在尝试了所有的手段和所有的可能后，他想到了下面的破解计划：（8）他注意到，当某个方向的风力强劲时，连接海洋的马卡拉斯河口就会淤积淤泥，并形成一条浅浅的通道。（9）因此，他让自己手下的军队作好了行军的准备，但是，他没有把自己的计划告诉其他任何人；接着，他就在等待合适的时机。（10）当合适的时机出现后，他在夜色的掩护下从迦太基出发，等到天亮时，他的军队已经神不知鬼不觉地从前面所说的那个地方渡过去了。（11）城内的市民和军队就这样措手不及地被拿下了，接着，哈米尔卡穿过平原，向桥上的守军进军。

[76]（1）当斯庞恩迪听到所发生的事情后，他就把自己的两支军队移师到平原上会合，以使他们彼此之间相互支援，其中来自桥附近的那座城镇的一支军队，其人数不少于一万人，而来自乌提卡

---

① 也即是巴格拉克拉斯河（Bagraclas）。

的另一支军队,其人数则超过一万五千人。(2)当他们可以彼此看见时,他们以为,他们已经把迦太基人困在了自己人中间,他们相互大声地劝勉,接着,他们展开了进攻。(3)哈米尔卡则以下述顺序向前进军:最前面的是战象,接着则是骑兵和轻装军队,最后则是所有重装军队。(4)当他看到敌人正鲁莽地向自己进攻后,他就命令自己的整个军队向后转身。(5)接着,他命令转身后的先头部队全速撤退,而之前那些殿后的部队则转身过来迎击敌军的进攻。(6)利比亚人和雇佣军认为,迦太基人因为惧怕他们而撤退,因此,他们打乱了自己的阵型,勇猛地进攻敌人。(7)但是,一旦他们靠近重装步兵的密集阵型,哈米尔卡的骑兵再一次转过身来面向利比亚人,与此同时,其余的迦太基军队也开始向前进军,对此,敌人深感惊骇,以至于他们立即惊恐地掉头逃跑,而且,他们的逃跑同他们先前的进攻一样凌乱和无序。(8)结果,他们其中一些人同从后面向前进军的战友产生了毁灭性的相撞,这造成了他们两者的巨大灾难,但是,大部分的死者仍是在骑兵和战象近距离进攻他们的时候被踩踏而死的。(9)有大约六千利比亚人与雇佣军丧生,有将近两千人被俘,其余的人则逃走了,其中一些逃到了桥附近的那座城镇,一些则逃回了他们在乌提卡的营地。(10)哈米尔卡就用这种方式取得了胜利,接着,他紧追后撤的敌人,并径直过桥,以攻占那座城镇,而那座城镇里面的敌人选择了弃守,并逃往了突尼斯。接下来,他继续横扫这个地区的其他地方,其中一些城镇是通过劝降取得的,另一些城镇则是通过强攻取得的。(11)因此,他恢复了迦太基人一定程度的自信和勇气,把他们从先前的绝望中拯救了出来。

[77](1)马索斯继续围攻西帕克里塔,同时,他建议斯庞恩迪和高卢人的头领奥塔里图斯(Autaritus)不断地骚扰敌人,(2)由于敌人有大批的骑兵和大象,他建议不要走平原,而是沿着山麓与迦太基人平行进军,当敌人暴露在易受攻击的困难地形时,他们就予以攻击。(3)当他们接受这项建议后,他同时又给努米底亚人和利比亚人传递消息,恳请他们前来支援自己,并抓住这个可以重获自

由的机会。(4)斯庇恩迪从突尼斯各族抽调了一支大约六千人的队伍,率领他们沿着山坡与迦太基人平行进军。(5)除此之外,他身边还有奥塔里图斯及高卢人——其人数总计只有大约两千人——这些人全都是原先部队遗剩的士兵,因为,其他人在埃里克斯附近扎营时就逃往了罗马。(6)哈米尔卡在群山包围的一处平原上建造营地,恰好这时,努米底亚人和利比亚人的增援军队也同斯庇恩迪的队伍会合了。(7)因此,迦太基人突然发现,利比亚的增援军队就位于自己的前方,努米底亚的增援军队就位于自己的后方,而斯庇恩迪则位于自己的侧翼;他们陷入到一个不易挣脱的艰难困境当中。

[78](1)有一个名叫纳拉瓦斯(Naravas)的努米底亚人,他不仅出身高贵,而且斗志昂扬。由于传统的家庭关系,他过去一直都与迦太基人十分亲近,现在这分亲近更是由于对哈米尔卡的崇拜而进一步增强。(2)他那时觉得,这是会见哈米尔卡和引介自己的有利时机,于是,他在大约一百努米底亚人的护送下骑马来到迦太基人的营地。(3)他毫不畏惧地靠近了栅栏,而且,他一直在那里挥动自己的一只手来进行示意。(4)哈马尔卡对他的意图深感困惑,于是,他就派出了一位骑兵前去见他,但是,纳拉瓦斯回答说,他渴望面见他们的将军。(5)这位迦太基领袖仍感惊诧和狐疑,纳拉瓦斯就把自己的坐骑和长矛交给自己的随从,他没有带任何武装就勇敢地进入了迦太基人的军营。(6)对于他的勇敢,迦太基人满是钦佩和惊诧之情,但是,他们仍然让他进入军营进行会面。(7)在会面时,纳拉瓦斯说道,他希望所有迦太基人都安好无恙,但他尤其渴望巴卡的友谊,这就是为什么他主动前来引介自己,以及在每一项行动和每一项计划上,他都会提供热情相助的原因。(8)听完他的这番讲话后,对于这位年轻人前来与自己会面的勇气以及他的简单坦率,哈米尔卡感到由衷的高兴,(9)以至于他不仅同意纳拉瓦斯加入到自己一边,而且,他还宣誓说,他要把自己的女儿许配给纳拉瓦斯,如果后者保持对迦太基的忠诚的话。

(10)当他们就这样达成协议后,纳拉瓦斯就把自己所统领的大约两千名努米底亚士兵全部带了过来,军力因此得到增强的哈米尔卡向敌人发起了作战。与利比亚人会师后,斯庞恩迪下到平原并进攻起迦太基人。(11)这是一场艰苦的战役,但是,在战象的优异表现和纳拉瓦斯的重要作用下,哈米尔卡最终赢得了胜利。(12)奥塔里图斯和斯庞恩迪逃走了,不过,他们大约有一万人被杀和四千人被俘。(13)在取得这场胜利之后,哈米尔卡允许那些俘虏加入自己的队伍(如果他们自己也愿意),并用那些阵亡敌军的武器与铠甲来武装他们;(14)对于不愿意加入的那些人,他把他们召集起来,并宣布原谅他们过去的罪行,让他们自愿去往他们自己所想去的地方,(15)但是,他同时又威胁道,如果他们再拿起武器同迦太基作对而再次被抓,那么,他肯定不会再饶恕他们。

[79](1)大约与此同时,驻守撒丁岛的雇佣军也效仿起马索斯和斯庞恩迪的事迹来,他们向这座岛上的迦太基人发起了进攻。(2)他们围困城堡内的外国军队的指挥官波斯塔尔,最终,他们杀死了他和他的同胞。(3)接下来,迦太基人派遣了由汉诺所率领的一支生力军到这座岛上,但是,这支军队背弃了汉诺,并加入哗变者的行列;他们俘获了汉诺,并立即钉死了他。(4)接着,他们用所发明的最痛苦的酷刑来折磨和杀戮岛上所有的迦太基人。当他们控制了所有的城镇后,他们对撒丁岛继续施行野蛮的暴力统治,(5)一直到当地人起来反抗他们并把他们逐出意大利。(6)因此,迦太基人失去了对撒丁岛的控制,而撒丁岛的大部分地区是人口稠密和土地肥沃之地。(7)许多作家都详细地描述过这座岛屿,我觉得,自己没有必要重复人人都已知道的常识。

(8)马索斯、斯庞恩迪和高卢人奥塔里图斯对哈米尔卡仁慈对待俘虏的做法非常担心,①他们害怕,利比亚人和大部分雇佣军会因此倒向他一边,或者急切地接受他所提出的豁免。因此,他们绞尽脑汁地发明了一些臭名昭著的暴行,而这些暴行使军队更加野蛮地憎恶迦太基。(9)他们决定召集一次全体会议,在这次会议

---

① 即公元前239年。

上,他们出示了一位信使所带来的一封信,这封信据说是他们在撒丁岛的同伙派发过来的。(10)这封信建议他们严加看守基斯科及其同伴——正如我在前面所说,雇佣军在突尼斯背信弃义地逮捕了他们——因为,军队中的一些人正在同迦太基人秘密协商关于他们的释放问题。(11)抓住这次借口,斯庇恩迪首先警告他们不要相信迦太基将军哈米尔卡对俘虏的仁慈。他说道:

(12)哈米尔卡这样对待俘虏不是他真想宽恕他们的性命,而是想通过他们的获释,从而让我们为他所掌控,因此,他不会对一些人进行报复,而是会对我们所有人进行报复,如果我们相信他的话。

(13)而且,他警告他们谨慎行事,以免基斯科和其他人从他们手中溜走,因为,这不仅会招致敌人的鄙视,也会给他们自身的处境造成严重的危害——如果他们让这样一位能力超群的将军逃走,他将来必定会成为他们最可怕的敌人。(14)在他讲话的中途,从突尼斯发来的另一封信——就内容上而言,这封信同从撒丁岛发来的那封信类似——也恰好送到了。

[80](1)高卢人奥塔里图斯是第二个发表演说的人。他说道,对他们而言,他们安全的唯一希望就是对迦太基人不抱任何希望。(2)任何期望他们的仁慈之人都不可能是他们真正的盟友。(3)因此,他要求他们仅仅信任、听从和支持那些最严厉和最无情地指控迦太基的人,而那些唱反调的人则要被视作叛徒和敌人。(4)最后,他不仅建议他们拷打和处死基斯科和与他一同被捕的那些人,而且,他还建议他们拷打和处死他们后来所俘虏的所有迦太基人。(5)在他们的会议当中,他是最有效果的演说者,因为,他可以让众多与会之人都领会自己的意思。(6)他在迦太基人手下服役了很长时间,因此,他学会了腓尼基语;可能是由于先前的战争持续了太长时间的缘故,因此,他们的耳朵或多或少地都对这种语言感到愉悦。(7)因此,他的演讲得到了大家一致认可,他在一片掌声当

中退下了讲台。(8)来自几个民族的其他众多演讲者,现在也全都一起站了出来,他们声称至少要免除对他们的酷刑,因为,基斯科之前非常仁慈地对待他们。然而,没人听懂他们所说的任何话,因为,他们所有人都是一起说话,而且,他们都是用自己的语言来表达。(9)但是,他们乞求赦免的话语一旦透露出来,听众当中立即就有人就喊道"石击他",因此,他们立即就用石头将所有的演说者砸死。(10)这些不幸之人——他们死去的肉身看起来就好像被野兽咬得面目全非一样——被他们的朋友抬出去安葬了。(11)接着,斯庇恩迪和他的手下把基斯科和其他囚犯从军营中弄出来,囚犯们的人数总计大约七百人。他们把后者带到了距离营地很近的栅栏外的一个地方,接着,他们从基斯科开始,先是一一砍掉了他们的双手;(12)而这位基斯科正是不久前他们自己从所有迦太基人那里选出来,公开宣布他是他们自己的恩人,并把所争议的问题移交到他那里裁决的那个人。(13)在砍掉囚犯们的双手后,他们又砍掉了这些可怜之人的其他肢体;在残毁和打断囚犯们的双腿后,囚犯们被活活扔进了一条壕沟里。

[81](1)当这个不幸的消息传到迦太基后,迦太基人义愤填膺,但是,他们没有采取行动,他们只是派遣代表到哈米尔卡和另一位将军汉诺那里,恳求他们为那些不幸的受害者复仇。(2)他们同时派遣使者到屠杀者那里,乞求后者把那些尸体交还给他们。(3)但是,雇佣军不仅拒绝交还尸体,而且还警告他们不要再派信使或者代表,因为,任何所来之人都将受到同基斯科一样的惩罚。(4)至于将来对待俘虏的问题,这些哗变者通过了一项决议,那就是将来俘获的所有迦太基人都要被施予酷刑并处死,而俘获的所有迦太基盟友都要被砍掉双手后再送回迦太基城。他们一直严格地实施这项决议。(5)看到这幕场景,人们都会毫不犹豫地说,人的肉身容易遭到溃疡和肿瘤的侵蚀,以至于这种溃疡和肿瘤逐渐病入膏肓,最终无可救药,然而,人的灵魂何尝不是如此呢?(6)就溃疡来说,如果我们去治疗它们,治疗有时可能会恶化它们,从而使它们更加迅速地扩散。然而,如果我们不去管它们,它们就会凭

借其自身的自然天性一直吞噬周围的血肉,直到它们彻底摧毁下面的组织。(7)类似这种致命的肿瘤和腐烂的溃疡,也经常在人类的灵魂中生长,致使人类最终变得比野兽更加邪恶和残忍。(8)他们会把仁慈和善意看成是骗人的阴谋,并且,他们会对自己的恩人越来越充满怀疑和敌意。(9)然而,如果你进行报复,那么,他们的激情也会随之愈加激发起来,他们会丧心病狂、无恶不作,但是,他们自己认为,这不过是勇敢的体现。最终,他们会彻底野蛮化,也不再是所谓的人类。(10)对于这种状况,我们也许首先会把它主要归咎于陈规陋习和从小的糟糕教养,但是,它其实有诸多原因,其中最主要的原因就是他们头领的暴力习性和贪婪本性。(11)然而,这种状况当时却普遍地盛行于这整支雇佣军之中,尤其是盛行于他们的头领当中。

[82](1)敌人的这种铤而走险,让哈米尔卡深感忧虑,他恳求汉诺与自己会合,他坚信,如果两军联合起来,他们很快就会结束这整个战争。(2)与此同时,对于那些在战场上所征服的敌人,他会杀死他们,对于那些所俘获的俘虏,他就把他们扔给大象而被活活踩死,因为,他深知,如果不彻底消灭敌人,那么叛乱就不可能被完全扑灭。

(3)迦太基人的战争前景现在似乎要更加明朗,但是,事情的发展方向突然来了一个大转向。(4)因为,当迦太基人的两位将军会合后,他们相互之间争吵得如此不可开交,以至于他们不仅贻误了重击敌人的许多战机,而且还给了敌人许多可乘之机。(5)迦太基人发现了这种情况,于是,他们就命令其中一位将军离开自己的岗位,另一位将军则留在那里单独指挥,而对于是哪一位将军去留,则交给军队自己选择。(6)除此之外,他们从一个被称作恩波里亚(Emporia)的地方——他们的粮食供给和其他补给全部依赖于该地——所运送的补给在海上的一场风暴中遭遇了彻底地损失。(7)正如我在前面所说,他们再一次丢掉了撒丁岛,而这座岛屿先前总会在危难时刻给他们帮大忙。(8)然而,最沉重的灾难非西帕克里塔和乌提卡的叛变莫属,在利比亚,唯有这两座城市不仅在当前的这场战争中进行了英勇的抵抗,而且,它们还在亚加索克勒斯(Agathocles)和罗马人入侵期间进行了不屈的迎击。确实,它们从未在任何场合表现出对迦太基的任何一丝不满。(9)但现在,除了毫无缘由的叛向利比亚人之外,他们如此突然地转换自己的立场,对叛乱分子大表自己的忠心和友谊,而对迦太基人却处处大发刻骨的愤怒和憎恨。(10)迦太基人之前派遣了一支大约五百人的军队前去支援他们,但是,他们把这支军队所有人包括指挥官全都屠杀了,接着,当他们把所有的尸体都扔下城墙后,他们就向利比亚人投降了。他们甚至都没有允许迦太基人埋葬他们不幸的同胞的请求。(11)与此同时,马索斯和斯庇恩迪对这些事件由衷地感到欢欣鼓舞,以至于他们开始围攻迦太基城。(12)哈米尔卡现在拥有了汉尼拔作为自己的一位帮手:迦太基人将汉尼拔派遣到军队,以取代汉诺——汉诺就是士兵们决定遣回之人,因为,在两位将军起纷争时,迦太基人把将军去留的决定权留给了士兵。(13)有汉尼拔和纳拉瓦斯相助,哈米尔卡搜遍了乡村,切断了马索斯和斯庇恩迪的给养,同其他所有问题一样,在这个问题上,努米底亚人纳拉瓦斯一如既往地给予了他巨大的帮助。这就是他们在战场上的军事形势。

[83](1)由于四面都被包围,迦太基人被迫求助于与自己结盟的那些国家。① (2)在整个这场战争期间,希罗一直都及时地满足他们的要求,而且,他现在比以前还更加地热忱;(3)因为,他确信,不管是确保自己对西西里的统治,还是确保自己对罗马人的友谊,迦太基的存在无疑都是他自己的最大利益所在,迦太基不能灭亡,况且,一个更为强大的强权不可能一帆风顺就实现自己的目的。(4)他的这个想法非常地明智和正确,因为,我们决不应该无视这种情况,而且,我们也决不应该帮助一个国家建立一个强大的强权,以至于没有人胆敢对它提出异议,不管自己的理由有多么充分。(5)但是,罗马人和希罗现在都忠实地遵守他们之间所签订的

---

① 这一行可能有所遗漏,它有可能提到了希罗。

条约。(6)由于下述原因,这两个国家一开始产生了一些轻微的纠纷。(7)在意大利到利比亚这条航线上,迦太基人俘获了一些给敌人提供补给的罗马商人,现在迦太基人把他们带到了迦太基,其人数总计大约达五百人。(8)罗马人对此非常地恼怒,然而,当一个罗马使团随后派到了迦太基后,这个使团通过外交手段成功地恢复了所有俘虏的自由,这让罗马人非常地高兴,作为回报,他们将西西里战争期间扣留的所有俘虏送回迦太基,(9)而且,他们从此对迦太基人的所有诉求,都予以积极而友好的回应。(10)除敌人之外,他们允许自己的商船往迦太基出口迦太基人所需要的所有补给,同时,他们禁止自己的商船向迦太基的反叛者出口任何商品。(11)不久之后,当反叛迦太基的撒丁岛雇佣军邀请他们占领该岛时,他们予以了拒绝。当乌提卡人再一次地提出要把这座城市交给他们时,他们也没有接受,相反,他们严守与迦太基人之间所签订的条约。(12)迦太基人当时①就这样从自己的盟友那里获取援助,从而得以继续抵御围攻。

[84](1)但是,作为围攻者的马索斯和斯庇恩迪自己却陷入了被围的境地。(2)哈米尔卡让他们陷入严重的补给短缺,以至于最终迫使他们解除围攻。(3)但是,不久之后,他们召集了一支人数大约五千人的精兵——他们都由雇佣军和利比亚人组成——其中包括利比亚人札尔札斯(Zarzas)所指挥的那些军队。他们决定恢复原来的战术:在野外同敌人平行进军和严密地监视哈米尔卡。(4)他们避免平坦地形,因为,他们害怕战象和纳拉瓦斯的骑兵,所以,他们努力抢先占领山上的高地和狭窄的通道。(5)在这些战役中,就进攻和勇气而言,他们都与敌人势均力敌,但是,由于缺少军事技能,他们常常置于不利的处境。(6)事实上,这真正地阐明了一场科学的战争与一场非科学的战争之间和一名将军的战争艺术与一名士兵的常规行动之间的差异。(7)在许多小型战斗中,哈米尔卡就像一位优秀的跳棋手(draught-player),通过切割和包围大

---

① 即公元前238年。

批的敌军,进而在他们束手待毙的情况下摧毁他们;(8)而在更大规模的战役中,他时而会通过引诱他们进入意想不到的伏击圈,从而再屠戮他们,时而又会通过在白天或者晚上的突然出现,从而让他们陷入恐慌。他会把所俘获的俘虏全都投进大象群里。(9)最终,哈米尔卡成功地挫败了敌人的如意算盘,而且,他还把营地驻扎在敌人对面,这个位置不利于敌军展开行动,但有利于他发挥自己的指挥长项。他让他们陷入了绝境,以至于他们既不敢冒险一战,又不能顺利脱逃,因为,他们都被壕沟和栅栏死死包围,最终,饥饿迫使他们沦落到同类相食的地步——(10)这是他们应得的惩罚,同时也是天意使然,因为,在对待自己邻人的方式方面,他们违背了所有人类法则和所有神圣法则。(11)他们没敢冒险突围反击,因为,他们铁定要失败,而且,所有的俘虏都要接受严厉的惩罚,他们甚至都没有想过请求和谈,因为,他们深知自己罪行累累。(12)他们仍然在期待从突尼斯而来的解救军队(他们的军官也一直这样允诺他们);他们没有任何顾忌地对自己人犯下各种滔天罪恶。

[85](1)但是,等他们凶残地吃完他们的俘虏,紧接着又吃完他们的奴隶,突尼斯那边也没有任何过来帮忙的迹象,(2)而且,他们的军官看到,自己将会沦为自己手下那些走投无路的士兵的下一个牺牲品。(3)因此,奥塔里图斯、札尔札斯和斯庇恩迪决定向敌人投降,并同哈米尔卡协商投降条件。(4)因此,他们委派了一位送信者到迦太基,等到他们获准组建代表团后,他们又委派了十位代表到迦太基。(5)哈米尔卡向他们提出了以下的条件:迦太基人可以从敌人的军营里,自由地挑选自己所想要的任何十个人,而其他人则可以每人带着一件短袍自由地离开。(6)一旦他们同意了这些条款后,哈米尔卡又立即说道,这十位代表就是他所要挑选之人。通过这种办法,迦太基人俘获了奥塔里图斯、斯庇恩迪和其他八位主要头领。(7)因为,雇佣军都不知道有这项协定,所以,当利比亚人获悉自己的长官被扣留的消息后,他们觉得自己被出卖了,于是,他们急忙地武装起自己,但是,哈米尔卡用自己的战象和

其余的军队包围了他们(他们的人数超过四万人),并将他们全部屠杀殆尽。这场屠杀发生在一个名叫索尔(Saw)的地方;它之所以被叫作这个名称,是因为这个地方看起来像锯子。

[86](1)哈米尔卡的这场胜利再一次地使迦太基人对未来恢复了信心,尽管他们几乎已经放弃了一切。与此同时,在纳拉瓦斯和汉尼拔的协助下,哈米尔卡洗劫了利比亚的乡村及其城镇。(2)由于近来的胜利,致使大批利比亚人投降并倒向了他们一边。在控制了绝大部分城镇后,迦太基人抵达了突尼斯,并开始围攻马索斯。(3)汉尼拔把营地驻扎在这座城市靠近迦太基城的一侧,而哈米尔卡则把营地驻扎在对面的另一侧。(4)他们的第二步就是,把斯庇恩迪和其他俘虏带上城墙,并在所有人面前钉死他们。(5)注意到汉尼拔犯有疏忽大意和过于自信的错误的马索斯进攻了他的营地,他杀死了许多迦太基人,并将他们所有人都逐出了营地。所有的辎重都落到了叛乱分子手中,而且,汉尼拔自己也被他们所活捉。(6)雇佣军立即把他带到斯庇恩迪被钉死的地方,他们在那里野蛮地拷打他;他们把斯庇恩迪从十字架上取将下来,接着,他们把汉尼拔活活地钉死在十字架上,并在斯庇恩迪尸体旁边屠杀了三十位迦太基显贵。(7)就好像命运女神故意安排他们进行一番对比一样,她让两个交战国有理由,也有机会彼此之间轮流以最残忍的惩罚来报复对方。(8)由于两座营地之间相隔一定距离,所以,当哈米尔卡听到雇佣军突围和进攻的消息时已有一段时间,即使当时他听到了这个消息,中间的崎岖地形也会使他的救援力量很难及时地抵达。(9)因此,他拔营离开了突尼斯,他沿着马卡拉斯河(Macaras)的河岸进军,并在海边的河口位置扎营。

[87](1)这场突然性的挫败让迦太基人深感惊讶,他们再一次灰心和消沉起来。(2)前几天他们才刚刚开始恢复了士气,但是,它们马上又跌落了下去。然而,为捍卫自己的安全,他们并没有停下自己的脚步。(3)他们任命了一个委员会,这个委员会由三十位元老组成,他们跟随汉诺(汉诺之前被解除了指挥权,但现在又恢复了指挥权)一起被派到哈米尔卡那里,同时,所有余留的已到

兵役年龄的公民（他们是迦太基人的最后一线希望），也跟随他们一起被派到哈米尔卡那里。（4）他们强令这些委员，要他们不惜一切手段结束这两位将军长期以来的纷争，并逼迫他们重新和好（因为形势所迫）。（5）当这些元老把这两位将军带到一起后，他们用形形色色的论据催逼他们，以至于汉诺和巴卡最终被迫屈服，并按照他们所要求的那样行事。（6）自从他们和解后，他们就齐心协力、精诚合作，结果，所有事情都向迦太基人所希望的方向发展，（7）以至于马索斯——在莱普提斯（Leptis）附近和其他一些城镇所发生的许多局部性战役中，他都以战败收场——最终决定通过一场总决战来一定乾坤，而这也正是迦太基人所梦寐以求的。（8）双方当时都有这种意图，他们都号召自己的全部盟友前来助战，并召集城内的卫戍部队一起参战，他们就好像要在这个问题上孤注一掷一样。（9）当双方都作好进攻的准备后，他们就正面而向部署军队，并按照预定的信号开打起来。（10）迦太基人赢得了胜利，绝大部分利比亚人在这场战役中丧生，而其余的人则在逃到一座城镇后不久就投降了，但是，马索斯自己被敌人活捉了。

[88]（1）在这场战役之后，除了西帕克里塔（Hippocritae）①和乌提卡之外，整个利比亚都向迦太基投降了。（2）这两座城镇仍在负隅顽抗，他们觉得，自己没有与迦太基人达成和约的任何正当理由，因为，当他们首次起来叛乱时，他们就已经不把任何的宽恕和怜悯考虑在内了。（3）这告诉我们，即使在这样的罪行中，行为适度和主动禁戒不可饶恕的过分之举，也仍然是最有益的。（4）然而，围攻其中一座城镇的汉诺和不久之后围攻另外一座城镇的巴卡，迫使他们不得不接受这样一份有利于迦太基人的和平协议。

（5）将迦太基逼入命悬一线的这场利比亚战争，使迦太基人重新控制了利比亚，迦太基人对那些领导叛乱的头目施予了惩戒性处罚。（6）最后一幕则是，以军队在城内押着马索斯在前头的胜利游行和对其施予形形色色的酷刑收场。（7）这场战争持续了三年

---

① ［中译按］在第一卷第 70 章第 9 节中，它亦写作 Hippacritae。

零四个月,就残酷程度和对原则的漠视程度而言,它要远胜于我们所知的所有战争。

(8)大约与此同时,在雇佣军的邀请下——雇佣军在离开撒丁岛后倒向了罗马人一边——罗马人开始远征撒丁岛。(9)迦太基人抗议说,撒丁岛的统治权属于他们,而非罗马人,而且,他们开始准备对岛上的那些叛乱分子施予惩罚性的行动。(10)但是,罗马人抓住这个借口对迦太基开战,他们声称,迦太基人的准备行动不是针对撒丁人,而是针对他们自己。(11)由于迦太基人在这场利比亚战争中已是九死一生,如果他们此刻恢复对罗马人的敌意,那么,他们在所有方面都是不合时宜的。(12)因此,迫于形势,他们不仅放弃了撒丁岛,而且,他们还同意额外支付一笔金钱(总计一千两百泰伦)给罗马人,以避免现在重开战端。这就是当时这些事件的真相。

第二卷

[1](1)在前面的那一卷中,首先,我叙述了罗马人在征服意大利后,他们在何时开始关心半岛之外的事务;其次,我叙述了他们如何跨海到西西里,以及他们为争夺这座岛屿而与迦太基开战的原因。(2)在叙述了罗马人第一次建造海军的时间和方式后,我公正地记载了双方的战争进程,直到战争结束——迦太基人全撤离了西西里,而罗马人则获得了除希罗所统治的那部分外的整座岛屿。(3)接下来,我记载了雇佣军是如何发动反迦太基的军事哗变和点燃所谓的利比亚战争的。我记载了这场战争中所有的恐怖暴行,所有的戏剧性事件和所有的重大议题,直到以迦太基的最终胜利作结。(4)按照我最初的计划,①现在我将试图概述那些紧随其后的事件。

(5)迦太基人一旦控制了利比亚的局势,②他们就让哈米尔卡统率一支足够强大的军队,并把他们一起派遣到西班牙。③(6)哈米尔卡带上了这支军队和自己的儿子汉尼拔(当时他只有九岁),穿过了直布罗陀海峡(Straits of Gibraltar),开始致力于征服西班牙。(7)在这个国家,他花费了将近九年时间④——在此期间,通过

---

① 参见第一卷第 4 章。

② 即公元前 238 年。

③ 在这卷当中,波利比乌斯以三章的篇幅再现了迦太基帝国在西班牙的征服和统治:第 1 章的哈米尔卡;第 13 章的哈斯德鲁巴;第 36 章的汉尼拔;这提供了一个时间上的顺序。

④ 即公元前 238 年—前 229 年。

武力征服和外交手段,他成功地将大批伊比利亚部落置于迦太基人的统治之下——最终以当之无愧的成就结束了自己的一生。(8)在同一个最为好战且最为强大的部落的一场战役中,他毫不顾及自己的安全而最终英勇地战死。(9)迦太基人任命他的女婿哈斯德鲁巴继任他的职位,哈斯德鲁巴之前是迦太基的海军统帅。

[2](1)大约与此同时,①罗马人首次率领军队远征伊利里亚(Illyria)和欧洲地区。(2)对于渴望真正理解这部史撰的意图和罗马帝国形成与发展的那些人来说,这不是一个轻描淡写的问题,而是一个值得严肃对待的问题。(3)他们之所以决定远征伊利里亚②是出于下述原因:(4)伊利里亚国王阿格洛恩(Agron)③——他是普勒拉图斯(Pleuratus)的儿子——拥有一支比之前任何一位伊利里亚国王,都要更加强大的陆海军。(5)通过贿赂,德米特里(Demetrius)——他是腓力五世(Philip V)的父亲——劝诱他前来驰援米迪昂城(Medion),④当时埃托利亚人(Aetolians)正围攻这座城镇。(6)由于埃托利亚人没能说服米迪昂人加入同盟,因此,他们就决定用武力逼迫米迪昂人。(7)埃托利亚人征用了自己所有的军队,他们驻扎在这座城市周围,严密地围攻这座城市,同时,他们运用一切可能的手段和所有的围城器械强行破城。(8)一年一度的选举日期现在即将来临,埃托利亚人不得不挑选另外一位将军。⑤被围的米迪昂现在处境危殆,似乎每天都要沦陷,因此,临时指挥军队的将军对埃托利亚人说道,(9)由于自己承受了围城的所有危险和艰辛,因此,唯一的公平之道就是,这座城市陷落后,他要

---

① 罗马人干预伊利里亚,发生在公元前 229 年春季。哈米尔卡被杀于公元前 229/228 年冬季。

② 即公元前 233 年—前 232 年。

③ 阿格洛恩(Agron)统治了一群生活在斯科德拉(Scodra)和里茨安海湾(Bay of Rhizon,即现在的科托尔[Kotor])附近的部落,这些部落是以轻型舰船(light galleys)劫掠为生的海盗。

④ 米迪昂城(Medion)是中阿卡纳尼亚边境的一座城镇。

⑤ 可能是在公元前 231 年秋季。

享有战利品的处置特权,并将自己的名字铭刻在盾牌上,以纪念这场胜利。(10)一些人,尤其是那些有可能继任将军之位的候选人,对此表示异议,他们恳求民众不要提前决定这个问题,而是让命运女神决定谁将享有这项殊荣。(11)于是埃托利亚人通过一项决议,不管谁接任下一任将军,如果这座城市沦陷,他都将和前任将军一起分享分配战利品和将名字铭刻于盾牌的荣誉。

[3](1)恰好在这项决议通过后的第二天,选举就开始了,按照埃托利亚的习惯,新任的将军立即走马上任。然而,就在那个晚上,一百艘战船和一支五千伊利里亚人的军队抵达了距离米迪昂最近的海岸。(2)他们在那里抛锚泊船,天一亮,他们就悄无声息地迅速登陆上岸,接着,他们按照伊利里亚人的传统方式组织队形,①并以分队(companies)的方式进军埃托利亚人的营地。(3)当埃托利亚人发现敌人的出没后,他们一开始对伊利里亚人出人意料的登陆和英勇无畏的进攻深感震惊,但是,他们并没有过度灰心气馁,毕竟他们多年来对自身的军事素质自视甚高,对自身的军事力量也抱有信心。(4)他们将大部分的骑兵和重装步兵部署在他们营地正前方的平坦地形上,其余的骑兵和轻装步兵则占据有利而稍前一些的高地地形。(5)伊利里亚人向这些轻装步兵发起进攻,通过自身的优势兵力和阵型压力,成功地把后者驱离高地,并迫使骑兵转而依靠重装步兵。(6)接着,他们利用高度的优势对部署在平原的埃托利亚主力部队发起第二次进攻,很快就将敌人打得落荒而逃,城内的米迪昂人也一起加入了攻击的行列。(7)他们杀死了大批埃托利亚人,俘虏的敌人数量则更为庞大,同时,他们还俘获了埃托利亚人所有的武器和辎重。按照他们国王的命令,伊利里亚人将所有的辎重和其他战利品都搬上了舰船,并立即启航回国。

[4](1)因此,意外获救的米迪昂人举行会议,以商讨盾牌题献

---

① 这有可能是根据亲属关系进行组队的,这种组队方式也出现在荷马时代(Hometic times)的希腊人或者更为晚近的阿尔巴尼亚人(Albanians)中间。

和其他问题。（2）他们决定恶搞性地戏仿埃托利亚人的决议：将埃托利亚人现任将军的名字和第二年将要上任的候任将军的名字都铭刻到盾牌上。（3）命运女神似乎故意通过降临到米迪昂人身上的这些事情，来向我们全人类证明自己的力量。[①]（4）因为，在短短的幕间休息期间，她就把敌人对他们的惩罚反过来变成了他们对敌人的惩罚。（5）对于人类而言，埃托利亚人所遭受的这场意想不到的挫败，其教训是，绝不要谈论看起来似乎是木已成舟的未来，也绝不要对那些仍可能逆转的事情怀有过分的自信。我们不过是凡人，在任何事情上，我们都应该对意外情况留有余地，尤其是对战争。

（6）当自己的舰队返回，手下的军官将战况报告给他后，阿格洛恩国王对最自以为是的埃托利亚人的战败感到非常地高兴，为了表示庆祝，他开怀畅饮和举行其他狂欢庆典，结果，他感染了胸膜炎，以至于几天后就去世了。[②]（7）他的妻子特乌塔（Teuta）继承了他的王位，而她则把政事委托给自己所信赖的朋友们处理。[③]（8）女人天生就目光短浅，除了刚刚赢得的那场胜利，她什么都看不到，她也看不到其他地方所发生的事情。（9）首先，她授权海盗洗劫他们所遇到的任何船只；其次，她募集了一支与先前一样庞大的舰队和军队，并将他们派遣出去作战，她命令他们的指挥官将所有其他国家都当作敌国来对待。

[5]（1）远征军的首个目标就是埃利斯（Elis）和美塞尼亚（Messenia），[④]它们一直都是伊利里亚人习惯性劫掠的地方。（2）因为，它们的海岸线都非常漫长，主要城市也都位于内陆，致使抵御他们劫掠的路途都非常遥远，抵达的时间也非常缓慢；因此，他们总能

---

① 这个比喻沿用了波利比乌斯在第一卷第4章所使用的比喻，他把命运女神比作是一位剧作人（a play-producer）。
② 即公元前231年秋季。
③ 特乌塔（Teuta）通过亲信朋友所组成的委员会（a council of friends）来处理政事，在希腊化时代的众王国当中，这是一种通行的方式。
④ 即公元前230年。

够平安无事地蹂躏和劫掠那些乡村。(3)然而,为了补充给养,这一次他们停靠在伊庇鲁斯(Epirus)的腓尼基城(Phoenice)。① (4)在那里他们遇到了一伙高卢战士,他们的人数大约是八百人,当时他们正受雇于伊庇鲁斯人(Epirots)。他们接近这些高卢人,并提议他们背叛该城,当他们同意后,在城内高卢人的帮助下,他们登陆并攻占了这座城市。(5)当伊庇鲁斯人获悉这个消息后,他们就立即带着自己的所有军队赶来救援。当他们抵达腓尼基城后,他们就在城前流淌的那条河边驻扎,为了保证自己的安全,他们还拆除了河上那座桥上的木板。(6)接着,他们听到消息说,斯塞迪拉达斯(Scerdilaïdas)②率领五千人的伊利里亚军队,正从陆路穿过安提戈尼亚(Antigonia)附近的通道赶来,因此,他们派遣了一部分军队去守卫安提戈尼亚,但是,他们自己从此松懈下来,尽情地享用这地方的丰富物产,完全忽视了巡逻守备。(7)当伊利里亚人发现伊庇鲁斯人分兵和他们将军懈怠的情况后,他们就夜袭了后者,他们修复了桥上的木板,让自己的人马安全地渡过了这条河,在占领了一处有利地形后,他们就在那里休息直到天明。(8)天色刚刚破晓,双方就在这座城镇前部署自己的军队并开打起来。这场战役最终以伊庇鲁斯人的战败告终,他们许多人被杀,被俘的人数则更多,余下的人则逃往阿提恩塔尼亚(Atintania)。③

[6](1)遭遇这场灾难后,伊庇鲁斯人丧失了所有的自信,他们派遣使者到埃托利亚人和亚该亚联盟那里,恳求他们来驰援自己。(2)埃托利亚人和亚该亚联盟都对他们的处境表示同情,不久之后,他们的救援部队就抵达了赫利克拉努姆(Helicranum)。(3)与此同时,占领腓尼基的伊利里亚人首先与斯塞迪拉达斯会合,接着,他们进军赫利克拉努姆。他们的营地驻扎在前来救援和急于

---

① 腓尼基城(Phoenice)是凯奥尼亚(Chaonia)的一座城镇,它位于现在的萨兰达(Saranda)附近。

② 斯塞迪拉达斯(Scerdilaïdas)可能是阿格洛恩国王(King Agron)的兄弟。

③ 阿提恩塔尼亚(Atintania)位于现在阿尔巴尼亚的特佩利尼(Tepeleni)以南大约二十英里处。

开战的亚该亚人与埃托利亚人对面。（4）但是，地形对他们非常不利，恰好就在这时，特乌塔女王派来一份急件，命令他们以最快的路线回国，因为，一些伊利里亚人已叛投到达达尼亚人（Dardanians）①一边。（5）因此，在劫掠了一番伊庇鲁斯人之后，他们与伊庇鲁斯人签订了停战协定。（6）按照这份协定，他们在收到赎金后，就把腓尼基城及其自由民交还给他们；但是，奴隶和其他动产，则被他们装载上船，当一部分军队启航回国后，斯塞迪拉达斯及其手下的军队则通过安提戈尼亚附近的通道撤回国内。（7）他们引起了生活在沿海地区的希腊人的巨大惊慌和恐惧；（8）因为，看到整个伊庇鲁斯最为强大和最为安全的城镇突然间被攻占和奴役，他们所有人都开始担心，他们自己以及他们的城镇的安全问题，而不是像过去那样仅仅担心农业收成的安全问题了。

（9）在意外获救之后，伊庇鲁斯人非但不报复入侵者或者感谢前来救援自己的那些人，相反，他们派遣使节到特乌塔那里，而且，他们和阿卡纳尼亚人（Acarnanians）一起同伊利里亚人结盟，（10）按照结盟要求，他们将来要同伊利里亚人协同作战，并一起对付亚该亚人和埃托利亚人。（11）他们的整个行动无疑表明，他们不仅对自己的恩主愚蠢至极，②而且，他们对自身事务的安排一开始就大错特错。

[7]（1）我们不过是凡人，遭遇一些不可预见的不幸，不是受害者自己的过错，而是命运女神或者施予他不幸的那些人的过错。（2）然而，当我们纯粹因为自己缺乏判断，而眼睁睁地让自己深陷苦难时，每一个人都应该承认，除了我们自己，我们不能怪罪于任何人。（3）因此，这也是为什么对于被命运女神领入歧途的那些人，他们会得到同情、宽恕和帮助的原因所在，但是，如果他们的灾难完全是因为他们自己的过失，那么，所有思想健全之人都将责备

---

① 达达尼亚人（Dardanians）是临近的一个部落，他们的领土位于埃克奥斯河（Axios）的上游，埃克奥斯河也即是现在的瓦达尔河（Vardar）。

② 波利比乌斯对这种行径特别义愤填膺，因为，他是一名亚该亚人。

他们。(4)对于这种情形,希腊人有足够的理由去指责伊庇鲁斯人。(5)首先,熟知高卢人普遍信誉的那些人,在把一座富裕的城市交到他们手上之前,难道他们就没有任何人反复考虑过他们会出于利益和机会而背叛吗?(6)其次,对于名声如此败坏的这样一群人,谁会不加以提防呢?最为重要的是,他们的同胞之前一同团结起来,将他们从自己的国家中驱逐出去,因为,他们背叛自己的朋友和亲人。(7)当迦太基人(由于战争的危急,迦太基人需要他们的帮助)接纳他们后,他们首先利用了他们自身的士兵与将军之间有关报酬的争议,而劫掠了他们本应守卫的阿格里根托城,当时他们的人数超过三千人。(8)之后,当迦太基人将他们派往和保卫当时被罗马人包围的埃里克斯后,他们又试图背叛这座城市以及那些同自己被围在一起的居民。当这些计划落空后,他们又逃到了罗马人那里。(9)罗马人委任他们守卫维纳斯-埃里西纳(Venus Erycina)神殿,但是,他们又劫掠了它。(10)因此,同迦太基人的战争一结束,对他们声名狼藉的品质了如指掌的罗马人首先解除了他们的武装,他们将高卢人全部装载上船,将他们从意大利驱逐。(11)而伊庇鲁斯人用来保卫国家(repubic),①守护律法和照看这座最繁荣的城市之人正是这些人。他们自身所招致的不幸怎么不是他们自己的责任呢?

(12)我觉得,为了证明伊庇鲁斯人多么愚蠢,也为了表明没有人——如果他是明智的——会容忍一支强于他们自身力量的卫戍部队,尤其是野蛮人所构成的卫戍部队,因此,稍显详尽地陈述这个问题,就显得非常必要。

[8](1)远征军现在回到了伊利里亚人那里。在之前很长的一段时间里,他们已习惯于捕获从意大利驶来的舰船,(2)现在他们在腓尼基,他们当中的大批人员独自操作伊利里亚人的舰船,抢劫或者杀害众多意大利商人,俘获和夺走大批俘虏。(3)迄今为止,

---

① 国家(repubic)指的是伊庇鲁斯的民主同盟(the democratic confederation),它与亚该亚同盟和埃托利亚同盟相似。

罗马人对那些针对伊利里亚人的不满一直都充耳不闻,但是,现在越来越多的人向元老院反映这个问题,①于是,他们就任命了盖乌斯(Gaius)和卢西乌斯·科伦卡尼乌斯(Lucius Coruncanius)两位代表前去伊利里亚以调查这个问题。(4)另一方面,当远征军舰队从伊庇鲁斯一回来,特乌塔就对他们所带回来的战利品的庞大数量和精美程度深感惊羡(腓尼基当时是那里最富裕的城市),以至于她决心加倍地劫掠希腊人。(5)然而,由于自己国内的社会动乱,现在她不得不暂时推迟自己的冒险计划。她快速地平息了伊利里亚的叛乱,然而,当罗马人的使节通过海路抵达时,她正忙于围攻埃萨(Issa)②——只有埃萨仍然拒绝臣服于她。(6)当他们获准觐见后,他们开始谈及那些针对罗马人所犯下的暴行。在整个会见期间,特乌塔始终都是以一种最傲慢和最鄙视的态度来听取他们的讲话。(7)当他们结束讲话后,她说道,她看到罗马人没有遭遇来自伊利里亚任何官方性的不法恶行,(8)但是,至于那些私人性的不法恶行,如果伊利里亚国王阻止自己的臣民从海上劫掠战利品,则有违他们的习俗。(9)在听到她的这番讲话后,那位更为年轻的使者怒不可遏,他直言不讳,但非常不合时宜地说道,"(10)噢,特乌塔,罗马人有一个令人称道的习俗,那就是,他们可以公开惩罚那些犯有私人罪行的人,并公开帮助那些遭受此种伤害的人。(11)可以肯定的是,在诸神的帮助下,我们会尽自己一切所能,而且,我们会很快地迫使你们修改伊利里亚国王对臣民的这项习俗。"(12)对于这番直白的讲话,女人的任性和愤怒已经彻底将她淹没了,她根本就不考虑任何后果,她是如此地怒不可遏,以至于竟然公然违背国际间的法律:当这两位大使正准备乘船离开时,她派人暗杀了之前那位直言不讳的大使。(13)当消息传到罗马后,这个女人的暴行引发了罗马人巨大的愤怒,他们立即征召军

———————
① 即公元前230年。
② 埃萨(Issa)即现在的维斯(Vis),它是达尔马提亚(Dalmatian)南岸外的一座岛屿。

团和召集舰船,准备远征。

[9](1)当季节到来时,①特乌塔装备了一支比以前更为庞大的舰队,并把它们派往希腊海岸。(2)其中一些舰船穿过海峡、抵达科西拉(Corcyra),而一部分舰船则停泊在埃皮达尼亚(Epidamnus)港口,他们表面上声称过来补给淡水和物资,但是,实际上他们是想出其不意地攻占这座城镇。(3)埃皮达尼亚人(Epidamnians)毫无怀疑和防范地接待了他们。伊利里亚人登陆了,他们身着短袍,看起来就像只过来取水的一样,但是,他们的刀剑藏在水缸里面,他们突然砍倒了城门的守兵,并立即占领了这座城门。(4)按照事先的安排,舰船上的一支军队很快就到达现场,他们的力量因而得到了增援,他们轻易地占领了大部分城墙。(5)埃皮达尼亚人措手不及,他们根本就没有作任何防备,但是,他们很快地拿起武器,英勇作战,结果,在经过一番漫长地抵抗后,伊利里亚人最终被逐出了这座城市。(6)由于疏忽大意,埃皮达尼亚人这次差点就丧失了自己的家园,但是,他们的勇敢让自己逃脱了这种命运,而且,他们也从中吸取了对未来有益的教训。(7)伊利里亚的指挥官赶紧向前航行,以追上航行在前面的其他舰船并径直驶向科西拉。让当地居民深感惊慌的是,他们在那里登陆,并围攻这座城市。(8)在极度的困境和绝望中,科西拉人同阿波罗尼亚人(Apollonia)和埃皮达尼亚人一起派遣代表到亚该亚人和埃托利亚人那里,恳求他们赶紧过来救援自己,不要让伊利里亚人把他们逐出自己的家园。(9)在听取完代表的发言后,这两个同盟同意了他们的请求,共同装备了亚该亚人的十艘甲板船。几天之后,他们就作好了出海的准备,接着,他们驶往科西拉,以希望解除科西拉之围。

[10](1)伊利里亚人现在也增加了由阿卡纳尼亚人(遵照条约规定)所派遣过来的七艘甲板船,出海后,他们同驶离帕克西岛(Paxi)②的亚该亚舰队相遇了。(2)阿卡纳尼亚舰船与那些被派去

---

① 即公元前 229 年春季。

② 帕克西岛(Paxi)位于科西拉(Corcira)东南方数英里处。

作战的亚该亚舰船不分胜负,除了一些受伤的船员,他们都没有遭遇什么损失。(3)伊利里亚人将他们的舰船每四艘一组地捆在一起同敌人进行交战。他们不顾自己舰船的危险,用侧舷对准并撞击自己的敌人。一旦相撞,他们的敌人就会发现,自己会被牢牢地固定住,进而立即就会陷入危险的困境。(4)因为,四艘捆在一起的舰船会用它们的鹰钩鼻牢牢地扎进他们的舰船,接着,伊利里亚人的海军陆战队士兵就会跳上亚该亚舰船的甲板,并通过自身的人数优势来制服他们。(5)通过这种方法,他们俘获了四艘四桨座战船(quadriremes),击沉了一艘五桨座战船(quinquereme)及其所有人手,其中卡利尼亚的马尔古斯(Margus of Caryneia)就在这艘舰船上,他一生都极其忠诚地效力于亚该亚人。(6)看到伊利里亚人的胜利后,正在与阿卡纳尼亚交战的亚该亚人决心依靠自身的船速优势,借着顺风航行,最终安全地逃回了自己家乡。(7)伊利里亚人对自己的胜利深感高兴,他们从此可以更无干扰和更有信心地继续围攻科西拉城。(8)然而,盟友的失败彻底粉碎了科西拉人的希望;在继续忍耐了一段时间的被围之后,他们同伊利里亚人达成了和约,并接受了法洛斯的德米特里(Demetrius of Pharos)所统率的卫戍部队驻军城内。(9)在妥善地安排好这些之后,伊利里亚人的指挥官立即启航并停泊在埃皮达尼亚,他们准备重新围攻这座城市。

[11](1)大约与此同时,①一位执政官格纳乌斯·弗维乌斯(Gnaeus Fulvius)率领两百艘舰船从罗马启航,而另一位执政官奥鲁斯·波斯图米乌斯(Aulus Postumius)②则率领陆军出发。(2)格纳乌斯的最初目标是驶往科西拉,因为,他以为那里的围攻仍悬而未决。(3)然而,当他发现自己已经晚来一步时,他仍然驶往该岛;一方面,他是想探究这座城市确切发生了什么,另一方面,他想验

---

① 即公元前 229 年春季。

② Aulus Postumius(奥鲁斯·波斯图米乌斯)是 Lucius Postumius(卢西乌斯·波斯图米乌斯)的误写。

证德米特里发送给他的消息的真实性如何。（4）伊利里亚人对德米特里已有所怀疑，而且，德米特里害怕特乌塔女王，他给罗马人去信说，他要把这座城市和自己所掌握的其他一切东西都交给他们。（5）看见罗马人的到来，科西拉人感到非常地高兴，在德米特里的应允和推动下，他们把伊利里亚人的卫戍部队交给了罗马人。他们也一致同意：他们接受罗马人把自己置于罗马人保护之下的邀请。他们觉得，这是确保自己未来免于伊利里亚人骚扰而安享太平的唯一手段。（6）把科西拉人纳入进自己的盟友体系后，罗马人接下来驶往阿波罗尼亚，而德米特里则在将来的战役中充当他们的顾问。（7）与此同时，波斯图米乌斯则从布林迪西（Brundisium）运送过来一支陆军，这支陆军大约由两万名步兵和两千名骑兵构成。（8）当两支军队在阿波罗尼亚会师和阿波罗尼亚人同样同意将自己置于罗马人的保护之下后，他们立即重新启航，因为，他们听说了埃皮达尼亚人被围的消息。（9）一听到罗马人到来的消息，伊利里亚人赶紧慌乱地解除了围攻并逃走了。（10）罗马人也把埃皮达尼亚置于自己的保护之下，接着，他们进军伊利里亚境内，在进军的路上，他们征服了阿尔迪亚人（Ardiaeans）。（11）现在许多使节前来会见他们，其中包括一个愿意无条件投降的巴提尼（Parthini）使节。他们将这个部落和阿提恩塔尼亚人（Atintanes）纳入盟友体系，接着，他们向同样被伊利里亚人所围攻的埃萨进军。（12）一到达那里，他们就迫使敌人撤除了围攻，也将埃萨人纳入盟友体系。（13）当他们沿着海岸行驶时，舰队攻占了伊利里亚人的数座城市。然而，在纳特里亚（Nutria），他们不仅损失了大批士兵，而且还损失了一些军事保民官和财务官。（14）但是，他们同时也俘获了伊利里亚人二十艘船只，这些船只当时正在运送从乡村洗劫而来的战利品。

（15）对于先前围攻埃萨的伊利里亚军队，如果他们现在仍在法洛斯岛，[①]那么，他们可以安然无恙地继续留在那里，以作为对德

---

① 法洛斯（Pharos）是德米特里家乡的一座岛屿。

米特里的恩惠,而其他军队则四散逃到了阿尔伯(Arbo)避难。(16)身边只带了少量随从的特乌塔则逃到了里茨安(Rhizon),里茨安几乎是一座固若金汤的城镇,它坐落于里茨安河边上,且距离海岸仍有一段距离。(17)当完成了大量任务,并将伊利里亚大部分地区都置于德米特里统治之下(这使他成为一个重要的统治者)后,执政官率领舰队和军队回到了埃皮达尼亚。

[12](1)格纳乌斯·弗维乌斯现在带着大部分舰队和军队返回了罗马,①波斯图米努斯则同四十艘舰船一起留了下来。(2)他从周边城市那里招募了一个军团的军队,他们在埃皮达尼亚过冬,以保卫阿尔迪亚人和其他置于罗马人保护之下的部落。(3)在早春季节,特乌塔派遣一个代表团到罗马人那里缔结了和约:②她同意支付罗马人所征收的任何数额的贡金、③放弃除少数一些地方之外的整个伊利里亚地区,以及超过两艘以上的舰船(即使是未武装的舰船)不得航行到利苏斯(Lissus)以外的地方(这是希腊人最为关心的条款)。(4)当这份条约缔结后,波斯图米努斯派遣了一个代表团到埃托利亚和亚该亚同盟那里。一抵达那里,他们首先就解释了这场战争的起因,以及他们穿越亚得里亚海(Adriatic)的原因,接下来,他们讲述了他们所取得的成绩,并朗读了他们同伊利里亚人所签订的条约。(5)在他们得到了这两个同盟所有应有的礼节后,他们通过海路返回了科西拉。(6)这份条约的缔结解除了希腊人的巨大担忧;因为,当时的伊利里亚人不是某一个民族的敌人,而是所有人的共同敌人。

(7)这就是当时的情况。罗马人第一次领军抵达伊利里亚和欧洲部分地区的原因就是这些,而他们通过大使第一次同希腊建立了官方联系的原因也正是这些。(8)但是,当开始迈出这第一步后,罗马人随后就派遣其他的代表团到雅典和科林斯,而这一次科林斯也

---

① 公元前228年,他在罗马庆祝海军的胜利。
② 即公元前228年。
③ 这可能是以分期付款的方式来进行支付的赔偿金。

第一次地邀请了他们参加地峡运动会(Isthmian Games)。①

[13](1)对于西班牙在这些年期间所发生的事件,我们一直都没有做任何记载,现在就让我们回到这个主题上来。通过自身高明而有效的统治才能,哈斯德鲁巴取得了巨大的进展,他建造了一座城市②——一些人称呼它为迦太基,另一些人则称呼它为"新城"(New Town)——这座城市对迦太基人作用巨大,因为,它尤其有利于迦太基人对西班牙和利比亚的军事行动。(2)我们将寻找一个更为合适的机会,来描述它的地理位置和指明它对这两个国家的优势所在。(3)当罗马人看到哈斯德鲁巴正在大踏步地建造一个(比迦太基之前所拥有的)更为庞大和更为可怕的帝国后,他们决定开始介入西班牙事务。(3)他们意识到,自己一直以来都在沉睡未醒,以至于竟然允许迦太基逐步建造了一个强大的统治,因此,他们现在努力地弥补所失去的时机。(5)但是,他们现在不敢强加命令于迦太基人,也不敢同他们开战,因为,凯尔特人入侵的威胁正悬挂在他们头上,攻击预计天天都有可能发生。(6)他们决定首先安抚哈斯德鲁巴,接着再进攻凯尔特人,直到彻底用武力解决他们,因为,他们认为,只要这些凯尔特人威胁他们的边境,他们不仅不可能成为意大利的主人,而且,罗马本身的安全也不可能得到保障。(7)因此,他们派遣代表到哈斯德鲁巴那里缔结和约,这份和约没有涉及西班牙其他地区,而是规定迦太基人不得武装越过埃布罗河(Ebro);接着,他们立即投入到对意大利的凯尔特人的战争中去了。

[14](1)我觉得,对这些民族作一番叙述是非常有益的,但是,为了不偏离我在前言中所说的这部著作的最初计划,这番叙述本身必须是概要性的。(2)然而,我们必须追溯到他们第一次占领这些地区的那个时间。我认为,这个故事不仅值得了解和牢记,而且

---

① [中译按]地峡运动会(Isthmian Games):亦即科林斯地峡运动会,科林斯地峡运动会仅次于奥林匹克运动会,它在科林斯地峡举办,每两年举行一次。
② 即公元前228年。

也非常切合我的目的,因为,它向我们指明了汉尼拔后来差点毁灭罗马帝国所依赖的人手和地区的特性。(3)我必须首先描述(凯尔特人所生活的)那个地区的特性及其相对于意大利其他地方的地理区位。因为,简要概述它的地区特性与整体特性,这有助于我们更好地理解我所要叙述的那些更为重要的事件。

(4)意大利整体上看起来像一个三角形,它的东面毗连爱奥尼亚海峡(Ionian Strait),接着又连绵不断地与亚德里亚海湾(Adriatic Gulf)接壤,转向南边和西边的另一面则毗连西西里海和伊特鲁里亚海。(5)这两面相交而形成的这个三角形顶点则是意大利的最南端海角,也即是所谓的科西恩萨斯(Cocynthus)海角,①而科西恩萨斯海角则把西西里海和爱奥尼亚海峡分隔了开来。(6)三角形最后剩下的一面,即内陆的北面则毗连连绵不断的阿尔卑斯山脉,阿尔卑斯山脉始于马赛(Marseilles)②和萨丁海的北部海岸,而且,它几乎一直延伸到整个亚德里亚海上端,只有一小段距离由于海洋交汇而没有连接上。(7)整个意大利半岛北部的最后一块平原(我们应该把它视为这个三角形的底部),就位于这山脉南边的山脚之下。我们现在所关心的就是这个平原;就肥沃程度而言,这个平原超过我们所知欧洲任何其他平原。(8)与这个平原接壤的界线,其总体形状也同样是三角形。(9)由亚平宁山脉(Apenines)和阿尔卑斯山脉交汇形成的这个三角形顶点,位于马赛上方,距离萨丁海不远。(10)正如我之前所说,它的北面——由阿尔卑斯山所构成——大约有两千两百斯塔德③的长度,它的南面——由亚平宁山所构成——则大约有三千六百斯塔德④的长度。(11)整个三角形的底座是亚德里亚海岸,它的长度——从塞纳城(Sena)⑤一直

---

① 这是一个有些牵强和做作的描述。第三十四卷表明,波利比乌斯对这座半岛的真实形态其实了解甚深。
② 波利比乌斯显然相信,波河流域延伸到了马赛的上端。
③ [中译按]两千两百斯塔德大约是 250 英里。
④ [中译按]三千六百斯塔德大约是 400 英里。
⑤ 即西尼戈利亚(Siniglia)。

到这座海湾的顶端——超过两千五百斯塔德；①（12）因此，这个平原的整个周长距离一万斯塔德②不远。

[15]（1）它的肥沃程度难以用语言来形容和传达。它出产如此丰富的谷物，以至于在我生活的时代，它的小麦价格经常是每西西里米迪（Sicilian medimnus）③四欧布（obols），④大麦的价格是每米迪两欧布，而一梅特里特斯（a metretes）⑤的酒所花费的价钱则与大麦的价钱相同。⑥（2）它也出产大批的粟黍⑦和小米⑧，而它所出产的橡子（橡树林则分布于整个平原）的数量可以通过以下事实进行估算——（3）在意大利，每年用于个人消费和军队消费而屠宰的生猪数量非常庞大，但几乎所有的生猪都是由这个平原所提供。（4）所有的食品都非常便宜和丰富，对此，从以下事实中我们就可以非常清楚地理解。（5）当旅行者在这个国家的客栈逗留时，他们不会对每一项消费的价钱讨价还价，而是会简单地按人头的数量进行膳宿费的结算。（6）一般来说，客栈老板会按照每位客人每天半阿斯（as）⑨——也即是四分之一欧布——的价钱收取所有的膳宿费用，很少有比这更高的费用了。（7）至于当地人口的规模、身高和美貌以及他们在战争中的英勇，他们的历史事实自己会说话。

（8）阿尔卑斯两边的斜坡是丘陵地形，土壤充足，我之前已经

---

① ［中译按］两千五百斯塔德大约是 280 英里。

② ［中译按］一万斯塔德大约是 925 英里。

③ 一西西里米迪（Sicilian medimnus）大约是 1.5 蒲式耳（bushels）或者 51.5 升（litres）。

④ ［中译按］欧布（obols）是古希腊钱币单位和重量单位，钱币系以银币为主。其不同单位之间的换算关系是：一泰伦（a talent, 25.86 千克）＝六十米纳（mina）＝六千德拉克马（drachma）＝三万六千欧布。在希腊古典时期，一位工匠的一日所得大约是一德拉克马，即六欧布，这可以养活一家四口。

⑤ 一梅特里特斯（a metretes）大约是 8.5 加仑（gallons）或者 38 升。

⑥ 一西西里米迪（Sicilian medimnus）大约是五罗马莫迪（Roman modii）或者十加仑。一梅特里特斯的酒则大约是九加仑。

⑦ millet（粟黍）的希腊语写作 elymos，这里指的是意大利粟黍（Italian millet）。

⑧ panic（小米）的希腊语写作 kenchros，这里指的是普通的粟黍（common millet）。

⑨ ［中译按］阿斯（as）是古罗马的钱币单位和重量单位，一阿斯大约相当于 373 克。

说过,北边的斜坡俯瞰罗纳河(Rhone),南边的斜坡则俯瞰平原,山北高卢(Transalpine Gauls)人就居住在北边的斜坡,而陶里斯克人(Taurisci)、阿戈尼斯人(Agones)和其他的蛮族部落则居住在南边的斜坡。(9)当然,山北(Transalpine)不是一个部落名称,而是一个地方名称,拉丁语介词 *trans* 的涵义是"那一边"(beyond),以指代生活在所谓阿尔卑斯山那边的那些民族。(10)阿尔卑斯山的众山峰完全不适合人类居住,因为,它们险峻崎岖,而又常年被积雪覆盖。

[16](1)利古里亚人居住在从马赛上方①的亚平宁山脉与阿尔卑斯山脉交汇的两侧缓坡,而这两侧缓坡可以分别眺望伊特鲁里亚海和内陆平原。(2)利古里亚人的领地在海滨方向上一直延伸到比萨②(比萨是伊特鲁里亚西部的第一座城市③),在内陆方向上则一直延伸到亚里提乌姆(Arretium)。④(3)其次是伊特鲁里亚人,在伊特鲁里亚人后面,居住在亚平宁山脉两侧缓坡的则是翁布里亚人(Umbrians)。(4)亚平宁山脉从亚得里亚海一直延伸,其长度大约是五百斯塔德,⑤当止步于平原后,它接着转向右边并沿着意大利中部延伸,一直到西西里海;(5)这个三角形余下的平坦部分继续向亚得里亚海岸和塞纳城(Sena)⑥延伸。(6)发源于这个三角形顶点附近的阿尔卑斯山上的波河(Po)⑦——诗人们把它当作

---

① [中译按]"马赛上方"(above Marseilles)亦即"马赛北边"(north of Massalia)。
② [中译按]比萨(Pisa)位于佛罗伦萨西北方向,它是意大利中部的海滨城市。
③ 这里指的是你们到达第一座的城市,而不是一座最重要的城市。
④ 亚里提乌姆(Arretium)即亚里佐(Arezzo)。
⑤ [中译按]五百斯塔德大约 60 英里。
⑥ 也即是现在的西尼加格利亚(Sinigaglia),它位于安科纳(Ancona)以北数英里。
⑦ 波利比乌斯接下来对波河的描述,是历史上最早对波河所作的准确描述。厄里达诺斯(Eridanus)这个名称最早出现在希罗多德的《历史》第三卷第 115 节,在那里,他提到说,这是一条位于北欧地区且出产琥珀的神奇河流。事实上,在这个平原上,这条河流有数个河口,但是,波利比乌斯给极不熟悉这个地区的希腊读者呈现了一副简化的图像。

厄里达诺斯(Eridanus)①庆祝——向南流入平原。(7)一流到平坦的平原地形后,它就转向了东边,当它流过平原后,它的河水就通过两个河口注入了亚得里亚海。波河将这个平原分成了两部分,较大那部分平原位于波河以南与阿尔卑斯山之间,并一直延伸到亚得里亚海顶端。(8)它所流淌的巨大水量比意大利其他任何一条河流都要庞大,因为,从阿尔卑斯山和亚平宁山流淌的所有溪水都要流向平原,它们各自从两侧流进波河。(9)波河河水最为充沛和最为漂亮的季节是天狼星(Dog-star)升起的那个时节,②因为,那时这两座山脉的积雪将会融化,从而使河水上涨。(10)从奥兰纳(Olana)河口③一直溯河而上,大约有两千斯塔德④的河道是可以通航的;(11)从这条河流的源头到一个名叫特里迦波利(Trigaboli)⑤的地方,这条河流一直都是单一的河道,但是,在特里迦波利,这条河流就被一分为二了,而其中一个河口被称为帕都亚(Padua),另外一个河口则叫作奥兰纳。(12)奥兰纳有一座港口,而这座港口是亚德里亚海最安全的港口。这条河流的本地名称是波德恩库斯(Bodencus)。(13)希腊人也有关于这条河流的种种传说,我指的是法厄同(phaëthon)⑥和他的坠落,以及这条河流周边哭泣的白杨树和身穿黑色衣服的当地居民——据说,直到今天他们仍然身穿这种悼念法厄同的黑色衣服。(14)然而,所有这种悲剧素材,我现在都将搁置一边,因为,对于这部著作的写作意图而言,详细地叙述

---

① [中译按]厄里达诺斯(Eridanus,亦写作 Eridanos)即波江星座,它是一个天文学上的星座名称。

② 即七月中旬(Middle of July)。——洛布本注
七月下旬(In late July)。——企鹅本注

③ 奥兰纳(Olana)河口即北边的河口。

④ [中译按]两千斯塔德大约是 250 英里。

⑤ 直到大约公元前 1150 年,波河经由两条水道流入亚得里亚海,这条河流是在菲拉拉(Ferrara)附近分流的。

⑥ [中译按]法厄同(phaëthon)是太阳神赫利奥斯(Helios)之子,由于他强驾其父赫利奥斯的太阳神车,但无法安稳驾驭,以至于几乎要摧毁地球,因此,宙斯最终以雷电将其击杀。

这种事情并不是十分地合适。（15）但是，我将在更为合适的场合中提及它们，尤其是因为提麦奥斯（Timaeus）①对这个地区一无所知。

[17]（1）伊特鲁里亚人是这个平原②最古老的居民，③在同一时期，他们也占领了卡普亚（Capua）和诺拉（Nola）附近的菲利戈拉里亚平原（Phlegraean Plain），菲利戈拉里亚平原以肥沃著称，因为，它很容易到达，从而为很多民族所熟知。（2）因此，那些或多或少地了解伊特鲁里亚人统治霸权之人，不应该去关心他们现在居住的地方，而是应该转而关注他们所拥有的这些平原和资源。（3）伊特鲁里亚人的近邻，同时也是与他们交往颇多的凯尔特人，把贪婪的目光投向了他们这片美丽富饶之地，凯尔特人以微不足道的借口率领大军突然攻击他们，把他们驱逐出波河平原后，就将它据为己有。（4）位于东端（波河源头附近）的第一批定居者是拉埃维人（Laevi）和利比西人（Lebecii），其后是凯尔特人最大的部落因苏布雷人（Insubres），而紧靠因苏布雷人的是河岸的塞诺马尼人（Cenomani）。（5）亚德里亚海附近的部分平原一直掌控在另一个名叫维尼提人（Veneti）的古老部落手中，无论是习惯、衣着还是语言，他们都与高卢人差异甚微。（6）对于这个民族，悲剧诗人记载了许多不可思议的传说故事。（7）位于亚平宁一侧的波河南岸，它的第一批定居者是从西边而来的亚纳利斯人（Anares），其后是波伊人（Boii）。靠近波伊人而居住在亚德里亚海岸的是里恩戈尼斯人（Lingones），最后是位于海边的塞诺尼斯人（Senones）。

（8）这就是定居在这个地区的那些主要部落的名称。（9）他们

---

① 塔乌洛米尼乌姆的提麦奥斯（Timaeus of Tauromenium）撰写了一部关于西方希腊人（the western Greeks）、罗马人和迦太基人的历史，尽管他是一位严谨的历史学家，但是，他也表现出过于轻信和迷信的色彩。

② ［中译按］"这个平原"（this plain）亦即"波河平原"（Po plain）。

③ 参见李维（Livy）：第五卷第 17 章第 33—49 节；普鲁塔克：《卡米鲁斯》（Camillus.），第 16 卷；蒙森（Mommsen）：《罗马史》（Hisyory of Rome），第一卷第 338 页（英译本）。

生活在没有围墙的村庄中,他们也没有任何多余的用具。(10)他们睡在稻草和叶子上面,食用肉类,尤其擅长征战和农业,生活非常简朴,而且,他们对艺术和科学完全一无所知。(11)他们的财产由牲畜和黄金构成,因为,只有这些东西,他们方能在任何情况下轻易地随身携带,并转移到他们所要去的地方。(12)他们将同志之谊看得最为重要,因为,他们认为,一个人如果拥有最多的随从和同伴,那么,这个人就是最让人畏惧和最有权力之人。①

[18](1)在第一次入侵时,他们就征服了这个地方,而且,他们还制服了周围的许多其他部落,他们的英勇让这些部落望而生畏。(2)不久之后,他们在一场激战中打败了罗马人和罗马人的盟友,接着,他们追击溃败的敌人,在这场激战后的第三天,他们占领了除卡皮托之外的整个罗马。②(3)但是,就在那时,维尼提人入侵了他们国家,由此转移了他们的视线,因此,他们就与罗马人签订了协议,接着,撤离了罗马城,返回了自己家乡。(4)此后,他们一直忙于国内的战争,因为,一些临近的高山部落(Alpine tribes)看到他们所获取的相较于自己更多的财富后,他们就时常联合起来进攻他们。(5)与此同时,罗马人也恢复了自身的力量,他们再一次地

---

① 对比凯撒(Caesar)在《高卢战记》(*B. G.*)第六卷第11—20章对高卢人所作的描述。可能是在德鲁伊教(Druidism)的影响下,他们那时已经取得了非常明显的文明进步。但是,对于波利比乌斯所提到的最后一个特征,凯撒也同时注意到了,对此,凯撒(Caesar, 15)撰写道:*omnes in bello versantur atque eorum ut quisque est genere copiisque amplissimus, ita plurimos circum se ambactos clienteeque habet. Hanc unam gratiam potentiamque habent*(他们全都投身于战争,而且,他们中间,出身最高贵、最富有的,身边跟随的臣属和仆役也就最多,也只有这种威望和力量,才是他们知道敬畏的)。甚至在加图时代,他们至少开始将一些东西加到他们尚武的习性当中。《罗马起源史》(*Or.*)第二卷第2章(约尔丹编[Jordan]):*Pleraque Gallia duas res industrissime persequitur, rem militare et argute loqui*(高卢大部分的地方最勤勉地追求两样东西:军事技艺和机智的言谈),参见迪奥多鲁斯·西库鲁斯(Diod.)第五卷第27节。
[中译按]*Or.* 是老加图撰写的 *Origines*(《罗马起源史》)的缩写,这部著作已经佚失,但留有残篇。

② 即公元前390年。

成为了拉丁姆(Latium)地区的主人。(6)当罗马被攻占三十年后,^①凯尔特人再一次率领大军进军至阿尔巴(Alba),这一次,罗马人没敢冒险在战场上正面迎击他们,因为,进攻来得太过突然,完全出乎他们的预料,他们也没有时间召集盟友的军队。(7)但是,当十二年后,^②凯尔特人试图再一次大规模入侵时,罗马人这一次却早早地获悉了他们将要进攻的消息,召集自己的盟友,急切地进军迎击他们,罗马人无比渴望一场决战。(8)高卢人对罗马人的进军深感震惊,他们自己内部也分歧重重,因此,等到夜幕降临的时候,他们开始返回自己家乡,他们的撤退很像一场逃亡。(9)在这次恐慌之后,他们保持了十三年的平静,之后,当他们看到罗马人快速成长的权力后,他们就与罗马人正式缔结了和约,并严格地遵守了这个和约长达三十年的时间。^③

[19](1)然而,那时山北高卢中间开始了一场新的迁徙运动,^④凯尔特人担心自己即将面临一场大战。通过贿赂及诉诸他们同高卢人的亲缘关系的手段,他们改变了这些迁徙部落原来的迁徙路线,但是,他们鼓动高卢人进攻罗马人,甚至还加入到后者的远征队伍之中。(2)高卢人进军到伊特鲁里亚,伊特鲁里亚人也倒向了他们一边;当他们搜集了一大批战利品后,他们就从罗马边境安全地撤退了。(3)但是,当他们一撤回国内,他们之间就开始为战利品的分配问题而大肆争吵,这最终摧毁了他们大部分军力和大部分战利品。(4)在高卢人中间,这种事情经常发生,因为,当他们将他们邻居的财产据为己有后,他们都会无节制地豪饮和暴食。(5)四年后,^⑤高卢人与萨谟奈人结盟,他们同罗马人在卡米利努姆(Camerinum)附近展开激战,^⑥并重创了罗马人。(6)与此同时,对

---

① 即公元前 360 年。
② 即公元前 348 年。
③ 即公元前 334 年。
④ 即公元前 299 年。
⑤ 即公元前 295 年。
⑥ 罗马人分隔了自己的军队,而且,遭遇战败的是前锋部队。

自己的失利决心复仇的罗马人,几天后就率领自己所有的军团①开赴了战场,他们在塞恩提努姆(Sentinum)附近攻击高卢人和萨莫奈人,他们杀死了后者大部分人马,并迫使余下的军队仓皇地向他们各自的家乡逃亡。(7)十年后,高卢人再一次领军入侵并围攻亚里提乌姆。②(8)前去救援这座城镇的罗马人向这座城镇前的敌军发起了进攻,但是,他们被打败了。(9)在这场战斗中,他们的法务官(Praetor)③卢西乌斯·卡西利乌斯④阵亡了,他们提名曼尼乌斯·库里乌斯(Curius)接替了他的位置。(10)当曼尼乌斯派遣使节到高卢人那里,以商讨俘虏的归还问题时,高卢人却背信弃义地违背停战协定,屠杀了这些使节,这深深地激怒了罗马人,以至于他们立即向高卢人进军。(11)罗马人遇到了一个名叫塞诺尼斯⑤的高卢部落,经过一番激战后,他们打败了后者,杀死了后者绝大部分人员,并把余下的人员逐出家园,罗马人占领了这整个地区。(12)他们在那里建造了在高卢的第一个拓殖地,它被称为塞纳(Sena),他们是按照之前定居于此的高卢人所用的名称来命名它的。(13)正如我之前所说,这座城市位于波河平原尽头的亚德里亚海岸附近。⑥

[20](1)当波伊人看到塞诺尼斯人被逐出家园后,他们担心,他们自己和他们的家园也会遭遇同样的命运,因此,他们恳求伊特

---

① 这表明,这支军队是由两位执政官所统率的军队,其人数总计超过了三万人。
② 即公元前283年。——洛布本注
　 公元前284年。——企鹅本注
③ [中译按]Praetor亦译作"副执政官""行政长官""裁判官"或者"大法官",它的中译名一直未作统一。例如,在王以铸先生所译《古代罗马史》(科瓦略夫著,上海书店出版社2007年版)中,Praetor就译作"行政长官"。在晏绍祥先生所译的《罗马共和国政制》(安德鲁·林托特著,商务印书馆2016年版)中,Praetor就译作"副执政官"。
④ 关于卢西乌斯·卡西利乌斯,参见李维:《书信》(EP.),第12卷。
⑤ 正是这个部落先前围攻了亚里提乌姆(Arretium)。
⑥ 参见第二卷第16章注释。

鲁里亚人的帮助,并率领自己的全部军队开赴战场。① (2)联军与罗马人在瓦迪蒙湖(Lake Vadimon)②附近展开激战,③结果,绝大部分伊特鲁里亚人在这场战役中被歼,只有相当少的波伊人顺利逃走。(3)尽管这次遭遇惨败,但是,第二年这两个部族又联合起来,他们武装年轻人,事实上只有年轻人,再一次对罗马人展开激战。(4)他们遭遇了彻底的失败,直到这时他们的勇气方才最终衰竭,派遣使节到罗马人那里乞求和平和缔结和约。④

(5)这次事件发生在皮洛士(Pyrrhus)⑤抵进意大利的三年之前和高卢人在德尔菲神殿被摧毁的五年之前。(6)命运女神似乎在用各种频仍的战争来折磨所有高卢人。⑥ (7)从这些战争中,罗马人获得了两项巨大的优势:(9)首先,罗马人已经习惯了高卢人的残忍,他们再也不会经历和遭遇更加恐怖的体验了;(10)其次,等到他们遭遇皮洛士时,他们已经被战争训练成为战争健儿,而且,高卢人的锐气之前也已经被他们摧毁了,⑦因此,他们能够全身心地投入到同皮洛士争夺意大利的斗争,以及后来同迦太基争夺西西里的斗争当中。

[21](1)遭遇这些挫败之后,高卢人平静了下来,他们与罗马人维持了长达四十五年的和平。(2)但是,随着时间的推移,亲眼目睹恐怖战争的那些人已经随风而逝,年轻的一辈已经取代了前者的位置,而他们却激情四溢,根本就没有经历过任何的苦难和危

---

① 即公元前283年。——企鹅本注
② 瓦迪蒙湖(Lake Vadimon)即现在的巴萨诺湖(Lago di Bassano),它位于罗马以北大约42英里处。
③ 即公元前282年。——洛布本注
④ 关于这个时期,高卢人更为完整的入侵清单,参见蒙森:《罗马史》(H. R.),第一卷第334页。
⑤ 皮洛士(Pyrrhus)是伊庇鲁斯国王(King of Epirus)。
⑥ 波利比乌斯常用这种同步性来支持自己的一般化结论。皮洛士在公元前280年5月跨海抵达意大利;皮洛士在德尔菲神殿的挫败发生在公元前279年秋季。
⑦ 这个地方提及对高卢人的征服,呼应和反转了波利比乌斯在第二卷第18章中用来描绘早期高卢人入侵时的那些词语。

险。(3)很自然地,他们又开始骚扰罗马人的拓殖地,他们以微不足道的借口来激怒罗马人,并且,他们还邀请阿尔卑斯山的高卢人(Alpine Gauls)与自己结盟。(4)一开始,这些行动被秘密限制在他们的首领中间,普通民众一无所知;①(5)因此,当山北高卢的一支军队抵达亚里米努姆(Ariminum)②后,波伊人对他们产生了怀疑,他们就同自己的领袖和那些陌生人产生了争吵,他们杀死了他们自己的国王阿提斯(Atis)和加拉图斯(Galatus),并且,他们同山北高卢人展开激战,双方都有大批士兵战死。(6)罗马人对高卢人的进军已经警觉,因此,他们派出了一个军团;但是,当他们听到高卢人自相残杀的消息后,就返回来了。(7)在这场警报发生五年后,③也即是,在马尔库斯·埃米利乌斯·雷必达(Marcus Aemilius Lepidus)担任执政官期间,④罗马人把自己的民众分配到高卢人的土地上——即著名的皮西努姆(Picenum),当他们战胜塞诺尼斯人后,他们就把塞诺尼斯人驱逐出了这个地方。⑤(8)这个深受大众欢迎(我们不得不这样说)的殖民计划的发起人是盖乌斯·弗拉米尼乌斯(Gaius Flaminius),有人说,这是罗马民众腐化堕落的第一步,⑥同时,也是后来同高卢开战的原因所在。(9)因为,促使许多高卢人,尤其是波伊人——他们的领土与罗马人的领土接壤——诉

---

① 即公元前 286 年。

② 亚里米努姆(Ariminum)即现在的利米尼(Rimini)。

③ 即这场警报(this alarm)发生在公元前 237 年。

④ 即公元前 282 年。

⑤ 参见第二卷第 20 章注释。

⑥ 盖乌斯·弗拉米尼乌斯(Gaius Flaminius)是一位平民(plebeian)和一名"新人"(*novus homo*)。他的计划是要给罗马无产阶级(Roman proletariat)分配土地,这个计划遭到了元老院的强烈反对,因为,元老院从占有所征服的土地当中获利颇多,然而,弗拉米尼乌斯在平民大会(the popular assembly)上,最终以保民官的身份通过了这项措施。波利比乌斯对道德败坏的一概而论,可能指的是,这种民主自信(democratic assertiveness)的特定阶段,与弗拉米尼乌斯的政治生涯恰好在同一时间。在波利比乌斯的那些元老院朋友看来,国内的民主改革,同诸如弗拉米尼乌斯和米努基乌斯(Minucius)这些蛊惑人心的候选人当选为军事统帅,存在着不可分割的关联,最终导致特拉西美诺湖和坎尼战役的惨败。

诸军事行动的原因就是,他们确信罗马人现在发动战争的目的不是为了争夺最高统治权和最高权威,而是要彻底驱逐和消灭他们。

[22](1)因此,因苏布雷人和波伊人这两个最大的部落联合了起来,他们派遣使节到生活在阿尔卑斯山脉和罗纳河周围的高卢人那里,①这些高卢人因为从事雇佣兵职业而被称作盖萨塔依人(Gaesatae)②——这个词汇非常传神地表达了这种涵义。(2)这些使节催促和鼓动盖萨塔依人的国王康科里塔努斯(Concolitanus)和安洛斯图斯(Aneroëstus)同罗马开战,他们当场给后者提供了大批黄金,至于未来的前景问题,他们则向后者指出罗马人的巨大繁荣,如果他们获胜,那么,这些巨大的财富终将归属他们。(3)他们毫无困难就说服了他们,因为,除上述所有这些之外,他们还保证自己将是他们忠诚的盟友,并提醒两位国王自己祖先的光辉成就。(4)他们的祖先不仅在战役中战胜过罗马人,而且,还在胜利后进攻并占领了罗马城,并且抢走了罗马城的所有财富。(5)他们成为罗马城的主人长达七个月的时间,之后,才主动从容地放弃它,最终,他们带着自己的战利品,毫发无损地满载而归。(6)当这两位国王听到这番话后,他们迫不及待地要进行远征,以至于他们派出了高卢地区一支史无前例的庞大军队,而且,这支军队也都是由英勇善战的杰出士兵组成。(7)在整个这段时间,罗马人要么听说了所发生的事情,要么猜到了将要面临的事情,他们一直处于恐慌和不安的状态,(8)以至于我们发现,他们时而忙于招募军团以及储备谷物与其他物资,时而又向边境进军,就好像敌人已经入侵了他们的国土一样。然而,凯尔特人实际上仍然没有踏出他们自己的国境线。

(9)高卢人的这场动荡对迦太基人通行无阻地快速征服西班牙助益极大;(10)正如我之前所说,罗马人把它视为一个更加紧迫

---

① 即公元前281年。

② 这是一种错误的表述。盖萨塔依人(Gaesatae)这个名称得名于 gaesum 一词,而 gaesum 这个词指的是一种投掷标枪。

的问题,因为,这会威胁到他们的侧翼,因此,在解决高卢人的问题前,他们不得不忽略西班牙问题。(11)因此,他们通过与哈斯德鲁巴缔结条约(我之前已经提及过该条约的具体条款①),来确保自己同迦太基人的安全问题,接着,他们全身心地投放到意大利的敌人那里,因为,他们认为,彻底解决高卢人问题是他们的根本利益所在。

[23](1)盖萨塔依人召集了一支装备精良和让人生畏的军队,在皮西努姆被分配给罗马人的第八年,他们穿过了阿尔卑斯山脉,下到了波河平原。②(2)因苏布雷人和波伊人坚定地遵守了他们一开始所作的保证,但是,维尼提人和塞诺马尼人在罗马使团的劝说下倒向了罗马人一边;(3)因此,凯尔特人的首领们不得不留下一部分军队来保卫自己的领土,以免遭这些部落的入侵。

(4)他们自己则信心十足地率领自己全部可利用的军队——总共大约有五万名步兵以及两万名骑兵和战车——向伊特鲁里亚进军。(5)一听到高卢人穿越阿尔卑斯山脉,罗马人立即就派遣他们的执政官卢西乌斯·埃米利乌斯率领自己的军队进军至亚里米努姆,以待敌人的进攻,而且,他们派遣其中一位法务官(Praetors)到伊特鲁里亚;(6)另一位执政官盖乌斯·阿提里乌斯(Gaius Atilius)③则统率自己的军团,被派到了撒丁岛。

(7)这在罗马引发了巨大而普遍的恐慌,因为,他们觉得,危险迫在眉睫,而且事态严重。这确实情有可原,因为,上次那场入侵④所带来的恐慌仍然萦绕在他们的脑海而挥之不去。(8)因此,没有人去想其他任何的事情,他们都忙于募集和征召自己的军团,以及命令那些盟友作好准备。(9)他们要求所有的臣服对象(all their

---

① 参见第 13 章。
② 即公元前 225 年。
③ 盖乌斯·阿提里乌斯(Gaius Atilius)是第一次布匿战争当中成名的利古鲁斯(Regulus)之子,关于利古鲁斯,参见第一卷第 30 章到第一卷第 35 章。这番防卫撒丁岛的行动,也许是为了抵挡迦太基对撒丁岛的可能性进攻。
④ 即公元前 387 年的那场入侵。

subjects)都要提供所有已到服役年龄的男子的名册,因为,他们希望知道自身的总体兵力。

(10)他们储备了大批的谷物、投掷物和其他战争物资,其规模之庞大,超过了任何当世之人的记忆。(11)在所有方面他们都布置停当,以应对任何不时之需;(12)意大利的居民被高卢人的入侵吓坏了,以至于他们不再把自己视为罗马人的盟友,或者,把这场战争视为维持罗马霸权之举,相反,他们所有人都认为,危险已降临到他们自己、他们的城市和他们的国家身上了。(13)因此,他们都积极地响应罗马人的号令。

[24](1)然而,我将从实际的事实来说明,汉尼拔后来冒险进攻的这个国家是何等的强大,以及当他几乎就要实现自己的目的,从而给罗马带来巨大的灾难之时,他所勇敢面对的这个帝国是何等的强盛。(2)我必须要说明的是,罗马人当时所拥有的资源和他们实际的军队数量。(3)每一位执政官各自统率了两个由罗马公民所组成的军团,每一个军团都由五千两百名步兵和三百名骑兵所构成。(4)除此之外,这两位执政官还统率了总计三万名步兵和两千名骑兵的盟友军队。(5)前来临时支援罗马的萨宾人(Sabines)和伊特鲁里亚人,他们的骑兵有四千人,而他们的步兵则超过了五万人。(6)罗马人集结了这些军队,并在一位法务官的领导下,把他们部署到了伊特鲁里亚边境。(7)生活在亚平宁山脉的翁布里亚人和萨西纳特人(Sarsinates)募集了一支大约两万人的军队,维尼提人和塞诺马尼人也带着两万人的军队跟这些人一起过来了。(8)他们把这些军队驻扎在高卢边境,他们侵入波伊人的领地,以牵制他们的远征。这些就是保卫罗马边境的军队。(9)罗马城有一支预备部队,这支预备部队用来应对战争的紧急状态,它由两万名步兵和一千五百名骑兵——他们全都由罗马公民组成——以及盟友所提供的三万名步兵和两千名骑兵组成。(10)能够承担军事任务的男子名册现在也已经送回来了,具体如下:拉丁人有八万名步兵和七千名骑兵;萨谟奈人有七万名步兵和七千名骑兵;(11)埃普基亚人(Iapygians)和迈萨比亚人(Messapians)总计有五

万名步兵和一万六千名骑兵;(12)卢卡尼亚人(Lucanians)有三万名步兵和三千名骑兵,马尔西人(Marsi)、马鲁西尼人(Marrucini)、弗伦塔尼人(Frentani)和维斯提尼人(Vestini)有两万名步兵和四千名骑兵;(13)西西里和塔林敦(Tarentum)有两个预备军团,每一个军团都有大约四千两百名步兵和两百名骑兵。(14)罗马人和坎帕尼亚人的名册上也有二十五万名步兵和两万三千名骑兵;(15)因此,可以武装起来的罗马人及其盟友的总人数,超过了七十万名步兵和七万名骑兵,(16)而入侵意大利的汉尼拔的军队人数则不足两万人。(17)对于这个问题,我将在这部著作的后面部分,给我的读者提供更为详尽的信息。

[25](1)凯尔特人下到伊特鲁里亚,他们毫无阻碍地占领和摧毁了这个地方,由于没有人出来抵抗他们,于是他们就向罗马进军。(2)当他们抵达克鲁西亚(Clusium)后,克鲁西亚距离罗马只有三天的行程,他们接到消息说,驻守在伊特鲁里亚的罗马军队正从自己不远的后方开来。(3)一听到这个消息,他们立即转身迎向他们,他们渴望与罗马人展开激战。(4)在日落时分,两支军队已经相隔非常之近了,他们连夜驻营,而且,他们双方的营地相互之间距离都不远。(5)夜幕降临后,凯尔特人升起了营火,同时,他们命令骑兵留下来等到天亮,等到敌人看见骑兵后,骑兵们再跟随步兵所留下的足迹前进。(6)他们自己则秘密地撤退到一座名叫法伊苏拉(Faesulae)①的城镇,并驻守在那里,他们的计划是等待他们的骑兵,同时对敌人的进攻设置一些出乎意料的障碍。(7)在天亮时,当罗马人只看到了敌人的骑兵后,他们就觉得,凯尔特人已经四散逃亡了,于是,他们就沿着凯尔特人撤退的路线全力地紧跟敌人的骑兵。(8)当他们一接近敌人,凯尔特人就从自己的位置上出击和进攻他们;(9)战斗就这样打响了,双方一开始都打得异常顽

---

① 法伊苏拉(Faesulae),亦即现在的菲伊索利(Fiesoli),它距离克鲁西亚(Clusium)——克鲁西亚亦即现在的基乌西(Chiusi)——大约八十英里:很明显,高卢人没有在夜间行进这个地方,他们只是朝这个方向行进而已。

强,最终,凯尔特人凭借自身人数和勇气的优势而战胜了对手,罗马人至少有六千人阵亡,其余的士兵则四散逃亡了。(10)绝大部分逃亡的罗马人撤退到了一座稍具自然优势的山岗后,就原地留在了那里。凯尔特人一开始试图围攻他们,但是,由于罗马人已经吃了败仗,而且,前一晚的长时间行军已让他们精疲力竭,已经人困马乏的他们急于休息,以恢复元气。(11)因此,他们就留下一支骑兵分队来监视这座山岗,他们希望第二天继续围攻这些逃亡者,如果他们不投降的话。

[26](1)正好在这个时候,卢西乌斯·埃米利乌斯——当时他正在亚德里亚海岸附近统领一支罗马军队——听到了凯尔特人已入侵伊特鲁里亚和正要靠近罗马人的消息,于是,他立即前去支援,幸运的是,他刚好在紧要关头及时赶到了。(2)他驻扎在敌人附近,而山岗上的罗马逃亡者看到他的营火后,立即就明白了事情的原委,他们重新振作了勇气,在夜色的掩护下,他们派遣了一些未经武装的信使,让他们穿过树林,并将自己的困境报告给这位指挥官。(3)听到他们所报告的消息,并看到当时根本别无其他选择后,他命令自己手下的保民官在天亮时率领步兵进击,他自己则率领骑兵向前面所说的那座山岗挺进。(4)高卢人的头领们看到晚上的营火后,猜测敌人已经抵达,因此,他们举行了会议。(5)在会议上,安洛斯图斯国王说道,由于俘获的战利品太多(包括大批的奴隶、牲畜和其他各种各样的战利品),他们不应该再继续战斗,也不应该让这整笔财富去冒险,(6)而是应该安然返家,全身而退,在摆脱所有的负赘和减轻自己的重负后,如果前景看好,那么,他们再返回来与罗马人作一个了结。(7)在这种情况下,会议决定采纳安洛斯图斯的建议,他们在晚上达成了这项决议,在天亮之前就拔寨离营,沿着海岸穿过伊特鲁里亚撤退了。(8)卢西乌斯现在收拢了山岗上幸存下来的罗马军队,并把他们一起并入自己的军队。他觉得,现在冒险一战绝非明智之举,因此,他决定尾随敌人,以等待有利的时机和地利,来重创他们或者从他们手上夺回一些战利品。

[27](1)就在这时,另一位执政官盖乌斯·阿提里乌斯率领自己的军团从撒丁岛抵达了比萨,他正在赶往罗马的路上,因此,他与敌人的进军路线方向刚好相反。(2)当凯尔特人抵达伊特鲁里亚的特拉蒙(Telamon)附近后,他们派出去的侦察兵遇到了盖乌斯的前锋部队,并被后者俘虏了。(3)这位执政官审问了他们后,他们向他招认了最近所发生的事情,同时,还告诉他这两支军队现在的情况,他们对他说道,高卢人已经近在咫尺,而卢西乌斯的军队正尾随其后。(4)这个消息让他深感震惊,但同时又让他心生希望,因为,他认为,两支罗马军队可以夹攻行进的高卢军队。他命令他的保民官们将军团作好战斗队形,并尽量在地形所允许的情况下,列队行进。(5)他自己高兴地注意到,凯尔特人必经之路的前方有一座山,为了在他们抵达前占领这座山的山顶,也为了确保自己抢先同敌人进行交战,①他便亲自率领手下的骑兵全速地向前进军,因为,他确信自己将赢得最大的胜战荣誉。(6)凯尔特人一开始根本就不知道阿提里乌斯的到来,他们以为,他们所看到的骑兵是埃米利乌斯的骑兵,他们猜测,埃米利乌斯的骑兵已在晚上的时候绕过了他们的侧翼,正忙于占领这座山顶。因此,他们立即派遣自己的骑兵和一些轻装军队去争夺这座山的控制权。(7)但是,他们很快就从一位俘虏那里了解到盖乌斯的到来,他们立即让步兵停止前进,并排好阵型,以同时应对前方和后方,因为,根据所获得的情报以及他们自己的亲眼所见,他们知道有一支军队正跟在他们后面,而且,他们预计自己将会在前方迎击另一支军队。

[28](1)埃米利乌斯之前就听说了阿提里乌斯的军团已经在比萨登陆的消息,但是,他不知道他们现在已经近在咫尺,当他看到那座山丘附近的战斗后,他就知道另一支罗马军队已经触手可及。(2)因此,他立即派遣自己的骑兵前去支援那些正在争夺这座山的罗马士兵,接着,他按照往常的阵型部署自己的步兵,并向敌

---

① [中译按]"确保自己抢先同敌人进行交战"亦即"他希望抢在埃米利乌斯(Aemilius)之前同敌人进行交战"。

人进军。(3)凯尔特人也排好了阵型——他们将阿尔卑斯山的盖萨塔依人和作为盖萨塔依人后援的因苏布雷人,部署在自己的后面——以迎击自己后面的罗马人,他们预计埃米利乌斯会从后面进攻自己;(4)他们把波河右岸①的陶里斯克人和波伊人部署在前面,以迎击盖乌斯军团的进攻。(5)他们把自己的马车和战车部署在两翼的末端,所搜集的战利品则放置在附近的一座山丘上,这座山丘周围还有一支军队进行守卫。(6)凯尔特人两面作战的阵型不仅呈现出一种令人可畏的阵势,而且也是对紧急事态作出的一种有效安排。(7)因苏布雷人和波伊人身穿长裤②和轻披风,但是,盖萨塔依人——出于对自身实力的高度自信——扔掉了这些衣服,(8)他们只手持武器地赤裸站立在全军的前面,他们认为,这种赤裸状态更有利于自己的灵活行动,因为,一些地方布满了荆棘,这些荆棘会挂住他们的衣服,且阻碍他们对自己武器的使用。(9)战斗一开始只围绕着这座山丘进行,所有的军队都在紧紧地盯着它,双方数量庞大的骑兵都在这里混战。(10)在这场战斗中,执政官盖乌斯英勇地战死了,他的头颅被带到凯尔特国王们那里;但是,经过顽强战斗,罗马骑兵最终战胜了敌军,并占领了这座山丘。(11)罗马的步兵现在紧紧地贴在了一起,不管是当时在场的那些亲历者,还是事后从描述这场战斗的记载中想象这场战斗的那些人,他们都会觉得,这个场面奇特而又壮观。

　　[29](1)首先,由于是三支军队之间的争战,军队之间的相互调度和部署肯定就会变得异常奇特。(2)其次,所有在场的那些人,包括直到今天的我们,都不禁会问,两面作战的凯尔特人,他们到底是处境更加凶险,还是与之相反地更具优势?(3)因为,他们同时要两面作战,这样的话,他们的两边都要得到保卫,而且,最为

---

① [中译按]波河右岸亦即波河北岸。

② 我们可以在罗马图拉真的凯旋圆柱(Trajan's column)上的浮雕看到野蛮人所穿的服饰。野蛮人的裤子是宽松的(loose-fitting),但是,他们的裤子在脚踝处是束紧的。

重要的是，一旦战败，他们就被彻底切断了退路和任何逃生的希望。(4)这就是两面性阵型的独特性所在。(5)然而，一方面，罗马人对敌人被困在自己的两支军队之间而深受鼓舞，另一方面，他们又被凯尔特人的良好阵型和恐怖的喧嚣声所震慑。(6)因为，凯尔特人有数不清的吹号手和喇叭手，而且，所有的战士都同时发出战吼，以至于不仅仅有吹号手和战士的喧闹声，而且，周围的整个地区似乎都在吼叫。(7)前面的那些裸体战士，他们个个都正当壮年，身强力壮，体型矫健，而且，他们所有人都佩戴金项圈和金臂环，这更让整个场面毛骨悚然。(8)看到这番场景的罗马人确实心生气馁，但是，与此同时，一心渴望赢取战利品的美好前景，也让他们更加跃跃欲试和加倍卖力地战斗。

[30](1)然而，当罗马人的标枪兵像往常一样，①从罗马军团的阵型走出来，开始密集投掷标枪时，后方的凯尔特人确实得到了长裤和披风的有效保护，(2)但是，前面那些裸体的战士截然不同，他们发现自己处境无助而糟糕。(3)因为，高卢人的盾牌并不能覆盖他们的整个身体，所以，他们的裸体就是一种劣势，而且，身体的块头越大，就越容易成为投掷物命中的目标。②(4)由于距离和冰雹般密集投掷的标枪的缘故，他们无法赶走标枪兵，最终，他们陷入了极度的痛苦和困扰之中，他们其中一些人由于无处发泄自己的愤怒，狂暴地冲向敌人，白白地牺牲了自己的生命；而其他人则一步步地向后撤退到自己同胞的队列那里，他们的怯懦表现引发了一片的混乱。(5)因此，罗马人的标枪兵摧毁了盖萨塔依人的斗

---

① 一个罗马军团包含了三千重装步兵，他们以三种主要的行列(three main lines)应战：前面是青年兵(*hastati*，1200 人)，其次是壮年兵(*principes*，1200 人)，最后是作为预备部队的后备兵(*triarii*，600 人)。这些行列分成了十个不同的支队(maniples)，每个支队的人数是 120 人(但是，后备兵支队的人数是 60 人)每个支队之间的空地由后面的支队进行掩护。标枪兵(属于轻步兵)经常前进到重装步兵之前，以投掷他们的武器而开启战争，当他们投掷结束后，他们会撤退到各个支队之间的空地。

② 字面涵义是："身体裸露得越多，块头越大，就越容易成为投掷物命中的目标。"

志;(6)但是,一旦罗马人的标枪兵退回到列队里面,等到罗马步兵支队(maniples)①向前展开进攻,因苏布雷人、波伊人和陶里斯克人的主力部队立即迎向敌军,进行残酷的肉搏战。(7)尽管他们几乎被切成碎片,但是,他们仍然坚守阵地,勇气与敌人旗鼓相当,只是在武器装备上(不论是个人的武器装备,还是全军的武器装备)略逊一筹。(8)需要补充的是,罗马人的盾牌更适用于防御,他们的刀剑更适用于进攻,高卢人的刀剑只适用于砍杀而不适用于刺杀。(9)但是,罗马骑兵利用高处的优势,英勇地冲下山丘,猛烈地进攻敌人的侧翼,最终,凯尔特人的步兵在原地惨遭屠杀,而他们的骑兵则四散逃亡。

[31](1)大约有四万名凯尔特人被杀,同时,至少有一万名凯尔特人被俘,其中包括他们的国王康科里塔努斯。(2)另一位国王安洛斯图斯则带着少量的随从逃到了某个地方,但是,他自己以及他的那些朋友最后都在那里自杀了。(3)罗马执政官埃米利乌斯把那些战利品收集起来,送到了罗马,高卢人从他们那里抢夺的战利品,现在又归还了回来。(4)他带着自己的军团,穿过了利古里亚,入侵了波伊人的领土。(5)他让他的军团尽情地抢劫,他自己则提前他们几天回到了罗马。②(6)他把军旗和项圈(高卢人所穿戴的金项圈)送往卡皮托③以装饰它,其余的战利品和俘虏则被用在了自己进入罗马和举行的凯旋仪式上面。

(7)这些凯尔特人就这样被摧毁了,凯尔特人的这场入侵是罗马人所经历的最严重的一场入侵,所有意大利人,尤其是罗马人,

---

① [中译按]古罗马的步兵支队(maniples)由 60 名步兵(一个后备兵支队是 60 人),或者 120 名步兵(一个壮年兵支队是 120 人)组成。

② 埃米利乌斯的这次征战(Aemilius'campaign)所花费的时间,比这个地方所说的要更久:直到该年(公元前 225 年)的秋季,他才回到了罗马。

③ 根据狄奥尼索斯(Dio.)第 50—54 卷(残篇)记载,高卢人发誓,在他们攻占卡皮托之前(他们在公元前 387 年并未攻占卡皮托),他们绝不取下自己的佩刀或者胸甲。但是,由于埃米利乌斯的凯旋大游行所出现的高卢战俘,这个誓言却最终被戏剧性反讽的方式实现了。

都被暴露在巨大而恐怖的危险之中。(8)这场胜利鼓舞了罗马人,使他们相信自己能够把凯尔特人全部驱逐出波河平原;因此,他们派遣第二年的两位执政官昆图斯·弗维乌斯(Quintus Fulvius)和提图斯·曼利乌斯(Titus Manlius),让他们率领一支异常恐怖的远征军前去同他们作战。① (9)他们的远征让波伊人深感震惊和恐惧,以至于他们不得不向罗马屈服。(10)但是,由于暴雨和军队中所爆发的瘟疫的影响,其他的远征则没有产生实际的效果。

[32](1)然而,第二年的两位执政官普布里乌斯·弗里乌斯(Publius Furius)和盖乌斯·弗拉米尼乌斯穿过了亚纳利斯人(Anares)——亚纳利斯人生活在距离马赛不远的地方②——的国土,③再一次入侵了凯尔特人的领地。④ (2)接受了这个部落的友谊后,他们进入到因苏布雷人的领土——靠近波河和亚达河(Adda)的交汇处。(3)他们在渡河时及在河的另一边驻营过程中遭受了一些损失,一开始,他们留在那里有一些时间,但是,后来他们签订了停战协定,停战协定规定他们必须离开苏布雷人的领土。(4)在绕行数天后,他们渡过了克鲁斯河(Clusius),抵达到塞诺马尼人的国土,塞诺马尼人是罗马人的盟友,在塞诺马尼人的陪同下,他们从阿尔卑斯的山脚地区,再一次入侵到因苏布雷人的平原,接着,他们就开始摧毁那里的村庄,并劫掠他们的宅第。(5)因苏布雷人的酋长们看到,罗马人已经铁定决心要来进攻自己,他们就决定冒险进行一场决战。(6)当他们把自己的所有军队都集结在一个地

---

① 即公元前 224 年。

② [中译按]在剑桥本中,英译者将"亚纳利斯人"(Anares)译作"亚纳马利斯人"(Anamares),将"马赛"(Marseilles)译作"普拉森提亚"(Placentia)。因为,剑桥本的英译者认为,罗马人根本无法行进到这么遥远的地方。

③ 这个地理错误,可以在波利比乌斯认为阿尔卑斯山始于马赛稍北处中,得到解释。因此,他才会认为,亚纳利斯人(Anares)的领土就在这座城市附近。事实上,它靠近普拉森提亚(Placentia),也即是现在的皮亚森扎(Piacenza)。

④ 即公元前 223 年。

方后,他们从密涅瓦神殿(Temple of Minerva)①取下号称"不可移动"(immovable)的金色战旗,他们作好了一切必要的战争准备,并英勇地占领了敌人对面一处极具威胁的地形。(7)他们大约有五万人的兵力。一方面,罗马人看到敌人的数量要远远超过自己,他们就想让他们的凯尔特盟友前来助战,(8)但是,另一方面,他们又考虑到高卢人的善变无常,以及他们所要对抗的那些人与罗马人的这些盟友同属一个民族,因此,对于要求他们派遣部队前来参加如此重要的战役,他们仍心存疑虑。(9)最后,他们仍然留在河边附近,同时,他们又派遣同自己一起的凯尔特人渡过河流,并摧毁河上的桥梁。(10)一方面,这是出于防范盟友的临阵倒戈,另一方面,这也是为了把自己置于破釜沉舟的绝地,因为,位于他们后方的这条河是不可能泅渡的。(11)在采取了这些措施后,他们开始准备战斗。

[33](1)罗马人在这场战役中安排得非常巧妙,保民官教授士兵怎样进行作战,包括怎样进行单独性作战和集体性作战。(2)因为,他们从之前的战斗中就已经了解到,高卢人通常在第一轮进攻时士气最为高昂,也最令人恐怖,他们那时精神饱满;而且,高卢人所铸造的刀剑——正如我在前面所说——只有在第一次砍杀的时候方起作用。(3)在第一次砍杀之后,它们立即就会变成擦身器的形状,②无论是从纵向上,还是从横向上,它们都会大幅度地弯曲,除非用剑者有足够的空闲来把它们放置在地上,并用脚扳直它们,即使这样弄好,在第二次攻击时,它们也几乎没有用处。③(4)因此,保民官们把原先置于后面而手持长矛的后备

---

① 凯尔特人崇拜一位战争和胜利的女神,这位女神相当于罗马人的密涅瓦(Minerva)。这座神殿可能在因苏布雷人的首府梅迪奥兰(Mediolanum),即现在的米兰(Milan)。因苏布雷人取下军旗,以作为神明庇护的力量来源。

② [中译按]即刀刃变钝。

③ 关于高卢人刀锋质软的相同细节,也见于普鲁塔克笔下的《卡米卢斯》(Camillus),在公元前377年战胜高卢人的记载当中。或许,这已经是一个传统的故事。

兵（triarii）部署到前列，①并命令他们不要使用刀剑，除非长矛已不堪用。（5）接着，他们在凯尔特人对面部署阵型，以进行迎战。等到高卢人在第一轮砍击长矛，从而使他们的刀剑不堪使用后，罗马人再近身作战，使敌人陷入绝境。因为，近身作战使他们无法举起手来砍杀，②由于他们的刀剑没有刀尖，这使得砍杀成为高卢人独有且唯一的攻击方法。（6）罗马人却习惯于用自己的刀剑刺向敌人，而不是砍杀敌人，他们刺向敌人的刀尖非常耐用且不会弯曲。他们不断地刺向敌人的胸部和脸部，通过这样的方法，他们杀死了大部分的敌人。（7）这次胜利完全归功于保民官们的先见之明，而执政官弗拉米尼乌斯在这次战斗中的兵力部署方面错误百出，他把军队部署在河岸的边缘，这使得罗马人根本不可能进行战术调动，因为，他没有为阵列的逐步后退留下任何空间。（8）即使军队在作战中稍微后退一点，都会被挤进河水里，而这个错误全是他们自己的将军所犯下的。（9）然而，正如我之前所说，他们能够取得胜利完全是凭借自身的英勇和技能，最后，他们带着大批战利品和掠夺物返回了罗马。

[34]（1）第二年，凯尔特人派遣使节来乞求和平，他们愿意接受任何的条件，但是，新任的执政官马尔库斯·克劳狄（Marcus Claudius）和格纳乌斯·科内利乌斯（Gnaeus Cornelius）强烈反对授予他们和平。（2）遭到拒绝后，凯尔特人决定诉诸最后的希望，他们再一次求助于罗纳河畔的盖萨塔依人，雇佣了大约三万人。（3）他们让这些军队做好战斗的准备，以等待敌人的进攻。（4）季节一到，罗马人的执政官们就率领军团入侵因苏布雷人的领土。（5）他们驻扎在一座名为亚塞拉依（Acerrae）的城市附近后，就开始围攻这座城市，亚塞拉依这座城市位于波河和阿尔卑斯山之间。（6）由

---

① 参见第二卷第 30 章关于罗马军团作战序列的注释。青年兵和壮年兵通常配备的武器是 pilum（pilum 是一种较短的投掷标枪[throwing-spear]）和一把刀剑；后备兵配备的武器是 hasta，这是一种较长的、用作刺杀的标枪（thrusting-spear）。

② 罗马人同他们紧紧地贴在一起，以至于敌人没有空间来挥动自己的刀剑。

于罗马人占领了所有有利的地势,因此,因苏布雷人不可能前来支援这座被围的城市,但是,为了让敌人解除围城,他们带着部分军队渡过波河,进入亚纳利斯人的领地,并围攻那里的一座名叫克拉斯迪乌姆(Clastidium)的城镇。(7)当执政官们听到这个消息后,马尔库斯·克劳狄急忙率领骑兵和小规模步兵前去解围。一听到敌人抵达的消息,凯尔特人立即解围,前去迎击他们,并部署好了战斗队形。(8)罗马人只带着骑兵勇敢地冲向他们,一开始他们稳住了阵地,但是,当他们在后面和侧翼都遭到了攻击后,处境就异常困难了,最终,敌人的骑兵独力击溃了他们;(9)他们许多人跳入河流,并被河水卷走了,但是,更多的人则被敌人屠杀了。(10)罗马人现在占领了亚塞拉依——亚塞拉依储藏了大批谷物——高卢人则撤退到梅迪奥兰(Mediolanum),梅迪奥兰是因苏布雷人最重要的城市。(11)格纳乌斯·科内利乌斯一直紧跟在他们后面,突然出现在了梅迪奥兰城前。(12)高卢人起初没有作出任何反应,但是,在这位执政官返回亚塞拉依的路上,他们出击了。(13)他们英勇攻击了他的后卫部队,杀死了大批罗马人,甚至迫使罗马人逃亡,(14)直到格纳乌斯召回正在行进的部队,并催促逃亡者重新集结和抵挡敌人的进攻。(15)罗马人此后遵从这位执政官的命令,继续英勇地抗击攻击者,而被自己所取得的短暂胜利所鼓舞的凯尔特人,他们在坚守了一段时间的阵地后,很快就逃跑并躲入了山区。一直紧追他们的格纳乌斯摧毁了沿路的村庄,并攻占了梅迪奥兰。

[35](1)因苏布雷人的酋长们现在已对自己的命运深感绝望,他们把自己全部交给了罗马人,以希望得到罗马人的宽恕。(2)这就是凯尔特人战争的结局。如果我们从战士的拼死精神和无畏勇气,以及双方参战的人数和战死的人数来看,这场战争都是史无前例的。(3)但是,如果我们从战场谋略和英明决断的角度来看,这场战争显然就不值一提,因为,对于高卢人而言,不仅仅是那些最重要的行动,而是每一步行动,完全都是被激情而不是被理智所左右。(4)不久之后,除了靠近阿尔卑斯山下的少数地区,他们全部

被逐出了波河平原,①这也是我亲眼见证的。如果对他们最初的入侵、他们后来的行动以及他们最后的驱逐遗漏不记,我认为,这并不是一个明智之举;(5)因为,我认为,历史的任务就是记载和为将来的子孙传承命运女神所谱写的这些插曲。(6)当野蛮人再次发动突然性入侵之时,我们的后代就不会因为对此类历史的无知而陷入恐慌,而是应该清醒地明白,这些民族的巨大力量不过是昙花一现、转瞬即逝而已。因此,他们就会满怀高昂的斗志并竭尽全力地勇敢面对入侵的敌人,而不是只知道屈膝投降。(7)我想,之前那些编撰和记载波斯入侵希腊,以及高卢人洗劫德尔菲神殿的历史学家,无疑为希腊民族捍卫自己的普遍自由作出了巨大的贡献。(8)当人数、武器和资源都占据优势地位的敌人在侵略他们时,如果他们能够清醒地认识到,那些侵略战争都会有出乎意料的反转结局,并且时刻牢记,敌人的数量无论多么庞大,勇气无论多么坚决,武器无论多么强悍,它们都是可以被无惧危险的决心、勇气、智慧和理智所打败的,那么,他们也绝对不会放弃最后一丝希望,而是会为自己的祖国战斗到底。(9)不仅仅是在古代,而且,就连我自己所生活的这个时代,希腊也一直都笼罩在高卢人入侵的阴影当中;(10)这就是我在这里记载这些事件的初衷所在,尽管略显简要,但也追溯到了它的开端。

[36](1)这些离题话已让我们偏离了西班牙的事务。当哈斯德鲁巴在那里统治了八年后,在一天晚上,有个凯尔特人出于个人的怨恨而将他暗杀在他自己的宅邸。②(2)哈斯德鲁巴大幅度地扩展了迦太基在这个地方的势力,这些成就不完全是通过军事行动,而是通过与当地酋长们的良好友谊而取得的。(3)由于汉尼拔在服役时就已经展现出惊人的敏锐和勇气,迦太基人就任命他继任了西班牙的最高统帅职位,尽管他当时非常年轻。③(4)从他接任

---

① 山南高卢(Cisalpine Gaul)是在公元前 200 年至公元前 180 年之间平定的。
② 即公元前 221 年。
③ 他当时 25 岁(公元前 221 年)。

这个职位的那个时刻起,种种迹象就表明,[①]他欲与罗马开战,因为,他确实这样做了,而且一刻也没有耽搁。(5)从此之后,迦太基与罗马之间的关系就以相互怀疑和相互冲突为主线了。(6)迦太基人继续谋划反对罗马,因为,他们渴望为西西里的挫败复仇,而罗马人则发现了他们的计划,因此,也就更加地不信任他们。(7)所有拥有健全理性之人都明白,这两个民族之间在不久的将来肯定会爆发战争。

[37](1)大约与此同时,亚该亚人和腓力国王(King Philip)以及他们的盟友,开始挑起对埃托利亚人的战争,[②]这也即是著名的同盟者战争(Social War)。(2)现在,我将继续简要概述西西里和利比亚事务(以及它们所造成的后果),以衔接到同盟者战争和罗马与迦太基之间的第二次战争(也即是我们所熟知的汉尼拔战争)的开端,而且,这也契合我的这部著作的最初计划。(3)正如我一开始所说,[③]这个日期正是我自己所计划撰写的普遍史(general history)的开始时间,但是,为了使我的前言或者导论都衔接到这同一个日期上,现在我将迦太基与罗马的事务先搁置一边,转到希腊事务上,在此之后,我方才会开启我的详尽叙述。[④](4)因为,我不会像之前的历史学家那样,仅仅局限于一个民族的历史,例如希腊或者波斯,而是会记述这个已知世界的所有相关事件。我自己所处的这个时代,尤其对我现在的这个目的特别有利,[⑤]对此,我将会在其他地方进行更加清晰地呈现。(5)在进入我的这部著作的主

---

① 这种主张没有被汉尼拔接下来直接所采取的行动所证实,但是,在分析战争的原因时,波利比乌斯强调了汉尼拔所属的巴卡家族的愤怒,也强调了他们决心洗刷第一次布匿战争后所签订的协议的屈辱。

② 即公元前220年春末。

③ 参见第一卷第3章。

④ 亦即包括论据和论证的历史,不同于只是单纯地陈述或者概述事件,如同他在导论中所做的那样。

⑤ 参见第一卷第4章。在那里,波利比乌斯论辩了那种提纲挈领式的方法来呈现历史的重要性,也论辩了真相存在于全景性而非局部性的事件当中的原则;换言之,"只有将其关联起来"(Only connect!)。

体部分之前,我必须简要地提及,这个世界最为重要和最为著名的那些民族和国家。

(6)至于亚洲和埃及,在上述日期之后提及它们所发生的事件,就已经足够,因为,它们之前的历史已经被很多历史学家所撰写下来,所有人都熟知它们。此外,在我们自己所处的这个时代,命运女神没有在这些国家制造过任何令人惊异的剧变,因此,我们也不需要追记它们过去所发生的那些历史。(7)然而,至于亚该亚民族和马其顿王室,①我们则有必要简单提及它们之前的那些历史事件;(8)因为,就后者来说,马其顿王朝在我们时代已经彻底灭亡,就前者而言,正如我之前所说,亚该亚人日益增长的权力和它的政治联盟让人印象深刻。(9)很多人过去试图劝说伯罗奔尼撒人采取一种共同性的政策,但是,没有人取得成功,因为,所有国家的奋战目标都不是为了普遍的自由,而是为了扩大自身的利益。(10)然而,在我所生活的这个时代,这种政策已经取得了重大进展,它已经实施得如此全面,以至于亚该亚人不仅形成了一个联合而又友善的共同体,而且,他们还拥有相同的法律、度量衡、计量制和货币,②也有相同的官员(magistrates)、元老院和法庭。(11)总而言之,整个伯罗奔尼撒唯一的不足就是,它没有像单个的城邦那样,所有的居民都生活在同一道围墙之内,但是,在其他所有方面,不管从整体而言,还是从各个城镇来看,它们几乎都是相同的。

[38](1)首先,这有助于了解为什么所有伯罗奔尼撒人都被称作亚该亚人。(2)因为,最初拥有这个古老名称的族群,在领土的广袤、城市的众多、财富的雄厚或者公民的英勇方面,它并不是声名赫赫。(3)在人口数量和土地规模上,阿卡迪亚人(Arcadian)和拉科尼亚人(Laconian)都要超过他们,而且,他们这两个民族肯定

---

① 波利比乌斯正在将统治叙利亚的王朝和统治埃及的王朝的幸存,同马其顿安提柯王朝的灭亡作对比。

② 也即是,每一个城邦都铸造自己的货币,但是,它们都是按照相同的重量标准和价值标准进行铸造,参见戈登(P. Garden)在不列颠博物馆对希腊货币(伯罗奔尼撒)的目录所作的导论,第24页。

也不会同意,自己的勇气要逊于任何其他希腊民族。(4)为什么这两个民族①以及其他的伯罗奔尼撒人,不仅同意把他们的政治体制变更为亚该亚人的政治体制,甚至把他们的名称也变更为亚该亚人的名称呢?(5)很明显,我们不应该说这是命运的结果(the work of chance),②因为,这不过是理屈词穷的解释。我们必须深入探究其原因,因为,每一件事情,不管是可欲的,还是不可欲的,它都必有其原因。我认为,这个原因大致就是下面这个:(6)人们不可能找到一种比它更加平等和更具言论自由的政治体制和政治准则了,总之,亚该亚联盟是一个名副其实的民主制。(7)由于这种原因,一些伯罗奔尼撒人自愿加入其中;其他许多人则通过说服和辩论而加入其中;而那些被胁迫加入其中的人,他们也很快发现,自己其实从中受益颇丰。(8)它没有给它的原始成员保留任何的特权,所有新加入的成员都享有同等的权利(rights),由于有平等和仁爱这两个最强大盟友的支持,因此,它很快地实现了自身的目的。(9)因此,我们必须把这种体制③看作是伯罗奔尼撒人当前和谐与繁荣的动力来源和主要成因。

(10)这些鲜明的准则和宪制(constitution),从很早的时候起,就一直存在于亚该亚。(11)对此,有很多这方面的证据,但是,现在我将充分地引用一两个例子来证明我的这个说法。

[39](1)当位于意大利地区,也即是,位于当时所谓的大希腊(Greater Hellas)④地区的毕达哥拉斯派会所(Clubhouses of the

---

① 公元前 235 年,阿卡迪亚人加入了亚该亚联盟。公元前 192 年,斯巴达人被斐洛波曼(Philopoemen)强行加入亚该亚联盟,随后退出,公元前 182 年—前 181 年,他们又再度加入亚该亚联盟。

② 这个地方证明了,波利比乌斯对亚该亚同盟的那种爱国热情超过了他对历史哲学所秉持的那种一贯性。在《通史》(Histories)一书中,有很多段落都承认了命运(chance)或者机运(fate)的力量,例如,第二卷第 35 章,在那里,他阐述了机运在打败野蛮人的入侵中所扮演的作用。

③ [中译按]这种体制亦即"民主制"(democracy)。

④ Greater Hellas 的拉丁语形式写作 Magna Graecia(大希腊地区/大希腊联邦)。当这个名称被首次使用时,Hellas(赫拉斯)肯定指的不是整个希腊。

Pythagoreans)被烧毁后,(2)由于所有城市的主要领袖都出乎意外地突然死亡,(3)因此,很自然地,那里接着就发生了普遍的革命性动荡,这个地区①的所有希腊城镇也全都充斥着各种各样的谋杀、叛乱和骚乱。(4)希腊大部分地区都纷纷派出使节来充当调解人,但是,在这些城市中,亚该亚人最值得信赖,因此,解决当前这场混乱的任务就被委任给了亚该亚人。(5)他们不仅在这个时期赞成亚该亚政治体系,而且,在不久之后,他们决心效仿亚该亚宪制。②(6)克洛托尼亚人(Crotonians)、锡巴里斯人(Sybarites)和科乌洛尼亚人(Caulonians)召集了一个会议,并组建了一个同盟,他们首先建造了一个共同的神殿和供奉"团结者"宙斯(Zeus Amarius)③的祭祀圣地,以召集会议和举行辩论;接下来,他们采用了亚该亚人的习俗和法律,并决心按照这些准则来运行他们自己的政府。(7)但是,这个计划受挫于叙拉古的狄奥尼索斯(Dionysius of Syracuse)④的僭主统治,⑤以及周围野蛮部落的入侵,以至于他们被迫违心地放弃这些体制(institutions)。(8)结果,当拉栖代蒙人意想不到地被击败于留克特拉(Leuctra),⑥以及底比斯人(Thebans)同样意想不到地主

---

① 毕达哥拉斯信徒(Pythagorean)在南意大利地区的影响力,始于大约公元前530年,在这一年,这位哲学家从萨摩斯(Samos)移居到了克洛托尼亚(Croton),他的门徒逐渐地在很多城邦获得了影响力。有关他们的政治影响力的性质(nature),实际上几乎没有任何积极的证据(positive evidence),但是,在波利比乌斯提及这场暴动时——这场暴动发生在大约公元前五世纪中叶——他们已被认为是反动势力。

  [中译按]"这个地区"(the district)亦即"意大利南部地区"(in that region of southern Italy)。

② 狄奥尼索斯(Dionysius)入侵意大利和他在埃利波洛斯(Elleporus)所赢得的胜利(公元前389年),结束了克洛托尼亚(Croton)的影响力和以亚该亚模式所组成的联盟。参见第一卷第6章第2节。

③ 即公元前371年。宙斯的这个"团结者"(Amarius)称号的涵义,可能是"一起团结起来"(who unites together)之意。

  [中译按]Zeus Amarius亦写作Zeus Homarios。

④ [中译按]即叙拉古的狄奥尼索斯一世(Dionysius I of Syracuse)。

⑤ 即公元前389年之后。

⑥ 即公元前371年。

张希腊霸权时,整个希腊地区,尤其是这两个民族,陷入了悬而未决的严重不确定状态中,因为,拉栖代蒙人不承认自己的失败,而底比斯人则不确信自己的胜利。(9)然而,在所有希腊人当中,他们双方却都只把这个悬而未决的问题提交给亚该亚人裁决,(10)这不是源于他们的强大,他们当时几乎是全希腊最弱小的国家,而是源于他们的正直和可靠,因为,当时确实所有人都对亚该亚人持这样的看法。

(11)直到现在,这些政制准则①充其量仅仅存在于亚该亚人当中而已,对于扩大亚该亚的权力,他们没有任何值得一提的实际行动,因为,这个国家似乎产生不了配享有这些政治准则的政治家。(12)一旦有人表现出这样的苗头,拉栖代蒙人的强权或者更为强大的马其顿人的强权,就会把他扔进幕后,或者,把他的苗头扼杀于摇篮之中。

[40](1)然而,如果这个国家拥有足堪大任的政治家,让他们能够在合适的时机施行它们,那么,他们就会发现,它的力量立即就会彰显出来,联盟也会实现其最光荣的目标——所有伯罗奔尼撒人的联合。(2)西西昂的阿拉图斯(Aratus of Sicyon)②被视为这个计划的开创者和设计者;梅格洛波利斯的斐洛波曼(Philopoemen of Megalopolis)是这个计划的推动者和最终成就者,而利科塔斯③和他的派系则在相当长的时间内维持了它的存续。(3)我将试图描述这三位政治家,他们各自是怎样达到以及何时达到这个结果的,这不会超出我这部著作原有的主题范围。(4)然而,对于阿拉图斯

---

① [中译按]"这些政制准则"(these principles of goverment)也即是"这些民主制原则"(the principles of democracy)。

② 西西昂的阿拉图斯(Aratus of Sicyon,公元前 271 年—前 213 年)建立的亚该亚联盟的形态,在公元前三世纪和公元前二世纪中叶,发挥了重要的作用。斐洛波曼(Philopoemen,公元前 252 年—前 182 年)改革了亚该亚的军队,在公元前 206 年打败了斯巴达人后,他成为了公元前二世纪最著名的亚该亚政治家。梅格洛波利斯的利科塔斯(Lycortas of Megalopolis)是波利比乌斯的父亲,他支持对罗马保持一种中立性的政策,以及同埃及的托勒密和帕加马的阿塔利德斯(Attalids of Pergamum)结盟的政策。

③ 利科塔斯(Lycortas)是波利比乌斯的父亲。

的统治措施,我将在这里以及在后面进行简要地概述,因为,他出版了一本值得信赖而又非常清晰的个人自传。但是,对于另外两个人的成就,我将会进行一番更加详细和冗长地记述。(5)我觉得,如果我从亚该亚联盟被马其顿国王瓦解后,亚该亚联盟的各城邦为了恢复它而重新开始相互靠拢的那个时期作为开端,那么,我的叙述将最容易展开,而且,我的读者也将最容易明白。(6)联盟此后又继续发展,直到在我自己所生活的这个时代,它已经达到了我刚刚所描述的那个完满状态。

[41](1)在第 124 届奥林匹亚大会期间,①帕特拉(Patrae)和迪米(Dyme)通过加入联盟而主动采取行动,(2)拉古斯(Lagus)之子托勒密②、利西马科斯(Lysimachus)、塞琉古(Seleucus)③和托勒密·塞拉乌努斯(Ptolemy Ceraunus),④他们全都恰巧在这届奥林匹亚大会期间去世。⑤(3)在这个时期之前,亚该亚民族所处的大致状态见如下所述:(4)他们的第一任国王是俄瑞斯忒斯(Orestes)之子提萨米努斯(Tisamenus),当赫拉克勒斯的后代(Heeaclidae)回来后,他就被驱逐出了斯巴达,提萨米努斯接着占领了亚该亚,他的后代一直作王统治着他们,直到俄基古斯(Ogygus)。(5)由于不满于俄基古斯之子的专制统治和违宪统治,他们通过革命把政府变成了民主制。⑥(6)从那时起,一直到亚历山大和腓力统治时期,

---

① 即公元前 284 年—前 280 年。

② [中译按]即托勒密一世(Ptolemy I)。

③ [中译按]即塞琉古一世(Seleucus I)。

④ [中译按]Ceraunus 是绰号"雷霆"之意。

⑤ 托勒密一世(他后来成为埃及国王)、塞琉古一世和利西马科斯(Lysimachus)都是马其顿的将军,他们之前都在亚历山大大帝麾下效力,后来,他们都成为了马其顿帝国的直接继承者。公元前 281 年,塞琉古一世打败并杀死了利西马科斯,但是,他自己也在同一年被"雷霆"托勒密暗杀。"雷霆"托勒密的死亡日期则不确定。这种同步性(synchronisms)常常出现在希腊化时代的史学家当中,以此来阐明命运女神的运作。

⑥ 在希腊,对于那种不经过贵族制而直接接续君主制的民主制,这种情况甚为少见。俄基古斯(Ogygus)的年代不详。

亚该亚人的运气会随着环境的变化而变化,但是,正如我之前所说,他们总是竭力让他们的联盟保持一种民主制。①(7)他们的联盟由十二座城邦组成,除了奥里努斯(Olenus)和赫利塞(Helice)在留克特拉之战不久前被大海吞没外,其余的城邦一直留存到现在。(8)这些城邦分别是:帕特拉、迪米、法拉(Pharae)、特里塔埃亚(Tritaea)、利安提乌姆(Leontium)、埃基乌姆(Aegium)、埃基拉(Aegira)、佩勒内(Pellene)、布拉(Bura)和卡利尼亚(Caryneia)。(9)在亚历山大统治时期到第124届奥林匹亚大会期间,主要由于马其顿国王的缘故,他们陷入了不和与敌对的糟糕状态,以至于所有城邦都纷纷远离联盟,开始追逐自己的利益。(10)结果,其中一些城邦先被德米特里②和卡山德(Cassander),③后来又被安提柯·戈纳塔斯(Antigonus Gonatas)④派驻军队,其中一些城邦甚至不得不接受安提柯·戈纳塔斯所强加给他们的僭主,他在希腊所扶植的僭主比任何其他一位国王都要多。

(11)但是,正如我在前面所说,大约在第124届奥林匹亚大会期间,他们开始悔悟起来,并重建新的联盟。这恰好大约发生在皮洛士人侵意大利时期。⑤(12)首先行动的城邦是迪米、帕特拉、特里塔埃亚和法拉,也正是由于这个原因,我们甚至找不到任何记载他们结盟的正式铭文。(13)大约五年后,埃基乌姆人也驱逐了他

---

① 在公元前5世纪,亚该亚诸邦是民主制,但是,有证据表明,在公元前4世纪期间,他们的政治制度被斯巴达人或者底比斯人所控制。

② 在公元前4世纪末期,"攻城者"德米特里一世(Demetrius I Poliorcetes,"besieger of cities")断断续续地入主希腊和马其顿,从公元前294年—前287年期间,他统治了马其顿。

③ 卡山德(Cassander)是亚历山大大帝的总督安提帕特之子,从公元前317年直到他去世的前297年期间,他统治了马其顿。

④ 安提柯·戈纳塔斯(Antigonus Gonatas),亦即安提柯二世(Antigonus II Gonatas),他是德米特里之子,从公元前283年—前240年期间,他是马其顿国王。

⑤ 即公元前280年。

们的外国驻军部队①,加入了联盟;在处死自己的僭主后,布拉人
(Burians)接着也效仿起了埃基乌姆人。(14)卡利尼亚也几乎在同
一时间加入了联盟,因为,它的僭主埃塞亚斯(Iseas)看到,埃基乌
姆驱逐外国驻军部队,以及马尔古斯(Margus)和亚该亚人杀死布
拉的僭主后,他意识到,所有周边的城邦都将会与自己开战,于是
他就退位了。(15)当他得到亚该亚人对他的人身安全的保证后,
他就正式同意卡利尼亚城邦加入到亚该亚联盟。

[42](1)读者可能会问,为什么我要往前追溯到这个时期?首
先,我想要阐明,亚该亚诸城邦最初如何主动重建联盟以及何时重
建联盟;(2)其次,我自己关于他们的政治原则的看法,有充分的事
实证据可以证明。(3)我的看法是,亚该亚人一直只遵守一项政
策,那就是,他们一直以来都是通过分享他们自身的平等与自由,
以及同他们自己或者同那些借助国王们②的力量来试图奴役他们
城邦之人,进行开战或者征服,以此来吸引其他城邦;通过这种方
式,他们部分借助于自己的力量,部分借助于联盟的支援而实现了
他们自身的这个目的。(4)他们的联盟在随后几年所取得的成就,
也被认为应该归功于亚该亚人的政治原则。(5)尽管亚该亚人在
其他许多方面扮演了重要的作用,尤其在罗马人的引领下取得了
非凡的成就,但是,他们从未在自己所取得的成就中表现出牟取任
何私利的念头。(6)相反,除了所有国家的自由以及伯罗奔尼撒人
的联盟,他们别无所求,以此来换取他们对联盟的热情支持。(7)
当我们对联盟的实际行动进行一番审视后,所有这些将会显得更
加清晰和明显。

[43](1)这些城邦重建的这个联盟所存续的二十五年当中,③

---

① [中译按]外国驻军部队亦即马其顿驻军部队。

② 从公元前4世纪中期开始,希腊的那些民主制城邦就不断地受到,先是马其顿,
后是当地僭主或者"国王们"——这些"国王们"也即是,诸如埃及的托勒密或者
亚历山大帝国的其他继承者等这些希腊化大王朝的国王——所任命的人员的
威胁。

③ 从公元前280年至公元前255年。

他们会在每座城邦轮流选举出一位国务秘书(Secretary of state)和两位将军(Strategi)。① （2）接着,他们会从所选举出的两位将军当中只任命其中的一位,并把所有的联盟事务都委任给他处置。② 卡利尼亚的马尔古斯是第一位被任命为这个光荣职位之人。③ （3）在马尔古斯担任这个职位的四年后,④依靠自身的勇气,西西昂的阿拉图斯从僭主手里解放了自己的城邦,尽管他当时只有二十岁。他一直非常艳羡亚该亚政体(Achaean polity),于是,他就把自己的城邦变成了联盟的一员。⑤ （4）八年后,也即是在他第二次担任将军的期间,阿拉图斯密谋占领了安提柯⑥所把持的科林斯城堡,⑦他把伯罗奔尼撒人从巨大的恐惧中解放出来,并把这座新解放的城邦加入到亚该亚联盟。（5）同在他担任将军的这个期间,他得到了麦加拉(Megara)的支持,并用相同的方法使它加入联盟。（6）这些事件发生在迦太基落败(这次落败使迦太基人被逐出西西里,并被迫首次给罗马上交贡金)的前一年。⑧

（7）在如此之短的时间内,阿拉图斯就在他自己的目标上取得了重大的进展,接着,他继续统治亚该亚民族,他的所有计划和行动都指向一个目标,那就是,驱逐伯罗奔尼撒的马其顿人、肃清僭主和恢复每一座城邦的古老自由。⑨（8）在安提柯·戈纳塔斯(Antigonus Gonatus)⑩在世期间,他继续对这位国王的干涉和埃托利

---

① 每年轮流选出,也可能是从一个城邦中选出一位将军。

② 这种变化可能意味着,国务秘书(Secretary of state)的重要性下降了。

③ 即公元前 255 年。

④ 即公元前 251 年。

⑤ 即公元前 243 年。

⑥ [中译按]即马其顿国王安提柯二世。

⑦ [中译按]"科林斯城堡"(the citadel of Corinth)亦译作"科林斯卫城"。

⑧ 即公元前 242 年。

⑨ 这些代表了阿拉图斯在同盟者战争发生之前所欲达到的目标。在那之后,他被迫改弦更张,而且,当斯巴达的克里奥米尼斯逼迫他开战时,他要求马其顿归还伯罗奔尼撒和交出亚克洛科林斯(Acrocorinth)。

⑩ [中译按]在第二卷第 41 章第 10 节, Antigonus Gonatas(安提柯·戈纳塔斯)亦写作 Antigonus Gonatus。

亚人的权力欲望提供最有效的反制措施,尽管后两者毫无节操而又好冒险,以至于他们甚至达成了一个旨在瓦解亚该亚联盟的协议。①

[44](1)但是,安提柯一死,②亚该亚人就立即与埃托利亚人进行了结盟,他们慷慨地支持后者同德米特里③的战争,因此,这时他们对埃托利亚人的反感和敌意至少平息了,而且,他们之间或多或少地产生了一些好感和友爱之情。(2)德米特里④仅仅统治了伯罗奔尼撒十年的时间就去世了,⑤而他的去世恰好发生在罗马首次远征伊利里亚之时,在此之后,事件的走向似乎在很长时间内,都一直朝有利于亚该亚人的方向发展。(3)德米特里的去世让伯罗奔尼撒的僭主们陷入了深深的绝望,因为,德米特里是他们的资助人和总后台,同时,阿拉图斯也一直在威胁他们。阿拉图斯要求他们自行退位,对于那些同意退位的僭主,他会给予他们大批的礼物和荣誉,而对于那些充耳不闻的僭主,他就威胁他们将受到亚该亚人更为严厉的惩罚。(4)因此,他们急忙按照他的要求退位,放弃了自己的僭主之位,让他们的城邦各自恢复了自由并加入亚该亚联盟。(5)梅格洛波利斯的利迪亚德斯(Lydiades of Megalopolis)甚至预见了即将发生的事情,拥有伟大智慧和卓识远见的利迪亚德斯,抢在德米特里去世之前,就自愿放弃了自己的僭主之位,并拥护起联盟来。(6)阿尔戈斯的僭主阿里斯托马科斯(Aristomachus)、赫迈俄尼(Hermione)的僭主西农(Xenon)和⑥弗里乌斯(Phlius)的僭主克里奥尼穆斯(Cleonymus),也同样放弃了自己的僭主之位,并加入民主制的亚该亚联盟。

---

① 公元前245年,安提柯重新占领了科林斯,而埃托利亚人入侵了伯罗奔尼撒。

② 即公元前239年。

③ 即马其顿国王德米特里二世。德米特里二世是安提柯二世的儿子和继承人。由于埃托利亚人正试图兼并属于伊庇鲁斯人的那一半阿卡纳尼亚地区,因此,德米特里派兵支援自己的岳母,同时也是伊庇鲁斯的王后奥林匹亚斯(Olympias)。

④ [中译按]即马其顿国王德米特里二世。

⑤ 即公元前229年。

⑥ [中译按]Xenon亦写作Xeno。

[45](1)因此,无论在规模还是在力量上,联盟都获得了极大的扩展,但是,这引发了埃托利亚人的不满。埃托利亚人天生就充满了无耻的激情,出于妒忌或者出于分裂联盟的考量①——正如他们之前同亚历山大②分裂阿卡纳尼亚(Acarnania),③以及他们之前欲同安条克·戈纳塔斯一起分裂亚该亚一样——(2)他们联合了马其顿的摄政和腓力④(腓力当时还只是一个孩子)的监护人安提柯·多森(Antigonus Doson)⑤以及斯巴达国王克里奥米尼斯(Cleomenes)。⑥(3)当他们看到安提柯是马其顿无可争议的主人,同时又看到安提柯公开宣称亚该亚人是自己的敌人后——因为,亚该亚人背信弃义地攻占了亚克洛科林斯厄斯(Acrocorinthus)——(4)他们就认为,如果他们能够让拉栖代蒙人也支持自己的计划,让他们也仇视起联盟来,那么,他们就可以选择合适的时机从各个方向发动进攻,从而轻易地击溃亚该亚人。(5)他们确实很有可能很快地实施这个计划,但是,他们忽视了他们计划中最为重要的因素——他们从未考虑过作为他们对手的阿拉图斯,要知道阿拉图斯是一个能够应付任何危机的能手。(6)结果,他们所有的阴谋诡计和非正义的攻击行动,不仅完全没能实现他们的预期目的,相反,它们却进一步巩固了联盟的权力和阿拉图斯(当时他是将军)的地位。(7)接下来的叙述,就是要展现他是怎样设法解决这些问题的。

[46](1)阿拉图斯看到埃托利亚人羞于同亚该亚人公开宣战,

---

① 这种说法没有事实的支持:波利比乌斯给出的是阿拉图斯对战争起源的说法。
② 这位亚历山大是伊庇鲁斯的亚历山大二世(Alexander II of Epirus),同时也是皮洛士之子,公元前272年,他继承了王位。阿卡纳尼亚(Acarnania)的分裂发生在公元前266年。
③ 这个地方所提到的亚历山大不是亚历山大大帝,而是伊庇鲁斯的亚历山大二世,公元前282年,他继承皮洛士的王位。
④ [中译按]即腓力五世。
⑤ [中译按]即安提柯三世(Antigonus III Doson)。
⑥ 即斯巴达的克里奥米尼斯三世(Cleomenes III)。公元前235年,他继承了其父列奥尼达二世(Leonidas II)的王位。

因为,在他们同德米特里的战争中,亚该亚人刚刚帮助了他们,然而,他也注意到,他们同拉栖代蒙人联系得如此紧密以及他们对亚该亚人是如此嫉妒,(2)以至于当克里奥米尼斯背信弃义地夺取提基亚、曼提尼亚、奥科美纳斯(Orchomenus)——这些城市不仅是埃托利亚人的盟友,而且当时还是他们联盟的成员国——时,他们不仅没有表现出任何不满,而且,他们事实上还认可了占领行径。(3)他也看到,之前有一次,贪婪的埃托利亚人找了一个最微不足道的借口,进攻那些根本就没有对自己犯有任何错误之人,但是,现在他们允许自己遭受背信弃义地攻击,并自愿丢弃其中一些最大的城邦,以让克里奥米尼斯成为亚该亚人真正的恐怖性劲敌。(4)因此,阿拉图斯和其他所有亚该亚联盟的领袖决定不主动进攻任何敌手,而是全力抵抗斯巴达的攻击。(5)这至少是他们一开始所下定的决心;但是,不久之后,当克里奥米尼斯开始大胆地强化位于梅格洛波利斯境内的所谓的雅典娜神殿(Athenaeum),[1]以对抗亚该亚人,并表现出对亚该亚人的公开而刻骨的敌意后,(6)阿拉图斯和他的同侪召集了联盟会议,会议最终决定对斯巴达公开宣战。

(7)这就是所谓的克里奥米尼斯战争(Cleomenic War)的起因和克里奥米尼斯战争开始的时间。[2]

---

[1] 这个雅典娜神殿(Athenaeum)位于贝尔利纳(Bellina)附近,它是拉科尼亚西北边境的一座城镇,斯巴达人和亚该亚人长期以来都为它纷争不断。参见普鲁塔克:《阿拉图斯》(*Arat.*),第四卷;保萨尼阿斯(Pausan.)第八卷第35章第4节。

[2] 即公元前227年秋季。克里奥米尼斯完成了埃基斯四世(Agis IV)——埃基斯四世于公元前241年被处死——所发起的反贵族革命。在他发动的政变中,克里奥米尼斯立即处死了四位监察官,废除了监察官制度(ephorate),并流放了八十位主要政敌。一个莱库古式的社会改革计划(a Lycurgan' social programme)被通过了,这个计划包括取消债务、将财产转移到共同的国库、复兴对年轻人的传统而严格的训练方式和组织公民团体加入共同的"公餐"(messes)。公平地说,"僭主"(tyranny)一词只能适用于废除"双王制"(the dual monarchy)和使用暴力上面。大体而言,克里奥米尼斯的改革计划远非僭主的暴政。对于这些改革,在《克里奥米尼斯的生平》(*Life of Cleomenes*)当中,普鲁塔克给我们展示了一位比波利比乌斯所记载的、更加热情的改革者形象。

[47](1)亚该亚人一开始决定独自面对拉栖代蒙人,首先,他们认为,独自捍卫自己的城邦和领土的安全,而不是把自身的安全寄托在别人身上,这会显得更加荣耀。(2)其次,他们渴望维持与托勒密①的友谊,他们之前接受过他的恩惠,因此,他们不想给他留下自己从其他人那里寻求帮助的印象。(3)但是,当战争持续了一段时间后,克里奥米尼斯推翻了斯巴达古老的传统政体,把斯巴达的君主制变成了僭主制,②而且,他在战役指挥上也表现出巨大的活力和胆量。(4)阿拉图斯预见了即将可能发生的事情,他担心埃托利亚人不顾后果的鲁莽行径,于是,他决心先发制人地破坏他们的计划。(5)他注意到,安提柯③是一位精力充沛和健全理性之人,同时,他也注意到安提柯自称是一位正直之人,但是,他深知,国王们不会把任何人看作是天然的敌人或者朋友,而是会把利益作为衡量友谊与敌对的唯一标准。(6)因此,他决定同安提柯进行公开会谈,他试图通过向后者指出当前局势的可能走向,从而与其建立良好关系。(7)然而,出于以下几个原因,他觉得,公开进行此事并不是一个明智之举。(8)首先,这很可能会引起克里奥米尼斯和埃托利亚人对自身计划的敌意;其次,如果自己寻求敌人的帮助,以及自己完全放弃自己所植入在亚该亚人身上的希望(这正是他希望他们进行思考的最后一件事情),那么,这会削弱亚该亚军队的斗志。(9)因此,当他构思好这项计划后,他决定秘密实施这项计划。(10)结果,为了给人造成完全相反的印象和隐藏自己的真正目的,他在公共场合所作的和所说的诸多事情,都与他的真实意图背道而驰。(11)也正因为这个缘故,这里所记载的一些事件甚至在他的自传里都没有涉及。

[48](1)阿拉图斯知道,梅格洛波利斯人正遭受这场战争的严

---

① [中译按]这位托勒密是埃及法老托勒密三世(Ptolemy III Euergetes,公元前247年—前222年)。
② 即公元前225年。
③ [中译按]这位安提柯是马其顿摄政安提柯·多森(Antigonus Doson)。

重摧残。梅格洛波利斯人不仅得首当其冲地忍受战争的冲击(因为他们的领土与拉栖代蒙的边境接壤),而且,他们也得不到亚该亚人的有效援助(因为亚该亚人自身也正处于困境和痛苦之中)。(2)他也清楚地知道,自从接受阿米塔斯(Amyntas)之子腓力^①的恩惠以来,^②梅格洛波利斯人一直对马其顿王室心怀感恩,(3)他因而确信,一旦他们遭到克里奥米尼斯的重压,他们肯定会求助于安提柯,并把他们的安全希望寄托于马其顿人。(4)因此,他秘密联络梅格洛波利斯的尼科法尼斯(Nicophanes)和塞尔西达斯(Cercidas),并与他们秘密商讨自己的计划——与自己家族是世交关系的尼科法尼斯和塞尔西达斯,非常适合从事这项任务;(5)通过他们,他毫不费力地劝说梅格洛波利斯人,派遣了一个代表团到亚该亚人那里,以乞求他们寻求安提柯的帮助。(6)尼科法尼斯和塞尔西达斯就被梅格洛波利斯人任命为代表,他们首先抵达亚该亚,接着,如果联盟同意,身负使命的他们就会立即去安提柯那里。(7)当亚该亚人同意梅格洛波利斯人派遣一个代表团后,尼科法尼斯和他的同僚立即前去会见马其顿国王。(8)关于他们自己城邦^③的地位问题,他们只是简明扼要地谈了一些基本的要点,但是,关于希腊总体性的局势问题,他们则遵照阿拉图斯之前所下达的命令进行了一番详谈。

[49](1)阿拉图斯之前就指示他们,让他们指出埃托利亚人和克里奥米尼斯一致行动的严重性和可能性结果,同时让他们清楚地强调,亚该亚人会首先遭到威胁,但是,安提柯自己接着也会遭到更为严重的威胁。(2)所有人都可以显而易见地看到,亚该亚人不可能同时抵御两方敌人,任何一个聪明人也都能够轻而易举地看到,如果埃托利亚人和克里奥米尼斯胜利了,他们肯定不会就此

① [中译按]即亚历山大大帝之父腓力二世。
② 授予土地(以扩大他们的领土)这件事,发生在凯洛尼亚战役(这场战役爆发于公元前338年)和马其顿后来入侵伯罗奔尼撒之后。
③ [中译按]即梅格洛波利斯城邦。

罢休和自我满足于所取得的优势。（3）埃托利亚人扩张领土的计划，绝不会止步于伯罗奔尼撒人的边界，甚至不会止步于希腊本身。（4）然而，克里奥米尼斯个人的野心和长远计划就在于此，尽管他目前的意图只是攫取伯罗奔尼撒的统治权，但是，一旦实现了这个目标，接下来，他立即就会主张对全希腊的统治权，而这首先就要终结马其顿人的统治。① （5）代表团恳求安提柯着眼于未来和考虑其自身的最大利益，（6）他要么在伯罗奔尼撒同亚该亚人和波奥提亚人（Boeotians）一起抵抗克里奥米尼斯攫取希腊的统治权，要么让绝大部分希腊民族②自生自灭，但是，接着为争夺马其顿的统治地位，而同埃托利亚人、波依奥提亚人、亚该亚人和斯巴达人一起在色萨利（Thessaly）开战。（7）他们说道，由于埃托利亚人在同德米特里的战争中得到了亚该亚人的恩惠，③因此，他们仍会假装有所顾忌而继续保持他们现在的消极性，④这样一来，亚该亚人就只好独自迎战克里奥米尼斯；如果到时命运女神眷顾他们的话，那么，他们就不需要任何外来的帮助。（8）然而，如果命运女神不眷顾他们，而且，埃托利亚人也来进攻他们，那么，他们恳求他好好留意，不要让机会白白流逝，而是在他们仍可挽救的情况下前来援助伯罗奔尼撒人。（9）至于结盟的条件，以及他们对他所提供的援助的回报问题，他们说他无需担心，因为，一旦他们的要求得到了满足，他们向他保证，阿拉图斯将会找到双方都满意的报酬。（10）他们说道，阿拉图斯自己到时也将会给他指明他们所需要的援助的日期。

[50]（1）听完代表团的这番话后，安提柯确信，阿拉图斯对局势的看法，非常正确而又切合实际。当他仔细考虑了下一步所要

---

① 这有可能是对这番谈话的一种事后的（*ex post facto*）说法。事实上，斯巴达主宰伯罗奔尼撒的前景，不会对马其顿构成严重的威胁。

② "绝大部分希腊民族"指的是亚该亚同盟。

③ 参见第二卷第44章。

④ 波利比乌斯在这个地方透露了真实情况，亦即埃托利亚人在当时仍然保持了中立。

采取的行动后,他写信给梅格洛波利斯人。(2)在信里,他答应会向他们提供援助,如果亚该亚人也希望他这样做的话。①(3)尼科法尼斯和塞尔西达斯一返回家乡,他们就把国王的那封信件转递上去,与此同时,他们也向他们的人民报告了安提柯会向他们提供援助的好意和意向。(4)对此,梅格洛波利斯人感到非常高兴,其中绝大部分人迫不及待地走到联盟议会(Council of the League),恳求他们邀请安提柯前来援助,并立即把战争事务的主导权交由他掌管。(5)尼科法尼斯私下告诉阿拉图斯,这位国王对联盟和他自己都持有好感,而且,这位国王对他的计划的可行性非常满意;对此,阿拉图斯没有发现安提柯会像埃托利亚人所希望的那样彻底疏远自己。(6)他认为,梅格洛波利斯人欣然同意通过亚该亚人来接近安提柯,这对他的计划非常地有利;(7)因为,正如我在前面所说,他的主要目的根本不是寻求援助,而是,如果到时候真的有必要前去求助,他希望是以整个联盟的命运前去求助,而不仅仅是以他自己个人的身份去求助。(8)因为,他担心,当他们在战场上击败克里奥米尼斯和拉栖代蒙人后,如果这位国王(安提柯)出现在伯罗奔尼撒,并对联盟采取针锋相对的措施,那么,他自己就会为此受到大家的一致指责;(9)对此,这位国王似乎也有权利这样做,因为,在亚克洛科林斯厄斯的问题上,阿拉图斯冒犯了马其顿王室。②(10)因此,当梅格洛波利斯人出现在联盟的议会大厅后,他们展示了这位马其顿国王的信件,以向他们确信他的善意,与此同时,他们恳求亚该亚人邀请这位国王立即进行干预。(11)当阿拉图斯看到亚该亚人的这种态度后,他站起来发言,他表达了对这位国王欣然援助他们的赞扬和对这次会议气氛的认可;接着,他向他们发表了长篇演讲,他催促他们尽可能地依靠自己的努力来拯救他们的城邦和国家,因为,这是最荣耀和最有益的做法。但是,如果命运女神非要造化弄人,那么,他们也要在耗尽自己的所有资源

---

① 邀请必须来自整个联盟,而不仅仅是梅格洛波利斯,这一点非常重要。
② 这发生在公元前243年,当时亚该亚和马其顿仍然保持着和平。

后,方才建议他们寻求朋友的援助。

[51](1)民众鼓掌赞成他的演讲,并且,他们通过了一项决议,那就是,他们决定维持原样,并决心依靠自己的力量继续进行战斗。(2)但是,一系列的灾难降临到了他们身上。首先,托勒密抛弃了联盟,并开始向克里奥米尼斯提供财政支持,以激励他进攻安提柯。因为,托勒密认为,比起亚该亚人,拉栖代蒙人更能够有效地阻遏马其顿国王的野心。(3)其次,亚该亚人三次败于克里奥米尼斯之手:第一次是在利卡乌姆(Lycaeum)附近的行军途中,第二次是在一处名为拉多塞亚(Ladoceia)①——位于梅格洛波利斯人的领土境内——的地方展开的一场激战,最后一次则是他们的整个军队在赫卡托姆巴乌姆(Hecatombaeum)——位于多米人的领土境内——遭遇了彻底的失败。②(4)形势现在已经刻不容缓,亚该亚人被迫一致求助于安提柯的援助。(5)阿拉图斯这次派遣自己的儿子作为使团的代表前去这位国王那里,而且,他正式批准了结盟的条件。(6)然而,亚该亚人的主要绊脚石和困难之处就是亚克洛科林斯厄斯,因为,他们觉得安提柯不会前来援助自己,除非这座城堡能够归还给他,因此,他用科林斯作为当下这场战争的基地,但是,他们没有违背科林斯人的意愿而把科林斯让与给马其顿人。(7)亚该亚人一开始甚至进行了休会,以考虑他们自己究竟可以给国王提供哪些保证。

[52](1)克里奥米尼斯所取得的前述胜利引起了恐慌,从此以后,他可以畅通无阻地进入城邦,其中一些城邦是出于劝说,而另一些则出于胁迫。(2)他以同样的方式吞并了卡菲亚(Caphyae)、佩勒内(Pellene)、菲内厄斯(Pheneus)、阿尔戈斯、弗里乌斯、克里奥纳埃(Cleonae)、埃皮达鲁斯(Epidaurus)、赫迈俄尼、特洛埃泽恩

① 这两次战败都发生在公元前227年。
② 这次战败发生在公元前226年。

（Troezen）和科林斯。① （3）现在，他亲自坐镇指挥围攻西西昂，②但是，就在这场围城战役期间，他解决了亚该亚人的首要难题。科林斯人下令亚该亚人和阿拉图斯（当时他是将军③）放弃科林斯，同时，他们送信去邀请克里奥米尼斯，这让亚该亚人把亚克洛科林斯厄斯（亚克洛科林斯厄斯当时被他们所占据）还给安提柯提供了一个充足的理由。（4）阿拉图斯赶紧抓住这次机会，他不仅补偿了自己之前对马其顿王室的冒犯，而且发誓保证将来的忠诚，除此之外，他还给安提柯提供了对拉栖代蒙人作战的基地。

（5）当克里奥米尼斯发现亚该亚人与安提柯之间所作的安排后，他离开了西西昂，并扎营在地峡（Isthmus），④他把亚克洛科林斯厄斯的栅栏和壕沟同驴背山（Ass's Back）连接了起来，他自信满满地认为，整个伯罗奔尼撒从此以后都将牢牢地置于自己的统治之下。（6）按照阿拉图斯所给他的建议，安提柯已经作了很长时间的准备，以待时机，（7）但是，安提柯从事件的进程来判断，克里奥米尼斯现在正率领自己的军队向色萨利进军，因此，他派人联系阿拉图斯和亚该亚人，以提醒他们关于条约的规定。接着，他率领军队通过埃维厄岛（Euboea），⑤并抵达了地峡。（8）他之所以走这条路线，是因为埃托利亚人，除了采取种种举措以阻止他援助亚该亚人之外，他们还禁止他率领军队越过温泉关（Thermopylae），他们威胁说，他们会起兵阻击他的通过，如果他非要越过的话。

（9）安提柯和克里奥米尼斯现在各自率领军队两两相望，⑥前者决心进入伯罗奔尼撒，而后者则全力地阻止他。

［53］（1）亚该亚人尽管遭受了这样严重的挫折，但是，他们没

---

① 即公元前225年夏季。
② 可能在公元前224年1月。
③ 这显然是对阿拉图斯的特别任命。联盟当时正式的将军是提摩克塞努斯（Timoxenus），参见本章注释。
④ 即科林斯地峡（Isthmus of Corinth）。
⑤ 这条路线避开了色萨利，色萨利当时控制在埃托利亚人的手上。
⑥ 即公元前224年。

有放弃自己的目标和自身的努力。（2）因此，当阿尔戈斯的亚里士多德（Aristoteles of Argos）起兵反叛克里奥米尼斯的同党后，他们立即派遣一支军队前去支援，并在他们的将军提摩克塞努斯（Timoxenus）①的统领下，突然攻入和夺取了这座城邦。（3）我们应该把这个成就看作是，未来亚该亚人的运气将会得到提升的主要根据。因为，这非常清楚地表明，在阿尔戈斯遭受的重挫明显抑制了克里奥米尼斯的激情，打击了其军队的士气。（4）尽管他所占据的地利强于安提柯，他的补给也更优越，而且，他生性就更加英勇和更具野心，（5）但是，阿尔戈斯被亚该亚人攻占的消息一传来，他立即就放弃了所有这些优势，并赶紧撤出地峡，因为，他担心敌人会从四面来包围他。（6）他攻入了阿尔戈斯，并占领了部分这座城市，但是，亚该亚人英勇抵抗，而且他们又有阿尔戈斯人的热情支援，因此，他企图夺回阿尔戈斯的计划也泡汤了；克里奥米尼斯于是借道曼提尼亚，最终回到了斯巴达。

[54]（1）安提柯现在畅通无阻地进入了伯罗奔尼撒，并占领了亚克洛科林斯尼斯，但是，他在那里没有浪费任何时间就径直去了阿尔戈斯。（2）在感谢了阿尔戈斯和处理完了这座城邦的事务后，他再一次立即动身前往阿卡迪亚。（3）当他把那些城堡——它们都是克里奥米尼斯在埃基斯人（Aegys）和贝尔比纳人（Belbina）②的领土内所建造的城堡——的斯巴达卫戍部队驱逐后，他又把这些城堡移交给了梅格洛波利斯人，接着，他又回到了埃基乌姆，当时亚该亚联盟大会正在这个地方召开。（4）他向大会报告了自己所采取的那些措施和未来所要部署的战争行动。（5）于是他们任命他为整个联军的最高统帅，接着，他动身去了西西昂和科林斯附近的

---

① 提摩克塞努斯（Timoxenus）是公元前 225/224 年或者公元前 224/223 年的将军（general）。阿拉图斯仍然是最高指挥官（supreme commander），但是，阿拉图斯所关注的可能是战略指挥，而非战术指挥。

② 它们位于梅格洛波利斯以南和靠近拉科尼亚与美塞尼亚之间的边境；雅典娜要塞（Athenaeum fortress）就坐落在这两个地方的中间，参见第二卷第 46 章。

冬季营地,在那里待了一小段时间。①（6）在早春季节时,他率领自己的军队向前进军,三天后,抵达提基亚。亚该亚人与他在那里会师后,他们就围攻起这座城市来。（7）马其顿人积极地进行围城,尤其积极地挖掘地道来进行围城,提基亚人很快就放弃了所有抵抗的希望,全都投降了。（8）在确保这座城市的安全后,安提柯继续实施自己的作战计划,全速向拉科尼亚进军。（9）他遇到了克里奥米尼斯在边境上所部署的军队,这些军队是用来保卫拉科尼亚的,他就通过一些小规模的冲突来骚扰他们。（10）但是,当安提柯从自己的侦查兵那里听到奥科美纳斯的军队前来援助克里奥米尼斯的消息后,他立即拔营并急速向那里进军。（11）他的兵贵神速让奥科美纳斯深感震惊,并且,他攻占了这座城镇;接着,他围攻曼提尼亚,这座城市很快也由于恐惧而投降了;（12）随后,他向赫拉利亚（Heraea）和忒尔福萨（Telphusa）进军,这两座城镇的居民则主动向他投降。（13）冬天现在很快就要来临了。安提柯来到埃基乌姆,以出席亚该亚会议（Achaean Synod）。（14）他会解散所有的马其顿军队,让他们都回家过冬,但是,他自己则会留在伯罗奔尼撒,以同亚该亚人讨论当前的局势和一起联合制定未来的计划。

[55]（1）与此同时,克里奥米尼斯注意到,安提柯已经解散了自己的军队,身边只留下了自己的雇佣军,他现在停留在埃基乌姆,而埃基乌姆距离梅格洛波利斯只有三天的行程。（2）克里奥米尼斯知道,由于梅格洛波利斯城庞大的规模和人烟的稀少,因此,它很难进行防守,而且,由于安提柯现在正在伯罗奔尼撒,这使得它此刻也疏于防范,最为重要的是,它在利卡乌姆和拉多塞亚之战中丧失了大部分服役年龄的公民。（3）因此,他取得了当时生活在梅格洛波利斯的一些美塞尼亚流放者的合作,借助于他们的帮助,他得以在夜里秘密进入城墙内。（4）天一破晓,梅格洛波利斯人就英勇地击退了他,他不仅差一点被驱逐出城,而且,他的整个军队也几乎惨遭全歼。（5）事实上,就在他三个月前突然进入一座名为

---

① 即公元前 223 年。

科拉埃乌姆(Colaeum)①的城市时,梅格洛波利斯人就已经驱逐和击败过他一次了。(6)但是,由于他的军队规模庞大,而他事先有时间占据了最为有利的地形,这一次他的计划成功了,最终,他驱逐了梅格洛波利斯人,并占领了他们的城市。(7)一占领这座城市,他就满怀仇恨地彻底摧毁了它,以至于没有人想要再居住在那里。(8)我认为,他之所以这么行事,其原因在于,梅格洛波利斯人和斯提姆菲利人(Stymphalians)是唯一一个他不能从中成功找到一个拥护者或者一个叛徒的民族。(9)就拿克里托利人(Clitorians)来说,有一个人以其自己的邪恶玷污了他们对自由的崇高热爱,这个人就是特亚塞斯(Thearces),正如人们所预料的那样,他们自然会否认他是一个土生土长的公民,他们声称,他的父亲是一位外国士兵,他是被人从奥科美纳斯强抱过来的。

[56](1)菲拉克斯(Phylarchus)是与阿拉图斯同时代的一位作家,对于他的记载而言,在许多方面,他都与阿拉图斯的说法大相径庭,甚至南辕北辙,但是,一些读者依然把他视为一位值得信赖之人。(2)由于我已经选定阿拉图斯的叙述,作为自己撰写这场克里奥米尼斯战争史的底本,因此,对这两位作家的可信性问题进行一番讨论,我觉得,这不仅对我有益,而且也非常必要。同时,这也是为了不再让他们各自著作的真理和谬误享有同等的权威。(3)一般来说,菲拉克斯的整部著作有诸多的散漫性和不严谨性;(4)然而,尽管我现在没有必要对它进行一番全面而详尽地批评,但是,我必须准确地检查诸如我自己现在所叙及的那些事件,也即是里奥米尼斯战争的那些事件。(5)这种局部性地检查,就足以让我们充分判断他的这部著作的总体目标和总体特征。(6)例如,由于想要强调安提柯和马其顿人的残忍,以及阿拉图斯和亚该亚人的残忍,他告诉我们,曼提尼亚人——当他们投降后——遭受了巨大的苦难,降临到这座阿卡迪亚地区最古老和最伟大城邦身上的巨大不幸是如此恐怖和骇人,以至于全希腊人都为之心恸落泪。(7)

---

① [中译按]Colaeum 亦写作 Colaeus。

他渴望唤起同情和读者的注意,他给我们描绘了这样一幅图画:相互依偎的妇女,①她们头发凌乱,胸部裸露,或者,再加上一群群的男男女女,他们带着自己的孩子和年迈的父母正走在奴役之路上,一边抽泣,一边哀嚎。(8)菲拉克斯一次又一次地在他的整部历史中重现这类事件,他总是把恐怖的场景活生生地展现在我们眼前。(9)让我们把他所处理的主题进行可耻性和女性化特征的描述暂且先搁置一边,让我们思考一下历史本身的品质和功能。(10)作为一名历史学家,他不应该用这样夸张的场景去刺激自己的读者,也不应该像一位悲剧诗人那样试图去想象自己笔下的人物的可能性表达,更不应该妄自猜测可能相伴发生的所有结果,而是应该简单地记录真正所发生的事情和真正所言说的内容,不管它多么陈词滥调。(11)悲剧诗人有时会借用自己笔下人物之口的逼真话语去震慑和取悦自己的读者,但是,历史学家的任务一直应该原原本本地呈现实际所发生的事实和言说,来教导和说服那些严肃的初学者,因为,前者的目的是先入为主地制造虚幻以吸引读者,尽管它本身也不是真实的,而后者的目的则是惠享读者,而且,它本身也是真实的。(12)除此之外,菲拉克斯只是简单地记载了绝大部分的灾难,他甚至没有阐明这些灾难的原因或者结局,这种缺漏导致读者不可能从中产生合适的怜悯或者恰当的愤怒。(13)例如,谁不会对一位遭到鞭笞的自由人感到愤怒呢?但是,如果这种鞭笞是因为他首先诉诸暴力,那么,我们会觉得,这其实不过是他罪有应得。(14)如果这种惩罚是出于管教或者训练的目的而施加的,那么,鞭笞自由民的那些人不仅完全可以得到谅解,而且还值得感谢和奖励。(15)再比如,杀死公民的行为会被视为最严重的犯罪,应受到最严厉的惩罚;但是,杀死一名窃贼或者通奸者,这明显不会触犯到什么不利后果;如果有人杀死一名叛徒或者僭主,那么,这在任何地方都是一种荣誉或者壮举。②(16)因此,在所有这

① 她们相互依偎,或者,依靠在她们所信仰的诸神的祭坛上。
② 字面意思是,(剧院或者其他地方的)"前排座位"。

样的事例中,评判良善与邪恶的最终尺度不在于行动本身,而在于行为人这样做的不同理由和不同意图。

[57](1)现在让我们回到曼提尼亚人的问题上来,他们首先离弃亚该亚联盟,自愿地把自己和自己的城邦置于埃托利亚人的手上,之后又置于克里奥米尼斯的手上。(2)他们故意徘徊不定,在成为斯巴达的盟友后,也就是在安提柯入侵前四年,他们的城邦背叛了阿拉图斯而强行被亚该亚人所占领。(3)这一次,他们非但没有因为最近犯下的罪行而受到严厉地惩罚,相反,由于双方情绪的突然转向,场面变得皆大欢喜起来。(4)阿拉图斯一占领这座城邦,立即给自己的军队下令,不要把自己的双手伸向他人的财产;(5)接着,他把曼提尼亚人召集起来,告诉他们保持镇定,他们的所有财产都会在他们自己的手上;(6)如果他们加入亚该亚联盟,他将确保他们所有人的安全。(7)突然间透露的安全保证让曼提尼亚人深感震惊,以至于他们瞬间普遍都有命运颠倒之感。在刚刚结束的战役中,他们亲眼看到,正是这些人让他们自己许多的亲人被杀,并让他们许多的亲人重伤,但是,现在这些人要被邀请到自己的家里和加入到他们的家庭,并且,他们要在最友善的条约下一起共同生活。(8)这非比寻常,因为,我从未听说过。其他任何一个民族,所遇到的敌人都不会比曼提尼亚人的敌人更加友善,或者任何一个民族会比曼提尼亚人遭受更少灾难(而他们本该遭受最严重的灾难),而这一切全都是拜阿拉图斯和亚该亚人的仁慈所赐。

[58](1)由于他们看到了他们自己内部的无序,以及埃托利亚人与拉栖代蒙人所针对自己的阴谋,因此,他们派遣代表到亚该亚人那里,以请求他们给自己派遣一支卫戍部队。(2)亚该亚人同意了他们的请求,而且,亚该亚人从自己的公民中间以抽签的方式挑选了三百人,这些人抛弃了自己的家园和财产,开往并驻守曼提尼亚,以保卫那里的市民的自由和安全。(3)他们同时又加派了两百名雇佣军,以支援这三百位亚该亚人和维持现有的政府。(4)然而,曼提尼亚人很快就与亚该亚人爆发了冲突,他们邀请了拉栖代

蒙人前来,而且,他们把这座城邦置于拉栖代蒙人的控制之下,并屠杀了亚该亚人给他们派遣的守卫部队。(5)很难想象有比这更加邪恶和更加残暴的背叛恶行了。即使他们决定舍弃他们的友谊和感恩,他们至少也应该宽恕这些人的性命,并允许他们解除武装全部离开。(6)按照国家之间的一般法律规定,这样的处置方式甚至与敌国无异;(7)然而,仅仅是出于一番好意或者一时兴起,给予克里奥米尼斯和拉栖代蒙人一个满意的保证,曼提尼亚人就不惜违背全人类共同的法律,故意犯下最穷凶极恶的罪行。(8)他们亲手谋杀了这些人,要知道,这些人先前在占领这座城邦时没有动他们一根汗毛,而且,这些人当时正在保卫的是他们的自由和生命,扪心自问,难道还会有比这更让人愤怒的事情吗?(9)难道我们不应该考虑给他们进行一番恰当的惩罚吗?有人可能会说,当他们在战争中被打败后,他们就应该同他们的妻子和儿女一同被卖为奴。(10)但是,按照战争法则,这种命运也有可能降临在那些没有犯下这样严重罪行的人身上。因此,这些人应受到更加严厉和更加痛苦的惩罚。(11)换言之,即使他们遭受了菲拉克斯所说的那种痛苦,他们也不应该指望得到希腊人的怜悯,相反,希腊人会非常赞成:对于犯下这种严重罪恶的那些人而言,他们所受的惩罚其实罪有应得。(12)对于曼提尼亚人而言,没有什么比掠夺他们的财产和奴役他们的男人更加严重的灾难了;然而,为了让自己的叙述更具有轰动性,菲拉克斯不仅胡编乱造各种谎言,而且胡编乱造各种不切实际的谎言。(13)由于自己太过无知,他甚至都没能对比一个类似的例子,也即是,他没有解释——提基亚也被同一个民族在同一时间所占领,但是,为什么它们两者的待遇会截然相反。(14)如果作恶者[亚该亚人]的残忍是主因,那么,提基亚人应该会遭受与亚该亚人在同一时刻所征服的那些人一样的对待。(15)如果只有曼提尼亚人遭受这种特别性地对待,那么,我们可以很明确地推断,他们的愤怒肯定另有其因。

[59](1)菲拉克斯还告诉我们说,阿尔戈斯的阿里斯托马科斯是一位出身高贵之人,因为,他不仅自己是阿尔戈斯的僭主(tyrant),而

且,他还是僭主的后裔,菲拉克斯说道,当阿里斯托马科斯被安提柯和亚该亚人俘虏后,他被带到了塞恩克里亚(Cenchreae),并在那里被活活拷打致死,没有人遭受过比他更加悲惨的命运。(2)在这个例子中,菲拉克斯再一次运用了自己的特殊才能,这位作者向我们虚构道:他在刑架上的叫喊声直抵临近之人的耳朵,他们当中的一些人在一片惊骇、怀疑或者愤懑之下冲进了房屋。(3)对于菲拉克斯耸人听闻的描述,我无需再多说,因为,我已经给出了充足的证据;(4)至于阿里斯托马科斯,纵然他没有冒犯亚该亚人,但是,我仍然觉得,不管是他人生的整个基调,还是他对自己国家的背叛而言,他都应受最严厉的惩罚。(5)确实,我们这位作者菲拉克斯在夸大阿里斯托马科斯的地位,而且,他还以阿里斯托马科斯的悲惨遭遇来激起读者的同情,菲拉克斯告诉我们说,他[阿里斯托马科斯]"不仅自己就是一名僭主,而且,他的祖先也是僭主。"(6)对于任何一个人而言,这都很难不带来更加严重或者更加憎恨的指责。哎!"僭主"(tyrant)一词不只向我们传达了不虔敬的极端严重性,这个词语本身就包含了整个人类所犯下的不义与罪恶的总和。(7)正如菲拉克斯告诉我们的那样,即使阿里斯托马科斯真的遭到了那样恐怖的惩罚,那么,这也补偿不了那天他所犯下的那些滔天罪恶。(8)我指的是,在那一天,阿拉图斯和亚该亚战士一同进入了这座阿尔戈斯城,他们冒着巨大的危险而为阿尔戈斯人的自由艰难地战斗,但最终被驱逐出城——这座城邦内支持阿拉图斯的那些人由于对这位僭主太过恐惧,以至于最终没有一个人出手相助——(9)阿里斯托马科斯就抓住这次借口说,亚该亚人如果没有内应根本就不可能入城,于是,他就把八十名完全无辜的头面人物在他们的亲属面前活活折磨一番后处死。(10)我还没有记述他的整个一生和他的那些祖先所犯下的那些罪恶,因为,这要是说起来的话,就会太长了。

[60](1)因此,如果阿里斯托马科斯遭遇了与之类似的虐待,那么,我们也没有必要觉得太过震惊:他要是没有经历这些,就这么平平静静地死去,那才是奇怪呢。(2)即使安提柯和阿拉图斯真

的在战争期间,对一名所俘获的僭主施予酷刑或将其处死,我们也不应该指责他们行事邪恶;即使是在和平时期,任何杀死或惩治僭主之人,都会赢得所有正义民众的喝彩和奖赏。

(3)需要补充的是,除了所有这些罪行之外,他对亚该亚人也背信弃义,对于这所有的种种罪行,我们还需要说他遭受的命运太过悲惨吗?(4)就在几年前,他刚刚让他的阿尔戈斯僭主退位,德米特里的去世却让他陷入了进退两难的窘境,但是,他自己没有预料到的是,由于有仁慈和大度的亚该亚人的保护,他依然安然无恙,没有遭到任何伤害。(5)因为,亚该亚人不仅没有惩罚他在作为僭主统治期间所犯下的罪行,而且,他们还接纳他,让他加入到他们的联盟——他们授予了他最高的职位,让他作了他们的将军和最高统帅。(6)但是,他立即把所有这些恩惠抛诸脑后,因为,他认为,如果倒向克里奥米尼斯一边,自己的前景似乎会更加美好,于是,他就脱离了亚该亚人,在最为紧要的关头,他把他自己个人与自己国家的支持从亚该亚人那里转移给了敌人。(7)当他落到亚该亚人的手上后,他不应该像菲拉克斯所说的那样,连夜在恩克里亚被拷打致死,相反,他应该被带到全伯罗奔尼撒地区巡游,并被公开拷打致死,以示震慑。(8)然而,尽管他品性邪恶,但是,他所遭受的所有伤害都已经被恩克里亚的长官们淹没在大海里了。

[61](1)再举另外一个例子,当菲拉克斯夸张而详尽地叙述曼提尼亚人的灾难时,他显然把对罪恶行径的强调,视作一个历史学家的责任所在,但是,他甚至都没有提及梅格洛波利斯人在几乎同一时期的高贵行动,(2)就好像历史的正确功能在于记载所犯下的罪恶,而不是强调那些正确而高贵的行动,或者,好像那些罪恶行径比那些高尚的行动更能启发他的读者。(3)他告诉我们,克里奥米尼斯怎样攻占了梅格洛波利斯城,并且,他还告诉我们,在没有损毁它之前,克里奥米尼斯就立即给美塞尼亚(Messene)的梅格洛波利斯人送去一封信,提出完好无损地归还他们的家园,以换取他们同自己同呼吸共命运的血肉联系。(4)他让我们知道得这么多,无非是希望展现克里奥米尼斯对自己敌人的仁慈与温和。他继续

向我们讲述道,当这封信在宣读之时,梅格洛波利斯人没有让宣读者宣读到最后,就走过去,用石头击杀了送信者。(5)迄今为止,他让所有的事情都异常清晰,但是,他不让我们知道接下来的结果是什么,也不让我们知道历史的独特品性是什么,我的意思是,他没有去赞扬或者提及那些值得注意的非凡行动。(6)然而,他本来可以在这个地方大展身手。(7)因为,对于那些仅仅通过宣战性的声明和决议,来支持自己的朋友和盟友的人,我们就会觉得,他们就已经算得上是难得的好人了;然而,对于国家被毁和城邦被围的那些人,如果我们不仅给予语言上的鼓励,而且还授予慷慨的援助和礼物,那么,我们对梅格洛波利斯人会是一种什么评价?(8)答案肯定是最深的敬意和最高的尊重。(9)首先,他们让自己的土地惨遭克里奥米尼斯的接管;其次,由于支持亚该亚人的缘故,他们彻底失去了自己的城邦;(10)最后,尽管他们可以通过一次出其不意的难得机会来完整无缺地恢复自己的城邦,但是,他们却宁愿牺牲自己的土地、自己的陵墓、自己的神殿、自己的家园和自己的财产等等人类最宝贵的东西,也不愿意背弃自己对盟友的誓言。(11)先前发生过比这更高贵的行动吗?或者,将来还会发生比这更高贵的行动吗?对于一名历史学家而言,没有任何东西会比这更能吸引他的读者的关注了。(12)但是,在我看来,菲拉克斯对于绝大部分的高贵行动和最值得作者关注的那些行动,都视而不见,他甚至没有在这些主题上发表只言片语。

[62](1)他接下来告诉我们,拉栖代蒙人从梅格洛波利斯劫掠了六千泰伦的战利品,其中有两千泰伦的战利品按照习惯做法被拿给了克里奥米尼斯。(2)他的这番说法首先就会让人觉得大感惊讶,因为,他缺乏作为一位历史学家所必需的实际的经验、对财富的一般概念以及对希腊诸邦的力量认知。(3)不要说那些时代——亦即伯罗奔尼撒被马其顿诸国王和更为严重的延绵内战所彻底摧毁的那些时代,(4)就连我们自己这个时代——亦即全伯罗奔尼撒人紧密团结和似乎乐享巨大繁荣的时代,我敢断言,除了奴隶,整个伯罗奔尼撒的所有货物和商品的总售价,都没有达到这么

庞大的金额。(5)这不是我凭空猜测的,而是我根据下列考量进行适当估算出来的。(6)谁都知道,在雅典人和底比斯人同拉栖代蒙人的战争中,他们派出了一万名军队和装备了三百艘三桨座战船,(7)他们决定通过强征一种财产税,来满足战争的开销,为此他们对阿提卡的所有财产,包括房屋和其他财产,都进行了估价。(8)然而,估价后的总额没有超过六千减去二百五十泰伦(fell short of 6000 talents by 250),①从中我们可以知道,我对当下的伯罗奔尼撒所作的那个断言似乎并不离谱。(9)但是,对于我们正在谈及的那个时代,即使再夸大其词,也没有人敢说,谁能够从梅格洛波利斯拿走超过三百泰伦的金钱,(10)因为,大部分自由民和奴隶已逃亡到美塞尼亚,这是大家所公认的事实。(11)然而,我所说的最有利的证据见如下所述:正如菲拉克斯自己所说,无论是从财富还是从力量而言,曼提尼亚都是阿卡迪亚(Arcadia)地区排名第一的城邦,当它被围后,它就投降了,因此,任何人都很难逃脱出城,任何东西也都很难偷运出城。(12)但是,这个时期的全部战利品和全部奴隶的价值总计不过三百泰伦。

[63](1)接下来,他告诉了我们更多令人震惊的事情:对这批战利品作了这番断言后,他继续说道,恰好在这场战役的十年前,托勒密的一个代表团来到克里奥米尼斯那里,并告诉他,托勒密国王要撤销自己对他的金钱支援,并要求他与安提柯达成和约。(2)菲拉克斯说道,一听到这个消息,克里奥米尼斯决心在这个消息传到自己的军队之前,就开启一场孤注一掷的战端,因为,他自己根本没有办法支付他们的饷银。(3)然而,如果这时他拥有六千泰伦,那么,在金钱支援的问题上,他就会比托勒密更加慷慨大方;(4)即使他只拥有三百泰伦,他也可以在没有外来金钱支援的情况下,有足够的财政资金来继续维持同安提柯的战争。(5)但是,菲

---

① [中译按]也即是5750泰伦。在牛津本中,英译者直接将其译作"5750泰伦"(5750 talents)。但是,在洛布本和剑桥本中,英译者都将其译作"六千减去二百五十泰伦"(fell short of 6000 talents by 250)。

拉克斯一边说克里奥米尼斯完全依赖托勒密的金钱,一边又说他同时拥有这么庞大数量的金钱,这明显是非常轻率和缺乏思考的表现。(6)不仅是这个时期,而且是他的整部著作,菲拉克斯的许多叙述都犯有同样的毛病。然而,我觉得,就我的这部著作所允许的篇幅而言,我对它说得已经够多了。

[64](1)在占领梅格洛波利斯后,①克里奥米尼斯在第二年初春时开始集结自己的军队,而安提柯当时仍在阿尔戈斯的冬季营地。在对他们发表了一番合乎时宜的讲话后,克里奥米尼斯率领他们入侵阿尔戈利斯(Argolis)②。(2)大部分人认为,他的这个行动太过鲁莽和危险,因为,通往阿尔戈利斯的道路守卫森严,但是,如果我们进行一番理性判断,这条路线安全而又明智。(3)因为,克里奥米尼斯注意到,安提柯已经解散了自己的军队,③他深知:第一,他的入侵行动不会有任何危险;第二,如果乡村一直被摧毁到城墙根,那么,阿尔戈斯人(Argives)看到后肯定会怒火中烧,责怪安提柯。(4)因此,如果安提柯忍受不了民众的指责,进而率军出击和带着他现有的军队冒险参战,胜利的天平很容易倒向克里奥米尼斯一边。(5)但是,如果安提柯坚持自己的计划,继续岿然不动,克里奥米尼斯认为,在恐吓敌人和重新唤醒自己军队的勇气后,他能够安全地撤退到拉科尼亚。实际上,事情也确实像那样发生了。(6)当乡村被摧毁后,民众举行了会议,在会议上,他们纷纷起来指责安提柯;但是,像一位真正的将军和国王那样,除了明智地关注事态的变化,安提柯心无旁骛,仍然岿然不动。(7)因此,克里奥米尼斯则继续实施自己摧毁乡村的计划,这既震慑了敌人,同时也鼓舞了自己的军队迎击即将到来的危险的勇气,接着,他安全

---

① 即公元前 222 年。梅格洛波利斯是在前一年的秋天沦陷的。

② [中译按]Argolis(阿尔戈利斯)亦写作 Argolid,阿尔戈利斯是伯罗奔尼撒的一部分,它位于伯罗奔尼撒半岛的东边,以及阿尔戈斯、阿克迪亚和科林西亚(Corinthia)这三个地方的交界地带。

③ 在冬季,马其顿的军队需要回国去耕作田地。这是希腊军事生活,尤其是马其顿军事生活的一个常态型特征。

地撤回到了自己的国家。

[65](1)现在在已到初夏季节,当马其顿人和亚该亚人从他们的冬季营地重新会合后,安提柯率领自己的军队和盟军一起向拉科尼亚进军。(2)他的马其顿军队由组成方阵的一万名步兵、三千名轻盾兵(*peltasts*)①和三百名骑兵构成。除此之外,他还拥有一千名阿格里安人(Agrianians)②和一千名高卢人,③而且,他还拥有总计三千名步兵和三百名骑兵的雇佣军。(3)亚该亚人则提供了三千名精锐步兵和三百名骑兵。梅格洛波利斯人④也提供了以马其顿方式武装的一千名士兵,梅格洛波利斯的塞尔西达斯是他们这支军队的统帅。(4)盟军则由波依奥提人的两千名步兵和两百名骑兵、伊庇鲁斯人的一千名步兵和五十名骑兵、阿卡纳尼亚人的一千名步兵和五十名骑兵,以及法洛斯的德米特里所指挥的一千六百名伊利里亚士兵所构成。(5)因此,他的军队总人数是两万八千名步兵和一千两百名骑兵。(6)克里奥米尼斯——他事先已经预料到了这次入侵——占领了进入拉科尼亚的其他通道,并且,他通过部署部队、挖掘壕沟和设置树障的方式,封锁了进入的道路。(7)他自己则率领一支两万人的军队扎营在一个名叫塞拉西亚(Sellasia)的地方,因为,他估计入侵者最有可能走这条路线,事实上,他们也确实走了这条路线。(8)这条路线有两座山,其中一座叫作埃乌亚斯山(Euas),另一座则叫作奥林匹斯山(Olympus),通往斯巴达的道路就位于这两座山之间,并沿着奥诺乌斯(Oenous)河岸延伸。(9)克里奥米尼斯通过挖掘壕沟和设置路障,来保卫这

---

① 马其顿机动步兵的精锐部队,装备小型盾牌,但是,他们仍有足够的重型装备与方阵军队协同作战。

② 这个部落居住在洛多佩山脉(Rhodope Mountains)和斯特利蒙河(Strymon)源头附近。他们的武器是标枪、投石器和弓箭,而且,他们是一种多用途军队,常常用于特殊作战任务。

③ 高卢步兵可能来自欧洲,而非来自小亚细亚的加拉提亚(Galatia)。

④ 安提柯三世装备了梅格洛波利斯人,因为,他们失去了自己的所有资产。他们的武器包括萨里沙长枪(*sarissa*),这是一种21英尺长的步兵长枪。

两座山,他把珀里俄基人(Perioeci)①和盟军部署在埃乌亚斯山,指挥官则是他的兄弟欧克雷达斯(Eucleidas),②而他自己则率领斯巴达人和雇佣军驻守奥林匹斯山。(10)在这条河流两岸的低平路上,他则部署了自己的骑兵和部分雇佣兵。③(11)安提柯一到,他就注意到了这个地方的险要地势,以及克里奥米尼斯聪明地让自己的军队占据了所有重要位置,以至于自己的整个部队也都要随着相应改变。(12)不管是进攻还是防守,克里奥米尼斯都作好了所有的准备,与此同时,他还构筑了一个难以靠近的防御性营地和一条可以随时出击的战线。

[66](1)因此,安提柯决定不着急强攻这些险要地势,也不与敌人硬碰硬,相反,他在戈基鲁斯河(Gorgylus)不远的地方扎营,以保护自己的正面。他一直留在那里,以侦查那个地方的地形和敌军的部署,与此同时,他也通过大量佯攻,窥探敌人的破绽。(2)但是,由于找不到任何薄弱地方或者防卫死角——因为,克里奥米尼斯总是立即通过相关的反制措施来应对他——(3)于是,他决定放弃这个计划。最终,这两位国王决定通过战争来一决雌雄。④(4)因为,让这两位天赋禀异和势均力敌的统帅面对面交锋,这是命运女神的安排。(5)面对埃乌亚斯山上的敌人,安提柯部署了手持黄铜制盾

---

① 珀里俄基人(Perioeci),亦即"边民",他们原先是拉科尼亚山丘和海岸地带的斯巴达殖民者,他们拥有自由身份,而且,他们属于斯巴达阶层中的第二等级,只在斯巴达卫队(Spartiates)之下。在斯巴达国内,只有后者方才享有政治权利,但是,在对外关系上,他们会被视作斯巴达人,也负有武装捍卫国家的责任。克里奥米尼斯于公元前227年发动政变后,缔造了一支四千边民所组成的特别部队,这支特别部队是以马其顿样式进行装备的。

② 克里奥米尼斯政变的另一个特征是,他让自己的兄弟欧克雷达斯(Eucleidas,[中译按]亦写作 Euclidas)成为了共治者(co-ruler)。迄今为止,还未出现过两位斯巴达国王同时出自于同一个家族的情况。

③ 斯巴达人构筑了六千人的斯巴达方阵部队;雇佣军的人数可能是五千人。

④ 参见第二卷第70章。克里奥米尼斯十天前得知,自己的埃及援军已经被切断,这个消息无疑对他决定开战产生了影响。

牌的马其顿人和伊利里亚人,以相互轮换,①他们的指挥官是阿克米图斯(Acmetus)之子亚历山大和法洛斯的德米特里。(6)站在他们身后的是阿卡纳尼亚人和克里特人(Cretans),部署在最后面和作为预备部队的则是两千名亚该亚人。②(7)他的骑兵则部署在奥诺乌斯河岸附近的敌人对面,他们的指挥官是亚历山大,同时,他们还拥有一千名亚该亚人和一千名梅格洛波利斯人作为支援力量。(8)他则亲自率领雇佣军和其余的马其顿人,进攻奥林匹斯山的克里奥米尼斯。(9)他把雇佣兵部署在最前面,马其顿人则以无间隔的两个方阵的阵型部署在他们后面,③狭窄的空间迫使他不得不作这样的部署:(10)当伊利里亚人一看到奥林匹斯山方向挥动的一面亚麻旗,他们就将首先进攻埃乌亚斯山,因为,他们已经连夜成功地占领了位于埃乌亚斯山山脚下和戈基鲁斯河床上的一处地方。④(11)梅格洛波利斯人和骑兵的行动暗号则是安提柯国王挥动的一面鲜红旗帜。

[67](1)当进攻的时间到来后,伊利里亚人接到了信号,他们的军官随即召集自己手下的士兵就位,所有的伊利里亚人立即现身,开始进攻埃乌亚斯山。(2)轻装雇佣兵——他们部署在克里奥米尼斯的骑兵附近——看到所暴露的亚该亚人防线的后翼后,他们就从后面进攻亚该亚人。(3)因此,压向这座山的所有军队立即陷入了巨大的危险之中,因为,欧克雷达斯的军队正在上方迎击自己,而雇佣兵则从后面英勇地进攻自己。(4)在这危机关头,正目睹这一切的梅格洛波利斯的斐洛波曼,他预见到了即将发生的事

---

① 这是一种比方阵军队更加灵活的组织形式,可以堪比罗马支队(Roman maniple)。

② 亚该亚人在阿卡纳尼亚人身后形成第二道防线,这明显是用来在左翼仰攻山丘时,填补右翼与中央之间的空隙。

③ 为数一万人的方阵,其通常的深度是十六排;这个地方的方阵的宽度减半,深度则增加到三十二排。

④ 波利比乌斯一贯地忽视了阿卡纳尼亚人在行动中所扮演的作用,但是,根据普鲁塔克的记载,他们同伊利里亚人一起汇集和参与仰攻山丘的行动。这些军队躲藏在河床,而且,他们的数量足够包抄斯巴达的左翼。

情,他一开始试图让指挥官注意这种危险,(5)但是,没有人理会他,因为,他太过年轻,①也从未担任任何指挥职位。最终,他召集自己的同胞跟随自己英勇地进攻敌人。(6)雇佣兵——他们正从后面进攻那些压向这座山的敌军——听到喧闹声和看到正在交战的骑兵后,他们放弃了自己正在进行的进攻行动,回到了他们原来的位置,以支援他们的骑兵。(7)伊利里亚人、马其顿人和其他的进攻部队现在挣脱了敌人的纠缠,全力进攻和冲向敌军。(8)因此,从战后来看,很明显,这场进攻欧克雷达斯的胜利要归功于斐洛波曼。

[68](1)因此,据说,战后戏谑要处置骑兵长官亚历山大的安提柯,质问他为什么没有接到信号就开始进攻。(2)亚历山大否认这个指控,他反驳道,那个来自梅格洛波利斯的年轻小子违反自己的命令而首先发动了进攻。国王则说道,这个年轻小子像一名优秀的将军那样能够抓住战机,而身为将军的亚历山大却像一个年轻小子,表现平平。

(3)现在继续我们的叙述,欧克雷达斯的军队一看到敌军朝自己开来,他们就放弃了自己的地形优势。(4)乘敌军还有一段距离时,他们本该进攻敌人,这样的话,他们就可以摧毁敌人的队形,并迫使他们陷入混乱,接着,他们再逐步撤退和安全地回到高地上。(5)因此,如果他们一开始就利用自身的地形优势,来摧毁和破坏敌人的密集队形和装备优势,他们就可以容易地逃跑,因为,他们拥有地形的优势。(6)他们却没有这样做,他们的表现恰恰与之相反,就像是胜利已经唾手可得。(7)也就是说,他们留在了山顶这个最初的位置,他们的目的是,让敌人尽可能地爬得越来越高,以使敌人沿着陡坡逃跑时,将会有一段长长的距离要走。(8)但是,结果与之前所预料的恰好相反。他们让自己陷入了无路可退的局面,在马其顿步兵的英勇和有序进攻下,他们发现,自己在山顶上

---

① 斐洛波曼(Philopomen)将成为亚该亚同盟当中最为杰出的将领之一。当时他年仅31岁,而且,他在亚历山大麾下的亚该亚骑兵部队服役。

同敌人交战异常不利。(9)从现在开始,在敌人的武器和队形的重击下,不管他们退到哪里,伊利里亚人都会立即占领他们之前所站立的地方,但是,欧克雷达斯的士兵每次后撤,他们就会在较低的地面上挤作一团,因为,他们没有给自己的有序撤退和队形变换留下任何空间。(10)结果,他们很快就不得不开始其灾难性的逃亡,因为,这段距离较为漫长,而且,它的地面崎岖而又陡峭。①

[69](1)与此同时,骑兵也开始了行动,所有的亚该亚骑兵,尤其是斐洛波曼,都表现得无可挑剔,因为,他们是在为争取自己的自由而战斗。(2)斐洛波曼的坐骑由于受到致命伤而倒下了,于是,他就继续徒步作战,他的两条大腿也深受重伤。(3)与此同时,这两位国王也投入他们的轻装兵和雇佣兵,在奥林匹斯山开打起来,他们各自的参战人数大约是五千人。(4)双方都以独立的小分队沿着整个战线作战,他们都展现出巨大的勇气,因为,他们的战斗都是在国王和对方军队的眼皮底下进行。(5)因此,士兵与士兵和分队与分队之间的相互争战,愈加英勇激烈。(6)当克里奥米尼斯看到自己兄弟的军队已经溃败,以及在平地上自己的骑兵正要溃退后,他开始担心,敌军会从各个方向来进攻自己,因此,他被迫拆除自己的防御性屏障,并让整个军队从军营的一侧以战斗阵型行军出营。(7)就在这时,双方都通过军号从军队之间的空隙那里召回自己的轻装军队;接着,两军方阵高喊着战争口号,放低自己的长矛,他们就这样相遇了。(8)一场激烈的战斗接踵而至。一方面,马其顿人被迫逐步后退迎敌,在拉科尼亚人的英勇进攻面前,他们后退了很长一段距离,另一方面,马其顿方阵的巨大力量迫使他们的敌人后撤。(9)最后,安提柯命令自己的标枪兵有序地聚拢,让他们利用双方阵的特殊阵型发起冲锋,最终迫使拉栖代蒙人离开自己的据点。(10)现在整个斯巴达军队四处溃逃,他们纷纷被敌军追击和砍杀;但是,克里奥米尼斯带着少量骑兵安全地逃回

---

① 像往常那样,波利比乌斯引入了一个戏剧性反讽的注脚:这是欧克雷达斯(Eucleidas)的军队为自己的敌人所设计的命运。

了斯巴达。① (11)在傍晚时分,他来到基西安(Gythion),一段时间以来,此处一直都是紧急时期的启航之地,他带着自己的朋友们从这个地方驶往亚历山大里亚。

[70](1)安提柯进攻并占领了斯巴达,在所有方面,他都非常慷慨和人道地对待拉栖代蒙人,在他恢复他们的古代政体(the ancient form of government)②几天后,带着自己的所有军队离开了这座城邦,因为,他接到消息说伊利里亚人已经侵入马其顿,正在劫掠他们的乡村。(2)因此,命运女神总是任性地决定人类那些最为重大的事件。(3)这一次,只要克里奥米尼斯推迟几天开战,或者,在战后回斯巴达,只要他再等待很短的一段时间,他就可以利用事态的转折挽救自己的王位。

(4)安提柯到达提基亚,同样恢复了那里的古代政体,两天后,也即是在尼米亚节(Nemean Festival)的那天,他抵达了阿尔戈斯。(5)在这个节日里,亚该亚联盟和各个城邦授予了他各种不朽荣誉,以示纪念。接着,他急忙赶往发现伊利里亚人的马其顿。(6)在一番激战后,他取得了胜利,但是,由于在战斗中,他声嘶力竭地大声叫喊,鼓舞自己的军队,以至于造成了他的血管破裂或者类似的事故,他就这样病倒了,没过多久他就去世了。③ (7)他唤起了全希腊人的美好希望,这不仅是因为他在战场的卓越表现,而且还因为他的高尚节操和卓越品质。(8)德米特里之子腓利④继承了他的马其顿王位。

---

① 最后的突破到来时,呈现了一种汹涌而来、势不可挡的景象,因为,安提柯三世的重装步兵集中到不可思议的程度。双重方阵(double phalanx)将一万人聚集在一条三百码线上。按照普鲁塔克的记载,除了两百人之外,所有的斯巴达方阵士兵皆死于战场。这种斯巴达军队惨遭屠杀和国王逃离战场的反差对比,与斯巴达传统格格不入,这是波利比乌斯有意为之的。

② 安提柯三世恢复了监察官制度,废除了克里奥米尼斯的"莱库古式的"改革计划。就这个意义上而言,他是将时钟往回拨到贵族制,而非鼓励民主制。

③ 即公元前220年。

④ 即德米特里二世之子腓力五世。他出生于公元前238年,而且,他即位时正值17岁。

171

[71](1)现在我将解释为什么我要如此详细地记载这场战争。(2)我即将为之大书特书的那些时代就紧跟在这个时期之后,因此,我认为,这段历史非常有用,确切地说,我这部著作的一个初衷就是,要为所有人清楚地理清当时马其顿和希腊之间的关系。

(3)大约与此同时,托勒密·乌基特斯(Ptolemy Euergetes)①也患病去世了,托勒密·斐洛佩托(Ptolemy Philopator)②继承了他的王位。(4)塞琉古·卡利尼库斯(Seleucus Callinicus),③也即是塞琉古·波戈恩(Seleucus Pogon④)之子塞琉古⑤也在这个时期去世了,他的兄弟安条克(Antiochus)⑥继承了他的叙利亚王位。(5)事实上,同样的事情也发生在亚历山大大帝去世后的第一批继业者身上,这一批继业者分别是这三个王国的三位国王,也即是塞琉古、⑦托勒密⑧和利西马科斯,(6)正如我之前所说,他们都死于第124届奥林匹亚大会期间,⑨而安提柯·多森、托勒密⑩和塞琉古⑪则死于第139届奥林匹亚大会期间。⑫

(7)我现在完成了我这部著作的导论或者前言部分。在这个部分,我首先阐明了罗马人在征服意大利后,首次卷入海外事务,

---

① 即托勒密三世,以"造福者一世"(Euergetes I)而为人所熟知,公元前246—前221年在位。Euergetes是绰号"造福者"之意。

② "爱父者"托勒密四世,公元前221—前204年在位。Philopator是绰号"爱父者"之意。

③ [中译按]即塞琉古二世。Callinicus是绰号"美好胜利者"之意。

④ [中译按]Pogon是绰号"蓄胡者"之意。

⑤ 即"拯救者"塞琉古三世,公元前227年—前223年在位,他被暗杀于自己的军营。Soter是绰号"拯救者"之意。

⑥ 即安条克三世,以"大帝"(the Great)之名而为人所熟知,公元前223年—前187年在位,他后来在这部《通史》当中扮演了重要的作用。

⑦ [中译按]即塞琉古一世。

⑧ [中译按]即托勒密一世。

⑨ 即公元前284—前280年。

⑩ [中译按]即托勒密三世。

⑪ [中译按]即塞琉古三世。

⑫ 即公元前224—前220年。

以及同迦太基人争夺制海权的时间、进程和原因;(8)其次,我也记
载了当时希腊、马其顿和迦太基的局势。(9)因此,现在我已经按
照自己原先的计划撰写到了希腊人的同盟者战争前夕、罗马人的
汉尼拔战争前夕,以及亚洲国王为争夺科利-叙利亚(Coele-Syria)
的战争前夕。(10)现在我必须结束本卷的写作。因为,我刚刚所
说的这些事件的终结,直接紧承了这些战争的爆发,所以,一直主
导战局发展的这三位国王的去世,可以非常合适地作为本卷的
终点。

第三卷

[1](1)在我的第一卷,也即是从这个地方往前倒数的第三卷,我解释了我把同盟者战争、汉尼拔战争和科利-叙利亚①战争确定为这部著作的起点的原因。(2)同时,我也在同样的地方解释了,我为什么会在前两卷记载那些更为早期的事件的原因。(3)现在,我试图将对上述这些战争、这些战争的首要缘由以及这些战争达到这么庞大规模的原因,作出一个完整的记载。但是,我首先要对自己的这整部作品言简意赅地说上寥寥数语。

(4)我所撰写的这个主题,也即是罗马人统治整个已知世界的时间、进程和原因的主题,是一个单一的整体,因为,它有公认的起点、确定的持续时间以及无可置疑的结局。②(5)而且,我也认为,对这个整体的开始到结束的主要部分,进行一番简要地前言性概述,将会非常有用。(6)因为,我觉得,对于那些渴望充分理解我的整个计划的初学者而言,这是最好的手段。(7)一个先在性的整体观,对于我们把握细节将会有巨大的帮助,与此同时,一个先在性的细节观,也将有助于我们理解整体。因此,我认为,建基于这两者的一个初步性的概要最为合适,我也将遵照这个原则来安排我这部著作的前言性概述。(8)我已经指明了这部著作的一般范围和一般界限。(9)它所涵括的特殊事件则始于前面提及的那些战

---

① 关于科利-叙利亚(Coele Syria)的释义,参见第五卷第34章及其注释。
② 关键性术语,亦即亚里士多德所认为的,一部戏剧作品(a dramatic work)需要完整性学说的那些关键性术语,在这个地方也同样适用于《通史》(*History*)。

争,终于马其顿王权的毁灭。(10)从开始到结束的这五十三年时间中,①发生了一大批比过去任何同等跨度的时代,都要更加重要和更加严重的事件。(11)我将以第140届奥林匹亚大会②作为起点和采用下述顺序来安排我对它们的叙述。

[2](1)首先,我将指出罗马与迦太基这场战争,也即是著名的汉尼拔战争的起因,(2)我也将讲述迦太基人如何入侵意大利、如何摧毁罗马人对意大利的统治、如何让罗马人陷入失去自身安全和自身家园的巨大恐慌当中,以及迦太基人先前从未敢想,现在却出人意料地坐拥攻占罗马的巨大希望。(3)其次,我将记述,同一时期马其顿的腓力在结束了同埃托利亚人的战争和解决了希腊事务后,为什么会构想出同迦太基结盟的计划;③(4)安条克和托勒密·斐洛佩托最初如何发生争吵、最终又如何为争夺科利-叙利亚而相互开战,(5)以及罗德岛人和普鲁西亚(Prusias)④如何向拜占庭宣战,又如何迫使他们停止向驶往欧克西涅海(Euxine)⑤的船只征收通行费。(6)为了阐述罗马人的政体(Roman Constitution),我将不得不在这个地方打断自己的叙述。我将指出,罗马人的独特政体如何有效地帮助罗马人,让他们不仅征服了意大利人、西西里人以及随后的西班牙人(Spaniards)和凯尔特人,而且,最终还帮助他们战胜了迦太基人和构筑了普世帝国。(7)同时,我将顺便岔进一些题外话,以叙述叙拉古的希罗是如何结束统治的;(8)接着,我将记述埃及的问题,同时,我也将讲述,在托勒密⑥死后,安条克⑦和腓力⑧如何密谋肢解托勒密儿子(一个孤苦无助的婴儿)的领土和开始发动不义

---

① 即公元前 220 年—前 168 年。
② 即公元前 220 年—前 216 年。
③ 参见第五卷第 102 章。
④ [中译按]这位普鲁西亚(Prusias)也即是比提尼亚(Bithynia)的统治者普鲁西亚一世。
⑤ [中译按]欧克西涅海(Euxine)亦即黑海(Black Sea)。
⑥ [中译按]即托勒密四世。
⑦ [中译按]即安条克三世。
⑧ [中译按]即腓力五世。

的侵略行动——腓力将魔爪伸向了爱琴海（Aegean）诸岛、卡里亚（Caria）和萨摩斯，而安条克则占领了科利-叙利亚和腓尼基。

[3]（1）接下来，在对罗马人和迦太基人在西班牙、非洲和西西里的活动进行一番概述后，我将随着活动场景的转移，而把自己的故事场景明确地转移到希腊及其临近地区。（2）我将描述阿塔鲁斯（Attalus）和罗德岛人同腓力的海战，接着，我将记述罗马人与腓力之间的战争，①以及这场战争的原因、进程和结局。（3）接着，我将提到心生怨怒的埃托利亚人如何邀请安条克前来助战，以及他们如何在亚洲发动同亚该亚人和罗马人的战争。（4）在叙述完这场战争的起因和安条克如何穿行到欧洲后，我将首先描述他是如何逃离希腊的；其次，在这场战役失败后，他如何放弃了直到塔乌鲁斯山（Taurus）的全部亚洲领土；（5）第三，罗马人在压制加拉太高卢人（Galatian Gauls）的放肆傲慢后，他们如何在亚洲建立了无可争议的统治权，以及他们如何把托鲁斯山西边的所有居民从对野蛮人的恐惧和这些高卢人的不法暴力之下解救出来。（6）接下来，我将把降临在埃托利亚人和塞法里尼亚人（Cephallenians）身上的不幸呈现在读者眼前，（7）之后，我将提到尤米尼斯（Eumenes）②同普鲁西亚③和高卢人的战争，以及阿里阿拉特（Ariarathes）④与法纳西斯（Pharnaces）⑤之间的战争。（8）接着，在记述完伯罗奔尼撒的统一与和平以及罗德岛人势力的增长后，我将以安条克·俄皮法尼斯（Antiochus Epiphanes⑥）远征埃及、罗马人同普鲁西亚的战争和马其顿王权的陨灭，来结束这整个的叙述。（9）上述所有事件都将使我们清楚地明白，罗马人是如何处置这所有的突发危机以及

---

① 即第二次马其顿战争，公元前 200—前 197 年。

② ［中译按］即尤米尼斯二世（Eumenes II）。

③ ［中译按］即普鲁西亚二世。

④ ［中译按］阿里阿拉特四世（Ariarathes IV）。

⑤ ［中译按］法纳西斯一世（Pharnaces I）。

⑥ ［中译按］Epiphanes 是绰号"神选者"之意。安条克·俄皮法尼斯（Antiochus Epiphanes）亦即"神选者"安条克四世（Antiochus IV Epiphanes）。

进而征服这整个世界的。

[4](1)如果我们单单从他们的成功或者失败,来论断究竟哪些国家和个人值得赞美或者责难,那么,我应该就此搁笔,让我的叙述和我的这整部著作以前面所说的那些事件作为结尾,而这实际上也是我最初的目的。(2)因为,这五十三年的时段就在这个地方结束了,罗马势力的成长和进展也在那个时间结束了。^①(3)整个世界从此都必须接受罗马人的权威和服从罗马人的命令,这也是现在大家一致公认的事实。(4)然而,胜利者和失败者的最后评定,不是仅仅依赖于他们斗争的结果。(5)因为,最大的胜利很多时候会带来最大的灾难,如果他们不能正确地利用胜利的话;而最恐怖的灾难常常会变成受难者的福报,如果他们勇敢地面对灾难的话。(6)我必须补充记述,上述这个时期胜利者后来所采取的政策以及他们进行普世统治的方式,我也会记述,他们的统治者对这个主题所形成的各种不同的政见和判断,最后,我必须描述,不同民族在他们各自的私人生活和公共生活中所关心或者所盛行的目标和野心。(7)通过这种方式,我们当代人就能够清楚地看到,罗马人的统治究竟是受人欢迎的,还是应极力避免的;我们的后人也能够清楚地看到,罗马人的政府究竟是应该被褒扬,还是应该被谴责。(8)不管是当下还是未来,这都将是这部著作最为有用的地方。(9)不管是统治者自己,还是他们的批评者,他们都不会把胜利或者征服视为行动的唯一目的;(10)因为,没有哪个拥有健全智识之人,会仅仅为摧毁自己的对手而与自己的邻人开战,正如没有人会仅仅为穿越海洋而在浩淼的大海上航行一样。(11)甚至,没有人会仅仅出于知识而去学习艺术和手艺,而是,所有从事这些活动的人全都是出于其中的乐趣、荣誉或者效用。(12)因此,这部著作所要达到的最终目标就是要弄清楚,在被罗马征服和统治后,一直到后来接着发生混乱与动荡的那段时期,所有这些民族究竟处

---

① 事实上,这并非实情,但是,波利比乌斯完全接受了罗马势力在公元前167年之后已经完全停止了扩张的理论。

于何种处境。(13)对于后期那些事件，我只得说服自己像撰写一部新著作的开头那样去将它们撰写下来，这是因为，后期这些事件非常重要和出人意料，而且，最重要是因为，我不仅亲眼见证了其中大部分事件，而且，我还亲自参与，甚至亲自主导了其中一些事件。①

[5](1)这个混乱时期首先包括：罗马人同凯尔特-伊比利亚人（Celtiberians）与瓦卡依人（Vaccaei）的战争、②迦太基人同利比亚国王马西尼萨（Massinissa）的战争以及阿塔鲁斯③与普鲁西亚④在亚洲的战争。(2)其次包括：在德米特里⑤国王的帮助下，奥洛斐尼斯（Orophernes）把卡帕多西亚国王阿里阿拉特⑥驱逐出自己的王国，后者在阿塔鲁斯的帮助下又恢复了自己祖传的王位。(3)其后，在其他国王的联合反对下，塞琉古⑦之子德米特里⑧在统治叙利

---

① 波利比乌斯最初的计划是，他所撰写的历史会涵盖这五十三年（公元前220—前168年）的历史，但是，在之前的章节中，他说道，对征服者和被征服者作出正确判断的前提是研究他们后来的关系和行动。因此，他决定把自己的史稿至少延伸至公元前146年。这引发了大量的问题：波利比乌斯何时作出这个决定，他所修改的计划的范围是什么，以及这会在何种程度上涉及先前所完成的诸卷的修改。我们所拥有的证据表明，波利比乌斯只在公元前146年之后，方才构想出了自己的新计划，而这部分原因是他希望将自己曾扮演重要角色的事件记载下来。例如，这些事件包括了在第三次布匿战争时期他亲自出现在迦太基城（第31卷和第36卷），以及他亲自参与了对亚该亚局势的安排。

② 这些战争并不是像波利比乌斯所提及的那样发生。罗马凯尔特-伊比利亚人战争（Celtiberians War）的持续时间是公元前153—前151年；迦太基人同利比亚的战争始于公元前151年；阿里阿拉特（Ariarathes，[中译按]即阿里阿拉特五世）在公元前158年被放逐，而在公元前156年复位；阿塔鲁斯和普鲁西亚之间的战争的持续时间是公元前156年—前154年；德米特里统治叙利亚的时间是公元前162年—前150年；希腊流放者回归故国发生在公元前151年。

③ [中译按]即阿塔鲁斯二世。

④ [中译按]即普鲁西亚二世。

⑤ [中译按]即德米特里一世。

⑥ [中译按]即阿里阿拉特五世。

⑦ [中译按]即塞琉古四世。

⑧ [中译按]即德米特里一世。

亚十二年后,丢掉了自己的王国和自己的性命。①(4)其后,罗马人让那些流放的希腊人返回家乡,②这些希腊人在战争期间被指控与普鲁西亚串通,而罗马人现在解除了加在他们身上的这些指控。(5)不久之后,③罗马人进攻了迦太基,一开始他们的目的是把迦太基城搬迁到另外的地方,但是,后来他们决定彻底摧毁这座城市,其原因,我将在适当的时候进行解释。(6)与此同时,马其顿人撤销了同罗马人的联盟,拉栖代蒙人也退出了亚该亚联盟,而降临到整个希腊的普遍灾难也由此开始了。

(7)这就是我的计划,但是,所有这一切都要仰赖命运女神给我足够长寿的生命来完成它。(8)然而,我坚信,倘若我真的去世,这个计划也不会因为缺乏有能力完成它的人而遭致失败,因为,有许多其他人会继续接手这项任务,直到最终完成它。

(9)为了让我的读者对这部著作的整体性和细节性都有一个整全的概念,因此,我对那些最为重要的事件已作了简要地概述,现在,我是时候重新回到我的最初始计划以及这部著作的起点上来。

[6](1)一些记载汉尼拔及其时代的历史学家,渴望阐明罗马与迦太基之间爆发这场战争的原因,(2)他们声称,首要原因是迦太基人围攻萨贡托(Saguntum),次要原因是迦太基人违反条约越过埃布罗河(Iber)。④(3)他们关于这场战争的爆发时间的说法,我表示同意,但是,我绝不同意他们关于这场战争起因的说法,(4)除非我们将亚历山大大帝进入亚洲说成是他与波斯的战争起因,将安条克⑤登陆德米特里亚斯(Demetrias)说成是他与罗马的战争起

---

① 他在同亚历山大·巴拉斯(Alexander Balas)——亚历山大·巴拉斯是由阿塔鲁斯和托勒密所支持的一名篡位者——的作战中被杀。

② 这些希腊人是自皮德纳战役(Battle of Pydna,公元前168年)后滞留在意大利的一千名亚该亚人的幸存者,不过,他们一直没有接受审判。

③ 第三次布匿战争的持续时间是公元前149年—前146年。

④ [中译按]Iber(埃布罗河)亦写作Ebro(埃布罗河)。

⑤ [中译按]即安条克三世。

因,这两种说法都既不合情理又荒谬百出。(5)这些行动怎么可能是这些战争的起因呢? 就波斯战争来说,这场战争的许多计划和准备都是由亚历山大做的,其中一些计划和准备甚至是由腓力在其活着的时候做的;就同罗马人的战争而言,在安条克抵达德米特里亚斯之前,埃托利亚人就同罗马人开战了。(6)持这些主张的那些人,看不到开端(beginning)与起因(cause)或者借口(pretext)之间的巨大而本质的区别,在一连串的事件当中,起因来得最早,而开端来得最晚。(7)我所说的开端指的是,我们所决定的计划的首次实行或付诸实施;而起因则最早影响我们的判断和决定,换言之,它最早影响我们对事件的观念、心态和推算,而且,我们作出决定和计划的所有东西也全都最早受它影响。

(8)前面所引用的例子,很明显地表明了这些东西的本质;(9)波斯战争的真正起因和开端,任何人都能很容易地看出来。(10)首先是希腊人在色诺芬(Xenophon)的领导下从内陆的行省辖地(Upper Satrapies)撤退,①在撤退的过程中,尽管他们穿过了整个亚洲和所有敌人的领土,但是,没有一个野蛮人胆敢冒险迎击他们。(11)其次是斯巴达国王阿格西劳斯(Agesilaus)入侵亚洲,在此期间,他没有遇到任何值得一提的抵抗,由于希腊爆发的动乱,他毫无所获地被迫返回。②(12)这两个事例让腓力认为和相信,比起自己和马其顿人的军事实力,波斯人无比怯懦和无能;而且,他也进一步把自己的目光紧紧地盯向了战争所带来的巨大回报上。(13)一旦他得到了希腊人所公开宣称的支持,他立即抓住一个借口说,因为波斯人之前对希腊人所犯下的罪恶行径,所以,他急不可耐地要报复波斯人。接着,他振作精神,决定发动战争,积极地作好一切战前准备。(14)因此,我们必须把我所提到的那些最初

① 这是色诺芬在《长征记》(Anabasis)中所描述的、从波斯撤退的"万名希腊战士"(Ten Thousand),这个事件发生在公元前401年—前400年。

② 公元前396年,阿格西劳斯(Agesilaus)入侵了小亚细亚,在长达两年的时间当中,他同波斯帝国西部行省的总督交战。当一个由底比斯、雅典、科林斯和阿尔戈斯所组成的联盟开始向斯巴达宣战时,他被征召回国。

的因素视作这场波斯战争的起因,紧随其后的那些因素视作这场战争的借口,而亚历山大进入亚洲则视作这场战争的开端。①

[7](1)同样显而易见的是,安条克②与罗马人之间的战争起因是埃托利亚人的愤怒。(2)正如我之前所说,他们觉得自己在很多方面都受到罗马人的怠慢,因为,他们认为自己同罗马人一起终结了同腓力的战争。他们不仅邀请了安条克前来希腊助战,而且,他们准备好做任何事情和忍受任何痛苦,因为上述遭遇早已让他们怒气冲天。(3)但是,希腊的自由——当埃托利亚人同安条克一个城市接一个城市地走访参观时,埃托利亚人却不顾理智和事实,而公然地宣称所谓的希腊的自由——是这场战争的借口,而安条克在德米特里亚斯的登陆则是战争的开端。

(4)在这个问题上如此耗费笔墨,我的目的不是要谴责之前的那些历史学家,而是要纠正那些初学者的观念。(5)如果医生不知道身体不适的确定原因,那么,他怎么来处理疾病呢?如果一位政治家不知道事件的起因、进展和走向,那么,他怎么帮助自己的同胞呢?(6)在没有这种知识的情况下,前者就不可能正确地治疗肉身,后者也不可能正确地处置局势。(7)因此,探寻每一件事情的原因,比任何事情都需要更加谨慎和更加勤勉的精神,因为,最重要的事情往往起源于琐屑之事,而且,每一件事情最开始的冲动和想法最容易得到纠正。

[8](1)罗马编年史家法比乌斯(Fabius)说道,除了萨贡托人(Saguntines)所遭遇的暴行,哈斯德鲁巴的个人野心和权力欲望也是这场战争爆发的一个原因。(2)他告诉我们,当哈斯德鲁巴在西班牙建立了一个巨大的统治版图后,他抵达非洲,试图废除迦太基宪制,并把政体形态变成君主制。(3)然而,主要的政治人物风闻他的计划后,一起团结起来对抗他,(4)对他们的意图深感怀疑的

---

① "万名希腊战士"(Ten Thousand)的行军和阿格西劳斯的征战,引发了腓力和亚历山大进行征战的计划。借口(pretext)是报复他们先前在希腊所犯下的罪恶。
② [中译按]即安条克三世。

哈斯德鲁巴主动离开了非洲,从此他选择继续统治伊比利亚,而不再理会迦太基元老院。(5)从孩提时代起,汉尼拔就分享和钦佩哈斯德鲁巴的统治之道;当他继承伊比利亚的统治权后,他就沿袭了哈斯德鲁巴的这种统治方式。(6)因此,他现在不顾迦太基人的意见,主动地挑起同罗马的这场战争,(7)没有一个迦太基贵族赞同他对萨贡托的军事行动。(8)在告诉我们这些内容后,法比乌斯继续说道,萨贡托陷落后,罗马人立即前去迦太基下通牒,要么把汉尼拔交到他们手里,要么接受战争。(9)但是,如果真是这样,那么,就请这位编年史家来回答下面几个问题——(10)难道迦太基人还有更好的机会来实现自己的愿望吗?或者,比起服从罗马人的命令,难道迦太基人还有更加正义的行动和更能维护其自身利益的举措吗?因为,按照法比乌斯的说法,他们一开始就不赞同汉尼拔的行动。如果他们把这位惹出事端之人上交出去,他们就可以借他人之手,来清除他们本国共同的敌人和维护自身领土的安全,仅仅通过一个简单的决议,他们就可以规避来势汹汹的战争,又可以实现自身的复仇意图。(11)如果有人问他这个问题,他应该怎么回答呢?这个问题显然无法回答;迦太基人非但没有像上面那样做,相反,他们在开战后一直支持汉尼拔的决定长达十七年,他们一直都没有放弃斗争,直到最终他们所依赖的所有资源都耗尽,他们的母城和民众都处于生死存亡之际。

[9](1)或许有人会问,为什么我要提到法比乌斯和他的说辞。(2)我不是担心有人会接受这种似是而非的论调,因为,对于任何读过它的人来说,即使不用我来指明,其内在的荒谬性也是不证自明的。(3)但是,我希望警醒那些阅读过他的著作之人,提醒他们不要理会作者的巨大名头,而是应该关注事实本身。(4)因为,有一些人只在意作者本人,而不在意他撰写的内容。他们认为,法比乌斯是与汉尼拔同时代之人,又是罗马元老院的元老,因此,他们就立即相信了他所记载的所有内容。(5)然而,在我看来,读者不应该把他的权威看作无足轻重,也不应该把他的权威看作最终的权威,相反,读者更多的时候应该通过回应事实真相,来验证他的

说法的可信性。

（6）让我们从这番走得较远的离题话中，回到罗马与迦太基之间的这场战争来。这场战争的首要起因（first cause）肯定是哈米尔卡·巴卡——汉尼拔的父亲——的愤怒。[①]（7）他的斗志从未被西西里战事所浇灭，因为，他认为，他在埃里克斯完好无损地保有一支斗志昂扬和奋战到底的军队，当迦太基人在海战[②]失利之后，[③]出于形势所迫，他只好同意和平，然而，他一直在等待机会，从未气馁。（8）如果不是雇佣兵掀起叛乱，他早就寻找机会和创造条件来重启战端了，（9）但是，国内的这场叛乱一直在耗费着他的时间和精力，最终妨碍了他的行动。

[10]（1）然而，当迦太基人平息叛乱后，罗马人意图与迦太基宣战。一开始，迦太基人希望进行全方位协商，他们认为，自己会胜出，因为，正义站在他们一边。（2）在之前的几卷中，我已经讲述过这个问题，如果不进行仔细阅读，根本不可能明白我现在所说和即将所说的内容。[④]（3）但是，罗马人拒绝协商，迫于形势，迦太基人不得不撤出撒丁岛，尽管他们愤愤不平，但无能为力，而且，除了之前强索的那笔金额外，他们还同意支付一千两百泰伦的金钱，以避免当时重开战端。（4）这是后来所爆发的这场战争的第二起因（second cause），同时也是主要起因。（5）哈米尔卡这一次深深地被自己的同胞所触怒，加上上一次的愤怒，他现在是旧怒未平新怒又起；当他最终粉碎雇佣兵的叛乱和确保自己母国的安全后，他立即全力投入到对西班牙的征服事业上，他的目的是，以当地的资源为后盾来重启对罗马的战争。（6）迦太基人在西班牙的成功是这场战争的第三个起因（third cause），因为，自身力量的增长促使他们

---

① 这种理论变成了罗马人的传统说法，但是，事实上，这并不能解释，为什么哈米尔卡在这个时期没有对罗马展开任何的敌对行动，也不能解释，为什么哈米尔卡让迦太基舰队在这两次战争期间退化到非常危险的虚弱状态。

② ［中译按］即埃加特斯岛（Aegates Islands）海战。

③ 参见第一卷第61章。

④ 事实上，波利比乌斯仅仅只在第三卷第27章简短地提及。

自信满满地重启战端。

（7）尽管哈米尔卡确实在第二次布匿战争爆发前十年就去世了，但是，我们可以找到诸多的证据来证明，这场战争的爆发很大程度上都要归因于他。然而，我觉得，下列逸闻已足够证明我的这个看法。①

[11]（1）当汉尼拔最后一次同罗马人交战失败后，他离开了自己的祖国，留在了安条克②国王的宫廷。③ 罗马人——他们已经意识到了埃托利亚人的计划——派遣了一个代表团到安条克那里，希望全面了解这位国王的意图。（2）当使团代表们看到安条克对埃托利亚人言听计从，并倾向于同罗马开战后，他们转而向汉尼拔大献殷勤，以希望挑拨安条克和汉尼拔之间的关系，事实上，他们确实成功地做到了。（3）随着时间的推移，这位国王对汉尼拔的猜疑越来越强；当他们有一次一起谈到他们之间越来越疏远时，他们之间这颗隐晦不明的骰子终于落地了。（4）在谈话期间，汉尼拔为自己作了诸多的辩护，最后，在进一步争论中感到无所适从的汉尼拔，给我们讲述了下面这个故事。（5）他说，当他的父亲准备率领大军远征西班牙时，那时他只有九岁，当哈米尔卡向宙斯献祭的时候，当时他就站在祭坛旁边。（6）有利的征兆一显现，哈米尔卡就倒出祭酒向诸神献祭并完成所有的仪式，他命令所有参加献祭仪式的其他人稍稍退后，接着，他叫汉尼拔上前，并亲切地询问他是否愿意陪同自己一起远征。（7）当汉尼拔愉快地接受，甚至像一个小男孩一样恳求允许自己前往后，他的父亲抓住他的手，引他到祭坛，命令他把手放到祭物上面，让他发誓永远与罗马人为敌（swear never to be the friend of the Romans）。（8）现在安条克已经知道这些事实真相，他恳求安条克相信自己。只要安条克有意同罗马为

---

① 这个故事并没有提供任何证据来证明哈米尔卡的作战计划，它只不过是说明了汉尼拔仇恨罗马人这个事实而已。

② [中译按]即安条克三世。

③ 即公元前196年。

敌,汉尼拔说,自己都将是他最值得信任的帮手。(9)但是,如果安条克从此同罗马达成和约或者同罗马结盟,那么,即使没有那些恶毒的闲言碎语,安条克也应该猜疑和防范他,因为,他所作的所有事情都是在反对罗马。

[12](1)听到汉尼拔的这个故事后,安条克认为,他的话坦率而又真诚,因此,安条克就摒弃了自己之前所有的猜疑。(2)然而,这个故事也是哈米尔卡仇视罗马的一个无可争议的证据,同时也是哈米尔卡对罗马总体态度的一个无可争议的证据,而且,这也被事实所确认。(3)因为,他成功地使自己的女婿哈斯德鲁巴和自己的儿子汉尼拔成为了罗马的敌人,这无人能够超越。(4)在他的计划付诸实施之前,哈斯德鲁巴就去世了,因此,我们从中还不能很清晰地看出来,但是,汉尼拔很好地证明了他从其父那里所继承而来的这种对罗马的仇恨。

(5)因此,对于政治人物而言,最为重要的是,要看到化解旧有的仇恨和培塑全新的友谊的真正动因。他们应该要注意到,什么时候人们会在局势重压之下达成协议,什么时候人们又会在精神崩溃下达成协议。(6)在前一种情况下,可以把他们视为仅仅是在蛰伏待变,因此,自己要不断地提防他们;在后一种情况下,可以把他们视为真正的朋友和臣民,因此,当自己需要的时候可以毫不迟疑地要求他们的帮助。

(7)因此,我们现在可以宣布汉尼拔战争的起因就是前面我所说的那些事件,而汉尼拔战争的开端则是下面我所说的那些事件。

[13](1)正如我在前面所说,迦太基人一直对西西里的战败耿耿于怀,而且,撒丁岛所发生的事件以及他们最后被迫同意支付的过高赔款金额,进一步激怒了他们。(2)因此,征服了伊比利亚大部分地区后,他们迫不及待地准备抓住任何机会来报复罗马。(3)哈斯德鲁巴去世后①——哈米尔卡去世后,他们委任哈斯德鲁巴统

---

① 即公元前221年。

治伊比利亚——他们一开始一直在等待军队的反应。（4）接着，那里就传来消息说，军队一致推举汉尼拔作为他们的统帅，于是，他们就急忙召开了民众会议，在会议上一致批准了军队的推选。（5）一就任统帅职位，汉尼拔就立即着手征服一个名叫奥卡德斯（Olcades）的部落。① （6）当他抵达他们最大的城市阿尔泰亚城（Althaea）②后，就扎营在了那里，通过一番英勇而恐怖的进攻后，他很快就占领了这座城市，而对此深感惊恐的其他部落则选择了向迦太基人屈服。（7）从这些城镇强征贡金和夺取大批金钱后，他撤回了位于新迦太基的冬季营地。（8）他现在慷慨地对待自己所统率的军队，通过分发酬金和允诺将来分发更多的酬金，他建立了他们对自己的良好印象，并唤起了他们对未来的美好希望。

[14]（1）第二年的夏天，③他重新向瓦卡依人④发动了进攻，一开始他们突袭和攻占了赫曼迪卡（Hermandica），然而，对于阿巴卡拉（Arbacala）——一座非常巨大的城市，而且拥有大批英勇作战的武士——他只好进行围城，在经过一番巨大的努力之后，他才攻占了这座城市。（2）当他后来率军返回新迦太基，他就惊讶地发现自己深陷巨大的危机之中。（3）这个地区最强大的部落卡佩塔尼人（Carpetani）⑤联合周边的部落，一起向自己发动进攻，所有这些行动都是由奥德斯人和从赫曼迪卡⑥逃亡出来的那些人煽动的。（4）如果迦太基人被迫通过一场激战迎击，他们肯定会遭遇失败；（5）但是，这一次汉尼拔非常明智和灵活地选择转身和撤退，他一直撤退到塔古斯河（Tagus）的后面，接着，就在那里停下来抵御敌

---

① 奥卡德斯（Olcades）部落生活在现在的拉曼克亚（La Mancha）地区。
② 李维（Livy）称呼它为卡斯特拉（Castala）。
③ 即公元前 220 年。
④ 瓦卡依人（Vaccaei）生活在多乌洛河（Douro）中游，里安（Leon）与老卡斯提利（Old Castile）边界附近的地区。
⑤ 佩塔尼人（Carpetani）生活在塔古斯河（Tagus）北部的山区，也即是现在的西埃拉·迪·古亚达拉马（Sierra di Guadarrama）。
⑥ 赫曼迪卡（Hermandica）也即是现在的萨拉曼卡（Salamanca）。

人过河。通过这种方式,他就可以有效地利用河流和战象(大约四十头)的优势。出乎所有人的预料,所有的行动都按照他事先预计的那样进行。(6)野蛮人试图在不同地方强行渡河,但是,他们当中的大批战士在蹚过这条河流的那刻就已经殒命其身了,因为,战象一直在堤岸上巡游,一旦发现有人登上河岸,它们就会向前发动攻击。(7)很多人还在河流中跋涉的时候,就已被骑兵砍倒,因为,战马更能抵挡水流的冲击,而且,马上的骑兵比马下的敌人无疑拥有更强的高度优势。(8)最后,汉尼拔转而越过河流和进攻野蛮人,至少赶跑了一万名敌军。(9)在这次战败后,除了萨贡托人之外,埃布罗河南边的民族,没有一个胆敢轻易地面对迦太基人。(10)然而,对于萨贡托,汉尼拔自己却尽可能地不招惹这座城市,一直到他占领了这个地区的所有其他地方,因为,他不希望给罗马人任何明显的开战借口。在这个方面,他一直都是按照自己父亲哈米尔卡的建议和忠告去做的。

[15](1)但是,萨贡托人不断地派遣代表到罗马,因为,一方面他们担心自己的安全,另一方面他们也预见到即将会发生的事情,同时,他们还希望告诉罗马人,迦太基人在西班牙的势力不断增长。(2)罗马人很长时间都没有理会他们的诉求,但是,这一次他们派遣了代表前去调查萨贡托所报告的局势。(3)与此同时,汉尼拔征服了他之前所欲与征服的部落后,他率领自己的军队回到了新迦太基过冬,①新迦太基城某种程度上是迦太基帝国的一个至上荣耀,同时,它也是迦太基帝国在西班牙的首都。(4)他在那里发现了罗马代表团,他同意他们谒见,并听取了他们所要转达的消息。(5)罗马人警告他,不要进攻萨贡托,他们声称,萨贡托是在罗马的保护之下,他们又警告他,不要违反哈斯德鲁巴所签订的条约

---

① 即公元前220年—前219年冬季。

而越过埃布罗河。①（6）作为年轻人，②汉尼拔充满了战争的激情；他对自己所取得的胜利深感鼓舞和自信，而长期以来对罗马的仇恨也在刺激着他。（7）作为对罗马代表团的答复，他声称，自己要保护萨贡托人的利益，同时，他还指责罗马人在不久前不正义地处死了一些当地头领，当时萨贡托爆发了党派纷争，萨贡托人就邀请了罗马人前去仲裁。他说，迦太基人不会违反诺言而坐视不管，因为，迦太基人从未对那些非正义的受害者坐视不理，这是他们长久以来的一个古老传统。（8）然而，他会派遣信使到母国迦太基，以请求下一步的行动指令，因为，萨贡托人依仗有罗马人的联盟，致使他们对一些臣服于迦太基的民族犯有过错。（9）非理性和狂暴性的愤怒已经冲昏了他的头脑，以至于他没有用正确的理性进行声辩，相反，他却诉诸毫无根据的借口。他就像那些被激情所困之人，完全不顾自己的行为是否合适。（10）如果他要求罗马人归还撒丁岛，同时要求罗马人免除所强索的过高赔偿金（当时罗马人利用迦太基的噩运而威胁对迦太基动武，如果迦太基拒绝他们的要求的话），那么，他的结果会好很多。（11）但是，他对自己国家不幸的真正原因一言不发，相反，他无中生有地编造了诸多有关萨贡托的理由，以至于给人的印象是，他发动这场战争不仅违背理性，而且缺乏正义。（12）罗马的代表们清楚地看到，战争已经不可避免，于是，他们乘船驶往了迦太基，以向迦太基当局进行同样的抗议。（13）然而，他们从未想到战争会在意大利的本土进行，他们原以为战争只会在西班牙打响，因为，他们要争夺作为自身基地的萨贡托。

[16]（1）罗马元老院根据这个设想更改了自己的应对措施，他们决定捍卫自己在伊利里亚的地位，他们预见到，同迦太基的这场战争将会非常漫长和残酷，而且，作战的战场也会远离家乡。（2）

---

① 汉尼拔仍然距离埃布罗河以南很远；波利比乌斯在这个地方或许是引证罗马人的警告而非抗议。

② 汉尼拔当时 27 岁。

恰好在这时,①法洛斯的德米特里正在洗劫和摧毁那些臣服于罗马的伊利里亚人的城市,他违背先前的条约,率领五十艘舰船航行越过了利苏斯(Lissus),并洗劫了西克兰(Cyclades)群岛的许多岛屿。(3)德米特里已经忘记了罗马人授予自己的诸多恩惠,他开始蔑视起罗马来,因为,他看到罗马人先是遭到高卢人的威胁,现在又遭到迦太基的威胁。他把自己的希望都押在了马其顿王室上,因为,他之前站在安提柯一边,同他一起对抗过克里奥米尼斯。(4)鉴于这种情况以及马其顿王国欣欣向荣的财富,罗马人渴望捍卫自己在意大利以东的那些地区的地位。他们深信,自己有时间纠正伊利里亚人的邪恶行径,并制止惩治德米特里的忘恩负义和鲁莽冒失。(5)但是,就在这番算计当中,他们被蒙骗了;(6)因为,汉尼拔抢先占领了萨贡托,结果,战争没有在西班牙进行,而是在罗马的门口和整个意大利进行。(7)然而,正是在这些考量的驱动之下,罗马人让卢西乌斯·埃米利乌斯(Lucius Aemilius)率领一支军队,在第140届奥林匹亚大会第一年的夏天前,进军伊利里亚。②

[17](1)与此同时,汉尼拔率领自己的军队离开了新迦太基城,向萨贡托进军。(2)这座城市坐落在一条连接伊比利亚和凯尔特-伊比利亚(Celtiberia)的山脉③向海一侧的山脚下,它距离海洋大约有七斯塔德。(3)萨贡托人的土地是整个伊比利亚最肥沃的土地,它出产各种各样的庄稼。(4)汉尼拔现在驻扎在这座城镇前,亲自领兵英勇地围攻它,他预见到,如果攻占了这座城市,自己将会拥有很多优势。(5)首先,他认为,罗马人将会丧失在伊比利亚的所有战争前景;其次,他坚信,通过这个行动,他将会引发普遍的恐惧,让那些已经臣服自己的伊比利亚部落更加温顺,也让那些仍然独立的部落更加谨慎,(6)但是,最为重要的是,他将使自己的

---

① 这部分的年代有些不确定。因为,从迦太基返回的使节不可能在公元前220年—前219年冬季之前促成元老院决议,法洛斯的德米特里则在公元前220年夏季驶入爱琴海的西克兰(Cyclades)。
② 即公元前219年夏季。
③ 这座山脉位于现在的新卡斯提利(New Castile)和阿拉贡(Aragon)之间。

后方不会留下一个敌人,从而可以高枕无忧地向前进军。(7)除此之外,攻占这座城市将会给他的这次远征,提供足够的金钱和物资,战利品的分配也将提升自己军队的士气和安抚国内迦太基人的怨气。①(8)出于所有这些的考虑,他全身心地投入到这场围城战之中;有时他会亲临险境,操作围城工事,从而给自己的军队树立榜样,有时他会不顾危险参加战斗,从而激励自己的军队。(9)最终,经过了八个月艰苦而紧张的围城后,他成功地攻占了这座城市。(10)大批金钱、奴隶等财富落入他手里。按照他之前的决定,金钱留作自己的远征之用,奴隶则按照自己军队应得的奖励分配给他们,其他五花八门的财富则立即全部送去迦太基。(11)结果果然不出他所料,他最初目的都没有落空:他的军队更加英勇地面对危险,迦太基人也更加积极地满足他的要求,而他自己也通过这些留作己用的大量金钱,从而能够进一步展开自己的远征。

[18](1)与此同时,德米特里听说了罗马人的意图后,立即派遣一支庞大的军队及其相应的物资抵达迪马莱(Dimale)。②(2)对于其他城市,他处死了反对自己政策的那些人,并且,他把这些城市的政权控制在他自己朋友的手里,自己则挑选了六千名精锐勇士驻扎在法洛斯。③(3)当罗马执政官埃米利乌斯率领军队抵达伊利里亚后,他注意到,敌军依凭迪马莱的险要地势和严密防御,信心十足。(4)他们普遍觉得,这座城市是坚不可摧的,因此,他决定进行先发制人式地进攻,以打击敌人的士气。(5)当他命令自己手下的军官在不同地点建造炮台后,就开始围攻这座城市。(6)他花费了七天的时间,占领了它,这一下子就打击了所有敌人的士气,以至于所有城市的代表都蜂拥而来,向罗马无条件投降。(7)埃米利乌斯接受了他们的投降,给他们附加了一些合适的条件后,他就

---

① 这些战利品由各种物资所构成;军队的奖励来自于售卖奴隶所得的金钱。
② 迪马莱(Dimale)这座城市已经确定为现在的克洛提纳(Krotina),它位于贝拉特(Berat)西北的山丘上。
③ 法洛斯即现在的斯塔利基拉德城(Starigrad),它座落在哈瓦尔岛(Island of Havar)。

驶往法洛斯去进攻德米特里了。(8)当他知道这座城市坚固异常后——因为城内集结有大批异常精锐的军队和充足的战争物资与弹药——他就开始担心,对它的围攻会非常艰难和漫长。(9)有鉴于此,他就运用了下列临时性的战术:(10)在夜色的掩护下,他把所有的军队都用船只运送到这座岛上,接着,他让大部分军队在一处树木繁茂的山谷里下船,天亮的时候,他率领二十艘舰船公开驶往距离这座城镇最近的一座港口。(11)德米特里看到这支舰队后,对这支规模渺小的舰队深为蔑视,于是,他从城内驶进港口,以阻止敌人的登陆。

[19](1)当两支军队相遇后,激烈的战斗一触即发,越来越多的军队从城内涌出来帮忙,直到守城部队最后倾巢而出,并加入这场战役。(2)前一天晚上已登陆的那支罗马军队现在恰好及时赶到了。(3)他们沿着一条隐秘的路线向前进军,占领了城市和港口之间的一座陡峭山丘,并切断了敌军回城的退路。(4)德米特里发现了所发生的事情,于是,他立即就停止了对登陆的敌军的进攻,接着,他集结自己的军队,鼓舞他们向占领山丘的敌军进行激战。(5)当看到伊利里亚人坚定而有序地向前进军后,罗马人就组织阵型并向下猛攻,(6)与此同时,那些刚刚下船的罗马军队看到这番场景后,他们就从后面进攻敌人,因此,在四面夹攻下,伊利里亚人陷入了巨大的混乱和无序之中。(7)最终,在前面、后面的夹击和重压下,伊利里亚军队纷纷逃亡,其中一些人逃入了城内,但是,大部分人则越过这个地区而散开到这整座岛屿上。(8)德米特里在单独一处地方留下了一些以备不时之需的舰船,于是,他就撤退到那里;他登上船,乘着夜色驶离,最终,幸运地驶抵腓力国王①那里,他在腓力的王宫里度过了余生。(9)他是一位勇敢和富有冒险精神之人,但是,他完全缺乏理智和健全的判断力,(10)这些缺陷终结了他的人生,并且一直伴随他到生命的终点。(11)在腓力的首肯下,他鲁莽而愚蠢地进攻美塞尼亚,他就是在这场战斗中丧生,

---

① [中译按]即腓力五世。

等到合适的时候,我将对它进行一番详细地记述。

(12)罗马执政官埃米利乌斯立即攻占了法洛斯,并把这座城市夷为平地,在征服了伊利里亚的其他地区,并按照他所认为的最好的方式安排事务后,他在夏末时节回到了罗马。在全体民众高声欢呼下,他凯旋进城,因为,他不仅在处理战事上能力超群,而且,他在作战上也勇敢异常。

[20](1)当萨贡托陷落的消息传到罗马后,罗马人肯定没有争论是否要开战的问题,但是,一些历史学家声称,甚至详细地记载了支持与反对开战的演说,这简直荒谬至极。(2)因为,罗马人一年前就警告迦太基人,如果迦太基踏足萨贡托的任何领土,那么,罗马人就会把它视为迦太基人的开战行动(casus belli),现在萨贡托城都被迦太基人攻占了,他们怎么可能还会聚集一起讨论是否要开战的问题呢?(3)一方面,这些历史学家把元老院的黯淡场景描绘成了一幅灿烂画面,另一方面,他们又告诉我们,元老们把自己十二岁以上的儿子带到了元老院,难道这些一起出席辩论的男孩们就没有向他们的亲人泄露一个字吗?(4)所有这些根本就不可能是真实的,除非我们相信,除了其他慷慨馈赠的礼物之外,命运女神从摇篮时候起就赐予了每一个罗马人智慧的大礼。(5)我不需要对诸如克哈利亚斯(Chaereas)和索西鲁斯(Sosylus)①等人的著作再浪费任何的口舌;对我而言,他们撰写的著作只不过是理发店里面普普通通的闲言碎语而已,不是真正的历史。

(6)一听到萨贡托沦陷的消息,罗马人立即任命大使,并火速派遣他们到迦太基。②(7)他们给迦太基人两个选择,其中一个选择将会是羞辱性和赔偿性的,如果迦太基人接受的话;另外一个选择则可能就会引起巨大的冲突和危险。(8)迦太基人要么交出汉

---

① 对于克哈利亚斯(Chaereas),我们一无所知。索西鲁斯(Sosylus)则是汉尼拔的希腊语教师,并且,他陪伴汉尼拔一起征战。

② 在听到汉尼拔渡过埃布罗河的消息时,这个代表团可能在公元前218年3月之前无法离开罗马,他们可能要等到在公元前218年6月方才可能离开。

尼拔及其核心成员,要么宣布开战。(9)当罗马代表团抵达迦太基、出席元老院会议和传达他们的使命时,迦太基人满腔愤怒地聆听罗马人所下达的这两个最后通牒,(10)但是,他们推举了他们中最能说会道之人上前去阐明自己行动的理由。

[21](1)他们拒绝谈及哈斯德鲁巴与罗马之间的条约,他们根本就把它视为不存在,或者,即使真的存在,那也与他们无关,因为,它的签订没有征得他们的同意。(2)他们援引罗马人自己的先例,声称,在鲁塔提乌斯指挥的西西里战争期间,双方签订了条约,尽管这个条约得到了鲁塔提乌斯本人的同意,但是,罗马人也是以未经自己的同意为由而拒绝承认。(3)他们反复辩称,西西里战争结束期间签订的条约没有提到伊比利亚,(4)条约只是明确地规定了每一方的盟友都应该免于对方的攻击。(5)他们指出,在这个条约签订时,萨贡托不是罗马的盟友,他们甚至大声地宣读条约中的一些选段,以证明自己的这个论点。(6)罗马人明确地拒绝讨论迦太基人在萨贡托问题上的辩解理由,他们说,只有在萨贡托仍然完好无损的情况下,他们才有可能认可迦太基人的辩护理由,并解决双方所讨论的这个争议性问题,(7)然而,萨贡托的被占已经破坏了这个条约,迦太基人要么交出肇事者,以表明自己没有染指这项罪恶行动,以及他们没有经过自己同意就采取了这项行动,(8)要么他们就拒绝交出肇事者,并承认自己合谋染指了此项恶行,这样的话,他们就将接受战争。

(9)双方所争论的问题或多或少都带有一些泛泛而谈,然而,我认为,自己有必要对其进行一番更为深入地研究,因为,这对那些实际从政的政治家和那些历史的初学者都作用巨大——前者需要了解确切的信息,以避免在任何关键性的辩论①中偏离事实和犯下错误;而后者则需要正确的历史观念,以避免被历史学家的偏见和无知而引向歧途。(10)因此,我们应该对罗马与迦太基之间从

---

① 这个地方所提到的"关键性辩论"(critical debates),有可能指的是,在布匿战争前几年元老院所进行的辩论。

古至今所缔结的条约,进行一番全面而准确地审视。①

[22](1)罗马与迦太基缔结的第一个条约可以追溯到卢西乌斯·尤尼乌斯·布鲁图斯(Lucius Junius Brutus)和马尔库斯·霍拉提乌斯(Marcus Horatius)担任罗马执政官期间。② 在驱逐了国王后,他们俩担任了第一任执政官,而且,他们也是卡皮托朱庇特神殿(Temple of Jupiter Capitolinus)的建造者。(2)这发生在薛西斯(Xerxes)入侵希腊的二十八年前。③ (3)我将尽可能精确地迻译这个条约,但是,古代罗马的语言与当代罗马的语言相差甚远,以至于即使是最聪明的人也只能部分性地读懂它,更不要说进行深入研究了。这个条约的内容大致如下:

(4)罗马及其盟友与迦太基及其盟友之间的友好关系遵照下列条款来规定:

(5)(一)罗马及其盟友不得越过菲尔角(Fair Promontory),④除非遭遇风暴和敌军的袭击;(6)即使有人被别人武力驱赶而越过,那么,他也不能购买和携带除修理船只或者举行献祭之外的任何其他东西,(7)并且,他必须在五天之内离开。⑤

(8)(二)除非有公告员或者市政官在场,否则不得进行任何的交易,(9)并且,如果交易发生在非洲和撒丁岛,当着这些

---

① 事实上是直到公元前218年。
② 罗马共和元年是公元前509/508年。波利比乌斯记载了第一次布匿战争前的三个条约。第二个条约(参见第三卷第24章)没有记载日期;第三个条约则与皮洛士入侵意大利同期(公元前218年——[中译按]企鹅本所标注的公元前218年这个年份明显有误,皮洛士入侵意大利的年份是公元前280年)。
③ 即公元前509年—前508年。
④ 按照波利比乌斯的说法,菲尔角(Fair Promontory)就是现在的波恩角(C. Bon),波利比乌斯的这种说法有可能是正确的。但是,菲尔角(Fair Promontory)也有可能是法里纳角(C. Farina),在这种情形下,罗马人被排除的区域肯定是海角以西,而非波利比乌斯所认为的塞提斯(Syrtes)。
⑤ 大约与此同时,埃及的纳乌克拉提斯(Naucratis of Egypt)也作了类似的限制。一般而言,迦太基在这个时期所关心的是保护他们的商业利益和他们的贸易往来,而罗马人则希望确立他们对拉丁姆的政治权利的认可。

官员的面,所有物品的售卖价格都受到政府的保护。①

(10)(三)任何罗马人到迦太基人的西西里行省,都享有与其他人同等的权利。

(11)(四)迦太基人不得伤害阿尔迪亚(Ardea)、安提乌姆(Antium)、劳伦提乌姆(Laurentium)、西塞(Circeii)、特拉西纳(Terracina)或者其他任何臣服于罗马的拉丁城市。

(12)(五)迦太基人也不得侵犯任何没有臣服罗马的拉丁城市,如果他们占领其中任何一座城市,那么,他们必须完好无损地交到罗马人手里。(13)迦太基人不得在任何拉丁人的领地建造任何要塞。如果他们携带武器进入这些地区,他们不得在那里过夜。

[23](1)"菲尔角"位于迦太基的前端,方向朝北。(2)迦太基人绝对禁止罗马人率领战舰扬帆南下越过这个海角,②其原因,我认为,他们不希望罗马人了解比萨提斯(Byssatis)周边和小塞提斯(Lesser Syrtis)附近的地区,由于它们非常富饶,迦太基人又称呼它们为恩波里亚(Emporia)。③(3)如果有人被迫因为风暴或者敌人的缘故被带到这里,他可以获取任何自己所需的献祭物品以及修理船只的物件,但是,除此之外,他不能带走任何其他东西,并且,任何登陆此地之人都必须在五天之内离开。(4)罗马人可以到迦太基城和位于菲尔角这一侧④的利比亚的其他地方,以及撒丁岛和迦太基的西西里行省进行贸易活动,迦太基当局确保他们的正当欠款得到偿还。(5)这个条约的措辞表明,迦太基人把撒丁岛和

---

① 这并不意味着国家会担下债务,而只是它会强迫未付款之人去支付所要求支付的款项。

② 波利比乌斯仅仅对战舰做这种限制可能是有误的。

③ 迦太基以南大约两百英里的海岸线,包括现在的哈马米特海湾(Gulf of Hammamet)和加贝斯海湾(Gulf of Gabes,小塞提斯[Lesser Syrtis])。

④ 这是一个模糊的措辞。如果菲尔角是波恩角,那么,它肯定指的是以西的地方,但是,如果菲尔角是法里纳角,那么,它肯定指的是以东的地方,波利比乌斯认为是前者。

利比亚看作是他们自己的领土,但是,对于西西里,他们明显使用了不同的措辞,条约只涉及了他们自己所统治的那部分西西里。(6)类似地,罗马人在条约里只涵括了拉丁姆,根本没有提到当时未置于他们统治之下的意大利其他地区。

[24](1)后来他们缔结了另外一个条约,①在这个条约里,迦太基人把推罗和乌提卡涵括了进去,(2)除了菲尔角,他们还提到马斯提亚(Mastia)和塔塞乌姆(Tarseum),罗马人不得进行劫掠、贸易或者筑城。(3)这个条约的内容大致如下:

> 罗马及其盟友与迦太基、推罗、乌提卡及其盟友之间的友好关系遵照下列条款来规定:
>
> (4)(一)罗马人不得在菲尔角、马斯提亚和塔塞乌姆的那侧进行劫掠、贸易或者筑城。②
>
> (5)(二)如果迦太基人攻占非罗马统治的任何一座拉丁姆城市,他们可以保留所俘获的财物和人员,但是,他们必须把城市交还出来。
>
> (6)(三)如果迦太基人的俘虏与罗马缔结有和约,但俘虏非罗马统治的任何一个民族,③迦太基人不得把他们带到罗马人的港口,但是,如果有迦太基人的俘虏被带进港口,并且,罗马人抓住了他,④那么,他将被释放。⑤(7)这个条款对罗马人同样适用。
>
> (8)(四)如果罗马人从迦太基统治的任何一个地方取水或

---

① 大约公元前306年。
② 这些地方的位置不详。尽管波利比乌斯似乎认为它们靠近菲尔角,但是,它们可能在西班牙。
③ 尤其是提布尔(Tibur)和普拉尼斯特(Praeneste)的城镇,罗马同这些城镇订立了单独性条约。
④ 即有罗马人主张他是自己的奴隶。
⑤ 这个条款表明了一种类似于罗马解放奴隶的仪式,在这种仪式中,奴隶被主人触碰,尔后得到解放。

者物资,他不得用这些物资来伤害与迦太基缔结有和平和友谊的任何一个民族。(9)这个条款对迦太基人也同样适用。(10)如果任何一方违背了这项条款,受到不公对待的一方不得采取个人性的报复,如果他采取个人性的报复,那么,他的这项不法行为就是公罪。

　(11)(五)罗马人不得在撒丁岛和利比亚进行贸易或者筑城,也不得在撒丁岛人或者利比亚人的港口停留超过补给或者修理船只所需要的时间。如果因为风暴的缘故而驶入该地,那么,他必须在五天之内离开。

　(12)(六)在迦太基的西西里行省和迦太基城,罗马人允许向任何迦太基公民买卖任何东西。(13)这个条款也使用于在罗马的迦太基人。

(14)在这个条约中,他们再一次特别强调了利比亚和撒丁岛,他们声称,它们是自己的私人财产,并且,他们对罗马人关闭了所有登陆的码头。(15)但是,对于西西里,与之相反,只提到了他们自己治理下的那部分西西里地区。(16)类似地,在拉丁姆地区,罗马人禁止迦太基人染指阿尔迪亚、安提乌姆、西塞和特拉西纳,这个条约所涉及的这些城市都位于拉丁领土的海岸边。

[25](1)罗马人与迦太基人之间接下来的这个条约,同时也是最后一个条约,是在皮洛士入侵意大利期间和迦太基的西西里战事开启前缔结的。① (2)在这个条约中,他们保留了之前所有的协议,同时,他们还增加了下列条款:

　(3)如果罗马人或者迦太基人与皮洛士缔结条约,那么,他们双方都应该在盟约中明确规定,不管哪个国家受到攻击,他

---

① 即公元前279年。这个条约的历史语境最有可能的解释是,迦太基人担心,皮洛士于公元前280年在亚斯库鲁姆(Asculum)战败后,罗马人将同他签订和约,迦太基人宁可让战争继续在意大利进行。皮洛士据说胸怀入侵非洲的野心。

们都要相互帮助对方。(4)不管需要什么样的帮助,迦太基人都得提供往返的船只,但是,双方各自支付他们各自所属的军队。(5)如有必要,迦太基人也要通过海路支援罗马人,但是,任何一方都不得违背船员的意志而强迫船员登陆。

(6)下面就是他们所发的誓言。在第一个条约中,迦太基人向他们传统的诸神发誓,罗马人则按照他们自己古老的习俗向朱庇特青金石(Jupiter Lapis)发誓;在后一个条约中,罗马人向马尔斯(Mars)和昆利努斯(Quirinus)发誓。(7)下面就是向朱庇特青金石发誓的具体仪式:对条约发誓的那个人手持一块石头,当他以自己国家的名义发誓时,他会说道:

> (8)如果我遵守誓言,那么,请保佑我一切安好,但是,如果我在思想上或者行动上背弃条约,那么,就请其他所有人安全地居住在自己的国家,享受自己的法律和保有自己的财产、神殿与青冢,而我自己则像这块抛出的石块一样被无情地抛弃。

(9)当他说完这番话后,他就把这块石头从自己的手中抛掷出去。

[26](1)这些条约铭刻在铜牌上,直到现在,它们仍然保存在卡皮托朱庇特神殿(Temple of Jupiter Capitolinus)附近的财务官金库里面,因此,我们对历史学家菲利努斯(Philinus)的相关记载,就不得不感到惊奇。(2)我们震惊的不是他的无知,因为,即使在我自己所生活的时代,最年长的罗马人和迦太基人,以及最精通于公共事务的那些人,也对它们一无所知。(3)然而,我们深感震惊的是,他竟然言之凿凿地胡说与之完全相反的东西,也即是,他怎么能说,罗马与迦太基之间缔结的条约规定,罗马人必须远离整个西西里,而迦太基人则必须远离整个意大利呢?而且,他怎么能说,当罗马人第一次入侵西西里时,罗马人就已经破坏了这个条约和

他们的誓言呢?(4)事实上,现在和过去都根本不存在这样的文献;但是,在他的第二卷当中,他言之凿凿地这样说道。(5)在我这部作品的导论部分,我提及过这个主题,但是,我迟迟没有进行更为详尽地记述,①而现在终于是时候进行详尽地记述了,因为,很多人都受到菲利努斯的影响,对这个主题产生了诸多误解。(6)至于罗马人入侵西西里的问题,如果有人选择找罗马人的茬——因为,罗马人不仅之前同意接受马米尔提尼人(Mamertines)的友谊,而且,之后又向那些背信弃义地占领美塞尼亚和利基乌姆的马米尔提尼人提供帮助——那么,他肯定会找得到谴责他们的充足理由。(7)但是,如果他认为,他们的入侵是违背条约和誓言,那么,他对真正的事实明显一无所知。

[27](1)在西西里战事结束时,②他们缔结了另外一个条约,其中的主要条款如下:

(2)(一)迦太基人撤出整个西西里和意大利与西西里之间的所有岛屿。③

(3)(二)双方的盟友应免受对方的攻击。

(4)(三)在对方所统治的地方,任何一方都不能强征任何贡赋,以建造公共建筑和招募士兵,也不能同对方的盟友结盟。

(5)(四)迦太基人在十年之内支付两千两百泰伦的金钱,而且,其中的一千泰伦金钱必须立即进行支付。

(6)(五)迦太基人向罗马人无赎金地交出所有的俘虏。

(7)后来在利比亚战争结束时,④罗马人事实上已通过了一项

---

① 罗马人抵达迈萨纳(Messana),在第一卷第14章提及过,菲利努斯的不可靠性,在第一卷第15章提及过,但是,波利比乌斯并没有提及所说的这个条约。

② 即公元前241年。

③ 也即是埃加特斯岛(Aegates)和利帕利亚岛(Liparean Islands)。

④ 即公元前238年。

针对迦太基宣战的法令,但是,正如我在前面所说,他们最终增加了下面这样一个条款:"(8)迦太基人撤出撒丁岛,并另外支付总计达一千二百泰伦的金钱。"(9)这个条约的最后一项条款正是西班牙的哈斯德鲁巴所订立的,①而这个条款这样规定道:"迦太基人不得武装越过埃布罗河。"(10)直到汉尼拔时代,罗马与迦太基之间的两国外交关系史就是以上这些。

[28](1)因此,我们发现,罗马人渡海进入西西里并不违背条约;至于第二次战争(这次战争起因于他们缔结的有关撒丁岛的条约②),则无法为罗马人的行动找到任何合理的借口或者理由。(2)在这件事情上,所有人都承认,迦太基人仅仅因为自己处境的缘故,就被迫撤出撒丁岛,并支付我在前面所说的那笔额外的赔款金额,③这完全违背了正义。(3)为证明自身要求的正当性,罗马人声称,在利比亚战争期间,迦太基人对来自罗马舰船的船员犯下罪行,但是,当罗马人从迦太基接回所有的罗马船员,作为回报,他们也无赎金地归还了所有的迦太基战俘时,事实上,迦太基人就已经免除了这个指控。(4)在之前的一卷当中,④我已经对这些事件进行了详细地记述。

(5)在确认这些事实后,我们仍需进行一番深入地调查,以进一步确定,在这两个国家当中,到底哪个国家是这场汉尼拔战争的始作俑者。

[29](1)我已经记述了迦太基人的主张,现在我将记述罗马人的答复。由于他们对萨贡托的沦陷太过震怒,以至于他们当时确实没有作出答复,但是,后来罗马的许多场合和许多民众都提到了它。(2)首先,他们认为,与哈斯德鲁巴缔结的条约不应该被摒弃,而这也正是迦太基人大言不惭地高调保证的;(3)因为,鲁塔提乌

---

① 即公元前 228 年。

② [中译按]即迦太基人撤出撒丁岛。

③ 即一千二百泰伦的赔款金额。

④ 即第一卷第 83 章。

斯缔结的这个条约,没有附上任何诸如"如果罗马人民批准,这个条约就生效"这样的附加条款,但是,哈斯德鲁巴无条件地和绝对性地使这个条约附上了"迦太基人不得武装越过埃布罗河"这样的条款。

(4)其次,迦太基人自己也承认,在关于西西里的条约中又附有"双方的盟友应免受对方的攻击"这样的条款,但是,这并不是说这个条款只适用于"当时那些已结盟的盟友",这也正是迦太基人自己这样解释的;(5)因为,如果真是这样,那么,之后就会补充一个诸如这样的补充性条款:除了现有的联盟,任何一方都不能接纳新盟友,或者,后来接纳的盟友都不应该享受这个条约原有的好处。(6)但是,由于没有补充这样的条款,所以,很明显,双方都将确保对方所有的盟友(既包括当时现有的盟友,也包括后来新接纳的盟友)免受对方的攻击。(7)这种看法确实相当合理。因为,双方缔结的条约不可能剥夺自己不时接纳新盟友,但对自身的利益大有裨益的权力;(8)也不可能对自己保护下的盟友,在遭受损害的情况下袖手旁观。(9)但是,双方当时缔结这个条约的主要意义是,要确保对方各自现有盟友的安全,以及绝不把对方的任何盟友接纳为自己的盟友。(10)然而,这个特别条款却适用于后来新接纳的盟友,他们承诺,他们不会在彼此的行省或者与其各自结盟的国家,征召士兵或者强征贡赋,以及双方所有的盟友都应免于对方的攻击。

[30](1)事情就是这样,在汉尼拔时代之前的许多年,萨贡托就置于罗马的保护之下,这是无可争议的事实。① (2)这方面最可靠的证据,同时,也是迦太基人自己所承认的证据,就是,当萨贡托爆发内部纷争时,萨贡托人没有邀请迦太基人前来斡旋,尽管他们

---

① 这个日期并不能确定,但是,它可能是在埃布罗条约之前(公元前225年),也可能在公元前230年与公元前228年之间。然而,萨贡托位于埃布罗河以南,因此,它与罗马结盟(如果这种结盟意味着在最后会提供武力协助)就会同埃布罗条约不相容。

近在咫尺,也尽管他们当时已经在西班牙发挥重要作用,萨贡托人则是邀请罗马人前来斡旋和帮助恢复萨贡托的政治秩序。(3)因此,如果我们把萨贡托的沦陷看作是这场汉尼拔战争的起因,那么,我们必须认定,不管是基于鲁塔提乌斯所缔结的条约(该条约明确规定双方各自的盟友都应免受对方的攻击),还是基于哈斯德鲁巴所缔结的条约(该条约规定迦太基人不得武装越过埃布罗河),①在开启这场战争方面,迦太基人都负有责任。(4)然而,如果我们把罗马人兼并撒丁岛和罗马人强索迦太基人的赔偿金视作这场战争的起因,那么,我们必须承认,迦太基人有发动这场汉尼拔战争的充足理由。尽管局势早已让他们别无选择,但是,现在他们可以见缝插针地利用局势,来报复那些伤害自己的人。

[31](1)一些缺乏洞察力的读者认为,我没有必要如此不厌其烦地对待这个问题。(2)我的回答是,如果有人认为,自己有足够的能力来面对任何可能的情况,那么,我会说,过去的知识可能对他很有帮助,但是,这并不是不可或缺。(3)然而,如果这个世界找不到任何一个人敢说自己,不管是对个人生活,还是公共生活,都无所不通——因为,没有人可以对未来料事如神,即使他可以对当下了如指掌——那么,我坚信,诸如我所描述的这种知识不仅有益,而且不可或缺。(4)当一个政治人物自身或者他的国家深陷困境时,他怎么去寻找帮手或者盟友;(5)当他渴望获取一些财产或者渴望对敌人先发制人时,他怎么鼓动自己想要合作的那些人采取行动;(6)最后,如果他满足于现状,那么,他怎么激励其他人来维护自己的信念和维持事情的原状。如果他对自己所要针对的那些人的过去历史,全都一无所知,那么,他怎样行动呢?(7)所有人都倾向于让自己适应当前的环境和承担时代所需要的角色,因此,从他们的语言和行动中,我们很难洞查他们每一个人的意图,真相

---

① 萨贡托位于埃布罗河亚南部,但是,汉尼拔对萨贡托的进攻违反了前两个条约。在二十一卷第2节中,李维(Livy)似乎坚信,与哈斯德鲁巴缔结的条约尤其解除了萨贡托的被攻之忧。

经常会被遮蔽起来。(8)但是,正如实际事实所证明的那样,人们过去的行动可以真正地揭示每一个人的意图和动机,它会告诉我们,我们可以在哪里寻找慷慨、友善的帮助,以及我们可以在哪里寻找与之相反的东西。(9)通过这种手段,我们通常也都可以找到,谁会安慰我们的不幸,谁会分担我们的愤怒,或者,谁会同我们一起报复我们的敌人,对于我们整个人类生活(不管是公共生活,还是个人生活)而言,所有这一切都帮助巨大。(10)因此,不管是历史的读者,还是历史的作者,他们都不应该把注意力仅仅局限在事件本身的叙述上,相反,他们应该把注意力倾注在所有这些事件之前发生,或者同时发生,或者之后发生的那些事件。(11)如果我们从历史中移除了所有事件的原因、进程和动机,不管结果是不是我们所合理期待的,最后留给我们的只会是一个美丽动人,但徒有其表却没有任何教育意义的著作,尽管它当时会很受欢迎,但是,它对未来终究毫无价值。

　　[32](1)正因为这个原因,我必须指出那些人的巨大误解,他们认为,我的著作很难获得,也很难阅读,因为,它卷数繁多、篇幅冗长。(2)比起获得和阅读那些分开撰史的历史学家的著作,获得和阅读我这部像线团一样整个编织在一起的整整四十卷著作,要容易得多,因为,它依次清晰地呈现了从皮洛士到迦太基沦陷这整个时代的意大利史、西西里史和利比亚史,(3)同时,它也呈现了从斯巴达的克里奥米尼斯的逃亡,到罗马人与亚该亚人之间在地峡的战争这一时期,世界其他地方所发生的那些历史。(4)除了他们反复多次撰写的历史同我所撰写的历史一样冗长之外,读者也不能从他们撰写的历史中得到任何确定性的东西,(5)这是因为,首先,他们绝大部分人对同一问题作了不同的叙述;其次,他们忽视了同时代的那些历史事件——比起孤立性地看待事件,整体性和对比性的回顾与评判肯定可以获得更为可靠的结论;最后,他们根本触及不到那些最为根本的东西。(6)因为,在我看来,最为根本的历史在于,全面考虑事件的长远性和直接性后果,而且,尤其在于全面考虑事件的原因。(7)因此,我认为,安条克的战争起源于腓

力的战争,而腓力的战争起源于汉尼拔的战争,汉尼拔的战争则是起源于争夺西西里的战争,这些战争中间所发生的所有事件,不管它们多么繁多和多么迥异,它们都聚焦于这同一个目的。①(8)我们只能从普遍史(a general history),而不能从孤立的战争史(例如,珀尔修斯的战争和腓力的战争)那里,认识和理解所有这些,(9)除非确实有人仅仅通过阅读所记载的这一场场战役的历史,他就自以为清晰地理解了整个战争的行动与计划。(10)然而,事情根本就不是这样,在我看来,我的历史与那些个别片段性的历史②之间的巨大区别,就如同真正实至名归的学问与道听途说之间的巨大区别。

[33](1)在罗马代表抵达迦太基的地方,③我中断了自己的叙述,进而引出了这番离题话。(2)当听到迦太基人一方的这番陈述后,罗马人没有作任何其他的回应,但是,他们最年长的一位使团代表指着自己所穿托加(toga)的胸襟,向迦太基元老院宣布说,胸襟里面同时装着战争与和平,(3)因此,无论他们让他留下哪个,他都会让哪个落下。(4)迦太基执政官(Carthaginian Suffete)则对他说道,让他随其所愿地落下其中一个,当这位代表说,他将把战争落下时,许多迦太基元老立即喊道:"我们接受战争。"在这样的言词交锋下,罗马代表团和迦太基元老院分道扬镳了。

(5)与此同时,正在新迦太基冬营的汉尼拔,首先让伊比利亚军队解散回家,因为,他希望他们将来能够自愿提供帮助;(6)其次,他教授自己的兄弟哈斯德鲁巴,如果自己不在,他应怎样管理西班牙和怎样抵挡罗马人;(7)第三,他严加防范非洲的安全;(8)

---

① 波利比乌斯认为,对腓力五世和安条克三世所发动的战争是罗马在汉尼拔战争之后的扩张行动。汉尼拔战争有时被视为是罗马人称霸世界的计划的第一步(第一卷第4章),但是,汉尼拔战争有时也会被视为是导致罗马人开始心怀称霸世界的一个事件(第一卷第3章)。
② [中译按]"个别片段性的历史"(particular episodes)亦即"部分性的历史"(partial accounts)。
③ 即第二十一章。

从非洲调兵到西班牙，他采用了更为明智和灵活的政策，反之亦然，通过这种措施，他让这两个行省牢牢地绑在一起和相互提供支援。（9）他派往非洲的军队来自特尔西塔部落（Thersitae）、[1]马斯提亚尼部落（Mastiani），[2]以及伊利里亚的奥里特斯（Iberian Oretes）[3]和奥卡德斯部落，[4]（10）他们总计一千两百名骑兵和一万三千八百五十名步兵，除此之外，他们还有八百七十名巴利亚里亚人（Balearians）。（11）Balearians是一个流行的称谓，这个词来源于 *ballein*，其涵义是"投掷"（to throw）和投石者（因为他们特别擅长投掷），这个名称也就逐步扩展和指代他们这个民族和他们所居住的岛屿。（12）对于这些军队，他把其中的绝大部分驻扎在利比亚的米塔戈尼亚（Metagonia），[5]另外一部分则驻扎在迦太基。（13）他从所谓的米塔戈尼亚城镇派遣了四千名步兵到迦太基，以兼作城防和人质之用。（14）在西班牙，他则给自己的兄弟哈斯德鲁巴留下了五十艘五桨座战船、两艘四桨座战船和五艘三桨座战船，其中三十二艘五桨座战船和所有的三桨座战船都已经整装待发。（15）同时，他还给他兄弟留下了一支骑兵，这支骑兵由四百五十名利比-腓尼基人（Liby-Phoenicians）与利比亚人，以及三百名埃尔基特斯人（Ilergetes）和一千八百名努米底亚人组成，这些努米底亚人都居住在海岸边，他们都征召于马西里部落（Masylii）、马萨西里部落（Masaesylii）、马克埃部落（Maccoei）和马乌鲁西部落（Maurusi）。（16）他还给他兄弟留下了一支步兵，这支步兵由一万一千八百五十名利比亚人、三百名利古里亚人和五百名巴利亚里亚人，以及二十一头战象组成。

---

① 对于这个民族的起源，我们并不清楚。
② 马斯提亚尼部落（Mastiani）是来自安达卢西亚（Andalusia）的一个部落。
③ 伊利里亚的奥里特斯（Iberian Oretes）的领土位于瓜达基维尔（Guadalquivir River）河边，靠近卡斯图洛（Castulo）。
④ 参见第三卷第13章。
⑤ 米塔戈尼亚（Metagonia）是西班牙的莫洛科（Spanish Morocco）海岸的一座海湾，米利拉海角（Cape Melilla）的东边。

（17）对于我为什么能够准确地记载汉尼拔在西班牙的部署情况，人们没有必要感到惊奇，尽管对于获得这方面的准确信息，即使连统帅自己也会比较地困难。对于我像其他历史学家那样行事和效仿他们似是而非的错误记载的那种看法，我也没有必要立即进行谴责。（18）实际的事实是因为，我在拉西尼亚海角（Lacinian Promontory）①发现了一块青铜碑刻，上面记载了汉尼拔在意大利期间，他亲自镌刻的这些细目；我毫不犹豫地采用了它，因为，我觉得它绝对是一等一的权威。

［34］（1）在严加防范非洲和西班牙的安全后，汉尼拔焦急地等待自己所梦寐以求的凯尔特使节的到来。（2）他准确地了解到，阿尔卑斯山脚下和波河周围土地的富饶、人口的稠密和人们在作战中的勇敢，（3）以及最为重要的是，他们自上一场同罗马人的战争以来，就一直憎恶罗马，为了让我的读者明白我所要记述的内容，我在前一卷中已经描述过这场战争。（4）因此，他高度期待他们的到来，他精心地派遣使节到生活在阿尔卑斯山和阿尔卑斯山南面的那些凯尔特酋长们那里，慷慨地允诺他们各种好处。（5）他坚信，如果同他们结盟，并让他们一起参战，那么，他就可以进入凯尔特人的领土和克服路途上的困难，进而把战火烧到意大利。（6）当使节回来后，他们向他报告了凯尔特人愿意提供帮助并焦急地等待其到来的消息，同时，使节们还向他报告说，翻越阿尔卑斯山会异常困难和艰辛，但绝非不可能。因此，春天一到，他就从他们的冬季营地里，把自己的部队集结起来。②（7）与此同时，当罗马代表团抵达迦太基的消息恰好传到了他那里后，他的精神非常高昂，他深信，家乡的同胞会支持自己，他现在公开号召自己的士兵同罗马

---

① Lacinian Promontory（拉西尼亚海角）亦写作 Cape Lacinium 或者 *Capo delle Colonne*，拉西尼亚海角位于布鲁提乌姆（Bruttium）。——洛布本注
拉西尼亚海角（Lacinian Promontory）即现在的克洛纳海角（Cape Colonna），它是意大利最东南的一个海角，靠近克洛托尼亚（Croton）。——企鹅本注
② 即公元前 218 年。

开战。①(8)他向他们解释说,罗马人已要求交出他和他的所有主要军官,同时,他又向他们指出了他们所前往的地方的富饶,以及高卢人的友好和他们即将同自己结盟的消息。(9)当他看到士兵们高兴地听从自己和渴望跟随自己征战的场景后,他赞扬了他们的热忱精神,当他给他们下达了哪天准备启程的命令后,他就解散了集会。

[35](1)汉尼拔在冬季期间完成了我在前面所说的部署,进而确保了非洲和西班牙的安全后,就在指定的那天率领大约九万名步兵和一万两千名骑兵向前进军。(2)越过埃布罗河后,他开始着手征服埃鲁基特斯部落(Ilurgetes)、巴尔古西部落(Bargusii)、亚伦诺西部落(Aerenosii)和安多西尼部落(Andosini),乃至比利牛斯部落(Pyrenees)。(3)他以惊人的速度攻占了其中一些城镇,并征服了他们所有的领土,尽管他自己也经过了许多场激烈的战斗,而且损失惨重。(4)他让汉诺统领埃布罗河北岸的整个地区,而把巴尔古西置于自己兄弟的绝对统治之下;由于这个部落对罗马心存友好,所以,他非常不信任他们。(5)他从自己的军队中分派出一万名步兵和一千名骑兵给汉诺指挥,他自己则负责整个远征军所有笨重的辎重。(6)与此同时,他让一支同样数量的军队解散回家,他这样做的目的有两个,一是让自己身后留下大批支持自己的人员,二是让其余的西班牙人坚信安全返家的希望,因为,不仅他们会效忠自己,而且,留在家乡的那些人也会效忠自己,因此,如果他需要征召他们前来支援,他们会积极地响应。(7)至于自己的其他军队,他们由五万名步兵与大约九千名骑兵组成,他减轻他们的辎重,并统率他们通过比利牛斯的地界和逼近罗纳河。(8)他现在所统率的这支军队数量并不庞大,但实力强悍,而且,由于西班牙的连绵战事,这支军队也得到了高度地历练。

[36](1)然而,地理学的知识是正确理解我的记述的一个必要

---

① 罗马人的最后通牒最早要等到公元前218年3月才会递交到迦太基,但也可能是6月,因此,这个演讲可能是虚构的。

条件,因此,我必须清楚地记述汉尼拔从哪里开始出发,翻越过哪些国家和最终进入到意大利的哪个地方。(2)我肯定不会像其他一些历史学家那样,只简单地给出这些国家、河流和城市的名称,就好像这些知识就会在这样的记述中自动显现一样。(3)在我看来,就已知的那些国家而言,提及它们的名称对于唤起我们对它们的记忆作用巨大,但是,就未知的那些国家而言,提及它们的名称,只会让我们不知所云和一团雾水。(4)因为,在这种情况下,思想会无所依靠,我们也不能联想或者参照任何已知的东西,以至于读者的脑海最终会像一团浆糊,①毫无意义。(5)因此,当说及未知的那些地方时,我们必须发明和依靠一种方法,来向读者尽可能地传递真实而又熟悉的观念。

(6)首先,最为重要,同时也是最为普遍的观念是,天际划分为四个方向,我们所有人,即使是那些最为庸常之人,也都能够区分东南西北。(7)其次,按照这些方位,世界分成了数个部分,在提及它们其中任何一个地方时,我们的大脑就会相应地产生反应。因此,我们就可以对我们不知道或者没有见过的地方,获得一个清晰而熟悉的概念。

[37](1)整个世界都可以普遍地适用这种原则,接下来,我仍需运用这个原则,把我们已知的那部分世界的方位呈现给我的读者。(2)这个世界分为三个部分,每个部分都有其自己的名称,第一部分叫作亚洲,第二部分叫作非洲,第三部分叫作欧洲。②(3)它们各自的边界是顿河(Don)、尼罗河和位于赫拉克勒斯之柱的海峡。(4)亚洲位于尼罗河和顿河之间,而且,它同时也位于东北边和南边之间的那部分天际。(5)非洲位于尼罗河和赫拉克勒斯之

---

① 参见第五卷第 21 章第 4 节(*Bk. v.* 21.4)。

② 这个世界划分为三个部分是在古代地理学家的基础上划分的,古代地理学家划分为两个部分,也即是与埃及连成一体的亚洲和与非洲连成一体的欧洲,参见撒路斯特:《朱古达战争》第 17 卷(*Sall. Jug.* 17);鲁卡安:《法萨卢战记》第九卷第 411 节(*Lucan. Phars.* 9,411);瓦罗:《论拉丁语》第五卷第 31 节(*Varro. de L. L.* 5,§31)。同时参见第十二卷第 25 节注释。

柱之间,而且,它同时也位于从南边伸向西南边和西边之间的那部分天际,(6)直至春分日落的地方,而春分日落的地方就是赫拉克勒斯之柱。(7)因此,从一般的观点来看,这两块陆地占据了从东到西的整个地中海南部。(8)欧洲位于它们对面和从东到西不断延绵的地中海北部,欧洲最为稠密和最为重要的部分位于顿河和纳波河(Narbo)之间的北部天际,纳波河距离马赛的西边,并距离注入撒丁海的罗纳河入口处不远。(9)凯尔特人居住在纳波河附近的地区,越过纳波河,居住的则是一连串的比利牛斯人,他们从地中海一直延绵不断地延伸到外海(Outer Sea)。(10)欧洲的其余地区——也即是从比利牛斯人南边一直到欧洲西部的尽头和赫拉克勒斯之柱——一面与地中海接壤,另一面则与外海接壤。(11)地中海所冲刷的这部分地区①一直到赫拉克勒斯之柱的那个地方,则被称作伊比利亚,而沿着外海或者大海(Great Sea)的那块地方则没有通用名称,因为,它直到最近才被发现,而且,这个地方密密麻麻居住的都是蛮族部落,我将在后面对他们作更为详尽的介绍。

[38](1)亚洲和非洲交会于埃塞俄比亚(Aethiopia),但是,对于这个地方,不管是它向南延伸的延绵陆地,还是它与大海接壤的海岸,直到我们现在所生活的这个时代,都没有任何人抵达过那里。(2)因此,在顿河与纳波河之间的那部分向北延伸的欧洲地区,到现在都不为我们所知,除非将来有好奇的探险家抵达那里,进而获得一些新发现,否则我们仍会对它一无所知。(3)我必须声明,不管是口头,还是书面,轻率地描述这些地方的那些人,都应该被视作无知地故弄玄虚和编造故事之人。

(4)为了让自己的叙述,不至于让那些对这些地方一无所知的人感到一头雾水,这是我所作的这番叙述的目的所在。但是,他们至少应该对那些主要的地理区位拥有一些基本的概念,而且,通过大脑的联想和参照我的叙述,他们可以根据自己头顶上的天空的四个方向来推测地方的方位。(5)因为,就身体的视野来说,我们

---

① [中译按]即地中海海岸。

会本能地习惯于把我们的脸朝向所有指向我们的物体,因此,就我们的心智来说,我们也应该把注意力转移到需要关注的每一个地方。

[39](1)现在我将暂且搁置这个问题,继续回到我先前的叙述上来。(2)先前我们说到,迦太基人统治了从大塞提斯(Greater Syrtis)的菲拉努斯祭坛(Altars of Philaenus)①到赫拉克勒斯之柱的整个地中海非洲海岸。(3)这条海岸线的长度超过一万六千斯塔德。(4)他们也越过赫拉克勒斯之柱海峡,同样征服了整个伊比利亚直至比利牛斯(比利牛斯人把凯尔特人和伊比利亚人分隔开来)尽头的地中海海岸。(5)从赫拉克勒斯之柱的地中海海口到这个地方,大约有八千斯塔德的距离,(6)从赫拉克勒斯之柱到新迦太基,大约有三千斯塔德的距离,从新迦太基(汉尼拔远征意大利的始发地)到埃布罗河,大约有两千六百斯塔德的距离,(7)从埃布罗河到恩波利乌姆(Emporium),大约有一千六百斯塔德的距离。(8)从恩波利乌姆到纳波,大约有六百斯塔德的距离,从纳波到罗纳河渡口,大约有一千六百斯塔德,对于这段路程,罗马人现在已经过仔细地丈量,并且,他们在每八斯塔德②的地方都标立了里程碑。(9)从罗纳河渡口(沿着河岸溯河而上)到阿尔卑斯山脚,再翻过阿尔卑斯山到意大利,距离大约是一千四百斯塔德。(10)越过山脉抵达波河平原的这段路程,实际上是一千二百斯塔德。(11)因此,汉尼拔从新迦太基出发,抵达到这个地方的行程,大约是九千斯塔德。③(12)抵达比利牛斯山,只是完成了大约一半的路程,

---

① 菲拉努斯祭坛(Altars of Philaenus)最初是埃及和西兰尼(Cyrene)之间的分界,它坐落在现在的埃尔-亚基黑拉(El Agheila)附近和班加西(Benghazi)的东南。在祭坛消失很久后,这个地方仍然保留了这个名称,参见斯特拉波第 3 卷、第 5 卷和第 5—6 卷。

② 关于波利比乌斯进行估算的"每斯塔德"(the stade)的长度,参见第三十四卷第 12 章。

③ 这是一个概数:实际所提到的距离加起来大约是八千四百斯塔德,总计大约一千罗马里(Roman miles)。

然而,更为艰巨的困难还横贯在他的面前。

[40](1)因此,当汉尼拔设法越过比利牛斯山后,他首要担心的是凯尔特人,因为,凯尔特人占据险要的地势。(2)罗马人收到了他们派往迦太基的代表团在那个地方所作的讲话和决定的消息,而且,他们还听到了汉尼拔率领大军已越过埃布罗河的消息①——这远比预料的要早——他们决定差派执政官普布里乌斯·科内利乌斯·西庇阿(Publius Cornelius Scipio)和提比略·塞姆普洛尼乌斯·洛古斯(Tiberius Sempronius Longus)各自率领军团分别进军西班牙和非洲。②

(3)他们一边忙于征召军团和作其他战争准备,一边积极推进之前决定的计划,也即是,在山南高卢(Cisalpine Gaul)③建立殖民地的计划。(4)他们采取积极的措施来防卫城镇,并且,他们命令殖民者——他们给每个城市分配大约了六千名殖民者——必须在三十天内到位。(5)在波河南岸,他们建造了一座名为普拉森提亚(Placentia)的城市,在波河北岸,他们则建造了一座名为科利莫纳(Cremona)的城市。(6)但是,这两个殖民地刚刚建成,波伊-高卢人(Boii Gauls)就起来反叛了。他们长久以来一直都在等待摆脱对罗马的忠诚,但是,一直都没有找到合适的机会。(7)现在他们听到迦太基人将要抵达的消息后,深受振奋的波伊人脱离了罗马,他们抛弃了自己在前一场战争结束时所交出的人质(我在前一卷中已对此作了描述)。(8)他们号召因苏布雷人一起加入自己的反叛运动,由于因苏布雷人长期以来一直对罗马人怨恨甚深,因此,他

---

① 我们不能确定这个消息是否在使团返回罗马前就已经传到了罗马;甚至,这个消息可能还要早于他们出使迦太基。

② 即公元前218年。西庇阿统率一支由八千名军团士兵、一万四千名盟军士兵、六百名罗马骑兵和一千六百名盟军骑兵所组成的军队,前往马赛(Massilia),他从那里入侵西班牙。塞姆普洛尼乌斯统率一支由八千六百名军团士兵、一万六千名盟军步兵和一千八百名骑兵所组成的军队,在西西里建立了一个基地,准备最终入侵非洲。

③ [中译按]即阿尔卑斯山南侧的高卢地区。

们很容易地得到了后者的响应。这两个部落一起横扫和追击罗马人刚刚分配在殖民地上的居民，他们将罗马人一直追击到穆提纳（Mutina）——穆提纳是罗马人的另一个殖民地——并将他们围困在那里。（9）围困在城内的罗马人当中，有三位出身显赫的人物——他们是被派来监督土地分配的——其中一位先前担任过执政官——他的名字是盖乌斯·鲁塔提乌斯（Gaius Lutatius），另外两位则先前担任过法务官（former Praetors）。（10）这三人要求与波伊人进行和谈，对此，波伊人同意了他们的请求，但是，当他们出来进行谈判时，波伊人背信弃义地关押了他们，因为，波伊人希望以他们三人来换回自己在罗马的人质。（11）当法务官卢西乌斯·曼利乌斯——当时他率领军队正忙于占领附近的一处前沿阵地——听说了这个消息后，他急忙前来救援。（12）听说了他要到来的波伊人，事先在一处森林里设下了埋伏，当他一到这处密林地，他们就立即从各个方向攻击他，他们杀死了很多罗马人。（13）幸存者一开始赶紧逃亡，但是，当他们到达一处高地后，他们重新进行集结，从而使自己看起来足够进行有序地撤退。一直紧跟在他们后面的波伊人，将他们重新围困在一个名叫维库斯-塔内提斯（Vicus Tannetis）①的地方。（14）当第四军团被波伊人包围和围攻的消息传到罗马后，罗马人立即派遣法务官率领一支军队前去救援，这支军队原本由普布里乌斯统领，然而，他们现在命令普布里乌斯从盟友那里另外招募军队。

[41]（1）汉尼拔最初抵达时，凯尔特人所处的局势状况和局势进程，就是我在这个地方和在前一卷②当中所叙述的那样。（2）这两位罗马执政官已经完成了各自所分配的所有准备工作，他们在初夏③启航，以执行之前制定的计划，普布里乌斯率领六十艘舰船驶往伊比利亚，提比略·塞姆普洛尼乌斯则率领一百六十艘五桨

---

① 维库斯·塔内提斯（Vicus Tannetis）位于帕马（Parma）附近。
② ［中译按］即第二卷。
③ 事实上是公元前218年8月。

座战船驶往非洲。(3)后者认为,这么庞大的舰队足以令敌人闻风丧胆,而且,他还在利利巴乌姆到处搜集各式军队和雄心勃勃地作各种准备,就好像他就要驶往迦太基和立即围攻迦太基一样。(4)普布里乌斯沿着利古里亚航行,经过五天的时间,他从比萨抵达了马赛附近,(5)他把舰队停泊在罗纳河的第一个河口,也即是著名的马赛河口(Massaliotic Mouth),他就让自己的军队在这个地方下船。(6)尽管他听说汉尼拔已经抵达比利牛斯山,但是,他确信,汉尼拔仍还有很长的征程,因为,路途崎岖困难,而且,他也需要穿越期间的大批凯尔特部落。(7)然而,汉尼拔贿赂了其中一些凯尔特部落和武力强迫了另外一些部落,从而给自己让出了道路,他的军队沿着自己右边的撒丁岛海岸进军,没有多久,他就以意想不到的速度穿过了罗纳河。(8)当普布里乌斯接到敌人抵达的消息后,他一开始深感怀疑,因为,敌人的进军速度太过迅速,但是,他渴望确认这个消息的真实性。因此,他派遣了三百名最勇敢的骑兵前去侦查,同时,他还给他们配备了一些凯尔特人——这些凯尔特人当时是作为雇佣军而效力于马赛人(Massaliots)——以作他们的向导和援军。(9)他自己则重整自己航行后的军队,并同自己的保民官商量哪处地方最适合迎击敌人。

[42](1)一到河边附近,汉尼拔立即着手在水流和缓的地方准备渡河,这个地方距离大海大约有四天的行程。(2)他尽可能地维持与河岸居民的良好关系,他购买他们所有的轻舟和船只,数量庞大,因为,罗纳河两岸的许多民族都在从事海上贸易。(3)他也从他们那里获取各种适合建造轻舟的木材,以至于他在两天内就拥有无数的渡船,因为,每一个战士都不想依靠同伴的任何帮助而自己独自过河。(4)与此同时,大批野蛮人集结在河对岸,以阻止迦太基人渡河。(5)汉尼拔注意到了这个情况,他由此得出结论,面对这么一支庞大的敌军,他不可能强行通过,也不可能留在原地,因为,敌人可以从各个方向攻击自己。(6)因此,在第三个晚上,他派出去了自己的一部分军队和当地向导——他们的指挥官是执政官波米尔卡(Bomilcar the Suffete)之子汉诺。(7)这支分遣队沿着

河岸,溯河前进了两百斯塔德后,抵达了一个地方——河流在这个地方分叉后形成了一座岛屿——于是,他们就在这个地方停了下来。(8)他们发现了很多可以利用的木头,于是,就把这些木头钉在一起或者捆在一起,通过这种方法,很快就建造了大批足够他们当前所需的木筏,他们就用这些木筏,安全而又没有遇到任何抵抗地渡过了河流。(9)他们占领了一处地势险要的地方后,就留在那里休息了一整天,以恢复自己的体力,同时也在为执行下一步的行动作准备。(10)而且,汉尼拔也在为自己的主力部队作相似的准备。(11)如何让自己的三十七头战象渡过河流是他最为头疼的问题。

[43](1)然而,在第五个晚上,①在汉诺的领导下,先前渡过河流的分遣军,在黎明前不久,沿着对面的河岸,顺河而下地向野蛮人进军。(2)与此同时,汉尼拔也让自己的士兵作好准备,并等待自己下达的渡河命令。他把自己的轻装骑兵装满船只,把自己的轻装步兵装满轻舟。(3)大型船只部署在上游,小型渡船则部署在下游,以让笨重的船舱阻挡水流的冲击,让轻舟减轻渡河的危险。(4)他们想到的计划是,让马匹在船尾后面游河过去,船尾两头都有一人用缰绳牵引三匹或者四匹战马,结果,大批的战马在第一波就成功渡河。(5)野蛮人看到敌人的计划后,他们就从营地倾巢而出,毫无章法地四散开来向前进军,因为,他们认为,自己可以轻易地阻挡迦太基人的登陆。(6)汉尼拔一看到自己先前派遣出去的军队已经在河对岸附近(因为他们通过事先约定的烟雾信号预告自己的到来)后,他立即就命令,所有负责渡船的那些人立即上船,强行渡河。(7)他的命令立即得到了执行,现在船上的所有人,都争先恐后地高声欢呼,并奋力划水渡河,(8)两军各自站在河流边缘的堤岸上,迦太基人的船只一边前进,一边响起巨大的欢呼声,士兵们同仇敌忾、士气激昂,野蛮人也大声地叫喊自己的战争口号,跃跃欲试,这个场景非常激动人心和惊心动魄。(9)就在野蛮

---

① 亦即在军队首次抵达罗纳河后的第五天。

人离开自己帐篷的那个时刻,汉诺所统率的迦太基军队,突然从河岸对他们展开了进攻,一些迦太基士兵点燃了敌军的营地,更多的迦太基士兵则攻击那些阻挡自己前进的敌军。(10)遭到突然攻击的一些野蛮人,赶紧回去拯救自己的帐篷,另外一些野蛮人,则赶紧组织起来抵抗敌人的进攻。(11)看到所有事情都朝自己预期方向发展的汉尼拔,立即集结那些首批登陆上岸的手下;(12)在向他们发表了一番督促的讲话后,他引领他们进军野蛮人,这些野蛮人由于没有有序的队形,而且又遭到突然的袭击,他们很快就调头逃跑了。

[44](1)这位迦太基统帅就这样控制了通道和击败了敌军,接着,他立即把留在河对岸的士兵运送渡河。(2)没有多久,整个军队成功渡过了这条河流,那天晚上,汉尼拔就在河边驻营休整。(3)第二天早上,他听说罗马舰队正停泊在罗纳河口,于是,他就挑选了自己手下的五百名努米底亚骑兵,派遣他们侦查敌军的行踪、数量和他们的意图。(4)与此同时,他挑选了合适的手下,让他们把战象运送过河;(5)接着,他召集自己的士兵开会,在会议上,他把从波河平原就一直跟随自己的马基鲁斯(Magilus)和其他酋长介绍给了大家,在翻译的帮助下,他们向军队解释了他们的部落酋长所作的决定。(6)在他们的讲话过程中,最鼓舞军队的讲话内容首先是,邀请他们进入意大利和允诺一起参加反罗马战争的那些高卢代表,现在已经真正现身;(7)其次,让他们满怀信心的是,他们可以依靠高卢人作为向导,他们也不会遭受匮乏的困扰,就可以快速而安全地抵达意大利。(8)除此之外,这些高卢代表还详细地讲述了他们即将前往的地区,生活富裕、地域广袤,而且,这些高卢人会坚定地站在自己一边,并英勇地同罗马人战斗。(9)在这番讲话后,那些凯尔特酋长就退后了,汉尼拔现在亲自走上前发表讲话。(10)他开始提醒他们过去所取得的巨大荣光,他说,只要他们听从自己的计划和建议,尽管他们经历了很多的危险和遭遇了很多战事,但是,他们没有遇到一次失败。(11)接着,他恳求他们不要失去信心,因为,最艰巨的任务现在已经完成,他们已经强行渡河,而

且,他们自己已亲眼看到和听到盟友的友好姿态和慷慨帮助。(12)因此,他恳求他们,不要担心那些他自己会妥善处理的琐碎问题,而是要服从命令和英勇作战,不要辜负他们过去所取得巨大荣光。(13)当军队鼓掌赞成和热情欢呼他的讲话后,汉尼拔称赞了他们,在代表所有人向诸神献祭后,他解散了他们,并命令他们迅速作好所有准备,因为,他们第二天就要开始进军。

[45](1)这场会议解散后,汉尼拔之前派出去侦查的努米底亚骑兵回来了,其中大部分的骑兵已经被杀,只有余下部分骑兵匆忙逃回。(2)在距离营地不远的地方,他们遭遇了普布里乌斯所派遣的侦查骑兵,在交战中,双方都表现出了巨大的英雄气概,罗马人和凯尔特人损失了大约一百四十名骑兵,努米底亚人则损失了超过二百名骑兵。(3)在随后的追击中,罗马人逼近迦太基人的营地,在对它进行一番侦查后,他们急忙调头,飞奔回去,以向执政官报告敌人抵达的消息。他们一抵达自己的营地,就把这个情报报告给了执政官。(4)普布里乌斯立即把自己的辎重搬上船舰,接着,他率领自己的全部军队沿着河岸向前进军,希望遇到迦太基人。

(5)在会议结束后的当天,汉尼拔就让自己的全部骑兵向海边方向进军,以作掩护;接着,他让自己的步兵拔营进军,而他自己则在等待那些留在身后还没有过河的战象和士兵。(6)下面就是他们让战象过河的方法。

[46](1)他们建造了大批实心木筏,接着,他们把木筏两两捆在一起,并把它们牢牢地固定在下水的河岸边,①它们连接起来的宽度大约是五十英尺。(2)其他木筏再从河边方向进行固定,用以在河内建造一座浮桥。(3)面对水流的那端浮桥,他们用缆绳固定在河岸上生长的树木上,这就使浮桥的整个结构非常稳固,不会因水流而移位。(4)当整座浮桥或者连接的木筏,建造到大约两百英尺长时,他们就把两艘极其结实的木筏固定到它的末端;这两艘木

---

① 亦即最先的两个木筏完全靠在岸上。

筏牢牢地捆在一起,但是,连接浮桥主体部分的绳索很容易被割断。(5)他们用数根牵引绳,牢牢地固定住这两艘木筏,以防止它们被水流冲走,并保持它们在水流中的稳定,因此,战象就可以从浮桥上面运送过去。(6)接着,他们在整个木筏一线堆积大量的泥土,直到它的高度与河岸的路面一样,而且,它的外观看起来也与河岸的过路通道相同。(7)大象一路上总是温顺地服从驯象手的指令,一直到河边,但是,它们绝对不敢冒险踏入水流里面。他们现在让两头雌象领头,并让它们沿着堆高的地面前进,其余的战象也就乖乖地跟在后面前进了。(8)一旦它们踏上最边上的木筏,固定这些木筏与其余部分浮桥的绳索,就会被迅速割断,渡船就会拉紧牵引绳,上面站立着大象的木筏,很快就会移开堤岸。(9)大象会因此陷入恐慌,它们一开始会转身向木筏的各个方向移动,但是,当它们发现自己四周都被河水包围后,最终会因为恐惧而被迫平静下来。(10)通过这种方法,也即是,不断地把两艘木筏固定在浮桥的末端,他们成功地把绝大部分战象运送了过去,但是,有一些战象因为太过恐惧,以至于在半路上自己跳进了河里。(11)这些驯象手全部淹死了,但是,这些战象获救了,因为,通过它们象鼻的长度和力量,它们可以把象鼻浮在水面上,从而可以进行呼吸,与此同时,它们还可以借助象鼻,把进入嘴里的水,全部喷射出来,因此,其中绝大部分战象就这样涉水过河。

[47](1)当战象抵达河对岸后,汉尼拔就把这些战象和自己的骑兵组成后卫部队,沿着河岸往上移动,往东离开海岸而行,宛如他们在向欧洲的中心地区进军。(2)罗纳河起源于阿尔卑斯山北坡的亚德里亚海湾上端的西北部,它流向西南方向,最终注入撒丁海。① (3)它所流过的大部分地方是一座深谷,阿尔迪亚斯部落(Ardyes)就生活在这座深谷的北部,而它的南部则完全被阿尔卑

① 这是波利比乌斯最让人震惊的地理错误之一。因为,他相信阿尔卑斯山脉横贯东西,而且,他相信罗纳河发源于其北侧,所以,这条河流就会被认为是向西流动。

斯山的北坡所包围。(4)正如我在前面所详细描述的那样,这些高耸的阿尔卑斯山脉——这些山脉始于马赛,并一直延伸到亚德里亚海湾顶端——将波河平原和罗纳河谷分隔了开来。(5)汉尼拔现在要进入意大利,他就必须从罗纳河谷穿越这些山脉。

(6)对于阿尔卑斯山这条通道,一些历史学家已作过描述,因为,他们希望通过描述这些山脉的神奇景观,以给读者留下深刻印象,但是,他们不知不觉就犯下了历史学家所会犯下的两个原罪,那就是,他们不得不歪曲事实或者生造自相矛盾的陈述。(7)一方面,他们把汉尼拔呈现为一个具有无与伦比勇气与远见的统帅,但是,另一方面,他们又不容置疑地把他展示成一个完全缺乏审慎精神之人;(8)接着,当他们发现自己深陷错误的迷宫不能自拔后,他们就试图一劳永逸地把诸神和诸神之子(sons of gods)引入这严肃的史实当中。(9)他们给我们展示道,阿尔卑斯山是如此陡峭和崎岖,以至于不仅骑兵和军队以及他们的战象,就连身手矫健的步兵也都很难越过,与此同时,他们又向我们描述道,这个地方是如此荒凉残破,以至于除非汉尼拔遇到一些神明或者英雄(hero)①给他指路,否则,他的整个军队必将误入歧途,乃至全军覆没,毫无疑问,他们都犯下了上面两个原罪。

[48](1)首先,统率这么一支庞大军队和一心渴望成功远征的汉尼拔,(2)假如真像那些历史学家所言,他对道路和这个地区根本就一无所知,而且,他对自己进军和面对的敌人也根本一无所知,或者,如果他的远征根本就不切实际,那么,我们可以想象,还有哪位将军会比汉尼拔更不审慎或者更不称职呢?(3)他们想让我们相信,对自己的胜利怀有高度期望的汉尼拔,冒险挑选了这样一条线路进军(即使是一名惨遭毁灭性战败的将军,尽管自己走投无路、无计可施,也不会选择这样行军)——(4)也即是,率领自己的军队进军到一个完全陌生的国度。(5)同样地,他们所说的这个地区的荒凉,以及道路的艰险崎岖,更是错漏百出。(6)因为,他们

---

① [中译按]英雄(hero)指的是第 47 章第 8 节中的诸神之子(sons of gods)。

从未花力气去了解,生活在罗纳河附近的凯尔特人,在汉尼拔之前,就已经不是一次或者两次,而是很多次率领大军越过阿尔卑斯山脉,而且,这诸多次率领大军越过阿尔卑斯山脉的时间,就在不久之前,距离并不遥远;他们与生活在波河平原的凯尔特人一起携手同罗马人战斗,对此,我在前一卷中已作了描述。(7)他们也不知道,阿尔卑斯山脉本身就生活着大批的人口。但是,他们对此全然不知,相反,他们告诉我们,一些英雄①出现在汉尼拔面前,并给他指明前进的道路。(8)事实上,他们就像那些悲剧作家那样,设计了一个根本不可能的离奇情节,以至于最后不得不生造出解围之人(deus ex machina),来解决这个困境和结束这出戏剧。(9)这些历史学家必然会陷入这种相同的困境之中,于是,他们就发明了那些英雄和诸神出来,因为,荒谬的开头必然会以荒谬的结尾来收场。荒谬的开头怎么可能会以理性的结尾来结束呢?(10)当然,汉尼拔没有按照这些历史学家所描述的那样行事,相反,他对自己的计划深思熟虑。(11)通过小心翼翼地探查(他自己甚至计划亲自造访了这个地区),他确认了这个地区的丰饶富裕和当地民众对罗马人的反感厌恶,由于路途苦难艰险,他雇佣了那些本身就准备参加他的冒险事业的当地人,来作为自己的向导和先锋。(12)我可以自信地谈论这些问题,因为,我亲自询问了亲身参加这些行动的那些人,同时,我也亲自探访了这个地区,并亲自重走了汉尼拔所走的这条阿尔卑斯山脉的通道。

[49](1)在迦太基人离开的三天后,罗马执政官普布里乌斯抵达了罗纳河渡口。当他发现敌人已经遥无踪迹后,深感震惊,(2)因为,他一直深信迦太基人不可能走这条路线,去冒险远征意大利,因为,这条路线上的当地土著数量庞大,而且桀骜不驯。(3)当他知道他们的冒险行动后,立即回到自己的舰船上,并赶紧让自己的军队上船。(4)接着,他派遣自己的兄弟②指挥西班牙战事,自己

① [中译按]这里的英雄指的是诸神之子。
② [中译按]即格纳乌斯(Gnaeus)。

则调头驶回意大利。他的目的是:全速通过伊特鲁里亚,并在敌人之前,抵达敌人越过阿尔卑斯山后所必经的通道的山脚。

(5)与此同时,在通过罗纳河渡口后,汉尼拔持续行军了四天,抵达了一个名为"埃斯兰"(Island)①的地方,这个地方人口稠密,盛产丰富的谷物,它的名称就来源于它本身的自然地貌;(6)因为,罗纳河与埃塞里河(Isère)沿着它的两边奔流,最终交汇形成一个三角形。(7)它的形状和大小类似于埃及的尼罗河三角洲(Egyptian Delta);尼罗河三角洲的底部是海洋,两边是河流,而埃斯兰的底部是非常难以翻越和穿过的山脉,甚至有人说,这座山脉几乎都不可能接近。(8)当汉尼拔抵达这个地方后,他发现,有两兄弟正在争夺王冠,他们正率领各自的军队相互对峙。(9)年长的那位主动靠近汉尼拔,请求汉尼拔帮助自己恢复王位,汉尼拔同意了他的请求,在当时这种情况下,这样行动似乎对自己最为有利。(10)因此,汉尼拔联合他一起进攻和驱逐了另一位王位争夺者;汉尼拔从胜利者那里获得了巨大的援助。(11)这位国王不仅给他的军队装备了大批的谷物和其余物资,而且,他还用全新的武器替换了所有老旧和残破的武器,因此,这恰逢其时地振奋了整个军队的士气。(12)同时,他也给汉尼拔的大部分军队提供了御寒的衣服和鞋子,这些东西对于穿越阿尔卑斯山脉帮助极大。(13)然而,最为重要的是,迦太基人担心,在穿越阿洛布罗基人(Allobroges)的领地时,会生出种种事端,但是,这位国王可以用自己的军队保护他们的后翼,从而使他们安全地抵达山脚。

[50](1)沿着埃塞里河岸②行进了八百斯塔德的十天行程后,汉尼拔开始翻越阿尔卑斯山脉,很快他就发现,自己深陷巨大的困难之中。(2)只要迦太基人停留在平地,阿洛布罗基人的各酋长就不会进攻他们,因为,阿洛布罗基人害怕那些护送他们的迦太基骑

---

① [中译按]"埃斯兰"(Island)亦即"岛屿"。

② 原文只提及了"这条河流"(the river),但是,这条河流所流经的线路明显表明,这条河流就是埃塞里河(Isère)。

兵和迦太基的野蛮人军队。（3）但是，当阿洛布罗基人动身回家，以及汉尼拔的军队开始进入险要地形后，阿洛布罗基人的酋长们就会召集大批军队，并在迦太基人的必经之路上占领有利的地势。①（4）如果他们能够秘密实施自己的计划，那么，他们就能够彻底摧毁迦太基军队。然而，他们的计划却被发现了，尽管重创了汉尼拔的军队，但是，他们自身的损失更加惨重。（5）因为，这位迦太基统帅事先知道了野蛮人已经占领了这些关键地形，于是，他就扎营在关隘脚下；（6）停留在那里后，他就派遣自己手下的一些高卢向导，先行侦查和报告敌军的整个部署和大体位置。（7）他的命令得到了执行；他了解到敌人在白天会坚守防区，但是，在晚上，他们就会撤入附近的一座城镇。根据这份情报，汉尼拔调整了自己的应对措施和制定了下面的计划。（8）他公开率领自己的全部军队向前进军，当他快要到达那些险要地形时，他就在距离敌人不远的地方扎营。（9）天一黑，他就命令点燃火把，并让大部分军队留在原地。接着，他让一支精锐士兵轻装前行，通过隘路后，他们占领了敌军所放弃的防区，因为，敌军在晚上都像往常那样撤入城镇。

[51]（1）天亮的时候，敌军看到了所发生的事情，但是，一开始没有阻挡他们的计划。（2）然而，当他们后来看到，一长串驮畜和骑兵缓慢而艰难地向隘路上爬行，他们就经不住诱惑而冒险骚扰迦太基人的行军队伍。（3）因此，他们就行动起来，在多处不同的地方同时进攻迦太基人，迦太基人立即就遭受了严重的损失，尤其是战马和驮骡，迦太基人的巨大损失与其说是出自野蛮人之手，不如说是出自地形的原因。（4）因为，向上爬升的道路不仅非常狭窄和崎岖，而且非常陡峭，队形稍一变动或者稍一混乱，就会引起大批的牲畜相互挤兑而掉进悬崖。（5）受伤的战马是引起队形混乱

---

① 波利比乌斯对横越阿尔卑斯山的叙述，在许多重要细节上都与李维不同，因为，这两位历史学家使用了不同的史料。李维的描述最合理的解释是，军队经由较南的路线，通过了基内利山口（Mont Genèvre pass）；波利比乌斯则认为，军队经由较北的路线，通过了基尼斯山口（Mont Génis pass）。

的首要原因,其中一些战马在疼痛的作用下,旋转并撞击前面的驮畜,其他一些战马则冲到前面,并在狭窄的道路上推挤阻碍自己前进的所有东西,从而引起巨大的混乱。(6)汉尼拔看到这番场景后,他意识到,如果驮畜队被摧毁了,即使逃过这次伏击的那些人,也不会有任何安全可言。因此,他率领一支在前一晚占领敌军地形的军队,匆忙去队形的最前头支援。(7)他从高地向下冲锋重创了阿洛布罗基人。但是,他自己的军队也遭受了同样严重的损失,(8)因为,参加这场战斗的那些人的杀喊和奋战,立即在两个方向上引起了行军队伍的进一步混乱。(9)只有当他把大部分阿洛布罗基人杀死,并迫使其余的阿洛布罗基人向自己的领地撤退逃亡后,余下的驮畜队和战马方才慢慢地艰难克服这条艰险道路。(10)在这场战斗后,汉尼拔自己尽可能地集结众多的军队,以进攻敌人发动突袭的那座城镇。(11)他发现,这座城镇几乎成为一座空城,因为,这座城市的居民都在抢夺战利品的诱惑下出城了,于是,他立即就占领了这座城镇。(12)占领这座城镇,对他现在和将来都作用巨大;因为,他不仅俘获了大批的驮畜、战马以及连同它们一起的大批人员,而且,他还得到了足够两天或者三天之用的谷物和牲畜等补给物资。(13)此外,最为重要的收获是,这场胜利让当地的其余部落都深陷恐惧,以至于生活在这山坡附近的那些部落,没有一个再敢骚扰他了。

[52](1)现在他在这里扎营,在停留了一天的时间后,他率领军队继续进军。(2)在接下来的三天时间里,他所率领的军队都平安无事,但是,在第四天时,他再一次地遇到了巨大的危险。(3)生活在通道附近的当地部落,一起密谋反叛他,他们手持橄榄枝和花圈——几乎所有野蛮人都把它们视为友谊的象征,它们就像我们希腊人所使用的使者的手杖(herald's staff)——前来会见他。(4)汉尼拔对他们这番联盟的提议有一些怀疑,他极力确认他们真正的意图和动机。(5)高卢人向他声称,他们已经充分认识到,占领这座城市和自取灭亡地攻击他的那些人,是完全错误的。他们向他保证说,他们之所以前来也正是这个原因,因为,他们既不想伤害

他,也不想自己受伤害。而且,他们进一步保证说,他们会交还自己手中的人质。汉尼拔犹豫了很长的时间,但是,他还是拒绝相信他们的这番话。(6)然而,他最终决定,如果他接受了他们的提议,那么,他或许可以让他们更加和平,同时也会更少地向自己进攻。但是,如果自己拒绝了他们的提议,那么,肯定会激发他们公开的敌意,因此,他最终同意了他们的提议,假装接受了他们的友谊。(7)野蛮人接着交还了他们的人质,并给他提供了大批的牲畜,他们毫无保留地把自己交到了他的手上,于是汉尼拔就相信了他们,雇佣他们作自己下一段艰险旅程的向导。(8)但是,在两天的进军后,这些野蛮人集结起来,紧跟在迦太基人的后面,当迦太基人正在翻越一个艰险而陡峭的峡谷时,他们发起了进攻。

[53](1)如果不是他心存疑虑和先见之明地作这样一种安排——汉尼拔把驮畜和骑兵安排在队伍的前头,重装步兵安排在队伍的后头——这一次,汉尼拔的军队几乎就要全军覆没。(2)因为有重装步兵作为掩护力量(步兵可以抵挡猛烈的进攻),所以,这场灾难就减轻了很多。(3)然而,尽管如此,汉尼拔还是损失了大批人员、驮畜和战马。(4)沿着山坡前行的敌人拥有更高的地形优势,他们向下面的迦太基人滚落滚石,或者,用手投掷石头,致使迦太基人陷入极度的危险和混乱之中,(5)以至于汉尼拔被迫率领自己的一半军队,在某个光秃秃的岩石上面,度过了那个夜晚,以作躲避,他同自己的骑兵和等待自己掩护的驮队分开了,直到经过一晚上的奋战之后,他们方才缓慢而艰险地从峡谷里走出来。(6)第二天早上敌人离开后,重新会合了骑兵和驮队的汉尼拔,率领他们一起向最高处的通道前进。从此之后,他再也没有遇到野蛮人所集结的任何军队。(7)但是,在一些地方,他不时地遭到一些占据优势地形的小股部队的骚扰:他们从前头或者从后面进攻他,夺走了他的一些驮畜。(8)在这种情况下,战象的作用就显得十分巨大;因为,敌人从来都不敢靠近那些置有战象的队伍,这种奇怪的动物的出现,让他们深感恐惧。(9)在爬越了九天的时间后,汉尼拔抵达了山顶,他在这个地方扎营,停留了两天,以休整自己幸存

下来的军队,并等待那些落伍者。(10)在这个空隙期间,大批之前因为害怕而逃跑的战马,以及大批先前甩掉负重的驮畜,现在都跟着行军的踪迹,又神奇地回到了营地。

[54](1)现在昂宿星座(Pleiads)就快要落山了,①大雪已经积聚在山顶。汉尼拔看到自己的士兵士气低落,因为,他们到现在已经遭遇了种种重创,而且,他们觉得往前还要继续经历种种困难。(2)因此,他把自己的军队召集在一起,努力提升他们的士气,而他提升军队士气的主要手段就是,意大利事实上已经在他们的视野之内了:意大利就在这些山脉下面挨得如此之近,(3)以至于从全景性的视角来看,阿尔卑斯山就矗立在整个意大利之上,它们看起来就像是一座城堡矗立在一座城市之上一样。(4)因此,汉尼拔向他们指明波河平原,提醒他们,居住在那里的高卢人,正翘首等待他们,与此同时,他又向他们指明罗马本身的位置,通过这种方式,他在一定程度上恢复了他们的士气。(5)第二天,他开始拔营下山。在此期间,除了一些偷偷摸摸的抢劫者之外,他没有遇到任何一个敌人,但是,由于地面艰险崎岖和积雪的缘故,他遭受的损失程度几乎与上山时相同。(6)因为,下山的道路非常狭窄和陡峭,由于积雪的原因,人和牲畜都看不到自己往前迈步的地方,一旦迈错地方或者绊倒的话,他们就将坠入悬崖。(7)然而,他们经受住了磨难,到现在已经习惯了这样的折磨,但是,他们最终抵达了一个大象或者驮畜都根本无法抵达的地方,因为,道路太过狭窄了。先前发生的一场山崩已经流失了大约1.5斯塔德②的坡面,而最近发生的那场山崩,则更加地让士兵们灰心丧气。(8)这位迦太基统帅一开始想到绕开这条死路,但是,新下的一场降雪,使绕路变得根本就不可能,因此,他最终不得不放弃这个计划。

---

① 按照字面涵义,它指的是十一月初,但是,汉尼拔行走这条通道有可能是在九月第三周,而且,就其一般所使用的意义而言,这个阶段的昂宿星座指的是气候恶劣的开始。

② [中译按]1.5斯塔德大约是300码(yards)。

[55](1)暴风雪的影响奇特而又怪异。新下的降雪落到上一年冬天的陈雪上面,这本身就非常容易变形,因为,刚下的降雪非常轻柔,而且,它的深度也较浅。(2)然而,当他们踩踏上去后,冻结在下面的积雪就会被踏穿,他们不会再往里面深陷,但是,他们的双脚会沿着它滑行,就好像行走在一层淤泥的地面上。(3)然而,更为严峻的事情还在后面。(4)人摔倒后,当他们试图用膝盖和双手的支撑站立起来时,他们踏穿不了下面一层积雪,他们会在这层积雪上滑走得更加厉害,因为,坡度非常陡峭。(5)然而,牲畜摔倒后,当它们努力站立起来时,它们会踏穿下面一层积雪,因此,由于它们自身的重量和陈雪的凝冻,它们就会和它们的负荷物留在原地,就好像它们被积雪冻住一样。(6)因此,汉尼拔被迫放弃了绕道这个想法,在清除了山脊的积雪后,他就扎营在那里,接着,他让军队沿着悬崖建造通道,这是一件异常艰辛的工程。(7)然而,在一天的时间内,他就修建了一条足够驮畜和战马通过的通道;于是,他立即带着它们穿过通道,并扎营在积雪线下面的一块地面上,并把牲畜派到牧场上。(8)接着,他让努米底亚人换班继续修建通道,因此,经过三天的艰苦奋战,他成功地使战象通过了,尽管它们都疲饿不堪。(9)因为,阿尔卑斯山顶和山顶通道附近的那些地方,没有任何树木,无论寒冬和酷暑,那里只有光秃秃的积雪,但是,半山坡上的两边就有了非常适合人类生存的牧草和树林。

[56](1)现在汉尼拔自己的所有军队集中起来继续下山,从我刚刚所描述的那个悬崖那里,行军了三天的时间后,他们抵达了平原。(2)在渡河和行军的途中,他在敌人手里损失了大批士兵,然而,悬崖和阿尔卑斯山的艰险道路,不仅让他损失了许多士兵,而且还让他损失了大批战马和驮畜。(3)从新迦太基以来的整个行军,花费了他五个月的时间,而穿越阿尔卑斯山,花费了他十五天的时间,现在当他英勇地进入波河平原和因苏布雷人的领地后,(4)他幸存下来的军队有一万两千名非洲步兵和八千名伊比利亚步兵,以及总计不超过六千人的骑兵,他自己在拉西尼亚

(Lacinium)圆柱的铭文上详细地提到了自己军队的人数。

（5）大约与此同时，正如我在前面所说，普布里乌斯·西庇阿把自己的军团留给了自己的兄弟格纳乌斯指挥，以让他指挥西班牙战事和英勇地同哈斯德鲁巴战斗，他自己则率领一小部分军队从海路抵达比萨。（6）他从那里穿过了伊特鲁里亚，并从法务官手上接管了对付波伊人的边境军团，接着，他抵达了波河平原，扎营在那里，等待敌军的到来，现在他正迫不及待地渴望开战。

［57］（1）现在我将把自己的叙述、双方的将军以及这场战争本身都带到意大利，但是，在进入这场战争之前，我想对我在这部史撰所采用的方法说上寥寥数语。

（2）一些读者可能会问道，为什么我的绝大部分记述都是关于非洲和西班牙，而为什么我没有涉及任何关于赫拉克勒斯之柱的地中海海峡，或者任何关于外海（Outer Sea）及其独特性，（3）或者任何关于不列颠群岛（British Isles），或者任何关于冶炼锡的方法，或者任何关于西班牙本身的金矿和银矿——所有这些问题都是历史学家们相互之间争论得不可开交的问题。（4）我避而不谈这些问题，不是因为我觉得它们与我的历史毫无关联，而是因为，首先，我不想老是中断自己的叙述，让读者分心于真正的主题；（5）其次，我不想过于分散和过于随意地提及这些问题，相反，我想在合适的时间与合适的地方尽自己所能正确地记述它们。（6）当我叙及这些地方时，人们无需大惊小怪，如果我没有叙述它们，同样也是出于我刚刚所说的这个原因。（7）但是，如果有读者坚持要求作者对所提到的每一个地方都作同样的描述，那么，他们可能没有明白，自己其实就像晚宴中的贪吃人那样，（8）虽然他尝遍了桌子上的美食，但是，他当时没有真正享受到任何美味，其后也不会从中吸收任何有益的营养。（9）因此，那些像这样阅读的人，他们当时既享受不到阅读的任何乐趣，未来也得不到任何的教益。

［58］（1）对于历史的书写而言，它①比任何东西都更需要严谨

---

① 亦即历史书写中的地理信息和地理位置。

和准确的事实真相,对此,这有很多证据可以证明,但是,我将主要选取下面的事例来进行证明。(2)几乎所有的作家,或者,至少绝大部分作家,在向我们描述这个已知世界尽头的那些地方的特性和位置时,他们绝大部分人在很多方面都犯有错误。(3)因此,我们无论如何都不能对他们的错误置之不理,但是,我必须清楚分明地专门论及它们,而不是随意性地或者分散性提及它们;(4)我们不是非要找出他们的错误或者反驳他们,相反,我们需要感激他们和纠正他们(如果他们犯有错误的话),因为,如果他们生活在我们这个时代,他们也会像我们一样纠正和修改他们自己所犯下的诸多错误。(5)在古代,我们确实没有发现试图探索遥远世界的希腊人,因为缺乏这样做的实际可能性;(6)在那个时代,海上航行会面临不计其数的危险,而陆地旅行则比海上航行更加充满危险。(7)即使有人成功抵达世界的尽头——不管是自愿还是被迫——这也并不意味着他能够完成自己的目标。(8)因为,由于这些地方全都属于野蛮人,而且位置又都非常偏远,加上语言迥然不同,仅靠眼睛,很难获得很多信息。(9)即使有人亲眼目睹了那些事实,他也很难节制有度地陈述,更难轻视一切奇闻异事,也更难做到为了真相而真相和只告诉我们纯粹的真相。

[59](1)因此,对于我所提及的这些地区,古代几乎不可能正确地叙述,我们不应该严厉指责这些作家的疏忽或者错误,(2)相反,我们应该赞扬和钦佩他们,因为,鉴于他们所生活的时代,他们对这个主题至少发现了有助于增进我们知识的某些东西。(3)然而,在我们自己所生活的时代,由于亚历山大在亚洲建立了帝国,以及罗马人在其他地区建立了统治,几乎所有的地区都可以通过陆路和海路到达。(4)与此同时,由于我们擅长这种行动的希腊人,已从军事或者政治野心中解放了出来,他们有足够充足的机会去调查和探究这些地方,(5)进而,我们对这些以前知之甚少的地方,就应该有更加充分的知识和更加可靠的认识。(6)我自己也将在这部作品的合适地方,努力地讨论这个主题,我的目的就是,要给对这个问题深感好奇的那些人提供详细的信息。(7)事实上,我

自己就不惜历经千险出游非洲、西班牙和高卢诸地,以及这些地方的西海岸渡海航行;(8)我的目的主要是,纠正之前那些作家的错误,同时也让希腊人知道这些地方。①

(9)而现在让我们回到我之前岔开主题的那个地方,也即是,回到罗马人与迦太基人在意大利激战的地方。

[60](1)我之前已经叙述到,汉尼拔进入意大利时他的军队规模。(2)一抵达那里,他立即就在阿尔卑斯山脚下扎营,以休整自己的军队。(3)他的军队不仅在艰险地登山、下山,以及险峻的山路上损失严重,而且,由于供给短缺和肉体需求的不足,他们的状况非常糟糕,在长期的身体劳累和食物短缺的折磨下,许多人陷入了彻底的沮丧状态。(4)因为,这样的地势不可能为成千上万的庞大军队运送足够的供给,而且,驮畜损失后,它们身上所携带的大批补给品也随之一同损耗殆尽。(5)因此,当汉尼拔越过罗纳河,率领三万八千名步兵和超过八千名骑兵出发后,正如我在前面所说,他在路上损失了大约自己全部军队的一半,(6)而那些幸存者,由于长期的艰辛劳累,无论从外表,还是从内在的状态来看,他们都更像野兽,而非人类。(7)因此,汉尼拔使尽浑身解数,仔细地照看自己的士兵和战马,直到他们在身体上和精神上完全恢复过来。(8)当他的军队恢复了力量后,汉尼拔发现,与因苏布雷人开启战端的塔乌里尼人(Taurini)——陶里尼人生活在阿尔卑斯山脚下——对迦太基人心存疑虑,因此,他首先主动接近他们,以寻求他们的友谊和结盟。(9)但是,他们拒绝了他的提议,他立即扎营在他们的那座主要城市②周围,并在三天后占领了这座城市。(10)通过屠杀所有反对自己的人,他让周围的那些野蛮人部落惊恐万分,以至于他们立即前来投靠他。(11)生活在波河平原上的其他凯尔特部落一开始迫不及待地倒向迦太基人的队伍,(12)但是,当

---

① 这个段落明显是在波利比乌斯旅行高卢、西班牙和非洲之后撰写的,其时间大约在公元前151年—前146年之间。

② 这座主要城市可能指的是现在的都灵(Turin)。

罗马军团越过他们大部分的领土和拦截了他们后,他们就一动不动了,其中一些甚至被迫倒向罗马人一边。(13)有鉴于此,汉尼拔决定不再耽搁,向前进军,并试图通过采取一些行动,来激励那些渴望倒向自己一边的土著部落。

[61](1)当汉尼拔听说,普布里乌斯已经率领军队穿过波河,而且近在咫尺时,他脑海里正酝酿着一个计划。(2)一开始他拒绝相信这个消息,因为,仅仅就在几天之前,他在渡过罗纳河后,就甩掉了后者,而且,从马赛到伊特鲁里亚的海路航线漫长而又困难;(3)除此之外,伊特鲁里亚海到阿尔卑斯山脉的道路同样也非常漫长,而且也不适合军队的行军。(4)然而,当同样但更加具体的消息源源不断地传来后,他深深地震惊于这位罗马执政官的整个计划,以及他的这个计划的执行方式。

(5)普布里乌斯也有同样的感觉;①因为,一开始他也根本没有想到,汉尼拔会率领一支外国军队穿越阿尔卑斯山脉,而且,即使汉尼拔冒险远征,他也觉得他必定失败。(6)他事先作了这样的预判,因此,当他听到汉尼拔已经安全抵达,并围攻意大利的城镇后,他也深深地震惊于汉尼拔的英勇和冒险精神。(7)听到这个消息时,罗马也产生了同样的反应。(8)罗马人对迦太基人攻占萨贡托的消息所掀起的巨大波澜刚刚平息:罗马人的应对措施是,派遣其中一位执政官到利比亚围攻迦太基城本身,派遣另一位执政官到西班牙同汉尼拔(他们原以为汉尼拔就在西班牙)作战;现在,消息却传来说,汉尼拔正率领军队来到了意大利,并围攻意大利的一些城市。(9)因此,事情的突转让他们深感震惊,在惊恐之下,他们赶紧去信给利利巴乌姆的提比略(Tiberius),告诉他敌人抵达意大利的消息,以及命令他放弃他现在的计划并赶紧支援自己的祖国。(10)提比略立即集结自己舰队的所有船员,命令他们立即返航。

---

① 这些论断完全是臆测性的。西庇阿可能对汉尼拔到来的速度感到震惊,但是,如果汉尼拔在敌人的北部边境没有遇到罗马军队,那将更让人感到震惊。

至于他的陆军,他则逼迫保民官们发誓:在确定日期的就寝时间前,①把陆军全部带到亚里米努姆(Ariminum)。(11)亚里米努姆城位于波河平原南端的亚德里亚海岸。(12)因此,周围所有地方都产生了巨大的震动和刺激,因为,传来的这个消息是所有人都没有预料到的,双方都在高度紧张地关注未来的动向,以至于他们对任何一个敌人都不会掉以轻心。

[62](1)汉尼拔和普布里乌斯现在正相互对峙,他们两人都对自己的军队发表了一番自认为合乎时宜的讲话。(2)下面是汉尼拔激励自己军队的方法。(3)集结军队后,他从俘虏中间把那些年轻的俘虏带到前面,这些俘虏都是在他行军阿尔卑斯山的崎岖山路时,因为骚扰他行军而被他所俘获的。(4)为了实现自己的目的,他故意虐待他们:给他们戴上沉重的脚镣,让他们饥肠辘辘,严酷地击打他们,让他们的身体都严重变形。(5)汉尼拔把这些人安排在军队的中间后,他向他们展示了一些全套的高卢人的铠甲(其中包括他们的国王在一对一的决斗时所穿戴的铠甲)。除了这些之外,他还在奖品中安排了一些战马,带来了一些珍贵的军用披风。(6)接着,他要求这些年轻的俘虏,如果他们愿意进行两两相互战斗,那么,胜利者将会得到奖品,而失败者则将处死,从而从这现有的痛苦中解脱出来。(7)当所有的声音都一致喊道他们愿意战斗后,他就命令他们抽签,其中抽到签的两名俘虏将穿上铠甲并投入战斗。(8)一听到这些命令,这些年轻的俘虏立即举起自己的双手,向诸神祈祷,所有人都渴望自己抽到签。(9)当结果公布后,抽到签的那些人满心欢喜,而其余的那些人则满脸沮丧。(10)在战斗结束后,余下的俘虏纷纷向刚刚在战斗中倒下的死难者报以胜利者一样的祝贺,因为,他们觉得,他已经从此免除了这种痛苦的折磨,而他们则还要活生生地继续忍受这种无尽的痛苦。(11)大部分迦太基人的感受也同他们一样;他们都同情幸存者(因为,他们要重新回到俘虏的生涯和继续忍受无尽的折磨)和祝贺倒

---

① 亦即四十天之后,参见第三卷第68章。

下的死难者(因为,他们得到了解脱,死亡对他们来说反而是一件幸事)。

[63](1)当汉尼拔通过这种方式,给自己的军队呈现了自己所想要的这种效果后,他站起身来,告诉他们,(2)他有意地把这些俘虏带到他们面前,是为了让他们清楚地看到,这些人所遭受的不幸,很可能就是他们自己所要面临的不幸,以让他们从中更好地感受当前的危机。他说道:

　　(3)命运女神把你们带到了相同的生死关口上,她把你们关在了一个类似的战场上,她也给你们提供了与刚刚这些俘虏相同的奖品和前景。(4)因为,你们必须胜利,否则就是死亡,或者活生生地落入你们敌人的手里。你们胜利的奖品不是战马和披风,而是全世界都最为艳美的整个罗马的财富。(5)战场上死亡的奖品就是在激烈的战斗中战死,那是你为最高贵的目标战斗到最后一丝气息,而且,你没有感觉到痛苦。(6)但是,等待你们那些战败之人的命运——由于爱惜性命而选择逃亡或者通过其他的方式保全自己的性命——将会是各种痛苦和不幸。(7)当想到自己远离家乡后所跨过的漫长路途,以及期间所历经的庞大敌人和所越过的巨大河流,你们没有一个人会迟钝到或者愚蠢到,觉得自己可以通过逃亡返回家乡。(8)因此,我乞求你们彻底斩断这种不切实际的幻想,把你们自己的处境与刚刚那些俘虏的处境等同视之。(9)正如那些俘虏,他们所有人都把死者当成胜利者一样庆祝,而他们却都对幸存者深为怜悯;因此,你们现在应该好好地想一想自己面前的选择,要么全力以赴赢取胜利,要么就此放弃走向灭亡。(10)我恳请你们,不要把失败后的任何生存希望残存在你们的脑海。(11)如果你们像我催促的那样理性和坚定,那么,胜利和安全肯定就会随之而来;(12)因为,任何主动或者被迫放弃这种希望之人,他们总能成功地击败对手。(13)然而,敌人却残存这种希望,就像现在的罗马人,他们大部分人相信自己能够安全地逃回家乡，因为，他们的家乡就近在咫尺，很明显，完全不残存这种幻想，从而对自身安全没有任何退路的那些勇猛之人，他们则会所向无敌。

（14）这个实例和这番讲话得到了军队的热烈响应，他们都表现出演讲者所希望的巨大热情和自信；在赞扬了他们一通后，汉尼拔解散了他们，并命令他们在黎明时分作好开拔的准备。

［64］（1）大约在相同的日期，普布里乌斯·西庇阿——他已经穿过波河，决定进军越过提西纳斯河（Ticinus），因此，他命令那些擅长建造桥梁的人建造一座桥梁——也对自己余下的军队召集了一个会议，并对他们发表了一番演讲。（2）他所说的大部分内容都是关于他们国家的尊贵地位和他们祖先的辉煌战绩，至于所关心的当前局势，（3）他则说道，即使他们对敌人没有任何了解，即使他们只知道他们与之作战的是迦太基人，他们也会毫无疑问地取得胜利。（4）迦太基人竟敢面对罗马人，他们应该把这视为一种反常的和令人惊讶的事情，因为，迦太基人经常被他们打败，迦太基人也给他们支付了大批贡金，很多年以来，他们几乎就是罗马人的奴隶。（5）他接着说道："但是，除此之外，我们通过我们自己的经验或多或少可以判断，他们现在不敢面对面地迎击我们，因此，如果我们衡量所有的因素，我们应该怎样正确地评估我们自己的胜算把握？（6）啊！当他们的骑兵在罗纳河附近遇到我们的骑兵后，他们的骑兵肯定会表现糟糕，在损失大批士兵后，他们会狼狈地逃回自己的军营。（7）他们的将军和他们的整个军队一旦知道我们的军队抵达后，肯定会溃散撤退，出于对我们的恐惧，他们不得不违背自己的最初意图，被迫沿着原来的道路重走一遍阿尔卑斯山脉。"（8）他接着说道："汉尼拔现在虽然已经抵达了，但是，他已经损失了大部分军队，而且，余下的那些军队也由于备尝艰辛，变得虚弱不堪和毫无用处。他也损失了大批骑兵，余下的那些骑兵，也因为漫长而艰苦的行军而毫无战斗力。"（9）他所说的这一切都是为了让他们相信，他们只有面对敌人一条途径。（10）但是，最为重

要的是,普布里乌斯催促他们说,他们要从他亲临战场之中汲取信心和勇气,因为,他从未放弃自己的舰队和之前所委派的西班牙远征,如果不是考虑到自己这番行动是维护国家安全的必须之举,并且有必胜的把握,他不会这样匆忙地来到意大利。(11)演讲者的巨大权威及其开诚布公的讲话,使整个军队都表现出巨大的战斗热情,在赞扬了他们的热情后,他解散了他们,并让他们作好执行他的命令的准备。

[65](1)第二天,迦太基人和罗马人双方的军队都沿着最靠近阿尔卑斯山脉的波河河岸进军,罗马人在河流的左边,迦太基人则在河流的右边。(2)接下来的第二天,他们从侦察兵那里得知,他们已经彼此靠近后,双方的军队都停下来扎营,并原地等候在那里。(3)但是,第二天早上的时候,这两位将军都带上了自己的所有骑兵——除此之外,普布里乌斯还带上了自己的标枪兵——进入了平原,以相互侦查对方的军队。(4)他们一相互靠近,就可以看到对方部署战斗阵型而掀起的滚滚尘土。(5)普布里乌斯把自己的标枪兵和高卢骑兵部署在队伍的前面,其余的士兵则部署在队伍的后面,他们以缓慢的步伐向前进军。(6)汉尼拔则把自己的具装骑兵(bridled cavalry)和所有的重装骑兵部署在队伍的前面,让他们迎击敌军,同时,他把自己的努米底亚骑兵部署在两翼,以展开侧击。(7)双方的统帅和骑兵都极度跃跃欲战,以至于战斗开始后标枪兵都没有时间投射第一波标枪,而是立即退后并撤入到自己骑兵之间的空隙地带,因为,他们担心即将发起的冲锋,害怕冲向自己的骑兵的踩踏。(8)骑兵面对面地发起冲锋,在一段时间内,他们的交锋大抵相当;(9)双方的战斗变成了骑兵和步兵的混战,因为,在战斗的过程中,大批骑兵下马战斗。(10)然而,当努米底亚骑兵侧击罗马人和攻击罗马人的后翼后,最初成功逃脱骑兵冲锋的那些徒步的标枪兵,现在却被大批努米底亚军队猛攻和踩踏,(11)而最初迎战迦太基人的骑兵也遭遇了重创,而且,他们的损失要比敌人严重很多,他们现在又遭到努米底亚人从后面展开的进攻,他们只得溃逃,其中大部分骑兵向各个方向四散逃亡,只有一

小部分骑兵重新聚集在执政官普布里乌斯周围。

［66］（1）普布里乌斯现在拔营和通过平原，向波河上的那座桥梁进军，他的目的是，在迦太基人抵达前尽快地让自己的军团渡河。（2）由于这个地方都是平地，敌人的骑兵也占据优势，而且，他自己也身有重伤，①他决定把自己的军队撤到一个安全的地方。（3）汉尼拔一开始认为，罗马人会冒险让步兵参战，然而，当他看到他们拔营后，他就紧追他们，一直到第一条河流上的那座桥梁。②（4）但是，他发现，这座桥梁的大部分木板已经被拆毁了，不过，保卫它的军队，仍然驻守在自己这边的河岸上，于是，他把他们大约六百人全都俘虏了；（5）当他听说，罗马人其余的主力部队远在自己的前头后，他调转方向，沿着波河反向进军，希望找到一个容易架桥的地方。（6）经过两天的行军后，他停留了下来，并建造了一座浮桥，接着，他命令哈斯德鲁巴③监督军队渡河，他自己则立即渡河，并接见来自临近地区的代表。（7）骑兵的胜利直接导致附近所有的凯尔特人急忙同迦太基人进行结盟——这也是他们一开始的愿望——他们给他提供各种物资，并派遣军队效忠于他。（8）汉尼拔热情地接待了他们所有人，自己河对岸的军队与他会合后，他沿着波河，与自己之前的行军路线反向进军；现在，他顺河而下，意在遇到敌军。（9）与此同时，普布里乌斯已经渡过了波河，并扎营在了普拉森提亚（Placentia）——普拉森提亚是罗马人的一块殖民地——他在那里忙于治疗自己和其他的伤员的伤势，而且，他觉得，自己的军队现在正安顿在一个非常安全的地方，因此，他就没

---

① 有一种说法是（10：3），普布里乌斯被自己的儿子，也即是著名的西庇阿·阿非利加（Scipio Africanus）所救起。还有一种说法是（李维，21：46），普比里乌斯被一名利古里亚（Ligurian）奴隶所救起。

② 这条河流即提西诺河（Ticino）。李维（Livy）误以为，这座桥是波河上的那座浮船桥。这场战役发生在维克图姆拉（Victumulae）附近，即现在的维基诺拉（Vigerano），它位于提西诺河的右岸。

③ 李维（21：47）记载的是梅格（Mago），而不是哈斯德鲁巴，梅格是汉尼拔的幼弟。这位哈斯德鲁巴就是第93章所说的"先锋队长"（captain of pioneers）。

有采取进一步行动。(10)但是,在普布里乌斯渡河两天后,汉尼拔就出现在了附近的地区,第二天,他就在敌人的众目睽睽之下部署自己的军队。(11)当罗马人拒绝他的挑战后,他就在距离罗马营地大约五十斯塔德的地方扎下营来。

[67](1)罗马军队里的凯尔特分遣队看到,迦太基人的前景现在更加明朗,于是,他们开始密谋;他们所有人仍然安静地待在帐篷里,等待合适的机会进攻罗马人。(2)在壕沟保护的营地里,所有人都在吃晚饭和休息,等到夜晚已经消逝大半,快要到早上的时候,凯尔特人全副武装进攻那些扎营在自己附近的罗马人。(3)他们杀死并击伤了大批罗马人,最后,砍下了那些被杀者的头颅,跑到了迦太基人一边,他们大约有两千名步兵和将近两百名骑兵。(4)汉尼拔非常热情地欢迎他们的到来,在对他们说了一番激励的话和允诺他们所有人合适的奖励后,他立即派遣他们回到他们自己的城市里去,告诉自己的同胞他们刚刚做过的事情,并催促他们加入到他的队伍中来。(5)因为,他现在非常清楚,一旦其他凯尔特人知道他们的一部分同胞已经背叛了罗马,那么,他们所有人都会倒向自己这一边。(6)与此同时,波伊人也来到他那里,并向他移交了三名罗马官员——正如我之前所提到的,这三名罗马官员是从罗马那里派来分割他们的土地的——在战争刚爆发时,波伊人通过反叛俘获了他们;汉尼拔热情地欢迎他们的到来,并且,通过他们的代表,他还同他们签订了正式的联盟条约。(7)然而,他把这三名罗马人还给了他们,同时,他建议他们按照最初的计划,好生看管他们,以换回他们在罗马的人质。

(8)对于这次反叛行动,普布里乌斯感到非常担心,鉴于长期以来罗马人与凯尔特人之间的敌对,现在这次反叛会更加刺激所有高卢人倒向迦太基人一边,因此,他决定防患于未然。(9)于是,他在当天晚上的黎明前就拔营,向特雷比亚河(Trebia)及其周边的山区进军,他觉得,自己可以依靠那里的地形优势和周围盟友的忠诚。

[68](1)获悉他们离开后,汉尼拔立即派遣自己的努米底亚骑

兵前去追击,紧接着又派遣自己的其他骑兵前去追击,而他自己则率领自己的主力部队紧随其后。(2)努米底亚人发现遗弃的营地后,就停下来放火烧毁了这座营地,这番耽搁对罗马人作用甚巨。(3)因为,如果骑兵立即紧追且追上辎重,在这样的平原地形,罗马人必将损失惨重。(4)就这样,绝大部分罗马人成功地渡过了特雷比亚河,但是,走在队伍最后面的那些人则被迦太基人杀死或者俘虏了。

(5)渡过特雷比亚河后,普布里乌斯扎营在自己所抵达的第一座山丘上,并等待提比略及其大军的到来,同时,他挖掘了一条壕沟,并建造了一道栅栏来保护自己的营地。(6)与此同时,他小心翼翼地照料自己的伤势,因为,他急切地想投入到接下来的战斗之中。(7)汉尼拔在距离敌人大约四十斯塔德的地方扎营。(8)居住在平原上的众多凯尔特人,热情地支持迦太基人的事业,他们给迦太基人提供了大批物资补给,而且,他们也非常乐意加入到汉尼拔的任何行动或者作战中。

(9)当骑兵战败的消息传到罗马后,罗马人深感震惊。他们之所以震惊,不是因为结果超出了他们原先的预料,而是因为他们有充足的理由确信自己根本不会战败。(10)其中一些人认为,这归罪于执政官的鲁莽,另外一些人则认为,这归罪于凯尔特人的恶意怯战,凯尔特人后来的逃跑就是明证。(11)但是,从总体上而言,他们相信自己仍会取得最后的胜利,因为,他们的步兵仍然完好无损。(12)因此,当提比略及其军团抵达和穿过罗马城时,民众仍然相信,只要这些军队抵达战场,就能够结束战斗。(13)当提比略的军队在亚里米努姆发誓和集结后,执政官提比略亲自率领他们全速与普布里乌斯会师。(14)当两军会师后,他就让自己的军队在西庇阿附近扎营,以休整军队,因为,他的军队从利利巴乌姆到亚里米努姆连续行军了四十天。(15)与此同时,他也作好了所有的战斗准备,而且,他与西庇阿进行了多次密切会晤,以了解过去所发生的事情,并一起讨论当前的局势。

[69](1)大约与此同时,由于一名布林迪西人——罗马人委任

这名布林迪西人防守克拉斯迪乌姆——反叛罗马,汉尼拔占领了克拉斯迪乌姆城镇,这座城镇的驻军和所有储藏的谷物都落入了汉尼拔的手里。(2)汉尼拔用这些谷物来满足自己的当前之需,但是,他没有伤害这些俘虏,(3)他希望以此来展现自己的仁慈,以让那些遭遇战争噩运之人不要恐惧害怕和放弃生活的希望,因为,他会宽恕他们。(4)对于这名反叛罗马的叛变者,汉尼拔也授予了他巨大的荣誉,因为,他渴望赢得那些处于相似地位的人来支持迦太基的事业。

(5)后来他发现,生活在特雷比亚河和波河之间的一些凯尔特人,虽然他们与自己结盟,但是,他们仍然与罗马人往来勾连,因为,他们想以这样的方式来从罗马人和迦太基人那里维持自己的安全,(6)于是,他就派遣了两千名步兵以及大约一千名凯尔特与努米底亚骑兵前去洗劫他们的地区。(7)这些命令执行后,他们得到了大批战利品,而凯尔特人则来到罗马人的军营,以寻求后者的帮助。(8)提比略长期以来一直都在为自己的进一步行动寻找一些理由,现在,他就抓住这个机会,派出了自己大部分的骑兵和大约一千名徒步的标枪兵。(9)他们出击迅速,以至于他们在特雷比亚河对岸就追上了敌人;他们同敌人接战和争夺战利品,并迫使凯尔特人与努米底亚人撤回到他们自己的营地。(10)在外面防守营地的那些迦太基士兵立即明白了所发生的事情,他们派出了一支掩护部队,以支援那些后撤的士兵,这下轮到罗马人逃亡和撤向自己的营地了。(11)提比略看到这番景象后,他就派出了自己所有余下的骑兵和标枪兵,当他们会合后,凯尔特人又开始逃亡和撤向安全的地方了。(12)汉尼拔当时还未作好进行一场全面战斗的准备,他认为,一场决战应该在事先严密的计划之下,而不是在一时冲动之下发动和展开。(13)我们必须承认,作为将军,他在这一次的表现无可挑剔。当他们靠近营地时,他制止了军队的进一步后撤,并迫使他们掉过头来,但是,他没有让他们向前进军去同敌人接战,而是派遣自己的军官和号兵去召他们回来。(14)罗马人在等待了一小段时间后就撤退了,他们损失了一些士兵,但是,相比之下,迦太基人的损失更加严重。

[70](1)提比略对自己的胜利深感鼓舞和高兴,他迫不及待地想要进行一场决战。(2)由于西庇阿身体欠佳,他现在自主处理战争事宜,但是,他希望自己的同僚能够在这个问题上向自己提出意见。(3)西庇阿对局势的看法则恰恰与之完全相反。(4)西庇阿认为,他们的军团应该进行一个冬季的训练较为适宜,同时,他也认为,如果迦太基人没有赢得胜利而被迫无所作为,那么,声名狼藉而变化无常的凯尔特人不会一直忠于迦太基人,相反,他们会抛弃他们最新的盟友。(5)此外,他也希望等自己的伤口治愈后,能够一起同自己的同僚并肩作战。(6)因此,基于这些理由,他建议提比略维持现状。(7)对于这些事实和这些理由的说服力,提比略非常地清楚,但是,在自身野心和对自己的运气盲目自信的驱使下,他渴望在普布里乌斯能够现身战场之前,或者,新选任的执政官就任之前,亲自发动一场决定性的打击,而且,现在这个选任时间很快就要到了。(8)由于他不是根据局势,而是根据自己个人的私心来挑选交战时间,他的行动必然谬误百出。

(9)汉尼拔对局势的看法与西庇阿非常相像;因此,他非常渴望与敌人开战,首先,他希望利用凯尔特人还未消退的作战热情;(10)其次,他希望面对的是新近征召而未训练的罗马军团;第三,他希望在西庇阿恢复身体之前开战。然而,最为重要的是,他渴望采取主动,不让时间白白流逝。(11)当一位将军把自己的军队带到一个陌生的国度,进行这样的冒险作战时,他唯一的安全希望就在于,不断地点燃自己盟友的希望。

(12)这些就是汉尼拔当时的意图,他知道提比略肯定会采取进攻性的行动。

[71](1)汉尼拔很久之前就注意到两军营地之间的那块地方:平坦而没有树木,但非常适合于伏击;因为,一条河道从中穿过,河道两边是陡峭的堤岸,堤岸上长满了密集的灌木丛和其他荆棘林。因此,他决定在这里设下陷阱,以伏击敌人。(2)他很容易让他们放松警惕,因为,罗马人向来对树木茂密之地疑虑重重,凯尔特人

经常选择这样的地方伏击他们,但是,对于那些平坦而无树的平地,他们根本就不担心。(3)他们没有意识到,这种地方其实比那些林地更适合伏击性的躲避和隐藏,因为,他们可以清楚地看到周围很远的地方,同时,在大多数情况下,他们又可以找到充足的隐蔽物。(4)陡峭的河道堤岸,以及芦苇丛或者凤尾草或者一些不同种类的荆棘林,不仅能够用来隐藏步兵,甚至有时还能够隐藏下马匹骑兵,如果稍加隐蔽,就可以在地上铺放装饰有显眼盾徽的盾牌,盾牌下面则可以隐藏头盔。(5)当这位迦太基统帅现在向自己的兄弟梅格和其他同僚,吐露了接下来的这个作战计划后,他们所有人都赞同他的计划。(6)因此,当军队吃完晚饭后,他召集梅格——他当时非常年轻,但充满战斗热情,而且,他从小就接受严格的军事训练——让他统率一百名骑兵和同等数量的步兵。(7)在白天时,他事先已经命令这些人——这些人都是他从自己的军队中精心挑选的最为勇敢的士兵——在晚饭后来到他的帐篷。(8)在对他们发表一番讲话和激起他们在这番场合所要求的热情后,他命令,他们所有人都要从他们自己的伙伴中挑选十位最勇敢的战士,接着,他们一同来到军营中他们所熟知的某个地方。(9)他们遵照命令行事,在晚上时,他派出了他们所有人——总计一千名骑兵和同等数量的步兵——去设伏;同时,他也给他们配备了向导,并且,他还给自己的弟弟下达了大致的进攻时间。(10)在天亮时,他集结了自己的努米底亚骑兵,所有这些努米底亚骑兵都拥有无与伦比的巨大耐力,在对他们发表了一番讲话和对表现突出的战士允诺奖励后,他命令,他们纵马驱向敌军的营地。他们全速越过河流,以吸引罗马人射击自己,他的目的是,诱惑敌人在吃早饭前或者没有作任何准备就同自己战斗。(11)接着,他召集其他军官,敦促他们同样战斗,同时,他命令整个军队去吃早餐,并备好自己的武器与战马。

[72](1)当提比略看到努米底亚骑兵过来后,他一开始只派遣了自己的骑兵前去迎敌。(2)接下来,他派出了大约六千名徒步的标枪兵,随后,他把自己的整个军队都开出军营。前一天骑兵作战

的胜利和自身的数量优势,让他信心十足,以至于他觉得自己的军队只要一出现就可以决定胜负。(3)现在的时间大约是冬至,漫雪纷飞而又寒冷异常,然而,步兵和骑兵却在没有吃早饭的情况下,就几乎全部离开了营地。(4)一开始,他们的热情和勇气支撑着他们,但是,当他们必须渡过特雷比亚河时,由于前一天晚上的降雨,致使比军营谷地更高的地方的雨水,已经让特雷比亚河的河水上涨了,这导致步兵很难淌水渡河,因为,河水已有胸口那么深了。(5)结果,随着时间的流逝,整个军队深受饥饿和寒冷的折磨。(6)相反,迦太基人却在自己的帐篷里吃饱喝足,好生地照看自己的战马,他们所有人都在营地的篝火旁施涂油礼并武装起自己。(7)一直在等待机会的汉尼拔看到,罗马人已经渡过特雷比亚河后,他派出了自己的长枪兵和投石兵——总计大约八千人——作为先行的掩护部队,接着,他率领整个大军出发了。(8)在进军了大约八斯塔德后,他把自己的步兵(他的步兵人数总计大约两万人,由西班牙人、凯尔特人和非洲人组成)部署成一字型,(9)而把自己的骑兵(他的骑兵连同凯尔特盟友的骑兵人数总计超过一万人)分开部署在两翼,同时,他把自己的战象分开部署在两翼的前面,以双倍地强化自己的侧翼。(10)提比略现在召回了自己的骑兵,他注意到,他们根本对付不了敌军,因为,努米底亚人善于散开和撤退,但是,之后他们又会英勇地掉转头来进攻——这是他们独特的战术。(11)他按照罗马人往常通用的阵势①来部署自己的步兵。(12)他们的步兵人数大约总计一万六千名罗马人和两万名盟友,这是两位执政官会师后,罗马人进行这场决战的全部军事力量。(13)当把自己的骑兵——总计大约四千人——部署在两翼后,他以缓慢的步伐和有序的队形,英勇地向敌人进军。

[73](1)当两军进入作战范围后,两军前面的轻装军队②开始

---

① 亦即以三列的青年兵(hastati)、壮年兵(principes)和后备兵(triarii)来部署阵型,参见第六卷第23章。
② 亦即罗马人的标枪兵同汉尼拔的长枪兵和投石兵作战。

交战了。（2）这个阶段的作战，罗马人处于较为不利的下风，而迦太基人则占据有利的上风，（3）因为，罗马人的标枪兵自天亮后，就一直处境艰难，而且，他们在同努米底亚人的小规模战斗中已经耗费了自己大部分的投掷物，而余下的那些投掷物也由于连绵的潮湿天气变得毫无用处。（4）骑兵和整个军队都处于相同的状态，然而，迦太基人的情况则与他们完全相反。（5）他们站在队列里面，士气旺盛，状态良好，对于要求他们所作的任何事情，他们都万死不辞。（6）因此，一旦散兵撤入他们队列之间的空隙以及重装步兵交战后，迦太基骑兵立即进攻敌人的两翼，正如我在前面所说，他们的步兵和骑兵，无论在人数上，还是状态上，都拥有巨大的优势，他们在战场上精神焕发、斗志旺盛。（7）当罗马骑兵后撤，导致暴露罗马步兵的侧翼后，迦太基的长枪兵和作为主力的努米底亚战士，猛冲向前并进攻罗马人的两翼，这造成了罗马人的巨大损失，并阻碍了他们砍杀自己面前的敌军。（8）然而，双方的重装步兵正在整个队形的中央进行长时间地面对面近战，任何一方都没有取得压倒性的优势。

[74]（1）但是，事先埋伏的努米底亚人①现在现身，并从后面突然进攻敌人的中央，整个罗马军队顿时陷入了巨大的混乱和痛苦之中。（2）最终，提比略的两翼受到前面的战象的巨大压力，而他的侧翼则全部受到轻装军队的巨大压力，他们纷纷调头向身后的那条河流逃跑。（3）接着，在埋伏的努米底亚人的进攻下，罗马人中央的后部损失严重，（4）但是，那些在前面的罗马人向前推进，他们打败了凯尔特人和非洲分队，在屠杀了大批敌军后，他们突破了迦太基人的防线。（5）然而，看到自己的侧翼已被迫逃离战场后，他们绝望地放弃了所有努力，也绝望地放弃了返回自己军营的希望，这一方面是因为敌人庞大的骑兵数量，另一方面是因为河流和打在他们头上的倾盆暴雨，阻碍了他们的退路。（6）然而，他们以密集的队形撤退到普拉森提亚，其人数总计不会少于一万人。（7）

---

① ［中译按］这些努米底亚骑兵和步兵由汉尼拔的兄弟梅格统率。

其余那些更为庞大的罗马军队，则被汉尼拔的战象和骑兵杀死在河边。(8)但是，一小部分逃脱的罗马步兵和大部分后撤的骑兵，成功地同我刚刚所说的那一万人军队会合，他们一起安全地避入了普拉森提亚。(9)迦太基军队一直追击敌军直至特雷比亚河，但是，暴雨阻碍了他们进一步进军，于是，他们就回到了自己的军营。(10)对于这场战斗的结果，他们都感到非常高兴，他们都觉得，这是一场压倒性的胜利；因为，他们只有少量非洲人和西班牙人被杀，大部分损失发生在凯尔特人身上。(11)然而，后来的暴雨和降雪也让他们损失惨重：除了一头战象之外，所有战象以及大批战士和战马都死于寒冷。

[75](1)提比略尽管非常清楚所有的事实真相，但是，他想尽可能向罗马人民隐瞒它们，因此，他派遣使者宣布说，战斗已经发生了，但是，暴雨夺走了他们的胜利。(2)罗马人一开始相信了他的这番话，但是，他们随后不久就了解到，迦太基人不仅占领了罗马人的营地，所有的凯尔特人全都倒向了迦太基人一边，(3)而且，他们自己的军队已经放弃了自己的营地，在撤离战场后，他们所有人现在正躲避在周围的城市，他们通过海洋和波河来获取物资补给，这些事实让罗马人非常清楚地明白战斗的最后结果。(4)因此，尽管他们对此非常震惊，但是，他们还是立即着手各种战争准备，尤其是保卫那些暴露在敌人进军途中的地方。他们派遣军团到撒丁岛和西西里，派遣卫戍部队到塔林敦和其他战略要地，同时，他们还装备了一支六十艘五桨座战船的舰队。(5)他们所选任的执政官格纳乌斯·塞维利乌斯和盖乌斯·弗拉米尼乌斯正在积极地集结盟友和从罗马公民中征召军团，(6)与此同时，他们还把库房的物资运往亚里米努姆和伊特鲁里亚——他们把这两个地方作为这场战争的基地。(7)他们也向希罗求助，希罗向他们派遣了五百名克里特人(Cretans)和一千名轻装步兵，总之，他们在各个方面都作了积极的准备。(8)当罗马人处于真正的危险时，不管是对于国家还是个人，他们都是最令人生畏的。

[76](1)在此期间，格纳乌斯·科内利乌斯·西庇阿——普布

里乌斯之前委派自己的兄弟格纳乌斯·科内利乌斯·西庇阿指挥海军,对此,我之前也提到过——率领自己的整个舰队,从罗纳河口航行到西班牙的恩波利乌姆。(2)他以这个地方作为自己海上一系列劫掠的据点,他沿着海岸线,一路不断地围攻那些拒绝臣服于自己的沿海城镇直至埃布罗河,但是,对于那些满足自己要求的城镇,他会友善地对待它们,并且,他也会尽可能地保卫它们的安全。(3)在确保了所有那些倒向自己的沿海城镇的安全后,他率领自己的整个军队进入了内陆,现在,他还会合了一支规模庞大的伊比利亚盟友的军队。(4)在一路上的进军途中,他赢得了一些城镇,其中一些城镇是通过外交手段赢得的,另外一些城镇则是通过武力攻占的。(5)汉尼拔之前留下来防守这个地区的军队由汉诺指挥,在一座名叫西萨(Cissa)的城市附近,汉诺在格纳乌斯的对面扎营,在一场激战中,格纳乌斯打败了他们,他不仅俘获了大批珍贵的战利品——这些战利品原本属于入侵意大利的那些军队,但后来都留给了汉诺——(6)而且,他还确保了埃布罗河以北的所有盟友的安全,以及俘虏了迦太基人的将军汉诺与伊比利亚人的将军安多巴勒斯(Andobales)。(7)安多巴勒斯是伊比利亚整个中部地区的一名专制暴君(despot),同时也是迦太基人的热情支持者。(8)哈斯德鲁巴一听到这个不幸的消息后,立即渡过埃布罗河,前来救援。(9)他了解到,留在后面的那些罗马舰队的船员,由于登陆部队所取得的胜利,放松了警惕,并变得过度自信起来,(10)于是,他就从自己的军队中抽调了大约八千名步兵和一千名骑兵,当他发现那些船员分散在乡村后,就驱兵杀死了他们很多人,并迫使余下的那些人躲到他们的舰船上避难。(11)接着,他撤退了,重新渡过埃布罗河后,他努力强化埃布罗河以南地区的防御,在新迦太基城度过了整个冬季。(12)格纳乌斯与自己的舰队重新会合后,他根据传统的罗马习惯,严惩了造成这次灾难的责任人,现在,他让会合在一起的陆军和海军,一同前往塔拉科(Tarraco)的冬季营地。(13)通过把战利品以相同的份额平均分配给自己士兵的方式,他赢得了他们的爱戴,同时也激励他们将来拼死效劳。

[77](1)这就是西班牙当时的事态。在初春时，①盖乌斯·弗拉米尼乌斯率领自己的军队穿过伊特鲁里亚，扎营在亚里提乌姆城前，(2)而格纳乌斯·塞维利乌斯则行军至亚里米努姆，以抵御敌人从那边的入侵。(3)汉尼拔在阿尔卑斯山南侧的高卢地区过冬，对于那些在战争中所俘虏的罗马人，他只给他们刚好果腹的食物；(3)但是，对于那些在战争中所俘虏的罗马盟友，他以最大的友善来对待他们，之后，他又召集他们集会并向他们发表讲话。(4)他对他们说道，他不是来与他们开战的，相反，他是为了他们的利益而与罗马人开战的，(5)因此，如果他们足够明智，那么，他们应该欣然接受他的友谊，(6)因为，他此番前来的首要目的，就是要重新恢复意大利人民的自由和帮助他们恢复罗马人从他们手中夺走的城市与领土。(7)说完这番话后，他没有要求赎金就把他们全部遣送回家，他这样做的目的，是想要赢得意大利居民对自己的支持，并让他们疏远同罗马的关系，同时，也让那些在罗马统治之下觉得自己深受重创的城市和港口掀起叛乱。

[78](1)在这个冬季期间，汉尼拔也采取了一种迦太基式的特有诡计。(2)他深知凯尔特人的善变，担心他们会危及自己的性命，因为，他与他们之间的友好关系毕竟才刚刚确立。因此，他制作了很多假发，同时，他也会根据不同年龄的不同外表而染上相应的发色，他不断地变化自己的发型，(3)与此同时，他也会根据发型而相应地穿上不同样式的衣服，(4)以至于不仅那些偶然见过他的人，就连那些熟悉他的人，也都很难认出他来。

(5)他注意到，对于在自己国土上所发生的战争灾难，凯尔特人深感不满，相反，他们渴望入侵敌人的国土。对此，他们表面上声称厌恶罗马人，实际上却是渴望抢夺战利品。因此，他决定尽快恢复进军，以满足自己军队的要求。(6)一旦天气开始好转，通过那些熟悉这个地区之人的探查，他弄清楚了：入侵罗马国土的其中一条线路不仅漫长遥远，而且，敌人对它也非常熟悉；然而，另外一

---

① 即公元前 217 年。

条通过沼泽地进入伊特鲁里亚的线路,虽然困难重重,但能出其不意地奇袭弗拉米尼乌斯。(7)由于他本性上向来倾向于这种出其不意,因此,他决定走这条路线。(8)当这位统帅准备领导他们进入沼泽地的消息在军营传开后,一想到自己要通过这深陷的沼泽和泥潭,所有人都非常不情愿。

[79](1)但是,汉尼拔事先做了仔细地勘探调查,他确认了,他们将要通过的水面是较为浅显的,而且,水下的地面也是坚实的,接着,他就拔营出发了。他把非洲人、西班牙人和所有最能作战的那些军队都部署在前面,而辎重驮畜队伍则混杂在他们中间,以方便供应食物。(2)他根本就没有长远地考虑辎重驮畜的问题,因为,他认为,一旦抵达敌人的国土,如果战败,那么,他就不需要物资补给了,但是,如果他控制了户外的乡村,那么,他就不会有任何物资短缺的问题了。(3)他把凯尔特人部署在队伍的后面——正如我刚刚所说——他的骑兵则部署在军队的最后面,而且,他让自己的兄弟梅格负责后卫。(4)他的这种行军安排基于多种原因,但是,最重要的原因是由于凯尔特人怯懦软弱和厌恶艰苦的劳作。他的目的是:如果他们因为遭遇行军的困境而试图调头回走,那么,梅格就可以用自己的骑兵拦截他们,并迫使他们继续前进。(5)西班牙人和非洲人在没有遭遇严重损失的情况下,就成功地走出了这片沼泽地,①因为,他们在这片沼泽地上行军时,沼泽地仍然比较坚固,而且,他们也全都习惯于这种劳累和困难,他们的耐力也非常坚韧。(6)但是,凯尔特人的行军不仅困难很多(因为这片沼泽地现在已经软化,并向下陷进去了一些),而且,这个沉重的任务,也让他们疲惫和痛苦不堪(因为他们不习惯于这种困难)。(7)然而,他们后面的骑兵却阻止了他们掉头回走。(8)整个军队都损耗严重,这主要是由于缺乏睡眠的缘故,(9)因为,他们必须连续四天三夜、马不停蹄地通过这片水域,但是,比起其他的人,凯尔

---

① 这片沼泽地位于阿诺河(Arno)与佛罗伦萨(Florence)南部的亚平宁山脉(Apennines)之间。

特人更加身心疲乏,同时也损失了更多人员。(10)大部分驮畜倒毙在淤泥之中,但是,即使倒毙在地,它们仍然可以服务于人们的需要:他们可以坐在这些成堆的驮畜尸体以及尸体上面的行李包裹上,通过这样的方式,他们就可以浮出水面,并能够在晚上小睡一会。(11)由于连续不断在淤泥中行军,很多战马都失去了马蹄。(12)汉尼拔自己则骑坐在那头仅存下来的战象上面,艰难而痛苦地行军:这只眼睛的严重感染引发了他的剧烈疼痛,由于当时不可能进行休息和治疗,最终,他的这只眼睛彻底失明了。

[80](1)当汉尼拔出乎意料地穿过沼泽后,他发现,弗拉米尼乌斯正驻扎在伊特鲁里亚的亚里提乌姆城前。(2)现在,汉尼拔在沼泽地的边缘扎营,以恢复自己军队的战斗力和搜集敌人的情报,以及探查自己面前的那些地区。(3)当汉尼拔一听到这个地区蕴含丰富的战利品,以及弗拉米尼乌斯的为人(他根本就是一位谄媚暴民和蛊惑民心的政客,完全没有任何实际的军事才能,但又极度自信)后,(4)他就估计,如果他绕过罗马军队,并进军到他前面的地区,一方面,这位执政官会因为害怕士兵的嘲笑,绝不会在汉尼拔洗劫乡村时作壁上观;另一方面,他会因为汉尼拔的劫掠行径而愤怒不已,从而被汉尼拔牵着鼻子走,同时,他也会太过渴望独自赢得胜利而不会等待同僚的到来。(5)从这些方面,汉尼拔得出结论:弗拉米尼乌斯肯定会给自己创造众多的进攻机会。

[81](1)汉尼拔所作的这个判断非常明智和正确。毋庸置疑,没有什么会比了解一位敌军统帅的性格和处事风格更为重要了,而任何持与之相反看法的人,都是无可救药的无知蠢货。(2)因为,当人与人之间或者士兵与士兵之间战斗时,想要取胜的一方必须要找到实现自身目的的最好方法,尤其要找到敌人的薄弱之处或者没有防备的地方;(3)同样地,作为整个军队的统帅,他也必须要看到敌军统帅灵魂上而非肉身上的薄弱之处。(4)由于迟钝和缺乏活力,许多统帅不仅丢掉了自己的性命,而且,也让整个国家惨遭毁灭;(5)然而,有许多人因为嗜酒如命,以至于不喝得烂醉根本无法入睡;(6)还有一些人则因为如此沉迷于性欲享受,以至于陷入神智

错乱,这不仅毁掉了他们的国家和他们的人生,而且,也让他们的生命最终以耻辱收场。(7)如果是个人表现出怯懦和愚蠢,那么,耻辱终归只属于他个人,然而,如果一位统帅也表现出这种缺陷,那么,他就会造成最致命的恶果。(8)因为,这不仅会让自己的军队毫无效率,而且,也会让那些信任自己的人陷入巨大的危险之中。(9)另外,冲动、鲁莽和愤怒,以及自负和骄傲,也容易被敌人所利用,同时,会给自己的朋友造成巨大的危险;(10)因为,这样一位将军很容易成为各种阴谋、埋伏和欺骗的牺牲品。因此,最快地赢得决定性胜利的领袖,肯定能够察觉出敌人的弱点,也能够最大限度地利用敌军统帅的缺陷来选定自己的进攻方式。(11)这就正如一艘船,如果它没有舵手,那么,它的所有船员都将落入敌人的手里。战争也是一样,如果统帅的智力和谋略胜过自己的对手,那么,他就可以轻易地战胜对手的整个军队。

(12)这里的情形也是这样,由于汉尼拔已经正确地预见弗拉米尼乌斯的行动,因此,他的计划成功地按照他所预想的那样发展。

[82](1)他一离开法伊苏拉周边的地区和前进一小段距离后,他就越过了罗马军营,并洗劫了周边的地区。(2)对此,弗拉米尼乌斯感到非常愤怒和不满,因为,他认为,这是敌人在故意轻视自己。(3)迦太基人很快就开始洗劫乡村,四周升起的烟雾清楚地在诉说毁灭,弗拉米尼乌斯对此更加愤怒,他觉得,这不可容忍。(4)他的一些军官建议他,不要立即追击或同敌人交战,鉴于敌军庞大的骑兵,他们建议他继续保持警戒;他们尤其催促他等待另一位执政官的到来,(5)在两军没有会师前,他们建议他,不要冒险开战。(6)然而,弗拉米尼乌斯不仅没有听从这些建议,甚至都没有耐心听取他们的建议;他请求他们考虑,当迦太基人几乎洗劫到首都城墙边的乡村时,如果军队仍然驻扎在敌人后面的伊特鲁里亚,那么,人民将会在罗马说些什么。(7)当他说完这番话后,他最终拔营并率领军队进发了;他只是盲目前进,完全不顾进军的时间和地点,好像胜利近在眼前。(8)他的这番自负的希望甚至感染了民众,以至于跟在

他后面,一心想着接收战利品的民众——他们随身带着锁链、脚镣和其他这种器械——比士兵的人数还要庞大。

(9)与此同时,汉尼拔穿过伊特鲁里亚,继续向罗马进军,科托纳城(Cortona)和科托纳山在他的左侧,特拉西美诺湖(Thrasymene Lake)在他的右侧。(10)一路上,他不停地烧毁和洗劫乡村,以激怒敌人。(11)当他看到弗拉米尼乌斯已经接近自己,在注意到一处于己有利的地形后,他就作好了战斗的准备。

[83](1)现在,这条路已经伸向了平坦而又狭窄的谷地,它的两侧是呈纵向分布的连绵高山。这条隘路前端横贯了一座难以爬越的陡峭山峰,而它的后端则坐落着一个湖泊,从这个湖泊到这座山坡之间,只有一条非常狭窄的通道通向山谷。(2)汉尼拔率领自己的西班牙和非洲军队沿着整个湖泊的边缘进军,通过这条隘路后,他占领了前面的这座山峰,并扎营在这座山峰上面。(3)他让投石兵(slingers)和长枪兵(pikemen)绕道到前面,并且,他把他们部署在山下的山谷右侧的一条延长线上。①(4)类似地,他把自己的骑兵和凯尔特人绕道到山谷的左侧,并且,他把他们部署在山下,他们全部人马恰好部署到这座山坡和这个湖泊之间的隘路的入口处。

(5)当汉尼拔利用一个晚上的时间,作好了所有部署,并利用军队包围了这条隘路以伏击敌人后,他就没有再作其他的行动了。(6)紧追汉尼拔不放的弗拉米尼乌斯,迫不及待地想要追上敌军。(7)在前一天晚上很晚的时候,他扎营在湖边;第二天天一亮,由于

---

① 这个地方的右侧和左侧是以汉尼拔行进时的视角来看的。因此,除了最后的分遣队,投石兵和长枪兵部署在罗马纵列的南边和西南边,凯尔特人和骑兵则部署在北边。愈深入隘路,弗拉米尼乌斯(Flaminius)的处境就会愈加困难。他的军队以纵队的队形前进,延绵六七公里之长,很容易在遭受攻击时被切成数段,他必须在湖泊边缘的空地这种狭长的地带进行撤退或者编队,而且,凸起的地形阻碍了他的军队向北突破。这场战役提供了历史上少有的一个战例,那就是,一名将军以其一整支庞大的军队进行设伏,并且,他面对的是敌人的几乎整支军队。

迫不急待地渴望同敌人开战,他就率领自己的先头部队,沿着湖岸向我在前面所说的这条隘路进军。

[84](1)这天早上的雾气异常浓重。一旦敌人的大部分纵列部队进入隘路,以及敌人的先头部队快要接近自己后,汉尼拔发出了作战的信号,他传令给那些伏击部队,让他们同时从各个方向进攻罗马人。(2)敌人的突然出现,让弗拉米尼乌斯深为震惊。由于能见度极低的浓雾天气和敌人从各个地方居高临下地进攻,罗马军队的百夫长和保民官,不仅不能组织有效抵抗,而且,他们甚至都不知道发生了什么。(3)他们的前面、后面和侧翼都同时受到攻击,(4)结果,绝大部分人在行军队列之中,就已经被敌人砍杀,他们根本没有能力保护自己,他们就好像是被自己统帅的愚蠢判断活生生出卖了一样。(5)因为,当他们正在思考怎样来应对时,他们就已经不知不觉被屠杀了。(6)陷入极度绝望和沮丧的弗拉米尼乌斯,也受到了一群凯尔特人的进攻和屠杀。(7)大约一万五千名罗马人殒命于这座山谷,他们既不屈服,也无法保护自己,因为,他们从小养成的习惯就是,自己的首要职责不是逃跑,也不是擅离队伍。(8)至于那些困在山坡和湖泊之间的隘路上的罗马人,相比之下,他们死得更加耻辱和可怜。(9)因为,当他们被迫成群涌入湖中时,他们中一些人失去了理智,试图穿着铠甲游走,结果溺水而亡,但是,更多的士兵则尽可能深地趟入湖水中,只把自己的头露出水面;(10)当敌人的骑兵涉水追过来后,他们肯定就必死无疑,尽管他们举起自己的双手,极力哀求前者饶恕自己的性命,但是,他们最终要么被敌人杀死,要么恳求自己的战友结果自己。(11)山谷里大约有六千罗马人成功打败了自己前面的敌人,但是,他们既不能支援自己的军队,也不能进攻自己后面的敌人,因为,他们根本看不到所发生的事情,尽管他们当时可能会帮上大忙。(12)因此,他们只好继续前进,他们相信,他们肯定会遇上敌人,直到他们发现自己已经远离了高地。(13)当他们一抵达山顶,浓雾立即就散开了,因此,他们清楚地看到了这场巨大的灾难,但是,他们无力救援,因为,敌人现在已经彻底取得了胜利,并完全主导了

整个战场。因此,他们集结部队后,撤退到了一座伊特鲁里亚人的村庄。(14)在这场战役结束后,迦太基统帅汉尼拔派遣马哈巴尔(Maharbal),让他率领西班牙人和长枪兵包围了这座村庄,罗马人看到自己四面被围、处境凶险后,他们就放下了自己的武器投降,条件是他们的性命能被饶恕。

(15)这就是罗马人与迦太基人在伊特鲁里亚所爆发的最终战役结果。

[85](1)当这些有条件投降的罗马士兵和其他人被带到汉尼拔面前后,他把他们全部召集在一起,其人数总计超过一万五千人,(2)他首先告诉他们,马哈巴尔没有权限宽恕他们的性命(因为他没有同自己商量),接着,他继续猛烈地进攻这些罗马人。(3)当他完成这项行动后,他把这些罗马俘虏分送到自己的军队,以进行监视,而把那些罗马盟友的军队释放并送回家乡,(4)他像上一次那样对他们说道,他不是前来与意大利人作战,而是为了意大利的自由前来与罗马人作战。(5)现在,他让自己的军队休整,同时,也埋葬了那些最高军阶的阵亡士兵,其人数大约是三十人;他的军队总共损失了大约一千五百人,其中大部分是凯尔特人。(6)接着,他同自己的兄弟和朋友们商量,他们下一步进攻的地点和方式,现在他们对最终的胜利信心十足。

(7)当战败的消息传到罗马后,由于这场灾难太过严重,国家的领袖们既没有隐瞒它,也没有淡化它,他们被迫召集人民集会来宣布这个严重的消息。(8)当法务官在讲台(Rostra)上宣布说,"我们在一场重大的战役中失败了,"他的这番话立即引起了巨大的恐慌,以至于这场战役和这次集会都经历过的那些人,他们都觉得,现场的灾难程度要比战场期间实际的灾难程度更加严重。(9)这非同寻常;因为,许多年以来,他们都没有经历过任何公开承认的战败的报道或者事实,他们根本就不可能冷静而克制地对待这场灾难。(10)然而,元老院却不是这样的情况,它仍旧沉着冷静地讨论未来的出路,以决定所有人都应该做和怎样做的问题。

[86](1)在这场战役期间,驻扎在亚里米努姆地区——(2)这

个地区位于山南高卢的平原与意大利其他地方的交汇处的亚德里亚海岸,它距离波河河口不远——的执政官格纳乌斯·塞维利乌斯,(3)当他听说汉尼拔入侵伊特鲁里亚和驻扎在弗拉米尼乌斯的对面后,他就计划率领自己的整个军队与弗拉米尼乌斯会合,但是,由于自己军队的规模问题,他的这个计划不可能实现,他就派遣盖乌斯·森提尼乌斯(Gaius Centenius)立即率领四千名骑兵先行前往支援,以应不时之需。(4)在这场战役结束后,汉尼拔获悉了敌军这支增援部队即将抵达的消息,于是,他就派遣马哈巴尔,让他率领长枪兵和部分骑兵前去迎击。(5)与盖乌斯·森提尼乌斯相遇后,在第一轮进攻中,马哈巴尔就杀死了大约一半敌军,而且,他将余下的敌军都追击到一座山上,在第二天时,又把他们全部俘虏了。(6)特拉西美诺湖战败的噩耗,刚刚过去三天,所以,整个罗马城都还沉浸在巨大的痛苦之中,但是,最新战败的消息却又接着传来;这一次不仅罗马民众,就连元老院也陷入了巨大的恐慌。(7)因此,他们决定搁置往常一年一度的官员选举,并采用更为激进的措施,以应对当前的危机,他们觉得,当前的事态和即将来临的危机需要任命一位握有绝对权力的统帅。

(8)汉尼拔现在对胜利信心十足,他搁置了进军罗马的计划,而是进军亚德里亚海岸并沿路劫掠那些没有设防的乡村。(9)穿过翁布里亚(Umbria)和皮西努姆后,他在第十天时抵达了海岸,①(10)一路上,他劫掠了大批战利品(以至于他的军队根本就携带不下或者无法前进),并屠杀了大批的民众。(11)他下令道,一旦攻下某座城市,凡是落入其手的所有罗马成年男子都要被屠杀,汉尼拔这样做,完全是因为他对罗马人与生俱来和根深蒂固的憎恶。

[87](1)现在,他扎营在亚德里亚海岸附近一个盛产各种物产的地方,他非常注意恢复自己士兵和战马的健康问题。(2)由于他们在高卢的露天地区过冬时遭受严寒的侵袭,加上他们当时又享用不到他们之前所习惯的涂油按摩,再加上他们穿过沼泽地

---

① 特拉西美诺胡战役发生在6月21日;汉尼拔在大约两周后抵达了海岸边。

时所遭遇的艰苦环境,结果,他几乎所有的战马和士兵都染上了坏血病或者其他的相伴病症。(3)现在,他占领了这样富裕的地区,逐步恢复了战马的良好状态和士兵的身心健康。同时,他也用精选的武器,以罗马人的样式重新武装了非洲士兵,因为,他现在拥有大批俘获的武器。(4)在此期间,他也从海路派遣使者到迦太基,给迦太基传递所发生之事的消息,这是他自入侵意大利以来第一次抵达海岸。(5)这个消息让迦太基人大为振奋,他们立即尽一切努力支援意大利和西班牙两地的战事。

(6)罗马人任命昆图斯·费边(Quintus Fabius)作为自己的独裁官(Dictator),①费边拥有极佳的判断力和惊人的天赋,以至于直到我自己所生活的时代,由于他的巨大成就和胜利,他的家族成员仍然被称作"马克西姆斯"(Maximus),其涵义是"最伟大"(Greatest)之意。(7)独裁官在以下方面不同于执政官:每位执政官有十二位扈从伴随,而独裁官则有二十四位扈从伴随;(8)在很多问题上,执政官需要同元老院合作,而独裁官一般享有绝对权力,一旦罗马人任命了独裁官,除了保民官之外,所有的罗马官员都要停止自己的职权。②(9)而我还将在后面详细论述这个问题。③与此同时,他们任命马尔库斯·米努基乌斯(Marcus Minucius)作为骑兵长官(Master of the Horse)。骑兵长官是独裁官的下属,但是,在独裁官忙于其他问题时,骑兵长官就要接任独裁官的权力。

[88](1)汉尼拔继续留在亚德里亚海岸附近的地区,但是,他

---

① [中译按]逐王五年后,罗马人设独裁官(dictatores),当时塔昆的女婿召集大军包围罗马为岳父报仇。独裁官一任半年,较执政官更有荣耀,因为后者在职一年。他们被称为独裁官,因为他们既是领导者,又是教导者(principes et praeceptores),亦即发布指示者(edicta dicuntur)。因此,他们被叫做人民之教师(magistri populi)。参见塞维里的伊西多尔:《塞维里的伊西多尔对"王政"与"公民"的释义》,张笑宇译,载《罗马古道》(《海国图志》第五辑,林国华、王恒主编,上海人民出版社2010年版)第119页。
② 波利比乌斯的这个说法并不准确。在任的那些官员,包括执政官,都在独裁官的命令下继续行使职权。
③ 波利比乌斯详细论述这个问题的章节没有保存下来。

现在会不时地变换自己的营地。通过用自己手上丰富的陈酒,来给自己的战马洗浴,他成功地治愈了它们的疥癣。(2)用同样的方法,他彻底地治好了自己的伤势,也成功地使自己余下的军队恢复了足以应付未来战事所需要的身心健康。(3)在穿过和摧毁了普拉图提亚(Praetutia)、哈德里亚纳(Hadriana)、马鲁西纳(Marrucina)和弗伦塔纳(Frentana)后,他继续向埃普基亚(Iapygia)进军。(4)达尼亚人(Dannii)、普塞提人(Peucetii)和米萨皮人(Messapii)这三个民族就生活在这个地方,①汉尼拔首先入侵了达尼亚人的领地。(5)从罗马人的殖民地卢塞里亚(Luceria)开始,汉尼拔把周边所有的地区都洗劫一空。(6)接下来,他在维波(Vibo)扎营,并占领了阿基里帕(Argyripa),②在没有遇到任何抵抗的情况下,他就洗劫了整个达乌尼亚(Daunia)地区。

(7)与此同时,费边向诸神献祭后,就接受了任命,他率领自己的同僚③和紧急征召的四个军团开赴战场。(8)与来自亚里米努姆的军队在纳尔尼亚(Narnia)附近会合后,他接管了执政官格纳乌斯的陆军,同时,派遣格纳乌斯率领一支护卫部队前往罗马,他命令格纳乌斯,万一迦太基人从海上有所动作,他可以应付不时之需。(9)费边自己则同骑兵长官一起接管整个军队,他在迦太基人对面扎营,他扎营的地方位于阿卡依(Aecae)附近,距离敌人大约五十斯塔德。④

[89](1)当汉尼拔听说费边抵达后,他决定直接击败敌人,他率领自己的军队出击,并让他们呈战斗序列部署在距离罗马军营很近的地方,但是,等待了一段时间后,罗马军营没有一个人出来应战,于是,他重新退回自己的军营。(2)因为,费边决心不把自己

---

① 达尼亚(Daunia)是从加尔加努斯山(Mount Garganus)一直往南延伸的一个地区。普塞提人(Peucetii)生活在从巴利(Bari)往内陆延伸的地区,米萨皮人(Messapii)则生活在布林迪西(Brundisium)和塔林敦(Tarentum)的内陆地区。

② 阿基里帕(Argyripa)亦写作阿皮(Arpi)。

③ [中译按]即骑兵长官。

④ [中译按]五十斯塔德大约是六英里。

暴露在任何危险之中,也不冒险开战,相反,他的首要目的和主要目标就是要确保自己军队的安全,他始终牢牢坚持这个目标不放。(3)一开始,他为此深受大家的鄙视,民众都说他是一个彻头彻尾的懦夫,贪生怕死而不敢应战,但是,随着时间的推移,他迫使所有人都承认和明白,没有人比他更明智和更审慎地处理当前局势了。(4)确实,事实本身也很快地证明了他的行动智慧,这不足为奇。(5)因为,敌军士兵从最年轻的时候起就接受战争训练,他们的将军从小同他们一起长大,他们从小就习惯了战场上的生活,(6)他们在西班牙已经赢得了很多次战役的胜利,而且,他们连续两次击败了罗马人及其盟友。最为重要的是,他们已经抛弃所有的一切,胜利是他们唯一的生还希望。(7)罗马军队的情况却恰恰相反。(8)由于他们的劣势明显,费边不能以激战的方式来迎战敌人。但是,经过深思熟虑,他决定依靠和发挥罗马自身所拥有的优势,来控制整个战争进程。(9)罗马人的优势在于取之不尽用之不竭的物资和人员供应。

[90](1)因此,在接下来的几个月里,他继续同敌人对峙,他总是抢先占领最有利的地形,因为,他对地形极为熟悉。(2)由于他在自己后方拥有足够的物资供应,他绝不允许自己的士兵搜寻或者以此为借口离开营地,相反,他不断地让他们以密集队形集结在一起,以寻找和等待可能出现的有利战机和有利地形。(3)通过这种方式,他不断地俘虏或者杀死了大批敌军,他所俘虏或者杀死的这些敌军,都是因为轻视他而远离自己营地进行劫掠的敌军。(4)他这样做的目的有两个,一是逐步削弱敌军的数量,二是通过这种局部性的胜利,逐步强化和恢复自己军队的士气,因为,先前的挫败已经让他们的士气极为低落了。(5)然而,对于敌人一直所渴望的激战,他不为所动,他根本就不接受敌人的挑战。(6)但是,这个政策让他的骑兵长官马尔库斯深感不满,他响应民众的意见,不断地谴责费边胆小怯懦和战事迟缓,而他自己则积极应战。

(7)在劫掠了我所提到的这些地区后,迦太基人穿过亚平宁山脉,下到了萨谟奈人的领土,萨莫奈人的领土非常富饶,而且,它们很多年都没有遭遇战火,因此,他们发现自己坐拥如此丰富的物资,以至于他们既使用不完,也摧毁不尽所有这些战利品。(8)他们也占领了贝内温图姆(Beneventum)的领土(罗马人的殖民地)和特勒西亚城(Telesia),特勒西亚城没有城墙护卫,但拥有各种各样的大批财宝。(9)罗马人继续以相隔一天或者两天的行军路程,来紧紧咬住迦太基人的后卫不放,不过,他们拒绝更近距离地靠近敌人,也拒绝同敌人接战。(10)因此,汉尼拔非常清楚地看到费边拒绝应战,但是,他也拒绝放弃广袤的乡村,在这种情况下,汉尼拔大胆地进攻位于卡普亚(Capua)平原的法勒努姆(Falernum)。(11)他确信,这个行动将会带来两个结果:要么他迫使敌人开战,要么明白无误地向所有人表明,他是胜利者,而且,罗马人已经向他放弃了乡村。(12)他希望,这将让那些城镇陷入恐慌,进而引发它们抛弃同罗马的联盟。(13)因为,到现在为止,尽管罗马人在两场战役中都被打败了,但是,没有一座意大利城市叛变到迦太基人一方,相反,它们仍然保持对罗马的忠诚,尽管一些城镇也损失惨重。(14)从中我们就可以估算到,那些盟友对罗马国家的敬畏和尊敬程度。

[91](1)然而,汉尼拔有充分理由像他计划的那样做。(2)卡普亚周边的这个平原是整个意大利最为著名的平原,它不仅肥沃而美丽,而且,它还靠海,因此,世界各地几乎所有航行到意大利的航海者都要路经它。(3)此外,它还拥有意大利最著名和最美丽的城市。(4)西努萨(Sinuessa)、库迈(Cyme)①和迪卡亚基亚(Dicaearchea)②坐落在它的海岸线上,接着则是那不勒斯(Naples),最后则是纳塞里亚(Nuceria)。(5)在它的内部,我们发现,它的北边是卡莱斯(Cales)和特亚努姆(Teanum),东边是卡乌迪乌姆(Caudium),南边是诺拉(Nola),(6)而这个平原的正中间则是卡普

---

① [中译按]Cyme 亦写作 Cumae。
② 亦即著名的普特奥利(Puteoli),也即是现在的普诸奥利(Pozzuoli)。
　　[中译按]Dicaearchea 亦写作 Dicaearchia。

亚,卡普亚以前是世界上最富裕的城市。(7)有关这个平原和另一个著名平原的神话传说——这两个平原都被称作弗莱格拉(Phlegraean)——也是没有什么破绽的;由于它们的美丽和富饶,甚至诸神也都曾为它们而争斗,这也是非常自然的。(8)除了上述所说的这些优势外,整个卡普亚平原天生就非常适合作自我防卫,而且,它难以接近。它有一面全部被海洋所包围,其余大部分都被高耸的山脉所包围,从内陆通过这座高耸的山脉只有三条通道。(9)这三条通道都非常狭窄和崎岖,其中一条从萨莫奈姆(Samnium)出发,另一条从拉丁姆出发,第三条则从赫尔皮尼(Hirpini)村庄出发。(10)因此,当迦太基人扎营这个平原后,他们把这个平原变成了一个露天剧场,他们的突然到来,肯定给当地所有人都留下了深刻印象,因为,他们在里面扣人心弦地表演敌人的怯懦,并无可争议地证明自己是这个地方的主人。

[92](1)这就是汉尼拔的计划:当他离开萨莫奈姆,穿过埃里比亚努斯山(Eribianus)①附近的通道后,他就在亚瑟努斯河(Athyrnus)②旁边扎营,这个地方大致把这个平原分成了两半。(2)当他把营地建造在朝向罗马一侧的河岸上后,他顺畅地占领和洗劫了这整个平原。(3)尽管费边对敌人这番英勇行动甚为吃惊,但是,他更加坚定地继续坚持自己原先的谨慎计划。(4)但是,他的同僚马尔库斯,以及自己军队里的所有保民官和百夫长,都认为,汉尼拔已经被深深地困住了,他们催促费边全速进抵平原,不要让这个地区最精华的部分都被摧毁了。(5)费边假装表现出更加迫切和更加冒险的精神,他率领军队全速抵达那个平原,(6)但是,一旦他接近法勒努姆,他立即就沿着山丘与敌人平行移动,以避免让那些盟友认为自己已放弃了这片广袤的乡村。(7)他没有把自己的军队带下平原,以避免大会战,这一方面是因为我在前面所说的那些原因,另一方面也是因为迦太基人拥有非常明显的骑

---

① 靠近卡莱斯(Cales)。
② 亚瑟努斯河(Athyrnus)亦称作沃尔图努斯河(Volturnus)。

兵优势。

（8）汉尼拔通过摧毁整个平原来尽可能地激怒罗马人，同时，他也抢占了大批的战利品，因此，他决定撤退，（9）他不希望毁掉这些战利品，而是希望把它们保全在合适的地方用来过冬，自己的军队不仅现在的补给非常充足，而且，整个冬季也不会遭遇补给短缺。（10）费边意识到，汉尼拔的计划是以自己进来的那条道路撤退，他看到这条通道非常狭窄，十分适合展开伏击，因此，他就在汉尼拔通过的道路旁，部署了大约四千名士兵，他命令他们，时机来临时要充分利用地形，全力以赴地展开攻击。（11）他自己则率领大部分军队，扎营在前面一座可以俯瞰这条通道的山丘上。

［93］（1）当迦太基人抵达和扎营在刚刚所说的那座山丘下面的平地上后，费边认为，可以不冒任何风险，就能够夺走他们的战利品，甚至能够结束整个战争，因为，他拥有巨大的地形优势。（2）因此，他现在整天都在思考自己怎样利用当地的地形，以及军队应该在哪个方向上展开进攻。（3）但是，当罗马人第二天正在做这些准备时，汉尼拔就猜到了他们的如意算盘，他没有给他们任何时间或者空隙来施展他们的计划，（4）相反，他命令哈斯德鲁巴——哈斯德鲁巴是自己前锋部队的指挥官——尽可能多且快地搜集一捆捆干柴；接着，他从俘获的战利品中，挑选了大约两千头最强壮的耕牛，并将它们聚集在营地前。（5）当这些工作全部完成后，他集结了前锋部队，并向他们指明了自己的营地与自己准备进军的这条隘路之间所凸起的一座山脊。他命令他们向这座山脊飞快地驱赶这些耕牛，一直到这座山脊的顶端。（6）接着，他们命令自己所有的士兵进食晚餐和早早休息。（7）当三更时间快要结束时，他率领前锋部队出营，并命令他们把一捆捆干柴捆绑在耕牛的牛角上。（8）由于人手众多，这项行动很快就完成了，现在，他命令他们点燃所有的干柴，并将这些耕牛赶向山脊。（9）他命令部署在他们后面的长枪兵帮助驱赶者一起驱赶一段距离，但是，一旦这些牲畜飞快地向山脊移动，士兵们就沿着它们的两边跑动，以确保它们成群地挤在一起。当它们占领这座山脊后，如果他们发现有敌人在那里，

他们就可以上前发动攻击。(10)与此同时,他自己则率领自己的重装军队在最前面,其次是自己的骑兵,其次是所俘获的牛群,最后面的是西班牙人和凯尔特人,一起冲向这条狭窄的隘路。

[94](1)防守峡谷的罗马人一看到移向山坡的火炬,他们就认为,汉尼拔正在朝这个方向快速推进,因此,他们就离开了狭窄的隘路,冲向那座山丘,以迎击敌人。(2)但是,当他们接近牛群后,他们彻底被这火光弄糊涂了,他们认为,自己即将遭遇比实际本身更加可怕的事情。(3)当迦太基人的长枪兵抵达后,双方军队发生了短暂的小规模冲突,接着,牛群冲进他们中间,他们就散开并滞留在山脊,直到天亮,他们根本不知道发生了什么事情。(4)至于费边,一方面,由于他也被当时的场景弄糊涂了,而且,他也担心像荷马所说的"其中有诈"(deeming it to be a trick);①另一方面,由于他坚持先前不冒任何风险或者危险地进行大会战的既定计划,他就留在自己的营地一动不动,直到天亮。(5)在这个时候,汉尼拔已经非常圆满地完成了自己的计划,他的军队和所有的战利品全都安全地通过了这个峡谷,因为,那些防守这条艰险通道的罗马士兵已经离开了自己原先的岗位。(6)天亮时,他看到,罗马人正在山上与自己的长枪兵对峙,于是,他就派遣了一些西班牙人前去支援。他们向罗马人发起了进攻,并杀死了后者大约一千人,就这样,他们轻松地解救和带回了他们自己的轻装步兵。

(7)从法勒努姆成功撤退后,汉尼拔现在安全地扎下营盘,他开始思考在什么地方,以及应该怎样建造自己的冬季营地。②他让意大利的所有城市和民众都陷入到巨大的恐慌和剧烈的不安之中。(8)尽管民众普遍地责备费边的胆小怯懦,以至于让敌人从如此绝境中逃出生天,但是,费边依然没有放弃自己一直以来所坚持的既定计划。(9)然而,几天之后,他被迫动身前往罗马,以履行一些特定的献祭,他将手下的军团移交给了自己的骑兵长官马尔库

---

① 《奥德赛》(*Odyssey*),第十卷第232行。
② 时间大概是九月初。

斯。费边严令这位骑兵长官,在自己离开期间,千万不要试图攻打敌军,以避免自身受到重创。(10)然而,马尔库斯却对费边的建议不以为然,甚至在费边正在提出这些建议时,他就在全神贯注地盘算如何展开一场大战。

[95](1)这就是意大利的事态进展。在这些事件发生的同一时期,西班牙的迦太基统帅哈斯德鲁巴在整个冬季期间,装备了他的兄弟留给他的三十艘战船和另外十艘舰船,在初夏时,他任命哈米尔卡作为海军统帅,并让后者率领这四十艘甲板舰船从新迦太基出海。(2)与此同时,他从冬季营地集结自己的军队,并率领他们投入战场。(3)他的舰队沿着海岸航行,而他的军队则沿着海滨进军,他的目的是,让两支军队一起在埃布罗河附近停顿下来休整。(4)格纳乌斯猜测到了迦太基人的这番计划,因此,他一开始决定从自己的冬季营地出发和迎击这支海陆军队。(5)但是,当他听到他们这支军队的规模以及他们所作的巨大准备工作后,他就放弃了在陆上迎击他们的计划,而是装备了三十五艘舰船,并从自己的陆军当中挑选了最好的士兵来充当水兵,接着,他就从塔拉科(Tarraco)出海了,两天后抵达埃布罗河。(6)他停泊在距离敌人大约八十斯塔德的地方,接着,他派遣了两艘马赛人的(Massaliot)快速舰船前去侦查,因为,他们无论在航行和作战中都习惯了打头阵,而且,他们会义无反顾,也从不讨价还价。(7)事实上,无论是在后来的诸多场合,还是在汉尼拔战争期间(尤其在汉尼拔战争期间),没有任何一个民族能像马赛人那样对罗马人高度忠诚。(8)当派遣出去的侦察舰船报告说,敌人的舰队停泊在河口位置后,他立即起锚和全速出击,以期奇袭他们。

[96](1)然而,哈斯德鲁巴的侦察兵之前就向他报告了敌人的到来,他将自己的陆军部署在海滩,同时命令船员上船。(2)当罗马人靠近后,他发出了作战信号,因为,他决心同敌人进行海战。但是,一交战后,迦太基人为争夺胜利只进行了很短时间地战斗,接着,他们就开始撤退了。(3)因为,留在海滩上的掩护部队,不仅没有给他们提供作战的信心,相反,掩护部队轻易的撤退严重地打

击了他们的士气。(4)在损失了两艘舰船及其所有的船员以及另外四名划桨手和海军士兵后,他们撤退到了海岸。(5)罗马人则英勇地追击他们,他们则从搁浅的舰船里面跳出并逃跑,纷纷逃到迦太基陆地军队那里躲避起来。(6)罗马人非常勇敢地接近海滩,拖走了漂浮在海面上的所有舰船,兴高采烈地开走了这些舰船;他们第一次进攻就打败了敌人,维护了他们在海上的统治权,并夺取了敌人二十五艘舰船。

(7)由于这场胜利,罗马人在西班牙的前景开始变得更加光明。(8)但是,当这失利的消息传到迦太基后,迦太基人立即装备和派遣了七十艘舰船,他们将制海权视为自己所有事业中必不可少的组成部分。(9)这些舰船首先停泊在撒丁岛,接着停泊在意大利的比萨,它们的舰队统帅认为,他们将会在这个地方与汉尼拔会合。(10)但是,当他们了解到,罗马人已经从罗马率领一百五十艘五桨座战船出海来进攻自己后,他们就返航回到撒丁岛,接着,他们又从撒丁岛返航回到迦太基。(11)罗马舰队的统帅格纳乌斯·塞维利乌斯追踪了迦太基人一段距离,他认为,自己可以追上他们,但是,由于自己被他们抛在后面太远,他最后放弃了追击。(12)他首先停泊在西西里的利利巴乌姆,接着,航行到非洲的塞西纳岛(Cercina),在得到了当地居民的一大笔金钱(条件是他不得洗劫这个地区)后,他离开了那个地方。(13)在返航的途中,他占领了科西鲁斯岛(Cossyrus),在一座小城留下了一支卫戍部队后,返回了利利巴乌姆。(14)当他把自己的舰队停泊在那里的港口后,他很快就前去加入陆军军队。

[97](1)元老院听到格纳乌斯·西庇阿的这场海战的胜利后,他们就觉得,强化西班牙事务非常有必要,而且也非常有益处,他们要不断对迦太基人施加压力和增加自己的军事力量,(2)他们准备了一支二十艘舰船的舰队,并按照他们原先的计划,把它们置于普布里乌斯·西庇阿的统率之下,而且,他们立即派遣他同他的兄弟格纳乌斯会合,并一起领导西班牙的战事。(3)因为,他们非常担心迦太基人会占领西班牙,从而集结大批补给与士兵并重夺海

上控制权,进而派遣军队和金钱,支援汉尼拔对意大利的侵略。(4)他们极为看重这场西班牙战争,因此,他们派遣普布里乌斯率领这支舰队前往西班牙;当他抵达伊比利亚同自己的兄弟会合后,他在联合作战中发挥了巨大的作用。(5)罗马人先前从不敢跨过埃布罗河,但是,如果可以确保北岸那些民族的友谊和联盟,那么,这也将不虚此行,因此,他们现在跨过了这条河流,这是他们第一次在河对岸挑战迦太基人的统治。随着事件的发展,运气也牢牢地站在他们一边。

(6)在威慑了生活在埃布罗河渡口附近的那些伊比利亚人的部落后,他们抵达了萨贡托,接着,他们在距离这座城镇大约四十斯塔德①的维纳斯神殿(Temple of Venus)附近扎营。(7)他们所挑选的这个地方,既适合于防备敌人,又容易获得海上的补给。(8)因为,他们的舰队同他们一起沿着海岸向下航行。

[98](1)当他们驻扎在这个地方时,有一件大事发生了。当汉尼拔开始远征意大利时,他把伊比利亚那些不太可靠的城镇所提供的人质——这些人质都是这些城镇的头面人物的儿子——全都放置在了萨贡托,因为,这个地方地势险要,而且,他还留下了忠心耿耿的官员来负责镇守。(2)这时,这个地方有一个名叫阿比利克斯(Abilyx)的伊比利亚人,在整个伊比利亚,无论是地位和财富,还是对迦太基人热忱忠诚的名声而言,他都是无出其右的人物。(3)重新评估一番局势后,他认为,罗马人的前景现在更为光明,因此,他就产生了背弃人质的想法,这也是西班牙人和野蛮人典型的行事作风。(4)他深信,如果自己及时效忠罗马人,并在这关键时刻证明自己的忠诚,那么,他就会成为罗马人中一位举足轻重的人物,因此,他决定背叛迦太基人并把人质移交给罗马人。(5)迦太基人的将军波斯塔尔——哈斯德鲁巴派遣他前去抵挡罗马人,如果罗马人试图渡过埃布罗河的话,但是,他并没有这样做——现在撤退和扎营在萨贡托与大海之间的地方。(6)阿比利克斯注意到,波

---

① [中译按]四十斯塔德大约五英里。

斯塔尔是一位诚实和慈悲之人,同时,他也非常信任自己,于是,他就向后者提出了人质的问题。(7)他说道,罗马人现在渡过了埃布罗河,迦太基人不能再以恐吓来控制伊比利亚人了,相反,现在的局势要求他善待他们所有的臣民。(7)罗马人现在已经过来并驻扎在萨贡托附近了,萨贡托已是岌岌可危,如果他把人质释放,并把他们送还到他们的城市和父母身边,首先,他将挫败罗马人野心勃勃的计划(罗马人正一心想要采取同样的举措,如果人质在他们手上的话);(8)其次,他将激发全伊比利亚人对迦太基人的感激,因为,他们一直以来都在担心人质的安全和他们的未来。他继续说道,如果波斯塔尔让他来亲自处理这个事项,伊比利亚人将会更加感恩戴德。(9)因为,把这些小孩送还他们的城市,让他们亲眼见证迦太基对自身盟友的慷慨举动,这不仅会让波斯塔尔赢得他们父母的感激,而且,也将让他赢得大批民众的善意。(10)他进一步告诉波斯塔尔道,他甚至可以不出意料地得到那些所送还的小孩的父母所给予的大批礼物;因为,他们所有人都出乎意料地失而复得了他们最珍爱的东西,所以,他们所有人肯定都会竞相回报施惠者。(11)通过这些语言和其他起类似作用的话语,他说服了波斯塔尔同意自己的建议。

[99](1)当确定了他将同自己的追随者一起护送这些小孩回家的日期后,阿比利克斯返回了家乡。(2)晚上,他却跑到罗马军营,他发现了一些在罗马军队服役的伊比利亚人,通过他们,他接触到了他们的将军。(3)他详细地阐述了罗马人应该怎样利用人质问题,以促使伊比利亚人改变立场和倒向罗马一方,而且,他答应将人质交到罗马人的手里。(4)普布里乌斯热切地接受了这个建议,并答应了他一大笔奖赏;普布里乌斯现在要返回自己国家一段时间,但是,他事先确定了接管人质的具体日期、时间以及地点。(5)之后,阿比利克斯带上了一帮自己最亲密的朋友,一起前往波斯塔尔那里;当他从萨贡托那里接收小孩后,为了不让别人发现,他连夜驶离了那座城镇,沿着罗马人的营地前进,最终,在约定的时间抵达了约定的地点,并将人质全部移交给了罗马人的将军。

（6）普布里乌斯授予阿比利克斯巨大的荣誉，而且，普布里乌斯让阿比利克斯和他的一些朋友们一起负责将人质送还他们各自的国家。（7）因此，阿比利克斯一座城市接一座城市地将这些小孩送回他们的老家，以让他们亲眼见证罗马人的慷慨与仁慈，也让他们亲眼对比迦太基人的猜忌与刻薄，同时，他也向他们展现了自己立场的转变，就这样，他成功地劝说了很多伊比利亚人成为罗马人的盟友。（8）波斯塔尔就这样让人质落到了敌人手里，以至于人们普遍认为，他的行动表现更像是一个小孩子而非一个成年人，而且，他的性命也岌岌可危。（9）因为，随着季节的推移，现在双方都开始将自己的军队分散到冬季营地；在这些小孩的问题上，罗马人已向胜利迈出了重要的一步。

[100]（1）这就是西班牙当时的事态。现在让我们回到汉尼拔的叙事上来，我们之前说到，意大利的汉尼拔在离开法勒尼亚平原（Falernian Plain）后，就一直在寻找冬季营地。当他从侦察兵那里了解到，卢塞里亚和基洛尼乌姆（Geronium）附近的地区拥有大批谷物，而且，基洛尼乌姆是储存谷物的最佳之地。（2）因此，他决定在那个地方过冬，于是，他途经利比努斯山（Mount Libyrnus），并向这个地方进军。（3）当他抵达基洛尼乌姆（基洛尼乌姆距离卢塞里亚大约两百斯塔德①）后，起初他派遣使者到当地居民那里寻求结盟，并向他们提供有利的保证，但是，当他们对他的友好提议不予理睬后，他就开始围攻城市。（4）他很快就攻占了这座城市，而且，屠杀了当地的居民，但是，他完好地保留了城墙和绝大部分房屋，因为，他想把它们用作冬季的谷仓。（5）他让军队驻扎在这座城市的前面，而且，他还用壕沟和栅栏来保卫自己的营地。（6）当他完成这项工作后，他派遣两支军队出去搜集粮食，而且，他命令，每一支军队每天都要带回军需部门的主管官员所指定给他们以及他们军队自身所需要的粮食数额。（7）对于所余留下来的第三支军队，他让他们保卫营地和那些到处搜集粮食的部队。（8）由于这里的

---

① ［中译按］两百斯塔德大约二十四英里。

绝大部分地区非常平坦而又易于占领,而且,征粮者的人数又不计其数,天气也非常适合收割粮食,他们每天都能够搜集到大批粮食。

[101](1)当米努基乌斯接管了费边的指挥权后,他开始沿着山脉尾随迦太基人,因为,他深信,在他们试图通过山脉时,自己就会遇上他们。(2)但是,当听到汉尼拔已经占领了基洛尼乌姆,并正在搜刮这个地区,而且,他已经在这座城市前建造了防御的营地后,米努基乌斯就改变了行军线路,从山上沿着山脊,下到这座城市。(3)当抵达一块名叫卡利纳(Calena)的高地(这块高地属于拉里努姆人[Larinum]的领土)后,他就驻扎在那里,甘冒一切风险同敌人开战。(4)看到罗马人接近后,汉尼拔让第三支部队继续搜集粮食,同时,他率领另外两支军队,进军到距离基洛尼乌姆城十六斯塔德的地方,驻扎在一座山丘之上,震慑罗马人和保护那些征粮的士兵。(5)两军之间另外有一座山丘,汉尼拔注意到,这座山丘不仅靠近敌军的营地,而且,也可以俯瞰敌军的营地,于是,他就派遣一支两千人的长枪兵,连夜攻占了这座山丘。(6)天亮的时候,马尔库斯看到了这些敌军,于是,他就率领自己的轻装军队进攻这座山丘。(7)双方随即爆发了一场小规模冲突,而罗马人取得了胜利,随后,他们把自己的整个军队驻扎在这座山丘上。(8)汉尼拔花费了一定的时间,才把自己的整个军队分散进营地,因为,敌人靠得太近。(9)但是,几天后,他被迫派遣一些军队为牲畜寻找牧草,并派遣另外一些军队搜集粮食。(10)因为,按照他原来的计划,他担心自己所俘获的那些牲畜会遭受损失,所以,他尽可能多地搜集粮草,以便自己的军队在整个冬季期间都有充足的粮食,以及自己的战马和驮畜也都有充足的草料;(11)因为,在他的军队中,骑兵是最主要的依靠力量。

[102](1)米努基乌斯注意到,敌军大部分已分散在整个乡村去执行这些任务了,因此,他在正午时分率领自己的军队出击。(2)当快要靠近敌军营地时,他就将自己的重装步兵以战斗序列部署,而且,他将自己的骑兵和轻装步兵分成数队,并派遣他们去攻

击征粮队,并下令不要留任何活口。(3)这让汉尼拔陷入了非常困难的境地,因为,他既没有足够的兵力迎击敌军,也不能前去支援那些分散在乡村的征粮队。(4)派遣出去攻击这些征粮队的罗马人,杀死了他们大批人。部署在汉尼拔营地前面的罗马军队大肆藐视敌军,他们开始摧毁栅栏,几乎就要进攻迦太基人的营地。(5)汉尼拔的处境非常凶险,尽管他遭遇了这场风暴,(6)但是,他仍然击退了所有的进攻者,并艰难地守住了自己的营地,直到哈斯德鲁巴率领大约四千人的军队(他们都是从乡村逃离出来,躲避在基洛尼乌姆前面的营地)赶来增援,他的危险处境方才得以解除。(7)现在,他重新恢复了一些信心,于是就把自己的军队部署在营地前面一段距离的地方,便于出击和发动进攻,他就这样艰难地解除了自己岌岌可危的险境。(8)米努基乌斯现在撤退了——在营地的攻击中,米努基乌斯杀死了大批敌军,而且,在广袤乡村的攻击中,米努基乌斯屠杀了数量更为庞大的敌军——但是,他对未来充满希望。(9)第二天,当他看到迦太基人撤离了他们的营地后,他又开始忙于占领和接管迦太基人所留下的营地。(10)因为,汉尼拔担心罗马人晚上会找到那座没有设防的基洛尼乌姆营地,进而夺走自己的辎重和储备,于是,他决定返回并重新在那里驻营。(11)从此以后,迦太基人在搜寻时更加谨慎,也更加注意防护,然而,罗马人则与之相反,他们在搜寻时更加自信,也更加鲁莽。

[103](1)当这场夸大的胜利传到罗马后,罗马人民都感到非常高兴,(2)这首先是因为,原本的黯淡前景现在正向更好的方向发展,其次是因为,他们认为,他们的军队先前无所作为和士气低落不是因为士兵缺少勇气,而是因为统帅过度审慎。(3)因此,所有人都在责备费边,指责他没有大胆地利用自己的机会,马尔库斯则由于这场胜利而声名鹊起,以至于他们踏出了史无前例的一步:他们授予他同独裁官费边一样的绝对权力。(4)因为,他们相信,他很快就会结束这场战争。因此,他们事实上任命了两位独裁官来负责这同一场战事,这种事情在罗马从未出现过。(5)当米努基乌斯获悉,自己在罗马的受欢迎程度和罗马人民授予自己的巨大

权力后,他跃跃欲试并渴望采取更为大胆的行动。(6)费边现在重新回到了军队,但是,他完全不为最近的局势所动,甚至比以前更加坚定地坚持原来的决心。(7)费边注意到,得意忘形的米努基乌斯嫉妒性地在所有方面都反对自己,而且,米努基乌斯竭力主张开战。因此,费边给他两项选择:要么他隔日指挥全军,要么他指挥其中一半军队,而且,他可以在任何自认为正确的场合使用自己的军团。(8)米努基乌斯非常乐意同意各自分开使用军队,当他们将军队一分为二后,他们分开驻扎在大约相距十二斯塔德的地方。

[104](1)部分通过俘虏提供的信息,部分通过自己的亲眼观察,汉尼拔了解到,这两位统帅之间的敌对分歧以及马尔库斯的冲动和野心。(2)鉴于敌人目前的状况有利于自己而非相反,因此,他转而集中对付米努基乌斯,他渴望抑制米努基乌斯的冒险,并挫败米努基乌斯的进攻。(3)在自己的营地与米努基乌斯的营地之间有一座小山丘,谁占领这座小山丘,谁就可以用它来进攻另一方,因此,汉尼拔决定攻占它。(4)汉尼拔非常清楚,由于先前的那场胜利,米努基乌斯肯定会立即反击,因此,他设计了下面这个策略:这座小山丘周围的地面没有任何树木,但是,它有很多各种形态的凹凸地和小山谷。他连夜以两三百人的小分队的形式,部署在合适的伏击之地,他们的人数总计是五百名骑兵和大约五千名轻装军队与其他步兵。(5)为了不让第二天早上巡查的罗马士兵发现他们,天一亮,他就让自己的轻装军队占领了这座小山丘。(6)当米努基乌斯看到敌军的这番行动后,他认为,这是自己展开反击的有利时机,于是,他立即派遣自己的轻装步兵,前去迎战敌人和争夺这座小山丘。(7)随后,他又派出了自己的骑兵,接着,他亲自统领主力军团,以密集队形向前进军。他在之前的那个场合也用过这种战术,这一次他只不过又复制了一遍。

[105](1)天刚亮,所有罗马人的心思和眼睛都全神贯注地盯在山丘上的战斗,因此,没有人怀疑汉尼拔设下的埋伏。(2)汉尼拔不断地往山丘上派遣增援力量,而且,很快他就率领自己的骑兵和其余军队出现了,接着,双方的骑兵随即就投入了战斗。(3)结果,由

于迦太基人骑兵数量庞大,罗马人的轻装步兵被迫离开了战场,而他们向军团的退却又引起了军团的巨大混乱。(4)就在那时,汉尼拔给那些伏兵发出了进攻信号,那些伏兵立即从各个方向涌现出来并展开进攻,这不仅使罗马人的轻装步兵,就连他们的整个军队都陷入了最危险的生死关头。(5)当费边看到这种局势后,他非常担心罗马人会遭遇彻底的失败,因此,他急忙率领自己的军队前去救援。(6)他一出现,罗马人立即就恢复了勇气,尽管他们的阵型已全部打乱,但是,他们集结在军旗周围,同时,费边的军队也在掩护他们撤退,最终,他们成功地撤退到安全地区。大批轻装军队被杀,但是,军团遭受的损失则更加严重,他们损失的都是其中最为英勇的战士。(7)对于前来援助他们同胞的罗马军团——这些罗马军团整装有序、士气旺盛——汉尼拔感到有些恐惧,因此,他立即放弃了追击并结束了这场战斗。(8)对于参加这场战斗的那些罗马战士而言,他们无疑都非常清楚,米努基乌斯的鲁莽几乎带来了彻底的失败,而费边却像上次那样,他的谨慎这一次又把所有人拯救了。(9)对于在罗马城的那些人来说,他们无可置疑地明白,将军的远见、良好的判断和冷静的计算同士兵的鲁莽和轻率,不可同日而语。(10)罗马人接受了教训,他们现在再一次地只构筑一个营地,同时,他们把自己的军队都合并在一起,从此以后,他们听从费边和他的命令。(11)迦太基人在这座山丘和他们的营地之间挖掘了一条壕沟,围绕这座山丘(这座山丘现在已经在他们手上)建造了一道栅栏,同时,他们在这座山丘上部署了卫戍部队,从此以后,他们就可以不受侵扰地准备过冬了。

[106](1)执政官的选举时间现在又到了,①罗马人选举卢西乌斯·埃米利乌斯·保鲁斯(Lucius Aemilius Paulus)和盖乌斯·特伦提乌斯·瓦罗(Gaius Terentius Varro)作为那一年的执政官。(2)他们一就任,独裁官就卸任了,埃米利乌斯授予上一年的两位执政官格纳乌斯·塞维利乌斯和马尔库斯·利古鲁斯(他在弗拉

---

① 即公元前 216 年。

米尼乌斯死后接任了执政官）代执政官（proconsular）①之权，他们负责接管战场和按照他们认为合适的方式来指挥军队的行动。（3）在同元老院协商后，埃米利乌斯立即征召士兵，全额补充军团派往前线。（4）他明确地命令塞维利乌斯，绝不要冒险同敌人进行大会战，而是要不间断而又灵活地进行小规模战斗，以训练新兵和树立他们进行大会战的信心；（5）因为，他们认为，他们最近挫败的主要原因在于，他们所使用的是新近征召还未经训练的新兵。（6）执政官同时也给予了法务官卢西乌斯·波斯图米乌斯（Lucius Postumius）一个军团的兵力，让他进军山南高卢，以牵制那些效忠于汉尼拔的高卢人。（7）他们也采取措施，召回了正在利利巴乌姆过冬的舰队，而且，他们还给西班牙的将军调拨了他们所需要的全部物资。（8）因此，执政官和元老院正忙于这样和那样的战争准备；（9）塞维利乌斯在接到执政官的命令后，也在按照他们的要求，事无巨细地做各项准备。（10）我将不再更为深入地提及它们，因为，没有任何决定性或者特别性的事情发生（这部分是由于这些命令，部分是由于形势）。（11）在这众多的小规模冲突和小型战斗中，罗马指挥官表现突出、声名卓著，人们普遍认为，他们的作战行动、勇气和技能俱佳。

[107]（1）在整个冬季和春季，双方军队依旧在营地相互对峙，只有等到一年的收割季节②来到，获取足够的物资后，汉尼拔方才把自己的军队移出基洛尼乌姆的军营。（2）他判断，通过各种手段迫使敌人作战是自己的利益所在，因此，他占领了一座名叫坎尼（Cannae）的城堡，（3）在这座城堡内，罗马人从加努西乌姆

---

① ［中译按］proconsular 亦写作 pro-consular，一般译作"代执政官"或者"代理执政官"。代执政官或者代理执政官（proconsules）是执政官的替代物，这么称呼他们是因为他们代替执政官发挥作用，正如代管事（procurator）代替管事（curator）发挥作用。参见塞维里的伊西多尔：《塞维里的伊西多尔对"王政"与"公民"的释义》，张笑宇译，载《罗马古道》（《海国图志》第五辑，林国华、王恒主编，上海人民出版社 2010 年版）第 119 页。

② 即六月初。

(Canusium)附近的乡村征集和储备了谷物与其他补给,他们不时地从这里运送物资到他们的军营,以补给他们的物资短缺。(4)这座城镇先前就沦为废墟,但是,汉尼拔攻占了这座城堡和储备物资,引发了罗马军队的巨大混乱;(5)这座城堡的沦陷让罗马人痛苦万分,这不仅是因为他们失去了补给,而且还因为这座城镇可以俯瞰周围的地区。(6)因此,他们不断地派遣信使到罗马,以请求下一步的行动指示,他们指出,如果他们靠近敌人,那么,他们难免一战,因为,乡村已被劫掠殆尽,而且,盟友们的态度也摇摆不定。(7)元老院决定同敌人战斗,但是,他们命令塞维利乌斯先等一等,他们派遣执政官前往前线。(8)所有人的眼睛都移向了埃米利乌斯,他们在他身上寄托了自己最重要的希望,因为,他声名卓著,人们认为,在前几年的伊利里亚战争中,他表现英勇,对国家贡献巨大。① (9)他们决定将八个军团投入战场——对罗马人而言,这是史无前例的——每个军团由大约五千人(不含盟友)组成。(10)正如我之前所说,②罗马人一般[每年]征召四个军团,每一个军团的人数大约是四千名步兵和两百名骑兵,(11)但是,在情势危急的特殊情况下,他们也会将每个军团的人数提高到五千名步兵和三百名骑兵的水平。(12)在每一个军团中,盟友的步兵人数同罗马公民的步兵人数相等,但是,盟友的骑兵人数通常是罗马公民的骑兵人数的三倍。(13)当派遣执政官前往战场时,他们会给每一位执政官两个军团和一半盟友。(14)大部分战争是由一位统率两个军团及其通常的相应盟友人数的执政官所决定,只有在极少数的场合,他们才会在同一场战役中同时动用所有的军队。(15)然而,现在他们对未来如此恐惧和担心,以至于他们决定把八个军团而非四个军团一起投入战场。

[108](1)因此,在埃米利乌斯上任前,他们谆谆告诫了埃米利乌斯一番,而且,他们将战争的两种结果会带来的重大影响都明明

---

① 参见第三卷第 16 章和第三卷第 18—19 章。

② 参见第一卷第 16 章。

白白地摆在了他的眼前,他们命令他,当时机来临后,他要像勇敢和可敬的罗马人那样一决胜负。(2)当埃米利乌斯抵达后,他召集军队,并将元老院的决定传达给他们,接着,他向他们发表了合乎时宜但明显发自心底的讲话。(3)他的大部分讲话致力于解释过去的失利,因为,过去的失利让整个军队士气低落,而且,他们也亟需鼓励。(4)因此,他试图向他们强调,过去的失利不是一两种原因,而是许多种原因所致,但是,这些原因都已经过去了,(5)如果他们像真正的男人那样英勇行动,那么,现在他们根本就没有失败的理由。他说道:

(6)在之前的战役中,两位执政官当时没有把他们各自的军队合并在一起并肩战斗,而且,他们的军队也没有得到很好地训练,相反,他们都是新近招募的军队,根本没有经历过战争的恐怖。(7)然而,最为重要的是,我们的军队对敌人一无所知,以至于有人甚至说,他们之前从未看到敌人,就冒险投入了决战。(8)在特雷比亚河遭遇惨败的那些人,一天前才从西西里赶到,①他们却在第二天天一亮就投入战斗,(9)而在伊特鲁里亚战斗的那些人,不仅之前没有看到他们的敌人,而且,由于天气很糟糕,他们甚至在战斗期间也都没有看到敌人。(10)然而,现在所有的情况都与之前完全相反。

[109](1)因为,首先,我们两位执政官都在现场,不仅我们会与你们一同面对危险,而且,上一年的执政官也在你们身边,他们会同你们一起并肩战斗。(2)你们不仅可以看到敌人的武器、布阵和人数,而且,你们过去两年来几乎每天都在同他们战斗。(3)现在的情况,同之前我所说的那些战役情况完全不同,因此,我们现在的战役结果自然也会与之前的战役结果完全不同。(4)在双方人数相当的众多小规模冲突中,你们绝大部分能赢得胜利,现在你们用合并一起的军队面对敌人,

① 这番叙述同第 69 章的叙述不一致。

你们的人数几乎是敌人的两倍,如果你们还会被战败,那么,这是一件非常奇怪的事情或者根本就是一件不可能的事情。(5)因此,我的勇士们,胜利的全部有利因素都在我们这一边,你们仅仅缺少一样东西,那就是,你们自己的热情和决心。关于这一点,我觉得,我没有必要再对你们多说什么了。(6)因为,对于受雇于一些国家的那些人,或者,对于按照联盟条款的规定而即将为他们的邻居战斗的那些人,最危险的时刻是在作战本身,但是,结果对他们而言几乎无关紧要。对于他们这种情况而言,劝说是非常必要的。(7)但是,对于你们而言,你们不是为别人战斗,而是为你们自己、你们自己的国家和你们自己的妻子儿女战斗,结果要远比你们现在的危险更加重要,因此,不需要劝说你们去履行自己的职责,只需要提醒你们自己的这些职责。(8)因为,你们谁不渴望胜利呢?或者,即使不能赢得胜利,你们宁愿战死,也不愿意眼睁睁地看着自己最珍爱的东西,骇人地毁于一旦吧?(9)因此,我们的勇士们,即使没有我的这番话,你们自己也要紧盯失败和胜利之间,以及它们各自的全部后果的巨大区别。全身心地投入这场战斗吧!因为,这关系到你们国家的生死存亡,而不只关系到你们军团的生死存亡。(10)如果战局仍然不利,罗马也没有战胜敌人的进一步资源了。(11)但是,她把自己的全部力量和全部信念都集中在你们身上,她的所有安全希望也都寄托在你们手上。(12)不要辜负她的希望,而是要回报你们所亏欠她的东西,让所有人都明白,我们之前的失败不是因为罗马人不如迦太基人勇敢,而是因为当时作战的那些人缺乏经验以及不利的局势。

(13)在向军队发表了这番讲话后,埃米利乌斯解散了他们。

[110](1)第二天,执政官拔营并向他们听说敌人所在的地方进军,第二天就抵达了可以看到迦太基人的地方,他们就在距离迦

太基人大约五十斯塔德①的地方扎营。(2)埃米利乌斯看到,这个地区周围平坦而又没有树木,因此,他不同意在这里进攻敌人——因为迦太基人拥有骑兵优势——他的建议是,要引诱他们到一个由步兵决定战局的地形上去。(3)盖乌斯·特伦提乌斯·瓦罗却持完全相反的意见——因为他缺乏经验——两位统帅之间生出分歧和争执是最危险的。(4)第二天轮到瓦罗统帅军队——按照通常的习惯,当两位执政官同时在场时,他们隔日要轮流统率军队——他拔营并进军,意图接近敌军,尽管埃米利乌斯强烈地予以反对和极力地进行阻止。(5)汉尼拔率领自己的轻装军队和骑兵前去迎战他,出其不意地进攻正在行进中的罗马军队,致使罗马军队陷入混乱。(6)然而,罗马人通过行进在前面的一些重装步兵,成功地挡住了第一波进攻,接着,当他们出动自己的长枪兵和骑兵后,罗马人的整个战场情况就开始好转了。因为,迦太基人没有大批的预备部队,而罗马人则有轻装军队与一些军团分队(some companies of the legionaries)的混合协同作战。(7)现在夜幕降临,这迫使双方都鸣金收兵,迦太基人的进攻没有实现他们所想要的成功。(8)第二天,埃米利乌斯既不觉得开打是明智之举,也没有将军队撤退到安全的地方,他将自己三分之二的军队驻扎在奥菲杜斯河(Aufidus)的河岸。(9)这是唯一一条横贯亚平宁山脉的河流,漫长的山脉将整个意大利河流的流域都分隔开来,西侧的那些河流向南注入伊特鲁里亚海,东侧的那些河流则向南注入亚德里亚海湾。(10)而奥菲杜斯河恰好从这些亚平宁山脉中间穿流而过,它的源头位于意大利一侧的伊特鲁里亚海这边的山脉,并最终注入亚德里亚海湾。(11)对于另外三分之一的军队,他则用来防卫河流对岸东边的那块浅水处,②这个地方距离他的营地大约十斯塔德,③距离敌人的营地则稍远一些,他的目的是,保卫从自己的主

---

① [中译按]五十斯塔德大约五英里。
② 亦即奥菲杜斯河(Aufidus)右岸。
③ [中译按]十斯塔德大约一英里。

营地渡河过去的征粮队,并骚扰迦太基人的那些征粮队。

[111](1)汉尼拔现在看到两军开战已箭在弦上后,他担心,自己的军队会因为最近的失利而灰心丧气,他觉得,这个场合需要召集他们一起,并发表一些激励的讲话。(2)当他将他们召集在一起后,他命令他们全部看向这周围的乡村;同时,他询问他们道,他们本身就拥有巨大的骑兵优势,因此,就目前的情况而言,即使他们可以选择,向诸神乞求的恩惠,也没有比在这样一块平地上进行决战更大的恩惠了。(3)对于这显而易见的事实,所有人都予以赞同,于是,他继续说道:

> 首先,你们应该感谢诸神,因为,祂们让敌人步入这样的地形,对我们赢得胜利不言而喻;(4)其次,你们应该感谢我,因为,是我迫使敌人开战,敌人也根本躲避不了,而且,在这个地方开战,明显对我们非常有利。(5)我不认为,激励你们勇敢而决绝地战斗是我的责任,而这就是原因所在。(6)如果你们没有同罗马人的开战经验,那么,这是必要的,而且,我也会经常给你们讲述一些事例。(7)但是,现在你们无可争议地连续三次大败罗马人,难道我的语言会比你们自己的行动更能激励你们吗?(8)通过之前的战役,你们占领了这个地方的乡村及其所有的财富,这也是我向你们所保证的,而且,我所说的每一句话都应验了。接下来的战斗,将指向城市及其所有的财富。(9)如果你们赢得了胜利,你们将立即赢得整个意大利,并结束你们现在的劳累,你们将赢得罗马的所有财富,成为世界的主人。(10)因此,现在缺少的不是语言,而是行动;因为,在诸神的关照下,我深信,我将即刻实现我向你们许下的诺言。

(11)他的这番话引起了巨大的反响,军队热忱地表示赞同,于是,他向他们表示了感谢。解散集会后,他立即在同一河岸扎下了比罗马军营更加庞大的一座壕沟性营地。

[112](1)第二天,他命令自己所有的军队都做好准备,并带好装备,第三天,他沿着河岸部署军队,他的意图明显是尽快开战。(2)但是,埃米利乌斯对地形仍然不甚满意,而且,当他看到迦太基人很快将转移营地以获取补给后,他增设了警卫以保卫自己的两个营地,之后,他就没有采取更进一步的行动。(3)在等待了一段时间后,汉尼拔发现,没有任何人出来迎战,因此,他重新把余下的部队撤入营地,但是,他派遣努米底亚骑兵拦截更小那座罗马军营的运水兵。(4)当努米底亚骑兵出现在罗马军营的栅栏前,并阻止罗马士兵取水后,不仅瓦罗自己对此深受刺激,就连那些士兵们也表现出急切的开战欲望,他们不能容忍再拖延下去。(5)毕竟,没有任何事情会比漫长的悬而未决,更让人难以忍受了,然而,一旦做出决定,我们反而会忍耐任何事情,不管最后会发生多大巨大的灾难。

(6)当双方军队相互扎营对峙,以及双方军队每天都在前哨基地开打的消息传到罗马后,这座城市就弥漫了一种极度兴奋与极度恐惧相互交织的气氛。(7)大部分民众对结果忧心忡忡,因为,他们之前遭遇了许多次挫败,他们在脑海里想象彻底失败的景象。(8)所有人的嘴里都在谈论各种神谕,所有的神殿和所有的房子都充满了预兆和奇迹,结果,发誓、献祭、祈愿的队伍和祷告遍布这整座城市。(9)在危机时刻,罗马人会百般抚慰诸神和凡人,在这种时刻,他们从不会把这种仪式看作不得体或者自贬身份。

[113](1)第二天轮到瓦罗执掌军队,恰好在日落时分,他开始将自己的军队移出两个营地。(2)当他率领更大那座军营的军队渡过这条河流后,①他立即命令他们排列成战斗队形,另一座军营的军队也部署在同一线上。整个军队面向南方。(3)他将骑兵部署在靠近河边的右翼,步兵则部署在他们旁边的同一线上,但是,他让支队(maniples)以比平常更加紧密的形式部署,以至于每个支

---

① 瓦罗(Varro)横渡到右岸,在坎尼下方,战役正是在那个地方打响,罗马人是背对着海洋应战。

队的深度都要比它的宽度大数倍。① (4)他将盟友的骑兵部署在自己的左翼,自己的轻装军队则部署在全军稍前的地方。(5)整个军队,包括盟友的军队,总计大约八万名步兵和超过六千名骑兵。(6)与此同时,汉尼拔派遣自己的投石兵与长枪兵渡过河流,并把他们部署在前面;接着,他率领其余的军队出营,让他们在两处地方渡河后,他把他们部署在敌人的对面。(7)他把手下的西班牙骑兵和凯尔特骑兵部署在靠近河边的左翼,以正面迎战罗马骑兵,部署他们旁边的是自己的一半重装非洲步兵,接着部署的是西班牙步兵和凯尔特步兵,部署在他们后面的是另一半重装非洲步兵,部署在最后和右翼的是自己的努米底亚骑兵。(8)当他以一条直线的方式部署完自己的整个军队后,他率领中央的西班牙人和凯尔特人的步兵队伍向前进军,让其余的人与这些人相连,但人数渐次减少,以使侧翼一线越向外延伸就越单薄,最终使整个队形形成一个新月形。(9)他的目的是,让西班牙人与凯尔特人首先展开攻击,并让非洲人作为预备队。

[114](1)非洲人以罗马人的铠甲和武器来武装自己,因为,在先前几场战役中,汉尼拔俘获了最精良的武器,于是,他就用这些武器来装备他们。(2)西班牙人的盾牌和凯尔特人的盾牌非常相似,(3)然而,他们的刀剑却完全不同,西班牙人的刀剑的刺杀和砍杀都具有致命性的杀伤力,但是,高卢人的刀剑只能砍杀,而且,他需要一定的伸展空间来实施这种砍杀。(4)由于他们是一组组地交替进行部署的——高卢人赤裸着身体,西班牙人则身穿镶着紫色花边的短袍(他们的民族服饰)——因此,他们的出场就显得相当地怪异和骇人。(5)迦太基人的骑兵总计大约一万人,他们的步兵,包括凯尔特人,总计不会超过四万人。(6)罗马人的右翼由埃米利乌斯领导,左翼由瓦罗领导,中央则由上一年的两位执政官——马尔库斯·阿提里乌斯和格纳乌斯·塞维利乌斯——领导。

---

① 这种阵型的目的是突破敌人的中央,并在迦太基骑兵决定战局之前就赢得战役。

（7）哈斯德鲁巴领导迦太基人的左翼，汉诺领导右翼，而汉尼拔自己则同兄弟梅格领导中央。（8）正如我在前面所说，由于罗马军队面向南方，迦太基人面向北方，所以，冉冉上升的太阳对他们双方都会造成不便。

　　［115］（1）两军前面的警戒部队首先开打起来，一开始只在轻装步兵交战的情况下，双方都没有占据优势；（2）但是，当左翼的西班牙和凯尔特骑兵同罗马骑兵交战后，战斗随即就变得非常野蛮。（3）因为，这次战斗没有往常的那种正式前进或者后退，两军一旦相遇，他们立即下马，进行人对人的步战。（4）迦太基人最终占据上风，他们在肉搏战中杀死了大部分敌人，尽管所有罗马人都在英勇地拼死抵抗。迦太基人沿着河岸驱赶其余的罗马人，毫不留情地砍杀他们，就在这时，迦太基人和取代轻装军队的罗马重装步兵相遇了。（5）西班牙人和凯尔特人保持他们的队形，英勇地同罗马人战斗了一段时间，但是，他们很快被罗马军团的巨大力量击败了，他们抵挡不住，被迫后撤，新月形也解体了。（6）罗马支队（Roman maniples）猛烈地追击他们，他们轻易地穿过了敌人的正面，因为，凯尔特人的阵线非常单薄，而他们自己从两翼向战事猛烈的中央推进。（7）中央和两翼没有同时进入战斗状态，而是中央首先进入战斗状态，因为，凯尔特人是以新月形进行布阵的，所以，他们会远远地突出于两翼，这个新月形的凸面距离敌人最近。（8）然而，罗马人一直紧追凯尔特人并压向敌人中央，敌人的部分防线正向后撤退，他们深入敌人的防线太远，以至于他们现在遇到了两翼的非洲重装步兵。（9）于是，位于右翼的非洲重装步兵——他们面向罗马人的左翼——开始从右侧进攻罗马人的侧翼，（10）而位于左翼的非洲重装步兵——他们面向罗马人的右翼——则以同样的方式进攻罗马人的侧翼，他们作出的这些行动都是局势本身使然。（11）结果就像汉尼拔所预期的那样，罗马人追击凯尔特人太过急迫，以至于深陷两支敌军中间。（12）他们现在无法再保持密集的队形，而是单独地或者一队队地面对进攻自己侧翼的敌人。

　　［116］（1）埃米利乌斯尽管从开始以来就一直在右翼，而且也

参加了骑兵的军事行动,但是,他仍然安然无恙。(2)然而,他希望以身作则地践行自己对军队所说的话,并亲自参与战斗。(3)所以,当他看到战斗的成败主要取决于军团后,就策马突入整个战线的中央——他不仅把自己置于战事最激烈的地方,同敌人激烈交战,而且,他还不断地激励和鼓舞自己的士兵。(4)自从这场战役打响以来,一直身处战场中央的汉尼拔,也是在做相同的事情。

(5)与此同时,右翼的努米底亚骑兵也进攻起他们对面的罗马左翼骑兵部队来,由于他们独特的作战方式,他们既没有获得较大的优势,也没有遭受严重的损失。但是,通过扰乱敌人的注意力和从各个方向对他们发动进攻,努米底亚骑兵瘫痪了敌人的骑兵。(6)几乎杀光了河边所有敌军骑兵的哈斯德鲁巴,现在从左翼赶来支援努米底亚骑兵,当罗马盟友的骑兵看到他朝自己冲杀过来,立即就崩溃逃亡了。(7)在这个关头,哈斯德鲁巴表现得既能干又审慎;因为,鉴于努米底亚骑兵人数庞大,在追击逃亡的敌军时,他们非常高效而又令人生畏。因此,他就让他们追击溃逃的罗马骑兵,自己则率领骑兵中队,前往步兵交战的战场,支援非洲人。(8)通过从后面进攻罗马军团和从不同方向反复地发动进攻的方式,他立即提升了非洲人的士气。同时,这也沉重地打击和震慑了罗马人。(9)在激烈的战斗中,卢西乌斯·埃米利乌斯深受重伤,最终战死沙场,他的整个一生都忠于自己的国家,直到生命的最后一刻,他仍然尽心尽责。(10)只要罗马人能够挡住前面各个方向的敌人,他们就可以稳住阵脚,(11)但是,当他们外部的队伍不断倒下后,其余的罗马人则被迫往里面收缩,并不断地被包围,最终,他们在战场上全部阵亡,其中包括上一年的两位执政官马尔库斯和格纳乌斯,他们像真正的勇士一样在战场上英勇奋战,不愧于罗马人的光荣称号。(12)当这场残杀正在进行时,努米底亚骑兵追上了那些溃逃的罗马骑兵,他们大部分人要么被杀死,要么被掀下马。(13)小部分人逃到了维努西亚(Venusia),其中包括执政官盖乌斯·特伦提乌斯·瓦罗,这次逃亡让他颜面丧尽,而且,在他担任执政官期间,他对自己的国家造成了最为惨重的灾难。

[117](1)这就是罗马人与迦太基人之间所爆发的坎尼会战的最终结果,在这场会战中,胜利者和失败者都表现出了巨大的勇气,事实本身也证明了这一点。(2)总计六千名罗马骑兵,只有七十名骑兵同瓦罗一起逃到了维努西亚,大约三百名盟友的骑兵零零散散地逃到了不同的城市。(3)至于罗马步兵,大约一万名罗马步兵被俘,但是,他们不是在实际的交战中被俘,只有大约三千名步兵从战场逃亡到附近的城镇。其余的罗马步兵,总计大约达七万人,全部英勇战死。(4)在这场会战和之前的会战中,迦太基人之所以赢得胜利,主要依赖于他们的骑兵优势,(5)这告诉后人,在战争期间,即使步兵只有敌人的一半,但是,如果拥有骑兵优势,这也比各方面同敌军相匹敌要更好。(6)汉尼拔的军队有大约四千名凯尔特人、一千五百名西班牙人与非洲人,以及两百名骑兵被杀。

(7)之所以有一万名没有参加战斗的罗马人被俘,是出于下面这个原因。(8)卢西乌斯·埃米利乌斯在自己的营地留下了一万名步兵,他的目的是,如果汉尼拔在战场上投入了他的全部军队,从而疏于防范他的营地,那么,他们就趁战役期间,强行攻入敌人的营地,俘获敌人的辎重;(9)另一方面,如果汉尼拔意识到了这种危险,从而在他的营地留下了一支强悍的卫戍部队,那么,他投入到同罗马作战的军队人数也会相应减少。(10)下面就是他们惨遭俘获的情况:汉尼拔留下了一支足够庞大的军队来保卫自己的营地,当战事爆发后,罗马人按照他们先前的命令去进攻这支军队。一开始迦太基人坚持抵抗,但是,就在他们开始陷入困境时,已经在各个部分的战场上获胜的汉尼拔就前来救援他们,而且,他击溃了罗马人,并将罗马人关在了他们的营地里。(11)他杀死了他们两千人,并俘虏了余下所有的罗马人。努米底亚骑兵也以同样的方式攻占了这整个地区的各个要塞,大批逃亡的敌人都躲避在这些要塞里,其中包括大约两千名骑兵。

[118](1)对于我在前面所说的这场战役的结果而言,它产生了如下的后果(这个后果也是双方之前就已经预料到的):(2)通过

这场胜利,迦太基人立即成为了几乎整个意大利海岸的主人,塔林敦立即投降,(3)而阿基里帕(Argyrippa)和一些坎帕尼亚人的城镇则邀请汉尼拔前往他们那里,所有人的眼睛现在都转移到了迦太基人的身上,他们甚至对迦太基人攻占罗马城寄予厚望。(4)由于这场战败,罗马人立即放弃了维持整个意大利霸权的所有希望,他们最担心的是他们自身的安全和罗马的安全,他们预料,汉尼拔随时都会出现。(5)在他们与逆境的斗争当中,命运女神似乎与他们为敌,她要让他们的杯子斟满苦难。(6)因为,仅仅在几天之后,当罗马城仍沉浸在痛苦之中时,他们派往山南高卢的指挥官就遭到了凯尔特人的伏击,他和他的军队全军覆没。(7)然而,元老院绝没有放弃挽救这个国家的努力,他们一边劝慰和鼓励民众,一边强化这座城市的防御,并冷静而英勇地应对局势。后来的事件证明他们是正确的。(8)因为,尽管罗马人现在毋庸置疑地战败了,他们的军事名声也被击碎了,(9)但是,凭借政体的独特优点和他们明智的建议,他们不仅恢复了在意大利的霸权,并在后来击败了迦太基人,而且,在数年后,他们还让自己成为了整个世界的主人。

(10)因此,我将在这里结束本卷,我现在所描述的西班牙和意大利的这些事件,都发生在第140届奥林匹亚大会期间。(11)当我叙述第140届奥林匹亚运动会期间同一时期的希腊史时,我将暂停我的历史叙述,以单独论述罗马政体;(12)因为,我认为,对罗马政体的描述不仅与我的这部著作的整体计划密切相关,而且,它对历史研习者和对创制政体或者改革政体的实际从政的政治家,都作用巨大。

第四卷

[1](1)在上一卷中,我解释了罗马人与迦太基人之间爆发第二次战争的原因。(2)接着,我叙述了汉尼拔入侵意大利,以及交战双方发生在奥菲杜斯河岸的坎尼之战。(3)现在,我将叙述自第140届奥林匹亚大会①的开始之日起,发生在希腊同时期的历史事件。(4)但是,我首先将向我的读者简要回顾,我在第二卷中②对希腊事务,尤其对亚该亚联盟所作的叙述,因为,在我自己的这个时代以及比我更早的时代,亚该亚联盟取得了惊人的进展。

(5)他们的历史是从俄瑞斯忒斯之子提萨米努斯开始的,我先前说道,亚该亚人一直在提萨米努斯王朝的统治之下,这个王朝的统治直到俄基古斯之时才告终结,在俄基古斯之后,他们采用了一种最令人羡慕的民主制,直到马其顿国王把他们的联盟一度重新分化成各个相互独立的城市和农村。(6)接着,我讲述了他们后来怎样重新开始联合,以及第一批加入联盟的城市。(7)其后,我指出了他们吸引其他城市的方式和原则,以及他们打算将所有伯罗奔尼撒人都联合在同一个政体和同一个名号之下。(8)在概述了他们的这个打算后,我简要地叙述接下来的事件,一直到斯巴达国王克里奥米尼斯③的废黜。(9)其后,我概述了前言中所涵括的那些事件,直到安提柯·多森、塞琉古·塞拉乌努斯

---

① 即公元前220—前216年。
② 即第二卷第41—71章。
③ [中译按]即克里奥米尼斯三世。

(Selecus Ceraunus)①和托勒密·乌基特斯②的去世(他们三人的去世几乎都发生在同一时间)。最后,我声言,我的主要历史将直接以上述这个时期的事件作为起点。

[2](1)我认为,这是最好的起点,因为,首先,阿拉图斯的著作恰好终结于这个时期,而且,我决心在他搁笔的地方继续撰写希腊史;(2)其次,这个时期涵盖在了我的历史之内,而且,它同我自己这一代人和我父辈那一代人正好处于同一时间,因此,我亲眼见证了其中一些事件,或者,我从亲眼见证过它们的其他人那里亲耳听说了其中一些事件。(3)如果我追溯更为早期的那些事件,那么,我只能撰写一些道听途说的传闻,这既不可靠,也不权威。(4)然而,我以这个时期作为开端,其最为重要的原因是,命运女神当时可以说重建了这个世界。(5)德米特里之子腓力③——腓力当时只是小男孩——继承了马其顿王位,(6)统治了塔乌鲁斯(Taurus)这边的整个亚洲④的阿卡乌斯(Achaeus),现在不仅统治了这个国家,而且,他还拥有了国王的权力。(7)绰号"大帝"(The Great)的安条克⑤(当时他非常年轻),在不久前其兄弟塞琉古⑥去世后,继任了叙利亚的王位,(8)与此同时,阿里阿拉特⑦成为了卡帕多西亚的国王,托勒密·斐洛佩托⑧成为了埃及的国王,不久之后,莱库古(Lycurgus)则成为了斯巴达的国王。(9)迦太基人最近也任命汉尼拔,作为他们在刚刚所提到的这场战争的将军。(10)既然这个时期各地的统治者们都是全新的,因此,很明显,一系列全新的事件也将随之展开,这是自然而然的结果。(11)情况也确实是这样;罗

---

① [中译按]即塞琉古三世。
② [中译按]即托勒密三世。
③ [中译按]即德米特里二世之子腓力五世。
④ [中译按]亦即"小亚细亚"(Asia Minor)。
⑤ [中译按]即安条克三世。
⑥ [中译按]即塞琉古三世。
⑦ [中译按]即阿里阿拉特四世(Ariarathes IV)。
⑧ [中译按]即托勒密四世。

马人和迦太基人现在开始了我所提到的这场战争,安条克和托勒密正为争夺科利-叙利亚而开启战端,亚该亚人和腓力则同埃托利亚人和斯巴达人开战。

[3](1)下面就是亚该亚人和腓力同埃托利亚人和斯巴达人开战的原因。埃托利亚人长久以来,都对和平及对限制他们自身资源的花销深感不满,因为,他们习惯于依靠他们的邻居过活,而且,他们要求大批金钱(因为他们贪婪成性),他们像食肉猛兽一样,以掠夺为生,毫无情义可言,他们把所有人都当作敌人。(2)然而,只要安提柯①一直活着,②他们就不敢轻举妄动,因为,他们惧怕马其顿人。(3)但是,等到这位国王去世和腓力(腓力当时还只是一个小男孩)继任王位后,他们就觉得,自己可以无视这位新任的国王,他们开始积极寻找干涉伯罗奔尼撒事务的借口和理由,这一方面是因为,他们原来就习惯了抢劫这片土地,另一方面是因为,他们认为,自己可以同亚该亚人相匹敌,因为,亚该亚人现在已经没有了马其顿人的支援。(4)这些就是他们的倾向和意图,而且,时机在某种程度上又青睐于他们,因为,他们发现下面这个借口非常有利于自己实现自身的计划。

(5)特里克尼乌姆的多利马克(Dorimachus of Trichonium)③——他是尼科斯特拉图斯(Nicostratus)之子——在帕姆波奥提亚人的大会(Pamboeotian congress)上违反了严肃的停战协定。④ (6)多利马克是一位年轻人,充满了埃托利亚人特有的暴力倾向和侵略精神;当局把他派往菲迦利亚(Phigalea)——菲迦利亚是伯罗奔尼撒的一座城市,靠近美塞尼亚人(Messenian)的边境,当时它正与埃托

---

① [中译按]即安提柯·多森。
② 即公元前 222 年。
③ 特里克尼乌姆(Trichonium)是特里克奥尼斯(Trichonis)——特里克奥尼斯湖坐落在埃托利亚——湖边上的一座城镇,但是,对于其确切位置,我们并不知晓。在第十卷第 2 章第 3 节中,斯特拉波说,它坐落在一个肥沃的平原上,按照这种说法,它最有可能坐落在这个湖泊的北部。
④ 参见第九卷第 34 节,对于这个事件,我们一无所知。

利亚联盟结盟；(7)他表面上声称要保卫这座城邦及其领土,但是,实际上是作为间谍,暗中窥探伯罗奔尼撒人的事务。(8)近来有一群土匪到菲迦利亚投奔多利马克,但是,他不能给他们提供任何合法的抢劫借口,因为,安提柯建立的全面和平仍然在发挥效力,(9)最终,在别无选择的情况下,他允许他们袭击美塞尼亚人(美塞尼亚人是埃托利亚人的朋友和盟友)的牛群。(10)一开始,他们仅仅洗劫了边境上的牛群,但是,后来他们变得越来越肆无忌惮,他们通过夜袭冲进乡村的农舍。(11)对此,美塞尼亚人自然怒不可遏,他们派遣使节到多利马克那里控诉,多利马克一开始没有理会,因为,他认为,这不仅可以使手下的这些人从中获益,而且,他自己也可以分享他们的战利品。(12)然而,当这些使节开始愈加频繁地过来(因为暴行并未停止)后,他宣布,自己将亲自前往美塞尼亚,以保卫指控埃托利亚人的那些人。(13)他一抵达美塞尼亚,那些受害者就聚集在他的身边,但是,他嘲笑和戏谑他们,甚至反过来指责和用谩骂性的语言来恐吓他们。

[4](1)当他仍然停留在美塞尼亚期间,那群土匪乘着夜色接近了这座城市,他们通过云梯闯入了一座名为基洛恩(Chyron's)的乡村农场,在那里屠杀了抵抗他们的奴隶后,他们将其余的奴隶捆绑起来,连同牲畜一起带走了。(2)美塞尼亚人的监察官(Ephors)长期以来都对所发生的所有这些事件,以及多利马克停留在这座城市,愤懑不已,他们觉得,这无疑是在伤口上撒盐,因此,他们把他召集到自己的同僚面前。(3)在这个场合,斯西洛恩(Scyron)——斯西洛恩当时正是其中一位监察官,而且,他深受市民的尊敬——建议他们,不要让多利马克逃出这座城市,除非他补偿美塞尼亚人的所有损失,并移交犯有谋杀罪行的那些人,让他们绳之以法。(4)当所有人都表示赞同斯西洛恩所说的这番话后,多利马克立即勃然大怒,他向他们说道,如果他们现在所冒犯的只是多利马克,而不是埃托利亚联盟,那么,他们着实愚不可及。他声称,整个事件骇人听闻,而且,他们都将会受到应有的严惩。(6)对于他的这番威胁与霸道的讲话,斯西洛恩怒不可地说道:"多利马

克,难道你认为,我们会在乎你和你的威胁吗?"(7)对于他的这番回答,多利马克被迫暂且作了妥协,他同意对美塞尼亚遭受的所有损失给予一个让他们深为满意的赔偿。但是,当他一回到埃托利亚——他仍然对斯西洛恩的那番嘲讽性的回答怀恨在心——在没有任何其他合理借口的情况下,他仅仅因为这个原因,就发动了对美塞尼亚人的战争。

[5](1)当时埃托利亚人的将军是阿里斯顿(Ariston);①但是,由于身患疾病,他不能在战场上冲锋陷阵,他把自己的所有职权几乎都委任给了斯科帕斯(Scopas)——斯科帕斯是他自己和多利马克的亲戚。(2)多利马克没敢冒险以公共演讲的方式,劝说埃托利亚人同美塞尼亚人开战,因为,他缺乏有效的借口,但是,所有人都心知肚明,他的仇恨不过是源于他自己对那番嘲讽的怀恨在心和过激反应而已。(3)因此,他放弃了任何公开宣战的计划,而是私下催促斯科帕斯加入自己反美塞尼亚人的计划中来。他向斯科帕斯指出,他们不会再遭遇马其顿人的任何危险,因为,马其顿的统治者太过年轻(腓力现在还没有到十七岁),(4)同时,拉栖代蒙人也已经疏远了美塞尼亚人,而且,埃利斯(Elis)是埃托利亚人的朋友和盟友;从以上事实推断,他们入侵美塞尼亚将会没有任何后顾之忧。(5)然而,接下来,他向斯科帕斯描绘了将从美塞尼亚获取大批战利品的美好蓝图——对于一名埃托利亚人而言,这是最具说服力的论点——因为,美塞尼亚人根本就没有防范入侵,而且,在克里奥米尼斯战争期间,它是整个伯罗奔尼撒唯一一个未被蹂躏的地区。(6)最后,他让斯科帕斯好好地想一想,他们将在埃托利亚所获得的欢迎程度。(7)他说道,如果亚该亚人阻止埃托利亚人通过,埃托利亚人因此进行报复,那么,亚该亚人也就没有什么理由进行抱怨;但是,如果亚该亚人一动不动,那么,他们就可以畅通无阻地实现自己的计划。(8)他进一步地说道,他们可以毫不费力地找到大量进攻美塞尼亚人的理由,因为,美塞尼亚人

---

① 即公元前 221 年。

同亚该亚人和马其顿人结盟,长期以来对埃托利亚人造成了重大的创伤。(9)借助这样和其他类似的论点,他使斯科帕斯和他的朋友们跃跃欲试,以至于没有召开埃托利亚大会(General Assembly of the Aetolians),①也没有在特别会议(Special Council)上吐露他们的秘密,事实上,也没有采取任何适当的宪法性步骤,(10)而是只根据他们自己的激情和他们个人的判断行事,就突然地向美塞尼亚人、伊庇鲁斯人、亚该亚人、阿卡纳尼亚人和马其顿人开战。

[6](1)他们立即从海路派遣私掠船,这些私掠船在塞瑟拉(Cythera)附近碰到了一艘马其顿王室的舰船,当他们把这艘舰船及其所有船员都带到了埃托利亚后,他们就在那里开卖所俘获的军官、士兵和这艘舰船来。(2)之后,他们在塞法里尼亚人的舰队的支援下,劫掠了伊庇鲁斯人的海岸。(3)与此同时,他们派遣一支小规模的部队,秘密通过了伯罗奔尼撒,占领了一座名叫克拉里乌姆(Clarium)的城堡(这座城堡位于梅格洛波利斯领土的中央),并且,他们继续以这座城堡作为劫掠的基地和销赃的场所。(4)然而,亚该亚人的将军提摩克塞努斯(Timoxenus)在塔乌里安(Taurion)的支援(安提柯之前留下塔乌里安来负责伯罗奔尼撒事务)下,几天后他们很快就围攻并占领了这个地方。(5)之前安提柯继续占领科林斯(科林斯之前是亚该亚人给予他的),以在克里奥米尼斯战争中进一步实现自身的目的,②但是,在迅速攻占奥科美纳斯后,他没有将奥科美纳斯归还给亚该亚人,相反,他占领并兼并了它。(6)我猜想,他的目的,不仅是控制进入伯罗奔尼撒的入口,而是借助奥科美纳斯的卫戍部队和军火库,来保卫自己在内陆的利益。(7)多利马克和斯科帕斯一直等到提摩克塞努斯的任期快要结束,以及第二年亚该亚人任命阿拉图斯作为将军(但

---

① [中译按]"埃托利亚大会(General Assembly of the Aetolians)"亦即"埃托利亚联盟大会(Aetolians Federal Assembly)"。

② 参见第二卷第53章。

还没有上任）时，^①（8）他们方才在利乌姆（Rhium）集结了全部的埃托利亚军队，并准备了渡船（包括塞法里尼亚人的舰船），接着，他们将自己的人马运送到伯罗奔尼撒，并开始向美塞尼亚进军。（9）当他们穿过帕特拉（Patrae）、法拉（Pharae）和特里塔埃亚（Tritaea）的领土时，他们假装自己无意伤害亚该亚人。（10）但是，他们的士兵不会放过这次难得的机会（因为他们的士兵已经抢劫成瘾），在通过时一直都在洗劫和破坏，直到抵达菲迦利亚（Phigalea）才宣告结束。（11）他们从那里突然猛烈地入侵美塞尼亚，根本不管他们同美塞尼亚人长期以来的盟友关系和共同的国际法准则。（12）他们自己的私欲高于一切，他们没有遇到任何阻力就洗劫了这个国家，美塞尼亚人根本不敢出来攻击他们。

［7］（1）按照他们的法律规定，现在正好到了他们的联盟大会（Federal Assembly）的时间，因此，亚该亚人的代表们齐聚于埃基乌姆。（2）当大会召开时，来自帕特拉和法拉的代表控诉了埃托利亚人在通过他们的领土期间，对他们的国家所造成的巨大破坏，而来自美塞尼亚的代表则请求支援，因为，他们受到了背信弃义和非正义地攻击。（3）当亚该亚人听到这些控诉后，帕特拉人和法拉人的愤怒感同身受，也对美塞尼亚人的不幸深为同情；（4）但是，最主要的原因在于，埃托利亚人在没有得到任何正式允许的情况下，甚至都没有尝试去争取这种正式允许，就违反协议并武装冒险进入亚该亚。（5）所有这些都深深地触怒了亚该亚人，以至于他们投票赞成支援美塞尼亚人，他们命令他们的将军要征召亚该亚人的所有军队，一旦达成任何决定，军队随时都可以听候差遣。（6）现在仍然担任将军的提摩克塞努斯，一方面是因为自己的任期即将结束，另一方面是因为他对亚该亚军队没有信心（亚该亚军队完全忽视

---

① 亚该亚人的将军的选举时间是五月中旬，埃托利亚人的将军的选举时间是秋季。阿拉图斯是在公元前 220 年 5 月 12 日被选举为将军，并在仲夏前一段时间接任这个职位；阿里斯顿的埃托利亚的将军职位在公元前 220 年 9 月结束任期，参见第五卷第 1 章（v. i.）。

了自己的军事训练),以至于他对开战畏缩不前,甚至对征召军队也都疑虑重重。(7)事实上,自从斯巴达国王克里奥米尼斯垮台之后,所有的伯罗奔尼撒人都已经被上一场战争折磨得精疲力竭,他们相信当前的平静生活可以一直持续下去,因此,对于未来的备战问题,他们根本就没有理会。(8)但是,埃托利亚人的冒犯举动激怒了阿拉图斯,他以极大的热情接手这个事情,因为,长期以来他对这些埃托利亚人都心存芥蒂。(9)因此,他急忙征召亚该亚军队,同埃托利亚人开战。(10)最终,在正式继任职位的五天前,他从提摩克塞努斯那里接受了后者移交给自己的印章,接着,他写信给亚该亚联盟的各城邦,命令所有已到军事服役年龄的公民,立即全副武装地在梅格洛波利斯集结。

(11)在展开这番叙述前,我认为,自己应该先简要地说说阿拉图斯,因为,他的性格着实有些怪异。

[8](1)就一般意义而言,阿拉图斯在所有方面都可以称得上是一个完美的政治家。(2)他是一位出类拔萃的演说家和头脑清楚的思想家,而且足智多谋。他温和而冷静地对待自己的政治对手,在团结旧朋友和结交新盟友方面,也无出其右。(3)同时,他也非常善于对敌人设计各种奇袭(*coups de main*)、计谋和诡计,而且,他也有执行这些东西的勇气和耐力。(4)在这方面,我们拥有大量明确的证据,但是,最明显的例子还是体现在他占领西西昂与曼提尼亚,以及他将埃托利亚人驱逐出佩勒内上面,尤其体现在他突然攻占亚克洛科林斯厄斯上面。①(5)然而,同是这个人,当他在野外作战时,却无比迟钝、犹豫和怯战。(6)结果,他让伯罗奔尼撒堆满了纪念其失败的战利品,在这方面,

---

① 公元前 251 年,占领西西昂(Sicyon)并驱逐僭主尼科克利斯(Nicocles)是阿拉图斯最早的一项功绩,参见普鲁塔克:《阿拉图斯》第 4—9 章。从马其顿守军的手上夺取亚克洛科林斯厄斯发生在公元前 243 年,参见普鲁塔克:《阿拉图斯》第 19—24 章。关于发生在佩勒内(Pellene)的事件,参见普鲁塔克:《阿拉图斯》第 31 章。占领曼提尼亚(Mantinea)紧随在克里奥米尼斯战败后,参见普鲁塔克:《克里奥米尼斯》第 5 章。

他的敌人总是能够轻易地战胜他。（7）确实，不管是人的肉身，还是思想，它们的形态都迥异多变；因此，即使是同一个人，他在某些方面才能卓著，在另外一些方面却黯然失色，同理，即使是同一个人，有时候他有可能睿智无比，也有可能愚不可及，或者，有时候他有可能勇敢无比，也有可能怯懦异常。（8）这不是似是而非的矛盾说法，相反，对于任何一个深邃的观察者而言，这都是显而易见的事实。（9）例如，一些人在面对凶猛的野兽的追击时，他们往往勇敢异常，但是，当他们遇到一位全副武装的敌人时，他们怯懦无比。又或者，即使对战争本身而言，有的人在一对一的战斗时，会非常老练和高效，但是，当他站在阵型里同自己的战友并肩战斗时，他们非常低能。（10）例如，在骑兵中队和队伍阵型当中时，色萨利人的骑兵就会势不可挡，但是，当他们分散开来，单个地同敌人交战时，他们就会怯懦和迟缓无比。（11）然而，埃托利亚人的骑兵却恰恰与他们完全相反。在伏击、突袭、欺骗、夜袭以及所有需要欺诈的小规模行动中，无论是海战，还是陆战，克里特人都势不可挡，但是，当他们集结起来，正面敌人战斗时，他们士气低迷，怯战无比。（12）亚该亚人和马其顿人却与他们完全相反。我之所以说这些，是为了让我的读者不要怀疑我的叙述，因为，我在一些例子中可能对同一批人的行动或者类似的情况作了相互矛盾的陈述，以至于我的读者因此就怀疑起我的叙述来。

[9]（1）现在我将回到我原来的叙述上来。按照亚该亚人先前的命令，已到服役年龄的男性已经武装集结到了梅格洛波利斯，（2）而且，美塞尼亚人再一次出席大会，恳求大会对公然破坏协议的行径，不要置之不理，同时，美塞尼亚人提出加入到这个一般性的同盟当中，并恳求他们立即在其成员国中征兵。（3）亚该亚的高级官员拒绝了后一个请求，因为，在没有征得腓力和其他盟友的同意下，他们不能擅自接纳额外的成员。（4）在克里奥米尼斯战争期间，安提柯在亚该亚人、伊庇鲁斯人、弗西斯人（Phocians）、马其顿人、波奥提亚人、阿卡纳尼亚人和色萨利人之间缔结的这个联盟仍然有效。（5）然而，他们同意出击，以支援美塞尼亚人，条件是代表

们把他们的儿子移交斯巴达以作人质,其目的是,确保美塞尼亚人在没有亚该亚人同意的情况下,不会私自同埃托利亚人达成协议。(6)我应该提及一下斯巴达人,按照同盟条款的规定,斯巴达人也派兵出击了,而且,他们扎营在梅格洛波利斯的领土边境,但是,比起盟友来,他们更像是后备军和观望者。(7)阿拉图斯为美塞尼亚人作好这些安排后,派遣了一名使者前往埃托利亚人那里,告知后者他们的决定,并要求后者撤离美塞尼亚,不要再涉足亚该亚,否则,他将把非法入侵者当作敌人对待。(8)斯科帕斯和多利马克在听到这个消息及知道亚该亚人的军队已经集结完毕后,他们觉得,自己现在最好服从他的这个要求。(9)因此,他们立即去信给塞勒纳(Cyllene)的阿里斯顿——埃托利亚人的将军——恳求他,尽快给自己派遣运输船到埃利亚海岸附近的菲亚斯岛(Pheias)。① (10)两天后,他们满载战利品启航并驶向埃利亚。埃托利亚人向来对埃利亚人(Eleans)友善有加,因为,埃托利亚人借助埃利亚人的跳板,才使他们得以进入伯罗奔尼撒的其他地区进行劫掠和突袭。

[10](1)阿拉图斯等待了两天的时间,他愚蠢地认为,埃托利亚人会按照他们之前所指定的道路返回,(2)他自己则率领三千名步兵、三百名骑兵和塔乌里安的军队——除了这些军队之外,他把其他所有的亚该亚人和拉栖代蒙人都解散回家——向帕特拉方向进军,他的目的是,继续向埃托利亚人的侧翼进军。(3)多利马克发现阿拉图斯对自己的侧翼虎视眈眈并严阵以待,一方面,他担心,阿拉图斯会在自己忙于上船的时候进攻自己,另一方面,他也渴望挑起战争。(4)他把自己的战利品送到舰船上,同时,他还派遣了一支足够庞大的军队一路上进行护送,他命令负责舰船的那些人在他计划上船的利乌姆会合;(5)而他自己一开始则护送和保卫这些装运好的战利品,但是,之后他又调转了自己的行军方向,

---

① 菲亚斯(Pheia)这座城市坐落在连接埃克塞斯海角(promontory Ichthys, *Cape Katakolo*)与大陆的地峡上,它的港口对面是一座小岛,波利比乌斯在这里将它称作 *Pheias*,也即是这座岛屿属于菲亚斯(Pheia)。

朝奥林匹亚(Olympia)进军。(6)然而,他在那里听说了塔乌里安率领一支军队(我在前面已提及)在克莱托(Cleitor)附近,他判断,在这种情况下,他肯定不能以先前约定的时间在利乌姆顺利上船。(7)他认为,自己最好赶紧迎战阿拉图斯,因为,阿拉图斯的军队当时仍然比较弱小,而且,阿拉图斯对自己的意图也没有产生怀疑和防备。(8)他认为,如果打败了阿拉图斯,首先,他可以洗劫这个地区,其次,他可以在利乌姆安全地上船,而阿拉图斯则将忙于重新集结亚该亚军队。(9)然而,如果阿拉图斯胆战心惊而不敢应战,那么,他就可以随时安全地撤退到自己认为合适的地方。(10)因此,在这些考量之下,他向前进军,并驻扎在梅格洛波利斯国土上的梅塞德利乌姆(Methydrium)附近。

[11](1)然而,在获悉埃托利亚人的到来后,亚该亚人的统帅们却采取了没有人会比其更愚蠢的举措。(2)因为,当他们从克莱托返回后,他们就扎营在卡菲亚(Caphyae)附近,(3)而且,当埃托利亚人开始从梅塞德利乌姆进军,越过奥科美纳斯后,他们出动亚该亚军队,并把军队部署在卡菲亚平原,而他们的前面是一条河流,这条河流横贯这个平原。(4)由于两军之间的地形困难(因为,除了这条河流之外,平原上还有众多较难对付的壕沟)和亚该亚人积极应战的态势,埃托利亚人就像最初所计划的那样,对进攻敌人心存恐惧;(5)相反,他们有序地撤退到奥里基图斯(Olygyrtus)高地,他们认为,只要没有人进攻自己或逼迫自己逃亡,他们就是幸运的。(6)然而,当埃托利亚人的先头部队已经登上高地,而他们的骑兵正在平原上保护他们的尾翼,并正要接近普洛波斯山(Propous)的山脚或者山麓(Foothill)后,阿拉图斯让阿卡纳尼亚人埃庇斯特拉图斯(Epistratus)率领自己的骑兵和轻装步兵出击,他命令后者进攻并骚扰敌人的尾翼。(7)如果他非要同敌人交战,那么,他也不应该在他们已经穿过了平原后才进攻他们的尾翼,相反,他应该在他们的先头部队一进入平原后,就立即进攻先头部队。(8)这样的话,整个战役就会在埃托利亚人非常不擅长的平原上进行,因为,他们的装备和一般战术在平原上作战非常不利,然

而,亚该亚人却非常善于在平原上作战,他们在这两方面迥然不同。(9)但是,现在他们放弃了对自身有利的作战时机和作战地点,而有意地挑选有利于敌人的作战环境。因此,这场战役的结果自然就同它的开头那样,别无二致。

[12](1)当亚该亚轻装步兵快要接触自己时,埃托利亚骑兵有序地撤退到山脚下,以会合自己的步兵。(2)但是,阿拉图斯既没有清楚地注意到所发生的事情,也没有正确地预计到将要发生的事情,他认为,自己现在看到敌军骑兵的撤退表明他们正在逃亡。(3)因此,他派遣身穿铠甲的军队①从自己的两翼进行会合,以增援自己的轻装步兵,而他自己则率领其余的军队,让他们组成列队并跑步进军。(4)跨过平原的埃托利亚骑兵,同他们的步兵会合后,就停在那里,利用山丘作为掩护;(5)通过高声喊叫,他们开始在两翼集结步兵,队列中的步兵们积极地响应他们的喊叫,赶忙跑过来增援。(6)当觉得自己足够强大后,他们组成密集队形,进攻最前面的亚该亚骑兵与步兵。由于他们的人数占据优势以及他们从高地发起冲击,在经过了一番漫长的争战后,他们最终把对手打得落荒而逃。(7)就在这些亚该亚人崩溃和逃亡之际,身穿铠甲的亚该亚重装军队赶忙过来增援,但是,由于他们抵达时毫无秩序和队形,以至于他们中一些人根本不知道所发生的事情,而其他人则同那些逃亡者迎面冲撞在一起,他们也被迫转身一起逃亡。(8)结果,战场上遭遇惨败的那些人不足五百人,但是,溃退的人超过了两千。(9)当时的局势非常明显地让埃托利亚人明白下一步该怎么做,他们肆无忌惮地大声叫喊着紧跟在敌人后面。(10)亚该亚人首先非常体面有序地撤退到了一个自以为安全的地方,因为,他们认为,他们可以依靠他们的重装军队,他们觉得,在他们原来的位置,他们的重装军队仍然非常地强大。(11)但是,他们看到重装军队也放弃了安全位置,已经远远地掉队在后面,他们中一些人立

---

① [中译按]"身穿铠甲的军队"(the cuirassed troops)亦即"重装军队"(the heavy-armed troops)。

即四散开来并慌乱地逃到临近的城镇；（12）而其他人则遇到了他们自己的方阵（这些方阵都是从相反方向过来的），虽然敌人根本没有出现，但是，他们将自己和袍泽战友带进了恐慌，并迫使他们调头急速逃跑。（13）正如我之前所说，他们逃到了附近的城镇。奥科美纳斯和卡菲亚由于相隔非常近，它们拯救了大批逃亡者：如果不是它们，整个军队都可能遭遇全军覆没的危险，尽管这场灾难谁都没有预料到。

（14）这就是卡菲亚战役的结果。

［13］（1）当梅格洛波利斯人听到，埃托利亚人扎营在梅塞德利乌姆后，他们就通过吹号的方式，召集了自己的全部军队，但是，他们在卡菲亚战役的第二天才赶到了救援现场。（2）因此，他们被迫埋葬那些被敌人所屠杀的死难者，而这些死难者正是他们原本希望并肩战斗和在战场上共同杀敌的战友。（3）在卡菲亚平原挖掘了一条壕沟后，他们将那些尸体收集起来，并采用所有应有的荣誉来埋葬这些不幸之人。

（4）埃托利亚人仅仅通过自己的骑兵和轻装步兵，就意外地赢得了这场战役，从那以后，他们继续向伯罗奔尼撒中部进军而没有遇到任何抵抗。（5）在进军的途中，他们试图攻占佩勒内，在劫掠了西西昂的国土后，他们终于借道地峡撤退了。

（6）这就是同盟者战争的原因和起源，同盟者战争始于所有盟友一致通过的决议，这也被国王腓力所主持的科林斯大会所确认。①

［14］（1）几天后，亚该亚联盟会议（Achaean Federal Assembly）举行例行的常规大会，在大会上，整个大会和所有成员国都严厉谴责阿拉图斯，因为，他对最近这场灾难负有不可推卸的责任。（2）因此，当他的政治对手们指控他时，他们展示了可以证明其罪行的清晰证据，大会也随之对他愈加恼怒和怨恨。（3）人们普遍认为，阿拉图斯犯有四个骇人听闻的错误。首先，他犯下的第一个错

---

① 参见第 25 章。

误是,在他前任任期到期前,就接任了前任的职位,以至于他接手了这种行动,而他明知自己过去从事这种行动时往往都是一败涂地。(4)其次,他犯下的第二个错误更加严重,因为,埃托利亚人仍在伯罗奔尼撒的心脏地带——尤其他之前就已经意识到,斯科帕斯和多利马克正全力破坏现存的协议并挑起战争——在这种情况下,他却解散了亚该亚人。(5)第三,他让一支小规模的部队同敌人交战,而当时完全没有必要这样做,因为,他已经安全地撤到附近的城镇,即使他觉得绝对有必要交战,那么,他也应该重新集结亚该亚军队后再开战。(6)第四,这也是他的最大一个错误,那就是,当他决定交战后,他却如此随意又轻率地处理战事,没有充分利用平原地形及正确使用自己的重装步兵。相反,他却仅仅率领自己的轻装军队在山丘地形作战,在这种地形下同埃托利亚人作战,埃托利亚人无疑拥有巨大的优势,更何况,他们对这里的地形也极为熟悉。(7)然而,阿拉图斯站立起来提醒他们,自己过去所处理的问题与所取得的成就,他对这些指控作了辩护,他认为,他在这些事情上没有责任;如果自己在这场战役中真的犯有疏忽之责,那么,他请求他们的原谅,而且,他向他们说道,不管怎样,他们不应该带有任何偏见和激情看待事实,相反,他们应该同情地看待事实。(8)他的这番话迅速在大会上引发了普遍反感,以至于先前攻击他的政敌们各个愤怒异常;而且,在关于近期对策的问题上,他们也全部采用了阿拉图斯的建议。这些事件都发生在上一届奥林匹亚大会期间。① 现在,我将叙述发生在第 140 届奥林匹亚大会期间的事件。②

[15](1)下面就是亚该亚联盟大会通过的决议:派遣使节到伊庇鲁斯人、波奥提亚人、弗西斯人、阿卡纳尼亚人和腓力那里,(2)让使节向他们指出,埃托利亚人已经两次直接违反协议和武装入侵亚该亚,并且,让使节恳求他们,按照联盟的协议提供支援及

---

① 即公元前 224 年—前 220 年。

② 即公元前 220 年—前 216 年。

允许美塞尼亚人加入联盟。（3）亚该亚人的将军征募了一支五千名步兵和五百名骑兵的军队，以备在埃托利亚人入侵他们的国家时，前往支援美塞尼亚人。（4）同时，他给斯巴达和美塞尼亚各自安排了大批的步兵和骑兵，让他们服务于联盟的需要。（5）这些决议表明亚该亚人正勇敢地面对失败，他们既没有放弃美塞尼亚人，也没有放弃他们自身的目标。（6）他们派遣使节到盟友那里，以执行他们的命令，而他们的将军则在亚该亚大批征兵，并且，他给斯巴达人和美塞尼亚人各自安排了两千五百名步兵和两百五十名骑兵，（7）因此，用于将来作战的整个军队，其人数总计一万名步兵和一千名骑兵。

（8）当埃托利亚人每年例行的常规大会召开后，他们投票表决同意维持同斯巴达人、美塞尼亚人和其他所有国家的和平关系，他们此举的邪恶目的，无非是腐蚀和破坏亚该亚人的联盟。（9）至于对亚该亚人，他们则投票表决维持同后者的和平关系，前提是亚该亚人撤销同美塞尼亚人的联盟，但是，如果亚该亚人继续维持这个联盟，那么，他们将同亚该亚人开战。（10）没有什么东西会比这更荒谬的了。因为，亚该亚人和美塞尼亚人本身就是盟友关系，如果这两个国家之间仍然保持盟友关系，那么，他们将威胁向亚该亚人宣战；但是，如果亚该亚人选择同美塞尼亚人为敌，那么，他们将向亚该亚人单独媾和。（11）因此，他们的企图太过邪恶，以至于对他们的邪恶根本就给不出一个合理的解释。

［16］（1）一听完亚该亚使节的讲话，伊庇鲁斯人和腓力国王立即同意接纳美塞尼亚人加入联盟。（2）对于埃托利亚人的举动，虽然他们一时都感到非常气愤，但是，他们没有感到太过错愕，因为，埃托利亚人没有做什么出格的举动，相反，埃托利亚人的这种做法倒非常符合他们平常的风格。（3）因此，他们不满的时间持续得比较短暂，而且，他们投票维持同埃托利亚人的和平。确实，持续不断的罪恶要比偶然和惊人的邪恶举动，更容易让人原谅。（4）埃托利亚人就继续以这样的方式行事，他们不断地劫掠希腊，无缘无故地对希腊民众发动战争，他们不仅从未想过防范起来抱怨的那些

人,而且,他们甚至嘲笑任何要求他们解释过去罪行或者要求说明他们未来计划的那些人。(5)至于拉栖代蒙人,尽管通过安提柯和亚该亚人不屈不饶的热情行动,他们最近都已获得自由,他们不管怎样都不应该同马其顿人和腓力作对,但是,他们同埃托利亚人暗通款曲,并同他们秘密结盟。

(6)当斯塞迪拉达斯(Scerdilaïdas)和法洛斯的德米特里(Demetrius of Pharos)率领一支九十艘的舰队从伊利里亚出发,并穿过利苏斯(这因此破坏了同罗马的协议)后,亚该亚人的征兵工作已经完成,紧接着,这些兵员就被派去支援马其顿人和美塞尼亚人。(7)他们首先在派洛斯(Pylos)登陆,但是,他们没能攻下派洛斯。(8)接着,他们分开了。德米特里率领五十艘战船前往海岛,在驶经西克兰(Cyclades)时,他们在那里进行了一番劫掠和勒索。(9)而斯塞迪拉达斯则应亚萨曼尼亚(Athamania)国王阿米纳斯(Amynas)的要求——斯塞迪拉达同阿米纳斯是连襟关系——在返航时,率领自己的四十艘舰船在诺帕克图斯(Naupactus)登陆;(10)借助于阿基劳斯(Agelaus),斯塞迪拉达斯同埃托利亚人达成了关于战利品分配的协议,他答应同他们一起入侵亚该亚。

(11)在同斯塞迪拉达斯达成的这份协议及在叛向他们的西纳埃萨城邦(Cynaetha)的协作下,阿基劳斯、多利马克和斯科帕斯集结了所有的埃托利亚军队,他们连同斯塞迪拉达斯的伊利里亚人一起入侵亚该亚。

[17](1)与此同时,埃托利亚人的将军阿里斯顿假装不知道所发生的事情,他在埃托利亚按兵不动,他声称,自己不是来同亚该亚人开战的,而是来维持和平的;这纯粹是愚蠢透顶的小孩子把戏。(2)因为,很明显,他用这番言语就想掩盖清晰的事实,难道这不是愚蠢和幼稚吗?(3)多利马克穿过亚该亚后,突然出现在西纳埃萨城前。

(4)西纳埃萨城邦是阿卡迪亚人的一座城邦,①多年以来,西纳

---

① 但是,西纳埃萨城在阿卡迪亚边境之外。

埃萨人深受没完没了的派系冲突的困扰；两个派系之间不断地上演屠杀、放逐、抢劫财产和没收土地的罪恶行径。（5）但是，亲亚该亚人的那个派系最终占据了优势，并控制了这座城邦，亚该亚人给他们提供了一支卫戍部队和一位军事长官，以保卫他们的城邦。（6）这就是这个国家当时的局势，在埃托利亚人入侵前不久，遭流放的那个派系不断地向城内的同胞送信，恳求他们进行和解和允许自己回家。（7）当权的那个派系同意了他们的请求，但是，前者派遣代表到亚该亚联盟那里，因为，当权的那个派系希望这个和解能够征得他们的同意。（8）亚该亚人欣然同意，因为，他们认为这将赢得两派的善意，这座城邦已经完全控制在亲亚该亚人的那个派系手中，而先前遭受流放而现在即将返家的那个派系，将把他们自己的安全系托于联盟的同意之下。（9）因此，西纳埃萨人（Cynaetheans）遣散了卫戍部队和指挥官，进行了一番最不容亵渎的宣誓后，他们召回了流放派，后者的人数大约是三百人。（10）重新入城后，这些返家的流放派根本就没有任何理由和借口再掀起任何冲突，但是，从入城的那一刻起，他们就开始密谋反对这座城邦和他们的保护人。（11）我甚至认为，在他们献祭时一起发下庄严誓言的那一刻，他们的脑海里就已经种下了背离他们过去所深深信靠的诸神的不虔敬密谋。（12）因为，他们一旦染指这座城邦的统治，立即开始同埃托利亚人勾搭起来，并向埃托利亚人出卖这座城邦。他们迫不及待地想彻底摧毁这座生养过他们和保护过他们的城邦。

　　[18]（1）他们通过突袭的方式实施自己的计划，具体如下。（2）一些返家的流放派担任了军事执政官（Polemarch）的职位。这些官员的职责就是关闭城门，他们负责保管城门的钥匙直到城门重新开启，白天他们则守卫在门房里面。（3）埃托利亚人备好云梯，以等待进攻时刻的到来。（4）在一座门房内谋杀了自己的同僚后，流放派的军事执政官打开了城门，因此，一些埃托利亚人就冲进城内，而其他人则把云梯依靠在城墙上。通过这种方式，他们强占了这座堡垒。（5）对此，这座城邦的所有民众都陷入了巨大的惊

慌之中,在这种糟糕的状况之下,他们慌然失措,完全不知道接下来该怎么做。(6)他们既不能全力抵抗从大门鱼贯而入的那些攻击者,因为,敌人同时还在进攻城墙,也不能有效地防御城墙,因为,他们还要应付破入城门的那些进攻者。(7)因此,埃托利亚人很快就攻占了这座城邦,随后,他们进行了大批杀鸡儆猴式的行动,暴行累累。首先,他们杀死并劫掠了导引他们入城的那些叛徒。(8)对于其余所有的民众,他们也都以同样的方式进行对待。最终,他们在房屋里居住了下来,并彻底洗劫了所有的财产,对于怀疑藏匿有金钱、贵金属用具或者其余值钱东西的那些西纳埃萨人,他们则进行严刑拷打。

(9)对西纳埃萨人施加了这番残酷的暴行后,埃托利亚人留下了一支防卫城墙的卫戍部队,接着,他们就离开西纳埃萨,向鲁西(Lusi)进军了。(10)当他们一抵达位于克莱托和西纳埃萨之间的阿尔忒弥斯神殿(Temple of Artemis)——在希腊人眼里,阿尔忒弥斯神殿是神圣不可侵犯的——他们就威胁要掳走阿尔忒弥斯女神的神圣牛群,并劫掠神殿附近的其他财产。(11)但是,通过给予他们神殿的一些神圣用具的方式,鲁西人非常机智地劝说他们放弃了他们的邪恶想法,并抑制了他们的邪恶罪行。(12)埃托利亚人接受这些礼物后,立即离开了这个地方并在克莱托城墙扎营。

[19](1)与此同时,亚该亚人的将军阿拉图斯派人去腓力那里求援;阿拉图斯自己也正在征募亚该亚人的军队,同时,他要求美塞尼亚人和拉栖代蒙人按照之前的协议也派遣军队前来支援。

(2)埃托利亚人首先引诱克莱托人放弃同亚该亚人的联盟而加入他们的联盟。(3)当克莱托人予以严词拒绝后,他们就开始通过攻城云梯来进攻这座城市。(4)但是,当遭遇了城内居民英勇而坚决地抵抗后,他们就放弃了强攻,接着,他们再一次拔营向西纳埃萨进军,掳走了阿尔忒弥斯女神的神圣牛群,尽管他们之前允诺不碰它们。(5)一开始,他们希望把西纳埃萨城邦交给埃利亚人;但是,当埃利亚人拒绝后,他们就决定自己控制这座城邦,而且,他们任命欧里庇达斯(Euripidas)担任卫戍部队的指挥官。(6)然而到后来,他们听到一支来自马其顿的援军正向他们赶来的消息,就害怕起来,于是,他们在烧毁了这座城邦后就撤退了。他们再一次地向利乌姆①进军,决定从这里渡海回家。(7)塔乌里安听说了埃托利亚人的入侵和西纳埃萨城的悲惨命运;由于法洛斯的德米特里已经返航到了塞恩克里亚,他恳求德米特里支援亚该亚人,而且,他会把他的战船运过地峡,以在埃托利亚人横渡海湾时乘机进攻他们。(8)远征回来的德米特里确实具有很大优势,但是,他多多少少有些丢人,因为,罗德岛人正从海上追击他。他非常高兴地接受塔乌里安的恳求,因为,塔乌里安承担把他的战船运过地峡的费用。(9)但是,当他穿过地峡后,他发现自己已经错过了埃托利亚人两天的时间,因此,在劫掠了埃托利亚人沿海的一些地方后,他又返回了科林斯。(10)可恶的拉栖代蒙人没有按照条约的规定足额地派遣军队,而是派遣了一支无足轻重的骑兵和步兵来充当门面。(11)但是,手握亚该亚军队的阿拉图斯,这一次表现得更像一名谨慎的政客而非一名勇敢的将军。(12)近来的失利让他瞻前顾后,毫无动作,直到斯科帕斯和多利马克完成他们事先所有的计划返家之时,他仍然如故,尽管他们所走的路线非常有利于发动攻击(因为,他们走的是狭窄的隘路,这种地方只需要军号一响,就会万事休矣)。

(13)然而,人们普遍认为,埃托利亚人给西纳埃萨人所造成的巨大灾难其实是他们罪有应得。

[20](1)阿卡迪亚人在希腊人中间整体上享有巨大的道德声望,这不仅是因为他们在性格上和习俗上都非常仁慈好客,更是因为,他们对诸神非常虔敬。(2)我们应该简短却又不失深入地考虑西纳埃萨人的残暴问题,我们应该问问自己,尽管西纳埃萨人在血统上也属于阿卡迪亚人,但是,为什么这个期间的西纳埃萨人的残忍和邪恶程度要远远超过所有其他希腊人?(3)我认为,其原因在于,他们是阿卡迪亚人当中第一个,同时也是唯一一个放弃他们祖

---

① 利乌姆是科林斯海湾(Corinthian Gulf)的一座港口城市。

先所设立的优良制度之人,而他们祖先所设立的这种制度同所有阿卡迪亚人的固有特性是相适应的。(4)音乐,我指的是真正的音乐,①对所有人都有裨益,但是,对阿卡迪亚人而言,它是一种必需品。(5)我们不应该像埃弗鲁斯(Ephorus)在其《历史》(History)一书的前言中那样,②与他完全不相匹配地匆忙回答说,人们引入音乐,只不过是用于欺骗和幻想而已;(6)我们也不应该像古代克里特人和拉栖代蒙人那样,用长笛和律动来代替战争中的军号;③(7)或者,像早期的阿卡迪亚人那样,没有正当理由,就将音乐高度地融入到他们整个的公共生活当中,以至于不仅男孩,而且直到三十岁的年轻男性,全都要被迫无奈地不间断学习它,尽管在其他方面,他们的生活都是非常严肃的。(8)大家众所周知的一个事实是,阿卡迪亚人是唯一一个从男孩还在最早的孩童时代起,就要按照传统的习俗训练他们唱圣歌和赞歌,以纪念所有特定地方的英雄和诸神的民族;(9)后来,他们学习了斐洛塞努斯(Philoxenus)④和提莫特乌斯(Timotheus)⑤的韵律,每年他们都要在剧院及在专业长笛手的伴奏下激烈地上演合唱,男孩们参加适合于他们年龄段的比赛,而年轻的男性则参加所谓的男人们的会演(the men's festival)。(10)除了这些之外,他们还在宴会上自娱自乐,终其一生都是这样,这是他们的普遍风俗,而且,他们不听雇佣过来的音

---

① 这包括配乐演唱的诗歌,但是,它不是指柏拉图所说的那种更加宽泛的教育意义的音乐。

② 西迈的埃弗鲁斯(Ephorus of Cyme)——西迈位于埃奥利斯(Aeolis)地区——是公元前4世纪的希腊重要史学家。他的三十卷史撰结束于公元前365年。在所提及的这个段落中,埃弗鲁斯可能将音乐和历史作了一番对比,而且,他声称,其中一个目的是提供刺激,另一个目的是提供教育。

③ 这种军号主要是用来传递消息,它不适合在行军时让步调保持协调一致。

④ 塞瑟拉的斐洛塞努斯(Philoxenus of Cythera,公元前435年—前380年)是一名酒神颂诗歌(Dithyrambic verse)作家,他生活在小迪奥尼索斯(Dionysius the Yonger)统治下的叙拉古。

⑤ 米利都的提莫特乌斯(Timotheus of Miletus,公元前450年—前360年)在原来的七弦琴(seven-stringed lyre)之上,加上了四个新弦而声名显赫。

乐人,而是要求他们所有人都轮流演唱一首歌曲。(11)然而,他们根本不会羞于承认自己对其他问题的无知,但是,就唱歌来说,他们肯定不会否认自己拥有这方面的知识,因为,他们所有人都曾被迫学习过它;他们也不会说,自己会唱歌,但是,他们也不会推脱说,自己不会唱歌,因为,他们认为这极其丢人。(12)除此之外,年轻的男性还要在长笛的音乐声中练习军事阅兵,提升自己的舞步,在剧院里举办年度表演,所有这些活动都在国家的监管之下,并以公共财政进行开支。

[21](1)在我看来,古代的阿卡迪亚人引进所有这些做法的目的,不是进行挥霍或者放纵,相反,他们看到,阿卡迪亚人是一个从事手工业的民族,人民的生活非常劳累和艰辛,而且,这个国家大部分地区的寒冷和阴暗的气候条件,致使这里的居民形成了严酷的性格——我们凡人必定会受到气候条件的影响。(2)为什么生活在世界不同地方的不同国家和民族,他们的性格、体型、肤色和大部分的习俗,会有天壤之别?原因就在于此。(3)因此,早期的阿卡迪亚人,不仅引进了我所提及的这些做法,以减轻和软化他们顽固与严酷的本性,而且,他们让民众(包括男人与女人)频繁地举行公共的集会和献祭的仪式,同时让少男少女举行舞会,(4)他们尽可能地通过习俗的作用,来让他们极端刚硬的民族性格更加温和与柔软。(5)西纳埃萨人却完全不理会这些制度,尽管他们极度需要这样的润化作用,因为,在阿卡迪亚地区中,他们国家的地形最崎岖不平,气候也最恶劣。(6)相反,他们全身心地致力于他们自身的地方事务和政治对抗,最终,他们变得如此野蛮,以至于任何一座希腊城邦都没有犯下这么残忍和庞大的罪行。(7)下面我将列举一个例子来说明,西纳埃萨人在这方面所遭遇的糟糕处境和其他阿卡迪亚人对他们的极度憎恶:(8)在遭遇了一场大屠杀后,西纳埃萨人派遣了一个代表团到斯巴达,但是,一旦他们途经或者踏足自己的土地,其他的阿卡迪亚城邦立即就会派遣使节,命令他们离开。(9)在他们离开后,曼提尼亚人甚至通过提供赎罪的献祭,让祭品从他们的城邦和所有的国土绕行,以此来净化他们的

城邦和的国土。

（10）在这个问题上，我不厌其烦地说了这么多，无非就是三个目的。首先，阿卡迪亚人的民族性格，不应该被一座城邦所犯下的罪行所连累；其次，其他民族不应该因为阿卡迪亚人过度注意音乐，就引以为鉴地忽视音乐。（11）第三，我要为西纳埃萨人说话，如果神明赐予了他们更好的运气，那么，他们就应该把注意力转移到教育，尤其是音乐上面，从而驯化自己；因为，当时这是他们从野蛮中挣脱出来的唯一手段。（12）在西纳埃萨人上面，我所说的离题话已经够多了，现在，我将回到原先岔开话题的那个地方。

[22]（1）在伯罗奔尼撒地区进行这番劫掠后，埃托利亚人安全地回到了家乡，当时腓力正率领一支军队出现在科林斯，以帮助亚该亚人。（2）由于他抵达得太晚，①于是，他就派遣信使到所有的盟友那里，恳求他们尽快地派代表到科林斯，以商讨共同的安全措施。（3）他自己则离开科林斯，进军提基亚，因为，他听说斯巴达爆发了内乱而陷入了相互残杀。（4）斯巴达人一直以来习惯于国王的统治，无条件地服从于他们的统治者，他们近来通过安提柯的帮助重获自由，但是，由于他们现在已经没有了国王，他们就陷入了内乱，因为，他们所有人都认为，他们应该享有同等的政治权力。（5）一开始，在这五位监察官中，两位监察官没有宣布支持任何一方，但是，另外三位监察官倒向埃托利亚人一方，因为，他们认为，腓力太过年轻而控制不住伯罗奔尼撒的局势。（6）然而，与他们的预期相反，埃托利亚人很快就从伯罗奔尼撒撤退了，而腓力很快将从马其顿赶来。（7）在这种情况下，这三位监察官开始怀疑，另外两位监察官当中的一位名叫阿德曼图斯（Adeimantus）的监察官，因为，他秘密地参与了他们所有的计划，但是，他非常不赞同他们的计划，他们非常担心，他会向这位即将抵达的腓力国王泄露他们的意图。（8）因此，在同一些年轻人进行秘密会议后，他们通过公告命令所有已到服役年龄的那些人，全副武装地聚集到黄铜宫

---

① 即公元前220年。

(Brazen House)的雅典娜神殿前的神圣场地,因为,马其顿人正向他们的城邦开来。(9)这项命令出乎意料地得到了快速执行,对此持反对态度的阿德曼图斯走上前去,向人群发表了讲话,(10)他指出:"全副武装地进行集结的这个公告和命令,在我们先前听说我们的敌人埃托利亚人靠近我们的边境时,就应该下达,而不是在我们现在听说我们的恩人和保护者马其顿人,在他们国王的率领下,正要前来的这个时刻下达。"(11)当他正在慷慨激昂地演说时,监察官们授意的那些年轻人攻击并杀死了他,以及同他一起的斯特尼劳斯(Sthenelaus)、阿卡米尼斯(Alcamenes)、塞厄斯特斯(Thyestes)、庇安尼达斯(Bionidas)和许多其他公民。(12)然而,波利弗安塔斯(Polyphontas)预见到了所要发生的这件事,因此,他带领一些人明智地撤到了腓力那里。

[23](1)在实行这番罪恶行径后,现在掌权的监察官立即派遣使者到腓力那里,指控刚刚被他们所杀害的那些人,他们恳求腓力延迟抵达,直到当前的混乱完全平息及这座城邦重新恢复正常的秩序,而且,他们告诉他,他们的目的就是要维持同马其顿的忠诚和友谊。(2)他们派出的这些使者在帕塞尼乌姆山(Mt. Parthenium)附近遇到了腓力国王后,他们就按照之前的命令,向国王转达了这番话。(3)在听完他们的这番话后,腓力国王命令他们立即返回家乡,让他们告诉监察官,他将继续进军。当腓力国王驻扎在提基亚后,他要求这些使者,尽快派遣一些位高权重之人过来,一起同他商讨当前的局势。(4)斯巴达人的使者立即遵照了他的命令行事,斯巴达的行政长官们在接到了国王腓力的这番命令后,(5)派遣了十位代表到腓力那里——这个代表团的团长是奥米亚斯(Omias)——他们一抵达提基亚,出席国王的御前会议,就指控阿德曼图斯煽动了最近这起内乱;(6)而且,他们向他保证,他们会忠诚地维护他们同腓力的盟友关系,他们会成为他独一无二的忠实伙伴。(7)当说完这些类似的保证后,斯巴达人就退下了,但是,对于他们的这番保证,国王御前会议的大臣们意见不一。(8)一些人深知斯巴达当局的邪恶本性,他们深信,阿德曼图斯和

其他人是因为支持马其顿而招致杀身之祸,而且,斯巴达人真正的目的是同埃托利亚人结盟,因此,他们建议腓力对斯巴达以儆效尤,让他像亚历山大在其统治初期对待底比斯(Thebes)那样对待斯巴达。(9)但是,一些年长的顾问则声称,在这种场合,这样的报复实属过度。他们认为,腓力应该只惩罚那些有罪之徒,通过清除他们的官职,从而将斯巴达政府牢牢地控制在自己盟友手上。

[24](1)最终,这位国王作出了决定,如果我们认为这个决定确实是他自己作出的话。因为,一个十七岁的男孩不大可能在这样严峻的问题上作出决定。(2)但是,我们这些历史学家们不得不把御前会议上最后所胜出的决定,归属到这位最高统治者身上,然而,读者可能会怀疑,这样的决定和提议很可能出自御前会议上他的那些顾问,尤其出自其最密切的那些人之手。(3)在当前这个场合当中,国王所作的这个决定最有可能出自阿拉图斯。(4)腓力说道,对于单独蒙受各个盟友伤害的那些人而言,他的惩罚和赔偿不会超出诸如口头或者书信的方式;(5)而只有对于蒙受整个联盟的联合行动所造成的那些伤害,他才会要求进行惩罚和赔偿。(6)既然拉栖代蒙人没有对整个联盟犯下明显的罪恶,而且,他们也允诺保持他们对自己的忠诚,因此,对他们进行严厉惩罚就显得不合时宜;(7)腓力同时还说道,鉴于他的父亲把作为敌人的他们征服后,都没有惩治他们,如果他自己却因为这么一件小过错,就对他们进行极端报复,那么,这就显得自己邪恶不堪。

(8)因此,当御前会议就这样表决通过和原谅了这次事件后,国王就派遣佩特拉乌斯(Petraeus)——佩特拉乌斯是国王的朋友——连同奥米亚斯一起前往斯巴达,以催促斯巴达人继续保持对自己和马其顿人的忠诚,同时相互交换批准联盟的誓言。(9)他自己则率军拔营,返回科林斯;他对拉栖代蒙人所作的这番举措,为自己的联盟政策树立了一个极好的样板。

[25](1)当他到达科林斯后,他发现,来自结盟的那些城邦的使团代表已经了抵达那里,他举行了一个会议,以商讨对埃托利亚人所应采取的对策。(2)波奥提亚人指控埃托利亚人,在和平时期

劫掠了埃托尼亚（Itonia）①的雅典娜神殿，弗西斯人指控埃托利亚人进军安布利苏斯（Ambrysus）和达乌利乌姆（Daulium），并试图占领这两座城市，伊庇鲁斯人则指控埃托利亚人洗劫了他们的领土。(3)阿卡迪亚人指出，埃托利亚人是如何组织奇袭塞利乌姆（Thyrium），以及如何乘着夜色攻占这座城市的。(4)亚该亚人控诉了埃托利亚人占领克拉里乌姆（梅格洛波利斯的领土），而且，在他们通过亚该亚期间，他们洗劫了帕特拉和法拉的乡村，同时，亚该亚人还控诉了他们洗劫西纳埃萨、掠夺位于鲁西的阿尔忒弥斯神殿、围攻克莱托，以及试图在派洛斯下海及在梅格洛波利斯登陆，梅格洛波利斯最近才有人口安居，而他们却要在伊利里亚人的协助下重新使它荒芜人烟。(5)联盟的代表们在听说了所有这些控诉后，一致决定同埃托利亚人开战。(6)当他们在法令的前言罗列了上述指控后，他们增补了一个宣言：要为联盟恢复自腓力的父亲德米特里去世后，埃托利亚人所占领的所有城市和领土；(7)同样地，对于那些违背自身意愿而被迫加入埃托利亚同盟的国家，他们保证恢复所有这些国家的古代政体形态，并且，这些国家的城市和土地都在他们自己的手里，没有任何国外的卫戍部队，也没有任何贡金，它们完全独立，并且享受它们自己的传统政体和法律。(8)他们还增加了一个恢复近邻同盟会议（Amphictyonic Council）的古老律法，恢复德尔菲神殿（Delphic Temple）的控制权的条款，他们现在要从埃托利亚人的手上抢回德尔菲神殿的控制权，而埃托利亚人却不想失去这座神殿的控制权。

[26](1)这个法令是在第140届奥林匹亚大会的第一年通过的，②著名的同盟者战争随之爆发，这是一场正义的战争，同时也是对埃托利亚人罪恶行径的一个自然反应。(2)大会立即派遣代表到盟友那里，以观察各国的民众大会对这个法令的批准情况，结

---

① 埃托尼亚（Itonia）是位于弗西奥提斯（Phthiotis）——弗西奥提斯坐落在色萨利——的一座城镇，参见第二十五卷第3章。
② 即公元前220年。

果,盟友们全部加入到这场反埃托利亚的战争当中。(3)腓力也给埃托利亚人去信,告诉他们,如果他们对所提出的指控能够提出任何公正的辩护理由,他们仍可以通过会议的形式进行商讨和解决分歧。(4)但是,如果他们认为,在没有公开宣战的情况下,对于他们进行的洗劫和掠夺,受害方不能进行报复,或者,受害方的报复破坏了双方的和平,那么,他们就是世界上头脑最简单的民族了。(5)埃托利亚的长官们在接到这封信件后,一开始以为,腓力不会前来,因此,就约定了他们将在利乌姆会见他的日期。(6)但是,当他们听到他已经到达那里后,就派遣了一名信使去告诉腓力,在埃托利亚大会召开前,他们无权处理任何国事。(7)在亚该亚人每年所召开的常规会议上,亚该亚人一致批准了这个法令,而且,他们发布公告,授权报复埃托利亚人。(8)当腓力国王来到埃基乌姆出席大会,并在大会上向他们详细讲述了所发生的所有事情后,亚该亚人热情地支持了他的讲话,并正式恢复了同腓力本人的友好关系,一直以来,他们就同腓力的先辈们维持了友好关系。

[27](1)与此同时,一年一度的选举时间到来了,埃托利亚人选举斯科帕斯(斯科帕斯正是我在前面所提到的所有那些暴行的始作俑者)作为他们的将军。(2)对于这个问题,我真的已经找不到任何语言来表达了。他们的大会表决通过了一项反对开战的法令,①但是,他们率领全部军队进行远征,并洗劫了他们临近的地区,接着,他们不但没有惩罚进行这次洗劫的那些罪恶之徒,相反,他们却光荣地选举领导这次洗劫的那些头头作为将军——我认为,这简直虚伪透顶。对于这种卑鄙的伎俩,我确实找不到任何语言来描述;下面我将列举两个例子,来阐述我所要传达的涵义。(3)当菲尼比达斯(Phoebidas)背信弃义地占领了卡德米亚(Cadmea)后,斯巴达人惩罚了有罪的将军,但是,他们没有撤走卫戍部队,(4)就好像这项罪恶行径已经通过惩治它的加害者而得到了完全的补偿,他们所做的完全同真实的诉求背道而驰,因为,底

---

① 参见第15章。

比斯人所关心的是卫戍部队,而不是某位具体的加害者。(5)再譬如,斯巴达人宣布说,他们会按照安塔西达斯和约(Peace of Antalcidas)的规定,所有的希腊城邦都将拥有自由和自主权,但是,他们没有从中撤走他们的军事统治者(harmosts),(6)而且,他们把曼提尼亚人(曼提尼亚人当时是他们的朋友和盟友)驱逐出他们自己的家园,尽管他们把曼提尼亚人从一座城市迁移到数座城市,但是,他们否认自己有任何过错。(7)这暴露了他们的愚蠢和欺骗,因为,他们无异于认为,如果一个人闭上自己的眼睛,那么,他的邻居就会看不见他一样。(8)埃托利亚人和斯巴达人这种不择手段的方式产生了毁灭性的灾难,对于任何明智之人而言,不管是私人生活,还是公共生活,都不应该模仿他们。

(9)国王腓力在结束了亚该亚人的事务后,率领军队出发前往马其顿,以抓紧作好战争准备,他通过的上述法令①不仅给盟友,而且也给全体希腊人,留下了美好的印象,他们觉得,他的统治将会非常温和而又有王者的宽容。

[28](1)这些事件发生在汉尼拔征服埃布罗河以南的整个伊比利亚和开始进攻萨贡托的同一时间。(2)汉尼拔的远征与希腊历史之间,一开始就存在关联,很明显,我在前一卷当中按照年代顺序囊括了这段希腊史,而且,我把它们连同西班牙史一起进行了交替叙述。(3)然而,意大利、希腊和亚洲的战争一开始都是各自分开的,直到最后的阶段它们才相互交织在一起,因此,我就决定对它们进行分开叙述,一直到这些战争相互交织在一起,并开始通向共同的结局。(4)而我对每一场战争的开端的描述就会显得更加清晰,而且,当我在后面阐明,我一开始所提到的②这三场战争相互交织的时间、方式和原因时,这种交织关系也更能让人理解。等到那时,这三场战争就会囊括在同一个叙述当中。(5)它们之间的相互交织始于同盟者战争将要结束之时,也即是

---

① 参见第 24 章。
② [中译按]"我一开始所提到的"亦即"我在导论中所提到的"。

第 140 届奥林匹亚大会的第三年。^①因此,我将按照年代顺序对这个年份之后的历史进行一般性概述。(6)但是,正如我在前面所说,在这个年份之前,我对每一场战争所作的分开叙述,只是概述了同一时期的事件(这些事件都囊括在前一卷当中)。因此,通过这种方式,我的整个叙述不仅更加容易理解,而且,读者也会更加印象深刻。

[29](1)在马其顿过冬期间,腓力正为将来的战事努力征兵,而且,他也要防御来自内陆的野蛮人对边境的进攻。(2)他首先遇到了斯塞迪拉达斯,但是,他毫无畏惧地亲自向他提议双方达成盟友关系。(3)一方面通过答应帮助他征服伊利里亚,另一方面通过指控埃托利亚人(这毫不费力),他很容易就劝说斯塞迪拉达斯同意了自己的提议。(4)事实上,公罪与私罪之间除了范围大小的区别之外,没有任何其他区别。在私人生活中,大群的窃贼和骗子终归失败的主要原因在于:他们不能公平地对待同伙,或者,他们之间相互背叛,埃托利亚人就是这种情况。(5)他们允诺斯塞迪拉达斯一大批战利品,如果他帮助他们入侵亚该亚的话。(6)斯塞迪拉达斯同意了,他也确实这样做了。然而,虽然洗劫了西纳埃萨城并夺走了大批的奴隶和牲畜,但是,他们没有给他任何战利品。(7)因此,斯塞迪拉达斯从此对他们非常怨恨,腓力只要稍加提及这种怨恨,就可以立即让他接受自己的提议并答应加入整个联盟,腓力向他保证,自己每年会给他二十泰伦的金钱,作为回报,他将率领三十艘舰船,从海上进攻埃托利亚人。

[30](1)当腓力正忙于这件事时,派往盟友的代表第一站先是抵达了阿卡纳尼亚,并同阿卡纳尼亚人进行了交流。(2)阿卡纳尼亚人立即批准了这个法令,并同意对埃托利亚人开战,^②尽管他们推迟、犹豫,甚至惧怕同邻国的开战(对于任何一个民族而言,这都情有可原),他们之所以这样,是出于三个原因:(3)首先,他们直

---

① 即公元前 218 年。
② 即公元前 220 年。

接与埃托利亚人相邻;其次,这也是更为重要的原因,他们的军事实力尤为弱小;第三,这也是最为重要的原因,他们在最近同埃托利亚人的对抗中遭受了非常严重的损失。(4)但是,我认为,不管在公共生活中,还是在私人生活中,正直可敬之人都会把责任置于一切之上,我们发现,在这一点上面,阿卡纳尼亚人要比其他的希腊民族更加坚定,尽管他们的军事实力有所欠缺。(5)在危机时刻,没有人会犹豫寻求同这种民族的结盟;确切地说,比起其他民族,人们更渴望同阿卡纳尼亚人结盟;因为,不管在公共生活中,还是在私人生活中,他们都以坚定、热忱和热爱自由闻名。(6)伊庇鲁斯人却恰恰相反,在听完代表团的陈述后,他们确实也像阿卡纳尼亚人那样,批准了这个法令,而且,他们表决道,一旦国王腓力走上战场,他们就同埃托利亚人开战。(7)但是,他们同时回复埃托利亚代表团道,他们通过了一项与埃托利亚人维持和平的决议。他们这种两面派做风,极其卑鄙。(8)派往托勒密国王的代表团也要求托勒密,不要给埃托利亚人送派资金,也不要给他们提供任何其他的补给,以防止他们用来对抗腓力和联盟。

[31](1)美塞尼亚人——美塞尼亚人是这场战争爆发的导火索——回复派往到他们那里的代表团道,由于他们边境上的菲迦利亚(Phigalea)现在掌握在埃托利亚人的手上,他们不会参与这场战争,除非他们从埃托利亚人手上夺回这座城市。(2)尽管遭遇了普遍反对,但是,监察官奥埃尼斯(Oenis)、尼西普斯(Nicippus)和其他一些寡头派成员——在我看来,他们大错特错,而且根本不知道自己的真正利益所在——还是强行通过了这个决定。(3)我承认,这场战争确实非常可怕,但是,它也没有可怕到,我们应该容忍所有的一切以规避它。(4)为什么我们所有人都夸耀我们的公民平等和言论自由?为什么我们所有人都珍视自由这个词,难道任何东西都比不上和平?(5)确实,我们不会赞扬底比斯人,因为,在波斯入侵期间,他们在危机时刻丢弃了希腊,出于恐惧而站在了波斯人一边,我们也不会赞扬品达(Pindar),因为,他的诗句显然肯定了

消极避战：①

     （6）冷静地稳固共同的福祉

        你们所有公民

        都要寻找堂皇的和平之光

        和平之光永远光芒万丈

    （7）尽管当时这个建议貌似有理，但是，过不了多久，这个建议就会被证明是最深重的灾难和耻辱之源。（8）确实，和平同正义和荣誉一样，都是最美丽和最可贵的东西，但是，如果它掺杂了可耻的卑鄙和怯懦，那么，它就是最丑陋和最有害的。②

    [32]（1）美塞尼亚当时掌权的那些寡头，他们只盯着自己眼前的利益，因此，他们都热情地鼓吹和平。（2）结果，尽管他们经常发现自己处境危机，有时甚至命悬一线，但是，他们总能毫无阻力地渡过难关。但是，他们的这种政策不断地给他们自己带来大量恶果，最后，连他们自己的国家都陷于最深重的灾难当中。（3）在我看来，其原因在于，美塞尼亚人在伯罗奔尼撒地区，甚至同希腊地区最为强大的两个民族——即阿卡迪亚人和拉栖代蒙人——比邻而居；（4）自从首次占领美塞尼亚这个国家以来，拉栖代蒙人就一

---

    ① 品达（Pindar）可能意指城邦和平（civic peace），波利比乌斯这样指责他，有欠公允。参见斯托巴乌斯（Stobaeus）：《弗洛里尔》（*Floril.*）第58卷第9节，他额外撰写了另外三行。

    [中译按]在剑桥本中，英译者将这首诗译作：A quiet haven for the ship of state/Should be the patriot's aim/And smiling peace/to small and great/That brings no shame（为国家这艘航船寻找平静的避风港湾/是爱国者的目标所在/微笑的和平/不管大小/都不是耻辱）。在洛布本中，英译者将这首诗译作：Stablish in calm the common weal，Ye burghers all，and seek the light of lordly Peace that ever beameth bright。在牛津本中，英译者将这首诗译作：Let him who would furnish fair weather for the state. Seek out the gleaming light of mighty peace（让他为国家提供风和日丽的金光/寻找光芒万丈的和平之光）。

    ② 参见第74章。

直是美塞尼亚人不共戴天的仇人,而阿卡迪亚人则是美塞尼亚人的朋友和保护者,但是,不管是拉栖代蒙人的敌意,还是阿卡迪亚人的友谊,美塞尼亚人从未心甘情愿或者心悦诚服地接受这种事实。(5)结果,当这两个民族之间的内部战争或者其他外部战争分散了他们的注意力后,美塞尼亚人却仍然安然无恙,因为,他们的国家位于战场之外,这使他们享受着平静与和平的生活。(6)但是,当拉栖代蒙人重新空闲下来和集中精力后,他们又转而残暴地对待起美塞尼亚人来。(7)美塞尼亚人既不能独自抵挡斯巴达的军事力量,也不能赢得盟友无条件的支援和保护,结果,他们要么被迫充当拉栖代蒙人的奴隶和运输工具,要么被迫逃离家乡、抛弃自己的国家和妻儿老小,如果他们想要避免奴役的话。最近这个时期,这种事情仍然经常在他们身上发生。(8)上天赐予伯罗奔尼撒当前的这种宁静生活,有可能将牢固地确立,因此,我即将给出的这个建议可能会显得多余;(9)但是,如果情况有变或者混乱又重新出现,那么,在我看来,美塞尼亚人和梅格洛波利斯人继续保全他们领土的唯一希望就是,重新回到埃帕米农达(Epaminondas)①的策略上来,也即是,在所有情况下和所有行动中,他们都要相互通力合作。

[33](1)我的这个建议,可以在许多年前所发生的事件中,找到一些支持。(2)除此之外,按照卡利斯提尼(Callisthenes)的说法,在阿里斯托米尼斯(Aristomenes)时期,美塞尼亚人在利卡厄斯的宙斯(Zeus Lycaeus)祭坛附近,矗立了一个石柱,石柱上面刻有下列铭文:

---

① [中译按]埃帕米农达(Epaminondas,前 418 年—前 362 年):亦译作伊巴密浓达,古希腊城邦底比斯的将军与政治家。公元前 371 年,在留克特拉战役中,他以全新的战术击败斯巴达人,从而使比斯成为全希腊最强大的城邦。公元前 370—前 369 年,他从斯巴达人手中,解放了美塞尼亚的希洛人(helot);公元前 362 年,他率领盟邦的军队在曼丁尼亚战役中击败了斯巴达、雅典和他们的盟邦,但是,他自己也在这场战役的战场上负伤身亡。

（3）时间不会落空，它终将让那邪恶的国王绳之以法。

美塞尼亚很容易就追赶到叛徒。

背弃他的人终究逃不过神明的眼睛。

噢，向王者宙斯致敬；

拯救阿卡迪亚（Arcady）。

（4）事实上，在他们失去自己的国家之后，他们题献这段铭文，以祈祷诸神拯救阿卡迪亚（Arcadia），[①]就好像阿卡迪亚是他们的第二祖国一样。[②]（5）他们这样做，完全合乎情理；因为，当他们在阿里斯托米尼斯战争（Aristomenean War）期间被驱逐出美塞尼亚后，阿卡迪亚人不仅接纳了他们，热情地欢迎他们到自己的家里，让他们成为自己的公民同胞，而且，阿卡迪亚人通过一项决议，让自己的女儿嫁给那些适龄的美塞尼亚人。（6）除此之外，在深入调查国王阿里斯托克拉特斯（Aristocrates）在托伦克（Trench）战役的变节罪行后，他们处死了他和他的全部家人。[③]（7）但是，除了这些年代久远的事件，我的说法，也可以从梅格洛波利斯和美塞尼亚这两座城市最近的重建当中，得到充分地佐证。（8）当曼提尼亚战役结束后，由于埃帕米农达的去世，以至于这场战役的结果也变得不确定起来，斯巴达拒绝美塞尼亚人参加停战协定，因为，他们仍然希望吞并美塞尼亚，（9）梅格洛波利斯人和所有阿卡迪亚人则积极地同美塞尼亚人结盟，美塞尼亚人最终被联盟接受，并被囊括在整体性的和平条约当中，而在希腊人当中，唯独拉栖代蒙人被排除在这个条约之外。（10）鉴于过去的这些事例，将来还会有人怀疑我刚刚在前面提出的建议的正确性吗？

---

① ［中译按］阿卡迪亚（Arcadia）：阿卡迪亚位于希腊南部地区；在诗歌和小说中，阿卡迪亚常用来指代世外桃源。

② 但是，保萨尼阿斯（Pausanias）记载说（第四卷第 22 章第 7 节），这个石柱由阿卡迪亚人所立，而非美塞尼亚人所立。

③ 在第四卷第 14—24 章中，保萨尼阿斯（Pausanias）在描述第二次美塞尼亚战争时，详细地记载了这个细节。

（11）在关于阿卡迪亚人和美塞尼亚人的这个问题上，我之所以说得如此详细，不过是为了提醒拉栖代蒙人对他们的国家所造成的重创，让他们坚持对联盟的情感和忠诚，也让他们不要害怕战争，也不要因为渴望和平而在危机时刻相互抛弃。

[34]（1）现在，让我们继续回到我之前所叙述接待的使节的问题上来，拉栖代蒙人以其惯有的风格，在没有作任何答复的情况下，就遣散了联盟的代表；（2）这是因为他们自身政策的荒谬和邪恶，使他们没能达成任何决定。（3）然而，当后来任命了新的监察官后，最初的鼓动者——他们同时也是我之前所提到的那场屠杀的始作俑者——派遣使者到埃托利亚人那里，劝说他们派遣代表到斯巴达协商。（4）埃托利亚人对此欣然同意，马查塔斯（Machatas）很快就抵达了斯巴达，他立即出现在监察官们面前，而邀请他前来的那伙人也一起陪同在监察官旁边。（5）监察官们同意马查塔斯进入民众大会和按照古老宪制恢复王权，因为，他们再也不允许赫拉克勒斯家族（Heraclidae）的王位被非法地废黜。（6）监察官们对整个议程并不满意，但是，他们不能勇敢地扛住压力，因为，他们惧怕年轻人起来叛乱，于是他们回答道，对于恢复王权的问题，他们将来会进一步讨论，但是，他们应允马查塔斯对民众大会发表演讲。（7）当民众大会召开后，马查塔斯走上台前，作了一番较为冗长的演讲，劝说他们拥抱埃托利亚同盟；在演讲中，他肆无忌惮地谩骂马其顿人，并黑白颠倒地赞扬埃托利亚人。（8）当他退下会场后，一场激烈的争执发生了，一些人主张支持埃托利亚人，他们建议同埃托利亚人结盟，而另外一些人则持完全相反的观点。（9）然而，一些老者提醒民众，安提柯和马其顿人对他们所给予的好处，以及查里克斯努斯（Charixenus）和提麦奥斯（Timaeus）对他们所犯下的罪恶——当时埃托利亚人倾巢而出入侵拉科尼亚、洗劫他们的国土、奴役佩里奥西（Perioeci）村庄，以及通过与流放者阴谋勾结和使用欺诈与武力的手段来占领斯巴达；10）这番话在民众中间产生了巨大的反响，最终说服他们维持同腓力和马其顿的联盟。（11）因此，马查塔斯最终一无所获地返回了家乡。

[35](1)但是,最初煽动这场叛乱的那些人,根本就不想放弃,他们决定再一次实施最严重的罪行,为此,他们诱使一些年轻人来完成这项计划。(2)在他们传统的献祭性节日上,所有已到服役年龄的公民,都要全副武装地行进到黄铜宫的雅典娜神殿前,而监察官则留在圣地,继续完成献祭仪式。(3)因此,当年轻人在队伍中行进时,他们中一些人突然攻击并屠杀了正在献祭的监察官们。(4)必须牢记,对于任何进入圣地之人,即使他被判处死刑,圣地都会给他安全的庇护;但是,它的神圣性被这些无耻之徒践踏了,他们心肠歹毒、行事残忍,以至于所有的监察官都被屠杀在女神的祭坛或圣桌旁边。(5)他们接着继续推进他们的计划,杀死了一位名叫基里达斯(Gyridas)的老者,放逐了发言反对埃托利亚的那些人,同时,他们从自己的派系中挑选了新的监察官,并同埃托利亚人结成联盟。(6)斯巴达人之所以这样仇恨亚该亚人、对马其顿忘恩负义,以及做出有违整个人类的不义举动,其首要原因在于,他们对克里奥米尼斯的爱戴。他们一直渴望克里奥米尼斯从流放生涯中安全地返回斯巴达。(7)确实,善待自己身边之人的那些人,不仅能够激发当世之人的忠心,甚至时光流逝久远,他们也能够让自己的追随者保持忠心。(8)不必说其他的例子,就拿下面这个例子来说,这些人自从克里奥米尼斯被废黜后,他们按照旧有的宪制一直渡过了三年的时间,然而,他们却从未考虑任命新的斯巴达国王;(9)但是,当克里奥米尼斯去世的消息一传到他们那里,他们立即鼓动民众和监察官复立国王。(10)因此,同情阴谋活动的那些监察官们——这些监察官也是同埃托利亚结盟的那批监察官,对此,我在前面已提到——合法而恰当地选立了亚基西波利斯(Agesipolis)①继任列奥尼达(Leonidas)②废黜后的王位,因为,克里

---

① [中译按]即亚基西波利斯三世。
② [中译按]即列奥尼达二世。

奥布洛图（Cleombrotus）①之子亚基西波利斯的儿子，亚基西波利斯②是这个家族血缘最近的亲属，尽管他当时仍未成年。（11）他们任命克里奥米尼斯——克里奥米尼斯是克里奥布洛图③的儿子和亚基西波利斯的兄弟——作为这个男孩的监护人。（12）而至于另外一个王室家族，埃乌达米达斯（Eudamidas）之子阿基达穆斯（Archidamus）④同希波米冬（Hippomedon）的女儿生下了两个儿子，希波米冬是亚基西劳斯（Agesilaus）之子和埃乌达米达斯之孙，希波米冬当时也仍然在世。（13）这个家族的其他成员尽管也都是王室血统，但是，他们的血缘都更疏远。然而，所有这些人都没有被列入考虑的范围，监察官们选立莱库古（Lycurgus）继任国王，尽管他的祖先从未享有过这种头衔。（14）但是，通过给予每位监察官一泰伦的金钱，他就成为赫拉克勒斯（Heracles）的后裔和斯巴达的国王，如此尊贵之位就这样被贱卖了。（15）监察官们在选立国王时，是如此愚蠢，以至于恶果直接降临到了他们自己身上，而非他们的后代身上。

[36]（1）当马查塔斯听说了斯巴达所发生的这些事件后，他返回斯巴达，并催促监察官们和国王们同亚该亚人开战，（2）他说，这是结束渴望破坏同埃托利亚的联盟和渴望维持同埃托利亚同盟的两派人马之间纷争的唯一方法。（3）由于他在斯巴达的支持者盲目支持他，他的计划得到了监察官们和国王们的同意，接着，他就回去了。（4）莱库古现在率领一支正规军和由公民组成的其他军队入侵阿尔戈斯（Argolis），⑤由于阿尔戈斯人（Argives）一直生活在宁静的环境中，他们根本没有作任何防范。（5）通过突然袭击的方

① ［中译按］即克里奥布洛图二世。
② ［中译按］即亚基西波利斯三世，亚基西波利斯三世与自己的父亲同名。
③ ［中译按］即克里奥布洛图二世。
④ ［中译按］即阿基达穆斯五世。
⑤ ［中译按］Argolis原本译作"阿尔戈利斯"，为了保证这个地方上下文的流畅，本书中译者将其译作"阿尔戈斯"。Argos（阿尔戈斯）是阿尔戈利斯地区（Argolis）最大的一座城市。

式,莱库古攻占了波利基纳(Polichna)、普拉西亚(Prasiae)、利乌卡埃(Leucae)和西法恩塔(Cyphanta),但是,在进攻基利穆佩斯(Glympes)和扎拉克斯(Zarax)时,他被击退了。(6)在他们的国王取得这些成就后,拉栖代蒙人宣布他们有权对亚该亚人进行报复。马查塔斯也用同样的理由——也即是他在斯巴达所用的理由——成功地说服了埃利亚人同亚该亚人开战。

(7)这些意想不到的成功,激发了埃托利亚人高涨的战斗热情。(8)然而,亚该亚人的情况却完全相反,因为,他们首要依靠的腓力却还没有完成准备,伊庇鲁斯人也对开战犹豫不决,美塞尼亚人更是消极无为,(9)但是,埃托利亚人在埃利斯和斯巴达的盲目支持下已经把亚该亚人包围了起来。

[37](1)阿拉图斯的任期现在就要结束了,亚该亚人选任他的儿子小阿拉图斯继任其将军之职。(2)斯科帕斯仍然是埃托利亚人的将军,他的任期现在刚到大约一半;埃托利亚人在秋分后举行选举,而亚该亚大约在昂宿星座(Pleiads)升起的初夏举行。(3)小阿拉图斯就任将军时正值夏季到来,①所有的战争也同时开始了。(4)正如我在前一卷所说,汉尼拔此时正在围攻萨贡托,罗马人则派遣卢西乌斯·埃米利乌斯到伊利里亚,以进攻法洛斯的德米特里。(5)同时,安条克正准备入侵科利-叙利亚,因为,托勒米亚(Ptolemais)和推罗(Tyre)背叛他而投靠了提奥多图(Theodotus),托勒密正准备同安条克开战;(6)而莱库古则驻扎在梅格洛波利斯的雅典娜神殿(Athenaeum)附近,并对它进行围攻,因为,他想在战争一开始就同克里奥米尼斯一争高下,亚该亚人正为迫在眉睫的战争集结雇佣兵(包括骑兵和步兵);(7)最后,腓力率领军队——他的军队由一万名重装步兵、五千名轻盾兵和八百名骑兵构成,所有这些士兵都是清一色的马其顿人——从马其顿出发。

(8)以上这些就是各方的战争计划和战争准备,与此同时,罗德岛人也因为下述原因而同拜占庭(Byzantium)开战。

---

① 即公元前219年。

　　［38］（1）就海洋而言，拜占庭的位置比世界上我们已知的其他任何一座城市，都更具有防卫和繁荣的优势，但是，就陆地而言，在这两方面，它的位置又是最为不利的。（2）因为，就海洋而言，它完全堵住了本都（Pontus）①的出入口，②以至于任何舰船都不能驶入或者驶出，除非拜占庭同意。（3）因此，拜占庭完全控制了富饶的本都，以及世界其他地区日常生活所需要的大批物产。（4）至于生活必需品，一个无可争议的事实是，本都周围地区可以给我们提供最丰富和最上乘的牲畜和奴隶；至于奢侈品，它同样可以给我们提供丰富的蜂蜜、蜂蜡和腌制鱼；他们也可以进口我们的油橄榄和美酒等各种丰富物产。（5）至于谷物，这完全可以互惠互通，当需要时，他们可以从我们这里进口，我们也可以从他们那里进口。（6）如果拜占庭有意同希腊人为敌，或者像过去那样同高卢人结盟，或者甚至同现在的色雷斯人（Thracians）结盟，或者他们彻底放弃了这个地方，那么，希腊人就将彻底失去这些贸易，也将从他们那里得不到任何收益。（7）由于这条海峡非常狭窄，以及生活在两岸野蛮人的数量庞大，我们希腊人的船只不可能驶进本都。（8）尽管拜占庭自己从他们这座城镇的位置中获益最大，因为，他们能够轻易地出口他们多余的物产，而且，他们能够以有利条件而不冒任何危险或者困难，就可以进口他们需要的货物，（9）但是，正如我在前面所说，他们对其他民族也作用颇多。（10）他们是所有希腊人共同的恩人，因此，很自然地，希腊人不仅感激他们，而且，当他们受到野蛮人威胁时，希腊人还同仇敌忾地支援他们。

　　（11）大部分希腊人都不了解拜占庭地理位置的独特优势，因为，它位于我们经常到访的那部分世界之外；（12）我们所有人又都希望了解这些问题，在独特兴趣的驱使下，如果有条件，我们要尽可能地亲自探访；但是，如果没有条件，我们也要尽可能地获取它

---

① ［中译按］本都（Pontus）位于黑海南岸。
② "它完全堵住了本都（Pontus）的出入口"亦即"它完全控制了黑海（Black Sea）的出入口"。

的相关信息。(13)因此,我将尽力陈述实际的事实本身,并解释这座城市异常繁荣的原因。

[39](1)所谓的本都海的周长将近两万两千斯塔德,①在两个相反的方向上,它有两个出入口,其中一个出口连接普洛滂提斯(Propontis),另外一个出口连接帕鲁斯-梅奥提斯(Palus Maeotis),②帕鲁斯-梅奥提斯的周长大约八千斯塔德。③(2)许多条大河从亚洲流入这两片水域(basins),不过,从欧洲流入这两片水域的河流更多,也更大,因此,梅奥提斯湖一旦注满就会流入本都,而本都则会流入普洛滂提斯。(3)帕鲁斯-梅奥提斯的出口名叫西米里人的博斯普鲁斯(Cimmerian Bosporus),④它的宽度是三十斯塔德,⑤长度是六十斯塔德,⑥它的深度都较浅。(4)本都海的出口名叫色雷斯人的博斯普鲁斯(Thracian Bosporus),它的长度是一百二十斯塔德,⑦而它的宽度则不是一成不变的。(5)卡尔塞顿(Calchedon)与拜占庭之间航道的宽度大约是十四斯塔德,⑧这条航道的尽头连接普洛滂提斯。(6)位于本都海边上的这条航道始于所谓的圣地(Holy Place),⑨人们传说,从科尔基斯(Colchis)返航的路上,伊阿宋(Jason)在这个地方首次向十二位神明(Twelve Gods)献祭。(7)这个地方⑩位于亚洲一侧和色雷斯的塞拉庇斯神殿(Temple of

---

① [中译按]大约2500英里。
② 梅奥提斯湖(Maeotic Lake)在地理上等同于现在的黑海或者本都海(Black Sea, Pontus),马尔马拉海或者普洛滂提斯海(Sea of Marmara, Propontis),以及亚述海或者梅奥提斯湖(Sea of Azov, Maeotic Lake)。
   [中译按]Palus Maeotis(帕鲁斯-梅奥提斯)亦写作 Maeotic Lake(梅奥提斯湖)。
③ [中译按]大约930英里。
④ [中译按]在希腊神话中,西米里人(Cimmerian)是生活在一个永恒黑暗的陆地上的一个民族。
⑤ [中译按]大约3.5英里。
⑥ [中译按]大约7英里。
⑦ [中译按]大约15英里。
⑧ [中译按]大约1.75英里。
⑨ 供奉宙斯的一座神殿。
⑩ [中译按]即圣地(Holy Place)。

Serapis)对面,距离欧洲一侧大约十二斯塔德。① (8)帕鲁斯-梅奥提斯和本都海不停向外流动,有两个原因,其中一个众所周知的原因是,众多河流流入这片有限周长的水域,里面的水量不断增加,如果没有出口,它将不断攀升并装满更加大片的水域。然而,在这种情况下,多余的水量就会从这些水道流走。(9)第二个原因是,暴雨后,河流会携带大批各种淤积的物质进入这片水域,海岸会被迫挤压而不断抬升海水,因此,海水就会以同样的方式,从现有的出口流出。(10)随着河流不断汇集和淤泥的沉积,出口也会不断向外流出海水。

（11）这就是水流从本都海流出的真正原因,它们的可信性不是依赖于商人的种种传说,而是根据自然定律推理出来的;很难找到一种比这更加准确的解释方法了。

［40］(1)然而,现在既然我们的注意力都聚焦于这个问题,那么,我没有理由不去阐述或者勉强陈述(因为这是大部分历史学家的习惯),相反,我必须去描述拥有相关证据支持的那些事实,以确保我的读者不会留下任何疑问。(2)整个世界都可以通过海路或陆路抵达,这是当今时代的特征,(3)我们再也不用像前人那样,在大部分情况下要依靠诗人和神话讲述者来填补这方面的知识,这就像赫拉克利特(Heraclitus)所说,"给扑朔迷离的事实提供似是而非的证据",而我则会尽自己最大的努力,来为我的读者呈现尽可能可靠的叙述。

（4）我之前说过,从古自今,本都海一直都在不停地淤积冲积物,如果当地原有的条件保持不变,以及在冲积物不断作用的情况下,这片海洋和帕鲁斯-梅奥提斯终将会被全部填满。(5)时间是无限的,而这些水域则是有限的,因此,显而易见的是,即使堆积的速度非常缓慢,海洋也迟早会被填满。② (6)按照自然法则,如果一

---

① ［中译按］大约1.5英里。
② 波利比乌斯的这个预言并没有实现,这无疑是因为他低估了水流不断地从黑海迅速流出的速度,这种强大的流速足以将淤积的沉积物裹挟带走。

个有限的数量在无限的时间里不断增长或者减少,即使这种增长或许减少极其微小——这都是我的推演——这个过程理所当然终究会有结束的一天。(7)但是,就这个例子而言,流入的东西并不是微不足道的,相反,流入其中的泥土量非常庞大,因此,非常显而易见的是,我所说的这种情况不是在遥远的将来,而是在非常近的时间就会发生。(8)至于帕鲁斯-梅奥提斯,它已经被淤塞了,它的深度大部分在五英寻(fathoms)到七英寻之间,因此,大部分船只在没有领航员的情况下,根本就不能在其中航行。(9)所有的古代权威学者都同意,一直延伸到本都海的那片海洋,现在已经是淡水湖,堆积的沉积物和流入的河水已经把咸水冲走并取代了。① (10)本都海也终将有同样的一天;事实上,这种事情正在发生,因为尽管这片水域体积庞大,以至于大家都没有普遍地注意到,但是,如果有人稍加关注,他就会很容易发现这个问题。

[41](1)从欧洲流出的多瑙河(Danube)通过数个河口,注入本都海,它所携带的沉积物,也通过这些河口一起注入了本都海,以至于最终形成了距离陆地一天行程长的一千斯塔德②的沙洲。(2)在本都海航行的船只,即使在深远处的海洋,在晚上的时候,它们也经常会一不留神在这个地带的一些地方——也即是水手们称之为"乳房"(The Paps)的地方——搁浅。(3)这些冲积物之所以没有紧贴陆地,而是向外延伸得这么遥远,原因在于以下方面:(4)奔向海洋的河流在惯性力量的作用之下,所携带的泥土和其他物质肯定会继续向前推进,根本就不会停滞或者减弱下来;(5)但是,当河流越来越多地流进海洋的里面和主体部分后,它们就会失去其力量,接着,泥沙必定就会因为自身的自然重力沉积下来。(6)这就是水量庞大而流速又急快的河流,会在较远的地方形成沉积物,而近海海岸却仍然非常深的原因所在,但是,水量较小而流速又缓慢的河流会在靠近河口的地方形成沙洲。(7)这种情况在暴雨期间更加

---

① 这种说法是错误的。

② [中译按]即大约一百英里。

明显;因为,当小溪向河口滚滚奔流时,它们就会借助流速的力量,而把淤泥推向更远的海洋。(8)我们决不能不相信,远处的沙洲就是多瑙河冲击而成的,大量的石头、木材和泥土就是被河流一起携带入海的。(9)我们常常亲眼看到,一条不显眼的急流①咆哮着冲走地床,强行切开高地,大肆裹挟各种木材、石头和泥沙,进而形成庞大的沉积物,以至于在极短的时间内,就造成极大的地貌变化,甚至最终我们都认不出来;对此,我们不要不相信。

[42](1)因此,如果像这样不断奔流的大河产生了我在前面所说的那番效果,并最终填满了本都海,我们也不应该感到惊奇;(2)因为,这不只是可能性,而且是具有逻辑的确定性。(3)对于下面的状况,我们是可以预计得到的。帕鲁斯-梅奥提斯当下的咸度没有本都海高,而本都海的咸度明显没有地中海高。(4)从这里可以很清楚地得知,用来填补帕鲁斯-梅奥提斯所需要的时间,将会随着本都海水域的容量而相应地延长,因为,本都海水域的容量要超过鲁斯·梅奥提斯水域,届时本都海将会像帕鲁斯-梅奥提斯那样,变成一个浅浅的淡水湖。②(5)事实上,这个结果会比我们所预期的要更早出现,因为,注入本都海的河流更为庞大,数量也更多。

(6)对于不相信本都海正在淤积和必将持续淤积,以及如此庞大的海洋终将变成一个浅水湖的那些人而言,我所说的话已经足够消解这种怀疑了。(7)但是,更为重要的是,我希望纠正那些海员们(seafarers)错误的虚构和荒谬的传奇,以使我们不会纯粹因为自己的无知,像小孩子那样听信别人告诉我们的所有事情,而是通

---

① 这种河流是典型的希腊式河流,夏季干枯,冬季泛滥,它同那些不断流动的河流形成鲜明对照。
[中译按]在洛布本中,英译者将其译作"一条不显眼的急流"(an insignificant torrent)。在企鹅本中,英译者将其译作"一些不显眼的冬季急流"(some insignificant winter torrent)。
② 以上这些都是为了阐述波利比乌斯的复杂主张:如果本都海水域是梅奥提斯湖(Maeotic Lake)水域的三倍大,而且,如果填满后者需要一千年的时间,那么,经过三千年的时间,本都海同样也将变成一个淡水湖。

过寻找一些真相,从而使我们能够对各色人等的各种正确或者错误的传言,或多或少地形成一个独立的判断。(8)现在,我必须把我的叙述重新转移到对拜占庭的有利地理位置的叙述上来。

[43](1)正如我在前面所说,连接本都海和普洛滂提斯的海峡,其长度是一百二十斯塔德,①圣地(Holy Place)指向本都海的末端,拜占庭海峡则指向普洛滂提斯的末端,(2)它们的中间就是赫迈乌姆(Hermaeum)②——位于欧洲一侧——它坐落在一个伸向海峡的海岬上,并指向整个海峡的最窄处,距离亚洲大约五斯塔德。③(3)据说,大流士(Darius)④在进攻斯基泰人(Scythians)⑤时,就是在这个地方架设船桥的。(4)来自本都海的水流流速非常均匀,因为,海峡两岸的地形结构非常相似;但是,当水流抵达位于欧洲一侧的赫迈乌姆——正如我在前面所说,赫迈乌姆是整个海峡的最窄处——时,来自本都海的水流就会受到限制,它会咆哮地往海岬上冲刷,仿佛一击之后回弹,将自己往对面的亚洲海岸径直撞去。(5)接着,它在这里又会被弹回并撞向位于欧洲海岸的海岬——也即是著名的"炉膛"(the Hearths)——(6)在这里,它会再一次地改变流向,流向一处名叫"母牛"(The Cow)的亚洲海岸,根据传说,埃奥(Io)在游过海峡后,就是在这个地方首先找到了一处落脚之地的。(7)最后,水流会从"母牛"那里急速流向拜占庭,在拜占庭这

---

① [中译按]即大约 15 英里。

② 现在的洛乌米利-赫撒尔城堡(Castle of Roumeli Hisar)的位置就坐落在赫迈乌姆(Hermaeum),它是由土耳其的穆罕默德二世(Mohammed II)所兴建的。

③ [中译按]即大约 0.5 英里。

④ [中译按]即大流士一世(Darius I)。

⑤ [中译按]斯基泰人,也译作斯基台人或赛西亚人,是哈萨克草原上印欧语系东伊朗语族之游牧民族,其居住地从今天俄罗斯平原一直到河套地区和鄂尔多斯沙漠,是史载最早的游牧民族之一,善于养马,据说骑术与奶酪等皆出于其发明。公元前 7 世纪他们曾对高加索、小亚细亚、亚美尼亚、米底以及亚述帝国大举入侵,威胁西亚近七十年,其骑兵驰骋于卡帕多细亚到米底、高加索到叙利亚之间,寻找掠夺物;其后逐渐衰落,分为众多部落,公元 373 年遂被称为"上帝之鞭"的匈奴王阿提拉率领,入侵欧洲,一度抵达巴黎近郊的阿兰人,即为其中之一部。

座城市附近,水流会被分成两股,其中较小的那股会流向著名的霍恩(Horn)海湾,①而较大的那股则会再一次改变流向。(8)然而,它现在已经没有足够的力量流到对岸,也即是卡尔塞顿了;(9)因为,水流现在已经反复多次来回横穿海峡,而且,这个地方的海峡明显较宽,所以,水流现在变得和缓,它不会以锐角从对岸突然回弹,而是会以钝角回弹和改变流向。(10)因此,它抵达不到卡尔塞顿,而是从海峡中间流走了。

[44](1)因此,前面陈述的事实表明,拜占庭的地理位置非常有利,而卡尔塞顿却恰恰相反。(2)乍看起来,人们确实会以为,它们的地理位置都同样优越,但是,航行到卡尔塞顿很困难,如果你真想航行到卡尔塞顿,正如我在前面所说,不管你愿不愿意,水流都会把你带到拜占庭。(3)我的证据是,因为水流的作用,所以,我们根本就不能从卡尔塞顿直线航行拜占庭,但是,我们可以借助"母牛"(the Cow)和克利索波利斯(Chrysopolis)②——(4)当他们第一次试图在这个地方对驶入本都海的船只进行征税时,在亚西比德(Alcibiades)的建议下,雅典人占领了克利索波利斯③——这两个地方进行迂回式航行,接着,水流就会从这里把船只带到拜占庭。(5)从另一端航行到拜占庭也同样便利。(6)从赫勒斯滂(Hellespont)迎着南风航行,或者,从本都海到赫勒斯滂迎着地中海季风(Etesian wind)航行的那些人,他们会发现,从拜占庭沿着欧洲海岸到赫勒斯滂开始变狭窄的地方——也即是位于塞斯图斯(Sestus)和阿比都斯(Abydus)④之间的那段狭窄处——这条航道一直是一条直达且易行的航道,从那里航行返回拜占庭的航程也同样如出一辙。(7)但是,从卡尔塞顿沿着亚洲海岸的航行,会与此完全相反,因为,它的海岸线被数个深水海湾弄得支离破碎,而且,

---

① 霍恩(Horn)海湾亦即所谓的"黄金角"(Golden Horn),这条长长的河流在今天将伊斯坦布尔(Istanbul)和加拉塔(Galata)分隔开来。
② 即现在的斯库塔利(Scutari)。
③ 参见色诺芬(Xenophon):《希腊史》(Hellen),第一卷第1章第22节。
④ [中译按]Abydus亦写作Abydos。

希兹库斯(Cyzicus)的领土所形成的海岬深深地插向海洋。(8)从赫勒斯滂航行到卡尔塞顿的船只,沿着欧洲海岸航行直至拜占庭附近,接着,再返航卡尔塞顿,这种航行并不容易,因为,它会遭到我在前面所提到的水流和其他因素的干扰。(9)类似地,由于水流和风向的原因,驶离卡尔塞顿的船只不可能直接驶往色雷斯海岸。(10)南风和北风都不利于这种航行,因为,南风会把船只吹向本都海,而北风则会把船只吹离本都海,不管是从卡尔塞顿驶往赫勒斯滂,还是从赫勒斯滂航返卡尔塞顿,人们都必须要充分地利用这些风力。

(11)这就是在海上方面,拜占庭所拥有的有利的地理位置的原因所在;至于陆上方面,它的不利之处请见如下所述。

[45](1)色雷斯从一片海洋到另一片海洋严密包围了拜占庭人的陆地,他们之间又在进行无休止的惨烈战争。(2)由于色雷斯人有众多的部落酋长和追随者,拜占庭人根本不能通过一场准备周全的进攻来赢得胜利,从而结束战争。(3)因为,如果他们战胜了其中一个部落酋长,那么,就会有另外三个更为强大的部落酋长入侵他们的领土。(4)如果他们让步并同意达成协议与支付贡金,那么,这也不会有任何好转;因为,他们对一个部落酋长的让步,会给自己带来五倍的敌人。(5)结果,正如我在前面所说,他们就这样卷入了一场无休止的惨烈战争;因为,同生活在自己边境的野蛮人开战,这种战争本身就非常危险和异常恐怖。(6)拜占庭人除了必须抵挡这种来自陆上的不利情况之外,他们还必须承受随之而来的其他祸害,这就像是荷马笔下的坦塔洛斯(Tantalus)①的折磨;(7)因为,他们是一个最肥沃的国家的主人,当他们在自己的土地上精耕细作,即将大获丰收时,野蛮人就出现了,他们摧毁其中一些谷物,搜刮并夺走其余的谷物,(8)因此,除了自己的操劳和花费,当他们眼睁睁地看到它们的毁灭后,这种丰收的美好反而强化

---

① 坦塔洛斯(Tantalus)受罚要永远站立在水中,口渴却不能喝它,而且,在他的头顶处长满了硕果累累的果树,但是,他够不到它们。

了自己的痛苦和悲哀。

（9）尽管他们要继续忍受同色雷斯人习以为常的战争，但是，他们仍然没有背弃同其他希腊国家的古老保证。（10）然而，当他们遭受克蒙托利乌斯（Comontorius）所统率的高卢人的进攻后，他们发现，自己陷入了极大的危险之中。

［46］（1）这些高卢人连同布伦努斯（Brennus）以及布伦努斯的高卢人，一起放弃了自己的家园，当他们幸免于德尔菲的战争后，他们抵达了赫勒斯滂，但是，他们没有从这里渡海到亚洲，而是继续留在原地，因为，他们已经喜欢上了拜占庭附近的地区。（2）当他们在这里征服了色雷斯人，并在泰利斯（Tylis）建立了他们的首都后，他们就把拜占庭置于极度的危险之中。（3）一开始，在他们第一任国王克蒙托利乌斯所统率下的进攻中，拜占庭人每次都向他们支付三千或者五千，有时候甚至是一万金币，以挽救自己的国土，让它们免于洗劫；（4）最终，他们被迫同意支付每年八十泰伦的贡金，一直到卡瓦鲁斯（Cavarus）的统治结束时期，这个高卢王国寿终正寝，他们整个部落反过来都被色雷斯人征服和屠杀了。（5）当拜占庭人在此期间被贡金催逼紧迫时，他们从一开始就派遣使节到希腊人那里，乞求他们前来帮助自己，救援自己的危险处境。（6）但是，当大部分国家对他们的乞求不予理睬后，他们就开始对驶入本都海的那些船只征收税金。

［47］（1）拜占庭对于驶入本都海的船只征收税金的举动，给贸易商们带来了普遍的不便和利益损失，所有的贸易商都感到愤愤不平，在罗德岛人面前控诉他们的罪行，因为，罗德岛人在海洋问题上被认为拥有最高的权威。（2）这就是这场战争的起因，对于其整个历史，我将在后面进行叙述。

（3）罗德岛人自身所遭受的损失，以及自己的周边国家所遭受的损害，让他们行动了起来，最初他们连同自己的盟友一起派遣使节到拜占庭，以要求后者废除这种税金。（4）但是，拜占庭拒绝任何让步，他们确信自身事业是正义的，当时他们的最高执政官赫卡托杜鲁斯（Hecatodurus）和奥林皮奥多鲁斯（Olympiodorus）在同罗德岛的代表们会谈时,也明确地这样答复他们。(5)因此,罗德岛人一无所获地离开了,(6)回去后,罗德岛人就因为上述原因,同拜占庭宣战了。(7)他们立即派遣代表到普鲁西亚(Prusias)那里,以催促后者参战,因为,他们知道他对拜占庭心存诸多的怨恨。

[48](1)拜占庭也如法炮制,派遣代表到阿塔鲁斯和阿卡乌斯那里请求支援。(2)阿塔鲁斯热忱地准备支援他们,但是,当时他的支援无足轻重,因为,阿卡乌斯把他限制在其祖先的王国里面。(3)然而,阿卡乌斯——他现在统治了塔乌鲁斯(Taurus)这边的整个亚洲,而且,他最近又自立为王——答应提供支援,(4)他的这番决定极大地提振了拜占庭人的士气,反之,这却极大地挫伤了普鲁西亚和罗德岛人的信心。(5)阿卡乌斯是安条克①的亲属,而安条克刚刚继任了叙利亚的王位,阿卡乌斯是通过以下手段赢得上述王国的。(6)当这位安条克的父亲塞琉古②去世后,他的长子塞琉古③继任了他的王位,④大约在我现在所说的这件事的两年前,作为其亲戚的阿卡乌斯陪同这位国王远征塔乌鲁斯。(7)年轻的塞琉古立即登上王位,当他了解到阿塔鲁斯窃取了塔乌鲁斯这边本属于自己的全部国土后,他赶紧前往那里,以捍卫自己的利益。(8)他率领一支庞大的军队穿过塔乌鲁斯,但是,高卢人阿帕图里乌斯(Apaturius)和尼卡诺尔(Nicanor)把他给暗杀了。(9)作为他的亲戚,阿卡乌斯立即报复并处死了阿帕图里乌斯和尼卡诺尔;他接管了整个军队及其指挥权,而且,他非常审慎而又仁慈地行使自己手中的这个权力。(10)尽管时机非常有利,而且,军队也热切地催促他戴上王冠,但是,他并没有这样做,相反,他让塞琉古⑤之子小安条克继承了王位,自己则积极远征,收复塔乌鲁斯这边的整个国土。(11)但是,当他赢得了出乎意料的胜利后——他把阿塔鲁

---

① [中译按]即安条克三世。
② [中译按]即塞琉古二世。
③ [中译按]即塞琉古三世。
④ 即公元前226年。
⑤ [中译按]即塞琉古二世。

斯限制在帕加马（Pergamus）①城内，并且，他使自己成为这所有余下地区的主人——他就对自己所赢得的胜利骄矜自大起来，以至于他很快就彻底地抛弃了其正直的品性；（12）他戴上了王冠，自称国王，在塔乌鲁斯这边所有的国王和君主当中，他当时无疑是最有权势和最为可怕的国王。（13）当拜占庭人同罗德岛人和普鲁西亚开战后，他们最为依赖的就是这个人。

[49]（1）普鲁西亚对拜占庭人的其中一个不满是，他们没有给自己矗立塑像，虽然他们之前表决同意给自己矗立塑像，但是，他们迟迟搁置一边，最终忘记了这件事情。（2）他也不喜欢他们使出浑身解数调和阿卡乌斯和阿塔鲁斯之间的分歧，或结束他们之间的战争，他认为，他们之间的和好会在很多方面损害自己的利益。（3）当阿塔鲁斯举行雅典娜节（Festival of Athene）期间，拜占庭派遣代表前去参加献祭仪式，然而，当他自己庆祝索特利亚（Soteria）时，他们却没有派遣任何代表前来，这让他深感恼怒。（4）因此，当他仍然对所有这些冒犯心怀不满时，他当然会十分乐意地抓住罗德岛人所提供的这些借口，他同意罗德岛代表所提出的他们应该在海上进行战争的主张，尽管他自己原本希望能够在陆上重创敌人。

（5）这就是罗德岛人与拜占庭人之间这场战争的起因和开端。②

[50]（1）拜占庭人一开始作战非常英勇，他们相信，阿卡乌斯会前来支援自己，而且，他们相信，如果从马其顿邀请提波特斯（Tiboetes）前来加入自己，那么，这就会反过来轮到普鲁西亚惊慌和犯险了。（2）正如我在前面所说，普鲁西亚心怀怨恨地参战了，他占领了位于博斯普鲁斯海峡的那个名叫"圣地"（The Holy Place）的地方，（3）由于它的位置优越，几年前拜占庭人便花费大批金钱把它购买下来；因为，他们不希望任何人以此为据点，进而进攻出

---

① ［中译按］Pergamus 亦写作 Pergamum。
② 即公元前 220 年。

入本都海的商人或者干涉奴隶贸易与渔业贸易。(4)此外,普鲁西亚也占领了拜占庭人长期以来一直控制在手的亚洲领土——米西亚(Mysia)。(5)罗德岛人装备了六艘舰船和来自盟友的四艘舰船,他们任命色诺法恩图斯(Xenophantus)作为海军统帅,并率领这十艘舰船驶往赫勒斯滂。(6)他们停泊在塞斯托斯(Sestos),阻断前往本都海的通道,这位海军统帅则率领一艘舰船前往拜占庭,试探是否可以恐吓他们,让他们改变主意。(7)但是,他们对他的提议置之不理,因此,他就率领这艘舰船驶离,去接自己其余的舰船,最后,他带着自己的整个舰队回到了罗德岛。(8)拜占庭不断派遣代表到阿卡乌斯那里求援,而且,他们也派遣代表到马其顿那里接请提波特斯;(9)提波特斯同普鲁西亚一样,被认为拥有对比提尼亚(Bithynia)王位的继承权,因为,他是普鲁西亚的叔叔。(10)当罗德岛人看到拜占庭人的坚定决心后,他们就想出了一个可以有效实现自己目的的计划。

[51](1)罗德岛人观察到,拜占庭人坚定的战争决心主要来源于,他们可以期望阿卡乌斯的支援,而且,罗德岛人知道,阿卡乌斯的父亲安德洛马克(Andromachus)是亚历山大里亚的一名囚犯,阿卡乌斯最大的愿望就是自己的父亲能够被释放,因此,他们决定派遣一个代表团到托勒密那里,以恳求他把安德洛马克交给自己。(2)事实上,他们之前就作出了这个要求,只不过他们没有强硬坚持,但是,现在他们非常认真地对待这件事情,他们之所以这样帮助阿卡乌斯,是因为他们希望让他欠下人情,这样的话,他就不会拒绝他们对他提出的任何要求了。(3)当代表团抵达后,托勒密最初考虑扣留安德洛马克,因为,他自己与安条克之间仍有一些悬而未决的争议,所以,他觉得,自己可以在适当的时机有效地利用后者;而且,刚刚称王的阿卡乌斯,在很多重要问题上,都具有决定性的作用。(4)因为,安德洛马克是阿卡乌斯的父亲及塞琉古①的妻子拉奥狄克(Laodice)的兄弟。(5)然而,由于他总体上更偏向于罗

---

① 即塞琉古·卡里尼库斯(Seleucus Callinicus),也即是塞琉古二世。

德岛人,而且,他渴望向他们展现自己的恩惠,因此,他选择了让步,把安德洛马克移交给了他们,以让他们把他带回到他的儿子阿卡乌斯手里。(6)当他们完成了这项行动,并额外地授予了阿卡乌斯一些荣誉后,他们就夺去了拜占庭人最重要的希望之源。(7)与此同时,拜占庭人遭遇了另一个不幸事件;提波特斯在从马其顿回来的路上去世了,这让他们的希望深受重挫。(8)这个不幸事件严重地打击了拜占庭人的士气,而普鲁西亚却从中嗅到了胜利的气息;在亚洲这边,他亲自全力进攻敌人,在欧洲这边,他则雇佣色雷斯人,以阻拦拜占庭人离开他们的城市。(9)现在,拜占庭人所有的希望都破灭了,他们四面受敌,他们开始寻求一个体面的方式,来化解当前的危机。

[52](1)因此,当高卢国王卡瓦鲁斯(Cavarus)来到拜占庭后,他竭诚地希望结束这场战争,而且,他积极斡旋参战双方,普鲁西亚和拜占庭人都接受了他的劝告。(2)罗德岛人听到卡瓦鲁斯的斡旋和普鲁西亚的同意以及他们希望立即达成目的后,他们就任命阿里迪塞斯(Aridices)作为自己的代表前往拜占庭,与此同时,他们又派遣了波勒莫克勒斯(Polemocles)率领三艘三桨座战船前往拜占庭,(3)正如我们的谚语所说,这是"标枪与使者的权杖的叠加混用"(the spear and the herald's staff at once)。① (4)罗德岛人一抵达,他们就在卡利基埃顿(Calligeiton)之子科塞安(Cothon)担任拜占庭的赫洛姆内蒙官职(Hieromnemon in Byzantium)的那一年②签署了协议,他们同罗德岛人签订的协议非常简单,具体如下:

(5)拜占庭人不得对驶往本都海的船只进行征税,作为交换,罗德岛人及其盟友维持同拜占庭人的和平。

---

① 也即是战争与和平;外柔内刚(the iron hand in the velvet glove)。
[中译按]这个谚语类似于我们中国人所说的"萝卜加大棒"。

② 这是一种以担任年度官职赫洛姆内蒙(Hieromnemon)的官员名字来命名的纪年方法(The eponymous annual magistrate)。
[中译按]赫洛姆内蒙(Hieromnemon)是负责宗教事务的一种官职。

（6）他们同普鲁西亚签订的协议如下：

　　（一）普鲁西亚和拜占庭之间将永远维持和平与友谊，拜占庭人不得进攻普鲁西亚，普鲁西亚也不得进攻拜占庭人。
（7）（二）普鲁西亚无需赎金地归还拜占庭人的所有土地、城堡和人民，除此之外，普鲁西亚还需归还自战争开始时，所截获的舰船和在城堡内所俘获的投掷武器，以及从圣地所取走的木材、建筑石料和瓦砖。（8）[由于担心提波特斯回来，普鲁西亚摧毁了所有可能为敌人所利用的要塞]（9）（三）普鲁西亚也要逼迫比提尼亚人，让他们把所占领的拜占庭的米西亚地区的土地归还给当地农民。

（10）这就是普鲁西亚与罗德岛人同拜占庭的战争的起源和结局。

[53]（1）大约与此同时，克诺西亚人（Cnossians）派遣了一个代表团到罗德岛人那里，以劝说和请求他们给自己派遣波勒莫克勒斯所统率的那些舰船以及另外三艘无甲板的舰船。（2）对此，罗德岛人同意了他们的请求，当这支舰队抵达克里特后，埃勒乌塞纳人（Eleuthernae）怀疑，波勒莫克勒斯杀死了他们其中一位名叫提马克斯（Timarchus）的同胞，以取悦克诺西亚人，他们首先宣布向罗德岛人进行报复，接着，他们同罗德岛人公开开战。

（3）在这不久之前，利图斯人（Lyttus）①遭遇了一场无法挽回的灾难。克里特当时的整个政治局势见如下所述。（4）克诺西亚人联合戈提尼亚人（Gortynians），让整个克里特岛——除了利图斯——都置于自己的控制之下。（5）由于利图斯是唯一一座拒绝臣服的城邦，他们决心对它开战，杀鸡儆猴以震慑其他的克里特

①　Lyttus（利图斯）亦写作 Lyttos 或者 Lyctos（参见拜占庭的斯提芬努斯[Steph. Byz]）。

人。(6)一开始,所有的克里特人都加入反对利图斯的战争中,但是,出于一些相互嫉妒和微不足道的原因——这种情况在克里特人中间很普遍——一些城邦从中分离出来,(7)波利希尼亚人(Polyrrhenia)、塞拉伊亚人(Ceraeae)、拉帕人(Lappa)、霍利乌姆人(Horium)和阿卡迪亚人(Arcadia)^①一致放弃了同克诺西亚(Cnossus)的联盟,他们决定站到利图斯一边;(8)而戈提尼亚则陷入了内战,年长的公民支持克诺西亚,年轻的公民则支持利图斯。(9)联盟的分裂,让克诺西亚人深感震惊,通过之前同埃托利亚人的联盟关系,他们得到了一千埃托利亚人的支援,当这些埃托利亚人到达克里特后,那些年长戈提尼亚人立即占领了城堡,并引入了克诺西亚人和埃托利亚人,他们或放逐、或处死了那些年轻的公民,并把这座城市移交到了克诺西亚人的手里。

[54](1)大约与此同时,利图斯人(Lyttians)率领自己的全部军队远征敌人的国家,在得到这个情报后,克诺西亚人就乘机攻占了毫无守兵保卫的利图斯。(2)当把利图斯妇女和儿童都送到了克诺西亚后,他们在回家之前烧毁了这座城市、推倒了这座城市的建筑并尽可能地彻底摧毁了这座城市。(3)当利图斯人远征回到自己的城市和看到所发生的一切后,他们都深受震动,以至于他们没有一个人忍心进入自己的家乡,(4)而是所有人都环绕着它行进,悲叹和惋哀他们自己和他们国家的悲惨命运,接着,他们转身撤向了拉帕。(5)拉帕人非常热情和友善地接纳了他们;因此,他们一朝之间就变成了没有母邦的侨民而不是公民,但是,他们继续同克诺西亚及其盟友战斗。(6)这就是利图斯的不幸遭遇,利图斯是斯巴达的殖民地,他们同斯巴达人存在血统上的亲缘联系,而且,它是克里特最古老的城市,所有人都公认,利图斯是克里特岛上最勇敢的勇士的著名源产地,但是,它现在意外地被连根拔起。

[55](1)波利希尼亚人、拉帕人和他们所有的盟友看到,克诺

---

① 阿卡迪亚(Arcadia)是克里特的一座城邦(参见拜占庭的斯提芬努斯[Steph. Byz])。

西亚人坚持同腓力国王和亚该亚人的敌人埃托利亚人结盟,因此,他们就派遣代表到腓力国王和亚该亚人那里,以请求他们的支援和结盟。(2)于是,亚该亚人和腓力把他们接纳进整个联盟当中,而且,他们派遣了由普拉托(Plator)所统率的四百名伊利里亚人以及两百名亚该亚人和一百名弗西斯人,前去支援他们。(3)这支军队的到来对波利希尼亚人及其盟友的作用最大;(4)因为,他们在非常短的时间内就把埃勒乌塞纳人、西顿尼亚人(Cydoniats)和亚普特拉人(Apteraeans)关在了他们的城墙内,并迫使他们抛弃了同克诺西亚的结盟,让他们倒向了自己这一边。(5)在波利希尼亚人及其盟友赢得这场胜利后,他们就给腓力和亚该亚人派去了五百名克里特战士,而克诺西亚人在稍早时候,就给埃托利亚人派去了一千名克里特战士,在当前这场战争中,这些克里特战士继续为他们各自的盟友进行战斗。(6)戈提尼亚的流亡者占领了菲斯图斯(Phaestus)港口,他们甚至进一步英勇地攻占了戈提尼亚,他们以这两座城市作为基地,继续同城内的敌人作战。

[56](1)这就是克里特当时的局势。在同一时期,米特拉达梯(Mithridates)①也同希诺佩(Sinope)开战了,这是最终降临到希诺佩这座城市的不幸的开端,也可以说,这是降临到这座城市的首场灾难。(2)希诺佩人派遣了一个代表团到罗德岛人那里,以请求他们在这场战争中提供支援,罗德岛人通过了一项任命三位委员的法令,他们授权这三位委员全权处置十四万德拉克马的金钱,以用于他们给希诺佩人提供所需要的补给。(3)这三位委员给希诺佩人准备了一万罐美酒,三百泰伦的备用毛制织物,一百泰伦的备用弓弦,一千副全套铠甲,三千金币和四座石弩及其炮手,希诺佩的代表们在接收了所有这些东西后就回家了。(4)所有这些东西都送了出去,这是因为,希诺佩城在米特拉达梯的海陆围攻下危在旦夕,因此,他们所作的所有准备都要服务于这个宗旨。(5)希诺佩

---

① [中译按]即米特拉达梯二世(Mithridates II)。

位于前往法希斯（Phasis）路上的本都海南岸^①且坐落在一座伸向大海的半岛上。这座半岛的脖颈部分连接着亚洲，它的宽度不超过两斯塔德，坐落在半岛上面的这座城市完全把半岛包围了。（6）半岛的其他部分伸向大海，而且非常地平坦，很容易就可以走到这座城市，但是，它被陡峭的海岸包围，很难停泊靠岸，只有极为稀少的几个停泊靠岸的地方。（7）希诺佩人担心，米特拉达梯会在这座城市朝向亚洲的这边建造围攻工事，同时会在对面登陆上岸，占领俯瞰这座城市的平地，进而以此来围攻自己。（8）因此，他们忙于强化整个环海的那部分半岛，他们通过矗立木桩和建造栅栏，以及在合适的地方部署士兵并储备武器，以阻碍敌人从海上靠近，整个半岛规模不大，但是，一支适度的军队就可以非常有效地防御它。（9）这就是希诺佩的局势。

[57]（1）然而，国王腓力率领自己的军队从马其顿出发——现在，我要恢复我之前所中断的同盟者战争的叙述——以进军色萨利和伊庇鲁斯，因为，他希望从这两个地方入侵埃托利亚。^②

（2）与此同时，亚历山大和多利马克想出了一个突袭亚基埃拉（Aegeira）的计划，他们在埃托利亚的奥安特伊亚（Oeantheia）——奥安特伊亚正好位于亚基埃拉的对面——集结了大约一千两百名埃托利亚人，而且，他们准备了足够的船只来运送这支军队，他们现在只等有利的天气出现，以渡过海湾和发起攻击。（3）有一位埃托利亚逃亡者——这位埃托利亚逃亡者在亚基埃拉生活过很长一段时间，他注意到，埃基乌姆山口（Aegium gate）的守军常常酩酊大醉且疏于防守——（4）多次冒险渡海前往多利马克那里，催促他进行尝试，这位逃亡者深知，这样的冒险行动正是多利马克所擅长的。（5）亚基埃拉位于埃基乌姆与西西昂之间的科林斯海湾的伯罗奔尼撒海岸，它建造在难以接近的陡峭山丘上，面朝对岸的帕纳

---

① ［中译按］"位于本都海南岸"亦即"位于本都海右岸"。
② 即公元前 219 年。

萨斯山（Parnassus），①距离海洋大约七斯塔德。（6）乘着现在非常有利的天气，多利马克就率领自己的军队启航了，在晚上时，他把舰船停泊在从这座城市川流而过的一条河流的河口位置。（7）亚历山大和多利马克，以及连同他们一起的潘塔里安（Pantaleon）之子阿基达穆斯（Archidamus），现在统率埃托利亚人的主力部队，沿着离开埃基乌姆的道路向这座城市进军。（8）这位逃亡者连同二十位精心挑选之人没有沿着道路行进，而是攀爬上悬崖（由于熟知地形，他也比别人攀爬得更快），当他们通过一条下水道潜入这座城市时，城门的守军还在呼呼大睡。（9）在守军们从自己的床上起来之前，这位逃亡者就把他们全部杀死，接着，用斧头砍断了门闩，打开了城门，让埃托利亚人进来。（10）尽管埃托利亚人机敏地冲进了这座城市，但是，他们之后的行事是如此缺乏审慎，以至于亚基埃拉最终获救了，而他们自己却被杀死了。（11）他们似乎想当然地认为，冲进了城门就等于彻底占领了敌人的这座城市，因此，他们就照这种想当然的想法行事。

[58]（1）结果，他们只在集市附近集结了非常短暂的时间，就在抢劫激情的驱使下四散开来了，他们冲进房屋里，开始到处劫掠财产，而现在天都已经亮了。（2）敌人的进攻，让亚基埃拉人完全措手不及又出乎意料，现在，他们的房屋遭到敌人的劫掠，他们处于极度的恐惧和惊慌之中，以至于纷纷出城逃离，因为，他们以为敌人已经占领了自己的城市。（3）然而，房屋仍完好无损的那些人在听到杀喊声后就赶忙过来支援，他们全部跑向了城堡。（4）在那里，他们越聚越多，相反，埃托利亚人所集结的军队人数却由于上述原因而变得越来越稀少，也变得越来越混乱。（5）然而，多利马克现在看到了他们所面临的危险，他让自己的士兵集结起来，并向聚集在城堡的那些亚基埃拉人发动进攻，他认为，通过英勇和有力地进攻，他可以把那些聚集起来保卫这座城市的亚基埃拉人吓走

① ［中译按］帕纳萨斯山（Parnassus）是希腊中部的一座山峰，相传，它是太阳神阿波罗（Appolo）和诗神缪斯的灵地。

或打跑。（6）但是，亚基埃拉人相互鼓励，他们英勇地抵抗埃托利亚人的进攻。（7）这座城堡没有围墙，两军之间的战斗都是人与人之间的近身肉搏，当一方是为自己的国家和儿女战斗，另一方则是为自己的生命战斗时，你们就可以想象，一开始这就是一场你死我活的战斗，最后埃托利亚入侵者被击溃了。（8）占据较高地势的亚基埃拉人英勇而猛烈地追击敌人，大部分埃托利亚人由于陷入恐慌，在城门口相互踩踏致死。（9）亚历山大在交战中战死，阿基达穆斯则在城门口的挤压中窒息而死。（10）其余的埃托利亚人要么在这里被踩踏身亡，要么逃向无路可走的悬崖而摔得粉身碎骨。（11）那些逃到舰船的幸存者绝望而羞愧地扔掉了自己的盾牌，赶紧驾船离开了。（12）因而，亚基埃拉人一开始由于疏忽大意而失掉了自己的城市，但是，之后，他们通过自己的勇气，又出乎意料地重新夺回了自己的城市。

[59]（1）大约与此同时，欧里庇达斯——埃托利亚人派遣他到埃利斯人那里统率他们的军队——在突袭迪米、法拉和特里塔埃亚的国土后，搜刮了大批战利品，现在他正在回埃利斯的路上。（2）而迪米的米库斯（Miccus of Dyme）——当时他是亚该亚联盟的次将（Sub-strategus）——率领迪米、法拉和特里塔埃亚的全部军队出击，进攻正在撤退的敌军。（3）但是，由于追击太过急促，他中了敌人的埋伏，并遭受了重创，在这次伏击中，他有四十名步兵被杀，大约两百名士兵被俘。（4）对于这场胜利，欧里庇达斯感到非常高兴，几天后，他又进行了另外一次远征，并攻占了迪米人称之为"墙堡"（The Wall）的要塞，这座要塞坐落在阿拉克斯河（Araxus）附近一处非常有利的位置；（5）传说，这座要塞建造于很久之前的赫拉克勒斯时代，当时他把这个地方作为同埃利斯人作战的基地。

[60]（1）迪米、法拉和特里塔埃亚在进攻入侵者中败北，由于敌人攻占了这座要塞，他们对未来非常担心，一开始，他们派遣信使到亚该亚人的将军①那里，告诉后者所发生的事情，请求他的支

①　[中译按]即阿拉图斯。

援,后来,他们又派遣了正式的代表团向他表达了同样的请求。
(2)但是,阿拉图斯没能集结雇佣军,因为,在克里奥米尼斯战争之
后,亚该亚人没有给他们的雇佣兵支付全额金钱,而且,他的整个
作战计划和整个作战行动,无论在勇敢方面,还是在活力方面,都
乏善可陈。(3)因此,莱库古攻占了梅格洛波利斯的雅典娜神殿,
欧里庇达斯除了之前的胜利外,还占领了忒尔福萨(Telphusa)的领
土戈提纳(Gortyna)。(4)于是,迪米人、法拉人和特里塔埃亚人对
这位将军的支援已经绝望,他们相互之间达成了一个协议:他们拒
绝给亚该亚联盟支付贡金,(5)同时,他们集结了一支三百名步兵
和五十名骑兵的私人雇佣军,以保卫自己领土的安全。(6)对于这
番行动,他们认为,这是关乎自身利益的正确举措,但是,对于联盟
而言,这起到完全相反的作用;因为,联盟认为,这树立了一个邪恶
的先例,而且,这也给想要破坏联盟的那些人提供了口实。(7)然
而,对于他们这番行动的大部分指责都落到了这位将军的身上,因
为,他习惯于疏忽、拖延和漫不经心地对待他们的要求。(8)因为,
每个人在危机时刻,都会有不断地寻求自身盟友和朋友帮助的想
法,但是,当他的这个想法痛苦地破灭后,他就不得不全力自救。
(9)因此,我们不应该指责特里塔埃亚人、法拉人和迪米人,在联盟
的头头拖延行动时,雇佣一支私人武装的行动,但是,对于拒绝给
联盟支付贡金的做法,他们必须受到谴责。(10)考虑自身的利益
和动用一切手段与力量全力自救,本来就无可厚非,但是,他们仍
应该遵守联盟的义务,尤其是按照共同的法律规定,经费肯定会返
还给他们,而且,最为重要的是,他们还是亚该亚联盟的实际创
建者。

[61](1)这就是伯罗奔尼撒的局势。与此同时,腓力国王穿过
了色萨利,抵达了伊庇鲁斯。(2)他把伊庇鲁斯的全部军队都征召
到了自己的马其顿队伍中,同时,亚该亚的三百名投石兵,以及波
利希尼亚人所派遣的五百名克里特战士也加入到了他的队伍,他
进军并穿过伊庇鲁斯后,抵达了安布拉西亚(Ambracia)。(3)如果
他不改变行军路线,而是快速地进军埃托利亚内陆,那么,通过这

种出乎意料的突然性进攻,这支强大的军队将会彻底结束这整个战争。(4)但是,由于他在伊庇鲁斯人的劝说下,首先攻占了安布拉库斯(Ambracus),这就让埃托利亚人有空隙集结军队,以及采取相关的防范措施和应对策略。(5)伊庇鲁斯人把他们自己的特殊利益置于整个联盟之上,而且,他们极度渴望控制安布拉库斯,因此,他们就恳求腓力首先围攻和占领这个地方。(6)他们把从埃托利亚人手里收复安布拉西亚视为最重要的事情,但是,要收复安布拉西亚必须要先攻占安布拉库斯,进而再攻占安布拉西亚。(7)安布拉库斯是由城墙和工事严密防御的一个地方,它坐落在沼泽的中央,从陆地只有一条隆起的狭窄堤道可以抵达那里,它既有效地控制着安布拉西亚城镇,又有效控制着安布拉西亚乡村。

(8)腓力就按照伊庇鲁斯人所希望的那样行事,他驻扎在安布拉库斯前面,并开始准备围攻它。

[62](1)但是,就在他这样忙乱时,斯科帕斯集结了埃托利亚的所有军队,他率领这支军队穿过了色萨利,抵达了马其顿边境,在那里,他摧毁了皮埃利亚(Pieria)的庄稼,在搜刮了大批战利品后,他调头进军迪乌姆。(2)当他抵达迪乌姆,这座城镇的居民就早已弃城逃亡;他进入了这座城镇,摧毁了这座城镇的城墙、房屋和体育馆,而且,他烧毁了圣所周围的柱廊,并摧毁了圣所中所有献贡物(这些献贡物要么用于装饰,要么用于经常前来过节的那些人的所需)。(3)他也推倒了所有的国王塑像。在战争一开始,他的首个作战行动就表明,他不仅是在同凡人作战,而且是在同诸神作战。(4)现在他回到了埃托利亚,就好像他没有犯下任何不虔敬的暴行一样。事实上,他受到了大家的普遍尊敬和赞扬,就好像他为公众作出了巨大贡献一样,他成功地给埃托利亚人塞满了空洞的希望和愚蠢的傲慢。(5)从此以后,他们认为,再没有人胆敢靠近埃托利亚了,但是,他们自己不仅可以畅通无阻地洗劫伯罗奔尼撒(这也是他们一直以来的习惯),而且也可以畅通无阻地洗劫色萨利和马其顿。

[63](1)腓力听说了马其顿所发生的事情后,立即收获了伊庇

鲁斯人愚蠢和自私的果实,开始围攻安布拉库斯。(2)通过强有力的围城攻坚和其他行动,他很快就把守城的那些人给吓住了,只花费了四十天的时间,就占领了这个地方。(3)他让守城部队——他们由五百名埃托利亚人组成——按照条件离开,他满足了伊庇鲁斯人的愿望,把安布拉库斯移交给了他们;(4)他自己则率军途径卡拉德拉(Charadra),因为,他希望在安布拉西亚海湾最狭窄的地方——也即是名叫亚克兴(Actium)的阿卡纳尼亚人神殿——渡过安布拉西亚海湾。(5)这个海湾是伊庇鲁斯与阿卡纳尼亚之间的西西里海的一个入口,它的嘴口非常狭窄,其宽度不超过五斯塔德,但是,一旦进入其内部,宽度就扩展到了一百斯塔德,而且,它远离海洋直抵内陆达三百斯塔德。(6)它把伊庇鲁斯和阿卡纳尼亚分隔开来,伊庇鲁斯位于它的北边,而阿卡纳尼亚则位于它的南面。(7)在军队越过这个海湾的入口及通过阿卡纳尼亚后,腓力抵达了一座名叫弗埃提亚(Phoetiae)①的埃托利亚城市,②在阿卡纳尼亚,他得到了两千名步兵和两千名骑兵的增援力量。(8)他在这座城市前扎营,经过了两天激烈而可怕的进攻,埃托利亚人的卫戍部队有条件地投降了,他们就这样安然无恙地被解散了。(9)在第二天晚上,有一支五百人的埃托利亚军队前来救援,他们以为这座城市仍然未被攻陷。当国王听说这个消息后,就在一个有利的地方部署了埋伏,除了极少数人逃脱,敌军大部分人被杀,其余所有人则都被俘。(10)之后,他给自己的军队分发了足够他们食用整整三十天的粮食——这批庞大的粮食都是他们在弗埃提亚发现和俘获的——接着,他就向斯特拉图斯(Stratus)的领土进军了。(11)他在距离这座城镇大约十斯塔德的阿克洛厄斯(Achelous)河边扎营,接着,他从这里展开袭击,没有遇到任何抵抗就摧毁了乡村,因为,没有任何一个敌人胆敢冒险出来迎战他。

---

① ［中译按］Phoetiae 亦写作 Phoetia。
② 按照拜占庭的斯提芬努斯(Steph. Byz.)的说法,弗埃提亚(Phoetiae)仍然属于阿卡纳尼亚人的领土。

[64](1)战事吃紧的亚该亚人,这时了解到国王已经近在咫尺,于是,他们就派遣代表到他那里求援。(2)当他们发现腓力国王仍在斯特拉图斯附近的营地里面后,他们命人传递消息,以向他指明他的军队可以从敌人的国家俘获大批战利品,他们试图劝说他横穿利乌姆并入侵埃利斯。(3)听完他们这番话后,国王就让代表们留在自己身边,他说,他会考虑他们的要求;接着,他拔营向梅特洛波利斯(Metropolis)和科诺佩(Conope)进军。(4)埃托利亚人控制了梅特洛波利斯城堡,但是,他们放弃了这座城镇;腓力国王烧毁了这座城镇,接着,他继续向科诺佩进军。(5)一支埃托利亚骑兵在这座城镇前面大约二十斯塔德的河流浅滩处,冒险前来迎击他,他们认为,他们可以在这里完全挡住他的进路,或者,可以在他前进时重创马其顿人。(6)国王觉察到了他们的意图,命令自己的轻盾兵首先渡河,并在河对岸以盾牌紧密交错的密集队形登陆。(7)他的命令得到了执行,当第一队士兵抵达对岸后,埃托利亚骑兵在经过一番试探性地进攻后,他们发现,敌人交错部署的盾牌牢靠坚实,而且,第二队士兵和第三队士兵也紧跟在后面登陆了,因此,他们根本就无力阻挡。于是,他们只好沮丧地撤回了城内。(8)从此以后,趾高气扬的埃托利亚人就龟缩在城墙内避而不出了。(9)腓力则率领渡过阿克洛厄斯河的军队,没有遭到任何抵抗,就洗劫了这里的乡村,接着,他进军埃索利亚(Ithoria)。(10)这个地方完全控制着过往的通道,而且,它拥有非凡的自然性与人工性防御优势;但是,当他一到达埃索利亚,那里的卫戍部队就惊恐地放弃了它。(11)国王一占领这个地方,就把它夷为了平地,他命令自己手下劫掠的士兵,以摧毁这个地区的所有其他小城堡的那种方式摧毁了它。

[65](1)通过了狭窄的隘路后,腓力继续缓慢而平静地向前进军,以给自己的军队留下洗劫乡村的足够时间,当他抵达奥尼亚达(Oeniadae)后,他的军队得到了各种充足的补给。(2)当他在帕奥尼乌姆(Paeonium)城前扎营后,他决心首先攻占这座城市,经过了数次进攻,他占领了这座城市。(3)这座城镇规模不大,它的周长

不超过七斯塔德,但是,它的房屋、城墙和塔楼建造的坚固程度不会低于任何其他城市。(4)腓力把它的城墙夷为平地,而且,他还把房屋拆成木料和砖瓦,并装进木排,接着,再把它们小心翼翼地顺河而下,运到奥尼亚达。(5)埃托利亚人最初决心坚守奥尼亚达,他们觉得,身后坚固的城墙和其他防御会很安全,但是,腓力一到,他们就害怕并撤退了。(6)因此,国王也随之占领了这座城镇,接着,他从这里继续向前进军,在一座名为埃拉厄斯(Elaus)的战略要地前驻扎下来,埃拉厄斯是卡莱顿(Calydon)的领土,它拥有极其坚固的城墙和其他防御设施——它们都是阿塔鲁斯为埃托利亚人建造的。(7)马其顿人也攻占了这个地方,在摧毁了整个卡莱顿的领土后,他们返回了奥尼亚达。(8)腓力观察到,这个地方位置便利,尤其是它可以为伯罗奔尼撒的船只,提供一个停泊的地方,因此,他决定强化这座城镇。(9)奥尼亚达是一座海滨城市,位于埃托利亚和阿卡纳尼亚之间的边境上,而且,它恰好在科林斯海湾的入口处。(10)它面对伯罗奔尼撒的迪米海岸,而且,它是距离阿拉克斯海角(Cape Araxus)最近的一个地方,它们之间的距离不超过一百斯塔德。(11)鉴于这些事实,腓力强化了这座城堡,他围绕这座港口和船坞建造了一道城墙,目的是想把它们同这座城堡连接起来,而他所使用的建筑材料就是他从帕奥尼乌姆运来的。

[66](1)但是,当国王仍忙于这项工作时,马其顿的信使带来消息说,达达尼亚人(Dardanians)深知,他正专注于伯罗奔尼撒的战事,因此,他们就集结军队并作好准备,以入侵马其顿。(2)听到这个消息后,他认为,自己有必要火速回去救援马其顿。现在他解散了亚该亚人的代表,他答复他们说,一旦局势需要,他会尽自己所能地在第一时间支援他们。(3)接着,他就拔营并沿着之前所走的相同路线全速回家了。(4)当国王将要渡过安布拉西亚海湾(Gulf of Ambracia),从阿卡纳尼亚进入伊庇鲁斯时,法鲁斯的德米特里(Demetrius of Pharus)出现在了一艘形单影只的舰船上,他是

被罗马人驱逐出伊利里亚的,对此,我在前一卷中都已叙述过。①
(5)腓力友善地接待了他,并嘱咐他驶往科林斯,接着再从科林斯出发,途径色萨利,进而抵达马其顿;而腓力自己则横渡到伊庇鲁斯,在那里不作任何停留地继续向前。(6)当腓力抵达马其顿的佩拉后,达达尼亚人从一些色雷斯逃亡者那里听说了他抵达的消息,他们深感恐惧,以至于立即就解散了自己的军队,尽管他们现在距离马其顿已近在咫尺。(7)腓力听说达达尼亚人已经放弃了他们原来的计划后,他就把所有马其顿人都放回家去收割庄稼,而他自己则回到色萨利,并在拉里萨(Larisa)度过了剩下的那个夏天。

(8)在同一时期,从伊利里亚回来的埃米利乌斯在罗马庆祝自己辉煌的胜利;汉尼拔在攻占萨贡托后,让军队解散到冬季营地过冬;(9)罗马人在听到萨贡托沦陷后,就派遣使节到迦太基,要求后者把汉尼拔交给自己,同时,他们在选举普布里乌斯·科内利乌斯·西庇阿和提比略·塞姆普洛尼乌斯·洛古斯为执政官后,开始积极备战。(10)所有这些事件,我都在前一卷中详细地记述过了,现在,我只是在提醒我的读者,我不过是在践行自己的最初计划,以及让他们明白这些事件都是发生在同一时代而已。

(11)而这届奥林匹亚的第一年也将要接近尾声了。

[67](1)现在埃托利亚的选举日期也到了,多利马克被选举为将军。他一上任,就召集埃托利亚的军队入侵伊庇鲁斯(Upper Epirus)以及摧毁那里的乡村,他们这种毁灭性的做法完全是出于极端的报复性心理;(2)因为,他这样做的目的不是为了从中得到战利品,而是为了重创伊庇鲁斯人。(3)当他一抵达多多纳神殿(Temple of Dodona),就烧毁了柱廊,摧毁了许多献祭物,又拆毁了神圣的建筑;(4)因此,我们可以说,埃托利亚人无论在和平时期,还是在战争时期,并没有任何的不同,相反,他们为了追求自身的利益而无视人类共同的习俗和原则。

(5)在此之后,多利马克在回去的路上又重复了一番先前的举

---

① 参见第三章第 19 章。

动。（6）现在冬天临近了，没有人想到腓力会在这个季节回来，但是，国王突然从拉里萨率领三千名铜盾重装步兵、两千名轻盾兵、三百名克里特人和大约四百名骑兵护卫开驰而来。（7）他把这支军队从色萨利运送到埃维厄，再从埃维厄运送到西纳斯（Cynus），他穿过了波奥提亚和梅加利斯（Megaris），大约在冬至期间抵达了科林斯，他如此迅速而又秘密地进军，以至于在伯罗奔尼撒，没有一个人知道所发生的事情。（8）他关上科林斯的城门并在街上部署巡逻的士兵后，第二天，他让老阿拉图斯前来西西昂面见自己，同时，他去信给亚该亚的将军和各个城邦，告诉他们全副武装地一起前来会见自己的时间和地点。（9）作完这些安排后，他离开了科林斯，接着，他继续向前进军，并在弗里乌斯的领土迪奥斯库里神殿（Temple of the Dioscuri）附近扎营。

[68]（1）恰好就在此时，欧里庇达斯率领手下的海盗和雇佣军连同两队埃利斯人——其整个军队的步兵总计大约两千两百人，骑兵人数总计一百人——离开了普索菲斯（Psophis），路经了菲内厄斯（Pheneus）和斯廷法鲁斯（Stymphalus）的领土，他根本不知道腓力的到来，但是，他一心想要摧毁西西昂周围的地区。（2）就在腓力驻扎在迪奥斯库里神殿附近的那天，他在清晨时从国王营地的近旁穿过，正准备入侵西西昂的国土。（3）但是，一些腓力手下的克里特人离开队伍，到处游荡寻找劫掠机会时，撞上了欧里庇达斯的军队。（4）通过询问他们，欧里庇达斯了解到马其顿人的到来，他没有将这个消息告诉任何人，而是率领自己的军队原路返回。（5）他的目的和想法是，在马其顿人动手之前，他穿过斯廷法鲁斯的国土，到达它上方的崎岖高地。（6）然而，国王根本不知道敌人就在附近，他只是在执行自己的计划，在第二天清晨，他拔营进军，意图穿过斯廷法鲁斯，向卡菲埃（Caphae）进军；（7）因为，他之前写信给亚该亚人，要他们在那里武装集结。

[69]（1）马其顿人的先头部队到达了亚佩拉乌鲁斯（Apelaurus）附近的一座山丘，它距离他们前往的斯廷法鲁斯大约十斯塔德，碰巧的是，埃利斯人的先头部队也集结在这条路上。（2）欧里庇达斯

从先前的情报中猜到了所发生的事情,他带上一些骑兵,穿过乡村并撤往普索菲斯,从而逃离了危险。(3)眼前所发生的事情让其余的埃利斯人——也即是被自己的指挥官所遗弃的那些埃利斯人——深为恐慌,他们以行军队列留在原地,手足无措地不知道该怎么做,或者该往哪个方向走。(4)我必须要说明的是,他们的军官一开始认为,前来抗击自己的是亚该亚人的军队,他们出现这个误判主要是由于对方有铜盾重装步兵,(5)他们认为,铜盾重装步兵是梅格洛波利斯人的军队,因为,在同克里奥米尼斯的塞拉西亚之战中,一支梅格洛波利斯的分遣队所携带的就是这种盾牌,这是安提柯国王①当时给他们所装备的。(6)因此,他们整列队形开始撤往一些高地,他们对自身的安全还未彻底绝望。但是,当马其顿人一靠近他们,他们立即就明白了事情真正的原委,于是,他们所有人都丢掉自己的盾牌,四散逃跑了。(7)大约有一千两百人被俘,其余的人要么殒命于马其顿人之手,要么掉下悬崖摔死了,只有大约一百人成功逃走了。(8)腓力把所俘获的俘虏和武器送回科林斯,自己则继续向前进军。(9)这次事件深深地震惊了所有伯罗奔尼撒人,因为,他们还未听到国王到来,胜利就已经到了。

[70](1)腓力穿过阿卡迪亚,在通过奥利基图斯山(Mount Olygyrtus)过程中,他遭遇了暴风雪和许多其他困难,但是,在第三天的晚上,腓力抵达了卡菲亚。(2)他让军队在这里休息了两天的时间,以及同小阿拉图斯和自己所征募的亚该亚军队会师,因此,他的整个军队人数现在已经有大约一万人了,他借道克莱托的领土,向普索菲斯进军,而且,他从一路上所途经的城镇那里征集投掷物和攻城云梯。(3)亚扎尼斯(Azanis)地区的普索菲斯是阿卡迪亚人无可争议的古老定居点,而且,它位于整个伯罗奔尼撒腹地和阿卡迪亚西部边境,同亚该亚西部边境毗连。(4)它在地理位置上极大地控制了埃利斯人的领土,当时它同埃利斯在政治上已联合起来。(5)腓力从卡菲亚花费了三天的时间抵达普索菲斯这座城

---

① [中译按]这位安提柯国王即安提柯·多森(Antigonus Doson)。

镇,他在这座城镇对面的山丘上扎营,人们可以从这座山丘上,安全地俯瞰这整座城镇及其郊区。(6)当国王观察到普索菲斯的严密防御后,他就一筹莫展起来。(7)它的西面有一条湍急的溪流,冬季的大部分时间都不可能越过,这使得这边的城镇防守严密,而且很难接近,因为,这条溪流从高地上经年累月地逐渐向下切割出了高深的河床。(8)这座城镇的东面流淌着埃利曼萨斯河(Erymanthus),这条河流非常巨大,而且流速疾快,很多作家都讲述过很多关于它的寓言故事。(9)前述那条溪流在这座城镇的南面汇入这条河流,以至于这座城镇的三面都被我在前面所说的河流所包围和保护了起来。(10)它的第四面,也即是北面,矗立着一座陡峭的山峰,这座山峰由城墙保卫,是一座有效的天然堡垒。(11)这座城镇也有规模异常庞大和坚固的城墙守护,除此之外,它刚刚又得到了埃利斯人的增援力量,而且,现在欧里庇达斯也逃到了这里避难。

[71](1)腓力注视和思考所有这一切,他时而想要放弃进攻或者围攻这座城镇的计划,但是,时而他又极其渴望攻占它,因为,它的地理位置非常重要。(2)正如它现在是亚该亚与阿卡迪亚的一个威胁和埃利斯人的一个安全营地,因此,如果它被攻占下来,它将会成为包围阿卡迪亚的一个堡垒和盟国进攻埃利斯的一个绝好基地。(3)这些考量最终占据了上风,他下令马其顿人在破晓时都吃好早饭,接着,他让他们作好武装准备和战斗准备。(4)这些工作完成后,国王率领军队通过了埃利曼萨斯河上的桥,没有一个人前来抵抗他,因为,这个行动出乎敌军的意料,而且,他的队伍急速而又浩荡地开向这座城镇。(5)欧里庇达斯和城内所有人对此都深感震惊,因为,他们认为,敌人不会冒险进攻这样一座强大的城市,更不会在这样不利的季节中长久围攻。(6)在这种看法的支配下,他们现在开始相互猜疑,因为,他们唯恐腓力会在城内安排一些人起来作乱。(7)但是,当看到他们当中并没有任何这样的迹象后,他们大部分人跑来保卫城墙,而埃利斯的雇佣军则从位于高处的其中一座城门出击以进攻敌人。(8)国王把搬运云梯攻城的那

些人部署在三个不同的地方,把其余的马其顿人也同样分成三部分,当吹号声一响,他们就从各个方向同时向城墙发动进攻。(9)一开始,这座城镇的卫戍部队进行了英勇地抵抗,他们把许多攻城者推下了攻城云梯;(10)但是,他们的投掷物和其他必需品的供给出现了短缺(他们只准备了一时之需),而且,马其顿人也越战越勇,如果有人掉下云梯,旁边立即就会有人填补其位置,于是,守城的卫戍部队最终掉头并全部逃向城堡。(11)而国王手下的马其顿军队则纷纷爬上城墙,克里特人则进攻从高处的城门出击的那些雇佣军,迫使他们丢下盾牌,混乱地四散逃亡。(12)克里特人则穷追不舍,大肆地砍杀他们,克里特人同后者一起进入了城市,因此,这座城市立即就从各个方向被攻占了。(13)普索菲斯连同自己的妻子和儿女,以及欧里庇达斯的军队与其他的逃亡者一起撤入了城堡。

[72](1)马其顿人立即冲进房屋,劫掠普索菲斯人所有的财物,后来他们就住进了屋内并占领了这座城镇。(2)城堡内的逃亡者由于没有做好被围的任何准备,面对惨淡的未来,他们决定投降腓力。(3)他们派遣了一名信使到国王那里;当得到前往国王那里的安全许可后,他们就派遣了他们的官员和欧里庇达斯,一同作为这个代表团的成员,前往国王那里商谈,国王答应确保城堡内所有逃亡者(不管是当地人,还是外邦人)的生命和自由。(4)接着,他们回到了城堡,他们命令,所有人都原地不动,一直到马其顿军队离开,因为,他们担心士兵们会不服从命令而劫掠他们。(5)由于正在下雪,国王被迫在这里停留了数日,在此期间,他召集在场的亚该亚人开会,他首先向他们指出,对于当前这场战争而言,这座城镇的强大力量及其优越的地理位置,(6)接着,他严正地声明自己对他们国家的感情和尊敬,最后,他告诉他们,作为一份免费的礼物,他现在就把这座城镇移交给亚该亚人,他的目的就是,尽自己所能地支持他们和全心全意地维护他们的利益。(7)阿拉图斯和亚该亚军队对此向他表示了感谢后,腓力解散了会议,接着,他率领自己的军队向拉西安(Lasion)进发了。(8)因此,普索菲斯人

就从城堡下来了,他们的城镇及其房屋都还给了他们,欧里庇达斯则去了科林斯,接着,他再从科林斯回到了埃托利亚。(9)当时在场的亚该亚官员分别在城堡和城内,给西西昂的普洛劳斯(Prolaus of Sicyon)和佩勒内的庇西亚斯(Pythias of Pellene),留下了足够的卫戍部队加以镇守。

(10)普索菲斯的事件就这样结束了。

[73](1)当拉西安的埃利斯驻军听说马其顿人正要开来及普索菲斯所发生的事件后,他们放弃了这座城镇。(2)国王到达后,就立即占领了这座城镇,为了进一步展示自己对亚该亚联盟的慷慨和善意,他把拉西安也移交给了亚该亚人。(3)当埃利斯人撤出斯特拉图斯城后,他把斯特拉图斯城也同样地还给了忒尔福萨人。(4)在完成所有这些安排之后,他于五天后抵达了奥林匹亚,在那里,他向神明献祭并犒劳了自己的军官,同时,也让自己手下的所有军队休息了三天,接着,他又率领军队重新进军。(5)进军到埃利斯后,他派遣搜索部队,前去搜寻和劫掠乡村,他自己则在一个名叫亚特米西乌姆(Artemisium)的地方扎营,当他在那里等候到战利品后,他接着继续向迪奥斯库利乌姆(Dioscurium)进军。①

(6)在劫掠乡村的过程中,他们俘获了大批俘虏,但是,更多数量的民众则逃到了附近的乡村和要塞。比起伯罗奔尼撒的其他地区,埃利斯的人口更为密集,奴隶更为众多,农产品供应也更为充足。(7)事实上,一些埃利斯人如此喜欢乡村生活,以至于有一些富人家庭甚至两三代都没有踏足法庭,尽管他们非常富裕。②(8)这是因为,从事政治的那些人非常关心他们在乡下的同胞,他们会当场解决后者的法律纠纷问题,而当地可以源源不断地给他们提供所有的生活必需品。(9)在我看来,他们很早就采用了这种生活方式和法律制度,因为,他们的土地疆域非常辽阔,但是,最主要是

---

① 参见第 68 章。

② 参见穆勒(Mueller):《多利安人》(*Dorians*),第二册第 88 页。

因为他们之前一直所过的那种神圣的圣洁生活。（10）由于奥林匹亚运动会（Olympian Games），希腊人赋予了他们豁免权（因为，他们所生活的土地就是神圣而不可侵犯的），它也就免除了劫掠，以至于他们都没有经历过任何危险，也从未经历过任何入侵性的战争。

［74］（1）然而，后来由于阿卡迪亚人争夺拉西安和整个比萨（Pisa）地区，致使他们被迫保卫起自己的国土并改变了自己的生活方式，（2）对于从希腊人手上恢复他们古老而神圣不可侵犯的传统特权，他们后来没有表现出丝毫的兴趣，相反，他们仍然保持了他们现在的生活方式，在我看来，这是一种罔顾将来利益的错误行径。（3）因为，和平是我们所有人都向诸神祈祷的东西；我们宁愿承受所有的痛苦，以求获得它，它是生命里所谓的唯一的好东西，任何人都不会拒绝它。（4）如果有民族能够正当而光荣地从希腊人手上，得到永恒而无可置疑的和平，但是，它对此视而不见，或者，把其他问题看得更加重要，那么，所有人都会肯定地说，他们大错特错了。（5）确实，他们可能会申辩说，这种生活方式很容易把自己暴露在黩武之邻的进攻和背叛当中。（6）但是，这种事情不可能经常发生，即使发生了，我敢断言，所有希腊人都会前来救援；然而，在众多丰富多彩的福祉当中，他们却偏偏对如何防范自己免遭那些局部性和一时性的伤害，一直情有独钟，如果他们一直享有和平，这些福祉肯定少不了，而且，在任何地方和任何时候，他们都将不会缺少保护他们的外邦战士和雇佣军。（7）但是，现在仅仅出于对那些不大常见和不大可能出现的危险的担心，他们把自己的国家和财产都暴露在延绵的战争和毁灭当中。

（8）我希望我所说的这些话，可以提醒埃利斯人，他们自己真正的利益所在。因为，对于让所有希腊人一致同意恢复他们免于劫掠的古老特权而言，当下已是最好的时机。

但是，正如我在前面所说，由于他们的一些古老习惯现在仍然留存，埃利斯比其他地区的人口要更加稠密。

［75］（1）因此，腓力一占领这个国家，被俘的人数非常庞大，逃

亡的人数则更为巨大。(2)大批财产和大群奴隶与牲畜被聚集在一个名叫萨拉梅埃(Thalamae)或者利塞斯(The Recess)的地方,因为,通往这个地方的道路非常狭窄而难以靠近,并且,这个地方本身就与世隔绝,不容易进入。(3)国王听说大批逃亡者在这个地方避难后,他决心不让事情半途而废,他派遣自己的雇佣军,前去占领通向这个地方的道路,他自己则撤下营地里的辎重和主力部队,率领轻盾兵和轻装步兵穿过隘路。(4)他没有遇到任何抵抗就抵达了这个地方,对于他的到来,逃亡者陷入了巨大的恐慌。(5)因为,他们根本就没有经历过战争,也没有作任何战争准备,他们不过是临时凑集在一起的乌合之众,所以,他们很快就投降了。(6)在这些投降的人当中,包括埃利斯将军安菲达穆斯(Amphidamus)所带到这个地方的两百名不同国籍的雇佣兵。(7)腓力俘获了大批动产和超过五千名俘虏,同时,他也掠走了大量牲畜,接着,他向自己的营地返回。(8)但是,他随后撤向了奥林匹亚,并在那里扎营,因为,他发现,自己的军队所携带的各种战利品负荷过重,以至于自己的军队最终变得笨拙不堪而毫无用处。

[76](1)阿庇勒斯(Apelles)是安提柯留给年轻的腓力的其中一位监护人,当时他对国王的影响力非常巨大。现在,他想把亚该亚人沦为同色萨利人相同的地位,因此,他采取了一种进攻性的策略。(2)尽管色萨利人在理论上拥有自己的政体并拥有同马其顿人完全不同的地位,但是,事实上,他们同马其顿人的地位完全一样,完全服从于王室大臣的所有命令。(3)因此,为进一步推进这个计划,阿庇勒斯开始有意激怒亚该亚人。(4)首先,他让马其顿人把亚该亚人从他们的住宅区中驱逐,并抢夺他们的战利品。(5)接着,他开始让自己的下属,通过各种微不足道的理由,来严厉地惩罚亚该亚人,对于反抗受罚或者试图帮助受害者的那些人,他会亲自把他们逮捕起来。(6)他的目的是,希望通过这些手段,让他们在不知不觉中逆来顺受地习惯于国王施加给他们的任何惩罚。(7)这些都是不久前他同安提柯一起征战时学来的经验,他当时看到,亚该亚人甘冒任何危险,也不愿意听命于克里奥米尼斯。(8)

然而,一些年轻的亚该亚人聚集在一起,来到阿拉图斯面前,他们向他指出了阿庇勒斯所要追求的目的,于是,阿拉图斯立即前往腓力那里,因为,他认为,对于这种事情,他一开始就要毫不迟疑地表达自己的不同意见。(9)他在国王面前陈述了自己的意见,而获悉整个事实的国王则嘱咐年轻人不要害怕,因为,这种事情不会再发生,同时,他命令阿庇勒斯,在没有同亚该亚将军一起商量的情况下,不允许阿庇勒斯向亚该亚人下达任何命令。

[77](1)腓力对效忠于自己的盟友所展现出来的态度和行动,以及他在战场上所表现出来的能力和勇气,使得腓力当时不仅在自己的军队中间,而且在整个伯罗奔尼撒其他地区,都赢得了巨大的名声。(2)很难找到一个国王天生就具备统治者所有的必需品质。(3)他智力超群,记忆力惊人,而且拥有巨大的个人魅力,同时,他也拥有国王所要求的风度和权威,最为重要的是,他还拥有作为一名将军所要求的能力和勇敢。(4)所有这些优良品质都是中性化的,因为,它们也可以使一位善良的国王变成一位野蛮的僭主,这不是几句话就可以解释清楚的,因此,这个问题必须留在一个比现在更为合适的场合,重新进行一番讨论和探究。

(5)腓力从奥林匹亚出发,再沿着通向法拉(Pharaea)①的陆路,首先抵达了忒尔福萨,接着,他再从忒尔福萨抵达了赫拉利亚。他在那里拍卖战利品并修复阿尔弗斯(Alpheus)河上的桥梁,他的目的是,希望通过这条道路来入侵特里菲利亚(Triphylia)。(6)大约与此同时,埃托利亚的将军多利马克,应埃利斯人的要求,前来支持他们正遭受劫掠的国家,他派去了由菲利达斯(Phillidas)指挥的六百名埃托利亚人。(7)一到埃利斯,菲利达斯就接管了埃利斯人的雇佣军(其人数大约五百人)和一千名公民兵以及塔林敦骑兵,②菲利达斯就率领这些军队,前往救援特里菲利亚。(8)特里菲利亚这个地区

---

① [中译按]在第二卷第41章中,Pharaea 亦写作 Pharae。
② 塔林敦骑兵(Tarentine cavalry)并非是来自塔林敦(Tarentum)的骑兵,它只是代指一种轻装雇佣骑兵。

的名字得名于特里菲鲁斯(Triphylus)——特里菲鲁斯是阿卡斯(Arcas)的儿子——它位于埃利斯和美塞尼亚之间的伯罗奔尼撒海岸,朝向利比亚海(Libyan Sea),并同阿卡迪亚的西南边境接壤。(9)它包含了下列城镇:萨米库姆(Samicum)、利皮利乌姆(Lepreum)、赫帕纳(Hypana)、提帕内亚(Typaneae)、皮尔古斯(Pyrgus)、亚皮乌姆(Aepium)、波拉克斯(Bolax)、斯提兰基乌姆(Stylangium)和菲利克塞(Phrixa)。(10)埃利斯人之前就已兼并了所有这些城镇,除此之外,特里菲利亚(Alipheira)最初也属于阿卡迪亚的领土,但是,梅格洛波利斯的利迪亚德斯(Lydiades of Megalopolis)在作僭主统治它时,把它送给了埃利斯人,以回报埃利斯人对自己的一些个人性效劳。

[78](1)菲利达斯现在派遣埃利斯军队到利皮利乌姆并派遣雇佣军到亚利菲拉,他自己则统率埃托利亚军队仍然留在提帕内亚,以静观其变。(2)在祛除沉重的辎重后,国王渡过了阿尔弗斯河(阿尔弗斯河流经赫拉利亚)上的那座桥,抵达了亚利菲拉。亚利菲拉城坐落在一座四周都是悬崖的山上,这座山的山坡超过十斯塔德。(3)这座城镇有一座城堡,这座城堡就坐落在这整座山峰的峰顶,而且,这座城镇还有一座异常巨大而又美丽的雅典娜铜像。(4)这座铜像的起源——建造这座铜像的动机,以及谁花钱建造了它——即使他们当地人自己也是一个富有争议的问题,因为,没有明确的证据表明,谁要建造它,以及为什么要建造它。(5)但是,所有人都一致地认为,这种非凡的工艺——它是现存最宏伟和最具美感的塑像之一——出自于赫卡托多鲁斯(Hecatodorus)和索斯特拉图斯(Sostratus)的手笔。

(6)第二天,天空晴朗无云,在拂晓时分,国王在不同地方都部署了云梯手,在每一队云梯手前面,都配有保护他们的雇佣兵,而且,他把马其顿重装步兵分开部署在每一队云梯手后面。(7)当太阳一出来,他就命令他们全部向这座城镇进军,马其顿人英勇无畏地执行他的命令,他们展示出了自己强大的力量,(8)只要看到马其顿人靠近,亚利菲拉人就会不停地冲杀过去。(9)但是,国王同时率领一支精兵,悄悄地爬过一些陡峭的石头,神不知鬼不觉地到达了城堡的郊区。(10)现在信号发出后,所有人立即在同一时间,把攻城云梯放置到城墙上,并开始攻击这座城镇。(11)国王首先占领了卫戍部队所放弃的城堡郊区,当这片郊区起火后,保卫城墙的那些守军就猜到了可能发生的事情,他们担心,城堡的沦陷会让自己彻底失去最后的希望,因此,他们纷纷离开城墙,躲进城堡里面。(12)马其顿人立即占领了城墙和这座城镇;(13)后来,城堡的卫戍部队派遣代表到腓力那里,当腓力答应宽恕他们的性命后,他们就根据条约把城堡交给了他。

[79](1)腓力所取得的这些成就,让所有特里菲利亚人都深感恐慌,他们开始思考如何才能拯救他们自己和他们自己的城市。(2)在劫掠了一些房屋后,菲利达斯撤离了提帕内亚,现在他回到了利皮利乌姆。(3)埃托利亚人的盟友过去常常会得到这样的"奖赏":他们不仅在最需要的时刻会遭到自己盟友厚颜无耻的抛弃,而且,他们还会遭到自己盟友的劫掠、背叛或者毒手,这些遭遇同战胜者对待战败的敌人殊无不同。(4)提帕内亚人现在投降并把自己的城市移交给了腓力,接着赫帕纳人也效仿了他们。(5)与此同时,菲迦利亚人听说了特里菲利亚所发生的事件,他们对埃托利亚联盟深为不满,因此,他们就拿起武器包围了军事执政官(Polemarch)的官邸。(6)那些居住在城内,意图劫掠美塞尼亚的埃托利亚海盗,一开始装出若无其事的样子进攻起菲迦利亚人来,但是,当民众大批聚集起来进行营救后,他们就放弃了这个计划。(7)同菲迦利亚人达成协议后,他们带着自己的财产,撤出了这座城镇;(8)接着,菲迦利亚派遣代表到腓力那里,把他们自己和这座城镇一起交到他的手中。

[80](1)当这些事情正在发生时,攻占了自己城内一些地区的利皮利乌姆人,要求埃利斯人、埃托利亚人和拉栖代蒙人(斯巴达也派出了增援力量)撤出城堡和城镇。(2)菲利达斯最初对这个要求根本就不加理会,而是继续留在原地不动,以震慑民众。(3)但是,当腓力国王派遣塔乌里安率领一些军队到菲迦利亚,让他亲自

前往利皮利乌姆,而且,他距离这座城镇越来越近后,菲利达斯就失去了信心,而利皮利乌姆人则增强了自己的决心。(4)这就是利皮利乌姆人(Lepreates)所取得的成就。尽管城墙内有一千余名埃利斯人、一千名埃托利亚人及其海盗、五百名雇佣军和两百名拉栖代蒙人,尽管城堡也不在他们的手上,但是,他们没有放弃希望,而是努力确保自己国家的自由。(5)当菲利达斯看到利皮利乌姆人(Lepreatans)的英勇抵抗及马其顿人正在赶来后,他就同埃利斯人和拉栖代蒙人一起撤离了这座城镇。(6)那些被斯巴达派来的克里特人,则借道美塞尼亚回家了,而菲利达斯则朝萨米库姆方向撤退。(7)利皮利乌姆人现在成为了自己城镇的主人,他们派遣代表到腓力那里,把这座城镇交到他手中。(8)听说了所发生的这些事情后,国王把自己余下的所有军队派到利皮利乌姆,而他自己则率领自己的轻盾兵和轻装步兵先行进军,以期拦截菲利达斯。(9)他追上了菲利达斯,俘获了他的所有辎重行李,但是,菲利达斯和他的士兵成功地及时进入了萨米库姆。(10)腓力在萨米库姆城前扎营,并把利皮利乌姆其余所有的军队都派遣过来,他让城内的守军以为自己要围攻这座城镇。(11)对于敌人的围攻,埃托利亚人和埃利斯人根本就没有作好准备,而且,眼前的前景让他们深为恐惧,因此,他们开始同腓力谈判,以挽救自己的性命和自由。(12)腓力允许他们带着自己的武装撤退,于是,他们就离开了埃利斯;国王则立即成为了萨米库姆的主人。(13)后来,所有其他城镇的代表也都前来乞求他的保护,他占领了菲利克塞、斯提兰基乌姆、亚皮乌姆、波拉克斯、皮尔古斯和埃皮塔利乌姆(Epitalium)。(14)在取得这些成就,以及花费六天时间征服整个特里菲利亚后,他重新返回了利皮利乌姆。(15)在对利皮利乌姆人进行了一番合乎时宜的讲话,并把一支卫成部队部署在城堡内后,他让阿卡迪亚人拉迪库斯(Ladicus)来负责镇守特里菲利亚,他自己则率领军队向赫拉利亚进军。(16)当他到达赫拉里亚后,他把所有的战利品都分发了;他在赫拉里亚又重新带上了自己沉重的辎重,并于隆冬时节抵达了梅格洛波利斯。

[81](1)就在腓力征战于特里菲利亚时,拉栖代蒙人奇埃洛恩(Cheilon)声称自己有权继承王位,但是,监察官们忽略自己而选立莱库古作为国王,对此,他深感恼怒,因此,他决心发动革命。(2)他认为,如果自己效仿克里奥米尼斯的做法,给普通民众许下重新划分与分配土地的希望,那么,民众很快就会聚集在自己周围,因此,他开始付诸实施自己的计划。(3)在自己朋友们的支持下,他招募了大约两百名同谋,并着手实施自己的计划。(4)他注意到,阻碍自己计划的最大障碍,就是莱库古以及立后者为王的监察官们,因此,他首先把矛头对准他们。(5)乘监察官们在吃晚饭时,他袭击了他们,并当场全部屠杀了他们,这是命运女神给他们施加的罪有应得的惩罚。(6)因为,如果我们考虑到落在他们手里之人,以及他们招致死亡的原因,我们就不得不承认,他们其实死有余辜。(7)在处决了监察官们后,奇埃洛恩赶紧跑向莱库古的家里,他发现,国王确实在家里,但是,他没能抓住国王;因为,国王的仆人和邻居偷偷地帮助国王溜走了,国王穿过乡村,逃到了特里波利斯(Tripolis)的佩勒内。(8)自身计划最为重要的一环现在遭遇了挫败,这使奇埃洛恩深感失望,但是,他不得不硬着头皮继续推行下去。(9)因此,他向集市(agora)进军,屠杀自己的敌人,并号召自己的亲戚和朋友加入自己的队伍,以及通过我刚刚所说的那些希望和允诺来鼓动其他的民众。(10)但是,没有一个人听从他,相反,怀有敌意的人群开始聚集起来,当他注意到事情已经变成这个样子后,他就悄悄地离开了斯巴达,穿过了拉科尼亚,独自一人地自我放逐到了亚该亚。(11)拉栖代蒙人现在非常担心腓力的到来,因此,他们把乡村的所有财产都带走了;在把梅格洛波利斯的雅典娜神殿(Athenaeum)夷为平地后,他们撤离了这个地方。

(12)因此,从莱库古立法到留克特拉战役(Battle of Leuctra)期间,拉栖代蒙人享受着最好的政体和最广泛的权力。但是,在留克特拉战役之后,他们的运气就变得越来越不利于他们了,他们的政体开始每况愈下,以至于最终陷入了比其他民族更加严重的内部争斗和混乱。(13)没有任何其他民族遭遇如此严重的公民流放和财产没收,以至于最终他们不得不忍受纳比斯(Nabis)的专制统治和野蛮奴役,尽管他们之前甚至连提起"僭主"(tyrant)这个词都会受不了。(14)然而,对于古代斯巴达,以及其后斯巴达的好坏问题,已经有很多作家进行了记述。自从克里奥米尼斯对古代政体的彻底破坏之后,①后一种进程愈加明显;在后面合适的场合,我将会继续谈及它。

[82](1)离开梅格洛波利斯,穿过提基亚后,腓力抵达了阿尔戈斯,他在那里渡过了余下的冬季,这场战役让他赢得了普遍的赞赏,因为,他的辉煌成就和正确行动超越了他本身的年龄。(2)然而,阿庇勒斯从来没有放弃自己的计划,相反,他决心逐步征服亚该亚人。(3)他看到,老阿拉图斯和小阿拉图斯阻碍自己的计划,以及腓力对他们,尤其对老阿拉图斯尊敬有加——这是因为,老阿拉图斯以前就是安提柯的密友,而且,他对亚该亚影响巨大,最为重要的是因为他自己的才能和理智——阿庇勒斯就在下面设计了一个专门针对他们信誉的计划:(4)首先,他询问了阿拉图斯在所有城市的政治对手的名字,接着,他派人联络他们,当他们熟络起来后,他就开始劝说和拉拢他们。(5)他也把他们引见给腓力,而且,在每一次这样的会面中,他都向国王指出,如果他听从阿拉图斯,那么,他就必须严格按照联盟条约的文字规定来处理亚该亚事务,"但是,"他说道,"如果你听从我并维持同这些人的友谊,那么,你将可以如你所愿地处理伯罗奔尼撒所有的事务。"(6)阿庇勒斯立即开始忙于选举的事情,因为,他希望,将军之位能够掌握在属于自己一派的那些人手里,以取代阿拉图斯父子的位置。(7)为实现这个计划,他劝说腓力出席了在埃基乌姆举行的亚该亚选举,②其理由是,国王在去往埃利斯的路上,反正要经过这个地方。(8)国王同意了他的这个建议,这使得阿庇勒斯有机会适时前往那里,

---

① 然而,克里奥米尼斯公开宣称,自己的意图是恢复古代政体(the ancient constitution),参见普鲁塔克(Plutarch):《克里奥米尼斯》(*Cleom*),第 10 节。

② 即公元前 213 年。

通过半是拉拢半是威胁的手段,他艰难地把法拉的埃庇拉图斯(Eperatus of Pharae)选举为将军。阿拉图斯提名的提摩克塞努斯(Timoxenus)则最终败选了。

[83](1)选举结束后,国王离开了埃基乌姆,在穿过帕特拉和迪米后,他来到了一座名叫"墙堡"(The Wall)的城堡,这座城堡用于防卫迪米的国土,但是,正如我在前面所说,^①不久前它刚刚落入了欧里庇达斯的手里。(2)国王担心,迪米人会不顾一切危险收复这个地方,因此,他让全军在这座城堡前扎营。(3)埃利斯的卫戍部队沮丧地交出了这座城堡,尽管这座城堡规模不大,但是,它的防御非常坚固。(4)它的周长没有超过1.5斯塔德,但是,它的高度在任何地方都没有低于三十肘尺(cubits)。^②(5)腓力把它移交给了迪米人后,继续向前进军摧毁埃利斯人的国土。在进行了一番彻底的蹂躏和掠夺了大批战利品后,他率领自己的军队返回了迪米。

[84](1)阿庇勒斯认为自己的计划快要大功告成,因为,亚该亚将军的选举已在自己的影响下顺利结束,现在,他重新攻击阿拉图斯,意图彻底离间腓力同后者的关系。因此,他想出了一个通过罗织罪名来指控他的计划。(2)正如我在前面所说,埃利斯人的将军安菲达穆斯,在一个名叫萨拉梅埃的地方,连同其他逃亡者一起被俘,当安菲达穆斯和其他俘虏一起被带到奥林匹亚后,他用一些借口,急切地请求同腓力会面。(3)当他的这个请求得到应允后,他长篇大论地说道,他可以尽自己所能地让埃利斯倒向国王一边,并劝说他们同国王结盟。(4)腓力相信了他的这番话,因此,腓力没有要求赎金,就放回了安菲达穆斯,腓力告诉他,如果埃利斯人倒向自己一边,那么,他答应他们,(5)他将不会要求任何赎金,就放回所有俘虏的人和牲畜,他也将保证未来他国家的国土安全和免于任何外来的侵略,(6)除此之外,他也将维持埃利斯人的自

---

① 参见第59章。
② [中译按]三十肘尺(cubits)即大约四十五英尺。

由,他不会派驻军队,也不会要求他们支付贡金,而且,埃利斯人也可以一直维持他们自己的政体不变。(7)对于如此慷慨而富有吸引力的提议,埃利斯人却予以了拒绝,阿庇勒斯就利用自己所编造的这个虚假事实,在腓力面前诽谤阿拉图斯,他告诉腓力,阿拉图斯不是马其顿人的忠诚朋友,也不是真正地效忠国王,而且,埃利斯人的这次怠慢行为就是由于阿拉图斯。(8)因为,当腓力把安菲达穆斯从奥林匹亚派回埃利斯后,阿拉图斯把安菲达穆斯叫到一边,并设法让他反对这个计划,阿拉图斯对他说道,如果腓力成为了埃利斯的主人,那么,这绝不是伯罗奔尼撒人之福;(9)这就是埃利斯人拒绝国王所有提议,却仍然效忠埃托利亚联盟,以及坚持同马其顿人开战的原因所在。

[85](1)一听到这个报告,腓力首先命令阿庇勒斯把阿拉图斯召集过来,并让阿庇勒斯在阿拉图斯面前,重讲一遍刚才的那番指控。(2)当阿拉图斯到来后,阿庇勒斯自信满满且连带威胁地重讲了自己编造的指控,并且,在国王未发话之前,他这样补充说道:"(3)国王发现,你阿拉图斯,竟然如此不思悔改,如此损害国王的利益,所以,国王决定召开一个亚该亚人会议,并把这个问题呈现在他们面前,接着,他会立即返回马其顿。"(4)老阿拉图斯打断了他的讲话,他劝诫腓力,根据一般原则,在没有正确地权衡证据之前,不要匆忙相信任何事情;尤其是当他听到别人指控自己的朋友或者盟友的时候,在确信指控之前,他需要对这个指控严加审查。(5)他说,这是作为一名国王的最佳行事方式,同时也是国王的最佳利益所在。(6)因此,他恳求国王把亲耳听到阿庇勒斯指控自己的讲话的那些人全部召集起来,把他们全部带到阿庇勒斯的线人面前对质,以期在对亚该亚人进行公开演讲之前,尽可能地找出事情的真相。

[86](1)国王同意了阿拉图斯的这个请求,在他们退下之前,他说,他不会把这个问题束之高阁,而是会进行彻底调查。(2)在接下来的日子里,阿庇勒斯对于自己先前所提出的指控没有提出任何证据,而且,现在碰巧有一件最有利于阿拉图斯的事情发生

了。(3)就在腓力劫掠埃利斯人的国土时,埃利斯人怀疑安菲达穆斯告密,因此,他们就计划把他逮捕起来并押送到埃托利亚。(4)但是,获悉他们计划的安菲达穆斯,首先逃到了奥林匹亚,接着,当听说腓力正在迪米处理战利品后,他就急忙逃到了腓力那里。(5)结果,当阿拉图斯听说安菲达穆斯逃出埃利斯及抵达迪米的消息后,他喜出望外,因为,自己无愧于心;他来到国王面前,请求国王把安菲达穆斯召集过来,他说道,(6)"这个人是对这个指控最为熟悉之人,因为,据说指控自己的那番话就是他所说的,他肯定会让真相大白,因为,他是因为国王才被驱逐出他自己的家乡,现在他的安全完全要仰仗于国王。"(7)国王同意了他的建议,并派人把安菲达穆斯叫了过来,他发现,这个指控完全是错误的,从此以后,他更加喜欢并尊敬阿拉图斯,也越来越怀疑阿庇勒斯了。(8)然而,由于长期以来对这位大臣养成的偏爱,他只好对阿庇勒斯所犯下的诸多错误睁一只眼闭一只眼。

[87](1)然而,阿庇勒斯并没有悬崖勒马,相反,他开始中伤起塔乌里安来,而塔乌里安是被安提柯委任管理伯罗奔尼撒事务之人。(2)但是,阿庇勒斯不是挑出他的毛病,而是大肆地赞扬他,阿庇勒斯声称,他是国王征战时最得力之人,其目的就是让其他人取代他现在的这个职位。(3)这确实是一种全新的诽谤,阿庇勒斯不是通过责备,而是通过赞扬来打击他人。(4)弄臣们尤其善于生造出各种各样的怨恨、嫉妒和欺骗,以服务于他们自己的嫉妒和野心。(5)阿庇勒斯也利用手中的一切机会,来中伤王室卫队指挥官亚历山大,因为,他希望自己来负责保卫国王,总之,他企图颠覆安提柯去世后留下的所有安排。(6)安提柯终其一生,不仅是一名优秀的统治者,也是自己儿子的优秀守护者,在他去世时,他对未来的所有事情作了恰当的安排。(7)在他的遗嘱里,他向自己的人民解释了自己的安排,为了不给自己的大臣留下内斗和争吵的隐患,对于每一个安排怎样实施以及由谁来实施,他也都作了明确的命令。(8)在安提柯当时的那些大臣当中,阿庇勒斯就是他为新任国王所留下的其中一位监护人,利安提乌斯(Leontius)是轻盾兵的指

挥官,梅加利亚斯(Megaleas)是秘书长(Secretary in Chief),塔乌里安是伯罗奔尼撒的总督,亚历山大则是王家卫队的指挥官。(9)阿庇勒斯让利安提乌斯和梅加利亚斯完全置于自己的控制之下,而且,他的目的是,把亚历山大和塔乌里安从他们的职位上驱赶下台,并把他们手上的权力,以及其他所有权力都置于自己和自己的朋友手上。(10)如果他没有招致阿拉图斯的反对,那么,他的目的就可以轻而易举地实现;(11)然而,事情很快证明,他的自私和贪婪自食其果。(12)因为,他欲对自己的同僚施加的阴谋,很快就会降临到他自己的身上。至于它是怎样发生,以及通过什么方式实现,我现在将告一段落,并结束本卷的写作。但是,在接下来的一卷中,我将会对整个问题给出一个清晰的解释。(13)在作好我所提到的这些安排后,腓力回到了阿尔戈斯,在那里,他同自己的朋友们度过了余下的那个冬季,至于自己的军队,他则把他们打发回了马其顿。

第五卷

[1](1)小阿拉图的将军任期现在——按照亚该亚人当时的时历计算,这也即是在昂宿星座(Pleiades)①升起之时②——就快要结束了。③(2)当他卸任后,埃庇拉图斯继任了他的将军之位,多利马克则仍然是埃托利亚人的将军。(3)同在这一年的初夏,汉尼拔同罗马爆发了公开的战争,他从新迦太基出发,渡过埃布罗河,开始向意大利远征。(4)与此同时,罗马人派遣提比略·塞姆普洛尼乌斯·洛古斯率领一支军队到非洲,普布里乌斯·科内利乌斯·西庇阿到西班牙。(5)安条克④和托勒密⑤也同在这一年放弃了通过外交手段协商解决科利-叙利亚问题,转而斥之武力。

(6)由于自己的军队缺乏粮食和金钱,国王腓力通过亚该亚联盟的官员召集亚该亚人的全体大会。(7)按照联盟的法律规定,这次大会在埃基乌姆举行,⑥腓力注意到,阿拉图斯根本无意帮助自己(因为阿庇勒斯在选举问题上阴谋反对后者),以及埃庇拉图斯效率低下的性格,以至于他成为所有人鄙夷的对象。(8)这些事实让腓力认识到阿庇勒斯和利安提乌斯所犯下的错误,于是决定再

---

① [中译按]在第三卷第54章第1节中,洛布本英译者亦将Pleiades(昂宿星座)写作Pleiads。
② 即五月13日。
③ 即公元前218年。
④ [中译按]即安条克三世。
⑤ [中译按]即托勒密四世。
⑥ 后来,大会轮流在不同城市举行,参见第23章第17节和第24章第10节等。

一次支持阿拉图斯。(9)因此,他劝说联盟的官员将大会转移到西西昂召开,在那里,他私下会见了老阿拉图斯和小阿拉图斯,并责备了阿庇勒斯全部的所作所为,他恳请他们,不要抛弃他们最初的政策。(10)他们对此欣然同意,接着,他参加了大会,在这两位政治人物的支持下,他所希望的所有东西都得到实现了。(11)亚该亚人通过了一个决议:他们立即给这位国王的第一次军事行动支付了五十泰伦的金钱,给他的军队提供了三个月的军饷与一万米迪(medimni)的粮食,(12)并且,将来只要他仍在伯罗奔尼撒同他们并肩战斗,他还可以每月从亚该亚联盟那里获得十七泰伦的金钱。

[2](1)通过这个决议后,亚该亚人纷纷回到了他们各自的城市。当军队从冬季营地重新集结后,国王同自己的朋友们商议后,决定发动海战。(2)他相信,这是自己从各处突袭敌人的唯一方法,同时,这也是阻滞敌人相互救援的最好机会。(3)因为,他们在地理上分布广泛,并且,他们都对自己的安全非常警觉,而如果从海路进攻他们,却能非常迅速且又悄无声息。他可以同埃托利亚、斯巴达和埃利斯这三个不同的国家一同开战。(4)当下定这个决心后,他就将利克亚乌姆(Lechaeum)的亚该亚船只和自己的船只集结起来,并且,通过不停地操练,他将方阵士兵训练成为划桨手。(5)马其顿人欣然地遵从他的命令,他们不仅在常规性的陆战中英勇无畏,而且,他们在临时性的海战中也表现积极,同时,在挖掘壕沟、建造栅栏以及所有诸如此类的艰苦工作方面,他们也异常勤勉,(6)正如赫西俄德(Hesiod)在描述埃阿库斯(Aeacus)诸子时所说,"他们像过节一样享受战争的欢乐。"

(7)国王和马其顿主力部队仍然在科林斯忙于这种训练和备战。(8)但是,阿庇勒斯既不能对腓力施加自己的影响,也不能忍受自身权力的弱化(因为国王的疏远),以至于他同利安提乌斯和梅加利亚斯进行密谋,他们两人继续留在腓力身边,通过故意怠慢的方式暗中破坏国王的工作,而他自己则退至迦尔西(Chalcis),以确保腓力所需要的各地供给根本不会到其手上。(9)与自己的两位同僚达成了这番邪恶协定后,阿庇勒斯向国王用一些似是而非的借口前往了迦尔西,为了能继续留在迦尔西,他甚至向国王发起毒誓来。(10)由于他之前深受宫廷的信任,所有人都听从他,最终国王由于太过缺钱,以至于被迫典当了自己桌上所用的一些银制盘碟来维持自己的开支。

(11)舰船全部集结完毕了,马其顿人现在也学会了划船,国王给自己的军队分发了口粮和军饷后,就出海了,第二天,他就率领六千名马其顿人和一千两百名雇佣兵抵达了帕特拉。

[3](1)大约与此同时,埃托利亚人的将军多利马克派遣阿基劳斯和斯科帕斯率领五百名新克里特人(Neo-Cretans),去往埃利斯。由于担心腓力会围攻塞勒纳,埃利斯人招募了雇佣军、集结了自己国内的军队,周密地强化了塞勒纳的防御。(2)当腓力看到埃利斯人所作的准备后,他就在迪米集结了一支军队——这支军队由亚该亚人的雇佣军、他自己的一些凯尔特人、一些高卢骑兵和大约两千名亚该亚精锐步兵所组成——以用作预备和防范埃利斯的威胁。(3)他自己则首先写信给美塞尼亚人、伊庇鲁斯人和阿卡纳尼亚人以及斯塞迪拉达斯,以通知他们装备好舰船,并同自己在塞法里尼亚的普洛尼(Pronni)进行会合。(4)但是,当他注意到,这座小城很难被攻克,而且,这个地方非常狭窄后,他就率领自己的舰船驶离了它,并停泊在帕鲁斯(Palus)。(5)他发现,这个地方的粮食丰盈,足以支撑一支军队的整体补给,因此,他就让自己的军队下船,并在这座城镇附近扎营。(6)他将自己的舰船一起拖到岸上,并用壕沟和栅栏将它们都包围和保护起来,接着,派遣马其顿人前去搜集粮食。(7)他自己则亲自环绕巡视这座城镇,以查看怎样用围城营垒和器械来攻克城墙。他想要在这里等待盟友的到来,同时,他又希望攻占这座城镇,因为,这首先可以剥夺埃托利亚人最不可或缺的支援——(8)他们渡海到伯罗奔尼撒,以及劫掠伊庇鲁斯与阿卡纳尼亚海岸所使用的就是塞法里尼亚人的舰船——(9)其次,这可以给自己和自己的盟友提供进攻敌人领土的有利基地。(10)塞法里尼亚位于科林斯海湾,伸向西西里海,它可以俯瞰伯罗

奔尼撒西北部地区,尤其是埃利斯、伊庇鲁斯、埃托利亚与阿卡纳尼亚西南部地区。

[4](1)由于这座岛屿是与盟友会合的一个便利之地,同时也是进攻敌人和保卫友邦领土的一个战略要地,他非常渴望得到这座岛屿。(2)他注意到,这座城镇的其他所有部分都被海洋或者悬崖包围,只有朝向扎金萨斯(Zacynthus)那面才有一小块平地,因此,他决定在这里建造工事以进行围攻。(3)当国王正忙于这些事情时,斯塞迪拉达斯率领十五艘舰船抵达了——伊利里亚众城邦的暴君们所掀起的阴谋和动乱妨碍了斯塞迪拉达斯派出自己的主力舰队——(4)伊庇鲁斯、阿卡纳尼亚和美塞尼亚的一支分遣队也赶到了。(5)由于现在菲迦利亚(Phigaleia)已经被攻克了,美塞尼亚人没有任何犹豫就参战了。(6)所有人现在都在准备围城,国王将自己的弩炮和石弩部署在合适的地方,以压制卫戍部队,在对马其顿军队发表一番慷慨激昂的讲话后,他将自己的攻城器械移到了城墙旁边,并在它们的掩护下开始挖掘巷道。(7)在这种坚定决心的支撑下,马其顿人很快就破坏了大约两百英尺的城墙,国王现在走到城墙边,劝诱守城部队达成协定。(8)当他们拒绝后,他点燃了支撑物并毁塌了用支撑物所支撑的所有这部分城墙;(9)接着,他首先让利安提乌斯率领轻盾兵,从这个缺口强行列队进军。(10)但是,利安提乌斯忠实地践行自己同阿庇勒斯所签订的协议,甚至在士兵们实际上已经通过缺口时,他还接连三次阻止士兵攻占这座城镇。(11)因为,他之前贿赂了一些主要军官,他自己也每一次都故意表现得怯懦不堪。(12)最终,轻盾兵损失惨重地被逐出了这座城镇,尽管他们本可以轻而易举地战胜敌人。(13)当国王看到自己的主要军官表现怯懦及大批的马其顿士兵受伤后,他就放弃了围攻,转而同自己的朋友们商议下一步的行动。

[5](1)大约与此同时,莱库古入侵美塞尼亚,而多利马克则率领一半埃托利亚军队进攻色萨利,他们两人都认为,自己这样做,可以解除腓力对帕鲁斯的围攻。(2)就这个问题,阿卡纳尼亚人和美塞尼亚人派遣了代表到国王那里。阿卡纳尼亚人的那些代表催

促国王入侵埃托利亚,迫使多利马克放弃进攻马其顿,与此同时,国王还可以自由地横穿和洗劫整个埃托利亚;(3)然而,美塞尼亚人则恳求国王前往支援他们,他们向他指出,地中海季风现在就要到来了,他可以在一天时间内,很容易就从塞法里尼亚横渡到美塞尼亚,(4)结果就会像美塞尼亚人格尔古斯(Gorgus)及其同僚所劝说的那样,他对莱库古的进攻将会出其不意并稳操胜券。(5)利安提乌斯仍然在实施自己的计划,他积极地支持格尔古斯,因为,他意识到腓力将会彻底浪费这整个夏季。(6)因为,虽然驶往美塞尼亚会非常容易,但是,在地中海季风期间,想从那里驶回来却根本不可能。(7)结果明显就是,腓力及其军队将被困在美塞尼亚,无所事事地那里度过余下的夏季,而埃托利亚人则将畅通无阻地横穿和劫掠色萨利及伊庇鲁斯两地。(8)这就是利安提乌斯支持格尔古斯这个建议的邪恶动机。但是,当时在场的阿拉图斯主张与之相反的意见,他建议腓力驶往埃托利亚,并对那里的战事全力以赴。(9)因为,埃托利亚人都随多利马克远征去了,这是入侵和劫掠埃托利亚的绝佳机会。(10)国王已经对利安提乌斯心生怀疑,因为,利安提乌斯在围攻中有意表现得怯懦不堪,而且,他现在也察觉到,利安提乌斯支持远征美塞尼亚的建议并不是那么单纯,他决定听从阿拉图斯的建议。(11)因此,他去信给亚该亚的将军埃庇拉图斯,让他率领亚该亚的军队去支援美塞尼亚,他自己则花费了两天的航程,在夜间从塞法里尼亚驶抵了利乌卡斯(Leucas)。(12)在清理了那条名叫迪奥里克图斯(Dioryctus)①的运河后,他将自己的舰船从这条运河通过并驶往安布拉西亚海湾(Ambracian Gulf)。(13)正如我在前面所说,②这个海湾从西西里海一直长长地延绵到埃托利亚腹地。(14)通过了这个海湾后,他在天亮前不久停泊在

---

① 迪奥里克图斯(Dioryctus)运河是位于利乌卡斯(Leucas)与大陆之间的狭窄航道,它被人为地扩大了,参见哈利卡纳苏斯的迪奥尼索斯(Dionys. Halic.),第一卷第 50 节。

② 参见第四卷第 63 章。

一个名叫利纳伊亚（Limnaea）的地方，他命令自己的军队在这里吃早饭，接着，他扔掉了自己军队的绝大部分行李，以让他们轻装进军，（15）他自己则搜集当地向导并向周边地区与周边城市探路。

[6]（1）阿卡纳尼亚将军亚里斯托法图斯（Aristophantus）现在倾巢而来；因为，阿卡纳尼亚人之前受到埃托利亚人的重创，以至于他们非常渴望进行复仇并尽可能地摧毁他们。（2）因此，他们现在非常乐于见到马其顿人的到来并予以支持，他们全副武装地赶来了，其中不仅包括那些在法定服役年龄范围内的人，甚至还包括一些超过法定服役年龄的人。（3）基于相同的理由，伊庇鲁斯人也跃跃欲试，但是，由于他们国家的领土规模问题以及腓力的突然到来，他们没能及时集结自己的军队。（4）正如我之前所说，多利马克在家乡留下了一半的军队，他自己只率领了另一半的埃托利亚军队前去迎敌，因为，他认为，这支军队足以应对敌人对自己城镇和乡村的突然进攻。（5）在留下一支足够的守军看守自己的辎重后，国王从利纳伊亚开始连夜进军，他向前进军了大约六十斯塔德的距离后扎营。（6）他让自己的军队用过晚餐后，休息了一会，接着，重新出发并彻夜行军，在天刚亮时，抵达了科诺佩与斯特拉图斯之间的阿克洛厄斯河，他的目的是出其不意地突袭色姆斯（Thermus）地区。

[7]（1）利安提乌斯看到，有两个原因将可能促使腓力实现其目的及迫使埃托利亚人不能应对局势，首先，马其顿人的进军非常迅速且出其不意，（2）其次，埃托利亚人从未想到，腓力会冒险深入色姆斯地区的乡村（因为这个地方地势险要），因此，他们将猝不及防并深陷险境。（3）有鉴于此，同时也是贼心不死，他向国王建议把军队驻扎在阿克洛厄斯河附近，并让行军一晚上的军队得到长时间的休息，他的目的无非是让埃托利亚人至少拥有组织抵抗的喘息时间。（4）然而，阿拉图斯看到现在机不可失，而且，利安提乌斯明显在拖延时间，因此，他劝说腓力，不要耽误进军而错失良机。（5）对利安提乌斯已深感不满的国王采纳了这个建议，他继续率领军队向前进军。（6）渡过阿克洛厄斯河后，他迅速地向色姆斯地区

进军,一路上他不断地抢劫和摧毁村庄,(7)他向左越过了斯特拉图斯、阿格里尼乌姆(Agrinium)和特斯提亚(Thestia),向右越过了科诺佩、利西马基亚(Lysimachia)、特里克奥尼乌姆(Trichonium)和菲塔埃乌姆(Phytaeum)。(8)当他抵达了一座名叫米塔帕(Metapa)的城镇后——米塔帕这座城镇坐落在特里克奥尼斯湖(Lake Trichonis)的边上,而且,它靠近临近的通道,距离色姆斯大约六十斯塔德①——(9)他就占领了埃托利亚人所放弃的这个地方,留下了一支五百人的军队在城内,以控制自己进入通道的入口并保卫自己的退路;(10)因为,这个湖泊的整座湖岸都非常陡峭崎岖,而且树木繁茂,以至于沿着这片湖岸的道路都非常狭窄难走。(11)接着,他将自己的雇佣军部署在队伍的前面,伊利里亚人部署在雇佣军的后面,队伍最后面则是轻盾兵和重装士兵,他就以这样的队列通过了这条通道;(12)他的后卫由克里特人护卫,而色雷斯人和轻装军队则在自己右翼同自己平行前进,以通过这个地区,他的左翼则有大约三十斯塔德宽度的湖泊保护。

[8](1)通过了这条通道后,他抵达了一座名叫帕姆菲亚(Pamphia)的村庄,同样留下驻守的士兵后,他继续向色姆斯进军:这条道路不仅异常陡峭崎岖,而且,两边都有高深的悬崖,以至于一些地方的道路非常狭窄和危险,整条爬坡路总计大约有三十斯塔德。(2)但是,他还是很快通过了这段路程,马其顿人进军神速,在夜深时抵达了色姆斯。(3)他就驻扎在那里,并派遣手下的士兵劫掠周围的村庄和色姆斯的房屋。(4)色姆斯地区不仅谷物和其他供给丰盈,而且,它比埃托利亚任何地区都要更加富裕。(5)他们每年都会在这里举行非常壮观的集市和节日以及官员的选举,他们会把自己所有最珍贵的物品储存在这个地方,以用作客人的接待和节日的各种花销。(6)除了他们自己的这些需要之外,他们认为,这个地方是它们最安全的储存之地,因为,没有任何敌人胆敢入侵这个地区,可以说,它是埃托利亚的天然堡垒。(7)由于从

---

① [中译按]即大约六英里。

远古时代起,它就安享和平,神殿周围的房屋以及所有的近郊地区,到处都是各种贵重东西。(8)那天晚上,军队满载各种战利品露营,第二天,他们从中挑选了那些最珍贵和最轻便的贵重物品,其余的东西则堆放在他们的帐篷前放火烧毁了。(9)至于悬挂在柱廊里面的一套套专用铠甲,他们也同样地将它们取下来,拿走其中最珍贵的铠甲,换下自己的铠甲,并收集在一起,接着,他们放火烧毁了它们,其总数不会少于一万五千副。

[9](1)直到现在,所发生的所有事情都正确而公正地符合战争法则,但是,为什么我还要说接下来的事情呢?(2)不能忘记埃托利亚人在迪乌姆①和多多纳②的所作所为,他们烧毁了柱廊,摧毁了所有华丽而精美的献祭物,其中一些甚至是价值连城的艺术珍品。(3)他们不仅放火损毁了这些建筑的屋顶,还将它们夷为平地。他们也推倒了总数不少于两千座的塑像,其中不少塑像还被他们彻底摧毁,只有那些刻上诸神名字或者诸神形象的塑像方才幸免于难。(4)他们在城墙上涂写上人们经常引用的萨姆斯(Samus)所撰写的那句著名诗句——萨姆斯是克里索古努斯(Chrysogonus)的儿子及国王的养兄弟——萨姆斯的才能在当时那个时代就已经崭露头角。(5)这句诗句是:

> 你们没有看到,
> 神圣的弩箭(the bolt divine)③飞速穿过的距离吗?

(6)事实上,国王及其朋友们都确信,对于埃托利亚人在迪乌姆的亵渎行径,他们进行报复完全是正当且正确的。(7)然而,我却持完全相反的看法。我们手头就有现成的证据,来证明我的看法的正确与否,这些证据性事例不是来自于其他地方,而恰恰就是

---

① 参见第四卷第 62 章。
② 参见第四卷第 67 章。
③ the bolt divine(神圣的弩箭)亦写作 the Dium-bolt(迪乌姆-弩箭)。

来自于马其顿王室自身的历史。

(8)当安提柯在一场激战中击败拉栖代蒙人的国王克里奥米尼斯后,他就成为了斯巴达的主人,他可以随心所欲地绝对支配这座城市及其市民,(9)但是,他非但没有伤害落入自己手中的那些人,相反,他恢复了他们民族的政体和他们的自由,直到将那些最为重要的公共利益和私人利益都交给了拉栖代蒙人,他方才返回了马其顿。(10)因此,他不仅当时就被视为他们的"施恩者"(Benefactor),而且,在他去世后,他被尊崇为他们的"保护人"(Preserver),不止在斯巴达,乃至在整个希腊,他对斯巴达的这番举动,让他赢得了不朽的荣誉和尊敬。①

[10](1)再以腓力②为例,腓力首次缔造了一个伟大的王国并打造了一个显赫的王室。当他在凯洛尼亚战役(Battle of Chaeronea)中征服了雅典人后,他通过自身的仁慈和怜悯,而不是武力,赢得了巨大的成功。(2)通过战争和武力,他不仅击败和征服了那些在战场上迎战自己的敌人,而且,通过自己的宽容和仁慈,他让所有的雅典人和他们的城邦都置于自己的统治之下。(3)他没有被自己的报复性激情所吞噬,而是通过展示自己的仁慈和善意来赢得战争和胜利。(4)因此,他没有要求赎金就释放了俘虏,并给予那些死去的雅典人最后的荣誉,他将他们的尸骨交给安提帕特,以让后者将它们运送回家;而且,他给自己所释放的大部分俘虏都送赠了衣服,因此,通过这个英明的手段,他以极小的代价赢得了极大的好处。(5)他的宽宏大量将桀骜不逊的雅典人震住了,对于他的所有计划,他都赢得了他们全心全意地合作,而不是他们的敌意。(6)就拿亚历山大③为例,尽管他对底比斯人愤懑异常,以至于他将他们的居民卖作奴隶,并将他们的城市夷为平地。(7)但是,当他占领

---

① 西西昂举办有纪念其不朽荣誉的运动会,参见普鲁塔克:《阿拉图斯》(*Arat.*),第45节;《克里奥米尼斯》(*Cleomenes.*),第16节。

② [中译按]即亚历山大大帝的父亲腓力二世。

③ [中译按]即亚历山大大帝。

他们的城市时,他仍然没有忘记对诸神的尊崇,小心翼翼地防范自己对神殿和圣地的任何无心冒犯。(8)甚至当他抵达亚洲严惩波斯人(因为,对于波斯人对希腊人所犯下的暴行,他愤懑异常)时,他尽量地让他们的所有罪行都罪有应得,但是,他仍然没有损毁给诸神献祭的任何神圣之地,尽管在这方面波斯人在希腊犯下了最为严重的罪行。

(9)这些事例都在不断地在提醒腓力,①自己作为那些国王的真正后继者和继承人,他不应该只继承他们的王国,而应该继承他们的高尚品质和宽宏大量。(10)然而,尽管他整个一生都在努力地证明,自己是亚历山大和腓力②当之无愧的后裔,但是,他最后只证明了自己无非是他们的效仿者。(11)结果就是,由于他的行动同他们完全相反,以至于随着年岁的流逝,他也获得了一种完全不同的名声。

[11](1)他现在的行动就是这样的一个典型例子。让自己的愤怒信马由缰并以不虔敬的手段来报复埃托利亚人的不虔敬,他认为,这种"以恶制恶"(curing ill by ill)并没有错。(2)他不断地责备斯科帕斯和多利马克所犯下的野蛮和邪恶行径,指责他们在多多纳和迪乌姆所犯下的亵渎性暴行,但是,他从未反省自己的行径,恰恰会给自己正向他们讲话的这个民族中间落下相同的名声。(3)因为,占领和摧毁敌人的城堡、港口、城市、民众、舰船、谷物以及其他类似的东西,通过削弱敌人,进而强化我们自己的力量,从而实现我们自己的目的——按照战争惯例和法则,所有这些都是必须要采取的举措。(4)但是,恣意毁坏神殿、塑像和所有类似的东西,这既不能增强自身的实力,也不能损害敌人的力量,因此,它必须被视为是一种盛怒之下的疯狂举动。(5)因为,义人不应该以摧毁和报复,而是应该以纠正和改造他们的错误为目的来对作恶者开战,也不应该将无辜之人卷入其中,而应该怜悯自己觉得有罪的

---

① [中译按]即腓力五世。
② [中译按]即腓力二世。

那些人,拯救自己觉得无罪的那些人。(6)暴君可以通过自己与臣民都厌恶的恐怖统治,从而使自己成为民众的主人,但是,贤君则会对所有人做有利的事情,从而使民众都乐于接受自己的统治,他会通过自己的仁慈和慷慨,从而赢得他们的爱戴。

(7)埃托利亚人对腓力持何种看法——如果他恰恰做了完全相反的事情,换言之,他没有摧毁柱廊和塑像,也没有损毁他们任何神圣的献祭物——这是我们理解腓力所犯的错误严重性的最好方式。(8)至于我自己而言,我觉得,这是最好,同时也是最公正的评判意见,因为,对于自己在迪乌姆和多多纳所犯下的罪行,他们非常地清楚,而且,他们深知,腓力现在有权做自己所想要做的任何事情。(9)然而,即使他真的亵渎了他们最为关心的圣地,但是,由于他的仁慈和宽容本性,他也会有意规避他们之前所为的那种行事方式。

[12](1)我们可以从中很明显地看出,他们将对自己的所作所为感到羞愧,他们会赞扬和钦佩腓力,因为,在尊崇宗教和克制自己对他们的愤怒方面,他像一位高贵和真正的国王那样节制:(2)通过宽容和公正来战胜敌人,要比战场上的任何胜利,都更加可贵。(3)武力战败的一方,要么出于形势所逼,要么出于主动接纳;在某些情况下,纠正错误需要巨大的花费,然而,在另外一些情况下,不需任何花费就可以更正错误。(4)但是,最为重要的是,其中一些胜利主要依赖于属下士兵,其他一些胜利则只依赖于指挥官。

(5)考虑到腓力还太过年轻,我们确实不应该将所有的责任全部归罪于腓力,而是应该归罪到当时陪伴在他身边和一同参与处理政事的朋友们身上,其中包括阿拉图斯和法洛斯的德米特里。(6)他们两人很可能会给出这样的建议,即使其中一人不在现场,这也不是一件难事。(7)就他们生活的一般进程而言,我们从未在阿拉图斯身上发现任何冲动或者缺乏明智判断的迹象。然而,德米特里却完全相反。我们有一个无可置疑的事例证明,在相似情况下,他们两人在给腓力提供建议时,就存在原则性的分歧。(8)

在时间合适时,我将适当地提到它。①

[13](1)让我们重新回到原来的叙述上来,腓力尽可能地带上自己所抢掠的所有战利品,从色姆斯出发了,他是按照原路返回的,他将战利品和重装军队部署在行军队伍的前面,将阿卡纳尼亚人和雇佣军部署在行军队伍的后面。(2)他疾速通过了难走的通道,因为,他认为,埃托利亚人会依赖通道附近的有利地形,来袭击自己的后翼。(3)事实上,事情果然不出他所料,他们集结了大约三千人的队伍来保卫自己的国家,这支队伍由特里克尼乌姆的亚历山大(Alexander of Trichonium)指挥,而且,他们隐藏在某处秘密据点,如果腓力仍在高地上,他们就不去冒险接近他。然而,一旦他的后卫部队离开了色姆斯,他们就立即侵入色姆斯并攻击最后面的队伍。(4)当后卫部队陷入混乱后,埃托利亚人就更加猛烈地攻击起后卫部队来,他们利用地利的优势,愈战愈勇。(5)然而,腓力先前就预见了这番场景,因此,在山下的斜坡上,他隐蔽了一支伊利里亚军队和一支精锐轻盾兵;(6)当他们从伏击地一跃而起,进攻那些追击已方后卫部队而冲杀在最前面的敌人后,整个埃托利亚军队立即溃逃至乡村,他们中有一百三十人被杀,有大约一百三十人被俘。(7)在这场战役胜利后,后卫部队放火烧毁了帕姆菲乌姆(Pamphium),他们很快地安全通过了这条道路并同马其顿人会师,腓力则在米塔帕扎营,等待他们的到来。(8)第二天,当他把米塔帕夷为平地后,他继续进军并驻扎在一座名叫亚克拉埃(Acrae)的城镇。(9)在接下来的第二天,他一路摧毁了所经过的村庄,在晚上的时候,他抵达并扎营在科诺佩,他在那里停留了整整一天。(10)第二天,他继续拔营并沿着阿克洛厄斯河向斯特拉图斯进军,到达斯特拉图斯后,他从那里渡过了这条河流,并将自己的军队扎营在敌人的射程范围之外,接着,他前去挑衅守军,以让他们攻击自己。

[14](1)因为,他事先了解到,一支三千名埃托利亚步兵、四百

---

① 参见第七卷第11章。

名骑兵和五百名克里特人的军队正集结在斯特拉图斯。(2)当没有人前来迎接自己的挑战后,他就命令自己的前锋部队重新开拔,并开始向利纳伊亚和自己的舰队方向进军。(3)当后卫部队通过这座城镇后,一些埃托利亚骑兵开始出击和骚扰后卫部队最后面的队伍;(4)接着,所有克里特人和一些埃托利亚人从这座城镇出来,加入到他们的骑兵当中,这场战役因此也就变得更加激烈了,后卫部队也不得不转过身来同敌人开战。(5)一开始,这场战役势均力敌,但是,当伊利里亚人前来支援腓力的雇佣军后,埃托利亚骑兵和雇佣军就败退和四散逃亡了。(6)国王的军队将他们大部分人一直追杀到城门和城墙,杀死了他们大约一百人。(7)这场战役后,这座城市的卫戍部队就再也没有任何进一步的行动了,国王的后卫部队安全地同主力部队和舰队会合了。

(8)腓力在早上驻扎了自己的营地并向诸神进行献祭,以感谢祂们保佑自己最近的胜利,接着,他就邀请自己手下所有的指挥官前来参加宴会。(9)人们普遍公认,进入一个这样危险的国家,他确实冒了很大的风险,在他之前,没有人曾率领军队冒险入侵。(10)然而,他不仅入侵了这个国家,而且,在实现自己的目的后,他还安全地撤退回来。(11)因此,他兴致勃勃地准备宴请自己的军官。然而,梅加利亚斯和利安提乌斯却对国王所取得的胜利非常恼怒;(12)因为,他们同阿庇勒斯一起密谋阻碍腓力的计划,但没有成功,事情现在已经不利于他们了,不过,他们仍然参加了宴会。

[15](1)从一开始,他们的行动就引起了国王及其宾客的怀疑,因为,他们没有同其他人一样对最近的胜利表现出同样的欢乐,(2)相反,随着宴会的逐渐进行和频繁的推杯换盏,他们也不得不加入了狂饮,没过多久,他们真正的本色就暴露了。(3)当宴会结束后,在酒精和激情的刺激下,他们四处寻找阿拉图斯。(4)在阿拉图斯回家的路上,他们遇到了他,一开始他们用言语谩骂他,接着,他们用石头攻击他。(5)大批的民众也前来支援两方,军营里引发了巨大的吵闹和混乱,直到国王听到叫喊声后,派人打探了事情的原委并分开了闹事者。(6)当他们到达现场后,阿拉图斯告

诉了他们事情的真相,并呼吁现场那些人作证,接着,他退入到自己的帐篷,而利安提乌斯也神秘地乘乱逃走了。(7)当国王获悉事情的原委后,他派人到梅加利亚斯和克林安(Crinon)那里,严厉地斥责了他们。(8)然而,他们不仅没有表现出任何的悔改,相反,他们还变本加厉起来,他们扬言,他们不会善罢甘休,除非他们让阿拉图斯付出代价。(9)对于他们的这番话,国王非常生气,他立即要求扣罚他们二十泰伦的金钱,并下令将他们关押起来,直到他们缴清罚款。

[16](1)第二天早上,国王召集阿拉图斯,并嘱咐他不要害怕,因为,他将看到这件事情终将得到圆满地处理。(2)利安提乌斯听说了梅加利亚斯的遭遇后,在一些轻盾兵的陪同下来到了国王的帐篷里面,他认为,自己可以吓住国王,因为,国王只是一个小男孩,他很快就会让国王改变想法。(3)一出现在国王面前,他就质问国王,是谁对梅加利亚斯动手,以及是谁将他关押起来的。(4)但是,当国王自信地回答是他自己下达的命令后,利安提乌斯就失望心灰起来,他低声抗议后,就怒气冲冲地离开了。(5)国王现在率领自己的整个舰队出海了,他穿过了海湾,当他们停泊在利乌卡斯后,他首先命令那些负责处置战利品的官员,立即充卖战利品,而他自己则召集自己的朋友们一起协商和审理梅加利亚斯与克里安的案子。(6)阿拉图斯作为原告复述了利安提乌斯及其同党从头到尾所犯下的罪行,而且,他讲述了在安提柯离开后,他们在阿尔戈斯所犯下的大屠杀罪行,以及他们同阿庇勒斯一起密谋阻碍围攻帕鲁斯。(7)对于自己所说的所有指控,他都提供了证据,并带来了证人。梅加利亚斯和克林安对于这些指控没有反驳一句话,国王的朋友们一致判决他们有罪。(8)克林安仍然关押在监,但是,利安提乌斯成为梅加利亚斯罚金的担保人。

(9)这就是阿庇勒斯和利安提乌斯之间迄今已来的密谋问题,事态的发展同他们最初的预期背道而驰。(10)因为,他们原以为,通过威吓阿拉图斯和孤立腓力,他们就可以为所欲为,但是,结果事与愿违。

[17](1)大约与此同时,远征美塞尼亚的莱库古没有取得任何值得一提的成就,就回来了。(2)不久,他又从斯巴达出发,占领了提基亚城,并围攻了居民所撤入的城堡。但是,当他发现自己根本毫无作为后,他又回到了斯巴达。

(3)埃利斯人也占领了迪米人的国土,通过将敌人引诱进埋伏圈,他们轻易地打败了前来抵抗自己的骑兵。(4)他们杀死了大批高卢人,生俘了埃基乌姆的波利米德斯(Polymedes of Aegium)、亚基西波利斯(Agesipolis)和迪米的迪奥克勒斯(Diocles of Dyme)。

(5)正如我在前面所说,多利马克最初同埃托利亚人一起劫掠,他深信,自己可以轻而易举地占领色萨利,并将迫使腓力解除对帕鲁斯的围攻,但是,他发现色萨利的克里索古努斯(Chrysogonus)和佩特拉乌斯(Petraeus)准备迎战自己,因此,他就没有冒险下到平原,而是坚守在山坡。(6)当听到马其顿人入侵埃托利亚的消息后,他离开了色萨利,赶忙回去增援自己的国家,但是,他发现马其顿人已经离开了埃托利亚,对于这场战役而言,他在所有方面都显得太过缓慢和迟晚。

(7)国王从利乌卡斯出发了,他沿着海岸劫掠了奥安特(Oeanthe)的国土,接着,他率领自己的整个舰队抵达了科林斯。(8)当他将舰船停泊在利克亚乌姆后,他就让自己的军队下船并派遣信使到伯罗奔尼撒的所有盟邦,以告诉他们必须在睡觉前在提基亚武装集结。

[18](1)当做完这一步后,国王没有在科林斯作任何停留,就命令马其顿人立即拔营,在穿过阿尔戈斯后,他们于第二天抵达了提基亚。(2)当他在那里同所集结的亚该亚人会合后,他沿着丘陵地带向前进军,突袭拉科尼亚。(3)通过绕路,他穿过一个杳无人烟的地区,在第四天的时候,他占领了斯巴达对面的山丘,从右边穿过了米内莱乌姆(Menelaïum),并直抵阿米克莱(Amyclae)。(4)当拉栖代蒙人看到国王的军队从自己的城市一直延伸到山丘后,他们都深感吃惊和害怕,因为,他们根本没有料到这一出。(5)他们仍然兴奋地沉浸于腓力在埃托利亚的战事以及摧毁色姆斯的消息中,他们当中甚至有人谈论,是否派遣莱库古前来支援埃托利

亚。(6)但是,没有人会想到,危险会从这么遥远的距离,如此迅速地降临到自己的头上,尤其是国王还太过年轻,因此,大家都对他持普遍的轻视态度。(7)由于事情完全出乎他们的意料之外,他们自然感到非常灰心丧气;腓力表现出远超自己年龄的勇气与精力,以至于他使自己所有的敌人都陷入了一种迷茫和无助的状态。(8)正如我在前面所说,腓力从埃托利亚中央出海,利用一个晚上的时间横渡安布拉西亚海湾后,抵达了利乌卡斯。(9)在那里停留两天后,他于第三天早上启航,一路上劫掠埃托利亚海岸,在第二天的时候,他停泊在了利克亚乌姆。(10)接着,他马不停蹄地继续进军,在第七天的时候,他抵达了可以俯瞰斯巴达的米内莱乌姆附近的山丘。结果,大部分斯巴达人尽管亲眼看到了眼前的这一切,但是,他们不敢相信自己的眼睛。

(11)对于这场意想不到的入侵,拉栖代蒙人感到极度恐惧,他们根本就手足无措,完全不知道应该如何应对。

[19](1)腓力第一天就驻扎在阿米克莱。(2)阿米克莱地区是拉科尼亚林木最茂密和最肥沃的地区之一,它还有一座全拉科尼亚最著名的神殿——阿波罗神殿。(3)这座神殿坐落在斯巴达与海洋之间。第二天,沿途继续劫掠乡村的腓力,进军到了一个名叫皮洛士营地(Pyrrhus's Camp)①的地方。(4)在接下来的两天时间里占领和劫掠了附近的地区后,他就在卡尼乌姆(Carnium)扎营。(5)后来,他又从那里向亚辛(Asine)进发,进攻了亚辛,但没有取得任何进展,接着,他又继续出发,摧毁了毗邻克里特海(Cretan Sea)直至塔纳鲁姆(Taenarum)②的所有村庄。(6)他再一次改变了行军方向,转而向基斯乌姆(Gythium)——拉栖代蒙人的军械库——进军,这是一座安全的海港,距离斯巴达大约两百三十斯塔德。(7)接着,当他向右离开了这个地方后,他就在希洛斯(Helos)地区扎

---

① 很明显,皮洛士营地(Pyrrhus's camp)是纪念公元前272年皮洛士徒劳远征拉科尼亚的地方。
② [中译按]"塔纳鲁姆(Taenarum)"亦即"塔纳鲁姆海角"(Cape Taenarum)。

营,这个地方是整个拉科尼亚最广袤和最美丽的地区。(8)他从这个地方派出了劫掠的士兵,他们到处放火烧毁各地并摧毁谷物,他将自己的毁灭行动一直推进到阿克里亚(Acriae)、利乌卡埃和波埃亚埃(Boeae)。

[20](1)在收到腓力要求派遣军队的急报后,美塞尼亚人比其他任何盟邦响应更加积极,他们立即派出了自己最精锐的军队——一千名步兵和两百名骑兵——准备开始远征。(2)然而,由于距离的问题,他们恰好在腓力离开后,抵达了提基亚。(3)一开始他们不知道应该怎么做,但是,他们担心,马其顿人会认为他们在故意推卸责任,因为,他们之前就已经招致过马其顿人的怀疑,因此,他们疾速通过阿尔戈斯的领土,向拉科尼亚进发,希望同腓力会合。(4)当他们一抵达一座名叫基利姆佩斯(Glympeis)的村庄——这座村庄坐落在阿尔戈斯和拉科尼亚边境——他们就立即不符合军事要求且缺乏防范地驻扎在它附近。(5)因为,他们既没有用壕沟和栅栏进行防护,也没有寻找一个有利地方,而是信赖当地居民的善意和淳朴,将自己的营地放心大胆地驻扎在城墙正下方。(6)当美塞尼亚人到达的消息传来后,莱库古就率领自己的雇佣兵和一些拉栖代蒙人出发了,他们恰好在破晓时分抵达了这个地方,接着,他们立即英勇地向营地展开了进攻。(7)美塞尼亚人在各个方面的行事都非常愚蠢,尤其是在率领一支兵力不足的军队且没有任何专业建议的情况下,他们就从提基亚进军,但是,当现在遭受敌人的攻击且处于生死存亡之时,他们能够采用最好的手段来确保自己的安全。(8)当看到敌人出现后,他们放弃了所有东西,赶紧躲避到这座村庄的城墙里面。(9)因此,莱库古俘获了他们大部分战马和辎重,但是,他没有俘获一名俘虏,仅仅杀死了八名美塞尼亚骑兵。

(10)遭遇这场挫败后,美塞尼亚人借道阿尔戈斯返回了家乡。(11)但是,莱库古对自己的这场胜利感到非常高兴。一到斯巴达,他就着手备战并召集自己的朋友们开会,以阻止腓力没有经过战斗就撤出这个国家。(12)与此同时,国王离开了希洛斯的国土,现在,他正一路劫掠沿路的地区,大约在第四天中午的时候,他率领自己的全部军队再一次抵达阿米克莱。

[21](1)在给自己的军官和朋友们下达有关将来战事的命令后,莱库古驶离了斯巴达,占领了米内莱乌姆附近的地区,他的军队总数不少于两万人。(2)但是,他命令那些留在城内的军官们小心地留意,一旦信号升起,他们就立即让他们的士兵们从不同地方出来,并在埃乌洛塔(Eurotas)——埃乌洛塔是这条河流距离这座城市最近的一处地方——对面列阵。这就是莱库古和拉栖代蒙人当时的局势。

(3)但是,为了避免由于对地理位置的无知,从而使我的叙述显得模糊不清和毫无意义,(4)我必须描述它们的自然特征和相对位置。(5)正如我努力在自己的这整部著作中所做的那样,我会将读者不熟悉的地方,嫁接和连接到他们在个人经验或者个人阅读中所熟悉的那些地方。(6)因为,大部分陆战或者海战的失败通常都有地理位置上的原因,而且,我希望所有人不仅仅知道发生了什么,而且也知道它是怎样发生的,我们在描述各类事件时,绝不应该忽视对地志方面的描述,至少在涉及战事方面时更是如此。(7)我们也应该毫不犹豫地使用诸如海港、海洋和岛屿或者神殿、山脉和当地地名等地标;(8)最后,我们也应该毫不犹豫地使用天际方位的变化①作为识别的标志,因为,这是整个人类最普遍认可的识别标志。(9)正如我在前面所说,这是让读者认识不为他们所知之地的唯一方法。(10)以下就是我们现在所说的这个地方的特征。

[22](1)斯巴达的整个形状是一个圆形;它整个地坐落在一块平地上,不过其中也有一些零星的、不规则的山丘。(2)有一条名叫埃乌洛塔(Eurotas)的河流,从它的东边流过,在一年中的大多数

---

① [中译按]在洛布本中,英译者将其译作"气候差异"(differences of climate)。在剑桥本中,英译者将其译作"天际方位的变化"(variations in the aspect of the heaven)。在牛津本中,英译者则将其译作"天际方位的差异"(the different quarters of the heavens)。

时间,它的水流都会非常深,以至于人们根本不能涉水趟过这条河流。(3)坐落在米内莱乌姆的山丘,则位于河对面和这座城市的东南方,它崎岖多石,而且异常高耸,难以翻越。(4)它们绝对性控制着这座城市与紧贴山脚流淌的这条河流之间的平地,这片平地距离这座城市不超过1.5斯塔德。(5)在率军返回时,腓力不得不通过这片平地,他的左边是这座城市和严阵以待的拉栖代蒙人,右边则是这条河流和部署在山丘上的莱库古的军队。(6)除此之外,拉栖代蒙人还进一步强化了自己的防御:他们筑高水坝,并使城镇与山丘之间的所有地面都溢漫河水,结果,土地浸泡湿透后,即使步兵都不可能通过,更不要说骑兵了。(7)因此,留给腓力军队的唯一通道就只能是紧紧地沿着山脚的那条了,在腓力率军前进时,他们就会把自己的狭长队伍暴露在敌人面前,如果遭到攻击,他们将很难相互救援。

(8)腓力考虑到了这一点,在同自己的朋友们商讨后,他认为,当下最为紧迫的事情就是将莱库古逐出米内莱乌姆周围。(9)因此,他率领自己的雇佣军、轻盾兵和伊利里亚人,渡过河流,向山丘进军。(10)看穿了腓力意图的莱库古,则让自己的军队作好准备,并告诉他们迎接战斗,与此同时,他还向城内的军队发出了信号。(11)对此,在城内负责指挥的军官则按照先前的安排,立即将军队带出城外,部署在城墙前,并将骑兵部署在右翼。

[23](1)一接近莱库古,腓力首先就派遣雇佣军前去迎击他,(2)一开始的战斗,拉栖代蒙人多有斩获,因为,他们拥有巨大的地利和武器优势。(3)但是,当腓力将轻盾兵作为增援军队投入战斗,以及伊利里亚人绕过敌人并冲进敌军侧翼后,(4)他们的增援让腓力的雇佣军士气高涨,然而,莱库古的军队则由于惧怕重装军队的冲锋纷纷败退和逃亡。(5)大约有一百人被杀及更多的人被俘,其余的人逃到城内,莱库古自己则带着其他人,沿着山丘逃进了城内。(6)在留下伊利里亚人驻守山丘后,腓力率领轻装步兵和轻盾兵回到了自己的队伍中间。(7)与此同时,阿拉图斯统率方阵离开了阿米克莱,现在已经快到斯巴达了。(8)渡过河流后,国王

让自己的轻装军队、轻盾兵和骑兵掩护重装军队,直到他们通过山丘下的狭窄通道。(9)当城内的斯巴达人试图进攻正担任掩护作用的腓力的骑兵时,战斗随即全面铺展开来。(10)在这场战斗中,腓力的轻盾兵展现出巨大的勇气,腓力也赢得了无可争议的胜利,在将斯巴达骑兵一直追杀至城门后,他们再一次安全地渡过埃乌洛塔河并将自己的方阵部署在队伍后面。

[24](1)但是,现在天色已经很晚了,腓力不得不选择一处地方扎营,他选定的扎营地点恰好在狭窄通道的末端。(2)他手下的军官们也选择了这个地方作为营地,对于任何想要途经斯巴达城而入侵拉科尼亚之人来说,他都不可能再找到一个更有利的地方了。(3)从提基亚或者内陆的任何地方接近斯巴达,都要经过我在前面所说的这个狭窄通道的入口,它位于河右岸,距离这座城镇大约两斯塔德。(4)它朝向城镇和河流的那一侧,完全被一座高大且不可翻越的悬崖所包围,但是,这座悬崖顶部是一块平地,它上面覆盖满泥土,水源充足,是控制军队进出的一个绝佳要地。(5)因此,任何驻扎在这个地方和占领它上面的这座山丘之人,他看似选择了一个不安全的地方,因为,它就在这座城市附近,但是,事实上,它是最好的宿营地,因为,它控制着这条狭窄通道的进出口。(6)腓力安全地驻扎在这个地方,第二天,他将自己的辎重先行送走,并在市民们的众目睽睽之下,将自己的军队集结到平地上。(7)他等待了一段时间,接着,他掉转方向,开始向提基亚进军。(8)当抵达了安提柯①与克里奥米尼斯之间开战的那个地方后,他就驻扎在了那里,(9)第二天,他巡视了战场,并在奥林匹斯山(Olympus)和埃瓦斯山(Evas)献祭了诸神,接着,他一边强化自己的后卫部队,一边继续行军。(10)当抵达提基亚后,他就将所有的战利品都变卖了,接着,他率领军队穿过阿尔戈斯,抵达了科林斯。(11)来自罗德岛和希俄斯(Chios)的使节,正在那里等待他的到来,并建议结束战争。他谒见了他们,但是,在会见时,他掩盖了自

① [中译按]即安提柯·多森(Antigonus Doson)。

己的真实意图,他告诉他们,他一直准备同埃托利亚人进行和谈,并且,他将派遣他们同埃托利亚人商谈结束战争的问题。(12)接着,他下到利克亚乌姆,并准备登船,因为,他在弗西斯(Phocis)还有一些重要的事情需要处理。

[25](1)与此同时,利安提乌斯、梅加利亚斯和托勒密(Ptolemaeus)①仍然相信自己可以恐吓住腓力,因此,他们纠正了自己之前的错误,他们开始在轻盾兵和马其顿人称之为埃基马(Agema)的军队中间散布谣言说,(2)军队将有失去所有特权的危险,而且,他们将会受到最不公平的对待,也得不到传统的赏赐。(3)通过这种手段,他们鼓动那些年轻人聚集起来并劫掠国王那些最杰出的朋友的营房,他们甚至拆毁大门和王宫的屋顶。(4)整座城市②随即陷入骚动和混乱,腓力听到这个消息后,火速地从利克亚乌姆赶到了科林斯,(5)在科林斯的一家剧院里,他召集马其顿人开会并向他们发表讲话,以劝说他们所有人恢复纪律并严厉地指责他们的行径。(6)这引发了巨大的混乱和骚动,对此,一些人建议逮捕和清算那些作乱者,而另一些人则支持和谈与宣布大赦,(7)国王当时假装自己被说服了,他一视同仁地向整个军队劝说一番后,就离开了,他心里非常清楚,谁是这场叛乱的始作俑者,但是,在当时的情势压力下,他不得不假装一无所知。

[26](1)在这场骚乱后,国王在弗西斯的计划遭遇了一些挫折。(2)与此同时,利安提乌斯彻底放弃了通过自身的努力实现其目的的希望——因为他的所有计划都失败了——他转而求助于阿庇勒斯,他经常派送消息到阿庇勒斯那里,催促阿庇勒斯从迦尔西回来,他宣称,由于自己与国王之间的裂痕,他已陷于非常无助和困难的境地了。(3)留在迦尔西的阿庇勒斯现在非法地攫取了比先前更加庞大的权力。(4)他给出的理由是,国王仍太过年轻,因此,大部分事务由他统治,没有自己的主动协助,国王将一事无成;

---

① [中译按]Ptolemaeus亦写作Ptolemy。
② [中译按]"整座城市"亦即"整座科林斯城"。

他将各种事务的管理权限和王国的最高权力牢牢地攥在自己手里。(5)因此,马其顿和色萨利的地方行政长官和官员将所有事务都交给他处理,希腊诸城邦在它们的法令中或者在授予荣誉和奖赏时,几乎就不提及国王,而阿庇勒斯就是他们的全部。(6)腓力意识到了这一点,对此,在很长一段时间当中,他都深感愤懑和恼怒。但是,阿拉图斯一直坚定地站在自己一边并积极地为自己排忧解难,因此,在两相对比之下,他越发愤懑。(7)然而,尽管腓力非常不耐烦,但是,他没有让任何人知道自己的真实想法和意图。(8)阿庇勒斯并不知道自己的真实处境,他相信,如果自己同腓力进行一场私人性会晤,那么,他就可以恰如自己所愿地操纵所有事情,在这种想法的驱使下,他离开了迦尔西,急忙去帮助利安提乌斯。(9)当他抵达科林斯后,利安提乌斯、托勒密和梅加利亚斯——他们都是轻盾兵和其他精锐部队的指挥官——努力鼓动士兵们前去热烈迎接他。(10)在盛大地进入城镇(因为有大批的军官和士兵蜂拥前来迎接他)后,他没有下来就直接去了王室的驻地。(11)但是,当他像往常那样踏进去时,一位侍从按照命令将他拦了下来,并说道,国王正在忙。这意想不到的粗暴拒绝让阿庇勒斯深感尴尬,他犹豫了很久后,就尴尬地退出来了,他的随从立即公然溜走了,以至于当他最终抵达自己的驻地时,只有他自己的仆人在跟随自己。(12)确实,就这个世界而言,让一个人提升上去或者坠落下去,只需在须臾之间,对于国王宫廷内的那些人来说尤其如此,因为,那些人确实就像算盘上的算子一样。(13)因为,它的价值全凭计算者的喜好为准,它现在相当于一个铜板,一会功夫就相当于一个泰伦了,国王兴头下的廷臣也是如出一辙,上一刻他还是众人艳羡的对象,下一刻他就是众人可怜的对象了。(14)当梅加利亚斯看到阿庇勒斯的帮忙并不像自己之前所预期的那样后,他就害怕并准备逃亡。(15)国王现在仍然允许阿庇勒斯参加所举行的国宴和接受其他的荣誉,但是,不允许他参加国王的御前会议,也不允许他参加国王的日常会议。(16)几天之后,国王再一次从利克亚乌姆启航,以在弗西斯完成自己的计划,他将阿庇勒斯也一同带上了。

[27](1)当阿庇勒斯的这个计划落空后,国王就从埃拉特亚(Elatea)返航了,与此同时,梅加利亚斯前往雅典,他给利安提乌斯留下了二十泰伦的保证金。(2)但是,当雅典将军拒绝接纳他后,他就回到了底比斯。(3)国王从西尔哈(Cirrha)附近出发后,带着自己的卫队登陆了西西昂港口,他就从这个地方进入城内,他拒绝了当地官员为自己所提供的住宿安排,而是寄住在阿拉图斯的房子里,他的所有时间都同阿拉图斯一起,同时,他命令阿庇勒斯驾船前往科林斯。(4)当腓力听到关于梅加利亚斯的这个消息后,他就让塔乌里安率领轻盾兵——他们由利安提乌斯所指挥——借口紧急需要,前往特里菲利亚;他们一旦离开,他就下令将利安提乌斯逮捕起来,其理由是,利安提乌斯没有给梅加利亚斯支付保证金。(5)然而,轻盾兵听说了所发生的事情(因为利安提乌斯派人送信给了他们)后,派遣了一个代表团到国王那里,他们恳求国王说,(6)如果他逮捕了利安提乌斯(不管出于何种指控),那么,请他不要在他们缺席时就审判这个案子,如果他真的这样做了,他们所有人都会认为,这是一种严重的冒犯和侮辱——马其顿人对他们国王的讲话向来都是这样直接和坦率——(7)但是,如果逮捕是出于梅加利亚斯的保证金的问题,那么,他们将会自己筹集金钱并付清欠款。(8)然而,轻盾兵对利安提乌斯的这番温和支持惹恼了国王,正是出于这个原因,他将利安提乌斯比自己原先所预想地早一些处死了。

[28](1)罗德岛人和希俄斯人(Chian)的代表团现在从埃托利亚回来了,他们同埃托利亚人缔结了三十天的停战协定。(2)他们说,埃托利亚人愿意缔结和平协定,而且,他们已经确定了具体的日期——他们恳求腓力于那天在利乌姆会见埃托利亚人,他们向他保证,埃托利亚人会不惜一切代价地缔结和平。(3)腓力接受了这个停战协定,他写信给自己的盟友,要求他们派遣专门代表到帕特拉来会见自己,以商讨同埃托利亚人的和平条件,他自己则从利克亚乌姆启航出发,在第二天的时候,他抵达帕特拉。(4)就在那时,

他收到了一些来自弗西斯的信件,在这些信件中,梅加利亚斯劝说埃托利亚人要满怀信心地坚持战斗,因为,腓力的好运已经由于供给不足而每况愈下了。除此之外,这些信件也间杂了一些对国王的严厉指责和恶毒的人身攻击。(5)一读到它们,腓力就确信,所有这一切祸根的始作俑者都是阿庇勒斯,因此,腓力将他监禁起来,并立即将他以及他的儿子和男仆送到科林斯。(6)同时,腓力派遣亚历山大到底比斯,以逮捕梅加利亚斯,同时,腓力命令他将梅加利亚斯带到当地官员们面前,以说明其保证金的问题。(7)当亚历山大在执行这道命令时,梅加利亚斯没有束手待毙,而是亲手结束了自己性命,大约与此同时,阿庇勒斯以及他的儿子和他最喜爱的男仆也都结果了他们自己的性命。(8)这些人死得罪有应得,他们对阿拉图斯的冒犯行径是他们走向毁灭的主因。

(9)埃托利亚人一方面渴望缔结和平,因为,战争负担沉重,而且,事情的发展方向同当初的预期背道而驰。

[29](1)他们原本以为腓力就是一个无助的小男孩,因为,他年纪稚嫩,而且没有经验。(2)但是,后来他们发现,不管是在计划方面,还是在行动方面,腓力都是一名成人;而他们自己却在计划和行动方面表现得十分弱智和幼稚。(3)然而,当他们听说,轻盾兵爆发骚乱以及阿庇勒斯与利安提乌斯死亡的消息后,他们就以为,腓力的宫廷存在严重的纷争,因此,他们就开始拖延和推迟之前同腓力在利乌姆确定的会面日期。(4)但是,腓力非常高兴地抓住这次借口,因为,他自信在这场战争中稳操胜券,而且,他一开始就下定决心避免和谈。因此,现在他恳求那些前来帕特拉同自己会面的盟友代表,不要进行和谈,而是进行战争。接着,他自己则启航返回了科林斯。(5)他让自己所有的马其顿军队解散并借道色萨利,以返回家乡过冬,他自己则从塞恩克里亚启航,沿着阿提卡海岸航行,穿过埃乌利帕斯(Euripus)①,抵达了德米特里亚斯。(6)他在一座马其顿法庭审理和处决了利安提乌斯一伙的最后一

---

① [中译按]亦即埃乌利帕斯海峡(Euripus Strait)。

位幸存者托勒密。

（7）同时期的事件见如下所述。汉尼拔现在已经进入了意大利，并在罗马军队对面的波河附近扎营；安条克在征服大部分科利-叙利亚后，撤入冬季营地；（8）斯巴达国王莱库古出于对监察官的恐惧而逃到了埃托利亚，（9）监察官指控他暗藏革命企图，因此，他们连夜集结年轻人到他的家里，但是，由于事先得到警报，他就带着仆人一起逃走了。

［30］（1）现在是冬季了。国王腓力启程前往马其顿，亚该亚将军埃庇拉图斯（Eperatus）招致亚该亚士兵的普遍鄙视和雇佣军的完全漠视，以至于没有任何人遵从他的命令，而且，他们也没有对保卫国家作任何准备。（2）埃托利亚人派去埃利斯的将军皮赫亚斯（Pyrrhias）注意到了这个情况，他手上有大约一千三百名埃托利亚人和埃利斯的雇佣军，以及大约一千两百名埃利斯骑兵，因此，他拥有总计大约三千人的军队。（3）他统率这些人，不仅劫掠了迪米和法拉的领土，甚至劫掠了帕特拉的领土。（4）最后，他就在所谓的帕纳克亚山（Panachaean Mountain）——这个地方可以俯瞰帕特拉——安营扎寨，接着，他向利乌姆和埃基乌姆方向四处劫掠所有的地区。（5）结果，众多城邦损失惨重，但没有得到任何救援，因此，他们再也不愿意向联盟交纳贡金了；同时，因为延期支付军饷，军队也拒绝提供任何救援。（6）市民和士兵就这样相互报复对方，事情因此也就变得越来越糟糕，最终，雇佣军解散了——所有这一切都是因为行政长官的无能。（7）以上这些就是亚该亚当时的局势，当任职期限届满后，埃庇拉图斯就卸下了自己的职位，亚该亚人在初夏选举了老阿拉图斯作为他们的将军。①

（8）这就是欧洲的局势。不管是从事件方面，还是从时间方面，现在都是我将场景转到亚洲的最好时机，因此，我将转而叙述在这同一个奥林匹亚期间亚洲所发生的事件。

---

① 即公元前 217 年。

[31]（1）按照我最初的计划，我首先将对安条克①和托勒密②之间为争夺科利-叙利亚所爆发的战争作一个清晰地描述。（2）我非常清楚，在我的希腊历史叙事所中断的这个时期，正是这场战争决出胜负和即将结束的时期，但是，基于下列原因，我仍然有意决定在这里中断自己的叙述并开启全新的篇章。（3）我自信，通过相应地概述这个奥林匹亚年，以及同时期希腊与其他地方所发生的一般性历史事件，对于防范他们在这些特定事件的时期上误入歧途，我已经给我的读者提供了充足的信息。（4）但是，为了让我的叙述更加清晰和易懂，我认为，最为重要的是，在这个奥林匹亚期间，我们应该尽可能地避免把不同国家的历史交织在一起，而是应该尽可能地把它们相互区别和分开，（5）一直到下一个奥林匹亚，我才会按照年代顺序开始记述不同国家每一年所发生的事件。（6）既然我的目的不是撰写一部关于特定事件的历史，而是一部关于整个世界的历史，（7）所以，我可以毫不夸张地说，而且，我在前面也确实已经表明，我的计划比任何一位前人都要更加庞大，我的职责就是要特别关注排列手法和处理手法的问题，以确保我的著作，不管在整体上还是在细节上，都能够清晰明了。（8）因此，我将从当前稍微往前回溯到安条克与托勒密统治时期，进而试图找到一些大家所一致认可和接受的事件来作为我的叙述的起点，这是最为紧要的事情。

[32]（1）古语有言，"良好的开端是成功的一半"（beginning of half of the whole），这告诉我们，我们要万分谨慎，以确保所有事情都有一个良好的开端。（2）尽管有些人认为这个格言有些夸张，但是，在我自己看来，它仍然稍显不足。一个人确实可以满怀信心地断言，良好的开端不只是成功的一半，而且几乎就是成功本身。（3）因为，如果一个人的脑海里事先没有整全的计划，或者，完全不知道自己所做之事的走向、意图和目标，那么，他怎么可能会有一

---

① ［中译按］即安条克三世。
② ［中译按］即托勒密四世。

个良好的开端呢?(4)又或者,如果一个人不参看它们的开端,不明白当前局势的走向、方式和原因,那么,他怎么可能正确地总结事件?(5)因此,我们应该理所当然地认为,良好的开端不仅是成功的一半,而且还是成功本身,历史的书写者和阅读者都应该对它们予以万分关注。这也正是我现在想努力做到的。

[33](1)我也确实知道,其他一些历史学家同样会自我吹嘘道,他们所撰写的通史(general history)比任何一位前人都要更加庞大。(2)我要充分地敬重埃弗鲁斯(Ephorus),因为,他是第一位,同时也是唯一一位真正撰写通史的历史学家,我将避免长篇累牍地评论和提及任何其他历史学家的名字。(3)我只会像下面那样简单地说道:与我自己同时代的一些历史学家,他们用三页或者四页的篇幅记载了罗马与迦太基之间的这场战争,就声称自己所撰写的是通史。(4)但是,没有人会如此无知,以至于会不知道:许多最为重要的事件都是发生在西班牙、非洲、意大利和西西里,罗马同汉尼拔的战争是除西西里战争之外最著名的战争,同时也是持续时间最长的战争,我们所有希腊人的眼睛全都被迫紧盯着它,因为,我们担心自己步其后尘。(5)然而,一些历史学家对它的概述,甚至比那些位高权重之人在自己房屋的墙面上以便笺的形式偶尔草草记下事件,更加言简意赅,但是,他们声称,自己的著作囊括了整个希腊和海外的所有事件。(6)问题的实质在于,口头上声称要成就大事,这是一件非常简单的事情,但是,事实上要真正做成它,这绝非易事。(7)因此,有人会说,只要胆大一点,前者人人都会,这也是所有人的共性;但是,后者非常罕见,几乎没有人能够在其人生中实现。(8)关于那些历史学家对他们自己和他们自己作品的自我吹嘘和夸夸其淡,我就说这么多,现在,我将重新回到我之前所要处理的主题上面。

[34](1)在其父亲去世后,托勒密·斐洛佩托①处决了自己的

---

① [中译按]即托勒密四世。

兄弟马加斯（Magas）及其同党,接着,他就继任了埃及的王位。①
（2）他认为,通过这番摧毁对手的行动,自己已经将那些国内的危险清除了,而且,命运女神也已经将那些国外的危险清除了,因为,安提柯②和塞琉古③刚刚去世,他们的继任者安条克④和腓力⑤都非常年轻,事实上,他们几乎就是小男孩而已。（3）因此,他认为,自己的地位非常稳固,他就像在节日的盛况那样开始进行自己的统治。（4）他荒疏政事,以至于他手下那些治理埃及的廷臣和官员都很难见到他,甚至,他对那些代表自己处理埃及之外事务的官员,也完全懈怠和漠不关心。（5）然而,他之前的那些国王对他们,比对统治埃及本身更加关心。（6）因为,谁控制了科利-叙利亚⑥和塞浦路斯（Cyprus）,谁就可以从海上和陆上威胁叙利亚国王;（7）他们控制的范围也扩展到小亚细亚的诸小国和岛屿,因为,他们控制了从帕姆菲利亚（Pamphylia）到赫勒斯滂的整个沿海海岸⑦和利西马基亚周围地区的重要城市、城堡和海港。（8）当他们占领埃纳斯（Aenus）、马洛尼亚（Maronea）和更为遥远的其他城市后,这就使他们能够非常有利地监视色雷斯和马其顿的事务。（9）他们之所以将自己的势力范围扩展到如此遥远的地区,长期以来建立如此辽阔的附庸国体系,这全都是出于保卫自身安全的缘故,因此,他们从未担心自身的埃及国土的安全问题,也正因为这个原因,他们自然严肃对待国外事务。（10）然而,这位新任国王完全沉浸在可耻的爱情和毫无意义且没完没了的酩酊大醉当中,他对所有这些问

---

① 即公元前 222 年。
② ［中译按］即安提柯三世。
③ ［中译按］即塞琉古三世。
④ ［中译按］即安条克三世。
⑤ ［中译按］即腓力五世。
⑥ 科利-叙利亚（Coele Syria）这个名词最初指的是一个长长的洼地（long depression）,这个洼地始于黎巴嫩山脉和安提-黎巴嫩（Anti-Lebanon）山脉之间,它贯穿了利塔尼（Litani）山谷、约旦和死海,直到现在的阿克巴（Aqaba）和红海。它后来同腓尼基的领土相连,因此,它包括了埃及与西里西亚之间的整个区域。
⑦ ［中译按］即东地中海海岸。

题完全置之不顾,因此,不出人们所料,没有多久,他就发现,自己的生命和王位遭到不止一次的威胁和密谋,(11)其中,斯巴达人克里奥米尼斯是其遭遇的第一次威胁。①

[35](1)在托勒密·乌基特斯在世期间,克里奥米尼斯就将自己的命运和忠诚交给了埃及国王,当时他没有采取任何行动,因为,他一直坚信自己将从埃及国王那里获得足够的支援,以恢复自己祖先的王位。(2)但是,当这位国王去世后,②随着时间的流逝,希腊的局势似乎也在呼唤克里奥米尼斯,安提柯已经去世,亚该亚人正忙于战争,而斯巴达人现在正如克里奥米尼斯最初所计划和预期的那样,他们站在埃托利亚人一边,一同憎恶和反对亚该亚人和马其顿人。(3)在这种情况下,克里奥米尼斯感到,自己不得不尽早离开亚历山大里亚。(4)因此,一开始他面见托勒密,不止一次地要求托勒密为自己的远征③提供足够的供给和军队;(5)但是,这位国王没有听从他的这个要求,因此,他接着又郑重地恳求托勒密允许自己带着自己的家人离开,他说道,当前的国家形势对于自己恢复祖先的王权而言是一个大好良机。(6)然而,出于我在前面所说的原因,这位国王根本不关心这种问题,也根本不思考未来,他仍然轻率又愚蠢地对克里奥米尼斯的请求充耳不闻。(7)与此同时,索西比乌斯(Sosibius)——他当时是国家重臣——同自己的朋友商议,最终对克里奥米尼斯达成了下述决定。(8)一方面,他们认为,给他派送舰队和供给并不明智,由于安提柯的去世,他们觉得,国外事务已无足轻重,而且,他们认为,在他身上花费金钱将会有去无回。(9)除此之外,他们认为,安提柯已经不在人世,现在已经没有任何人可以制衡克里奥米尼斯了,他们担心,他会毫不费力地使自己成为希腊的主人,因此,他就会变成他们的一位严肃而可怕的对手。(10)尤其是他已经看穿了埃及的局势,也看不起国

---

① 参见第二卷第69章。
② 公元前221年,新国王开始了自己的统治。
③ [中译按]"为自己的远征"亦即"为自己远征斯巴达"。

王,而且,他也已经看到,这个王国的许多地方要么松散地连接在一起,要么远距离地割裂开来,因此,这就为各种阴谋诡计提供了大量的温床。(11)因为,他们在萨摩斯有大批舰船,而且,他们在以弗所(Ephesus)也有大批军队。(12)出于这些原因的考虑,他们没有给克里奥米尼斯派送远征的供给;但是,与此同时,他们认为,如此怠慢这样一位杰出的人物,然后又让他黯然离去,这绝非自己的利益所在,因为,这肯定会促使他成为自己的敌人和对手。(13)唯一的替代方法就是,违背他的意志,强行将他继续留在埃及,但是,所有人没有讨论就立即拒绝了这个方法,因为,他们认为,将狮子和绵羊关在同一个畜栏,这绝不是一个安全之举。出于下面这个原因,索西比乌斯本人尤其担心这样做会引发不良后果。

[36](1)当时他们正在计划谋杀马加斯和贝勒尼斯(Berenice),①他们非常担心,自己的这个计划会落空,因为,贝勒尼斯非常英勇,所以,他们被迫取悦整个宫廷,以给予他们所有人都将得到好处的希望,如果阴谋成功的话。(2)就在这个关头,索西比乌斯看到克里奥米尼斯需要国王的帮助,而且,他是一位对局势有明智判断和深刻洞见之人,因此,他将自己的整个计划透露给他,并期望得到他的大力支持。(3)克里奥米尼斯看到索西比乌斯的巨大焦虑,以及特别担心国外士兵与雇佣军的问题后,就给他打气,并向他允诺说,雇佣军非但不会伤害他,相反,他们还会帮助他。(4)当索西比乌斯对这个允诺表现出巨大的惊讶之情后,他说道:"难道你没有看到,来自伯罗奔尼撒②的这将近三千名雇佣军和来自克里特的这大约一千名雇佣军,我只需要对这些人一声令下,他们就会高兴地为你所用吗?这些军队会紧紧地团结在一起,你还有什么可担心的呢?(5)不会是那些叙利亚和卡里亚的军队,让你担心吧?"(6)

---

① 贝勒尼斯(Berenice)是托勒密·乌基特斯的遗孀,同时也是马加斯(Magas)和斐洛佩托(Philopator)的母亲。

② "来自伯罗奔尼撒"(from the Peloponnese)这个短语,可能指的是,半岛南端的塔纳鲁姆(Taenarum)雇佣兵招募中心,而斯巴达无疑控制了这个地方。

索西比乌斯当时听到这番话后感到非常地高兴,他信心倍增地针对贝勒尼斯进行密谋。(7)然而,后来当他看到国王的消极懈怠后,克里奥米尼斯的这番话总会萦绕在他的脑海,而且,克里奥米尼斯的英勇,以及雇佣军对克里奥米尼斯的忠诚,也都会一直浮现在他的眼前。(8)因此,这一次他带头怂恿国王及其朋友要赶紧关押克里奥米尼斯,以免因为行动太迟而追悔莫及。(9)为了加快实施这个建议,他利用了下述情境。

[37](1)有一个名叫尼卡格拉斯(Nicagoras)的美塞尼亚人,他是斯巴达国王阿基达穆斯的世交故友。(2)在之前的时代,他们之间没有多少交往,但是,当阿基达穆斯由于惧怕克里奥米尼斯,进而从斯巴达逃亡,来到美塞尼亚后,尼卡格拉斯不仅非常高兴地将他接到自己家里,给他提供各种所需,而且,他们还建立了最亲密的友谊和感情。(3)因此,当克里奥米尼斯提出自己希望让阿基达穆斯回国,并结束他们之间的敌意后,尼卡格拉斯全力以赴地承担起协商和缔结条约的任务。(4)当这个条约批准后,阿基达穆斯回到了斯巴达,因为,他深信尼卡格拉斯所缔结的这个条约。(5)但是,克里奥米尼斯前来会见他们时,就将阿基达穆斯处死了,[①]不过,他饶恕了尼卡格拉斯及其同伴。(6)对外界,尼卡格拉斯假装非常感激克里奥米尼斯饶恕自己的性命,但是,他的内心极度憎恨克里奥米尼斯的所作所为,因为,表面上看起来似乎是他害死了国王。(7)不久之后,尼卡格拉斯带着一船战马抵达了亚历山大里亚,他一下船,就发现了与潘特乌斯(Panteus)和希皮塔斯(Hippitas)一同在码头上行走的克里奥米尼斯。(8)克里奥米尼斯看到他后,就走向了他,并热烈地迎接了他,询问他前来这个地方所为何事。(9)当尼卡格拉斯回答说自己带来一船战马售卖后,(10)克里奥米尼斯说道:"我倒希望你带来的不是一船战马,而是一船娈童和妓女,因为,这些才是国王真正想要的商品。"(11)尼卡

---

① 在《埃基斯和克里奥米尼斯的生平》(*Life of Agis and Cleomenes*)中,普鲁塔克将克里奥米尼斯描述成对谋杀阿基达穆斯知情,但不需要对这个谋杀负责。

格拉斯当时只是笑笑,没有说一句话,但是,几天后,由于马匹交易,他就同索西比乌斯熟络了起来,于是,他就告诉了后者克里奥米尼斯近来所说的那些挖苦他的话。(12)当他注意到索西比乌斯非常喜欢听自己所说的这种话后,他就把自己先前怨恨克里奥米尼斯的整个故事都告诉了索西比乌斯。

[38](1)索西比乌斯看到他对克里奥米尼斯的种种怨恨后,就通过现金贿赂和允诺将来给他更大笔的金钱,来说服他写信指控克里奥米尼斯,并且要求他将这封信件密封严实;(2)几天之后,尼卡格拉斯离开了,他的仆人将这封信带给了索西比乌斯,就好像这封信是尼卡格拉斯自己送给他的一样。(3)尼卡格拉斯现在参与到了这场阴谋当中,而且,当这封信件被他的仆人送到索西比乌斯的手上后,他就已经驶离了;(4)接着,索西比乌斯立即带上这位仆人和这封信件到国王那里。(5)这位仆人说道,尼卡格拉斯离开时,命令自己将这封信件交给索西比乌斯;这封信件明确地说道,如果国王拒绝为克里奥米尼斯装备一支足够强大的远征军,那么,他就要反叛国王。(6)索西比乌斯立即利用这个理由催促国王不要耽搁,尽快将克里奥米尼斯关押起来,以防范万一。(7)这件事情就这样做成了,因此,克里奥米尼斯被发配到了一间很大的房间,他就在关押和监视之下居住在里面,除了生活在一间更大的监牢之外,他同普通的囚犯并无任何不同。(8)看到自己的处境和未来的希望黯淡后,克里奥米尼斯决定不惜一切代价逃奔自由,(9)他并不是真的相信可以成功逃脱——因为,他自己根本没有任何胜算——而是希望自己高贵地死去以不辱没自己过去所展现出的英勇气概。(10)我觉得,他一定像那些大无畏之人那样,只有这位英雄的话语在自己心中回响和激荡:

> 命运已经降临。
> 我不能束手待毙,黯无光彩地死去,

我还要大杀一场,给后代留下英名。①

[39](1)克里奥米尼斯一直等到托勒密②前往卡诺巴斯(Canobus)的那一天,③方才在看守自己的守卫当中散布谣言说,国王就要释放自己了,而且,他利用这个借口设宴款待自己的侍从,并给守卫派送肉食、花冠和美酒。(2)守卫对此没有任何怀疑,他们大肆享用这些好东西,不久就喝得酩酊大醉,大约半夜的时候,他召集跟随自己的朋友和仆人,带上匕首,神不知鬼不觉地冲出了这间房间。(3)他们在街上行进的时候遇到了托勒密——他是国王留下来负责防守这座城市之人——他们的英勇进攻把托勒密的随从深深地震慑住了,以至于他们轻易地就把托勒密从他的马车上拖拽并关押了起来,接着,他们开始号召民众起来维护自己的自由。(4)但是,没有人关心或者同意加入这场反叛——因为,这整个计划让所有人都出乎意料——于是,他们沿着原路折回并向城堡进军,希望撞开大门,让关押在那里的囚犯加入自己的队伍。(5)然而,他们这个计划也失败了,因为,监狱的守卫听说了他们的意图后牢牢地守住了大门,最后,他们将武器指向自己,像真正的勇士和斯巴达人那样死去了。

(6)克里奥米尼斯就这样死去了,他在举止和说话以及做事方面,都是一位极具天赋的杰出之士,总之,他天生就是一名领袖和国王。

[40](1)在克里奥米尼斯的这场事件发生后不久,科利-叙利亚总督提奥多图(Theodotus)——从血统上来说,他是一名埃托利亚人——密谋了第二场阴谋。(2)一方面是由于其放荡的生活和一贯的行径,一方面也是由于宫廷大臣的不信任——他近来在诸多

① 参见《伊利亚特》第二十二卷第304行;蒲柏的译本(Pope's translation)。
 [中译按]此处照搬了罗念生先生和王焕生先生所译的《伊利亚特》中译本。
② [中译按]即托勒密四世。
③ 即公元前220年。

方面,尤其是在安条克第一次试图入侵科利-叙利亚时,他都为托勒密提供了巨大的帮助,但是,他不仅没有因此得到任何感谢,相反,他被召回亚历山大里亚,差一点就丢掉了自己的性命——因为,提奥多图向来鄙视托勒密国王。(3)现在,他想同安条克暗通款曲,并把科利-叙利亚城移交到后者手上。安条克对于这项提议非常高兴,而且,这件事情没多久就做成了。

(4)对于塞琉古王室,我也要像先前记述埃及王室那样记述它,为此,我将回溯到安条克继任王位的那个时期,并对当时那个时期与我即将描述的这场战争所爆发的这个时期之间的事件,进行简要地概述。

(5)安条克是塞琉古·卡利尼库斯①的幼子,在他父亲去世后,②他的哥哥塞琉古③继承了王位,他一开始居住在内陆。(6)但是,当塞琉古率领军队进抵塔乌鲁斯山惨遭暗杀后,④正如我之前所说,他继承了其兄的王位,开始了自己的统治。(7)他委任阿卡乌斯统治塔乌鲁斯山这边的亚洲领土,莫龙(Molon)和他的兄弟亚历山大统治内陆行省,莫龙是米底的总督(Satrap),亚历山大则是波斯的总督。

[41](1)莫龙和亚历山大俩兄弟没有把年轻的国王放在眼里,他们希望阿卡乌斯支持他们的计划,但是,他们最为害怕的是希梅亚斯(Hermeias)的残暴和阴险,希梅亚斯当时是整个王国的首相,他们也计划在内陆的总督辖地发动叛乱。(2)这位希梅亚斯是一名卡里亚人,他在安条克的兄弟塞琉古⑤统治时期就已经大权在握,在塞琉古远征阿塔鲁斯期间,塞琉古委任他治理王国。(3)在得到这个高位后,他开始嫉妒起宫廷内所有占据高位之人,而且,由于他生性残忍,他就将一些错误上纲上线成罪行,以进行惩治,

---

① [中译按]即塞琉古二世。
② 即公元前226年。
③ [中译按]即塞琉古三世。
④ 即公元前223年。
⑤ [中译按]即塞琉古三世。

同时,他对其他人也肆意捏造一些子虚乌有的指控;接着,他就对他们作出十分残忍和无情的判决。(4)希梅亚斯最想清除的对象是埃庇基尼斯(Epigenes),埃庇基尼斯把跟随塞琉古远征的军队带了回来,因为,希梅亚斯看到,他是一位既有雄辩的口才,又有突出的实践能力之人,而且,他在军队中间享有巨大的声望。(5)希梅亚斯决心清除他,但是,希梅亚斯在耐心地等待时机,以寻找进攻他的借口。(6)当御前会议(the council)被召集起来,以商讨莫龙的叛乱问题,国王命令所有人都要发表处理这场叛乱的看法时,埃庇基尼斯第一个发表了看法,并建议不要耽搁,而是立即着手处理这个问题。(7)他说道,头等重要的事情是,国王应该亲身前往到现场,出现在真正的事发地;(8)因为,一旦国王率领一支足够的军队出现在民众的眼前,莫龙就不敢冒险破坏和平了,(9)即使他仍然冒险坚持他的叛乱计划,民众也会很快将他抓住并移交给国王。

[42](1)在埃庇基尼斯还没有结束他的讲话前,希梅亚斯就激动起来,他喊道,长期以来,埃庇基尼斯就在暗地里密谋背叛这个王国,(2)但是,通过他所提供的这个建议,现在他已经公开表明了自己的邪恶意图,他的计划就是将国王置于一支无足轻重的军队保护之下,从而让国王亲自以身犯险,暴露在叛乱分子面前。(3)希梅亚斯现在心满意足地布下了一系列诋毁之词后,没有再进一步骚扰埃庇基尼斯;与其说他现在所发表的看法是自身敌意的流露,倒不如说是自身怒气不合时宜的爆发。(4)他之所以发表这样的看法,其真正的动机是,他不愿意同莫龙交战,他缺乏军事经验,而且担心会有危险;但是,他非常希望同托勒密交战,他自信这场战争不会有危险,因为托勒密国王异常怯懦。(5)这一次,他把整个御前会议都给震住了,因此,他任命西农(Xenon)和提奥多图·希米奥利乌斯(Theodotus Hemiolius)作为军队指挥官前去征讨莫龙,而他自己则继续鼓动国王①攻占科利-叙利亚;(6)他认为,只要这位年轻国王全面卷入战争,他就可以逃脱自己过去所犯下的罪

---

① [中译按]即安条克国王。

行的惩罚,继续维持自己目前的权威,因为,国王需要他帮忙处理不断兴起的争斗和危机。(7)最后,在追求这个目标的过程中,他伪造了一封书信,而且,他把这封书信呈给了国王,他声称,这封书信本来是由阿卡乌斯寄送出去的,书信里非常明确地说道,托勒密催促阿卡乌斯武力篡夺政府,并且答应他,一旦他戴上王冠并在所有人面前主张王位,托勒密会尽全力给他提供舰船和金钱。(8)毕竟,尽管他否认这个头衔并拒绝命运女神给予他的这顶王冠,但是,他现在事实上已经就是国王了。

(9)这封书信成功地搅乱了国王,他现在一心准备入侵科利-叙利亚。

[43](1)安条克国王现在已经在幼发拉底河(Euphrates)的渡口塞琉西亚(Seleucia)附近了,他在那里同自己的海军统帅迪奥根尼图斯(Diognetus)会合,迪奥基内图斯从本都的卡帕多西亚(Cappadocia Pontica)①带来了米特拉达梯国王②的女儿拉奥狄克(Laodice)——她是一名处女,同时也是国王的未婚妻。(2)这位米特拉达梯国王声称,自己是杀死马古斯僧侣(Magus)③的七位波斯人当中的一位的后裔,而且,他保全了大流士(Darius)④最初授予给自己祖先的本都边上的王国。(3)这位公主一抵达,安条克就立即以隆重的仪式来迎接自己的未婚妻,并以王室的排场来庆祝自己的婚礼。(4)当婚礼结束后,他下到安提阿(Antioch),在那里宣布拉奥狄克为王后,之后,他就忙于备战了。

(5)与此同时,莫龙在自己的总督辖地一直把时间花在军队上面,直到他们做好所有准备,一方面,他给他们许下赢得大批战利品的美好希望,另一方面,他又对自己手下的官员逐步灌输恐惧——他给他们出示了所伪造的国王信件,里面到处充斥着满是威

---

① [中译按]"本都的卡帕多西亚(Cappadocia Pontica)"亦即"黑海(Euxine)边上的卡帕多西亚"。
② [中译按]即国王米特拉达梯二世。
③ 假冒的斯麦迪斯(Smerdis),参见希罗多德:《历史》,第三卷第61—82节。
④ [中译按]即大流士一世。

胁的言辞。(6)同时,他也有自己的兄弟亚历山大这位现成的帮手,而且,他还得到了临近的总督辖地的支持,通过贿赂,他赢得了这些地方的总督的好感。因此,他率领了一支庞大的军队向国王手下的将军们进军。(7)对于他的到来,西农和提奥多图都感到非常恐惧,因此,他们就撤入城内,而莫龙则控制了阿波罗尼亚人(Apollonia)的国土,他现在拥有了充足的补给。(8)即使在此之前,莫龙就是一位非常可怕的对手,因为,他掌管了一个举足轻重的行省。

[44](1)所有的王室马群都由米底人(Medes)负责管理,①他们拥有不计其数的谷物和牲畜。(2)这个地方的险要和广袤是很难用语言来表达的。(3)米底(Media)位于亚洲的中部,从总体上而言,它的草原面积和草原高度都要超过亚洲任何其他地区。(4)而且,它居高临下地俯视着这个地区当中一些最勇敢和最庞大的部落。(5)它的东部边境是一个荒漠型平原,这个荒漠型平原将波斯和帕提亚(Parthia)分隔开来;它俯瞰和控制着所谓的里海门户(Caspian Gates),而且,它同距离赫卡尼亚海(Hyrcanian Sea)不远的塔皮利山(Tapyri)接壤。(6)它的南部一直延伸到美索不达米亚(Mesopotamia)和阿波罗尼亚,并同波斯接壤,而且,作为屏障的扎格鲁斯山脉(Mount Zagrus)拱卫着它。(7)扎格鲁斯山脉有一个一百斯塔德的缓坡,而且,这座山脉由不同的山峰在不同地方交汇而成,它的中间夹杂着洼地和深谷,享有好战盛誉的科塞埃(Cossaei)、科布利纳埃(Corbrenae)、卡尔基(Carchi)和其他蛮族部落都生活在其中。(8)它的西部同所谓的行省辖地的部落(Peoples of Satrapies)相邻,而这个部落又同领地一直延伸到欧克西涅海(Euxine Sea)的那些部落相邻。(9)它的北部同埃利梅人

---

① 尼塞伊圣马(the sacred of breed of Nisaean hoese),这种圣马用作牵拉波斯国王的战车,参见希罗多德:《历史》,第七卷第40节和第九卷第20节。尼塞伊平原(Nisaean Plain)是米底的其中一个平原,它拥有最好的草场,洛林森(Rawlinson)认为,尼塞伊平原就是比希斯顿(Behistun)附近的卡哈瓦尔平原(Khawar)和阿利斯坦平原(Alistan)。

(Elymaeans)、阿尼亚拉卡埃人（Aniaracae）、卡都西人（Cadusii）和马提亚尼人（Matiani）的领土接壤和环绕，(10)并俯瞰着同帕鲁斯-梅奥提斯相连的那部分本都海。(11)米底自身也有数座自西向东的山脉，这些山脉之间的平原布满了城镇和村庄。

[45]（1）除了没有名号，莫龙实际上就是这个国家的主人，正如我在前面所说，他的巨大权力使他成为一名非常可怕的对手。（2）但是，现在国王的将军们似乎要从战场撤离，他们要把乡村让渡给他，而且，他自己的军队也由于之前所期望的胜利都变成了现实而士气高涨，他似乎让亚洲的所有居民都感到异常恐惧和势不可挡。（3）他首要的目标是渡过底格里斯河（Tigris）以围攻塞琉西亚。（4）但是，控制了河船的宙克西斯（Zeuxis）阻碍了他渡河，因此，他就撤到了位于克特西弗安（Ctesiphon）的己方营地，准备让自己的军队驻扎在这个地方过冬。

（5）当听到莫龙进军和自己的将军们撤退的消息后，[1]安条克国王就准备放弃同托勒密的战事，转而同莫龙交战，以免贻误行动的时机。（6）但是，希梅亚斯坚持自己最初的计划，他派遣亚该亚人克诺塔斯（Xenoetas）率领一支军队前去迎战莫龙，他对国王说道，平叛是将军们的事情，但是，身为国王，他应该同托勒密国王进行战略性厮杀和决定性战事的对决。（7）由于他对这位年轻的国王拥有决定性的影响力，国王动身并开始在阿帕米亚（Apamea）集结自己的军队，接着，他从那里进军拉奥迪塞亚（Laodicea）。（8）国王率领自己的所有军队从这座城镇继续向前进发，（9）在穿过荒漠后，他进入了著名的马西亚斯（Marsyas）峡谷，马西亚斯峡谷位于黎巴嫩（Libanus）山脉和安提黎巴嫩（Antilibanus）[2]山脉之间，而在这两座山脉之间，只有一条狭窄的通道。（10）峡谷的最窄处分布有沼泽和湖泊，而沼泽和湖泊里面则飘荡着收割的芦苇的清香。

[46]（1）坐落在这条通道一侧的是一个名叫布洛基（Brochi）的

---

① 即公元前 221 年。
② ［中译按］Antilibanus（安提黎巴嫩）亦写作 Anti-Libanus（安提-黎巴嫩）。

地方,在另一侧的则是一个名叫格尔哈(Gerrha)的地方,这两个地方之间的通道非常狭窄。(2)在花费了数天时间,穿过这条峡谷和征服附近的城镇后,安条克抵达了格尔哈。(3)他发现,埃托利亚人提奥多图已经占领了格尔哈和布洛基,而且,提奥多图还使用了壕沟和栅栏,以强化对湖边狭窄的通道的防御,随后,他就把军队部署在了合适的地方。(4)他一开始决定强行通过,但是,由于这个地方的地势险要,以及提奥多图一如既往的坚定抵抗,他会遭受比自己所能承受的更大损失,他就放弃了这种尝试。(5)就在这进退两难之际,他听到了克诺塔斯遭遇彻底的失败和莫龙已经占领所有的内陆行省的消息,于是他就放弃了这次远征,急忙回去救援自己的王国了。

(6)正如我在前面所说,克诺塔斯被任命为最高指挥官,其后,他就发现自己拥有比自己之前所期望的更大权力,于是,他开始凌驾于自己的朋友之上并鲁莽地对待起自己的敌人来。(7)然而,在抵达塞琉西亚后,他派人去请求苏西亚纳(Susiana)的总督迪奥根尼(Diogenes)和波斯湾(Persian Gulf)海岸的总督庇西亚德斯(Pythiades)前来帮忙,接着,他率领的军队继续进军并驻扎在底格里斯河边,以迎面抵挡对岸的敌人。(8)大批逃亡者从莫龙的营地游河过来,并告诉他,如果他渡过这条河流,那么,莫龙的整个军队都会倒向他一边——因为,士兵们都嫉恨莫龙,而且,他们都对国王持有好感——这个情报让克诺塔斯深受鼓舞,他决定渡过底格里斯河。(9)首先,他佯装在一个有岛屿的地方建造一座桥,但是,由于他根本就没有准备造桥的任何材料,莫龙完全没有理睬他的这种佯动。(10)然而,克诺塔斯一直在忙于搜集船只,并尽可能地修复船只。(11)接着,他从自己的整个军队中挑选出最为勇敢的步兵和骑兵后,就把营地交给宙克西斯和庇西亚德斯负责,他自己则率领这支军队,连夜抵达莫龙营地下游大约八十斯塔德的一个地方,(12)在那里,他用船只把自己的军队安全地渡过河流,接着,他乘着夜色扎营在一个有利的地形,这个地方的大部分地区被这条河流所包围,其余部分则被水池和沼泽所包围。

[47](1)莫龙了解到所发生的事情后,就派去了自己的骑兵,他认为,他们可以轻而易举地阻挡正在渡河的军队并碾压那些已经渡过河流的军队。(2)当他们快要靠近克诺塔斯的军队时,由于对地形不熟悉,以至于他们用不着敌人进攻就陷入了泥潭,自身的惯性使他们纷纷冲进或者沉入水池和沼泽,这使他们丧失了全部战斗力,许多人命丧于此。(3)克诺塔斯深信,只要自己靠近莫龙的军队,后者就要遗弃莫龙,因此,他沿着河岸进军,并在敌人附近扎营。(4)但是,莫龙现在出于自身的诡计谋略,或者出于对自己军队忠诚性的怀疑,以及他担心克诺塔斯所期待的叛变将会实现的考虑,他将自己的辎重留在了营地,在夜色的掩护下,他赶紧向米底方向撤军。(5)克诺塔斯认为,莫龙是由于害怕自己发动进攻和怀疑自身军队的忠诚,从而选择了逃跑,他首先进攻并占领了敌军的营地,其次,他从河对面的宙克西斯营地派送过来了自己的骑兵和辎重。(6)接着,他召集自己的士兵开会,并鼓励他们对战事保持勇气和乐观,因为,莫龙已经逃亡了。(7)当结束这番讲话后,他命令,所有人补充身体的需要来恢复体力,因为,他准备在第二天早上就立即追击敌人。

[48](1)士兵们充满信心,而且,他们手上都有丰沛的供给,他们开始宴饮,而过度的宴饮不可避免地会陷入精神疏忽和纪律松弛的状态。(2)但是,莫龙在撤退了相当距离及让自己的军队吃过晚饭后,他又返回并重新出现在营地,当他发现所有的敌人都四散开来并醉意熏熏后,他就在拂晓时分对营地发起了进攻。(3)由于克诺塔斯对这场出其不意的进攻感到惊慌错愕,而且,他也唤不醒自己手下那些醉气熏熏的士兵,于是,他疯狂地冲进敌军士兵中间而殒命了。(4)大部分正在睡觉的士兵被杀死在他们自己的床上,而其余的士兵则纵身跳入河流,试图进抵对岸的营地,然而,他们大部分人也命丧于此。(5)营地现在陷入了极度的混乱和骚动当中。(6)所有人都感到极度的沮丧和恐惧,他们看到对岸近在咫尺的营地,拼命想要逃亡的他们甚至都忘记了湍急而危险的河流。(7)他们失去了理智,盲目地跳入河流,并将驮载辎重的驮畜也驱

赶进河流，(8)就好像这条河流会幸运地帮助他们，把他们带到对岸营地一样。(9)因此，整条河流呈现出一副异常悲惨而又特别的画面，战马、骡子、武器、尸体，以及各种各样的行李辎重连同垂死挣扎的游泳者一同被河水卷走了。(10)莫龙占领了克诺塔斯的营地，接着，他没有遇到任何抵抗就安全地渡过了这条河流，因为，宙克西斯在他进攻之前就逃走了，他也占领了宙克西斯的营地。(11)在赢得这些胜利后，他率领自己的军队继续向塞琉西亚进军。(12)他第一次进攻就攻占了这座城市，因为，这座城市的总督宙克西斯和迪奥米顿(Diomedon)已经放弃了它，现在他继续向前进军，没有遇到任何抵抗，就把内陆的行省辖地降服了。(13)在控制了巴比伦尼亚和波斯湾海岸后，他抵达了苏萨(Susa)。(14)对于苏萨这座城市，他也是第一次进攻就攻占了它，但是，在攻占它的城堡时，他并不成功，因为，迪奥根尼将军在他抵达之前就已经在里面全力备战了。(15)因此，莫龙放弃了武力攻占的想法，在留下一支围攻它的军队后，他率领其余的军队急忙赶回底格里斯河边的塞琉西亚。(16)在那里，他努力恢复自己军队的体力，对他们进行一番讲话后，他重新开始追逐自己的计划，他占领了直至埃乌洛普斯城(Europus)的帕拉波塔米亚(Parapotamia)和直至都拉(Dura)的美索不达米亚。

(17)当安条克听到这些消息后，正如我在前面所说，他放弃了争夺科利-叙利亚的计划，转而全身心地投入到这场战争。

[49](1)御前会议再一次地召集起来开会，国王要求他们提供抵抗莫龙的措施和建议，埃庇基尼斯再一次首先对局势发表了自己的看法，(2)他说道，在敌人有机会赢得这样重大的胜利之前，国王就应该遵照他最初的建议并采取直接的行动，但是，如果现在国王仍旧按照他之前的建议那样行事，全力以赴地对待这个问题，仍然为时未晚。(3)对此，希梅亚斯却无缘无故地大发雷霆，他大声斥责埃庇基尼斯。(4)通过大肆吹捧自己和横加指控埃庇基尼斯后，他郑重地要求国王，在没有任何重大缘由的情况下，不要转移自己的目标和放弃征服科利-叙利亚的希望。(5)他的这番话不仅冒

犯了大部分御前会议成员,而且,也让安条克深感不快;国王急切地调和他们两人,最终艰难地劝说希梅亚斯结束了这番争吵。(6)大家所持的普遍看法是,埃庇基尼斯所提出的建议最切合实际,也最有利,御前会议决定,国王不仅应该同莫龙开战,而且应该把心思全部放在这个问题上。(7)对此,希梅亚斯假装自己突然改变主意,他说道,毫不犹豫地支持这个决定是所有人的共同义务,对于备战行动,他表现得非常积极和乐意。

[50](1)然而,当军队在阿帕米亚集结后,士兵中间由于一些欠饷的问题而爆发了军事哗变。(2)希梅亚斯注意到,对于在这样紧要的关头发生这样一场哗变,国王非常紧张和惊慌,因此,他提出,如果国王把埃庇基尼斯排除在这场军事行动之外,那么,他将全额给士兵发放欠饷。(3)他说,如果不能正确地处理军队中间的剧烈争吵,那么,军队将会一事无成。(4)对于这个要求,国王并不高兴,他本想予以拒绝,因为,他非常希望埃庇基尼斯陪同自己参战,因为埃庇基尼斯拥有丰富的军事经验;(5)但是,希梅亚斯借助于宫廷礼仪和一群警卫与随从的手段,让国王深陷于他的邪恶阴谋当中,国王已经不是他自己的主人了,他最终屈服并同意了这个要求。(6)当埃庇基尼斯按照国王的命令退回到市民生活中后,御前会议的成员都非常害怕招致希梅亚斯的嫉恨,(7)但是,军队由于之前所经历的欠饷风波而积累的怨恨,现在转而对希梅亚斯深表好感,因为,他解决了他们的欠饷问题。(8)然而,当他们聚集大约六千人进行公开反叛,乃至擅离自己的营地,以至于在一段时间内造成了巨大的麻烦时,西尔赫斯塔(Cyrrhestae)却是一个例外;但是,他们在一场战役中最终被国王手下的一位将军给打败了,他们大部分人被杀,其余的人则明智地投降了。(9)希梅亚斯通过恐惧将国王的大臣们都置于自己的控制之下,通过恩惠赢得了军队的支持,接着,他和国王离开了阿帕米亚,并一同向前进军。(10)在阿帕米亚城堡指挥官亚历克斯(Alexis)的默许下,希梅亚斯现在忙于下列这个阴谋,以针对埃庇基尼斯。(11)他伪造了一封莫龙写给埃庇基尼斯的书信,通过允诺一笔巨大的奖赏,他唆使埃庇基尼

斯手下的一位奴隶,让他将这封书信混藏在埃庇基尼斯的文件当中。(12)当这件事情完成后,亚历克斯立即就出现,询问埃庇基尼斯是否收到了来自莫龙的书信。(13)对此,埃庇基尼斯予以了严厉的否认,对于他的否认,亚历克斯要求搜查他的房屋,进入房屋后,亚历克斯很快就找到了这封书信,基于这个原因,埃庇基尼斯就立即被处死了。(14)他们诱使国王相信,埃庇基尼斯之死其实罪有应得,尽管廷臣们觉得可疑,但是,他们因为害怕而没有对此说任何话。

[51](1)一抵达幼发拉底河,安条克就让自己的军队进行休整,接着,他又恢复了行军。大约在冬至的时候,他抵达了米格多尼亚(Mygdonia)的安提阿,接着,他就留在了那里,以期等到极端严寒的冬季结束。(2)在那里,他停留了四十天的时间,接着,继续向利巴(Libba)进军。(3)他召集了一个会议,以决定向莫龙进击的最好的行军路线,以及从哪里获取进军的物资补给——现在莫龙在巴比伦(Babylon)附近——(4)希梅亚斯建议,沿着底格里斯河进军,以便他们的侧翼可以得到底格里斯河、莱库斯河(Lycus)和卡普鲁斯河(Caprus)的掩护。(5)宙克西斯先前亲眼目睹过埃庇基尼斯的命运,他担心,如果陈述了真实的看法,那么,自己可能会招致同样的命运,但是,由于希梅亚斯的建议明显错误百出,于是,他就鼓起勇气建议渡过底格里斯河;(6)他的理由是,沿着河流行军一般会非常困难,而且,在通过相当广袤的地区后,他们将不得不经过六天的沙漠行军,之后,他们才能抵达国王的运河(King's Cannal)。①(7)如果这个地方被敌人占据,那么,他们就不可能渡过运河,接下来的撤退,他们就要穿过沙漠,这将伴有巨大的危险,尤其在补给短缺的情况下,更是如此。(8)相反,如果他们渡过了

---

① [中译按]King's Canal(国王的运河)亦写作 King's Dyke(国王的堤坝)或者 Royal Canal(王室运河)。

底格里斯河,他指出,阿波罗尼亚(Apolloniatis)①的民众明显会恢复自己的忠诚而倒向国王这一边,(9)因为,他们之前臣服于莫龙不是出于他们自己的选择,而是出于情势和恐惧。(10)他说道,很明显,军队也将得到充足的物资供应,因为,这个地方异常肥沃。(11)但是,最为重要的考量是,如果莫龙撤退到米底,他从这个行省的补给都将被切断,因此,他将被迫开战,否则,如果他拒绝开战,那么,他的军队很快都会倒向国王一边。

[52](1)宙克西斯的建议得到了赞同,在把军队分成了三部分后,他们带着辎重在三个不同的地方迅速渡河。(2)接着,他们向都拉进军,都拉这座城市当时正被莫龙手下的一位将军围攻,他们第一次进攻就逼迫敌人解除了围攻。(3)他们继续向前进军,经过连续八天的行军后,他们穿过了奥雷库姆山(Oreicum),抵达了阿波罗尼亚。

(4)与此同时,莫龙听说了国王到来的消息,他不信任苏西亚纳和巴比伦尼亚的民众,因为,他是最近才突然地征服这两个行省的,他也担心敌人切断他撤回米底的退路,他决定在底格里斯河上建造一座桥,并让自己的军队穿过这座桥,以抵达对岸。(5)他的想法是,如果可能,他要占领阿波罗尼亚的山区,因为,他对自己手下所谓的西尔提(Cyrtii)的投石兵大军非常有信心。(6)在渡过这条河流后,他连续不停地快速向前进军。(7)恰好在国王率领全部军队离开阿波罗尼亚时,他正要到达阿波罗尼亚,作为前锋的两军轻装步兵在穿过一座山脊时相遇了。(8)一开始,他们之间只进行了小规模战斗,但是,当两军的主力部队抵达后,他们就分开了。(9)双方军队现在都撤进了他们各自的营地,双方的营地相距大约四十斯塔德,但是,当夜幕降临后,莫龙考虑到,如果白天直接进攻国王,那么,作为叛军的他们将会处于危险和不利的境地,因此,他决定晚上进攻安条克。(10)他从自己的整个军队中挑选出最能干

---

① [中译按]Apolloniatis 亦写作 Apollonia,这里所说的阿波罗尼亚也即是亚述的阿波罗尼亚(Apollonia in Assyria)。

和最勇敢的士兵,接着,他率领他们走了一段相当长的弯路,因为,他意图从高地进攻敌人。(11)但是,当了解到在行军过程中有十名士兵叛逃到了安条克一边后,他就放弃了这个计划,(12)大约在天亮时,他急速退回自己的营地,但是,他一回来,他的整个军队就陷入了混乱和恐慌。(13)因为,回来的士兵把营地里的所有军队都从酣睡中惊醒了,他们几乎就要跑出营地。(14)莫龙尽可能地平息了他们的恐慌。

[53](1)天亮后,已经作好战斗准备的国王将自己的所有军队都开出了营地。(2)在右翼,他首先部署了自己的枪骑兵——他们由极富军事能力的阿尔迪斯(Ardys)所指挥——接下来的是克里特盟友,再接下来的是高卢-利戈萨基斯人(Gallic Rhigosages)。①(3)在他们后面,他部署的是希腊雇佣军,方阵则部署在最后面。(3)在左翼,他选派了著名的"同伴"(Companions)骑兵。他的战象——总计十头——他则把它们间或部署在队伍的前面。(4)他把自己的步兵和骑兵预备队分开部署在两翼之间,一旦战斗打响,他就命令他们从侧翼包抄敌人。(5)接着,他沿着防线前进,并向自己的军队发表了一番合乎时宜的讲话。(6)他把左翼委任给希梅亚斯和宙克西斯,他自己则亲自指挥右翼。(7)至于莫龙,由于在前一个晚上所发生的莫名恐慌的作用下,他根本就不能把自己的军队开出营地,他们的部署非常混乱。(8)然而,考虑到敌人的军队部署情况,他把自己的骑兵分开在两翼之间,在两支骑兵之间,他则部署了长盾兵(scutati)、高卢人和自己所有的重装军队。(9)他把自己的弓箭手、投石兵和所有这些种类的军队都部署在两翼骑兵的外侧。(10)他的卷镰战车(scythed chariots)则间或部署在队伍的前面。(11)他让自己的兄弟尼奥劳斯(Neolaus)指挥左翼,

---

① [中译按]有一种说法是,高卢-利戈萨基斯人(Gallic Rhigosages)是古代高卢-凯尔特人的一支,这个专有名词仅见于波利比乌斯的著作,而且,在波利比乌斯的著作中,它也只出现过了一次,其他古代作家的著作都没有出现过这个专有名词。还有一种说法是,高卢-利戈萨基斯人(Gallic Rhigosages)是古代突厥人的一支。

他自己则亲自指挥右翼。

[54](1)两军现在相互向前进军,莫龙的右翼仍然忠诚和英勇地同宙克西斯的军队战斗,但是,左翼一接近和看到国王,他们就立即倒向了敌人一边。(2)结果,莫龙的整个军队都失去了信心,而国王的军队则信心倍增。(3)莫龙意识到了所发生的事情并发现自己已经四面被围后,就在脑海里萦绕着自己被俘将会遭到何种摧残的画面。(4)于是,他选择结束自己的性命,所有参与这场阴谋之人都逃回了各自的家乡,并以同样的方式结束了自己的性命。(5)从战场上逃跑的尼奥劳斯逃到了波斯,莫龙的兄弟亚历山大当时就在那里,在杀死了自己的母亲和莫龙的孩子后,他劝说亚历山大效仿自己,接着,他选择了引颈就戮。(6)在洗劫了敌人的营地后,国王下令将莫龙的尸体钉在米底最显眼的地方。(7)负责这项任务的官员立即执行了这个判决,他们将莫龙的尸体带到卡洛尼提斯(Callonitis),钉在通往扎格鲁斯山的山下入口处。(8)其后,安条克长篇大论地指责了作乱的军队一番,接着,他向他们伸出自己的右手,以示宽恕;其后,他任命了一些官员负责带领他们返回米底,并有序地安排好了那里的事务。(9)他自己则下到塞琉西亚,恢复了临近省的秩序,他明智而温和地对待所有的犯人。(10)但是,希梅亚斯仍然没有改变自己的严酷性格,他控告塞琉西亚的民众,并对这座城市作出了一千泰伦的罚款;他将他们的地方长官,也即是所谓的亚德加尼斯(Adeiganes)放逐,而且,通过肢解、刀剑或者刑架的手段,他杀死了许多塞琉西亚人。(11)通过劝说希梅亚斯或者通过亲自处理事务,国王花费了很大的力气,最后,他终于成功地安抚了市民并恢复了这座城市的秩序,他只征收了一百五十泰伦的罚金,以惩罚他们所犯下的罪行。(12)在做好这些事情的安排后,他留下迪奥根尼负责管理米底,阿波罗多鲁斯负责管理苏西亚纳,并派遣军队的首席秘书长(Chief Secretary)泰克安(Tychon)负责接管波斯湾行省。

(13)莫龙的叛乱就这样结束了,由此引发的内陆行省的叛乱也被抑制和平息了。

[55](1)安条克为自己所赢得的胜利而欢欣鼓舞,他希望震慑和威胁那些生活在边境和自己的行省之外的蛮族首领,以阻止他们给任何叛乱分子提供物资补给或者武装支持,国王决定向他们进军,他首先征讨阿塔巴扎尼斯(Artabazanes)——(2)在这些首领当中,他最为强大,也最有能力,他是所谓的行省部落和边境部落的统治者。(3)但是,希梅亚斯当时对远征内陆甚是担心,因为,这会有危险,而且,他希望按照自己最初的计划继续征伐托勒密。(4)然而,当消息传来说,安条克已有了一个儿子,他就觉得,安条克远征内陆可能会惨遭蛮族人的毒手,或许会给自己踢开国王提供了机会,因此,他就同意了这次远征。(5)他深信,如果安条克不在人世了,那么,他自己就是安条克儿子的监护人和这个王国的统治者。(6)远征一旦决定,他们就渡过了扎格鲁斯河,进入位于米底边境的阿塔巴扎尼斯的领土,它们两地的边境由一座介于其间的山脉分隔开来。(7)法希斯河附近的那部分本都地区就位于它的上方,(8)它一直延伸到里海(Caspian Sea),而且,它拥有大批能征惯战的战士,尤其是骑兵,同时,这个地方也盛产各种战争物资。(9)这个公国仍然在波斯人的统治之下,在亚历山大大帝时期,它还不为人知。(10)对于国王的到来,阿塔巴扎尼斯心生恐惧——这主要是由于他的年纪已经非常老迈——迫于形势,他达成了一项让安条克满意的协议。

[56](1)在批准这个条约后,阿波罗法尼斯(Apollophanes)——他是国王的医生,同时也深受国王的宠爱——看到,希梅亚斯肆无忌惮地行使自身的权力,他开始担心国王的安全,也更加担心和害怕自己的安全。(2)因此,当发现一个向国王说话的合适机会时,他恳求国王不要对希梅亚斯的狂妄疏忽大意或视而不见,如果等到国王面临他兄弟那样的灾难就为时已晚了。(3)"危险,"他说道:"并不是遥不可及。"因此,他恳求国王留心,赶紧采取措施,以保卫他自己及其朋友的安全。(4)对此,安条克承认自己也厌恶和怀疑希梅亚斯,他深情地感谢阿波罗法尼斯对自己安全的关心及向自己所说的这番话,阿波罗法尼斯非常高兴自己没有误判国王

的情感和态度。（5）同时，安条克也恳求阿波罗法尼斯，不要只从语言上帮助自己，而是应该采取实际的行动，来确保自己及其朋友的安全。（6）对此，阿波罗法尼斯回答说，他会竭尽所能，之后，他们制定了下述计划。（7）他们假装国王患上了头晕病，他们就以此为借口，中断了数日文武官员的日常议事，（8）但是，他们以治疗为借口，让自己的那些心腹前来会面。（9）在这些天期间，他们就为这项行动准备合适的人手，而所有人都积极响应他们的计划，因为，他们都非常厌恶希梅亚斯，现在他们就要实施他们的计划了。（10）为了国王的健康，国王的医生命令在凉爽的早晨进行健身步行，于是，希梅亚斯就在指定的时间，陪同国王那些暗中参与密谋的朋友们一起来了，（11）其余的人则在后面，因为，国王要比往常更晚地进行健身步行。（12）因此，他们把希梅亚斯从营地引开，直到他们抵达一个荒僻的地方，接着，国王借口退到不远处，他们则用自己的匕首捅死了希梅亚斯。（13）希梅亚斯就这样死掉了，对于他所犯下的罪行而言，他死得着实太过轻巧。（14）在解除了恐惧和难堪的源头后，国王开始出发返回家乡，在整个回程途中，这个国家所有的民众都一致支持他的行动和计划，尤其热忱地拥护他清除希梅亚斯。（15）就在这时，阿帕米亚的妇女们用石头砸死了希梅亚斯的妻子，男孩们则以同样的方式砸死了他的儿子们。

　　[57]（1）一回到家乡，安条克就把自己的军队遣散到冬季营地。（2）现在安条克给阿卡乌斯送去信件，首先抗议他冒失地戴上王冠和自立为王，其次警告他，他同托勒密的联系和平常所表露的不臣举动已不是什么秘密。（3）当国王远征阿塔巴扎尼斯而未临朝期间，阿卡乌斯深信，安条克将会遭遇不幸，或者，即使没有遭遇不幸，（4）由于国王千里迢迢入侵叙利亚，他也可以在国王回来之前，在反叛的西尔赫斯塔的支援下，迅速地控制整个王国，他开始率领大军从吕底亚（Lydia）出发。（5）当他抵达弗里基亚（Phrygia）的拉奥迪塞亚后，他就戴上了王冠并首次冒险采用了国王的头衔，而且，他在发往各个城镇的信件里，也使用了国王的头衔，流亡的加西利斯（Garsyeris）是鼓动他采取这番行动的主谋。（6）他继续向

前进军,当进军到利卡奥尼亚(Lycaonia)附近时,军队发生了哗变,因为,这次远征是在对抗自己原来的国王,同时也是自己明正言顺的国王,对此,他们深为不满。(7)因此,当阿卡乌斯了解到他们的不满后,他就放弃了自己现在的计划,他希望说服士兵,从一开始他就无意远征叙利亚,他转而掉头,开始劫掠皮西迪亚(Pisidia)。(8)通过给自己的军队补充了大批战利品,他赢得了他们所有人的好感和信心,接着,他就返回了自己的行省。

[58](1)正如我在前面所说,清楚地得知了所有这些事情的国王,去信指责阿卡乌斯,同时,他将自己的全部精力都花费在同托勒密的备战上。(2)因此,他在初春集结了自己在阿帕米亚的军队后,就召集了自己的朋友们开会,以商讨入侵科利-叙利亚的问题。(3)关于这个国家的地形、必需的准备和舰队的协作方面,他们提出了很多建议,塞琉西亚人阿波罗法尼斯(我在前面已提及过他)打断了所有这些建议的讨论。(4)因为,正如他所说,觊觎和入侵科利-叙利亚,却让托勒密占据塞琉西亚,这完全是愚蠢之举,因为,塞琉西亚是首都,也即是说,它是他们的帝国真正的心脏和神圣的圣地。(5)除了埃及国王占领了这座城市,从而给王国所带来的耻辱之外,它的地理位置也非常重要。他说道:

(6)敌人占领了它,它就会是我们所有计划的最大阻碍;(7)因为,无论我们从哪个方向进军,我们都要采取防范措施,以保护我们自己的国家免受塞琉西亚的威胁,其耗费的巨大精力无异于同我们进攻敌人一样麻烦。(8)然而,如果它落到我们手上,那么,它不仅可以有效地保卫我们的国家,(9)而且,由于它的有利位置,无论在陆上还是在海上,它都将为我们所有的计划和事业提供最大限度的服务。

(10)阿波罗法尼斯的这番话,所有人深以为然,他们决定首先占领这座城市。(11)自从托勒密·乌基特斯为报复贝勒尼斯的被谋杀,而入侵叙利亚和占领塞琉西亚这座城镇以来,埃及国王一直都在严密驻防塞琉西亚。

[59](1)一旦下定这个决心,安条克就命令自己的海军统帅迪奥根尼图斯驶往塞琉西亚,他自己则率领手下的军队离开了阿帕米亚,接着,他抵达并驻扎在距离这座城镇大约五斯塔德的竞技场。①(2)他让提奥多图·希米奥利乌斯率领一支足够的军队到科利-叙利亚,以占领那条狭窄的通道来给自己提供保护。(3)塞琉西亚及其周围地区的地势如下:(4)它坐落在西里西亚(Cilicia)和腓尼基(Phoenicia)之间的海岸上,北面耸立着一座名叫科利法乌姆(Coryphaeum)的巍峨高山,塞浦路斯和腓尼基之间的海浪冲刷着这座高山的西岸,而这座高山东部的斜坡则俯瞰着安提阿和塞琉西亚的国土。(5)塞琉西亚就位于它南部的斜坡上,一个高深而不可逾越的山谷将它同这座高山分隔开来。(6)这座城镇有一连串一直延伸到海洋的破碎梯田,它的四周大部分被悬崖和陡峭的岩石所包围。(7)从山坡脚下一直到海洋,有一块平地,商业区和郊区就坐落在这块平地上,它们都有坚固的城墙保护。(8)整座主城也有造价高昂的城墙保护,城内建造有奢华的神殿和其他精美的建筑。(9)朝向海洋的一侧,只有一条通向主城的通道,这条通道是由人工切开石头而修建的梯级坡路,而且,一路上回环曲折不断。(10)奥隆特斯河(Orontes)的河口就坐落在距离这座城镇不远的地方,这条河发源于黎巴嫩和安提黎巴嫩附近,它横穿著名的阿米塞平原(Plain of Amyce),流经安提阿。(11)这条河的水流将安提阿城的所有污物都带走了,最终,它注入塞琉西亚附近的里海。

[60](1)安条克首先派遣使者到塞琉西亚的那些长官那里,告诉他们,如果他可以和平接收这座城市,那么,他将给他们提供金钱并允诺其他各种奖赏。(2)尽管他没能说服掌权的官员,但是,他贿赂了一些下级官员,准备通过他们的帮助,让自己的军队和舰队分别从陆上和海上发起进攻。(3)他将自己的军队分成了三部分,在向他们发表了一番合乎时宜的讲话,并答应给予表现英勇的

---

① 即公元前219年。

士兵与军官巨大的奖励和花冠后,(4)他把宙克西斯及其军队部署在通往安提阿的门外,把赫莫基尼斯(Hermogenes)部署在迪奥斯库里乌姆(Dioscurium)附近,进攻港口和下城的任务则交给了阿尔迪斯和迪奥根尼图斯。(5)按照他同城内的亲国王一派所达成的协议,如果他能攻克下城,那么,这座城市将会拱手移交给他。(6)当信号发出后,英勇而有力的进攻同时在四面打响,而阿尔迪斯和迪奥根尼图斯所指挥的士兵进攻最为猛烈,(7)因为,其他地方根本不可能用攻城云梯进行进攻,士兵只能四肢并用地在崖面攀爬,然而,他们却可以安全地调集攻城云梯,并把它们矗靠在港口与下城的城墙上。(8)因此,当舰队上的士兵矗立起他们的攻城云梯,以及阿尔迪斯也以同样的方式进攻下城后,猛烈的进攻就开始了。城内提供不了任何支援,因为,各个方向都同时受到攻击,下城很快就落到了阿尔迪斯的手上。(9)一旦攻克下城,之前被贿赂的那些下级官员赶紧跑到指挥官利安提乌斯那里,建议后者在这座城市被攻占之前同安条克达成协议。(10)利安提乌斯并不知道手下的官员已经叛变,但是,他们的惊慌失措让他深感恐慌,于是,他就派遣代表到安条克那里,以商讨城内所有人安全的协定。

[61](1)国王接纳了他们,并同意宽恕所有自由民(其人数总计大约六千人)的性命。(2)当控制这座城市后,他不仅宽恕了那些自由民,而且,他还把那些流放在塞琉西亚外面的流放者召回了家乡,并恢复了他们的公民权和财产。他把卫戍部队部署在港口和城堡内。

(3)安条克正忙于处理这些事情时,收到了提奥多图的来信,后者邀请国王立即前往科利-叙利亚,因为,他准备把科利-叙利亚移交到国王的手上。这封信让安条克感到局促不安,他不知道怎么做,也不知道怎样处理这封来信。(4)正如我们在前面所说,这位提奥多图是埃托利亚人,他对托勒密王国作用巨大,而且,就在安条克同莫龙开战期间,他让安条克险些丧命。(5)由于遭到托勒密国王的嫌弃和托勒密廷臣的厌恶,现在,他占领了托勒米亚,并派遣帕纳埃托鲁斯(Panaetolus)占领了推罗,接着,他急切地邀请安条克前来。(6)因此,国王决定推迟对阿卡乌斯的远征,并把所有其他事情都先放在次要位置,他率领自己的军队按照之前所来塞琉西亚的那条相同路线进军。(7)当通过了那条名叫马西亚斯的峡谷后,就在位于湖边中段的戈拉(Gerra)附近的狭窄通道上扎营。(8)当他听说,托勒密的将军尼科劳斯(Nicolaus)把提奥多图包围在托勒米亚后,他就命令手下的将军围攻布洛基——布洛基坐落在这个湖泊边上,而且,它控制着湖边的通道——而他自己则率领轻装军队继续进军,以解除托勒米亚之围。(9)然而,尼科劳斯听到国王前来的消息后,就撤退到了托勒米亚附近地区,但是,他派遣克里特人拉格拉斯(Lagoras)和埃托利亚人多利米尼斯(Dorymenes)攻占了贝鲁特(Berytus)附近的通道。(10)国王攻击了他们,而且不费吹灰之力地就把他们打得落荒而逃,接着,他就在这条通道附近扎营。

[62](1)他在那里一直等到自己其余军队的到来,在向自己的军队发表了一番合乎时宜的讲话后,他就率领整个军队进军了,他现在信心高涨,急切地期待自身希望的实现。(2)当提奥多图、帕纳埃托鲁斯和他们的朋友们同他会合后,他热情地欢迎了他们,他占领了推罗、托勒米亚以及这些地方的所有军事物资。(3)这包括四十艘舰船,而且,其中二十艘舰船是装备精良的甲板船,它们的大小都不会小于四排桨舰船(four banks of oars),其余二十艘舰船则都是三桨座战船(triremes)、双桨座战船(biremes)和舰载艇(pinnaces)。(4)他把这些舰船都交给了自己的海军统帅迪奥根尼图斯;这时他听到消息说,托勒密已抵达孟菲斯(Memphis),而且,托勒密的所有军队都已集结在佩鲁西乌姆(Pelusium),在那里他们打开水闸和填塞饮用的水源。(5)于是,他就放弃了进攻佩鲁西乌姆的计划,相反,他决定一座城市接一座城市地向前进军,以试图通过武力和劝说来赢得它们。(6)对于他的到来,那些防守薄弱的城市惊恐不已,它们纷纷倒向他的怀抱,但是,那些防守严密和地势险要的城市坚持据守,因此,他就被迫耗费时日驻扎在它们附近并围攻它们。

（7）尽管条约遭到如此粗暴地践踏，但是，托勒密的性格太过软弱，而且，他也彻底忽视了所有的军事准备，（8）以至于他根本就没有想过自己的首要职责就是武装保卫自己的国土。

[63]（1）然而，托勒密国王当时的首席大臣亚加索克勒斯和索西比乌斯最终一起进行了商讨，并适宜地采取了当前情形下唯一可行的举措。（2）他们决定一面备战，一面派遣使节与安条克进行协商，以延缓他的进军步伐，他们向安条克谎称托勒密的意图是：（3）他不想冒险开战，相反，他希望通过友好的提议和自己朋友的调解，来以理规劝和说服安条克撤离科利-叙利亚。（4）在作出这个决定后，负责这项事务的亚加索克勒斯和索西比乌斯开始同安条克接触。（5）与此同时，他们也派遣代表到罗德岛、拜占庭、希兹库斯和埃托利亚，以邀请这些国家派遣使团前来一起进行协商。（6）抵达的这些使团来回奔波于这两位国王之间，这给予了他们拖延时间和进行备战的充足机会。（7）在孟菲斯安顿下来后，他们继续同这些使团和安条克的代表进行协商，而且，所有的代表都得到了热情而友善的款待。（8）与此同时，他们在亚历山大里亚征召和集结在埃及之外的城镇所服役的雇佣军，（9）他们也派人去征募军官，以及给现有的军队和那些正要前来的军队提供补给。（10）他们也积极地忙于所有其他的准备，不断地派人去亚历山大里亚，以轮流查看他们所需要的补给是否充足。（11）他们将武器的生产以及士兵的挑选与组织委任给了色萨利人埃克格拉底（Echecrates the Thessalian）和米利塔的弗奥克西达斯（Phoxidas of Melita），（12）并由梅格尼西亚人欧里洛克斯（Eurylochus the Magnesian）、波奥提亚人苏格拉底（Socrates the Boeotian）和亚拉里亚的克诺皮亚斯（Cnopias of Allaria）进行协助。（13）对于他们而言，能够得到这些人的效力，具有非常重要的意义，因为，这些人之前效力于德米特里①和安提柯，②他们都拥有一定的战争头脑和丰富的实战经验。（14）他们把

---

① ［中译按］即德米特里二世。
② ［中译按］即安提柯·多森。

这支军队掌握在手里后,就用正确的军事方法训练军队。

[64](1)首先,他们按照士兵们的年龄和民族进行分割,不管士兵们之前装备了何种武器,他们给每一个人都分发了合适的武器和装备。(2)其次,他们根据当前形势的需要组织士兵们,他们打碎了原有的编组(old regiments),废除了现有的支付名册(the existing paymasters's lists)。(3)接着,他们就训练士兵们,不仅让士兵们习惯于听从号令,而且还让士兵们正确地使用自己的武器。(4)他们也经常举行检阅仪式并向士兵们训话,而阿斯皮恩都斯的安德洛马克(Andromachus of Aspendus)和阿尔戈斯的波利克拉底(Polycrates of Argos)在这方面所发挥的作用最为巨大,(5)他们刚从希腊过来,身上充满了希腊人的军事热情和军事创造力;(6)除此之外,他们的家室和财富都非常显赫,波利克拉底的家族更是异常古老,他父亲穆纳西亚德斯(Mnasiades)是一名声名卓著的运动健将。(7)这两位军官通过公开和私下的方式向士兵们训话,以激发他们对即将到来的战斗的热情和信心。

[65](1)我所提到的所有这些军官,他们在军队中都作出了自己的独特贡献。(2)梅格尼斯人欧里洛克斯统率著名的王室卫队,他们的人数大约是三千人,波埃奥提人苏格拉底统率了两千名轻盾兵,(3)亚该亚人弗奥克西达斯(Phoxidas the Achaean)、特雷塞亚斯之子托勒密(Ptolemy the son of Thraseas)和阿斯皮恩都斯的安德洛马克则共同训练方阵部队和希腊雇佣军,(4)方阵部队有两万五千人,由安德洛马克和托勒密指挥,雇佣军有八千人,由弗奥克西达斯指挥。(5)波利克拉底负责训练王室的骑兵卫队,他们的人数大约是七百人,同时,他也负责训练利比亚骑兵和埃及骑兵,他们的人数总计大约三千人。(6)色萨利人埃克格拉底在训练希腊骑兵和所有雇佣军骑兵(总计两千人)方面表现出色,这也使他们在真正的实战中作用巨大。(7)对于自己所统率的军队,亚拉里亚的克诺皮亚斯所花费的精力无出其右,他统率了总共三千名克

里特人,其中一千名是新克里特人(Neocratans),①他把他们交给了克诺西亚的斐洛(Philo of Cnossus)统领。(8)他们也以马其顿人的方式武装了三千名利比亚人,这三千名利比亚人由巴塞的阿蒙尼乌斯(Ammonius of Barce)统率。(9)埃及人自身总计大约有两万名重装军队,都由索西比乌斯统率。(10)他们也从移居埃及的色雷斯人与高卢人和他们的后裔那里,招募了一支总计大约四千人的色雷斯和高卢军队,并从其他地方新近征召了两千名军队,这些军队都由色雷斯人狄奥尼索斯统率。

(11)这就是托勒密所准备的埃及军队的总数和结构。

[66](1)与此同时,安条克正忙于围攻都拉城,②但是,由于这个地方地势险要以及尼科劳斯对都拉城的支援,他没有取得任何进展。(2)现在冬天就要来临,他同托勒密的代表达成了四个月的停战协定,他同意通过外交协商来友好地解决这整个争议。(3)然而,这远非事实,他真正的目的是,不想长时间地远离自己的国土,而是想让自己的军队留在塞琉西亚过冬,因为,阿卡乌斯明显正密谋针对自己,而且公然同托勒密结盟。(4)当这份协议达成后,安条克就派遣代表到托勒密那里,他嘱咐他们尽快地告知托勒密自己所作的决定,并让他前来塞琉西亚会见自己。(5)在这个地区留下足够的军队及委任提奥多图负责这个地区的防守后,他就离开了,他到达塞琉西亚后,就把自己的军队遣散到冬季营地;(6)从此之后,他就忽视了自己军队的训练,他深信自己将不会有任何战争了,因为,他已经控制了科利-叙利亚和腓尼基的一些地区,而且,他希望通过托勒密的首肯和外交途径来控制余下的地区,(7)因为,他认为,托勒密不敢冒险同自己进行决战。(8)他的使团也持这种看法,因为,居住在孟菲斯的索西比乌斯一直友好地接待他们,(9)而且,他绝不允许那些在亚历山大里亚目击准备进程的使

---

① 参见第5章注释。
② 这座都拉城不同于第48章和第52章所提到的那座都拉城,这座都拉城位于腓尼基,但是,除此之外,我们对它一无所知。

团成员返回告之安条克。

[67](1)但是,等到代表团回到索西比乌斯那里后,他们发现,索西比乌斯已经准备好了所有紧急情况的应对措施。(2)然而,安条克的首要目的是确保自己在同亚历山大里亚的代表团会面时,自己可以在军事和谈判上都拥有绝对的优势地位。(3)因此,当代表团①抵达塞琉西亚后,双方按照所西比乌斯的指示开始详细地讨论所提出的协议,(4)安条克国王认为,托勒密近来所遭受的损害并不严重,他对自己当前占领科利-叙利亚的明显不义之举不以为意;(5)他辩解说,这项行动事实上根本就不是冒犯,因为,这个地方原本就属于自己,现在他只不过是把自己的财产复归原主而已,(6)占领科利-叙利亚是一项最正确和最正义的行动,科利-叙利亚属于他自己,而非托勒密的财产,因为,这个地区一开始就被安提柯·莫诺弗萨姆斯(Antigonus Monophthalmus)②所占领,并被塞琉古③所统治。(7)他说道,为了兼并原本就不属于托勒密而属于塞琉古的科利-叙利亚地区,托勒密④发动了同安提柯的战争。(8)然而,最为重要的是,他强调说,在战胜安提柯后,⑤卡山德(Cassander)、利西马科斯(Lysimachus)和塞琉古三位国王一起开会,经过共同的仔细讨论,他们决定整个叙利亚都应属于塞琉古。托勒密的代表团却持完全相反的观点。(9)他们夸大了他们所遭受伤害,并把这种伤害视为一种最严重的冒犯,他们认为,提奥多图的叛乱和安条克的入侵明显地侵犯了他们的权利,而且,他们

---

① [中译按]这个地方的"代表团"亦即"托勒密的代表团"。
② 公元前 318 年,在一次作战中,独眼安提柯战胜佩迪卡斯(Perdiccas)后占领了科利-叙利亚和腓尼基,参见迪奥多鲁斯·西库鲁斯(Diodor. Sic.),第 18 卷和第 43 卷。
[中译按]Diodor. Sic. 是 Diodorus Siculus 的缩写,迪奥多鲁斯·西库鲁斯(Diodorus Siculus)撰写有《史集》(The History Library)一书。Monophthalmus 的涵义是"独眼",Antigonus Monophthalmus 即"独眼安提柯"之意。
③ 即塞琉古一世,公元前 306 年—前 280 年在位。
④ [中译按]即托勒密一世。
⑤ 即公元前 301 年的埃普苏斯之战(Battle of Ipsus)。

引证拉古斯之子托勒密来支持自己的主张。(10)他们声称,托勒密在战争中支援塞琉古的条件就是,他把整个叙利亚授予塞琉古,但是,作为交换,他将得到科利-叙利亚和腓尼基。(11)在协商和讨论的过程中,双方不断地重复这些或者类似的论据,但是,他们没有达成任何成果,因为,争议不是操纵在这两位国王手上,而是操纵在这两位国王各自的朋友们手上,没有人能够介入到他们中间,以阻止或控制任何逾越正义界限的一方。(12)双方首要的障碍就在于阿卡乌斯的问题,因为,托勒密希望把他囊括在条约当中,(13)但是,安条克予以严词拒绝,他认为,托勒密把叛乱分子置于自己的保护之下或者提上议事日程,这着实令人震怒。

[68](1)结果,春天就要到了,双方都对会谈心生厌倦,但是,他们的会谈仍然没有达成任何成果的前景。① 因此,安条克集结了自己的军队,希望从海路和陆路一起入侵科利-叙利亚,完成征服整个科利-叙利亚地区的目标。(2)托勒密则把这场战争的最高指挥权全权授予给尼科劳斯,并从加沙(Gaza)附近给他调集了充足的补给,还新派了陆军与海军。(3)得到增援的尼科劳斯信心满满地投入战争,海军统帅佩里基尼斯(Perigenes)积极地配合他的所有行动。(4)托勒密把舰队都交给了佩里基尼斯指挥,这支舰队由三十艘甲板船和超过四百艘运输船所组成。(5)尼科劳斯是一名埃托利亚人,在效忠托勒密的军官当中,他的军事经验最为丰富,作战也最为勇敢。(6)他让手下的部分军队占领了普拉塔努斯(Platanus)通道,他则亲自率领其余的军队占领了波菲利安城(Porphyrion)附近的地区,他准备在这个地方抵挡安条克国王的进攻,舰队也停泊在附近海岸,以支援自己。

(7)与此同时,安条克抵达了马拉萨斯(Marathus)。阿拉都斯(Aradus)的民众前来要求同他结盟,他不仅应允了这个请求,而且,他通过调解岛上居民与内陆居民之间的矛盾,从而结束了他们国内的分歧。(8)接着,他通过了特奥普洛索滂(Theoprosopon)海

① 即公元前218年。

角,抵达了贝鲁特,一路上,他占领了波特利斯(Botrys),并烧毁了特利埃利斯(Trieres)与卡拉姆斯(Calamus)。(9)他命令尼卡克斯(Nicarchus)和提奥多图从贝鲁特先行出发,以占领莱库斯河附近的崎岖通道,他则亲自统率其余军队向前进军,并驻扎在达穆拉斯河(Damuras)附近,他的海军统帅迪奥根尼图斯一直沿着海岸与他同步进军。(10)他从那里再一次地率领由尼卡克斯和提奥多图所指挥的轻装军队,以进军和侦察由尼科劳斯所占领的通道。(11)在彻底熟悉了整个地形后,他返回了营地,第二天,在留下了自己的重装军队(他们由尼卡克斯指挥)后,他率领其余军队继续向前进军,以期通过这条通道。

[69](1)这个地方的海岸位于黎巴嫩山脚与海洋之间,它的空间区域非常狭小,一条陡峭崎岖的山脊横贯其中,它只有一条沿着海岸的狭窄而崎岖的通道。(2)尼科劳斯就把自己的军队部署在这里,他动用了大批军队来占领一些地方,并通过人工设施来保卫其他的地方,因此,他确信自己能够阻止国王的通过。(3)国王将自己的军队分成了三部分,让提奥多图指挥第一部分的军队,并命令他向前进攻敌人并强行通过黎巴嫩山脚下的通道。(4)国王让米尼德姆斯(Menedemus)指挥第二部分的军队,并严令他通过山脊的中央。(5)国王让帕拉波塔米亚的军事总督迪奥克勒斯(Diocles)指挥第三部分的军队,并命令他沿着海岸进攻。(6)安条克自己则率领自己的护卫占领了一处中间的位置,以俯瞰整个战场和支援任何战事吃紧的地方。(7)与此同时,迪奥根尼图斯和敌方的佩里基尼斯所指挥的舰队则积极地准备海战,他们正尽可能地接近海岸,意图同时在海上和陆上展开攻击。(8)一声令下,所有人都同时投入战斗,海上的战斗仍然胜负未定,因为,两支舰队在数量和实力上都势均力敌。(9)然而,在陆上尼科劳斯的军队最初却占据上风,因为,他们拥有地形优势;但是,当提奥多图打退山脚下的敌人,接着,又向高地发起进攻后,尼科劳斯和他的整个军队立即掉头逃亡了。(10)大约有两千名士兵在溃逃中被杀,有两千名士兵被俘,其余的士兵则撤退到西顿(Sidon)。(11)佩里基尼

斯原本对海军的胜利充满信心,但是,当他看到己方的陆军的溃败后,他就失去了信心,并安全地撤到了同一个地方。

[70](1)安条克率领自己的军队来到并驻扎在西顿城前。(2)他没有冒险进攻这座城镇,因为,这座城镇拥有丰富的补给,而且,它也有躲避其中的庞大居民和军队,(3)相反,他率领自己的军队向斐洛特利亚(Philoteria)进军,并命令海军统帅迪奥根尼图斯率领舰队返回推罗。(4)斐洛特利亚位于一个湖泊的湖岸上,约旦河流入其中后,又从中流出,横贯希索波利斯(Scythopolis)①附近的平原。(5)这两座城市的投降鼓舞了安条克对未来战事的信心,因为,这些臣服的国土可以轻而易举地为他的整个军队提供大批食物,也可以为整个战事提供一切必需之物。(6)在给斐洛特利亚和希索波利斯这两座城市留下卫戍部队后,他穿过了山区,抵达了阿塔比利乌姆(Atabyrium),阿塔比利乌姆坐落在一座锥形的小山上,它的爬坡路超过十五斯塔德。(7)通过在这段爬坡路上设下埋伏,他成功地占领了这座城市。(8)因为,他惹恼卫戍部队,让他们出城和自己进行小规模战斗,接着,他引诱他们追击自己撤退的军队,当他们追击到山下相当远的距离后,他的军队掉头冲杀过来,而他那些事先隐藏起来的伏击士兵也发起了进攻,他杀死了大批敌人。(9)他跟在他们后面进行追击,致使他们深陷恐慌,最终,这座城市也被他攻占了。(10)就在这个时刻,托勒密手下的一位军官塞拉亚斯(Ceraeas)倒向了安条克,安条克对他的热情款待在敌人的许多军官中间引起了巨大的波澜。(11)不久之后,色萨利人希波洛克斯(Hippolochus)率领效忠于托勒密的四百名骑兵投奔了安条克。(12)在派驻部队镇守阿塔比利乌姆后,他继续向前进军,并占领了佩拉(Pella)、卡姆斯(Camus)和基弗鲁斯(Gephrus)。

[71](1)这一系列的胜利导致周围的阿拉伯部落也纷纷投降,

---

① [中译按]希索波利斯(Scythopolis)是德卡波利斯(Decapolis)的国际性城市,它位于约旦河(Jordan River)西部,距热内萨湖(Lake Gennesar)(加利利海)南25公里。希索波利斯位于今天的以色列境内。

他们一致效忠安条克。（2）在他们所提供的支援和补给的鼓舞下，他继续进军；在占领加拉提斯（Galatis）后，他成为阿比拉（Abila）的主人，他把那支前来救援的军队——这支军队由尼西阿斯（Nicias）统领，尼西阿斯是蒙尼亚斯（Menneas）的密友和亲戚——派去守卫这座城镇。（3）加达拉（Gadara）仍然屹立未倒——它被认为是这个地区最为坚固的一座城市——于是安条克就驻扎在这座城市前，不断地用炮火进行围攻，在他的威吓下，这座城市很快就向他投降了。（4）接着，他听说大批敌军集结在阿拉伯（Arabia）的拉巴塔马纳（Rabbatamana），并蹂躏和洗劫那些倒向自己的阿拉伯村庄后，他把其他所有的事情都搁置一边，并开始向那里进军；他把营地驻扎在山脚下，而那座城镇就坐落在这山上。（5）在巡视和侦察了这座山后，他发现只有两个地方能够攀爬上去，于是，他就把军队开向那里，并在那里建造攻城设施。（6）当他把其中一些攻城设施交给尼卡克斯负责，而把另外一些攻城设施交给提奥多图负责后，他从此就观察和督导起他们各自的表现来。（7）提奥多图和尼卡克斯都表现出了巨大的热情，为了在攻城设施前的城墙上率先打开缺口，他们之间不停地竞争。结果，这两处城墙的缺口出乎意料地在很短的时间内都被打开了。（8）接着，他们出动自己的所有军队，抓住任何机会，昼夜不停地进攻。（9）尽管他们不断奋战，但是，由于城内集结了强大的敌军，他们并没有取得任何进展，直到有一名俘虏向他们透露了一条被围居民向下取水的地下通道。（10）他们把木料、石头和所有诸如此类的东西塞满了这条通道，结果，城内的居民最终由于缺水而选择了屈服和投降。（11）通过这样的方式占领了拉巴塔马纳后，安条克让尼卡克斯统领一支足够强大的卫戍部队留在这座城内，而且，他把希波洛克斯和塞拉亚斯这两名叛军将领所率领的五千名步兵派往撒马利亚地区，以保卫这块被征服的地区和确保自己留在那里的整个军队的安全。（12）接着，他率领自己的军队返回了托勒米亚，并决定在那里过冬。

[72]（1）就在这个夏季期间，被塞尔盖人（Selgians）所围攻的佩

德尼利斯人（Pednelissus）①的处境岌岌可危，于是，他们派遣使节到阿卡乌斯那里，以寻求支援。（2）得到他的欣然同意后，佩德尼利斯人在救援希望的鼓舞下，更加坚定地抵御围攻。（3）阿卡乌斯立即任命加西利斯指挥这次远征，他让后者率领六千名步兵和五百名骑兵前往救援。（4）当塞尔盖人听说救援的敌军抵达的消息后，他们就动用自己的大部分军队占领了名叫"阶梯"（Ladder）的地方的通道，而且，他们控制了进入萨波达（Saporda）的入口，还摧毁了所有的通道和路线。（5）加西利斯进入米利亚斯（Milyas），在克里托波利斯（Cretopolis）附近扎营后，就听说了那条通道被攻占，以至于任何进军都变得不可能的消息，于是，他就想到了下面这条计谋。（6）他开拔自己的营地，开始顺着原路折回，就好像他已经彻底放弃了对佩德尼利斯人的救援一样，因为，前进的通道已经被攻占了。（7）塞尔盖人毫不怀疑地相信了加西利斯真的已经放弃了自己的救援计划，因此，他们就把其中一部分军队撤回自己的营地，把其他的军队撤回自己的城市，就好像他们已经胜券在握一样。（8）加西利斯现在再一次调过头来，急速进军到这条通道，但他发现，他们已经弃置了这条通道。（9）在那里部署了一支卫戍部队（这支卫戍部队由法埃鲁斯[Phayllus]指挥）后，他就统率自己的军队下到佩尔盖（Perge）；（10）接着，他又从那里派遣使节到皮西迪亚和帕姆菲利亚的其他城市，以提醒他们塞尔盖人日益增长的威胁，并催促他们所有人都同阿卡乌斯结盟和救援佩德尼利斯人。

[73]（1）与此同时，塞尔盖人也派出了一支由一名将军统率的军队，他们希望利用自身所熟悉的地形来突袭法埃鲁斯，进而把他驱逐出自己的堡垒。（2）然而，他们没有取得成功，相反，在进攻法埃鲁斯的过程中，他们损失了许多士兵，因此，他们就放弃了这个计划，但是，他们比之前更加坚定地围攻佩德尼利斯人。（3）埃特尼斯人（Etennes）——他们居住在塞德（Side）北方的皮西迪亚高地——给加西利斯派去了八千名重装步兵和四千名阿斯皮恩都斯

---

① 参见前引书（ante.），第40—42章和第57—58章。

士兵。（4）然而，出于对安条克的逢迎，但主要是出于对阿斯皮恩都斯人的憎恨，塞德人没有派出救援的军队。（5）现在，加西利斯率领这些增援的军队以及自己的军队向佩德尼利斯进军，他确信自己在第一轮进攻当中就可以解除包围。但是，塞尔盖人没有表现出任何惊慌气馁的迹象，因此，他就在距离他们不远的一处地方扎营。（6）由于佩德尼利斯人遭遇了饥荒，渴望竭尽所能地救援他们的加西利斯，就让两千人每人都带上一米迪（medimnus）的小麦，让他们在夜色的掩护下送进佩德尼利斯。（7）然而，听说了这个消息的塞尔盖人进攻了他们，绝大部分带粮之人被杀死了，全部粮食都落到了塞尔盖人的手上。（8）这次胜利让他们深受鼓舞，以至于他们现在不仅想要进攻这座城市，而且还想要进攻加西利斯的营地。因为，塞尔盖人在战争中向来以胆大和冒险著称。（9）因此，在只留下保卫自己营地的必要军队后，他们把其余军队都用来包围加西利斯的营地，并同时从数个地方英勇进攻。（10）当发现自己在各个方向都遭到敌人意想不到的进攻，以及一些地方的栅栏也已经被摧毁后，加西利斯意识到了事态的严重性，他觉得，自己获胜的希望渺茫，因此，他就把自己的骑兵从那些敌人防守薄弱的地方派遣出去。（11）塞尔盖人认为，这些骑兵只不过是陷入惊慌和绝望的亡命之徒，因此，他们根本就没有在意敌军的这项行动，相反，彻底地无视他们。（12）然而，这些骑兵却绕道到敌人的后面进行猛烈地进攻，这使加西利斯的步兵重新振作了勇气，尽管他们当时已经向后撤退，但是，他们现在又调转头来抵御那些攻击自己营地的敌军。（13）塞尔盖人就这样被四面包围，以至于最终溃败逃亡，同时，佩德尼利斯人向塞尔盖人的营地发起进攻，他们把保卫塞尔盖人营地的卫戍部队驱逐了。（14）他们继续向前追击了很长的一段距离，超过一万名塞尔盖士兵被杀，侥幸逃生的其他盟军都逃回了他们各自的家乡，而幸存下来的塞尔盖人则穿过山岗，逃回了他们自己的城市。

［74］（1）加西利斯立即拔营并紧追逃亡者，希望在逃亡者重新集结之前，以及在他们对自己的到来张皇失措时，就跨越通道以

接近塞尔盖城(Selge)。(2)当他率领军队进抵这座城市时,塞尔盖人陷入了巨大的惊慌,他们极度担心自己的生命安危和城市的安全,(3)他们已经不能再指望盟友的支持,因为,后者也遭受了同样的重创。(4)因此,他们召集了一个民众大会,决定把其中一位名叫洛格巴希(Logbasis)的市民作为谈判代表派到加西利斯那里,洛格巴希长期以来都同那位死于色雷斯的安条克①关系亲密。(5)此外,他同时也是拉奥狄克(拉奥狄克后来嫁给了阿卡乌斯)②的监护人,他将拉奥狄克当作自己的女儿一样养大成人,他对她极其友善。(6)塞尔盖人认为,他是最适合完成这项任务的人选,因此,他们决定派遣他作为谈判代表。(7)然而,在同加西利斯的单独会谈当中,他不但没有表现出帮助自己国家的意愿(这是他的职责所在),相反,他答应把这座城市出卖给他们,并且,他恳求加西利斯立即把他送到阿卡乌斯那里。(8)加西利斯急切地接受了这个提议,他派遣信使到阿卡乌斯那里,邀请后者前来并告诉后者所发生的事情。(9)与此同时,他同塞尔盖人缔结停战协定,但是,他故意拖延谈判,他不断地在细节问题上提出无休止的异议和顾虑,以让阿卡乌斯有充足的时间赶到,也让洛格巴希有充分的闲暇联系他的朋友们来为这个计划作好各种准备。

[75](1)在此期间,由于双方频繁地一起商讨,以至于加西利斯营地的那些士兵进城购买物资已是一件司空见惯的做法。(2)在许多场合当中,这种惯常做法对很多人都是非常致命的。(3)在我看来,在所有的物种当中,人类不是最狡猾的,事实上,人类最容易受骗。(4)因为,有多少营地、城堡和大城,不是被这种伎俩背叛的?尽管这种事情不断在所有人面前发生,但是,出于这样或者那样的原因,在这样的骗术面前,我们仍然像一名新手那样猝不及防,或者,像无知的年轻人那样落入陷阱。(5)其原因在于,对于过

---

① 即安条克·希拉克斯(Antiochus Hierax),安条克二世之子。
② 拉奥狄克是安条克之妻的妹妹(第五卷第43章)和国王米特拉达梯(King Mithridates)的女儿(第八卷第22—23章)。

去发生在他人身上的种种灾难,我们并没有铭记于心,但是,当我们不遗余力地储存谷物和金钱,以及建造城墙和补充弹药,以防范未来任何不可预测的可能情况时,(6)我们完全忽视了那种最为简单,但在关键时刻最为有效的防范措施,尽管我们可以从历史的研习和探究之中,以一种放松和愉悦的方式来获取这种经验。

(7)阿卡乌斯接着在他所期望的时间到达了,在同他进行会谈后,对于他在各方面友善地对待自己,塞尔盖人抱有巨大的期望。(8)与此同时,洛格巴希在自己的房子中逐渐地聚集了一些从营地进入城内的士兵,(9)他现在建议市民——鉴于阿卡乌斯所表现出的友善姿态——不要让机会白白流逝,而是应该采取行动,举行全体民众大会以结束会谈。(10)大会很快就召开了,所有人,包括担任警戒的那些人,也都被召集了起来,一同讨论和决定局势问题。

[76](1)与此同时,洛格巴希给敌人发送了信号,以告诉他们时机已经来临,并且,他让自己房子里面的士兵作好准备,他和他的儿子们也为即将来到的战斗全副武装起来。(2)阿卡乌斯带着自己的一半军队正向这座城市开来,而加西利斯则带着余下的军队向所谓的塞斯贝迪乌姆(Cesbedium)进发,塞斯贝迪乌姆是一座宙斯神殿,它的位置可以支配这座城市,而且,它本身就是一座城堡。(3)然而,一名牧羊人恰好看到了这项行动,而且,他把这个消息告诉了民众大会,于是,一些市民急忙占领塞斯贝迪乌姆,其他人也赶忙回到自己原来的岗位,不过,更为庞大的人群则气势汹汹地向洛格巴希的房子开去。(4)他的背叛行径现在已经昭然若揭,一些人爬上了屋顶,另外一些人则从前面闯进去,他们不仅把他和他的儿子们,而且还把他们在那里所发现的所有人全都杀死了。(5)接着,他们发布公告,宣布所有帮助自己的奴隶都将获得自由,他们把奴隶分成不同的编队,并派去守卫那些重要场所。(6)加西利斯现在看到塞斯贝迪乌姆已经被占,因此,他就放弃了自己的计划,但是,阿卡乌斯仍然试图强行通过城门。(7)于是,塞尔盖人就攻击他们,在塞尔盖人杀死了七百名米西亚人(Mysians)后,余下的军队也就放弃了进攻。(8)在这次事件后,阿卡乌斯和加西利斯撤

回了自己的营地。(9)但是,由于担心国内的内乱和敌人的围城,塞尔盖人就把他们的一些老者作为哀求者派遣出去,以缔结停战协定,他们以下述条件结束了这场战争。(10)他们要立即支付四百泰伦的金钱,并交出佩德尼利斯战俘,而且,他们要在特定日期另外支付三百泰伦的金钱。

(11)因此,在遭到洛格巴希的无耻背叛,致使自己几乎就要丢掉自己国家的情况下,塞尔盖人凭借自身的英勇挽救了自己的国家,他们既没有辱没自己的自由,也无愧于他们同拉栖代蒙人的亲缘关系。

[77](1)在征服米利亚斯和大部分帕姆菲利亚后,阿卡乌斯现在离开了,而且,在抵达萨尔迪斯(Sardis)后,他继续同阿塔鲁斯交战,他开始威胁普鲁西亚,他让塔乌鲁斯这侧的所有居民都害怕不已。

(2)当阿卡乌斯正忙于远征塞尔盖人期间,阿塔鲁斯同来自高卢的埃格萨加(Aegosagae)部落一起访览了埃奥利斯(Aeolis)及其边境地区的众城市,出于恐惧,这些城市之前都站在阿卡乌斯一边。(3)但是,它们大部分城市现在愿意和欣喜地倒向他一边,不过,也有一些城市需要必要的武力强迫。(4)库迈、斯米纳(Smyrna)、弗卡埃亚(Phocaea)首先倒向了他这边,接着,亚基埃(Aegae)和特姆努斯(Temnus)也出于恐惧向他投降。(5)特奥斯人(Teians)和克洛弗人(Colophonians)也向他派遣了使团,并把他们自己和他们的城市都交付给他。(6)他把他们扣为人质,并以之前一样的条件接受了他们的投降,他对来自斯米纳的使团格外友善,因为,这座城市之前就一直最为坚定地效忠自己。(7)阿塔鲁斯继续向前进军,他穿过了莱库斯河,抵达了米西亚人的村落,接着,他又从那里来到了卡塞亚(Carseae)。(8)在震慑了这座城市的居民和迪迪梅特克(Didymateiche)的守军后,他就控制了这些地方,阿卡乌斯留下来负责镇守这个地区的将军提米斯托克利(Themistocles)把它们都移交给了他。(9)他从那里继续向前出发,并洗劫了阿庇亚平原(Plain of Apia),接着,他穿过了佩莱卡斯山（Mount Pelecas），并驻扎在梅基斯图斯河（Megistus）附近。

[78]（1）当他驻扎在梅基斯图斯河附近时，当时正好出现了月蚀，而且，对艰苦的行军一直都愤懑不平的高卢人——他们的妻子和儿女陪同他们一起行军，她们坐在车里，一直跟在他们后面——认为，（2）这是一个不祥之兆，因此，他们拒绝再继续向前进军。（3）他们起着至关重要的作用，国王阿塔鲁斯根本就不能没有他们，但是，当他看到，他们从行军的队列中纷纷离开，独自扎营，抗命犯上和擅作主张时，他发现自己根本就茫然不知所措。（4）一方面，他害怕他们会倒向阿卡乌斯，并同阿卡乌斯一起进攻自己，另一方面，如果他命令自己的士兵包围和摧毁所有这些人（这些人之所以进军亚洲，是因为他向他们作出保证），他担心这会让自己的声誉受损。（5）因此，他利用他们拒绝的这个借口向他们允诺道，他会把他们带回到他们之前踏入亚洲的那个地方，并授予他们能够定居的适宜土地，以及尽自己所能地满足他们所有的合理要求。

（6）因此，阿塔鲁斯把埃格萨加人带回了赫勒斯滂，在同兰萨库斯人（Lampsacus）、亚历山大里亚的特洛亚人（Alexandria Troas）和埃利乌姆人（Ilium）进行友好协商（他们所有人都仍然保持对他的忠诚）后，他率领军队回到了帕加马（Pergamum）。

[79]（1）等到开春，①安条克和托勒密已经完成了他们各自所有的备战工作，他们决定，通过一场决战来决定叙利亚的命运。（2）现在，托勒密率领一支七万名步兵、五千名骑兵和七十三头战象所组成的军队从亚历山大里亚进发，安条克一听到他率军出动的消息，就集结了自己的军队。（3）这支军队由达埃人（Daae）、卡曼尼亚人（Carmanians）和西里西亚人（Cilicians）所组成，他们总计大约五千名轻装军队，由马其顿人拜塔库斯（Byttacus）所指挥。（4）背叛托勒密的埃托利亚人提奥多图从王国各地挑选出了一万人的军队，这支军队都以马其顿样式进行武装，其中大部分人手持银盾。（5）方阵由尼卡克斯和提奥多图·赫米奥利乌斯（Theodotus

——————

① 即公元前 217 年。

Hemiolius)所统率,他们的人数大约是两万人。(6)除此之外,还有阿格里安人和波斯人所组成的两千名弓箭手与投石兵以及一千名色雷斯人,他们都由阿拉班达的米尼德姆斯(Menedemus of Alabanda)所统率。(7)还有一支由米底人、塞西亚人(Cissians)、卡都西亚人(Cadusians)和卡曼尼亚人所组成的混合军,他们由米底人阿斯帕西安(Aspasianus)所统率。(8)阿拉伯及其附近部落有大约一万人,由扎布迪比鲁斯(Zabdibelus)所统率。(9)色萨利人希波洛克斯统率希腊雇佣军,其人数是五千人。(10)安条克还有由欧里洛克斯所统率的一千五百名克里特人和由戈提纳的泽莱斯(Zelys of Gortyna)所统率的一千名新克里特人。(11)他还有五千名吕底亚标枪兵,以及由高卢人利西马科斯所统率的一千名卡达塞斯人(Cardaces)。(12)骑兵总计六千人,其中的四千名骑兵由国王的侄子安提帕特所统率,其余的骑兵则由提米森(Themison)所统率。(13)安条克的整个军队由六万两千名步兵、六千名骑兵和一百零二头战象所组成。

[80](1)托勒密进军到佩鲁西乌姆后,在这座城市作了自己第一次途中休息。(2)在接上了掉队的士兵及给自己的士兵分发了口粮后,他继续向前进军,他率军穿过沙漠,并沿着卡西乌山(Mount Casius)和巴拉斯拉(Barathra)①沼泽地的边缘行军。(3)行军到第五天时,他抵达了目的地,把营地驻扎在距离拉菲亚(Raphia)五十斯塔德的地方,拉菲亚是继利诺科鲁拉(Rhinocolura)之后进抵埃及的第一座科利-叙利亚地区的城市。(4)与此同时,安条克也率领自己的军队行进而来,在抵达加沙,并在那里休整军队后,他继续向前缓慢地进军。(5)在通过拉菲亚后,他连夜在距离敌人十斯塔德的地方扎营。(6)一开始,两军相互之间仍然保持这个距离,但是,几天后,安条克希望寻找一个更为合适的驻营地,同时,他也意图鼓舞自己的军队,以至于他驻扎的营地距离托勒密极为靠近,两军的营地甚至不会超过五斯塔德。(7)现在,两军之

---

① 参见斯特拉波第十七卷第 1 章第 21 节。

间的找水队伍与搜寻队伍会经常发生小规模冲突,同时,两军之间的骑兵,甚至步兵也会偶尔发生冲突。

[81](1)在此期间,提奥多图以一名埃托利亚人特有的行事方式进行了一番大胆尝试,不过,他的这番尝试毫无疑问地展现出其巨大的个人勇气。(2)由于他之前同托勒密的亲密关系,他非常熟悉托勒密的品性和习惯,于是,他同另外两个人在拂晓时潜入了敌人的营地。(3)由于光线太暗,别人都认不出他来,而且,他的装束和外表也不引人注目,因为,托勒密军队所穿的衣服也多种多样。(4)他在前几天已经标记了国王的帐篷的位置,因为,先前的小规模冲突距离营地非常近。(5)现在他大胆地向它走去,在神不知鬼不觉地越过了所有的外围守兵后,他突然闯进国王平时进餐和处理事务的帐篷里面。(6)他到处搜寻,但没能找到国王(国王习惯于退到旗帐外面的地方休息)。然而,他却击伤了在那里睡觉的两个人,并杀死了国王的医生安德利亚斯(Andreas)。随后,他安全地返回了自己的营地,尽管他离开敌军营地时,引发了一些轻微的混乱。(7)他英勇地完成了自己的计划,但是,由于缺乏远见,以至于事先没有探查到国王平常睡觉的确切地方,他的这个行动终究还是失败了。

[82](1)在相互对峙了五天的时间后,两位国王都决心发起一场决战。(2)托勒密开始把自己的军队移出营地,安条克也赶忙效仿他。他们两人都将马其顿样式武装的精锐方阵部署在中央。托勒密的两翼则以下述方式进行部署:(3)波利克拉底率领其骑兵部署在最左翼,部署在波利克拉底与方阵之间的部队,首先是克里特人,(4)其次是骑兵,再次是王室卫队,①最后是由苏格拉底统率的轻盾兵,紧靠这些轻盾兵的是以马其顿样式武装的利比亚人。(5)色萨利人埃克格拉底率领其骑兵部署在最右翼,在埃克格拉底左边的是高卢人和色雷斯人,(6)其次是弗奥克西达斯(Phoxidas)所统率的希腊雇佣军,直接紧靠这些希腊雇佣军的是埃及方阵。

---

① 埃基马(Agema),参见第五卷第25章注释。

（7）四十头战象部署在托勒密即将亲自作战的左翼,另外三十三头战象则部署在雇佣骑兵前面的右翼。（8）安条克将自己的六十头战象部署在自己即将同托勒密作战的右翼,它们由自己的养兄弟腓力所指挥。（9）在这些战象后面,他部署了由安提帕特所指挥的两千名骑兵,以及同他们成犄角态势的另外两千名骑兵。（10）他把克里特人并排部署在骑兵旁边,其次部署的是希腊雇佣军,紧靠这些希腊雇佣军的是以马其顿样式武装的五千人军队,后者由马其顿人拜塔库斯所统领。（11）在他的最左翼,他部署了由提米森所统领的两千名骑兵,紧靠这两千名骑兵的是卡达塞斯人（Cardacian）和吕底亚标枪兵,其次是由米尼德姆斯所统领的三千人轻装军队,（12）再次是塞西亚人、米底人和卡曼尼亚人,最后,直接紧靠方阵的是阿拉伯人及其周围的部落。（13）他把余下的战象部署在自己左翼的前面,它们由米斯库斯（Myïscus）所统领,米斯库斯是一名在王宫里长大的年轻人。

　　[83]（1）双方军队就以这种方式部署完毕,在手下的军官和朋友的陪同下,两位国王沿着队伍骑行,并向他们的士兵发表讲话。（2）由于他们都主要依靠方阵,对于这些军队,他们都作以最诚挚的恳求。（3）托勒密有安德洛马克、索西比乌斯和他姐姐阿尔西诺（Arsinoë）的支持,安条克则有提奥多图和尼卡克斯的支持,两军的方阵都由他们这些军官所统率。（4）两位国王向两军所作的演讲内容都非常相似。他们都没有引用自己所赢得的任何光荣和辉煌成就,因为,这两位国王都是近来方才登上的王位。（5）因此,他们提醒军队他们的祖先所赢得的光荣业绩,以此来激励军队的精神和勇气。（6）然而,他们最为强调的是他们未来将要授予的奖赏,他们催促和告诫即将参战的所有人,尤其是军官,要军官们在即将到来的战役中像勇士一样英勇战斗。（7）这就是他们沿着队伍骑行时,他们自己或者他们通过自己的翻译向军队所说的话或者其他类似的话。

　　[84]（1）当托勒密及其姐姐到达自己军队的最左翼,而安条克率领自己的骑兵到达自己军队的最右翼后,他们发出了作战的信

号并把战象首先投入了战斗。（2）只有一些托勒密的战象冒险接近敌军，坐在这些野兽背上的象轿里面的驯象手英勇地作战，他们用自己手中的长矛①近距离搏斗和刺杀。（3）然而，战象之间打斗得更欢，它们拼尽全力地用前额相互冲撞。（4）这些野兽的作战方式如下：它们之间用象牙牢牢地缠绞在一起，接着，它们用尽自己的全力，拼命地向前推挤，每一头大象都试图击退对方，一直到其中胜出的一方把对方的象鼻推到一边，接着，一旦它可以侧击对手，它会像公牛用自己的牛角一样，用自己的长牙刺穿它。（5）然而，托勒密的大部分战象却害怕战斗，这是非洲战象的习惯；（6）因为，它们不能忍受印度战象的气味和吼叫，我认为，它们也被印度战象的巨大体型和力量所吓倒，就在它们快要接近对方时，它们立即掉头逃跑了。（7）这就是当时所发生的情形；当托勒密的战象陷入混乱并被迫退向它们自己的军队后，托勒密的军队在战象的冲击下崩溃了。（8）与此同时，从外面绕过战象侧翼的安条克及其骑兵进攻起波利克拉底及其所统率的骑兵，（9）而部署在方阵旁边的希腊雇佣军，则同时从战象的另一侧进攻起托勒密的轻盾兵，并驱使他们后撤，他们的队伍已经被战象冲乱了。（10）因此，托勒密的整个左翼的战事都非常吃紧，并被迫后撤了。

[85]（1）指挥右翼的埃克格拉底一开始在等待左翼的战斗结果，但是，当看到自己方向上卷来的大片尘土，以及他们自己的战象甚至都没敢接近敌人后，（2）他就命令，弗奥克西达斯及其希腊雇佣军进攻自己前方的敌人，（3）而他自己则率领战象背后的骑兵和军队向敌人侧翼运动，以避开战象的进攻，进而从后方侧翼进攻敌人的骑兵，从而达到快速击溃他们的目的。（4）弗奥克西达斯及其军队赢得了同样的胜利；因为，通过向阿拉伯人和米底人的进攻，他迫使他们迅速逃亡。（5）安条克的右翼随后取得了胜利，而他的左翼则以我所描述的那样被打败了。（6）与此同时，没有两翼支撑的方阵仍然完整地保全在平原的中央，希望和恐惧在他们身

---

① 萨里沙长枪（Sarissae），一种马其顿长枪。

上来回摇摆。(7)安条克仍然在右翼继续扩大自己的战果。(8)然而,先前退到方阵后面的托勒密,现在突然向前并出现在自己军队的面前,这引起了敌军的恐慌,而且,这也极大地鼓舞了自己军队的精神和士气。(9)因此,安德洛马克和索西比乌斯立即命令他们放下长枪,并向前进攻。(10)叙利亚精锐部队只抵挡了很短的时间,但是,尼卡克斯的部队很快就崩溃并逃亡了。(11)安条克当时仍是一名缺乏经验的年轻人,他从自己所取得的胜利当中推断,自己的军队在其他部分的战场上也赢得了胜利,因此,他继续向前追击逃亡者。(12)然而,他的一位年长的军官最终提醒他说,从方阵那边卷起的那片尘土正向自己的营地袭来,这让他意识到了所发生的事情,因此,他试图率领自己的王室骑兵卫队重返战场。(13)但是,当发现自己的整个军队都已溃败逃亡后,他就撤到了拉菲亚,他深信,就其自身而言,他已经赢得了胜利,但是,由于其余军队的怯懦,招致了这场灾难。

[86](1)托勒密通过自己的方阵赢得了决定性胜利,在追击的过程中,他通过右翼的骑兵和雇佣军杀死了许多敌军,随后,他撤退到自己先前的营地,并在那里度过了那个晚上。(2)第二天,在收集和埋葬了自己军队的战死者,以及劫掠了敌军的那些战死者后,他拔营并行军到了拉菲亚。(3)逃出后的安条克希望立即占领这座城镇外面的一处地方,以收拢四散逃亡的士兵。但是,由于他们大部分人避入了城内,他自己也被迫入城。(4)在拂晓时,他在前面率领残余的部队前往加沙,在那里扎营后,他派遣一名信使前往托勒密那里请求缔结一个停战协定,以准许自己收集和埋葬自己手下士兵的尸体。(5)安条克殒没了将近一万名步兵和超过三百名骑兵,而且,他还有超过四千名手下被俘;除此之外,他还有三头战象在战斗中被杀,有两头战象因伤死亡。(7)托勒密则有大约一千五百名步兵和骑兵被杀,另外,他还有十六头战象被杀,其余大部分战象被俘。

(7)这就是这两位国王为争夺科利-叙利亚而打响的拉菲亚之战的最终结果。(8)在向死难者施予了最后的荣誉后,安条克率领自己的军队回到了自己的王国,托勒密则在没有遇到任何抵抗的情况下,占领了拉菲亚和其他城镇,每一个国家都争先恐后地努力使自己先于自己的邻国归降于他,并恢复自己的忠诚。(9)在这种情况下,可能所有人都会调整自己,以适应时事的需要,这些地方的民众自然也会比其他地方的人更愿意根据情势环境来决定自己的倾向。(10)然而,在这种关头,他们这样做根本就没有超出原来的预料,因为,他们向来倾向于埃及国王;比起塞琉古王室(Seleucidae),科利-叙利亚诸民族一直都更加忠诚于埃及王室。(11)因此,现在他们用王冠、献祭和祭坛等诸如此类的致意之物,来向托勒密表示敬意,这根本就不是一种越轨的谄媚。

[87](1)安条克抵达以其名字命名的城镇后,立即派遣自己的侄子安提帕特和提奥多图·希米奥利乌斯同托勒密商讨和平协议,因为,他非常担心敌人的入侵。(2)由于近来的挫败,他对自己的士兵缺乏信心,而且,他担心阿卡乌斯会利用这次机会来进攻自己。(3)托勒密全然没有考虑这些问题,相反,对于自己最近意外取得的胜利和自己意外赢得科利-叙利亚,他感到非常高兴。(4)他并不反对和谈,事实上,他非常愿意和谈,因为,他的生活习惯非常懒惰和腐化。(5)因此,当安提帕特及其使团同伴抵达后,他对安条克的所作所为进行了一番威吓和规诫,随后,他就同意缔结了一年的和平协定。(6)他把索西比乌斯派到使团那里一起批准这份协议,他自己则继续在叙利亚和腓尼基停留了三个月,以恢复城内的秩序。(7)随后,在留下安德洛马克作为这整个地区的军事总督后,他带着自己的姐姐和朋友返回了亚历山大里亚,他以一种让自己的臣民深为震惊的方式(鉴于他的一贯性格)结束了这场战争。(8)在同索西比乌斯缔结了这份协定后,安条克就开始积极地投入到自己的原初计划——也即是进攻阿卡乌斯的斗争——当中去了。

[88](1)这就是亚洲当时的局势。大约与此同时,①罗德岛发

---

① 即公元前 224 年。

生了地震,这场地震致使一座巨型雕像(Colossus)以及大部分的城墙和船坞被毁。然而,利用正确的措施,罗德岛人把这场不幸有效地转化为了一场机遇。(2)就个人与国家而言,在愚蠢与理智,以及在疏忽与审慎之间,是如此地大相径庭,以至于在前一种情况中,好运实际上会变成伤害,而在后一种情况中,灾难则会变成好处。(3)罗德岛人至少很好地处理了这个问题,他们强调灾难的严重性和恐怖性,但是,不管是在公开场合,还是在私下场合,他们又都不失尊严和严肃。(4)他们的这种做法对诸城邦,尤其对国王们产生了巨大的影响,以至于他们不仅收到了最慷慨的礼物,而且,连捐赠者自身也都感到应该给予他们援助。(5)例如,希罗和基洛(Gelo)不仅捐赠了七十五泰伦银币——其中一部分银币立即就兑现了,余下部分银币则在稍后进行了支付——以支持体育馆的油料供应,而且,他们还捐献了银锅、锅架和一些银壶。(6)除此之外,他们还捐赠了十泰伦的金钱以用于献祭,另外十泰伦的金钱以使新人具有公民权资格,因此,整个礼物总计达到了一百泰伦。①(7)他们也免除了罗德岛船只驶入他们港口所要支付的关税,并给予了罗德岛人五十架三肘尺长的石弩。(8)最后,在赠送了如此多的礼物后,他们在罗德岛的德埃基马(Deigma)和马尔特(Mart)建造塑像(好像这就是他们的义务一样),以展现叙拉古人对罗德岛人的圆满功德。

[89](1)托勒密也答应给予罗德岛人三百泰伦的银币,一百万阿塔(artaba)②的谷物,建造十艘五桨座战船和十艘三桨座战船的木材,外加四万肘尺的松木方板,(2)一千泰伦的铸铜,三千泰伦③的纤麻,三千张帆布,(3)三千泰伦的青铜以用于修复雕像,一百名建筑师和三百五十名石匠,以及每年支付他们十四泰伦的金钱。

---

① 因此,波利比乌斯估算银锅、锅架和一些银壶的价值是五泰伦。
② 一埃及阿塔(Egyptian artabae)等于一阿提卡米迪(Attic medimnus)。一百万阿塔(artabae)的谷物大约相当于 171000 磅(lbs),参见第三十四卷第 8 章注释。[中译按]artabae 亦写作 artaba。
③ 一泰伦大约等于五十七磅。

（4）除此之外，他还答应了一万两千阿塔的谷物以用于体育运动和宗教献祭，以及用于十艘三桨座战船船员的两万阿塔物资。（5）其中大部分东西和三分之一的金钱，他会立即交付他们。（6）安提柯①也同样答应了一万根长度在八到十六肘尺且可以用作橡木的木材，五千根长度在七肘尺的横梁，三千泰伦铁，一千泰伦沥青，一千罐生沥青和一百泰伦银币；（7）而他的妻子克利塞斯（Chryseis）则给予他们十万米迪的谷物和三千泰伦的铅。（8）安条克的父亲塞琉古②除了免除罗德岛人驶入其王国的关税之外，还向他们提供了十艘五桨座战船的全部装备，二十万米迪的谷物，一万肘尺的木材和一千泰伦的树脂与毛发织物。

[90]（1）普鲁西亚和米特拉达梯，以及当时统治亚洲地区的其他国王——诸如利萨尼亚斯（Lysanias）、奥林匹克斯（Olympichus）和利纳乌斯（Limnaeus）——也慷慨地提供了礼物。（2）至于提供捐赠的其他城邦，如果进行一一列举，这将非常困难。（3）因此，如果有人看到罗德岛城在重建不久前的原初样子或者开始建造时的荒凉样子，但在如此短暂的时间内迅速增加的公共财富和私人财富，那么，他肯定会大为惊叹。（4）然而，如果他考虑到它优越的地理位置，以及从海外所流入而其本国又亟需的巨额捐赠，那么，他就不会感到惊讶了，相反，他应该会想到罗德岛的财富本来非常匮乏。

（5）对于这个主题，我已经说得够多了，首先，罗德岛人泰然自若地处理他们的公共事务（就这一点而言，他们就值得称赞和效仿），其次，当前国王们的吝啬，以及我们国家与城邦的卑劣。（6）就国王而言，如果一位国王只捐赠了四泰伦或者五泰伦的金钱，那么，我们就可以想象，他的事业能有多大，我们也可以估计，他从希腊世界的前任国王们那里能赢得多少荣誉与爱戴；（7）就城邦而言，如果一个城邦想到之前捐赠给自己的慷慨礼物，那么，它

---

① ［中译按］即安提柯·多森。
② ［中译按］即塞琉古二世。

现在就不会拿那种无足轻重的奇啬捐赠来回报他们最伟大和最光荣的荣誉,(8)而是会坚持所有恩惠都各有其价值的原则——这也是希腊民族的一种独特原则。

[91](1)就在这年的初夏,①当埃基塔斯(Agetas)接任埃托利亚的将军之位,阿拉图斯也在不久之后接任亚该亚的将军之位的时候——我在叙述同盟者战争时对这个日期②进行了一番打断——斯巴达的莱库古(Lycurgus of Sparta)从埃托利亚回来了。(2)因为,监察官们发现关于放逐他的控告是错误的,因此,他们就派人邀请他回来。(3)一回来,他就开始同埃托利亚人皮赫亚斯(当时他是埃利斯人的将军),一起商讨入侵美塞尼亚的计划。(4)阿拉图斯发现,亚该亚人的雇佣军士气低落,诸城邦并不愿意支付他们的佣金,因为,他的前任埃庇拉图斯以一种非常糟糕和疏忽的方式处置联盟的事务,对此,我在前面也提到过。(5)然而,他诉诸亚该亚大会,在得到了关于这个事项的一项法令后,他就积极地忙于备战。(6)这项法令的内容如下:他们同意维持一支八千名步兵和五千名骑兵的雇佣军,以及三千名步兵和三百名骑兵的精锐亚该亚军队,(7)其中包括梅格洛波利斯的五百名步兵与五十名骑兵(他们所有人都手持黄铜盾牌)和阿尔戈斯的同样数量的士兵。(8)他们也决定派遣三艘舰船到阿克特(Acte)和阿尔戈利斯海湾(Gulf of Argolis)巡航,以及派遣另外三艘舰船到帕特拉和迪米海域及其附近海域巡航。

[92](1)当阿拉图斯忙于这些准备工作时,莱库古和皮赫亚斯在相互交换消息以作好安排,(2)接着,他们就向美塞尼亚进军。(3)当亚该亚将军获悉了他们的意图后,他就率领雇佣军和一些精锐的亚该亚军队来到梅格洛波利斯,以支援美塞尼亚。(4)在离开拉科尼亚后,莱库古通过叛乱的手段,占领了美塞尼亚地区的一座

---

① 即公元前 217 年。

② 参见前引书(*ante.*),第 30 章。在公元前 218 年秋季,埃基塔斯选为埃托利亚将军,公元前 217 年初夏,阿拉图斯选为亚该亚将军。

坚固要塞卡拉马（Calamae），接着，他继续向前进军，因为，他希望同埃托利亚人会师。（5）但是，皮赫亚斯只率领了一支相当弱小的军队离开埃利斯，在进入美塞尼亚后，就立即遭遇了塞帕利西亚人（Cyparissia）的阻挡，随后，他就回来了。（6）因此，莱库古没有同皮赫亚斯会师，而且，他自己也没有足够的军力，在装模作样地进攻了一番安达尼亚（Andania）后，他毫无斩获地返回了斯巴达。（7）敌人的计划失败后，出于防患未然的考虑，阿拉图斯让塔乌里安和美塞尼亚人都作好准备，并安排他们各自提供五十名骑兵和五百名步兵，（8）他计划用这些军队来保卫美塞尼亚、梅格洛波利斯、提基亚和阿尔戈斯——（9）所有这些地区都同拉科尼亚交界，而且，比起伯罗奔尼撒其他地区，它更容易受到斯巴达的侵袭——（10）同时，他想用自己的亚该亚精锐军队和雇佣军来保卫朝向埃托利亚和埃利斯的那部分亚该亚地区。

[93]（1）在作好这些安排后，通过一项亚该亚人的法令，他结束了梅格洛波利斯人的内部纷争。（2）梅格洛波利斯人近来恰好被克里奥米尼斯驱逐出了自己的城市，①正如俗语所言，他们完全被连根拔起，因此，很多的东西他们都极为匮乏，所有的东西他们都供应不足。（3）他们仍然保持高昂的精神，但是，不管是公共方面，还是私人方面，各方面的供应短缺是他们虚弱不堪的根源。（4）结果，争执、嫉妒和相互间的仇恨在他们中间蔚然成风，当财力不足以满足欲望时，不管是在公共领域，还是在私人领域，这种情形都会经常发生。（5）第一个争执的问题是这座城市的防御，一些人主张，他们应该缩小这座城市的范围，以使他们能够完成城墙的建造，进而，他们就可以在危机时刻进行安全防卫。（6）他们说，不仅仅是这座城市的范围，就连这座城市的居民也都稀疏寥落，这也是这座城市的致命之处。（7）这个派系还提议，地主应该捐献自己三分之一的财产，以吸收所要求的额外市民数量。（8）他们的对手们，既不同意缩小这座城市的范围，也不愿意捐献他们三分之一的

---

① 参见第二卷第 61—64 章，公元前 222 年。

财产。(9)然而,最严重的争议是普利塔尼斯(Prytanis)向他们所颁布的法律,普利塔尼斯是逍遥学派(Peripatetic School)的杰出一员,安提柯①曾任命他去给他们制定法律。(10)这就是所争执的问题,阿拉图斯尽可能地调和这敌对的两派,他们两派最终和解的条款被镌刻在一块石头上,而这块石头就矗立在霍马利乌姆(Homarium)地区的赫斯提亚祭坛(Altar of Hestia)旁边。②

[94](1)在做好这些安排后,阿拉图斯把雇佣军留给了法拉的莱库斯(Lycus of Pharae)——莱库斯当时是联盟的次将(Sub-Strategus)——统领,接着,阿拉图斯拔营离开了梅格洛波利斯,前去参加亚该亚大会(Achaean Assembly)。(2)埃利斯人——他们对皮赫亚斯深为不满——现在从埃托利亚人那里获得了欧里庇达斯所提供的效忠。(3)等到亚该亚人忙于召开亚该亚大会时,欧里庇达斯就率领六十名骑兵和两百名步兵离开了埃利斯,穿过了法拉,蹂躏了亚该亚直至埃基乌姆。(4)在征集了大批战利品后,他就向利安提乌姆撤军。(5)而在获悉敌军入侵后,莱库斯急忙前往营救;在遇到敌人后,他立即向他们展开进攻,杀死了他们大约四百人,俘虏了大约两千人,(6)其中包括一些身份尊贵的俘虏:菲西亚斯(Physsias)、安塔诺尔(Antanor)、克里亚克斯(Clearchus)、安德洛克斯(Androlochus)、乌安诺利德斯(Euanorides)、亚里斯托基托(Aristogeiton)、尼卡西普斯(Nicasippus)和亚斯帕西乌斯(Aspasius)。他也俘获了他们所有的武器和辎重。(7)大约与此同时,亚该亚海军统帅登陆了莫利克里亚(Molycria),并从那里带回来所俘获的将近一百名俘虏。(8)他再一次动身驶往迦尔塞亚(Chalceia),在埃托利亚人前来支援这座城镇的过程中,他俘获了两艘战船及其船员,随后,他在利乌姆附近又俘获了一艘埃托利亚大帆船及其船员。(9)这就是从陆地和海洋同时缴获的所有战利品,这些战利品极大地充实了国库和给养,军队满怀信心地认为,他们将得到酬金,城

---

① [中译按]即安提柯·多森。
② 参见第二卷第39章。

市也可以通过战争捐资而缓解自己的重负。

[95](1)就在这些事件发生的同时,斯塞迪拉达斯认为,国王腓力怠慢了自己,因为,腓力没有按照协议的条款全额支付酬金,因此,他就以护送酬金的名义派出去十五艘大帆船。(2)他们航行到了利乌卡斯,由于他们先前在战争中曾协力作战,他们在那里得到了友好的欢迎。(3)然而,他们在这个地方所造成的唯一一个危害就是,在科林斯人埃加西努斯(Agathinus)和卡山德(他们当时负责指挥塔乌里安的舰队)率领四艘舰船同他们停泊在同一座港口时——因为后者把他们视作朋友——他们背信弃义地进攻了后者,他们俘获了后者及其舰船,随后,他们就把它们一起送给了斯塞迪拉达斯。(4)接着,他们离开了利乌卡斯,驶向了马里亚(Malea),①他们就在那里劫掠和俘获过往的商人。

(5)现在就快要到丰收的时间了。由于塔乌里安忽略了城市的防御(我在前面也已提及),阿拉图斯亲自率领亚该亚精锐部队,前去保卫阿尔戈斯地区的丰收,(6)而欧里庇达斯则同时率领自己的埃托利亚军队穿过边境,意图劫掠特里塔埃亚。(7)亚该亚骑兵长官莱库斯和德莫多库斯(Demodocus)听到埃托利亚人从埃利斯进发的消息后,就集结了在迪米、帕特拉、法拉所征召的军队,他们率领这些军队和雇佣军入侵了埃利斯。(8)当抵达一个名叫菲克西乌姆(Phyxium)的地方后,他们派遣自己的轻装步兵和骑兵,前去蹂躏这个国家,同时,他们派遣自己的重装军队埋伏在这个地方的周围。(9)埃利斯人率领自己的全部军队前去保卫这个国家,但是,在他们进攻前,劫掠者就撤退了,莱库斯率领重装步兵从埋伏地杀出,进攻他们的先头部队。(10)埃利斯人没有抵抗他们的进攻,相反,他们在敌军一出现时就立即掉头逃跑了,莱库斯杀死了他们大约两百人,俘虏了八十人,并把他们所征集的所有战利品都安全地掳走了。(11)大约与此同时,亚该亚海军统帅向卡莱顿②和

---

① [中译按]"马里亚"(Malea)亦即"马里亚亚海角"(Cape Malea)。
② [中译按]Calydon(卡莱顿)亦写作 Calydonia(卡莱顿尼亚)。

诺帕克图斯①发动了数次进攻,劫掠了这个国家,并两次击溃了前来抵抗他的军队。(12)他也俘虏了诺帕克图斯的克里奥尼库斯(Cleonicus of Naupactus),由于克里奥尼库斯是亚该亚人的异邦庇护者(proxenus),他没有被当场卖作奴隶,而且,不久之后,他没有支付赎金就被释放了。

[96](1)与此同时,埃托利亚将军埃基塔斯率领所有的埃托利亚公民军队,没有遇到任何抵抗地劫掠了阿卡纳尼亚,蹂躏了整个伊庇鲁斯。(2)阿卡纳尼亚人现在向斯特拉图斯的领土展开反攻,不过,他们却陷入了恐慌,在没有遭受任何损失的情况下就撤退了,尽管这非常耻辱。(3)斯特拉图斯的警备部队没有冒险追击他们,他们认为,对方的撤退是引诱他们进入伏击圈的陷阱。

(4)诈叛事件也发生在法诺特斯(Phanoteus)。被腓力任命作弗西斯总督的亚历山大,通过一个名叫伊阿宋(Jason)之人的帮忙(亚历山大委任伊阿宋负责接管法诺特斯城),制定了一个智取埃托利亚人的计划。(5)这位伊阿宋派遣了一名使节到埃托利亚将军埃基塔斯那里,向他提议把法诺特斯这座城堡叛交给他,他们达成了这个协议,并通过发誓强化了这个协议。(6)在约定的那天,埃基塔斯及其埃托利亚军队在夜色的掩护下来到了法诺特斯,他把一百名精锐士兵派向这座城堡,其余军队则隐藏在不远处。(7)伊阿宋让亚历山大率领一支军队在城内作好准备,在接到这些埃托利亚士兵后,他按照誓言把他们全都引入了城堡。(8)亚历山大和他的军队现在突然出现了,这一百人埃托利亚精锐军队因此也被俘虏。拂晓时,埃基塔斯知道了事情的原委,因此,他就将军队撤走了,其实,作为这场阴谋的受害者,他的这番遭遇同他诸多次地耍弄别人出奇地相像。

[97](1)大约与此同时,腓力占领了贝拉索拉(Bylazora),贝拉索拉是帕安尼亚(Paeonia)地区最大的一座城镇,而且,它控制着达达尼亚(Dardania)到马其顿的通道,地理位置非常有利。(2)这次

---

① [中译按]Naupactus(诺帕克图斯)亦写作 Naupactia(诺帕克提亚)。

胜利几乎解除了达达尼亚人的威胁,他们很难再入侵马其顿了,因为,现在腓力占领的这座城市控制着通道。(3)在确保了这个地方的安全后,他派遣克里索古努斯全速征召马其顿(upper Macedonia)的军队,(4)他自己在征召波提亚(Bottia)和安法克特斯(Amphaxites)的军队后,抵达了埃德萨(Edessa)。(5)他在那里同克里索古努斯的马其顿军队会师,在第六天时,他率领自己的全部军队进抵拉里萨。(6)经过一晚上马不停蹄的急行军后,他在拂晓前抵达了米利提亚(Melitea),他架好攻城云梯,准备强攻这座城镇。(7)这突如其来和出人意料的进攻,让米利提亚人深为惊恐。他本来可以轻而易举地占领这座城镇,但是,由于攻城云梯的短小,以至于他最终功败垂成。

[98](1)对于指挥官而言,这种错误应该受到最严厉的责难。(2)没有对问题进行最起码的思考,也没有作最初步的调查,甚至没有测量城墙与悬崖的高度和探查诸如入城的途径,一时心血来潮就想要占领一座城镇,谁会不责怪这种人?(3)或者,如果他确实竭尽所能地测量了它们,但是,他随意委任那些生手来建造攻城云梯和类似的器械(这些东西在制作的过程中不需要耗费他们过多的心思,但非常依赖他们的技能),那么,谁会不责怪他呢?(4)因为,对于这种事情而言,它不是成功或者没有任何利害的失败的问题,而是失败会造成严重后果的问题。(5)首先,在行动时,那些最英勇的士兵就会暴露在危险中,而且,一旦招致敌人的轻鄙,在撤退时,他们的危险就会更加巨大。(6)这种例子有很多;因为,在很多这样的例子中,我们发现,在这种行动中失败的那些人,他们要么殒命身亡,要么陷于极端的危险中,而不是平平安安地脱身。(7)除此之外,它将来肯定会引发军队对自己的猜疑和厌恶,而且它也会让所有人都会对他加以防范。(8)不仅是那些受害者,而且是所有听说它的人,都应该予以严肃看待并加以警觉。(9)因此,指挥官绝不应该在没有思考和缺乏审慎的情况下,就贸然行事。(10)如果我们科学地进行,那么,进行测量和建造云梯,以及其他诸如此类的事情,是非常容易的,也是无可指摘的。(11)现在,我

必须回到自己原来的叙述上来,但是,当我在撰写这部著作时,一旦发现有合适的场合和地方,我就会明确地指出,在这种事情当中避免此类错误的最好方法。

[99](1)在米利提亚的行动遭遇挫败后,腓力驻扎在埃尼皮斯河(Enipeus)附近,他从拉里萨和其他城镇征调攻城设备,而这些攻城设备都是他在冬季期间造好的,(2)他的整个行动的首要目标是占领弗西奥提斯(Phthiotis)①的底比斯。(3)这座城市坐落在距离海洋不远的地方,大约距离拉里萨三百斯塔德,而且,它控制着梅格尼西亚(Magnesia)和色萨利,尤其控制着梅格尼西亚的德米特里亚斯,以及色萨利的法萨鲁斯(Pharsalus)与菲拉埃(Pherae)。(4)底比斯当时被埃托利亚人所占据,因此,埃托利亚人就不断从底比斯发动袭击,这严重地重创了德米特里亚斯人、法萨鲁斯人和拉里萨人。(5)因为,他们经常发动侵袭,甚至远侵到亚米鲁斯(Amyrus)平原。(6)出于这个原因,腓力没有把这个事情视作无关紧要的问题,而是非常急切地渴望占领这座城市。(7)当集结了一百五十副石弩和二十五架投石器后,他就向底比斯进军;(8)在占领了这座城市的郊区后,他将自己的军队分成三部分,其中一部分军队驻扎在斯科皮乌姆(Scopium),另一部分军队驻扎在赫利奥特洛皮乌姆(Heliotropium),第三部分军队则驻扎在一座可以俯瞰这座城市的山丘上。(9)他通过壕沟和双层栅栏,以及每隔一百英尺建造一座木塔,来强化防御这三座营地之间的空隙。(10)在完成这些防线后,他把自己所有的攻城设备集结在一起,并开始把自己的投石器运到这座城堡前。

[100](1)在前三天期间,由于卫戍部队的英勇抵抗,他的攻城器械都没有让他取得任何进展。(2)然而,当持续的战斗和齐射的炮火致使卫戍部队其中一些人倒下和另外一些人受伤后,抵抗就轻缓了下来,而且,马其顿人开始挖掘巷道。(3)通过不懈的努力,

---

① [中译按]Phthiotis(弗西奥提斯)亦写作 Phthiotides(弗西奥提德斯)或者 Phthiotid(弗西奥提德)。

尽管地形崎岖,但是,经过九天时间的挖掘,他们成功地挖到了城墙。(4)随后,他们夜以继日地继续工作,经过三天时间的挖掘,他们在城墙下面挖掘了两百英尺的距离,并用支撑物进行了加固。(5)然而,支撑物却不足以支撑这个重量,最终坍塌,以至于城墙在马其顿人放火烧毁它们之前就垮掉了。(6)他们很快地清除了废墟,并准备进城,事实上,就在他们发动进攻的那刻,惊慌失措的底比斯就投降了。(7)通过这场胜利,腓力确保了梅格尼西亚和色萨利的安全,他拔除了埃托利亚人进行劫掠的主要基地,同时,也向自己的军队清楚地地表明了自己处死利安提乌斯的正当性,因为,在围攻帕拉埃(Palae)期间,利安提乌斯蓄意叛变。(8)在控制了底比斯后,他将幸存下来的居民卖作奴隶,接着,他将底比斯这座城市改名为腓力比(Philippi),并选派了一些马其顿人移民到这座城市。

(9)就在他把底比斯的事务处理完毕后,来自希俄斯、罗德岛和拜占庭以及托勒密国王的代表团就抵达了,他们此番前来的目的是协商和结束战争。(10)腓力的答复同先前那次一样,[①]那就是,他不是反对和平,他把他们派到埃托利亚人那里,以看看埃托利亚人在这个问题上的态度。(11)然而,他自己根本无意于和平,相反,他继续进行战争。

[101](1)因此,当听到斯塞迪拉达斯的大帆船在马里亚海角(Cape Malea)[②]进行海上劫掠,并把所有的商人都当作敌人对待,而且,他还背信弃义地夺取停泊在利乌卡斯的一些马其顿舰船后,(2)腓力就装备了十二艘甲板船、八艘无甲板船和三十艘快艇(hemiolii),[③]随后,他率领这支舰队穿过了埃乌利帕斯,他意图俘

---

① 参见,同上,第24章。

② 伯罗奔尼撒的东南海角。

③ 根据苏达斯(Suidas)的说法,这些快艇是海盗使用的一种轻型船只(light vessels),但是,它们的名字是否源于它们的构造、容量或者它们船桨的数量,这不是很确定。按照赫西基乌斯(Hesychius)的说法,它们有两排划桨(δίκροτος ναῦς πλοῖον μικρόν)。

获伊利里亚人,而且非常希望战胜埃托利亚人,因为,他当时仍未听到任何有关意大利战事的消息。(3)就在腓力围攻底比斯①期间,汉尼拔在伊特鲁里亚打败了罗马人,②但是,当时这个消息仍没有传到希腊。(4)腓力由于到达的时间太晚,以至于错过了伊利里亚人的大帆船,当他将舰队停泊在塞恩克里亚③后,他就派遣自己的甲板船绕过了马里亚海角,驶向了埃基乌姆与帕特拉。(5)他将其余的舰船拖过地峡,④并将它们全部停泊在利克亚乌姆;他自己则同朋友们急忙赶往阿尔戈斯,以出席尼米亚节(Nemean Festival)的庆典。(6)就在他就坐下来观赏比赛后不久,来自马其顿的一名信使带来消息说,罗马人在一场大战中战败,汉尼拔现在已经占领了空旷的乡村。(7)除了法洛斯的德米特里,腓力一开始没有把这封信件交给其他任何人看,他命令德米特里严格保密这个消息。(8)德米特里利用这个机会向腓力建议道,腓力应该尽快从同埃托利亚人的战争中抽身,并全力投入到征服伊利里亚,以及随后远征意大利的战争当中。(9)他说道,整个希腊现在已经向你臣服,将来也会向你臣服,亚该亚人向来支持马其顿,埃托利亚人也因为近来遭遇的惨败而吓倒。(10)远征意大利是征服世界的第一步,然而,没有人比你更适合这项事业。在罗马人惨遭这场巨大的失败之际,现在正是你大显身手的大好时机。

[102](1)德米特里的这番话很快就燃起了腓力的勃勃雄心,我认为,对于一个年纪轻轻就已经赢得如此之大的胜利的国王而言,这也无可厚非,而且,他英勇果敢,最为重要的是,他的家室显赫,这都让他比别人更有统治世界的隐秘欲望。

---

① 这座底比斯城指的是色萨利的弗西奥提克-底比斯(Phthiotic Thebes),而非波奥提亚人的底比斯。
② [中译按]"汉尼拔在伊特鲁里亚打败了罗马人"亦即"汉尼拔在特拉西美诺湖(Lake Trasimene)打败了罗马人"。
③ 塞恩克里亚(Cenchreae)是萨洛尼克海湾(Saronic Gulf)边上的一座科林斯港口城市。
④ [中译按]即科林斯地峡。

（2）正如我在前面所说，腓力只把这封信件里面的信息透露给了德米特里，随后，他召集了自己的朋友们开会，以讨论同埃托利亚人的和平问题。（3）阿拉图斯也愿意进行和谈，他认为，这是进行和谈的有利时机，因为，马其顿人在这场战争中已经占据上风。（4）因此，腓力国王甚至没有等待正在磋商的代表团回去，就立即派遣诺帕克图斯的克里奥尼库斯前去埃托利亚——（5）他发现，克里奥尼库斯在被俘后仍在等待亚该亚联盟会议的召开①——他自己则率领来自科林斯的己方舰队和陆军前往埃基乌姆。（6）接着，他从那里进抵拉西安，攻占了佩利皮亚（Perippia）城堡，他假装要入侵埃利斯，以表明自己不愿意急切地结束战争。（7）到这时，克里奥尼库斯已经往返埃托利亚两三次了，而且，埃托利亚人请求国王亲自会见他们。（8）腓力同意了他们的这个请求，他停止了所有的敌对行动，并派遣了信使到结盟的城市那里，邀请他们派遣代表前来同自己进行协商。（9）他自己则率领自己的军队穿越过来，并驻扎在帕诺姆斯——帕诺姆斯是伯罗奔尼撒地区的一座港口，它正好位于诺帕克图斯对面——他在那里等待联盟的代表团。（10）就在他们会合期间，他航行到了扎金萨斯，并亲自恢复了这座岛屿的秩序，随后，他又返回了帕诺姆斯。

［103］（1）当代表团会合后，腓力派遣阿拉图斯、塔乌里安和陪同他们的那些人到埃托利亚人那里。（2）埃托利亚人已全部在诺帕克图斯会合，他们会见了前者，在经过一番简短的讨论后，他们发现前者是多么渴望和平，随后，他们返航回去，并把这个情况告诉了腓力。（3）其中那些极度希望结束战争的埃托利亚人，甚至进一步派遣代表团到腓力那里，恳求他率领军队前来会见他们，以便他们可以举行亲密会谈，就那些悬而未决的问题达成一个满意的解决方案。（4）国王同意了他们的这个请求，他率领自己的军队横渡到所谓的"诺帕克图斯山谷"（Hollows of Naupactus），这个地方

---

① 参见第95章。

距离这座城镇大约二十斯塔德。①（5）驻扎在那里后，他用栅栏来保护自己的舰船和营地，接着，他在那里等待会议的召开。（6）当埃托利亚人没有携带武器就全部抵达并安顿在距离腓力营地大约两斯塔德②的地方后，他们开始交换信息和讨论问题。（7）国王首先把同盟国的所有代表都派了出去，并命令他们同埃托利亚人缔结和平的条件是双方保持现状。（8）埃托利亚人欣然同意这个条件，从此之后，双方就各种细节问题不断地交换信息。（9）对于其中绝大部分问题，我都不予理会，因为，它们根本没有值得提及的价值，但是，我将记述第一次会议期间，诺帕克图斯的阿基劳斯（Agelaus of Naupactus）在国王和同盟国面前所作的那番演讲。下面的段落就是他这番演讲的具体内容：

[104]（1）如果希腊人相互之间没有发生战争，那么，这将是最好的事情，如果希腊人能够以同一个声音进行言说，或者，能够像涉水而过的人们那样携手前进，那么，这将是诸神给予的最大恩典，他们因而也就能够抵抗野蛮人的入侵，并挽救他们自己与他们的城邦。（2）如果这样一个同盟整体上根本不可企及，那么，鉴于现在战场上的庞大军力和西部这场战争的庞大规模，我建议你们当前至少应该同心协力和共同防备。（3）现在即使是对时局充耳不闻的那些人，局势的发展也将是显而易见的，那就是，在这场战争中，不管是迦太基人打败罗马人，还是罗马人打败迦太基人，胜利者都不太可能只满足于对意大利和西西里的统治，相反，他们肯定会来到这里，也肯定会把他们的势力和野心扩展到正义的边界之外。（4）因此，我恳求你们所有人都要小心地防范这种危险，而且，我尤其要这样恳求腓力国王。（5）对于作为国王陛下的您而言，最好的安全策略不是削弱希腊人，从而使他们成为侵略者

---

① ［中译按］二十斯塔德大约相当于 2.5 英里。
② ［中译按］两斯塔德大约相当于 0.25 英里。

的滋美猎物,而是应该像照顾自己的肉身那样照看他们,像保护自己的份地那样保卫希腊的每一个区域。(6)如果您遵从这样的方针,那么,您将赢得希腊人的爱戴,一旦遭受攻击,他们肯定也会全力地帮助您,而外国人也将更不愿意密谋反对您的王位,因为,希腊人对您的忠诚必将牵绊他们。(7)如果您渴望战斗,那么,您应该把视线转向西方,紧盯意大利的战事,明智地等待时机,以待您将来有一天迎来争夺世界霸权的时机。(8)当下的时刻并不会拒斥这种希望。(9)但是,在事态完全平息下来之前,我恳请您搁置同希腊人的分歧和战争,您现在应该全身心地投入到刚刚我所说的那个更为紧迫的问题上来,以保存您随心所欲地同他们开战,抑或缔结和平的权力。(10)因为,一旦您等到聚拢在西方的这些乌云压向希腊,我非常担心,议和与开战的权力,以及我们现在把玩的所有游戏,终将彻底摔出我们的手掌。(11)因此,我们只得向祈祷诸神,让祂们赐予我们可以按照自己的意愿相互开战和按照我们自己的意愿缔结和平的权力,换言之,也即是自主地解决我们自己争端的权力。

[105](1)阿基劳斯的这番演讲,让所有的同盟国都大受触动,以至于他们都急切地渴望缔结和平条约,腓力更是如此,因为,阿基劳斯向他所作的这番论证非常契合他现在的打算——德里特里之前给他建议时,他就形成了这个打算。(2)因此,双方就所有的细节问题都达成了一致意见,在批准这份和平协议后,会议就解散了,双方也就各自带着和平而非战争回家了。

(3)所有这些事件都发生在第 140 届奥林匹亚大会的第三年,我所说的所有这些事件指的是,罗马人在伊特鲁里亚的战事、安条克在科利-叙利亚的战事,以及亚该亚人与腓力同埃托利亚人的和平协议。

（4）就在这个时间和这次会议期间，①希腊、意大利和非洲的事务第一次相互关联了起来。（5）腓力和希腊的主要政治家从此结束了只单纯地以希腊范围内来决定彼此之间的战争与和平问题，而是，他们所有人的眼睛都转向了意大利。（6）很快，同样的事情也发生在小亚细亚的内陆人和居民身上。（7）与腓力不睦的那些人，以及阿塔鲁斯②的那些对手，不再盯向南方和东方——也即是托勒密和安条克——而是从此转向西方，他们当中的一些人派遣使团到迦太基，另一些人则派遣使团到罗马。（8）罗马也派遣使团到希腊，因为，他们担心腓力的冒险性格，同时，这也是为了防范腓力进攻，因为他们现在正处于艰难时期。（9）我认为，既然我已经清楚地表明了希腊史卷进意大利史和非洲史的方式、时间和原因（这也是我之前所承诺的），（10）那么，我将继续叙述希腊史直到坎尼战役时期（迦太基人在这场战役中打败了罗马人），这场战役是我中断意大利战事的叙述和结束本卷写作的决定性事件，我不会逾越上述时期。

[106]（1）亚该亚人一结束战争，就选举提摩克塞努斯作为他们的将军，并恢复他们日常的习俗与生活方式。（2）他们像其余的伯罗奔尼撒城镇一样，重建自己的营生，修复受损的土地，复兴传统的献祭、节日与当地的各种宗教仪式。（3）由于后期连绵不绝的战争，这种事情确实几乎湮没无闻。（4）出于种种原因，非常喜欢文明与平静的生活方式的伯罗奔尼撒人，他们在过去却比其他任何民族更少享受到这种生活方式，这就像欧里庇得斯所说，"尽管

---

① 特拉西美诺湖战役和科利-叙利亚的帕菲亚（Paphia）战役发生在公元前217年6月，诺帕克图斯（Naupactus）会议是在8月举行的。然而，将这些事件一同解释成地中海历史的一个转折点，波利比乌斯是在强行地扭曲事实。爱琴海诸岛的居民或者小亚细亚的希腊人尚待很多年方才向罗马求援，也未闻阿塔鲁斯的对手派遣使团同迦太基进行接触，而且，罗马人的使团直到公元前200年方才越过爱琴海。

② [中译按]即帕加马国王阿塔鲁斯（Attalus）。

劳苦烦累,但他们的长枪从未停歇。"①(5)他们之所以这样,其实再正常不过,因为,争霸的野心和自由的热爱,他们都兼而有之,他们相互间一直都在不停地战斗,没有人愿意首先服从于自己的邻居。

(6)雅典人现在从马其顿的恐惧中解放了出来,他们认为,他们的自由将会非常牢靠。(7)他们的主要政治领袖欧里克雷达斯(Eurycleidas)和米西安(Micion)都遵从这种政策和倾向,那就是,他们从不参与其他希腊地区的事务,但是,他们慷慨地谄媚所有的国王,尤其是托勒密国王。(8)对于所有的法令和公告,不管它们是多么令人不堪,他们都会全部予以同意,在这些无用而轻浮的领袖的领导下,他们根本就不会在意尊严问题。

[107](1)至于托勒密,他同埃及人的战争紧随在这些事件后面。(2)这位国王武装埃及人,以同安条克争战,在当时,这一步的作用非常显著,但是,从长远看,这却是错误的。(3)拉菲亚的胜利让士兵们深为得意,以至于他们不愿再服从托勒密国王的命令,而是寻找一名代表自己利益的头领或名义领袖,他们认为,自己能够维持自己的独立,而且,他们没多久就成功地做到了这一点。

(4)安条克进行了整个冬季的大规模备战后,在初夏时越过了塔乌鲁斯山,在同阿塔鲁斯国王达成协议后,他向阿卡乌斯发动了一次联合行动。

(5)埃托利亚人起初对同亚该亚人缔结的和平条约非常满意,因为,战争已经不利于他们——事实上,他们选举诺帕克图斯的阿基劳斯作为他们的将军,因为,他们认为,他对和平的贡献比其他任何人都要大——(6)但是,没过多久,他们就开始不满了,他们责备阿基劳斯同全希腊而非仅仅某一些国家缔结和平,这彻底切断了他们进行海外劫掠的所有机会,也摧毁了他们未来的所有希望。(7)然而,阿基劳斯容忍了这些非理性的责备,而且,他很好地控制了他们,因此,尽管这与他们的本性格格不入,但是,他们只得选择忍受。

---

① 欧里庇得斯(Euripides),残篇529,纳克(Nauck)编本。

　　[108](1)在缔结和平协议后,腓力国王从海路返回了马其顿,在马其顿,腓力发现,斯塞迪拉达斯用金钱上的同样借口背信弃义地夺取了停泊在利乌卡斯的舰船,他现在劫掠了位于佩拉戈尼亚(Pelagonia)地区的一座名叫皮萨埃乌姆(Pissaeum)的城镇,通过威胁或者承诺,他将达萨勒塔(Dassaretae)地区的几座城市尽收囊中——这几座城市也即是安提帕特里亚(Antipatreia)、克里森德安(Chrysondyon)和基图斯(Gertus)——而且,他对临近的马其顿地区进行了大规模地入侵。(2)因此,腓力立即开始率领自己的军队,去收复这些叛乱的城市,并决定同斯塞迪拉达斯四面开战,(3)他认为,相对于自己其他的计划,乃至相对于入侵意大利的计划而言,恢复伊利里亚的秩序至关重要。(4)德米特里不停地点燃国王对这些希望和野心的热情,以至于腓力在睡觉时都只会梦见它,他满脑子都是自己的新计划。(5)德米特里这样做的动机不是出于对腓力的考虑,(6)我想,在这个问题所占的重要性上,腓力只排在第三位阶,他对罗马的仇恨排在第二位阶,而他自己的利益和野心则排在第一位阶,(7)因为,他坚信,这是恢复自己的法洛斯公国的唯一方法。(8)腓力率领自己的军队收复了我刚刚所提到的那些城市,随后,他占领了达萨利提斯(Dassaretis)地区的格利奥尼乌姆(Creonium)与基鲁斯(Gerus)和利克尼斯湖(Lake Lychnis)地区的恩彻拉纳(Enchelanae)、塞拉克斯(Cerax)、萨提安(Sation)与波埃(Boei),以及卡洛西尼(Caloecini)地区的班提亚(Bantia)和皮山提尼(Pisantini)地区的奥基苏斯(Orgyssus)。(9)结束这些行动后,他将自己的军队派遣回到冬季营地。在这个冬季,汉尼拔在摧毁了意大利最富裕的地区后,回到了位于达乌尼亚地区的基鲁尼乌姆(Gerunium)冬季营地,(10)罗马人则刚刚选举盖乌斯·特伦提乌斯·瓦罗和卢西乌斯·埃米利乌斯·保鲁斯作为他们的执政官。①

　　[109](1)在这个冬季期间,腓力考虑到自己需要船只和船员

---

① 即公元前 216 年。

来实施自己的计划,他根本就没有进行海战的想法——(2)因为,他从未想到自己能够同罗马舰队进行海战——只是他需要运输自己的军队,能够在自己所希望的地方登陆,从而达到突袭敌人的目的。(3)出于这个目的——他认为,伊利里亚的造船工是最好的造船工——他决定建造一百艘大帆船(galleys),他几乎是第一位这么做的马其顿国王。(4)在装备了这些舰船后,他于初夏时节集结了自己的军队,在简单地训练了马其顿人划桨后,他启航了。(5)恰好在这个时间,安条克越过了塔乌鲁斯山,腓力穿过埃乌利帕斯及绕过马里亚海角后,抵达了塞法里尼亚和利乌卡斯,他就停泊在那里,焦急地等待罗马舰队的消息。(6)在听到它们停泊在利利巴乌姆的消息后,他欢欣鼓舞地再一次出海,驶向阿波罗尼亚。

[110](1)就在他正要抵达流经阿波罗尼亚的奥斯河(Aoüs)河口时,诸如追上的陆军等所造成的恐慌袭向了他的舰队。(2)舰队后面的一些大帆船——它们之前停泊在一座名叫萨森(Sason)的岛屿上,萨森岛位于爱奥尼亚海(Ionian Sea)的入口处——在晚上来到了腓力那里,他们告诉腓力,从西西里海峡(Sicilian Strait)过来的一些舰船也同他们一样停泊在同一个近岸锚地,[①](3)从西西里海峡过来的那些舰船告诉他们,当自己离开利基乌姆时,一些罗马人的五桨座战船正驶向阿波罗尼亚,以支援斯塞迪拉达斯。(4)腓力认为,这支罗马舰队很快就会接近自己,因此,他感到非常恐惧,他立即下令起锚和返航。(5)在一片混乱中,他们离开了停泊的地方,并开始启程返航,经过日夜兼程的航行,第二天,他抵达了塞法里尼亚。(6)他在那里恢复了一些勇气,他谎称,这次之所以回撤,是因为自己要向伯罗奔尼撒展开军事行动,从而达到掩饰自己溃逃的目的。(7)事实证明,这整个就是一场虚惊。(8)因为,当斯塞迪拉达斯听到腓力在整个冬季期间都在建造大批的大帆船后,他就预计腓力会从海路来进攻自己,因此,他派人将这个消息告诉了罗马人,并乞求罗马人的支援。(9)当罗马人接到消息后,他们立

---

① [中译按]也即是,他们一同停泊在萨森岛。

即从利利巴乌姆的海军舰队中派遣了一支由十艘舰船所组成的海军中队,而这些舰船就是他们之前在利利巴乌姆所看到的那些舰船。(10)如果腓力不是这样慌张地逃离这支海军中队,那么,他现在就有机会控制伊利里亚,罗马人的全部精力和所有资源都集中在应付汉尼拔和坎尼战役后的局势上了,这些罗马舰船也很可能落到他的手上。(11)然而,当时这个消息让他彻底惊慌失措,以至于他立即返航回到了马其顿,虽然毫发无损,但是,这确实非常耻辱。

[111](1)在此期间,普鲁西亚也做了一些值得提及的事情。(2)由于我在前面所提到的猜疑,高卢人——这些高卢人是阿塔鲁斯国王从欧洲带回来帮助自己同阿卡乌斯开战的,因为,他们的勇武声名内外——离开了这位国王,他们开始残暴而又放肆地劫掠赫勒斯滂附近的城镇,(3)最后,他们甚至想要攻占埃利乌姆,但是,亚历山大里亚的居民特洛亚人展现出巨大的勇气。(4)他们派去了由特米斯特(Themistes)所率领的四千军队,通过切断补给而挫败他们的计划,这支军队不仅解除了埃利乌姆之围,而且还将高卢人驱逐出了整个特洛亚德(Troad)。(5)高卢人现在攻占了阿比都斯人的领土亚里斯巴(Arisba),通过秘密的谋划或者公开的敌对,他们从此不断地骚扰这个地区的城市。(6)因此,普鲁西亚率领一支军队前去抵抗他们,通过一场激战,他摧毁了他们所有人,几乎杀死了他们营地里的所有妇女和小孩,并且,他放纵自己的参战士兵劫掠辎重。(7)通过这种方式,普鲁西亚将赫勒斯滂边上的城市从严重的威胁与危险中拯救出来,同时,这也明确地警告了将来那些来自欧洲的野蛮人,不要觊觎亚洲。

(8)这就是当时希腊和亚洲的局势。正如我在上一卷所提到的,意大利的大部分地区都在坎尼战役后倒向了迦太基人一边。(9)在记述了第140届奥林匹亚大会期间亚洲和希腊所发生的事件后,我将选择这个日期来结束我的叙述。(10)在下一卷中,我首先将简要地概述我的叙述,随后,我将按照自己一开始所作的承诺继续论述罗马政体。

第六卷(残篇)

前言

[2](1)对于为什么我迟迟到现在方才论述罗马政体,我深知,一些读者肯定非常疑惑,因此,我有必要中断自己的叙述进程。(2)我一直都把它当作我的整个计划的一个必不可少的组成部分,(3)我确信,在我这部作品的众多段落当中,尤其是在前言当中,我已经很明显地触及这个主题,我在那里说过,我希望达到的最好和最有价值的结果就是,让我的读者清楚地了解,在这种独特的政治体制及其运作方式下,罗马人在短短不到五十三年的时间里,就几乎征服了整个世界,并把整个世界置于自己单一的强权统治之下——这绝对是一件亘古未有之事。(4)既然这是我的既定目标,那么,对于我把注意力转向政体,来检验我对政体将要所发之言的真实性问题而言,我发现,再没有比现在更为合适的场合了。(5)在个人生活中,如果你希望对好人或者坏人的品性作出评判,而且,如果你也希望得到一个真实的答案,那么,你不会只观察他们在生活风平浪静期间的行为,而是会观察他在身处巨大逆境或者赢得辉煌胜利期间的所作所为。(6)真正考验一个人的品质,在于他能否从容地承受和英勇地直面最剧烈的命运挫败。(7)在我们这个时代,就罗马所经历的命运剧变而言,我找不到一个比它所遭遇的更加明显或者更加剧烈的国家了,因此,我就在这个地方展开我对政体的阐述[……]

(8)对于历史的研读者而言,真正有吸引力和有益的恰恰正是这个:清晰地探寻历史的原因,以及随之而来地在所有的情形当中作出最有力的相应选择的能力。(9)一个国家所有问题的成功或者失败,都在于这个国家的政体形态;(10)因为,正如水流来自其源头一样,所有行动的设想和计划不仅由它们的政体而起,也由它们的政体而成。

论国家形态

[3](1)就拿那些希腊国家来说,它们一次又一次地经历崛起,尔后又遭遇命运的彻底逆转,我们很容易描述它们的过去或预断它们的未来。(2)因为,叙述众所周知的事实并不困难,从过去所发生的事情来预测未来,也不是一件难事。(3)然而,就罗马人而言,我们既不容易解释它当前的形态(因为它的政体的复杂性),也不容易预测它的未来(因为我们不知道罗马人在过去的公共生活和私人生活中的独有特性)。(4)因此,如果有人希望清晰而整全地理解他们政体的独到特质,那么,我们就需要进行一番特别的关注和研究。

(4)大部分意图对政体问题作出权威性描述的那些作家,①他们把政体区分成君主制(kingship)、贵族制(aristocracy)和民主制(democracy)这三种。(5)然而,我认为,我们应该有权要求他们向我们说明,对于他们所描述的这三种政体,这是不是说,仅仅有这三种政体,或者,只有这三种政体方才是最好的政体?因为,在我看来,无论是哪一种,他们都是错误的。(6)很明显,我们必须认识到,最好的政体是这三种政体的有机结合。(7)对此,我们不仅有理论上的依据,而且,我们也有实践性的事例来予以证明,莱库古

---

① 在这里,波利比乌斯所指向的那些撰写这个问题的古典作家,并不必然是希罗多德、柏拉图和亚里士多德,而更可能是指向与他自己的时代相接近的那些二流作家。

（Lycurgus）就是第一位以这种原则来构建政体——斯巴达政体——之人。（8）另一方面，我们也不承认只有这三种政体。（9）因为，我们见证了准君主制（μοναρχικὰς πολιτείας，monarchical government）和僭主政体（τυραννικὰς πολιτείας，tyrannical government），这两种政体都与君主制（βασιλεία，kingship）大相径庭，①不过，它们与君主制也有一些相似性。（12）这就是为什么所有的僭主（μόναρχοι，monarchs），只要自己能够做到，他们都会冒戴或冒用国王这个头衔。（11）也有一些寡头政体（ὀλιγαρχικὰ πολιτεύματα，obligarchical constitutions），它们看起来同贵族政体具有几分相似，但是，它们之间的实际差异可能非常巨大。（12）这对民主制也同样适用。

[4]（1）下述论据就可以清楚地证实我所说之话的真实性。（2）我们不可能把所有的一人之治（μοναρχίαν，monarchy）②都直接称作是君主制（βασιλείαν，kingship），而是，只有那种子民自愿接受，且进行理性而非恐惧和暴力统治的地方，方才是君主制。（3）我们也不会把所有的少数人之治（ὀλιγαρχίαν，oligarchy）都称作贵族制，而是，只有那种通过选出最公正和最智慧之人进行统治的地方，方才是贵族制。（4）同样地，全体公民都可以自由地去做任何他们所希望或者所喜欢之事，这不是真正的民主制，（5）而是，只有那种按照传统和习俗去崇拜诸神、照料双亲、尊敬老者和遵从法律，以及大部分人的意志能够得到普遍尊重的地方，我们方能把它称作是民主制。（6）因此，我们应该可以列举六种政体，其中三种政体是人人所谈及，同时也是我之前所提到的，另外三种政体则同前三种政体有天然性地关联，我指的是僭主制（μοναρχίαν，monarchy）、寡

---

① 例如，波利比乌斯认为，斯巴达的克里奥米尼斯（Cleomenes of Sparta）就是一名僭主（tyrant）和一名暴君（despot），参见第二卷第 47 章。

② ［中译按］在安德鲁·林托特所撰写的《罗马共和国政制》（晏绍祥译，商务印书馆 2016 年版，第 315 页）中，作者这样写道："在这个循环中，一个社会从以'体力'为基础的君主制过渡到以正义为基础的君主制，然后依次是僭主制、贵族制、寡头制、民主制，最后又回到君主制的残暴形式。"对此，这可以证明两种一人之治的形态。

头制(ὀλιγαρχίαν，oligarchy)和暴民制(ὀχλοκρατίαν，mob-rule)。(7)在这些政体当中，首先出现的是准君主制(μοναρχία，monarchy)，这是无需外力就自然形成的一种政体；随后出现的是君主制(βασιλεία，kingship)，通过技术性的作用和缺陷性的修正，准君主制(monarchy)会发展成君主制(kingship)。(8)君主制(βασιλεία，kingship)①首先会堕落退变成同自己相关联的政体形态，也即是僭主制(τυραννίδ᾽，tyranny)；②这两种政体的废除随之就会产生贵族制。(9)贵族制(ἀριστοκρατία，aristocracy)③因其本性而堕落退变成寡头制(ὀλιγαρχίαν，obligarchy)；当愤怒的民众报复这种政体的不公正统治时，民主制(δῆμος，democracy)就出现了。(10)经过适当的时间，这种政体就会滋生放纵和不法，由此，暴民制(ὀχλοκρατία，mob-rule)就出现了，这因而也就结束了政体的循环。④ (11)对于任何仔细研究所有这些政体本来就有的开端、发展和消亡之人

---

① [中译按]在希腊语原文中，这个地方省略了主语，但是，在洛布本中，英译者补加了一个主语。然而，洛布本英译者补加的这个主语却是 monarchy，这明显有误。因为，根据上下文和整体的语境，希腊语原文省略的主语明显是 βασιλεία (kingship)，而非 μοναρχία (monarchy)。

② [中译按]希腊语中的僭主(tyrannus)与拉丁语中的王一样，因为，在古代，王和僭主之间并无区别。正如维吉尔所说(Aen. 7.266)，对我来说，和平的条件就是触摸你王的右手(Pars mihi pacis erit dextram tetigisse tyranni)。实际上，强大的王即名僭主(tyrants)，因 tiro 就是强壮的年轻人。关于这类人，主说，"王藉我而治僭主(tyrant)，因我而有土"(《箴言》8：15)。后来这一专名用于称那些坏透了的邪恶的王，他们追求奢华，以残酷的统治凌于人民之上。参见塞维里的伊西多尔：《塞维里的伊西多尔对"王政"与"公民"的释义》，张笑宇译，载《罗马古道》(《海国图志》第五辑，林国华、王恒主编，上海人民出版社 2010 年版)第119—120 页。

③ [中译按]在希腊语原文中，这个地方省略了主语，但是，在洛布本中，英译者补加了一个主语 aristocracy(ἀριστοκρατία，贵族制)。

④ 亚里士多德对政体的分类是：君主制、贵族制、πολιτεῖαι (共和制)、民主制、寡头制、僭主制，参见《政治学》(Pol.)第四卷第 2 章。这种分类源于柏拉图(Pol. 302, C.)，他将政体划分为两两成对的六种政体(除理想政体[the ideal polity]之外)：君主制与僭主制、贵族制与寡头制、好的民主制与坏的民主制。除了δημοκρατία παράνομος (非法的民主制)，柏拉图没有其他不同的政体名称，对于坏的民主制(the bad democracy)，波利比乌斯将它称之为 ὀχλοκρατία，亦即 (转下页)

而言,他们都会非常明白我刚刚所说的那番话的真实性。(12)只有当他看到每一种政体在怎样形成和发展后,他方才能够明白,每一种政体会在何时、何处成长、完备、退变和终结。(13)我认为,这种分析方法最适用于罗马政体,因为,它的形成和发展从一开始就遵从自然的因素。

[5](1)对于不同政体相互自然转换的理论,柏拉图和其他一些哲学家进行了更为详尽地阐述。然而,其精细的论证和详尽的阐述,除了少数人之外,远远超过了大部分人所能理解的范围。(2)我将尝试对这种理论进行简短地概述,直到我觉得,它可以适用于实际的历史事实,也可以诉诸人类的一般智慧。(3)在对它的一般性阐释中,如果我有所遗漏,那么,对于留下的所有悬而未决的难题,接下来的详尽讨论将足以补偿读者。

(4)那么,我所谈及的政治社会的起源是什么?政治社会首先是怎样形成的?(5)由于洪水、瘟疫,谷物歉收或者其他诸如此类的原因,毁灭就会降临到人类身上。传统告诉我们,这种毁灭经常发生,我们必须相信,这种毁灭在将来也会经常发生,所有的技艺和技能都会在同一时间消失。(6)随后,随着时间的流逝,幸存下来的人类,会像种子一样再度繁衍人口,就像兽类那样聚集成群——(7)由于他们先天的劣势,这种族类的结伴成群实属必然——结果,在体力和勇气上都出类拔萃的那个人,就会领导和统治其他的人。(8)我们必须把这种现象视作自然界给予我们的真正教导:在没有理性能力的动物世界,例如公牛、野猪、公鸡等,最强壮者毋庸置疑就是领导者。(9)人类在起始阶段很可能也是以这样的方式生活,他们像野兽那样群居,追随最强者和最勇敢者的

(接上页)一种暴民制(mob-rule)。波利比乌斯的政体循环是按照下面那样进行的:

(1)君主制(Kingship,起源于一种自然性的专制[a natural despotism]或者一种自然性的一人之治[a natural monarchy]),堕落退变成僭主制(Tyranny)。

(2)贵族制(Aristocracy)堕落退变成寡头制(Oligarchy)。

(3)民主制(Democracy)堕落退变成暴民制(Mob-rule)。

领导,力量是决定统治者统治的唯一因素,因此,我们应该把这种统治称作准君主制(μοναρχίαν, monarchy)。

(10)然而,随着时间的流逝,家庭的纽带和社会性的关系就会在这种群居生活中生长,随后就产生了君主制的观念,而且,良善的观念、正义的观念和与之对立的观念也会开始在人们中间出现。

[6](1)这些观念的形成方式如下:(2)两性的交媾是人类的一种自然本能,而两性交媾的结果就是生育小孩。(3)然而,假如其中任何一个长大成人的小孩,对于抚养自己长大的那些人,没有表现出感激之情,相反,他却对他们恶语相向或者虐待他们,那么,很明显,他将触怒和冒犯熟悉其父母和见证他们费尽心机地照料与抚养自己小孩的那些人。(4)人类同其他动物的区别就在于,他们是唯一拥有理性能力的物种,很明显,这种行为上的差异不可能像其他动物那样躲过他们的视线:(5)他们将会关注这种事情,并表达对这种事情的不满,因为,他们会看向未来,并反思自己将来可能也会遭遇相同的对待。(6)当一个人在危险中,得到了另外一个人的帮助或者救助,但是,他没有对自己的保护者表示感激,相反,他甚至去伤害自己的保护者,很明显,那些知道这件事的人,自然会被这种行径所触怒和冒犯,他们会同自己受伤的邻居同仇敌忾,并想象自己同他处于同样的处境。(7)通过这种方式,所有人都会形成一种意义观念和责任理论。(8)同样地,当一个人挺身而出,保护自己的同伴免于危险,或英勇地面对最强悍的野兽的进攻,那么,自然地,他就会得到人民的爱戴和尊重,而表现出完全相反行径的那个人,将会遭到非议和反感。(9)人们再一次从中形成何为卑鄙、何为高贵和何为它们两者构成的差异的观念,高贵的行动将会得到称羡和效仿,因为,它对大家都是有利的,而卑鄙的行动则会遭到拒斥。(10)人民中最杰出和最强大之人,在这些问题上,总是用自己的权威去支持大众的看法,当他根据自己子民的意见来分配奖赏和惩罚,他们就会服从他,这不是因为他们恐惧他的暴力,而是因为他们赞同他。(11)而且,他们会一起维护他的统治,即使他因为年老而虚弱不堪,他们会一致保护他,抵御那些密谋推

翻他统治的人。（12）因此，当凶残和暴力让位于至上的理性时，准君主制（μονάρχος，monarch）就会不露痕迹地变成国王（βασιλεύς，king）。①

［7］（1）因此，最初的善和正义的观念及其相反的观念，就这样在人们心中自然地形成；这就是君主制的真正开端和起源。（2）因为，人民确保最高权力不仅掌握在这些人手上，而且掌握在这些人的后代手上，他们相信，由这些人生养的后代会有同他们相似的原则。（3）但是，如果他们对这些后代不满，他们就不再以体力和匹夫之勇来挑选自己的国王和统治者，而是以睿智的判断能力和理性能力来挑选，因为，他们已经从实际生活中获取了这两种不同的才能。（4）在古代，那些被挑选出来担任国王之位的人，会一直继续担任国王直到他们终老，他们建造壮观的要塞，并用城墙来防卫要塞，以保卫自己子民的安全，同时，他们猎取土地，以给他们提供充足的生活必需品。（5）当他们追逐这些目标时，他们不会招致任何辱骂或者嫉妒，因为，他们在穿戴和饮食上都同其他人大同小异，而且，他们也不会脱离民众，而是同其他人一样生活。（6）然而，当他们通过世袭而继任王位后，他们发现自己的安全高枕无忧，而且，他们的食物供给也更加充沛，他们就会因为过多的欲求，深深地沉溺于自身的欲望中不能自拔。（7）他们认为，统治者必须通过一件特别的服饰来有别于自己的子民，以至于他们在穿戴上就会越来越奢华和多样，在享用的食物上也越来越铺张，在追求爱

---

① ［中译按］王（rex）这个词由统治（regere）而来，王国（regnum）这个词来自王。王（Reges，rex 的复数形式）亦由管理（regendo）而来，正如祭祀（sacerdos）由献祭（sacrificando）而来（regere 亦有保持笔直、正确领导之意）。不能正确行事者不能统治（Non autem regit, qui non corrigit）。因此，王就是行事正当（recte）者，而谁若犯错，便丢掉王位。古语有言："所行正当者王，否则不王"（Rex eris, si recte facias；si non facias，non eris）。王德中尤其值得一提者有二：正义（iustitia）与仁慈（pietas）。但仁慈在王中更受称赞，因正义本身是严酷的。参见塞维里的伊西多尔：《塞维里的伊西多尔对"王政"与"公民"的释义》，张笑宇译，载《罗马古道》（《海国图志》第五辑，林国华、王恒主编，上海人民出版社 2010 年版）第 118 页。

情方面,他们也不应该遭到任何拒绝,无论这种追求多么无法无天。(8)这些行径一方面会引起嫉妒和愤慨,另一方面也会迸发不满和怨恨,君主制也就会变成僭主制:崩溃的种子会首先萌芽,各种密谋也会开始形成。(9)这些密谋不是肇始于那些最邪恶的恶棍,而是发端于那些最高贵、最高尚和最勇敢之人,因为,这种人根本不能忍受国王的胡作非为。

[8](1)基于我在前面所说的原因,现在拥有自己的领袖的民众将联合他们一起反对自己的统治者,君主制(βασιλείας,kingship)和僭主制(μοναρχίας,monarchy)都将会被彻底废除,而贵族制则将生成。(2)仿佛出于对废除一人之治(μονάρχους,monarchy)之人的亏欠,民众就会让他们作自己的领袖,并将自己的命运委任给他们。(3)一开始,这些领袖会欣然承担这种职责,他们会把公众的利益视作最为重要的事情,他们会用父亲般的关怀那样,去治理民众的私人和公众事务。(4)然而,当领袖的后代再一次继承他们父亲的这种权威后,由于他们从襁褓时起,就享受自己父亲的权威和高位,他们没有经历任何不幸,也没有任何公民平等和言论自由的观念,(5)他们当中的一些人就会放弃自己的崇高职责,一些人会肆无忌惮地捞钱,贪婪至极,一些人则会沉溺于美酒及其所伴随的过度享乐,其他一些人则会冒犯妇女或强暴男孩。(6)因此,贵族制就会变成寡头制,人民心中会激发出我刚刚所说的那种相似情感,结果,他们将遭遇僭主制那样的相同灾难。

[9](1)无论何时,任何人——如果他观察到公民所产生的嫉妒和怨恨——只要有勇气用语言或者行动来对抗国家首脑,那么,所有民众都会乐意支持他。(2)其次,当他们杀死或者放逐寡头后,他们就不会再在自己之上设立一个国王,因为,对于自己先前的那些国王所施加的种种不义,他们仍然心有余悸,他们也不会再把统治权信任地委托给所选定的少数人,因为,他们已亲眼见证了这些人近来所犯下的种种错误。(3)因此,唯一未被玷污的希望就在于他们自身,于是,他们就诉诸于此,他们把国家民主化,而非寡头化,他们让自己负责和管理事务。(4)只要从寡头制的邪恶统治

下幸存下来的那些人仍然在世，他们就会非常地满足于当前的政体形态，而且，他们高度珍视平等和言论自由。（5）然而，当新一代出现，民主落到其创建者的后代手上后，他们就会太过习惯于自由和平等，以至于他们不再珍视它们，并且，他们开始追求高人一等的地位；而且，非常显而易见的是，其中的那些富人很容易犯下这种错误。（6）因此，当他们开始贪恋权力，但他们却不能通过自己或者自己的美好品质赢得权力时，他们就会用各种可能的方式来诱惑和腐蚀人民，最终使自己倾家荡产。（7）从他们愚蠢地攫取名声的那刻起，他们就已经让民众染上了贪求和收受贿赂的习惯，民主制因而也就被推翻，变成了一种强力与野蛮的统治。（8）民众已经习惯牺牲他人和依靠他人的财产过活，只要他们发现，任何有足够的野心，却因为自身的贫困而被排除在权位之外的领袖，他们就会建立一种暴力统治。（9）接着，他们将集结自己的军队，屠杀、放逐和劫掠，直到他们再一次退变成一种纯粹的野蛮状态[①]，再一次找到一名主人与君主。

（10）这就是政治革命的循环，这也是政体演变、转化和再一次地回到其原初状态的自然进程。（11）任何清楚地了解这种进程的人，在谈及任何一个国家的未来时，或许在预测这种进程所将花费的时间方面，他可能会犯错，（12）但是，如果他的判断没有被妒忌或者敌意所腐蚀，那么，在它所达到的成长或者衰落阶段，以及它将演化成何种形态方面，他几乎不会犯错。（13）尤其拿罗马来说，这种方法能使我们清晰地了解其形成、发展、完备和必将继之而来的由盛转衰的过程。（14）因为，正如我在前面所说，这个国家是自然形成和发展的（对此，罗马无出其右），它也将经历一个自然的衰败以及演化至它的反面的过程。读者肯定能够从这部著作的后面部分，判断出我所说的这句话的真实性。

［10］（1）现在，我将简要概述一番莱库古的立法，因为，它与我

[①] 西纳埃萨（Cynaetha）的例子就很好地说明了这种进程，参见第四卷第 17—18 章。

当前的主题息息相关。（2）莱库古非常明白，前面所说的所有演化都不可避免，这是一种自然而然的进程，他认为，对于任何一种政体而言，只要它是单一的且建基于一种单一的原则之上，那么，它就是不稳定的，因为，它很快就会退变成一种其特有的和固有的败坏形态。（3）就像铁锈会腐蚀铁，蛀虫和船虫会摧毁木头一样，即使它们能够逃脱所有的外来伤害，它们也会被它们自身内部所产生的罪恶所摧毁，因此，每一种政体都有其内在的、不可分离的缺陷。（4）君主制的内在缺陷是专制，贵族制的内在缺陷是寡头，民主制的内在缺陷则是暴力性的野蛮统治；（5）正如我在前面所说，最终，每一种政体都不可能不退变成其败坏的形态。（6）莱库古预见到了这种情况，因此，他没有把自己的政体单一化和均质化，而是结合了最好政体中的所有优良特征和独有特征，以至于它没有任何一种过头的原则，也不会转化成与它相关联的缺陷。（7）相反，每一种政体的力量都中和了另外一种政体的力量，因此，它们都不会压倒或超过另外一种政体，换言之，这种政体会在很长时间内，像一艘平衡船一样保持一种平衡。（8）君主制通过对民众的畏惧（民众在政体中占据充足的份额），以使其免于傲慢；（9）另一方面，出于对元老院（Gerusia）的畏惧——元老院的元老都是从最好的公民当中挑选出来的，他们所有人一直以来都坚定地站在正义一边——民众也不会藐视国王。（10）出于对传统习惯的尊重而处于最不利的一方，会因为拥有元老院的支持和影响而最终赢得权力和分量。（11）结果，通过莱库古所建立的政体，斯巴达比有历史记载的任何其他地方，都更长时间地保存了自己的自由。

（12）通过理性的思考，预见到了事件自然的走向和方式的莱库古，无需从灾难中汲取任何教训，就建立了自己的政体。（13）然而，就政体形态而言，尽管罗马人最终达到了相同的结果，但是，他们的这种结果不是通过理性的思考，而是通过诸多困难和逆境的磨练而得来。（14）罗马人通过在灾难中所学到的经验来作最佳的选择，因此，他们能够达到同莱库古一样的结果，也即是，所有现存的政体中最为优良的政体。

论全盛时期的罗马政体

[11]（1）从薛西斯（Xerxes）跨海进抵希腊，尤其是在这次事件后的三十年的时间当中，罗马政体继续向前发展，以至于在汉尼拔战争时期——我自己已中断了对这个时期的叙述——达到了最优良和最完满的状态。（2）我现在已经描述了它的形成，因此，我将解释，当遭受最为惨重的坎尼战败时期，罗马人处于何种状态。

（3）我非常地清楚，对于那些生养在罗马共和体制下的人而言，由于一些细节的省略，我的叙述可能会有一些瑕疵。（4）因为，他们对它有充分地了解，而且，他们非常熟悉它的各个部分，从孩提时代起，他们就对这些习俗和体制习以为常，他们不会对我所提供的信息的范围留下印象，而是会另外要求我提供我所省略的所有东西。（5）他们不会认为，历史学家会有意遗漏一些细节问题，相反，他们会把他在诸多事情和一些重要问题的起因上缄默其口，归咎于他的无知。（6）我先前已经提到过它们，即使我囊括了这些细节，它们也不会给人留下印象，因为，他们会认为，它们属于细枝末节的问题，但是，如果遗漏了它们，他们就会要求把它们全都囊括进去，就好像它们是非常重要的问题一样，这是因为他们更渴望比作者了解更多的东西。（7）一名优秀的评论家应该从作者所撰写的东西，而不是从作者所遗漏的东西来进行判断。（8）如果他在书中发现错误，那么，他可能就会认为，这种遗漏是出于作者的无知；但是，如果作者所说的所有东西都是准确的，那么，他应该就会承认，作者对这些问题的沉默完全是有意的，而不是出于无知。

（9）这番话是针对那些对作者吹毛求疵的人来说的，这些人只是在一味地吹毛求疵，而没有任何公正的精神[……]

（10）环境也决定了一部著作是否值得赞颂。如果环境变化了，那么，即使最优异和最无可指摘的著作，也会让人不可接受，而且令人深感厌恶[……]

(11)我在前面提到,罗马政体拥有三种要素,而罗马本身就是由这三种要素所控制的。(12)对于所建立的政体及其后来的统治而言,这三种要素在所有方面都表现得如此平衡与均质,以至于即使是本地人也不可能说清楚,他们的整个政体到底是贵族制、民主制还是君主制。(13)事实上,这是非常自然的。因为,如果一个人只把自己的眼睛盯在执政官①的权力上,那么,他们的政体似乎完全就是僭主制(μοναρχικòν , monarchical)或者君主制(βασιλικόν, royal);如果他只把自己的眼睛盯在元老院(senate)②的权力上,那么,他们的政体似乎就是贵族制;如果他只把自己的眼睛盯在民众的权力上,那么,他们的政体似乎明显就是民主制。(14)这个国家的各个部分都由这三种要素所控制,尽管它们有一些变化,但是,它们仍然如下所述。

[12](1)执政官在统率军团出征前,③就会留在罗马,而且,他

---

① [中译按]执政官(Consules)由商讨(consulendo)而来,正如王由统治而来,法律由阅读而来。罗马人不能再忍受王的专横,故每年设两名执政官掌管统治权——因傲慢的王不似执政官那样有善行,而是专横如主子。执政官之名,既源于他们“虑及”(consulendo)公民[的利益],也因他们以磋商的方式统治(regendo cuncta consilio)。他们每年选举新执政官,以使傲慢者不能久居此职,而温文宽和者得继此位。执政官有两位,二者有同等威权,一司民事(rem civilem),一掌军务。执政官制共延续467年。参见塞维里的伊西多尔:《塞维里的伊西多尔对“王政”与“公民”的释义》,张笑宇译,载《罗马古道》(《海国图志》第五辑,林国华、王恒主编,上海人民出版社2010年版)第118—119页。

② [中译按]元老院(senatus)因其成员年长而得名,因为他们是“年长者/元老”(senior),也有人说元老得名源于允许(sinere),因为他们(有权)准许做某件事。实际上,元老们被称作父亲,正如撒路斯特(Sallus.)说的(Cat. 6),他们有着类似的责任:元老们要像父亲照料孩子一样照料共和国的事务。参见塞维里的伊西多尔:《塞维里的伊西多尔对“王政”与“公民”的释义》,张笑宇译,载《罗马古道》(《海国图志》第五辑,林国华、王恒主编,上海人民出版社2010年版)第124页。

③ 在波利比乌斯撰史的那个时代,执政官在就任一年一度的官职后不久,就会离开罗马,以执行军事任务。

们对所有公共事务都拥有最高权威，（2）因为，除了保民官，①所有的其他官员都要在他们之下，并必须服从于他们，而且，外国使节都是由他们引介给元老院。②（3）除此之外，他们要把紧急事项提交到元老院进行讨论，而且，他们全权负责执行元老院的法令。（4）他们也负责监督由人民所执行的所有国家事务，他们会召开公民大会、提出议案和执行人民决议。（5）至于战争准备和战场上的一般军事行动方面，他们的权力几乎是绝对的；（6）因为，他们有权对盟友提出任何自认为恰当的要求，③有权任命军事保民官，④有权征召士兵和选任那些最合适服役的人员。（7）在现役期间，他们也有权处罚任何在其统领之下的人；（8）他们有权从国库动用和花费自认为合适的任何数额的金钱，陪伴在他们身边的一名财务官（a quaestor）会忠实地执行他们的命令。（9）因此，如果一个人只看政体的这个部分，那么，他可能会合理地宣称，这种政体纯粹是一种

---

① 保民官（tribunes）这种制度是特意用来限制执政官权力的，对于保民官在元老院提出的动议，执政官是不能否决的。保民官的权力逐步扩大到可以在司法上控制所有官员，因此，他们成为国家追究行政部门的刑事责任的主要手段，换言之，保民官可以起诉犯有错误的官员。

[中译按]保民官（tribunus）得名于在士兵或者平民中分配（tribuere）正义。保民官（tribunus，实际上，保民官是 tribunus plebis，指挥官是 tribunus millitum，罗马正式称 tribunus 的可能就这两个职位）得名于他们分赠（tribuere）法律及救助给平民。此职设立于驱逐王之后第六年，那时平民受元老院与执政官的压迫，于是他们自行选出保民官作为他们自己的法官和护卫者，以捍卫他们的自由，保护他们不受贵族不义的侵犯。因此，保民官又叫作保护者（defensores），因为他们保护托付于他们的平民免于恶者的专横。参见塞维里的伊西多尔：《塞维里的伊西多尔对"王政"与"公民"的释义》，张笑宇译，载《罗马古道》（《海国图志》第五辑，林国华、王恒主编，上海人民出版社 2010 年版）第 120 页和 124—125 页。

② 元老院接见这些使节的时间，是在执政官任职初期和前往自己的行省之前进行的。

③ 每个盟邦所要尽到的责任都在他们各自的同盟条约当中规定好的，罗马要求每个盟邦登记其有效的兵员人数。在紧急情况下，罗马可能也会提出其他特别性的要求。

④ 每年所征召的前四个军团的保民官由部落大会选举产生，其人数总计 24 名。其他军团的保民官则由执政官任命。

僭主制（μοναρχικòν，monarchy）或者君主制（βασιλικόν，kingship）。
（10）我可以说，在这些功能，或者，在我即将说到的其他功能的问题上，当下或者未来的任何变化，都不会影响我在这里所做的这个分析的真实性。

[13]（1）让我们转到元老院上。首先，元老院控制国家财政，所有的收入和支出都由它进行管理。（2）除了已经拨付给执政官的款项之外，如果没有元老院的法令，财务官不允许为任何特定的项目花费金钱。（3）元老院控制花费最庞大和最重要的项目，亦即监察官[①]每五年都要对公共工程的新建或者修缮与否，提出计划的项目，元老院负责拨款给监察官，以完成公共工程的新建或者修缮。（4）同时，在意大利所犯下的、需要进行公开调查的任何罪行，例如，叛国、密谋、投毒和暗杀，都由元老院进行审判。（5）如果意大利的任何个人或者团体需要仲裁、索赔、救援或者保护，对于所有这类案件，元老院也会进行处理。[②]（6）元老院也负责派遣代表团到意大利以外的国家，以调解交战的双方，或者提供友好的建议，或者提出要求，或者接受投降，或者宣布战争。（7）同样地，当外国代表团抵达罗马后，元老院全权决定接待的方式和答复的内容。所有这些事务都掌握在元老院的手上，人民则完全无权过问。（8）因此，当执政官不在罗马时，对于任何生活在罗马城中之人而言，他们的政体看起来完全就是贵族制。（9）许多希腊城邦和许多其他国家的国王都对此深信不疑，因为，元老院几乎控制了所有与

---

① ［中译按］古罗马人有"监察官"（censor），这个词是指一个司法职位，因为 censere 就是判断（iudicare）的意思。类似地，监察官就是不动产继承中的裁决者，所以它也源于"数钱"（census aeris）。参见塞维里的伊西多尔：《塞维里的伊西多尔对"王政"与"公民"的释义》，张笑宇译，载《罗马古道》（《海国图志》第五辑，林国华、王恒主编，上海人民出版社 2010 年版）第 124 页。

② 在名义上和最初意义上，意大利盟邦都是独立的国家，而且，元老院有权进行干预，是出于它在外交事务上所起的作用，尤其是它有维护盟邦的责任。第二次布匿战争期间发生了许多反叛和谋反的案件，因为，汉尼拔鼓动罗马盟友退出或者反叛罗马盟邦，例如，在坎帕尼亚（Campania）地区、塔林敦和布鲁提乌姆（Bruttium），等等。

罗马人有关的国家事务。

[14](1)接着，我们自然倾向于询问，政体当中的哪一部分是留给人民的。(2)因为，元老院控制了我刚刚所提到的所有特定事宜，最为重要的是，元老院控制了所有的收入和支出事项，执政官则全权控制了战场上的军队和军事行动。(3)然而，人民仍旧扮演着毋庸置疑的作用，而且是非常重要的作用。(4)因为，只有人民有权授予荣誉和施予惩罚，①而它们恰恰是联结王国②、国家和一般人类社会的唯一纽带。(5)如果错乱了赏罚之间的区别，或者，虽然理论上认识到了它们之间的区别，但在实践上糟糕透顶，那么，没有任何事情能够得到正确地处置。怎么可能一视同仁地看待好人和坏人呢？(6)人民有权去审判许多诸如需要加以惩罚的案子，特别是在被告占据高位时，更是如此；而且，他们也是判决生死重罪的唯一法庭。(7)就判决生死重罪而言，他们拥有一个特别值得一提和应该一提的习俗。他们的习惯是，只要有一个部落未对判决进行投票，那么，他们就允许自己性命正在受审的那些人，有权公开地离国和自愿地流放自己。(8)这些去国者可以安全地在那不勒斯、普拉尼斯特（Praeneste）、提布尔（Tibur）和其他盟邦（civitates foederadae）进行流放。(9)人民授予那些应授之人官职，这是一个国家所能提供的最高的道德奖赏。(10)人民有权同意或者拒绝法律，最为重要的是，他们可以深入地讨论战争与和平问题。(11)除此之外，在结盟以及在结束敌对与缔结和约的问题上，人民有权进行批准或者拒绝。(12)因此，有人可能会再一次似是而非地说，人民在政府中拥有的权力最大，他们的政体是一种民主政体。

[15](1)对于政治权力如何分配在国家的这三个部分，我刚刚

---

① 换言之，人民控制了法庭和公职人员的选举。

② ［中译按］王国（regnum）由王（rex）这个词而来，正如王这个词（rex）由统治（regere）而来，王国这个词出自王。参见塞维里的伊西多尔：《塞维里的伊西多尔对"王政"与"公民"的释义》，张笑宇译，载《罗马古道》（《海国图志》第五辑，林国华、王恒主编，上海人民出版社 2010 年版）第 118 页。

已经叙述过了,现在,我将解释这三个部分是怎样相互制衡或者相互协作的。(2)执政官在率领军队出征时,他被授予了我在前面所提到的权力,在涉及执行自身计划的所有问题上,他看起来似乎都拥有绝对的权力。(3)但是,事实上,他需要人民和元老院的支持,如果没有他们,那么,执政官根本就无法圆满地完成自己的军事行动。(4)很明显,军团需要源源不断地补给,没有元老院的同意,谷物、衣服和军饷都不可能得到供应。(5)因此,如果元老院有意进行阻扰和懈怠,指挥官的计划根本就会一无所成。(6)对于一名将军是否能够完全执行他的计划和目标,元老院有权进行决定,因为,当他的任期届满时,元老院有权派人去取代他的位置,或者继续保留他的指挥权。(7)元老院有权决定,是否让一名将军以盛大的排场来庆祝他所赢得的胜利,以此来抬高他或者贬低他。(8)因为,如果没有元老院的同意和提供的必需资金,那么,他们称之为的胜利大游行——这种胜利大游行是把将军们所赢得的胜利的真实场景,活生生地搬到自己的公民同胞面前——根本就不能得到有效组织,甚至有时根本就不可能举行。(9)至于人民,无论执政官离家多远,他们最需要做的是抚慰人民;因为,正如我之前所说,人民有权批准或者拒绝媾和条件与媾和条约的问题,(10)最为重要的是,执政官在卸任时,他们必须向人民解释自己的所作所为。(11)因此,对于执政官而言,如果忽视了元老院和人民的善意,那么,他们肯定是不安全的。

　　[16](1)元老院尽管拥有如此之大的权力,但是,它必须首先在公共事务上关心大众,元老们要尊重人民的心声。(2)如果元老院的法令(senatus consultum)没有得到人民的批准,那么,对于那些最严重和最广泛地危害国家的罪行,元老院就不可能进行调查,也不能对罪犯处以死刑或进行惩罚。(3)对于那些直接影响元老院自身的事务,也是一样。因为,对于有人提出一个意图剥夺元老院的一些传统权威,或者废除元老院的特权与尊贵,或者甚至减少元

老们的财产①的法案，只有人民才能有权通过或者拒绝它。（4）最为重要的是，如果其中一位保民官介入和行使自己的否决权，那么，元老院就不能决定任何事项，甚至不能会面和开会。（5）保民官必须执行人民的决议和倾听人民的心声。因此，基于所有这些原因，元老院敬畏人民，它必须充分重视人民的意志。

[17]（1）同样地，人民必须服从元老院，不管是在公开场合，还是在私下场合，他们必须尊重元老院的元老。（2）在整个意大利，大批契约（我们不可能对此进行一一列举）由监察官发包出去，以新建和修缮公共建筑，除此之外，罗马政府事实上控制下的所有资产，例如，从通航的河流、港口、花园、矿产和土地上征收税款，都需要发包出去。（3）现在，所有这些事项都由人民负责承担，有人可能会说，几乎所有人都卷进这些契约当中，并从这些契约当中受益。（4）因为，一些人实际上向监察官买下契约，一些人是他们的合作伙伴，还有一些人是他们的担保人，另一些人则出于这个目的将自己的财产抵押给国家。（5）所有这些事项现在都在元老院的控制下。它允许延长时间，如果出现不可预见的意外事件，它可以减轻承包人的责任；如果能够证明自己根本就不可能完成契约，那么，它可以解除契约。（6）事实上，对于那些经营公共资产之人，元老院有很多的方法，来让他们获益，或者，来让他们受损，因为，所有这些案件的上诉都关涉到它。（7）更为重要的是，只要关涉重大利益，大部分的民事案件（不管是公共的民事案件，还是私人的民事案件）的法官出自于元老院的元老之中。②（8）结果，所有的公民都由元老院控制，而且，对于那些不确定的诉讼，他们都较为警觉，因此，对于阻扰或者抵制元老院的决定，他们都持较为谨慎的态度。（9）同样地，所有人都不愿意反对执政官的计划，因为，当他们外出征战时，不论是作为个人，还是作为整体，他们都将置于执政

---

① 这有可能指的是盖乌斯·弗拉米尼乌斯（Gaius Flaminius）提出的一个有关高卢的公地的法案，参见第二卷第 21 章。
② 在较为小型的案件当中，双方可以通过协议而免去元老院的判决。

官的权威之下。

[18](1)这就是罗马政体的三个组成要素之间的相互制衡与相互协作,它们的联合足以应对所有的紧急情况,我们不可能找到比它更好的政治体系。(2)因为,每当外来的一些共同威胁逼迫这三者相互团结和相互协作之时,这个国家的力量就会变得异常强大,以至于任何东西都不会被忽略,(3)因为,所有人都在争相寻找符合时势需要的方法,没有一个决定会错失良机,不管是公开还是私下,所有人都在相互协作,以完成自己手上的任务。(4)结果,对于完成所有定下的目标,这种独特的政体形式拥有一种不可抵挡的力量。(5)当他们的外来威胁解除后,人们享受胜利后所带来的好运和富足,结果,就在他们享受这种富足生活的过程中,阿谀奉承和散漫懈怠就会腐蚀他们,他们就会变得放肆和跋扈。(6)这在过去经常发生,尤其是政体自身在纠正这种弊端时,更是如此。(7)因为,当这三个要素当中的任何一个要素膨胀后,它就会变得野心勃勃并容易侵犯他人,基于上述原因,很明显,对于这三个要素而言,任何一个要素都不是完全独立的,相反,任何一个要素肯定会被另外两个要素制衡和阻碍,任何一个要素都不可以主宰或者轻蔑地对待另外两个要素。(8)因此,这三个要素仍然保持了平衡(*in statu quo*),任何挑衅性的冲动肯定都会被牵制和约束,而且,从一开始,每一个要素都会因为另外两个要素的干预而不安起来[……]

论罗马的军事体制

[19](1)在选出执政官后,他们继续选任军事保民官,他们会从服役五年的那些人当中选出十四名军事保民官,从服役十年的那些人当中选出十名军事保民官。(2)至于其他人,在他们在未满四十六岁之前,骑兵要求必须服役满十年,步兵则要求必须服役满十六年。(3)如果他们的资产在四百德拉克马以下,那么,他们所有人都必须在海军服役。(4)在国家紧急状态期间,步兵要求必须

服役满二十年。（5）任何人服役没有满十年，那么，他没有资格担任公职。① （6）当执政官准备征召士兵时，他们会在公民大会上宣布，所有达到服役年龄的罗马公民必须报到的日期，而且，他们每年都会这样做。（7）在指定的那一天到来后，那些需要服役的公民抵达罗马，聚集在卡皮托山，按照公民大会或者执政官所确定的顺序，资历较浅的保民官会将他们分成四组，因为，罗马军队最主要和最初始就是分成四个军团。（8）最先的四名保民官会被委派到第一军团，随后的三名保民官会被委派到第二军团，接下来的四名保民官会被委派到第三军团，最后的三名保民官会被委派到第四军团。（9）对于资历较高的保民官，最先的两名保民官会被委派到第一军团，随后的三名保民官会被委派到第二军团，接下来的两名保民官会被委派到第三军团，最后的三名保民官会被委派到第四军团。

[20]（1）当保民官以这样的方式进行分配和任命后，每一个军团就拥有了相同数量的军官，（2）每一个军团的军官会分开坐定，他们会通过抽签来决定部落，即根据抽签顺序来一个接一个地召唤部落。（3）他们会从每一个部落当中首先挑选出四名年龄与体格相仿的青年。（4）当他们把这四名青年带到前面后，第一军团的军官会首先进行挑选，第二军团的军官其次进行挑选，第三军团的军官再次进行挑选，第四军团的军官则最后进行挑选。（5）当他们把另外四名青年带到前面后，第二军团的军官会首先进行挑选，其他军团依此类推，第一军团的军官则最后进行挑选。（6）当他们把第三拨青年带到前面后，第三军团的军官会首先进行挑选，第二军团的军官则最后进行挑选。（7）通过这样的方式，让每一个军团都可以轮流首先进行挑选，每一个军团都会得到相同规格的士兵。（8）在以前的时代，当他们挑选出事先所规定的士兵数量（也即是，每一个军团的士兵数量达到四千两百人，在特别危险的时期，每一

① 一名年轻贵族通常服役的军种是骑兵；这意味着，在其 27 周岁之前，他不可以竞选任何政治职位。

个军团的士兵数量达到五千人)后,他们再挑选骑兵。(9)然而,在我们现在的时代,他们首先挑选骑兵,监察官按照骑兵的财富来进行挑选;而且,每一个军团都会分配三百名骑兵。①

[21](1)以这种方式完成士兵的征召后,负有这种职责的各个军团的保民官就会集结新近征募的士兵,而每一位保民官都是他们从所有人当中所挑选出来的,也是他们自认为最为合适之人。(2)他们要士兵发誓,他会服从自己的军官,并尽可能地执行军官的命令。(3)接着,其他人会走向前,每一个人都会简单地轮流发誓,自己将会像第一个人所宣誓的那样去做。

(4)同时,执政官会给意大利的盟邦发布命令,以希望从他们那里征召军队,执政官会宣布所需要的军队数量,也会告诉他们所挑选出来的军队所需要抵达的时间和地点。(5)当局会选任合适之人,来执行前面所说的那种宣誓仪式,在向他们委派一名指挥官和一名财务官(paymaster)②后,他们就会把部队派将出去。

(6)在执行宣誓仪式后,罗马的军事保民官会宣布每个军团不携带武器进行报到的时间和地点,随后就遣散他们。(7)当他们在指定地点会合后,军事保民官会挑选那些最年轻且财产等级最低的士兵来组成轻步兵(velites);紧挨他们的是青年兵(hastati);而那些正当壮年的士兵则被选作壮年兵(principes),那些最年长的士兵则被选作后备兵(triarii)。(8)每个罗马军团都由这四部分士兵组成,他们彼此之间在年龄和装备上都存在区别。(9)按照这种比例划分,资深的后备兵的人数是六百人,壮年兵的人数是一千二百人,青年兵的人数是一千二百人,其余的则都是最年轻的轻步兵。

---

① 卡萨乌波恩(Casaubon)将这个人数修改成"两百"(two hundred)。在第三卷第107章中,波利比乌斯确定地说,骑兵通常的人数是两百,在紧急情况时会增加到三百名;利尼(Liny)在第22章和36章中也给出了具体的例证。但是,在其他很多段落中,这两位作者都提到了通常的人数是三百,因此,对这个段落中的人数进行任何修改都是不审慎的。

② 也即是同盟军指挥官(praefectus sociis)和财务官(quaestor)。然而,这种财务官(quaestor)同罗马人的财务官(quaestors)迥然有别。

（10）如果军团的组成人数超过四千人，那么，除了后备兵（他们的人数仍然维持在六百人）之外，他们会按照相应比例对每个部分的人数进行增加。

［22］（1）最年轻的士兵或者轻步兵（*velites*）必须佩戴刀剑、标枪和轻型盾牌（*parma*）。（2）这种轻型盾牌是一种直径达三英尺的圆形盾牌，它制作牢固，而且非常宽大，足以保护整个人身。（3）他们也头戴一顶普通的头盔，①上面有时披有一层狼皮或者类似之物，以起到保护和区别的作用，因为，他们的军官可以通过它们来认识他们及判断他们是否作战英勇。（4）标枪的木柄的长度大约有两肘尺，厚度则大约有一指尺宽，它的头部有一掌尺长，②它已经被捶打得非常锋利，以至于它在第一次撞击后，就必定会弯曲，敌人因而也无法再拿起它进行回掷。（5）如果不是这样，那么，这种武器对双方都会有用。

［23］（1）第二列是资格较老的青年兵（*hastati*），他们必须要全副武装。（2）罗马人的全副武装首先是一面长盾（*scutum*），这面长盾呈凸面状，它的宽度是两英尺半，长度是四英尺，边缘处的厚度则是一掌宽。（3）长盾由两层木板粘合而成，它的外表面首先覆盖了帆布，接着覆盖了牛革。（4）它的上缘和下缘都由铁块包裹，以保护长盾免于刀剑劈砍时的破坏或依靠地面时的碰伤。（5）它的中间安装了一个铁质的凸起物（*umbo*），这个凸起物可以让带有可怕冲击力的石头、长枪和一般的重型投掷物转向。（6）除了这面长盾，他们也配备了一把刀剑（*gladius*），这把刀剑悬挂在他们右边的大腿上，他们称呼它为西班牙刀剑（Spanish sword）。③（7）它有一个锋利的刀尖，它两边的刀刃杀伤力都非常强，因为，它的刀刃非常坚固和结实。（8）除此之外，他们还有两支标枪（*pila*）、一个铜

---

① 也即是没有头盔上的装饰。
② 大约九英寸（inches）。
③ 关于西班牙刀剑，参见残篇（*Fr.*），第十二卷。波利比乌斯提到，第二次布匿战争期间，他们就使用了这种刀剑，但是，很可能在第一次布匿战争期间，也即是在罗马人同迦太基人的战争当中，它就从西班牙军队那里引进来了。

盔和一个护胫甲（ocreae）。（9）这种标枪有两种，一种是粗标枪，一种是细标枪。较粗的那种标枪，有一些是圆形的，其直径有一掌宽，其他的粗标枪则是方形的。① （10）除了粗标枪之外，他们所携带的细标枪都像是中型大小的狩猎标枪，它的整个木制柄身的长度大约是三肘尺。② （11）每一个细标枪都配有倒钩的铁头，其长度同柄身的长度相同。他们煞费苦心地把铁头牢牢地附着在柄身；铁头牢牢地固定在木制柄身，其插入的深度达到柄身的一半，并以一连串铆钉加以固定，因此，在作战的过程当中，它会断裂，而不会松动，尽管铁头插入木制柄身的插口厚度只有一只半手指的宽度。③ （12）由此可见，铁头是如此牢固地固定在木柄之上。（13）最后，他们都佩戴一种由三根直立的紫色或者黑色的羽毛做成的头饰，它的高度大约是一肘尺，④这些头盔上的羽毛同其他的武器一起，让所有人看起来都比其实际的身高高出两倍，同时，也使他产生一种让敌人心生恐惧的外在形象。（14）除此之外，普通的士兵也要佩戴一种大约一掌宽的铜制护胸甲，他们把这种护胸甲放在自己的心脏前面，称呼它为护心片（pectorale），这就是他们全副的武装。（15）然而，对于那些财产被估算为一万德拉克马以上之人，他们不会佩戴这种护胸甲，而是会穿戴一件锁子甲（lorica）。（16）壮年兵和后备兵配备了同青年兵一样的武器，除了投掷用的标枪（pila）之外，后备兵还配有长标枪（hastae）。

　　[24]（1）除了轻步兵之外，青年兵、壮年兵和后备兵都要根据个人的特长选出十位百夫长，随后，他们会再选出十位百夫长。⑤ （2）所有这些人都有百夫长的头衔，而且，第一位选任出来的百夫

---

① 也即是，有些是圆形的截面（cross-section），有些是方形的截面。
② ［中译按］三肘尺大约是四英尺。
③ 木柄的宽度大约是三英寸，而插入木柄的铁头的宽度则大约是一英寸。
④ ［中译按］一肘尺大约是一英尺半。
⑤ 选出的这前十位百夫长称作"前百夫长"（centuriones priores），选出的这后十位百夫长称作"后百夫长"（posteriores）。

长是军事会议的成员。（3）百夫长随后会任命相同数量的副手（*optiones*）。①（4）接下来，除了轻步兵之外，他们将青年兵、壮年兵和后备兵连同百夫长一起分成十个中队（companies），每一个中队分配两名百夫长和两名后补军官。（5）轻步兵会被平等地分到所有的中队中间；这些中队被称作连队（*ordines*）或者支队（*manipuli*）②或者分队（*vexilla*），他们的军官被称作百夫长（centurions）或者支队指挥官（*ordinum ductores*）。（6）最后，这些军官从队伍当中选出两名最勇敢和最健壮之人，成为每个支队（maniple）的掌旗人（*vexillarii*）。（7）每个支队任命两名指挥官是非常合情合理的；因为，有时无法确定一名指挥官会做什么，或者，会在他身上发生什么，而且，战事也不容许有任何托辞和借口，他们希望支队不会出现没有首领和头领的情况。（8）当两位百夫长都在场时，首先选任的那位百夫长指挥右边的那一半支队，其后选任的那位百夫长则指挥左边的那一半支队，但是，如果两位百夫长没有同时在场，那么，就由在场的那位百夫长指挥全部支队。（9）他们希望百夫长是天生的领袖，沉着而稳重，而不是过于冒险和鲁莽。他们不希望百夫长只会发动进攻和开启战端，而是希望百夫长们在最艰难困苦之时，仍然能够稳住阵脚和死守阵地。

[25]（1）他们以相同的方式把骑兵分成十个中队（*turmae*），并

---

① 副手（*optio*）可以减轻百夫长的各种行政职责，我们或许可以把他描述成一种军需官（quartermaster）。

② 因此，每个支队（*manipuli*）平均由四百二十人组成，军团的十分之一。［中译按］企鹅本英译者所作的这个注释似乎有误。一个军团有六十个百人队（centuria），三十个支队（manipulus），十二个步兵大队（cohors），两百个骑兵中队（turma）。支队（manipulus）由两百人组成，此名源于他们进行第一场搏斗（manus），从而开启战事。也可能是因为在战旗/部队标识（signa）产生之前，他们会找点东西（manipulus，一小撮儿）来作为自己的标识，比如一捆稻草或者某种植物；由此，这些士兵们得到了"支队成员"这个绰号，卢坎有云（*Civil War* 1.296）：他立刻召集军队（maniplus）于战旗之下。参见塞维里的伊西多尔：《塞维里的伊西多尔对"王政"与"公民"的释义》，张笑宇译，载《罗马古道》（《海国图志》第五辑，林国华、王恒主编，上海人民出版社 2010 年版）第 122 页。

且,他们从每个中队中选任三位骑兵官(decuriones),而这些骑兵官转而又会任命三位副手(optiones)。(2)首先选任的那位指挥官指挥整个中队,另外两位指挥官也拥有骑兵官的头衔,这三人都具有这种头衔。(3)如果第一位骑兵官不在场,那么,就由第二位骑兵官接管中队。(4)骑兵现在所使用的武装,同希腊骑兵的武装非常相似,然而,在古代,他们没有胸甲,而是身穿短衣作战,结果,他们在上下马时轻便自如,但是,在面对面近战时,他们却暴露在巨大的危险之中,因为,他们近乎裸露。(5)他们的长枪在两个方面都是无用的。首先,它们是如此细长和柔软,以至于骑兵根本就不可能进行固定瞄准,而且,在他们把枪头扎进任何东西前,战马的运动所带来的长枪的摇晃,就会导致大部分长枪断裂。(6)其次,由于他们没有在长枪的枪托上装配尖头,他们只能用枪头进行一次攻击,如果枪头在这次攻击中断裂,那么,它们就再也没有任何用处。(7)他们的盾牌由牛革制成,其外观同祭祀时所使用的圆形而凸起的糕饼有些相似。(8)它们不能用于任何攻击,因为,它们不够坚硬;当它们暴露在雨水中后,覆盖在上面的皮革就会脱落和腐蚀,它们也就会变得比之前更加无用。(9)既然实践证明他们的武器缺陷百出,因此,他们很快就更换了希腊人所使用的武器类型,这确保了长枪的枪头在第一次进攻中瞄准的稳定性和有效性,因为,长枪制造得如此结实和坚固,以至于它根本不会在手上摇晃,而且,他们也可以让长枪转向,用枪托上的尖头进行攻击。(10)希腊人的盾牌,其情形也是一样,它们都是用非常结实和坚硬的材质制成,在防御和进攻(attack)①中,它们都能发挥非常良好的作用。(11)当罗马人发现了它们的优点后,很快就仿造了希腊人的武器;这也正是他们的强项之一,没有哪个民族会像罗马人那样,心甘情愿地采用那些全新的做法,效仿他们所见到的任何更好的东西。

[26](1)当保民官以这种方式组织军队并命令他们武装自己后,就把他们解散回家了。(2)他们所有人之前都宣誓,自己必须

---

① "进攻"(attack)可能指的是从远距离投掷东西。

472

在执政官指定的地方报到，当这个日期到来后——（3）每个执政官一般会各自为自己的军队指定一个集合的地方，因为，每个执政官都将分配到两个罗马军团和应有数量的盟军队伍——（4）所有登记在册之人无一例外地都会出现，除了凶兆或者不可抗力之外，任何借口都不会被容许。（5）盟军现在同罗马人在相同地方集结，他们的组织和管理都将由执政官任命的军官所承担——这种军官也即是所谓的盟邦长官（*praefecti sociorum*），他们的人数是十二名。（6）这种盟邦军官首先会从所集结的整个盟邦军队当中，为每个执政官挑选出那些最合适服役的步兵和骑兵，这些人就是所谓的"特选部队"（*extraordinarii*），也即是所谓的"精锐部队"（select）。（7）盟友的步兵人数通常与罗马的步兵人数相同，但是，他们的骑兵人数是罗马的骑兵人数的三倍。（8）他们从这些人当中选出大约三分之一的骑兵和五分之一的步兵，来充当精锐部队；（9）至于其他人，他们会把这些人分成两部分，其中一部分作为右翼，另一部分则作为左翼。

（10）当这些安排完成后，军事保民官就会率领罗马军队和盟邦军队开拔进军，在所有时间和所有地点，他们在都会运用一个简单的公式来进行营地的建造。（11）因此，我觉得，对于向我的读者解释罗马军队的军事部署而言，例如，何时进军（*agmen*）、何时驻营（*castrorum metatio*）和何时作战（*acies*），这正当其时，因为，这至少从文字上可以做到。（12）对于这种非凡而卓越的表现，我认为，任何人都不会漠不关心，以至于甚至拒绝花费一些额外功夫来理解这种问题，一旦他读到了它们，那么，他不是会对一个真正值得自己关注和研究的问题成竹在胸吗？

[27]（1）对于营地的布局，他们是按照如下方法进行的：当营地的位置选好后，他们要把能够提供最佳视野和最方便发号施令的地方，保留给执政官的行营（*praetorium*）。（2）在他们准备扎营的地方，他们会矗立一面旗帜，接着，他们会以这面旗帜为中心，丈量出一块正方形的土地，这块正方形土地的每条边都距离军旗一

百英尺远,而且,它的总面积是四普里(plethra)。①(3)沿着这个正方形的一侧——也即是,最方便取水和搜集粮草的一侧——罗马军团会以下列方式进行部署:(4)正如我在前面所说,每一个军团都有六位军事保民官;既然每一位执政官都统率有两个罗马军团,那么,很明显,每一支执政官所统率的军队都有十二位军事保民官。(5)他们把所有这些军事保民官的帐篷沿着一条直线搭建起来,这条直线同所选定的正方形的一侧相互平行,且距离它五十英尺,以给军事保民官的战马、骡子和辎重预留下空间。(6)所搭建的这些帐篷背对着执政官的行营,而面向营地的外侧,对于这个方向,我今后会将其称之为"前方"(the front)。(7)军事保民官的帐篷彼此之间相距相等的距离,这样的距离便于他们沿着军团所占据空间的整个宽度进行延伸。

[28](1)他们现在从所有这些帐篷的前方丈量出一百英尺,在这段距离上,他们会划出一条同帐篷平行的直线,接着,他们开始部署军团的营房,其具体做法如下:(2)在将上述那条直线一分为二后,他们从这点划出与其垂直的另一条直线;沿着这条直线,他们把各军团的骑兵两两相望地扎营在中间相隔五十英尺的这条直线的两侧,而最后提到的这条直线正好就在它们的中间。(3)骑兵和步兵的扎营方式非常相似,支队和中队所占据的整个空间呈一个方形。(4)对于面向街道或者通道(viae)的这个方形,它的边长是一百英尺的固定长度,他们通常也会让它保持相同的宽度,不过盟军的情形除外。(5)当他们动用规模更为庞大的军团时,就会相应地增加方形的长度和宽度。

[29](1)因此,骑兵的营地同街道有些相似,它布局在从军事保民官的帐篷中央所延伸出来的道路两侧,并且,它同所搭建的这些帐篷的那条直线和他们前面的那条通道成直角。(2)整个道路的布局事实上就像一个十字路口,骑兵的营地部署在其中一侧,步

---

① 一普里(a plethra)相当于一万平方英尺。因此,执政官的行营(Praetorium)的正方形边长是两百英尺。

兵的营地部署在另一侧,他们都是沿着整个通道相互面对面地扎营。(3)他们用同样的方法部署后备兵,他们把后备兵部署在骑兵后面,也即是,每个军团的骑兵部队和后备兵所部署的地方正好是背对背的,并且,它们之间没有任何空隙,而是彼此相连,但朝向相反。(4)他们分配给后备兵每个中队的宽度只有其正面的一半,因为,后备兵的人数一般只有其他单位的一半。(5)尽管支队的人数可能经常不一样,但是,营地的长度都是一样的,因为,营地的宽度可以进行灵活伸缩。(6)接着,他们把壮年兵部署在后备兵的对面,它们之间相隔了五十英尺的距离,由于它们都面向其间的空间,这就形成了另外两条通道,而且,这两条通道同保民官帐篷前的一百英尺宽的通道成直角。(7)这两条通道都通向与保民官营区相反方向的另一侧军营,对此,我们先前将它称为整个营区的前方。(8)他们将青年兵——背对背地且中间没有留下任何间隙地——驻扎在壮年兵后面。(9)根据军队最初的建制,青年兵、壮年兵和后备兵各自都由十个支队所组成,道路的长度都是相同的,它们全部都笔直地终结于营地的正面,因此,这条直线上的最后一个支队正好直接面对营地的正面。

[30](1)在距离青年兵五十英尺的地方,盟邦的骑兵就驻扎在始于同一条线和终于同一条线的青年兵的对面。(2)正如我在前面所说,盟邦的步兵人数同罗马军团的人数是相同的,但是,这需要从前者当中扣除"精锐部队"(*extraordinarii*)的人数。然而,在扣除三分之一所服役的"精锐部队"的人数后,盟邦骑兵的人数是罗马骑兵人数的两倍。(3)因此,在建造营地时,他们会相应地增加分配给盟邦骑兵的空间宽度,他们会努力地使盟邦骑兵的营地长度同罗马军团的营地长度一样。(4)当完成这五条通道(streets)①后,他们就会部署盟邦的步兵,他们会根据盟邦的步兵的

---

① 也即是,两个军团之间有一条通道,两块区域之间各有两条通道。

庞大人数，①来相应地增加他们所属地方的宽度；盟邦的步兵同骑兵背对，而且，他们会朝向防御土墙（the agger）和营地的外侧。（5）每一个支队的第一座帐篷都由百夫长所占用。以这种方式部署整个营地时，他们会在第五骑兵中队与第六骑兵中队之间，及第五步兵支队与第六步兵支队之间留下一个五十英尺的空间，（6）结果，这就形成了一条贯穿整个营地的另一条通道，这条通道同军事保民官的行营平行，并同其他通道成直角。这就是他们所谓的"第五通道"（*via quintana*），因为，它是沿着第五骑兵中队和第五步兵支队而延伸的。

[31]（1）对于保民官帐篷后面的空间，他们会以下列方式进行使用：执政官行营（*praetorium*）的右侧是广场，左侧是财务官的办公区域及其所负责的补给物。（2）最后一座保民官帐篷后面的两侧，以及同这些帐篷差不多成直角的地方，是从"特选部队"（*extraordinarii*）中所挑选的精锐骑兵和一些出于个人情谊而自愿为执政官效劳的志愿军②的营区。这些人都驻扎在同这座防御土墙（the agger）的两侧所平行的地方，其中一侧朝向财务官的军需库，另外一侧则朝向广场。（3）因此，在一般情况下，这些军队不仅驻扎在执政官附近，而且，在行军和其他一些场合当中，他们都相伴在执政官和财务官左右。（4）同他们背对背和面向防御土墙的地方，所驻扎的是精锐步兵，这些精锐步兵是用来执行同我刚刚所描述的骑兵一样的任务。③（5）在这些区域之外，尚有一块一百英尺宽的空地或者通道，这块空地或者通道同保民官的帐篷（tents）相平行，而且，它从广场、法务官行营（*praetorium*）和财务官行营（*quaestorium*）的另一侧，沿着整个防御土墙进行延伸。

---

① 也即是，在扣除比重达五分之一的"精锐部队"（*extraordinarii*）后，盟军有两千四百人要部署到这十个空间，而不是有三千人要部署到这三十个空间。

② 这些志愿军都是老兵，他们是以特别性的条件重新接受征召，并组成执政官的护卫部队。

③ 也即是，他们是从同盟军步兵（the pedites sociorum）挑选出来以服务于禁卫军（praetoria cohors）。

（6）在这块空地或者通道较远的一侧，其余的特选骑兵（*equites extraordinarii*）则面对广场（market）、法务官行营和财务官行营进行驻扎。（7）在这个骑兵营区的中间，且恰好在执政官行营对面的，是一条五十英尺宽的通道，这条通道通向营区的后面，并同执政官行营后面的那条宽阔的大道成直角。（8）背靠这些骑兵，且面向防御土墙和置于整个营区后面的，是其余的特选步兵（*pedites extraordinarii*）。（9）最后，靠近防御土墙的营区两侧的左、右边空地，则分配给了允许进入营区的外国军队或者盟邦军队。

（10）因此，整个营区形成了一个方形，通道的布局和安排，使整个营区看起来就像一座城镇。（11）四面的防御土墙都距离帐篷两百英尺，而且，这块空地的作用非常广泛和重要。（12）首先，它可以为进出营地的军队提供合适的设施，因为，他们所有人都可以通过自己的通道进入这块空地，不会因为成批涌入同一条通道，造成彼此的推搡挤撞。（13）除此之外，所有带入营区的牲畜和从敌人那里掠夺而来的战利品，都可以保管在这个地方，而且，在整个夜间，它们都会得到妥善护卫。（14）然而，最为重要的是，在遭遇夜袭时，它可以有效地确保营区在火攻和投掷物的射程范围之外，即使其中有一些确实飞射得足够遥远，但是，由于帐篷前面事先留下的距离和空间，它们几乎也不会造成什么损害。

[32]（1）鉴于骑兵和步兵的人数（每个军团的人数是四千人或者五千人），再加上支队和中队的宽度、长度和数量，以及通道和空地的大小与其他所有的细节，（2）因此，只要他愿意，任何人都可以计算出营区的整个面积和周长来。（3）如果恰好额外有大批的盟邦军队（他们有可能是按照原来征召而来，或者，因为特殊情况而加入其中），（4）那么，他们就会把盟邦军队安排在执政官行营的两侧附近住宿，因为，他们可以尽可能地把广场和财务官行营（*quaestorium*）压缩到最小规模，从而达到应付紧急之需的目的。（5）如果数量超过得过多，那么，他们就会在罗马军团的营区两侧分别增加一条通道。

（6）当两位执政官同他们所率领的全部四个军团，一起驻扎在一个军营时,我们只能认为,两个营地以上述方式背靠背地并置在一起,而两个营地的连接之处就是在每个营地的特选步兵所驻扎的地方,我们之前描述过,这些特选步兵驻扎在面向军营后面的防御土墙。(7)军营的形状现在是长方形,它的面积是原来的两倍,它的整个周长是原来的一倍半。(8)当两位执政官驻扎在一起时,他们就采用这种部署方式;而当两个军营分开驻扎时,唯一的区别就是两个营地中间的广场、财务官行营(*quaestorium*)和执政官行营(*praetorium*)。

[33](1)在营地的部署完成后,军事保民官们会同所有人(不管他们是自由民,还是奴隶)会面,并让他们一个接一个地向军营内的所有人发誓。(2)每一个人都将发誓,自己不会从营地盗窃任何东西,即使自己发现了任何东西,也会把它带给保民官。(3)其次,保民官们会向每个军团的青年兵和壮年兵发布命令,把保民官帐篷前面的区域委任给青年兵和壮年兵的两个支队负责;因为,这个区域一般是士兵们白天进行活动的地方,因此,他们会对它进行认真地打扫和浇水。(4)对于余下的十八个支队(每个军团的青年兵和壮年兵的支队数量是二十个),其中每三个支队都会通过抽签的方式来分配到每位保民官名下,而每个军团都有六位保民官。(5)对于这三个支队,它们每个支队都会轮流服侍保民官,它们向军事保民官提供如下的服务:(6)当他们扎营时,他们会为他搭建帐篷,并平整周围的土地;如果有必要用栅栏来对他的行李进行特别防护,那么,这也是他们的职责之一。(7)他们也要为他提供两组护卫,一组护卫由四人组成,其中两名护卫驻守在帐篷前面,另外两名护卫则驻守在帐篷后面的马匹附近。(8)每位军事保民官都拥有可以自我支配的三个支队,每个支队都超过一百人(这不包括后备兵和轻步兵,他们免于这种职责),他们的职责都是非常轻松的,因为,每一个支队每三天进行轮换。(9)这种安排可以为军事保民官提供足够充分的服务,而且,军事保民官的尊贵身份,也可以得到充分地维护。(10)后备兵的支队可以免于对军事保民官的这种个人服务,但是,他们所有的支队每天都要为自己身后的骑

兵中队提供一组护卫。①（11）除了提供一般的警戒之外，这组护卫还要特别照看马匹，以防止它们因为缰绳的缠绕而受伤，以致瘫痪，或者，防止它们因为缰绳的松脱而同其他马匹冲撞，引发营区的混乱和骚动。（12）最后，所有的支队每天都要轮流在执政官的行营前站岗，以保卫他免于他人的密谋及增加其职位的尊贵。

[34]（1）对于营区壕沟和栅栏的建造，②沿着所驻扎的两翼军队的两侧由盟军建造，另外两侧则由罗马人建造，每个军团负责建造一侧。（2）每一侧都会根据支队的数量而分成各个部分，每个支队负责一个部分，百夫长则站在旁边进行监督，同时，两名军事保民官会对每侧的建造进行总体性监督。（3）同时，这两名军事保民官也负责监督有关营区建设的所有其他工程。他们会把连同他们在内的军事保民官们分成两人一组，每组通过抽签，以对六个月当中的两个月进行轮流当班和监督所有的军事行动。（4）盟军的长官也会依据同样的原则来分配自己的职责。（5）每天拂晓时分，骑兵军官和百夫长都会齐聚到军事保民官的帐篷，军事保民官则会前往到执政官的行营。（6）执政官会给军事保民官下达必要的命令，军事保民官又会把命令进一步传达给骑兵军官（cavalry officers）和百夫长，而骑兵军官和百夫长则会在合适的时间把命令传递给士兵。

（7）为确保在夜间安全地传达口令，他们按照如下方式进行：（8）他们会从每个单位的步兵和骑兵（each class of the infantry and cavalry）的第十支队（这个支队驻扎在通道的末下端）当中选出一个人，这个人没有警戒职责，每天日落时分，他都会出现在军事保民官的帐篷前，从军事保民官那里接收口令——也即是一块刻有口令的木板——随后，他就会离开，在回到自己的驻地后，他就会在证

---

① ［中译按］"一组护卫"（a guard）亦即"由四人所组成的一组护卫"（a watch of four men）。

② 在罗马的军事术语中，*agger* 指的是防御土墙（rampart），*vallum* 则指的是防御土墙上的栅栏（stockade）。波利比乌斯经常用 *charax* 或者 *charakoma*，来指代其整个结构。

479

人面前把口令和木板交给下一个支队的指挥官,而这位指挥官又会依次把它传给下一个支队的指挥官。(9)所有的支队会一直重复这样的做法,直到木板传给驻扎在军事保民官帐篷附近的第一支队。(10)这些人则必须把这块木板(tessera)在天黑前传给军事保民官。(11)如果发出去的所有木板都交回来了,那么,军事保民官就会知道,口令已经下达给了所有的支队,而且,口令是在传给所有层级之后,才回到了自己手里。(12)如果它们当中有任何一块木板遗漏,那么,他就会立即展开调查,因为,通过木板上的标记,他就可以知道哪一个营区的木板没有交回来,进而知道谁将对此负责及接受相应的惩罚。

[35](1)他们按照以下的方式进行夜间警戒:(2)执政官及其行营由执勤的支队进行警戒,而军事保民官的帐篷和骑兵的帐篷,则由每个支队按照我之前所说的那种方式指定的人来进行警戒。(3)每个单位,无论是支队还是中队,也都会安排自己的人员进行警戒。(4)其他的警戒则由执政官指派;他们一般会在财务官行营(quaestorium)安排三名岗哨,在每位使节(legates)①的帐篷或者每位军事委员会成员的帐篷安排两名岗哨。(5)营地的整个外围由轻步兵进行警戒,他们每日都会沿着壁垒(vallum)驻守——这是分配给他们的一项特殊职责——营地的每个出入口都会安排其中十人进行警戒。(6)对于负有警戒责任的那些人,同属于自己中队的其中一位副手(optiones),会在晚上把每个支队所值第一班之人,带到军事保民官那里。(7)军事保民官会分别交给他们所有人每人一块小木板,即一块木板对应一个警戒;这种木板非常小,但上面写有标记,当接到木板后,他们就会立即前往分配给自己的岗位上。

(8)周围巡逻的责任则交给了骑兵。每个军团的第一骑兵长官(first praefect of cavalry),必须在清早向自己的其中一位副手下

---

① 这些使节是高级官员,他们通常是从元老院征募而来,作为执政官的参谋人员。他们的地位可能介于财务官和军事保民官之间。

达命令，在早餐之前通知自己中队的四位年轻人进行巡逻。（9）这同一个人也必须要在晚上通知下一个中队的长官，让他必须安排好第二天的巡逻。（10）当接到这个通知后，这位长官必须在第二天采取相同的步骤，所有骑兵中队都依此类推。（11）由副手从第一中队所挑选的这四人，在对巡逻进行抽签后，他们会去保民官那里获取书面命令，上面写有他们所要前往的哨岗和时间。^①（12）当他们四人全部进入自己夜间执勤的位置后，后备兵的第一支队也会站在他们旁边，因为，这个支队的百夫长的职责就是，要在每一次夜间岗哨开始的那个时刻吹响号角。

[36]（1）当这个时刻到来时，抽到第一班岗哨的那个人，将在作为见证人的一些朋友的陪同下进行巡逻。（2）他将依照顺序查访我在前面所提到的所有岗哨，这不仅包括壁垒和大门附近的那些岗哨，而且，也包括步兵支队和骑兵中队的那些岗哨。（3）如果他发现第一班岗哨的卫兵是醒着的，那么，他将收走他们的木板（tessera），但是，如果他发现有人睡着，或者离开了自己的岗位，那么，他将呼叫陪同自己的那些人前来作证，接着，他将继续自己的巡逻。（4）在不同时段进行巡逻的那些人，会按照相同的方式进行巡逻。（5）正如我之前所说，每个军团后备兵的第一支队的百夫长——每人轮值一天——负责在每次夜间岗哨开始的那个时刻吹响号角，以便那些巡逻的人在正确的时间查访那些不同的岗哨。

（6）每一个外出巡逻之人都要在拂晓时，把木板带回给军事保民官。如果他们把木板全部带回来了，那么，他们会毫无疑问地立即解散。（7）然而，如果其中有人带回来的木板少于所查访的哨岗数量，那么，他们会对木板上的标记进行调查，从而找出所遗漏的岗哨。（8）当他们调查清楚后，军事保民官会把所遗漏的支队的百夫长叫来，让他把执勤的那些人带到自己面前，并让他们同巡逻的那些人对质。（9）如果责任在岗哨身上，那么，巡逻者可以叫那些陪同自己巡逻的人过来澄清事实，因为，他必须这样做。但是，如

---

① 也即是，夜间的第一班、第二班或者其他班巡逻。

481

果根本就没有这种事情发生,那么,责任就落在了他身上。

[37](1)所有的军事保民官会立即组成军事法庭来审判他,如果他被判有罪,那么,他就被施予笞刑(fustuarium)。(2)这种刑罚是按照以下的方式实施的:(3)军事保民官手持一根棍棒轻触这位有罪之人,接着,所有的士兵都用棍棒或者石头击打他,在绝大部分情况下,他会当场毙命。(3)然而,即使逃过了这一劫,他也不可能活着走出军营。(4)因为,他不允许回家,也没有任何一个家庭胆敢收留这种人。因此,一旦遭遇了这种灾难,他必定会彻底万劫不复。(5)相同的惩罚也会施予中队的副手和长官身上,如果他们没有在正确的时间向巡逻者和下一个中队的长官下达命令的话。(6)因此,由于惩罚的极端严厉和不可逃脱,罗马军队的值夜都会得到最严格地执行。

(7)普通的士兵向军事保民官负责,军事保民官则向执政官负责。(8)军事保民官和盟军的长官有权施予罚金、扣押物品和责令鞭打。(9)对于那些偷窃营地物品和作伪证之人,他们会被施予笞刑,对于犯有同性恋罪行的成年人和三次犯下同一种违法行为之人,他们也都会被施予笞刑。(10)上述这些举动都会当作罪行进行惩治,然而,士兵的下述举动也将会被视作为一种怯懦和耻辱:(11)任何向军事保民官虚假地吹嘘自己在战场上的英勇果敢,以赢得奖赏;任何分配到掩护部队之人,出于恐惧而擅自离开所指定的岗位;同样地,出于恐惧而将自己的武器丢弃在战场。(12)因此,作为掩护部队的士兵,他们经常都要直面死亡,但是,即使遇到海量的敌人,他们也拒绝离开自己的队伍,因为,他们害怕将来等待自己的严厉惩罚。(13)在战斗中,把自己的盾牌、刀剑或者任何其他武器,遗落在敌人中间的那些人,他们经常会奋不顾身地杀到敌人中间,以希望找回自己所遗落的东西,或者,以死亡来逃避自己亲人的讥讽和羞辱。①

[38](1)如果同样这种事情发生在大批人员的身上,例如,整

---

① 参见加图(Cato)之子的故事,普鲁塔克(Plutarch),《老加图》(*Cato Maj.*),第20卷。

个支队在遭遇艰难处境时,全都擅离自己的岗位,军官不会把所有人都处以笞刑或者死刑,但是,他会找到一种既有益又恐怖的解决方法。(2)军事保民官会集合军团,把犯有擅离职守之罪的那些人带上前来,他会尖锐地责备他们,最终,他会通过抽签随机地挑选五名、十名或者二十名有罪之人,他尽可能地让自己所选定的人数占那些犯下怯懦罪行的人数的十分之一。(3)那些抽到的人,则会以我之前所说的那种方式,无情地处以笞刑;其余人只会配给定量的大麦而非小麦,而且,他们会被下令驻扎到没有设防的军营外面。(4)因此,对于所有人而言,这种致命的抽签所带来的危险和恐惧都是相同的,因为,它会落到谁的身上并不是确定的;配给定量的大麦这种公开的羞辱,也将相同地落到所有人身上,不管是激发恐惧,还是纠正错误,这种做法都是最好的。

[39](1)他们也有一个令人艳羡的方法,来鼓舞年轻士兵直面危险。(2)在战斗结束后,对于在战斗中表现卓越的那些人,将军会召集军队,而且,他会让那些展现出非凡勇气的人出列,首先,他会颂扬他们每一个人的英勇事迹,激赞任何值得赞扬的其他行动,随后,他会给他们颁发下列奖赏:(3)对于击伤一名敌军的士兵,将军会授予他一支长枪;对于杀死并夺得一名敌军铠甲的士兵,如果他是步兵,将军就会授予他一个杯子,如果他是骑兵,将军则会授予他一副马饰,尽管最初的奖品仅仅是一支长枪。(4)这些奖品不会授予那些在常规战役或围城战役当中击伤或者夺得一名敌军的士兵,而是会授予那些在小型战役或者在相似情形下的士兵,这种战役不需要他们同敌人近身对战,相反,他们是刻意且自愿地把自己暴露在危险当中。(5)对于在攻城期间第一个登上城墙之人,将军会授予他一顶金冠。(6)因此,那些保护和拯救罗马公民或者盟友之人,执政官会授予他荣誉性的礼物,而所拯救出来的那些人会自愿地给予自己的拯救者一顶金冠,否则,对这件事享有决定权的军事保民官就会强迫他们这样做。(7)那些获救之人,他们在整个一生也都会像尊敬自己的父亲那样,尊敬自己的拯救者,他们必须像对待自己双亲的方式那样对待他。(8)通过这样的诱导,他们不

仅激发了在场亲眼目睹当时之事的那些人,而且,也激发了留在家里的那些人,争相效仿在战场上的行动和竞争意识。(9)因为,对于赢得这种礼物的人而言,他们不仅会在军中和家乡享有巨大声望,而且,当他们回到家乡后,他们也会在宗教游行当中别树一帜,因为,除了执政官所应允的、那些在战场上表现英勇的勇士可以佩戴装饰之外,没有人可以佩戴装饰。(10)他们会把自己所赢得的战利品悬挂在家里最显眼的位置,把它们看作是自己勇敢的象征和证明。(11)鉴于这个民族如此挂念军事上的奖励与惩罚问题,而且,他们也都非常看重这两者的重要性,对于罗马人在战场上所赢得的巨大而光辉的成就,也就没有人会感到惊奇了。

(12)一名步兵所领到的薪资是每天两奥布(obols),一名百夫长所领到的薪资是步兵的两倍,一名骑兵所领到的薪资则是一德拉克马。(13)一名步兵每个月所领到的小麦配给大约是三分之二阿提卡米迪(Attic medimnus),一名骑兵每个月所领到的小麦配给是两米迪(medimni),大麦则是七米迪。①(14)一名盟军的步兵所领到的薪资同罗马人的步兵相同,一名盟军的骑兵则可以领到一又三分之一米迪的小麦和五米迪的大麦,这些配给都是免费提供给盟军的。(15)但是,在罗马军队中,财务官会从自己的薪资中,按照规定的比率来扣除自己所需要的粮食、衣服和任何其他武器的价钱。

[40](1)他们会按照下述方式拔营:(2)一旦信号发出后,他们会取下帐篷,收拾自己的行李。但是,没有一座士兵的帐篷是在军事保民官和执政官的帐篷之前取下或者树起的。(3)当第二道信号发出后,他们就会把行李装到驮畜上,当第三道信号发出后,领头的支队②必须开拔,让整个营区开始移动。(4)一般来说,他们会把"特选部队"(extraordinarii)放在队伍的前面。(5)在"特选部

---

① 一名步兵每月可以领到大约半蒲式耳(bushel)的小麦,一名罗马骑兵每月可以领到大约一蒲式耳半的小麦和六蒲式耳的大麦,而一名盟军骑兵每月可以领到大约三到四蒲式耳大麦和一蒲式耳小麦。

② [中译按]"领头的支队"(the leading maniples)亦即"第一支队"(the first maniples)。

队"后面的是盟军的右翼,在盟军右翼后面的则是他们的驮畜。(6)接下来行进的是罗马第一军团,而第一军团的行李则跟在这个军团后面;随后是第二军团,而第二军团的驮畜和盟军的行李则跟在这个军团后面,也即是,盟军的左翼部署在行进队伍的最后面。(7)骑兵有时行进在各自所属队伍的后面,有时在驮畜的侧翼行进,以确保牲畜集中在一起并给它们提供保护。(8)如果攻击从后面发起,大致相同的行军顺序会得到维持,不过,盟军的特选部队会行进在后面,而不是前列。(9)这两个军团和两翼,会隔日轮流行进在前锋的位置或者后卫的位置,通过这种队形顺序上的变化,让所有人都拥有平等的机会,去享用新鲜的淡水和粮草补给。(10)在危险时刻,如果地形足够开阔,那么,他们也有另外一种行军上的队形顺序。(11)在这种情形下,青年兵、壮年兵和后备兵会以三种平行的队列前进,领头支队的驮畜队伍会部署在所有人前面,第二支队的驮畜队伍会部署在领头支队的后面,第三支队的驮畜队伍会部署在第二支队的后面,依此类推,辎重队伍则会被安插在作战队伍之间。(12)在这种行军顺序之下,一旦队列受到威胁,那么,他们可以根据敌人的进攻方向,而让军队面向左边或者右边,他们可以很快摆脱辎重,并迎向敌军。(13)因此,整个步兵都可以很快地通过一次性动作,来部署这种作战队形(除了青年兵有时可能要绕过其他作战队伍,才能部署这种作战队形①),(14)辎重队伍及其随行人员也都会部署到战斗中的合适位置,也即是,它们会有一列军队加以掩护。

[41](1)当军队行进到所驻扎的营地附近时,其中一名军事保民官和那些负责这项工作的百夫长会继续前进,(2)在勘察整个营地的地形后,他们首先会按照我在前面所说的那些考量,来决定执政官的行营(the consul's tent)部署在哪个位置,军团驻扎在执政官

---

① 如果青年兵沿着右边的队列前进,而且,攻击是来自左边,那么,作战的军队将转到左边,并组织三列队伍。青年兵那时会在后面,这时他们就要绕过其他作战队伍,只有这样,他们才能进入到前线的作战位置。

行营的哪个方向。(3)当他们在这方面做好决定后,他们首先会丈量执政官行营(*praetorium*)①的面积,然后,他们会划出一条直线,军事保民官的帐篷就沿着这条直线搭建,接着,他们会再划出同这条直线相平行的一条直线,军队的营区就从这条直线上开始建造。(4)他们会以同样的方式在执政官行营的另一侧划出一条直线,这都是按照我之前所详细描述的那幅蓝图进行的。(5)所有这些事项都会在非常简短的时间内完成,因为,划标线是一项非常简易的事情,所有的距离都是固定的和熟知的。(6)其后,他们会插上旗帜,第一面旗帜会插在执政官行营前的地面上,第二面旗帜会插在被选定作营区的一侧上,第三面旗帜会插在保民官帐篷的中间线上,第四面旗帜会插在另一条平行的直线(军团将沿着这条直线扎营)上。(7)后面这些旗帜是红色的,而执政官的旗帜则是白色的。在执政官行营另一侧的地面上,他们会插上简易的标枪或者其他颜色的旗帜。(8)随后,他们会规划布局不同营区之间的通道,而且,他们会在通道的两边插上标枪。(9)因此,当军团向前行进到足够靠近的位置,可以整全地看到营区的位置后,很明显地,营区的整个规划会立即让所有人都了然于胸,因为,他们从执政官的旗帜所插的位置就可以计算出来。(10)因此,所有人都非常清楚地明白,自己的帐篷将要位于哪条通道上,以及哪条通道的哪个位置上,因为,所有的士兵都是一成不变地占据着营区的相同位置,他们扎营就像是军队回到自己家乡的城市一样。(11)当士兵们在城门口分开后,每一个士兵都会直接向前直行,毫无障碍地到达自己的房屋,因为,他非常了解自己的居住区域和自己所要居住的确切位置。(12)这种事情同罗马军营中的事情出奇地相像。

[42](1)在扎营这个问题上,罗马人首要看重的是便利性,在

---

① [中译按]由于 praetor 的涵义是"法务官",因此,*praetorium* 可以直译作"法务官行营",但是,由于 praetor 本身就属于"执政官"系列当中的一个职位,包括后补执政官,因此,我们也可以将 *praetorium* 译作"执政官行营"。在圣经中,*praetorium* 亦被译作衙门、总督府或者总督衙门。

我看来,这同希腊人的传统做法完全相反。(2)在扎营时,希腊人首先考虑的是,让营地充分利用地形上的自然优势,这首先是因为他们懒于挖掘壕沟,其次是因为他们觉得,人工的防御工事没有大自然所提供的防御坚固。(3)因此,对于营地的整个规划,他们就不得不采用各种各样的营地形态,以适应各种地形特质,而且,他们也不得不把军队的不同部分移转到不合适宜的地方。(4)结果,所有人都不知道自己或者自己的营团在军营中所处的具体位置。(5)相反,罗马人宁愿忍受挖掘壕沟和构筑其他防御工事的辛劳,以换取一成不变和人人熟悉的单一营地形态,因为,这种营地形态具有巨大的便利性。

(6)这是关于罗马军队,特别是关于罗马军队的扎营方式最重要的事实……

罗马共和同其他共和的对比

[43](1)有人可能会说,几乎所有流传下来的历史学家都向我们提到了,斯巴达、克里特、曼提尼亚和迦太基政体所享有的卓越声望。一些历史学家也提到了雅典和底比斯政体。(2)我把雅典和底比斯政体先放到一边,因为,我自己确信,雅典和底比斯政体根本就没有值得一提的地方:这两个国家的崛起都是不同寻常的,而且,它们也没有长久地维持自身的极盛,相反,它们所经历的衰落却是异常猛烈。(3)可以说,它们的光辉昙花一现,一切都是命中注定,当他们仍然可以维持表面的繁荣以及在所有方面都有一个光明的前景时,他们却经历了命运的彻底反转。(4)在攻击斯巴达人时,底比斯人充分地利用了自己的对手斯巴达人所犯下的愚蠢错误、斯巴达人的盟友对其所怀有的怨恨,以及自身在希腊人中间所享有的显赫声望(这是因为,他们只凭一个人或者最多两个人的出众品质,就可以看清局势的内在缺陷)。(5)事实上,命运女神随后就立即向所有人揭示了,底比斯人当时所赢得的胜利不是因为他们的政体形态,而是因为他们领袖的高贵品质。(6)底比斯人

的崛起、全盛和消亡,同埃帕米农达(Epaminondas)和佩洛皮达斯(Pelopidas)的生命同步。(7)因此,我们必须把这个国家所取得的短暂辉煌视作是他们人为的缘故,而不是他们政体的缘故。

[44](1)对于雅典政体,我们必须同等看待。(2)因为,尽管雅典历经了更加频繁的成功,但是,雅典最为辉煌的胜利,也是在提米斯托克利(Themistocles)的英明领导之下所取得的,①而且,由于其自身内在的不稳定性,她很快就惨遭命运的彻底反转。(3)一直以来,雅典人民总是或多或少地像一艘没有船长的舰船。(4)在这样一艘舰船上,在面对巨浪的恐惧或者风暴的威胁时,船员们会勠力同心地谨遵船长的命令,他们会非常好地各司其责。(5)然而,当他们日益自满,以至于开始蔑视自己的长官,并彼此之间相互争吵时,他们所有人都不再齐心协力了。(6)接着,其中一些人决心继续航行,其他人则催促船长抛锚停泊,一些人要张开船帆,其他人则进行阻止并下令收起船帆,他们分裂和争吵的场景,不仅让旁观者深以为耻,而且,对船上的所有人来说,这种事态也是非常危险的。(7)结果常常就是,在逃离最凶蛮的大海和最猛烈的风暴后,他们就在港口里面、接近海岸之时搁浅失事。(8)这种命运经常性地降临在雅典人的国家上。当他们通过人民和领袖的高贵品质,而消除了最庞大和最恐怖的危险后,国家就会进入风平浪静的平静期,随后,它又会无缘无故地遭遇毫无由头的灾难。(9)因此,我没有必要对这种政体②或者底比斯政体再说些什么了,在这种国

---

① 提米斯托克利的统治期间大约从公元前489年到公元前480年,在萨拉米斯(Salamis)海战中,他赢得了对波斯海军的最辉煌胜利。

② 对比罗马政体,波利比乌斯谴责雅典政体的原因有两个:首先,它不是"混合政体"(mixed),因此,它没有适当的制衡;其次,它没有成功地维持帝国。但是,在现代人眼中,不管怎样,提米斯托克利奠定了雅典权力的根基,伯里克利则巩固了雅典的权力。因此,对于现代读者所认为的雅典黄金时代(the golden age of Athens),波利比乌斯似乎认为,这恰恰是雅典的衰落时期,亦即波斯战争与第二次伯罗奔尼撒战争之间的那段时期(公元前480年—前434年,[中译按]应为公元前480年—前431年)。波利比乌斯对民主制的批评主要针对的是公元前5世纪末期和公元前4世纪。

家中,暴民(mob)完全根据自己毫无节制的冲动来统治一切。就其而言,雅典的民众任性倔强而脾气火爆,底比斯的民众则长期在暴力和野蛮的环境下熏陶成长。

[45](1)我们现在转到克里特政体的问题上来,这里有两个问题需要我们注意。首先,为什么古代最博学的作家——埃弗鲁斯(Ephorus)、色诺芬、卡利斯提尼(Callisthenes)和柏拉图①——会认为,克里特的政体同斯巴达的政体相同?其次,为什么他们会认为,克里特的政体值得称赞?(2)在我看来,这些观点全都是错误的。(3)下面的事实就会表明,我的看法正确与否。首先,克里特政体不同于斯巴达政体。我们可以列举斯巴达政体的三个独特特征,第一,斯巴达的土地法,根据他们的土地法,没有任何一位公民拥有比其他公民更多的土地,而是所有的公民都持有相同份额的公地;②(4)第二,他们的金钱观,他们认为金钱没有任何价值,因此,财富不均而引发的嫉妒和冲突完全被清除出了城邦;(5)第三,国王是世袭的,元老院(Gerousia)的元老则是终身选任的,整个国家的行政都由他们直接控制或者由他们相互协作来控制。

[46](1)在所有这些方面,克里特恰恰同它们完全相反。(2)克里特的法律尽可能地让他们像谚语所说的那样,无限地拥有土地,他们如此地重视金钱,以至于拥有金钱不仅是必要的,而且非常荣光。(3)事实上,贪婪和欲求如此地深入克里特人的骨髓,以至于克里特人是世界上唯一一个觉得没有任何一种利润是羞耻的民族。(4)除此之外,他们的官员是一年一度通过民主制度选举

---

① 关于埃弗鲁斯(Ephorus)的其余叙述,参见斯特拉波第十卷第4章第8—9节。柏拉图提及它们是在《法律篇》(Law),尤其是第一卷。同时参见亚里士多德《政治学》第二卷第10章,在那里,亚里士多德指出了克里特政体和斯巴达政体之间的异同之处。

② 这种相同份额的公地在国王埃基斯四世(King Agis IV,公元前243年—前239年)统治时期逐渐消亡了;因此,按照普鲁塔克的记载(《埃基斯》第15章),土地所有者的人数下降到了一百人。埃皮塔德厄斯的利特拉(Rhetra of Epitadeus)加速了这种进程,因为,他允许土地可以自由遗赠,参见普鲁塔克同上。参见斯尔沃尔(Thirlwall),第八卷,第132页。

出来的。（5）因此，让我百思不得其解的是，为什么这些作家会说，这两种完全不同的政体彼此之间却是相似的和相关的。（6）除了忽视这些差异之外，这些作家还不厌其烦地详尽评价莱库古的立法，他们说道，莱库古是唯一一个看清优良政体（good government）之要害的立法者。（7）一个国家维持其存续依赖两样东西，一是面对敌人的勇敢，二是公民之间的和谐，莱库古通过去除财产上的贪欲，从而根除了所有的内部冲突与纷争。（8）结果，摒除了这些罪恶的斯巴达人，他们在国内事务和团结精神方面，都要胜过所有的希腊人。（9）在作出这些断言后，这些作家尽管也看到，克里特人由于其根深蒂固的财富贪欲，以至于无论在公开还是在私下，都不断地卷入频繁的纷争、谋杀和内战当中，但是，他们对此视若无睹，而且，他们竟然还胆大妄为地说，这两种政体是相似的。（10）事实上，除了名称之外，埃弗鲁斯还使用了相同的术语来解释这两个国家的属性；因此，如果一个人没有注意到正确的称呼，那么，他根本就分辨不清，他所描述的是这两个国家中的哪一个国家。

（11）这就是我所认为的这两种政体的不同之处，现在，我将解释为什么克里特政体不值得被称赞或者效仿的原因。

[47]（1）在我看来，每一个国家都有两个根本性的东西，而这两个根本性的东西决定了一个国家的政体和原理是可欲的（desirable），抑或是恰恰相反的。对于这两个根本性的东西，我指的是习俗和法律。（2）那种可欲的政体会让公民的私人生活充满正义和有序，国家的公共生活也会充满文明与正义，而那种不可欲的政体则会产生完全相反的效果。（3）因此，当我们看到一个民族的法律和习俗是良善的，那么，我们就可以毫不犹豫地断言，这个国家的公民和政体同样也会是良善的。（4）因而，当我们看到，人们在其私人生活中的贪婪和在其公共生活中的不正义，那么，我们就可以明白无误地肯定，他们的法律、特有习俗和整个政体都是朽坏的。（5）除了一些极端的例外，我们根本就不可能找到比克里特更加虚伪的私人行为和更加不义的公共政策。（6）既然克里特政体不同于斯巴达政体，也不值得任何的夸赞和效仿，那么，我就将

它从我提议的政体比较的名单中予以剔除。

（7）至于柏拉图的理想国（Plato's republic），①一些哲学家给予了高度称赞，然而，我认为，它并不应该被纳入讨论。（8）因为，正如我们不允许未经认可②或者未经训练的艺术家和运动员来参加庆典或者竞赛一样，我们也不允许柏拉图的这种政体进入争夺奖品的竞赛当中，除非有人首先提出一些实例来证明它真实地存在过。（9）直到现在，如果将它同斯巴达、罗马和迦太基的政体进行比较，那么，这简直就像拿一些雕像同活生生的真人进行比较一样。（10）因为，即使雕像的工艺再完美，拿这种无生命的物体同有生命的活人进行比较，也必将会让观看者感觉相当残缺和不甚协调。

[48]（1）因此，我们应该搁置这些政体，转而回到斯巴达的政体上来。（2）在我看来，在确保公民间的和谐、维护拉科尼亚领土的安全和保全斯巴达的自由方面，莱库古的立法及其展现出的远见是如此令人叹为观止，以至于我不得不把他的智慧视作神明，而非凡人。（3）平均分配的地产、简朴的食物和集体的共餐，它们都规划得如此完备，以至于造就了公民个人生活的节制，并从整体上根除了国内的纷争，这就像通过训练他们在艰难和危险方面的坚忍，以让他们养成勇武和果敢的品性一样。（4）当勇敢和节制这两种美德融化到一个人或者一个城邦身上时，邪恶就不会从这种人或者这种民族当中滋生，他们也就不会轻易地为自己的邻居所征服。（5）因此，通过这种精神和这种要素来构造自己的政体，莱库古确保了拉科尼亚整个领土的绝对安全，留给斯巴达人一份永恒的自由遗产。（6）然而，至于兼并邻居的领土，或者主张希腊的霸权，或者追求野心勃勃的扩张策略，在我看来，无论是个别的法律，还是国家的整个政体，莱库古似乎都没有为这种意外状况作出任

---

① ［中译按］Plato's republic 亦译作"柏拉图的王制"。
② 这指的是，表演者协会（associations）或者行会（guilds）在诸如庆典上进行竞赛的那些人，尤其指的是演员和歌手。

何的规定。(7)因此,他没有把一些必需的原则或者权威加于自己的公民中间,而他之前正是通过这种原则或者权威,让他们在他们自身的私人生活上保持简朴且感到满足,同样地,他也需要让整个城邦保持节制且感到满足。(8)然而,尽管莱库古让斯巴达人在其自身的私人生活和城邦内部的政制上,变成了一个最无欲无求和最通情达理的民族,但是,他也让斯巴达人在对待其他希腊人的态度上,变成了一个最野心勃勃、最刚愎自用和最富有侵略性的民族。

[49](1)斯巴达人几乎是最早觊觎邻国土地的希腊人,而且,他们完全是出于贪婪与奴役他人的目的,而向美塞尼亚人宣战的,对此,难道还有谁不知道吗?(2)出于纯粹的固执,他们发誓,在攻占美塞尼亚之前绝不停止对美塞尼亚的围攻。① 难道这不是所有历史学家一同记载的事实吗?(3)最后,人尽皆知,由于觊觎希腊的霸权,以至于他们被迫去执行自己在之前的战争中已征服的那个民族所发出的命令。(4)当波斯人入侵希腊时,斯巴达人以希腊自由的捍卫者的身份战胜了他们。(5)但是,当入侵者撤退和逃亡后,斯巴达人就通过安塔西达斯和约,背叛了诸希腊城邦,②因为,他们希望通过建立自身对希腊的霸权来获取金钱。③ (6)这表明,他们的政体当时就存在明显的缺陷。(7)只要他们的野心只局限在统治邻国或者称霸伯罗奔尼撒,那么,他们就会发现,拉科尼亚所提供的补给和资源是足够的,因为,他们所需要的所有战争物资都触手可及,而且,他们很快就可以回国,或者通过陆路,或者海路

---

① 这可能发生在公元前八世纪末期。

② [中译按]这个地方的"诸希腊城邦"(Greek cities)亦即"小亚细亚的诸希腊城邦"(Greek cities of Asia Minor)。

③ 由于莱山德(Lysander)同居鲁士(Cyrus)在公元前 407 年签订的条约,波斯将向斯巴达提供金钱,以支援它在伯罗奔尼撒战争中对付雅典。安塔西达斯和约(Peace of Antalcidas)是在公元前 387 年协商签订的,而斯巴达国王阿格西劳斯(Agesilaus)所解放的那些小亚细亚的诸希腊城邦,则再次回到了波斯的统治之下。

给他们运送补给。（8）然而，一旦他们开始在伯罗奔尼撒之外进行海上远征和军事征战，很明显，如果要遵照莱库古的法律，那么，用来换取他们所缺少的商品的铁币和农作物，都不能满足他们的需要，（9）因为，这些活动都要求普遍流通的货币和来自海外的现货商品。（10）结果，他们不得不被迫向波斯摇尾乞怜，向岛民强征贡赋，并向所有希腊人强索捐款，他们认识到，在莱库古的法律制度下，他们根本不可能对局势施加任何影响，更不要说希腊的霸权。

[50]（1）然而，这番题外话的意图是什么？在这番题外话当中，事实已经非常清楚地表明，对于维护他们领土的安全和维持他们自身的自由而言，莱库古的立法是足够的。（2）对于主张政体的目的，就是以上这两种的那些人来说，我们必须承认，没有任何一种政体或者政制，可以超越莱库古的斯巴达政体。（3）但是，如果有人更具雄心，他觉得，没有什么事情会比成为众人的领袖、广袤疆域的主宰和整个世界的焦点更加美好和更加荣耀，那么，我们必须承认，斯巴达的政体确实是有所不足。（4）然而，对于成就这种权力而言，罗马政体则更加优越和良善，因为，这确实已经被事实所证明。（5）当斯巴达人努力地争夺希腊的霸权时，他们很快就面临丧失自身自由的危险。（6）然而，只以征服意大利为目标的罗马人，却在很短的时间内，就把整个世界都置于他们的统治之下，在成就这个目标的过程当中，他们所掌握的充裕补给对他们的胜利起了不小的作用。

[51]（1）在我看来，在最重要的事项上，迦太基政体最初都设计得非常优良。（2）迦太基有国王（kings），[①]他们的元老院拥有一种贵族制的权力，人民则在关切其自身的特定事项上，拥有至高无上的权力，国家的整个政体结构同罗马和斯巴达的政体非常相像。

---

① 一直以来，希腊作家都将迦太基执政官（Cathaginian Suffetes）称作为βασιλεῖς，参见第三卷第33章注释，希罗多德（Herod）第七卷第165节，迪奥多鲁斯·西库鲁斯第十四卷第53章，亚里士多德《政治学》第二卷第11章，他们对比了斯巴达政体和迦太基政体，他们都同意，不同于斯巴达的诸国王，迦太基的执政官都是选举出来的，而且，这些选举出来的执政官并不局限于同一个家族。

（3）但是，在汉尼拔战争开始期间，迦太基人的政体就已经在衰败堕落，①而罗马人的政体则日渐增强。（4）每一个机体、每一个国家或者每一个活动，都有其成长期、全盛期和衰败期，当他们步入全盛期，它们所有方面都处于最佳状态，正因为这个原因，两个国家之间的差异会在这个时间显露出来。（5）迦太基的势力和繁荣在时间上要早于罗马，就在迦太基开始步入衰败期，罗马至少就其政体而言，正在步入全盛期。因此，迦太基的民众已经成为国家的主导性权力，而罗马的元老院则仍然保留了这种权力。（6）也即是，其中一方由民众进行决策，而另一方则由最杰出之人进行决策。（7）因此，罗马人在公共事务的决策上，自然会更加优越，（8）以至于尽管他们遭遇了毁灭性的灾难，但是，通过明智的决策，他们最终在战争中战胜了迦太基人。

[52]（1）但是，现在让我们转到细节差异上来，例如，首先，在两军的交战当中，迦太基人在海上的训练和装备方面，理所当然地要占优势，因为，航海技术长期以来就是他们民族的一种特殊技能，他们比任何其他民族都更加熟悉大海。（2）但是，在陆上的军事征战方面，罗马人则更占优势。（3）确实，罗马人将自己的全部精力都投注到这件事情上，而迦太基人则完全忽视了自己的步兵，他们只对骑兵表现出了一些兴趣。（4）正是由于这个原因，他们所使用的军队都是外国人和雇佣军，而罗马人所使用的军队则都是自己本国的公民和土著。（5）因此，从这个方面而言，我们也必须承认，罗马的政治体制（political system）也要高于迦太基的政治体制，迦太基人一直依靠雇佣军的英勇来维持自己的自由，但是，罗马人则依靠自身的英勇及其盟友的协助来维持自己的自由。（6）因此，即使他们碰巧一开始就遭遇了最惨重的战败，罗马人也依然可以通过最后的胜利来扭转战局，而迦太基人却根本不可能做到。（7）因为，罗马人是在为自己的国家和儿女作战，他们不可能在激

---

① 参见博斯沃斯·史密斯（Bosworth Smith），《迦太基与迦太基人》（Carthage and Carthaginians），第 26 页。

烈的战斗中松懈下来,相反,他们会继续全身心地投入到战争当中,直到他们最终战胜敌人。（8）正如我之前所说,尽管比起迦太基人,罗马人在海军上的确技不如人,但是,由于自身士兵的勇敢,他们在海上最终赢得了彻底的胜利。（9）因为,尽管在海战中航海技术占据了不小的作用,但是,海军战士的英勇无畏,对于扭转整个战局更加意义非凡。（10）一般来说,意大利人不仅在身体力量和个人勇气上,确实要超过腓尼基人和非洲人,而且,他们的政体也确实培育了年轻人的勇武精神。（11）一个简单的事例就足以说明,为了让自己在国内赢得勇武的名声,罗马这个国家费尽心机地培养他们能够经受一切考验的能力。

[53]（1）无论何时,任何一位杰出之士离世,在葬礼进行的过程中,他的遗体会被隆重地抬进广场（Forum）,安放在所谓的演讲台（Rostra）,在那里,他的遗体通常会以直立的姿势（以让其更加显眼）,而极少会以躺卧的姿势来展现给大家。（2）所有民众都站在周围,如果他留下一个成年的儿子,并且,他的这个儿子恰巧也在场,如果没有,那么,他的其中一位亲戚,就会登上演讲台,发表颂扬死者美德与成就的演讲。（3）结果,当死者的丰功伟绩在他们的脑海回想而再度呈现在他们眼前时,所有的民众——不仅包括参与这些丰功伟绩的那些民众,而且也包括没有参与这些丰功伟绩的民众——都会被由衷地打动,以至于损失就不会只局限在哀悼者身上,相反,它会变成一个影响所有人的共同损失。（4）在接下来的葬礼和惯常的仪式完成之后,他们就把死者的肖像装进一个木制神龛内,并放在家中最显眼的位置上。（5）这个肖像是一副面具,而这幅面具完全是按照死者的容貌和面色来制作的。（6）在公众献祭的场合,他们会展示这些面具,而且,他们会万分小心地装饰它们,当这个家族中的任何一位杰出成员去世时,他们都会把这些面具带到葬礼上,并把它们佩戴到身高和举止最像原型的那个人头上。①（7）这些替代者会根据死者的不同身份来选定所穿的衣

---

① 这个人通常会是这个家族的成员,但是,也有一些则是由演员来代表死者。

服,如果死者是一名执政官或者法务官(praetor),那么,他就身穿紫色镶边的托加;如果死者是一名监察官(censor),那么,他就身穿全是紫色的托加;如果他之前就庆祝了胜利或者赢得了相似的成就,那么,他就身穿金色镶边的托加。(8)他们所有人都乘坐在马车内,手持束棒(fasces)、斧头和其他相应标志(公职的不同,其标志也会有所不同,这取决于死者在其整个一生中所享有的国家公职尊荣)的仪仗队则走在后面;当他们到达演讲台时,他们所有人都会端坐在一排象牙座椅上。(9)对于一名渴望名声和美德的年轻人而言,很难想象还有比这更加鼓舞人心的场景。(10)当看到生前享有巨大声望,死后齐聚一堂,就像重生一般的面具时,谁还会无动于衷?还会有比这更加荣耀的场景吗?

[54](1)除此之外,向即将下葬之人发表演说的演讲者,当他结束自己对这位死者的颂扬后,接着他会继续从最古老的时代开始,一个个地颂扬在场面具所代表之人所赢得的胜利和功绩。(2)通过这种方式,他们不断地重复对那些勇士的美好记忆,那些践行高贵行动之人的名声将会永垂不朽,同时,那些报效祖国的人也会为人民所耳熟能详,他们的遗产也将会被后人所继承。(3)然而,最为重要的效果是,这会激励年轻人为公众福祉而甘愿忍受一切艰难困苦,以期赢得那种伴随在勇者身后的荣誉。(4)事实也证实了我刚刚所说的这一切。很多罗马人为决胜整场战事,而自愿地进行一对一的决斗,不少人都心甘情愿地接受必死无疑的安排,一些人在战争中挽救其他袍泽的生命,其他人则在和平年代维持共和国的安全。(5)一些人甚至在自己在任时,处死自己的儿子,[①]因为,他们违反了法律或者习俗,他们认为,国家的利益比自己最亲最近的自然纽带更加高贵。

---

① 例如,卢西乌斯·尤尼乌斯·布鲁图斯(Lucius Junius Brutus)因为阴谋活动而被自己的父亲处死,参见李维(Livy):《早期罗马史》(*Early History of Rome*),第二卷第5章。提图斯·曼利乌斯·托奎图斯(Titus Manlius Torquatus)因为不守纪律而被自己的父亲处死,参见李维:《早期罗马史》(*Early History of Rome*),第八卷第5章。

（6）罗马史讲述了很多这样的故事和人物，而其中有一个故事可以作为一个例证，来证实我所说的话，它将足够满足我当前所希望达到的目的。

[55]（1）这是一个有关霍拉提乌斯·科克勒斯（Horatius Cocles）的故事，当他在位于罗马城前的台伯河（Tiber）上的桥头同两名敌人作战时，他看到，有大批的敌方援军前来支援敌人，他担心，他们会强行通过这座桥而进入城内，因此，他就调转头来，呼叫身后的袍泽后退，他自己则全速砍断桥梁。（2）他的命令得到了服从，当他正在砍断桥梁时，他身受多处创伤仍坚守在那里，抵御敌人的进攻，这让敌人都感到非常震惊，确切地说，敌人不是震惊于他的体力，而是震惊于他的忍耐和勇气。（3）这座桥梁一旦被砍断，敌人的进攻也就会被遏止。全身戎装地纵身跃进河流的科克勒斯甘愿牺牲自己的性命，①因为，他觉得，自己国家的安全和将来附着在自己名字上的荣耀，要比自己当前的存活和往后的余生更加重要。（4）如果我没有看错，那么，这种效仿高尚事迹的行动，肯定会成为罗马年轻人的习惯而一代代地传承下去。

[56]（1）再者，在金钱交易方面，罗马人的法律和习俗要优于迦太基人的法律和习俗。（2）在迦太基，任何可以产生利益的东西都不会被视作是可耻的。而在罗马，没有任何东西会比以不正当的手法接受贿赂和追求利益更加可耻。（3）因为，罗马人全心全意地赞成通过正当的方法来赚钱，并极力谴责不择手段的赚钱方式。（4）对此，这也有证据可以证明：在迦太基，官职候选人可以进行公然的贿赂，然而，在罗马，这却是死罪。（5）由于这两个国家对值得称赞的品质所提供的奖赏，存在根本性的差异，很自然地，他们对

---

① 按照李维的说法（麦考莱遵从了李维的说法），霍拉提乌斯·科克勒斯游到了河岸，并得以获救。——洛布本注波利比乌斯将这个著名的传奇故事视作是一个真实的历史事件，他可能将它定位在同拉斯·波塞纳（Lars Porsenna）和塔克文（Tarquins）的战争背景之下。按照李维的说法——麦考莱的诗歌（Macaulay's poem）就来源于李维的这种说法——霍拉提乌斯·科克勒斯安全地游到了河岸，参见李维：《早期罗马史》，第二卷第10章。——企鹅本注

取得奖赏的方式肯定也会有所不同。

　　(6)然而,在我看来,罗马共和国最明显的优势在于他们拥有坚定的宗教信仰。(7)我认为,其实正是迷信(superstition)——而其他民族①恰恰认为,这是应该谴责的一个东西——维系了罗马共和国的团结。(8)在罗马,无论是公共生活,还是私人生活,没有任何东西会比迷信发挥更加广泛或者更加重要的作用。这可能会让很多人感到震惊,他们会觉得,这难以理喻。(9)但是,至少在我自己看来,罗马人之所以采取这种做法,完全是为了普通民众。(10)如果一个国家全部由哲学家所构成,那么,这样的做法或许没有必要。(11)但是,民众都是变化无常的,他们充满了不法的欲望、盲从的愤怒和狂暴的激情,所以,民众必须借助这种神秘性的恐怖,或者,这种相似场面的作用来进行控制。(12)我相信,正是由于这个原因,古人绝非轻率或者恣意地把关于神明的信仰和地狱惩罚的观念引入到民众当中,然而,现代人却非常轻率而愚蠢地拒斥这种信仰。(13)结果,在希腊人中间,除了其他的事情之外,对于那些担任公职的官员,人民根本无法信任他们去保管哪怕仅仅只是一泰伦的银币,即使他们有十位稽查员、同样数量的封印以及两倍数量的见证人,人民也不会信任他们。(14)然而,在罗马人中间,他们的官员和使节要经手大批金钱,但是,他们总能保持自身的纯洁,其原因只不过是因为他们发誓会信守承诺。(15)然而,在其他国家中,我们很少能够找到一个不会染指公款之人,而且,我们也很少能够找到,一个人在这方面的记录一直都是完全清白的,但是,在罗马人中间,我们发现,很少会有人犯下这种罪行②……

---

① 尤其是希腊人。

② 然而,波利比乌斯后来承认,罗马人在这方面的堕落也已经开始了,参见第十八卷第 35 章和第三十二卷第 11 章。

结论

[57]（1）所有存在的事物都会经历衰退和变化，这是无需论证的事实；因为，无情的自然规律让我不得不深信它。（2）每一种国家都有两种衰变力量，一个是外部的力量，另一个则是国家内部本身的力量，前者没有任何固定的规则，但是，后者是有规律可循的。（3）首先，会形成哪种类型的政体，接下来，它将会转化成什么样的政体，以及它将怎样转化成另一种政体，对此，我之前就已经说过；（4）因此，能够将我在开头所说的见解，同我的结论部分联系在一起的那些人，他们就能够独自预测未来。因为，在我看来，这是非常清楚的。（5）当一个国家历经千难万险，随即赢得至高权力与无可争辩的霸权后，很明显，在长期以来的繁荣的影响下，生活将会变得更加奢侈放纵，公民在公职的争夺和其他领域的竞逐上，也将会变得更加激烈。（6）随着这些缺陷不断增加，例如，对公职的欲望、政治上默默无闻的耻辱，以及个人的奢侈放纵和张扬炫耀，这些都将会开启堕落的闸门。（7）民众是这种变化的罪魁祸首，一方面，一些人的贪婪逐利会让他们心怀不满，另一方面，追逐公职的那些人的恭维奉承又会让他们感到骄矜自大。（8）现在，他们会心生愤怒，他们所有的举措都将会被激情左右，他们将不再服从，甚至也不再主张享有与统治阶层平等的权力，而是会要求自己占有最大的权力份额。（9）当这种事情发生后，这个国家的政体将会换上最美好的名称，也即是所谓的自由（freedom）和民主（democracy），但是，实质上它是最糟糕的政体，也即是所谓的暴民统治（mob-rule）。

（10）我已经描述了罗马共和国的形成、发展、鼎盛及其当前的处境，也描述了它同其他政体之间在较好或者较坏方面的差异，因此，现在我差不多就将结束这种讨论。

[58]（1）我会从这番题外话所开启的那个日期那里，来恢复我的历史叙事，但是，首先我将简要地提及一个事件。我不只用语

言,而且会用实际的事实,来清晰地揭示当时罗马政体的完备和力量,就像我把一名优秀艺术家的其中一件作品作为样品呈现出来,以此来揭示他的精湛技术一样。

(2)在赢得坎尼战役的胜利后,守卫营地的八千名罗马战士就落在了汉尼拔手上,在让他们全部变成战俘后,他允许他们派遣一个代表团到罗马,以商讨他们的赎金和释放的问题。(3)因此,罗马人从军中选出了十位头领,当他们向汉尼拔发誓自己将回到他的身边后,汉尼拔就让他们离开了。(4)其中一位刚刚走出营地的头领说自己忘记了一些东西,于是,他就回来了,在取回自己所落下的东西后,他再一次出发了,他认为,既然自己已经回来了,那么,他就已经信守了承诺,解除了自己的誓言。(5)当他们抵达罗马后,他们敦促并恳求元老院不要吝惜于俘虏的释放,而是应该允许他们每人支付三米纳(minae)的金钱,让他们回到自己的人民中间;因为,他们说,汉尼拔已经做出了这种让步。(6)这些人值得去释放,因为,他们既没有在战斗中犯下怯懦的罪行,也没有做出任何让罗马不耻的事情;他们只是在身后看守营地,当其他所有军队都在战场上阵亡后,他们才别无选择地向敌人投降。(7)然而,尽管罗马人在战争中遭遇了严重的挫败,也几乎丧失了所有的盟友,并且,他们无时无刻不在担心罗马本身所面临的危险,(8)但是,在听到这个请求后,他们既没有在这种灾难的压力之下忘记自己的尊严,也没有遗漏思考所有的正确措施。(9)相反,他们看到,汉尼拔这样做的目标是立即获取大批金钱,同时削弱抵抗他的那些军队的抵抗意志,因为,这样的话,军队即使被打败了,他们也仍然有平安获救的希望。(10)因此,元老院非但拒绝了这个请求,而且,他们也不允许自己出于对这些亲属的怜悯,或者,出于对这些战士将来的用处来说动自己。(11)相反,他们拒绝赎回战俘,以此来挫败汉尼拔的算计以及建立在这些算计之上的所有希望,同时,他们也为自己的军队树立了准则,军队要么战胜敌人,要么战死沙场,因为,如果战败了,军队就没有任何平安生还的希望。(12)因此,在作出这个决定后,他们解散了这九位代表,这九位代表出于自愿回到了汉尼拔那里，因为，他们要遵守自己所发下的誓言，但是，对于第十位代表——通过自己的阴谋诡计，他认为，他已经解除了自己所发下的誓言——他们则用铁链把他捆住，并把他送回到敌人那里。（13）结果，当汉尼拔惊奇地看到，罗马人①在决议中所展现出来的坚定意志和崇高精神时，战场上的胜利所带来的喜悦反而没有他所感受到的沮丧大。②

---

① ［中译按］在洛布本中，英译者将其译作"罗马人"（Romans）。在剑桥本中，英译者将其译作"罗马元老院的元老"（senators）。

② 参见李维，第二十二卷第58—61章。

第七卷（残篇）

I. 意大利的局势

卡普亚和佩特利亚

[1]（1）在第七卷中，波利比乌斯说道，坎帕尼亚的卡普亚人由于肥沃的土地而获得了巨大的财富后，他们就养成了奢侈和放纵的生活习惯，其程度甚至要超过通常所说的克洛托尼亚人（Croton）和锡巴里斯人（Sybaris）。（2）由于当时无法担负自身的繁荣，于是，他们叫来了汉尼拔，这由此招致了罗马人彻底摧毁他们的严厉惩罚。（3）然而，佩特利亚人（Petelia）却依然保持了对罗马的忠诚，顽强地坚守到底，以至于在汉尼拔围攻他们时，他们吃完了城内所有的皮革和所有树木的树皮及其柔嫩的新枝，他们忍受了长达十一个月的围攻，由于没有任何人前来救援，他们最终在罗马的首肯下投降。①

II. 西西里的局势

叙拉古的希罗尼穆斯

[2]（1）在一场针对叙拉古的希罗尼穆斯国王（King Hieronymus

① 摘录自亚特纳乌斯（Athenaeus），第十二卷，528a（xii. 528a）。

of Syracuse)①的阴谋之后，特拉索（Thraso）撤走了，宙埃普斯（Zoïppus）和亚德拉诺多鲁斯（Adranodorus）②说服了希罗尼穆斯立即派遣一个代表团到汉尼拔那里。（2）因此，在挑选了西兰尼的波利克雷图斯（Polycleitus of Cyrene）和阿尔戈斯的斐洛德穆斯（Philodemus of Argos）作为自己的使节后，他将他们派到了意大利，以同迦太基人商讨联合行动的计划。同时，他派遣了自己的兄弟到亚历山大里亚。（3）汉尼拔热情地接待了波利克雷图斯和斐洛德穆斯，他向这位年轻的国王描绘了很多光明的前途，并且，他立即让同名的迦太基人汉尼拔（这位汉尼拔当时是三桨座战舰的指挥官）、叙拉古人希波克拉底（Hippocrates）及其弟弟埃皮塞德斯（Epicydes），一起陪同这些使节回去。（4）这兄弟俩之前正好在汉尼拔麾下服役过一段时间，而且，自从他们的祖父由于据传暗杀了亚加索克勒斯（Agathocles）之子亚加萨克斯（Agatharchus）而被放逐出叙拉古后，他们就把迦太基视作自己的母国。（5）他们一到叙拉古，波利克雷图斯及其同僚就呈送了自己的报告，迦太基人则传达了汉尼拔所指示的消息，国王则立即表明自己将站在迦太基人一边。（6）他敦促这位名叫汉尼拔的使节，必须立即赶回迦太基，并且，他答应会派出自己的代表前去同迦太基人商讨事宜。

[3]（1）与此同时，当时负责镇守利利巴乌姆的罗马法务官，听说了这次事件的进展情况，于是，他就派遣代表到希罗尼穆斯那里，以期重新恢复同他祖先所签署的条约。（2）当着这个代表团的面，希罗尼穆斯说，自己对迦太基人在意大利战场上摧毁罗马人的消息深表同情，尽管代表团对他这番粗鲁的回答感到吃惊，但是，他们仍然询问他是从谁那里得知的这个消息，国王指向了在场的迦太基使团，并告诉罗马人可以进行驳斥，如果这个消息是虚假的

---

① 叙拉古的希罗尼穆斯国王继任了自己的祖父希罗二世（Hiero II）的王位，而希罗二世同罗马人在公元前216年签订了同盟条约。
② [中译按]"宙埃普斯（Zoïppus）和亚德拉诺多鲁斯（Adranodorus）"亦即"这位年轻国王的叔叔宙埃普斯（Zoïppus）和亚德拉诺多鲁斯（Adranodorus）"。

话。(3)罗马代表团回答说,他们不习惯接受自己敌人的说辞,并且,他们劝告他不要做任何违反条约之事,因为,这对他来说既合理又最有利。(4)对此,国王则回答说,他将会考虑这个问题,并会择机将自己所作的决定告诉他们。(5)但是,他询问他们,为什么在自己的祖父去世之前,罗马人率领一支由五十艘舰船所组成的舰队,一直航行至帕基努姆(Pachynum),随后却又再度返航。(6)事实是,在此不久前,罗马人听说希罗已经去世,他们担心,叙拉古人会轻视希罗所留下的年轻继承人,甚至推翻政府,所以,他们就作了这次巡航,但是,当他们听说希罗仍然健在的消息后,他们就返回了利利巴乌姆。(7)因此,罗马人当场承认,自己确实作了这次巡航,但是,他们的目的是,因为他太过年轻,所以,他们想去保护,并帮助他维持其统治,然而,在听说其祖父仍然健在的消息后,他们立即就返航回去了。(8)对于他们的这番言辞,这位年轻人回答道:"噢,罗马人,为了维持我的统治,那么,现在也请允许我'返航'(sailing back),以看看我能够从迦太基那里得到什么。"(9)罗马人明白了他的立场偏向,因此,他们当时就没有再说话,而是回到了利利巴乌姆,并向派遣自己出使的法务官报告了会谈结果。从此之后,他们就一直紧盯着这位国王,并把他当作敌人一样来防范。

[4](1)希罗尼穆斯选出亚加萨克斯、奥尼西基尼斯(Onesigenes)和希波斯塞尼斯(Hipposthenes),让他们同汉尼拔一起派往迦太基,他命令他们要以下列条件缔结条约:(2)迦太基人要以陆军和海军来协助自己将罗马人驱逐出西西里,之后,他们将瓜分这座岛屿,他们要以希米拉斯河(Himeras)——这条河流几乎将西西里一分为二——作为他们各自疆域的分界线。(3)当他们抵达迦太基后,他们讨论了这个问题,在会谈中,他们发现,迦太基人表现出在所有方面都愿意作出最大让步的意愿。(4)但是,希波克拉底及其兄弟让希罗尼穆斯完全置于自己的掌控之中,一开始,他们通过热情赞扬汉尼拔在意大利的行军、战术和激战来迷惑他。(5)接着,他们继续告诉他,没有人会比他更有资格去统治西西里全岛,首

先，这是因为，他是皮洛士的女儿纳莱斯（Nereis）之子，而皮洛士则是所有西西里人，唯一出于自愿和爱戴而接受他作为自己的领袖和国王之人，其次，他是自己祖父希罗的最高统治权的继承人。(6)最后，他们通过这番言辞深深地赢得了这位年轻人的欢心，以至于他根本就不会听取其他任何人的意见，这一方面自然是因为他自身不稳重的性格使然，另一方面也是因为他们的影响致使他愈加浑浑噩噩。(7)因此，当亚加萨克斯及其同僚仍然依据之前的命令在迦太基进行协商时，他派去了另一个代表团，以主张整个西西里的统治权都将归属他所有，他要求迦太基人帮助自己收复西西里，同时，他也答应迦太基人，自己将支援他们在意大利的战事。(8)尽管迦太基人现在非常清楚地意识到，这位年轻人严重的变化无常和精神错乱，尽管他们仍然认为，放弃西西里将在很多方面有损他们的利益，(9)但是，他们依然同意了他的所有要求，而且，对于之前准备的舰船和军队，他们也准备把它派往西西里。

[5](1)当罗马人听说了这个消息后，他们再一次派遣代表到希罗尼穆斯那里，抗议他违反了罗马人同他祖先所缔结的条约。(2)希罗尼穆斯召集自己的御前会议，以商讨下一步应对措施。(3)西西里本土的廷臣都沉默不语，因为，他们害怕他们的这位国王缺乏自控能力；但是，科林斯的阿里斯托马科斯（Aristomachus of Corinth）、马其顿的达米普斯（Damippus of Lacedaemon）和色萨利的奥托诺斯（Autonous of Thessaly）都建议他，遵守同罗马人的条约。(4)只有亚德拉诺多鲁斯敦促他不要错失这次良机，因为，这是赢得整个西西里统治权的唯一机会。(5)对于他的这番言辞，国王询问了希波克拉底及其兄弟的意见，当他们回答说，他们的意见同亚德拉诺多鲁斯的意见完全一样后，御前会议就结束了。叙拉古就以这样的方式作出了同罗马开战的决定。(6)然而，希罗尼穆斯原本希望给罗马人的使节一个八面玲珑的答复，但是，他弄巧成拙地犯下了致命的错误，以至于他不仅没有安抚罗马人，反而严重地冒犯了他们。(7)因为，他说道，他将遵守这个条约，条件是，第一，罗马人归还从自己祖父希罗那里所收取到的所有黄金；其

次,罗马人归还在其祖父希罗整个统治期间,从其祖父那里所收取到的谷物和其他礼物;第三,罗马人承认希米拉斯河以东的所有乡村和城镇都属于叙拉古。(8)正是这些条件,让罗马代表团同他的御前会议彻底分道扬镳。希罗尼穆斯从此开始积极备战:他不断集结和武装自己的军队,并积极准备其他的物资补给……

[6](1)莱安提尼城(Leontini)的大致方位朝向北方。(2)它的中间有一座平坦的山谷,而政府机构、法庭和市场(agora)一般都坐落在这座山谷中。(3)陡峭的山脊从头到尾一直沿着这座山谷的两侧延伸,而这些山脊的坡顶上面则是平地,平地上建满了房子和神殿。(4)这座城镇有两道城门,其中一道城门位于上面所说的那座山谷的南端,它可以通向叙拉古,另一道城门则位于北端,它可以通向所谓的莱安提尼平原(Leontine Plain)和适耕地。(5)西端的悬崖下面流淌了一条名叫利苏斯(Lissus)的河流,(6)悬崖下面有一排房子同这条河流平行而建,在这条河流与这排房子之间,建造有我之前所提到的那条通道……

[7](1)一些历史学家在叙述希罗尼穆斯的垮台时,进行了长篇累牍地撰写,引入了过多的神秘元素,他们讲述了发生在他统治之前的种种异象和降临在叙拉古人身上的种种厄运。(2)他们以戏剧化的色彩来描述他的残忍性格和不虔敬的举动,以及最后伴随其死亡时的怪异和恐怖情状,以至于法拉利斯(Phalaris)①、阿波罗多鲁斯(Apollodorus)②或者任何其他僭主,似乎都没有他那样的残暴。(3)然而,当他继承王位时,他仍然只是一个小男孩,而且,他继位后也仅仅活了十三个月的时间。(4)在这段时间当中,可能会有一两人惨遭酷刑,也可能有他的一些朋友和其他叙拉古人惨

---

① 法拉利斯(Phalaris)是阿格里根托(Agrigentum)的僭主,其在位时间是公元前571—前555年。

② 阿波罗多鲁斯(Apollodorus)是位于卡尔西迪塞半岛(Chalcidice peninsula)上的卡山德莱亚城邦(Cassandreia)的一名民主派领袖,在修昔底德时代,卡尔西迪塞半岛这个地方名叫波提达亚(Potidaea)。阿波罗多鲁斯在高卢雇佣兵的帮助下攫取了统治权,他的统治时间大约是公元前279年—前276年。

遭杀害,但是,他的统治不可能有这样过度的不法暴力,或者这样骇人听闻的不虔敬。(5)我们必须承认,他的性格极度反复无常和暴戾成性,但是,他根本就无法同上述任何一位僭主相提并论。(6)在我看来,事实的真相是,那些撰写这些特定事件之人,当他们处理一个特定而狭小的主题时,由于缺少事实材料,以至于他们不得不小题大做,或者,在根本不值得记载的事件上面,投掷过多的精力。当然,也有一些历史学家纯粹因为缺乏明智的判断力,而犯下相同的错误。(7)如果一名历史学家把只用来填充自己著作的那些篇幅,转而投到更值得记载的希罗和基洛身上,那么,他还用得着提及希罗尼穆斯吗?这不仅将对那些好奇的读者更加适宜,也将对那些历史的研究者更加有用。

[8](1)因为,首先,在没有继承财富、名望或者任何其他好运的情况下,希罗独自地赢得了叙拉古及其盟友的最高统治权。(2)其次,在没有杀戮、放逐或者伤害任何一名公民的情况下,他就自立为叙拉古国王,这确实是他最非凡的一个成就。(3)除此之外,他不仅在赢取权力时这样做,而且在维持权力时也这样做。(4)在其统治的五十四年期间,他让自己的国家保持了和平,他自身的权力也未受到阴谋的扰乱,他甚至逃脱了嫉妒,而这往往伴随在出类拔萃者左右。(5)事实上,在几次场合中,当他希望放下自己的权力时,恰恰正是那些公民一同联合起来阻止他。(6)在给予了希腊人巨大的利益及全力赢得了他们的好感后,他不仅给自己留下了巨大的个人声望,而且,他也给大家留下了一份遗产,那就是,人们对叙拉古人所持的一种普遍的善意。(7)除此之外,尽管他一直生活在富裕、奢侈和铺张浪费的日子当中,但是,他活到了九十多岁,依然耳聪目明,理智健全,身体全然无恙。(8)对于我而言,这是一种节制生活的绝佳证明。

(9)他的儿子基洛活到了五十多岁,基洛把服从自己的父亲当作自己最可贵的人生目的,他没有把财富、王权或者任何其他东西,看得比对自己双亲的感情和忠诚更重要……

III. 希腊的局势

汉尼拔和马其顿国王腓力之间的条约

[9]（1）一方是将军汉尼拔、梅格（Mago）、米尔卡恩（Myrcan）、巴尔莫卡（Barmocar）、随他一起出席的其他所有迦太基元老院元老，以及所有在他麾下的迦太基人，另一方是德米特里①之子腓力国王②的代表，雅典人克里奥马克斯（Cleomachus）之子色诺法尼斯（Xenophanes）——腓力派他过来全权代表自己——和马其顿人及其盟友，双方之间进行了条约的宣誓仪式。

（2）在宙斯、赫拉和阿波罗面前；在迦太基的神明（Genius of Carthage）、赫拉克勒斯（Heracles）和伊俄拉俄斯（Iolaus）面前；在阿瑞斯（Ares）、泰顿（Triton）和波塞冬（Poseidon）面前；在站在我们这边作战的诸神面前及在太阳、月亮和大地面前；（3）在河流、湖泊和水域面前；在所有统治迦太基的诸神面前；在所有统治马其顿和其他希腊地区的诸神面前；在所有见证这个誓言的战争诸神面前，他们一起发下了这个誓言。（4）汉尼拔将军和随他一起的迦太基元老院元老，以及在他麾下的所有迦太基人，就随你们和我们的意旨行事，因此，我们友好而诚心地宣誓缔结这个条约，让我们按照下列条款来结成朋友、亲人和兄弟吧。

（5）（一）腓力国王和马其顿人及其希腊盟友必须保护作为最高领主的迦太基人、他们的将军汉尼拔、汉尼拔麾下的那些军队，以及生活在迦太基统治之下与相同法律之下的所有人。（6）同样地，他们也必须保护乌提卡人、所有臣服于迦太基的城市和民众、我们在意大利、高卢和利古里亚（Liguria）的战士、盟友、城邦、民众，以及同我们结盟之人，或者今后在这个国家内的任何同我们结

---

① ［中译按］即德米特里二世（Demetrius II）。
② ［中译按］即腓力五世（Philip V）。

盟之人。

（7）（二）国王腓力和马其顿人及其希腊盟友必须保护和保卫在我们军队中服役的迦太基人、乌提卡人、臣服于迦太基的所有城邦与民众、迦太基的盟友与战士、在意大利、高卢和利古里亚同我们结盟的所有民族和所有城邦，以及在意大利及其临近地区今后可能成为我们盟友的其他民族和城邦。

（8）（三）我们不会相互密谋反对对方，也不会相互设下陷阱，而是诚心诚意与真挚友好地进行协助，没有任何欺瞒或者秘密计划，除了同我们宣誓结盟的那些国王、城邦和港口之外，我们将与迦太基人开战的那些人为敌。

（9）（四）除了同我们宣誓结盟的那些国王、城邦和民族之外，我们也将与腓力国王开战的那些人为敌。

（10）（五）在我们现在同罗马人的战争中，你们将一直是我们的盟友，直到诸神将胜利赐予给我们和你们，（11）而且，你们将给予我们所需要的帮助或者我们双方所商定的帮助。

（12）（六）当诸神在这场反罗马及其盟友的战争中赐予我们胜利时，如果罗马人向我们请求和谈，那么，我们将作出把你们也包括在其中的和平条约，其条款如下：（13）罗马人将不被允许同你们开战；罗马人将不再是科西拉、阿波罗尼亚、埃皮达尼亚、法洛斯、迪马莱、巴提尼、阿提塔尼亚（Atitania）①的主人；（14）对于罗马当前控制的所有原本属于德米特里的朋友，罗马人都将归还给法洛斯的德米特里。

（15）（七）如果罗马人向你们或者我们开战，那么，倘若对方所需，我们将在战争中相互帮助。

（16）（八）同样地，任何一方这样做的前提是，一般需要排除同我们宣誓结盟的那些国王、城邦和民族。

（17）（九）如果我们决定撤销或者增加这份条约的任何一项条

---

① 这些都是亚德里亚海沿岸的城镇和岛屿，在罗马人驱逐出法洛斯的德米特里之前，它们都由法洛斯的德米特里统治，参见第三卷第18章。

款,那么,我们所撤销或者所增加的条款都必须经过我们双方的同意……

美塞尼亚和腓力五世①

[10](1)美塞尼亚建立民主政体后,主要人物都被驱逐了,政权则掌握在那些分走他们土地和财产的人手上,对于这些人所得到的这种平等,那些年长的公民发现,自己仍然很难忍受……

(2)无论从财富还是从出身而言,美塞尼亚的格尔古斯(Gorgus of Messene)在美塞尼亚都是首屈一指的人物,而且,他在运动上的巨大成就,使他成为那个时代最著名的运动健儿之一。(3)事实上,在形体的健美、整体的仪容和所赢得的众多奖品上,他都不输于自己同时代的任何人。(4)当他放弃运动,转而投身政治和效力自己的国家后,他在这方面所赢得的声望,也绝不会低于自己的前人,(5)他完全没有运动员的粗鲁特质,相反,他被看作是一名最有能力和最有头脑的政治家……

[11]②(1)我将要在这个地方中断自己的叙述,以说几句关于腓力的话,因为,这是腓力性情大变和堕落的开端。(2)这对我而言似乎是一个最引人注目的例证,它值得被任何希望从历史的研读中汲取养分的实干家们所关注,不管这种汲取是多么稀少。(3)由于他的显赫地位和天赋异禀,以至于这位国王的良善冲动与邪恶冲动都同样显著,乃至在整个希腊都广为人知;他的良善冲动与邪恶冲动相互映衬,它们所造成的实际后果同样也是人尽皆知。(4)在他继任王位后,尽管他在这样年轻的年龄登上王位,但是,色萨利、马其顿和他的所有世袭领地,它们对他要比对他之前的任何

---

① [中译按]在剑桥本中,英译者将"美塞尼亚和腓力五世"(Messene and Philip V.)译作"公元前 215 年的美塞尼亚和腓力五世"(Messene and Philip V. in B. C. 215)。

② [中译按]第七卷第 11 章与第七卷第 12 章的顺序可能要相互对调。例如,在剑桥本中,英译者就将这两章的顺序对调了过来。

一位国王,都要更加顺服和忠诚,这从以下的事实当中就可以很容易地看出来。(5)尽管他因为同埃托利亚人和斯巴达人的战争而经常离开马其顿,但是,这些民族不仅没有一个进行反叛,而且,边境上的蛮族部落,也没有一个胆敢侵扰马其顿。(6)除此之外,没有人可以说清楚,为什么亚历山大、克里索古努斯和他的其他朋友都对他忠心耿耿、爱护有加。(7)也没有人会怀疑,他在很短的时间之内所给予伯罗奔尼撒人、波奥提亚人、伊庇鲁斯人和阿卡纳尼亚人的巨大好处。(8)事实上,如果一个人使用一个略带夸张的词语,那么,他可以恰如其分地这样说起腓力,那就是,由于他的慷慨政策,他成为了全希腊的宠儿。(9)有一个最惹人注意和引人注目的证据,可以充分证明腓力的崇高原则和良好信义的价值,那就是,当所有的克里特人相互之间最后达成谅解,并结成一个同盟后,他们共同选举了腓力作为他们全岛的仲裁人,这样的安排没有诉诸任何的武力或者暴力就已达成,对此,我们很难找到一个这样的先例。(10)但是,在腓力进攻美塞尼亚后,所有这些仁善倾向都全然改变了,不过,这种转变本身也是意料之中的。(11)因为,当他的原则整体性转变时,人们对他的看法不可避免地也要相应改变,而且,他也会在自己的各种行动中遭遇各种截然不同的结果。(12)这确实是事实;对于那些细心的研读者而言,我现在所要讲述的事件,就将会非常清楚地阐明这种变化……

　　[12](1)当马其顿国王腓力打算占领美塞尼亚城堡时,他告诉这座城市的官员说,他希望访问这座城堡并向宙斯献祭。(2)他和自己的随从登上去献祭,按照习俗,当随从把宰杀后的祭品的内脏拿给他时,他用手将内脏接过来,站在一旁,把它们展示给阿拉图斯和同自己一起的那些人,并询问道,"这番祭祀到底代表了什么涵义?是应该从这座撤出还是应该占领它?"(2)德米特里立即回答道:"如果你从一位占卜者的观点来看,那么,它是在指示你立即撤出,但是,如果你从一位积极进取的国王来看,那么,它是在指示你占领它,以免你在错失这次机会后,徒劳无功地再去寻找另一个更好的机会。因为,只有将公牛的两只犄角抓住,你才能控制住这

头公牛。"（3）"两只犄角"（two horns）代表埃托米山（Mount Ithome）和亚克洛科林斯厄斯（Acrocorinthus），"公牛"（ox）则代表伯罗奔尼撒。腓力接着转向阿拉图斯，并问道："你的意见和他的意见是一样吗？"（4）阿拉图斯没有作回答，于是，腓力就催促他说出自己的真实意见。在一番犹豫之后，他说出了以下这番话。（5）"如果你占领这座城堡而没有对美塞尼亚人不守信义，那么，我建议你占领它。（6）但是，如果占领和守备这座城堡，你将会丧失由盟友（这些盟友都是你从安提柯①那里得来的）所保卫的所有其他城堡和卫戍部队，"——这指的是良好的信义——"（7）那么，这就要好好想一想，究竟是现在撤出自己的军队更好，还是留下一个良好的信义来守卫美塞尼亚人和其他盟友更好。"（8）腓力自己的个人倾向是背弃诺言，因为，他后来的行动清楚地表明了这一点。（9）但是，小阿拉图斯不久之前因为腓力的滥杀无辜而严厉地责备过他，因此，当老阿拉图斯现在坦率而权威地说出这番话，并恳求他不要对自己的意见置若罔闻时，（10）他感到羞愧难当，他握住老阿拉图斯的右手说道，"让我们沿着我们所来的这条路回去吧……"

[13]（1）当阿拉图斯看到，腓力有意同罗马开战，并彻底转变自己对盟友的态度后，他知道，自己已经很难劝阻腓力了，因此，他转而提醒腓力将要面临的诸多困难。（2）现在，我希望提醒我的读者注意，我在第五卷中仅仅提出了一个未经证实的陈述，但是，现在有事实予以证实，因为，我不想让自己所作的任何陈述没有依据或者让人生疑。（3）在描述埃托利亚战争时，我曾说道，腓力在摧毁色姆斯的柱廊和其他圣物时太过野蛮，而且还说道，由于国王当时正年轻，我们不应该太过苛责他，而是应该责备他当时所交往的

---

① ［中译按］即安提柯三世。

朋友。①（4）我接着说道，阿拉图斯的整个生平足以证明，他不会犯下如此邪恶的罪行，相反，这样的罪行倒是很有法洛斯的德米特里的风格。（5）随后，我允诺自己会在后面的叙述中进行清楚地证明，因此，我就把支持上述这番主张的证据一直留到这个时刻。（6）正如我刚刚所说，国王在对待美塞尼亚人的问题上，腓力所犯下的第一个严重罪行恰巧就是在德米特里在场，而阿拉图斯缺席（他当时迟到晚来）的情况下作出的。（7）从此之后，腓力就像首度尝到人血、杀戮和背弃盟友的味道，正如柏拉图所引用的阿卡迪亚人的故事（Arcadian tale）那样，②他没有从人变成狼，而是从一名国王变成了一名残暴的僭主。（8）然而，关于这两人的态度，还有一个更加引人注目的证据，那就是，他们对美塞尼亚城堡各自所提出的建议，因此，对于腓力在埃托利亚所犯下的暴行问题而言，这已经没有留下任何疑问了。

[14]（1）一旦我们认识到这点，我们就很容易明白，他们在原则上的差异程度了。（2）因为，就拿这次关于美塞尼亚人的那座城堡的问题来说，腓力会采纳阿拉图斯的建议而遵守对美塞尼亚人的承诺，正如谚语所言，他会倒一些香油到那可怕的伤口上（尽管这个可怕的伤口恰恰正是由于他原先的屠杀而引发的）。（3）因此，在埃托利亚战争中，正是在德米特里的影响下，他不仅因为摧毁圣物而犯下了对诸神不敬的罪行，而且因为违反战争法则而犯下了对人类不恭的罪行，更因为残忍无情地对待自己的敌人而破坏了自己原来的计划。（4）这番结论也同样适用于他在克里特的所作所为。③ 在那里，只要他接受了阿拉图斯所提出的一般性建议，那么，他不但不会对任何一名岛民犯下不义的罪行，而且，也不会冒犯他们任何一个人，相反，他会让所有的克里特人都为自己效

---

① 参见第五卷第 9 章。这次事件发生在公元前 218 年，当时马其顿人摧毁了位于埃托利亚地区的色姆斯的柱廊、塑像和献祭物，以报复埃托利亚人摧毁迪乌姆（Dium）和多多纳（Dodona）。
② 参见柏拉图：《理想国》（*Republic*），第八卷，565d。
③ 参见普鲁塔克：《阿拉图斯》（*Aratus.*），第 48 章。

力,并且,通过自己的公正统治和伟大品格,从而让自己赢得所有希腊人的好感。(5)然而,如果他接受了德米特里的建议,那么,他就会给美塞尼亚人施加我在面前所描述的那种痛苦,他会失去同盟的好感,也会失去其他希腊人的信赖。(6)对于年轻的国王们而言,挑选明智的朋友伴随在自己左右是非常重要的,因为,这既可能避免造成王国的灾难,也可能建立王国的牢固统治,然而,对于这个问题,大部分人却无动于衷,根本就不予重视……

IV. 亚洲的局势

安条克和阿卡乌斯

[15](1)萨尔迪斯周围不分昼夜地爆发了一系列冲突和战役,①交战双方的军队相互之间不断地发明各种对抗策略及其反制策略,对它们一一进行详尽描述,既毫无用处,又令人生厌。(2)最后,在超过长达一年的围攻后,克里特人拉格拉斯介入了。拉格拉斯拥有丰富的军事经验,他观察到,那些最强大的城市——它们最容易落入敌手,因为,它们依赖防御上的自然优势或者人工优势,以至于忽视了自己的居民——他们往往疏于防范,从而松弛懈怠起来。(3)他也注意到,所有这种城市通常能够在其最强大的地方被攻破,而这些地方往往被认为是敌人根本无法攻破的。(4)现在他看到,由于萨尔迪斯的巨大优势,流行的看法是,任何人都不可能通过奇袭的方式来攻占它,攻占它的唯一方式只能是饥荒。(5)这使他更加全力以赴地注意这个问题,并热切地寻找所有可能的方法来攻占这座城镇。(6)当他注意到,沿着所谓的索尔(Saw)的那段城墙——这段城墙连接了城堡和城镇——没有防卫后,他就开始想方设法地利用这段城墙。(7)他发现,这个地方的守卫在下列情况下,会疏忽大意起来。(8)这个地方极其陡峭,它下面是一个山

---

① 即公元前216—前215年。

谷,城内的尸体和病死的马匹与骡子的内脏,都会扔到这个山谷中,因此,这个地方常常聚集了大量的秃鹫和其他鸟类。(9)拉格拉斯看到,当这些鸟类在吃饱喝足后,它们通常都会在悬崖和城墙上休息,因此,他推断城墙没有守卫或者通常就没人。(10)他在夜里继续访查这个地方,并仔细地观察了有什么地方可以通过放置梯子来靠近城墙。(11)当他发现有一处悬崖可以实现这个目的后,他立即把这个情况报告给了国王。

[16](1)国王很喜欢这个提议,他催促拉格拉斯尽快实施这个计划。(2)对此,拉格拉斯允诺说,自己一定会尽力办好,但是,他恳求国王命令埃托利亚人提奥多图和国王的侍卫队长狄奥尼索斯,让他们作为自己的合作伙伴参与到这项任务当中,因为,他认为,这两个人都拥有完成这项任务所需要的能力和勇气。(3)国王立即答应了他的要求,这三位官员达成了一致意见,他们讨论了所有的细节,并静静地等待着一个直到天亮前都没有任何月色的夜晚。(4)当这样的夜晚来临后,他们就开始准备行动了,在日落前一个小时,他们从整个军队中挑选出十五名在体力上和勇气上的非凡之士,这些士兵的任务就是携带梯子,接着一起爬上城墙,共同参与这项危险的行动。(5)接下来,他们将挑选出另外三十名战士,这三十名战士将在不远的地方设伏;一旦他们爬上城墙,到达最近的城门,这三十名战士就从外面攻击城门,并砍断城门上的铰链与门闩,而他们则从里面砍断门闩和插销。(6)他们还挑选了一支两千人的军队,跟在这三十人的后面,这支军队将冲进城门并占领剧院的上端,因为,这个位置非常有利于进攻城堡和城镇上的卫戍部队。(7)为了防止消息从所挑选的这些人当中泄露,国王通知那些埃托利亚人,他们即将从某个山谷进入城内,依照这个通知行事,他就可以有效地阻止他们泄露消息。

[17](1)所有的准备都已就绪,一旦月亮落山,拉格拉斯及其同伴带着攀爬的梯子,悄悄地来到悬崖脚下,他们都隐藏在一块凸起的石头下面。(2)在拂晓时,城内的哨兵通常都会从这个地方撤走,国王通常会派遣一些军队到前哨基地,命令主力部队行进到竞

技场,并让他们在那里排好作战队形,最初没有人知道将会发生什么事情。(3)但是,当两架梯子架好,狄奥尼索斯第一个爬上其中一架梯子,拉格拉斯爬上另一架梯子后,安条克军队立即爆发了巨大的震动和混乱。(4)由于有一块凸起的石头,城镇内的那些人或者城堡内的阿卡乌斯,全都看不到那些进攻者;但是,他们英勇和冒险的攀爬全在安条克军队的视线之内。(5)因此,对于这番陌生场景和接下来的行动,所有人的情绪都在惊诧与恐惧之间游离,他们都屏住气息,但同时又欣喜异常。(6)国王注意到了自己军营里士兵的浮动情绪,他希望转移自己军队与城内守军的注意力,因此,他率领自己的军队向前开拔,并进攻这座城镇另一边的城门,也即是所谓的波斯门(Persian gate)。(7)阿卡乌斯从城堡内注意到了敌军的这番不寻常举动,但是,对于敌军的这番不寻常举动,他一直困惑不解,完全弄不清楚敌军接下来究竟要干什么。(8)然而,他终究还是派遣了一支军队,前去那座城门抵抗他们,不过,他派去的增援力量为时已晚,因为,他们从城堡下去增援必须要通过一条狭窄而陡峭的小路。(9)但是,漫不经心地走到城门的阿里巴扎斯(Aribazus)——他是这座城镇的指挥官——在那里看到了安条克的进军行动,当时安条克正让自己的士兵攀爬城墙,并派遣其余的军队通过城门,于是,他就命令手下的士兵前去同敌人交战,以阻止安条克的行动。

[18](1)与此同时,拉格拉斯、提奥多图和狄奥尼索斯已经穿过了陡峭的山脊,到达了山脊下面的那座城门。(2)他们其中一些人已经在同从城堡内派遣出来抵抗他们的军队交战了,其余的人则正在砍断门闩,而城门外的那些人——他们事先就已经被指派去执行砍断门闩的任务——也到达了这座城门,正在做相同的行动。(3)城门很快就被强行打开了,两千名士兵攻入和占领了剧院的上端。(4)就在这时,所有从城墙和波斯门那里赶过来的士兵——阿里巴扎斯之前派遣他们前去增援——全都急如星火地说出口令,以进攻那些已进入城内的敌人。(5)结果,就在城门大开以让他们撤入时,安条克国王的一些士兵也紧跟在撤入军队的后面一同进入

了城内，(6)当安条克的士兵控制了这道城门后，其余人则从身后继续涌入，而另外一些人则在打开临近的那些城门。(7)阿里巴扎斯和这座城镇所有的卫戍部队，在短暂地同入侵的敌人交战后，就急忙逃进了城堡内，(8)提奥多图和拉格拉斯仍然留在剧院附近，在整个行动期间，他们都表现出明智的判断力；其余军队则从四周涌入，占领了这座城市。(9)现在，他们其中一些人大肆地屠杀自己所遇到的所有人，其他人则放火烧毁房屋，四处劫掠和抢夺战利品，萨尔迪斯就这样被彻底摧毁和洗劫了。(10)通过这种方式，安条克成为萨尔迪斯的主人……

第八卷(残篇)

I. 前言

[1](1)在我看来,提醒我的读者注意,罗马和迦太基这两个国家所展现出的宏大军事行动及他们对自身目标的孜孜追求,这并不会同我的一般目的和原初计划相抵触。(2)尽管他们这两个国家为争夺意大利而陷入一场大战,为争夺西班牙而陷入另一场大战,尽管他们对自身胜利的希望依然未见分晓,尽管他们也都深陷同样危险的处境,(3)但是,他们都没有只满足于他们现在所进行的事业,而是照样在争夺撒丁岛和西西里岛的控制权,他们不是在意淫性地征服全世界,而是会动用自己的所有财力物资和军事力量去实现这个目标,除了钦佩和伟大之外,谁还能想到其他的东西吗?确实,当我们回顾这些细节时,我们的钦佩和震惊之情会更加油然而生。(4)罗马人有两支完整的军队(他们由两名执政官统率)来防御意大利,而且,他们在西班牙还有另外两支完整的军队,其中陆军由格纳乌斯·科内利乌斯·西庇阿统率,海军则由普布里乌斯·科内利乌斯·西庇阿统率。(5)当然,迦太基也相应地拥有同样数量的军队。(6)但是,除此之外,罗马人还有一支停泊在希腊海岸,以监视腓力行动的罗马舰队——这支罗马舰队最初由马尔库斯·瓦里里乌斯(Marcus Valerius)所统率,后来则由普布里乌斯·苏比修斯(Publius Sulpicius)所统率。(7)此外,罗马人同时还有由阿庇乌斯(Appius)所统率的一百艘五桨座战船和马尔库斯·

518

克劳狄·马塞鲁斯（Marcus Claudius Marcellus）所统率的一支陆军，以保护他们在西西里的利益；(8)哈米尔卡在迦太基人一方也作了同样的部署。

[2](1)我认为，实际的事实也证实了，我在这部作品的开头不止一次地所说的那番主张。(2)我所说的主张也即是，我们不可能从历史学家们所撰写的特定地方的历史，来获得一种普遍史观（a view of universal history）。(3)一个人怎么可能只阅读西西里史或者西班牙史，就能明白和理解伟大事件或者伟大时刻呢？命运女神通过何种方式和何种政体，来实现我们时代这种最惊人的旷世伟业？(4)也即是，她将整个已知的世界都置于一个国家的统治和支配之下，这绝对是史无前例和亘古未有的。(5)一个人也许可以通过研读这种特定历史，从而知道罗马人是怎样占领叙拉古和怎样占领西班牙的。(6)然而，他们怎样获得了一个世界性的帝国？哪些东西阻碍了他们的伟大计划？或者，什么东西造就了一个世界性的帝国？这个世界性的帝国又处于一个什么样的阶段？如果没有一种普遍史（a general history），那么，我们就很难弄清楚这些东西。(7)基于同样的原因，我们也很难理解他们的伟大成就和他们政体的价值。(8)罗马人对西班牙与西西里有所企图，以及罗马人对这两个国家所作的军事远征与海上远征，这根本就没有任何大惊小怪的。(9)只有当我们看到，这些成就和无数其他成就，都同时是由同一个政府所完成的，而且，这些成就也都是在这个民族自身的国土当时都暴露在巨大的战争和危险之下所取得的；(10)那么，我们方能深刻地明白这些成就的来之不易，他们也方能赢得我们应得的关注与激赏。(11)而研究个别性的历史的那些人，他们是不可能深刻领悟作为整体的普遍史的。

II. 西西里的局势

围攻叙拉古

[3]（1）当埃皮塞德斯和希波克拉底①夺取叙拉古后，②他们离间公民们同罗马的友谊，当罗马人听说了叙拉古僭主希罗尼穆斯惨遭谋杀的消息后，他们任命阿庇乌斯·克劳狄作为代法务官（propraetor），③让他统率陆军，而马尔库斯·克劳狄·马塞鲁斯则负责统率海军。（2）这些指挥官就在距离这座城市不远的地方上任，他们决定在赫萨皮利（Hexapyli）④附近，用自己的陆军来进攻这座城市，用自己的海军来进攻位于亚基拉迪纳（Achradina）的斯塞提塞柱廊（Stoa Scytice），城墙从这里一直延伸到海岸边。（3）在准备好掩护装置、投掷武器（missiles）和其他围城器具后，他们信心十足，因为，他们的人数十分庞大，以至于他们在五天之内就完成了自己的工程作业，这要比敌人提前很多，但是，他们没有估计到阿基米德（Archimedes）的能力，或者说，他们没有遇到，在一些情况当中，一个人的天才会比任何庞大的人数都更加有用。⑤（4）而他们到现在方才亲身学会了这句话的真谛。叙拉古的优势在于，它的城墙沿着一连串山丘（这些山丘本身就带有悬垂的峭壁），向外围成一圈，除了几处数量有限的地方之外，即使没有人阻拦，它也很

---

① 在希罗尼穆斯被暗杀后，埃皮塞德斯和希波克拉底成为叙拉古的重要政治人物。

② 即公元前 215 年—前 214 年。

③ ［中译按］propraetor 亦写作 pro-praetor，一般译作"代法务官"或者"代理法务官"。

④ Hexapyli 亦写作 Hexapylus。赫萨皮利（Hexapyli）是一座城门，这座城门建造在埃皮波莱高原（Epipolae plateau）北部边缘的城墙上。

⑤ 对照第一卷第 35 章（Cp. 1, 35）。

难让人接近。（5）阿基米德现在作了非常广泛地准备，他不仅在城内作了防御，而且，在可能遭到海上进攻的地方也作了防御，以至于防御者无需应对突发状况，相反，敌人的每一个行动都会立即得到反击。（6）而阿庇乌斯则带着自己的掩护装置和攀爬用的攻城云梯，以进攻毗连赫萨皮利东边的那部分城墙。

[4]（1）与此同时，马塞鲁斯率领六十艘五桨座战船从海上进攻亚基拉迪纳，每一艘舰船上都载满了手持弓箭、投石器和标枪的战士，他们的作战任务是要将防御的敌人从城垛上赶走。（2）除了这些舰船之外，他还有八艘成对的五桨座战船，他们将这些五桨座战船的其中一侧船桨拆除，也即是，他们将其中一半舰船的右舷船桨拆除，把另外一半舰船的左舷船桨拆除，接着，他们再将这些战船的这两侧两两捆绑在一起，并用它们外侧的划桨进行划船，而且，他们将一种名叫"萨姆布卡"（sambucae）①的器械移到城墙下。（3）这些器械是按照下列方式建造的：（4）云梯（ladder）宽达四英尺，当把它放置在合适的位置时，它的高度则直抵城墙上端。云梯的每一侧都有一道起保护作用的胸墙，而且，它的顶部还覆盖了一层遮盖物。（5）接着，他们将它平放在那艘捆绑在一起的舰船的两侧，它的另一端则伸出船首一大段距离。（6）桅杆的顶部有带绳索的滑轮，当他们需要用这种器械时，人们就在船尾用滑轮将它们拉升起来，而其他人则站在船头用支柱固定住器械，以确保其安全抬升。（7）接着，舰船两侧的划桨手将舰船划到岸边，这时他们会努力让我所说的这种器械依靠在城墙上。（8）云梯顶部有一个平台——这个平台三面都有柳条制成的遮蔽物的保护——平台里面站有四个人，以对付城垛里面那些试图阻拦"萨姆布卡"停靠到城墙的敌人。（9）一旦他们把它矗立起来，它的高度将超过城墙，这时，这四个人将拉开覆盖在平台四周、由柳条制成的遮蔽物，他们会爬上城垛或者塔楼，而其他人则会登上"萨姆布卡"——绳索将"萨姆布卡"牢牢地固定在那两艘捆绑在一起的舰船上——紧跟在

---

① sambucae亦写作sambuca，它是一种乐器，形状像竖琴。

他们后面。(10)他们将所建造的这种器械命名叫"萨姆布卡",这种命名法非常贴切周到,因为,当它被抬升时,舰船和云梯一起构造的形状,看起来非常像"萨姆布卡"这种乐器。

[5](1)这就是罗马人计划用来进攻塔楼的器械装置。(2)但是,阿基米德也已经建造了覆盖各个射程的器械;当扬帆进攻的船只仍有很长的距离时,他可以用更加强大的投石机和更加沉重的投掷物抛向他们,从而对进攻者造成重创,进而严重地干扰和迷惑他们的行动。(3)当这些器械在高高地射击时,他可以用更加小型的器械继续射击(因为射程在缩小),他让敌人的勇气彻底动摇,以至于最终完全阻挡了他们的前进步伐;(4)马塞鲁斯最终不得不让自己的舰船停顿下来,尽管当时还是晚上。(5)但是,当他们靠近岸边时,由于距离太近,以至于投石机打不到他们,阿基米德于是发明了另外一种器械,来攻击那些在甲板上作战的士兵。(6)他之前在城墙上穿刺了很多洞孔,这些洞孔距离地面大约一个人的身高,而这些洞孔的外部则大约有一掌宽。在正好与之相对的城墙里面,他部署了弓箭手和"毒蝎"(scorpions),①因此,他们可以通过这些洞孔射杀敌人,最终达到摧毁敌人的目的。(7)通过这些手段,他不仅让敌人的进攻(不管是远攻还是近攻)毫无进展,而且,他还摧毁了大批敌人。(8)当敌人试图升起"萨姆布卡"时,他也有事先已准备好的其他器械来对付它们,这些器械在其他时候是看不到的,但是,当需要它们时,它们就会从里面抬升到城墙上面,它们的横杆可以长长地向外伸出城垛,(9)其中一些器械会装载重达十泰伦的石块,另一些器械则会装载大块的铅块。(10)无论"萨姆布卡"何时靠近,这些横杆都会有自己的枢轴进行转动,通过一根绳索来运转滑轮,从而让石块砸在"萨姆布卡"上。(11)结果是,它不仅会砸碎罗马人的"萨姆布卡",而且,也会严重地危及舰船和舰船上所有士兵的安全。

[6](1)针对那些在遮蓬(penthouses)的保护下向前进军的敌

---

① "毒蝎"(scorpions)是一种用来发射飞弹的器械装置。

军士兵——因为有遮蓬的保护作用，所以，他们可以免受从城墙发射过来的飞弹的伤害——阿基米德则发明了另外一些器械来对付他们。（2）一方面，这些器械可以发射足够大块的石头，来赶跑船头上的进攻者，同时也可以从城墙放下一只铁爪（这只铁爪悬吊在一根铁链上），操纵横杆的那个人可以用这只铁爪来抓住船只，一旦船首被牢牢地抓住，城墙内器械的横杆就可以向下按压。（3）接着，当他抬升船头，并使船尾直立后，他就可以让器械的横杆加以固定，因此，船只就不会移动。接着，通过绳索和滑轮的作用，锁链和铁手会立即松开。（4）结果，一些船只就会倾斜，甚至会彻底倾覆，然而，大部分的船只——因为船首从高处重重地摔下——则会浸泡在水里，最终陷入巨大的混乱之中。（5）阿基米德的这些发明，让马塞鲁斯绝望般地疲于应付，马塞鲁斯看到守军击退了自己的进攻，这不仅让他遭受巨大损失，而且也让他备受嘲弄。（6）然而，马塞鲁斯却仍然自我揶揄道："阿基米德用我的舰船舀起海水来倒到他的酒杯，但是，我的'萨姆布卡'乐队很不光彩地被赶出了宴会"。

（7）这就是从海上围攻叙拉古的结局。

[7]（1）阿庇乌斯也发现自己陷入了相似的困境，以至于最终也放弃了自己的尝试。因为，他的士兵在距离很远的地方，就惨遭投石机和石弩的杀伤，无论从数量上，还是从强度上，对方发射的炮火都是异常猛烈的——当希罗慷慨地提供资金供阿基米德设计和建造这些各种各样的发明时，这已经就是预料之中的事情了。（2）即使他们费尽周折地靠近了城墙，也会遭到弓箭连续不停的射击（这些弓箭射自我在前面所说的洞孔），以至于最终导致他们的前进被迫受阻，（3）或者，如果他们在遮蓬的掩护下进攻，那么，他们就会遭到砸在他们头顶上的石块和横梁的毁灭性打击。（4）通过我在前面所说的那种吊在起重机上的铁手，守军也可以对他们造成巨大的伤亡，因为，当它们在把士兵、装甲和所有东西抬到半空后，它们又可以把它们重重地摔下地面。（5）最终，阿庇乌斯撤到了自己的营地，他将自己的军事保民官召集在一起，召开了一次

军事会议,这次军事会议一致决定,除了强攻之外,他们要采取一切可能的手段来攻取叙拉古。(6)他们坚定地贯彻了这项决议,因为,在对这座城市接下来八个月的进攻当中,尽管他们没有放弃尝试任何策略或者大胆行动,但是,他们再也没有冒险进行强攻。(7)一个人的天才如果恰如其分地运用到一些问题上,那么,它将会展现出巨大的奇效。(8)只要清除了这位叙拉古老人,那么,罗马人就非常有希望占领这座城镇,因为,他们拥有强大的海陆军力量。(9)但是,只要这位老人存在,他们甚至不敢尝试面对阿基米德所用来对付自己的那些方法,来展开反制或者进攻。(10)相反,他们认为,由于这座城镇的庞大人口,最好的方式是通过饥荒来迫使对方投降,在这个想法的支配之下,他们用自己的舰队切断了对方的海上补给,用自己的陆军切断了对方的陆上补给。(11)但是,他们不想把所有时间都白白耗费在围攻叙拉古这座城市上,而是希望在外面取得一些进展,(12)因此,阿庇乌斯统率三分之二的军队继续围攻这座城市,而马尔库斯则统率余下三分之一的军队,进攻那些支持迦太基的其他西西里地区。

III. 希腊的局势

马其顿的腓力

[8](1)当腓力抵达美塞尼亚后,他就像一名敌人那样,出于激情而非理性地继续摧毁乡村。(2)因为,他已经明显预料到,自己继续施加伤害,受害者也不会对他再有任何怨恨或者憎恶。

(3)除了我在前面所说的原因之外,促使我在这一卷和上一卷对这些问题作出更加明确的叙述在于,一些历史学家对发生在美塞尼亚的事件根本就三缄其口;(4)出于对国王们的爱戴或者恐惧,另一些历史学家则声称,腓力不顾神明和人间的法律而对美塞尼亚人犯下暴行,这不但不应受到指责,相反,这反而是值得称颂的行动。(5)我们发现,腓力的那些历史学家们不仅在美塞尼亚的问题上,而且在其他问题上,也都怀有偏见,(6)结果就是,他们的著作更像是颂辞,而非历史。(7)在我自己看来,对于国王,我们既不应该虚假地谩骂,也不应该虚伪地颂扬,而是应该同我们之前的叙述前后一致,也应该同每个人的各自性格相互吻合。(8)可能有人会说,这说起来容易,做起来难,因为,生活中的情形和环境如此多种多样,以至于人们不得不有所妥协,从而妨碍了他们撰写或者说出自己真实的观点。(9)正是基于这番考虑,在某些情况下,我们必须原谅这些作者,但是,在其他一些情况下,我们就不应该予以原谅。

[9](1)在这方面,塞奥波普斯(Theopompus)①就是其中一位最应受人诟病的作家。在他关于阿米塔斯之子腓力②的历史的开端,他说道,促使自己从事这项工作的首要原因在于,欧洲从未出现过腓力这样的人物。(2)但是,在随后的序言和整部著作中,他首先向我们展示了腓力是如此痴迷于女人,以至于他在这方面的激情和夸张欲望毁掉了他的家庭。(3)其次,腓力以最邪恶和最无所顾忌的手段来建立友谊和同盟。第三,通过武力或者欺骗的手段,腓力背信弃义地占领和奴役了众多的城市。(4)最后,腓力如此沉溺于烈酒,以至于他的朋友们经常看见他在光天化日之下也是醉气熏天。(5)任何阅读其第四十九卷开头之人,都会对这位作者的这种夸大其词深感震惊。除了其他稀奇古怪的事情之外,他竟然胆大妄为地像下列方式那样来撰写历史。对此,我原原本本地如实摘抄了他的一段话:

　　(6)腓力在马其顿的宫廷聚集了全希腊或者野蛮人当中最淫荡和最无耻之人,在那里,他们会赢得"国王的伙伴"(king's

---

① 希俄斯的塞奥波普斯(Theopompus of Chios)出生于公元前378年。他是斯巴达的一名仰慕者,而且,他以斯巴达称霸的时期为中心撰写了一部希腊史。这部史撰承接了修昔底德(Thucydides)所记载的事件,一直到公元前394年。
② 即亚历山大大帝的父亲腓力二世。

companions)的头衔。(7)因为,腓力习惯将拥有良好声誉和善于照看自己财产的那些人赶走,反而赞扬和提拔那些终日饮酒和赌博的败家子。(8)结果,他不仅愈加鼓励了他们的恶行,而且,也让他们精通各种邪恶和淫荡的恶行。(9)还会有什么恶行和丑事,是他们没有做过的呢? 他们有过任何良好和值得称赞的品行吗?(10)他们中一些人习惯于刮剃自己的身体,从而使自己的身体光滑润泽,尽管他们是男人;其他一些人则相互行苟且之事,尽管他们也都是长满胡须的男人。(11)他们习惯于在自己身边带上两三个能够满足自己性欲的奴仆,他们自己也会给其他人提供相同的服务,所以,我们称呼他们为娼妓而非廷臣,或者,称呼他们为妓女而非战士,将更为恰当。(12)尽管他们在本性上是嗜杀的男人,但是,现在他们变成了男妓。

塞奥波普斯继续撰写道:

(13)总之,我不想将这个话题弄得太过冗长,尤其是我还有一大堆其他的问题需要处理,我认为,那些所谓的"腓力的朋友"和"腓力的同伴",就其本性和性格而言,他们比生活在佩利安山(Pelion)的半人半马的怪物(Centaurs)①和居住在莱安提尼平原的拉斯特利戈尼人(Laestrygones),或者其他任何怪物,都要更加野蛮和残忍。②

[10](1)所有人都不会同意这位作者这种毫无节制和尖锐刻薄的书写方式。(2)他之所以应受指责,不仅是因为他的语言自相矛盾,而且还因为他中伤国王及其朋友,尤其是以一种粗俗不堪和

---

① [中译按]Centaurs 是古希腊神话中半人半马的怪物。
② 同时参见亚特纳乌斯(Athenaeus)第四卷第 166—167 节。希俄斯的塞奥波普斯(Theopompus of Chios)是与腓力二世和亚历山大大帝同时代的人物,他大约生于公元前 376—前 372 年之间。

有辱斯文的语言来进行中伤。（3）哪怕是他在撰写萨达纳帕鲁斯（Sardanapalus）①或者他的同伴，他也不敢使用这样粗鄙淫秽的语言；我们所有人都可以从其墓碑上的碑文，来了解到这位国王淫乱的个性和放纵的生活。（4）墓碑上的碑文这样写道：

> 美人、美酒或者美食的欢乐
> 我都要尽情地享受
> 它们都是我的最爱

（5）但是，当一个人在谈及腓力及其朋友时，他不光要在谴责他们怯懦、娇弱和无耻时，要先进行一番迟疑和斟酌，而且，他反而更应该义不容辞地去颂扬他们的功绩；不过，他甚至可能找不到合适的词语去描绘这些人的勇敢、坚毅和美德。（6）因为，毋庸置疑，正是凭借他们的不屈不饶和英勇果敢，他们最终将马其顿从一个蕞尔小邦，发展成世界上一个最庞大和最光荣的王国。（7）除了腓力生前所取得的成就之外，亚历山大在腓力去世后所取得的胜利，也毋庸置疑地为他们赢得了英勇果敢的巨大美名，对此，这已经被后世所普遍承认。（8）尽管亚历山大非常年轻，但是，我们还是应该把大部分功劳记在作为统帅的他身上。（9）然而，我们也同样应该把功劳记在他的朋友和伙伴身上，他们在很多战役中都赢得了意想不到的胜利，他们经常要把自己暴露在异常劳苦、危险和困境当中，即使在拥有了满足自己各种欲望的巨大财富和无限资源后，他们所有人都没有减损自己的体能，也没有犯下任何不当或淫乱的罪行来满足自己的激情。（10）恰恰相反，所有同腓力，后来同亚历山大紧密联系的那些人，他们其实都拥有真正王者般的宽容、节制和勇气。对此，我们没有必要一一提及他们的名字。（11）然而，在亚历山大去世后，在争夺这个涵盖世界大部分地区的帝国的过

---

① ［中译按］萨达纳帕鲁斯（Sardanapalus, 亦写作 Sardanapallus）是亚述帝国的最后一位君主，他生活在公元前七世纪，以荒诞淫乱著称。

程当中,以及在众多的历史文献当中,他们都留下了光荣的记载。(12)我们或许可以容忍历史学家提麦奥斯,对西西里统治者亚加索克勒斯(Agathocles)所提出的尖锐抨击,不管这看起来有多么荒谬,但是,这都是情有可原的——因为,他是在针对一位敌人、一位恶人和一位僭主——然而,塞奥波普斯的抨击全然不值得我们予以同样严肃地对待。

[11](1)在宣布自己将撰写一位天生厚德的国王后,他却转而控诉国王所犯下的各种可耻和残暴之事。(2)因此,这只有两种可能,要么这位作者在其著作的前言中所说的话,只是证明了自己是一位撒谎者和奉承者,要么这位作者在其整部著作中所说的话,只是证明了自己是一位十足的傻瓜和笨蛋。或许,他可能觉得,通过这种毫无意义和不着边际的抨击谩骂,就可以提升自己的可信度,或者,可以让自己对腓力的颂扬赢得广泛地认可。

(3)再者,也没有人会同意这位作者的整个框架。因为,他从修昔底德搁笔的地方开始撰写希腊史,这正好接近留克特拉战役时期,而且,这也是希腊最为辉煌的时期,但是,他把希腊搁置一边,中断了自己原先的历史叙述,并径直更改自己的计划而决定撰写腓力的历史。(4)确实,把腓力的成就囊括在希腊史之内,比把希腊史囊括在腓力的历史之内,将要更加庄重和合理。(5)对于任何一位专注于研究一个王朝历史之人而言,假如他有这种能力和机会,那么,他肯定会毫不犹豫地将自己著作的主要人物和重要角色转移到希腊;任何拥有健全理性之人——尤其是在他已经开始撰写希腊史,而且,也已经取得了一些进展的情况下——他都不会把它换成浮夸的国王传记。(6)是什么原因最终促使塞奥波普斯完全无视这种骇人的巨大矛盾性呢?答案无非是,他撰写历史的最初动机是很纯良的,但是,他在后来撰写腓力史的动机则完全出于自己的利益。(7)如果有人质疑他错误地改动自己著作的整个框架,那么,他可能会为自己辩护一番。(8)然而,对于他用那些下作的语言来形容腓力的朋友们,我认为,他很难为自己找到辩护的理由,而是会承认自己已经严重地背离了适度和节制的准则……

[12]（1）美塞尼亚人现在成为了腓力的敌人，^①但是，他未能对他们造成任何伤害，尽管他试图摧毁他们的领土。不过，他却对自己最亲密的朋友犯下了最可憎的罪行。（2）因为，老阿拉图斯不赞成他对美塞尼亚的处置方式，腓力不久之后就借助塔乌里安（塔乌里安是腓力在伯罗奔尼撒的地方长官）之手而毒杀了他。（3）这件事情当时并不广为人知，因为，他使用的毒药不是那种立即致死的毒药，而是一种慢性毒药，这种毒药会让身体虚弱不堪；但是，下列情形已经表明，阿拉图斯自己已经意识到了造成自己生病的罪恶原因。（4）尽管他保守秘密不让外界知道，但是，他无法对自己的老仆人塞法洛恩（Cephalon）隐瞒，因为，塞法洛恩对他非常了解。（5）在他生病期间，这位仆人一直在殷勤地照顾他，当这位仆人有一次提醒主人注意墙上带有血丝的唾液时，阿拉图斯说道："噢，塞法洛恩，那是腓力对我的友谊的一种奖赏。"（6）这种节制是一种高贵而伟大的品德，受害者比加害者更觉得羞愧，尽管对腓力效尽犬马之劳，但是，他的忠心换得了这般的报偿。

（7）因为，他频繁地担任亚该亚联盟的首席长官（the chief office），^②以及为这个民族所作出的巨大贡献，因此，在其死后，阿拉图斯自己所属的城邦和亚该亚联盟授予了他应得的荣誉。（8）他们表决通过了给予阿拉图斯英雄方才配享的献祭和荣誉，如果死者有知觉，那么，我们有理由相信，阿拉图斯肯定会好好享受一番亚该亚人对自己所作的这些感激，回忆自己一生所经历的艰难与危险……

腓力占领了伊利里亚的利苏斯^③

[13]（1）腓力长期以来都紧盯着利苏斯（Lissus）和亚克洛利苏

---

① 即公元前 213 年。
② ［中译按］这个地方的"亚该亚的首席长官"（held the chief office in Achaea）亦即"亚该亚联盟的将军"（Strategus of the Achaean league）。
③ 即公元前 213 年。

斯(Acrolissus),①他极力地想占领这些地方,因此,他率领军队开向它们。(2)经过两天的行军,他穿过隘路,驻扎在距离这座城镇不远的亚达萨努斯河(Ardaxanus)附近。(3)当他看到利苏斯的海陆防御——无论是天然方面,还是人造方面——都异常坚固,以及它旁边的亚克洛利苏斯也由于异常高峻和整体的实力而根本没有攻占的希望后,他就放弃了占领亚克洛利苏斯的想法,但是,他没有完全放弃占领这座城镇的想法。(4)当他注意到,利苏斯和亚克洛利苏斯脚下之间的地面,非常适于向这座城镇发动进攻后,他就决定,在这个地方发起公开的敌对行动,而且,他还使用了一个合乎时宜的策略。(5)在给自己的马其顿士兵一天的休息时间,并向他们发表了一番合乎时宜的激励讲话后,他在晚上将自己大部分的轻装军队隐藏在一些树林密布的隘谷(这些隘谷就位于我在前面所说的、距离海洋最远的那一侧的地面上方)。(6)等到第二天时,他就率领自己的轻盾兵(*peltasts*)和其余的轻装步兵,沿着海岸向这座城市的另一侧进军。(7)在绕过这座城市及抵达我在前面所说的那个地方后,他就给人作出了自己意图从这个地方展开进攻的印象。(8)腓力的到达并不是秘密,因为,他从伊利里亚临近地区调集了大批军队到利苏斯。(9)但是,亚克洛利苏斯城内的民众对这座城堡的自然优势信心十足,以至于他们仅仅指派了相当少的守军来进行防卫。

[14](1)因此,当马其顿人靠近后,这座城镇内的那些守军开始涌出城外,因为,他们对自身人数的优势和这个地方的长处方面信心十足。(2)国王暂停了自己的轻盾兵在这个水平地面上的行动,而且,他命令自己的轻装步兵向山冈进军,并猛烈地进攻敌人。(3)他的命令得到了服从,战事在一段时间内达打成了平手;但是,当腓力的军队受阻于地面的阻碍作用和对方的人数优势后,他们就被击溃了。(4)当他们撤退并躲避到轻盾兵的队伍后面后,这座

---

① [中译按]"利苏斯和亚克洛利苏斯"(Lissus and Acrolissus)也即是"利苏斯及其城堡"(Lissus and its citadel)。

城镇内的伊利里亚人轻敌地尾随他们到了山冈下，并同平地上的轻盾兵交战起来。（5）与此同时，当亚克洛利苏斯的守军看到腓力一个接一个地缓慢撤走他的作战队伍后，他们就认为，腓力正在放弃战场，因此，他们就不知不觉地受到了诱惑（因为他们对该地的防御工事信心十足）；（6）接着，他们逐渐离开了亚克洛利苏斯，通过小路涌入这个平地，因为，他们认为，这是敌人在彻底溃败，同时，这也将是自己劫掠战利品的大好机会。（7）但是，就在这个关头，腓力事先埋伏在陆地一侧的军队神不知鬼不觉地站立起来，他们立即发起进攻，同时，轻盾兵也调转头来进攻敌人。（8）对此，利苏斯的军队立即陷入了混乱，经过一番散乱的撤退，他们最终方才安全地撤入了这座城镇，而那些离开亚克洛利苏斯的守军，则被事先埋伏在那里的军队给切断了退路。（9）因此，亚克洛利苏斯就这样没有经过激战，出人意料地被攻占了，马其顿人发动了猛烈而恐怖的进攻，在经过一番垂死挣扎后，利苏斯第二天就投降了。（10）因此，腓力出乎意料地成为这两个地方的主人，他的这番成就又促使临近所有地区的归顺，大部分伊利里亚人纷纷心甘情愿地把自己的城镇交到他的手上。（11）因为，在这些要塞惨遭沦陷后，他们认为，自己没有任何可以抵挡腓力的要塞或者其他的安全依靠了……

IV. 亚洲的局势

俘获阿卡乌斯①

[15]（1）有一个名叫波利斯的（Bolis）克里特人，他在托勒密的宫廷长期占据高位，这个人被认为拥有高超的智慧、非凡的勇气和丰富的军事经验。②（2）通过同这个人不断地交往，索西比乌斯得

---

① 参见第七卷第15—18章。
② 即公元前214年。

到了他的信赖；当他确信自己赢得了他的热忱和爱戴后，他就把事情移交给他处理。索西比乌斯告诉他，在当前的局势下，比起想出一个挽救阿卡乌斯的计划，自己已经没有任何更好的用处来回报国王了。（3）在听完他这番话后，波利斯说，自己会考虑这个问题，接着，他就离开了。（4）而在经过几天的反复思考后，他来到索西比乌斯面前，他说，自己愿意担负这个任务，并且，他补充说，自己之前在萨尔迪斯待过一段时间，因此，他熟悉那里的地形，而且，安条克军队中的克里特军团的指挥官卡姆比鲁斯（Cambylus），不仅是自己的同胞，而且还是自己的亲戚和朋友。（5）碰巧卡姆比鲁斯及其克里特军团负责这座城堡后面的一个前哨基地，这个地方的地形条件无法进行营垒的修筑，因此，卡姆比鲁斯的军队只有临时性的军营来保卫自己。（6）索西比乌斯非常高兴地接受了这个建议，因为，他深信，如果有人能把阿卡乌斯从这危险的局势中解救出来，那么，没有人会比波利斯做得更好了——（6）这是因为波利斯拥有巨大的热情——因此，这个计划很快就开始实施了。（7）索西比乌斯立即给他的行动提供了必要的资金支持，而且，还答应事成之后会给他大笔奖赏的金钱；（8）同时，索西比乌斯以最夸张的语言来描绘自己未来将从国王和阿卡乌斯那里所得到的巨额奖赏，以此来尽可能地激励波利斯的救援热情。

（9）当波利斯做好了执行这个任务的所有准备后，他带上了密码本和其他证件，没有任何耽搁就立即启航了，他首先航行到了罗德岛的尼科马克斯（Nicomachus）那里，尼科马克斯慈父般地深情爱戴和效忠阿卡乌斯，接着，他航行到了以弗所的米兰科马斯（Melancomas）。（10）这两个人先前曾代表阿卡乌斯，同托勒密协商和处理所有其他外国事务。

[16]（1）当抵达罗德岛和以弗所后，波利斯联络了尼科马克斯和米兰科马斯，他发现，他们都欣然同意自己的请求。接着，他派遣自己手下一位名叫阿里安努斯（Arianus）的军官到卡姆比鲁斯那里，告诉卡姆比鲁斯，他从亚历山大里亚派来招募军队，他希望会见卡姆比鲁斯，以商讨一些重要的时局问题。（2）因此，他认为，这

次会见最好确定一个其他人都不知道的日期和地点来进行。（3）
阿里安努斯很快就会见了卡姆比鲁斯，并传达了他的信息，对此，
卡姆比鲁斯表示自己会欣然遵从他的请求。卡姆比鲁斯为自己和
波利斯确定了一个日期和时间（他们将在晚上进行会面）后，就派
阿里安努斯回去了。（4）波利斯作为一名生性精明的克里特人，仔
细地权衡了所有的情况，并耐心地核查了所有的计划，但是，最后，
他安排了阿里安努斯会见卡姆比鲁斯，并递送了一封信给后者。
（5）在这次会面中，他们彻头彻尾地从一个克里特人视角出发来讨
论问题。（6）他们既没有考虑拯救这个人的安全方法，也没有考虑
那些担负这项任务的人的忠诚问题，相反，他们只是考虑了他们个
人的安全和好处。（7）他们这两人（因为他们都是克里特人）很快
就达成了一致的决定，也即是，首先，他们之间平分由索西比乌所
提供的十泰伦金钱；（8）其次，他们会把整个计划告诉安条克，并把
阿卡乌斯交到他的手上，条件是他要给予他们一笔金钱，并在将来
提供一份同这项重要任务相匹配的奖赏。（9）对此，卡姆比鲁斯将
同安条克进行协商，而波利斯则同意，他将在几天后派出阿里安努
斯，让阿里安努斯手持从尼科马克斯和米兰科马斯手上得到的密
码本，去往阿卡乌斯那里，（10）他嘱咐卡姆比鲁斯，让后者务必安
全地进入并走出城堡。（11）波利斯说道："如果阿卡乌斯同意作这
种尝试，并答应尼科马克斯和米兰科马斯，那么，我将全身心地投
入到这件事上，并同你卡姆比鲁斯进行沟通。"（12）作出这种安排
后，他们就分开，并按照他们各自所分派的任务行动起来了。

　　[17]（1）首先，卡姆比鲁斯一有机会，就把这个提议摆到安条
克国王面前。（2）国王对这个提议，既高兴又惊奇，一方面，他欣喜
若狂地答应了他们所要求的所有东西，另一方面，他又深感疑惑，
以至于他询问卡姆比鲁斯关于他们这个计划的所有细节和他们实
施这个计划的所有手段。（3）现在，他终于确信无疑，他觉得，这个
计划简直就是神明的启示，他不断地催促卡姆比鲁斯去实施。（4）
与此同时，波利斯也同样联络了尼科马克斯和米兰科马斯，尼科马
克斯和米兰科马斯毫不怀疑他的诚意，他们立即给阿卡乌斯草拟

了一封信件,告诫阿卡乌斯要完全信任波利斯和卡姆比鲁斯。(5)这封信件是使用了他们过去常常使用的那种加密方式来写就的,因此,它即使落到了他人之手,他人也都弄不懂其真正的涵义。(6)在卡姆比鲁斯的协助下,阿里安努斯设法进入了城堡,并把这封信件交给了阿卡乌斯,因为,他从一开始就参与了这个密谋,所以,当阿卡乌斯一遍遍询问他关于索西比乌斯和波利斯,或者关于尼科马克斯和米兰科马斯,特别是关于卡姆比鲁斯的众多事情时,他都能作出准确而详细的回答。(7)他最终用真诚和直率顶住了这种反复盘问,这主要是因为,他对卡姆比鲁斯和波利斯之间最为重要的那部分协议内容根本就一无所知。(8)阿里安努斯所作的回答,尤其是由尼科马克斯和米兰科马斯这种密码本写就的这封信件,让阿卡乌斯最终确信不疑。在作了回复后,他立即派遣阿里安努斯回去了。(9)在继续进行一番通信后,阿卡乌斯最终把自己的命运毫无保留地交给了尼科马克斯,因为,他现在已经没有任何其他获救的希望了,阿卡乌斯指示尼科马克斯,让后者在一个没有月亮的晚上把波利斯和阿里安努斯派遣过来,到时,他就将自己交到他们的手上。(10)阿卡乌斯的想法是,首先逃离当前这种危险的处境,接着,再迂回绕道到叙利亚。(11)因为,他心里还怀有一个巨大的希望,那就是,当安条克仍然在忙于围攻萨尔迪斯时,如果自己出人意料地突然出现在叙利亚人民面前,那么,他将能够激起一场支持自己的伟大运动,而且,他也将在安提阿、科利-叙利亚和腓尼基那里受到热忱的接待。

[18](1)满脑子都是这种希望和算计的阿卡乌斯,正在等待波利斯的出现。(2)当阿里安努斯回来后,米兰科马斯就读到了这封信,在一番殷殷鼓励和事成之后巨额奖赏的鼓噪之下,他把波利斯派将出去。(3)波利斯提前将阿里安努斯派遣出去,以告诉卡姆比鲁斯自己将要到来的消息,入夜后,他来到了约定的地方进行会面。(4)在一同度过了一天的时间及解决了他们的行动计划的所有细节后,他们在夜色的掩护下进入了营地。(5)他们的计划是按照下列方式安排的:如果阿卡乌斯独自一人,或者,仅仅在波利斯

和阿里安努斯的陪同下走出城堡,那么,他们就不会有任何担心,他将很容易地掉进他们的陷阱当中。(6)但是,如果他在大批人员的陪同下走出城堡,那么,这些人就会让事情变得有些麻烦,对于他们一心希望活捉他(因为这最能取悦安条克)而言,麻烦尤其严重。(7)因此,在那种情况下,引导阿卡乌斯走出城堡的阿里安努斯必须走在前面,因为,他熟悉路线,他之前已经通过这条路线进出了很多次。(8)波利斯必须走在最后面,因为,当他们到达卡姆比鲁斯事先设伏的地方后,他就可以抓住并抱紧阿卡乌斯,以防止阿卡乌斯趁夜晚的混乱逃到林木茂密的乡村,或者,在绝望之下纵身跳下悬崖,他们原本就计划将他活着送到他的敌人手里。

(9)作好这些安排后,波利斯也在同一个晚上到达了,卡姆比鲁斯就带着他同安条克进行秘密谈话。(10)国王彬彬有礼地接待了他们,向他们重申了之前所承诺的奖赏,在对他们一番殷殷鼓励,以激励他们尽快把计划付诸实施后,他就让他们离开了军营。(11)在快要天亮前,波利斯来到了阿里安努斯那里,他们一同进入城堡时,天色仍还没有亮堂。

[19](1)阿卡乌斯极其热诚地接待了波利斯,并详细地向后者询问了这个计划的所有细节。(2)从波利斯的表情和说话的方式来看,他觉得,波利斯足以胜任这个严肃的任务,一方面,获释的希望让他异常高兴,另一方面,由于事关自己的生死存亡,他又感到极度的兴奋和焦虑。(3)然而,由于他是一位绝顶聪明之人,而且又有丰富的人生经验,他认为,最好不要把自己的安全希望完全寄托在波利斯身上。(4)因此,阿卡乌斯告诉波利斯道,自己当前根本不会出城,不过,他会派遣自己的三四位朋友出去,当他们同米兰科马斯会合后,他方才会离开。(5)确实,阿卡乌斯在尽可能地保护自己的安全,但是,他自己不知道,他现在所作的——正如谚语所言——不过是克里特人玩弄克里特人的手法。因为,波利斯事先就想到了所有的可能情况。(6)然而,就在阿卡乌斯说,他要把自己的朋友们同他们一起派将出去的那个晚上,他把阿里安努斯和波利斯派到了这座城堡的出入口,并命令他们一直等候在那里,

直到陪同他们一起出去的那些人到达时为止。(7)他们按照他所要求的那样做了,阿卡乌斯却在最后一刻,向自己的妻子拉奥狄克透露了自己即将离开的计划,对此,拉奥狄克感到非常震惊,以至于几乎失去了理智,因此,他不得不花费一些时间来恳求她冷静下来,并通过对一些美好前景的描绘来抚慰她。(8)接着,他带上了四位身穿非常体面的衣服的同伴,而他自己则身穿一件非常普通的衣服,尽可能地掩饰自己的身份。(9)随后,他就出发了,他命令其中一位同伴,来回答阿里安努斯的所有问题,并询问阿里安努斯所有必要的问题,而且,他吩咐同伴说,其余四人都不会说希腊语。

[20](1)当他们五人同阿里安努斯会合后,阿里安努斯让自己走在最前面,因为,他熟悉这条路线,而波利斯则按照最初所计划的那样走在最后面,但是,他对整个事情深感狐疑和困惑。(2)因为,作为一名克里特人,尽管他对所有人都有所怀疑,但是,由于当时是黑夜,他不能确定这五人当中到底谁是阿卡乌斯,甚至不能确定他有没有在场。(3)但是,大部分道路非常陡峭崎岖,一些地方甚至有非常光滑和危险的陡坡,当他们走到这些地方,他们当中的一些人都要抓紧阿卡乌斯,另一些人则在下面帮他一把。(4)因为,他们根本无法忘却自己平时养成的遵从,波利斯很快就明白了谁是阿卡乌斯。(5)当他们到达了他们之前同卡姆比鲁斯商定的会面地方后,波利斯通过口哨发出了事先预定的信号,那些埋伏在那里的士兵冲出来,并抓住了其他人,而波利斯自己则抓住了阿卡乌斯。(6)波利斯紧紧地拽住了阿卡乌斯的衣服,以至于他的双手都伸到了后者的衣服里面,因为,他的担心阿卡乌斯在了解真相后,会用身上的刀剑杀死自己。(7)阿卡乌斯很快被包围了,他就这样落在了敌人手上,随后,他们立即把他和他的四位同伴送到了安条克那里。

(8)国王正在帐篷里面焦急地等待结果,他解散了自己往常的随员,只留下了两三个侍卫陪着自己,他自己一夜未眠。(9)但是,当卡姆比鲁斯及其手下的士兵进来,并把捆住手脚的阿卡乌斯放在地上后,安条克震惊得目瞪口呆,很长时间都说不出一句话来,最终,深受触动的他流出了眼泪。(10)我猜想,这是因为这番场景,让他看到了命运女神的反复无常,以至于她可以让所有的愿望和努力都化作泡影。(11)阿卡乌斯是安德洛马克的儿子,同时,他也是塞琉古的王后拉奥狄克的兄弟,他迎娶了国王米特拉达梯的女儿拉奥狄克作为自己的妻子,而且,他还统治了塔乌鲁斯(Taurus)这边的整个亚洲。(12)他的军队和他的敌人当时都认为,他居住在世界上最安全的城堡里面,但是,现在他被捆住手脚坐在地上,悲怜地任凭敌人的摆布,除了实施这个抓捕行动的那些人,其他人根本都不知道发生了什么事情。

[21](1)但是,拂晓时,国王的朋友们按照往常那样涌进了他的帐篷当中,他们亲眼看到了这番奇特的场景,而他们当时的情绪同国王先前的情绪相同。因为,他们都太过震惊,以至于几乎都不相信自己的眼睛。(2)在接下来的御前会议上,对于给予阿卡乌斯何种惩罚,他们进行了长时间讨论。(3)最终,他们决定首先砍掉这位可怜国王的四肢,其后再砍掉他的脑袋,接着再把他的脑袋缝进驴皮当中,并把他的尸体钉在木桩上。(4)当这些都完成后,军队都知道了所发生的这件事情,整个军营都弥漫着一种极度兴奋和狂热的情绪,以至于城堡内的拉奥狄克,在知道了自己的丈夫离开城堡的消息,及看到了军营内的混乱与骚动的场景后,她就猜到了事情的原委。(5)不久之后,一名使者就来到了拉奥狄克那里,这名使者告诉了她阿卡乌斯的命运,并命令她听从安排,撤离城堡。(6)最初,城堡内的那些人没有作任何回答,而是大声地哀嚎和大肆地哀悼,与其说这是出于对阿卡乌斯的感情,不如说是突如其来的这场灾难,让所有人都深感意外和惊慌失措。(7)然而,守军仍然困惑且彷徨不已。(8)在处决了阿卡乌斯后,安条克继续向这座城堡的守军施压,他深信,这座城堡的守军,尤其是那些普通士兵,他们很快将会让自己占领这座城堡。(9)因为,他们彼此之间相互争吵,分裂成了两个派系,其中一派由阿里巴扎斯(Aribazus)所领导,另一派则由拉奥狄克所领导。这致使他们之间互相缺乏信任,因此,没过不久,他们双方就把他们自己和这座城

堡交了出来。

(10)阿卡乌斯就这样殒命了,尽管他采取了一切合理的防范措施,但是,他还是败在了自己所信任之人的忠诚上。(11)他留给后人两个非常深刻的教训,第一,不要轻易相信任何人,第二,不要在自己辉煌时得意忘形,而是应该深知我们随时都有可能遭遇意外的变故。

哥特国王卡瓦鲁斯(The Gothic King Cavarus)①

[22](1)色雷斯的高卢国王(King of the Thracian Gauls)卡瓦鲁斯是一位天生的王者,情操高尚,他给那些航行至本都的商人提供巨大的保护。(2)除此之外,在他们同色雷斯人与比提尼亚人的战争期间,他也给拜占庭提供大量帮助。(3)卡瓦鲁斯在其他方面也非常卓越,但是,他现在被一位名叫索斯特拉图斯(Sostratus)——索斯特拉图斯是迦尔塞顿人(Chalcedon)——的谄媚者腐化了……

在亚莫萨塔的安条克(Antiochus at Armosata)②

(大约公元前212年)

[23](1)在亚莫萨塔城的国王薛西斯(Xerxes)统治期间——亚莫萨塔城位于幼发拉底河与底格里斯河之间的"法厄平原"(Fair Plain)附近——安条克驻扎在这座城市的城墙前,以围攻这座城市。(2)当薛西斯看到安条克国王的军队后,他一开始想设法逃走,但是,他后来想到,如果自己的王宫被敌人攻占,那么,他的整

---

① 参见第四卷(Bk. iv)第46章和第52章。
　[中译按]剑桥本中,英译者将"哥特国王卡瓦鲁斯"(The Gothic King Cavarus)译作"高卢国王卡瓦鲁斯"(The Gallic King Cavarus)。
② [中译按]剑桥本中,英译者将"在亚莫萨塔的安条克"(Antiochus at Armosata)译作"在亚莫萨塔的安条克大帝"(Antiochus the Great at Armosata)。

个王国都将陷入混乱，因此，他改变了自己的想法，并派遣了一名使节到安条克那里，以提议开会商谈。（3）安条克最为忠诚的那些朋友建议他，一旦这位年轻的国王薛西斯落到他们手上，那就不要再放薛西斯走，而是应该占领这座城市，并把这座城市的统治权授予给他妹妹的儿子米特拉达梯。（4）然而，安条克国王没有听从这些建议，而是派人到这位年轻的国王薛西斯那里商讨分歧，他免除了薛西斯自其父以来一直拖欠自己的大部分贡金。（5）当接受了薛西斯现在所支付的三百泰伦银币、一千匹战马和一千头骡子及其佩饰后，安条克把薛西斯的国土归还给了后者，并将自己的女儿安条基斯（Antiochis）嫁给了薛西斯，他认为，通过这种王者般的宽宏大量，他可以赢得这个地区所有民众的爱戴……

V. 意大利的局势

塔林敦

[24]（1）繁荣和富足会产生傲慢，而这种傲慢促使塔林敦人邀请了伊庇鲁斯的皮洛士前来帮忙。因为，每一个民主制政体在长期地享受权力后，自然地会开始厌恶当前的状况，接着，它就会寻找一位新主人，但是，他们很快就会讨厌这位新主人，因为，这种变化明显只会愈来愈坏。塔林敦恰好就属于这种情况……

（4）那些阴谋者首先以劫掠的理由离开了塔林敦，天亮前，他们抵达了汉尼拔的营地附近，余下的人员都隐藏在路边的树林中，而菲利米努斯（Philemenus）和尼科恩（Nicon）则前往营地。[①]（5）哨兵在抓住他们后，把他们带到了汉尼拔那里，因为，他们没有说自己是谁或者来自哪里，只说自己希望面见迦太基人的将军。（6）当他们被带到汉尼拔面前后，他们说他们想同汉尼拔进行私下会谈。（7）汉尼拔立即表示同意，他们就向他说明了他们自己和他们国家

_____

① 即公元前 212 年。

所处的局势,同时,他们也大肆指责罗马人,以免给人留下没有充足理由就执行当前这项任务的印象。(8)汉尼拔对他们表示了感谢,并诚恳地接受了他们的提议,汉尼拔声称他们很快就会再见到他,接着,就让他们回去了。(9)因为,"这一次,"他补充说,"当你们距离我的营地足够远后,你们会首先看到散养在牧场的牛群,你们把它们圈围带走,也把牛群的牧者带走,你们无需害怕,因为,我将确保你们的安全。"(10)汉尼拔这样做的目的是,首先,他让自己有时间去调查这些年轻人的提议是否可靠,其次,这也是让他们的同胞相信,他们此番离城真的是进行劫掠。(11)尼科恩和他的同伴们按照汉尼拔所吩咐的那样做了,结果,汉尼拔最终高兴地找到了一个实施自己计划的方法;(12)而菲利米努斯和其他的那些人也对自己的阴谋深感鼓舞,因为,他们不仅成功地同汉尼拔进行了会谈,而且,他们还发现汉尼拔非常亲切,除此之外,他们带回来的大批战利品足以赢得自己同胞的信任。(13)通过把所带回来的一部分牛畜卖掉,其他的牛畜则用来宴请的方式,他们不仅赢得了塔林敦人的信赖,而且,也鼓励了大批其他人对他们的效仿。

[25](1)在此之后,他们作了第二次远征,这次远征以第一次远征的相似方式进行,这次他们向汉尼拔作出宣誓;(2)而汉尼拔也向他们宣誓说,迦太基人将不会从塔林敦征收任何形式的贡金,也不会给他们强加任何其他的负担,但是,在占领这座城市后,迦太基人将被允许劫掠罗马人的房屋和住宅。(3)他们也安排了暗号,通过这种暗号,无论他们何时前来,哨兵都可以让他们立即进入营地。(4)因此,有时他们假装出城进行劫掠,有时他们假装进行狩猎,通过这种方式,他们同汉尼拔进行了多次会见。(5)未来的所有安排都已准备妥当,他们大部分时间在等待行动的时机,(6)他们让菲利米努斯扮演猎人的角色,因为,他非常热爱狩猎,而且,他自己也因为主张狩猎是人生中最为重要的事情,而声名在外。(7)因此,他们指示他通过自己所猎杀到的猎物来四处讨好,首先是讨好这座城镇的指挥官盖乌斯·利维乌斯(Gaius Livius),

其次是讨好保卫所谓的特米尼德城门（Temenid gate）①的塔楼守军。（8）在执行这项行动时，菲利米努斯总是会带回猎物——这些猎物都是他自己猎杀的，或者是汉尼拔所提供的——他会把这些猎物分给盖乌斯和塔楼的守军，因此，他们都非常乐意给他打开侧门，以让其出入。（9）他经常在晚上出城和进城，其理由是，他害怕敌人会在白天出没，但是，这实际上是他精心设计的计谋。（10）菲利米努斯的这种做法让守军习以为常，以至于无论何时，只要他在城墙下面吹起口哨，他们都不会找他任何麻烦，就立即会在晚上给他打开侧门。（11）这些密谋者了解到，这座城镇的罗马指挥官会在某一天出席一场大型的宴会——这场大型的宴会会在一个靠近市场且名叫穆塞乌姆（Museum）的建筑内举行——他们就同汉尼拔商议，就在那一天实施他们的密谋。

[26]（1）在这段时间之前，汉尼拔放出风声说，自己生病了，以防止罗马人在听说他在同一个地区停留这样长的时间后，会感到大惊小怪。（2）现在，他假装自己的病情更加严重了。（3）汉尼拔的营地距离塔林敦三天的行程，当商定的那个时间来临后，他从自己的步兵和骑兵当中，以其勇猛和敏捷的程度精选出了大约一万人，而且，他命令他们携带四天的口粮，并在拂晓时分全速地向前进军。（4）他挑选了大约八十名努米底亚骑兵，让他们领先队伍大约三十斯塔德，②并散开搜寻道路两旁的乡村，其目的是防止任何人看见主力部队。（5）因为，这支先头部队所遇到的那些人，要么会被抓，要么会逃走，而这些逃走的人就会告诉城内的守军，有一支数量不多的努米底亚骑兵正在附近劫掠。（6）当努米底亚人距离这座城镇大约一百二十斯塔德③时，汉尼拔让部队停止前进，以在河边食用晚餐，这条河从一条峡谷中川流而过，因此，别人不容

---

① 菲利米努斯所使用的城门是特米尼德城门（Temenid gate）稍南的那座城门，不过，汉尼拔却经由特米尼德城门而进入这座城市。
② ［中译按］三十斯塔德大约是四英里。
③ ［中译按］一百二十斯塔德大约是十五英里。

易看到他们。(7)汉尼拔在那里召集自己的军官开会,在会议上,他没有告诉他们自己的确切计划,而是首先简要地激励他们要像真正的勇士那样行事,因为,等待他们的胜利奖赏从来没有这样大过;(8)其次,他们所有人都要让自己手下的士兵保持密集的队形前进,而且,他将严厉惩罚那些离开队伍之人,不管对方有什么借口和理由;(9)最后,他们要严格遵从命令,不允许他们自作主张地擅自行动,只允许他们按照命令行事。(10)在讲完这番话和解散军官后,他在天黑后开始继续行军,其意图是,在大约午夜时分到达塔林敦的城墙下面。汉尼拔让菲利米努斯给自己领路,而且,他事先也准备了一头野猪,以让菲利米努斯继续扮演猎人的角色。

[27](1)那些年轻的密谋者已经获悉,盖乌斯·利维乌斯从早晨起,就同他的朋友们在穆塞乌姆内宴饮了,大概在日落时分,当宴饮正酒酣耳热之际,有人报告说,努米底亚人正在劫掠乡村。(2)他简单地采取了措施来应付这场劫掠:他召集了自己的一些军官,并命令自己的一半骑兵出击,以阻止敌人继续毁坏乡村;然而,因为此番缘故,他对整个阴谋更加缺少防备。(3)与此同时,一到天黑,尼科恩、特拉基斯库斯(Tragiscus)和其他人全部聚集在城内,以等待利维乌斯回来。(4)宴会在稍早时就结束了,因为宴饮在下午时就开始了,当大部分的密谋者退到一个事先定好的地方,以静静等待时,其中一些年轻的密谋者,以混乱无序的队形和相互笑闹的方式,前去迎接利维乌斯及其同伴,这让人觉得他们刚刚从宴饮狂欢回来一样。(5)利维乌斯及其同伴仍然在继续饮酒,以至于更加酩酊大醉,当这两伙人相遇后,他们所有人都一同开怀大笑和相互戏谑起来。(6)最后,那些年轻的密谋者调头转身,护送利维乌斯回家,由于酒精的作用,他就在躺在家里休息,在如此之早的时间里就开始宴饮,这也是预料之中的事情,他根本也没有想到任何异常或者有所警觉,而是非常高兴和满足。(7)与此同时,当尼科恩和特拉基斯库斯同那些年轻密谋者再度会合后,他们就把自己分成了三队,并占据了广场内最有利的位置,以密切注视来自城外的消息和来自城内的动静。(8)他们把其中一些人部署在利

维乌斯的房屋附近,因为,他们知道,如果有任何风吹草动,那么,消息就会在第一时间传递给他,而且,所采取的任何措施都会由他下达。(9)这些酒足饭饱的宾客全部回家,所有相应的嘈杂和混乱也渐渐停息,大部分市民也已经进入梦乡,夜晚现在也在飞速流逝,这时已经没有任何东西可以动摇这些密谋者胜利的希望了,他们全都聚集在一起,继续实施他们自己的计划。

[28](1)这些年轻的塔林敦人与汉尼拔之间达成的协议如下:(2)汉尼拔从面向内陆的东边方向进城,他将向特米尼德城门前进,以及在一些人称作海辛萨斯(Hyacinthus)①墓地,而其他人称作阿波罗·海辛萨斯(Apollo Hyacinthus)墓地的地方,点燃火焰,(3)当看到这个信号后,特拉基斯库斯立即在城内也点燃火焰,以作回应。(4)接着,汉尼拔熄灭火焰,并缓慢地向这座城门方向进军。(5)在做完这些安排之后,这些年轻人就穿过了城内的居民区,到达了墓地。(6)塔林敦的东部全都布满了坟墓,因为,他们的死者直到今天都仍然葬在城内,这是由于一个古老神谕——(7)据说,神明这样答复塔林敦人,"如果他们同大多数人一起分享居住地,那么,他们将会更好,也会更繁荣。"(8)因此,按照这个神谕,他们认为,如果他们将离世者也葬在城内,那么,他们将会生活得更好,所以,直到今天,塔林敦人仍将他们的死者埋葬在城门内。(9这些年轻人到达庇西奥尼库斯(Pythionicus))的墓地后,就停留下来,并在那里静静地等候。(10)现在,汉尼拔的军队靠将过来,并按照之前商定的那样行事;而尼科恩、特拉基斯库斯及其同伴一看到火焰,立刻就觉得勇气倍增,因此,他们也点燃火把以回应汉尼拔。(11)当看到汉尼拔再一次地熄灭火焰后,他们全速冲向城门,希望及时赶到,进而突袭并杀死守卫塔楼的那些守军,因为,他们之前就已经商定要迦太基人缓慢前进。(12)所有事情都进展顺

① [中译按]海辛萨斯(Hyacinthus)是一位古希腊神话人物,她是阿波罗所钟爱的一位美少女,但被阿波罗误杀,在这位美少女死亡的地方长出了一种以其名字命名的花,这种花就叫作风信子(Hyacinthus)。

利,那些守军都感到十分意外和震惊,一些密谋者忙于杀死他们,而另一些密谋者则在砍断门闩。(13)城门很快就被打开了,汉尼拔及其军队也正好赶到,他们就以这种精准的步伐前进,因此,他们在前往这座城市的路上没有任何耽搁。

[29](1)汉尼拔就这样按照事先安排的计划,安全而毫无声响地,将自己的军队送进了这座城市,他觉得,自己已经顺利完成了自己这个计划最为重要的部分。现在,他信心满满地沿着一条街道——这条宽阔的街道当时被称之为"巴特亚街"(Batheia)或者"深街"(Deep Road)——向广场进发。(2)而他在城外留下了两千名骑兵作预备队,以防范敌人从城外进攻自己,或者,防范在战争中经常发生的那些不可预见的意外事件。(3)当他走到广场附近后,他让自己的军队以行军队形停下,等待菲利米努斯的出现,因为,他希望知道菲利米努斯的那部分计划是否已经成功。(4)当他点燃了火炬信号,准备行军至特米尼德城门时,他事先就已派遣菲利米努斯带着一担架的野猪和大约一千名利比亚人到了下一道城门,因为,按照他最初的计划,他深知,自己军事行动的成功不仅仅依靠这一次机会,而是需要依靠多次机会。(5)当菲利米努斯走到城墙时,他按照往常的习惯吹响口哨,哨兵立即从塔楼下来走到侧门。(6)菲利米努斯从外面招呼他们尽快开门,因为,他给他们带来了一头野猪,所以,疲惫困乏的守军听到这个消息后,都非常高兴,他们急忙开门,希望自己能从菲利米努斯那里得到一些好处,因为,他总是会把带来的猎物分享给大家。(7)因此,抬着担架前头的菲利米努斯首先进去了,同菲利米努斯一起进去的则是一个穿得像乡间牧羊人的人,走在他们后面的是携带死畜的另外两个人。(8)当他们四个人全部通过侧门后,他们首先当场砍杀了那名为他们开门的守军,当时他正毫无戒心地在查看和触摸那头野猪;接着,他们让刚刚跟着他们身后,但又走在其他人前头的那些利比亚人(他们的人数大概是三十人),心平静气地悄悄进来。(9)接着,他们其中一些人去砍断门闩,一些人则去杀死城门塔楼的守军,另一些人则去发送预定的信号,以召唤城外的利比亚人进城。

（10）当后者也安全进城后,他们所有人都按照事先的安排,全部一起向广场进发。（11）他们在那里同汉尼拔会合,对于整个军事行动都按照自己所希望的那样发展,汉尼拔感到非常高兴,接着,他开始实施自己下一步的行动计划。

　　[30]（1）汉尼拔从部队中分出了两千名凯尔特人,接着,他把他们分成了三队,其后,他给每队指派了两名塔林敦年轻人——这些年轻人之前都参与了这场密谋——（2）同时,他也派遣了一些自己的军官给他们,命令他们占领通往广场的那些便利街道。（3）当他们完成这件事后,他命令那些塔林敦年轻人,全都分散开来,前去拯救自己所遇到的任何同胞,并命令他们从远处叫喊,以让所有的塔林敦人都待在原地,因为,他们都不会有任何危险。（4）同时,他命令迦太基人和凯尔特军官杀死他们遇到的所有罗马人。于是,各队人马都分将开来,并开始执行他的命令。

　　（5）塔林敦人知道敌人在城内后,这座城市到处都是叫喊声,当时的场面异常混乱。（6）当盖乌斯听说敌人进城后,他意识到,自己的酗醉已经使他无力应付局势,于是,他带着自己的仆人,从自己的家里冲出来,奔向通往港口的那道城门。当他到达这道城门后,守军就为他打开了侧门,因此,他就通过这道侧门逃走了。接着,他夺取了停泊在那里的一艘船只,带上自己的随从,赶紧登了上去,安全地驶抵了城堡。（7）与此同时,菲利米努斯及其同伴找来了一些罗马号角和一些会吹这些号角的人员,让他们站在剧院里面吹响武装的号角。（8）罗马人听到召唤后,立即武装了起来,并按照往常的习惯赶紧跑向城堡,而这正中了迦太基人的下怀。（9）因为,当罗马人凌乱而无序地来到大街上后,他们当中的一些人就落到了迦太基人和凯尔特人手上,大部分罗马人就这样被杀了。

　　（10）当天亮后,塔林敦人都安静地待在家里,因为,他们都不知道具体发生了什么事情。（11）虽然号角吹响了,但是,他们的城镇并没有遭遇暴力或者洗劫,所以,他们都觉得混乱是由罗马人造成的。（12）但是,当他们在街上看到大批的罗马人尸体和正在罗马人尸体上进行搜刮的高卢人后,他们的脑海就在怀疑迦太基人已经进城了。

[31](1)汉尼拔这时已经把自己的军队驻扎在了广场上,而罗马人则已经撤退到自己一直都有驻军的城堡内,现在天色已经大亮,汉尼拔让传令官通报所有的塔林敦人,不带武装地聚集到广场之中。(2)那些年轻的密谋者也在城内到处走动,号召民众帮忙恢复自由,并劝说他们不要害怕,因为,迦太基人是前来拯救他们的。(3)那些罗马人的铁杆支持者在知道事情的原委后,就撤退到了城堡内,其他人则响应号召,他们没有携带武器地聚集到了广场,汉尼拔对他们发表了一番安抚性的讲话。(4)塔林敦人对每一句话都高声欢呼,对于这意料之外的安全保证,他们都感到非常高兴,接着,汉尼拔解散了集会,并命令所有人立即回到自己家中,并在自家的门上题写上"塔林敦人之家"(A Tarentine's);(5)如果有人胆敢在罗马人的家门上题写这句话,那么,他将会被处死。(6)接着,汉尼拔挑选出那些最适合的军官,派遣他们前去劫掠那些罗马人的家园,他命令道,所有没有题写这些字的房屋都将会视为敌产,同时,他还把自己的其他军队部署待命,以在必要时可以随时支援那些劫掠者。

[32](1)这些劫掠者通过这种方式,抢夺了大量五花八门的财产,这些劫掠物完全达到了迦太基人原来的预期。(2)他们当晚全副武装地过夜,第二天,汉尼拔召开了一次囊括塔林敦人的大会,在这次大会上,他决定把城堡和城镇隔绝开来,因此,塔林敦人就无需再害怕占据城堡的罗马人了。(3)他的第一个举措是,建造一道与这座城堡的城墙相平行的栅栏,并在这座城墙前面挖掘一条壕沟。(4)由于他深知敌人不会无动于衷,而是会作出一些针锋相对的武装举动,所以,他让自己最好的一支部队随时待命,因为,他认为,激起罗马人的恐惧和激发塔林敦人的信心,这对未来至关重要。(5)因此,一旦他们开始建造第一道栅栏,罗马人就会对它发动英勇而激烈的进攻,在经过短暂的抵抗后,汉尼拔撤退了,他用这种方法来引诱那些进攻的敌军前进,当敌军越过壕沟后,他再命

令自己的军队进攻敌军。（6）一场生死之战接踵而至，因为，战斗发生在两道城墙之间的狭窄空间，但是，罗马人最终被打退和击溃了。（7）许多罗马人在这场战斗中被杀，但是，数量更为庞大的罗马人则是在撤退，或者因为掉进壕沟而殒命。

[33]（1）当汉尼拔安全地建造了自己的第一道栅栏后，他有一段时间按兵不动，因为，他的计划已经达到了预期的效果。（2）他已经把敌人关在了里面，而且，他已迫使敌人惊慌失措地留在了城墙和城堡里面。（3）此外，他也已经充分地提振了市民们的信心，以至于他们甚至认为，自己即使没有迦太基人的帮助，也能够对付罗马人了。（4）然而，不久之后，他在第一道栅栏后面不远和朝向这座城镇的地方，建造了一条与这道栅栏和城堡的城墙相平行的壕沟。（5）从这条壕沟挖掘出来的土方，都堆放在了靠近城镇一侧的壕沟边缘上，结果，在它的上面又矗立起了第二道栅栏，因此，它提供了一道稍逊于城墙的保护性作用。（6）接着，在距离这道屏障适当距离的地方，他开始建造一道城墙（不过仍然比较靠近城镇），而且，这道城墙从那条名叫"拯救者"（Saviour）的街道，一直延伸到"深街"（Deep Street）。① （7）因此，即使没有驻军设防，这些强大的防御工事，也足以保障塔林敦的安全。（8）汉尼拔留下了一支足够胜任的驻军来保卫这座城镇和城墙，并且，在附近地区还驻扎有一支骑兵来保护他们，他自己则在塔林敦城大约四十斯塔德②的地方，沿着一条一些人称呼它为加拉苏斯河（Galaesus）——不过，更多的人称呼它为埃乌洛塔河（Eurotas），这个名字取自一条流经斯巴达的河流——的河岸上扎营。（9）塔林敦城内及其周围的乡村，有很多地名都源于斯巴达，因为，大家都公认，塔林敦是斯巴达人的殖民地，他们同斯巴达人有血缘关系。（10）由于塔林敦人的热情和干劲，以及迦太基人的协助，这道城墙很快就建造完成了，接

---

① ［中译按］在剑桥本中，英译者将"拯救者"（Saviour）译作"索特拉街道"（Soteira），将"深街"（Deep Street）译作"巴特亚街道"（Batheia）。

② ［中译按］四十斯塔德大约是五英里。

着,汉尼拔开始盘算怎样攻占这座城堡的问题了。

[34](1)当他完成了围城的准备工作后,经由海路,罗马人从梅塔滂图姆(Metapontum)派来的援助抵达了这座城堡,这个举措让罗马人恢复了勇气,他们连夜进攻那些围城工事,成功地摧毁了所有的器械和其他的机器。(2)对此,汉尼拔放弃了以突袭的方式,来攻占这座城堡的计划,但是,当现在新城墙建造完成后,他召集全体塔林敦人开会,并向他们指出当前最紧迫的事情就是掌握制海权。(3)正如我在前面所说,由于这座城堡控制了港口的出入,所以,塔林敦人根本无法使用自己的舰船,也无法驶出海港,而罗马人却可以从海上安全地获取自己所需要的所有补给。(4)在这种情况下,这座城市根本无法牢牢地确保和维持自己的自由。

(5)清楚地看到这种情况的汉尼拔,向塔林敦人解释道,如果城堡的罗马守军切断了从海路补给的希望,那么,他们将会在很短的时间内作出退让,自动放弃城堡并交出这整个地方。(6)塔林敦人都竖耳倾听他的讲话,他们都对他所说的这番话信服不已,然而,他们现在想不到任何解决的方法,除非迦太基派来一支舰队,但是,当时这根本就是不可能的。(7)因此,他们说道,他们无法理解汉尼拔向他们所说的这番话的含义。(8)然而,汉尼拔却继续说道,很明显,在没有迦太基人帮助的情况下,他们当时根本无法掌握制海权;当听完汉尼拔的这番话后,他们更加地诧异和茫然起来,完全不懂他要表达什么含义。(9)汉尼拔已经注意到,有一条恰好与阻隔墙①相平行且从港口一直延伸到外海的街道,这条街道可以很容易地实现自己的意图,那就是,他可以将船只沿着这条街道,从港口拖行到城市的南端。(10)因此,当汉尼拔把自己的这个计划告诉给了塔林敦人后,塔林敦人不仅完全赞同他所说的计划,而且,他们对他产生了无限的敬仰之情,他们认为,没有人会比他更聪明或更勇敢了。(11)他们很快就建造了有轮的拖车,整个行动说做就做到了,因为,他们不缺少热情,也不缺少实施这个计划

---

① [中译按]这道阻隔墙将这座城镇和这座城堡分隔了开来。

的人手。（12）当他们通过这种方式把船只拖运到外海后，塔林敦人切断了罗马人的外来补给，而且，他们非常有效地把罗马人封锁在城堡内。（13）现在汉尼拔在城内留下了一支守军后，就撤走了自己的军队，经过三天的行军后，他回到了自己原来的营地，接着，他就在那里度过了余下的冬季。

一些相似事例的讨论

[35]（1）罗马代执政官提比略中了敌人的埋伏，在英勇抵抗后，提比略以及陪同他的人全部阵亡了。^① 对于这样的事故，不管受害者是应该被谴责，还是应该被原谅，我们都绝不应该随意断言。因为，很多人尽管采取了所有可能的防范措施，但是，他们还是落到了毫无顾忌地触犯人类既定法律的敌人手上。（2）然而，我们也不应该出于懒惰，就立即放弃在这个问题上，作出一番相关判定的尝试，而是应该根据每一个事例的具体环境和具体时机，来最终确定是宽恕还是谴责。下面的事例就将清楚地证明我所说的这番话。

（3）斯巴达国王阿基达穆斯（Archidamus）由于惧怕野心勃勃的克里奥米尼斯，于是，他就逃离了斯巴达；^②但是，没过多久，他又被劝说回来，重新把自己置于克里奥米尼斯的控制之下。（4）结果，他既丢掉了自己的王位，也丢掉了自己的性命，^③没有给后人留下任何可以为自己辩解的东西。（5）因为，局势仍然没有任何变化，而且，克里奥米尼斯的野心和权势甚至变得愈来愈大，我们不得不承认，先前阿基达穆斯九死一生地奇迹般逃出克里奥米尼斯的魔爪，现在却又重新羊入虎口，这难道不是他命该如此吗？（6）再比

---

① 即公元前 212 年。

② 即公元前 226 年。

③ 参见第五卷第 37 章。按照菲拉尔克斯（Phylarchus）的记载，对于谋杀阿基达穆斯，克里奥米尼斯是持反对态度的，参见普鲁塔克：《克里奥米尼斯》（cleom.），第五卷。

如底比斯的波洛庞达斯（Polopidas of Thebes），尽管他熟知菲拉埃的僭主（tyrant of Pherae）亚历山大的无耻性格，也深知，所有的僭主都把自由的领袖视为自己最主要的敌人，但是，首先，他劝说埃帕米农达充当整个希腊世界（不光是底比斯）的民主事业的领袖；（7）其次，他自己在色萨利亲自武装军队，以推翻亚历山大的专制统治，事实上，他甚至不惜再次冒险到这位僭主那里执行任务。（8）结果，由于这种轻率和不明智的信赖——这种信赖完全是错位的——他落到了敌人的手上，这不仅重创了底比斯，而且，也毁掉了他自己之前所赢得的声望。①

（9）相似的不幸也降临在第一次布匿战争时期，罗马执政官格纳乌斯·科内利乌斯·西庇阿的身上，当时他轻率地将自己置于敌人的控制之下。② 对于这样的事例，我还可以提供很多。

[36]（1）因此，对于将自己轻率地置于敌人控制之下的那些人，我们必须予以严厉地谴责，但是，对于采取了所有可能的防范措施的那些人，我们则不应该求全责备。（2）因为，不信任任何人，这绝对是不切实际的，但是，如果一个人在拥有足够充分的保证后，他又采取了理性的行动，那么，他就不应该受到责备。（3）我所说的这种保证，指的是：发下誓言、将妻子与儿女扣作人质，以及至关重要的无可指摘的过往。（4）在这种情况下，如果他仍然遭受了背叛或者毁灭，那么，该受责难的人肯定不是受骗者，而是施骗者。（5）因此，最安全的做法就是寻求这样的保证，因为，这可以确保我们信任有加的那些人不会自食其言。（6）但是，这种保证可望而不可即，因此，退而求其次的做法是，采取一切合理的防范措施，这样的话，即使我们的期望落空，我们至少也可以免受公众舆论的责难。（7）在过去，这样的事例有很多，但是，最引人注目和最近在咫尺的一个事例就是，我现在所说的阿卡乌斯的事例。（8）尽管阿卡乌斯采取了所有可能的防范措施来确保自己的安全，尽管他想到

---

① 即公元前 363 年。
② 即公元前 260 年。

了人类智力所能想到的所有可能的情况，但是，他还是落到了敌人手上。（9）在这种事例当中，人们一般都会同情和原谅那些被害者，普遍会谴责和憎恶那些背叛者。

VI. 西西里的局势

叙拉古的沦陷①

[37]（1）他计算了层数，因为，这座砖石结构的塔楼建造得很均匀，因此，很容易从地面估算出城垛的距离……

（2）几天后，有一名逃兵报告说，叙拉古人要在城内对阿尔忒弥斯举行为期三天的节日庆祝活动，尽管他们要非常节约地吃面包，因为，面包非常短缺，但是，他们会饮用大量的美酒，因为，埃皮塞德斯（Epicydes）和叙拉古人已经给他们供应了大量的美酒。马尔库斯·马塞鲁斯现在选定了一段较为低矮的城墙，而且，他认为，叙拉古人很可能会因为美酒的充足供应和固体食物短缺的双重作用下而醉气熏天，他决定试试自己的运气。（3）他建造了两架足以够到城墙的云梯，现在，他加紧实施自己的计划。对于他觉得最适合第一批登爬云梯和需要勇敢面对危险的那些士兵，他对他们进行公开谈话，他答应会给他们巨额的奖赏。（4）接着，他挑选了其他一些人，以用来支援他们并扶立云梯；不过，对于这些人，除了让他们遵守命令，他没有告诉他们其他任何东西。他的命令得到了严格地遵守，在那个晚上的恰当时间，他把第一批士兵叫醒起来执行任务。（5）他让一个步兵支队（a maniple）和一名保民官，一同护送那些搬运云梯的战士，让他们一起走在前面，同时，他提醒那些攀爬云梯攻城的战士，如果他们表现英勇，那么，他们将会得到巨额的奖赏。（6）接着，他叫醒了自己所有的军队，让他们一个支队接一个支队地出发。（7）当这些人达到大约一千人的规模时，

---

① 即公元前212年。

他等待了很小一段时间,接着,就率领自己的主力部队跟将过去。(8)当搬运云梯的战士,成功地将云梯矗立在没人注意的城墙上后,那些攀爬云梯的战士没有任何迟疑,就立即攀爬上去,当他们悄悄地在城墙上牢牢地站稳脚跟后,其他人也开始攀爬云梯,虽然他们一开始没有固定的顺序,但是,所有人都尽可能地做到最好。(9)最初,他们沿着城墙前进,但没有发现一个站岗的哨兵,因为,聚集在几座塔楼里面的守军,由于献祭的缘故,他们要么还在喝酒,要么已经喝得酩酊大醉,不省人事。(10)他们悄悄地对第一座塔楼和临近它的第二座塔楼,发起了突然进攻,在敌人反应过来前,他们就杀死了敌军大部分人。(11)他们到达赫萨皮利附近后,就从城墙上下来,并突然打开了建在城墙里面的第一道侧门,让将军和其余的军队通过侧门进入。叙拉古就这样被罗马人攻陷了……

(12)由于距离太远,没有一个叙拉古市民知道所发生的事情,这座城市非常庞大……

(13)埃皮波莱(Epipolae)的征服让罗马人变得非常自信……

VII. 西班牙的局势

(对照李维第二十五卷第 36 章)

[38](1)汉尼拔命令步兵将驮有行李的驮畜从后面部署到前面,当这种部署完成后,它所提供的保护比任何栅栏都更加有效①……

---

① 对照李维第二十五卷第 36 章,这个片段应该是公元前 212 年格纳乌斯·科内利乌斯·西庇阿(Gnaeus Cornelius Scipio)在西班牙阵亡的叙述。

索　引

第一卷和第二卷

第三卷和第四卷

第五卷（残篇）至第八卷（残篇）

国家出版基金项目

上海三联人文经典书库
108

通 史

·下·

[古希腊] 波利比乌斯 (Polybius) 著

杨之涵 译

Ἱστορίαι

上海三联书店

"十三五"国家重点图书出版规划项目

国家出版基金资助项目

目　录

通史

2

第九卷(残篇)

I. 前言

[1](1)这些就是前述的奥林匹亚期间——亦即我们将一届奥林匹亚所横跨的年份规定为四年——所发生的主要事件,我努力地以两卷的篇幅来叙述它们。(2)我非常清楚地明白,由于自身著作的整齐划一,致使我的著作有一种严谨性,以至于它只适合于一种读者的口味或者只会赢得一种读者的好评。(3)因为,几乎所有的历史学家,或者至少大部分历史学家都会在自己的著作中涉及各种的历史主题,以吸引不同的读者来阅读自己的著作。(4)那些喜爱故事的人痴迷于家系宗谱;那些深邃而上下求索的好古之人——例如,我们在诸如埃弗鲁斯(Ephorus)的著作中就可以发现——则热衷于拓殖地的建立、城邦的奠基以及它们之间的亲缘关系;而政治的研习者则对国家、城邦和君主的行动兴趣盎然。(5)由于我将自己的注意力严格地限定在最后一种主题上,确切地说,我的整部著作舍此无它,因此,正如我在前面所说,它只适合于一种读者,换言之,大部分读者都会对我的这部著作毫无兴趣。(6)对于自己将其他历史分支排除在外且有意将自己局限于那些值得载入史册的行动,我已经在其他地方较为详尽地陈述了理由,但是,为了强化读者对它的印象,在这里我没有任何理由不对其进行一番简要的回顾。

[2](1)由于众多的历史学家已经记述了家系、神话、拓殖地的建立、城邦的奠基以及它们之间的亲缘关系,(2)因此,当下任何一

个历史学家如果要涉及这些主题的话,那么,他必须将别人的作品说成是自己的作品,这是一种最无耻的行径;或者,如果他拒绝这样做的话,那么,他肯定是在白费力气,因为,他不得不承认,他全力撰写和投入的主题,先前已经被其他的历史学家详尽地记载且传诸后世了。(3)出于上述以及其他种种原因,我决定放弃撰写这些主题,转而撰写一部实际发生的历史。(4)首先,这是因为它们需要全新的叙述,因为古人也无法叙述他们自己身后所发生的事件;(5)其次,这是因为这种叙述最富有教益。在过去,尤其是在当下,科学和艺术的进步日新月异,以至于我们几乎可以说,那些历史的研习者能够对任何可能出现的突发情况提供处理方法。(6)我的目的不是愉悦读者,而是给那些专注于历史的人带来好处,因此,我遗漏了其他主题,转而全身心地去撰写这种类型的历史。(7)那些专注于这部著作的读者将是我所说的这番话的最佳见证。

II. 意大利的局势

卡普亚的被围

[3](1)汉尼拔包围了阿庇乌斯·克劳狄(Appius Claudius)的营地,①一开始,他通过一系列骚扰性的小规模冲突来激怒对手出营作战。(2)但是,罗马人根本就没有理会他的攻击行动,他的攻击最终变得像是要攻占整座营地,骑兵以中队阵型进军,他们一边高声喊叫,一边将自己的标枪投进营地,而步兵则以支队阵型发起进攻,以期摧毁敌人的栅栏。(3)但是,即使这样,他也没能撼动罗马人的既定战略。罗马人利用自己的轻装军队在栅栏上抵挡进攻,同时,他们将自己的重装军队集结在自己的军旗下面,以盾牌来保护自身免受敌军枪林弹雨的袭击。(4)对于自己既不能破城进入卡普亚,也不能激怒罗马人出营作战,汉尼拔颇为懊恼,他开始思考在这种

---

① 即公元前 211 年。

情况下的最佳行动方式。(5)在我看来,对于这种局面,不仅那些迦太基人,就连那些任何听说它的人都会感到一筹莫展。(6)谁能想象这种画面,罗马人在如此之多的战役中被迦太基人打败,以至于他们甚至都不敢在战场上面对敌人,但是,他们却拒绝撤退或者放弃对广袤乡村的控制。(7)在此之前,罗马人不过是沿着山丘尾随敌人,但是,现在敌人却在全意大利最富庶地区的平原安顿下来和围攻其中最坚固的城市,对于包围和进攻自己的敌人,即使想到自己要直接面对他们,他们也都不能忍受。(8)尽管迦太基人已经赢得了一系列的胜利,但是,他们有时面临的困难同战败者一样巨大。(9)在我看来,双方之所以采取这种举措,是因为他们都明白汉尼拔的骑兵是迦太基人获胜和罗马人战败的主要原因。(10)因此,在战败后,战败一方的军队先前采取与敌人平行进军的策略,这完全是正确的,因为,他们在乡村行军时,敌军骑兵根本就无法伤害他们。(11)同样地,在卡普亚城前,双方现在所采取的举措也是意料之中的。

[4](1)事实上,罗马军队没有勇气出营作战,因为他们害怕敌人的骑兵。(2)但是,倘若留在自己的军营,他们就会信心满满,因为,他们深知先前在战场上击败他们的骑兵不可能在那里伤害他们。(3)迦太基人及其骑兵明显不可能长时间地驻扎在那里,因为,罗马人基于同样的目的而摧毁了附近所有的粮草,而且,如此远距离地为如此庞大的马匹和骡子运送足够的干草和大麦也是不可能的。(4)况且,没有骑兵的驻军也没有足够的勇气向有壕沟和栅栏保护的敌人发起进攻,在没有骑兵的情况下,他们以相同的条件来与罗马人交战,胜负势必难以预料。(5)除此之外,他们担心新选任的执政官①出现和驻扎在自己身后,进而通过切断他们的补给,从而给他们制造巨大的困难。(6)基于这些原因,汉尼拔认为,直接的武力进攻根本无法解除围城,因此,他改变了自己的计划。(7)他认为,如果通过秘密行军,他可以突然出现在罗马城前的话,

---

① 公元前211年的执政官是格纳乌斯·弗维乌斯·森图马鲁斯(Gnaeus Fulvius Centumalus)和普布里乌斯·苏比修斯·加尔巴(Publius Sulpicius Galba)。

那么,他或许可以因为突袭和恐慌而赢得一些有利的战机;(8)即使他达不到这个目的,至少也可以迫使阿庇乌斯赶去支援自己的母邦而解除卡普亚之围,或者分散他的兵力,在这种情况下,前去解救罗马的军队和留在原地的军队就比较容易对付了。

[5](1)在这个目标的驱使下,他派遣一名信使到卡普亚,他说服其中一位利比亚人,让其叛逃到罗马营地,接着再从罗马营地进入卡普亚城。(2)他费尽心机地采取一切必要的防范措施来确保信件的安全,因为他非常担心,在看到自己离开后,卡普亚人会认为自己已无望解救他们,进而向罗马人投降。(3)因此,他给他们去信以解释自己离开的真正目的,并派去这位利比亚人,以期望当他们听说自己的真实目的和获悉自己离开的真正原因后,他们可以继续英勇地抵挡围攻。(4)当汉尼拔平行地沿着罗马人的防线驻扎,并反过来围攻罗马人的消息从卡普亚首次传到罗马后,这在罗马公民中间引起了普遍的惊愕和恐慌,因为,他们意识到即将降临的战斗将决定整个战局。(5)因此,现在所有人的全部注意力都放在了备战准备和将救援力量运往那个地区上。(6)当卡普亚人从那名利比亚人那里收到这封信件和获悉汉尼拔的计划后,他们继续坚持抵抗并决心等待有利的转机。(7)在第五天时,汉尼拔抵达了卡普亚城外,在让自己的士兵进食晚餐后,他让营火继续燃烧,并在敌人毫不察觉的情况下撤离。(8)通过一系列急行军,汉尼拔穿过了萨莫奈姆(Samnium),他每天都会事先派遣前锋部队前去侦察和占领道路附近的地区。(9)然而,罗马人却仍然一心专注于卡普亚及其战事,在没被察觉地渡过亚尼奥河(Anio)后,汉尼拔抵达和扎营在距离罗马不到四十斯塔德①的地方。

[6](1)当汉尼拔到来的消息传到罗马后,这在罗马民众中间引起了普遍的惊惧和恐慌,这件事情来得太过措手不及和出乎意料,因为汉尼拔先前从未如此靠近这座城市。(2)除此之外,罗马人普遍怀疑,如果卡普亚的军队未被彻底摧毁的话,那么,敌人根

_____

① [中译按]四十斯塔德大约是五英里。

本就不敢如此靠近罗马。（3）因此，男人们立即登城守卫和占据城外最有利的地形，而女人们则绕行神殿和祈求诸神的保佑，她们用自己的长发清扫圣地的路面——（4）当她们的国家面临极度危险的处境时，这是她们的一种习俗。（5）但是，就在汉尼拔建立自己的营地和正盘算着第二天进攻这座城市时，一个意想不到的好运碰巧出现，从而挽救了罗马。

（6）格纳乌斯·弗维乌斯（Gnaeus Fulvius）①和普布里乌斯·苏比修斯（Publius Sulpicius）②已经完成了一个军团的征召，而且，他们恰好在那一天武装出现在罗马，因为他们要像往常那样许下誓言。此外，他们恰好在那一天正忙于征召和验测第二个军团的士兵。（7）结果，大批的士兵恰好在罗马人亟需的时刻自发集结在罗马。③（8）于是，执政官大胆地将这些军队部署在城外，从而抑止了汉尼拔意图发起的攻击行动。这些迦太基人原先之所以急切地进军，是因为他们都暗怀攻下罗马的诱人希望，但是，当他们看到敌人整齐的部署以及稍后从一名俘虏那里了解事件的真相后，他们就放弃了进攻这座城市的计划，转而劫掠乡村和烧毁房屋。（9）最初，他们将所俘获的不计其数的牲畜带回自己的营地，因为，没有人想到敌人会进入乡村进行劫掠。

［7］（1）然而，后来当执政官英勇地在距离他们十斯塔德④的地方扎营后，汉尼拔就选择撤退了。（2）他这样做完全出于三个原因：首先，他现在已经劫掠了大批战利品；其次，他已经放弃了攻占

① ［中译按］格纳乌斯·弗维乌斯（Gnaeus Fulvius）亦即格纳乌斯·弗维乌斯·森图马鲁斯（Gnaeus Fulvius Centumalus）。

② ［中译按］普布里乌斯·苏比修斯（Publius Sulpicius）亦即普布里乌斯·苏比修斯·加尔巴（Publius Sulpicius Galba）。

③ 根据李维撰写的《汉尼拔之战》（*The War With Hannibal*）第二十六卷的记载，汉尼拔逼近罗马的消息已经传到了罗马。费边（Fabius Maximus）认为，罗马城现有的军队足以保护罗马城的安全，而且，军队从卡普亚抽调回来将会落入汉尼拔的圈套。根据李维的说法，元老院将是否回师罗马的决定留给卡普亚的将领自行定夺，于是，弗维乌斯（Fulvius）率领一万五千名步兵和一万名骑兵回师罗马。

④ ［中译按］十斯塔德大约是 1.5 英里。

罗马的希望;最后,这也是最为重要的一个原因,他认为,按照他原先的计划,在风闻罗马所面临的威胁后,阿庇乌斯势必会解除对卡普亚的围城,他会率领自己的全部军队前来救援罗马,或者,他至少会率领大部分军队急忙赶去救援罗马,只会留下一部分军队进行围城。(3)无论出现哪一种情况,他认为自己的目的都将会实现,因此,他在拂晓时拔营撤军了。(4)普布里乌斯已经摧毁了亚尼奥河上的桥梁,这迫使汉尼拔必须率领自己的军队涉水过河,这时他乘机进攻了迦太基人,并重创了他们。(5)由于敌军骑兵的缘故,他没能给汉尼拔致命性一击,而且,努米迪亚人可以轻而易举地驰骋在战场上的任何一个地方。但是,他成功地从敌军那里抢回了相当一部分战利品,并杀死了大约三百名敌军,接着,他撤回自己的营地。(6)他后来认为,迦太基人如此匆忙地撤军是出于恐惧,因此,他就沿着山丘一路尾随他们。(7)汉尼拔一开始全速进军,因为他希望及早赶到目的地,[①]但是,当他在第五天收到消息说,阿庇乌斯仍然在围攻卡普亚后,他就停顿了下来,直到跟随在自己后面的其余军队追赶上来;(8)而且,他夜袭敌军,杀死了大批敌人,并将其余的敌军驱逐出营地。(9)然而,当天亮后,他看到罗马人撤退到一座地势险要的山丘后,就放弃了进一步进攻的想法。(10)相反,他率领军队穿过了达乌尼亚(Daunia)和布鲁提乌姆(Bruttium),并出其不意地下到了利基乌姆,他的动作是如此迅雷不及掩耳,几乎就要攻占利基乌姆,而且,他拦截了所有离开城市、前往乡村避难的居民,俘获了大批利基乌姆人。

[8](1)对于罗马人和迦太基人在这场战争中所展现出的巨大勇气和高贵斗志,我觉得应该在这个场合给予高度的评价。(2)有一个相似的例子,底比斯的埃帕米农达(Epaminondas of Thebes)由于下述行动而赢得了普遍的称赞。(3)当他和盟友一到提基亚(Tegea),[②]他就发现斯巴达人已经全军抵达了曼提尼亚,并在那里集结了他

---

① 亦即抵达卡普亚,汉尼拔希望大部分罗马军队已从这个地方撤走。
② 即公元前362年。

们自己的全部盟友，以意图同底比斯人开战。（4）他命令自己的军队提前一个小时进食晚餐，在夜幕降临后不久，他率军出营，其借口是要急速占领一些有利的作战地形。（5）但是，在给普通士兵这种印象后，他却率军直接进军斯巴达，大约在白天的第三个小时，①他抵达和奇袭了那座城市，他发现那里没有一个人抵抗自己，他一直进军到集市，占领了面朝河流的那整片城镇。（6）然而，一个不幸的事件发生了，一名夜里逃到曼提尼亚的逃兵告诉了国王阿格西劳斯（King Agesilaus）所发生的事情，因此，斯巴达人的救援军队就在这座城市刚好被攻占之际抵达了，埃帕米农达的希望落空了。（7）但是，当他的军队在埃乌洛塔（Eurotas）河畔进食了早餐，并从艰苦的行军当中恢复了体力后，他就率领军队原路返回。（8）因为，他认为，既然斯巴达人及其盟友已经前来救援斯巴达，那么，曼提尼亚现在肯定就没有守军守卫，他的这个看法确实无比正确。（9）因此，他劝说底比斯人再接再厉，彻夜急行军，大概在中午时分，他抵达了曼提尼亚，他发现这座城市几乎没有守军守卫。（10）但是，恰好在这时，积极支持斯巴达人对抗底比斯人的雅典人，按照条约的规定，前来帮助斯巴达人。（11）因此，就在底比斯的前锋部队恰好抵达波塞冬神殿（波塞冬神殿距离这座城市七斯塔德②）时，雅典人就像是事先安排好的那样出现在了俯瞰曼提尼亚的山岭上。（12）当留在城内的那些极少数曼提尼亚人看到雅典人后，他们鼓起勇气、登城守卫，抵抗底比斯人的进攻。（13）因此，史学家们非常正确地评判了这些军事行动失败的责任，他们认为，这位统帅做了一名优秀将军所应做的一切，而且，埃帕米农达其实已经战胜了自己的对手，但被命运女神打败了。

　　[9]（1）这种说法其实也非常适用于汉尼拔。（2）因为，谁会对这位将军吝惜自己的尊敬和赞美呢？首先，他用一系列战斗来骚

---

① 这段距离大约是 38 英里。据估计，埃帕米农达（Epaminondas）离开提基亚（Tegea）的时间是晚上七点，而他抵达斯巴达的时间是第二天早上八至九点。

② ［中译按］七斯塔德大约是一英里。

扰敌人,以试图解除卡普亚之围;当这些行动失败后,他转而直接向罗马进军。(3)接着,当他对这座城市的企图遭遇完全超越人类计算之外的挫败后,他立即调转方向,转而对付起追击自己的敌军来;(4)而且,他一直在等待卡普亚的围城军队有所行动时,自己可以寻机而动。(5)最后,在仍然坚持自己原先计划的情况下,他将敌人和利基乌姆摧毁殆尽。① (6)至于罗马人,我们必须声明,他们这一次的表现要强于斯巴达人。(7)因为,当消息一传过来,斯巴达人确实立即蜂拥去救援斯巴达,但是,他们却将曼提尼亚弃之不顾;(8)然而,罗马人不仅保全了他们自己的母邦,而且,他们非但没有解除对卡普亚的围城,相反,他们毫不放松和坚定不移地坚守自己的目的,并且,他们此后以更大的决心来围攻卡普亚。(9)我说这些话的目的不是为了颂扬罗马人或者迦太基人——对于这两个民族,我先前经常夸赞他们——而是为了这些民族的领袖或者将来任何领导公共事务的那些人。② (10)因此,通过回想或者沉思这些行动,他们可以有所启发和加以效仿,而且,他们不会在那些充满冒险和危险的计划面前退缩——虽然这些计划非常大胆,但却不鲁莽冒进,而且,它们在构思上高人一筹,不管成功还是失败,它们都将值得世人永远铭记,不过,所有的举措都要以健全的理性为前提……

塔林敦

(11)当罗马人正在围攻塔林敦时,迦太基海军统帅波米尔卡(Bomilcar)率领一支非常庞大的军队前来救援,但是,他发现自

---

① 波利比乌斯关于卡普亚沦陷的记载并没有流传下来,故事的结局记载在李维的《汉尼拔之战》第二十六卷第 16 章之中。在同一年(公元前 211 年),卡普亚陷落,汉尼拔失去了驻守在当地的迦太基守军以及守军将领官汉诺(Hanno)与波斯塔尔(Bostar)。在支持卡普亚脱离罗马的元老当中,有二十七人自杀,还有七十人被罗马人处决。

② 这句话的措辞表明,这一卷写于迦太基被毁(公元前 146 年)之前。

己根本不能给城内提供任何支援，因为，罗马人的营地防守得如此严密，以至于在用光了自己所带来的补给之时，他也没有想出任何应对方法。先前他被急切的恳求和慷慨的承诺逼迫而来，但是，现在他却又在民众诚挚的恳求之中被迫启航离开。

III. 西西里的局势

叙拉古的被毁

[10]（1）一座城市不是以外在的华丽来装饰，而是以其居民的美德来装饰①……

（2）罗马人决定将所有这些东西运往他们自己的城市，而且，他们什么东西也没有留下。（3）至于他们这样做是否正确，以及是否是他们自己真正的利益所在，这是一个值得深入讨论的问题；但是，更具权威的论据明显证明，他们的行动当时就是错误的，现在也仍然是错误的。（4）因为，如果他们最初依靠这种东西来提升自己的国家，那么，他们将这些光彩照人的东西运回自己家乡明显是正确的。（5）然而，事实却是，当他们过着一种远离所有奢华放纵的简朴生活时，他们战胜了那些拥有大量这种精美东西的人，如果从这种视角出发，那么，难道我们不会认为他们没有犯下错误？（6）一个民族如果放弃战胜者自身的习俗而去效仿那些战败者的习俗，那么，这无疑是不容置辩的错误，因为，在将这些东西据为己有的同时，他们也会随之激发起嫉妒，对于胜利者而言，这是一件最为可怕的事情。（7）因为，对于那些拿走原本就属于他人财富的人，任何人都不会去恭贺他们，相反，他会暗生嫉妒，同时也会对它们原有的主人心生怜悯。（8）但是，当这种财富继续增加，并且，当一个民族将其他民族的所有财富都聚集到自己手上时，我们几乎可以说，这些财富其实就是在招引它们原有的主人前来观赏它们，

---

① 即公元前211年。

这无疑是在伤口上撒盐。（9）因为，现在观赏者不会再怜悯自己的邻居，相反，他们会自怨自艾，因为这勾起了他们自身的苦难回忆。（10）对于胜利者，他们不仅会心生嫉妒，而且也会燃起刻骨的仇恨，因为，他们对自身灾难的记忆无疑会让他们对灾难的始作俑者更加痛恨。（11）确实，他们或许有种种合理的理由将所有的金银财宝一扫而空，因为，在成就一个世界性帝国的过程中，他们不可能不弱化其他民族的实力而强化自己民族的力量。（12）但是，最终留下的所有东西可能对他们的力量毫无助益，与此同时，对它们的占有还会伴有嫉妒，因为，装扮和提升他们母邦荣誉的东西不是图画和雕像，而是人格的尊贵和灵魂的伟大。（13）我所说的这番话将会是所有那些帝国的继承人的金玉良言，那就是，在他们劫掠城市时，他们不应该有那种以他人的不幸来装扮自己国家的想法。在把所有这些东西转运到罗马后，罗马人就将那些私人财产用来装饰他们自己的私人房屋，而那些公共财产则用来装饰他们的公共建筑。

Ⅳ. 西班牙的局势

[11]（1）迦太基人的指挥官们已经制服了敌人，[①]但是，他们却没能制服自己，就在他们盘算着结束同罗马人的战争时，他们就开始相互争吵起来，腓尼基人天生的贪婪和野心是他们纷争不断的原因所在。（2）基斯科（Gescon）之子哈斯德鲁巴就是他们其中一员，他是如此滥用自己的权力，以至于向安多巴勒斯（Andobales）强索巨额金钱，安多巴勒斯是迦太基人在西班牙最忠诚的盟友，他之前由于对迦太基人的忠诚而失去了自身的酋长地位，但不久之后也基于同一原因而复归其位。（3）现在他依仗自己过去对迦太基的忠诚而拒绝支付金钱，然而，哈斯德鲁巴却对他进行了错误的指控，而且，后者还强迫他交出自己的女儿以作人质。

---

① 即公元前 211 年。

V. 意大利的局势

派往托勒密的罗马使节

[11a]①（1）罗马人派遣使团到托勒密那里，②以希望获取一些粮食，因为他们正遭受严重的粮食不足。（2）直到罗马城门前的整个意大利的庄稼都被军队给摧毁了，而且，他们也没有得到任何来自海外的援助，因为，除了埃及，整个世界都陷于战争当中或者敌军手中。（3）罗马的粮食匮乏已经严重到每西西里米迪（Sicilian medimnus）③十五德拉克马的程度。（4）尽管遭遇这种困境，但是，罗马人并没有忽视他们的军事备战……

统帅的军事艺术④

[12]（1）对于军事行动所伴随的偶然与意外，我们需要极大的审慎，但是，如果我们深思熟虑地谋划我们的计划，那么，胜利仍然是可能的。（2）从以前的战争史中，我们可以轻易地得知，在进行军事行动时，公开与直接使用武力其实远远要少于使用谋略和时机。（3）此外，事实也不难证明，对于那些依赖时机来抉择的军事行动，失败要比胜利更为频繁。（4）没有人会怀疑，绝大部分的失败都是源于统帅所犯下的错误或者疏忽。（5）因此，我们必须探究这种军事艺术的构成。

（6）在战争中，凡是超出理性计算之外的所有事情，我们都不应该称之为"行动"（actions），而应该称之为"意外"（accidents）或者

---

① ［中译按］剑桥本英译者认为，第九卷第 11a 章其实是第九卷第 44 章。
② 即公元前 210 年。
③ 一西西里米迪（Sicilian medimnus）大约相当于十加仑（gallons）。
④ ［中译按］对于"统帅的军事艺术"这部分的撰写背景，我们并不清楚，不过学界一般认为，它是波利比乌斯对已佚失的《论战术》（*On Tactics*）一书的补充。

"巧合"(coincidences)。(7)因此,既然它们没有任何系统的或者既定的法则,那么,我就先将它们弃置一旁,我只按照自己的既定计划来实施我的军事行动。现在就请听我慢慢道来。(8)每一个军事行动都需要一个确定的时间来开始,以及一段日期和一个地点来执行;同时,它也需要保密、确定的信号和负责与执行的合适人选,以及一个详细的计划。(9)很明显,如果一名统帅在所有这些事项上都做得天衣无缝,那么,他必将立于不败之地,相反,如果忽视其中任何一项,那么,他的整个计划都可能会惨遭摧毁。(10)这就是自然的法则,一个微不足道的错误就足以导致失败,但是,所有细节的准确无误也不能保证成功。

[13](1)因此,在这种军事行动中,统帅必须谨慎地对待每一个细节。(2)最优先和最根本的要求就是守口如瓶,一个人绝不允许因为意外之喜,或者恐惧,或者同某些人的熟络或者感情,而向任何无关之人泄露自己的计划。(3)他只能向那些若没有他们的帮助,则根本无法完成计划的人透露,即使对于这些人,他也不应该在需要他们万不得已的效劳之前就告诉他们。(4)此外,我们必须要将自己的舌头捆住,甚至要将自己的思想锁封。(5)因为,许多人尽管能够守口如瓶,但他们的面部表情或者他们的行动本身就已经泄露了自己的计划。(6)第二个必备的要求是,不管是通过陆路行军还是通过海路航行,他都要准确无误地获悉在白天或者晚上的行军条件与行军路程。(7)第三个必备的要求,同时也是最为重要的要求是,要有季节上的知识,并能够根据季节来灵巧地调整自己的计划。(8)确定奇袭(coup de main)的地点肯定不是无关紧要的小事,因为,它常常使那些看起来不可能的事情变得可能,而那些看起来可能的事情会变得不可能。(9)最后,我们必须要注意信号和回应信号的问题,而且,我们要谨慎地挑选它们的操作人员及其伙伴。

[14](1)这些事情都是通过经验,或者通过历史,或者通过科学的探查而习得。(2)对于一名将军而言,最佳之事就是熟稔行军路线、前往地点、地形特色、当地民族及其协作对象。(3)然而,次佳之事则是仔细探查,而不要依赖各种机缘巧合下的线民。在这

种地方充当向导的那些人，他们的信义保证必须掌握在跟随在他们后面的军队手上。（4）因此，在这些极其相似的事情上，这种能力或许可以仅仅通过军事研究——不管是通过实践还是书本——而获得。（5）科学原理要求理论上的知识，尤其要求天文学和几何学的知识，尽管我们没有必要全面而深入地研究它们，但是，它们对我们现在所说的军事行动极其重要，也极其有益。天文学最为重要的部分是有关日夜长短的计算。（6）如果白天和黑夜一直是同等长短，那么，它就不会对我们造成任何麻烦了，我们关于它的知识也将会是人类共同的财富。（7）然而，由于白天和黑夜不仅相互之间长短不一，而且，就连它们自己之间也是长短不一，因此，我们非常有必要了解日夜的增减。（8）如果一个人不知道白天和黑夜的长短不一，那么，他怎么可能正确地计算自己一天或者一夜所走过的路程呢？（9）事实上，若是没有这种知识，他也不可能准确地安排军事行动。他肯定会过晚或者过早行动。（10）唯独在军事行动中，过早会比过晚错误更大。（11）因为，如果他抵达的时间比预定的时间要晚，那么，他只不过是错过了胜利的希望而已——因为他在距离很远的地方就已经知道了事实，而且，他也能够安全地脱身——（12）但是，如果他抵达的时间太早，那么，他就会接近敌军，从而被敌军所发现，这样的话，他不仅会招致行动上的失败，而且，他还会惨遭全军覆没的危险。

[15]（1）在人类所有的活动中，尤其是在战争中，时机是最为重要的。（2）因此，统帅必须要对夏至、冬至、春分与秋分的日期以及它们之间日夜长短的增减全都了如指掌。（3）因为，只有通过这种知识，他才能正确地计算出自己所走过的陆路或者海路的路程。（4）他也必须要对日夜之间的区分了如指掌，从而知道何时叫醒军队以及何时进军。（5）因为，如果他没有一个良好的开局，他就不可能获得一个美好的结局。（6）对于白天的时间，我们可以借助所看到的阴影或者太阳的行进以及它在天空中的位置与高度来进行确定。（7）但是，对于夜晚的时间，我们就很难进行确定，除非他对黄道十二宫在星空中的体系和秩序了如指掌，这种知识可以

借助星座的研究而很轻易习得。(8)因为,尽管夜晚的长短不一,但是,在每晚,黄道十二宫的其中六宫肯定会在地平线上,结果,夜晚的各个时辰必然对应于黄道十二宫所出现的星座。(9)由于我们知道每天的太阳在黄道宫中所占据的方位,因此,很明显地,在日落西山后,与之完全相对的那部分黄道宫必然会升起。(10)因此,夜晚的长短正好对应于日落后升起在地平线上的黄道十二宫的那些星座。(11)鉴于我们都已知晓黄道十二宫的数量和规模,因此,夜晚的相应区分也会随之而众所周知。① (12)然而,在多云的夜晚,我们就必须观察月亮,因为它是有形的,所以无论它在天空的哪一部分,它的光亮一般来说都是可见的。(13)如果我们对这种现象以及在它升起时每日的变化足够了解,那么,我们就可以从它升起的时间和方位来不时地估测时间,也可以从它落下的时间来不时地估测时间。(14)这是一种简单易行的时间观测方法,因为,月亮的变化周期一般来说都是一个月,而且,就我们的观测而言,所有的月份都是相似的。

[16](1)因此,在描述奥德修斯(Odysseus)方面,荷马(Homer)就值得赞扬,奥德修斯是一位能力超群的统帅,因为他通过观测星辰来航海和陆行。(2)因为,这些出其不意的意外根本就难以准确地进行预测,而且还会给我们带来巨大而常见的困难,例如,倾盆的大雨和暴涨的洪水,极度的严寒和大雪,漫天的浓雾和乌云密布的天气,等等。(3)然而,如果我们对这种可以预见的事情完全不予理睬,那么,我们肯定会因为自己的责任而在绝大部分事业中铩羽而归。(4)因此,如果我们希望自己能够避免我接下来所列举的那些败军之将所犯下的那些错误,那么,上述所说的所有事项都必须予以严肃对待。②

---

① 这种方法的要点在于黄道宫的不同星座会以不同的速度升起,因此,在夏季的短夜中,黄道十二宫中的六宫会快速地升起,然而,在冬季的长夜中,我们就可以见到黄道十二宫中的六宫缓慢上升。

② [中译按]波利比乌斯接下来列举了阿拉图斯(Aratus)、克里奥米尼斯(Cleomenes)、尼西阿斯(Nicias)和其他人所犯下的错误,但是,企鹅本英译者省略了这部分内容。

[17]（1）亚该亚的将军阿拉图斯想出了一个让西纳埃萨（Cynaetha）叛向自己的计划,他同城内那些效力于自己的人商定了具体的时日,在那一天他将乘着夜色沿着从西纳埃萨城流向东边的那条河的河岸进军,而且,他和他的军队将会静静地等候在那里。（2）大约中午时分,找准时机,城内的那些同伙将其中一位自己人静静地派出城,他们让他身穿披风,命令他向城外的一座坟茔前进,并站在坟茔上面。（3）与此同时,余下的人则乘着那些防守城门的官员午睡时进攻。（4）这时,亚该亚人就从埋伏中杀出,并全速杀向这座城门。（5）这就是他们达成的协议,到那一天,阿拉图斯抵达后,隐藏在河床以等待事先商定的信号。（6）但是,大约就在这一天的第五时,①有一位习惯在这座城镇附近注视自己绵羊的羊群主人,恰好有急事要询问自己的牧羊人,因此,他穿身披风走出了那座城门,而且,他就站在了同一座坟茔上面寻找牧羊人。（7）阿拉图斯及其军队认为,这就是向他们发出的信号,于是,他们冲向这座城镇,但是,城门眼睁睁地被守门人立即关闭了。（8）由于他们在城内的同伴没有作好准备,结果,不仅阿拉图斯自己的计划惨遭挫败,而且就连支持自己的同伴也遭遇了灭顶之灾,因为他们立即被发现、审判并处决了。（9）如果我们问这场灾难的原因,那么,答案肯定是这位统帅所用的那种单一信号,当时他还非常年轻,不知道用双重信号和回应信号来精准地确保安全。（10）在战争中,这种小问题决定着胜败。

[18]（1）斯巴达的克里奥米尼斯也想出了一个让梅格洛波利斯叛向自己的计划,守卫一段名叫德恩（Den）的城墙周围的守军同意他率领其军队在晚上第三班执勤时从这里入城,因为,这个时间正是其同伙的当班时间。（2）然而,由于他没有考虑到昴宿星座（Pleiads）升起的时间已经非常短暂,因此,大约在日落时分,他才从斯巴达率军出发。（3）结果,他没能准时抵达,而是在天亮时才赶到那里,但他轻率而鲁莽地攻城,结果却灰头土脸、损失惨重地

---

① ［中译按］即正午的前一个小时,也即是十一时。

遭到驱离,他自己也差一点全军覆没。(4)如果他按照事先约定的时间准时抵达,以及他的军队在其同伙控制入口时进入城内的话,那么,他就不会招致失败。

(5)我们再以国王腓力为例,正如我之前所说,①腓力想出了一个让米利提亚(Melitaea)②倒向自己的计划,但他却犯下了两个错误。(6)首先,他携带的攻城云梯太短,其次,他没有在正确的时间抵达。他先前安排在人人都在睡觉的大约午夜时分抵达,但他却从拉里萨(Larisa)提前出发,以至于过早地抵达了米利提亚境内,他既不能在那里停留,因为他担心自己抵达的消息将会传到这座城市,也不能悄无声息地返回。(7)因此,他只好继续向前进发,当他抵达这座城市时,那里的人们还未入睡。(8)结果,他既不能通过攀爬来占领这座城市,因为他的攻城云梯存在尺寸缺陷;也不能通过城门,因为过早抵达,以至于他在城内的同伙来不及协助他。(9)最终,除了惹恼米利提亚人,他一无所获。在损失了大批军队后,他耻辱地撤退了,自己的计划也付之东流;他只收获了世人对自己的警惕,让他们对自己心生怀疑和防范。

[19](1)我们再以尼西阿斯为例,尼西阿斯是雅典将军,他本来可以挽救围攻叙拉古的雅典军队,而且,他选定了不为敌人发现的一个正确的夜晚时间以撤退到一个安全地带;但是,由于当时正好发生了月蚀,尼西阿斯迷信地认为这是一个噩兆,结果,他延误了自己军队的离开时间。(2)最终,当他第二天晚上准备拔营离开时,敌人猜到了他的意图,这支军队和这位将军就落到了叙拉古人手上。(3)然而,如果他事先询问熟稔这种天文现象的人士,那么,他不仅有机会甩开这种天文现象的干扰,而且还能利用敌人对它的无知而受益。(4)相较于他人的无知,没有什么比消息灵通的人更能赢得成功了。

(5)这些事例足以说明研究天文现象的必要性。但是,至于确

---

① 参见第五卷第 97 章。
② [中译按]Melitaea 亦写作 Melitea。

保攻城云梯的正确长度问题,以下的方法值得一试。(6)如果任何一个我们的同伴能够给我们提供城墙高度的信息,那么,攻城云梯的长度问题明显就可以迎刃而解。因为,譬如城墙的高度是十个既定单位的话,那么,攻城云梯的高度必须是足足十二个既定单位。(7)城墙到云梯放靠的地方的长度必须是云梯长度的一半,以确保登梯者攀爬的方便,因为,如果云梯放置得太过靠远,它们就容易折断,如果云梯放置的太过靠近,它们就会太过陡峭而不安全。(8)然而,假如根本就不能测量或者接近城墙,任何与平面成直角的物体,它的高度都可以从远处进行测量。(9)这种测量方法都是可通行的,任何研究数学的人都会觉得这种测量方法简单易行。

[20](1)因此,那些希望在军事计划和军事行动中成功的人就必须研究几何学,即使他没有太过精通的专业能力,那么,他也应该在比例观念和方程原理上拥有足够的理解能力。(2)因为,这种知识不仅在上述事项上,而且在营地的调整上都非常必要,因为,这可以使我们在整个营地形态做出调整时,营地里面所有各个部分都可以做出相应调整;(3)或者,在营地整体保持不变的情况下,不时地增加或者减少营地里面的相应空间,以容纳新来者或者离去者。(4)在这个问题上,我在《论战术》(*Tactics*)的笔记里作了更为详细的记载。(5)对于敦促那些为掌握军事艺术而研究天文学和地理学的人来说,我觉得,不是所有人都会反对我在军事艺术方面增加了过重的东西。(6)相反,我非常反对他们将其当作一种职业那样过多地孜孜以求和夸夸其谈地到处卖弄,也反对他们超过实际的需要而专门去研究这些问题,但是,在必要的知识方面,我是最苛刻的,也是最认真的。(7)对于希望学习舞蹈和长笛演奏艺术的那些人,如果他们先去学习一些初步的节奏理论和音乐理论,甚至去接受一些体操训练——他们认为没有这种辅助知识,这两种艺术就不可能达到完美——那肯定会是一件很奇怪的事情;(8)而对于渴望成为军事统帅的那些人,如果他们发现自己需要掌握一些其他附属科学的知识,那么,他们也会感到痛苦不堪。(9)这将意味着,练习粗鄙艺术的那些人,比决心在最荣光和最严肃的职业中出

类拔萃的那些人更勤奋、更充满活力——任何明智之士都不会同意这种观点。(10)但是,这些话在这个问题上肯定足够……

[21](1)这就是罗马人和迦太基人各自的处境,命运女神不断地在它们之间摇摆,这正如荷马所说,痛苦与喜悦同时交织在每一个人的心灵①……

汉尼拔的性格

[22](1)降临到罗马人和迦太基人身上的所有事情,其原因都是源自同一个人和同一颗心灵——汉尼拔。(2)毋庸置疑,他主导了意大利的战事;(3)而且,先是通过其年纪较长的弟弟哈斯德鲁巴,而后通过梅格,他也主导了西班牙的战事,迦太基的这两位将军杀死了在那里的两位罗马统帅。②(4)除此之外,首先通过希波克拉底(Hippocrates),③而后通过非洲人米托努斯(Myttonus),④他也主导了西西里的战事。(5)同样地,他在希腊和伊利里亚也表现活跃,通过站在腓力一边,⑤他成功地威胁了这些地方的罗马人,从而让他们惊慌失措和心神不宁。(6)这个人是伟大和超凡的自然产物,他天生的心灵构造非常适合实施任何人类能力所及的计划。⑥

(7)然而,由于事件的过程会引领我们注意汉尼拔的性格,我觉得自己现在有责任去说明那些最具争议的独特性格特质。(8)因为,一些人指责他过分残忍与极度贪婪。(9)对于汉尼拔或

---

① 参见荷马:《奥德赛》(*Odyss*),第十九卷第 471 行。
② [中译按]这两位罗马统帅亦即普布利乌斯·西庇阿(Publius Scipio)和格纳乌斯·西庇阿(Gnaeus Scipio)两兄弟。
③ 参见第七卷第 2—4 章。
④ 李维将米托努斯(Myttonus)称作穆提努斯(Mutines),参见李维:《罗马史》,第四十卷。——剑桥本注
  在叙拉古陷落后,汉尼拔将米托努斯(Myttonus)派到了西西里。作为骑兵长官,在早期赢得了一些胜利后,他同罗马人达成了协议。——企鹅本注
⑤ 参见第七卷第 9 章。
⑥ 对照波利比乌斯关于阿基米德的描述,参见第八卷第 7 章。

者任何一个从事公共事务之人来说，正确地进行一番叙述并不是一件容易的事情。（10）一些人认为环境会揭示人的真正本质，因此，当一个人大权在握（即使直到现在他仍然设法加以彻底隐藏）或者遭遇不幸时，他就会显露出真正的性格。（11）但是，我自己却不会将这种看法视作是正确的。（12）因为，在我看来，在这种环境中，由于情况的错综复杂以及朋友们的建议，人们的所说所做往往有违自己的真正原则，而且，这不是特例而是常态。

　　[23]（1）如果稍加注意，在过去的历史中，我们可以找到很多这样的事例。（2）我们就以西西里僭主亚加索克勒斯（Agathocles）为例。不是所有的历史学家都告诉我们说，在其事业的早期以及在其缔造自己的王朝时，亚加索克勒斯表现出了极端的残忍，但是，当他后来一旦确信自己在西西里的统治稳固后，他不是在所有人之中表现得最温和与最慈善吗？（3）再者，难道斯巴达的克里奥米尼斯不也同时是最杰出的国王、最残忍的僭主，以及——在私下交往中——最彬彬有礼和最温文尔雅的君子吗？（4）现在我们很难想象，在同一本性中存在着这些截然相反的性格。事实上，一些统治者会随着环境的改变而改变，他们经常向别人展示同自己的真实本性完全相反的性格，因此，这种方法非但不能揭示人的本性，反而会让人的本性显得相当模糊不清。（5）朋友的建议不仅会让统帅、僭主和国王，而且也会让城邦产生相同的作用。（6）例如，我们至少在雅典就可以发现，在亚里斯提德（Aristides）和伯里克利（Pericles）统治期间，国家几乎不会实施残酷的行为，相反，国家实施的许多行为友善而高贵，然而，在克里昂（Cleon）和卡雷斯（Chares）统治时期，情况则完全相反。① （7）当斯巴达称霸希腊时，

---

① 亚里斯提德（Aristides）影响的时代是公元前490—前477年之间，尽管他在公元前483/482—前480年期间遭到流放。伯里克利在位的时间是公元前461—前429年，他的政敌克里昂（Cleon）于公元前429—前422年达到权力顶峰。卡雷斯（Chares）的政治生涯从公元前366年开始一直持续了三十年的时间，当时他积极反对马其顿的势力。

国王克里奥姆布洛图斯（Cleombrotus）①一直都非常照顾盟友的利益，但是，在阿格西劳斯（Agesilaus）统治期间，情况却完全相反。（8）因此，国家的性格也会随其统治者的改变而改变。（9）国王腓力亦然，②当他在塔乌里安（Taurion）和德米特里影响下时，他的行为就会非常邪恶，当他在阿拉图斯和克里索古努斯（Chrysogonus）影响下时，他的行为就会非常高尚。

[24]（1）我认为，汉尼拔的情况也是如此。（2）他的处境非比寻常而又瞬息万变，而且，他最亲近的朋友们在性格上也大相径庭，因此，从他在意大利的行动来看，我们很难正确地判断其真正的性格。（3）我先前所作的叙述和我即将所作的叙述都可以轻易地理解其身处的环境对他造成的影响，但是，我们绝不可遗漏朋友们的建议对他的影响，特别是我们可以从朋友的一个忠告中充分地看清这个问题。（4）当汉尼拔正盘算着从西班牙率领军队进军意大利时，人们预料，他将面临严重的军队粮草补给问题以及粮草补给的安全保障问题，由于行军距离以及生活在两国之间的野蛮人的庞大数量与凶残本性，因此，进军的困难几乎是不可能克服的。（5）汉尼拔所面临的这个困难不止一次地在会上进行过讨论，而汉尼拔有一位名叫莫诺卡克乌斯（Monochachus）——Monochachus（莫诺卡克乌斯）是绰号"角斗士"（gladiator）之意——的朋友就提到说，就其个人所见，只有一条通往意大利的道路。（6）当汉尼拔让他作一番解释时，他说道，他必须教会他的军队吃食人肉且习惯吃食人肉。（7）汉尼拔无法反驳这种大胆而有用的建议，但是，他既没有说服自己，也没有说服自己的朋友去接受它。（8）他们认为，汉尼拔在意大利所犯下的残忍行径其实都是这个人所为，但是，环境的

---

① 在这个时期的斯巴达两位国王中，克里奥姆布洛图斯（Cleombrotus）代表了阿基亚德王朝（Agiad Dynasty），他于公元前 380 年开始统治，直至死于公元前 371 年的留克特拉之战；尤里波提德王朝（Eurypontid King）的阿格西劳斯（Agesilaus）国王的在位时间是公元前 399－前 366 年。

② 参见第七卷第 12 章（阿拉图斯）和第八卷第 12 章（塔乌里安）。

作用也同样不能小觑。①

[25]（1）汉尼拔确实似乎特别爱财，正如他在布鲁提乌姆（Bruttium）担任统帅的朋友梅格一样。（2）我首先是从迦太基人那里获悉了这样的信息，因为，正如俗话所说，当地人不仅最了解风向，而且也最清楚他们同胞的性格。（3）但是，我从马西尼萨（Masinissa）②那里了解了更多的细节：当时他长篇大论地谈论着迦太基人身上所共有的爱财本性，汉尼拔和梅格在这方面尤其明显，而这也为萨莫奈人（Samnite）所通晓。（4）对于其他的事情，他告诉我说，这两个人从他们最年轻时起就已经在相互慷慨分享所有的战利品了。（5）通过武力或者诈术，他们每个人都在西班牙和意大利占领了许多城镇，但他们从未一起参加相同的军事行动。（6）相反，他们相互之间的算计要远甚于敌人，因此，当一方攻占一座城镇时，另一方都不会在场，以防止他们两人之间因为这种原因或者因为分享战利品而出现争吵，因为他们都属于相同等级。

[26]（1）在改变和破坏汉尼拔的天性方面，朋友的影响要强于环境的影响，对此，我先前所作的叙述和我即将所作的叙述都表明了这一点。（2）当卡普亚一落到罗马人的手上，其他所有城市自然立即就开始动摇自己的忠诚了，它们纷纷寻找借口和机会来倒向罗马。（3）在这次危机中，对于如何应付局势，汉尼拔当时陷入了巨大的困难和绝望之中。（4）因为，他既不能照看所有的城市——因为它们彼此之间都相隔遥远——如果他在一个地方立足，那么，数支准备拦截他的敌对军队就会一起针对他；（5）他也不能将自己

---

① 波利比乌斯将迦太基人在意大利所犯下的残暴罪行归罪于角斗士（难道汉尼拔没有授权给他们?），或者归罪于汉尼拔所默认的环境的作用。波利比乌斯并没有讨论它们是不是出于宣传上的虚构。

② 马西尼萨（Masinissa）是波利比乌斯时代努米迪亚（Numidia）的统治者。他属于努米迪亚的马塞利（Massyli）部落，从公元前212年到公元前206年，他在西班牙负责指挥努米迪亚骑兵。后来，他倒向了西庇阿，并与他在非洲并肩作战。罗马人承认他是国王，并以牺牲迦太基来扩张他的领土。

[中译按]Masinissa 亦写作 Massanissa。

的军队进行分割,因为,他会轻易地为敌军的人数优势所击败,而且,他自己也根本不能同时亲临各地。(6)因此,他不得不公开放弃一些城市,此外,他也不得不将自己的守城部队从一些城市中撤离,因为,他担心如果这些城市动摇了对自己的忠诚,那么,他将会失去自己手下的士兵。(7)在一些情形下,他甚至违反了自己原先缔结的条约,他将当地居民迁移到其他城镇,而且,他让他们放弃自己的财产以任由敌军劫掠;(8)结果,正是由于这种暴行,他被别人指责为亵渎和残忍。(9)事实上,不管离开和进驻的军队出于何种借口,这些举措不可避免地会伴有抢劫、谋杀和暴力,因为,所有人都是以留下的居民将会投靠敌军这种假设来行动的。(10)所有这些都会让我们难以正确论断汉尼拔的真实本性,因为,我们不得不允许有朋友的影响和环境的作用的客观存在。(11)但是,无论如何,在迦太基人中间,他是以爱财而声名狼藉,在罗马人中间,他则是以残暴而臭名昭著。①

VI. 西西里的局势

城市规模的估算

[26a]绝大部分人都是以城市的周长来判断城市的规模。(2)因此,当一个人说梅格洛波利斯的周长是五十斯塔德,斯巴达的周长是四十八斯塔德,但是,斯巴达的规模是梅格洛波利斯的两倍时,这种说法似乎就显得不可思议。(3)让他们迷惑不解的可不止这些,当一个人说一座城市或者营地的周长是四十斯塔德,但是,它的规

① 参见第三卷第 86 章注释。对比西塞罗(Cicero):《论友谊》(de Am.),第 8 章(§8),为了保卫帝国,我们曾经在意大利与两位伟大的统帅皮洛士(Pyrrhus)和汉尼拔(Hannibal)进行过殊死的战斗;前者正直,我们对他没有过深的敌意,后者残忍,我们的人民一直对他切齿痛恨(cum duobus ducibus de imperio in Italia decertatum est, Pyrrho et Annibale. Ab altero propter probitatem ejus non nimis alienos animos habemus; alterum propter crudelitatem semper haec civitas oderit.)。

模是一座周长是一百斯塔德的城市或者营地的两倍时，这种说法更会让他们大为震惊。（4）其原因在于我们忘记了我们在孩童时代所学的几何学课程。（5）我引入的这番话所揭示的事实不仅是那些普通人，就连一些政治家和军队统帅也会深感惊奇，他们会惊叹，斯巴达怎么可能会大于，甚至会远远大于梅格洛波利斯，因为，相比之下斯巴达的周长要更小；（6）或者有时仅仅通过营地的周长来估算营地的人数。（7）另一个非常相似的错误则是城市的外观。绝大部分人认为，建造在山丘或者凹凸不平的地方会比建造在平坦的地方容纳更多的房屋。（8）然而，情况并非如此，因为，房屋的墙壁不是同斜坡成直角进行建造，而是同山脚本身所依靠的平地成直角进行建造。（9）这些事实即使一个小孩的智力也都能明白。（10）因为，如果一个人假定将缓坡上的房屋抬高到这样的高度的话，那么，它们彼此之间的屋顶就会全部都是水平的，很明显，屋顶因而就会形成平面空间，屋顶形成的平面空间在面积上是相等的，而且，它会同山丘和房屋地基所依靠的平面空间平行。（11）对这种事情一无所知而又大惊小怪，却一心渴望政治权力和统领军队的那些人，我就说这么多吧。

阿格里根托

[27]（1）不仅在我所提到的那些方面，而且在城市的恢弘规模，尤其是城市的位置和建筑的美丽方面，阿格里根托城（Agrigentum）都要优于其他大部分城市。（2）它坐落在距离海洋十八斯塔德的地方，因此，一座海滨城镇的所有优势，它也全部都享有。（3）这座城市被异常坚固的自然与人工防御设施所环绕，（4）它的城墙建造在天然的或者人造的陡峭的岩脊上。（5）它也被河流所环绕，其中一条河流与这座城市同名，它沿着这座城市的南边流淌，另一条河流则名叫希帕斯河（Hypsas），它沿着这座城市的西边和西南边流淌。（6）俯瞰这座城市的城堡正好在它的东南边，它的外侧由一条不可逾越的巨大山谷所包围，并且，城内只

有一条通道通向其内部。(7)它的顶部坐落着罗德岛那样的雅典神殿和宙斯神殿(Zeus Atabyrius);(8)因为,既然阿格里根托是由罗德岛人建造,这个神明自然就具有与位于罗德岛的那位神明相同的头衔。(9)装饰这座城市的其他神殿和柱廊也都气势恢宏,奥林匹亚的宙斯(Olympian Zeus)神殿虽然没有完工,但是,在希腊地区,它的设计和规模也都无出其右。

阿加塞纳人(People of Agathyrna)的迁徙

(10)马尔库斯·瓦里里乌斯(Marcus Valerius)说服这些逃亡者离开西西里和前往意大利,他向他们保证他们的生命安全,(11)条件是他们应该接受利基乌姆人(Rhegium)的饷银和洗劫布鲁提乌姆,并保留他们从敌国那里劫掠的所有战利品。

VII. 希腊的局势

埃托利亚人克拉尼亚斯和阿卡纳尼亚人利西斯库斯在斯巴达的演讲①

[28](1)斯巴达人啊,我确实深信,没有人胆敢否认希腊人遭受奴役统治是源于马其顿诸国王,②但这件事可以这样看待。(2)在色雷斯的一些希腊城邦发现有雅典人和迦尔西人(Chalcidians),奥利萨斯(Olynthus)城邦是它们中间最耀眼和最强大的城邦。(3)通过将其居民卖作奴隶和杀鸡儆猴的手段,腓

---

① 公元前 211 年秋季,已受委任的执政官(Consul-designate)马尔库斯·瓦里里乌斯·拉维努斯(M. Valerius Laevinus)劝说埃托利亚人——斯科帕斯(Scopas)是他们的将军——同他们一起组建联盟以对抗腓力。条约最终得以达成,条约的缔结方包括埃利亚人(Eleans)、斯巴达人、帕加马的阿塔鲁斯国王(King Attalus of Pergamum)、色雷斯国王普勒拉图斯(Pleuratus)和伊利里亚人斯塞迪拉达斯(Illyrian Scerdilaidas)。埃托利亚人派遣了一个使团去劝说斯巴达人加入这个条约。参见李维,第二十六卷第 24 章。

② [中译按]亦即马其顿的霸权是希腊地区遭受奴役的开端。

力不仅控制了色雷斯人的诸城邦，而且还胁迫色萨利人接受其霸主地位。（4）当他在不久之后的一场战役中打败了雅典人后，他非常宽容地对待这场胜利，其目的绝不是让雅典人受益，而是希望通过对他们的仁慈，以诱使其他人毫无保留地服从自己的命令。（5）你们的城邦当时仍然残存威望，如果有合适的机会出现，那么，你们仍有恢复希腊霸权的可能。（6）因此，通过微不足道的借口，他就迫不及待地率领自己的大军过来了，他肆无忌惮地砍倒庄稼树木，烧毁房屋，由此造成了巨大的破坏。（7）最后，在蹂躏了你们的城镇和乡村后，他将你们的部分领土分给了阿尔戈斯人（Argives），部分领土分给了提基亚人（Tegeans）和梅格洛波利斯人，部分领土分给了美塞尼亚人，他不顾正义地将利益授予所有人，只希望以此来削弱你们。（8）亚历山大继任了腓力的王位，这位国王再一次地以同样的方式摧毁了底比斯——因为，他认为底比斯留存了希腊人的星星之火——对此，你们全都心知肚明，不用我多费口舌。

[29]（1）至于亚历山大的继任者，还需要我详细地告诉你们，他们是怎样对待你们希腊的吗？（2）对于听到的以下事实，没有人会无动于衷：当安提帕特在拉米亚（Lamia）战胜希腊人后，他是怎样以最残忍的方式对待不幸的雅典人和其他希腊人的；（3）他是如何肆无忌惮和无法无天地派遣捕手去抓捕先前对抗马其顿王室或者以任何方式冒犯马其顿王室的那些人的。（4）一些人被强行拖出神殿，一些人则被拖出祭坛，残忍地被折磨至死，另一些人则被迫从全希腊逃出生天，除了埃托利亚同盟，他们没有任何可以栖身庇护的地方。（5）谁会对卡山德（Cassander）、德米特里、安提柯·戈纳塔斯（Antigonus Gonatas）的行径一无所知？他们的时代距离现在如此之近，以至于所有人都对他们的记忆栩栩如生。（6）他们当中的一些人通过给城邦引进卫戍部队，其他人则通过给城邦扶植僭主，以至于没有一座城邦不受奴役。（7）暂且先将他们搁置一边，我现在将把视线转移到最后的安提柯（the last Antigonus）①上来，省得你们毫不怀疑他的行动，反而认为自己亏欠了马其顿人的人情。（8）安提柯发动这样一场针对你们的战争，其目的不是为了拯救亚该亚人，也不是因为他反对克里奥米尼斯僭主以及渴望拯救斯巴达。（9）如果你们中间的任何人持有这样的看法的话，那么，他肯定是一个头脑非常简单的人。（10）但是，他看到自己的权力将会是不稳固的，如果你们赢得了伯罗奔尼撒的霸权的话；他也看到克里奥米尼斯正是这样行事的一个人，而且，命运女神也在大力地给你们

---

① 即安提柯·多森（Antigonus Doson）。

使劲,(11)他来这不过是出于恐惧和妒忌,他根本就无意帮助伯罗奔尼撒人,相反,他的意图是摧毁你们的希望和削弱你们的权力。(12)因此,对于马其顿人在控制你们的城邦时没有劫掠你们的城邦这个问题,你们丝毫没有必要去感激马其顿人的这个人情,相反,你们应该将他们视作敌人和憎恨他们,因为,在你们有机会称霸希腊时,他们却不止一次地阻碍你们。

[30](1)还需要我对腓力的邪恶再多费口舌吗?(2)他对泰尔米(Thermi)地区的神殿犯下的暴行足以证明他对诸神的不虔敬,而他对美塞尼亚人的背叛和不忠则足以证明他对众人的残暴。(3)……因为,在希腊人中间,只有埃托利亚人胆敢直面安提帕特以及向遭受其不公正伤害的受害者提供安全保障,只有他们经受住了布伦努斯(Brennus)及其蛮族军队的进攻,(4)而且,也只有他们接受号召、前来与你们并肩作战并帮助你们恢复你们传统的霸权。①

(5)我在这个问题上已说得足够多了,但是,关于当前的决议问题,有人会说,尽管有必要进行起草,并对它进行投票表决,就好像你们是在决定一场战争,但事实上你不需要将它看成是战争。(6)亚该亚人不可能对你们的领土造成任何损害,我料想,当他们发现自己已经被敌人包围后——埃利亚人(Eleans)和美塞尼亚人从一侧对他们展开进攻(因为他们已经同我们进行了结盟),而我们自己则从另一侧对他们展开进攻——他们将只会感谢诸神。(7)至于腓力,我坚信,在埃托利亚人从陆上对他展开进攻,以及在罗马人和阿塔鲁斯国王从海上对他展开进攻的情况下,他的攻击行动很快就会停止。(8)我们确实可以从过去很容易就推测未来将要发生的事情。(9)因为,如果他仅仅只同埃托利亚人的战争都一直不能获胜的话,那么,当所有这些人联合起来时,他将怎样支撑当前这场战争呢?

[31](1)我之所以一开始就说及我的意图,是为了让你们全都认识到,你们不要被先前的战斗所妨碍,而要首先认认真真地考虑你们究竟应该联合埃托利亚人还是应该联合马其顿人这个问题。(2)但是,如果你们提前起来作战,并在这个问题上作出决定,那么,这还有进一步讨论的空间吗?(3)如果你们在安提柯给予你们好处之前就同我们结盟,那么,这或许还可以公开地去质问你们,那就是,你们是否应该屈从于后来的处境而忽视先前的义务。

---

① [中译按]在剑桥本中,英译者将洛布本第九卷第 30 章第 3—4 节内容安插在第九卷第 29 章第 4 节与第 5 节之间,因为,剑桥本英译者认为,这段话安放在第九卷第 29 章的这个位置明显更加自然和适宜。

（4）但是，由于你们大肆地夸耀安提柯给予你们的自由和安全，以至于他们后来却以此来不断地嘲笑你们，因为，在你们自己后来仔细地讨论你们是否应该同我们埃托利亚人结盟还是应该同马其顿人结盟后，你们决定同我们埃托利亚人结盟；而且，在后来的战争中，你们同我们埃托利亚人一起并肩作战，共同对抗马其顿人，这还有什么值得讨论的地方吗？（5）你们同安提柯和腓力的友谊当时就因为你们的行动而随之消失了。（6）因此，你们要么指出埃托利亚人后来对你们犯下了不义之举，要么指出马其顿人给予了你们一些好处，如果这些都不存在——在没有任何义务存在的情况下，你们先前就已经有了正确地拒绝这些人的前例——你们怎么能盘算着违反条约和誓言这种人类社会中最牢靠的忠诚纽带呢？

（6）在讲完这番难以反驳的话后，克拉尼亚斯（Chlaeneas）就结束了自己的慷慨演讲。

[32]（1）接着，阿卡纳尼亚人的使节利西斯库斯（Lyciscus）走上前去，一开始他没有向民众演讲，因为，他看到他们几乎所有人都在相互讨论克拉尼亚斯所作的这番演讲，（2）但是，当现场最终安静下来后，他就开始了自己的如下演讲：

（3）斯巴达人啊，阿卡纳尼亚同盟（Acarnanian League）将我和其他使节派到你们这里；由于我们一直以来同马其顿人几乎有着共同的事业，因此，我们觉得这个使团代表了马其顿，也代表了我们自己的国家。（4）正如在战争中——由于马其顿国事的昌盛和强大——我们国家的安全仰赖于他们一样，在外交争端中，我们阿卡纳尼亚人的利益同马其顿人的权利也不可分割。（5）因此，如果我的大部分演讲涉及腓力和马其顿，那么，你们也务必不要大惊小怪。（6）现在克拉尼亚斯在他的演讲的结尾概括性地总结了埃托利亚人与你们之间的义务。（7）因为，他说道："如果后来你们同埃托利亚人结盟，你们遇到了他们的任何伤害或者冒犯，或者甚至遇到了马其顿人的友善，那么，当前的提议就应该重新进行恰当地讨论；(8)但是，如果这种事情根本就没有发生，并且，如果现在我们阿卡纳尼亚人认为，通过引述安提柯的好处和你们先前批准的法令，我们就能够废除誓言和条约，那么，我们是世界上最大的笨蛋。"(9)好吧，正如他所说，如果后来没有发生任何事情，希腊的局势同你们只与埃托利亚人结盟时完全一样，那么，我承认我是世界上最大的傻瓜，而且，我将向你们所作的讲话也会是徒劳无功的。(10)但是，如果情况完全相反——对此，在这这番讲话中我会清楚地进行说明——那么，我认为，你们会确信我的建议将对你们大有裨益，而克拉尼亚斯的建议将是完全错误的。(11)我们特意来到这里，因为，我们相信我们应该就这个问题对你们发表讲话：也即是向你们表明，当你们听说希腊遭遇的危险是多么严重后，通过加入到我们的事业当中来，如果可能的话，采用一个既值得尊重又值得你们接受的政策，那么，这将是你们的责任和利益所在；(12)或者，即使不这样做，那么，至少不要积极地介入到当前这场争议之中。

[33](1)但是，由于我们的敌人通过追溯到古代，以此来指控马其顿王室，因此，我觉得自己有责任就这些问题首先向你们讲上寥寥数语，以纠正那些误信这番错误陈述之人。

(2)克拉尼亚斯那时说道，阿米塔斯(Amyntas)之子腓力通过摧毁奥利萨斯，从而使自己成为色萨利的主人，(3)然而，我要说的是，不仅色萨利人，甚至其他希腊人，全都将自己的安全归功到腓力身上。(4)当奥诺马科斯(Onomarchus)和斐洛米卢斯(Philomelus)无视宗教和律法，占领德尔菲(Delphi)，并将神明的财宝据为己有时，难道你们当中就没有人意识到，他们正在建造一个没有任何希腊人胆敢面对的强大力量吗？(5)确实，就在这样如此不敬地行事时，他们几乎就要成为全希腊的主人。(6)当时腓力主动提供了帮助，摧毁了僭主，保卫了神殿，他成为了希腊自由的再造者，这个事实甚至可以得到后人的佐证。(7)他们所有人全部一致地选举腓力为海陆军的统帅——这种荣誉先前没有授予过任何人——这不是因为他像克拉尼亚斯信誓旦旦地所说的那样伤害了色萨利人，而是因为他是全希腊的救主。(8)"啊，但是，"他说道，"他却率领自己的军队进入了拉科尼亚(Laconia)。"(9)事情也确实如此,但是,正如你们所知道的那样,这不是出于他自己的意愿,而是出于他在伯罗奔尼撒的朋友和盟友反复邀请和恳求后,他才勉强同意这样做的。(10)当他抵达后,克拉尼亚斯,请你们祈祷考虑一番,他会如何表现。(11)本来他可以尽其所能地利用周边民族的憎恨,从而蹂躏斯巴达人的领土和羞辱斯巴达人的城邦,他的行动也会由此赢得巨大的感激,但是,他并没有采用这样的做法,而是通过震慑斯巴达和斯巴达人的敌人,从而迫使他们双方通过代表大会来解决分歧,进而让所有人的共同利益都可以得到维护:(12)他不是将自己推举为争议的仲裁人,而是任命了一个从全希腊选出的仲裁委员会。难道这就是所谓应受严厉批评和谴责的行动吗?

[34](1)再者,你们严厉地谴责了亚历山大,因为,当他认为底比斯冤枉了自己时,他惩罚了这座城邦。(2)但是,你们却根本没有提及他是怎样严厉地报复波斯人对全希腊人的暴行的,以及他是怎样通过奴役野蛮人和剥夺他们用来毁灭希腊人的资源——(3)有时则通过使雅典人与底比斯人同这些斯巴达人的祖先进行较量——从而将我们所有人从巨大的痛苦中拯救出来的;他最终是怎样让亚洲臣服希腊的。(4)至于亚历山大的继业者们,你们怎么竟然也没有提及他们呢?(5)根据环境的不同,他们确实常常会对不同的民族给予好处和施予伤害,因此,一些民族确实可能会对他们深为怨恨。(6)但是,你们埃托利亚人却丝毫没有这样做的权利,因为,你们从来没有为任何民族做过任何好事,相反,你们在很多时候却坏事做尽。(7)请你们告诉我,谁邀请了德米特里之子安提柯前来相助解散亚该亚同盟?谁同伊庇鲁斯的亚历山大(Alexander of Epirus)缔结了一个用来奴役和肢解阿卡纳尼亚人的宣过誓的条约?(8)难道不是你们吗?谁挑选和派遣了你们这样的统帅,他们甚至胆敢亵渎神圣不可侵犯的圣所,(9)提麦奥斯(Timaeus)洗劫了塔纳鲁斯(Taenarus)的波塞冬(Poseidon)圣所和鲁西(Lusi)的阿耳忒弥斯(Artemis)圣所,(10)而法利库斯(Pharycus)掠夺了阿尔戈斯的赫拉(Hera)圣所,波利克里图斯(Polycritus)则劫掠了曼提尼亚(Mantinea)的波塞冬圣所。(11)我们还需要说拉塔布斯(Lattabus)和尼科斯特拉图斯(Nicostratus)吗?难道他们没有在和平时期背信弃义地在帕姆波奥提亚人(Pamboeotian)①的神圣节日发起进攻?难道这不是同斯基泰人(Scythians)和高卢人所犯下的相提并论的暴行?亚历山大的继业者们从未犯下这样的暴行。

---

① [中译按]Pamboeotian 亦写作 Pan-Boeotians。

[35](1)尽管你们不能对这些行为提供任何的辩护,但是,你们却大言不惭地大谈自己抵抗了野蛮人对德尔菲的进攻,并恬不知耻地声称希腊人都应该为此而感激你们。(2)然而,如果这仅有的帮助都要感激埃托利亚人,那么,我们为什么不高度尊敬几乎全部生命都在同野蛮人进行战斗以捍卫希腊的安全的马其顿人呢?(3)如果不是马其顿人及其雄心勃勃的国王们的阻挡作用,谁不知道希腊将会不断地卷入巨大的危险当中?这是最好的证据。(4)一打败托勒密·塞拉乌努斯(Ptolemy Ceraunus),高卢人立即就轻视起马其顿人来,对其他所有敌人毫不在乎的布伦努斯(Brennus)率领自己的军队迅速进军希腊中部,如果不是马其顿人保护我们的边境,那么,后果可想而知。

(5)对于过去,我本可以说得更多,但是,我想自己已经说得够多了。(6)在腓力的所有行动当中,他们印证其摧毁神殿来证明他的不虔敬,但是,他们却没有对自己在迪乌姆(Dium)和多多纳(Donona)的神殿及其诸神的神圣区域的野蛮暴行说一句话。(7)他们本应该首先提及这些。当你们在控诉自己所遭受的罪恶时,你们对这些罪恶的严重性往往夸大其词,但是,当涉及你们自己无缘无故地对其他民族施予邪恶的暴行时,你们埃托利亚人却沉默不语。(8)因为你们非常清楚,人人都会把不义和伤害都归罪给那些首先诉诸这种暴行的人。

[36](1)至于安提柯的行动,我将仅仅提及这些,以避免轻视所发生的事情或者将他这样的行为视作无关紧要。(2)至于我自己,我觉得,历史并不存在安提柯展现给你们的这种仁慈的记录。事实上,在我看来,这似乎是不可超越的。(3)接下来的事实将会表明这一点。安提柯同你们开战,并在一场激战中打败了你们,借助于军队的力量,他占领了你们的国土和城镇。(4)他本应该严格地对你们行使所有的战争权力。但是,他非但没有严厉地对待你们,反而除了给你们其他好处之外,他还给你们驱逐了僭主,并恢复了你们的法律和你们古老的宪制。(5)作为回报,在全希腊人的见证下,你们在公共节日中公开宣布安提柯是你们的拯救者和保护人。

(6)你们接下来应该采取什么样的举措?斯巴达的先生们,我就将告诉你们我的看法,你们也不要大惊小怪。因为,我根本就无意对你们进行无礼的指责,而只是迫于环境的压力和出于公众的利益。这就是我必须要说的东西。(7)在先前的战争中,你们不应该站在埃托利亚人一边,而应该站在马其顿人一边;现在面对这些请求,你们也应该倒向腓力一边,而非埃托利亚人一边。(8)但是,可能有人会反对说,这将使你们违反条约。(9)现在究竟是哪一种行为更加邪恶呢——是罔顾同埃托利亚人的私下协定,还是罔顾在所有希腊人见证下铭刻在神圣石柱上的条约?(10)抛弃这些从来没有带给你们任何好处的人,你们有什么可懊悔的呢?然而,你们对腓力和马其顿人却毫无敬意,你们要知道,正是由于他们,你们甚至方有今天进行审慎考虑的权利。(11)你们认为对朋友守信是一种责任吗?(12)然而,正如现在的埃托利亚人前来请求你们做的那样,与其虔敬地遵守一个书面条约,不如不虔敬地同你们的保护人开战。

[37](1)对于这个主题,我已经说得够多了,在那些吹毛求疵的人看来,我的讲话完全没有涉及当前的局势。(2)那么,现在我就回到我的对手们所言及的主要问题上来。(3)这个主要问题也即是,如果情况与你们同埃托利亚人结盟时一样,那么,你们就应该保持你们原先的立场,因为,这是原则性问题。但是,如果形势发生了根本性的变化,那么,你们就应该重新进行审慎的讨论。(4)因此,我要问克里奥尼库斯(Cleonicus)和克拉尼亚斯,当你们第一次邀请斯巴达人同你们一起行动时,谁是你们的盟友?(5)难道不是整个希腊吗?(6)但是,你们现在同谁联合,或者,你们现在邀请斯巴达人前来是属于哪种结盟?难道这不是在同野蛮人结盟吗?(7)与其说相似,不如说现在的情形完全相反。你们在同自己的对手亚该亚人和马其顿人争夺霸权和荣誉时,他们与你们同族,而且,腓力就是他们的统帅。(8)然而,现在希腊却受到了一场战争的威胁,这是一场针对异族人的战争,这些人意图奴役她,你们以为自己是在对抗腓力,但是,你们其实是在对抗你们自己和整个希腊。(9)因为,正如遭受战争威胁的人们,出于安全的考虑,他们将强于自身军队的守城部队引入自己的城邦,在消除了敌人的所有威胁后,他们自己也立即就要仰仗自己朋友的脸色来生存了,这与埃托利亚人当前所做的如出一辙。(10)因为,在他们这种一心渴望战胜腓力和羞辱马其顿人的迫切心情下,他们不会意识到,从西边引来的这种乌云可能最初只会覆盖马其顿,但是,它也迟早会沉重地威胁整个希腊。

[38](1)因此,所有的希腊人,尤其是斯巴达人,都应该预见即将来临的风暴。(2)当薛西斯派遣一名使节到你们那里索取水和土地时,斯巴达人啊,你们觉得,为什么你们的祖先会将他扔进井里,并填上土,而且让他告诉薛西斯,他已经从斯巴达那里得到了他所要求的东西——水和土地?(3)或者,为什么列奥尼达(Leonidas)及其军队明知必死无疑却仍欣然踏上征程?(4)他们不顾自己的生命危险,这肯定不只是为了他们自己的自由,也是为了其他希腊

人的自由。（5）作为这些英雄的后代，你们现在却同野蛮人结盟和并肩作战，而且，你们同伊庇鲁斯人、亚该亚人、阿卡纳尼亚人、波奥提亚人和色萨利人进行开战。（6）事实上，除了埃托利亚人，你们几乎同所有希腊人进行开战。（7）他们确实习惯于这样行事，而且，只要能得到自己想要的东西，他们觉得没有什么是可耻的，但是，你们却不一样。（8）当他们同罗马人进行了结盟后，我们还能指望这些人做什么呢？当他们从伊利里亚人那里获得了一系列的力量强化和增援后，他们立即就试图在海上进行劫掠，并背信弃义地攻占了普鲁斯（Pylus）；而且，他们从陆上围攻了克莱托（Cleitor），并将西纳埃萨人（Cynaetha）卖了奴隶。（9）正如我刚刚所说，他们先前就同安提柯缔结条约以摧毁亚该亚人和阿卡纳尼亚人，而他们现在则同罗马人缔结条约以摧毁整个希腊。

[39]（1）当一个人了解了这些事情后，他怎么可能不怀疑罗马人的进攻行动和憎恶埃托利亚人竟自缔结这种条约的无耻行径呢？（2）他们已经劫掠了奥尼亚达（Oeniadae）和纳苏斯（Nasus）的阿卡纳尼亚人，前几天他们同罗马人一起占领了不幸的安提西拉人（Anticyreans）的城市，并将它的居民卖作了奴隶。①（3）罗马人所夺走的这些小孩和妇女肯定会毫无悬念地落到外国人手上，而埃托利亚人则将抽签分配这些不幸之人的房屋。（4）这是一个人人都可以加入的高贵同盟，对你们斯巴达人来说，这个同盟特别显得高贵：（5）因为，当你们斯巴达人征服野蛮人后，你们颁布法令，强制性地规定底比斯人向诸神供奉什一税，因为，在希腊人中间，只有底比斯人在波斯入侵期间保持中立。

（6）斯巴达人啊，你们的荣誉和尊严要求你们铭记你们的祖先是谁，也要求你们防范罗马人的侵略和戒备埃托利亚人的邪恶意图，但是，最为重要的是，你们应该牢记安提柯给予你们的恩惠，继续敌视邪恶，拒斥埃托利亚人的友谊，以及同亚该亚人与马其顿人同呼吸共命运。（7）但如果你们当中一些身居高位的公民反对这个政策，那么，你们至少也应该力所能及地保持中立，不要染指埃托利亚人的任何邪恶行径。

[公元前211年秋季，腓力在色雷斯（Thrace）时，斯科帕斯（Scopas）征召埃托利亚人，以入侵阿卡纳尼亚人。阿卡纳尼亚人将自己的妻子、儿女和老人送往伊庇鲁斯，而余下的人员则发下了严厉的诅咒：除非作为埃托利亚人的征服者，否则，

---

① 即公元前211年，参见李维，第二十六卷第24—26章。

他们坚决不与自己的朋友们重新会合。参见李维第二十六卷第 25 章。]①

[40](4)在听到埃托利亚人入侵的消息后,阿卡纳尼亚人部分出于绝望,部分出于愤怒地采取了一个近乎疯狂的举措……

(5)如果他们当中有任何人从战场上幸存和逃亡,那么,他们请求所有人都不要接纳他入城或者给他生火。(6)他们对所有人,特别是伊庇鲁斯人——他们不要后者在他们的国家接纳任何逃亡者——发布了一个严厉的诅咒……

[当腓力获悉入侵的消息后,他立即率领军队前去解救阿卡纳尼亚人;他听到了埃托利亚人回国的消息。参见李维,第五十卷第 100 章。]②

腓力围攻埃基努斯

[41](1)在决定接近这两座塔楼对面的城市后,③他在每座塔楼前都建造了一座掩护工程兵和攻城槌的庇护所,而且,在塔楼之间的空地里,他在两座攻城槌之间建造了一条与城墙平行的掩护性的走廊。(2)当这个计划完成后,这座工程的外观看起来就像城墙的形状。(3)由于枝编藤条是并排放置的,所以庇护所的上层建筑物的外观和形状看起来就像一座塔楼;而它们之间的空地看起来则像一座城墙,因为,枝编藤条上面那一层起掩护作用的走廊被编织成了城垛。(4)工程兵在塔楼的底层均匀地用力操作,以使滚轴抛土前进,然后推动攻城槌前进。(5)二楼有灭火的水缸和其他工具,也有石弩。(6)三楼有大批的士兵,他们随时准备同那些试

---

① ［中译按］中括号里面的内容译自于剑桥本。
② ［中译按］中括号里面的内容译自于剑桥本。
③ 即公元前 211 年。

图摧毁攻城槌的敌人战斗。（7）从塔楼之间起掩护作用的走廊那里，他们挖掘了两条直抵城墙的壕沟。（8）它也有三座投石器，其中一座投石器可以发射一泰伦重的石块，另外两座投石器则可以发射半泰伦重的石块。（9）从营地到庇护所建造有一条地下通道用以保护工程兵，因此，工程兵既可以不从营地那里前往工事，也可以不从工事那里返回营地，从而可以避免遭到城内发射的飞弹的袭击。（10）这些工事在数天之内就全部建造完毕，因为，这个地方周边有大批所需要的材料。（11）埃基努斯（Echinus）坐落在米利安海湾（Milian Gulf），面朝南方，正好在特洛尼乌姆（Thronium）国境对面，这片土地盛产各种物产，因此，这个地方根本不会缺少腓力所需要的任何东西。（12）但是，正如我先前所说，当工事一完成，他们立即开始将壕沟和围城器械向城墙推进。

[42]（1）当腓力正在围攻埃基努斯时，他在城镇两边都很好地确保了自己的有利地位，而且，他在外侧通过利用一条壕沟和一道城墙来强化自己的营地安全，罗马代执政官普布里乌斯·苏比修斯和埃托利亚将军①多利马克（Dorimachus）②都亲自现身战场——（2）普布里乌斯率领了一支舰队，多利马克则率领了一支步兵和骑兵部队——（3）当他们进攻有壕沟保护的营地却遭到驱逐后，腓力更加奋力地围攻起被包围的埃基努斯人（Echinaeans）。（4）多利马克不能通过切断补给而迫使腓力解除围城，因为，腓力可以通过海路得到补给……

罗马人攻占埃基纳

（5）当罗马人攻占了埃基纳（Aegina）后，那些没有逃走、聚集在

---

① ［中译按］洛布本英译者将"埃托利亚将军"（Strategus of the Aetolians）误译作"亚该亚将军"（Strategus of the Achaeans）。

② 斯科帕斯（Scopas，公元前 211 年—前 210 年）肯定已经下台，亦即他在公元前210 年秋季之后下台。

船上的居民恳求代执政官允许他们派遣使团到他们同族的城邦，以获取赎金。（6）普布里乌斯最初非常坚决地予以拒绝，他说道，当他们以前仍然是自己的主人，而不是当他们现在是奴隶时，他们就应该派遣使团到这里来请求怜悯。（7）不久前，他们甚至不会屈尊回复他的使节，现在当他们落到他手上后，他们却希望派遣使团到他们的亲属那里，这不是愚蠢至极吗？（8）当时他就用这番话将那些来找他的人打发走了。但是，第二天，他将所有的战俘召集到一起说道，对于埃基纳人（Aeginetans），他没有任何理由仁慈地厚待他们，但是，出于对其他希腊人的考虑，他将允许他们派遣使团去获取赎金，因为，这是他们的习俗。

VIII. 亚洲的局势

幼发拉底河

[43]（1）幼发拉底河（Euphrates）发源于亚美尼亚（Armenia），流经叙利亚和毗邻巴比伦的一些国家。（2）人们普遍认为，它最终注入了波斯湾，但是，事实并非这样；因为，在它注入大海之前，这个地区遍布的沟渠就把河水耗干了。（3）因此，这条河流的属性同大部分河流都不相同。对于其他的河流而言，它们流经的国家越多，那么，它们的水量也就越大，而且，在冬季它们的水量最大，在盛夏则最低。（4）但是，幼发拉底河在天狼星（Dog-star）升起时，它的水量却最为充沛，在流经叙利亚时，这条河流的水量最大，接着，它越往前流，它的水量就会越来越小。（5）其原因在于，它的水量的增加不是因为冬季雨水的汇流，而是因为冰雪的融化；而它的水量的减少则是因为这条河流会分叉流进田地，出于灌溉的目的，它会越发地被进一步的细分。（6）因此，在这种情况下，军队的运输就会非常缓慢，因为，船只装满了东西，而水位又非常低，水流的作用几乎不能帮助船只前进……

第十卷（残篇）

I. 意大利的局势

塔林敦的解放

[1]①（1）从西西里海峡和利基乌姆城（Rhegium）到塔林敦的距离超过了两千斯塔德，但是，除了塔林敦港口，这片意大利海岸完全没有任何其他港口。（2）这部分意大利地区朝向西西里海和接近希腊，而且，它囊括了人口最多的蛮族部落和最著名的希腊城邦。（3）因为，布鲁提人（Bruttians）、卢卡尼亚人（Lucanians）、达乌尼亚人（Daunians）、卡拉布里亚人（Calabrians）和其他部落就生活在这个地区；（4）而利基乌姆、科乌洛尼亚（Caulonia）、洛克里（Locri）、克洛托尼亚（Croton）、梅塔滂图姆（Metapontum）和塞鲁里亚（Thurii）就位于这条海岸线上。（5）因此，对于那些来自希腊或者西西里的航行者而言，他们去往上述任何一个地方都必须在塔林敦港口抛锚停泊，这座城市也就成为生活在意大利这一侧的所有居民进行贸易和商业交流的地方。（6）一个人可以从克洛托尼亚人口的繁盛来推断出它的优越区位；尽管他们只拥有适合于夏季的近岸锚地，因而他们也相应地只拥有一个短暂的季节进行商贸活动，但是，他们仍然拥有巨大的财富，原因只在于他们的城镇和港口拥有

---

① 即公元前211年—前210年。

区位优势，然而，这种区位优势却仍然无法与塔林敦相提并论。（7）即使在今天，更不要说很早以前，就亚得里亚海港而言，塔林敦拥有非常明显的区位优势。（8）因为，从埃普基亚（Iapygia）海角，直至斯滂图姆（Sipontum），所有来自海洋对岸和在意大利停泊的人们，他们都要横穿到塔林敦，而且，这座城市是他们商品交换和买卖的集散地；（9）因为，布林迪西（Brundisium）在那时仍未建成。①（10）费边（Fabius）认识到了它的极端重要性，因此，他将其他所有事情都搁置一边，并将自己的所有注意力都转移到了这上面……

II. 西班牙的局势②

西庇阿的性格

[2]（1）现在我将叙述西庇阿在西班牙的英勇事迹，事实上，这也是他一生所有成就的开端，因此，我觉得有必要首先将读者的注意力转到他的性格和秉性（natural parts）上来。（2）他几乎是所有时代最为著名的人物，以至于所有人都希望了解他是什么样的一个人，他有什么样的天赋以及他接受了什么样的后天训练，以至于他能够成就如此辉煌的功业。（3）然而，没有人不会误入歧途或者先入为主，因为，撰写他的事迹的那些人全都严重地偏离了事实本身。（4）对于所有那些通过我的叙述，从而可以领略到他那最光荣和最冒险的英勇事迹的人而言，我自己这番叙述的正确性将是显而易见的。（5）现在其他所有历史学家都将他描述成一位受命运女神眷顾的人，他们总是将他的大部分胜利都只归功于意外和机

---

① 布林迪西港口很早就为人所知，参见希罗多德（Herod.），第四卷第99节。在公元前244年，罗马人就拓殖了这座城镇，参见李维，《罗马史摘要》（epit.），第19章。

② ［中译按］在剑桥本中，英译者将洛布本的"西班牙的局势"译作"普布里乌斯·科内利乌斯·西庇阿在西班牙的战事，公元前210年—前206年"。

运。(6)在他们看来,这种人比那些总是依靠理性的计算来行动的人要更神圣,也更值得羡慕。(7)他们没有意识到受人羡慕和受人赞美之间的区别,前者是任何普通人都可以遇到的,而后者则只属于那些审慎计算和理性健全的人,而我们恰恰应该将这些视作最神圣和最受诸神钟爱的东西。

(8)在我看来,西庇阿的性格和操守与斯巴达的立法者莱库古(Lycurgus)非常相像。(9)我们肯定不能认为,莱库古在迷信的作用下以及在皮提亚(Pythia)①的不断激励下制定了斯巴达宪制;②我们肯定也不能认为,西庇阿依靠梦境和预兆的指示,从而为自己的国家赢得了这样一个帝国。(10)但是,他们两人都看到,大部分人既不会欣然接受任何自己所不熟悉的东西,也不会在没有神恩协助的希望之下去勇敢地直面危险。(11)通过援引皮提亚的神谕,莱库古促使自己的计划更加让人可信,也更加让人接受,从而达到人们支持自己计划的目的。(12)同样地,西庇阿则通过灌输自己的计划是受到神明启示的,从而让自己的军队更加充满信心,也更加愿意直面危险。(13)然而,他所做的所有事情都是根据理性计算和先见之明来进行的,而且,他所有的行动结果总是逃不出理性的预期,对此,接下来我所叙述的内容将会很明显地予以证明。

[3](1)人们普遍认为,西庇阿为人慷慨高尚,但是,他也非常精明、审慎和专注,对此,那些与他密切交往的人——对于他们而言,他的人格宛如朗朗白日——没有人会不承认。(2)盖乌斯·拉利乌斯(Gaius Laelius)③就是这些人当中的一员,从西庇阿的孩提

---

① [中译按]皮提亚(Pythia)是德尔菲阿波罗神殿的高级女祭司,她也会发布神谕,也即是通常所说的德尔菲神谕(Oracle of Delphi)。

② 色诺芬和柏拉图皆支持莱库古所创立的斯巴达宪制可以追溯至德尔菲神殿,或者至少得到了德尔菲神殿应允的这种说法。波利比乌斯赞扬莱库古关于"政体循环"(the political cycle)的先见之明以及设计混合政体以阻止这种"政体循环"出现的先见做法,参见第六卷第3章。

③ 盖乌斯·拉利乌斯(Gaius Laelius)是公元前190年的执政官,而且,他比西庇阿多活了大约二十年时间,因此,他可以给波利比乌斯提供关于西庇阿的诸多信息。

时代直至其去世,他全程见证了西庇阿的所有所言所行,他让我深信其所说之事的确凿无疑,因为,他所说的内容似乎不仅本身可能,而且与西庇阿的伟大成就也毫无违和。(3)因为,他告诉我们说,西庇阿的第一个光辉事迹是在他父亲与汉尼拔在波河附近骑兵争锋时①崭露头角的。(4)他当时只有十七岁,②这是他第一次征战,他的父亲让他指挥一支精锐骑兵以确保其自身的安全,然而,当他看到自己的父亲在酣战中被敌军包围,身边只有两三名骑兵护卫,而且深受重伤时,他立即敦促自己身边的那些骑兵前去营救;(5)但是,当他发现他们因为敌人庞大的数量而踌躇不前时,据说,他毫无畏惧地单枪匹马冲向敌军。(6)于是,其他的士兵此刻也不得不发起攻击,敌人在惊惧之下就被冲散了开来,普布里乌斯·西庇阿就这样意外地获救了,在全军的见证下,他向拯救自己性命的儿子予以致意。③(7)这个事迹使他赢得了普遍的勇敢声誉,但是,后来当国家安危的希望全都寄托在自己身上时,他却小心翼翼地使自己不暴露于各种危险之中——这不是仰赖运气,而是依仗智慧的将军的行事特色。

[4](1)后来,④他的兄长卢西乌斯(Lucius)在竞选营造官(Aedileship)⑤——这几乎是一种向罗马的年轻人开放的最高职位,按照以往的惯例,它要选任两名贵族担任营造官;(2)但是,当时却有许多贵族候选人,普布里乌斯·西庇阿很长时间都没有冒险支持自己的兄长去竞选这个职位。(3)然而,当选举临近时,他从民众的倾向判断出自己的兄长赢得选举的机会非常渺茫,但他自己

---

① 提西诺河之战(Battle of the Ticino),参见第三卷第 64 章。
　　[中译按]Ticino(提西诺河)亦写作 Ticinus(提西纳斯河)。
② 李维认为,他当时是十八岁,而且,李维的这个看法很可能是正确的。
③ 参见第三卷第 66 章。
④ 即公元前 212 年。——洛布本注
　　即公元前 217 年年末。——剑桥本注
⑤ [中译按]aedileship(营造官)一词由 aedile 变形而来,它是古罗马掌管公共建筑物、道路、供水、社会秩序和文娱活动等事务的一种民选行政官。

却深受民众的欢迎,因此,他认定,自己的兄长赢得选举的唯一手段就是他们两兄弟一起参加竞选,于是他就想出了如下计划。(4)他看到自己的母亲正前往众神殿并向诸神献祭,以保佑自己的兄长,因为,她非常关心选举结果。(5)他只有母亲的关心,因为,他的父亲已前往西班牙远征,我在前面就已经说过,他的父亲被任命为那里的军事指挥官。因此,他告诉她说,他已经两次梦见自己做了同一个梦;那就是,他梦见自己和自己的兄长都被选为了营造官。(6)接着,他们从广场(Forum)向上走到了自己家里,她在门口遇见了他们,她伸出双臂搂住和亲吻了他们。(7)对此,他的母亲以女人那种特有的情感触动,大声地惊呼说:"我真希望在那天能看到你的梦想成真啊"。或者类似的话。(8)"母亲,那你希望我们去试一试吗?"他说道。对此,她当然乐见其成地欣然同意,因为,她从未想到他会冒险一试,她只是将它当成一个随口一说的玩笑话,因为他还太过年轻。(9)于是,他恳求她立即为他准备一件白色的托加,候选人竞选公职时通常都穿这种白色托加。

[5](1)她所说的话像清风一样过眼无痕了,但是,身穿一件白色托加的西庇阿在他母亲仍在睡觉时就去到了广场。(2)由于这意想不到的景象,也由于他先前深受人民的爱戴,因此,他得到了人民的热情欢迎;接着,他走到了指定给候选人的区域,并站到了他的兄长旁边,(3)人民不仅将官职授予给了西庇阿,而且,因为他的缘故,他们也将官职授予给了他的兄长,他们两兄弟都以营造官的身份回到了自己家里。(4)当这个消息突然传到他母亲的耳朵时,她喜出望外地在门口遇见了他们,她饱含深情地拥抱和亲吻了这两个年轻人。(5)因此,先前所有听过其梦境的人都认为,不仅在晚上睡觉之时,甚至就连在白天和现实当中,西庇阿都与神明相通。(6)事实上根本就不存在什么梦境,但是,友善、慷慨和谦恭的西庇阿认为,他可以通过这种手段赢得人民的爱戴。(7)因此,通过使自己的行动巧妙地切合于人民与母亲的实际情感,他不仅达到了自身的目的,而且,他被人们认为是在神明的启示下实现了自己的目的。(8)对于那些由于缺乏天赋和经验或者由于自身惰性,

从而不能正确认识机遇、原因和趋向的人而言，他们很容易将原本属于神明和机运的功劳归到凡人的精明、算计和远见之下。

（9）我觉得自己这样不厌其烦地喋喋不休完全是值得的，因为，它会使我的读者不至于被大众对西庇阿所持的那种错误传言所误导，从而忽视这位伟大人物真正最优秀和最光辉的品质，我指的是他的聪明才智和艰苦奋斗。我在后面对他的光辉事迹的叙述会更加明显地证明这一点。

[6]①（1）现在我恢复自己原来的叙述——现在他召集自己的士兵，激励他们不要为最近的失利悲观失望。（2）他说道："罗马人从未因为迦太基人的英勇而被迦太基人打败，罗马人战败完全是因为凯尔特-伊比利亚人（Celtiberians）的背叛以及你们统帅的鲁莽冲动所致，因为，两位罗马统帅过度信赖同这些部落的联盟，从而导致自身军队的彼此分散。"②（3）他接着说道："但是，现在这两个不利因素已经属于敌人了，因为，他们的营区彼此远离，而且，他们专横地对待自己的盟友，以至于他们全都疏离了迦太基人，也使他们成为了迦太基的敌人。（4）因此，他们其中一些人已经同我们进行了联络，而其他人一旦鼓起勇气和见到我们渡河，他们也将非常乐意地加入我们阵营；这不是出自他们对我们的感情，而是因为他们渴望向迦太基人的野蛮行径进行复仇。（5）但是，最为重要的是，敌军的统帅彼此之间意见不和，他们不会联合起来共同对付我们，如果他们各自进攻我们，那么，我们很容易就可以击败他们。"（6）因此，他恳求手下的士兵好好地考虑所有这些有利因素，

---

① 公元前 210 年，普布里乌斯·西庇阿在西班牙对罗马军队发表演讲。——剑桥本注
  这些事件发生于公元前 209 年春。西庇阿的父亲普布里乌斯及其伯父格纳乌斯（Gnaeus）在公元前 212 年战败被杀。第二年，尽管他当时只有 24 岁，但西庇阿却自愿从罗马前往西班牙作战，而且，他立即被任命为西班牙的军事统帅。——企鹅本注
② 迦太基人贿赂了担任罗马辅助部队的凯尔特-伊比利亚人，致使后者逃离了战场。

而且自信满满地渡河。(7)接着,他和其他指挥官决定了下一步的行动计划。在演讲结束后,他留下自己的同僚马尔库斯·西拉努斯(Marcus Silanus),让他统率三千名步兵和五百名骑兵防守津渡以保护河流北边的盟友,他自己则统率其余的军队渡过河流,他没有将自己的计划告诉任何人。(8)事实上,他已决定不做任何自己公开宣布的事情,而是突然去围攻西班牙一座他们称之为迦太基的城市。(9)这可以看作是我刚刚所说的关于他的看法的最早和最强的证据。(10)他现在不过二十七岁;但是,第一,他掌控了先前由于严重的挫败而被大部分民众认为无望的局势;(11)第二,在行动时,他弃置了那些人人所显而易见和稀松平常的措施,而是设计并实施了一个连自己的敌人和朋友都意想不到的计划。(12)没有任何事情不是经过一番最深思熟虑的计算。

[7](1)从一开始,西庇阿就在罗马通过仔细探究而获悉了凯尔特-伊比利亚人的背叛和罗马军队的分散,他认为,这是自己父亲失败的原因所在。(2)因此,他没有像大部分人那样惧怕迦太基人,也没有因为这种惧怕而使自己的斗志消沉。(3)当他后来听说埃布罗河北侧的罗马盟友仍然保持对罗马的忠诚,以及迦太基统帅之间相互争吵不断,而且他们专横地对待当地的土著民族后,他开始对远征充满信心,这不是因为他盲目相信命运女神,而是基于自己的精心算计。(4)因为,当他一到西班牙后,他就通过询问所有人和仔细探查敌人的消息,从而获悉了迦太基军队分为了三部分。(5)他听说,梅格驻扎在赫拉克勒斯之柱西侧一个名叫科尼(Conii)的国家的境内;①基斯科(Gesco)之子哈斯德鲁巴驻扎在塔古斯(Tagus)河口附近的鲁西塔尼亚(Lusitania)境内;②另一位同名的哈斯德鲁巴③则正在围攻卡佩塔尼(Carpetani)境内的一座城市:他们三人都距离新迦太基不少于十天的行程。(6)他认为,

---

① 在葡萄牙(Portugal)南部。
② 亦即在葡萄牙的大西洋沿岸。
③ 这位哈斯德鲁巴是汉尼拔的弟弟。

如果决定同敌人开战,但是,假如自己与这三人同时交战,那么,自己肯定会凶多吉少,因为,自己的前任就是这样被打败的,而且,敌人也拥有巨大的人数优势。(7)然而,如果他快速地进军其中之一,但是,假如敌人撤退或者其他敌军前来救援,那么,自己就有可能陷入被包围的危险,他担心自己将重蹈父亲和伯父的灾难的覆辙。

[8](1)因此,他拒斥了所有这些选项;当他听说新迦太基是敌军最为重要的补给基地,同时也是在当前这场战争中对自己造成严重破坏的一个源头后,在这个冬季,他通过熟悉它的民众仔细地探查了这座城市。(2)首先,他发现,在西班牙几乎只有这一座城市拥有适合军舰和海军停靠的港口,而且,它也可以让迦太基人非常便利地直接渡海到非洲。(3)其次,他听说,迦太基人在这座城市储藏了大批金钱和战争物资,以及从整个西班牙而来的人质,最为重要的是,驻守这座城市的守军只有大约一千人。(4)因为,没有人会想到,就在迦太基人几乎要征服整个西班牙时,还有人心存进攻这座城市的念头。(5)余下的居民虽然数量极其庞大,但是,他们全都是由工匠、商人和水手组成,几乎没有任何作战经验。如果他突然出现在这座城市前,他认为,所有这些因素都将不利于这座城市。(6)他不仅知晓新迦太基的地形环境、防御工事和环城潟湖的水文特征,(7)而且,他还从当地工作的一些渔夫得知,整座潟湖都非常浅显,并且,潟湖的大部分地方都可以涉水通过,除此之外,潟湖的湖水通常每天接近天黑时都会大幅退潮。(8)考虑所有这些因素后,他得出了如下结论,那就是,如果他成功地实现了自己的目的,那么,他不仅可以打击对手,而且也可以为自己赢得巨大的优势。(9)即使自己遭遇失败,只要能够确保自己营地的安全无虞(事实上,这也很容易做到,因为敌军距离自己相隔甚远),那么,他也仍然可以确保自己的军队全身而退,因为他握有制海权。(10)因此,西庇阿搁置了所有其他计划,在整个冬季营地休养期间,他都在积极准备这项军事行动。

[9](1)尽管他已经构想出了这样一个伟大计划,尽管他非常年轻(我刚刚也提到过),但是,直到他觉得时机成熟地将其公之于

众时,除了盖乌斯·拉利乌斯,他瞒过了所有人。

(2)尽管历史学家们都一致认为他做了这些算计,但是,当他们在行文叙述他的整个计划的达致时,他们都莫名地将其归诸众神与机运,而非其本人与远见。(3)尽管这完全可能,所有同他一起生活的那些人都可以作证,尽管西庇阿自己在他的书信中向腓力清晰地解释说,只有在经过深思熟虑地算计(我刚刚详细地叙述了他的这种算计)之后,他才开展了西班牙的整个战事,尤其是对新迦太基的围攻,[但是,这些历史学家却依然故我]。

(4)即使如此,西庇阿现在也仍然秘密地命令盖乌斯·拉利乌斯,让他统率一支舰队驶向那座城市——(5)正如我在前面所说,只有拉利乌斯知道这个计划——而西庇阿自己则率领陆军疾速地向它进军。(6)他有大约两万五千名步兵和两千五百名骑兵。(7)当他在第七天抵达了新迦太基后,[1]他就将军队驻扎在了这座城市的北边,他用从海洋这端延伸到海洋那端[2]的一道栅栏和两条壕沟来保护营地外侧,但是,在面对这座城市的各个方向,他没有修筑任何防护设施,因为,那个地方的地形足以保护自己的安全。

(8)既然现在我即将要叙述对这座城市的围城和占领,那么,我觉得自己理应向我的读者介绍一番它的周遭环境和地理方位。

[10](1)新迦太基位于西班牙海岸中端的一个面朝西南的海湾里面,它的出口大约二十斯塔德[3]长和十斯塔德[4]宽。由于下列

---

[1] 埃布罗河到新迦太基的距离大约是五百英里,这似乎是对其行军速度的一种错得离谱的估计。——企鹅本注

阿诺德博士(Dr. Arnold)认为,一支军队不可能在一周的时间行军这么长的路程(不少于325罗马里)。李维(26,42)毫无质疑地接受这种说法。——剑桥本注

[2] 斯特拉汉 - 戴维森先生(Mr. Strachan-Davidson)解释说,这是指从海洋到湖泊(from the sea to the lake),因为,西庇阿的军队(Scipio's lines)不会从湖边向右延伸到另一边的海洋。

[3] [中译按]二十斯塔德大约是 2.5 英里。

[4] [中译按]十斯塔德大约是 1 英里余。

原因,这个海湾可以用作港口。(2)它的出口处有一座岛屿,①在两边各自都只有一条非常狭窄的通道,而且,这座岛屿可以阻挡海浪;(3)因此,除了西南风有时会通过这两条通道吹进来,从而掀起一些海浪之外,整个海湾都非常平静。(4)没有任何其他的风浪会影扰和打破它的平静,因为,它几乎完全被内陆包围了。(5)在海湾最里面的角落里,有一座由凸起的山丘形成的半岛,新迦太基这座城市就坐落在这座山丘上,它的东面和南面都被海洋所包围,西面则由一座潟湖所包围,这座潟湖一直远远地延伸到余下一侧的北面,直至另一边的海洋。(6)只有一个地方将这座城市与大陆相连,而且,它的宽度不超过两斯塔德。②(7)这座城市的中央部分深深凹陷了下去,它靠近海洋的南面同海平面持平。另一面则被山丘包围,其中两座山丘高耸而崎岖,另外三座山丘尽管低矮很多,却是悬崖峭壁,难以逾越。(8)其中最大的一座山丘位于这座城市的东面,它向海洋突出,而且,它上面建造有一座医神神庙(Temple of Aesculapius)。(9)与它正好相对的第二座山丘则位于西面的相同位置,据说是哈斯德鲁巴意图树立王权而建造的豪华宫殿。(10)其他三座更小的山丘则位于这座城市的北面,其中最东边的那座山丘被称为火神之丘(Hill of Vulcan),(11)紧靠它的是阿勒特斯之丘(Hill of Aletes),据说,他因为发现了银矿而获得了神圣的荣誉,而第三座山丘则是著名的农神之丘(Hill of Saturn)。(12)潟湖与临近海洋之间开凿了一条人工运河,以便利航运;(13)运河上面建造了一座桥,以便利乡间的驮畜和马车运送补给。

　　[11](1)这就是这座城市的区位特征。面朝这座城市的罗马

---

① 埃斯康布里拉(Escombrera[Σκομβραρία])。我必须提醒我的读者查询斯特拉汉-戴维森先生在《西班牙迦太基的方位》(The Site of the Spanish Carthage)一书所作的附录(Mr. Strachan-Davidson's appendix),在那里,斯特拉汉-戴维森先生讨论了这些细节。参见同上第2页,第13页;李维,26,42。

② [中译按]两斯塔德大约是0.25英里。

营地有潟湖与海洋的保护,因而也就无需作任何人工防护。(2)连接这座城市与内陆的那块狭窄地带,西庇阿也没有挖掘任何防卫性的壕沟,即使它紧靠自己营地的中央——这样布局可能是为了威胁敌人,不过作这种调整也可能只是为了切合自己的特殊目的——(3)因此,无论从营地主动出击,还是其后撤退回营,军队通行时都没有任何障碍。(4)这座城市的周长那时不到二十斯塔德——尽管我非常清楚地知道,许多人认为它的周长是四十斯塔德,但这并不准确,因为,这是根据我个人的亲身观察,而不是道听途说而得来的——在我们现在这个年代,它又进一步地缩小了。

(5)当舰队按时抵达后,西庇阿决定召集军队开会并向他们发表讲话,他用那些说服自己的论据来激励他们,对此,我在前面已经详细地叙述过了。(6)他向他们证明这个计划是完全可行的,他简要指出,如果他们成功,那么它将会对敌人予以怎样的重创,以及会给罗马自身带来怎样的好处。他接着继续允诺说,金冠将会授予给第一个爬上城墙之人,而且,那些表现特别英勇的勇士也将得到和往常一样的奖品。(7)最后,他告诉他们,海神尼普顿(Neptune)①最先向他建议这个计划,祂在他睡觉时显灵,而且,祂允诺道,当行动时机到来时,祂给予的援助是如此巨大,以至于整个军队都将清晰地见到祂的协助。(8)在这番演讲中,西庇阿将精确的算计、金冠的允诺和神明的协助巧妙地结合了起来,这在士兵中间激起了巨大的热情和士气。

[12](1)第二天,装备有各种投掷物的舰船在拉利乌斯的指挥下从海上包围了这座城市,西庇阿从陆路派出了两千名手持攻城云梯的最强悍战士,他在大约第三个小时开始展开进攻。(2)这座城市的军事统帅梅格将自己的一千名守军分成了两组,其中一组驻守在城堡内,另外一组则驻守在东面的山丘上。(3)至于其他居民,他则以在城内能找到的武器武装了其中大约两千名最身强力壮之人,并将他们驻守在通向地峡和敌营的那座城门附近;余下的

---

① [中译按]海神尼普顿(Neptune)即海神波塞冬(Poseidon)。

人,他则命令他们尽其所能地防卫整个城墙。(4)一旦西庇阿吹响作为进攻信号的号角,梅格就派遣那些已经武装完备的市民从这座城门出击,他深信自己可以在进攻的敌人中间制造恐慌,从而彻底挫败敌人的计划。(5)他们对从营地出击和现在在地峡布阵的罗马人发动了一场勇敢的进攻,伴随着双方高昂的呐喊助威声,一场激烈的战斗爆发了,营内的罗马人和城内的迦太基人都在为各自的人马欢呼鼓气。(6)但是,两边的争夺完全不平等,迦太基人只能通过一道城门出击,而且,他们要走将近两斯塔德①的路程;然而,罗马人却可以得到近在咫尺的支援,他们可以从不同的方向出击,这就是双方战斗不平等的原因所在。(7)西庇阿有意地将自己的军队部署在靠近营地的地方,以尽可能地引诱敌人出来,因为,他深知,如果他摧毁了这些所谓的市民中的精锐之士,那么,他就可以重挫他们的士气,进而也就没有任何人胆敢再冒险从城门出击了。(8)然而,战斗仍激烈地进行了一段时间,因为,双方都出动了自己的精锐。(9)但是,最后由于增援部队源源不断地从罗马人的营地开来,迦太基人被敌军的人数优势压倒,他们纷纷开始逃亡,许多人在战斗中或者在撤退中被杀,但是,更多的人则是在从城门进城的过程中间相互踩踏而死。(10)当这一幕发生时,城内的民众陷入了巨大的恐慌,以至于甚至连保卫城墙的那些守卫者都逃亡了。(11)罗马人几乎就要同那些逃亡者一起成功入城,而且,他们架设在城墙上的攻城云梯也完全安全无虞,根本就没有遇到任何阻挡。

[13](1)西庇阿尽管亲身参与了战斗,但是,他尽可能地确保自己的安全。(2)他让三个人手持巨大的盾牌随侍在侧,他们紧密地举起这些盾牌,以覆盖住暴露在城墙的那一侧,从而保护他的安全。(3)因此,通过这种方式,他得以在阵线上来回穿梭或者登上高地观察战斗,这进而也为那一天的胜利做出了巨大贡献。(4)因为,这既能让他看见自己军队的作战进展,也能让自己军队全都可以看见他,他极大地鼓舞了士兵的战斗热情。(5)结果就是,能够

---

① [中译按]两斯塔德大约相当于0.25英里。

促进作战胜利的所有事情不仅全都没有遗漏,而且,一旦局势出现任何需要,他都能立即予以满足。

(6)当前排队伍英勇地向前攀爬云梯时,他们发现,行动的危险不在于守军的人数,而在于城墙的惊人高度。(7)因此,当城墙上的守军看到进攻者遭遇的困难后,他们就开始鼓起勇气来。(8)因为,同时攀爬云梯的士兵人数太多,以至于云梯的承载过重,这最终导致一些云梯折断了;而其他人则由于往上攀爬的位置太高而头昏目眩,以至于任何轻微的抵抗都足以将攻城者推落云梯。(9)无论何时,守军从城垛抛掷应急的横木或者诸如之类的物体,云梯上的所有攻城者都将被彻底扫翻并跌落地面。(10)尽管所有这些障碍困难重重,但是,这都没能阻挡住罗马人进攻的热情和盛怒;相反,当第一个攀登者跌落在空地,第二个攀登者马上就会填充上去。(11)然而,现在白日已经过去很久了,士兵们也全都疲惫不堪、筋疲力尽了,因此,西庇阿就用吹号召回了进攻者。

[14](1)城内的守军现在乐坏了,因为,他们认为自己打退了敌人的进攻。(2)但是,现在正在等待退潮的西庇阿,在潟湖岸边已经准备了五百名手持云梯的士兵,同时,他在地峡和城门征召了一些新的军队。(3)向士兵发表了一番演讲后,他给予了他们比之前更多的云梯,因此,现在整个城墙到处都是攀登者了。(4)当进攻的信号响起后,进攻者在城墙上树起云梯,他们勇敢地在各个地方攀爬起来,城墙上的守军陷入了巨大的混乱,他们开始变得非常失望沮丧。(5)他们原以为自己已经脱离了危险,但是,现在他们却看到自己在新一轮的进攻下又岌岌可危了。(6)与此同时,他们的弹药已经耗尽,而且,他们遭遇的严重损失也让他们深感灰心丧气。尽管他们遭受了如此巨大的损失,但是,他们仍然在竭尽所能地抵挡进攻。

(7)就在云梯上的争夺进入白热化的时候,海水开始退潮了,(8)海水慢慢地从潟湖边缘退去,一股巨大而奔腾的水流通过水道流向临近的海洋,因此,对于那些从未见过这种场景的人来说,这看起来太不可思议了。(9)但是,西庇阿准备好向导,并命令所有那些选派作这项行动的士兵无所畏惧地涉水而行。(10)在鼓动士兵时,他确实拥有那种激励军队英勇和自信地战斗的特殊天赋。(11)因此,他们现在立即服从命令,而且,他们彼此争相涉过浅滩,全军都心怀这项行动必定是某些神明启示他们去做的想法。(12)这让他们现在想起了西庇阿所提到的海神尼普顿以及他在演讲中所作的允诺,这些都让他们士气倍增:他们将盾牌举在头上紧紧扣住,并强行杀向城门,他们开始试图用战斧和手斧在城门下砍出一条通道。(13)与此同时,那些穿过潟湖抵达城墙的士兵发现,城垛已经弃守,因此,他们不仅不受干扰地将云梯矗立起来,而且还攀爬上去,不费吹灰之力地攻占了城墙。(14)因为,守军已经将注意力转移到了其他地方,尤其是地峡和城门。(15)因为,他们从未想到敌人会从潟湖那边进抵城墙,不过,最为重要的是,当时城内的叫喊声是如此嘈杂,同时城内也是如此拥挤和混乱,以至于他们既没有听到任何异常,也没有看到任何危险。

[15](1)一旦罗马人发现自己攻占了城墙,他们就开始沿着城墙扫荡沿途的敌人,他们的武器性质非常适合执行这种任务。(2)当他们抵达城门时,他们当中的一些人下来砍断门闩,与此同时,城门外的那些罗马士兵也开始强行破门而入,而那些在地峡方向攀爬城墙的士兵现在也已经制服了守军,并在城垛里立有一席之地。(3)当城墙最终以这种方式被攻占后,那些从城门进入城内的士兵在清除其守军后攻占了东边的山丘。(4)当西庇阿认为已有足够数量的军队进入城内后,他就让其中大部分军队对付起城内的居民来——这也是罗马人的习惯——他命令他们杀死他们所遇到的所有生命,毫不留情,但是,他们不得进行劫掠,除非上面下令这样做。(5)我认为,他们这样做的目的是为了引发恐惧。因此,当一座城镇被罗马人攻占后,人们常常可以看到不仅仅有人的尸体,而且还有被砍成两半的狗的尸体,以及其他动物的残肢碎片。在这次,这样的屠杀规模非常庞大,因为,这座城市拥有庞大数量的人员和动物。(6)西庇阿自己则率领大约一千名士兵继续向城堡进军。(7)当西庇阿靠近后,梅格一开始试图进行抵抗,但

是,后来当他看到这座城市已经没有任何悬念地被罗马人攻占后,他就派出了一名信使来祈求宽恕自己的性命,而且,他交出了城堡。(8)接着,西庇阿发出了信号,屠杀随即停止,军队开始进行劫掠。(9)当夜幕降临时,那些接到命令留在营区的罗马人留在营区,而西庇阿自己则率领一千名士兵在城堡里露营,他通过保民官将他们从民房内召回,而且,他命令他们将所有的战利品都收集在市场内,每个步兵支队(maniple)都各自交出自己的战利品,然后,他安排了一些哨兵睡在这里以看护它们。(10)接着,他从营地召集了轻装军队,并安排他们驻扎在东边的山丘上。

(11)罗马人就是以这种方式攻占了新迦太基。

[16](1)第二天,迦太基军队的行李以及市民与工匠的家庭财产全都集中在市场,保民官按照往常的习惯将它们在各军团中间进行分配。(2)在占领城市的过程中,罗马人按照如下的方法进行安排:根据城市的规模,有时从每个支队当中指定一定数量的士兵,有时指定一定数量的整个支队去收集战利品,(3)但是,他们从未动用超过整个军队的半数,其余的军队则仍然留在队伍里待命,他们有时待在城内,有时待在城外,这要视情况而定。(4)由于他们的军队通常由两个罗马军团和两个盟军军团组成,这全部四个军团很少一起集中,所有那些指定去劫掠的士兵都会将战利品带回,接着,每个人都要回到他自己的军团;在将这些战利品变卖后,保民官将其在所有人中间进行平均分配;(5)这其中不仅包括留在后面以保护军队的那些士兵,也包括那些保卫帐篷的士兵、生病的士兵以及由于特殊任务而缺席不在现场的士兵。(6)我先前在讨论罗马宪制时就已经详细地说过,根据他们第一次在营地集结以准备出征而发下的誓言,在分配战利品的问题上,没有人会独占战利品。(8)因此,当一半的军队分散开来去劫掠,另一半军队留在营内以给他们提供保护时,罗马人从来就不会有因为个人的贪婪而遭受灾祸的情况。(9)那些劫掠的士兵和那些留下来给他们提供保护的士兵,他们双方都会非常自信地相信,他们都将得到属于自己份额的那份战利品,没有人会离开队伍,而离开队伍通常都会

对其他军队造成切实的损害。

[17](1)由于大部分人是为了获得利益而忍受困苦和危险，很明显，当机会出现在自己面前时，那些留作预备部队或者留在营区的部队不太可能做到自我克制；(2)因为，我们的一般原则就是属于自己的东西要自己亲手拿着。(3)即使是任何一位细致周到的将军或者国王下令将所有的战利品都带过来成立一个共同基金，所有人也仍会尽可能地隐藏那些自认为已经属于自己的东西。(4)结果就是，军队的指挥官根本就不能抑制士兵们蠢蠢欲动的纵情劫掠的欲望，以至于他们常常面临灭顶之灾，确实，在赢得诸如攻占敌军的营地或者城镇的胜利之后，仅仅由于上述这个原因，许多得胜的军队不但惨遭驱逐，而且深受巨大劫难。(5)因此，军队的指挥官应该百般防范和预见这种事情，当这种机会出现时，他要尽可能地让所有人都平等地分享战利品。

(6)保民官现在正在忙于分配战利品，而罗马军队的统帅则将总计略少于一万人的俘虏集中起来，他将他们分成了两部分，其中一部分是市民及其妻子儿女，另一部分是工匠。(7)其后，他首先告诫这些人效忠罗马人和牢记罗马人对他们的友善，接着，他允许他们全部返回他们自己的家里。(8)这意想不到的释放让他们立即纷纷喜极而泣，他们向西庇阿鞠躬致意后就离开了。(9)他接着告诉那些工匠道，他们现在是罗马人的公共奴隶，但是，如果他们在各自的手艺中表现出忠诚和热情，那么，一旦成功地结束对迦太基的战争，他将允诺给他们自由。(10)他命令他们去财务官(Quaestor)那里将名字登记注册，他为每三十人任命了一名罗马监管员，他们的人数总计大约两千人。(11)对于余下的俘虏，他则从中将那些最强壮、最精神和最年轻之人挑选出来，并将他们分配去船上效力。(12)通过这种方式，他比之前增加了多达一半的水手，同时，他也装备了所俘获的舰船，因此，每一艘舰船的人数现在是先前的将近两倍。(13)他俘获的舰船数量是十八艘，他原有的舰船数量是三十五艘。(14)一旦战胜迦太基，他也允诺这些人自由，如果他们表现忠诚和热情的话。(15)通过这种处置俘虏的方式，他赢得了市民的巨大爱戴和忠诚,而那些工匠也热情洋溢地为罗马人效力,因为他们都希望能够恢复自己的自由。(16)因而,他的远见让他抓住了这次机会,从而使他的舰队再一次地扩大了一半……

[18](1)接着,他将梅格和梅格身边的迦太基人分开,其中有两人是长老会(council of elders)的长老,有十五人是元老院(the senate)的元老。① (2)他将这些人交给拉利乌斯好生地进行看押。(3)接着,他邀请人质——这些人质的人数超过了三百人——前来拜见自己;(4)他将其中的小孩子全都一个接一个地叫过来,轻抚他们的脑袋,告诉他们不要害怕,因为,他们几天后就可以见到他们自己的父母。(5)他也好生地劝慰其他人,盼咐他们全都向他们各自所属的城市的家乡写信:第一,他们全都安然无恙;第二,罗马人将把他们全部安全地送回他们自己的家乡,如果他们的亲人选择与罗马进行结盟的话。(6)在讲完这番话后,他从战利品中预留了最适于用作这种目的的礼物,而且,每一件礼物都是根据他们的性别和年龄来进行赠送的,给女孩子赠送耳环和手镯,给男孩子赠送匕首和宝剑。(7)当其中一位女俘——她是曼顿乌斯(Mandonius)的妻子,而曼顿乌斯是埃尔基特斯(Ilergetes)国王安多巴勒斯(Andobales)②的兄弟——跪倒在他的脚下,眼泪婆娑地恳求他比迦太基人更恰当地对待她们时,西庇阿深感触动,他询问她们需要什么东西。(8)这位女人确实年事已高,而且自带一种王者般的尊贵。(9)她没有答复,于是他就派遣官员前去照看那些女人。(10)当他们报告说,他们已经向她们充足地提供了所有她们

---

① γερουσιά和σύγκλητος两个词之间的涵义似乎有所不同,对照第三十六卷第4章(Cp. 36,4)。波利比乌斯将后一个词的涵义用作罗马元老院(Roman Senate);前一个词的用法参见博斯沃斯·史密斯(Bosworth Smith)的《迦太基和迦太基人》(Carthage and Carthaginians),第 27 页。它通常被称为"一百"(The Hundred)。蒙森(《罗马史》第二卷第 15 页)似乎怀疑有"一个更为庞大的议事会"(the larger council)的存在:不管怎样,它的权威被寡头政治(oligarchical gerusia)取代。

② 安多巴勒斯(Andobales)也即是李维笔下的因迪比利斯(Indibilis in Livy)。

所需要的东西后，这位女人再一次地抱紧了他的膝盖并重复了与先前相同的要求，对此，西庇阿更加感到困惑不解；(11)他原以为前去照看那些女人的官员疏忽了她们的需求，而且，他们现在又作了错误的报告，因此，他恳求这位妇女放下心来，因为，他说自己将安排其他官员来照看她们的需求，以确保她们不会缺少任何所需要的东西。(12)这位老妇犹豫了一会后说道："将军，如果你觉得我们现在只是在要求食物的话，那么，你就误解我的意思了。"(13)西庇阿当时就明白了这位妇女所要表达的真正含义；当他看到安多巴勒斯的女儿们和其他公主们的青春靓丽后，他就忍不住地流出眼泪，这位老妇的寥寥数语其实就是向自己指明了她们所处的巨大危险啊。(14)因此，他现在非常清楚地明白了她所要表达的含义，他用右手扶住她，恳求她和其他人放宽心来，(15)因为，他会像照顾自己的姊妹和儿女一样照顾她们，接着，他指派了值得自己完全信赖的手下前去照看她们。

[19](1)接着，他将所俘获的迦太基国库的所有钱款都交给了财务官。(2)这笔钱款总计超过了六百泰伦，因此，这些金钱加上他从罗马带来的四百泰伦的金钱，他现在所拥有的金钱总数超过了一千泰伦。

(3)就在这时，一些年轻的罗马人遇到了一位青春靓丽而又楚楚动人的绝色少女，他们觉得西庇阿会喜欢女人，因此，他们将这名少女带来引见给他，他们说，他们希望将这名少女作为礼物赠送给他。(4)西庇阿也被她的美丽所征服和震惊，但是，他告诉他们，如果站在私人立场而言，那么，没有任何礼物会比她更让自己欢喜了，但是，作为一名将军，这却是他最不愿意接受的礼物。(5)在我看来，通过这种回答，他希望他们明白，在一个人闲散安逸的时刻，这种事情将会给年轻人提供最惬意的享受和欢乐，但是，在声色犬马地消遣的同时，他们的身体和心灵也会造成巨大的损害。(6)不管怎样，他仍向这些年轻人表达了自己的谢意；但是，他叫来了这名少女的父亲，并立即将她交给了她的父亲，而且，他告诉这名少女的父亲，他可以将她嫁给任何他所钟意的人。(7)他在这个场合所展现出的自我克制和严以律己,让他赢得了军队的巨大尊重。

(8)当他作好这些安排,并将其余的俘虏移交给保民官后,他派遣拉利乌斯连同迦太基俘虏与其他最尊贵的俘虏一起乘坐一艘五桨座战船到罗马,以传递消息。(9)由于罗马人认为西班牙的局势凶多吉少,因此,他确信,这个消息将会振奋他们的精神,而且,他们也将加倍卖力地支持自己。

[20](1)西庇阿自己则在新迦太基停留了一段时间,以不断地训练自己的海军和命令军事保民官以下列方式训练陆军。(2)第一天,他命令士兵全副武装地以双人行进的方式行走三十斯塔德;第二天,他们全部擦洗、修复和仔细地检查自己的全部武器装备;第三天,他们休息和闲散起来;(3)第四天,他们进行军事操练,其中一些人用末端覆盖着皮革和纽扣的木剑进行剑术操练,而其他人则用末端覆盖着纽扣的标枪进行投掷操练;第五天,他们再一次地像第一天那样,全副武装地以双人行进的方式行走三十斯塔德。(4)为了不让军队操练的武器出现短缺,他尤其重视工匠的问题。(5)正如我在前面所说,①他在不同的部门都安排了能干的监管员以确保工匠顺利开工,而且,他每天都亲自去检查工场,并亲自分发他们所需的生活用品。(5)因此,步兵在城郊进行训练和演习,舰队在海洋练习划桨和训练,市民则在锋利武器、锻造黄铜或者加工木料,所有人都在热火朝天地忙于武器的制作。(7)总之,如果一个人当时看到了这座城市的这番场景,没有人不会情不自禁地用色诺芬的话说,这就是"一座战争工场(a workshop of war)啊"。②(8)当他认为所有这些工作全都充足地满足了战事的需要后,他通过安

① [中译按]参见第十卷第17章第10节。
② 参见色诺芬:《希腊史》(*Hellen.*),第三卷第4章第17节;《阿格西劳斯》(*Aegsil.*),第一卷第26节(I, 26)。
[中译按]Aegsil. 是 Agesilaus(阿格西劳斯)的缩写,在《阿格西劳斯》(*Aegsil.*)一书中,色诺芬概述了斯巴达国王阿格西劳斯二世(公元前440—前360年)的生平,色诺芬非常尊敬阿格西劳斯,他认为,无论是公民德性还是军事德性,阿格西劳斯都是一个无法超越的榜样。这位国王的生平是以编年体体裁记载的。

排卫戍部队和修复城墙来确保这座城市的安全,接着,他带上人质,率领陆军与海军开始向塔拉康(Tarracon)出征。

III. 希腊的局势

斐洛波曼

[21](1)亚该亚将军欧里勒安(Euryleon)①是一个怯懦胆小之人,而且,他也没有任何的军事经验。(2)但是,既然现在我已经叙述到了斐洛波曼一生成就的开端,就像我描述其他杰出之士的训练和性格一样,我觉得自己现在也有责任对他进行一番相同的描述。(3)历史学家们详细地叙述城市的建造,告诉我们它们是在什么时间、通过何人以及如何进行建造的,甚至详细叙述建造的情况和困难,然而,他们对当时主导这整个事项之人的训练和目的却略而不谈,尽管这种信息实际上价值连城,这种自相矛盾的做法难道不是一件很奇怪的事情吗?(4)由于活生生的人比没有生命的死气建筑更有可能唤起一个人追赶和仿效的欲望,因此,对于一名读者的自我提升而言,前者的历史自然更具有学习的价值。(5)因此,如果我没有单独地描述斐洛波曼,尤其没有清晰地描述他的为人、他的出身以及他年轻时所接受的训练,那么,我觉得现在自己就有必要对所有这些问题全都一一地进行描述。(6)然而,由于在先前的一部著作(不是当前这部著作)当中,我已经用了长达三卷的篇幅,来详细地叙述他在童年所接受的训练以及他所取得的那些著名成就;(7)因此,很明显,对于我当前的叙述,正确的做法应该是省略他早年所接受的训练和他年轻时的勃勃雄心,而且,我必须详细地强化叙述他成年后所取得的成就——因为先前那部著作只对这个问题作了简要的概述——以保证我的这两部著作的风格都可以恰如其分地得到统一。(8)作为一种称颂体著作,前一部著

---

① 欧里勒安(Euryleon)是公元前210—前209年的亚该亚将军。

作要求以概述和略显夸张式地记载他的成就;然而,当前这部著作却是一部历史著作——历史著作要求不偏不倚地进行赞扬和批评——它要求以一种严格而正确的方式进行记述,而且,他所进行的赞扬和批评都要有切实的根据。

[22](1)斐洛波曼出身高贵,他的家族是阿卡迪亚地区最高贵的家族之一。他在曼提尼亚的克利安德(Cleander of Mantinea)的监管下成长和接受教育,克利安德以前是他父亲的老朋友,而且当时恰好流亡在外。(2)当他长大成人后,他成为了埃克德穆斯(Ecdemus)和德莫法尼斯(Demophanes)的崇拜者,他们都是梅格洛波利斯人,但遭到僭主们的流放,在流亡期间,他们同哲学家阿塞西劳斯(Arcesilaus)联系密切,通过密谋反对僭主阿里斯托德穆斯(Aristodemus),他们不但成功地解放了自己的国家,而且,他们连同阿拉图斯一起推翻了西西昂(Sicyon)僭主尼科克勒斯(Nicocles)。(3)除此之外,应西兰尼人(Cyrene)的邀请,他们英勇地声援了西兰尼人的事业和维护了他们的自由。(4)在他的早年,他同这两人度过了很长的时间;无论是打猎还是战争,他的英勇和坚忍很快就在所有同代人中间脱颖而出。(5)在穿衣和其他诸如此类的问题上,他也审慎地过着一种严格而简朴的生活,因为,这些人已经给他灌输了这样一种信念,那就是,一个人如果对自己的个人行为都不以为意的话,那么,他也不可能管理好公共事务;而且,如果一个人的生活挥霍无度,完全同自己的收入不相匹配,那么,他不可能不挪用公共资金。

(6)当亚该亚人这次任命他为骑兵长官时,[①]他就发现,营团的战士杂乱无章且士气低落,但是,通过让他们接受一系列真正的训练和激励他们追逐胜利的热情,在很短的时间之内,(7)他就不仅让他们恢复了士气,而且,他甚至让他们超越了敌军的骑兵。(8)事实上,大部分担任骑兵长官这个职位之人,他们其中一些人

---

① 公元前210年,斐洛波曼被选作骑兵长官(Hipparch),对照普鲁塔克:《斐洛波曼》(*Phil.*),第七卷。

由于根本就不懂任何骑兵战术，以至于他们甚至都不敢对自己手下的骑兵下达任何正确的命令；（9）而其他人则将这个职位视作将军之位的升迁通道，因此，他们会竭尽所能地讨好士兵，以确保他们在将来的选举中支持自己，他们从不敢训斥本应遭受训斥之人，尽管这可以捍卫大众的利益，然而，他们却掩盖所有的过错，通过这种小恩小惠的给予以赢得一种无足轻重的拥戴，实际上，他们却对那些信任自己的人造成了巨大的伤害。（10）尽管一些统帅既不软弱无能，也不腐败堕落，但是，由于他们的勃勃野心，他们对步兵造成的损害比那些粗心大意的统帅更大，更不用说对骑兵的损害了。

[23]①（1）斐洛波曼认为，骑兵应该接受像下面那样的军事调动的训练，以适应所有各种不同的战争需要。（2）首先，每一位骑兵都必须学会御马左转或者右转，同时也要学会御马旋转和后转；（3）接着，他们必须学会以一个单位或者两个单位一同旋转四分之一圈、二分之一圈或者四分之三圈；（4）其后，他们再以一个连队或者两个连队（companies）的形式，从两翼或者从中央全速地进行出击，然后，他们再御马勒缰恢复连队、中队或者营团的队形。（5）除此之外，他们必须学会从后面填充间隔或者认侧向移动的方式在两翼延伸自己的战线。（6）他认为，那种通过转身来部署军队的方式不需要进行练习，因为，它与那种士兵插进行军序列的方式其实殊途同归。（7）接着，他们以各种队形不断地练习冲锋和撤退，直到他们能够以一种惊人的步伐、但又可以不掉队或者不脱列地向前进发，与此同时，中队与中队之间也可以保持合适的距离。（8）因为，他认为，没有任何东西会比骑兵中队的混乱无序更加危险和无用了，在同敌人交战时，他选择以这种形态进行交战。

（9）在给民众及其市政官员下达这些命令后，他第二次访问了那些城镇，以首先检查士兵们是否服从命令，第二，那些城镇的市政官员是否能够正确而清晰地下达命令。（10）因为，他认为，对于实际的

---

① 斐洛波曼的骑兵战术，公元前 210—前 209 年。

战争而言,没有任何东西会比特定官员的效率问题更加重要了。

[24](1)在做好这些初步性的准备工作后,他将不同的城镇的骑兵集结在一个地方,他亲自在那里监督他们的行动进展和指导他们的整个军事操练。(2)他没有像我们时代的将军那样骑行在军队的前面,他们认为,最前面的位置是身为统帅的他们的适当位置。(3)我想知道,作为一名统帅,有什么事情会比将自己展示在所有士兵面前更不切实际或者更危险四伏的呢?然而,他们全都没有看到这个问题吗?(4)在这种军事操练中,骑兵长官不应该展现自己的军阶,相反,他应该在军队的前面、后面和中间展现自己身为一名统帅的能力和权力。(5)这就是斐洛波门所做的事情,他沿着队伍骑行,亲自检阅自己的所有士兵,在他们疑惑不解时,他亲自给予指导,他从一开始就纠正他们的所有错误。(6)然而,由于先前对每一个士兵和连队的训练都特别认真小心,因此,这样的错误相当琐碎和稀少。(7)法勒鲁姆的德米特里(Demetrius of Phaleron)①对此就指出,就以建筑而言,如果每一块砖块都放置正确,而且,每一个步骤都小心审慎的话,那么,所有的事情都会安然无虞;军队也是一样,如果每一个士兵和每一个连队都作了精确的安排,那么,整个军队都会强大无比。

一位马其顿演说者的演讲残篇②

[25]③(1)现在的情形就像战场上作战的军队进行军事部署和军事指挥一样。(2)轻装军队和最英勇果敢的士兵会首当其冲地暴露在危险当中,他们会最先交战且最先牺牲,然而,方阵和重装军队通常却会抢走最后胜利的荣誉。(3)同样地,当前首当其冲地

① [中译按]Demetrius of Phaleron 亦写作 Demetrius of Phalerum。
② [中译按]这篇演讲是一位马其顿演说者关于埃托利亚人同罗马人结盟的问题所作的演讲。
③ 公元前 211 年,斯科帕斯(Scopas)和多利马克(Dorimachus)协商埃托利亚人同罗马人一起结盟以对抗腓力,参见李维第二十六卷第 24 章。

暴露于危险之中的那些人就是同罗马人进行结盟的埃托利亚人和伯罗奔尼撒人，然而，罗马人则像方阵士兵一样留作后备之用。（4）如果前者被打败和摧毁，那么，罗马人将毫发无损地撤出战场，（5）但是，如果埃托利亚人赢得了胜利——但愿不会如此——那么，罗马人将会征服他们和其他所有希腊人①……

腓力五世

[26]②（1）马其顿国王腓力在庆祝了尼米亚赛会（Nemean games）后回到了阿尔戈斯，他将自己的王冠和紫袍弃置一旁，以期给人留下自己同其他人平起平坐以及自己是一位仁慈宽大和深受大众欢迎的国王的印象。（2）但是，他所穿的衣服越民主化（democratic），他所具有的权力就越巨大，也越绝对。（3）他现在不再满足于引诱寡妇或者腐蚀已婚妇女，而是常常下令将任何自己所挑中的女人搞到自己身边；对于那些拒绝从命之人，他则立即进行暴力伺候，一群醉生梦死之徒喧嚣地将他引到她们的家里。（4）如果她们召唤了自己的儿子们和丈夫们过来，那么，他则用荒唐的借口来威胁他们。事实上，他的整个行径都异常骇人听闻和无法无天。（5）结果，在他停留在这个国家期间，这种专制权力的过度滥用，让他惹恼了众多的亚该亚人，尤其是那些最深孚众望的亚该亚人。（6）但是，由于他们在战争的各个方面都受到压制，以至于他们不得不很不情愿地忍受那些冒犯自己的罪恶行径……

（7）较之于腓力，先前没有任何一个国王拥有更多样的品质。（8）在我看来，他的优良品质是他天生就具有的，但是，他的缺

---

① 有一个抄本的空白处写有下面这样一句话［这句话本身可能就来自于这篇演讲，或者，它也可能是摘录者（Epitomator）的评论］："由于民众的反复无常，因此，同民主国家的结盟总是需要外部的支持。"

② 国王腓力在阿尔戈斯所作的那些行径发生在其主持尼米亚赛会（Nemean games）之后，公元前 208 年，参见李维第二十七卷第 30 章第 31 节。

陷会随着年龄的增长而增长,有些马匹在其长大后也是这种情况。(9)然而,我不会像其他历史学家那样,将这样的判断放在自己著作的需要当中,(10)而是在自己的叙述过程中,我会在合适的场合来传达我对国王或者其他杰出人物的看法,我认为,对于一名作家和读者而言,这种方法是一种最正确和最适宜的方法。

IV. 亚洲的局势

安条克远征阿萨塞斯①

[27]②(1)不管是从领土的广袤、人口的数量与品质,还是从它出产的马匹来看,米底(Media)都是亚洲地区最著名的公国。(2)事实上,它几乎为整个亚洲提供这些动物,王室的种马场托付给米底人(Medes)管理,因为,他们拥有肥美的牧场。③(3)诸多希腊城邦——这些希腊城邦是由亚历山大建造的——以保护它免于蛮族部落的侵袭。埃克巴塔纳(Ecbatana)是一个例外。(4)这座城邦位于米底的北部,它控制着与梅奥提斯(Maeotis)和欧克西涅海(Euxine)接壤的亚洲部分。(5)它一直是米底的王室住地,而且,在财富的堆金积玉和建筑的富丽堂皇方面,它都要远远超过所有其他城邦。(6)它坐落在奥隆特斯山(Mount Orontes)的边缘,而且,它没有城墙保护,但它有一座强大的人工城堡以作防御。(7)在它下面有一座宫殿,然而,对于这座宫殿,我却一直在犹豫自己是否应该详细记述,还是应该彻底置之不理。(8)对于那些意在记载惊悚故事和习惯作出夸张骇人报道的历史学家而言,这座城邦提供了一个无与伦比的主题,但是,对于那些诸如我这般审慎的历史学家

---

① [中译按]亦即安条克三世大帝(Antiochus the Great III)与帕提亚国王阿萨塞斯三世(Arsaces III)之间的战争,公元前212—前205年。参见同上,第八卷第25章。

② 即公元前210年。

③ 参见第五卷第44章。

来说，所有与一般观念格格不入的说法都是需要认真怀疑和审慎对待的。（9）然而，这座宫殿的周长大约是七斯塔德，宫殿里面不同部分的昂贵构造证明了其原初建造者所拥有的巨额财富。（10）因为，所有的木制品都是由雪松和柏木制成，但是，没有任何一块木板裸露在外，天花板上的横梁和浮雕，以及柱廊和拱廊的支柱全都镀有金银，而且，所有的地砖都是银制的。（11）大部分的珍贵金属都在亚历山大及其马其顿人入侵期间被掠夺了，而其余部分的珍贵金属则在安提柯和尼卡诺尔（Nicanor）之子塞琉古统治时期被掠夺了。（12）然而，即使在安条克到来时，埃纳神殿（Temple of Aene）①仍然有一些支柱是镀金的，而且，大批的银质地砖也堆积其间，而一些为数不多的金砖和相当数量的银砖也仍有留存。（13）从我所提到的所有搜集起来铸造国王雕像的钱币来看，它总计将近四千泰伦。

[28]（1）阿萨塞斯原本以为安条克会进军到［米底］这个地区，但是，他没有想到他会冒险率领这样庞大的一支军队穿过毗邻的沙漠，②这主要是因为水源匮乏。（2）因为，我提及的这个地区地表上根本看不见任何水，然而，即使在沙漠里也有很多与水井相连的地下水渠，但那些不熟悉这个地区的人根本就不知道这些水井。（3）关于这些地下水渠，有一个真实的故事在当地居民中间流传。他们说，当波斯人称雄亚洲期间，如果他们能够运来淡水，那么，就将先前没有灌溉的土地的耕种权授予给他们五代人；（4）塔乌鲁斯山（Mount Taurus）有众多的溪流从山上流下，当地居民花费了巨大的代价和努力修建了地下水渠，以将水运送到很远的地方，因此，今天那些用水的人们都不知道他们的水渠的水源来自何处。（5）然而，当阿萨塞斯看到安条克正试图要穿越沙漠后，

---

① 在普鲁塔克的《阿塔克斯》第二十七卷（Artax. 27）中，这个神明也被叫作埃纳提斯神（Anaitis）；在《马加比二书》第一章第13节（2 Macc. I, 13）中，祂亦被称作纳尼亚神（Nanea）。普鲁塔克认为，埃纳神（Aene）就是阿尔忒弥斯（Artemis），其他人则认为，祂是阿芙洛狄忒（Aphrodite）。

② ［中译按］毗邻的沙漠指的是帕提亚和米底之间的沙漠。

他立即就填埋和摧毁了那些水井。(6)接到这个消息的安条克国王派遣了尼科米迪斯(Nicomedes)率领一千名骑兵开赴过去;尼科米迪斯发现阿萨塞斯已经领兵撤退了,但是,他的其中一些骑兵仍然在忙于摧毁地下水渠的井口,因此,他立即攻击并击溃了他们,在迫使他们四散逃亡后,他就回到了安条克身边。(7)安条克国王穿越了沙漠,来到了一座名叫赫卡托姆皮鲁斯(Hecatompylus)的城市,这座城市坐落在帕提亚的中央。这座城市的名字源自以下这个事实,那就是,它是通向周围所有地区的道路的会聚地。

[29](1)他让军队在这个地方休息;他断定,如果阿萨塞斯能够冒险一战的话,那么,他就不会从自己国家撤军,也不会选择一个比赫卡托姆皮鲁斯周围地区更为有利的地方来同自己进行交战了。(2)很明显地,当时任何人都会理所当然地认为,他撤军肯定另有企图。因此,安条克决定继续向赫卡尼亚(Hyrcania)进军。(3)一到塔格埃(Tagae),他就从当地居民那里获悉,在抵达向赫卡尼亚缓缓延伸的拉布斯山(Mount Labus)之前,他必须穿越一个异常崎岖艰险的地区,而且,大批的蛮族就驻守在那些他所要经过的险要之地;因此,他决定将自己的轻装军队分成不同单位,并将他们的军官也分在其中,接着,他命令他们以不同的路线向前进军。(4)他也决定将工兵部队打散,这些工兵部队的职责是同轻装军队一起进军,而且,他们要在这些轻装军队所占领的地形上开辟方阵和驮畜队伍通行的通道。(5)在做好这些安排后,他命令迪奥根尼(Diogenes)统率先前所分好的第一部分(first division)的士兵,同时统率弓箭手和投石手以及那些擅长投掷标枪与石头的山地兵,无论在任何时间和任何地方,这些山地兵都能够在任何不利的地形中进行独立作战并发挥最有效的作用。(6)接着,他命令罗德岛的波利森达斯(Polyxenidas of Rhodes)统率大约两千名手持盾牌的克里特人,最后,他命令科斯的尼科米迪斯(Nicomedes of Cos)和埃托利亚人尼科劳斯(Nicolaus)统率配有胸甲和盾牌的轻装军队。

[30]（1）随着这些分成不同部分的士兵向前进军,他们发现前进的道路比国王原先估计的更加崎岖和狭窄。（2）上山爬坡的总路程大约是三百斯塔德,其中大部分路程都要穿越一个高深的湍急河床,这个河床里面到处都是从上面悬崖自行跌落的石块或者自行倒塌的树木,以至于道路崎岖难行,而野蛮人也在其间布置了大量其他路障,这进一步加剧了通行的难度。（3）因为,他们用砍倒的树木和所搜集的大量巨型石块建造了一系列路障,而他们自己则占领了整个峡谷所有他们自认为有利的高地。（4）因此,安条克发现,如果他们没犯下明显错误的话,那么,自己的计划根本就不可能得到实施:因为,这些准备工作已经完成,而且,他们占据了这些有利的高地地形,因为,他们认为所有的军队都不得不在整个山谷前进。（5）然而,他们却没有看到,尽管方阵和驮畜队伍不可能经由他们所预想的其他通道前进——因为,对于这部分军队来说,他们不可能向山坡发起攻击——但是,没有东西可以阻止卸去负重的军队和轻装军队爬越裸露的石块。（6）因此,一旦迪奥根尼走到峡谷外,他就接触到了野蛮人的第一个前哨基地,事情的面貌也随之而全然地改变了。（7）因为,一旦遭遇敌人,迪奥根尼就根据情势的变化立即做出了相应的反应,他们从侧翼攀爬上山,从而获得了一个居高临下的高地,而且,密集投掷的标枪和石块大面积地重创了野蛮人,远距离投掷石块的投石器是他们的致命武器,敌人大部分的伤亡都是它造成的。（8）一旦他们迫使第一个前哨基地撤退和攻占他们的阵地,工兵部队就有机会安全无虞地去清理和平整他们前面的地形,而且,由于他们的人数非常庞大,他们因而很快就可以完成任务。（9）事实上,通过这种方式,投石手、弓箭手和标枪手以松散队形沿着高地向前进军,接着,他们再紧密自己的队形和攻占有利的地形,克里特人则掩护他们前进;克里特人沿着地峡的边缘与他们平行而有序地前进,野蛮人这时不再坚守自己的阵地,相反,他们放弃了自己的阵地且全部集结在了山顶。

[31]（1）安条克以我所描述的方式,安全但却非常缓慢和艰难

地穿过了最难走的那部分道路,第八天时,他只抵达了拉布斯山的山顶。(2)野蛮人正集结在那里,他们决心阻止敌人通过,一场激烈的战斗现在爆发了,由于以下原因,野蛮人在这场战斗中最终被迫后撤。(3)他们以密集的人群面对面地同方阵展开殊死搏斗,但是,在天仍然没有开亮之前,轻装军队作了一个巨大的迂回,并攻占了敌人后面的高地,当野蛮人意识到敌人的这番动作后,他们立即惊慌失措和四散逃亡起来。(4)国王耗费了巨大的力气,以阻止自己的军队继续进行追击,他通过号角来召集他们返回,因为,他希望自己的军队连续而有序地下到赫卡尼亚。(5)当他以这种方式重整自己的行军后,他进抵了塔姆布拉克斯(Tambrax),这座城市是一座没有城墙的城市,但它的面积非常的广大,而且,它有一座巨大的王宫,因此,他就驻扎在了这个地方。(6)大部分敌人——不管是战场上的敌人,还是临近地区的敌人——都已经撤退到了一座名叫锡林克斯(Sirynx)的城镇,这座城镇距离塔姆布拉克斯并不遥远,而且,由于其固若金汤和有利位置,它可以说是赫卡尼亚的首都,他于是决定攻占这座城市。(7)因此,他率领军队向前进军,当他驻扎在它的城墙下面后,他就开始围攻这座城市。他使用的主要手段是工兵在移动式掩体(mantelets)①的保护下进行开挖。(8)这座城市三面都有壕沟保护,每一条壕沟的宽度都不少于三十肘尺,其深度则都不少于十五肘尺,在每一条壕沟的边缘处都有一个双排栅栏的保护,在所有这些壕沟后面都有一道坚固的城墙。(9)在这些工事周围不断地爆发了战斗,双方都没能带走各自的死者和伤者,因为,不仅在地面上,而且连地下的巷道里面也都爆发了白刃战。(10)尽管面对种种困境,但是,由于安条克国王所具有的人数优势和个人活力,壕沟很快就被填平了,而且,城墙也被挖坏墙角,并坍塌倒下了。(11)野蛮人彻底因此丧失了勇气,在杀死了城内所有希腊人和洗劫了所有值钱的东西后,他们连夜逃走了。(12)当国王意识到这个情况后,他就派遣希佩巴斯

---

① [中译按]在剑桥本中,英译者也将其译作 pent-houses。

(Hyperbas)率领雇佣军前去追赶,当他追上野蛮人时,野蛮人就将自己所携带的那些物品全都扔掉并重新逃回城内。(13)当轻盾兵现在通过一个缺口英勇地蜂拥而入后,他们绝望地投降了。

V. 意大利的局势

执政官克劳狄·马塞鲁斯的死亡

[32]①(1)两位执政官希望准确地勘察面向敌营的那面山区,他们命令自己其余的军队都留在有壕沟保护的营地;(2)他们自己则率领两队骑兵和大约三十名轻步兵(velites)以及他们自己的扈从,前去勘测地形。(3)一些努米迪亚人——他们习惯于伏击小规模的敌人或者任何从敌营出来的敌人——恰巧危险地埋伏在山脚下。(4)他们的哨兵发信号道,一些敌人正出现在他们上面的山顶上,他们从藏身地起身,并向上挺进斜坡,他们切断了执政官的退路和挡住了他们回营的通道。(5)马塞鲁斯(Marcellus)及那些跟随他的其他人在第一轮冲杀中就被砍倒在地,其他负伤在身的人不得不被迫从不同方向逃往山下。(6)尽管营地内的罗马人亲眼目睹了所发生的一切,但是,他们根本无法前去支援自己那些岌岌可危的同胞。因为,当他们仍在惊慌失措地大声喊叫时,他们中的一些人就已经跨上战马,其他人则穿上铠甲了,但是,整个事情就已经结束了。马塞鲁斯的儿子尽管受伤了,但是,出人意料地,他九死一生地意外逃回来了。

(7)我们必须承认,降临在马塞鲁斯身上的灾难是马塞鲁斯自己的鲁莽所造成的,他的这种鲁莽不是一名将军而更像是一名蠢

① 公元前 208 年。执政官克劳狄·马塞鲁斯(M. Claudius Marcellus)和昆图斯·克里斯皮努斯(T. Quinctius Crispinus)两军的营地相距三英里,他们的营地分别是在维努西亚(Venusia)和班提亚(Bantia);汉尼拔已在布鲁提(Bruttii)地区的拉西尼亚(Lacinium),但他已进军到亚普利亚(Apulia),参见李维第二十七卷第 25—27 章。

货所为。（8）我不得不在我的整部著作中不断地提醒我的读者留意这种事情，因为我注意到，比起其他事情，身为统帅的将军们更容易在这种事情上犯错，尽管这种错误显而易见。（9）对于将军或者统帅的自身价值，难道他们不懂得自己必须尽可能地远离所有那种不影响全军命运的小规模冲突的道理吗？（10）即使他不懂得自己的价值，甚至即使局势有时迫使统帅必须亲自参与这种小规模冲突，难道他们不应该在自己的人马大批地倒下之后再冲锋陷阵吗？（11）正如谚语所言，就让卡里安（Carian）去犯险吧，将军就不用去了。① （12）在我看来，诸如"我完全始料未及"或者"谁能想到它会发生呢"之类的托辞，这通常都是无能和愚笨的最佳证明。

[33]（1）在诸多方面，我们都可以将汉尼拔视作一名伟大的将军，对此，没有任何事情可以比以下事实更能证明这一点了：（2）他在一个敌国度过了许多年，而且，在同对手频繁地进行小规模冲突中，他一次又一次地通过自己的机智重创了敌人，然而，他自己却从未遭遇不测，尽管他参与了为数众多的激烈战役；其原因就在于，他十分注意自己的个人安全。（3）这其实也正中要害；（4）因为，当统帅安然无恙时，即使他遭遇了彻底的战败，命运女神也会赐予他诸多从灾难中重新复起的机会，（5）但是，如果他身亡——这就像船上的舵手一样——即使命运女神赐予其军队获胜，这对他们也毫无意义，因为，他们所有的希望都仰赖他们的领袖。（6）那些虚张声势、爱慕虚荣、经验匮乏或者傲慢轻视敌人之人，他们很容易犯下这种错误。（7）其中一个或者几个因素一直都是导致这些灾难的原因所在……

---

① ἐν Καρὶ κινδυνεύειν, *periculum facere in corpora vili*，根据流行的解释，卡里安（Carian）是一名无足轻重的奴隶。——洛布本注
这个谚语可能源于非希腊人卡里安（Carian）频繁地受雇作佣兵，对照柏拉图：《拉凯斯》（*Laches*），187B；《欧绪德谟》（*Euthydemus*），285B；欧里庇得斯（Euripides）：《库克洛普斯》（*Cyclops*），654。——剑桥本注

在前述这个事件后汉尼拔试图攻占萨拉皮亚（Salapia）所发生的事变①

（8）通过滑轮的机械作用，他们将升高的铁闸门突然放下，从而关闭了大门，接着，他们攻击和俘获了入侵者，并将后者吊死在城墙上……

VI. 西班牙的局势

［34］②（1）正如我在前面所说，在西班牙，罗马统帅普布里乌斯·西庇阿正在塔拉康冬营，通过将人质送回他们各自的家里，他首先确保了伊比利亚人的忠诚和友谊。（2）在人质送回他们各自的家里过程中，他得到了埃德塔尼（Edetani）国王埃德克（Edeco）的自愿帮忙，在听到新迦太基沦陷的消息和获悉自己的妻儿落在西庇阿手上后，埃德克立即断定伊比利亚人会改换门庭，他渴望自己在这场运动中捷足先登。（3）这主要是因为，他深信，通过这种行动，他不仅可以恢复自己妻儿的自由，而且，这也是自己主动而非在外在压力之下投靠罗马人。（4）事情果然不出他所料。恰好就在军队分散到他们的冬季营地时，他就带着自己的亲人和朋友出现在了塔拉康。（5）当他在那里得到了与西庇阿会面的机会后，他说他要感谢诸神，因为，他是西班牙第一个前来面见西庇阿的国王。（6）他说，其他人仍然在派遣使节到迦太基和寻求迦太基人的支持，即使他们同时也向罗马人伸出了自己的双手，但是，他自己却亲自前来，他不仅将自己，而且也将自己的亲人和朋友置于罗马

---

① 在马塞鲁斯被杀后，汉尼拔试图以死去的执政官马塞鲁斯的戒指所封盖的信件来蒙混进入萨拉皮亚（Salapia），参见李维第二十七卷第28章。
② 公元前210年冬季。——企鹅本注
　 公元前209—前208年冬季，参见前引书（*supra.*），第20章。埃德塔尼（Edetani）国王埃德克（Edeco）的拥护。——剑桥本注

人的保护之下。（7）因此,如果西庇阿将他视作朋友和盟友,在当前和未来他都会为前者提供巨大的帮助。（8）因为,伊比利亚人一旦看到他得到了西庇阿的友谊,而且,他的请求也得到了满足,伊比利亚人立即全都会心怀相同的目的一起前来,因为,他们都渴望恢复自己亲人的自由和同罗马人进行结盟。（9）如果他们可以得到这样光荣和友善的对待,那么,他们的感情将来必将会得到强化,他们也必将毫无保留地在其他所有军事行动中同西庇阿进行密切合作。（10）因此,他要求自己的妻儿归还给自己,而且,他要求在返乡之前自己要宣布为罗马人的盟友,（11）因为,他有一个非常合理的理由,那就是,这是尽自己最大能力和最大善意地向自己和自己的朋友展示西庇阿和罗马人的诚意的最好机会。

[35]（1）在说完这些重点后,埃德克就结束了自己的讲话,西庇阿原先就倾向于采取这种路线,事实上,他的看法与埃德克所说的意见不谋而合,因此,西庇阿交还了埃德克的妻儿,而且,他还与埃德克进行了结盟。（2）不止如此,在一起会谈的过程中,西庇阿的诸多手法都让西班牙人深为着迷;而且,西庇阿对那些同埃德克一起的所有人的未来都抱有很高期待,接着,他就把他们全都送回了家乡。（3）这件事很快就到处传开了,生活在埃布罗河以北的所有伊比利亚人,他们先前同罗马人并没有友好关系,现在也全都纷纷倒向罗马人一边了。

（4）事情现在的进展同西庇阿所希望的一样好,在这些伊比利亚人回去之后,他解散了自己的海军,因为,在海洋上罗马人已经没有任何敌人了;（5）他从船员当中挑选了那些最年富力强之人,接着,他将他们分配到了步兵支队中间,这从而强化了自己的陆军力量。

（6）安多巴勒斯（Andobales）和曼顿乌斯当时是西班牙地区两位势力最大的国王,而且,他们被认为是迦太基最忠诚的盟友,但是,正如我在前面所说,①自从哈斯德鲁巴要求他们支付大笔的金

_____

① 参见第九卷第11章。

钱和交出他们的妻儿作为人质以来——其原因是他怀疑他们的忠诚——他们长期以来都愤愤不平,而且,他们一直在寻找叛乱的机会。(7)他们认为当前的时机非常有利,因此,他们就率领自己的所有军队连夜离开了迦太基人的营地,并撤退到了一个他们觉得安全的有利地形。(8)接着,其他大部分伊比利亚人也离开了哈斯德鲁巴。他们长期以来都怨恨迦太基人的傲慢行径,他们现在第一次有机会来表明自己的真实态度。

[36](1)相同的事情先前也发生在其他许多民族身上。因为,正如我在前面经常所说,政策上的成功和战场上的胜利都是大事,但是,它需要更多的技巧和审慎来有效地利用这种胜利。(2)因此,你会发现,那些赢得成功的人,他们的人数要远远超过那些有效地利用成功的人。(3)这种情况恰恰发生在当时的迦太基人的身上。(4)在打败了罗马军队和杀死了两名罗马统帅普布里乌斯·西庇阿和格纳乌斯·西庇阿后,他们就认为自己在西班牙的地位是无可争议的,他们接着就以专横的方式对待当地人。结果,他们的臣服者变成了自己的敌人,而非自己的盟友和朋友。(5)这非常自然,因为,他们认为,权力的取得方式同权力的维持方式是完全不同的;他们完全不明白,自身霸权维持得最好的那些人同最初建立霸权的那些人其实坚持的是相同的准则。(6)非常显而易见的情形,同时也是很多人所观察到的情形是:友善地对待自己的邻居和坚持更好的利益前景的那些人会赢得权力;(7)但是,一旦他们实现了自己的愿望,他们就邪恶地对待和专横地统治自己的臣服者,很自然地,统治者性情的改变,他们的臣服者的态度也同样会发生改变,事实上,这种情况就发生在了迦太基人身上。

[37](1)至于哈斯德鲁巴,他身陷这些困境,重重疑虑让他心神不宁,他深感危险迫在眉睫。(2)首先,安多巴勒斯的叛变让他烦忧不已;其次,其他统帅的反对和疏离也让他深为苦恼。(3)西庇阿的到来也让他焦虑异常,因为,他估计西庇阿肯定会率领军队立即进攻自己。因此,当他注意到自己已被伊比利亚人所离弃,而

且,他们全都一致地倒向了罗马人的怀抱后,他决定采取下列举措。(4)他决定尽可能地集结自己所有的军队,以同敌人开战。(5)如果命运女神青睐自己,让自己赢得了胜利,那么,他接着再思考下一步的行动;如果自己遭遇了战败,那么,他将率领幸存下来的军队撤退到高卢,而且,他将尽可能地征召当地原住民进军意大利,与自己的兄长汉尼拔同舟共济。

(6)就在哈斯德鲁巴对已决定下来的这项行动进行相关的准备工作时,西庇阿与盖乌斯·拉利乌斯会合了,①西庇阿从后者那里获悉了元老院所下达的命令,他将军队撤出冬季营地和开始向前进军,伊比利亚人沿途都热情地倒向他。(7)安多巴勒斯同西庇阿进行了很长时间的联络,现在西庇阿来到了他所驻扎的营区附近,于是他就和自己的朋友们一起从营地出来见西庇阿;在会面过程中,他解释了自己先前对迦太基人保持友谊的原因,而且,他也同样地解释了自己先前对迦太基人效劳和对他们忠诚的原因。(8)他接着进一步叙述了自己在迦太基人手上所遭遇的种种伤害和侮辱。(9)因此,他恳求西庇阿来判断自己所作的陈述,如果自己不公正地指责迦太基人,那么,西庇阿很清楚,他肯定不能保持对罗马的忠诚。(10)但是,如果他是出于迦太基人的种种不义行径,方才别无选择地被迫放弃自己的友谊,那么,西庇阿就可以确信,一旦他现在选择倒向罗马,那么他就将始终保持对罗马的忠诚。

[38](1)安多巴勒斯接着进一步地说及了这个话题,当他结束讲话后,西庇阿回答说,他完全相信他所作的陈述,而且,他自己就是迦太基人专横行径的最佳见证人,他们放荡地对待这位言说者的妻子、女儿及其朋友;他发现,她们的地位不是人质,而是囚犯和奴隶。(2)他接着说道,他会坚定地维护他们这些不容亵渎的荣誉,甚至他们自己的父亲都几乎无法做到这种坚定程度。(3)对此,安多巴勒斯及其同伴承认自己完全同意,他们跪倒在他的脚下,

———————————

① 公元前 208 年 3 月,拉利乌斯刚刚访问了罗马。

就像对待国王那样对待他,现场所有人都向他鼓掌致意。(4)西庇阿深受感动,他告诉他们放宽心来,因为,在罗马人手上他们将会得到前所未有的善待。(5)他立即将他们的女儿交还给了他们,第二天他同他们缔结了条约,其中一项必不可少的条款就是他们必须追随罗马统帅和服从他们的命令。(6)接着,他们撤回到了自己的营地,在带上了自己的军队后,他们回到了西庇阿身边,现在他们驻进了罗马人的营地,①一同向哈斯德鲁巴进军。

(7)这位迦太基将军当时驻扎在距离银矿不远的卡斯塔隆(Castalon)地区的巴库拉(Baecula)城镇附近。(8)在听到罗马人到来的消息后,他将自己的营地转移到了一个地方,这个地方的地形平坦而安全,它的后面有河流保护,它的前面则有一座山脊保护,它有足够的深度和宽度来部署自己的军队。他就驻扎在这里,他一直将掩护部队部署在自己前面的山脊上。(9)西庇阿一到,他就急不可耐地渴望开战,但是,当他看到敌军所占据的安全而有利的地形时,他就开始举棋不定起来。(10)然而,在等待了两天的时间后,他就忧虑梅格和基斯科之子哈斯德鲁巴也会前来与敌军会合,他发现,自己那时将会被敌人四面包围,因此,他决定冒险进攻敌军和测试一下敌军的实力。

[39](1)当他的整个军队都做好了战斗准备后,他将主力部队留在营地内,他派出轻步兵和一支精锐步兵,命令他们爬上山脊和攻击敌军的掩护部队。(2)他们英勇无畏地执行他的命令,而迦太基统帅最初没有任何动静,只在等待结果。但是,当他看到自己的军队由于罗马人的猛攻而左支右绌、损失惨重后,他就率领自己的军队出来,仰仗地形的优势,他将他们沿着山脊部署。(3)西庇阿立即派出自己的全部轻装军队,命令他们支援正在进攻的前锋部

---

① 罗马的同盟军通常不会驻扎在罗马人的营地。鉴于西班牙人先前击败了西庇阿的父亲,因此,这可能代表了一种自信的特别姿态。

队;①他让自己其余的军队做好战斗准备,他自己则率领其中一半的主力军队绕道山脊,从敌军的左侧进攻迦太基人。(4)其他一半主力军队则由拉利乌斯统率,他命令拉利乌斯以相同的方式进攻敌人的右侧。(5)当这一切正在发生时,哈斯德鲁巴仍在忙碌于率领自己的军队出营,直到现在他仍在在那里等待,因为他信赖有利的自然地势,而且,他深信敌人不敢冒险进攻自己,由于敌人出人意料地进攻,他的军事部署明显已经太晚了。(6)罗马人进攻两翼——因为敌人没有占领自己两翼的地形——他们不仅安然无恙地成功登上了山脊,而且,当他们进攻时,由于敌人仍在展开队形和行动,通过袭击敌人的侧翼,他们屠杀了其中一些敌人,并迫使那些正在展开队形的敌军转身逃亡。(7)当哈斯德鲁巴看到自己的军队溃散逃亡和陷入混乱后,他拒绝决一死战,(8)而是按照自己原来的计划,带上自己的金钱和战象,尽可能地网罗逃亡的士兵,沿着塔古斯河向比利牛斯山(Pyrenees)方向的通道和生活在那里附近的高卢人的方向撤退。(9)西庇阿觉得追赶哈斯德鲁巴并不明智,因为,他担心自己会遭受另外两位迦太基将军的进攻,但他让士兵洗劫敌军的营地。

[40](1)第二天,他将俘虏集结了起来,他们的人数大约有一万名步兵和超过两千名骑兵,②他忙于安排这些俘虏。(2)我所说的这个地区的伊比利亚人③先前一直是迦太基人的盟友,现在则全都倒向了罗马人,一见到西庇阿,他们就称呼他为国王。(3)埃德克是第一个这样行事并跪膝行服从礼之人,安多巴勒斯则紧随其后。(4)在那种场合,西庇阿没有太过注意或者特别注意称号的问题,但是,当战役结束所有人都称呼他为国王时,他就注意到了这件事。(5)因此,他召集伊比利亚人,告诉他们,他希望他们王者般

---

① 这种战术的显著特色是:轻装军队在中央牵制敌人的攻击,而重装军队则用来进攻敌人的两翼。

② 这个数字似有所夸大,因为,汉尼拔的军队总人数大约是两万五千人。

③ 亦即卡斯图洛(Castulo)附近,在现在的利纳雷斯(Linares)城镇周围。

地（kingly）称呼他,而且,实际上他自己也是王者般地行事的,但是,他不希望成为国王（king）,也不希望被任何人称作国王。① 在说完这番话后,他命令他们称呼他为将军。

（6）即使在他事业的早期阶段,一个人也应该会觉察到西庇阿的高尚心灵,因为,尽管他当时非常年轻,命运女神如此之高地青睐他,以至于所有臣服于他的人都自发地认为和称呼他为国王,但是,他仍然保持了清醒的头脑,制止了这种民众的冲动和拒绝了这种辉煌的头衔。（7）然而,在他生命即将结束之际,这种异常伟大的心灵更加令人钦佩,当时他除了西班牙的业绩之外,他还摧毁了迦太基的霸权;他将利比亚最大而又最好的地区——从菲拉努斯祭坛（Altars of Philaenus）到赫拉克勒斯之柱的地区——置于自己国家的统治之下;他征服了亚洲和推翻了叙利亚国王的统治;他将世界上最广大和最富庶的地区都臣服于罗马;只要他愿意,在世界任何地方,他都有众多获取王权的机会。（8）确实,这样的成就不但会激起凡人的独尊,甚至——假如我可以这样说——会激发神明的傲慢。（9）然而,西庇阿的伟大心灵远远超过其他所有人,以至于他一次又一次地拒绝了命运女神向他提供的王权——这是凡人胆敢祈求诸神的最大赐福——比起世人普遍艳羡和嫉妒的王权,他更加珍视自己的国家和自己对国家的忠诚。

（10）现在回到我原来的叙述上,他从俘虏中挑出伊比利亚人,并让他们无需支付赎金就自由地回到他们自己的国家,而且,他命令安多巴勒斯可以为自己挑选三百匹战马,其他的战马,他则分配给了那些没有战马的人。（11）由于迦太基人营地的有利地形,西庇阿接着将自己的军队转移到了迦太基人的营地;他自己则留在这个地方,以静待其他迦太基将军的行动。此外,他也派遣了一支军队前往到比

---

① 西庇阿当然从未忘记"国王"（king）一词在罗马所会招致的嫌恶。波利比乌斯显然以希腊化的观念来使用这个头衔,亦即一个人拥有王者般的军事、道德和理智之品质。这也有可能是最早记录一名将军被自己的军队欢呼作 *imperator* 的例子。
［中译按］*imperator* 的本来涵义是将军或者统帅,emperor（皇帝）一词就是由 *imperator* 演化而来。

利牛斯山的通道,以侦察哈斯德鲁巴的行动。(12)后来由于季节已晚,他就率领自己的军队撤退到塔拉康(Tarraco),以在该地过冬。

VII. 希腊的局势

腓力的行动

[41]①(1)由于罗马人和阿塔鲁斯的到来,埃托利亚人近来受到了巨大的鼓舞,他们用陆军威胁和恐吓所有人,而罗马人和阿塔鲁斯则用海军作同样的事情。(2)因此,亚该亚人前去腓力那里求援,因为,他们不仅害怕埃托利亚人,而且他们也害怕马卡尼达斯(Machanidas),因为,他的军队就驻扎在阿尔戈斯边境。(3)波奥提亚人(Boeotians)担心敌军的舰队,他们也向国王乞求一位统帅和援助,然而,在向他乞求帮助对敌人采取防范措施的人当中,埃维厄人(Euboeans)是所有人当中最为急迫的。阿卡纳尼亚人(Acarnanians)也作了同样的祈求,他们从伊庇鲁斯(Epirus)派遣了一名使节过来。(4)斯塞迪拉达斯(Scerdilaïdas)和普勒拉图斯(Pleuratus)也接到了他们的军队已经出动的消息,此外,马其顿边境的色雷斯人,尤其是梅厄迪人(Maedi)也正意图入侵马其顿,如果国王离开(无论他离开自己王国的距离有多么近)的话。(5)埃托利亚人也已经攻占了温泉关(Thermopylae)的通道,而且用一道栅栏、一条壕沟和一支强大的军队来加强它的防卫,他们确信,他们可以将腓力挡在外面和阻止他越过通道去援助自己的盟友。(6)在我看来,这种危机值得我的读者观察和留意,因为,它可以真正考验和测试统帅的身心能力。(7)正如野兽被四面包围时,

---

① 即公元前210—前209年。——洛布本注
国王腓力援助亚该亚同盟和其他希腊国家,以对抗埃托利亚人与罗马人结盟的进攻威胁,公元前208年。对照李维第二十七卷第30章(27,30),参见第二十七卷第9章第28—42节。——剑桥本注

它们的勇气和力量会在被追捕的过程中完全地展现出来,统帅也是一样,腓力的行动就是一个非常明显的例子。(8)在向每一个使节允诺自己会尽全力去支援后,他将所有的使节全都打发了回去,而且,他将自己的全部注意力都转移到了战争上面,他在静观敌人的动向和自己首先应该对付的对象。

[42](1)就在消息传到他的耳中时,阿塔鲁斯已经穿过了海洋和停泊在了佩帕利萨斯(Peparethus),他占领了这座岛屿,而且,他派去了一支军队以保护这座城镇;(2)同时,他派遣波利法图斯(Polyphantus)率领一支足够数量的军队到弗西斯(Phocis)和波奥提亚(Boeotia)及其周围地区,并派遣米尼普斯(Menippus)率领一千名轻盾兵和五百名阿格里安人(Agrianians)到卡尔基斯(Calchis)和埃维厄的其他地区。(3)他自己则进军到斯克图萨(Scotusa),并命令马其顿人在那座城镇迎接自己。(4)他现在听到阿塔鲁斯已经启航回到了尼西亚(Nicaea),以及埃托利亚的行政长官们正准备在赫拉克里亚(Heraclea)会面以讨论局势,他从斯克图萨率领自己的军队向赫拉克里亚进军,他希望及时抵达那里,以威吓和驱散他们的会议。(5)他抵达得太晚而没能打断他们的会议,但是,在摧毁和抢走埃纳斯海湾(Gulf of Aenus)附近居民的谷物后,他就回去了。(6)接着,他再一次地在斯克图萨留下自己的主力部队;他率领自己的王家骑兵部队与轻装军队前往和留在了德米特里亚斯(Demetrias),以静待敌军的动向。(7)他派遣信使到佩帕利萨斯那里以及到西斯与波奥提亚的自己军队那里,以确保自己熟知他们的所有动向,而且,他命令他们向提萨厄斯山(Mount Tisaeus)的方向发出火传信号(fire-signals),以告诉自己所发生的所有事情,提萨厄斯山坐落在色萨利,它非常有利于居高临下地俯瞰上述那些地方。

火传信号

[43](1)在战争行动中,火传信号的方法的效用现在是最大

的,但先前却从未得到清晰的阐释,我认为,如果我对它不予以遗漏,而是进行充分的讨论,那么,这将作用巨大。(2)所有人都非常清楚,在所有的事情中,尤其在战争中,在正确的时间开展行动对成败至关重要,而且,在所有手段中,火传信号是帮助我们这样做的最有效手段。(3)因为,对于他们传递刚刚发生或者正在发生的事件的情报,任何有所留意之人都可以通过他们这种手段来获取这种情报,即使他相距三四天乃至更长时间的行程。(4)因此,当局势需要时,通过火传信号来帮忙传递消息就会起到意想不到的作用。(5)以前由于火传信号就是简易的烽火,因此,对于那些使用它们的人而言,它们在很多情形下都毫无用处。(6)因为,我们只能用先前约定的一些特定信号来传递消息,但是,所发生的事情却又层出不穷,以至于其中大部分事情我们都不可能用火传信号来进行传递。(7)就以我刚刚所提到的情形为例,他们或许可以通过事先约定的信号,来传递舰队抵达奥利厄斯(Oreus)、佩帕利萨斯或者迦尔西(Chalcis)的消息;(8)但是,一旦我们遇到诸如“一些市民已经倒向了敌人”或者“一些市民已经叛离了城镇”或者“城内发生了屠杀”或者任何经常发生但却又完全始料未及之类的事情——(9)这些始料未及的事情往往又需要立即作出考量和援助——火传信号就根本无法传递所有这类事情的消息。(10)因为,事先预定的代码对无法预料的事情完全无能为力。

[44](1)《论策略》(on strategy)一书的作者埃涅阿斯(Aeneas)希望纠正这种缺陷,事实上,他确实也向前改进了一些,但是,他的发明距离我们的要求仍然存在相当大的差距,我们可以从他著作的下列描述中就能够窥见端倪。① (2)他说,通过火传信号相互之间传递紧急消息的那些人应该制作两个直径和深度都一模一样的陶制容器,它的深度是三肘尺,直径则是一肘尺。(3)接着,他们应

---

① 这个段落没有出现在埃涅阿斯(Aeneas)现存的著作之中;但是,在一篇预备性论文(a preparatory treatise, παρασκεναστικὴ βίβλος)中,他非常明显地提到(第七章第 4 节),它已经被包含在内了。

该准备直径略小于陶制容器瓶口的软木塞,每一个软木塞的中间穿过一个活塞杆,以将其分成三指尺宽的相等部分,而且,它们的每一部分都标上一条清晰可辨的界线。(4)它们的每一部分都会写上一件在战争中最常见而普通的事件。(5)例如,第一部分写上"骑兵已经进抵国内",第二部分写上"重装步兵",(6)第三部分写上"轻装步兵",接着写上"步兵和骑兵",接着再写上"舰船"或者"谷物"等等,直到所有的部分都写上在战争中所可能遇到的事件。(7)接着,他告诉我们,在这两个完全一模一样的陶制容器中进行钻孔,而且,阀门要完全一样,从而可以流走同等量的水。接着,我们往陶制容器里面装水,并用活塞杆将软木塞塞进陶制容器里面,而且让水流经两个阀门。(8)当这一步完成后,很明显,如果它们在各个方面都完全一样,随着水的流走,两个软木塞会同等幅度地下沉,两只活塞杆也将会同样速度地消失在陶制容器里面。(9)通过实验可以看到,在这两种情形中,水的排出速度是完全一样的,陶制容器会被分别运送到两个地方——在这两个地方,两方都在密切注意火传信号。(10)一旦写在活塞杆上的任何一种紧急情况发生,他告诉我们举起火炬,并静候等待,直到对应一方也举起火炬回应。(11)当两把火炬都可以清晰地看见时,双方就放下自己的火炬,而且立即让水流经阀门。(12)随着软木塞的下沉,当你希望传递的紧急情况到达陶制容器的瓶口时,你就举起自己的火炬,接收信号的一方也将立即关闭阀门,并记下在陶制容器瓶口的活塞杆上写有的消息。(13)如果双方的阀门的速度是一样的,那么,所要传递的消息就是正确的。

[45](1)尽管这种方法进一步地提升了火传信号的消息传递,但是,它仍然具有非常明显的不确定性。(2)因为,很明显,它既不能预见到所有的紧急事件,甚至都不能将所有那些事件写在活塞杆上。因此,当时局出现一些意想不到的事件时,这种方法就不可能传递消息。(3)除此之外,所有写在活塞杆上的消息都是不明确的,因为,它不可能表明已抵达的步兵或者骑兵的数量及其抵达的地点,或者舰船和谷物的多少。(4)因为,对于那些事先不可能知

晓的未来之事,我们不可能未卜先知地事先进行写明。(5)这是事情的关键所在。因为,如果一个人不知道敌军抵达的数量和地方,那么,他怎么进行抵抗呢?如果他不知道盟友派来的舰船和粮食的多少,实际上他根本就会无所适从,他怎么可以放下心来或者恰恰相反呢?

(6)然而,由克里奥森努斯(Cleoxenus)和德莫克雷图斯(Democleitus)发明和完善的最新方法却相当明确,它能够准确地发送任何一种紧急消息,不过,在实践中它需要予以特别小心和谨慎地注意。(7)它的方法如下:我们将字母表分成五组,每一组都由五个字母所组成。(8)最后一组缺少了一个字母,不过这完全不会影响它的运作。即将发送消息的两方各自都必须准备五块匾额,而且,每块匾额上都必须写上一组字母表;(9)接着,他们事先商量好,发送消息的那个人首先举起两把火炬和等待另一方也举起两把火炬。(10)这样做的目的是让他们双方都知道他们已经在密切留意。(11)然后,双方都放下这些火炬,发送消息的那个人现在将举起左边的第一组火炬,以指明他所想要查看的匾额。例如,一把火炬代表第一块匾额,两把火炬代表第二块匾额,以此类推。(12)接着,他将以同样的方法举起右边的第二组火炬,以向他所希望的消息接收者指明匾额上的字母。

[46](1)当这些事情商定完毕后,双方都必须要走到属于他们自己的各自位置;首先,他们双方各自必须有一副双筒望远镜,①从而让他能够看到消息发送者的右边的位置及其对面的左边的位置。(2)匾额必须直立在望远镜旁边,左边和右边前面的两个位置必须有一个十尺长且一人高的屏幕,通过这种方法,当火炬举起时,就可以清晰地看到火炬,当火炬放下时,就可以完全地遮挡火炬。(4)当双方将这些准备工作全部都完成后,如果一个人希望传递诸如"大约有一百名士兵已经叛逃至敌人那里"(about a hundred

---

① 当然,这种双筒望远镜(a telescope with two tubes)并没有很强的放大作用,它只会起到非常有限的视觉效果。

of the soldiers have deserted to the enemy）的消息，那么，他必须首先选择以最少量的字母来传递自己所要传递的消息，（5）例如，他要选择诸如"一百名克里特人已经叛逃"（Cretans a hundred deserted us），而非上述那个句子来进行消息的传递，因为，它的字母数量不到原来的一半，但是，它所要传递的消息的内涵却没有丝毫地减损。（6）写在匾额上的这个句子将通过如下方法进行传递：（7）第一个字母是 κ，这个字母在第二组字母表当中，它因而也在第二块匾额当中；因此，发送消息的那个人必须举起左边的两把火炬，以使消息的接收者知道自己必须查看第二块匾额。（8）他现在将在右边举起五把火炬以指向字母 κ，因为，字母 κ 是第二组字母表的第五个字母。①消息的接收者就将这个字母记写在自己的匾额上。（9）接着，发送消息的那个人将举起左边的四把火炬，因为，字母 ρ 就在第四组字母表当中；接着，他举起右边的两把火炬，因为，字母 ρ 是第四组字母表的第二个字母。消息的接收者就将字母 ρ 记写在自己的匾额上，其他字母依此类推。（10）任何消息都可以通过这种方法进行明确地传递。

[47]（1）当然，这需要用到许多火炬，因为，作为信号的每一个字母都需要两套火炬来进行指明。（2）但是，如果所有的准备工作都准备停当，那么，我们所需要做的无非就是按部就班地遵从程序照做而已。（3）从事这项工作的那些人必须事先进行正确地训练，以便当他们付诸实施时，他们能够在不会出现任何差错的情况下就可以相互传递消息。（4）对于一项行动的实施方法，首次听说它的那些人与对它习惯成自然的那些人，他们之间的巨大差异有众

---

① 这些字母是按照下述方式进行分组的：

	1	2	3	4	5
1	α	λ	π	φ	ζ
2	β	μ	ρ	χ	η
3	γ	θ	ν	σ	ψ
4	δ	ι	ξ	τ	ω
5	ε	κ	ο	υ	

多事例可以进行佐证。(5)许多事情一开始看起来不仅困难重重，而且根本就绝无可能，在经过一段时间的训练后，它可以相当容易地完成。(6)对此，我们可以找出其他许多事例予以证实，但是，其中最为清晰的事例就是阅读。(7)我们将一位从未学习认字的大人(尽管他非常聪明)和一位从小就养成阅读习惯的男孩放在一起，如果我们给这个男孩一本书，让他进行阅读，(8)这位大人显然不会相信，读者必须首先要注意的是每一个字母的构造，其次是它的发音，再次是不同字母的组合，其中的每一件事情都需要花费大量的时间。(9)因此，当他看到这个男孩毫不迟疑地一口气脱口说出五六行文字时，他不会轻易地相信后者先前没有阅读过这本书，(10)而且，他肯定也不会相信，读者可以注意到正确地发音、正确地停顿以及正确地使用那种剧烈而平稳的呼吸。(11)因此，我们不应该因为一开始所出现的困难就放弃任何一种有用的技艺，而是应该一直坚持，直到习惯成自然，这是人们赢得一切美好事物的方式，特别是在那些常常决定我们自身安全的事情方面，这显得尤其正确。

(12)在所提供的这些评述里，我履行了自己最初在这部著作的开头所作的承诺，因为，我当时说过，在我们这个时代，所有的艺术和科学都是如此地先进，以至于他们大部分人的知识可以说都陷到了一种体系当中。(13)这也是正确书写历史的最高效用……

VIII. 亚洲的局势

奥克厄斯河

[48](1)阿帕西亚卡埃人(Apasiacae)就生活在奥克厄斯河(Oxus)①和塔纳斯河(Tanaïs)②之间的地区，奥克厄斯河注入赫卡

---

① 〔中译按〕奥克厄斯河(Oxus)即阿姆河(Amu)。
② 〔中译按〕Tanaïs亦写作Tanais。

尼亚海（Hyrcanian Sea），而塔纳斯河则注入帕鲁斯－梅奥提斯（Palus Maeotis）。① （2）这两条河都是可以通航的大河；游牧民族和他们的马群徒步越过奥克厄斯河和抵达赫卡尼亚海本身就是一件精彩纷呈的事情。（3）我们有两个关于它的不同版本的故事，其中一个版本的故事是可能的，而另一个版本的故事则非常令人惊奇，但也并非不可能。（4）我得说，奥克厄斯河发源于高加索山脉（Caucasus），在穿过巴克特里亚（Bactria）的过程中，由于支流众多，它的水量会大幅地增加，接着它会汹涌澎湃地流进平原。（5）当它抵达沙漠后，有一些绝壁伸出河流，由于河流的巨大水量和它的高度落差，以至于山顶上倾泻而下的大瀑布可以从底部的绝壁上溅起超过一斯塔德高的水花。（6）他们说，就在这个地方，阿帕西亚卡埃人及其马群沿着瀑布下面的绝壁边缘，继续徒步且不湿脚地向赫卡尼亚海进发。（7）第二个版本的故事要比第一个版本的故事显得更合乎情理。他们说，大瀑布脚下有巨大的石板，河水倾泻在石板上面，在水流的作用下，这些石板会被刺穿和中空出一定的深度，河水进而通过石板向地下流淌一段距离，之后又重新回到地表流淌。（8）野蛮人对这些非常熟悉，他们因而就在河流中断的地方赶着自己的马群抵达了赫卡尼亚……

巴克特里亚的安条克之战

［49］②（1）当消息传来说，欧西德穆斯（Euthydemus）③率领军

---

① 波利比乌斯将塔纳斯河［Don（顿）河］与注入里海（Caspian）东南部的塔纳斯河或者埃克提斯河（Iaxartes）混淆起来了。

　　［中译按］Iaxartes（埃克提斯河）亦写作 Jaxartes，亦译作药杀河或者珍珠河，它即是现在的锡尔河（Syr）。

② 即公元前 208 年。——洛布本注

　　安条克（Antiochus）和巴克特里亚人（Bactrians）在阿里乌斯河（River Arius）的河边开战。——剑桥本注

③ 欧西德穆斯（Euthydemus）是巴克特里亚国王（King of Bactria），参见第二卷第 34章（II，34）。

队抵达塔普利亚(Tapuria)和部署一万名骑兵在前面防守阿里乌斯河(River Arius)的浅滩,安条克决定放弃围攻,并决定处置这些局势。(2)这条河总计是三天的行程,他以中等步伐行进了两天,但是,在第三天时,他命令自己其余的军队在黎明时分拔营;(3)他自己则率领自己的骑兵、轻装步兵和一万名轻盾兵在晚上快速地向前进军。(4)因为,他听说敌军骑兵白天就在河岸作了防卫,但在晚上的时候他们却撤退到了一座二十斯塔德远的城镇。(5)由于这个平原很适合骑行,因此,他在晚上就结束了余下距离的行军,而且,他成功地让自己的大部分军队连夜渡过了这条河流。(6)当侦察兵向他们报告这个情报后,巴克特里亚骑兵急忙前来救援和攻击正在行军的敌人。(7)看到自己必须挡住敌人的第一轮进攻,于是,国王将那些习惯在自己身边战斗的两千名骑兵召集起来,而且,他命令其余的军队立即组成连队和中队,并让他们按照自己往常的顺序前进;(8)他自己则率领我所提及的两千名骑兵进军和抵御巴克特里亚前锋部队的第一轮进攻。(9)在这场战斗中,大家都公认安条克勇冠全军。(10)两军互有严重损失,但是,国王的骑兵击败了巴克特里亚第一中队。然而,当第二中队和第三中队发起冲锋后,他们却遭遇困境,而且损失惨重。(11)帕纳埃托鲁斯(Panaetolus)现在命令自己的军队向前进军,以向国王以及国王身边战斗的那些士兵提供救援,他迫使那些无序地进行追击的巴克特里亚人掉头逃亡。(12)现在遭到帕纳埃托鲁斯重创的巴克特里亚人一直都没有停止逃亡——他们损失了自己大部分士兵——直到欧西德穆斯前来会合。(13)在杀死和俘虏许多敌军后,王室骑兵撤退了,而且,他们最初就驻扎在这条河流附近。(14)在这场战役中,安条克的坐骑受惊被杀,他自己则嘴巴受伤,他的牙齿也弄掉了几颗,这一次他赢得了比其他任何人都要更加巨大的英勇名声。(15)在这场战斗结束后,惊恐万分的欧西德穆斯率领自己的军队撤退到了位于巴克特里亚地区的一座名叫扎利亚斯帕(Zariaspa)的城市。

第十一卷（残篇）

I. 前言

[1a]（1）一些人可能会问，在这部著作中，为什么我没有像先前的历史学家那样撰写序言，而是对每一届奥林匹亚大会期间发生的事件进行了一个概述。（2）这不是因为我没有认识到，序言在吸引读者注意和唤起读者兴趣以及帮助读者寻找自己想要的段落的便捷性方面的巨大作用；（3）而是因为我看到，出于种种偶然性的原因，序言在风格上现在已经遭到忽视和退化了，因此，我不得不诉诸其他选项。（4）因为，一个导言性的概述可以起到与序言相同，甚至更大的作用，同时它本身也占据了一个不容置疑的地位，因为，它是著作不可缺少的一个部分。（5）因此，除了前六卷之外——因为，我觉得在前六卷撰写这种导言性的概述并不是很恰当——我决定在我的整部著作全都采用这种方法……

II. 意大利的局势

哈斯德鲁巴的远征

[1]①（1）哈斯德鲁巴抵达意大利要比汉尼拔抵达意大利容易

---

① 公元前 208/207 年，哈斯德鲁巴在高卢过冬；公元前 207 年春天，他可 （转下页）

很多,也快速很多。① 在先前任何其他时间,罗马人从未感到如此激动和恐惧,他们在等待结果②……

（2）这些事情没有一件让哈斯德鲁巴满意,但是,局势不允许有任何地耽搁,因为,他看到罗马人已经排好战斗队形和向前进军后,他不得不将自己身边服役的伊比利亚人和高卢人进行部署。（3）他将十头战象部署在阵线前方,这增加了自己阵线的纵深,同时也使整个军队的正面非常地狭窄;接着,他自己坐镇在战象后面的中央位置和进攻罗马人的左翼,他下定决心,在这场战役中,自己要么战胜敌人,要么战死沙场。（4）利维乌斯(Livius)气势汹汹地向前迎击敌人的进攻,并率领自己的军队英勇无畏地同敌人拼死战斗。（5）部署在右翼的克劳狄发现,由于自己前面的地形异常崎岖,因此,自己根本不能前进和侧翼包抄敌军,以至于哈斯德鲁巴可以进攻罗马的左翼;（6）但是,当他发现由于自己的被动挨打而损失惨重时,他立即决定寻求局势的突破。（7）因此,在从战场后面的右翼集结自己的军队后,他绕过罗马战线的左侧和从侧翼进攻部署有战象的迦太基军队。（8）直到现在,胜利仍处于胶着状态,因为双方的士兵都在同样英勇地拼死作战,罗马人认为,如果自己战败,那么他们全都会死无葬身之地,西班牙人和迦太基

(接上页)能越过了阿尔卑斯山,而且,他可能在公元前 207 年 5 月抵达了波河河谷。为了阻止哈斯德鲁巴的军队与汉尼拔的军队进行会合,其中一位执政官盖乌斯·克劳狄·尼禄(Gaius Claudius Nero)被派到南方,以监视汉尼拔,另一位执政官马尔库斯·利维乌斯·萨利纳托(Marcus Livius Salinator)则被派到北方,以抵御哈斯德鲁巴。罗马人拦截了哈斯德鲁巴送给其兄长汉尼拔的一封情报,这封情报说,他将由亚里米努姆(Ariminum)向南进发,两军将在翁布里亚(Umbria)会合。在留下了一支掩护部队以继续监视汉尼拔后,当时驻扎在维努西亚(Venusia)的尼禄立即率领六千名步兵和一千名骑兵向北急行军,他成功地与马尔库斯·利维乌斯·萨利纳托在塞纳(Sena)进行了会合。当哈斯德鲁巴获悉与自己对峙的执政官军队得到了增援后,他设法向北撤退,但他迷失了方向,罗马军队在梅塔鲁斯河(River Metaurus)追上了他。参见,同上,第十卷第39 章;李维,第二十七卷第 39—49 章。

① 参见李维:第二十七卷第 39 章(27,39)。
② 参见李维:第二十七卷第 44 章(27,44)。

人也持完全同样的看法。(9)在这场战斗中,战象对敌我双方都同样危害甚大;因为,它们夹在敌我两军之间和暴露在枪林弹雨的标枪之下,以至于它们将迦太基人和罗马人的阵线都给弄乱了。(10)但是,当克劳狄从后面进攻过来后,战斗的天平就倾斜了,因为,现在西班牙人在正面和后面都遭到了攻击。(11)其中有六头战象及其驯象手一同被杀,另外有四头战象则在它们的印度驯象手放弃它们后冲过了战线而招致了俘获。

[2](1)不管是先前还是现在,哈斯德鲁巴终其一生都是一位勇士,他在生命的最后一刻死在了激烈的战斗之中,我不应该在没有留下一句赞扬的情况下就匆匆地离开这位统帅。(2)我先前就已经说过,他是汉尼拔的兄弟,在离开西班牙时,汉尼拔将那里的事务委任给他进行统治。(3)我在前一卷中也叙述了他是如何同罗马人进行了诸多对抗和同不利局势进行斗争的(因为他与从迦太基派往西班牙同他一起对抗敌军的那些将军的性格冲突),以及他是如何以无愧于自己的父亲巴卡的那种高贵精神和英勇果敢去不断地忍受那些挫折和灾难的。(4)我将在这最后一次战斗中解释——在我看来——他值得我们尊敬和效仿的原因。(5)因为,我们看到,大部分将军和国王在进行一场决定性的战役时,一直浮现在他们眼前的是自己将从胜利当中所赢得的荣誉和利益,他们将注意和考虑的方向全都转移到所有事情全都会朝有利于自己的方向发展,以至于他们将如何应对胜利的问题。(6)然而,他们不会正视失败的后果,也不会思考一旦战败,自己应该如何行事和计划,尽管前者一目了然,而后者却需要极大的远见。(7)因此,由于自身在这方面的愚蠢和轻率,以至于大部分人徒增失败的耻辱,尽管他们的士兵常常英勇作战,但是,他们仍玷污了自己先前的光辉战绩,也让自己的余生都成为了他人鄙夷和谴责的对象。(8)在这方面犯下致命错误的统帅比比皆是,对此,我们很容易地看到,而且,统帅与统帅之间在这方面的差异非常明显,过去的历史也给我们提供了很多这样的例证。(9)然而,哈斯德鲁巴只要仍有一丝赢得自己过去光辉成就那样的希望,他就可以在战场上将自己的生

死完全置之度外。（10）但是，当命运女神夺走了他的最后一线希望，将他推到最后的边缘时，尽管他在如何赢得胜利的战斗或者战役的准备上没有任何遗漏，但是，他仍在思考倘若自己惨遭完败，那么，自己应该如何面对自己最终的命运，以及应该如何不辱没自己过去的荣光。（11）我在这里所说的这番话可以用作对所有那些主导公共事务之人的警告：既不要轻率地将自己暴露在危险之中，以至于背弃了那些信任自己之人的希望，也不要恋恋不舍地留恋性命，以至于在自己身上所遭受的灾难之上，再添耻辱和羞愧。

　　[3]（1）罗马人现在已经赢得了战役，他们立即洗劫了敌军的营地，并屠杀了许多仍酩酊大醉地在褥草床上睡觉的高卢人。（2）接着，他们召集了余下的战俘，这批战利品给他们的国库带来了超过三百泰伦的金钱收益。（3）在这场战役中，迦太基人和高卢人阵亡了不少于一万人，[①]而罗马人则损失了总计两千人。一些迦太基显要被俘了，但其余的迦太基显要却全都被杀了。（4）当消息传到罗马时，他们一开始都拒绝相信，因为，他们都太过渴望看到这种场景发生；（5）但是，当越来越多的信使到达罗马，他们不仅宣布了这个事实，而且进行了详细的细节叙述，整座城市当时确实都异常地喜出望外，每一处圣地都装饰一新，每一座神庙都放满了祭品和牺牲。（6）总之，他们变得如此乐观和自信，以至于所有人都深信，先前让他们胆战心惊的汉尼拔现在甚至完全没有停留在意大利。

----

① 相较于李维所提供的数据，波利比乌斯所提供的这个数据更加可靠，李维认为，迦太基人阵亡了五万六千人，罗马人则阵亡了八千人。现代学者估计，哈斯德鲁巴的军队人数在三万人到三万五千人之间，与利维乌斯（Livius）的军队人数大致相当。其中一些人逃离或者从未抵达战场，据估计，大约有一万人被俘。在《与汉尼拔的战争》（*The War With Hannibal*）一书第二十七卷第51章（XXVII. 51）的结尾地方，李维讲述了这样一个故事，当汉尼拔的兄弟哈斯德鲁巴的头颅扔在了汉尼拔前哨基地前的地面上时，汉尼拔方才第一次听说关于这场灾难的消息。

III. 希腊的局势

[公元前 207 年秋季，当时正值夏季战役（the summer campaign）结束，罗德岛使节（the legate from Rhodes）①在赫拉克里亚（Heraclea）的埃托利亚大会上发表了一篇演讲（参见李维第二十八卷第 7 节）]②

他说道，这篇演讲充满了想象，但是，真相不是这样，而是完全相反③……

一名使节的演讲

[4]（1）我认为，埃托利亚人，事实已经明显地向你们表明，托勒密国王、罗德岛、拜占庭（Byzantium）、希俄斯（Chios）和米提利尼（Mytilene）全都不重视与你们缔结和约。（2）这不是我们第一次或者第二次向你们建议商谈和平的问题，而是自你们公开为敌时起，我们就从未停止提议与你们进行商讨，恳求你们三思而行，而且，我们非常地乐意利用一切场合进行商谈。（3）因为，我们看到战争将会彻底摧毁你们和马其顿，而且，我们预见到危险未来也将会传到你们自己的国家和所有其他希腊国家。（4）因为，一旦有人放起火来，结果就不是他所能选择的了，相反，在风力和燃料的主要作用下，它会往任何可能的方向蔓延，因此，它常常会神奇地烧向点燃它的那个人，战争也是一样。（5）一旦战争被人点燃，有时它会首先吞没战争的始作俑者，有时它会盲目地向前发展，它会无缘由地摧毁横贯在路上的所有东西，周围地区的那些愚蠢民众也会像肆虐的风力那样，不断地往其中添油加薪。（6）因此，埃托利亚

---

① 没有任何证据可以确切地证明，这位演讲者就是罗德岛人，但是，李维提到说，这一年从罗德岛（Rhodes）和托勒密那里来的使节非常多，因为，罗德岛人特别努力地在腓力和埃托利亚人之间进行调和，参见第五卷第 24 章第 100 节。
② [中译按]中括号里面的内容译自于剑桥本。
③ 即公元前 207 年。

人，我们代表生活在小亚细亚的所有岛民和所有希腊人在这里祈求你们要醒悟过来，听从我们的建议和同意我们的请求，最终停止战争而选择和平——因为，这件事情影响到我们，也影响到你们。(7)现在如果你们进行战争，尽管无利可图——大部分战争都无利可图——但是，它的最初的动机却是令人称道的，它的结果也是光辉灿烂的，你们因为野心勃勃的动机而实施的行动或许可以得到原谅。(8)但是，如果有一场臭名昭著的战争，除了败坏的名声和极度的耻辱，它不会给你带来任何东西，那么，难道对于这种局面你自己就不会有一丝地犹豫？(9)我们会开诚布公地说出我们的观点，如果你们是明智的，你们会冷静地倾听。(10)现在听取忠言逆耳，并由此及时得救，总比听那些花言巧语，不久之后你们自己和所有其他希腊人全都灰飞烟灭要强吧！

[5]①(1)想想你们犯下的错误吧！你们说，你们同腓力作战是为了希腊人的利益，因为，这样的话，你们就可以得到解放和逃出他的奴役；但是，事实上，你们就是在为希腊的奴役和毁灭作战。(2)这就是你们同罗马人缔结条约的故事，这个条约先前仅仅只存在于文本之中，但现在可以看到它已经在付诸实施了。(3)尽管它只是屈辱性地写在了文本当中，但是，当它付诸实施时，这种屈辱明显就会为所有人所看见。(4)腓力只是借自己的名字来用作战争的借口；他没有任何危险；但是，他同大部分伯罗奔尼撒人结有同盟，其中包括波奥提亚人、埃维厄人、弗西斯人(Phocians)、洛克里斯人(Locrians)②、色萨利人(Thessalians)和伊庇鲁斯人(Epirots)，你们缔结这个条约是在同他们所有人作对；(5)条约规定他们的人身和财产将属于罗马人，他们的城邦和土地则将属于埃托利亚人。(6)你们攻占一座城邦，你们不会去触犯自由民或者烧毁他们的城镇，因为，你们将这种行径看作是残暴和野蛮行径。(7)但是，你们缔结了一个将其他所有希腊人都交给野蛮人的条约，这无疑将他们都暴露在无耻的暴力和不法之中。(8)迄今为止，所有这些都是一个秘密，但是，现在奥勒乌姆人(Oreum)和不幸的埃基纳坦斯人(Aeginetans)的命运已经暴露在了你们所有人面前——命运女神仿佛有自己的既定目的，祂会突然将你们的热情带上舞台。(9)这就是这场战争的开端。但是，至于这场战争的结果——如果所有事情都按照你所希望的那样发展——你们对它又会有一个什么样的期待呢？结果肯定就是所有希腊人巨大不幸的开始。

---

① 对照第九卷第39章。

② ［中译按］即洛克里斯(Locris)城邦。

　　[6](1)因为，我觉得，非常显而易见的是，如果罗马人结束了意大利的战争——这是迟早的事情，现在汉尼拔已经局限在布鲁提（Bruttii）的狭窄地带——(2)他们就会将自己的全部力量都投放到希腊地区，表面上他们的借口是他们帮助埃托利亚人对抗腓力，实际上他们意图占领整个地区。(3)当罗马人征服我们，如果他们决定友善地对待我们，那么，光荣和荣誉将会是他们的；但是，如果他们恶劣地对待我们，那么，他们就将得到那些他们所毁坏的掠夺物和那些幸存者的统治权；(4)你们那时呼唤神明见证你们所犯下的错误，但没有任何一个神明会愿意进行见证，也没有任何一个人会愿意帮助你们。

　　(5)也许，你们本应从一开始就预见到所有的结果。(6)然而，未来却常常会超出凡人的预见能力，但是，现在你已经从实际的事实中活生生地看到了所发生的事情，因此，你们有责任为将来采取更好的措施。(7)至于我们自己，我们不会遗漏任何东西，因为任何真正的朋友都会那样说和那样做，我们开诚布公地说出我们对将来的看法。(8)因此，我们催促和恳求你们不要葬送你们自己和其他希腊人的自由和安全。

　　(9)这篇演讲看起来非常令人印象深刻，腓力的使团代表紧随这位演讲者后面走进了大会的会场，他们没有作长篇大论的演讲，相反，他们只是说道，他们身负两条命令前来：(10)如果埃托利亚人选择和平，国王会乐见其成；但是，如果他们选择战争，那么，在召唤诸神和其他希腊地区的使节见证后，使团代表就会离开，而且，将来发生在希腊人身上的事情也必须由埃托利亚人而非腓力负责……

　　[7]①(1)腓力大声地哀叹起自己的糟糕运气，以至于自己错失了俘获阿塔鲁斯的大好机会……

腓力在色姆斯

　　(2)腓力沿着特里克奥尼斯湖（Lake Trichonis）进军至色姆

---

①　阿塔鲁斯避开了腓力，参见李维，第二十八卷第 7 章第 8 节，公元前 207 年。

斯(Thermus)有一座阿波罗神殿的地方,①他现在毁坏了自己在上一次占领这座城镇时所挽救的所有雕像,不管是这一次还是上一次,他都是在错误地放纵自己的激情。(3)因为,毫无理性地对神明犯下不虔敬的行径的一个标志就是,纵容自己对他人的熊熊怒火……

亚该亚将军和斐洛波曼②

[8]③(1)一个人如果希望习得军事指挥的艺术,那么,他有三种方法:(2)第一,研习军事记录以及其中所涵括的教训;第二,遵从经验人士的系统教导;第三,在战争实践中获得军事经验和养成军事习性。(3)在所有这三个方面,亚该亚将军都一窍不通……

(4)他们大部分人都在不幸地竞逐其他人的自命不凡和无耻卖弄。(5)他们特别在意自己的扈从和穿着,他们通常展现出超过他们的运气所能允许的一种纨绔主义;(6)然而,对于自己的武器装备,他们却从未予以关注……

(7)大部分人甚至不认真地效仿那些深受命运女神青睐之人的基本特质,而是努力地追逐那些无关紧要的东西,这只说明他们缺乏基本的判断力,举止轻浮……

[9](1)斐洛波曼告诉他们,他们的武器和铠甲的光泽亮度会引起敌军的恐惧,而且,制造得心应手的武器也同样非常重要。(2)如果现在他们将注意力从自己的武器转移到自己的衣着上,以至于忽略了自身的武器,那么,这将是最好的做法。(3)因为,通过这种方式,你们既可以节省自己的金钱,也可以维护国家的利益。(4)因此,他说道,一个即将参加训练或者战斗的人,当他

---

① 腓力在色姆斯,参见第五卷第 6—18 章。

② [中译按]在剑桥本中,英译者将"亚该亚将军和斐洛波曼"(The Achaean Strategi and Phihpoemen)写作"斐洛波曼在伯罗奔尼撒,公元前 207 年"(Phihpoemen in the Peloponnese,B. C. 207)。

③ 亚该亚将军的缺陷。

穿上自己的护胫甲时，相较于自己的鞋子和皮靴，他应该要更加关注自己的护胫甲是否合身和发亮；(5)再者，当他拿起自己的盾牌、护胸甲和头盔时，相较于自己的斗篷和衬衣，他应该注意它们是否更干净和更齐整。(6)因为，较之于实际所使用的东西，如果一个人更关心对外所展示的表面的东西，那么，毋庸置疑，他在战场上将会遭遇什么事情就一目了然了。(7)他恳求他们深切地认识到，华丽的衣着只是爱慕虚荣的女人的心头最爱——因为，那些谦逊端庄的女人其实也不会在意华丽的衣着——而昂贵和璀璨的铠甲是那些决心光荣地挽救自己和自己国家的勇士的心头最爱。(8)现场所有人如此热烈地赞同他的演讲和如此高度地钦佩他的建议，以至于在离开议事厅后，他们立即纷纷鄙夷地指向那些穿戴华丽之人，甚至迫使他们其中一些人离开集市。(9)从此之后，在将来的军事训练和军事作战中，他们更加地关注这些问题。

[10](1)确实，一位权威人士仅仅合乎时宜地只说及一句话，不仅可以将听众从最糟糕的状态中解救出来，而且可以激励他们发挥出最佳的状态。(2)当演讲者以自己的生命作为范例来以身作则地强化自己的建议时，这将会是他所说的话的最有利证明。我们看到，这真真切切地发生在斐洛波曼身上。(3)因为，他的穿着和生活非常普通和简朴，在待人接物上，他相当克制和谦逊，从不装腔作势。(4)在他的整个一生，他总是审慎地说出真相，因此，即使从他的嘴唇说出一些即席的话语也会赢得听众的完全信赖；(5)因为，在所有方面，他的人生都是支持其看法的强大后盾，他们不需要聆听他过多的话语。(6)结果，通过自己的远见和别人对自己的信赖，在许多场合他只用寥寥数语就完全推翻了对手们那些看起来似是而非的长篇大论。(7)这一次也是一样，在同盟的议事会结束后，所有人都回到了自己的城邦，他们完全赞同他这位演讲者及其所作的演讲，而且，他们深信在他的领导之下，没有人能够伤害他们。(8)斐洛波曼现在立即探访了诸城邦，以最勤勉和最细致的态度来察看它们。(9)接着，他征召他们的军队，以进行培训和操练；最后，在经过了八个月的这种准备和训练后，为了整个伯罗奔尼撒的自由，他将

军队集结到曼提尼亚,以对抗僭主马卡尼达斯。①

马卡尼达斯的战败和死亡

[11](1)马卡尼达斯现在充满自信,他将亚该亚人的进攻几乎视作一个天赐良机,当听到他们集结在曼提尼亚时,(2)他立即在提基亚向斯巴达人发表了一番合乎时宜的演讲,第二天破晓后不久,他立即开始向曼提尼亚进军。②(3)他亲自指挥方阵的右翼,他让雇佣军以两列平行纵队的形式进军至自己的军队正面的每一侧,在雇佣军身后的是装有大批用作石弩发射弹药的器械。(4)与此同时,斐洛波曼率领军队从曼提尼亚出来,他将自己的军队分成了三部分,伊利里亚人和重装骑兵连同自己所有的雇佣军和轻装军队沿着通向波塞冬神殿的那条道路出城;方阵军队沿着通向西边的第二条道路出城;亚该亚骑兵则沿着第三条道路出城。③(5)他首先用自己的轻装军队占领了城市前面的一座山丘,这座名叫克尼斯(Xenis)的山丘和前面所提到的那座神殿就高高地耸立在这条道路之上,他将重装步兵连同毗邻他们的伊利里亚人部署紧靠他们的南侧。(6)他将方阵军队分成相互间隔的数个部分,让他们部署在紧靠重装步兵和伊利里亚人的同一条直线上,而且,方阵军队是沿着从波塞冬神殿延伸、进入曼提尼亚平原和终止于山脉的一条沟渠——这条沟渠是埃利斯法西亚(Elisphasia)④领土的分界线——部署的。(7)接着,他将由迪米的阿里斯塔纳图斯(Aristaenetus of Dyme)所统率的亚该亚骑兵部署在右翼且紧靠着方阵部队。他将雇佣骑兵以密集队形部署在左翼,并由他自己亲自进行指挥。

---

① 这是同斯巴达僭主马卡尼达斯(Machanidas)的战争,公元前 208 年—前 207 年。
② 曼提尼亚之战,公元前 207 年。
③ 通向提基亚的道路,参见保萨尼阿斯第八卷第 10 章以下(Paus. 8,10 sq.)。
④ [中译按]Elisphasia 亦写作 Elisphasii。

[12]（1）一旦敌人完全进入视野，斐洛波曼就沿着方阵的分队骑行，他向他们发表了简短的讲话，并向他们指出了即将到来的战役的重要性。（2）但是，他的大部分讲话都被淹没了，因为，士兵们对他如此爱戴和信赖，以至于他们非常大声而又热情地回应他的讲话，他们热忱地鼓动他率领自己向前进军，他们会无所畏惧。（3）然而，他见缝插针地大声向他们指出，在当前这场战役中，敌人是为耻辱和羞愧的奴役而战，而他们自己则是为光荣而不朽的自由而战。

（4）马卡尼达斯一开始看起来似乎要率领自己的方阵部队向敌人的右翼进攻，但是，当他行进到合适的距离后，他转到了右边，又让自己的右翼展开防线以同等地覆盖亚该亚人的左翼，他将自己的石弩间隔性地部署到自己整个军队的前面。（5）在明白马卡尼达斯的计划后，斐洛波曼就让石弩密集地齐射敌军的方阵，以击伤敌军士兵和搅乱敌军序列，不让他有一刻喘息的机会。（6）他让手下的塔林敦人（Tarentines）①猛烈地进攻波塞冬神殿（Temple of Poseidon）周围的地方，这些地方地形平坦，非常适合骑兵作战。（7）当马卡尼达斯看到这番场景后，他也不得不进行同样的部署，他命令手下的塔林敦人同时发起进攻。

[13]（1）一开始只有两军的塔林敦人交战，他们的作战都非常英勇，但是，轻装步兵逐步地前去支援了那些日益吃紧的己方军队，在很短的时间内，两军的雇佣军就相互混战在一起了。（2）他们就这样单对单、伙对伙地在整个战场上开打了起来。在很长时间内，双方都打得如此势均力敌，以至于两军的其他军队都在看尘土会倾向哪一边，但他们却迟迟看不到，因为双方仍然占据着他们自己原来的位置。（3）但是，经过一段时间后，这位僭主的雇佣军开始在人数上和技术上占据上风，因为他们训练有素。（4）这是非常自然和正常的结果。（5）因为，在作战上，民主制国家的公民兵

---

① "塔林敦人"（Tarentines）是骑兵，他们配有进行小规模作战的轻型标枪。参见第四卷第77章，第十六卷第18章；对照阿里安（Arrian）：《论战术》（*Tact.*），第四卷第5节，第十八卷第2节；李维，第三十五卷第28章，第三十七卷第40章。

无疑要比僭主制国家的臣民兵更加英勇;但是,僭主制国家的雇佣军却肯定要比民主制国家的雇佣军更加善战。(6)因为,在前一种情形中,民主制的公民兵是在为自由而战,僭主制的臣民兵则是在为奴役而战;但是,在后一种的情形中,僭主制的雇佣军是在为自身处境的明显提升而战,民主制的雇佣军却会因为胜利而带来明显的自我损害。(7)因为,一旦民主制国家摧毁了那些起事者,那么,它就不再需要雇佣军来保护它的自由了,但是,在僭主制国家,僭主的勃勃野心越大,那么,他所需要的军队就会越多。(8)僭主所伤害的民众越多,那么,起来对抗他的人也就会越多,僭主的安全完全仰赖外国士兵的忠诚和力量。

[14](1)当前的情形也完全如出一辙。马卡尼达斯的雇佣军猛烈地进攻亚该亚人的雇佣军,尽管后者有伊利里亚人和身穿胸甲的军队的支援,但是,他们仍然抵挡不住前者的进攻,他们纷纷败退下来,仓惶地向七斯塔德远的曼提尼亚逃亡。(2)这场战争足够打消那些心存疑虑之人的所有怀疑,那就是,大部分战争的胜负都取决于统帅的能力与否。(3)一场巨大的胜利可能会有一个胜利的开头,但是,一场更加巨大的胜利往往一开始就会遭遇挫折,头脑冷静的人能够发现胜利者一方在判断力上所存在的任何缺陷,并有效地利用他们的这种错误。(4)确实,我们常常看到那些看似已经赢得全胜的人不久就会一败涂地,那些最初看似惨遭失败的人,通过自己的才智,又会出乎意料地扭转局势和赢得胜利。(5)在当前这场战争中,双方统帅的行动非常清晰地诠释了这一点。(6)当整个亚该亚雇佣军全都溃败逃亡以及他们的左翼完全门户洞开后,马卡尼达斯没有继续留在战场,以利用其中一些军队从侧翼包抄敌人,也没有利用另外一些军队进攻敌人的正面,(7)而是完全失去理智,轻率地同自己的雇佣军一起追击逃亡者,就好像一旦他们溃逃起来,恐慌不足以将他们驱赶到城门一样。

[15](1)与此同时,这位亚该亚统帅则正尽可能地集结雇佣军,他大声地呼喊雇佣军军官的名字,鼓动他们英勇作战,(2)但是,当他看到他们无可救药地溃败后,他既没有绝望地逃亡,也没有失

去信心和放弃希望，而是撤到自己方阵的一翼，一直等到追击的敌军向前通过和离开刚刚正在作战的地方。（3）接着，他立即命令自己方阵的第一分队转向左翼，让他们保持队形且以双倍速度向前进军，因而，他快速地占领了敌军所放弃的地方，这既切断了追击的敌军的退路，也侧翼包抄了斯巴达的右翼。（4）他激励手下的方阵士兵保持信心并继续留在原地，直到他下令全体向前进军。（5）他命令梅格洛波利斯的波利亚努斯（Polyaenus of Megalopolis）[1]疾速地集结所有的伊利里亚人、身穿胸甲的步兵和仍然留在后面或者避开追击的雇佣军，以及支援方阵的侧翼和等待追击的敌军回来。（6）现在斯巴达人的方阵在没有命令的情况下就在轻装军队胜利的鼓舞下放平起自己的标枪和追击起敌军来。（7）当他们追击到这条壕沟的边缘时，部分是因为他们没有来得及改变自己的想法和进行撤退，以至于他们与敌人近在咫尺，部分是因为他们不重视这条壕沟，因为，它的坡度和缓，而且，它底下既没有水，也没有灌木，以至于他们没有作任何犹豫就冲将过去。

[16]（1）当看到长期以来一直萦绕脑海的一个重击敌军的机会最终出现时，斐洛波曼命令全部方阵部队放平自己的标枪和发起冲锋。（2）当亚该亚人同仇敌忾地高声欢呼和冲向敌人，那些斯巴达人的队伍在通过这条壕沟时就垮掉了；当他们爬向壕沟的对岸时，他们又遭到了敌人的迎头痛击，他们彻底失去了斗志，纷纷四散逃亡。（3）他们大部分人都在壕沟里殒命身亡，不是被亚该亚人所杀，就是被自己人踩踏致死。（4）这场战役的胜负不是因为运气或者偶然，而是在于睿智的统帅斐洛波曼事先挖掘了一条保护自己士兵的壕沟。（5）他不是像有些人那样规避战争，而是像一位行家里手那样精准地计算所有事情，他预见到，如果马卡尼达斯抵达后根本就不考虑这条壕沟而是率领自己的军队向前进军，那么，

① 参见同前，第二十七卷第 4 节（See on 27,4）。
[中译按]Polyaenus of Megalopolis（梅格洛波利斯的波利亚努斯）亦写作 Polybius of Megalopolis（梅格洛波利斯的波利比乌斯）。

方阵部队就将遭到我刚刚所描述的那种损失。(6)然而,如果这位僭主考虑到了这条壕沟所带来的困难,进而改弦更张和决定避而不战,那么,他的军队的队列就会在后撤的过程中遭到打乱,进而将自己暴露在漫长的行军途中,以至于他不用进行会战就会赢得胜利,而马卡尼达斯则将遭遇失败。(7)这种事情先前已经发生在了很多统帅的身上,他们将队伍排好作战队形,但他们后来认为,由于自己的地形不利,或者人数劣势,或者其他原因,因此,自己的军队无法同敌军进行对抗,以至于将自己暴露在漫长的后撤过程中,他们就希望自己在后撤的过程中仅仅凭借后卫部队的协助,就可以战胜敌军或者安全地从敌军那里逃出生天。(9)这是统帅身上最经常出现的错误。

[17](1)然而,斐洛波曼在预测结果时却绝不会受骗;因为,斯巴达人现在彻底溃败了。(2)当看到自己的方阵部队获胜,而且,所有的事情全都非常有利地倒向自己一边后,他就将自己的注意力转到了其他的目标上来了,那就是阻止马卡尼达斯逃亡。(3)斐洛波曼深知,在不明智的追击过程中,马卡尼达斯连同他的雇佣军已经被切断在了位于最靠近城镇一边的壕沟一侧,他在等到后者的重新出现。(4)当自己停止追击后,马卡尼达斯注意到自己的军队在四散逃亡,他意识到自己已经铸下大错,失败已是定局,他立即下令集结自己身边的雇佣军,并试图以密集队形强行通过追击自己的松散敌军。(5)在他所提出的这种目标的支撑下,他们其中一些人一开始仍然留在他身边;(6)但是,当他们抵达这条壕沟和看到亚该亚人正占据这条壕沟上的那座桥梁后,他们全都失去了信心,他们所有人都在尽可能地挽救自己的性命。(7)这位僭主也因而放弃了从这座桥上进行逃亡的全部希望,他沿着壕沟的边缘骑行,并全力地搜寻一个可以渡过这条壕沟的可能地点。

[18](1)在认出了马卡尼达斯身披的紫色斗篷及其坐骑的马饰后,斐洛波曼立即命令亚利克达穆斯(Alexidamus)①严密防守通

---

① [中译按]Alexidamus 亦写作 Anaxidamus。

道，而且绝不饶恕任何一位雇佣军，因为，他们是这位斯巴达僭主一直所仰赖的力量。（2）在带上塞帕利西亚的波利亚努斯（Polyaenus of Cyparissia）①和希米亚斯（Simias）后——他们两人当时是亚利克达穆斯的随从——亚利克达穆斯就沿着壕沟对岸的边缘骑行，他紧紧地跟在这位僭主及其手下的后面，当时仍有两名雇佣军跟着这位僭主，其中一位名叫亚勒克达穆斯（Arexidamus）的雇佣军以及另外一位雇佣军。（4）当马卡尼达斯抵达了一个最容易越过壕沟的地方后，他鞭策自己的坐骑和强行通过壕沟，斐洛波曼则突然转身迎击了他，斐洛波曼用自己的标枪给了他致命一击，而且，他还用枪头给这位僭主补上了第二击，他就这样亲手杀死了这位僭主。（5）亚勒克达穆斯也在跟随斐洛波曼一起骑行的手下两名军官的手上遭遇了同样的命运，在他们两人惨遭被杀后，第三个人因而也绝望地绝尘而去和夺命逃亡了。（6）希米亚斯及其同伴立即剥光了倒在地上的这两具尸体，他们拿走了他们的铠甲和割下了这位僭主的头颅，接着，他们立即将这位僭主的头颅赶紧扔回到正在追击的友军那里，以向他们展示敌军统帅被杀的证据；（7）他们相信，当他们亲眼看到这位僭主的头颅后，他们会更加信心倍增和无所畏惧地继续追击敌军，事实上，他们一直将敌人追到了提基亚。（8）这确实也极大地提升了士兵们的士气，以至于他们一鼓作气地攻占了提基亚，几天后他们就驻扎在了埃乌洛塔河岸，他们已经完全无可争议地控制了这个国家。（9）因为，许多年以来，他们一直都不能将敌人驱逐出自己的土地，但是，现在他们却几乎没有遭遇任何损失就有恃无恐地亲手劫掠了拉科尼亚，他们不仅屠杀了多达四千名斯巴达人，而且，他们俘虏了数量更加庞大的敌军，此外，他们也俘获了他们所有的辎重和武器……

---

① ［中译按］Polyaenus of Cyparissia（塞帕利西亚的波利亚努斯）亦写作 Polyaenus of Cyprus（塞浦路斯的波利亚努斯）。

Ⅳ. 意大利的局势

[19a](1)对于我们的读者而言,如果他们不知道它们胜败的原因,那么,描述战争、战役、围城和沦陷有什么作用呢?(2)这些军事行动的结果仅仅只会起到吸引读者兴趣的作用,但是,对于研习者而言,探寻这些行动者的意图才是真正富有教益的东西。(3)对其中每一个特定问题的详尽阐述进行细心留意的那些人,他们的收获才会是最大的……

汉尼拔①

[19](1)在这段时间当中,当一个人看到他所进行的大会战、遭遇战、攻城战、城市之间的长途奔袭、国家的革命与反革命、命运的兴衰变迁以及他的全部意图及其实施,(2)谁不会艳羡汉尼拔在战场上的将才、英勇和能力呢?(3)在同罗马人不断进行长达十六年的作战期间,他从未解散自己的军队,也从未将自己的军队撤出战场,相反,他像一名优秀的船长那样,让这样一支庞大的军队没有产生对自己的任何反叛或者在他们自己之间产生任何叛乱,尽管他的军队是由不同国家,甚至不同民族的士兵组成。(4)他的军队有非洲人、西班牙人、利古里亚人(Ligurians)、凯尔特人、腓尼基人(Phoenicians)、意大利人和希腊人,对于这些民族,不管是他们的法律、习俗和语言,还是在其他方面,他们都没有任何共同之处。(5)但是,他们的统帅却才华横溢地将如此天差地别的士兵俯首帖耳于一个单一的命令和一个单一的意志之下。而且,这不是在单一的条件下,而是在非常复杂的条件下做到的,命运的狂风常常会顺风吹向他们,有时也常常会逆风吹向他们。(6)因此,我们

---

① [中译按]在剑桥本中,英译者将"汉尼拔"(Hannibal)这个标题写作"汉尼拔的才能,参见李维第二十八卷第 12 节",(Ability of Hannibal, See Livy, 28, 12)

有充足的理由艳羡汉尼拔在战场上所展现出来的巨大才能，而且，我们也可以自信地断言，如果他先去征服世界其他地方，然后再去征服罗马，那么，他的任何计划都不会遭遇失败。（7）但是，他将原本应该留作最后进攻的国家却进行了最先的进攻，因此，他的事业开始于此，也终结于此……

西班牙的局势

普布利乌斯·西庇阿击败基斯科之子哈斯德鲁巴

[20]（1）哈斯德鲁巴从他们越冬的城镇集结了自己的军队，他进军和驻扎在相距不远的一座名叫埃利帕（Ilipa）的城镇，他在山脚下挖掘了一条壕沟，他的前面是一个非常适合于作战的水平地面。①（2）他大约有七万名步兵、四千名骑兵和三十二头战象。（3）西庇阿派遣马尔库斯·尤尼乌斯（Marcus Junius）到克利克亚斯（Colichas）那里，去接管后者已为他所准备的军队，这支军队由三千名步兵和五百名骑兵组成。（4）他自己则亲自率领其他盟友的军队向敌军进发。（5）当抵达卡斯塔隆（Castalon）和巴库拉（Baecula）附近时，他会合了马尔库斯和克利克亚斯所派来的军队，他发现局势非常进退两难。（6）因为，在没有盟军的情况下，他所率领的罗马军队不足以进行冒险开战；但是，如果依赖盟军的支持进行决战来赢取最终的胜利，那么，在他看来，这非常冒险，也非常危险。（7）尽管他有所迟疑，但是，他发现自己因为形势所迫而不得不动用西班牙人，然而，动用西班牙人不过是为了以壮声势，实际的战斗他仍然留给了自己的罗马军团。（8）在这种目的的支配下，他让自己的所有军队向前进军，其人数大约四万五千名步兵和三千名骑兵。（9）当他快要接近和清晰地看见迦太基人时，他就驻

① 基斯科之子哈斯德鲁巴驻扎在贝提卡（Baetica）地区的埃利帕［Ilipa，或者西尔皮亚（Silpia）］附近，公元前206年，参见李维，第二十八卷第13—16章。

扎在敌人对面的一些低矮山丘上。

[21]（1）梅格认为，当他们正在扎营时，这是进攻罗马人的一个大好机会，因此，他就率领自己的大部分步兵和马西尼萨（Massanissa）所率领的努米迪亚骑兵进攻敌军营地，他相信自己可以将西庇阿打得措手不及。（2）然而，西庇阿很久之前就预见到了即将发生的这种情况，因而，他早已将自己的骑兵——其人数同那些迦太基人的骑兵人数相等——部署在山丘下。（3）这次意想不到的进攻让迦太基人都措手不及，对于这出乎意料的一幕，许多迦太基人赶紧疾速地转向和逃亡，而其他迦太基人则上前迎击敌人和进行英勇的战斗；（4）然而，罗马骑兵灵活地下马作战，这造成了迦太基人的巨大困境，他们损失了大批的人马，在进行了非常简短地抵抗后，迦太基人撤退了。（5）一开始他们有序地进行撤退，但是，当罗马人重压而来后，中队就溃散了，他们纷纷躲避进了自己的营地。（6）在这次事件后，罗马人越战越勇，而迦太基人则越战越弱。（7）然而，在接下来的几天时间里，他们都将自己的军队部署到了两军之间的一个水平地面上。在他们的骑兵和轻步兵进行了小规模地作战以进行相互试探后，他们最终决定进行一场决战。

[22]（1）在这一次，我们可以看到西庇阿运用了两种不同的策略。（2）西庇阿注意到，哈斯德鲁巴总是习惯在白天晚些时候将自己的军队带出营地，而且，他将利比亚人部署在中央，战象部署在两翼的前面。然而，西庇阿自己则习惯在更晚的时候做出针锋相对的部署，他将对抗利比亚人的罗马人部署在中央，而且，将西班牙人部署在两翼；但是，在决定进行决战那一天，他以一种完全相反的方式部署了军队，这种部署方式对于他的军队赢得胜利和敌军惨遭大败起到了非常重要的作用。（4）天一亮，他就让自己的随从送信给所有的保民官和士兵，让他们食用早餐并全副武装地开出营地。（5）所有人都在热情地执行命令，因为他们都觉得有大事要发生，接着，西庇阿派遣骑兵和轻步兵向前进军，命令他们靠近敌军营地和英勇地进行射击；（6）西庇阿自己则在太阳刚出地平线

时率领步兵进军,当他抵达平原中部后,他就让部队列好战斗队形,而且,他将部队以过去完全相反的方式进行部署,因为,他将西班牙人部署在中央,罗马人部署在两翼。

(7)敌军骑兵突然出现在自己的营地,而且,西庇阿其余的军队也同时尽收眼底,以至于迦太基人就没有时间进行武装准备了。(8)因此,在士兵们仍没有进食早餐和做好任何战前准备的情况下,哈斯德鲁巴就不得不立即派遣自己的骑兵和轻装军队在平原上迎击敌人的骑兵,而他的步兵则按照往常那样部署在距离山脚不远的平地上。(9)在一段时间内,罗马人仍无所作为,但是,随着时间的流逝,双方轻装军队之间的交战仍然没有决出胜负;(10)因为,他们一旦受到重压,他们就会撤退到他们各自的方阵里面进行躲避,接着,他们会再次出击和恢复战斗,西庇阿最后觉得时机终于到来了。他将自己的散兵通过自己步兵大队之间的间隙,接着再将他们平等地分配到步兵身后的两翼,而且,他将前面的轻步兵部署到骑兵后面。(11)一开始他直接从正面向前推进,但是,当相距敌人四斯塔德①时,他命令西班牙人继续以相同队形向前进军,但是,右翼的步兵和骑兵则转到右边,左翼的步兵和骑兵则转到左边。

[23](1)西庇阿从右翼率领三个主力的骑兵中队、惯常数量的轻步兵和三个步兵支队——罗马人称三个步兵支队(maniples)为一个步兵大队(cohort)——部署在他们的前面,他直接疾速地向敌军进军。(2)卢西乌斯·马尔库斯和马尔库斯·尤尼乌斯则从左翼率领一支相同数量的军队,其中一人转向左边,另一人则转向右边,后排士兵则一直跟着前排士兵的方向进行移动。(3)当他们距离敌人不远时——西班牙人则仍然相距敌人甚远,因为他们的进军速度缓慢——按照最初的计划,罗马军队同时与两翼的敌军直接接

---

① 一些抄本也将起写作"五斯塔德"(five stades)。李维在其第二十八卷第14章中说,"五百步"(*quingentos passus*)。

  [中译按]在剑桥本中,英译者将其译作"一斯塔德"(a stade)。

触上了。(4)后来的军事行动——让后面的士兵同前面的士兵进入了同一战线并处在同敌人交战的位置上——不管是左翼还是右翼,步兵还是骑兵,它们在方向上完全相反。(5)因为,右翼的骑兵和轻装步兵转向右边,以试图从侧翼包抄敌人,而重装步兵则转向左边。(6)左翼的步兵支队转向右边,骑兵和轻步兵则转向左边。(7)结果就是,骑兵和两翼轻装军队的右边变成了他们的左边。(8)但是,西庇阿丝毫不以为意,相反,他把自己的意图转移到了真正重要的目标上来——也即是从侧翼包抄敌人——一名将军当然应该要了解和估计事件的实际进程,他也应该在情况紧急时采用合乎时宜的行动。

[24](1)由于这次进攻的缘故,战象在双方骑兵和轻步兵枪林弹雨的射击下伤亡惨重,而且,它们对己方的重创同对敌人的重创一样巨大。(2)因为,它们会横冲直撞地摧毁挡在自己前面的一切,根本不分敌友。(3)迦太基两翼的步兵崩溃了,位于中央的精锐部队利比亚士兵则根本提供不了任何帮助,因为,他们既不能离开自己的原有位置去支援两翼,因为他们担心西班牙人的进攻,也不能在原有位置有效地展开战斗,因为他们前面的敌人仍未抵达战场。(4)然而,两翼进行了一段时间地英勇战斗,因为,敌友双方都意识到这场战斗决定了自己的生死存亡。(5)但是,当一天的正午来临时,迦太基人就逐渐略显疲态了,因为,他们是被迫离开自己的营地和投入战场的,以至于他们都没有来得及做好准备。(6)当罗马人开始在体力和精神上凸显优势时——这主要是因为他们的统帅西庇阿的先见之明——他们的精锐部队也同最弱小的敌军遭遇和交战起来了。(7)在罗马人的重压下,一开始哈斯德鲁巴的士兵逐步地撤退,但是,后来他们就溃散和撤向山脚,当罗马人更加猛烈地继续追击他们后,他们就疾速地逃回了自己的营地。(8)如果不是神明干预和拯救他们,那么,他们立即就会被逐出自己的营地;(9)但是,当时天空出现了一个前所未有的突变,倾盆的暴雨一直倾泻不停,以至于罗马人连返回自己的营地都异常艰难……

（11）在搜寻熔化的金银的过程中，许多罗马人殒命于大火之中①……

[24a]（1）当所有人都在祝贺西庇阿将迦太基人逐出西班牙和建议他直接放松休息一番时——因为他已经结束了战争——他说道，对于他们这种乐观的精神，他也感到非常的欣慰，（2）但是，对于他自己而言，现在正是他谋划同迦太基人开战的时机。（3）因为，直到现在，都是迦太基人同罗马人开战，现在正是轮到罗马人同迦太基人开战的时机了……

（4）在同西法克斯（Syphax）交谈的过程中，②西庇阿是如此地温文尔雅和机智敏捷——他在这方面天赋异禀——以至于哈斯德鲁巴后来对西法克斯说道："相较于战场上的西庇阿，谈话中的西庇阿似乎要更加让你心生畏惧啊……"

在西班牙的罗马军队的一场军事哗变

[25]（1）当罗马军营的一些士兵中间爆发一场军事哗变时，西庇阿从未发现自己如此不知所措和进退两难，尽管他现在已经拥有了丰富的实践经验。其实，这是意料之中的事情。（2）因为，正如造成我们自己身体伤害的那些外部原因，例如严寒、酷热、疲惫和外伤，在它们实际发生前，它们很容易进行防范，即使它们真正发生，它们也很容易得到治愈。（3）但是，身体自身生长的肿瘤和脓肿却很难预见，当它们真正发生时，它们也很难得到治愈。（4）我们要相信，国家和军队的情况也完全如出一辙。（5）那些来自外部的阴谋和战争，如果我们严加注意，那么，它们很容易进行防范和补救；（6）但是，那些来自内部的分裂、叛乱和动乱则很难治愈，它们需要巨大的智慧和超常的技巧。（7）然而，在我看来，有一个

---

① 罗马人在西班牙地区挖掘金银矿。
② 西庇阿访问了马萨西里国王（King of Masaesylians）西法克斯，参见李维，第二十八卷第 17 章第 18 节。

规则可以同样适用于军队、城邦和肉身,那就是,绝不允许他们任何人长时间地无所作为和无所事事,特别是在他们安享繁荣和富足之时。

(8)正如我先前所说,西庇阿非常地刻苦,同时,他也非常地睿智和注重实际,现在他召集保民官,并将解决当前困局的下述计划呈现在他们面前。(9)他说道,他们必须向士兵们允诺支付他们的欠饷,而且,为了确保自己的这个允诺真实可信,他们必须立即大张旗鼓和精神饱满地从先前强征军税来维持全军的诸城邦那里重新征集军税,这个举措的目的明显是解决军饷的支付问题。(10)西庇阿恳请相同的这些保民官回到自己的军队和催促他们挽救自己所犯下的错误,单独地或者集体地到他那里来领取自己的欠饷。(11)当这些完成后,他说道,现在是时候考虑局势所要求的下一步的行动了。

[26](1)在所提出的这个目标下,这些军官们就四处忙于筹钱①……(2)当保民官们将自己军队的反馈传达给西庇阿时,西庇阿一听完就立即说道,他现在就同他们商讨下一步的行动步骤。(3)因此,首先,他们决定了士兵们全体一起出席的具体日期,其次,他们将同那些普通士兵达成和解,他们会宽恕那些普通士兵,但是,他们要严惩这场军事哗变的始作俑者,其人数大约是三十五人。(4)当这一天到来,哗变者前来达成和解并领取欠饷后,西庇阿就给代表自己前去同哗变者会面的保民官下达秘密指令;(5)每一个人选出五名元凶,一旦会面,他们立即热情地迎接他们并邀请他们到自己的营房,如果可能,就让他们暂住下来,但是,如果他们不肯,那么,就让他们随后进食晚餐和进行宴饮。(6)三天前,他就命令自己身边的军团提供长时间所使用的物资,理由是他们将在马尔库斯的率领下进军安多巴勒斯。(7)当这个消息传到哗变者的耳朵后,哗变者为此信心倍增,因为,他们认为,当他们同自己的将军西庇阿会面时,其他的军团就已经离开了,他们那时

---

① 根据李维第二十八卷第 25 章第 15 节的记载,很明显,这个地方缺失了很多东西。

就将完全控制局势。

[27](1)当他们正接近这座城镇时,他命令其他的士兵在第二天破晓带着自己所有的辎重向前进发。(2)但是,他命令保民官们和长官们,一旦他们遇到哗变者,他们就命令自己的士兵放下辎重,让他们手持武器停在城门和留意不让一个哗变者走出城门。(3)那些派去会见哗变者的保民官,当遇到哗变者后,他们就走向哗变者,按照事先的安排,他们热情地接待这场军事哗变当中的元凶,客气地将他们引到自己的营房。(4)根据事先下达的命令,一旦吃完晚餐,他们就逮捕这三十五名哗变元凶,他们用镣铐将他们捆住,除了派去向将军西庇阿通报事情已经圆满完成的使者,他们不允许营房里面的任何人走出去。(5)保民官们圆满地完成了这些命令;第二天早上,西庇阿看到新近抵达的士兵正集结在市场内,他就发出信号召集他们进行集会。(6)集会的信号立即得到了他们所有人的服从,因为,他们好奇地希望看到,西庇阿将军将会怎样现身,以及他会对当前局势发表何种看法,西庇阿派人到城门的保民官那里,命令他们将自己的士兵全副武装地带过来包围集会的会场。(7)当西庇阿向前走将过去和出现在他们面前时,所有人顿时都惊愕不已。(8)因为,他们当中的大部分人一直以为他的身体欠佳,当他们出乎意料地突然看到他精神矍铄而又神采奕奕时,他们都惊愕得目瞪口呆。

[28](1)他开始向他们发表了如下的讲话。他说,他十分好奇地希望知道,终究是什么样的不满和期待促使他们发动了这场军事哗变。(2)人们起来反叛自己的国家和军官通常无非就三种原因。第一,他们对自己的军官心生不满和怨恨;第二,他们对当前的局势心生不满;第三,他们希望改善自己的待遇。他说道:

(3)我问你们,你们起来反叛是出于何种原因呢？很明显,你们对我心生不满,这是因为我没有向你们支付你们该得的军饷。(4)但是,这并不是我的责任,因为,在我自己统率你们期间,我一直都是全额支付你们的军饷。(5)如果你们对罗马心生不满,因为你们以前的欠饷问题一直没有得到解决,但是,难道拿起武器反叛自己生养你们的国家就是一种正确的解决方式吗?(6)难道你们不应该前来我这里和向我反映这些问题,或者,恳请你们的朋友前来支持或者帮助你们吗?(7)我觉得,这肯定是一种更好的解决方式。雇佣军起来反叛自己的雇主有时可能会得到宽恕,但是,这种宽恕绝不能扩展到那些为自己和自己的妻儿作战的士兵身上。(8)因为,这正如一个人在金钱的问题上遭到了自己父亲的错误对待,他就拿起武器杀死给予自己生命的人一样。(9)天哪,难道你们可以说,相较于其他人,我给你们强加了更多的困境和危险,却给别人授予了更多的利益和战利品吗?(10)但是,你们既不敢这样说,即使你们敢这样说,你们也不能予以证明。(11)那么,究竟是什么让你们现在对我如此不满,以至于起来反叛我呢?我非常想知道答案;因为,在我看来,你们任何人都不能说出任何不满,甚至臆想出任何不满。

[29](1)你们也不是对当前局势不满。你们何时比现在安享更多的繁荣,罗马何时赢得了比现在更多的胜利,士兵们的前景何时比现在更加光明呢?(2)可能你们当中有一些心灰意懒的人会告诉我说,相较于我们自己,我们的敌人拥有更多的优势,也拥有更美好和更确定的前景。(3)这些敌人是谁呢?他们是安多巴勒斯和曼顿乌斯吗?难道你们当中就没有人意识到,这些人首先背叛了迦太基人以叛向我们,现在他们再一次地背叛誓言和诅咒,公开与我们为敌?(4)你们恰恰去依赖这些与你们国家为敌的人,这是一件多么神奇的事情啊!(5)再者,你们自己的军队根本就没有征服西班牙的希望,因为,即使你们会合了安多巴勒斯的军队,你们也比不上我的军队,更不要说你们根本就没有这种支援。(6)那么,我非常想问的是,你们的脑海里到底想依靠什么呢?你们所依靠的肯定不是你现在所挑选的领袖的英勇和技能,也不是佩携

在他们前面的束棒（fasces）和斧头——对于这些人，我甚至都不愿再屈尊说及他们。（7）我的士兵们，所有这些肯定都是徒劳无用的，你们也不能给出最微不足道的理由来抱怨我或者你们的国家。（8）因此，我用一种男人之间所普遍承认的请求，来恳求你们回到罗马和我自己这边来。（9）大众都容易犯错，也容易过犹不及，因此，就其本性而言，大众就像海洋一样安全和平静。（10）但是，一旦大风猛烈地吹刮而来，本身就会喷薄而出的大风，就会在大海上掀起惊涛骇浪；（11）大众的领袖和顾问其实也同海洋的这种特性如出一辙。（12）因此，鉴于当前这种情况，我和军队中的所有高级军官都同意与你们达成和解，宽恕和赦免你们过去所犯下的所有错误。（13）但是，对于这场军事哗变的始作俑者，我们仍然决定不予赦免，相反，我们要严加惩治，因为，他们对自己国家和我们自己犯下了不可饶恕的罪行。

[30]（1）当他一结束这番讲话，站在他身边的那些全副武装的士兵立即用剑撞击自己的盾牌，与此同时，这场军事哗变的始作俑者也脚戴镣铐，并赤身裸体地被带进来了。（2）这场哗变的士兵被周围的军队吓得大气都不敢出，他们的表情恐惧异常，以至于这场哗变的元凶惨遭鞭打和砍头时，他们的脸色都没有任何变化，也没有说出任何一句话，相反，所有人都吓得目瞪口呆、惊恐万分。（3）在这场军事哗变的元凶都受到严厉的处死后，他们的尸体被拖出军队，但是，其余的哗变者则都得到了将军和其他军官所作的共同保证，那就是，他们过去的罪行都会得到赦免。（4）他们一个个地走上前和向保民官们发誓，他们将服从自己的上级军官所下达的命令，并仍然对罗马保持忠诚。

（5）西庇阿成功地将这场可能造成巨大危险的军事哗变扼杀在了摇篮之中，随后，他就恢复了自己军队的原有纪律……

安多巴勒斯的反叛及其镇压①

[31]②(1)西庇阿立即召集自己在新迦太基的军队开会,而且,他向他们讲述了安多巴勒斯的大胆意图和背叛行径。(2)通过详尽地讲述这些问题,他成功地唤醒了士兵们对这位国王的厌恶之情。(3)接下来,他列举了他们先前同由迦太基人所指挥的西班牙与迦太基联军进行作战的所有战役;(4)他告诉他们,他们先前就已经赢得了所有的战役,现在他们也无需担心由安多巴勒斯所指挥的仅仅西班牙一方的军队。(5)因此,在这场战争中,他甚至不接受任何西班牙人的支援,而是只使用自己的罗马军队进行作战,(6)以向所有人清楚地表明,罗马人不是在西班牙人的帮助下才打败迦太基人和将迦太基人驱逐出西班牙,而是凭借罗马人自身的英勇和奋战打败了迦太基人和凯尔特-伊比利亚人(Celtiberians)。(7)当他说完这番话后,他激励他们上下团结一心,他说,如果他们自信满满地走向战场,那么,他们肯定所向无敌。在诸神的帮助下,他将采取正确的举措以确保赢得胜利。(8)他的话语在军队中间产生了巨大的热情和信心,以至于敌人看上去就像在他们所有人的眼前,而且,他们所有人都将要立即同敌人展开战斗一样。

[32](1)在作完这番演讲后,他解散了会议。第二天,他就率领军队出发。在第十天时,他抵达和渡过了埃布罗河,在其后第四天时,他将营地驻扎在敌军的正面,有一座山谷坐落在自己营地与敌军营地之间。(2)第二天,他将跟在军队后面的一些牛群驱赶进这座山谷,他命令拉利乌斯让他的骑兵整装待发和命令一些保民

---

① [中译按]在剑桥本中,英译者将"安多巴勒斯的反叛及其镇压"这个标题写作"西庇阿在新迦太基听说安多巴勒斯在埃布罗河北岸的敌对行动,公元前206年,参见李维,第二十八卷第31-34章"。
② 西庇阿向他的士兵发表演讲。

官让轻步兵做好战斗准备。(3)当西班牙人很快就向牛群展开进攻后,他就派遣了一些轻步兵前去抵抗他们,随着战事的发展,两军的增援部队也渐次投入战场,山谷里面爆发了激烈的步战。(4)时机现在已经非常有利于进攻,按照事先的命令,拉利乌斯率领已经整装待发的骑兵冲向敌人的散兵,他从山腰切断他们,以至于他们大部分人都散落在山谷和惨遭敌军的砍杀。(5)野蛮人对此非常地恼怒和担心,他们唯恐这种挫败一开始就会在他们中间引发普遍的恐慌,天一亮,他们就全速地进行出击,并部署战斗队形。(6)西庇阿已经做好了应急的准备,但是,他注意到西班牙人全体轻率地进入山谷,他们的骑兵和步兵都部署在水平地面上,他在等待时间,因为,他希望他们尽可能多地占据这种位置。(7)他对自己的骑兵充满了信心,对自己的步兵更是充满了信心,因为,在一场面对面的激烈战斗中,无论是士兵的装备,还是士兵的素质,他们都要优于西班牙人。

　　[33](1)当他觉得自己所渴望的时机已经来临,他就将[轻步兵]①做好部署,以对抗占领山脚的那些敌军,而他自己则从营地率领四个步兵大队,以密集队形对抗下到山谷的敌军,他猛烈地进攻敌人的步兵。(2)与此同时,盖乌斯·拉利乌斯率领骑兵沿着从营地下到山谷的山脊进军和从后面进攻敌军的骑兵,他让他们四处忙于同自己作战。(3)长此以往,没有骑兵支援的敌军步兵——他们依赖下到山谷的骑兵所提供的支援——终究发现自己深陷困境,处境艰难。(4)骑兵同样遭遇了重创;因为,他们限制在一个狭窄的空间,完全不能展开行动,他们相互之间踩踏致死的人数要多于敌人屠杀他们的人数;他们自己的步兵在侧翼遭受重压,敌人的步兵在他们的正面,而他的骑兵正进攻他们的尾部。(5)这就是这场战斗的进程,结果就是,几乎所有下到山谷的士兵都殒命身亡,而那些驻扎在山脚下的士兵则四散逃亡。(6)后者这些人都是轻装步兵,他们的人数相当于全军总数的三分之一;在他们的护拥下,

---

①　古希腊语原本在这个地方出现了遗漏。

安多巴勒斯成功地挽救了自己的性命,他逃到了一座非常安全的要塞……

　　[通过这一年(公元前206年)进一步的军事行动,西庇阿成功地迫使梅格放弃了西班牙;罗马军队进入塔拉康(Tarraco)的冬季营地过冬。]①

　　(7)当西庇阿就这样完成了自己在西班牙的军事任务后,他情绪高昂地抵达了塔拉康,他将辉煌的胜利和光荣的荣誉作为对自己国家的礼物带回了家乡。②(8)西庇阿迫不及待地希望尽快赶回罗马,以免抵达太晚而错过执政官的选举,他将西班牙的一切统治事务都安排妥当,③而且,他将自己的军队移交给尤尼乌斯·西拉努斯(Junius Silanus)和卢西乌斯·马西乌斯(L. Marcius),接着,他就带着拉利乌斯和自己的其他朋友一起乘船驶往罗马……

VI. 亚洲的局势

巴克特里亚的局势④

　　[39]⑤(1)欧西德穆斯(Euthydemus)自己是梅格尼西亚人(Magnesian),他现在向提勒亚斯(Teleas)辩护道,安条克试图将他驱逐出自己的王国是不公正的,(2)因为,他自己从未反叛国王,相

---

① [中译按]中括号里面的内容译自于剑桥本。
② 公元前206年秋季,西庇阿回到了罗马。
③ 他将西班牙的一切统治事务都移交给了卢西乌斯·伦图鲁斯(L. Lentulus)和卢西乌斯·曼利乌斯·亚西迪努斯(L. Manlius Acidinus),参见李维第二十八卷第38章。
④ [中译按]在剑桥本中,英译者将"巴克特里亚的局势"(The Situation in Bactria)这个标题写作"安条克在巴克特里亚,参见第十卷第48章第49节"(Antiochus in Bactria, See 10,48,49)。
⑤ [中译按]在剑桥本中,英译者将这一章写作第34章,而非第39章。

反，当其他人进行反叛后，通过摧毁他们的后代，他赢得了巴克特里亚的王位。①（3）在说了一番同样的话后，他恳请提勒亚斯在国王与自己之间进行友好地调停和达成和解，催促安条克不要吝惜国王的头衔和尊贵；（4）因为，如果他不满足自己的这个要求，那么，他们两人都不会得到安全。（5）因为，大批游牧民族（Nomads）的部落正在逼近，这不仅会给他们两人造成严重的威胁，而且，如果他们同意接纳他们的话，那么，这个国家肯定就会再度陷入野蛮状态。（6）在说完这番话后，他就将提勒亚斯派遣回去了。（7）一直在苦苦寻找解决办法的安条克国王在接到提勒亚斯的报告后，由于前述的原因，他立即欣然地同意了对方的和解请求。（8）提勒亚斯再一次往返于这两位国王之间，最终，欧西德穆斯派遣自己的儿子德米特里（Demetrius）前去批准这个条约。（9）一接待这位年轻人，安条克立即就从他的外表、谈吐和尊贵判断出其当之无愧的王室风范，首先，他允诺将自己其中一位女儿下嫁给他，其次，他答应给他的父亲王室头衔。（10）在将其他问题也写进条约一起缔结之后，他们进行了宣誓，接着，在给自己的军队分发了大量的谷物和接纳了欧西德穆斯所提供的战象后，安条克就离开了。②（11）在越过高加索山脉（Caucasus）③后，他下到了印度，并重新恢复了与印度国王索法加塞努斯（Sophagasenus）的友谊。（12）国王在那里获得了更多的战象，以至于他的战象总数现在达到一百五十头；在给自己的军队进一步分发了谷物后，国王率领自己的军队出发了，他将希兹库斯的安德洛塞尼斯（Androsthenes of Cyzicus）留下，以将国王所搜集的财宝带回家乡——国王承诺给他支付报酬。（13）在越过阿拉克西亚（Arachosia）和渡过埃利曼萨斯河（River Erymanthus）后，他经由德兰基尼（Drangene）抵达了卡曼尼亚（Carmania），由于

---

① 即公元前 206—前 205 年。
② 安条克继续向亚洲内陆进军。
③ 也即是高加索-因第库斯（*Caucasus Indicus*）或者帕洛帕米苏斯（Paropamisus），亦即现代的因都-库什（Hindú Kúsh）。

现在冬季已至,因此,他就在这里扎下营来。(14)这就是安条克远征内陆所抵达的最远地方,这次远征不仅将行省辖地(Upper Satraps)置于自己的统治之下,而且将诸海滨城市和塔乌鲁斯山(Taurus)这侧的诸君主也置于自己的统治之下。^①(15)总之,他巩固了自己的王国,通过自己的勇气和努力,他震慑住了自己所有的臣民。(16)事实上,这次远征让安条克在亚洲人和欧洲人中间成为了一位名副其实的国王。

---

① 即公元前 212－前 205 年。

第十二卷（残篇）

I. 莲花

[1]①（1）比萨西亚（Byzacia）坐落在塞提斯（Syrtes）附近；它的周长是两千斯塔德，而且，它的形状是圆形的⋯⋯

（2）希波（Hippo）、辛加（Singa）和塔布拉卡（Tabraca）则是非洲的城市。然而，加克亚（Chalkeia）不是像德莫斯提尼（Demosthenes）所无知地指出的那样，它不是一座城市的名称，而是一座"青铜厂"（bronze-factory）⋯⋯

[2]②（1）在他的《通史》第十二卷中，对于非洲的莲花（Lotus of Africa），波利比乌斯给出了一个同希罗多德（Herodotus）的描述如出一辙的个人观察。（2）他说道："莲花不是一种大树，而是一种粗糙而多刺的植物。它的叶子像黑刺李，但要更加宽大和平整。（3）无论是颜色还是形状，它的果实在完全长大时一开始看起来就像白色的桃金娘浆果（myrtle berry）；（4）但是，随着时间的推移，果实会变成紫色，果实的形状也会变成一个圆形的油橄榄大小。果实的石籽非常地小。（5）当它成熟时，他们就进行采集，在将它碾碎后，他们再用食盐将它储存在罐子里面，以备奴隶食用。他们也会清除石壳，再以同样的方式进行储存，以备自由民食用。（6）这

---

① ［中译按］洛布本缺失了第十二卷第 1 章的内容，这一章的内容译自于剑桥本。
② 摘录自亚特纳乌斯（Athenaeus），第十四卷，651D（xiv. 651D）。

种食物非常像无花果或者海枣,但是,它更加充满芳香。(7)通过将它在水里面进行浸湿和碾碎的方式,它也可以制作成酒。这种酒甜美而芳香,其味道非常像蜂蜜酒,而且,他们可以不兑水地喝它。(8)然而,它的保存时间不可以超过十天,因此,只有当需要时,他们方才会少量地进行制作。他们也会用它制作成醋……"

II. 提麦奥斯关于非洲和科西嘉岛的错误记载

[3](1)没有人不会艳羡利比亚的富饶。(2)有人会说,提麦奥斯不仅不熟悉非洲,而且,他在判断上也非常地幼稚和欠缺,一直流传下来的这些古代文献——这些古代文献认为,整个非洲都是多沙、干燥和贫瘠的——仍然在桎梏我们的思想。(3)对于动物,也同样如出一辙。因为,这个地方的马、牛、绵羊和山羊的数量是如此地庞大,以至于我怀疑世界其他地方是否也能找到如此之多的动物,(4)因为,许多非洲部落根本就不食用任何谷物,而是以牲畜的血肉为生,他们其实就生活在牲畜的中间。(5)再者,所有人都知道,非洲拥有数量庞大和威力巨大的大象、狮子和黑豹、漂亮异常的野牛以及体型硕大的鸵鸟——这些动物在整个欧洲都不存在,然而,在非洲它们却遍地生长。(6)提麦奥斯在这个问题上根本就一无所知,而且,他似乎有意告诉我们一些完全与事实相反的东西。

(7)对于科西嘉岛(Corsica),他也是像对待非洲那样胡说八道。(8)在他的第二卷所作的叙述中,他告诉我们,科西嘉岛有很多野山羊、野绵羊和野牛,也有很多野鹿、野兔、野狼和一些其他动物,当地居民都在忙于猎捕这些动物,这是他们唯一的职业。(9)然而,事实却是,除了狐狸、洞兔和野绵羊之外,这座岛上不仅没有任何一头野山羊或者野牛,甚至也没有任何野兔、野狼、野鹿或者其他类似的动物。(10)洞兔从远处看就像一只野兔,但是,一旦捕获它,你就会发现,无论是在外观上还是在味道上,它与野兔都相去甚远。此外,它大部分时间都生活在地下。

[4](1)然而，出于下列原因，这座岛上的所有动物似乎都是野生的。（2）当他们放牧时，牧羊人不会跟随在自己的牧群后面，因为，这座岛屿树林密布，而且，它也太过崎岖和陡峭；但是，当他们想要集结牧群时，他们就站在一个合适的地方，用号声呼叫它们，所有的动物都会响应属于它们自己的号声。（3）因此，当登陆这座岛屿的人们看到山羊和牛群在没有任何人看管下自己就悠然地吃草，他们因而就想捕猎它们时，这些动物不会让他们靠近自己——因为它们不习惯他们——而是会逃开。（4）但是，一旦牧羊人看到陌生人登陆上岸，他们就会吹响号声，牧群随之立即就会响应号声，以至于它们会全速地奔跑起来。出于这个原因，以至于这座岛上的动物就会让人误以为是野生的，在没有进行充分和认真地调查的情况下，提麦奥斯就直接胡乱地进行了记载。（5）动物们听从号声的呼唤绝不是一件什么神奇的事情；因为，在照看肉猪的问题上，意大利的猪倌也是以同样的方式牧猪的。（6）意大利的猪倌并不像希腊的猪倌那样，跟在在这些牲畜的后面，相反，他会走在它们的前面，而且，他会不时地吹响号声，肉猪们就会跟在他的后面和回应号声。（7）它们如此完美地回应属于它们自己的号声，以至于那些第一次看见这番场景的人都会深感震惊和难以置信。（8）由于意大利，尤其是伊特鲁里亚地区和高卢地区，一般都拥有庞大的人口数量和充沛的猪群食物，因此，一头母猪可以生下一千头小猪，有时甚至更多的小猪。（9）因此，按照它们的品种和年龄，他们将它们成群结队地赶出自己晚上喂食的猪圈。（10）因而，当不同猪群的肉猪驱赶到同一个地方时，他们就不能将不同猪群的肉猪区别开来，无论是将它们一起驱赶出来，还是在喂食它们或者回家的路上，它们都会相互混淆在一起。（11）因此，当它们混淆在一起时，他们发明了一种吹号的方法来分离它们，根本无需费力或者劳神。（12）因为，当其中一位猪倌吹响号角往其中一个方向前进，另一个猪倌则吹响号角往另一个方向前进时，猪群就会自动地分开，它们会疾速地跟在它们自己的号声后面，根本就不可能挡住或者拦住它们。（13）相反，在希腊，当不同猪群在灌木丛寻找橡子

而相遇在一起时,猪倌就需要众多的帮手来分开它们,即使好不容易地最终分开,他们在将自己的猪群带走时也会混进邻居的肉猪;(14)有时,埋伏起来等待时机的窃贼也会将一些肉猪赶走,以至于负责照看猪群的猪倌自己都不知道自己弄丢了肉猪,因为,当果实刚刚开始成熟落地时,这些肉猪在寻找橡子的过程中就会向前奔跑太远而远离了自己的猪倌。对于这个主题,我已经讲得够多的了……

III. 提麦奥斯所犯下的其他错误

[4a](1)谁能原谅这种错误呢,尤其考虑到提麦奥斯如此乐此不疲和吹毛求疵地对待其他人所犯下的类似错误。(2)例如,他指责塞奥波普斯(Theopompus)说狄奥尼索斯(Dionysius)从西西里乘坐一艘商船到达科林斯,然而,其实乘坐的是一艘战船;(3)再如,他错误地指责埃弗鲁斯作了自相矛盾的叙述,因为,他告诉我们说,老狄奥尼索斯在二十三岁时开启了自己的统治,在统治了四十二年的时间后,他在六十三岁时去世了。(4)现在没有人会说,这种错误是这位作者犯下的,相反,它明显是抄写员犯下的。(5)如果埃弗鲁斯不能正确计算四十二加上二十三等于六十五的话,那么,埃弗鲁斯的愚蠢程度肯定要超过克洛布斯(Coroebus)和马基特斯(Margites);[1](6)没有人相信埃弗鲁斯会犯下这种错误,这种错误明显是抄写员犯下的。而且,没有一个人会喜欢提麦奥斯这种吹毛求疵和横加指责的风格。

[4b](1)再如,在关于皮洛士(Pyrrhus)的叙述中,他告诉我们说,通过在某一天用标枪在城前的马尔斯战神广场(Campus Martius)射杀一匹战马的方式,罗马人仍然在纪念他们发生在特洛伊(Tory)的灾难,因为,特洛伊的沦陷是因为一匹木马(Wooden Horse)所致——这是一种非常幼稚的说法。(2)按照这个原则,所

---

① 马基特斯(Margites)是喜剧史诗(the comic epic poem)中的一位愚蠢而无知的英雄。

有的野蛮民族都是特洛伊人的后代，因为，几乎所有的野蛮民族，或者至少大部分野蛮民族，在进行一场战争或者在决战前夕，他们都会献祭一匹战马，他们会从战马倒地的方式来对战争的结果进行卜测。

[4c]（1）在我看来，提麦奥斯这种毫无根据的推断不仅表明了他的的无知，而且也表明了他的迂腐，因为，他从罗马人献祭战马就直接得出了他们之所以这样做，是因为特洛伊就是由于一匹战马的缘故而惨遭沦陷的。

（2）所有这些事例都非常清楚地表明，他对非洲、撒丁尼亚，尤其对意大利的描述都是不准确的。（3）我们看到，他非常轻率地对待个人的亲身调查，而这恰恰是历史调查中最为重要的部分。（4）因为，不同地方会同时发生许多事件，不可能同时出现在不同地方，也不可能亲眼见识世界上的每一个地方和各个地方的不同特色；（5）对于一名历史学家而言，唯一的手段就是尽可能多地询问他人，去相信那些值得相信的东西和去审慎评判自己手上的报告。

[4d]（1）尽管提麦奥斯大言不惭地宣称自己在这方面费尽心机，但是，在我看来，他距离事实真相着实相去甚远。（2）他既没有通过询问他人来调查事实真相，甚至，即使他自己亲眼见到的那些事件和他自己亲自探访的那些地方，他都没有告诉我们任何值得信赖的东西。（3）即使我们就以西西里为例，他所犯下的错误也是显而易见的。（4）就连生养他的母国及其那些最著名的地方，我们都能发现他错误连篇，完全与事实大相径庭，那么，对于他所犯下的其他错误，我们就更无需进行进一步地列举了。（5）他告诉我们，叙拉古的亚利苏萨泉水（Fountain of Arethusa）发源于伯罗奔尼撒地区的阿菲奥斯河（River Alpheius）——阿菲奥斯河流经阿卡迪亚和奥林匹亚（Olympia）。（6）他说道，这条河潜入地下，在西西里海下面流经了长达四千斯塔德①的距离后，它重新冒出在叙拉古的

① ［中译按］四千斯塔德大约相当于五百英里。企鹅本英译者认为，它的距离实际上只有大约三百三十英里，并没有五百英里。

地面。（7）他进一步地补充说，先前在奥林匹亚节（Olympian Festival）期间降下的一场暴雨就非常有利地证明了这个事实，（8）当时河水上涨到圣所附近时，亚利苏萨泉水喷出了节日期间用作献祭的牲畜所拉出的大量粪便，甚至喷出了一只金碗——他们认出这是一只在节日期间用作庆典的金碗，因而就把它拿走了。

IV. 提麦奥斯对洛克里斯的错误记载

[5]（1）我碰巧先前探访过洛克里斯（Locri）的数座城市，也给洛克里斯人（Locrians）提供了一些重要的帮助。（2）正是因为我的缘故，他们被豁免了在西班牙战事和达马提亚（Dalmatian）战事的服役任务，按照条约的规定，在这两场战事中，他们都需要通过海路向罗马人提供支援。（3）结果，他们从巨大的困境、危险和花费中解放了出来，作为回报，他们授予了我各种各样的荣誉和好处；因此，我应该好好地提及一下洛克里斯人，而非相反。（4）尽管我在讲话和写作中都毫不犹豫地断言，在殖民地的建立方面，亚里士多德（Aristotle）提供给我们的记载比提麦奥斯提供给我们的记载要更加真实可靠。（5）因为我知道，连洛克里斯人自己都承认，在殖民地方面，他们先祖传给他们的传统是由亚里士多德提供的，而不是由提麦奥斯提供的。（6）对此，他们列举了如下的证据来进行证明。首先，洛克里斯所有的祖传贵族都源于女性而非男性，①例如，他们当中那些被视作贵族的人据说都属于"一百个家族"（the hundred families）。（7）这"一百个家族"都是洛克里斯人的名门望族，在派往殖民地前，按照神谕的规定，洛克里斯人会从这些家族中抽签选出处女，以送往特洛伊（Troy）。②（8）一些属于这些家族的妇女就留在了殖民地，她们的后代仍然被视作是贵族，而且，她

① 对照利西亚人（Lycians）的一种相似习俗，参见希罗多德，第一卷第173节。
② ［中译按］在剑桥本中，英译者将这个地方的"特洛伊（Troy）"译作"埃利乌姆（Ilium）"。

们被称作"一百个家族之人"（the men of the hundred families）。（9）再者，对于处女侍者，他们会按照传统将其称作"菲亚勒弗鲁斯"（Phialephorus）。①（10）洛克里斯人当时驱逐了占据意大利这个地方的西塞斯人（Sicels）——在西塞斯人进行献祭时，他们会由一名男孩（这名男孩出身一个最显赫和最高贵的家族）来引领队伍——因此，洛克里斯人就采用了一些西塞斯人的仪式（Sicelian rites），由于他们自己没有任何继传的仪式，所以他们就从其他的仪式中保留了这个特别的仪式。（11）不过，他们也作了一个很小的改变，那就是，他们不是挑选一名男孩，而是挑选一名女孩（处女）来充当"菲亚勒勒弗鲁斯"（Phialephorus），因为，他们当中的贵族都源自于女性。

［6］（1）至于他们同希腊的洛克里斯人所缔结的条约，则根本就没有存在过，也没有任何人说它存在过，但是，他们所有人都知道西塞斯人的传统。（2）对此，他们说道，当他们首次抵达时，他们就发现，西塞斯人已经占领了他们现在所居住的这个地方；然而，西塞斯人对他们的到来感到非常地害怕，出于恐惧，西塞斯人因而就接纳了他们；（3）这些新来者同他们缔结了一个庄严的条约，这个条约规定："只要他们站在这片泥土上，只要他们的头颅仍在自己的肩膀上，他们就会友好地对待他们，并一同分享这个国家。"（4）当他们发誓完毕后，他们说，在他们发誓前，洛克里斯人就已经将一些泥土装进了他们自己的鞋底，他们肩膀上的衣服里面也藏了一些蒜头；（5）接着，他们抖落了鞋底的泥土和扔掉了蒜头，不久之后，他们就乘机将西塞斯人驱逐出了这个地方。（6）这就是流传在洛克里斯的故事②……

（7）（一）在他的《历史》（Histories）的第九卷，塔乌洛米尼乌姆的提麦奥斯（Timaeus of Tauromenium）就说道："购买奴隶进行奴

---

① ［中译按］"菲亚勒弗鲁斯"（Phialephorus）亦即"手持杯子"（cup-bearing）之意。
② 摘录自亚特纳乌斯（Athenaeus），第六卷，272A（vi. 272A）。

役并不是希腊人的习俗,①他们指责亚里士多德一般性地误解了洛克里斯人的习俗,因为(他们说)法律甚至不允许洛克里斯人拥有奴隶。"

(8)(二)然而,塔乌洛米尼乌姆的提麦奥斯自己先前就已经说过——在他的《通史》(*Histories*)的第十二卷,波利比乌斯就已经对他进行了驳斥——希腊人曾经存在过拥有奴隶的习俗,只是他自己忘记了而已。

[6a](1)我们从所有这些就可以完全地推断出,我们应该信赖亚里士多德而不是提麦奥斯。提麦奥斯的下列叙述就相当地怪异。(2)因为,正如他所暗示的那样,先前作为斯巴达盟友的那些奴隶根本不应该对自己主人的那些朋友承袭自己主人的美好情谊,这种看法是愚蠢的。(3)那些曾经为奴的人,当他们遇到出乎意料的好运,从而能够影响和重现自己主人的喜好以及自己主人的友谊和关系时,他们比那些血脉相连的人要更加努力;(4)因为,他们希望通过这种努力来扫除他们先前的低人一等和声名狼藉,从而让自己成为原先主人的后代,而不是原先主人的自由民。

[6b](1)至于洛克里斯人,这种情况尤其可能发生。因为,他们距离那些熟悉自身过去的那些人已经相当久远,而且,他们在那些人身边也已经耗费了很长时间,以至于他们不会愚蠢到让自己的行为举止有可能唤起他们对缺陷的记忆,而是会费尽心机地表现自己以掩盖这些缺陷。(2)因此,他们自然就以妇女来命名他们的城市,而且,他们假装自己在母系上同洛克里斯人存在着关联,他们也重新恢复了源自女性的那些古老的友谊和同盟。(3)也正是因为这个原因,我们不能把雅典人洗劫他们的国家用作削弱亚里士多德所作叙述的可靠性的证据。(4)正如我所说的那样,从洛克里斯启航和在意大利登陆的那些人,即使他们遭受了十次以上的奴役,他们应该也会同斯巴达人保持友好关系,而雅典人应该自然对所有这些洛克里斯人心存敌意,这与其说是出于他们血统上

---

① 他可能指的是前荷马(pre-homeric times)时代,对照希罗多德第六卷第 137 节。

的原因,不如说是出于他们政策上的考虑。①

（5）我再问一次,出于生育孩子的目的,斯巴达人会将自己的年轻人从营地送回家乡和拒绝洛克里斯人做同样的事情吗?（6）然而,这两种情形不仅不大可能,而且也不切实际。（7）因为,斯巴达人既不可能阻止洛克里斯人去做他们自己先前所做过的事情——这确实会非常怪异——洛克里斯人也不可能按照斯巴达人的命令而采取与斯巴达人完全相同的做法。（8）因为,在斯巴达人中间,这是他们的一个传统习惯,而且,如果他们是兄弟的话,三四个男人共同拥有一个妻子或者多个妻子,这是非常正常的事情,他们所生育的后代是他们所有人共同的财产;当一个男人生育了足够数量的小孩后,他将自己的妻子送给自己其中一位朋友是非常荣耀的事情,也是非常正常的事情。（9）因此,洛克里斯人没有像斯巴达人那样受制于没有占领美塞尼亚（Messene）②就不回家的誓言,他们拥有不去一起参加远征的合理借口;（10）相反,他们可以一个个地独自回家,他们不时地允许他们的妻子熟悉他们的奴隶,而不是她们原来的丈夫,他们允许自己的未婚女子可以拥有更大的空间,这就是他们移民的原因……③

[7]（1）提麦奥斯常常作出错误的叙述。在我看来,这不是因为他对这些事情的无知所致,而是因为他的偏见扭曲了他的判断;当他一旦刻意责备或者赞扬任何一个人时,他会忘记一切,以至于完全丧失了身为一名历史学家所肩负的职责。（2）然而,正如我所表明,亚里士多德对洛克里斯的叙述却要严谨得多,而且,我们也非常仰仗他对洛克里斯的权威叙述。（3）但是,我现在就要谈及提麦奥斯和他的整个著作,也会一般性地谈及那些从事历史撰写的历史学家们所肩负的重要职责;它大概会遭到如下的异议。（4）这两位历史学家都是在推测性地进行撰史,但是,亚里士多德的叙述

---

① 洛克里斯人当时自然是斯巴达人的朋友和雅典人的敌人。

② ［中译按］Messene 亦写作 Messenia。

③ 洛克里斯（在希腊）的妇女（women of Locris）带着奴隶离开自己家乡的原因。

更具有可靠性,当我说出这番话后,我觉得所有人都会这样承认。然而,对于这种事情,事实上,我们不可能绝对性地触及它的所有真相;即使我们承认提麦奥斯的叙述更具有可靠性。(5)但是,如果一名历史学家的叙述缺乏可靠性,他就必须屈从于所有侮辱谩骂和接受人生的审判吗?答案肯定是否定的。(6)我认为,出于无知,以至于在自己的著作中作出错误叙述的那些历史学家,他们是可以诚挚地得到纠正的,也是可以得到原谅的,但是,对于那些故意撒谎的历史学家,则必须对他们毫无怜悯地予以谴责。

[8](1)我们要么表明,亚里士多德对洛克里斯的叙述是由于祖护、腐化或者个人的敌意所导致的;要么表明,如果我们不敢这样主张,那么,我们就必须承认,像提麦奥斯对亚里士多德那样,对他人表现出这种敌意和愤懑的那些人是错误的和不明智的。(2)他说亚里士多德傲慢、轻率和刚愎自用,除此之外,他接着补充说,亚里士多德声称殖民地是由逃亡的奴隶、走狗、奸夫和绑匪所组成,从而达到厚颜无耻地恶意诋毁洛克里斯城的目的。①(3)他进一步地说道,亚里士多德之所以作出这样的叙述,"是为了让人们相信他是亚历山大手下的其中一名将军,他只用自己的力量,就在西里西亚山口(Cilician Gates)的一场激战中打败了波斯人,而不是一名迂腐可憎的诡辩家,只会关闭自己宝贵的外科医生的药铺。"②(4)此外,他接着说道,亚里士多德强行的进入所有的宫廷和营帐,他是一名贪吃鬼和暴食者,一切都只是为了满足自己的口腹之欲。(5)在我看来,即使是一些声名狼藉的无耻之徒在法庭上作漫无边际的指控,这样的语言也完全不能容忍;我们必须公开宣布,他逾越了所有的界限。(6)然而,没有任何一位公共事务的编年史家和名副其实的历史学家会怀有这样的思想,更不要说会把它们记录下来。

[9](1)现在让我们来看看提麦奥斯自己存心所作的叙述,通

---

① 提麦奥斯的粗鄙谩骂。
② 即公元前333年。

过对比他与亚里士多德对同一个殖民地所作的叙述，我们或许可以发现他们当中到底谁更应受到责难。（2）在这同一卷中，他告诉我们道，对于这块殖民地①的历史，他不是仅仅出于猜测，而是亲自进行了探访。（3）他说道，洛克里斯人首先向他展示了一份成文的条约——这份条约仍然保存在他们与移民的手上——它是以"作为孩子的父母"（As parents to children）这样的措辞来开头的。（4）此外，他们也有确保他们相互之间公民权利的法令。当他们听到亚里士多德对这块殖民地的叙述后，他们就对这位作者的鲁莽轻率深感震惊。（5）接着，他继续航行到了意大利的洛克里斯（Italian Locri），他说道，他发现他们的法律和习俗不是与放荡的奴隶相一致，而是与自由民相一致。（6）在他们的法律当中，绑架、通奸和奴隶逃亡都规定有相应的惩罚，如果他们意识到他们自己就是从这些人而来，那么，情形就不会这样了。

[10]（1）首先，我们怀疑，他究竟是向希腊地区哪一个宗系的洛克里斯人（Greek Locrians）进行的探访和调查。（2）因为，如果希腊的洛克里斯人像意大利的洛克里斯人那样只生活在一座城邦，那么，我们就不应该有任何的怀疑，相反，所有的事情都会非常地清晰。（3）然而，由于希腊拥有两种宗系的洛克里斯人，因此，我们就要问，他前去探访的宗系究竟是哪一个宗系？他所到达的城邦究竟是哪一座城邦？他所发现的条约究竟是哪一家的条约？但是，在这方面他都没有给我们提供任何的信息。（4）然而，提麦奥斯可以自吹自擂的地方，同时也是他超越所有其他历史学家和享有巨大声誉的地方，主要就在于他在年代学、历史档案以及他所关心的问题上所展现出的那种准确性。（5）因此，最让我们震惊的是，他根本就没有告诉我们，他究竟是在哪一座城邦发现的这个条约，或者这个条约究竟是铭刻在哪个具体地方，或者究竟是哪位官员向他展示了这份条约，以及究竟是谁同他进行的谈话，他故意把地方和城邦说得含混不清，以至于心存疑虑而又渴望探究事实真

---

① ［中译按］这块殖民地（the colony）指的是希腊的洛克里斯。

相的那些人完全无法进行进一步地甄别。（6）他向我们遗漏所有这些事实明显表明他是在故意撒谎。因为，如果提麦奥斯确实获取了这样的信息，那么，他不会遗漏它们任何一个字，而是像谚语所说，他会把它们紧紧地攥在自己的双手上，下面的考量就可以很明显地予以证明。（7）这位历史学家列举了埃克格拉底（Echecrates）的名字，而且，他将埃克格拉底作为自己所依赖的对象，他向后者请教和获取了有关意大利的洛克里斯人的信息。（8）这位历史学家似乎不是从一位无足轻重之人那里听来了所有这一切信息，因为，他费尽心机地告诉我们，这位埃克格拉底的父亲先前就被狄奥尼索斯委任作使节——（9）然而，我要问的是，如果他确实握有一份官方档案（a public record）或者纪念铭文，那么，他会对它完全默不作声吗？

[11]（1）这位历史学家确实将斯巴达自古以来的监察官（Ephors）和国王的名单进行了列举对照，而且，他也将雅典人的执政官（Athenian Archons）和阿尔戈斯地区赫拉的女祭司（Priestesses of Hera）同奥林匹亚的胜出者进行了列举对照，他从这些记录中确信这些城邦犯有错误，因为它们之间存在有三个月的不一致之处。（2）是的，提麦奥斯在神殿内部发现了铭文，并在神殿的门柱上发现了普洛森尼①的名单（lists of proxeni）。（3）我们简直难以相信，对于任何存在于其间的这种东西，他会一无所知，或者，如果他确实发现了它，他会对它略而不谈。如果他故意对它进行编造和撒谎，我们也根本没有任何理由来原谅他。（4）他自己就是一位心怀叵测和吹毛求疵之人，因此，他也必须同样接受他人还之彼身地尖锐批评。（5）当他将注意力转移到在意大利的洛克里斯人时，他明显在这些问题上犯有错误，因为，他首先告诉我们说，这两种洛克里斯人的政体与文化同希腊的洛克里斯人的政体与文化是相同

---

① ［中译按］proxenos 的复数形式是 proxenoi 或者 proxeni，它的本义指的是外邦客人的保护人，既可指代派到外邦保护本邦侨民的保护人，也可指代本邦的外邦侨民的保护人。在一些中译本中，有的中译者将其译作"外邦侨民的保护人"。

的，但是，亚里士多德和泰奥弗拉斯图斯（Theophrastus）却恶意中伤了这座意大利人的城镇。（6）我非常清楚地明白，为了让自己的叙述更加地清晰和强化，我不得不在这个地方偏离自己的主题；（7）然而，事实上，我之所以迟迟不对提麦奥斯进行批判，原因就在于我不希望自己一再中断或者遗漏自身的主要任务……

（8）①提麦奥斯说，历史著作的最大恶行就在于撒谎造假。因此，他建议那些在自己的历史著作中撒谎造假的历史学家给自己的著作换上其他的名字，除了历史之外，他们可以将它称作任何东西……

[12]（1）提麦奥斯说，作为木匠的一把尺子，它可能不会让你称心如意而存在过短或者过窄的问题，但是，只要它仍具有尺子的基本属性，那么，它仍然可以称作尺子。然而，如果它不够笔直或者根本就没有任何笔直的属性，那么，我们可以将它称作任何东西，而非称作尺子。（2）历史著作也同样如出一辙，如果它们在风格、方法或者任何其他特定问题上存在缺陷，但是，如果它们仍然能够坚守事实真相，那么，它们仍然可以称作历史著作；然而，如果它们远离事实真相，它们无论如何都不能再冠以历史之名。（3）对于真相是历史著作的主要特质的这种看法，我非常地赞同他，事实上，在自己这部著作的其中一处地方，我就作了完全相同的陈述，"对于任何一种动物而言，如果它丧失了视力，那么，它将会陷于彻底的绝望，历史亦然，如果历史丧失了言说真相的能力，那么，我们只会留下无用的流言"。②

（4）然而，我也说过两种不同类型的错误，一种是由于自身的无知而犯下的错误，一种则是故意为之而犯下的错误；（5）我们应该谅解那些因为自己的无知而远离真相的历史学家，但是，我们绝对不能原谅那些故意撒谎的历史学家。

---

① ［中译按］第十二卷第11章第8节亦写作第十二卷第11a章。
② 参见第一卷第14章。

（6）①由于无知而犯下的错误和由于故意为之而犯下的错误，这两种错误之间的差异天差地别，前者可以得到原谅和善意的纠正，后者则必须坚决地予以谴责，这不存在任何的疑问。（7）我们可以发现，提麦奥斯自己就是这方面的一个主犯，对此，我将会予以证明……

［12a］②（1）对于那些不遵守条约的人，我们用"洛克里斯人和条约"（the Locrians and the pact）③这个谚语来专门形容他们。无论是那些历史学家，还是那些非历史学家，他们全都认为，这句谚语的起源是：（2）在赫拉克勒斯族人（the Heracleidae）入侵之际，洛克里斯人允诺伯罗奔尼撒人道，如果赫拉克勒斯族人借道利乌姆（Rhion）④而非地峡，那么，他们就会发出战争的信号，以事先警告伯罗奔尼撒人，让他们有时间采取准备措施以抵挡敌人的入侵。（3）然而，洛克里斯人却没有这样做，相反，当赫拉克勒斯族人抵达时，他们发出了和平的信号，因此，他们没有遇到任何抵抗就安全地渡过了利乌姆；当伯罗奔尼撒人发现敌人进抵自己的国家时，由于惨遭洛克里斯人的背叛，以至于他们没有采取任何的防范措施。

［12b］⑤（1）我们确实会责骂和嘲笑那些神志癫狂的历史学家，他们都是一些异想天开或者鬼神附体之人。然而，那些纵情和沉溺于这种愚蠢举动的历史学家非但不应该攻击他人，相反，如果他们自己能够免于他人的责骂，他们就应该感到心满意足。（2）提麦奥斯就属于这种人。他说，卡利斯提尼（Callisthenes）在写作风格上谄媚而浮夸，他根本就不是一位哲学家，因为他将精力全都放在了

---

① ［中译按］第十二卷第12章第6节亦写作第十二卷第12a章。
② ［中译按］第十二卷第12a章亦写作第十二卷第12b章。
③ παρέβησαν的涵义是"违背或者违反"（violated）之意，在这句谚语中，这个动词常常会进行省略。参见 *Corp. Paroemiogr*。
④ ［中译按］Rhion亦写作Rhium。
⑤ ［中译按］第十二卷第12b章亦写作第十二卷第12c章。

乌鸦①和癫狂的女人身上。他进一步地补充说，亚历山大有充分地理由去惩治他，因为，他已经尽其所能地败坏了这位年轻国王的心灵。（3）他赞扬德莫斯提尼（Demosthenes）和另一位当时正如日中天的演说家，他说，他们无愧于希腊，因为，他们都反对授予亚历山大神圣的荣誉，而卡利斯提尼这位哲学家则将宙斯的神盾和雷电授予了一介凡人，因此，他所遭受的命运完全是罪有应得，活该受到天谴……

[13]（1）提麦奥斯告诉我们，德莫卡莱斯（Demochares）②犯有非自然的淫欲之罪，因此，他不是吹熄圣火的合适人选；就性爱行为而言，相较于波特利斯（Botrys）、菲拉尼斯（Philaenis）和其他淫秽作家的作品，德莫卡莱斯要更加厚颜无耻。（2）对于提麦奥斯这种淫秽不堪的谩骂和指责，不仅那些目不识丁的粗人，甚至就连妓院的妓女也全然说不出口。（3）然而，为了让自己的肮脏指控和他的体面丧失殆尽显得真实可信，提麦奥斯将一位籍籍无名的喜剧诗人拉来充数以进一步地指控德莫卡莱斯。（4）你们会问，我认定提麦奥斯犯下这种错误的理由是什么？第一个理由，同时也是最为

---

① 公元前331年，卡利斯提尼陪同亚历山大一起旅行穿越了利比亚沙漠，以造访坐落在西瓦绿洲（Siwa Oasis）的宙斯-阿蒙（Zeus Ammon）神庙。他在这个地方提到了乌鸦：当风沙覆盖了穿越这片沙漠的道路后，据说，这些鸟就出来引导他们行进。按照卡利斯提尼的说法，"其中最值得一提的是，如果这支队伍当中有任何人在夜里走丢迷路，那么，这些鸟就会在他们上方呱呱叫喊，直到他们找到前进的道路。"提麦奥斯声称，在亚历山大造访这座神庙之后，卡利斯提尼就奉承亚历山大是宙斯之子。参见普鲁塔克：《亚历山大的生平》（Life of Alexander），27。卡利斯提尼后来失去宠信，因为，他批评亚历山大采用了一些波斯人的习俗，尤其是批评了亚历山大要求马其顿人行跪拜礼的做法。由于他是希莫劳斯（Hermolaus）的导师，因此，他牵涉进了一场重大的阴谋，据说，他在公元前327年被执行死刑或者死于狱中，参见普鲁塔克：《亚历山大的生平》，55。

② 勒乌科诺的德莫卡莱斯（Demochares of Leuconoe，公元前350年－前275年）是德莫斯提尼姐姐的儿子，他是雅典的一名民主派政治家，他以直言不讳的雄辩术而著称于世。公元前307年，在法勒鲁姆的德米特里（Demetrius of Phalerum）政权——这个政权是由卡山德（Cassander）所扶植建立的一个摄政性政权——垮台后，他在雅典很活跃。安提柯之子攻城者德米特里（Demetrius Poliorcetes）突然入侵，让雅典从马其顿占领者手上解放了出来。

重要的理由是,德莫卡莱斯出身高贵且富有教养,因为他是德莫斯提尼的外甥;(5)第二个理由是,雅典人认为他不仅完全可以配当将军之职,[①]而且也完全可以配当其他官职,如果他深陷这种耻辱行径,那么,他不可能满心希望地追求这些官职。(6)因此,在我看来,提麦奥斯与其说是在指责德莫卡莱斯,不如说是在指责雅典人,因为,他们竟然将自己的国家、生命和财产都托付给这样一个人。然而,所有这些话却没有一句是真实的。(7)因为,如果它是真实的,那么,正如提麦奥斯所说,不仅喜剧诗人阿基迪库斯(Archedicus)必然会这样指控德莫卡莱斯,而且,安提帕特的诸多朋友也必然会重复这些指控。(8)因为,德莫卡莱斯不仅直言不讳地惹恼了安提帕特,[②]而且也惹恼了安提帕特的继任者们及其先前的朋友们。德莫卡莱斯的诸多政敌也必将会提出相同的指控,其中就会包括法勒鲁姆的德米特里。[③](9)在他的《历史》中,德莫卡莱斯提出了非常尖锐的指控,他说,身为政治家的德米特里,他就像一位庸俗的税吏那样自我夸耀说,在城里面,市场中的物资非常地丰富而又便宜,(10)而且,每一个人都拥有丰沛的生活必需品。(11)德莫卡莱斯告诉我们,一只人造的机械蜗牛在剧院的队伍前面爬行,在一个内部装置的作用下,它口吐唾液,随后,一列毛驴穿过剧院[④]——这些全都表明,雅典已经将希腊所有的荣誉都交给了他人,他们匍匐在卡山德的命令之下。然而,德莫卡莱斯说道,德米特里却完全不以为耻。(12)尽管遭受这些嘲弄,但是,德

---

① 也许是在公元前306年期间或者之后的期间,当雅典人同马其顿国王卡山德开战时,德莫卡莱斯扮演了一个积极的角色。

② 安提帕特死于公元前319年。当亚历山大前往波斯时,他留下安提帕特来负责统治马其顿和希腊。

③ 卡山德任命这位哲学家为雅典的总督。从公元前317年-前307年,他一直担任这个职位,直到入侵的攻城者德米特里罢免了他的职位。

④ 将经济形势和游行庆典树立作德米特里统治的象征——一个面包和马戏表演的政权。游行庆典是在公元前309/308年的酒神戏剧节(Theatrical Festival Of The Dionysia)期间举行的。但是,德莫卡莱斯将毛驴和其他细节诠释成雅典堕落的象征;它们只不过是表演的一部分,本身并没有特别的意义。

米特里和任何其他人都没有像提麦奥斯那样来指责德莫卡莱斯。

[14]（1）因此，德莫卡莱斯自己的国家所提出的证据要比提麦奥斯的恶毒更值得信赖，我可以非常自信地宣布，德莫卡莱斯的一生根本就没有犯过提麦奥斯所说的这种罪行。（2）事实上，即使德莫卡莱斯不幸地犯下了这种罪行，那么，到底是何种场合或者何种事情迫使提麦奥斯在他的历史中将它记载下来呢？（3）就像理性健全之人在决定报复自己的敌人时，他们首先不是去考虑别人应该受到什么惩罚，而是会考虑自己应该如何行动。（4）因此，当我们进行责骂时也同样如出一辙，我们首先考虑的不是我们的敌人是否应该受到这样的责骂，而是我们自己应该怎样进行正确地言说。（5）因此，如果作者根据自己的激情和嫉妒来衡量所有一切，那么，我们肯定会怀疑他们的陈述，甚至会小心翼翼地防范他们的夸大其词。（6）因此，就当前这个例子而言，我们可以非常正当地拒绝提麦奥斯对德莫卡莱斯的中伤；（7）然而，这位作者既不能得到任何人的原谅，也得不到任何人的信任，因为，他内心根深蒂固的怨恨已经让他的漫骂明显超越了正直的界限。

[15]（1）我也不赞同提麦奥斯对亚加索克勒斯（Agathocles）①的诋毁，即使我承认这位君主是所有人当中最为邪恶的一个人。（2）我指的是他的《历史》的结尾地方有一个段落，提麦奥斯在那个段落中说道，亚加索克勒斯年轻时是一位普通的男妓，乐意委身与那些最淫荡的人交媾，他拥有寒鸦和秃鹫（buzzard）②一样的旺盛性欲，随时准备同任何人进行巫山云雨。（3）除此之外，提麦奥斯说道，在他去世时，他的妻子痛苦地哀嚎，"有什么我没有为你做过呢？ 有什么你没有对我做过呢？"（4）在这个例子中，我们不仅可以重复我们在德莫卡莱斯的事例中已经说过的那番异议，而且，我们肯定也会对提麦奥斯所表现出的这种过度怨恨感到深切地震惊。（5）然而，提麦奥斯对亚加索克勒斯的描述很明显地表明，亚加索克勒斯肯

---

① 提麦奥斯尤其厌恶西西里的亚加索克勒斯（Agathocles of Sicily）。
② τριόρχης 的字面涵义是"非常淫荡的或者非常好色的"（very lecherous）。

定拥有巨大的天然优势。（6）因为，他在十八岁时逃离陶匠的辘轳、窑炉和黏土，（7）而且，当他逃到叙拉古后，在很短的时间内，他就从如此卑微的起点开始，逐渐地成长为整个西西里的统治者和令迦太基人颤栗的恐惧对象，最后，他在王座上终老，并以国王的头衔过世；（8）难道这不证明亚加索克勒斯身上具有许多伟大和惊人的特质以及诸多统治的天赋和才能吗？（9）历史学家不仅要为子孙后代记录那些往往会带有诋毁性指控的事件，而且也要为子孙后代记录那些可以提升这位君主的荣誉的事件；因为，这就是历史的正确功能。（10）然而，提麦奥斯被怨恨彻底蒙蔽了自己的双眼，他充满敌意和夸张地记载亚加索克勒斯的缺陷，完全没有提及他熠熠生辉的品质。（11）他完全没有意识到，对于一名历史学家而言，故意隐瞒实际发生的事件同故意记录没有发生的事件一样，都是在造假。（12）尽管我已经设法克制自己对提麦奥斯的敌意，但是，我没有遗漏真正与我的目的相关的任何必不可少的东西①……

[16]②（1）洛克里斯的两个年轻人对一名奴隶的归属问题产生了争执。（2）其中一位年轻人在相当长的时间内都占有这名奴隶，但是，另一位年轻人则在两天前强行将这名奴隶掳到了自己家里，当时这名奴隶在主人不在时前往了后者所在的国家。（3）当这位年轻人听说这件事后，他就来到了他的家里，抓住了这名奴隶，而且，他将这名奴隶带到地方官员面前说道，他是这名奴隶的主人，并且，他可以提供保证人。（4）因为，他说，扎莱乌库斯（Zaleucus）的法律规定，如果财产惨遭拿走或者劫持，那么，财产所有权的争议方直到作出判决前仍然是财产的所有人。（5）另一方则辩称，根

---

① 最后一个句子似乎存在瑕疵。萨克伯格（Shuckburgh）将它译作："因此，对于让他满心欢喜的个人怨恨的那部分历史——这部分历史是他自己添加的——我没有进行理会，但是，那些真正与他的目的相关的东西，我则完全没有遗漏。"这句话的英语译文完全与希腊语原文不一致。
 [中译按]萨克伯格（Shuckburgh）也即是剑桥本英译者。
② 扎莱乌库斯的法律以及发生在洛克里斯公共生活中的一个事件，它的立法规定，参见亚里士多德：《政治学》（*Pol.*）第二卷第12章。

据相同的法律规定,财产的劫持正是发生在他一方;(6)因为,这名奴隶是从他的家里带走并带到法庭的。(7)主持审理这个案件的官员对此心怀疑虑,他找来科斯莫波利斯(Cosmopolis)①前来帮忙解决这个问题。(8)科斯莫波利斯将这条法律解释作,"劫持总是出自于无可争议地在一定时间内最后占有财产的一方;(9)如果一个人强行劫走另一人的财产,并将财产带到自己家里,接着,如果原来的所有者从劫持者那里重新夺回财产,那么,这就不是这条法律所规定的劫持。"(10)这位年轻人对此由衷地感到愤愤不平,他说道,这肯定不是立法者的原意;对此,他们回答说,根据扎莱乌库斯的法律规定,科斯莫波利斯邀请他前来讨论他自己的这个案子。(11)也即是,争议双方在"一千人"的法庭(the court of one thousand)面前一起讨论立法者的原意问题,争议双方都要在自己的脖子上缠绕一根缰绳,如果他们当中有任何一方误解了立法者的原意,那么,他就要在这一千人面前当场被绞死。(12)对于科斯莫波利斯所提出的这个提议,这位年轻人说道,这个规定并不公平。(13)因为,科斯莫波利斯已经将近九十岁了,他已经只剩下两三年的活头了,而他自己很可能仍有大把的精彩人生需要过活。(14)因此,这位年轻人就这样机智地化解了法庭的严肃气氛,但是,主持审理案件的官员却仍然遵从了科斯莫波利斯对劫持所作出的解释……

V. 卡利斯提尼错误百出地撰写军事问题②

[17](1)为了避免给大家留下自己在故意非难这些著名的历史学家的印象,我将提到一场战役,这场战役同时也是一场非常著

---

① 科斯莫波利斯(Cosmopolis)这个头衔参见,同前,22,19。它出现在萨索斯(Thasos)、克里特(Crete)和西比拉(Cibyra)的铭文当中。参见 C. I. G. 2163, *c*;2583;4380, *b*。

② [中译按]在剑桥本中,英译者将标题"卡利斯提尼错误百出地撰写军事问题"写作"对埃弗鲁斯和卡利斯提尼的批评"。

名的战役,它发生的时间距今并不遥远,而且,最为重要的是,卡利斯提尼自己当时就在现场。(2)我所说的这场战役指的是,亚历山大与大流士①在西里西亚发生的那场战役。卡利斯提尼告诉我们说,亚历山大已经通过了所谓的西里西亚山口(Cilician Gate)——西里西亚山口非常地狭窄——而大流士则借道著名的亚曼纳斯山口(Gate of Amanus),率军下到了西里西亚。(3)当大流士从当地居民那里获悉亚历山大正向叙利亚进军后,他立即紧跟过去;当他抵达通向南方的隘路后,他就将军队驻扎在了皮纳鲁斯(Pinarus)河岸。(4)他说,从海边到山脚的距离不会超过十四斯塔德;(5)这条河流倾斜地穿过这个地方,它的裂口就在这条河流从山脉流出的那两侧河岸,但是,穿过平原直至海洋的整个河道都是在难以逾越的险峰峻岭之间奔流。(6)在对这个地方作了这样一番描述后,他接着告诉我们说,当亚历山大向后转身迎击他们时,大流士和他的将军们决定将整个方阵全部部署在营地本身所在的地面上,而这条河流可以提供保护作用,因为它沿着营地流淌而过。(7)接着,他说道,他们沿着海岸部署骑兵,紧靠骑兵的雇佣兵部署在河流的边缘,紧靠雇佣兵的轻盾兵则部署成一条直线直至山区。

[18](1)考虑到这条河流紧靠营地流淌而过,②尤其考虑到他们军队的庞大数量——因为,正如卡利斯提尼自己所说,它有三万名骑兵和三万名雇佣兵——我们很难理解,大流士为什么将所有这些军队全都部署在方阵的前面;(2)我们也可以很容易地计算出这支军队需要占据多么巨大的空间。(3)因为,在常规的交战中,所部署的骑兵最好不要超过八个纵列(eight deep),而且,骑兵中队与骑兵中队之间的空隙必须与骑兵中队正面的宽度相同,以确保他们可以自由地旋转或者转身。(4)因此,一斯塔德将容纳八百名骑

---

① [中译按]即亚历山大大帝与大流士三世。

② 在他们各自的权威著作中,库提乌斯(Curtius)和阿里安(Arrian)似乎都发现,大流士渡过了皮纳鲁斯河,参见库提乌斯第三卷第8节和阿里安第二卷第8节。

兵，十斯塔德将容纳八千名骑兵，①四斯塔德将容纳三千两百名骑兵，以至于七千两百名骑兵将充满一个十四斯塔德的空间。（5）如果整个三万军队全部进行部署，那么，仅仅骑兵就可以足够形成三个阵列，一个阵列紧靠另一个阵列。（6）因此，除非他们将雇佣军部署在骑兵后面，不然，他们将把雇佣军部署在哪个地方？然而，按照卡利斯提尼的说法，情况却并非如此，因为，他说，雇佣军首先遭遇了马其顿人的进攻。（7）因此，我们必须明白，骑兵占据了最靠近海边的那一半地方，雇佣军则占据了最靠近山脉的那一半地方；（8）从中我们可以很容易地估算出骑兵的深度是多少以及营地距离河流有多远。（9）接着，他告诉我们说，敌人一接近，当时在阵线中央的大流士就命令雇佣军从一翼靠向自己。我们很难明白他所说的这番话的涵义。（10）因为，雇佣军和骑兵必须恰好在战场中央进行接头，因此，自己就身在雇佣军中间的大流士为什么要命令他们靠向自己呢？大流士命令他们怎样靠向自己以及在哪里靠向自己呢？（11）最后，他说道，右翼的骑兵向前进攻亚历山大的骑兵，他们英勇地迎接了他们的冲锋和顽强地进行了抵抗。（12）然而，他却全然忘记了他们之间有一条河流，而他刚刚才描述过这条河流。②

[19]（1）他对亚历山大的叙述也同样如出一辙。他说，亚历山大率领四万名步兵和四千五百名骑兵进抵亚洲；（2）当亚历山大进至西里西亚时，他会合了一支五千名步兵和八百名步兵的增援部队。（3）假如我们从这总人数中扣除三千名步兵和三百名骑兵——这是先前的战役所能够损耗的最大士兵数量——那么，亚历山大仍有四万两千名步兵和五千名骑兵。（4）让我们假定这就是亚历山大的军队人数，卡利斯提尼告诉我们说，当亚历山大听说大流士抵达西里西亚的消息时，他已经越过了关隘，③但距离大流士仍有一百斯塔德的路程。（5）结果，亚历山大率领重装步兵在前，

---

① 一斯塔德（希腊）估计是六百英尺。
② 参见前一章的注释。
③ 即西里西亚山口（Cilician Gate）。

骑兵在后,而驮队最后的行军顺序沿原路折回,并再一次通过关隘。(6)一旦进入空旷地区,亚历山大立即重整队形,他命令重装步兵最初以三十二个纵列,随后以十六个纵列,最后在接近敌军时则以八个纵列的方式来重新组建队形。(7)相较于他先前的说法,这些说法甚至更加漏洞百出。队伍前进需要间隔一斯塔德的空间,当队伍保持十六个纵列时,它将容纳一千六百人,每一个人相互间隔六尺。(8)很明显,十斯塔德的空间将容纳一万六千人,二十斯塔德的空间将容纳三万两千人。(9)很明显,当亚历山大让自己的军队以十六个纵列展开队形时,他必须需要二十斯塔德的空间,这将使所有的骑兵和一万名步兵无处安身。

[20](1)接着,卡利斯提尼说道,当亚历山大距离敌军大约四十斯塔德的路程时,亚历山大让自己的军队沿着一条延长线前进。(2)我们很难想象出比这更加荒谬的事情了。因为,一个人可以在何种地方——尤其是在西里西亚——找到一个如此广袤的地形,以至于手持长枪的方阵能够在一个二十斯塔德长的线上前进四十斯塔德?(3)这样的队形和行动会遇到不计其数的障碍,以至于我们根本无法进行全部列举,而卡利斯提尼是唯一一个做到这点的人。(4)因为,他告诉我们,从山上倾泻而下的急流在平原上形成了众多的裂缝,以至于大部分波斯人在逃跑时都丧命于这种裂缝之中。但是,可能有人会说,亚历山大希望敌人一出现,自己就立即做好战斗准备。(5)然而,一个方阵以支离破碎、一盘散沙的状态前进,没有什么比这种准备更差了。(6)以有序的行军序列编列战斗队形,难道不是比在枝繁叶茂的树林和支离破碎的地面编列战斗队形更容易吗?(7)因此,编列一个双倍于或者四倍于平常纵列的方阵①就要好很多,因为,他可以找到一个行进的空间。亚历山大也可以很容易地让自己的方阵快速地进入战斗序列,因为,他可以通过自己的哨兵及早探知敌军的到来。(8)然而,让人深感荒谬的是,根据卡利斯提尼的记载,当亚历山大的军队有序地

---

① 亦即十六纵列或者三十二纵列。

进军到平坦地形上时,亚历山大甚至没有将自己的骑兵派到前面,而是将他们部署在步兵的侧面。

　　[21](1)然而,卡利斯提尼在这个地方所犯下的这个错误是他所犯下的所有错误当中最大的一个错误。他告诉我们说,当敌军接近时,亚历山大将自己的阵线部署成八个纵列。(2)很明显,现在阵线的整个长度必须是四十斯塔德。(3)正如荷马所描述的,如果像这样相互紧靠在一起,那么,他们事实上就会相互推挤,即使这样,他们的正面也仍然需要四十斯塔德。(4)但是,他却告诉我们,他们的正面仅仅只有不超过十四斯塔德,而且,其中有一半骑兵就留在了靠近海洋一侧的左边,另一半骑兵则留在了右边,留给步兵的空间则更加狭小。(5)除此之外,整个阵线必须与山脉保持相当巨大的距离,以防止自己暴露在占据山体边缘的敌军的进攻之下。(6)因为,我们都知道,事实上他将自己的部分军队部署成一个新月形以对抗后者。

　　(7)我也在这个地方忘记计算①一万名步兵——这一万名步兵比他自己原先所想要的步兵数量更多。因此,按照卡利斯提尼自己所说,阵线的长度最多十一斯塔德,而且,在这个空间内,三万两千士兵必须拥挤地站成三十二个纵列;(8)然而,他却告诉我们说,在这场战役中,他们站成了八个纵列。(9)对于这样的错误,我们完全不能原谅。因为,事实已经明白无误地证明这种事情根本就没有任何可能。(10)因而,一名历史学家就会像这种情形那样,在明确地给出了人与人之间的间距、地面的总体面积和士兵的全部人数的情况下,他却仍然作出了这种错误的记载,毋庸置疑,这明显是不可原谅的。

　　[22](1)如果将他关于这次战役所记载的所有错谬都面面俱到,那么,这将会太过冗长乏味,因此,我只能点到即止地提及一些。(2)例如,他告诉我们说,亚历山大之所以作出这种军事部署,

---

① 这在第十二卷第 19 章进行了提及,但是,由于摘录者(epitomator)的遗漏或者文本的瑕疵,以至于这个段落的内容读起来非常晦涩难懂。

是因为他非常渴望亲自迎击大流士,而大流士最开始也心怀同亚历山大一样的念头,不过他后来改变了自己的想法。(3)然而,他却完全没有告诉我们,这两位国王是如何相互确定对方在自己军队中所驻扎的确切位置的,或者,大流士最终转移到自己军队中的哪个方位的。(4)我们要问的是,重装方阵是如何爬越陡峭险峻和荆棘丛生的河岸的?(5)他对这些也完全没有进行说明和解释。这种错谬肯定不能归咎在亚历山大身上,因为,从孩提时代起,他就精通战事,而且也接受了战争的各种锤炼,这是大家一致公认的事实。(6)我们应该将这种错谬归咎在这位历史学家身上,因为,对于在这些战事中辨别何为可能与不可能,他完全一无所知。(7)对于埃弗鲁斯和卡利斯提尼,我就先说到这里吧……

VI. 提麦奥斯所犯下的错误①

[23](1)就在提麦奥斯激烈地抨击埃弗鲁斯时,提麦奥斯自己就犯下了两个非常严重的错误。(2)首先,他严厉地批评其他人的错误,而这种错误他自己也犯过,其次,他在自己的著作中无耻地表示要严惩这些错误,而且,他将这种思想危险地根植在读者的脑海。(3)确实,假如我们承认卡利斯提尼必须受死——事实上他受酷刑折磨至死——那么,提麦奥斯亦当接受何种命运呢?(4)诸神降临在他身上的愤怒肯定远远要比卡利斯提尼更加公正。(5)卡利斯提尼希望将亚历山大奉作神明,但是,提麦奥斯却赞扬提莫利安(Timoleon)远超最光彩夺目的神明之上。(6)卡利斯提尼所赞扬的那个人——正如所有人所承认的——他的灵魂具有超凡脱俗的气质。然而,提麦奥斯所赞扬的提莫利安,不仅没有取得任何伟大的成就,而且甚至从未试图取得伟大的成就;他的整个一生仅仅

---

① [中译按]在洛布本中,英译者将这个标题写作"提麦奥斯所犯下的错误"(The Faults Of Timaeus)。在企鹅本中,英译者将其写作"提麦奥斯对其他历史学家的批评"(Timaeus' Criticisms Of Other Writers)。

只完成了一项行动（one move），①那就是，他从他自己的国家科林斯远航到叙拉古，②考虑到世界的广袤无垠，他的这项行动也实在不足为奇。（7）在我看来，提麦奥斯自己确信，如果提莫利安在一个像西西里那样的浅碟之地所寻求的名声可以同那些最光彩夺目的英雄们相提并论，那么，他自己也可以同那些撰写整个世界和普遍历史的历史学家们平起平坐，虽然他自己仅仅撰写了意大利和西西里的历史。（8）对于提麦奥斯抨击亚里士多德、泰奥弗拉斯图斯、卡利斯提尼、埃弗鲁斯和德莫卡莱斯，我现在已经辩护得够多了，而且，我所说的这些话语同时也是针对那些相信提麦奥斯是毫无偏见且值得信赖的历史学家的人们进行言说的……

[24]（1）我们必须对提麦奥斯的人格心生巨大的疑虑。因为，他告诉我们说，诗人和历史学家都会因为反复不断地触碰一些特定主题，从而在各自的著作当中揭示他们自己的真实本性。（2）他说，荷马③不断地在笔下描绘英雄宴饮的场景，这表明他是一位老饕。（3）亚里士多德在自己的著作中常常提到烹饪的诀窍，因此，他肯定是一位美食家，非常地热爱美食佳肴。（3）同样地，僭主狄奥尼索斯对床椅的装饰情有独钟，而且，他非常热爱钻研布料织品的种类和特性，这表明他的性情非常地柔弱。（4）我们也可以基于同一个原则来对提麦奥斯进行一番评判，而且，我们有充足的理由来对他的人格作出非常不利的评价。（5）因为，当他在大肆地苛责他人时，他自己所使用的那些说辞充满了梦境、奇幻和不可思议的神话，简而言之，他不能自拔地掉进了低俗迷信和老太太的奇异故

---

① 它的字面涵义是"一条线路"（one line）：这个隐喻指的是"五条线路"（Five Lines）的游戏，在古希腊，它是一种在台面上玩骰子和筹码的游戏，有点像西洋双陆棋（backgammon）。

② 公元前344年，提莫利安在自己六十七岁时从科林斯远航到叙拉古，而且，他将叙拉古从狄奥尼索斯二世的僭主统治下解放出来。公元前341年，他决定性地击败了迦太基和解放了大部分西西里。参见普鲁塔克：《提莫利安的生平》（*Life of Timoleon*）。

③ 我们可以想到贺拉斯（Horace：*EP. I*, 19, 6）所说的那句话：*Laudibus arguitur vini vinosus Homerus*（荷马对酒的赞美表明他是个嗜酒之人）。

事的泥沼当中。（6）从我刚刚所说的话语和提麦奥斯的事例中,我们可以很明显地看到,许多人由于智识上的无知和判断上的缺陷,以至于他们当时即使就在现场,他们也会像未在场的缺席者那样,对于明明亲眼见证的事实,他们却视若无睹……

[25]①(1)法拉利斯（Phalaris）在阿格里根托（Agrigentum）制造了一头铜牛,他常常将人关在这头铜牛里面,接着,他就在铜牛下面点燃火焰;铜牛就会逐渐地烧红,里面的人也会随之烘烤,乃至烤焦,法拉利斯就是通过这种手段残酷地报复自己的臣民。（2）当铜牛里面的人痛苦地惨叫哀嚎时,由于铜牛这样的构造方式,以至于铜牛里面传出来的声音就像是这头公牛的哞叫声。（3）在迦太基称霸时期,②这头铜牛从阿格里根托带到了迦太基,活动门就在肩胛骨的关节处,受害者就是通过这道活动门而被放进铜牛里面,这道活动门现在仍然保存完好;（4）尽管对于这头铜牛为什么会在迦太基制造出来,我们根本找不到任何相应的理由,但是,提麦奥斯却试图摧毁大家所熟悉的故事和驳斥诗人与历史学家所作的陈述。（5）他坚持认为,这头在迦太基的铜牛不是来自阿格里根托,而且,阿格里根托也不存在任何这样的铜牛;接着,他对这个问题进行了冗长地阐述③……

在谈及提麦奥斯时,我们应该使用何种语言来对他进行评价?

---

① 提麦奥斯论法拉利斯的铜牛（The Bull of Pha）。
② 公元前 406/405 年,迦太基将军希米尔克（Himilco）攻占了阿格里根托。
  [中译按]洛布本将其英译作"在迦太基称霸时期"（During the Carthathinian domination）,而剑桥本则将其英译作"在迦太基征服西西里时期"（when the carthaginans conquered sicily）。
③ 根据一位注释家对品达的《皮提亚人颂歌第一篇》（Pythian Odes I）所作的一个注释,提麦奥斯说,在法拉利斯去世后,阿格里根托人将这头铜牛扔进了大海;在他自己所属的那个时代,城内所展示的那头铜牛象征了格拉河（River Gela）。在《历史》（History）第十三卷第 90 章第 4 节中,迪奥多鲁斯·西库鲁斯（Diodorus Siculus）说道,在公元前 406 年这座城市沦陷时,有一头铜牛运抵至迦太基。在公元前 146 年迦太基沦陷时,有一头铜牛被人们发现,而且,西庇阿将这头铜牛运送回阿格里根托。据推测,这头有活动门的铜牛就是波利比乌斯在迦太基所亲眼见到的那头铜牛。就我们当前所掌握的知识来说,我们既不能断定提麦奥斯是错误的,也不能断定波利比乌斯是错误的。

因为，在我看来，他对其他人所使用的所有那些最刻薄的批评也完全适用于他自身。（6）我前面所说的话已经非常清楚地表明，他是一位喜欢争执而又撒谎成性且固执己见之人；而我即将补充的话语也可以很明显地证明，他不是一名哲学家，而且，他也没有任何的学养。（7）因为，在他的著作的第二十一卷接近结尾的地方，他说，提莫利安在向他的军队演讲时说道："天空下面的大地分成了三个部分，亦即亚洲、非洲和欧洲……"[①]（8）不要说提麦奥斯，更不要说声名显赫的马基特斯（Margites），[②]没有任何人相信提莫利安会在这种场合演说这样的话语。（9）对于这样一位无知之人，我不是说那些撰写历史的历史学家，而是……

[25a][③]（1）正如一则谚语所告诉我们的那样，即使是最大的容器，只要从中取出一滴液体，就可以充足地告诉我们整个容器所含之物的性质，因此，我们也可以运用这个原则来对待我们现在所讨论的问题。（2）当我们在一本历史著作中发现一个或者两个错误的陈述，而且，我们可以证明这种错误陈述是作者故意为之时，很明显，这位历史学家所说的任何一句话就都不是可靠的或确信的。（3）然而，为了说服那些一向比较挑剔的人，我必须提及提麦奥斯在撰写公共演讲、军事演说和使节谈话时所运用的原则和方法，简而言之，也即是在某种程度上概括整个事件和连接所有历史的所有这种讲话。（4）提麦奥斯在自己的著作中虚假地进行记述，而且，他是故意为之，难道提麦奥斯的读者就没有一个人意识到？（5）他既没有将这些话的真正内容记录下来，也没有将这些话

---

① 他批评的似乎是"天空下面"（lying under the universe）这个短语。——洛布本注
  这是一个耳熟能详的地理措辞。波利比乌斯批评的重点是，对于一场战前的演说而言，这样学究迂腐地进行演说完全是不合时宜的。——企鹅本注
  参见第三卷第 37 章。问题的关键似乎是，这种话放在一位英雄嘴里实在太过普通了。——剑桥本注
② 马基特斯（Margites）是谚语中一位傻瓜的名字；同时，它也是喜剧史诗中一位英雄的名字，这部史诗传统上归诸荷马。
③ [中译按]对于第 25a 章、第 25b 章和第 25c 章，企鹅本英译者所补充的标题是"提麦奥斯撰写演说辞的方法"（Timaeus' Methods In Composing Speeches）。

的真正涵义记录下来；①相反，在决定自己应该说什么内容后，他就像修辞学校里的学生反复地演练一套特定的习题一样，列举了所有的可能论题和所有的可能后果，他展示了自己巨大的雄辩术，但却没有给我们提供任何实际所说的内容……

[25b]（1）历史的独特功能首先就是发现实际所说的话语，无论这些话语是什么；其次就是找出这样行动或者这样言说导致失败或者成功的原因。（2）仅仅陈述事实可能会吸引我们，但却对我们没有任何裨益；但是，当我们将它的原因补充进去时，历史研究就会硕果累累。（3）通过类比我们自己当前的相似情况，从而可以预测将来的发展演变，因此，在一些情形下，当一个既定的行动失败时，我们必须采取谨慎的预防措施以免重蹈覆辙，然而，在其他情形下，我们可以重复先前的解决方法，信心十足地处理我们当前的问题。（4）然而，这位历史学家却对实际所说的话语和事件的原因置之不理，相反，他以虚假的修辞术和不着边际的演说来鱼目混珠，这彻底地摧毁了历史的独特品格。（5）提麦奥斯在这方面可谓罪行累累，因为，我们都知道他的著作到处都是这种污点。

[25c]（1）因而，有一些人可能会问，如果提麦奥斯完全是我所说的那种人，那么，为什么他会得到一些人的追捧和信赖呢？（2）其中的原因就在于，他的整部著作都太过吹毛求疵和谩骂成瘾，以至于读者不是以他自己所撰写的历史和他自己所作出的陈述来评价他，而是以他攻击别人的能耐来评价他，就此而言，在我看来，他确实也有这种非凡的勤奋和独特的天分。（3）他和博物学家斯特拉波（Strabo）②的情况非常相像。当斯特拉波在阐释和驳斥他人的观点时，他可以光芒四射，但是，当他在提出自己的原创动议和解释自己的观点时，在从事科学的那些人看来，他相形之下立即就会笨头呆脑起来，以至于变得远比他们原来所预期的要更加愚蠢和无知。（4）至于我自己而言，我认为，这种情况同文学和我们的一

---

① 也即是既非逐字记录，亦非摘要记录。
② ［中译按］也即是兰萨库斯的斯特拉波（Strato of Lampsacus）。

般生活如出一辙；(5)因为，对他人进行吹毛求疵是非常容易的，但是，自己要做到毫无瑕疵却是非常困难的，我们也可以注意到，最喜欢对他人吹毛求疵的那些人，其实他们在自己的生活中最容易错谬百出。

[25d]①(1)除了上述所提到的这些缺陷之外，我还要提及他所犯下的另外一个错误。他生活在雅典将近五十年之久，②他很容易接触到先前的那些历史学家的著作，以至于他认为自己特别适合于撰写历史。然而，在我看来，他在这里同样犯下了一个巨大的错误。(2)史学和医学大体上都可以分成三部分——在这方面它们具有相似性——因此，那些从事这些职业的人们同样必须具有不同的相应特质。(3)首先，医学可以分成三部分，其一是疾病理论，其二是饮食疗养，其三则是手术和药剂学。③(4)疾病理论的研究主要起源自亚历山大里亚的希洛菲鲁斯(Herophilus)④和卡利马科斯(Callimachus)所属的学派，它无疑是医学一个不可分割的组成部分，但是，它的从业者往往到处卖弄炫耀和装腔作势，他们太过趾高气扬，以至于他们自负地认为没有任何其他医学分支可以成为医学这个行当的大师。(5)但是，当你真正地把病人带到他们面前，你会发现他们根本就束手无策，因为他们从未阅读过任何一篇医学文献。不少病人根本就没有任何严重的疾病，但是，在这些人

---

① [中译按]对于第 25d 章，企鹅本英译者所补充的标题是"史学与医学的对比"（Comparison of History and Medicine）。

② 提麦奥斯生活在雅典的时间不甚确定，有可能是公元前 339 年－前 289 年，也有可能是公元前 315 年－前 265 年。

③ 在抄本中，它只有部分可读。

④ 卡尔塞顿的希洛菲鲁斯（Herophilus of Calchedon）——他活跃在公元前三世纪早期——发现了脉搏的节律，他尤其对疾病的发生原因兴趣浓厚；人们认为，相较于疾病的治疗，他和其后的那些追随者更关心疾病的发生原因。他们倾向于同斯多葛哲学（Philosophy of Stoicism）结盟。然而，"经验学派"（Empiricists）则更关心疾病的治愈，他们往往倾向于"怀疑主义哲学"（Sceptic Philosophy）。波利比乌斯认为，我们要治愈疾病就必须研究疾病的病因，但不是仅仅只为了展示自己的理论知识。

夸张的言辞之下,他们将自己交到了这些人手上,结果枉送了卿卿性命。(6)因为,这些人就像依赖书本来驾驶船只一样。然而,这些人却大摆排场地在不同城镇之间来回穿梭,他们聚集一群民众,使民众完全是非不分、黑白颠倒,甚至使他们嘲笑那些先前已经行之有效地治病救人的医生,①他们口若悬河的雄辩术完全压倒了那些实际的医疗经验。(7)对于医学的第三部分,②它是在治疗不同病例时所形成的一种真正的技能,它不仅本身就非常稀有,而且,由于民众缺乏判断力,以至于在巧舌如簧和厚颜无耻的挤压下,它常常会黯然失色,落居下风。

[25e]③(1)历史也同样由三部分组成,首先是认真研究记事簿和其他文献,以及对比它们之间的内容差异;其次是调查城邦、地区、河流、湖泊、港湾、陆地与海洋的所有独特风貌以及两地之间的距离;第三则是审视政治事件。(2)正如医学的情形那样,许多人立志著史,因为,它被认为具有很高的价值;然而,除了谎话连篇、厚颜无耻和不择手段之外,从事这个行当的大部分人根本就没有任何正当资质。(3)他们就像卖药郎中一样去讨他人欢心,不惜利用一切时机地说任何的场面话,他们就是通过这种博取欢心的手段来赢取自己的营生。对于这样的历史学家,我无需再费唇舌。(4)尽管有一些历史学家看似在合情合理地书写历史,但是,他们其实就像专门进行理论研究的医生,他们在图书馆里度过了大量的时间,完全地沉醉在各种记事簿与档案当中不能自拔,他们自欺欺人地相信自己完全适合从事这项工作,④对于外行而言,他

---

① 这个文本不确定,而且,我也完全不能确定ἐπ ὀνόματος一词的涵义,对照25k,27。对于医生为吸引病人而进行慷慨激昂的公开演讲,色诺芬(Xenophon)在《回忆苏格拉底》(*Memorab.*)第四卷第2章第5节也有所注意。

② 摘录者(Epitomator)明显地遗漏了一些内容。

③ [中译按]对于第25e章、第25f章、第25g章、第25h章和第25i章,企鹅本英译者所补充的标题是"提麦奥斯欠缺政治经验与军事经验以及不愿旅行"(Timaeus' Lack of Political and Military Experience and Unwillingness to Travel)。

④ 波利比乌斯认为,提麦奥斯就属于这种类型的历史学家,他与江湖郎中完全不同。

们看似具备了撰写体系性历史的所有条件，但是，在我看来，他们仍然只是具备了一部分条件。（5）研读古老的记录，这对了解古人对时局、地方、民族、国家和事件所持的看法，同时也对了解每个民族在先前时代所面对的各种境遇和机运，都非常有助益。（6）因为，如果我们真正对过去所发生的所有事件都进行一番彻底的探究，那么，过去的事件会让我们更加关注未来。（7）但是，就像提麦奥斯那样自欺欺人地说服自己相信，仅仅依赖对史料的掌握和精通，他就可以很好地撰写最近所发生的事件的历史，这无疑是愚蠢至极；这就好比一个人先前看过古代画家的作品，就想象自己是一位才华横溢的画家和精湛的艺术大师一样。①

[25f]（1）我现在所要列举的一些事例，尤其是埃弗鲁斯《历史》当中的一些篇章，将会更加清楚地说明这一点。在我看来，埃弗鲁斯在撰写战争史时，他对海战有一定的了解，但是，他对陆战却全然无知。（2）因此，当我们聚精会神地研究他对塞浦路斯和克尼多斯（Cnidus）附近所发生的那场海战——在这场海战中，首先是波斯国王的统帅对战萨拉米斯的埃瓦格拉斯（Euagoras of Salamis），②接着则是波斯统帅对战斯巴达人③——所作的记述时，我们不得不钦佩这位历史学家的妙笔生花以及他对战术的烂熟于心；而且，如果我们处在相似的情形之下，那么，我们也可以从中汲取很多有益的教训。（3）然而，当他在描述底比斯人和斯巴达人之

---

① 波利比乌斯所关注的重点是最近所发生的历史，尤其需要一些对公共事务的经验。

② 埃瓦格拉斯（Euagoras）是萨拉米斯（塞浦路斯）的僭主，公元前 404 年－前 374 年。参见伊索克拉底（Isocrates）：《雄辩术》（Orat.）第十卷。
[中译按]Euagoras 亦写作 Evagoras。

③ 公元前 381 年，波斯人在西提乌姆（Citium）外海击败了塞浦路斯国王（King of Cyprus）埃瓦格拉斯（Euagoras）。公元前 394 年，克尼多斯战役（Battle of Cnidus）终结了斯巴达的海上霸权——斯巴达的海上霸权是由斯巴达人在伯罗奔尼撒战争中击败了雅典所建立的。在这场克尼多斯战役中，雅典人科农（Conon）所统率的波斯舰队——这支波斯舰队大部分由希腊船员进行操作——击败了斯巴达人。

间所爆发的留克特拉之战（Battle of Leuctra），或者底比斯人和斯巴达人之间所爆发的曼提尼亚之战（埃帕米农大在这场战役中丢掉了自己的性命）时，①假如我们仔细地注意每一个细节，小心地查看实际交战期间交战的敌我双方的作战队形与战事演进，那么，这位历史学家肯定会招致别人的巨大嘲笑，因为，这给人留下的印象就好像是他根本就没有经历这些战事，而且，他自己一生也从未见过任何一场战事。（4）留克特拉之战确实是一个简单的军事行动，它只是双方一部分军队进行的交战，因此，它仍不足以过于明显地暴露作者的无知；然而，曼提尼亚之战非常地复杂和专业，但他的描述却全都是臆想出来的，而且，这位作者根本就不了解这场战役。（5）如果我们对作战的地形以及在地形上面所进行的军事行动有一个清楚的了解的话，那么，这将会变得非常清晰。（6）塞奥波普斯的情况完全如出一辙，而我们现在所提及的提麦奥斯的情况更是如此。（7）因为，在他们对这些事件所作的概述当中，他们自己所犯下的错误全都成功地避开了别人的注意，但是，一旦他们试图描述和提供行动的任何细节，他们立即就会像埃弗鲁斯那样彻底地暴露自己。

[25g]（1）对于一个没有任何军事经验的人而言，他要撰写好战争是不可能的，对于一个没有任何政治经验和政治境遇的人而言，他要撰写好政治也是不可能的。（2）仅仅依赖书本进行撰史，而没有任何实际的经验或者逼真的细节，对于读者而言，他们的著作将毫无用处。因为，假如我们从历史中移除所有对我们有益的东西，那么，最后所留给我们的肯定会是毫无用处和令人厌恶的残渣。（3）再者，当他们试图详细地撰写城邦和地方时，由于缺乏个人体验，以至于他们的描述往往都大同小异，他们会遗漏许多有价值的东西，而对于许多没有价值的东西，他们却会长篇大论地进行详述。（4）提麦奥斯常常就会犯下这种错误，因为，他不是通过自

---

① 公元前 371 年爆发了留克特拉之战，这场战役结束了斯巴达人对希腊的霸权；公元前 362 年初夏爆发了曼提尼亚之战。

己亲眼见证的事实来进行撰写……

[25h](1)在其第三十四卷中,提麦奥斯说道:"一直侨居在远离家乡的雅典长达五十年之久,我承认,自己没有任何作战经验,也没有亲自去造访任何其他地方。"(2)因此,当他在自己的历史著作中遇到这样的问题时,他就会犯下很多的错误和作出不实的记述;而且,如果他接近事实真相,那么,他也是像那些照着塞满皮囊的动物模型进行素描的画家那样。(3)在这种情形下所画的画作有时也可以画出正确的轮廓,但是,它仍然缺乏真实动物的逼真感和生动感,而这正是画家的真正魅力所在。提麦奥斯的情况就完全如出一辙,一般来说,所有以这种学究式气息撰写的著作都会存在这样的问题。(4)他们所欠缺的是真实的逼真呈现,因为,这种东西只有作者的体验才有可能呈现出来。因此,那些没有亲历实际事实本身的历史学家根本无法唤起读者的兴趣。(5)这就是为什么我们的那些前人会认为史撰必须生动逼真,以至于当作者在论及政治事务时,读者会情不自禁地大声喊出,他肯定亲身参与了政治,具有政治世界的经验;当作者在论及战争时,他肯定亲身置身在了战场,险象环生;当他论及自己的私人生活时,他肯定同妻子相濡以沫,生养后代;至于生活的其他方面,其情形也同样如出一辙。(6)这种特质自然只存在于那些亲身参与过事件,进而拥有这种历史知识的历史学家身上。一个人要亲身参与和真正从事所有的事情确实是强人所难,但是,对于亲历那些最重要和最常发生的事件,这肯定是必须的。

[25i](1)荷马的例子可以充分地说明,我所说的这些话并不是可望不可及的,在荷马的著作中,我们可以找到这种生动与逼真。(2)从所作的这些论述中,我觉得,所有人现在都会同意,研究文献仅仅只是历史的三个部分之一,而且,它的重要性也只是位居第三。(3)对于我刚刚所说的这番话的正确与否,政客所作的辩论演说、统帅对军队所作的慷慨激昂的演讲和使节所作的高谈阔论——这也是提麦奥斯自己所提出的——都能够予以最清晰的呈现。(4)那种可以详尽地呈现所有可能的演讲(arguments)的场合

其实是非常稀少的,大部分场合都只允许呈现那些甚少出现的简短的演讲,即使是这些演讲,也只有其中一些适于当下,另一些则适于过去;一些适于埃托利亚人,一些适于伯罗奔尼撒人,另一些则适于雅典人。(5)然而,除了满是矫揉造作和卖弄玄虚之外,他们完全不忠于事实,他们毫无要领和缘由地将演讲拉长,以期将所有可能的演讲都囊括进去,这正是提麦奥斯针对每一个主题的演讲所发明的伎俩。(6)这种做法会让很多历史学家身败名裂和名誉扫地,然而,最为重要的原则则是挑选出攸关宏旨与合乎时宜的演讲。但是,对于一些特定的场合应该使用哪一种或者哪几种演讲,这并没有既定的规则,因此,假如我们的历史学家们希望造福而非误导读者,那么,我们就必须需要相当程度的注意力和非常清晰的原则。(7)要准确地规定何种场合需要什么,这不是一件容易的事情,但是,这并非不能通过个人经验和个人实践所获得的箴言来加以引导。①(8)就当前而言,表达我所言为何的最好方式参见如下。假如史学家们首先清楚地向我们指明那些人所正在讨论的局势、动机和倾向,接着再记述实际所说的内容,最后再向我们解释演讲者们成功或者失败的原因,那么,我们就可以对所发生的事情有真正的理解。通过从中分辨出成功与失败的教训,我们可以将其运用到那些相似的情况当中,以至于在面对相似的情况之时,我们可以进行类比,进而可以从中找到成功的应对方法。(9)然而,在我看来,查找原因是一件异常困难的事情,但将语词编织成册却是一件容易的事情。只有少数人可以做到在适当的时间言简意赅而又切中要害地言说,然而,漫无目的而又长篇大论地撰写冗长的演讲确实是大部分人所共有的一个常态。

[25k]②(1)为了证实我对提麦奥斯的指控——他所作的错误连篇的叙述和故意弄虚作假的记载——我将从演讲中抽取一些简

---

① 政治家通过阅读史学家的历史著作而获得提供给自己的箴言,这些箴言是基于史学家的个人经验和个人实践而来的。
② 提麦奥斯论西西里史。

短的片段来作为范例（我会给出名字和时间）以进行确证。（2）在老基洛（the elder Gelo）之后称霸西西里的那些人，我们所公认的最有能力的统治者是赫莫克里特（Hermocrates）、提莫利安（Timoleon）和伊庇鲁斯的皮洛士（Pyrrhus of Epirus），发明孩子气和学究式的演讲的就是最后这些人。[①]（3）但是，提麦奥斯在其第二十一卷中说道，欧里米顿（Eurymedon）一到西西里，他就催促诸城邦进行反叙拉古的战争，深受战争重创的格拉人（Geleans）[②]派遣使节到卡马里纳（Camarina），以祈求达成停战协定。（4）卡马里纳人予以欣然同意，接着，这两座城邦立即派遣使团到各自的盟友那里，以期请求他们派出德高望重的使节到格拉，以进一步讨论和平协定和大家所关心的利益。（5）当这些使节一抵达格拉，他就在大会上代表赫莫克里特像下面那样说道。（6）首先，他赞扬了格拉人和卡马里纳人达成的停战；其次，他赞扬了他们是这场和平大会的发起人；第三，他赞扬了他们没有让民众参与讨论和平协议，而是让那些深刻了解战争与和平之间差异的头面人物前去商讨和平协议。（7）接着，在提出了两三条切实有效的建议后，赫莫克里特说道，他们现在必须听命于他，并且，他们必须了解战争与和平之间的巨大差异——他刚刚也说道自己非常感激格拉人没有将这个协议移交到民众大会上进行讨论，而是移交到那些深刻了解战争与和平差异头面人物中间进行讨论。（8）我们从中可以看到，提麦奥斯不仅缺乏政治意识，而且，他甚至都没有达到修辞学校里日常设置的主题所要求达到的那种水准。（9）因为，我觉得，所有人都认为，他们应该向他们的听众提供他们全然不知道或者不相信的事情，但是，我们应该运用我们自己的智力去向我们的听众证明，他们所获悉的事情都是最荒谬的和最无用的……（10）除了这个重大错误——也即是他将大部分演讲都投注在根本不需要讲任何一字一词的事情上面——之外，（11）提麦奥斯使用了这样一种任何人都

---

① 公元前413年。参见修昔底德第七卷第42节以下。

② ［中译按］Geleans亦写作The People of Gela。

不会相信的论据,更不要说赫莫克里特同斯巴达人一起参与了伊戈斯波塔米战役(Battle of Aegospotami)和俘获了整个雅典军队及其在西西里的将军了。①

[26](1)首先,他认为他应该提醒大会,在战争时期,清晨的人们是被号角声唤醒的,然而,在和平时期,清晨的人们则是被公鸡的啼鸣声唤醒的。②（2）随后,他告诉他们,赫拉克勒斯(Heracles)创立了奥林匹亚运动会(Olympian Games)并休战(这是他自己的真实意图的例证),而且,他已经重创了所有在胁迫和命令之下同自己开战的那些人,但他自己对任何人都没有主观上的恶意。③（3）接着,他借用了荷马笔下的宙斯对阿瑞斯(Ares)的怒吼:

> 在奥林波斯山的所有诸神当中,
> 你是最可恨的神祇!
> 你的乐趣只有争吵、杀戮和战争。④

（4）荷马笔下那位最明智的英雄也同样说道:

> 一个乐此不疲地在自己人中间挑起战端的人
> 目无法律和正义,
> 他就是一个恶棍、一个怪物,

---

① 公元前405年,赫莫克里特没有在这个地方,参见色诺芬:《希腊史》,第一卷第1章第27—31节。

② 这句谚语参见普鲁塔克:《尼西阿斯》(*Nicias*),第九章,
ἡδέως μεμνημένοι τοῦ εἰπόντος ὅτι τοὺς ἐν εἰρήνη
καθεύδοντς οὐ σάλπιγγες ἀλλ᾽ ἀλεκτρυόνες ἀψυπνίζουσι。

③ 参见同上,第25章。

④ 参见荷马:《伊利亚特》(*Il.*),第五卷第890行,蒲柏的译本(Pope's)。
[中译按]在《伊利亚特》中译本中,罗念生和王焕生将其译作:你是所有奥林波斯神中我最恨的小厮/你心里喜欢的只有吵架、战争和斗殴。

他就是应受诅咒的人，

不配有任何财产和光明，

完全自绝于任何公共的准则，或者私人的看顾。①

（5）在下面一些诗行中，欧里庇得斯（Euripides）也表达了同荷马一样的观念：

噢，和平，您蕴涵了无限的财富

您是最神圣、最美好的造物

噢，和平，我多么想让您一直驻足停留

我的心在为您的到来而飞舞

唯恐时光将您从我身边带走

我仰望您的飒爽英姿

看到少女们手持着鲜花载歌载舞

那是她们在纵情狂欢。②

（6）除此之外，赫莫克里特进一步地说道，战争非常像疾病，和平则非常像健康，因为，和平可以使疾病复原，而战争则可以使健康消亡。（7）他接着告诉我们说，年轻人埋葬老人是一件自然而然的事情，然而，在战争中这种事情却完全颠倒过来；（8）而且，最为重要的是，在战争期间，没有任何地方是安全的，哪怕是你身处城墙之上，但是，在和平期间，任何地方都是安全的，哪怕是你身处边境，等等。（9）让我深感好奇的是，一位刚刚在历史中专注于学术训练和学术研究的年轻人会使用其他何种语句或者措辞呢？谁会希望撰写一篇夸夸其谈，但却与特定历史人物的性格相契合的文

---

① 参见荷马：《伊利亚特》(Il.)，第九卷第63行。

　[中译按]在《伊利亚特》中译本中，罗念生和王焕生将其译作：一个喜欢在自己的人中挑起可怕的战斗的人/是一个没有族盟籍贯、没有炉灶/不守法律的人。

② 欧里庇得斯，残篇（frag.），第453行。

章呢? 我认为,它的这种风格很可能就是提麦奥斯借赫莫克里特之口所说的那种演讲风格。

[26a]①(1)就在这同一本书中,提莫利安劝说希腊人同迦太基人进行作战;②当他们即将遭遇敌军时,敌人的人数是他们的许多倍,他催促他们不要去想迦太基人的人数,而是去想迦太基人的怯懦。(2)因为,他说道,尽管整个利比亚人口密布,人流穿梭不息,但是,当我们希望传达一种荒凉感时,我们就会使用"比利比亚更荒凉"(more desert than Libya)这句谚语,这不是指它的荒凉,而是指当地人的怯懦。(3)他说道:"不管怎样,我们怎会害怕那种拒不利用人类自身与其他动物区别开来的独特天赋,把整个人生都虚度在自己的短袍里面的人呢?③(4)而且,最为重要的是,他们在短袍下面穿戴了缠腰布,以至于当他们在战场上被敌人杀死时,他们甚至不会将自己裸露的身体暴露在敌人的面前……"

[26b](1)当基洛答应派遣两万名步兵和两百艘战船前去支援希腊人时——条件是他们允许他统率陆军或者海军——他们说,就坐在科林斯所举行的大会里的希腊代表对基洛的使节作了一个十分切中要害的回答。④(2)他们催促基洛率领军队前来支援他们,但是,对于指挥权,他们说,他们必然会根据实际的情况将它交给最有能力的人来进行指挥。(3)这绝不是将自己的希望仅仅地寄托在叙拉古身上之人所作的回话,而是那些对自己充满信心和邀请任何渴望前来迎接战斗与争夺勇士桂冠之人所作的回话。(4)然而,提麦奥斯太过长篇大论和不厌其烦地解释所有这一切,

---

① 公元前344年,提莫利安战胜了迦太基人。

② 克里米苏斯(Battle of the Crimesus)战役,参见普鲁塔克:《提莫利安》(*Timol.*),第27章。

③ 坎普(Campe)提出将 ἄνδρες ὄντες 一词补充进去,从而使它的涵义更加通畅:"他们的敌人可能不清楚他们是男人"(that it may not be evident to their enemies that they are men.)。——洛布本注
他提到东方民族(Eastern nations)的习惯就是,在他们的统治者面前,他们会把自己的双手插进长长的袖筒里面。——剑桥本注

④ 基洛,参见希罗多德第七卷第157—165节,公元前481年。

而他的目的无非是以此来表明西西里比所有其他希腊地区都要更加重要而已——在西西里所发生的事件比世界其他任何地区所发生的事件都要更加伟大和高贵，那些最有智慧的人来自于西西里，而那些最能干和最优秀的政治领袖则来自于叙拉古——（5）在撰写颂扬忒耳西忒斯（Thersites），[①]或者责难珀涅罗珀（Penelope），[②]或者其他诸如此类的事物的篇章时，他的这种似是而非与自相矛盾，即使是修辞学校里最出类拔萃的男孩也不可能超越他。

[26c]（1）由于对这种似是而非的东西过度上瘾，以至于所造成的后果就是他没有促使我们进行思考和比照，相反，他把自己对他人和事件——而他的本意是支持这些人物和事件的——的嘲弄暴露在外，而且，他自己也招致学院里那些习惯相互争论之人的恶意怀疑。（2）其中一些哲学家也在试图迷惑同他们进行争论——不管争论的是可理解的事物，还是不可理解的事物——的那些人的心智，他们诉诸这种似是而非，而且，他们五花八门地发明各种似是而非的东西，以至于他们争论身处雅典的人们是否有可能闻到在以弗所（Ephesus）烘烤的鸡蛋的味道，而且，他们怀疑他们是否可以躺在自己家里的床上，就能在梦中讨论他们在学院里所讨论的问题，而不是在真实生活中那样讨论问题。（3）结果，过度热爱这种似是而非的东西让整个学派都陷到了争论之中，以至于人们都不相信真实存在的事物了。（4）除了他们自己的这种徒劳无功之外，他们已经将这种激情植入到我们年轻人的脑海之中，以至于他们甚至从未提出任何一个真正有益于那些哲学研习者的伦理问题或者政治问题，相反，他们的整个人生都白白地浪费在发明一无是处的似是而非上面。

[26d]（1）提麦奥斯及其仰慕者对历史也完全如出一辙。因

---

① ［中译按］忒耳西忒斯（Thersites）是《荷马史诗》中的一名希腊士兵，以谩骂和诽谤他人著称。

② ［中译按］珀涅罗珀（Penelope）是奥德修斯（Odysseus）的忠贞妻子，在奥德修斯在外远征的二十年期间，她拒绝了无数的求婚者。

为,通过提出一种似是而非的东西和坚持不懈地捍卫所有的观点,他用语言成功地唬住了大部分人,迫使他们相信那种浮在表面的真实;然而,在其他的情况中,他通过展示一些看似无可置疑的证据来吸引他人的关注和俘获他人的信任。(2)当他在撰写有关殖民地问题、城镇建立和家族系谱时,他在这方面的印象最为成功。(3)由于他所作叙述的准确性和驳斥别人的尖锐语气,因此,他看起来总是在完美地展现自己,以至于人们会认为,除了他之外的所有历史学家要么在不闻不问地大肆瞌睡,要么在作天马行空地恣意描绘,唯有他自己对各种各样的事情进行了精确的调查和对各种版本的故事进行了细致的澄清。事实上,他的著作既有很多真实的东西,也有很多虚假的东西。(4)然而,通过自己长期的研究,对他的著作的早期部分——也即是我所提及的那些主题——非常熟悉的那些人,他们已经完全地依赖他的那些言过其实的叙述;而且,当其后有人提出证据向他们证明,提麦奥斯自己就犯有他在严厉地指责别人时所犯下的那种错误(在洛克里斯人和其他民族的情形中,我就指出过他所犯有的这种错误)时,他们反而会非常愤怒和执拗。(5)他们会变成最吹毛求疵的批评者,对于他的每一种陈述,他们都会都进行拼死捍卫,根本就不会有任何的动摇;最孜孜不倦地研习他的著作的那些人更是会深受其弊。(6)另一方面,出于我在上面所给出的这种原因,那些效仿他的演讲和他的篇章(他的篇章一般都非常冗长)的仰慕者会变得诡辩、迂腐和彻底无动于衷。

[26e]①(1)提麦奥斯所撰写的历史的政治部分聚集了他所能犯下的所有错误,其中大部分错误,我已经作了描述。(2)现在我将解释他犯错的主因——对于这种主因,大部分人可能觉得我们不可能找得到,或者甚至都不愿意承认,但是,它实际上是我们指责他的真正理由所在。(3)在我看来,他既有实践的经验,也有勤奋

---

① [中译按]对于第 26e 章、第 27 章、第 28 章和第 28a 章,企鹅本英译者所补充的标题是"提麦奥斯犯错的原因和杰出史学家的品质"(The Cause of Timaeus' Faults and The Qualities of The Good Historian)。

研究文献的习惯,换言之,他实际上是以一种奋笔疾书的精神来撰写历史,然而,在某些方面,我知道,没有任何一位历史学家会比他更没有经验或者更缺少勤奋。(4)下面的考量将能够很清楚地证明我所说的这些观点。

[27](1)可以说,自然(Nature)给我们提供了两种工具,①借助于它们的帮助,我们自己可以获取信息和进行探索。它们就是听觉和视觉,按照赫拉克里特(Heracleitus)的看法,对于这两种能力而言,视觉远远要比听觉更加地可靠。(2)他说道:"相较于耳朵,眼睛是更准确的见证者。"②(3)提麦奥斯现在进行的探索完全是依靠这两种能力当中更为愉悦,但却更为低级的一种能力。因为,他完全规避了用自己的眼睛来观察事物,而是全心全意地用自己的耳朵来观察事物。③(4)但是,即使是耳朵,它也有两种方式来获取知识,提麦奥斯只是孜孜不倦地利用其中一种方式——也即是一丝不苟地阅读书籍;但是,正如我在前面所提到的,他完全遗漏了使用另外一种方式——也即是询问那些仍然在世的见证者。我们可以很容易地理解他为什么会有这样的偏好。只要你花些心思地去到一座文献丰富的城镇④或者去到附近有一座图书馆的地方,那么,研究书本和文献不会有任何危险或者困境。(5)因为,你接着只要斜躺在卧榻上进行研究和对照先前历史学家们所犯的错误即可,根本无需搭上自己的千辛万苦。(6)相反,个人亲身的调查需要耗费巨大的体力和庞大的花销,然而,这却是历史研究当中最具价值和最为重要的部分。(7)对此,历史学家们自己所使用的那些措辞就可以很好地予以证明。(8)例如,埃弗鲁斯说,假如历史学家们可以亲自出现在所有事件当时所发生的那个场合,那么,他们

---

① 我将ὄργανα译作"工具"(instruments),而非"器官"(organs),因为,波利比乌斯自己就是在这种意义上使用的该词,然而,亚里士多德却通常将它用作身体的器官。

② 参见希罗多德第一卷第8节;贺拉斯(Hor.):《诗艺》(A.P.),第180行。

③ 亦即提麦奥斯借助耳朵而非眼睛的功能来实现阅读。

④ 对于那些西地中海国家,雅典——这也是提麦奥斯工作的地方——所拥有的文献资料甚为稀少。

无疑就会拥有其他任何人所不能比拟的知识。（9）塞奥波普斯说，最好的军事史学家无疑是出现在战场上最多的那个人，而最好的演说家则肯定就是参与辩论最多的那个人，这个原则亦可以适用于医学和航海。（10）相较于这些历史学家，荷马更加强调和重视这个问题。因为，当他希望向我们呈现一位所应具有行动能力之人时，他这样说及奥德修斯：

> 缪斯女神啊，请您告诉我，那位足智多谋的英雄，
> 在各地到处漂泊；①

他接着说道：

> 他见到了许多城邦的人们，领教了他们的思想，
> 海上的漂泊，让他历经磨难。②

他再一次地说道：

> 他受尽了波涛和战争的生死捶打。③

[28]（1）在我看来，历史的尊荣也正需要这样一个人。（2）正如我们所知，柏拉图告诉我们，当哲人成为国王或者国王成为哲人

---

① 荷马：《奥德赛》（*Od.*）第一卷第1—3行。蒲柏的译本（Pope's）。
  ［中译按］在《奥德赛》中译本中，罗念生和王焕生将其译作：请为我叙说，缪斯啊，那位机敏的英雄/在摧毁特洛亚的神圣城堡后又到处漂泊。
② 荷马：《奥德赛》（*Od.*）第一卷第1—3行。
  ［中译按］在《奥德赛》中译本中，罗念生和王焕生将其译作：见识过不少种族的城邦和他们的思想。
③ 荷马：《奥德赛》（*Od.*）第八卷第183行。
  ［中译按］在《奥德赛》中译本中，罗念生和王焕生将其译作：我经历过无数战争，受尽波涛的折磨。

时,人间事务将会一路坦途。①（3）然而,我也要说,当行动家去撰史,或者,当未来潜在的历史学家将实际的经验视作撰史必需的要素时——（4）他们要相信自己所从事的是最紧要和最高贵的事情,他们整个一生都要专心致志地投入其中,而不是像他们现在这样漫不经心而又无关痛痒地进行撰史——历史也将开花结果。（5）在那个时刻没有到来之前,历史学家们所犯下的错误将会不胜枚举,而且也将会永不停歇。（6）提麦奥斯一刻也没有想过这种问题,他的整个一生都流亡侨居在同一个地方,他似乎总是在刻意地拒绝主动卷到任何战争或者政治当中,也拒绝从外出旅行和实地考察当中获取个人经验。（7）然而,出于某些未知的原因,他却得到了杰出史家的声誉。对于提麦奥斯的这种风格与特征,我们可以在提麦奥斯自己所作的公开宣言里很轻易地找到。（8）在他的第六卷的序言中,提麦奥斯说道,一些人认为,相较于撰写历史,撰写修辞需要更大的天分、更多的努力和更刻苦的训练。（9）他说,这种看法先前就招致埃弗鲁斯的异议,但是,由于埃弗鲁斯对持有这种看法的那些人没有作出任何让人满意的回应,因此,他自己就对撰写历史和撰写修辞进行了一番对比;然而,这种做法本身就非常不恰当,因为,他对埃弗鲁斯所作的叙述本身首先就是错误的。（10）因为,在埃弗鲁斯的整部著作中,对于措辞、方法和论证,他都是值得钦佩的,即使是在离题时所穿插的叙述和个人看法的表达上,他也是无比光彩夺目的;事实上,无论何时,他自己在扩充任何一个议题时都是照样熠熠生辉。（11）此外,他对历史学家和演说辞作家之间的差异所作的评论都是特别具有说服力的,也是特别具有可信度的。（12）但是,提麦奥斯急于避免给人留下自己在效仿埃弗鲁斯的印象,因此,除了故意对他作了歪曲的叙述之外,提麦奥斯同时谴责了其他所有历史学家。对于其他历史学家们所正确对待的议题,他则以长篇累牍、杂乱无章而又每况愈下的方式进行处置,他认为,没有一个在世

---

① 柏拉图:《理想国》(*Rep.*),第五卷473C,第六卷499B。

之人会注意到他所做之事。

[28a]（1）事实上，为了荣耀历史，他说，历史的撰写与修辞的撰写之间的差异就如同真实的建筑或者家具与我们在舞台布景中所看到的视图或者布景之间的差异那样巨大。（2）第二，他说，相较于修辞演讲术的整个撰写过程，单单就撰写历史的材料搜集方面，就需要耗费更大的精气神。（3）他告诉我们，他自己就在亚述（Assyria）①的材料搜集，以及在利古里亚人、凯尔特人和伊比利亚人的风尚习俗的探寻方面耗费了巨大的代价和气力，以至于他根本就不寄希望于他自己或者其他人对它们所作的证明能够得到别人的确信。（4）有人可能会想问这位历史学家，对于究竟是安静地坐在城市的家里搜集材料和探寻利古里亚人与凯尔特人的风尚习俗，还是去亲自探访和见识大多数的地方和民族，他觉得到底是哪一种所需的代价和辛劳更大？（5）对于究竟是去询问那些亲身参与海陆战斗和围城战役，还是亲自出现和实际经历战争的危险与沉浮，他觉得到底是哪一个所需要花费的气力更大？（6）在我看来，真实的建筑物与舞台的布景物之间的差异，或者历史与修辞之间的差异，都没有比根据亲身经历所撰写的叙述与根据道听途说和别人的故事所撰写的叙述之间的差异那样巨大。（7）然而，由于提麦奥斯完全没有这样的经验，以至于他很自然就认为，搜集文献材料和亲自探寻事实这种工作最无足轻重和最轻而易举，但实际上，它最至关重要和最步履维艰。（8）然而，即使在这个领域，毫无经验之人肯定会经常犯下严重的错误。因为，如果一个人对这些问题没有一个清晰的概念，那么，他怎么能够正确地验证陆战、海战或者围城战的亲历者所说的军事行动，或者准确地明白亲历者所叙述的细节呢？（9）就对叙述的贡献程度而言，信息的询问者同信息的提供者一样重要，因为，就这些亲身经历真正的军事行动的人而言，他们这些询问者所作的提问无疑会引导和影响叙述者对

---

① ［中译按］在企鹅本中，英译者将其译作"推罗"（Tyre）。除此之外，企鹅本英译者还向读者提供了一个注释，这个注释也即是：用于对迦太基的写作。

每一个事件的回忆。（10）一个毫无军事行动经验的人，既根本没有能力对那些亲身参与军事行动的人提出任何正确的问题，也根本无法理解他眼前所正在发生的事情，即使他就在现场，那么，他也像没有在场一样……

第十三卷（残篇）

I. 希腊的局势

埃托利亚人

[1]（1）由于长期的敌对行动和他们奢侈的生活方式，就在其他人没有注意的情况下，甚至在他们自己没有意识到的情况下，埃托利亚人变得负债累累。①（2）由于天生就喜欢对自己的宪制进行创新，因此，他们选举了多利马克（Dorimachus）和斯科帕斯（Scopas）来制定一部法典；因为，他们看到这两人不仅具有革命倾向，而且他们也负债累累。②（3）因此，他们就这样被授予了这种权威，他们制定法律……

[1a]（1）在多利马克和斯科帕斯立法期间，他们遭到了埃托利亚的亚历山大（Alexander of Aetoia）的异议，他列举了许多的事例来证明，这种杂草（this weed）③一旦生根发芽，它就不会停止自己的生长，直到在引进它的那些人身上发生严重的灾难。（2）因此，他恳请他们不要把自己的眼睛只盯在眼前所遇到的问题的缓解上，而是应该放眼未来。（3）因为，他说道，在战场上，他们理应献

---

① 公元前 205 年。——洛布本注
② 公元前 204 年，埃托利亚的财政危机引发了一场革命。——剑桥本注
③ 我们必须明白，χρεῶν ἀποκοπαί 的涵义是"债务的取消"（the cancelling of debts）。

158

出自己的生命以保卫自己小孩的安全，然而，在议事厅里，他们却根本不考虑未来，这确实非常地怪异……

[2]（1）当埃托利亚将军斯科帕斯没有获得制定法律这种权力后，他急切地转而向亚历山大里亚求助，他确信，假如自己的期望能够在那里实现，那么，他就可以修补自己的糟糕运气和满足自己的贪婪欲望。① （2）他完全没有意识到，除非我们能够治愈身体本身的疾病，否则，患者口渴的症状就不可能消失，一直不停地喝水也根本无济于事，因此，除非我们能够通过理性治愈灵魂深处的固有邪念，否则，我们就不可能消除贪欲。（3）在这方面最显而易见的一个事例就是，我们现在所提到的斯科帕斯这个人。因为，当他到达亚历山大里亚后，除了给他的军队——这支军队完全由他自己支配——支付军费之外，国王每天给他分发十米纳（minae）的金钱，而那些效忠他的军官则每人可以得到一米纳的金钱。（4）然而，他仍然不满足，而且，他的不满足从始至终一直没有停歇，以至于他的那种贪得无厌的欲求甚至让他的那些金主都心生厌恶，他将自己的灵魂完全交给了金钱。

腓力背信弃义的政策②

[3]（1）腓力现在变得痴迷于各种背信弃义的行径，没有人会说，这是一位国王本身所应有的行动，但是，由于当前背信弃义的盛行，有人会辩护说，这是政治事务当中不可或缺的举动。（2）正如我们所知，古人都极力远离这种恶行。他们不仅不会对自己的朋友使用这种欺诈手段以谋求自身权力的扩张，他们甚至不会使用这种欺诈的手段去战胜敌人；（3）因为，他们不会把任何胜利视作是光荣的或者稳固的，除非他们在公开的战场上彻底地摧毁了

---

① 斯科帕斯去往埃及，参见第一卷第 18—19 章，第十八卷第 53 章。
② ［中译按］在剑桥本中，英译者将这个标题写作"腓力背信弃义的行径，公元前 204 年"（Philip's Treacherous conduct，B. C. 204）。

自己的敌人的自信。(4)出于这个原因,他们在他们自己中间形成了一个惯例,那就是,他们相互之间从不使用那些秘密武器,也不进行远距离地发射那些武器,而且,他们认为,只有近距离地面对面近战方才是真正决定性的战斗。(5)因此,他们通过宣战的方式来发动战争,而且,当他意图发动战争时,他们会事先通知两军交战的时间和地方。(6)但是,现在的人们却说,公开进行任何的战争行动都是一名将军能力低下的表现。(7)然而,古代的战争准则的一些轻微痕迹仍然幸存在罗马人中间。因为,罗马人会进行宣战,他们几乎不使用伏击战,而且,他们都是近距离地面对面近战。(8)无论是在政治行动当中,还是在军事行动当中,这种做法在我们现在的统帅中间仍然非常流行。

[4](1)腓力向赫拉克雷德斯(Heracleides)提出了一道难题,亦即让他运用自己的才能去削弱和摧毁罗德岛人的海军。(2)同时,腓力派遣使团到克里特,以挑拨克里特人和煽动他们对抗罗德岛人。(3)赫拉克雷德斯天生就是一位唯恐天下不乱之人,他觉得这个任命是一个天赐良机,而且,他立即就想出了一些阴谋,现在他只需驶往和现身罗德岛了。(4)这位赫拉克雷德斯是塔林敦人,他的父母是粗鄙的修理工,对于一名胆大妄为而又欺骗成性之人而言,他的确具有很多令人艳羡的优势。(5)首先,在他的早年生活,他就以公开地以操皮肉生意为生,但是,后来他表现出了巨大的敏锐性和超强的记忆力;当他在面对自己的下级时,他会非常地横行霸道和厚颜无耻,然而,当他在面对自己的上级时,他却会非常地奴颜婢膝。(6)他原先是被自己的母邦放逐,因为,母邦当时怀疑他意图将塔林敦出卖给罗马,他没有任何政治影响力,但是,由于他是建筑师,因此,他们就雇佣他做城墙修建的工作,以至于他因而就拥有了通向内部的城门钥匙。(7)因而,他就逃到了罗马人那里,但是,后来当他从罗马营地发往塔林敦和汉尼拔的信件和消息遭到发现后,他预见到了自己将会遭遇何种结局,因此,他再一次地叛逃到了腓力那里。(8)在腓力的宫廷中,他获得了如此之大的信任和权力,以至于他几乎是这个巨大王国走向毁灭的最主要的

工具……

[5]（1）由于腓力在克里特问题上①背信弃义的行径，因此，罗德岛的执政团（The Prytaneis of Rhodes）不相信腓力，他们怀疑赫拉克雷德斯是腓力的御用工具而图谋不轨……

（2）赫拉克雷德斯出现在他们面前，向他们解释自己为什么离弃腓力。

（3）他说道："腓力将所有一切都隐瞒起来，因此，罗德岛人发现不了他在这个问题上的真实意图。"通过这种手段，赫拉克雷德斯成功地免除了他们对自己的怀疑……

（4）在我看来，自然（Nature）已经向人们宣告了真相（truth）是最大的神明，而且，祂已经向她赋予了最大的力量。（5）至少当所有的人们都试图压制她，所有的可能都站在谎言一边时，她设法让自己找到了渗透人们心灵的手段。有时，她会立即展现出自己的力量；有时，尽管长时间地遭到了压制，但是，她最终仍然会战胜和击败谎言。当赫拉克雷德斯从腓力国王那里前往罗德岛时，这种情况就会发生在了赫拉克雷德斯的身上②……

（6）达摩克勒斯（Damocles）是一位能力出众之人，他在管理事务方面足智多谋，他和庇西安（Python）一起被派去罗马作间谍……

斯巴达僭主纳比斯③

[6]（1）斯巴达的僭主纳比斯（Nabis）现在已经手握大权两年有

---

① 罗德岛人已经向克里特海盗宣战。腓力秘密委任自己的其中一位代理人——埃托利亚人迪卡亚基亚（Dicaearchus）——前去援助克里特人，参见迪奥多鲁斯（Diodor.），残篇，第二十八卷。

② 通过假装背叛腓力对克里特人暗通款曲的方式，赫拉克雷德斯已赢得了罗德岛人的信任，当他等到了一个机会和放火烧毁了罗德岛人的军械库后，他就乘船逃走了。参见 Polyaen. 5,17,2。

③ ［中译按］在剑桥本中，英译者将这个标题写作"斯巴达僭主纳比斯，公元前207年—前192年"。

余,但他没有进行任何重大的冒险——因为亚该亚人最近刚刚击败了马卡尼达斯——（2）而是在夯实自己长期而压迫的暴政统治的基础。（3）因为,他彻底根除了那些幸存的斯巴达王室成员;^①他放逐了所有那些在财富和家系方面出类拔萃的公民,把他们的财产和妻子分发给自己的主要支持者和自己的雇佣军,而这些人主要是由杀人犯、恶煞、路匪和盗贼组成。（4）这种人源源不断地从世界各地蜂拥奔向他的宫廷,由于他们先前对神明和凡人所犯下的累累罪恶,以至于他们都不敢踏足自己的国家。（5）他把自己构筑成他们的保护人,而且,他把这些人雇佣作自己的警卫,很明显,他要将自己的邪恶统治长期化。（6）除了我所提到的这些罪行之外,他并不仅仅只满足于对公民的放逐,而且,他没有给这些遭受流放的公民一个安全的庇护之地。（7）其中一些人在放逐途中惨遭追杀,而其他一些人则从他们的乡村宅邸撤走时遭到杀害。（8）最后,在他们生活的城内,他给这些遭受放逐的人租用了生活与居住所用的房子,而他们的隔壁就居住了他忠心耿耿的代理人,以时刻地监视他们;后来,他将克里特人派到这些房屋,通过摧毁墙体或者从现存的窗户进行射击,这些克里特人将站立或者躺卧的流放者统统屠杀在他们自己的屋内。（9）对于这些不幸的斯巴达人而言,他们根本就没有任何地方可逃,他们的生命也得不到一刻的安全保障。（10）通过这些手段,他摧毁了他们大部分人。

［7］（1）他建造了一台机器,如果你可以称呼它是一台机器的话。（2）事实上,它就是一座身穿盛装的女人的塑像,而且,它与纳比斯的妻子非常地相像。（3）每当他召集任何一位公民到自己面前以意图获取其金钱时,他首先都会向他礼貌地发表一通论据,（4）以向他指出这座城邦和这个国家所面临的来自亚该亚的严重威胁,并向他解释自己为确保手下臣民们的安全,而维持的雇佣军数量、宗教仪式的花费数额和这座城邦的公共费用。（5）如果他们

---

① λοιπούς这个词的一些释义明显离经叛道。

屈从于这些论据，那么，他的目的就达到了。（6）然而，如果有人拒绝和反对向他支付所强征的金钱，那么，他会继续向下面那样说道："我可能说服不了你，但是，我觉得，我的阿佩加（Apega）可以说服你"——（7）这位阿佩加就是他的妻子——当他一说完这番话，我所描述的这座塑像就被带进来了。（8）他向她伸出自己的手，他可以让这个女人从她的座椅上起身，而且，他可以将她挽进手臂，缓缓地将她轻拉向自己的胸膛。①（9）她的手臂、她的双手和她的胸脯的衣服下面布满了铁钉。（10）因此，当纳比斯将自己的双手依靠在她的后背时，他可以通过一些弹簧装置将受害者越来越紧靠她的胸脯，他就用这种酷刑逼迫这个人交代所有的一切。（11）确实，他用这种手段杀死了大批拒绝向他支付金钱的人。②

[8]（1）在他统治期间，他的其他行径同它非常地相像，在程度上同它根本不分伯仲。（2）他参与了克里特人的海上劫掠行动，整个伯罗奔尼撒到处都是神庙的劫掠者、抢劫的路匪和暗杀的刺客，他一同分享他们的罪恶行径所带来的利益，他使斯巴达成为他们四处作恶的基地和避难所。（3）但是，大约就在此时，一些正在斯巴达逗留的外族士兵——他们都来自波奥提亚——试图引诱纳比斯的其中一位马夫带上一匹白马（这匹白马据说是一匹举世无双的白马）跟着自己离开。（4）这位马夫就按照他们所希望的那样行事了，接着，纳比斯的人马就一直将他们追至梅格洛波利斯，当他们在那里追上了他们后，他们立即将这匹马和这位马夫带走，而且，他们没有遭到任何地异议。（5）接着，当他们准备对这些异族士兵动手时，波奥提亚人一开始要求将自己带到地方长官面前，但是，没有一个人理会他们的请求，于是，他们其中就有一个人大喊了"救命"。（6）对此，民众纷纷聚集过来，他们抗议说这些人应该

① 摘录者（epitomator）对这位"女人"（Maiden）的描述明显进行了缩略，以至于让人疑惑丛生。
② 最后这些句子是如此地错漏百出，以至于我们根本不能确定波利比乌斯所要传达的真实涵义。

被带到地方长官面前,因此,纳比斯的属下被迫释放了他们并离开了这个地方。(7)然而,纳比斯长期以来一直都在寻找一个似是而非,但又可以进行名正言顺地出气的合理借口,因此,他立即就抓住这次机会和借口,劫掠了属于普洛格拉斯(Proagoras)和其他人的牛羊。这就是这场战争的起因①……

II. 亚洲的局势

卡提尼亚和戈拉人②

[9](2)波斯湾的卡提尼亚(Chattenia)是属于戈拉人(Gerraeans)的第三个地区。(3)就其他方面而言,卡提尼亚是一个贫瘠的地区,但是,其中建造有乡村和城镇以便利戈拉人进行耕作。它位于阿拉伯海沿岸,安条克下令宽恕它……

(4)在一封信件里,戈拉人请求安条克国王不要废止诸神授予他们的礼物——亦即永恒的和平与自由。当这份解释的信件到达他手上时,这位国王说道,他答应他们的请求……

(5)当他们的自由得到确认后,戈拉人通过了一项法令,这项法令规定他们向安条克国王赠送五百泰伦的银币、一千泰伦的乳香和两百泰伦的所谓的"熏香料"(stacte)。③ 随后,他驶向了提洛斯岛(Island of Tylus),④接着再从那里驶向了塞琉西亚(Seleucia)。这些香料都出自波斯湾……

[从这一卷所引用的地名来看,它似乎主要涉及的是,就在

---

① 这次劫掠发生在梅格洛波利斯境内,但是,它并没有立即导致战争,直至公元前202年。参见第十六卷第16章。
② [中译按]在剑桥本中,英译者将这个标题写作"安条克在阿拉伯,公元前205年—前204年"(Antiochus in Arabia, B.C. 205—204)。
③ "熏香料"(stacte)亦即没药(myrrh)油或者肉桂油。
④ [中译按]Island of Tylus亦写作Island of Tylos。

他丢下克里特的事务和腓力在色雷斯的战争而前往意大利之前,在布鲁提乌姆同汉尼拔所进行的战争。]①

---

① [中译按]这句话是由洛布本英译者补充的。

第十四卷（残篇）

I. 前言

[1a]①(1)对整个奥林匹亚运动会期间的事件——因为它们的庞大数量和重要地位——作一个概要可能确实会吸引读者的注意，整个世界所发生的事件都将置于一个视野之下。(2)然而，我认为，这届奥林匹亚运动会(第144届)尤其需要这样做，因为，首先，在这届奥林匹亚运动会期间，意大利和非洲的战事结束了，对于最后的战事结果，谁不会去好奇打听呢？(3)每个人自然都非常渴望知道结局，尽管他可能对具体的行动和演说具有非常浓厚的兴趣。(4)除此之外，国王们的政治倾向在这些年期间得到了清晰地呈现。迄今为止关于他们的所有流言，现在所有人，即使是那些对政治完全不感兴趣的人，也都非常清楚。(5)出于这个原因，我希望对事实作出与它的重要性完全相称的一种叙述，因此，我不会按照自己先前的做法那样将两年的事件涵括在一卷当中……

[公元前205年(参见第二卷第33章)，西庇阿当选为执政官，罗马当局将西西里委派作他所负责的行省(provincia)，而且，若有必要，他可以渡海前往非洲(李维，第二十八卷第45章)。公元前205年，他派遣拉利乌斯前往非洲，而他自己则

---

① 即第144届奥林匹亚大会，公元前204年—前200年。

仍然留在西西里。第二年春季（公元前 204 年），在握有一年额外的最高权力（imperium）的情况下，他渡海前往了非洲。在这一年期间，他洗劫了迦太基人的国土和围攻了乌提卡（李维，第二十九卷第 35 章），在公元前 203 年初，他的最高权力（imperium）一直延长到战争结束期间（同上，第三十卷第 1 章）。]①

[1]②（1）然而，就在执政官们正忙于应付意大利的战事之时，③（2）普布里乌斯·西庇阿——当时他正在非洲的冬季营地④——却听说了迦太基人正在装备一支舰队，因此，他也在海军上积极备战，不过，他也丝毫没有放松对乌提卡（Utica）的围攻。（3）他根本没有放弃拉拢西法克斯的希望，而是不断地向他递送消息——他们的军队彼此之间相距不远——他深信自己能够促使他叛离迦太基人。（4）西庇阿认为，西法克斯已经开始厌倦了这位女孩，⑤正是因为她，西法克斯选择倒向了迦太基，但他现在已经非常厌倦同腓尼基人的友谊，因为，西庇阿非常地清楚，努米迪亚人的天然本性就是，他们会逐渐地厌恶那些让他们心生愉悦的东西，而且，他们总是轻贱同神灵或者凡人许下的誓言。（5）现在诸多的担忧让西庇阿的身心受到巨大的牵扯和烦扰，他担心在开阔平坦的战场上展开激战，因为敌军具有人数上的优势，但他现在有利地抓住了下面这个千载难逢的机会。（6）出入西法克斯的一些信使向西庇阿报告说，迦太基人在自己的冬季营地用各种木头和树枝——没有混合任何泥土——搭建了自己的临时营房；（7）而先

---

① ［中译按］中括号里面的内容译自于剑桥本。
② 公元前 204 年—前 203 年。
③ 卡庇奥（Caepio）正在布鲁提乌姆指挥战事，而塞维利乌斯（Servilius）则正在伊特鲁里亚（Etruria）和利古里亚（Liguria）指挥战事，参见李维，第三十卷第 1 章。
④ 西庇阿在乌提卡城外驻营，它位于迦太基西北二十五英里处。
⑤ 这位女孩亦即索弗尼斯巴（Sophonisba），她是哈斯德鲁巴的女儿、基斯科的孙女李维，参见李维，第二十九卷第 23 章；第三十卷第 12 章第 15 节。

期抵达的努米迪亚人则用芦苇搭建了自己的临时营房,并且,现在从城市开来的增援部队也只用树枝搭建自己的营房,他们中一些人在壕沟和栅栏里面扎营,而其他大部分人则在壕沟和栅栏外面扎营。(8)因此,西庇阿认为,火攻敌军的营地将会出其不意地重创敌军,同时也会让自己收获最显而易见的战果,于是,他开始积极地进行相关的准备。(9)在同西庇阿的往来联络中,西法克斯总是在喋喋不休地提议,迦太基人应该撤出意大利,罗马人也同样应该撤出利比亚,而每一方在这两个国家之间所占领的地方则继续维持现状。(10)西庇阿先前完全拒绝听从这个提议,但是,现在他却命令自己的信使们向这位努米迪亚国王轻轻地暗示说,这种结束战争的方法并不是完全没有商量的余地。(11)西法克斯对这个结果感到如释重负,他变得更加积极大胆地同西庇阿往来联络了;(12)结果,往来的信使不仅数量上更加庞大,而且频率上也更加频繁,他们其中一些人甚至有时在敌军营地连续地待上数天而不会遭到任何的防范。(13)在这些场合中,西庇阿就在这些使团代表中暗中掺杂了一些老练专业的高手和军官,他们身穿粗糙而普通的衣服,把自己伪装成随行的奴隶,意在探究和察看是否可以找到这两座营地全而无碍的接近方法和出入口。(14)因为,这里有两座营地,其中一座营地由哈斯德鲁巴占据,它的军队人数是三万名步兵和三千名骑兵;另一座营地则由努米迪亚人占据,它与前一座营地相距十斯塔德,它的军队人数大约是一万名骑兵和五万名步兵。①(15)后者更容易进行攻击,他们的临时营房非常适合进行火攻,因为,正如我刚刚所说,努米迪亚人所建造的临时营房既没有使用木头,也没有使用泥土,而是仅仅使用了芦苇和蒲席。

[2](1)当春季将要来临时,②西庇阿就已经完成了所有必需的侦察工作,以实施上述针对敌军的计划。(2)他也出动船只和在船

---

① 这些数字看起来出奇庞大。一个更为准确的估计是,迦太基联军总计三万名步兵和五千名骑兵。

② 公元前 203 年春季。

上建造围城器械,就好像他要从海上封锁乌提卡一样。(3)他再度以步兵——其人数大约是两千人——占领乌提卡上方的一座山丘,他不惜代价地强化这座山丘的防御和环绕山丘挖掘了一条壕沟。(4)他希望给敌人造成一种自己想要围攻他们的错觉,但实际上他是希望自己在实施前面所说的火攻时,它可以防范任何可能的危险;因为,他担心,当自己的军团在离开他们的营地时,乌提卡的守军会冒险突围、攻击附近营地和围攻留守营地的士兵。(5)当他做好这些准备后,他派人到西法克斯那里询问,如果西法克斯的提议得到了自己的同意,那么,迦太基人是否也会同样接受这些提议,而不会说需要花费时间去思考要不要接受这些提议。(6)他也命令自己的使团不要回来,除非他们得到这个问题的确切答案。(7)当他们抵达西法克斯那里和西法克斯听取了他们所传达的消息后,他就确信西庇阿决心缔结和约,这不仅是因为,使团告诉他,除非得到确切的回复,否则他们不会返回,而且是因为,他们渴望得到迦太基人的同意而表现出来那种深切的焦急。(8)因此,他立即派人传话给哈斯德鲁巴,告诉他所发生的事情和催促他接受和平;而他自己则放松警惕,他让那些不断前来与他会合的努米迪亚人在严密防御的营地外驻军。(9)西庇阿假装一切如故,但是,实际上他积极地在为自己的攻击行动做好一切准备。(10)当迦太基人指示西法克斯前去缔结和平时,西法克斯对此感到由衷地高兴,他立即将这个消息告诉了使团;在得知这个消息后,使团立即离开了他们的营地,以告诉西庇阿西法克斯国王行动的结果。(11)一听到这个消息,这位罗马统帅不失时机地立即派出另一个使团以告诉西法克斯,西庇阿赞成和平,而且,他正热忱地促成此事,但是,军事会议里的那些人完全秉持不同的立场,他们主张事情应该保持原样。(12)使团前往西法克斯国王那里,向国王传递了这个消息。(13)西庇阿之所以派遣这个使团,是因为他不希望给人留下自己是在破坏和平协议的缔结的印象,因为,假如双方的使团仍然就和平问题正式地进行协商,那么,他就不应该采取任何敌对行动。(14)然而,在做出这番声明后,他认为,无论自己接下来如何行事,别人都不会再挑刺了。

[3](1)一听到这个消息时,西法克斯甚是气恼,因为他先前认为和平即将到来,但是,他现在不得不前去同哈斯德鲁巴会面,向他传递自己从罗马人那里所接收到的消息。(2)对于他们现在应该怎样应对局势,他们进行深入地讨论和思考,但是,对于真正即将发生的事情,他们既没有任何意识,也没有任何怀疑。(3)因为,他们从未想到对自身的安全或者可能的灾难采取防范措施,相反,他们非常急切和热忱地采取一些积极的行动,以激怒敌军下到平地上战斗。(4)与此同时,通过所作的准备和下达的命令,西庇阿给自己的士兵营造了一个即将突袭占领乌提卡的印象;(5)但是,大约在中午时分,他召集了自己队伍当中最有能力和最值得信赖的保民官们,向他们透露了自己的计划,命令他们提前进食晚餐,接着,在号兵们像往常一样同时吹响撤退的信号后,他就率领他们走出营地。(6)在罗马人的军队中,号兵们在晚饭时分习惯在将军的行营外面吹响号角和喇叭,以此作为各个岗哨的值班就位时间。(7)接着,他召见了自己在不同时间派到敌营的间谍;他耐心地询问他们,仔细地对比和研究他们对敌营的通道与入口所作的叙述,而且,他让马西尼萨对他们所作的叙述进行评估,并遵从他给出的建议,因为他对这个地方的地形非常熟悉。

[4](1)当这次行动的所有准备工作都全部就绪后,西庇阿留下了一支足够充分的军队,以守卫营地;就在第一班执勤结束之时,他率领其余所有的军队出发了,他距离敌军有六十斯塔德的路程。(2)在第三班执勤结束之时,他抵达了敌军附近,接着,他让拉利乌斯和马西尼萨指挥自己的一半军团和所有的努米迪亚士兵,命令他们进攻斯法克斯的营地,他激励他们像勇士那样英勇作战,但切不可鲁莽行事;(3)因为,他们非常清楚,晚上的夜色阻止和妨碍了视觉的使用,因此,夜袭更加依赖于一个人的胆识和冷静的头脑,以弥补视力上的不足。(4)他自己则率领其余的军队进攻哈斯德鲁巴。在拉利乌斯放火点燃另一座敌军的营地之前,他决定不发动进攻,因此,出于这个目的,他有意地放慢了自己的行军步

伐。(5)拉利乌斯和马西尼萨率领自己的军队,同时向敌军发起了进攻。(6)正如我在前面所说,敌军的临时营房几乎全部都是由易燃的物体建造的,一旦前排的罗马士兵点燃了它们,火势立即就会在第一列蔓延开来,由于营房之间相隔太过密集,而且,营房囊盖了大量的易燃物,以至于火势很快就失控起来。(7)拉利乌斯留在后方进行掩护,而马西尼萨清楚地知道那些逃出火海的士兵会从什么地方逃离,因此,他就把自己的军队部署在那些地方。(8)没有一个努米迪亚人——即使是西法克斯——对营地的这场大火心生怀疑,他们都认为,这场大火只是一场意外。(9)因此,就在这种没有怀疑的情况下,他们其中一些人从睡梦中惊醒,另一些人则正从醉酒和豪饮中惊慌失措地跑出营房。(10)许多人在挤出营房的通道上惨遭踩踏至死,其他人则被火焰燃烧和吞噬,而所有那些刚刚逃出大火的士兵现在马上又落到了敌人的手上,他们在不清楚事情的来龙去脉或者根本不知道自己在做什么时,就殒命身亡了。

[5](1)与此同时,迦太基人看到了强大的火势和冲上天空的火焰,他们认为,这是努米迪亚军营的意外失火;(2)因此,他们当中的一些人立即冲过去帮忙,而其他所有人则在没有武装的情况下涌出营外,他们站在大火前惊恐地看着正在发生的一切。(3)现在,所有的事情都按照自己所希望的那样发展,因此,西庇阿就攻击那些在军营外面的士兵。(4)在杀死了其中一些士兵和追击了其他的士兵后,他也放火点燃了他们的临时营房,结果,我刚刚所描述的努米迪亚军营的大火和灾难现在也发生在了迦太基军营。(5)哈斯德鲁巴立即放弃了灭火的想法,因为,他从自己现在所遭遇的灾难就知道,先前降临在努米迪亚身上的灾难肯定不是他们原来所以为的意外,而是敌人的主动和勇敢所致。(6)他现在除了想到自救之外,完全不作他念,然而,即使是自救,希望也非常渺小。(7)因为火势的蔓延非常地疾速,大火很快就覆盖了整个营区,道路上到处都是战马、骡子和士兵,一些人不是被烧得半死不活,就是被大火完全吞噬,其他人则陷入巨大的恐惧和癫狂当中,(8)以至于即使那些英勇地奋力抗争的人也被这些障碍所阻挡,四

处弥漫的混乱和无序完全断绝了人们逃生的希望。(9)西法克斯和哈斯德鲁巴也同其他军官们一样深处困境。(10)然而,这两位将军最终带着一些骑兵成功地逃走了,但是,所有其余那些成千上万的士兵、战马和骡子却惨遭大火的无情吞噬;(11)即使一些士兵千辛万苦地逃脱了大火的吞噬,但是,他们仍然耻辱而毫无尊严地死在敌人手上,他们不仅没有武器战斗,甚至没有衣服遮体,以至于最终赤身裸体且毫无反抗地被砍死在地。(12)总之,这整个地方到处都是绝望的哀嚎、痛苦的哭喊、彻骨的恐惧和俱厉的嘈杂,特别是肆虐的大火和可怕的火焰横扫周遭的一切,(13)其中的任何一项都足够把人吓得魂不附体,更不要说它们所有这些全部叠加在一起了。(14)因此,我们不可能找到比这更加恐怖的灾难了,即使是那些夸大其词的灾难也会相形见绌,它的恐怖程度远远超过先前所有的灾难。(15)正是由于这个原因,我认为,在西庇阿所实施的所有光辉行动中,这个行动最为光辉璀璨,也最具有冒险性……

[6](1)当天色破晓时,西庇阿发现,敌人不是被杀,就是四散逃亡,但他仍然激励手下的保民官们积极地行动起来,并立即展开生死追杀。(2)迦太基统帅哈斯德鲁巴一开始仍然留在原来的避难之地不动,尽管他已经注意到罗马人的到来;他自信地认为,这座坚固的城镇①足以抵挡罗马人。(3)然而,当他后来看到这个地方的居民人心惶惶之后,他就放弃了抵抗西庇阿的希望,而是同那些幸存下来的军队——这支幸存下来的军队由不少于五百名骑兵和大约两千名步兵组成——继续向前撤退。(4)这座城镇的居民立即无条件地向罗马人进行了投降。(5)西庇阿宽恕了他们,但他允许自己的士兵劫掠了临近两座已投降的城镇,接着,他回到了自己原来的营地。

(6)由于他们原先的计划和胜利的希望深受重挫,因此,迦太基人现在深感沮丧。(7)因为,迦太基人原本希望将罗马人关在乌提卡——罗马人的冬季营地就坐落在乌提卡——附近的海角,他们

---

① [中译按]这座城镇亦即安达城(Anda)。

计划用陆军和海军两面围困罗马人，而且，他们已经为这个计划作了所有准备。（8）由于现在这场莫名其妙和意想不到的灾难，因此，他们不仅被迫将整个开阔的乡村的控制权让给敌人，而且，他们现在时时刻刻都在担心自己和自己的首都会遭受敌人的致命威胁，以至于他们都变得惶惶不可终日，非常地担惊受怕。（9）然而，现在的局势又不得不要求他们采取防范的措施和思考未来的行动，但是，当元老院聚集在一起时，他们却充满困惑，以至于纷纷提出最分裂和最混乱的建议。（10）一些人主张，他们应该派人到汉尼拔那里，将汉尼拔从意大利征召回来，他们现在唯一的希望就是汉尼拔和他的军队了；（11）一些人则提议，他们应该派遣一个使团到西庇阿那里，以要求缔结和约与商讨和平的缔结条件，而其他人则说道，他们应该重整旗鼓和重新集结军队，并联络西法克斯——（12）西法克斯已经撤退到亚巴城（Abba）附近，而且，他在那里将那些在大火中幸免遇难的士兵重新集结起来——这也是最终胜出的建议。

（13）随后，迦太基人开始重新集结自己的军队，他们派遣哈斯德鲁巴去做这件事，与此同时，他们派人去联络西法克斯，以恳求他支援他们和继续践行他原先所作的承诺，而且，他们向他保证，哈斯德鲁巴会率领军队立即同他进行会合。

[7]（1）罗马统帅西庇阿一直都在忙于围攻乌提卡的准备工作，当他现在听到西法克斯仍然忠诚于迦太基，而且，迦太基人在重新集结军队时，他就率领自己的军队出发和驻扎在乌提卡城下。（2）同时，他也将战利品分发给士兵……。① 商人们则从士兵手上购买战利品，他们在购买了大批有利可图的战利品后就离开了。②（3）最近赢得的胜利让士兵们对未来的战事信心高涨，以至于他们都不甚珍惜自己手中的战利品，因此，他们乐意以极低的价

---

① 在希腊语原本中，这句话的一些单词丢失不见了。
② 在对城镇进行劫掠后，战利品会在士兵中间进行分配，士兵们则会将自己所分得的战利品卖给那些随军的商人。

格将它们卖给那些商人们。

（4）这位努米迪亚国王和他的朋友们最初决定继续撤退和寻找自己的家园。（5）但是，当他们在亚巴附近遇到了一支受雇于迦太基的凯尔特-伊比利亚军队（他们的人数超过四千人）时，这支军队让他们鼓起了一些勇气，以至于他们停下了自己撤退的脚步。（6）与此同时，当这位年轻的女孩——正如我在前面所说，这位年轻的女孩就是哈斯德鲁巴将军的女儿和西法克斯的妻子——乞求他继续留下来，恳请他不要在这如此关键的时刻遗弃迦太基人时，这位努米迪亚国王被说服了，他答应了她的恳求。（7）这支凯尔特-伊比利亚军队的到来也确实唤起了迦太基人的一些士气，因为，首都迦太基到处都有传言说，他们的人数不是四千人，而是一万人，并且，他们的勇敢程度和武器装备让他们在战场上所向披靡。（8）乌合之众的这些粗鄙报道和庸俗流言确实大大地唤起了迦太基人的斗志，以至于他们再度奔赴战场，以双倍的信心迎击敌人。（9）最终，在三十天的时间里，他们连同努米迪亚人和凯尔特-伊比利亚人在所谓的大平原（Great Plain）上驻营和挖掘壕沟，这支军队的整个人数不少于三万人。

[8]①（1）当这个消息传到罗马军营，西庇阿立即准备进军迎击他们，在给围攻乌提卡的陆军和海军下达必要的命令后，他就率军出发了，他的整个军队秩序井然地轻装进发。（2）在第五天时，他抵达了大平原；一旦接近敌人，他在第一天就驻扎在距离他们三十斯塔德②的一座山上。（3）但是，第二天他就从这座山上下来了，他将军队部署在距离迦太基人七斯塔德③的地方，骑兵则部署在步兵的前面。（4）在接下来的两天时间里，他们都停留在原地，只实施了一些小规模的遭遇战以进行彼此的试探，在第四天时，两军的统帅都有意向前进军，并部署成战斗队形。（5）西庇阿全然地遵照了

---

① 大平原之战发生在公元前 203 年 6 月 24 日。
② ［中译按］三十斯塔德大约是四英里。
③ ［中译按］七斯塔德大约是一英里。

罗马人惯常的做法,他将青年兵(*hastati*)部署在前面,壮年兵(*principes*)部署在青年兵后面,后备兵(*triarii*)则部署在最后面。(6)他将自己的意大利骑兵部署在自己的右翼,马西尼萨所统率的努米迪亚骑兵部署在自己的左翼。(7)西法克斯和哈斯德鲁巴将凯尔特-伊比利亚人部署在中央以对抗罗马支队,努米迪亚人部署在左翼,迦太基人则部署在右翼。(8)在第一次的冲杀中,努米迪亚骑兵就在意大利骑兵面前败下阵来,迦太基人则在马西尼萨面前败下阵来,他们的勇气已经被先前的战备消耗殆尽了,但是,凯尔特-伊比利亚人却在英勇地抗击罗马人。(9)因为,他们既没有安全逃生的希望,因为他们根本就不了解这个国家;也没有被宽恕的念头(假如被俘的话),因为他们已经背叛了西庇阿。(10)因为,在西班牙战事期间,西庇阿从未对他们实施任何敌对的行动,但是,他们现在却站在迦太基人一边而同罗马人开战。(11)然而,当两翼溃败后,他们很快就被壮年兵和后备兵包围了,除了一小部分人,其他人都被撕成了碎片。(12)凯尔特-伊比利亚人就这样被消灭了;不仅在战斗中,而且在溃逃中,他们都给迦太基人提供了巨大的帮助。(13)因为,假如罗马人没有遭遇到这种顽抗,而是直接追击逃亡的敌军的话,那么,就只会有非常少的敌人能够逃脱。(14)但是,事实上,由于凯尔特-伊比利亚人所作的这种抵抗,西法克斯及其骑兵方才安全地逃回了家乡,哈斯德鲁巴及其残存的军队也方才抵达了迦太基。

[9](1)对战利品和俘虏一作出安排后,罗马统帅西庇阿立即就召集了军事会议,以商讨接下来的行动。(2)这次会议决定,西庇阿率领一部分军队继续留在这个地方,并走访一些城镇,而拉利乌斯和马西尼萨则率领努米迪亚人和部分罗马军团追踪西法克斯,以迫使他没有时间停留和组织抵抗。(3)在作出这个决定后,他们就分开了,拉利乌斯和马西尼萨率领我在前面所说的军队前去追击西法克斯,西庇阿则走访城镇;(4)出于恐惧,其中一些城镇主动向罗马人投降,对于其他城镇,他则进行包围和进攻。(5)确实,整个国家都处在巨变的关键节点,因为延绵不断的西班牙战

事,民众已经越来越滑向了苛捐杂税和水深火热的漩涡当中。

(6)迦太基自身先前就深处巨大的混乱当中,但是,这座城市现在却越来越混乱不堪,在遭遇第二次重击后,他们已经完全丧失了信心。(7)然而,元老院当中那些最英勇的人士仍然敦促迦太基人立即派出舰队支援惨遭围困的乌提卡,以期解除围攻,并同没有作好防备的敌军舰队进行作战。(8)他们也要求召回汉尼拔,而且,他们必须一刻也不得耽搁地抓住这唯一的救命稻草。他们说,可以合理地推断,这两项举措对挽救他们的国家具有很大的胜算。(9)但是,其他人却主张,这些举措现在已经为时已晚,他们现在必须强化城市的防御和准备应付围城。假如他们能够万众一心和众志成城,那么,命运仍将会给他们提供许多的机会来给敌人致命一击。(10)这些人也建议他们考虑和谈的可能性和决定以何种条款与何种方法来摆脱现在的危机。(11)他们就这些建议进行了多次的辩论,最终,他们全部采用了这些建议。①

[10](1)一旦作出这些决定后,那些即将前往意大利的元老立即从元老院直奔港口,而海军统帅则立即登上自己的舰船。其余的人则忙于巩固城市的防御,并且经常聚会讨论相关的细节。

(2)西庇阿的军营现在到处都是战利品,因为,他没有遭遇任何反抗,所有人都对他俯首帖耳。他决定将大部分战利品转移到自己原来的营地,从而可以轻装简行地率领自己的军队向前进发,以占领突尼斯(Tunis)城前的壕沟阵地和驻扎在俯视迦太基的地方。(3)因为,他认为,这种举动将是对迦太基人最有效的震慑手段,它会让迦太基人陷入深深的绝望和恐惧当中。(4)与此同时,迦太基人在几天的时间内为自己的舰船装备了船员和补充了物品,他们即将出海执行自己的计划,当西庇阿抵达突尼斯时,守城部队望风而逃,因此,他不费吹灰之力就占领这座城市。(5)突尼斯坐落在距离迦太基一百二十斯塔德②的地方,迦太基城的各个地

---

① 亦即如何对抗敌人的提议,而非向敌人投降的提议。
② [中译按]120斯塔德大约是15英里。

方几乎都可以看到突尼斯。正如我在前面所说,无论是它的自然形态,还是它的人工设施,它都是一座非常坚固的城市。(6)就在罗马人驻扎在那里时,迦太基人的舰队也已经出海前往乌提卡的路上了。(7)当西庇阿看到敌人的舰队前来时,他深感担忧,他担心自己的舰队会遭受损失,因为,没有任何人预料到敌军的舰队会前来进攻,也没有任何人对这种突发的紧急情况作任何的准备。(8)因此,西庇阿立即拔营和疾速地前去支援自己的舰队。(9)他发现,自己的舰船装满了用来围城的攻城机,这些攻城机正向城墙移动,它们都是用来支援围城行动的,完全不是用来进行海战的,而敌军的舰队在整个冬季期间都在为海战这个目的进行积极的准备,因此,他放弃了出海去迎击敌人的想法;(10)相反,他将自己的战船下锚,排成一线,并将运输船以三列纵深或者四列纵深地环绕固定在这些战船上;(11)接着,他下令将船桅和帆桁取下,运输船则相互之间牢固地捆绑在一起,(12)只留了一个能够让轻型船只可以自由通过的狭小空隙①……

III. 公元前 213 年以来的埃及局势②

　　[11](1)③波利比乌斯在他的第十四卷中说,斐洛(Philo)是亚加索克勒斯(Agathocles)的献媚者,而亚加索克勒斯则是奥恩安特(Oenanthe)④的儿子和托勒密·斐洛佩托(Ptolemy Philopator)的同伴……

---

① 李维在其第三十卷第 10 章中记载说,迦太基人攻击了这支舰队,在这次攻击结束后,有将近六十艘罗马人的运输船被拖往迦太基。
② [中译按]在剑桥本中,英译者将这个标题写作"公元前 222－前 205 年的托勒密·斐洛佩托"(Ptolemy Philopator,B. C. 222－205)。
③ 摘录自亚特纳乌斯(Athen.),第六卷,251C。
④ [中译按]亚加索克勒斯(Agathocles)是奥恩安特的儿子(Son of Oenanthes)。在一些地方,Son of Oenanthes(奥恩安特之子)亦写作 Son of Agatharchus(亚加萨克斯之子)——奥恩安特是亚加索克勒斯的母亲,亚加萨克斯是亚加索克勒斯的父亲。

（2）波利比乌斯在他的第十四卷中告诉我们说，亚历山大里亚矗立有克雷诺（Cleino）的许多塑像，她是托勒密·菲拉德弗斯（Ptolemy Philadelphus）的斟酒人，只身穿一件宽大长袍，手持一盏角状杯。（3）他说道："难道米尔提安（Myrtion's）、恩内西斯（Mnesis's）和波特恩尼（Potheine's）这些人的宅邸不是最美轮美奂的宅邸吗？（4）但是，恩内西斯和波特恩尼不就是长笛演奏者，而米尔提安不就是一名以卖淫为生的粗鄙妓女吗？（5）托勒密·斐洛佩托（Ptolemy Philopator）不就是他的情妇亚加索克雷亚（Agathocleia）——她是整个王国的祸水——的奴隶吗？"①……

［12］（1）我的一些读者可能会好奇地问道，为什么对于其他地方，我会分别记述它们每年所相继发生的事件，而唯独对于埃及，我却会大跨度地记述那里所发生的事件。（2）至于其中的原因，我所作的解释如下。（3）我现在所说的托勒密·斐洛佩托，在结束对争夺科利-叙利亚的战事②后，他完全放弃了所有的高贵德性，整天过着我刚刚所说的那种酒池肉林的放荡生活。（4）在他的统治后期，出于形势的逼迫，他发动了我所提及的这场战争，③除了争斗双方的野蛮和不法之外，这场战争没有任何值得书写的地方，它没有激战，没有海战，也没有围城。（5）因此，对于它每年所发生的且并不值得严肃对待的那些小事件，假如我不是去一一地记述它们，而是栩栩如生地呈现这位国王的性格和策略，那么，不仅身为作者的自己会更加轻车熟路，而且，我的那些读者也会更加一目了然。

---

① 摘录自亚特纳乌斯（Athen.），第八卷，756C。
② 这场战争亦即是他同安条克（Antiochus）的战争，公元前218—前217年。参见第五卷第40章、第58—71章和第79—87章。
③ 这场战争亦即是一场内战，这场内战明显是他自身的软弱和邪恶性格所引发的。第五卷第107章提到了这场内战。

第十五卷(残篇)

I. 意大利和非洲的局势

[相较于拉利乌斯对西法克斯的俘获(李维第三十九卷第11章),迦太基舰队在乌提卡的小胜(第十四卷第10章)完全相形见绌。因此,和谈与停战立即就接踵而至,这一卷最初的摘录部分提及了这个事件的发生过程。][1]

[1](1)迦太基人俘获了罗马人的运输船和大批的补给,[2]西庇阿甚是心烦意乱,这是因为他不仅损失了自己的补给,而且敌人也由此获得了庞大的补给。[3](2)让他更加怨恨丛生的是,迦太基人违反了最近所缔结的庄严和约,因而,这就出现了一个重启战端的理由。(3)因此,他立即任命卢西乌斯·塞基乌斯(Lucius Sergius)、卢西乌斯·巴庇乌斯(Lucius Baebius)和卢西乌斯·费边(Lucius Fabius)作为使节,派遣他们向迦太基人抗议所发生之事,同时告诉他们,罗马人民已经批准了和约;(4)因为,从罗马过来的使节刚刚抵达和告诉西庇阿这个消息。(5)一抵达迦太基,他们首先向元老

---

① [中译按]中括号里面的内容译自于剑桥本。
② 公元前203年秋季,格纳乌斯·屋大维(Cn. Octavius)所统率的一些运输船在迦太基海湾失事,尽管这次海上失事发生在停战期间,但是,迦太基人却掳走了这些运输船。参见李维,第三十卷第24节。——剑桥本注
③ 公元前203年—前202年。——洛布本注

院发表了演讲,接着,他们被引到人民大会前面,以就局势问题向人民大会自由地发表演说。(6)罗马的使节们首先提醒大会,当迦太基使团到达突尼斯的罗马军营和出席罗马军官的军事会议时,他们像其他人那样不仅向诸神致意和向大地行礼,(7)而且,他们俯卧地面,并亲吻与会军官的脚面;接着,当他们再一次地起身时,他们谴责自己破坏了罗马人与迦太基人之间原先所缔结的条约。(8)因此,他们说,他们已经充分地认识到,罗马人对他们施加任何的惩罚都是情有可原的,但是,基于人类共同的命运,他们恳求罗马人不要将惩罚施向极端,而是让迦太基人的愚蠢来见证罗马人的慷慨。(9)罗马的使节们继续说道,将军自己和那些当时与会的军官每当回想起这个场景,他们都会惊讶地自我问道,为什么迦太基人对自己所作的保证完全视而不见和肆无忌惮地破坏自己刚刚所缔结的庄严条约呢?(10)很明显,他们胆敢这样行事,是因为他们仰赖有汉尼拔及其军队。① 然而,即使有这种仰赖,他们也是非常不明智的。(11)因为,所有人都清楚地知道,在过去的两年时间里,汉尼拔及其军队已经被逐出了意大利各地,他们也已经逃到了拉西尼亚海角(Lacinian Promontory),而且,他们已经被关在了那里,可以说,他们几乎是被包围在那里了,他们离开非洲不过是在自救而已。(12)他们接着说道:"即使他们从意大利得胜归来,并以胜利之师来同我们开战——我们已经在连续两场战役中击败了你们——你们的胜利愿景也很难预料,你们不仅应该仔细地思量胜利的前景,也应该认真地沉思失败的后果。(13)当它发生时,你们可以乞求哪些神明来救助你们?你们可以使用哪些理由来向胜利者求情和怜悯你们的不幸?(14)难道不是你们自己的背信弃义和愚蠢至极,以至于让你们自绝于所有神明和凡人的怜悯之外吗?"

[2](1)在发表完这篇演说后,罗马的使节们就离开了。(2)在迦太基人中间,只有极少数人赞同遵守这个条约,绝大部分人——

---

① 公元前203年6月23日,汉尼拔离开了意大利。

无论是他们的政治领袖还是元老院的元老——都抗议它的苛刻条件，他们难以容忍罗马使节们的直白语言。(3)除此之外，他们也不愿意交出他们所俘获的罗马船只和罗马船只上的补给。(4)然而，最为重要的是，在汉尼拔的帮助下，他们觉得他们征服敌人不是痴人说梦，而是花团锦簇、前程似锦。(5)因此，人民大会只是决定遣返罗马使节而没有作出任何的答复，然而，那些政客却决定不惜一切手段挑起战争，他们再度聚集起来，并设计了下面的计划。(6)他们声称，他们将采取一切措施来确保罗马使节们安全地抵达自己的营地，因此，他们立即准备了两艘三桨座战船来护送他们。(7)但是，他们却同时发送报告消息给海军统帅哈斯德鲁巴，指示他在距离罗马营地不远的地方准备一些船只，以便当罗马人离开护送他们的舰船时，他就可以俯冲过来和击沉罗马使节们所乘坐的船只。(8)迦太基人的舰队现在就停泊在靠近乌提卡的海岸。在与哈斯德鲁巴一起作好这些安排后，他们送走了罗马人。(9)他们事先命令三桨座战船的指挥官，一旦他们渡过马卡尔(Macar)河口，他们就将罗马使节留在海峡内，而他们则立即返回，因为，敌军的营地已经可以看到这个地方。(10)因此，按照他们的命令，一旦他们越过这个河口，护送的舰队立即挥别罗马人，并启程返航。(11)卢西乌斯及其同僚根本就没有意识到任何危险，尽管他们或多或少地心生不快，因为，他们觉得，护送的舰队太过匆忙地离开多多少少都是一种失职。(12)但是，当他们继续独自向前航行时，三艘三桨座战船按照事先的命令俯冲而来。当它们到达罗马人的五桨座战船时，它们既无法撞击它（因为它有意地避开它们的撞击），也无法登陆它（因为它的船员进行了殊死抵抗）。(13)然而，它们在它的侧面航行，不断地在不同地方射杀它上面的船员，他们杀死了它上面的很多人；(14)直到那些来自自己营地的罗马人——当时他们正在海岸警戒——看到这种场景后，赶忙冲向海滩去支援他们，他们设法将他们的舰船靠岸航行。(15)船上的大部分人都在战斗中被杀了，然而，使节们却神奇地幸免于难。

[3](1)结果就是战端重开，然而，相较于原来的战事，这次战

事重开的理由要更加严重,也要更加激烈。(2)因为,罗马人认为,迦太基人背信弃义的攻击行动让自己更加坚定了征服他们的决心,而迦太基人也清楚地知道自己的所作所为,他们愿意付出任何代价,也不愿意落到罗马人的手上。(3)双方都情绪高昂,因此,事情很明显已经到了只能以战争来定乾坤的时候了。(4)因此,不仅意大利和非洲的所有民众,而且,西班牙、西西里和萨丁尼亚的所有民众也全都同样悬虑不安和心神不宁地等待最后的结果。

(5)汉尼拔这时的骑兵兵力非常匮乏,因此,他派人到一个名叫提克亚乌斯(Tychaeus)的努米迪亚人那里——提克亚乌斯是西法克斯的亲戚,据说他拥有非洲最好的骑兵——恳求他帮助自己和挽救时局;(6)因为,他肯定非常清楚地知道,假如迦太基人获胜了,那么,他就能够保留自己的王位,但是,假如罗马人获胜了,他将性命堪忧,因为,马西尼萨嗜权成性。(7)因此,提克亚乌斯被汉尼拔的这个请求说服了,他率领了一支两千人的骑兵前往到了汉尼拔那里。

［4］(1)在对自己舰队的安全做好安排后,西庇阿将指挥权交给了巴庇乌斯(Baebius),他自己则巡行那些城镇了。(2)西庇阿不再接受那些献降之人的投降,而是一一攻占它们,并将它们的居民全部卖作为奴,以表明自己对迦太基人反复无常的背叛行径的出离愤怒。(3)西庇阿不断地派人到马西尼萨那里,清楚地向他展示迦太基人是如何背叛条约的,并请求他尽可能地集结一支强大的军队和疾速地与自己会合。①(4)正如我在前面所说,②在条约缔结之后,马西尼萨立即率领自己的军队、十个步兵大队(cohorts)的罗马骑兵与步兵以及西庇阿一方的一些使节们(legates)③离开了,他的目的是,他不仅要恢复自己祖先的王国,而且,他要在罗马人的支援下兼并西法克斯的领土,他最终成功地做到了。

---

① 公元前 202 年,西庇阿穿过了迦太基人的领土,并召唤马西尼萨前来帮助自己。

② 这涉及已佚失的那部分历史。马西尼萨在第十五卷第 1 章所提到的停战协议缔结后就立即展开行动,以从西法克斯那里夺回自己的王国。

③ 亦即马西尼萨的复国战争获得了罗马人的充分支持。

（5）大约与此同时,那些来自罗马的使团[以前往迦太基完成协商]抵达了罗马海军营地。（6）因此,巴庇乌斯立即将罗马使团护送至西庇阿那里,但是,他扣留了迦太基人的代表,当时他们情绪低迷,因为,他们觉得自己的性命堪忧。（7）因为,他们听说了罗马人的使节们遭到了迦太基人的粗暴对待,他们认为自己将惨遭报复。（8）然而,西庇阿从罗马使团那里听说元老院和罗马人民愿意接受他同迦太基人所缔结的条约和遵从他的所有要求后,他对此甚为高兴;（9）他命令巴庇乌斯尽可能礼貌而周全地对待迦太基代表,而且,他命令巴庇乌斯护送他们回家,在我看来,他的这种做法非常地明智和正确。（10）因为,他知道,自己的罗马同胞一直以来都对使节守信重义、尊重有加,他完全是基于罗马人的义务而非迦太基人的背信弃义来出发的。（11）因此,对于最近发生的事件,他克制了自己的巨大愤怒和刻苦仇恨,他尽其所能地坚守谚语所说的“我们祖先的高贵传统”。（12）结果就是,他的宽宏大量让他们的卑鄙无耻无处遁形,彻底地羞辱了整个迦太基民族和汉尼拔本人。

[5]（1）当迦太基人看到自己的城镇被罗马人洗劫,他们就派人到汉尼拔那里,恳请他不要再耽搁,而是前来与敌人决一雌雄。（2）在聆听他们送来的这个消息后,汉尼拔回复道,他恳请他们谨防其他问题,而对于决一雌雄的战事问题,他则恳请他们稍安勿躁;因为,他自己会判断和把握战事的时机。（3）在数天之后,他将营地移离亚德鲁米图姆（Adrumetum）①附近,进而驻扎在扎马（Zama）附近。（4）扎马这座城镇坐落在从迦太基西行五天行程的地方,他从这里派出了三名密探,以希望找到罗马人扎营的地方和罗马将军所作的军事部署。（5）当这些密探被罗马人抓住,并被带到西庇阿面前时,西庇阿非但没有像往常那样惩罚他们,相反,他命令一名保民官陪同他们,清楚地向他们展示营地的确切部署。（6）在这件事结束之后,西庇阿询问他们,这名指定的军官是否向

---

① 亦即现在大家所熟知的苏塞（Sousse）,大约坐落在突尼斯以南 75 英里处。
[中译按]苏塞（Sousse）是突尼斯东北部的一座港口城市。

183

他们清楚地解释了所有的一切。（7）当他们予以肯定的回答后，他向他们提供了生活物资和护送人员，并告诉他们将所发生的这一切原原本本地报告给汉尼拔。（8）当他们回到军营，汉尼拔就对西庇阿的恢宏气度和英勇无畏深感震撼，以至于他的内心燃起了一个惊世骇俗的想法，那就是，他非常渴望同西庇阿进行会面和交谈。（9）在作出这个决定后，他派出了一名使者去向西庇阿传达说，他希望同西庇阿讨论整个时局。（10）一接到使者所传递的这个消息，西庇阿立即予以了同意，而且，他说他会派人到汉尼拔那里，以确定会谈的地方和时间。（11）在得到这个回答后，这名使者立即回到了自己的营地。（12）第二天，马西尼萨率领六千名步兵和四千名骑兵抵达了。（13）西庇阿友善地接到了马西尼萨，祝贺他将西法克斯先前所有的子民都置于自己的统治之下。（14）接着，他拔营进军，在抵达了一座名叫纳拉加拉（Naragara）的城镇后，他就驻扎在了那里，而且，他挑选在一个在其他方面都占据优势，并且在一支标枪的投射距离内就能够取到水的地方进行扎营。

[6]（1）西庇阿从那里传话给迦太基统帅汉尼拔，告诉后者说，他现在已经做好同他会面的准备了。（2）当汉尼拔听到这个消息后，他立即拔营前进到距离罗马人不到三十斯塔德①的地方，他驻扎在一座山丘上，这座山丘非常符合他的意图，但却距离水源较远，而他的人马确实由于这个原因而遭受了巨大的困境。（3）第二天，两军的统帅各自在一些骑兵的陪同下走出了自己的营地，接着，他们将这些护卫留在了身后，其后他们彼此之间各自在一名翻译的陪同下进行了单独的会谈。汉尼拔首先向西庇阿进行致意，接着，他开始发表了如下的讲话：②

---

① ［中译按］三十斯塔德大约是四英里。
② 在《与汉尼拔的战争》（*The War with Hannibal*）第三十卷第30－31章中，李维也记载了这次会面，这次会面并非完全不可能。因为，汉尼拔自己就很可能希望避免这场战斗，或者，他可能通过寻求会面的机会以此来评估对手。

（4）我只希望罗马人不要觊觎意大利之外的任何土地,迦太基人也没有觊觎非洲之外的任何土地;（5）因为,这两个国家都是雄伟的帝国,可以说,大自然已经标出了它们各自的界限。（6）但是,我们首先为争夺西西里,接着再为争夺西班牙而彼此进行开战,最终我们两方都拒绝听从命运女神的告诫,我们都走得太远,以至于你们的本土一度遭受了巨大的危险,而我们的本土现在则仍然处于生死存亡之中,（7）我们现在需要思考的是,我们可以用什么手段来避开神明的愤怒和解决我们当前的争执?（8）我自己则非常愿意这样做,因为,我已经从实际的经验中体会到了命运女神的变幻无常,祂在天枰上的轻微偏移就足以产生最剧烈的变化,就好像祂在戏弄小孩子一样。

[7]（1）然而,因为你现在仍然太过年轻,也因为你在西班牙和非洲两地的大获成功,直到现在你都从未经历命运的谷底,我担心,你西庇阿不会被我的语言所触动,无论它们是何等的至理名言。（2）我们就举一个例子来进行说明吧,这个例子不是取自遥远的过去,而是取自我们自己的时代。（3）在坎尼之战后,我汉尼拔几乎成为了整个意大利的主人,随后不久我就进军罗马和驻扎在距离罗马城四十斯塔德①的地方,我在那里思考自己应该怎样对待你们和你们的国家。（4）现在我却在非洲与你这位罗马人协商有关我自己和我自己的国家的生死问题。（5）有鉴于此,我恳请你不要过于自得,而是在目前的关头只像一个普通人那样接受这样的忠告,也即是选择那种可以产生最多善果和最少邪恶的东西。（6）我要问的是,对于你现在所面临的这种危险,哪一个聪明人会奋勇冲进其中呢?假如你赢得了胜利,你将会给你的国家和你自己增添一些无足挂齿的荣誉,但是,假如你遭受了战败,你过去的光荣和伟大将会从所有人的记忆中彻底抹杀。（7）那么,我寻求这次会面的目的是什么?（8）我提议,我们之间过去所争议的所有土地——也即是西西里、萨丁尼亚和西班牙——都将属于罗马,迦太基再也不会因为它们而与罗马开战。（9）我确信,这样的和平条件对迦太基人而言是最安全的,对你和所有罗马人而言则是最荣耀的。②

[8]（1）在汉尼拔这样说完之后,西庇阿回复道,西西里和西班

---

① ［中译按］四十斯塔德大约是五英里。

② 这里所提出的这些条款实际上比迦太基破坏停战协议前的那些条款要少很多,以至于西庇阿几乎不可能期望自己有任何机会去说服人民大会来接受它们。

牙的战事完全是你们迦太基人挑起的,我们罗马人根本就没有任何责任,对此,没有人会比你汉尼拔更加清楚了。(2)诸神也通过将胜利授予给那些拿起武器奋起反击的自卫者——而不是那些邪恶的挑衅者——来予以印证这件事。(3)他说道,对于命运女神的变幻无常,没有人会比他自己更清楚了,而他自己也竭尽所能地考虑到人间事务的不确定性。他继续说道:

(4)但是,至于你所提议的条件,假如在罗马人渡海进抵非洲前,你们就从意大利撤退,接着再提出这样的条件,那么,我认为你的这个期望不会落空。① (5)然而,你们现在被迫无奈地离开意大利,而我们也渡海进抵非洲,控制了开阔的乡村,局势已经明显发生了逆转。(6)事实上,最为重要的一个问题就是,我们现在已经到达了什么地方?(7)当你们的国家遭到战败而乞求和平时,我们拟定了一个条约,这个条约规定,除了你们当前所提出的提议之外,你们迦太基人应该无赎金地交还俘房、交出战舰和支付我们五千泰伦,最后你们迦太基人应该提供人质以确保这些条款的执行。(8)对于这些条款,我们双方彼此之间也都是同意的。我们两方一同派出了使团到罗马,以将这些条款提交给元老院和人民,我们罗马人主张同意你们提交的这些条款,而且,你们迦太基人也乞求我们罗马人接受这些条款。(9)元老院同意了这个条约,人民也批准了这个条约。在你们迦太基人的请求得到准许后,你们却厚颜无耻地背弃这个和平条约。(10)我们还能做什么呢?假如你们自己置于我们的位置上,请你们告诉我们该如何做。难道我们要撤销条约当中那些最严厉的条款?(11)这将会是你们背叛行径的奖赏,进而会唆使你们将来继续背叛你们的恩人。(12)或者,难道我们同意你们当前的要求以期

---

① 我们很难理解,为什么迦太基当局在那些年当中都没有提议撤出意大利,假如在那个时候提出这种提议,那么,他们就能够以此作为讨价还价的筹码。

186

赢得你们的感激？他们刚刚以最真诚的态度来百般地哀求罗马人，但是，就在这个哀求好不容易得到了罗马人的应允后，你一回国，他们却马上燃起了一线希望，以至于他们立即就像对待敌人和仇寇那样来对待我们。（13）假如我们再增加一些更为严厉的条款，那么，在这种情况下，我们也许有可能将这个条约再度提交到我们的人民大会；但是，假如我们撤销了其中一些条款，那么，我们根本就没有必要进行讨论，更不要说将它提交到罗马的人民大会了。（14）那么，我们的会面有其他的意义吗？那就是，要么你们将你们自己和你们的国家无条件地交到我们手上，要么你们在战场上战胜我们。

[9]（1）在这次没有达成任何和解愿景的会谈之后，两方的统帅汉尼拔和西庇阿就各自分开回营了。（2）第二天早上破晓时，两方的统帅各自率领自己的军队开打了，迦太基人为自己的生存和非洲的统治权而战，罗马人则为自己的帝国和世界的霸权而战。① （3）对于任何一个了解时局的人而言，难道他在阅读这场战争的历史时仍会无动于衷？（4）我们不可能再找到更骁勇善战的士兵了，或者，我们也不可能再找到更轻车熟路与运筹帷幄地运用兵法的将军了；（5）命运女神也不可能给争战的军队更加辉煌的奖赏了，因为，胜利的一方不仅会是非洲和欧洲的主宰，而且也会是已知历史的世界其他所有地方的主宰——这很快就会初见分晓。（6）西庇阿以下列阵型来部署军队。（7）首先，他将青年兵间隔性地部署在支队之间，壮年兵则部署在青年兵的后面，他们没有按照罗马惯常的做法那样用来掩护青年兵之间的空隙，而是直接部署在支队身后一段距离，因为，敌军拥有相当庞大的战象。② （8）后备

---

① 尤其参见第一卷第 3 章和第五卷第 104 章，波利比乌斯认为，扎马之战对于世界历史（world history）的形成具有重要意义。

② 亦即允许战象无障碍地通过队伍。通常这种空隙大体相当于支队本身的宽度，因此，传统的阵型看起来就会像一个棋盘（chess-board）。

兵则部署在最后面。他将盖乌斯·拉利乌斯所统率的意大利骑兵部署在左翼,马西尼萨所统率的整个努米迪亚部队则部署在自己的右翼。(9)对于第一支队之间的间隙,他则用轻步兵组成的步兵大队进行填满,假如敌军的战象冲将过来,以至于他们被迫后撤的话,那么,那些士兵就有时间通过队伍里面的直线通道来进行躲避,而那些被追赶上的士兵,他们则可以移向左侧或者右侧的队伍。

[10](1)在做完这些部署后,西庇阿沿着队伍骑行,并向自己的军队发表了一些合乎时宜的讲话。他说道:

　　(2)记住你们过去的战役和战斗,你们要英勇战斗以无愧于你们自己和你们的国家。事实就摆明在你们眼前,假如你们战胜你们的敌人,你们不仅会是非洲无可争议的主人,而且,你们也会为你们自己和你们的国家毋庸置疑地赢得整个世界的霸权和主宰地位。(3)但是,假如战果完全相反,那么,那些英勇战死的士兵都将是在为国家马革裹尸地光荣尽忠,而那些逃命苟活的士兵在整个余生当中都将遭受无尽的痛苦和耻辱。(4)假如你们逃跑,那么,非洲没有一个地方能够确保你们的安全;然而,假如你们落到迦太基人手上,所有人都清楚地知道等待你们的将会是何种命运。我祈祷你们所有人都不要在那种命运的摧残下活下来。(5)现在命运女神已经把一个最光荣的奖品呈现在我们面前,假如我们拒绝了这份最光辉璀璨的奖品,以至于仅仅出于苟活而选择了那种最悲惨不堪的厄运的话,那么,我们无疑就是怯懦的鼠辈和十足的蠢货。这两个目标就活生生地呈现在你们面前,因此,英勇地冲向你们的敌人吧!不胜利,毋宁死!(7)深受这种精神鼓舞的军队肯定会战胜他们的敌人,因为,他们是以欣然赴死的态度投身战斗的。

[11](1)这就是西庇阿慷慨激昂的演讲。

汉尼拔将自己的战象——其数量总计超过八十头——部署在自己整个军队的前面，雇佣军①——其人数总计大约一万两千人——则部署在他们的后面。（2）这些雇佣军由利古里亚人、凯尔特人、巴利亚里亚岛人（Balearic Islanders）和摩尔人（Moors）组成。②他将本土的利比亚人和迦太基人部署在这些雇佣军的后面，部署在全军最后面的则是他从意大利带回来的军队，他们距离前线军队超过一斯塔德。③（3）他利用骑兵来确保两翼的安全，因此，他将努米迪亚盟军部署在左翼，将迦太基骑兵部署在右翼。（4）他命令雇佣军的所有军官都向自己的士兵演讲打气，告诉他们肯定能够赢得胜利，因为，他们拥有他和他从意大利所带回来的军队作为后盾。（5）至于迦太基人，他命令他们的军官直截了当地提醒他们，假如战局惨遭逆转，那么，他们的妻子和儿女将会遭遇什么样的命运。（6）他们都按照他命令的那样去做了；汉尼拔自己则巡视自己的军队，乞求和敦促他们记住十七年以来的战友之谊和他们先前同罗马人战斗的战役次数。他说道：

> （7）在所有这些战役中，你们全都战无不胜、攻无不克，以至于你们从来都没有给罗马人留下打败你们的任何一线希望。（8）我们暂且先将所赢得的那些不计其数的小型战斗弃置一旁，我要你们记住同现在这位罗马统帅的父亲开打的特雷比亚河之战，记住同弗拉米尼乌斯开打的特拉西美诺湖之战以及同埃米利乌斯④开打的坎尼之战，无论是参战军队的数量多

---

① 所有这些雇佣兵有可能都是新近招募的。正如在第十五卷第13章中对战斗的描述所表明的那样，我们不太能够确定，巴利亚里亚人和毛里塔尼亚人究竟是投石兵和轻骑兵，还是匆忙地被训练成步兵。汉尼拔的战术表明，他觉得第一线的部队是可以牺牲的，在迦太基老兵投入战场前，他希望他们可以疲敝罗马人和弄钝罗马人的刀剑（参见第十五卷第14—16章）。
② ［中译按］摩尔人（Moors）也即是毛里塔尼亚人（Mauretanians）
③ ［中译按］一斯塔德大约是两百码（yards）。
④ ［中译按］亦即卢西乌斯·埃米利乌斯·保鲁斯（Lucius Aemilius Paulus）。

寡,还是参战士兵的勇敢程度,当下即将进行的这场战役都无法与过去那些战役相提并论。

(9)当他说完这番话后,汉尼拔命令他们抬起眼睛盯着敌军的队列。(10)他们会看到,相较于他们之前所面对的军队,当下这支军队不仅数量远远偏少,甚至几乎就只有先前与他们作战的军队的一小部分,而且,他们的勇敢程度也不能与先前战役中的那些士兵相提并论。(11)因为,当时他们的对手不仅从未遇战败,他们在力量上完整无缺,而且,当前这支军队的士兵,其中一些是先前那些士兵的儿子,一些则是先前在意大利被他打得满地找牙和落荒而逃的那些可怜士兵。(12)因此,他催促他们不要毁掉他们自己和他们统帅的光荣记录,而是英勇地战斗以捍卫他们所向无敌的巨大声誉。

(13)这就是这两位统帅所作的慷慨激昂的演讲。

[12](1)当双方全都做好战斗准备后,两支努米迪亚骑兵相互之间交战了一段时间,汉尼拔命令战象的象手们向敌人发起冲锋。(2)然而,当鼓声和号声从四面高声响起时,一些受到惊吓的战象立即掉头逃跑,它们向后冲向那些上前帮助迦太基人的努米迪亚部队,马西尼萨同时发起了进攻,迦太基人的左翼立即暴露开来。(3)其余的战象则向位于两军主力之间的地带的罗马轻步兵冲去,它们给敌人造成了重大创伤,同时自己也损失惨重,直到它们最终惊慌失措,其中一些战象从西庇阿事先所预留的罗马队列之间的空隙逃跑,罗马人自然也乐意让它们无害地通过;(4)然而,其他一些战象则向右翼进行逃亡,不过它们遭到了骑兵所投掷的密集标枪的袭击,以至于最终也逃离了战场。(5)就在这时,拉利乌斯利用战象所造成的混乱,向迦太基骑兵发起冲锋,迫使他们疾速逃亡。(6)他紧紧地追击敌人,而马西尼萨也同他一样追击敌人。(7)同时,除了汉尼拔从意大利所带回来的军队仍然留在原地之外,两军彼此对峙的重装步兵缓慢地相互倾压过来。(8)当重装步兵相互靠近之时,罗马人像往常那样发出战吼,并用刀剑撞击自

已的盾牌,他们向自己的敌人发起了攻击;(9)而迦太基雇佣军则发出一种奇怪而混乱的呐喊声,正如荷马所说,他们所说的语言不是同一种语言,而是

> 语言混杂,咕哝声夹杂
> 他们的语言千奇百怪,眼花缭乱。①

我在前面所说的汉尼拔军队的构成就像他们一样。

[13](1)整个战场完全变成了人与人之间的肉搏战,②[士兵们既没有使用盾牌,也没有使用刀剑],③雇佣军最初在勇气和技能上占据上风,以至于大批的罗马人惨遭负伤;(2)但是,依靠自身的优良秩序和武器优势,他们仍然继续前进。(3)后排的罗马人紧紧地跟在自己战友的后面,高声地激励他们向前,然而,迦太基人却像懦夫一样退却,他们既没有跟上自己的雇佣军,也没有支援他们。(4)因此,野蛮人最终败退下来;他们认为,自己无耻地被自己一方所抛弃,以至于他们纷纷攻击和杀戮后方那些正在撤退的士兵。(5)事实上,这反而迫使许多迦太基人英勇地战死,尽管他们自己并不情愿;因为,当他们发现自己惨遭自己的雇佣军所屠杀时,他们就不得不违心地与这些雇佣军和罗马人同时作战了。(6)当他们濒临绝境时,他们反而表现出了巨大而超常的勇气,以至于他们杀死了大批雇佣军和敌军士兵。(7)迦太基人的这种反击甚至让青年兵所组成的步兵大队都陷入了混乱,但是,壮年兵的

---

① 参见荷马:《伊利亚特》第四卷第 437 行和第二卷第 809 行。
  [中译按]在《伊利亚特》中译本中,罗念生和王焕生将其译作:使用的不是一种语言/这些人从各地方召来,语言混杂(《伊利亚特》第四卷第 437 行)。
  巨大的吼叫声爆发出来,响彻云端(《伊利亚特》第二卷第 809 行)。
② 亦即两军的战斗现在是以罗马人的方式进行,这有别于希腊重装方阵的集体性冲击。——企鹅本注
③ 正如特布纳希腊语原版(Teubner edition)那样,我也将这个迻译过来的英语短语用括弧号括了起来。我不喜欢去抑制它。——洛布本注

军官们看到所发生的事情后,他们就率领自己的队伍前去支援他们。(8)现在大部分的迦太基人和他们的雇佣军就在他们站立的地方,要么被自己人要么被青年兵所屠杀。(9)汉尼拔不允许那些幸存者逃入和混到自己老兵的行列当中,他命令最前排的士兵将标枪瞄准他们,以阻止他们进入到自己的队伍。(10)因此,他们被迫撤向两翼和远处的乡间。

[14](1)两支军队之间的地带现在布满了鲜血、伤员和尸体,敌军的溃败给罗马统帅造成了一个巨大的障碍。(2)因为,他看到,由于鲜血到处横流所造成的地面湿滑、仍然浸泡在血液里的成堆尸体和不计其数的残臂断肢,因此,当自己的军队在越过这个地形时,他们很难保持自身的完整队形。(3)然而,在将伤员运到后方和用号角召回那些仍在追击敌军的青年兵后,西庇阿将青年兵部署到战场的最前面和正对敌人的中央的地方;(4)接着,他让壮年兵和后备兵在两翼靠拢,并命令他们穿过尸体和同青年兵进行对齐。① (5)当这些军队穿过这些障碍和同青年兵对齐后,战线上的两支方阵部队以最大的热忱和英勇冲向敌军。(6)由于他们在人数、精神、勇敢和装备上都势均力敌,以至于战局在很长时间都悬而未决,他们至死都没有后退一步,(7)直到马西尼萨和拉利乌斯率领追击的敌军的骑兵抽身返回和机缘巧合地及时地抵达战场。(8)当他们从后面向汉尼拔的军队发起进攻后,他的大部分士兵都被砍倒在他们自己的队列当中,只有非常稀少的士兵最终逃出生天,因为,骑兵紧追在后,而地形又非常平坦。(9)罗马人有超过一千五百人被杀,迦太基人则有总计有两万人被杀和将近有两万人被俘。

[15](1)这就是西庇阿和汉尼拔之间最后一场战役的最终结局,这场战役决定了整个战争,同时也决定了罗马人的霸主地位。(2)战斗结束后,西庇阿继续向前追击了敌人,并掠夺了迦太基人的营地,接着他回到了自己的营地。(3)在一些骑兵的陪同下,汉

---

① 让他们对齐的这种做法不是通过缩减士兵与士兵之间的间隔,而是通过合拢支队与支队之间的空隙来实现的。

尼拔没有作任何停留地一路奔驰,直到他安全地抵达亚德鲁米图姆。无论是在这场战役期间,还是在这场战役之前,他的所作所为全都无愧于一名出类拔萃而经验老道的将军的光荣称号。(4)首先,通过与西庇阿的会面,他试图只身一人地同自己的对手解决争端;(5)这表明,尽管他先前赢得了巨大的胜利,但他仍然不信任命运女神,因为,他充分地意识到出乎意料的成分在战争中所扮演的作用。(6)其次,一旦他投身战事,在同等装备的情况下,当时他针对罗马人而作出的这种卓越部署是任何统帅都难以超越的。(7)罗马军队在作战中所采用的战斗队形是非常难以突破的,因为,在不作出任何变化的情况下,它可以让每一个人在任何方向上进行单兵作战或者团体作战,因为,最靠近危险的那些支队可以随时转身来迎击危险。(8)由于他们的盾牌的型号和刀剑的强度足以承受反复的击打,因此,他们的武装既可以提供保护,也可以提供信心。因此,罗马人是战场上可怕的敌人,他们非常难以战胜。

[16](1)尽管遭遇罗马人所具有的这些种种优势,但是,在关键时刻尽其所能地采用所有那些所向披靡的举措方面,汉尼拔却展现出了无法匹敌的技能。(2)他疾速地集结了大批的战象,并在作战那一天将它们部署在军队的前面,目的是让敌人陷入混乱和打破敌人的队形。(3)他将雇佣军部署在前,将迦太基人部署在后,目的是在最后的决战到来之前,大批的屠杀可以让罗马人身体疲乏和刀剑失去锋芒,同时逼迫两边被围的迦太基人不得不被迫站稳脚跟和英勇奋战起来,正如荷马所说:

即使那些厌恶战斗的人,他们也不得不被迫起来战斗。①

(4)对于那些最骁勇善战和最坚定不移的军队,他则将他们部

---

① 参见荷马:《伊利亚特》第四卷第300行。
[中译按]在《伊利亚特》中译本中,罗念生和王焕生将其译作:他却把胆怯的士兵赶到中间,他们不得不被迫战斗。

署在后面一段距离之外,目的不是让他们远远地观看眼前所发生的一切,而是让他们保存自己完整的体力和精神以期在关键时刻派上用场。(5)对于一个从未惨遭败绩的人来说,假如他在采取了确保胜利的所有种种措施后仍然战败了,那么,我们必须要原谅他。(6)有时命运女神会阻挠勇士的计划,有时只不过正如谚语所言,"一位勇敢的人遇到了另一个更勇敢的人而已",①我们可以说,这种情形就发生在汉尼拔的身上。

[17](1)当人们超出自己民族的一般习惯来宣泄自己的感情时,假如这种宣泄是源于他们自身所遭受的巨大灾难而发自心底的真实情感,那么,它们会唤起那些看到它们和听到它们的人的怜悯,它们的这种怪异会触及我们所有人的心灵。(2)然而,当这种举动仅仅只是一种江湖表演和惺惺作态时,它不会唤起任何的怜悯,只会激起愤怒和厌恶。迦太基使节就属于当前这种情形。

(3)西庇阿最初向他们简短地陈述道,②罗马人没有义务因为他们自身的缘故而仁慈地对待他们,连他们自己都承认,他们由于背信弃义③地占领萨贡托(Saguntum)和奴役萨贡托人民,以至于挑起了同罗马的战争,而且,他们最近又刚刚背弃了他们所发誓遵守的成文条约。④他说道:

> (4)然而,出于我们自身的缘故,也出于战争的变幻莫测与共同的人性要求考虑,我们决定展现自己的宽宏大量和仁慈来对待你们。(5)假如你们正确地评估局势,你们会对此更加心知肚明。假如我们强加痛苦和义务在你们身上,或者,假如我

---

① 对于这句谚语的作者,我们不得而知;它的作者有可能是提奥格尼斯(Theognis)。

② 在《汉尼拔战争》第三十六卷第 10—11 章中,李维说道,尽管罗马人中间普遍存在巨大的愤怒和怀有摧毁迦太基的热切希望,但是,西庇阿仍然决定在这个时间提出和平条件。他提出的理由是,对迦太基的围攻可能会造成巨大的牺牲,此外,他也担心他的继任者会抢走自己的功劳。

③ [中译按]亦即迦太基人悍然撕毁条约。

④ 亦即攻击罗马使节,参见第十五卷第 2—3 章。

们要求你们作出牺牲，那么，你们应该不会感到大惊小怪；（6）然而，假如我们授予你们恩惠，那么，你们肯定会大吃一惊，因为，由于你们自己的恶行，命运女神已经剥夺了你们获得任何怜悯和宽恕的权利，并将你们置于你们敌人的摆布之下。

（7）在说完这番前言性的讲话后，他首先告诉他们，他会向他们所作的让步，接着再告诉他们所要接受的严厉条款。

[18]①(1)下面就是罗马人所提出的主要条款。

迦太基可以保留最近一次同罗马开战前所拥有的所有非洲城市、所有的领土和所有的羊群、牛群、奴隶与其他财产；（2）从那一天开始，迦太基人不会再受到任何伤害，②他们按照自己的法律和习俗统治，他们不会有任何罗马守军驻扎在他们的土地。

（3）这些就是罗马人所作的慷慨让步；与其相反性质的条款则如下：

在停战期间，迦太基人要为所作的所有不义行为赔偿罗马人；无论何时落到他们手上的战俘和逃兵都必须遣返。（4）除了十艘三桨座战船之外，他们必须交出他们所有的战船和所有的战象；③他们不得对非洲之外的任何民族作战，也不得对非洲之内的任何民族作战，除非罗马同意；④(5)在马西尼萨国王后来所分配到的领土内，他们必须向他归还先前属于他或者他的先祖的所有房屋、土地、城市和其他财产；（6）他们必须向罗马人提供三个月的足够谷物和支付士兵的饷银，直到他们接到罗马关于条约的回复；（7）他们必须在五十

---

① 公元前202年—前201年，这些就是扎马之战后，罗马强加给迦太基的条款。
② 亦即劫掠他们的领土。它的生效日期可能是西庇阿将这些条款交到迦太基使节手上的那一天。
③ 李维记载说，罗马禁止他们训练任何战象。
④ 这个条款专门针对的是迦太基领土之外的侵略性战争，亦即，它推定，假如迦太基在非洲之外发动战争，那么，迦太基就必定是侵略者。李维则记载道，罗马禁止迦太基在非洲境内发动任何针对罗马盟友的战争。这个条款涵盖了迦太基与马西尼萨之间的军事行动，而这又造成了马西尼萨对迦太基的反复挑衅。

年内支付一万泰伦的金钱,每年必须支付两百埃维厄泰伦(Euboic talents);①(8)最后,他们必须交出一百名人质以作担保,这些人质将由罗马统帅从迦太基十四岁到三十岁的年轻人当中选出来。

[19](1)这就是西庇阿向使节所宣布的条款,在聆听完他所作的宣布后,他们马不停蹄地向迦太基国内的同胞传达了这些条款。(2)在这个场合中,据说当其中一位元老准备站出来反对接受这些条款,而且,他也已经开始实际发言时,汉尼拔走上前去,将他从讲台上推了下去。(3)就在其他的元老对他这种背弃元老院传统习惯的做法感到怒不可遏时,汉尼拔接着再一次地起身,他说道,他承认自己刚刚做错了,但是,如果他的行为违背了他们的习惯,那么,他们必须原谅他,因为,他们都知道他在九岁时就离开了迦太基,而现在回国时他已经有四十五岁了。(4)因此,他恳求他们不要考虑他是否逾越了元老院的习惯,而是要扪心自问,他是否真正对自己的国家感同身受;因为,正是出于这种情感,他才犯下了这种错误。他说道:

(5)在我看来,这确实让我非常震惊和不可理解,对于任何一个迦太基公民而言,只要他充分地了解我们在对付罗马时所采取的个体性与共同性的策略,那么,他就不会不感激命运女神的友善,因为,当他置于罗马人的控制之下时,他竟然能得到如此宽大的条款。(6)假如有人在几天前询问你们,倘若罗马人获胜,你认为自己的国家会遭遇什么时,你将惊恐得说不出任何话来,因为,当时我们所面临的灾难非常地巨大。(7)因此,我现在恳求你们甚至都不要讨论,而是毫无异议地一致接受这些提议,向诸神进行献祭,你们所有人都去祈祷罗马人民会批准这个条约。

(8)所有人都认为,他的这个建议明智而适时,他们全都投票赞同缔结这个规定有上述这些条款的条约;(9)元老院立即派出使

---

① 这五十年的还款期限的目的是:延长迦太基臣服罗马的时间和阻止他们提前偿清赔偿金。

节去接受这个条约。①

II. 马其顿和希腊的局势

腓力和安条克一同涉足埃及的行动②

[20]③(1)让人深感震惊的是，当托勒密④仍然在世，根本不需要腓力和安条克的帮助时，这两位国王却很乐意提供帮助；(2)但是，当托勒密去世和只留下一名男婴后，他们天然的职责原本是维护他的王国的完整，他们却彼此之间相互怂恿，反而急切地去瓜分这名婴儿的王国和摧毁这位不幸的孤儿。(3)对于自己的可耻行径，他们甚至没有像僭主所习以为常的那样编造一些无足挂齿的借口，而是立即肆无忌惮而又恬不知耻地行事，以至于他们完全可以恰如其分地比作鱼群，因为，尽管它们完全是同类，但它们无非就是大鱼吃小鱼。(4)这两位国王彼此之间所缔结的条约——更不要说他们永无止尽的贪婪——就像一面镜子一样照射出了他们对神明的不敬和对他人的残忍。(5)然而，假如有人由此理所当然地去责怪命运女神这般处置人间事务，那么，当他了解到命运女神后来让这两位国王对自己的无耻行径所付出的惨重代价和了解到命运女神对这两位国王所施加的示范性惩戒以作为后世国王的镜鉴时，他可能就不会对命运女神怒气冲天了。(6)因为，就在他们背信弃义地瓜分这名孤儿的王国时，命运女神将罗马人带来了，他

---

① 使节首先去到了西庇阿那里。在迦太基使节出使罗马期间，西庇阿授予了他们为期三个月时间的停战协定。在罗马，他们对使团进行了听证，同时，他们也表决同意了西庇阿所提出的和平条约。参见李维：《汉尼拔战争》，第三十卷第42—43章。

② [中译按]在剑桥本中，英译者将这个标题写作：公元前204年，腓力五世和安条克大帝（Antiochus the Great）一同密谋瓜分埃及国王托勒密·俄皮法尼斯（Ptolemy Epiphanes）——当时托勒密·俄皮法尼斯仍是一名婴儿——的领土。

③ 公元前203年。——洛布本注

④ [中译按]亦即托勒密四世托勒密·斐洛佩托（Ptolemy Philopator）。

们先前无法无天地意图对他人所施加的种种邪恶,命运女神现在以其人之道还治其人之身地加诸他们自己身上了。(7)因为,他们两人很快就在战争中惨遭征服,以至于他们不仅没能贪图到他人的财产,而且,他们仍不得不被迫上交贡金和臣服在罗马脚下。(8)最终,在非常短的时间内,命运女神恢复了托勒密的王国;然而,对于这两位国王的王朝和继任者,命运女神要么让它惨遭彻底地摧毁,要么让它遭受与之几乎同等程度的其他严重灾难……

腓力和希厄斯人

[21](1)希厄斯(Cius)①有一个名叫莫拉帕格拉斯(Molpagoras)的人,他是一位能言善辩的演说家和政治家,但在内心深处他却蛊惑人心,嗜恋权力。(2)通过逢迎民众和煽动群氓对抗富人,最终这个人成功地将富人杀死或者驱逐,他们的财产全部都被充公,并在民众中间分配,通过这些手段,他在很短的时间内就攫取了最高权力……

(3)现在降临在希厄斯人身上的灾难不是因为命运女神或者邻国侵略的缘故,而是因为他们自身的愚蠢至极和治政无方。(4)为了能够私分自己同胞的财产,他们将最邪恶的人推上权力高位和惩罚那些反对他们的人,他们所遭遇的那些灾难完全是他们自身咎由自取的结果。(5)尽管他们所有人都深陷在这些灾难当中,但是,他们不仅没有从中汲取智慧,而且,甚至对于其中一些像野兽一般的人,他们也都没有怀有任何的警惕。(6)假如野兽曾经受到诱饵或者陷阱的伤害,或者假如它们看到其他的动物处在危险当中,那么,它们肯定不会再靠近这样的装置,以至于它们甚至会对这个地方都心生警惕,它们也会对自己所看到的所有东西都心生疑虑。(7)然而,对于人类而言,尽管他们听说了一些城市已经被我所描述的那种方式给彻底摧毁了,尽管他们也亲眼看到了

---

① [中译按]希厄斯(Cius)坐落在比提尼亚(Bithynia)。

降临在其他人身上的毁灭，但是，只要有人向他们献上好处或者向他们伸出发家致富的希望，哪怕是将毒手伸向自己的邻居，他们也会不经任何反思地靠近陷阱——（8）尽管他们非常清楚地知道，对于任何吞食这些诱饵之人，他们没有一个人能够幸存下来；尽管他们也都知道，任何采用上面那种政治举动的人全都会走向毁灭……

[22]①（1）对于自己能够占领这座城市，腓力感到非常地高兴，就好像自己的所作所为是一个高贵而光荣的举动一样；因为，在帮助自己的女婿②和吓唬那些造反派上，他表现抢眼，以至于接下来他理所当然地为自己攫取了大批的俘虏和金钱。（2）然而，他却没有看到问题的反面，尽管它非常地显而易见。（3）首先，他没有看到自己所帮助的这位女婿并没有受到他人的无理冒犯，而是他自己背信弃义地进攻自己的邻居；其次，他在没有任何正当理由的情况下就对一座希腊化城市造成巨大伤害，这无疑证实了那个流传甚广的传言，亦即他会严酷地对待自己的朋友——这两种罪行将会让他的亵渎恶行在整个希腊臭名远扬；（4）第三，他无礼地对待我在前面所提到的那些城邦③的使节，这些使节原来希望自己能够从希厄斯人的威胁当中解救出来，然而，他们却日复一日地屈从于他的恳求和接受他的哄骗，以至于最终不得不被迫目睹他们最不希望看到的东西；（5）最终，除了唤起这些野蛮人对自己的憎恶之外，他一无所获，以至于他们后来再也不会受他任何花言巧语的蛊惑。

[23]（1）确实，命运女神很明显地出面帮助解决了这个问题。（2）因为，当他的使团正在罗德岛的剧院为腓力辩护和强调他的宽宏大量时，他们说道，尽管希厄斯城现在在他的控制之下，但是，他已经将希厄斯的控制权让渡给了罗德岛人，这正驳斥了他的

① 公元前202年，腓力五世占领了希厄斯，参见李维第三十一卷第31章和斯特拉波第十二卷第4章，腓力将希厄斯移交给了普鲁西亚。
② [中译按]亦即普鲁西亚（Prusias）。
③ 亦即罗德岛和其他城邦。

199

对手对他的污蔑,也清楚地表明了他自己的真正情感;(3)就在这时,有一个刚刚登陆岛屿的人走进了普利塔尼乌姆(Prytaneum),他带来了希厄斯人所遭受的奴役生活和腓力在希厄斯的残暴统治的消息。(4)因此,就在腓力的使节仍然在滔滔不绝地辩护时,执政官(prytanis)走上前宣布了这个消息,而听说这个消息的罗德岛人几乎不敢相信如此骇人听闻的背叛行径。(5)腓力先前宁愿背叛自己也不愿意背叛希厄斯人,但是,他现在却变得如此执迷不悟和误入歧途,以至于他竟然不以为耻反以为荣地用那些最恬不知耻的行径来进行自我吹嘘,就好像这是一个高贵的行动一样。(6)从这一天起,罗德岛人就将腓力视作敌人,并对他严加防范,腓力的这番行径也同样招致了埃托利亚人的憎恨。(7)因为,尽管腓力最近同埃托利亚人缔结了和平和向他们伸出了友谊之手,但是,现在他却没有任何借口地背弃了这个同盟——(8)埃托利亚人不久前同利西马基亚人(Lysimachians)、迦尔塞顿人(Calchedonians)和希厄斯人建立了友好的同盟关系,(9)但是,他首先逼迫前两座城市退出这个同盟,并听命于他,而且,他现在占领了希厄斯和奴役了希厄斯人,尽管埃托利亚将军当时就在希厄斯和统治着希厄斯的事务。(10)由于自己的目的得到了实现,普鲁西亚自己深感欣慰,但是,由于战利品已经被他人所夺走,因此,除了一座荒凉的城市的荒凉位置之外,他其实什么都没有得到。然而,他却无力采取任何行动……

腓力的行动

[24](1)就在腓力返航途中,他犯下了另一个背叛罪行,大约在中午时间,他驶进了萨索斯(Thasos),①尽管这座城市同他缔结了友好条约,但是,他仍然占领了这座城市和奴役了它的居民……

(2)萨索斯人(Thasians)告诉腓力的将军米特洛多鲁斯

———

① 公元前202年—前201年,腓力在萨索斯停留。

(Metrodorus)，如果他能够保证他们的自由、免征他们的贡金和按照他们自己的法律进行统治，而且也不要驻扎任何士兵的话，那么，他们愿意交出这座城市……

（3）当米特洛多鲁斯回答道，腓力同意了这个要求后，现场所有人都纷纷鼓掌表示欢迎和允许腓力进城……

（4）在自己统治的开端，可能所有的国王都会说自由是他们向所有人提供的礼物，而且，他们会将所有那些忠诚于自己的追随者都称呼作朋友和盟友，但是，一旦他们真正地大权在握，他们立即就会将信任自己的那些人当作仆人，而非盟友。（5）因此，这些人就会对自己所处的高位感到失望，尽管他们通常不会错过自己的直接利益。（6）然而，对于一位心怀巨大的进取精神和渴望获得普遍统治的国王——在他所有的计划当中，他成功的机会仍完好无损——谁也不希望自己被描述成是一位疯狂而毫无理性的国王，但是，对于那些他所要处理的无关紧要的小事，难道他就希望自己被所有人说成是一位变化无常而又不可信赖的人吗？……

III. 埃及的局势

[24a]（1）对于我所记载的那些每年发生在世界各地的连续事件，很明显，其中有一些事件，我必须在它们发生的开端之前就说出它们的结局；也即是说，按照我的这部著作的整体计划和我对诸个地区的叙述顺序，一场灾难的最后场景比大家所看到的它的最初场景在时间上要更早……

[25]（1）索西比乌斯（Sosibius）假装成托勒密①的忠实监护人，但实际上他是一位阴险狡诈之人，他长期大权在握，对这个王国犯下了众多的恶行。（2）首先，他谋害了托勒密与阿尔西诺（利西马科斯之女）的儿子利西马科斯（Lysimachus）；②其次，他谋害了托勒密

---

① ［中译按］亦即托勒密五世・俄皮法尼斯（Ptolemy V Epiphanes）。
② ［中译按］利西马科斯（Lysimachus）是爱父者托勒密四世的长子。

和贝勒尼斯(马加斯之女)的儿子马加斯(Magas);①第三,他谋害了托勒密·斐洛佩托的母亲贝勒尼斯(Berenice);②第四,他谋害了斯巴达的克里奥米尼斯(Cleomenes of Sparta);第五,他谋害了贝勒尼斯的女儿阿尔西诺(Arsinoë)。③

亚加索克勒斯的野心和命运

(3)在托勒密·斐洛佩托去世四五天后,④亚加索克勒斯和索西比乌斯在王宫中一座最大的宫殿里面建造了一座讲台,他们将侍卫、王室军队、步兵军官和骑兵军官召集起来进行开会。(4)当所有这些人召集起来后,亚加索克勒斯和索西比乌斯登上了讲台,首先,他们宣布了国王和王后去世的消息,同时也宣布了民众像他们往常的惯例那样进入服丧期。⑤(5)随后,他们将王冠戴在这位男孩头上,并宣布他是国王,⑥接着,他们朗读了一份伪造的遗嘱,而这份伪造的遗嘱则写有国王任命亚加索克勒斯和索西比乌斯作为自己儿子的监护人。(6)他们恳求军官们继续支持和效忠这位男孩的王权;接着,他们将两个银质的骨灰瓮拿了进来,他们声称,其中一个骨灰瓮装有国王的骨灰,另一个装有阿尔西诺的骨灰。(7)事实上,其中一个骨灰瓮确实装有国王的骨灰,但是,另一个骨灰瓮只装有香料。接着,他们立即举行葬礼,现在所有人都清楚地知道了阿尔西诺死亡的真相。(8)因为,当她死亡的消息一传出来,所有人立即就开始探究她是怎样去世的。当得到证实的传

---

① 〔中译按〕马加斯(Magas)是爱父者托勒密四世的弟弟。

② 〔中译按〕贝勒尼斯(Berenice)是爱父者托勒密四世的母亲。

③ 〔中译按〕阿尔西诺(Arsinoë)是爱父者托勒密四世的妻子。

④ 即公元前 203 年。——洛布本注

⑤ 公元前 205 年,他们宣布了托勒密·斐洛佩托去世和托勒密·俄皮法尼斯登基的消息。——剑桥本注

⑥ 日后将会看到,他所宣告〔Proclamation(Anacleteria)〕的庄严节日只在公元前 196 年进行了庆祝。

言无任何其他缘由地在民众中间到处流传时，尽管人们仍然心存疑虑，但是，真相仍让所有人心头一震，民众都非常激动。（9）没有任何人关心国王，他们只关心阿尔西诺，当人们回想起她的孤儿身份和她整个一生当中所遭受的凌辱和不幸以及她最后的悲惨死亡时，人们就会陷入一种心烦意乱和哀伤痛苦当中，以至于整座城市都充满了哀叹、泪水和无尽的悲伤。（10）然而，在那些能够正确捕捉时局之人看来，这与其说是对阿尔西诺的深情，不如说是对亚加索克勒斯的憎恨。（11）在将骨灰瓮安放在王室墓地后，亚加索克勒斯首先下令停止公共悼唁并支付军队两个月的军饷，因为，他确信，通过满足士兵们的贪婪欲望从而达到浇灭他们的怨恨的目的；其次，他让他们按照往常的惯例发誓效忠新国王。（12）同时，他将谋杀阿尔西诺的凶手斐拉蒙（Philammon）调离到西兰尼（Cyrenaica）①作总督（libyarch），而且，他让奥恩安特（Oenanthe）和亚加索克利娅（Agathoclea）照顾年轻的国王。（13）接着，他将佩洛普斯（Pelops）之子佩洛普斯派往亚洲，因为，安条克国王恳求他继续保持友好关系，不要破坏他同年轻国王的父亲所缔结的条约，而且，他将索西比乌斯之子托勒密派到腓力那里，以安排两者之间的和亲和恳求腓力的帮助（假如安条克严重背离自己的职责的话）。

（14）同时，他也将亚基萨克斯（Agesarchus）之子托勒密派作罗马的使节，他没有急忙赶去赴任，而是继续留在希腊，因为，在他抵达这个地方时，他在那里会见了自己的朋友和亲属；（15）亚加索克勒斯的目的是清除埃及所有的杰出之士。（16）他也将埃托利亚人斯科帕斯派往希腊，他慷慨地给后者提供了大量的赏金以让他雇佣那里的军队。（17）他的这个计划暗藏了两个原因：首先，他希望利用自己的雇佣军来对抗安条克；其次，他将现存的雇佣军派到埃及边塞的城堡和国外的拓殖地，接着，他再用新近招募而来的雇佣军填充和重塑王室军队、宫廷卫队和这座城市的其余军队。（18）因为，他认为，由于他们不知道过去所发生的事件，以至于他

①　［中译按］Cyrenaica 亦写作 Cyrene。

们没有政治倾向,而且,他们将他们的保全和前程全都寄托在了自己身上,因此,自己所招募和支付金钱的这支雇佣军将会欣然地支持自己,并热心地执行自己所有的命令。(19)正如我在前面所说,所有这一切都发生在同腓力的会谈之前,但是,出于我所作的叙述顺序的缘故,也出于清楚而连贯地记述整个事件的缘故,我必须在使节们被任命和出发之前就先行地记述使节们所作的会谈和演讲。

(20)现在回到亚加索克勒斯上来,当他清除了所有的杰出之士和平息了军队的不满(通过向军队支付金钱的方式)后,他就回到了自己原来的生活方式上。(21)通过任命那些最厚颜无耻和最无所顾忌的随从和仆人,他用自己的这些"朋友们"把王国的空位全都填满了。(22)白天和夜晚的大部分时间,他都花在了醉生梦死上面,无论是熟女、新娘和处女,他全都照单全收,无一放过,他甚至用她们来无耻地进行自我炫耀。(23)结果,这唤起了各方的强烈厌恶,他非但没有去安慰或者帮助那些遭受伤害的人,(24)相反,他变本加厉地施以暴行、傲慢和漠视,民众先前对他的痛恨现在再一次地燃烧了起来,所有人都勾想起了这些人给王国所带来的巨大灾难。(25)然而,由于他们没有任何有分量的领导者,以至于他们将自己的怒火发泄到亚加索克勒斯和亚加索克利娅身上,他们保持沉默,他们将唯一的希望寄托在特勒波勒穆斯(Tlepolemus)①身上。

(26)当国王仍然在世时,特勒波勒穆斯赋闲在家处理自己的事务,但是,托勒密一死,他就平息了民众的愤怒,并重新当上了佩鲁西乌姆(Pelusium)地区的军事总督。②(27)最初他所作的一切都是以国王的利益来考虑,他认为,御前会议的摄政统治会周全地

---

① 特勒波勒穆斯(Tlepolemus)是一位非常能干的军人,他出身于一个显赫的波斯家族,这个波斯家族先前移居到了埃及。
② 公元前205年—前204年,佩鲁西乌姆(Pelusium)总督特勒波勒穆斯决心废黜亚加索克勒斯。

照看这位年轻的国王和妥善地处理国家的统治事务。（28）但是，当他看到所有适合担任这种职位的人全都惨遭清除，而且，亚加索克勒斯妄图攫取统治权时，他立即就转变了自己的立场，因为，他认识到自己所面临的危险——由于他们由来已久的敌意——所以他集结了自己身边的军队和采取措施筹措金钱，以防止自己成为敌人的猎物。（29）同时，他也没有放弃成为这位年轻国王的监护人和主导王国事务的希望，他认为，假如自己的判断没有出错，那么，他在各方面都要比亚加索克勒斯更有能力，因为，他听说自己手下的军队和亚历山大里亚的军队都希望推翻亚加索克勒斯的傲慢统治。（30）这就是特勒波勒穆斯所持的看法，他们之间的分歧迅速地尖锐化，因为他们双方的支持者都在推波助澜。（31）由于渴望那些依附于自己的统帅、将佐（taxiarchs）和下级军官能够支持自己，他不断地宴请他们；在这些场合当中，由于宾客们不断的鼓动（由于在酒劲的作用下）和他自己的内在冲动（由于他当时仍非常年轻），以至于他最终提及了亚加索克勒斯家族，一开始他只是说一些难懂的黑话，接着就说一些模棱两可的场面话，最后他干脆开宗明义地进行严厉辱骂。（32）因为，他过去常常向墙面涂鸦者、女长号手和女理发师祝酒干杯；他说到了自己可耻的孩童时代，当时他是国王的斟酒人，以至于他不得不忍受那些最不堪的对待。（33）他的宾客们总是同他一起欢声笑语，而且，他们也会添油加醋地说一些笑料，这件事情很快就传到了亚加索克勒斯的耳中。（34）他们的敌意现在已经公开化了，亚加索克勒斯立即指控起特勒波勒穆斯来，他控告后者对国王不忠和邀请安条克前来攫取政权。（35）对于这个指控，他并不缺少似是而非的证据——其中一些证据是他通过歪曲事实来获取的，另一些证据则纯粹是他自己编造的。（36）他所作的这一切无非就是希望鼓动民众起来反对特勒波勒穆斯，但结果却事与愿违。因为，他们一直以来都将希望寄托在特勒波勒穆斯身上，因此，他们非常高兴地看到他们之间愈演愈烈的分歧。（37）民众的行动通过下列方式点燃了起来。在已故国王托勒密的整个一生当中，尼科恩（Nicon）——

他是亚加索克勒斯的一名亲戚——一直都就任海军统帅的高位，现在他……

[26a] (1)亚加索克勒斯也杀死了德诺恩（Deinon）之子德诺恩，这正如谚语所言："多行不义必自毙"（the justest of his many iniquities）。因为，下令谋杀阿尔西诺的信件当时落到了德诺恩手上，而他尽其所能地揭发这个罪恶计划和挽救这个王国，但是，他同时又选择帮助斐拉蒙，以至于最终引发了下列所有的罪恶。（2）然而，在这场谋杀发生后，亚加索克勒斯发现自己总是会回想起自己的行为，他向许多人悲叹这位不幸的女儿和表达自己坐失良机的悔意。因此，他立即遭到了罪有应得的惩罚和丢掉了自己的性命……

[26] (1)亚加索克勒斯首先召集马其顿卫队（Macedonian guards）①开会，而且，他同年轻的国王和亚加索克利娅②一起现身。（2）一开始他假装自己由于饱含的泪水而哽咽得说不出话来；（3）但是，后来他装模作样地用衣冠反复多次地擦拭眼泪和强行控制自己的情绪，他将这位年轻的国王挽在自己的手臂里，高声地喊道："请接受这位男孩，他的父亲临终前将他交到这个女人手上（他指向自己的姐姐亚加索克利娅），诉说你们的忠诚吧，马其顿的士兵们！（4）她的感情可惜无法确保这位男孩的安全，他的命运现在取决于你们和你们的勇敢！（5）任何具有健全常识的人都可以清楚地看到，特勒波勒穆斯一直以来都在处心积虑地谋求更高的权位，而现在他却变本加厉地定下了时日来攫取最高的王位。"（6）他告诉他们不要只依赖他自己所说的话，而是应该依赖那些了解事实真相和刚刚从谋逆的事发之地回来的人。（7）在这样说完之后，他将克里托劳斯（Critolaus）带上前来，而克里托劳斯则告诉他们，他自己亲眼见到了所建造的祭坛和人们所准备的祭品（以作加冕典礼之用）。

（8）当马其顿人听完所有这番话后，他们非但没有对亚加索克

---

① 马其顿人（Macedonians）拥有土地，他们是埃及军队最重要的构成部分。

② ［中译按］亚加索克利娅（Agathoclea）是亚加索克勒斯的姐姐。

勒斯心生怜悯，反而完全置之不理，他们相互发出了嘘唏声和咕哝声来表达自己的轻蔑，以至于他根本不知道自己该怎样逃离这次会议。（9）军队其他营团的集会也发生了相同的事情。（10）与此同时，很多人从埃及驻军的地方乘船过来，所有人都在恳求他们的亲属或者朋友来帮助他们度过当前的危机，不要让他们不得不忍受如此卑劣之人的专制统治。（11）然而，士兵们针对那些掌权者所实施的报复的首要动机在于，他们深知任何的耽搁都将会对他们自己造成损害，因为，特勒波勒穆斯控制了进出亚历山大里亚的所有物资补给。

［27］（1）此外，亚加索克勒斯及其同党也做出了一件让民众和特勒波勒穆斯大为光火的事情。（2）因为，他们从德米特尔神庙（Temple of Demeter）里把达娜埃（Danaë）带将出来——达娜埃是特勒波勒穆斯的岳母——在没有戴面纱的情况下，她就从市中心拖行而过和投进监狱。他这样做的目的无非是表明自己对特勒波勒穆斯的敌意。（3）然而，这却激怒了民众，他们不再私下或者秘密地谈论此事，相反，一些人连夜在整座城市里面到处涂鸦以表达自己对那些掌权者的厌恶，出于这个相同的目的，另一些人甚至开始在白天公开地进行聚集。

（4）当亚加索克勒斯看到所发生的这些事情后，他开始担心自己的安全来，因此，他计划逃亡；但是，由于他自己的轻率，他没有作任何相关的准备，以至于他不得不放弃了这个计划。（5）他的第二步举措就是列出那些可能与自己作对的反叛者名单，他的目的是将其中一些人作为自己的敌人进行处死和将另外一些人进行逮捕，接着，他自己就可以握有绝对的权力。（6）当他正忙于这项计划时，有一位名叫莫拉基尼斯（Moeragenes）的侍卫将自己所获悉的这个秘密透露给了特勒波勒穆斯，由于他与当时的布巴斯图斯（Bubastus）总督亚达乌斯（Adaeus）是亲属关系，因此，他卖力地为特勒波勒穆斯的事业工作。（7）亚加克勒斯立即命令自己的国务秘书尼科斯特拉图斯前去逮捕和审问莫拉基尼斯，让他用各种酷刑来不断地逼迫他。（8）莫拉基尼斯立即惨遭逮捕，并被押解到王宫的一个偏远地方,在那里他们首先直接审问了他与这些传闻相关的问题,当他一一否认所有的指控后,他们就把他的衣服全部扒光。(9)一些人开始准备各种酷刑工具,其他人则脱去自己身上的披风,他们手持鞭子正准备行刑。(10)就在这时,有一位仆人跑到尼科斯特拉图斯身边,在向后者耳语了一些话后,他就急忙地走了。(11)尼科斯特拉图斯也立即跟着他走了,他没有说任何一句话,只是用手反复地拍打着自己的大腿。

[28](1)莫拉基尼斯发现自己置于一个难以描述的奇怪处境之中。(2)因为,一些行刑者手持鞭子地站在那里正要对他施行鞭打,其他人则在他的眼前准备行刑工具;(3)但是,当尼科斯特拉图斯离开后,他们呆若木鸡地全部原地站在那里,面面相觑,他们每时每刻都在盼望尼科斯特拉图斯回来。(4)然而,一段时间过去后,他们一个接一个地溜走了,最后只剩莫拉基尼斯独自留在了那里。接着,连他自己都深感惊讶的是,他竟然穿过了王宫,直到他裸着身子走进了一座帐篷里——这座帐篷属于马其顿军队,它距离这座王宫不远。(5)当他发现他们恰巧正聚集在那里进食早餐后,他向他们讲述了自己的这个故事和自己怪异的逃跑方式。(6)他们都觉得这难以置信,但是,在看到他赤裸的身体后,他们又不得不相信他。(7)利用自己所遭遇的这种彻底反转的情势,莫拉基尼斯眼含热泪地恳求马其顿人不但要帮忙挽救自己的性命,而且也要拯救国王和他们自己的性命。(8)他催促他们说道,当民众的憎恨燃到沸点和所有人都希望报复亚加克勒斯之时,假如他们不利用当前的机会,那么,他们就不可避免地遭到毁灭。(9)他提醒他们,民众的情绪正在沸腾,现在正是振臂一呼的时刻,现在就只差有人起来首先发难。

[29](1)莫拉基尼斯所说的这番话终于鼓动了马其顿人采取行动,他们最终接受了莫拉基尼斯的建议,他们首先毫不迟疑地立即巡查了马其顿人的帐篷;(2)他们巡查了其他士兵的帐篷,这些帐篷彼此相连,而且,它们都面向这座城市的同一个区域。(3)由于民众长久以来一直都渴望发动叛乱,他们仅仅只是缺少有人去

登高一呼，一旦发动起来，它就会像野火一样熊熊燃烧。（4）仅仅只是四个小时的时间，所有的民族，无论他们是士兵还是平民，全都同意反叛当局的统治。

（5）机运这时也恰巧帮助他们实现自己的目标。（6）因为，有一封信和一些间谍这时落到了亚加索克勒斯手上，这封信声称特勒波勒穆斯正向亚历山大里亚进发，而这些间谍则说特勒波勒穆斯已经抵达了亚历山大里亚；（7）这些消息完全让他陷入了六神无主的状态，以至于他根本没有采取任何行动或者考虑自己身边的危险，而是像往常的时间和往常的方式那样醉生梦死、狂欢作乐。（8）极度焦虑的奥恩安特①去到了提斯莫菲利乌姆（Thesmophoreum）神庙，②由于年度献祭的缘故，这座神庙是开放的。（9）她首先双膝跪地，虔诚地用各种姿势向女神祈祷，接着，她就一动不动且沉默不语地坐在祭坛旁。（10）对于她的沮丧、痛苦和沉默，大部分女人都内心欢喜，但是，波利克拉底（Polycrates）的亲属和其他一些贵妇——她们仍然不知道即将来临的危险——却走上前去宽慰她。（11）"不要靠近我，你们这些怪物，"她向她们尖叫道，"我心里很清楚，你们内心都在反对我们，你们向女神祈祷将无尽的灾难降临到我们身上；（12）但是，假如神明有灵，我相信，你们有一天终会品尝你们自己小孩的血肉。"（13）在说完这番话后，她命令自己的扈从将她们赶走，并击打那些拒绝离开的妇女。（14）利用这个机会，所有的女人都离开了神庙，同时，她们也用双手向女神祈祷，她自己会遭受她威胁其他人的那种命运。

［30］（1）男人们已经决定发动反叛，而现在家家户户的女人们又在给自己的男人添油加醋、火上浇油，民众的怒火足足熊熊燃烧

---

① ［中译按］奥恩安特（Oenanthe）是亚加索克勒斯的母亲。
② 提斯莫菲利乌姆（Thesmophoreum）神庙坐落在城外以东一小段距离的地方，提斯莫菲利亚（Thesmophoria）是古希腊的一个宗教节日，这个节日是用来纪念谷物神德米特尔（Demeter）及其女儿珀尔塞福涅（Persephone）的，它是一个丰产性的节日，这个节日通常是在十月／十一月的播种时间举行。

了两次。(2)当夜晚降临时,整座城市到处都是混乱、火炬和疾行的脚步。(3)一些人聚集在运动场里呐喊,一些人则在彼此鼓动,其他人则往不同方向奔跑,以期在不易发现的房屋和地方躲避。(4)环绕宫殿的空地、运动场和街道现在挤满了形形色色的人群,狄奥尼索斯剧院(Theatre of Dionysius)前的区域也挤满了成群的临时演员。(5)当亚加索克勒斯听闻了所发生的事件后,他从醉酒昏睡中起身(他先前刚刚停止了宴会),并带上了除斐洛之外的自己的所有亲属到了国王那里。(6)在向这位男孩①简单地悲叹自己的不幸后,他拉着他的手,走向米安德花园(Maeander garden)与体育场之间的走廊,因为这里可以通向剧院的出口。(7)接着,在锁住了前两道门后,他带着一些侍卫和自己的亲属撤向了第三道门。(8)每一道门都有两把横闩,但是,这些门都是开放式的栅格结构的门,因此,所有人都可以看到他们穿过。(9)与此同时,民众从这座城市的各个地方聚集起来,以至于不仅平地上,就连屋顶和台阶上也全都是人,女人和孩子也混杂在男人中间,混乱的嘈杂声和喧闹声到处都是。(10)在亚历山大里亚也同在迦太基一样,孩童在混乱中所起的作用不亚于那些男人。

[31](1)当天色破晓时,各种叫喊声此起彼伏,难以分辨,但是,"带国王出来"(Bring the king)的叫喊声独占鳌头。(2)最先行动的马其顿人占领了王宫大殿的前厅,但是,他们很快就找到了国王的寝宫;(3)于是,他们绕道过去,在破开了走廊第一道门的铰链后,他们走到第二道门,大声地向国王喊叫。(4)亚加索克勒斯现在看到自己的性命堪忧,因此,他恳求自己的侍卫向马其顿人传递消息,告诉他们,他将放弃自己的摄政之权以及自己所拥有的所有权势、尊贵和收益,他只恳求他们饶恕自己的小命和提供足够维持自己性命的食物,他愿意退回到自己原先的位置,在这个位置上,即使他将来想要伤害别人,他也无能为力。(6)除了后来成为大臣的阿里斯托米尼斯(Aristomenes)之外,其他所有的侍卫都拒绝去

---

① [中译按]亦即年轻的埃及国王。

传递他刚刚所说的这个信息。（7）阿里斯托米尼斯是阿卡纳尼亚人，在亚加索克勒斯权势熏天时，他也对亚加索克勒斯百般谄媚，然而，尽管他在生命的晚年方才获得王国的主要权位，但人们认为，他是国王和王国利益最值得尊重和最审慎周到的看守者。（8）在自己的家中宴请款待亚加索克勒斯时，他是宾客中间第一个向后者呈送金冠之人，而这种尊荣通常只属于国王；（9）而且，他也是第一个胆敢佩戴刻有亚加索克勒斯肖像的戒指之人，当自己的女儿出生时，他就给她取名作亚加索克利娅。（10）对于他的性格，我已经说得够多了；但是，现在当他接受亚加索克勒斯的嘱托后，他就从侧门前往至马其顿人那里。（11）在向他们言说了一些话语和解释了这个提议后，马其顿人立即就想当场刺死他，但是，有一些人进行了阻拦，而且，他们成功地恳求他们宽恕了他的性命，不过他们命令他，要么带着国王一起出来，要么就再也不要出来。（12）因此，阿里斯托米尼斯就带着马其顿人的口信重新返回了王宫，而马其顿人自己也已经抵达和破开了第二道门。（13）当亚加索克勒斯和同他一起的那些人从马其顿人的行动和语态中看出他们的坚定决心后，他们首先去恳求士兵，他们向士兵们说尽了所有能够打动他们和宽恕自己性命的可怜话，亚加索克勒斯甚至将自己的双手伸出门外，而亚加索克利娅则挺出胸脯说道，她用它们哺育了国王。

[32]（1）当他们痛苦地悲叹自己的不幸命运毫无用处后，他们就将这位男孩和侍卫一起送交出去了。（2）马其顿人将国王接过来，并立即将他放在马背上和引导到体育场。（3）他的出现得到了高声地欢呼和热烈地鼓掌欢迎，现在他们吁停马匹、放下国王，接着，他们引导他向前和让他端坐在王位上。（4）民众现在既欢喜又悔恨，他们感到欢喜是因为这位男孩已经在他们手上了，而他们感到悔恨则是因为恶人没有遭到逮捕和施予罪有应得的惩罚。（5）因此，他们继续呼喊，要求那些所有罪恶的始作俑者都应该遭到羁押，并以儆效尤。（6）白昼现在已经过去有些时间了，但是，他们却没有找到一个可以发泄自己心中怨气的出气筒；（7）当时身为

一名侍卫的老索西比乌斯之子索西比乌斯尤其关心国王的安全和国家的事务,当他看到民众的怒火根本无法平息,而且,这位男孩惶恐不安地面对四周那些陌生的面孔与骚动的暴民后,他就询问国王,他是否可以将那些先前伤害他和他的母亲的恶人交到民众中间。(8)当这位男孩点头表示同意后,索西比乌斯就吩咐一些侍卫去宣告国王的决定,而他自己则将国王从王座上抱起,并将他带到附近的家里照顾。(9)当国王的决定宣告出去后,整个体育场立即爆发出了震耳欲聋的欢呼声和鼓掌声。(10)与此同时,亚加索克勒斯和亚加索克利娅分开了,他们各自退到了自己的宅邸,大批的士兵——有一些士兵完全是出于自己的自愿,其他士兵则是出于人群的督促——立即前去搜寻他们。

[33](1)接下来所发生的流血和谋杀则源于下面这个意外事件。(2)亚加索克勒斯手下有一位名叫斐洛的随从和跪舔虫,他在醉酒之下出来走到了体育场。(3)当他注意到情绪激昂的民众时,他就对站在自己旁边的那些人说道,假如亚加索克勒斯出来,他们就有再次忏悔的理由了,就像他们几天前所作的那样。(4)在听到这番话后,他们中间的一些人就开始辱骂他,其他一些人则过去推搡他,当他试图进行自卫时,一些人很快就扯去了他的披风,其他人则用标枪对准和刺穿了他。(5)一旦人们将仍在喘气的他耻辱地拖进体育场中间和民众品尝到了鲜血的味道后,他们所有人就会急切地盼望其他人的到来。(6)没过多久,亚加索克勒斯就戴着脚镣进来了,当他一进来,一些民众立即冲上去刺杀了他,这实际上是一个仁慈之举而非敌意之行,因为这让他免于其罪有应得的痛苦折磨。(7)接着,尼科恩被带将进来,随后,被剥去衣服的亚加索克利娅和她的两位姊妹以及她的所有亲戚全都被一一带将进来。(8)最后,他们将奥恩安特从提斯莫菲利乌姆神庙拖将出来和放到马背上,让她赤身裸体地骑马进入体育场。(9)他们所有人都被交到了民众手上,现在他们当中的一些人开始用牙齿撕咬他们,一些人则捅刺他们,其他人则挖出他们的眼睛。一旦有人倒下,他们会立即撕扯他们的四肢,直到他们被撕扯得身首异处、支离破

碎。（10）当他们的愤怒得到唤醒，埃及人的残忍也是非常恐怖的。（11）与此同时，在听到斐拉蒙是王后惨遭谋杀的元凶后，一些年轻的女孩——她们都是阿尔西诺的亲密同伴——三天前从昔兰尼赶来，（12）她们冲到他的宅邸，在破门而入后，她们用棍棒和石头杀死了斐拉蒙；她们将他仍是孩童的儿子绞死，并将他的妻子赤身裸体地拖到广场杀死。

（13）这就是亚加索克勒斯、亚加索克利娅和他们的亲属的最终结局。

[34]（1）我不是不知道，一些历史学家在描述这些事件时会掺杂耸人听闻的元素和自己编造的材料，他们往往会逾越自身叙述的连贯性的必要界限，其目的无非是希望让整个事件能够更加吸引读者。（2）他们当中的一些历史学家会将整个事件都归诸命运女神，他们会强调命运女神的反复无常和凡人对祂的无能为力，而其他历史学家则看重所发生的所有事件的出人意料性，他们会设法对所有事情强行指定（assign）原因或者可能的原因。（3）然而，对于我自己而言，我的目的不是用这种方式来处理这些问题，因为，作为战士，亚加索克勒斯既无英勇，也无能力；作为政客，他在事务的处置上既没有得到命运女神的青睐，也不值得他人进行效仿；（4）最后，作为廷臣，他既无机敏锐利，也无老谋深算，而这些能力却是索西比乌斯和其他人在处理一个接一个国王的事务时，可以一辈子一直大获成功的原因所在。亚加索克勒斯却与之完全相反。（5）由于身为统治者的斐洛佩托的软弱无能，他获得了异常之高的权位；（6）在这位国王去世后，他本来有极好的机会去稳固自己的权位，但是，由于他自身的怯懦和懈怠，他却失去了自己的地位和性命，并在很短的时间内成为了所有人唾弃的对象。

[35]（1）因此，正如我所说，过于详细地记载这样一个人的命运并不是明智的，然而，对于西西里人而言，亚加索克勒斯、狄奥尼索斯和其他一些著名的统治者则是另外一种故事。（2）对于这两个人，狄奥尼索斯发迹于一个卑微低下的位置，而亚加索克勒

斯——正如提麦奥斯所嘲弄的那样——原先是一名制陶工人,在离开制陶的转轮、黏土和熏烟后,他在年轻时来到了叙拉古。(3)首先,他们两人都成为了他们自己所属时代的叙拉古僭主,叙拉古这座城邦的富裕和尊荣在当时无出其右;(4)后来,他们都被视作是整个西西里的国王,^①他们甚至统治了意大利的一部分。(5)此外,亚加索克勒斯不仅企图征服非洲,而且,直到去世时他仍然保有自己的高位。(6)因此,他们说,当有人问普布里乌斯·西庇阿——他是迦太基的第一位征服者——谁是最智勇双全的伟大政治家时,他回答说是"西西里人亚加索克勒斯和狄奥尼索斯"。^②(7)通过触及命运女神的变化无常与人间事务的不确定性和指出一些有益的历史教训,以至于让我们的读者去注意这些人,这无疑是正确的,然而,埃及人亚加索克勒斯却并不适用于这种情形。

[36](1)出于这些原因,我拒绝对埃及的亚加索克勒斯进行过多地长篇大论。(2)然而,出于一个更加重要的原因是,所有耸人听闻的事件只有在第一次呈现给我们时才具有震撼性的吸引力,我们往后的这种呈现不仅无益于对它们的阅读和关注,而且,我们这种颠来倒去的精心呈现反而会进一步地让我们产生一种反感的心理。(3)对于那些希望通过自己的眼睛或者耳朵来研究任何一个主题的人而言,目的只有两个,那就是提升和愉悦,由于这是历史研究的真正要义,因此,太过耸人听闻地呈现事件根本就无益于这两个目的。(4)命运的彻底反转不仅不会激起任何人的效仿,而且,在看到或者读到与自然或者与人类一般情感完全相反的东西时,没有人会有任何持久的愉悦感。(5)诚然,对于看到或者听到那些只发生一次的事件或者第一次发生的事件,我们确实会兴趣盎然,然而,这只不过是针对那些看似不可能发生但却又实际真正

---

① 严格地说,这并不正确,狄奥尼索斯从未使用过国王的头衔,也没有使用自己的头像来铸币。

② 波利比乌斯在这里前后并不一致。没有理由认为,西庇阿会高度欣赏这种独裁统治者,他更有可能认为,这些人是迦太基人的难缠对手。

发生的事件；（6）但是，一旦我们的好奇心得到满足，对于沉溺于这种反常之事，没有人会心生愉悦，事实上，除非迫不得已，他们宁可不遇到这种事情。（7）因此，历史学家们告诉我们的那些事件可能会让我们心生艳羡，或者可能会让我们焕发愉悦，但是，对事件的这种精致处理手法并不适合于历史，而适合于悲剧。（8）或许，对于那些既不研究自然法则，也不研究普遍历史的历史学家们，我们应该予以原谅。（9）因为，他们认为，在过去的事件中，那些最伟大和最神奇的事件就是，他们在自己个人经验中遇到的那些事件或者他们从见证者那里听来而又特别引起他们兴趣的那些事件。（10）结果就是，他们无意识地在那些既不是新奇的事件（因为其他人在他们之前就已经记载了它们），也不具有教益或者愉悦的事件上投入了过多的篇幅。（11）现在我在这个主题上已经说得够了……

IV. 亚洲的局势

安条克的性格

[37]（1）在统治的初期，安条克国王是一位理想远大、英勇果敢而又（在计划的执行上）卓尔不群之人，（2）但是，随着时间的推移，他的性格明显愈加败坏，而且，他对大众的期待感到失望……

第十六卷（残篇）

I. 马其顿的局势

腓力在小亚细亚的行动①

[1]（1）当国王腓力抵达帕加马（Pergamon）②后，他认为，他几乎已经给予了阿塔鲁斯致命一击，现在他有能力肆意发泄自己所有的怒气。③（2）由于愤怒最终让位于疯狂，他将自己的大部分愤怒都发泄在诸神身上，而不是凡人身上。（3）由于帕加马城防坚固，因此，帕加马的守军远距离就轻易地击退了他所发动的小规模进攻。（4）但是，由于阿塔鲁斯事先作了防范，以至于他在乡村没有获取到战利品，因此，他就将自己的怒气发泄在了诸神的圣所和雕像身上——在我看来，这不是对阿塔鲁斯的暴行，而是对他自己的暴行。（5）他不仅将神庙和祭坛进行烧毁和拆毁，而且，他甚至将石头都进行粉碎，以至于他的尽情摧毁致使所有的建筑都彻底失

---

① ［中译按］在剑桥本中，英译者将"腓力在小亚细亚的行动"（Philip's Operation in Asia Minor）这个标题写作"腓力五世同帕加马国王阿塔鲁斯和罗德岛人的战争"（Philip V. Wages War with Attalus, King of Pergamum, And The Rhodians）。参见前引书第十五卷第 20—24 章（*supra* 15,20—24）；李维第三十一卷第 17 章以下。

② ［中译按］Pergamon 亦写作 Pergamum。

③ 即公元前 202 年—前 201 年。——洛布本注
公元前 201 年，腓力在亚洲的亵渎行径。——剑桥本注

216

去了再修复的可能。（6）在摧毁了尼塞弗利乌姆（Nicephorium）后——他砍倒了那里的神圣树林、拆毁了环绕它的城墙，并夷平了它众多辉煌的神庙——他首次向锡亚提拉（Thyatira）发起进军，接着，他从那里入侵了提比平原（Plain of Thebe），他认为这个地区可以为他提供大批的战利品。（8）当他的这个期望再次落空后，他进抵了圣地科米（Hiera Come），①接着，他向宙克西斯（Zeuxis）②去信，以要求后者按照他们之间所缔结的条约③所规定的那样向自己提供谷物和其他支持。（9）宙克西斯假装遵守条约的规定，但是，实际上他根本就无意给腓力提供任何真正而可观的帮助……

希俄斯之战④

[2]（1）由于自己的围攻并不顺利，而且，大批的敌军战舰也正在阻拦自己，腓力发现自己对下一步的行动举棋不定起来。（2）但是，由于局势已经没有很多的选择空间，以至于他大大出乎敌人意料之外地突然出海了；（3）因为，阿塔鲁斯原本以为自己将继续进行采掘作业。（4）腓力的巨大目标是突然出海，因为，他原以为自己可以战胜敌人，并接着再沿着萨摩斯（Samos）海岸继续安全地航行。（5）然而，他的期望完全落空了；因为，阿塔鲁斯和提奥菲利斯库斯（Theophiliscus）⑤一看到他出海后，他们立即采取了相应的行动。（6）他们正在以松散的队形航行，因为，正如我在前面所说，他

---

① ［中译按］在剑桥本中，英译者将 Hiera Come 译作 Holy Village。
② 宙克西斯（Zeuxis）是安条克手下的总督（Satrap）。
③ 亦即腓力与安条克之间所缔结的条约。
④ 参见前引书第十五卷第 20—24 章（supra 15，20 - 24）；李维第三十一卷第 17 章以下（Livy，31，17，sqq.）。
　　［中译按］在剑桥本中，英译者将"希俄斯之战"（Battle of Chios）这个标题写作"公元前 201 年，腓力同阿塔鲁斯和罗德岛联合舰队之间爆发的希俄斯大海战"（Great Sea-Fight off Chios between Philip and The Allied Fleets of Attalus and Rhodes，B. C. 201）。
⑤ ［中译按］亦即罗德岛的提奥菲利斯库斯（Theophiliscus of Rhodes）。

们认为腓力仍然会坚持他原先的计划;(7)尽管他们的处境不利于出海,但是,他们仍然奋力地划着船向他发起了攻击——阿塔鲁斯进攻敌军舰队的右翼和主翼,而提奥菲利斯库斯则进攻敌军舰队的左翼。(8)事先已经有所预料的腓力向自己右翼的舰船发出了信号,他命令它们调转船头直接冲向敌人和英勇地进行战斗,而他自己则率领一些轻型舰船撤向了位于海峡中间的岛屿和等待战斗的最终结果。(9)参加这次海战的腓力舰队由五十三艘甲板战船、一些无甲板战船①和一百五十艘大帆船与喙状船所组成,因为,他没能在萨摩斯把所有的船只都装备完毕。(10)敌人则由六十五艘甲板战船,其中包括拜占庭的那些战船,九艘三桨座快艇(trihemioliae)②和三艘三桨座战船(triremes)所组成。

[3](1)阿塔鲁斯所乘坐的那艘旗舰船首先开启了战斗,所有靠近这艘旗舰船的其他舰船在没有等待命令的情况下也发起了进攻。(2)阿塔鲁斯与一艘八桨座战船(octoreme)进行交战,他首先猛烈地撞击它,并从吃水线之下对它进行了致命的一击,甲板上的军队在进行了一番漫长的抵抗后,他最终成功地击沉了它。(3)腓力的大帆船(galley)是那种十排(ten-banked)桨的大帆船,它是一艘旗舰船,但它却莫名其妙地被敌人所俘获了。(4)因为,它冲向了自己前面的一艘三桨座快艇,并利用自身的船腹猛烈地撞击它,它猛烈地击中了敌船最上面一排船桨的桨架,以至于船长根本无法控制自己舰船的方向。(5)结果,这艘船就挂在了这艘三桨座快艇上,以至于它完全进退两难,根本就不能动弹。(6)两艘三桨座战船立即抓住这个机会从两侧攻击它,因此,它们就这样摧毁了这艘船及船上的所有人,其中包括腓力的海军统帅德莫克里特(Democrates)。(7)就在这时,迪奥尼索多鲁斯(Dionysodorus)和德诺克里

---

① [中译按]由于这个地方的希腊语原文有所佚失,因此,对于无甲板战船的数量,我们无从知晓。

② 这是一种长形的无甲板舰船。
[中译按]trihemioliae 亦写作 *trimioliae*。

特（Deinocrates）两兄弟——他们是阿塔鲁斯的海军统帅——都在这场战斗中遭遇了奇怪的经历。（8）德诺克里特同一艘八桨座战船进行交战，不过他自己也在吃水线之上受到了敌人的攻击，敌船的船头非常高，但它攻击了在吃水线之下的敌船①……他最初根本就不能摆脱它，尽管它反复地挣扎以退回水里。（9）由于马其顿人也英勇地起来战斗，结果，他陷入了巨大的危险之中。（10）然而，当阿塔鲁斯上来救援他（阿塔鲁斯通过英勇地撞击敌人以让两艘船分开）时，德诺克里特却出乎意料地获救了；（11）舰船上的敌军虽然进行了一番英勇的抵抗，但他们仍然全部遭到消灭，阿塔鲁斯就这样俘获了一艘空无一人的舰船。（12）迪奥尼索多鲁斯全速地冲向一艘舰船，错过了它的击打，但是，在近距离地通过时，它失去了自己右旋的所有划桨，而且，它的塔楼也遭到了摧毁。（13）这时敌人完全包围了他，他就处在巨大而混乱的叫喊声当中，其他的船员和这艘舰船自身全都惨遭摧毁；（14）但是，迪奥尼索多鲁斯和另外两人却游到了一艘前来支援他的三桨座快艇上。

[4]（1）然而，其他舰船之间的战斗却仍然胜负未分；（2）因为，腓力的大帆船的数量优势抵消了阿塔鲁斯的甲板船的优势。（3）腓力右翼的局势仍然悬而未决；但是，阿塔鲁斯对胜利更加地信心满满。（4）正如我刚刚所说，虽然一开始在他们出海时罗德岛人同敌人相距甚远，但是，由于他们拥有速度优势，因此，他们追上了马其顿舰队的尾翼。（5）他们最初进攻那些正从尾翼撤退的舰船和摧毁它们两侧船舷的划桨。（6）但是，一旦腓力舰队的其余舰船开始调转方向和前去救援那些深陷危机的战友，最后出海的那些罗德岛舰船同提奥菲利斯库斯所率领的舰船进行了会合；（7）接着，两支舰队将它们的船头相互对准和英勇地进行攻击，双方震耳欲聋的杀喊声和号角声此起彼伏。（8）假如现在马其顿人的大帆船没有散布在他们的甲板船中间，那么，这场战斗将会很快地决出胜

---

① 对于原本中βίαχα一词的涵义，我们并不清楚，而且，我们也可以肯定它是错误的。它明显可以修改成ὑπόβρυχα或者ὑποβρύχια，但是，我们也不是很有把握。

负,但是,这些大帆船用各种方法阻碍了罗德岛人的舰船的行动。(9)因为,一旦战斗的原有序列在第一次冲锋中遭到破坏,他们就会彻底陷入混乱,(10)以至于他们既不能快捷地穿过敌人的阵线,也不能让自己的舰船调转方向,事实上,他们根本就不能运用自己所擅长的任何战术,因为,大帆船要么会妨碍他们划桨,以至于他们划桨会非常地困难,要么会在船首攻击他们(有时也在船尾攻击他们),以至于舵手和划桨手都不能有效地展开工作。(11)但是,在船首对船首的这种直接冲锋中,罗德岛人运用了一些诡计。(12)通过压低他们自己舰船的船首,虽然他们会在吃水线之上受到敌人的击打,但是,通过在吃水线以下撞穿敌船,他们可以给予敌船致命的一击。(13)然而,他们几乎不会采用这种攻击方式,他们通常都会避开撞击,因为,马其顿士兵在这种近战当中会在甲板上进行激烈的抵抗。(14)他们最常用的策略是划过敌船的防线和弄断敌船的划桨,从而让敌船瘫痪,接着,他们再一次地调转方向,当敌船正在转向时,他们有时从船尾有时从侧翼向它们发起进攻;因此,他们就可以在舰船上撞出一些缺口,或者可以破坏舰船上的一些不可或缺的装置。(15)通过这种作战方法,他们摧毁了大批的敌军舰船。

[5](1)在这场战役中,最辉煌的战果是由三艘五桨座战船(quinqueremes)所取得的:第一艘是由提奥菲利斯库斯所驾驶的旗舰船;第二艘是由斐洛斯特拉图斯(Philostratus)所指挥的五桨座战船;最后一艘则是由奥托利库斯(Autolycus)所掌舵的五桨座战船,不过尼科斯特拉图斯(Nicostratus)也在船上。(2)第三艘五桨座战船冲向了敌船,而且,撞击锤也留在了船上:这艘战船及其船上所有的人手都被击沉,海水现在从船头灌注船内,奥托利库斯及其士兵被敌人包围,但是,他们仍然在英勇战斗;(3)然而,奥托利库斯自己最终身负重伤地连同所穿的铠甲一同掉进了大海里,其余的士兵在英勇地战斗后也葬身大海。(4)就在这时,提奥菲利斯库斯率领三艘五桨座战船前去支援,尽管他无法拯救这艘舰船——因为它现在已经灌满了海水——但是,他猛烈地撞击两艘敌船,迫使船上的士兵跌落

船外。(5)他很快就被大批的大帆船和甲板船所包围,他的大部分士兵都英勇地战死了;(6)他自己也英勇地进行战斗并身负三处伤口,就在他奋力自救时,斐洛斯特拉图斯奋力地杀来救援和英勇地一起搏杀。(7)提奥菲利斯库斯现在会合了其他的舰船,并再一次地向敌人发起了进攻,尽管他由于伤口的原因身体羸弱,但他比先前还要更加果敢和英勇地战斗。(8)结果,在彼此相距遥远的地方正在上演两种完全截然不同的海战。(9)因为,按照腓力原初的计划,腓力的右翼继续向海岸前进,他们距离陆地不远,而先前出海支援尾翼的左翼则在距离希俄斯岛不远的地方忙于同罗德岛人开战。

[6](1)然而,阿塔鲁斯这时已经对马其顿右翼取得了明显的优势,而且,他现在已经接近了腓力在静观战役结果的岛屿。(2)阿塔鲁斯注意到,自己的一艘五桨座战船由于被一艘敌船猛烈撞击而处于失去效用的下沉状态,因此,他率领两艘五桨座战船赶忙前去救援。(3)当敌舰逃亡和撤向陆地后,他更加勇猛地追击它们以期俘获它们。(4)腓力现在看到阿塔鲁斯已经远离他自己的舰队,因此,他就率领四艘五桨座战船、三艘快艇(hemioliae)和自己身边的大帆船前去拦截阿塔鲁斯,以逼迫他慌不择路地驾船向海岸逃亡。(5)结果,阿塔鲁斯国王及其船员随后逃往了厄利特拉(Erythrae),但是,腓力俘获了他的舰船和船上的王室陈设。(6)在这种紧急场合,阿塔鲁斯使用了一个诡计,亦即他把自己王室陈设当中那些最熠熠生辉的物品暴露在自己舰船的甲板上,(7)以便让首先抵达的大帆船上的马其顿人,在看到大量的酒杯、紫色披风和诸如此类的其他物体时,(8)他们就会放弃追击和转而回头去抢夺这些战利品,从而确保阿塔鲁斯安全地撤往厄利特拉。(9)腓力在整个战役中遭到了彻底的挫败,但是,他对阿塔鲁斯所遭遇的意外灾难深感高兴,他再一次地出海和卖力地集结自己的舰船,并通过向他们许诺胜利来提升他们的士气。(10)事实上,对阿塔鲁斯已经殒命身亡的怀疑或者看法在他们中间蔓延了开来,因为,他们看到腓力拖着这艘王室舰船返回来了。(11)然而,正在猜测自己的国王遭遇何事的迪奥尼索多鲁斯发出了重新集结自

己舰船的信号,当他们快速地集结在他的周围后,他们安全地驶向了位于大陆①的港口。(12)与此同时,那些同罗德岛人交战而长期深陷困境的马其顿人退出了战场,他们以自己的舰船需要支援为由成群结队地撤退了。(13)因此,罗德岛人就拖着一些敌船——在自己离开前,他们用撞击锤击沉了其他的敌船——驶离了希俄斯。

[7]②(1)在同阿塔鲁斯的这场海战中,腓力有一艘十排桨舰船、一艘九排桨舰船、一艘七排桨舰船、一艘六排桨舰船、十艘甲板船、三艘三桨座快艇和二十五艘大帆船及其船员被敌人击沉。(2)在同罗德岛人的这场海战中,腓力有十艘甲板船和大约四十艘大帆船被敌人击沉,同时,他也有两艘四桨座战船(quadriremes)和七艘大帆船及其船员被敌人俘获。(3)阿塔鲁斯有一艘三桨座快艇和两艘五桨座战船被敌人击沉,同时,他也有两艘四桨座战船和一艘王室舰船被敌人俘获。(4)罗德岛人则有两艘五桨座战船和一艘三桨座战船被敌人击沉,不过他们没有一艘舰船被敌人俘获。(5)罗德岛人所牺牲的人数总计大约是六十人,阿塔鲁斯大约是七十人,而腓力则牺牲了大约三千名马其顿士兵和六千名水手。(6)马其顿人及其盟军大约有两千名士兵被俘,他们的敌人则大约有七百名士兵被俘。

[8](1)这就是希俄斯之战的结局。(2)出于两个理由,腓力宣称自己获得了胜利,首先,他将阿塔鲁斯赶到了海岸,并俘获了后者的舰船,其次,在停靠在一处名叫阿尔根努斯(Argennus)③的地方后,他必须在漂浮的残骸中间将所有的舰船停泊完毕。(3)第二天他也继续按照同样的行为准则进行行动——亦即搜集残骸和捞起那些可辨认的尸体进行安葬——以强化自己这个自欺欺人的理由。(4)然而,罗德岛人和迪奥尼索多鲁斯很快就清楚地证明,他自己并不是真正地相信自己赢得了这场胜利。(5)因为,当这位国王第二天仍在忙于这些行动时,他们就相互联络和组织战船一同

---

① [中译按]即亚洲大陆。

② 公元前 201 年,这场战役所损失的舰船数量和士兵数量。

③ [中译按]亦写作阿尔根努姆海角(Promontory of Argennum)。

前去进攻他,但是,没有任何人前来应战,结果他们只好启航返回了希俄斯。(6)腓力先前从来没有在一场单一的海战或者陆战中损失过这么庞大数量的士兵,因此,他深深地感到痛惜,而且,他对这场战争的巨大热情也大为削减;(7)然而,对于外界,他仍然尽可能地隐藏了自己的真实情感,尽管事实本身已经昭然若揭。(8)因为,其他任何事情都不会像发生在这场战役后的事情那样,让所有的目击者无不感到深深地震惊。(9)在这场战役期间,无数的生命葬身大海,以至于整个海峡到处都是死尸、鲜血、武器和残骸,第二天,附近的海滩到处布满了混乱不堪的成堆尸体。(10)这番景象不仅让腓力,而且也让所有马其顿人都懊丧不已。

[9](1)提奥菲利斯库斯只幸存了一天的时间,在向自己的国家送去有关这场战役的急信和任命克里奥纳乌斯(Cleonaeus)作为统帅后,他就因伤势恶化而身亡。(2)他在战役中的表现无愧于勇士的称号,而且,他的坚定决心也同样值得铭记。(3)假如不是他大胆地及时进攻腓力,那么,其他所有人都将慑于腓力的胆大鲁莽而错失良机。(4)然而,在战争初期,提奥菲利斯库斯就逼迫自己的同胞抓住时机,而且,他也一直都在逼迫阿塔鲁斯提前作好备战措施,让他英勇地面对战争和迎接危险。(5)因此,当他一身故,罗德岛人立即就授予了他巨大的荣誉,以表彰他不仅对当时在世的同胞,而且也对子孙后代所作的巨大奉献……

[10]①(1)在莱德(Lade)海战结束后,罗德岛人停歇了,阿塔鲁斯也没有在现场现身,腓力已经明显地驶往了亚历山大里亚。最好的证据就是腓力已经像一个疯子那样行事。

(2)什么东西可以抑止他的这种冲动呢?完全无它,只有事情本身。(3)由于自身的踌躇满志,他们的欲望会战胜他们的理性,

---

① [中译按]对于第十六卷第10章,剑桥本英译者在这个地方插入了一个标题:在非决定性的希俄斯海战后,莱德海战接踵而至,在这场海战中,腓力赢得了部分胜利(The Indecisive Battle of Chios Was Followed By Another Off Lade, In Which Philip Was Partly Successful)。*Jam cum Rhodiis et Attalo navalibus certaminibus, neutro feliciter, vires expertus*。参见李维第三十一卷第14章(Livy, 31,14)。

以至于很多人有时会去追求一些不切实际的目标；(4)但是，当行动的时刻来临，他们却又会毫无理性地放弃自己的目标，因为，他们遇到的那些无法克服的困难会让他们不知所措和惶恐不安……

普利纳西亚的沦陷①

[11](1)接着，在发动了几次徒劳无功(由于地形险要)的进攻后，腓力再一次地撤退了，在撤退的过程中，他劫掠了一些小城堡和乡村；随后，他从那里进军至普利纳西亚(Prinassus)，并扎营在这座城镇的城前。(2)在快速地准备好遮棚(pent-house)和其他材料后，他开始通过挖掘地道的方式来围攻它。(3)然而，当这个计划丝毫不起作用(因为这个地方的土地是岩石质地)后，他想到了下述策略。(4)在白天期间，他在地下制造出嘈杂声，就好像地道仍在进行挖掘一样，在晚上期间，他则从其他地方运来土壤和堆积在开挖的洞口周围，以防止城内的人们由于估算到堆积的土壤数量而心生怀疑。(5)一开始普利纳西亚人(Prinassians)进行了英勇的抵抗，但是，当腓力派人告诉他们说，他已经挖空了他们两普里(plethra)②的城墙，他询问他们，他们是选择所有人都安全地进行撤离，还是选择在支撑挖空城墙的支柱被点燃后，他们所有人与他们的城镇一起毁灭。(6)结果，他们相信了他所说的话，他们因而就交出了这座城镇。

[12](1)埃亚苏斯城(Iasus)坐落在米利都境内的波塞冬神庙(Milesian Poseidion)和米都斯(Myndus)之间的亚洲海湾，一些人将它称作埃亚苏斯海湾(Gulf of Iasus)，但是，大部分人都将其称作巴基利亚海湾(Gulf of Bargylia)——这个名称是以建造在其海岸内部的城市来命名的。(2)埃亚苏斯人(Iassians)声称，他们的城市最

---

① [中译按]在剑桥本中，英译者将"普利纳西亚的沦陷"(Capture of Prinassus)这个标题写作"公元前201年，腓力在卡里亚的行动"(Philip's Operations In Caria, B. C. 201)。

② [中译按]两普里(two plethra)大约是两百英尺。

初是阿尔戈斯的殖民地，后来变成了米利都（Miletus）的殖民地，由于在同卡里亚人（Carians）的战争中损失惨重，他们的祖先就邀请米利都的缔造者涅琉斯（Neleus）之子前来他们的城市。这座城市的面积是十斯塔德。（3）据说，人们都相信，雪花和雨水从来都不会落在巴基利亚的阿耳忒弥斯-基德亚斯（Artemis Kindyas）的塑像上，尽管它矗立在户外。（4）埃亚苏斯的阿耳忒弥斯-阿斯提亚斯（Artemis Astias）①的塑像也流传了同样的故事。一些历史学家甚至都记载了这些故事。（5）然而，在我的整部著作中，我自己一直都拒斥和抵触历史学家们所记载的这些故事。（6）在我看来，这种故事只适合逗逗小孩子，它们不仅逾越了概率性的极限，而且也逾越了可能性的极限。（7）例如，没有任何一个蠢货会说，放置在阳光之下的物体不会投射任何阴影，然而，塞奥波普斯就是这样一个蠢货，因为，他说那些走进阿卡迪亚的宙斯至圣所的人们没有任何阴影。（8）我刚刚所说的这些塑像的故事，其性质与它们完全如出一辙。（9）出于维护民众宗教情感的需要，一些历史学家记载这种故事和奇迹完全是情有可原的，但是，我们也应该适可而止，不能走得太远。（10）对于这种事情，我们可能确实很难画出一个清晰的界限，但是，我们却又不得不画出一个界限。（11）因此，在我看来，假如不是太过明显，那么，这样的错误和谬见就应该予以原谅，但是，一旦它们超过必要的限度，那么，我们就必须坚决地予以拒斥。

II. 希腊的局势

纳比斯在美塞尼亚的图谋

[13]②(1)我已经叙述了斯巴达僭主纳比斯在伯罗奔尼撒施行了

---

① 埃亚苏斯城（Iassus）发现了一个铭文[C. I. G 2683]，这个铭文证实了抄本中的这个名称，而不是赫斯提斯（Hestias）。对于这个头衔的涵义指的是这座城邦的阿耳忒弥斯，还是其他一些地方的名称，我们并不能确定。
② 纳比斯僭主，参见第十三卷第6—8章。

什么样的政策：他是怎样流放公民和解放奴隶，并让这些奴隶迎娶他们原来主人的妻子和女儿的；（2）他是怎样向所有被迫逃离自己母国的歹人（由于亵渎和邪恶）开放自己的王国，让自己的王国成为这些人的不可侵犯的避难圣地，以至于他在斯巴达和自己周围聚集了一帮声名狼藉的恶棍。（3）现在我将一一记述下列这些事情：作为当时埃托利亚人、埃利亚人和美塞尼亚人的盟友，假如他们受到攻击，那么，在誓言和条约的约束下，他必须前去帮助他们，然而，他对这些庄严的义务完全不以为意，相反，他却图谋背叛美塞尼亚①……

对历史学家芝诺和安提斯塞尼斯展开的批判②

[14]（1）由于一些专题史的历史学家在涉及这个时期的历史时已经囊括了我所描述的美塞尼亚和这场海战，因此，我将简要地对他们展开批判。（2）然而，我不会批判他们所有人，我只会批判那些值得一提和值得详细探讨的历史学家，也即是罗德岛的芝诺和安提斯塞尼斯（Antisthenes）。（3）因为，他们不仅记载了同时代的事件，而且，他们也参与了实际的政治，一般来说，他们撰写历史不是为了获取财富，而是为了赢得名声和践行他们身为政治家的职责。（4）由于我自己和他们所撰写的是相同的事件，因此，我肯定不可能默不作声地遗漏他们，以免由于他们作为罗德岛人以及罗德岛人在海军问题上的了如指掌而声名在外，以至于在面对两种不同的叙述时，读者会更愿意相信他们的叙述，而不是我自己的叙述。（5）他们两人都主张莱德海战③的重要性不亚于希俄斯海战，但是，莱德海战要更加惨烈和悲壮，而且，他们两人都异口同声地认为，无论是具体的战事还是最后的战果，罗德岛人都是胜出

---

① 即公元前 202 年—前 201 年。
② [中译按]在剑桥本中，英译者将"对历史学家芝诺和安提斯塞尼斯展开的批判"这个标题写作"论罗德岛历史学家芝诺和安提斯塞尼斯的价值"。
③ 关于莱德海战，参见第十六卷第 10 章。

者。（6）我承认作者会倾向于偏袒自己的母国，但是，他们不应该作出与事实完全南辕北辙的陈述。（7）作为凡人，我们的作者肯定会犯下各种错误，但是，我们要尽可能地避免错误。（8）然而，假如我们出于自己母国的利益或者自己朋友的利益或者个人的恩惠，以至于我们故意作出错误的叙述，那么，我们同那些以自己的笔头过活的作者又有什么区别呢？（9）那些作者只会以自己的利益作为唯一的衡量标准，他们的著作根本就不值得信赖，同样地，假如政治家只从自己个人的好恶和感情出发，那么，他们也将落到相同的下场。（10）因此，我必须补充说，读者必须要对这种缺陷万分地小心，作者自己也必须要对这种缺陷百般地防范。

[15]（1）当前的这个事例可以清楚地证明所说的这些内容。前面所说的这两位历史学家都承认，莱德海战各阶段的战役结果如下。（2）两艘罗德岛五桨座战船及其装备落入了敌人的手里，当一艘舰船由于受到猛烈撞击和下沉而升起了自己的桅杆以逃离战场时，周围的许多舰船也都纷纷进行效仿，并撤退到外海；（3）接着，海军统帅也像它们那样不得不被迫率领几艘舰船奔命逃亡。（4）由于风向的助力作用，舰队抵达和停泊在了米都斯海岸，第二天它们再一次地出海和抵达了科斯（Cos）。（5）同时，敌人则在五桨座战船的保护下抵达和停泊在莱德，而且，他们就在罗德岛人的营地过夜。（6）此外，他们进一步地说道，米利都人（Milesians）对于所发生的事件感到非常惊慌，因此，对于他的辉煌的攻击行动，他们不仅将一项代表胜利的花冠献给了腓力，而且，他们也将另一项代表胜利的花冠献给了赫拉克雷德斯（Heraclides）。① （7）尽管他们告诉我们的所有这些事情明显呈现的是失败的迹象，但是，他们却仍然宣称，无论是在具体的战事还是在整体的战果上，罗德岛人都是胜利者；（8）尽管海军统帅送往罗德岛元老院和执政团（Prytaneis）的急件——它们仍然保存在罗德岛的普利塔尼乌姆（Prytaneum）——也是通过我自己的叙述，而不是通过

---

① ［中译按］Heraclides 亦写作 Heracleides。

安提斯塞尼斯和芝诺的叙述来证实的。

[16] (1) 他们接着提到了美塞尼亚的背叛图谋。(2) 芝诺在这个地方告诉我们道,纳比斯从斯巴达率军启程,在渡过了埃乌洛塔河附近的一条名叫霍普利特斯(Hoplites)的支流后,他沿着波利亚乌姆(Poliasion)①边缘的狭窄道路继续向前进军,一直到他抵达塞拉西亚(Sellasia);②(3)接着,他再从这里穿过了萨拉梅埃(Thalamae)和抵达了位于法拉(Pharae)的帕米苏斯河(River Pamisus)。(4)然而,对于所有这些说法,我确实深感茫然而不知所措:他所有的这些描述就好像是有人在说,一个人从科林斯启程,在穿过地峡后,他抵达了斯西洛恩的山岩(Scironic Rocks),③接着,他立即进入了坎托波利亚(Contoporia)和穿过了迈锡尼(Mycenae),并继续向阿尔戈斯进发。(5)这种说法不是一种轻微的错误,而是完全漏洞百出,因为,地峡和斯希拉德斯(Scirades)在科林斯的东面,而坎托波利亚和迈锡尼则几乎正好就在科林斯的西南面。(6)因此,一个人根本不可能穿过前者而抵达后者。(7)拉科尼亚的地形也同样完全如出一辙。(8)埃乌洛塔河和塞拉西亚位于斯巴达的东南面,而萨拉梅埃、法拉和帕米苏斯河则位于斯巴达的西南面。(9)因此,假如一个人意欲途经萨拉梅埃而进抵美塞尼亚,那么,他不仅不需要前往塞拉西亚,而且,他也根本不需要渡过埃乌洛塔河。

[17] (1) 除此之外,他进一步地说道,一从美塞尼亚回来,纳比斯立即借助那座通往提基亚的山口(the gate)离开了。(2)这荒诞至极,因为梅格洛波利斯就坐落在美塞尼亚和提基亚之间,因此,美塞尼亚根本就不存在任何所谓的通往提基亚的山口。(3)然而,这里却有一个所谓的提基亚山口(Tegean gate)——纳比斯确实也借助这个山口进行撤退——由于受到这个地名的蒙骗,以至于芝诺认为提基亚就位于美塞尼亚附近。(4)事实并非如此,拉科尼亚和

① [中译按]Poliasion 亦写作 Poliasium。
② [中译按]Sellasia 亦写作 Sallasia。
③ [中译按]Scironic Rocks 亦写作 Scironean Way。

梅格洛波利斯坐落在美塞尼亚和提基亚之间。(5)最后,他告诉我们说,阿菲奥斯河(Alpheius)从源头起就一直在地下流淌了很长的距离,直到流淌到阿卡迪亚的莱科亚(Lycoa)附近时,它方才重新流出地面。(6)事实上,这条河流的源头在流淌了很短的距离后,它就流向了地下;(7)在地下流淌了大约十斯塔德的距离后,它就在梅格洛波利斯境内重新流出了地面,一开始它的水量很小,不过后来逐渐增大,在横贯了整个地区(两百斯塔德)后,它流到了莱科亚,在那里汇合了鲁希厄斯河(Lusius),它变成了一条难以逾越的大河,水流奔腾而湍急……

(8)然而,在我看来,我所提到的所有事例尽管全都是错误的,但是,它们仍情有可原。其中一些错误是源于无知的缘故,而有关海战的那些错误则是源于爱国主义情感的作祟。(9)对于芝诺,我们可以更进一步地找到其他错误吗?答案当然是肯定的,因为,他没有像关心自己文风的优美那样,去关心事实真相的探究和自身材料的处置;他就像其他那些著名的历史学家那样,常常进行自吹自擂。(10)我自己的看法是,我们的确应该将注意力和专注力投放在呈现事实的正确方式上来——因为,这明显不是一件小事,相反,它对历史的价值助益甚大——但是,我们不应该将它看作是心智健全之人的首要目标或者主要目标。(11)不止如此,在我看来,假如一位出类拔萃的历史学家同时也是一位实际的政治家,那么,他应该为自己感到莫大地自豪。

[18](1)我将用下列事例来清晰地阐述我自己所要表达的涵义。(2)在叙述加沙(Gaza)的围城和安条克与斯科帕斯之间在科利-叙利亚的帕尼乌姆山(Mount Panium)①的战事时,前面所提到

---

① 帕尼乌姆山(Mount Panium)亦被称作帕尼安山(Panion)或者帕尼埃安山(Paneion),参见约瑟夫斯(Josephus):《犹太战争》(B. Jud),第三卷第10章第7节,Ιορδάνου πηγή τὸ Πάνειον。这座山附近有一座名叫帕尼亚斯(Paneas)的城镇,后来这座城镇又被称作帕尼亚斯-凯撒里亚(Paneas Caesarea),之后它又被称作凯撒里亚-腓力比(Caesarea Philippi)。埃托利亚人斯科帕斯现在效忠于托勒密·俄皮法尼斯(Ptolemy Epiphanes),参见第十三卷第2章和第十八卷第53章。

的这位历史学家是如此地热衷于自己的文风,以至于就语言的浮夸度而言,任何修辞学家和演说家都难以望其项背。(3)然而,对于事实真相,他却是如此地漫不经心,以至于他的疏忽和错误也同样让人望尘莫及。(4)在对斯科帕斯的战斗队形进行首先描述时,他告诉我们说,右翼的方阵和一些骑兵倚靠着山丘,然而,出于这个目的,左翼和所有骑兵则分开站立在平地上。(5)他说道,在拂晓时,安条克派遣自己年长的儿子安条克率领自己的一部分军队前去占领这座山丘,以俯视敌人;(6)在天亮时,他率领自己其余的军队渡过了那条在两座营地之间的河流,而且,他按照下列方式将军队部署在平原上:他将方阵部队部署在敌人中央对面的一条战线上,并将自己的一些骑兵部署在方阵的左翼和右翼,自己年少的儿子安条克所指挥的重装骑兵则部署在方阵之间。(7)接下来他告诉我们说,国王将战象和安提帕特的塔林敦人(Antipater's Tarantines)①部署在方阵前不远处,战象之间的空地布满了弓箭手和投石手,而他自己则率领自己的王室骑兵卫队和步兵卫队部署在战象的后面。(8)这就是他所部署的战斗队形;他接着说道,年少的安条克——他负责统率同敌人左翼对峙且在平原上的重装骑兵——从山丘上冲锋下来,击溃并追击亚洛普斯(Aeropus)之子托勒密——他负责统率位于左翼且在平原上的埃托利亚人——所指挥的骑兵;(9)两军的方阵部队在相遇后顽强地战斗了起来。(10)然而,他却没有注意到,他们根本不可能遇到部署在他们前面的战象、骑兵和轻装军队。

[19](1)他接下来说道,方阵部队在战斗力上要逊于埃托利亚人,因此,他们受到埃托利亚人的紧逼,他们逐步地进行后撤,但是,在撤退的过程中,战象给他们提供了巨大的帮助,而且,战象也在帮助他们同敌人作战。(2)然而,在方阵后面的那些战象并不容易明白眼前所发生的这番景象,假如它们明白过来,那么,它们本

---

① 参见同上,第四卷第77章和第十三卷第1章。
　　[中译按]Antipater's Tarantines 亦写作 Antipater's Tarentines。

来可以提供更大的帮助。（3）因为，一旦两军的方阵部队相互遭遇，战象就不可能从相互混战的士兵中间区分出敌友来。（4）除此之外，他进一步地说道，埃托利亚骑兵在作战中失去了战斗力，因为，他们不习惯在战象的俯视下战斗。（5）但是，部署在右翼的骑兵仍然像他自己开头所说的那样完好无损，而部署在右翼的其他骑兵则在安条克的追击下四散逃亡殆尽。（6）那么，方阵中央的战象吓倒了哪部分骑兵呢？（7）国王那时在哪里呢，或者说，他率领自己身边的步兵和骑兵——他们都是军队中的精锐部队——参加了哪场战斗呢？对此，他没有告诉我们任何只言片语。（8）国王年长的儿子安条克又在哪里呢？他不是率领一部分军队占领了一个能够俯视敌人的地方吗？（9）哎呀！按照芝诺的叙述，这位年轻人在战役结束后甚至没有回到营地；这自然存在问题，因为，芝诺告诉我们说，国王有两位名叫安条克的儿子，然而，当时军队中只有一位安条克。（10）按照他的叙述，斯科帕斯为什么会第一个回到军营，同时又是最后一个离开战场的呢？因为，他告诉我们说，当斯科帕斯看到年少的安条克从追击中返回和从后面威胁方阵部队后，他就彻底丧失了胜利的信心，以至于最终选择了撤退。（11）但是，当自己的方阵被战象和骑兵包围时，斯科帕斯在这个最危急的时刻挺住了，而且，他是最后一个撤出战场的人。

［20］（1）在我看来，对于像上面所说的那些种种谬错，难道不是作者的耻辱吗？（2）因此，最为重要的是，他们应该要努力地掌握历史的全部技艺，因为，这肯定是有百利而无一害。但是，假如他们心有余而力不足，那么，他们就应该全神倾注在那些最紧迫和最重要的事项上。

（3）我之所以作出这种结论，是因为我注意到，历史同艺术和科学一样，真正重要和有用的东西总是受到轻视；（4）而那些华而不实、金玉其外的东西则被推崇和追捧作重要和精华的东西，但是，同其他所有书面的东西一样，它们却更容易地生搬硬造，也更容易地赢得掌声。（5）至于芝诺在拉科尼亚的地形问题上所犯的错误，由于这种错误太过显而易见，以至于我毫不犹豫地亲自写信给他;(6)因为,在我看来,诸如一些历史学家惯常所做的那样,把别人所犯的错误反而看作是他们自身的优点,这根本就是错误的,相反,出于人类的整体利益考虑,我们不仅应该要尽可能地找出和纠正我们自己著作当中的错误,而且,我们也应该要尽可能地找出和纠正其他人著作当中的错误。(7)芝诺收到了我的信件,他发现自己根本无法作出修正,因为他已经公开出版了自己的著作,因此,他感到非常地懊恼,然而,除了礼貌地接受我的批判之外,他却什么都做不了。(8)对于我的同代人和未来的下一代人,假如他们在我的著作中发现我有意地进行错误地叙述或者有意地遗漏了事实真相,我也恳请你们予以严厉的批评;(9)但是,假如仅仅只是由于我的愚笨而犯下错误,那么,我也恳请你们予以原谅,尤其是考虑到我的这部著作的波澜壮阔及其所记载的事件的兼容并包。

III. 埃及的局势

特勒波勒穆斯的性格

[21](1)埃及政府的首脑特勒波勒穆斯①当时仍是一位年轻人,他一直沉溺于士兵生活。(2)他也生性开朗和爱好名声,他给国家做了很多好事,但同时也做了很多坏事。(3)在作战和军事问题上,他出类拔萃,同时,他也生性勇敢,并乐于同士兵们打成一片;(4)然而,在那些复杂事务的处置上,他欠缺清醒的头脑和不懈的努力,而且,他也非常欠缺管理金钱或者经营财政的能力。(5)因此,不仅他自己很快地遭遇了不测,而且王国也遭到了重创。(6)因为,当他掌管财政时,白天大部分的时间他都花费在了同年轻人的拳击比赛和剑术比赛上;在这些比赛结束后,他会立即邀请他们一起进行宴饮,他的大部分人生都消耗在了这种娱乐活动和这些朋友、伙伴身上。(8)即使是在白天工作期间,他也在忙于分

---

① 参见第十五卷第25章。

发东西，或者，确切地说，他向那些来自希腊的使团代表、狄奥尼索斯剧院的演员和守卫王宫的士兵与军官（这占主要部分）豪掷王室财宝。（9）因为，对于任何讨好自己的人，他根本无力拒绝，他会立即给予他们自认为合适数目的金钱。（10）因此，邪恶就愈发地增长和蔓延开来。（11）任何人只要向他慷慨地表达自己的谢意——无论这种谢意是针对过去还是针对未来——那么，他都可以得到一份意想不到的好处。（12）当特勒波勒穆斯听到这种众口一词的谄媚和宴饮时大家异口同声的称赞，当他读到献给自己的恭维铭文和听到整座城内的歌手全都向自己唱诵赞美的颂歌时，他就愈发地爱慕虚荣，而且，他的自命不凡与日俱增，以至于他对外国人和士兵也愈发地慷慨大方。

[22]（1）对于这些行径，朝臣们都深为不满。他们心怀不满地注意他的一举一动，而且，他们也越发嫌恶他的自命不凡，相形之下，他们更加钦佩索西比乌斯。（2）在他们看来，在充当国王的监护人期间，索西比乌斯展现出远超自己年龄的智慧，而且，在同外国使节的交往中，他高度地维护了王室御玺和国王自身的尊严。（3）就在这时，索西比乌斯的儿子托勒密（Ptolemaeus）从腓力的宫廷返回来了。（4）甚至在离开亚历山大里亚之前，由于他自己天生的性格和自己父亲的成功，以至于他一直都自命不凡。（5）然而，当他抵达马其顿和接触到王宫中的年轻人后，他就产生了这样一种看法，那就是，马其顿人的雄风体现在他们高雅的衣服和靴子上面；因此，当他回到埃及后，他脑子里充斥的全都是这些东西，而且，他确信，海外的旅行和同马其顿人的交往让他变成了唯一的男子汉，而所有的亚历山大里亚人则仍然是奴隶和蠢货。（6）结果，他立即妒忌起特勒波勒穆斯来，而且，他们之间的摩擦也由此而生。（7）所有的朝臣都站在他一边，因为，特勒波勒穆斯就像是一名继承人而非受托人那样对待国家事务和公共财政，两人之间的分歧很快就愈加尖锐化了。（8）现在当朝臣们的不满和敌意所引发的敌视性语言传到他的耳中时，特勒波勒穆斯最初对它们置若罔闻、嗤之以鼻；（9）但是，当他们最终召集公众集会，并在背地里

公开地谴责他(由于他对王国事务的失职管理)时,他确实怒不可遏;(10)他召集了御前会议,在会议上他说道,他们在私下里秘密地对他进行错误的指控,但是,他认为,公开地对他们进行面对面地指控才是正确的做法……

(11)在结束这番讲话后,他从索西比乌斯手上剥夺和取走了他所保管的印章,从此之后,他继续按照自己所选择的方式来进行统治……

IV. 叙利亚的局势

在安条克国王占领和洗劫了加沙城后,波利比乌斯作了如下的记载①

[22a]②(1)在我看来,这里公正而正确地印证了加沙人③应受赞扬的性格。(2)尽管在战争中他们所展现的英勇程度与科利-叙利亚人大体无异,但是,他们所展现的团结性和忠诚度却让后者望尘莫及;(3)而且,他们在那些锐不可当的事情上展现出了自己的英勇。(4)例如,在波斯人入侵期间,④所有其他的城镇都被入侵者的巨大势力所震慑和吓倒,以至于他们纷纷将自己和自己的家园全都交给米底人(Medes),只有他们独自面对危险和承受围城。(5)再如,在亚历山大入侵期间,不仅所有的城市都选择了投降,而且就连推罗(Tyre)也惨遭破城和奴役,就在所有的抵抗都无

---

① [中译按]在剑桥本中,英译者将"在安条克国王占领和洗劫了加沙城后,波利比乌斯作了如下的记载"这个标题写作"发生在科利-叙利亚的战争"。

② 公元前201年,加沙人英勇地战斗。

③ 托勒密·斐洛佩托让加沙成为了自己军事物资的主要补给地,参见第五卷第68章;出于效忠于埃及国王的缘故,公元前198年,安条克摧毁了它。

④ 大约公元前747年,亚述国王提革拉-帕拉萨(Tiglath-Pilezer)征服了叙利亚,后来,巴比伦帝国和波斯帝国也征服了叙利亚。波利比乌斯在这里所提到的征服似乎并不涵括在上述所说的征服之内。

法阻挡亚历山大猛烈的进攻时,整个叙利亚只有他们胆敢进行英勇的抵抗和耗尽自己所有的资源来进行防御。(6)当下的他们也作了相同的抉择;因为,他们全心全意地保持对托勒密的忠诚。(7)因此,正如我们在撰写历史时,我们有责任——地特别记载这些勇士一样,对于整个城邦一贯所展现出的高贵传统和高贵原则,我们也应该大书特书……

V. 意大利的局势①

西庇阿回到罗马及其凯旋仪式②

[23](1)在前面所说的这个日期后不久,普布里乌斯·西庇阿从非洲回来了。③(2)人民对他的期待同他的辉煌成就相得益彰,他在民众中间的欢迎度和流行度都是空前的。(3)这也非常自然、合理和正确。(4)因为,他们先前从未奢望把汉尼拔驱逐出意大利,也从未奢望把那些威胁自己和自己亲人的危险予以扫除,然而,他们现在不仅摆脱了所有的恐惧和威胁,而且他们也已经战胜了敌人,因此,他们觉得自己终于可以无拘无束地尽情狂欢了。(5)当西庇阿凯旋回到罗马时,他们通过游行队伍来逼真地展现当年的真实场景,以提醒自己先前所面对的威胁,他们近乎发狂地表达自己对诸神的感谢和对带来翻天巨变的西庇阿的热爱。(6)在凯旋仪式的游行队伍中,因俘们在城内穿城而过,其中就有马萨西里(Masaesylii)国王西法克斯,他不久后就死于狱中。(7)在凯旋仪式结束后,罗马人继续声势浩大地庆祝了许多天,而他们庆祝的金钱花销则由西庇阿所慷慨提供的赠金来进行承担……

---

① 对照李维第三十卷第 45 章。
② 对照第十五卷第 19 章。
③ 即公元前 201 年—前 200 年。

VI. 马其顿和希腊的局势

腓力在卡里亚①

[24]（1）初冬，普布里乌斯·苏比修斯就任罗马执政官，腓力国王当时则仍在巴基利亚，②当他看到罗德岛人和阿塔鲁斯不仅没有解散他们的舰队，而且他们还进一步地装备了其他的舰船和更加重视军队的强化后，他对未来深感惶惶不安和忧心忡忡。（2）一方面，他惧怕从巴基利亚启航，因为他已经预见到了海上的危险；另一方面，由于有埃托利亚人和罗马人的威胁，他非常担心马其顿国内的局势，因此，他根本就不希望在亚洲过冬。（3）因为，他已经获悉了先前派往罗马的使节已经在反对自己，而且，他也知晓了非洲战事的终结。（4）所有这些事情都让他忐忑不安，但是，他现在却不得不被迫继续留在原地，就像俗语所说，过着一头狼一样的生活（leading the life of a wolf）。（5）通过武装劫掠一些人，或者通过武力逼迫一些人，或者通过背离自身本性地向其他人卑躬屈膝的方式——因为他的军队正饥肠辘辘——他有时可以成功弄到一些肉类补给，有时则可以成功弄到一些无花果，有时则可以成功弄到一些微不足道的粮食。（6）宙克西斯向他提供了一些补给，米拉萨人（Mylasa）、③阿拉班达人（Alabanda）和梅格尼西亚人（Magnesia）——每当他们送给他东西，他都会进行百般谄媚——也向他提供了一些补给，但是，如果他们没有送来东西，那么，他都会对他们愤愤不平地进行咆哮，并密谋对抗他们。（7）最后，他设法让斐洛克勒斯（Philocles）叛向自己，从而密谋占领米拉萨，但是，由

---

① ［中译按］在剑桥本中，英译者将"腓力在卡里亚"这个标题写作"罗马与腓力五世之间的战争"。

② 即公元前201年。

③ ［中译按］Mylasa（米拉萨）亦写作 Mylae（米莱）。

于手段蠢笨，以至于这个计划最终胎死腹中。（8）至于阿拉班达的国土，他则像对待敌国一样进行了残酷的蹂躏，他声称，这是自己的军队获取食物的必要手段……

（9）正如波利比乌斯在第十六卷中告诉我们说，当珀耳修斯（Perseus）之父腓力由于自己的军队食物匮乏而蹂躏亚洲时，他从梅格尼西亚人那里得到了无花果（因为他们没有谷物）；出于这个原因，当他占领米厄斯（Myus）后，他就把米厄斯送给了梅格尼西亚人，以作为他们送给自己无花果的回报①……

阿塔鲁斯在雅典

[25]②（1）雅典人派遣了一个使团到阿塔鲁斯国王那里，以感谢他过去的帮忙和催促他前来雅典商讨时局。③（2）在几天后，国王得知罗马使节抵达了比雷埃夫斯（Piraeus）；他觉得自己有必要会见他们，因此，他就急忙出海了。（3）在听说国王到来后，雅典人进行了热情的欢迎和慷慨的接待。（4）在抵达比雷埃夫斯后的第一天，阿塔鲁斯就会见了罗马使团，他非常高兴地发现，他们没有忘记他们过去同罗马的联合行动，而且，他们也欣然愿意同腓力开战。（5）第二天，在罗马人和雅典执政官（Archons）的簇拥下，他前往了雅典。（6）不仅所有的官员和骑士，而且所有的公民及其妻儿也全都出来迎见他们；当他们相遇时，民众热情地欢迎着罗马人，而且，他们更为热情欢迎着阿塔鲁斯，他们的真诚简直无以复加。（7）当他迈进迪普隆门（Dipylon gate）④时，男祭司和女祭司站在道路的两侧；接着，他们打开了所有的神庙，在将祭品带到所有的祭坛前面后，他们恳请国王进行献祭。（8）他们最后投票授予他

---

① 第十六卷第 24 章第 9 节摘录自亚特纳乌斯（Athenaeus）第三卷 78C。
② 公元前 200 年，阿塔鲁斯访问了雅典。
③ 亦即商讨如何解除他们与腓力之间的战争给他们所带来的威胁，参见李维第三十一卷第 14 章第 24 节。
④ ［中译按］Dipylon 亦写作 Dipylum。

这样的荣誉,因为,他们从未将这样的荣誉授予给他们以前的恩主。(9)除了其他的荣誉之外,他们将其中一个部落的名称以他的名字命名作阿塔利斯(Attalis),而且,他们将他的名字添列到他们的英雄列表当中。

[26](1)接下来,他们召开了民众大会和邀请了国王前去演讲。(2)然而,他却恳请原谅,他解释他亲自出席这样的民众大会并不得体,而且,他讲述了他将授予他们的所有好处,因此,他们就没有继续坚持他出席的请求;(3)但是,他们恳请他撰写一份他觉得在当前情况下该如何做是最明智的书面主张。(4)他对此予以赞同;当他撰写完这份信件后,主持会议的官员门就将它呈现给了民众大会。(5)这份信件的主要要点如下:首先,他提醒他们他先前授予给雅典民众的好处;其次,他讲述了在当前危机中自己对抗腓力的行动;(6)最后,他激励他们一起参与到同腓力的战争中来,他向他们保证道,假如他们现在仍不下定决心同罗德岛人、罗马人和他自己一起对抗腓力,而是在错过这次良机后希望同其他人一起和平共处,那么,他们终将丧失自己国家的真正利益。(7)在朗读了这封信件后,在国王所说的话语和他们对国王深厚感情的作用下,民众投票赞成开战。(8)事实上,当罗德岛人也上前详细地作了同样意义的讲话后,雅典人就决定同腓力开战了。(9)他们也对罗德岛人予以热烈的欢迎,他们授予了罗德岛人一项代表勇敢的王冠,并授予了所有罗德岛人享有同雅典人完全一样的政治权,以回报——除了他们所给予的其他好处之外——他们归还他们所俘获的雅典舰船和雅典俘虏。(10)在完成这个任务后,罗德岛人的使节们就率领自己的舰队返航回到了塞奥斯岛(Ceos),以照看这座岛屿……

罗马和腓力

[27](1)当罗马使节仍在雅典时,腓力的将军尼卡诺尔(Nicanor)蹂躏了阿提卡和来到了阿卡德米(Academy),罗马人随即就派遣了一名信使到他那里,要求他告诉腓力,(2)罗马人要求

国王腓力不要同任何一个希腊城邦开战，同时，对于他对阿塔鲁斯所造成的损失，他们也要求一个公正的法庭来公平裁决和作出补偿。（3）他们补充说，如果他照此行事，那么，他就可以同罗马维持友好关系，但是，如果他拒绝接受，那么，结果就将迥然有别。尼卡诺尔听完后就离开了。（4）接着，罗马使节沿着海岸继续航行，他们向腓尼基（Phoenice）的伊庇鲁斯人宣告了他们对腓力的这种类似声明，同时，他们也向亚萨曼尼亚（Athamania）的阿米南德（Amynander）、①诺帕克图斯（Naupactus）的埃托利亚人和埃基乌姆（Aegium）的亚该亚人传达了他们对腓力的这种类似声明。（5）在借助尼卡诺尔之口向腓力作出这种警告后，他们驶向了安条克和托勒密那里，以期同他们达成和约……

[28]（1）在我看来，那些开局良好，甚至能够长久地维持自己干事劲头的人，这种人实际上比比皆是；（2）然而，那些成功地将自己的目标进行到底，即使身处逆境也会通过冷静的理性来弥补干劲上的不足的人，这种人实际上少之又少。（3）因此，在这种情形下，我们肯定会对阿塔鲁斯和罗德岛人的疏忽大意进行百般地挑刺，而对腓力的君主风范、宽宏大量和对目标的锲而不舍进行百般地赞扬——不是说真地赞扬他的整个性格，而是仅仅钦佩他在当前这种场合所采取的行动。（4）我之所以作出这番陈述，是唯恐有人会认为我自相矛盾，因为，我最近刚刚赞扬了阿塔鲁斯与罗德岛人，而且谴责了腓力，但现在我却对他们作出了完全背道而驰的陈述。（5）正是出于这个原因，在这部著作的开头，②我就说道，即使是面对同一个人，我有时也会进行赞扬，有时也会进行批评；（6）因为，形势的每况愈下或者欣欣向荣都会改变人们的心态，有时人们自身的天性会驱使人们去做他们认为正确或者避免他们认为错误的事情。（7）这种事情也发生在腓力身上。（8）他对近来的失利深感恼火，而这些失利又主要是由于自己的愤懑和怒气所致，以至于

---

① ［中译按］Amynander 亦写作 Amynandrus 或者 Amynandros。
② 参见第一卷第 14 章。

他就让自己以一种歇斯底里或者饱满的精神来应对这种至暗时刻;通过这种方式,他奋起迎击罗德岛人和阿塔鲁斯国王,并赢得了随后的胜利。(8)我之所以说出这番话,是因为一些人就像差劲的赛跑者一样,在临近终点时,他们却选择了放弃,而其他人则坚持到了最后,直至战胜了自己的对手······

[29](1)腓力希望先于罗马人占领这些基地和跳板①······

(2)因此,假如他意欲再一次渡往亚洲,那么,他可能会以阿比都斯(Abydus)作为跳板······

围困阿比都斯

(3)对于阿比都斯和塞斯图斯(Sestus)②的位置以及这些城市的区位优势,在我看来,我不得不花费一些时间来予以详尽的描述,因为,这些地方太过波谲云诡,以至于任何所谓的智者都或多或少地知道它们。(4)但是,我想,通过引起读者们的注意来提醒他们简要地记住一些事实,这会是一种有益的方式。(5)一个人应该从对比我所列举的那些东西,而不是从城市自身的实际地形来认识这些城市的优势所在。(6)正如一个人除非通过赫拉克勒斯之柱(Pillars of Heracles)的海口,否则他就不可能从一些人所说的大洋(Ocean)——另一些人则称它为大西洋(Atlantic Sea)——航行到我们自己的海洋中来一样,(7)一个人不可能从我们的海洋到达欧克西涅海(Euxine)和普洛滂提斯(Propontis),除非他航行通过塞斯图斯与阿比都斯之间的水道。(8)就好像命运女神按照特定比例生成这两个海峡一样,赫拉克勒斯之柱的航道要远比赫勒斯滂(Hellespont)宽很多,前者的宽度是六十斯塔德,而后者的宽度则是两斯塔德;(9)这个距离就好像是预先设计的一样,因为,在规模上,大洋(Ocean)是我们这片海洋的许多倍。(10)然而,就天然

---

① 即公元前 200 年。
② [中译按]Sestus 亦写作 Sestos。

优势而言,阿比都斯的航道要比赫拉克勒斯之柱的航道优越和方便得多。(11)因为,对于生活在两岸的居民来说,前者就像一道门,因为,有时通过桥梁从一个陆地步行到另一个陆地,有时则通过船只进行不断地横贯,以至于两岸的居民可以自由地进行往来;(12)然而,无论是从海洋到海洋的通道,还是从陆地到陆地的通道,后者几乎都不会用到,因为,生活在非洲尽头与欧洲之间的居民缺乏交流,而且,我们对外海也一无所知。(13)阿比都斯城本身就坐落在欧洲海岸一侧的两个海角之间,而且,它有一座全方位避风的港口。(14)由于海峡内的激流涌动而又湍急,以至于假如不把船只停泊在港口内,那么,任何船只都不可能在这座城市停泊。

[30](1)然而,腓力现在开始从海陆围攻阿比都斯,他在这座港口的出入口处安插了木桩,并在这座城市的四周挖掘了壕沟。(2)对于在这场工事中所用到的庞大器械和所用到的各种智谋而言——围城者和被围者都会绞尽脑汁地通过各种诡计和手段来彼此挫败对方的企图——这场围城根本就不显著;(3)至于被围者所展现出的英勇果敢和不同凡响的精神,它们则尤其值得子孙后代所深深铭记和书写。(4)阿比都斯城的居民从一开始就意气风发、自信十足,他们英勇地抵挡腓力精心部署的所有进攻,他们利用石弩击碎了他从海上对付城墙的一些器械,而且,他们也通过火攻摧毁了他的其他一些器械,以至于敌人九死一生地从危险区域撤出自己的舰船。(5)至于围城者的陆上工事,阿比都斯人(Abydenes)也进行了相当程度的英勇抵抗,他们根本没有丧失战胜敌人的信念。(6)但是,当他们外部的城墙遭到破坏倒塌和马其顿人的坑道挖到他们内部的城墙时,他们从里面建造了一座全新的城墙以取代坍塌的城墙;(7)随后,他们最终委派埃菲亚德斯(Iphiades)和潘塔诺图斯(Pantagnotus)作为使节,以同意腓力占领这座城市,条件是他允许那些来自阿塔鲁斯和罗德岛人的士兵可以打着休战旗离开,同时也允许所有的自由民可以穿着他们自己的衣服逃往他们各自选择的任何地方。(8)然而,当腓力命令他们,要么无条件投

降,要么英勇战斗到底后,使节们就回去了。

[31](1)当阿比都斯人听到这个回复后,他们召开了民众大会,万念俱灰地共同讨论时局。(2)他们首先决定解放奴隶,因为他们没有理由在防御问题上拒绝帮助他们;其次,他们将所有的女人集中在阿耳忒弥斯神庙内,儿童及其奶妈则集中在体育馆内;(3)最后,他们将所有的金银都集中在集市内,同时,他们也将所有的名贵衣服都集中在罗德岛人的四桨座战船内和希兹塞尼亚人(Cyzicenians)的三桨座战船内。(4)在作出这些决定后,他们同心协力地实施他们的法令,接着,他们再一次召集了民众大会,并选出了五十名年长的老者和最值得信赖的公民,同时这些人也都拥有足够的体力去实施他们的决定;(5)这些人在所有公民面前发誓说:"一旦他们看到敌军占领内墙,他们会按照诅咒①杀死全部的妇女和儿童,同时也会放火烧毁我前面所提到的船只,并把所有的金银都抛进大海。"(6)接着,祭司走到他们面前,让他们所有人全部发誓,他们要么征服敌人,要么为自己的国家血溅沙场。(7)最后,他们宰杀了一些祭品,同时他们逼迫祭司和女祭司宣布,在燔祭的内脏时所下达的诅咒将会在那些没有践行誓言之人的身上应验。(8)在做完这种庄严的自我约束后,他们停止了对敌人的反击,他们已经决定,一旦内墙倒塌,他们就在废墟上血战到底并同入侵者决一死战。

[32](1)对于种种这些行动,人们不禁会说,阿比都斯人的英勇果敢甚至超过了闻名遐迩的弗西斯人的奋不顾身和阿卡纳尼亚人的勇往直前。②(2)弗西斯人有一次对他们的家人也采用了相同的举措,但这不是源于他们对胜利绝望,因为他们当时是在野外同色萨利人激战;(3)当阿卡纳尼亚人看到自己遭到埃托利亚人侵略时,他们也采用了非常相似的举措,对于这两个国家的这些故事,

① 也即是在所有人身上都会应验的诅咒(curses)。

② 关于弗西斯人(Phocians),参见保萨尼阿斯(Pausan.)第十卷第1章第6节;关于阿卡纳尼亚人(Acarnanians),参见前引书(*supra*.)第九卷第40章。

我在这部著作的前面部分已经讲述过了。（4）然而，当阿比都斯人遭到彻底的包围和没有任何获胜的希望时，他们决心迎接自己的命运，他们选择与自己的妻儿同生共死，而不是选择让自己的妻儿在敌人手上继续苟活下去。（5）因此，对于阿比都斯人的情形，有人可能会强烈地指责命运女神，因为，对于那些惨遭不幸的其他民族，命运女神会立即给予身处绝望的他们以胜利和安全，但是，祂却完全背道而驰地对待阿比都斯人。（6）因为，不仅他们的男人遭到杀害，他们的城市惨遭沦陷，而且他们的妻儿也落到了敌人手上。

[33]（1）一旦内墙倒塌，它的守卫者立即按照自己所发下的誓言登上废墟，继续同腓力拼死作战，尽管他一波接一波地将马其顿人派到前面一直到夜晚来临，但是，他最终放弃了战斗，甚至几乎就要放弃在整个围困战中的胜利希望。（2）阿比都斯人不仅爬到敌人的尸体上和在那里英勇地同敌人战斗，他们只能用刀剑和标枪作战；（3）但是，当这些武器不堪中用或者从他们手上打落后，他们就徒手与敌人进行肉搏，把身穿铠甲的他们摔倒在地或者折断他们的长枪，他们用碎片或者其他东西攻击他们的脸部和身体的裸露部分以不断地刺伤他们，从而让他们陷入彻底的恐慌。（4）当夜幕降临和战斗中止时，大部分的守卫者都躺毙在废墟上，其余的守卫者则由于疲惫和伤口而精疲力竭，格劳西德斯（Glaucides）和提奥纳图斯（Theognetus）召集了一些年长的公民进行开会商议，他们决定牺牲个人的安危和放弃自己同胞所赢得的所有荣誉；（5）因为，他们决心拯救妇女和儿童，所以天色刚刚破晓，他们就派遣祭司和女祭司带着祈愿的花环到腓力那里乞求投降和宽恕。

[34]（1）这时阿塔鲁斯国王听到了阿比都斯被围的消息，于是，他就航行穿过了爱琴海（Aegean）和抵达了提内多斯（Tenedos）；至于罗马人一方，年轻的使节马尔库斯·埃米利乌斯（Marcus Aemilius）也通过海路到达了阿比都斯。（2）因为，当罗马人在罗德岛听说了阿比都斯被围的消息后，按照事先的指示，他们希望传话给腓力本人，因此，他们推迟了访问其他国王的计划，并派遣了上

面的这位马尔库斯·埃米利乌斯去完成这个使命。(3)在阿比都斯附近会见这位国王时,他告诉腓力,元老院已经通过了一项法令,这项法令要求他不要同希腊的任何一个国家开战,也不要染指托勒密的财富;对于他对阿塔鲁斯和罗德岛人所造成的损害赔偿问题,他也会提交到法庭进行裁决。(4)假如他照此行事,那么,他将继续安享和平,但是,假如他不立即接受这些条件,那么,他就是在与罗马开战。(5)当腓力力图证明罗德岛人是侵略者时,马尔库斯打断了他,并问道:"那雅典人呢? 希亚尼亚人(Cianians)和现在的阿比都斯人呢? 难道他们不是你首先发动进攻的吗?"(6)国王大惊失色,他说道:"对于你的傲慢态度,我出于三个原因而予以原谅,首先,你年轻气盛,缺乏事务上的经验;其次,你玉树临风、仪表堂堂(这是事实);第三,你是罗马人。"(7)他说道:"我的首要要求是罗马人不要违反我们之间所缔结的条约或同我开战;但是,假如罗马人真的这样行事,那么,我将英勇地誓死捍卫自己和祈求诸神帮助自己。"

(8)在交谈了这番话后,他们就分开了;在占领阿比都斯后,腓力发现阿比都斯人将所有的财宝都集中堆积在一起交给了自己。(9)然而,当他看到那些人连同他们的妻子儿女尸横遍野、怒气冲天时——他们要么割断喉咙,要么烧死,要么吊死,要么跳进水井或者跳下屋顶——他惊诧万分;(10)以至于他悲痛万分地宣布,对于那些希望自己吊死自己和切断自己喉咙的人,他会给予他们三天的宽限时间。(11)阿比都斯人依然坚持他们原来所下定的决心,他们将自己视作那些为自己国家战斗和牺牲之人的叛徒,他们毅然决然地坚持赴死;(12)因此,除了那些身负镣铐或者其他强制性枷锁之人,其他所有人全都毫不犹豫地欣然赴死,每一个家庭……

[35](1)在阿比都斯沦陷后,一个从亚该亚同盟而来的使团抵达了罗德岛,他们恳求罗德岛人同腓力缔结和约。(2)但是,一个从罗马而来的使团也紧随亚该亚人之后抵达了罗德岛,他们要求罗德岛人在没有罗马人同意的情况下不要同腓力缔结和约,罗德岛人决心站在罗马人一边和维持同罗马人的友谊……

斐洛波曼远征纳比斯

[36]①(1)斐洛波曼计算了亚该亚同盟所有城市的路程和这些城市的军队沿着同一条道路抵达提基亚的路程。（2）接着，他写信给他们所有的城市，甚至连那些最偏远的城市也送去了信件，因此，不仅每一座城市都收到了属于它自己的信件，而且，同一条路线上的其他城市也收到了属于它自己的信件。（3）在第一封信里，他像下面那样去信给指挥官（commanding officers）②："一接到这封信件，你们就立即在市场内全副武装地集结所有达到兵役年龄的人员，并让他们携带足足五天的补给和金钱。（4）一旦他们所有人在城内集结完毕，你们要率领他们进军到下一座城市；你们一抵达下一座城市，你们就把写给他们的这封信件交给他们的指挥官，让他们依照信上的命令行事。"（5）除了他们接下来进军的城市名称不一样之外，这封信的内容同先前那封信的内容一模一样。（6）这种过程就在一个接一个的城市之间重复传递，结果，首先，没有人知道他们所进行的这场远征的目的或者任务是什么；（7）其次，除了下一座城市之外，没有人知道他将进军何处，因此，一路上所有人都在相互打探，他们都想知道到底是怎么回事。（8）然而，由于最偏远的城市到提基亚的路程是不同的，因此，信件并没有同时送到他们手上，而是由于路程的不同，送达的时间也相应地存在差异。（9）结果，提基亚的民众和抵达提基亚的那些人在全然不知道怎么回事的情况下，所有亚该亚军队全都全副武装地同时从各个城门进军至提基亚。

[37]（1）斐洛波曼之所以这样深谋远虑地行事和制定这样老谋深算的计划，是因为这位僭主所派出的间谍和密探无处不在。（2）在亚该亚人的主力部队抵达提基亚的那一天，斐洛波曼在算定

---

① 公元前 200 年，斐洛波曼深谋远虑地将亚该亚的所有军队同时集结在提基亚。

② 每一座城市都有两名阿波提雷奥（Apoteleioi），以分别负责指挥骑兵和步兵。

时间后派出了自己的一支精锐部队，以便他们可以在塞拉西亚过夜和第二天黎明时可以劫掠拉科尼亚。（3）假如纳比斯的雇佣军离开自己的营地，前来进攻他们，那么，他命令他们撤退到斯科提塔（Scotitas），①接着，他们要在克里特的迪达斯卡隆达（Didascalondas of Crete）的领导下行事，因为，这位军官得到了斐洛波曼的充分信任，而且，在整个远征中他都得到了充分的指示。（4）在命令亚该亚人早早地进食晚饭后，斐洛波曼率领军队从提基亚出发了，在经过了一晚上的急行军后，在拂晓时，他和他的军队在斯科提塔附近的一个地方——这个地方位于提基亚和斯巴达之间——停下来了。（5）在哨兵报告敌军进犯的消息后，佩勒内（Pellene）的雇佣军立即像往常那样进军和攻击起敌军来。（6）当亚该亚人按照事先的命令进行撤退后，雇佣军追击了他们，而且，他们英勇而自信地向他们发起了进攻。（7）然而，就在他们抵达一个事先设伏的地方时，亚该亚人出现了，他们当中有一些人被杀，另一些人则被俘……

[38]（1）当腓力看到亚该亚人小心翼翼地避免同罗马人开战后，他费尽心机地在这两个民族之间制造敌意……

VII. 亚洲的局势②

[39]（1）这得到了梅格洛波利斯的波利比乌斯的证实。因为，他在其《通史》第十六卷中说道："在这个冬季，托勒密的将军斯科帕斯进军到了上区（upper country）并摧毁了犹太民族。"

（2）"漫不经心的围攻让斯科帕斯名声扫地，而且，他遭到了猛烈的攻击……"

（3）就在这同一卷中，他说道："当安条克国王战胜斯科帕斯后，这位国王占领了撒马利亚、阿比拉（Abila）和加达拉（Gadara）；（4）不

---

① ［中译按］Scotitas 亦写作 Scotita。
② 摘录自约瑟夫斯：《犹太古史》（*Ant. Jud.*）第十二卷第3章第3节。

久之后,那些生活在圣城耶路撒冷的犹太人也向他投降了。①
(5)对于这座城市的富丽堂皇和这座圣殿的美轮美奂,我必须进行详尽的阐述,但是,现在我将推迟这一叙述……"

---

① 公元前200年,在帕尼乌姆(Panium)打败了斯科帕斯后,安条克征服了科利-叙利亚和犹太人,参见前引书(*supra.*),第18章。

第十八卷（残篇）①

I. 马其顿和希腊的局势

弗拉米尼努斯和腓力

[1]（1）当这次会议所预定的时间到来时，②腓力率领五艘大帆船和一艘他自己亲自乘坐的喙状船（beaked ship）从德米特里亚斯（Demetrias）出航，并航行到米洛斯海湾（Melian Gulf）。③（2）他的两位马其顿秘书阿波罗多鲁斯和德莫斯提尼、波奥提亚人布拉基勒斯（Brachylles）④和亚该亚人希克利亚达斯（Cycliadas）⑤——这个人

---

① 按照赫尔茨（Hultsch）的说法，第十七卷没有任何残篇或者摘录保留下来。第十七卷原本包含了公元前199年罗马与腓力之间所爆发的战事，参见李维第三十一卷第34—43章。公元前198年，弗拉米尼努斯所发动的军事行动，参见李维第三十二卷第9—18章。第十八卷的前17章一般归作第十七卷。

② 即公元前198年—前197年。

③ ［中译按］Melian Gulf亦写作Malian Gulf。

④ 布拉基勒斯（Brachylles）负责指挥效忠腓力的波奥提亚人。

⑤ 希克利亚达斯（Cycliadas）在亚该亚统率亲马其顿的派系（pro-Macedonian faction），公元前200年，他被选举为将军，但他一直反对腓力企图将亚该亚卷入同罗马的战争之中。在亚该亚人放弃效忠马其顿和转而支持罗马时，他就被驱逐了。——企鹅本注
希克利亚达斯（Cycliadas）由于支持腓力而遭致驱逐，参见李维第三十二卷第19章。——剑桥本注

248

由于我在前面所提到的原因而被驱逐出伯罗奔尼撒——一起陪同他。（3）弗拉米尼努斯（Flamininus）①则有国王阿米南德（Amynander）②和阿塔鲁斯③的特使迪奥尼索多鲁斯（Dionysodorus）一起陪同；（4）至于希腊民族和城邦，则有亚该亚的阿里斯塔努斯（Aristaenus）和色诺芬（Xenophon）、罗德岛的海军统帅阿塞西姆布洛图斯（Acesimbrotus）、埃托利亚的将军法恩尼亚斯（Phaeneas）和其他政治人物一起陪同。（5）弗拉米尼努斯和陪同他的那些人抵达了尼西亚④海岸和等候在沙滩上，而腓力在船只靠近陆地时仍留在船上。（6）当弗拉米尼努斯要求他下船上岸时，他就从船上站立起来说道，他不会下船。（7）当弗拉米尼努斯再一次地询问他害怕什么时，他说，除了神明，他无惧于任何人，但他不信任在场的大部分人，尤其是埃托利亚人。（8）当这位罗马将军表达了自己的惊讶，并说道这种危险对所有人都是一样时，腓力反驳说他错了；（9）因为，假如埃托利亚的将军法恩尼亚斯发生了意外，那么，有很多人可以担任他的将军之职，但是，假如腓力不幸殒命身亡，那么，当前却没有任何人可以继承马其顿王位。（10）尽管在场的所有人都认为，国王以这种方式开启会议实在有失体面，但是，弗拉米尼努斯仍然恳请他陈述自己的看法。（11）腓力则说道，第一个发表讲话的人不是他，而是弗拉米尼努斯，因此，他询问弗拉米尼努斯，自己应该怎样行事才能保持和平。（12）这位罗马将军说道，他的职责既简单又清晰。（13）他要求腓力撤出整个希腊，并归还他手上的所有俘虏与逃兵；（14）他要向罗马人归还自与伊庇鲁斯缔结

---

① 提图斯·昆图斯·弗拉米尼努斯（Titus Quinctius Flamininus）是公元前198年的执政官。

② 阿米南德（Amynander）是亚萨曼尼亚（Athamania）的国王，亚萨曼尼亚位于阿拉克索斯河（River Arachthos）与平都斯山（Pindus）的西边缓坡之间的希腊西北部。

③ ［中译按］即帕加马国王阿塔鲁斯一世。

④ 尼西亚（Nicaea）是米洛斯海湾（Melian Gulf）内的一座港口，靠近温泉关。

和约①之后他所占领的那些伊利里亚地区,同样地,他也要向托勒密交还自托勒密·斐洛佩托去世之后他所攻占的所有城镇。②

[2](1)在说完这番话后,弗拉米尼努斯就没有再说话了,他转向了其他代表,恳请他们每一个人都按照他们事先所接到的指示进行发言。(2)阿塔鲁斯的特使迪奥尼索多鲁斯首先进行了发言。他说道,腓力必须归还他在希俄斯海战中所俘获的阿塔鲁斯国王的舰船及其水手,而且,他也必须将他所摧毁的阿芙洛狄忒神庙和尼塞弗利乌姆恢复原状。(3)接着,罗德岛的海军统帅阿塞西姆布洛图斯要求腓力撤出他从罗德岛人手上所抢占的帕拉亚(Paraea),撤走埃亚苏斯、巴基利亚和埃乌洛姆斯(Euromus)的守军;③(4)并允许佩林西亚人(Perinthians)恢复同拜占庭(Byzantium)的同盟关系和撤出塞斯图斯、阿比都斯和亚洲的所有商业基地与港口。(5)亚该亚人则接着罗德岛人说道,他们要求腓力将科林斯和阿尔戈斯完整无缺地归还他们;(6)接着,埃托利亚人首先像罗马人一样要求腓力必须撤出整个希腊,其次,他们要求腓力完好无损地归还那些先前属于埃托利亚盟邦的城市。

[3](1)在埃托利亚将军法恩尼亚斯这样说完后,埃西亚人(the Isian)④亚历山大——他既是一位具有丰富实践经验的政治家,也是一位出类拔萃的演说家——起身说道,腓力当前既不真挚地渴求和平,而且,在逼不得已地进行战争时,他也不英勇地作战;(2)相反,在参加会议和对话时,他却总是设下圈套和等待时机,以至于就像对待战争一样,然而,在战争中他却采用一种既不正义也不高贵的手段。(3)他不是与敌人面对面作战,因为,他总是逃之夭夭,一路上又烧杀掳掠,通过这种方式,尽管他自己遭遇了失败,但是,

---

① 即公元前205年所缔结的《腓尼基和约》(Peace of Phoenice),这个和约结束了第一次马其顿战争,参见前引书第十一卷第5—7章。
② 公元前200年,腓力将攻占了色雷斯城。
③ 这些城镇都坐落在小亚细亚大陆的卡里亚(Caria)行省,它们都位于罗德岛的北部。
④ 埃西亚城(Isus)坐落在埃托利亚南部和诺帕克图斯(Naupactus)的东北部。

他也破坏了胜利者的战利品。（4）然而，先前的马其顿国王完全不是以这种方式行事；因为，他们常常在战场上彼此厮杀，但几乎不去摧毁或者蹂躏城市。（5）亚历山大在亚洲同大流士的战争和他的继业者们联合起来同安提柯作战，以争夺亚洲的控制权，以至于他们彼此之间长期征战不休都清晰地证明了这一点；（6）他们的继任者们，直到皮洛士时代都遵循了相同的原则；（7）他们总是愿意在开阔的战场上相互厮杀，他们会用尽一切武力手段以赢得胜利，但他们都会宽恕城市，因此，无论谁是胜出者，他都可以统治他们和赢得他们的尊敬。（8）但是，当一个人放弃战争，却又在摧毁战争本身的目标，那么，这无疑是一种疯狂之举，甚至完全是一种丧心病狂。腓力现在所做的事情就完全与其如出一辙。（9）当他从伊庇鲁斯的隘口①疾速撤回时，他却比色萨利的任何敌人都摧毁了更多数量的色萨利的城市，尽管他是色萨利人的朋友和盟友。（10）在引用了更多数量的事例来支持自己的主张后，他最终像下面那样进行论证。（11）他质问腓力，当利西马基亚（Lysimachia）是埃托利亚同盟的成员，并在埃托利亚同盟所派出的一名军事总督的统治下时，为什么他要驱逐这位军官，并把自己的卫戍部队部署在城内？（12）希厄斯当时也是埃托利亚同盟的成员，他自己也同埃托利亚人保持着友好关系时，为什么他要把希厄斯的民众卖作奴隶？最后，他现在仍然占据了埃基努斯（Echinus）、弗提亚－底比斯（Phthian Thebes）②、法萨鲁斯（Pharsalus）和拉里萨，这又是出于何种理由呢？③

［4］（1）当亚历山大结束这番慷慨激昂的演讲时，腓力让自己的舰船比先前更加靠近海岸，接着，他站在甲板上说道，亚历山大的演讲是典型的埃托利亚人风格，充满了戏剧性色彩。（2）他说道，所有人都非常清楚地知道，没有人愿意摧毁自己的盟友，但是，

---

① 这是腓力在遭到弗拉米尼努斯驱逐时所走的通道。
② ［中译按］Phthian Thebes 亦写作 Phthiotid Thebes。
③ 这四座城镇先前属于埃托利亚人，但现在却被马其顿人攻占。

统帅会根据局势的变化而被迫去做许多他自己根本就不愿意做的事情。（3）当国王仍在演说时，法恩尼亚斯粗暴地打断他说，他完全是在胡说八道，因为，他要么战斗和征服，要么服从更强者的命令。（4）尽管自己的处境不佳，但是，腓力仍然没有克制自己喜欢嘲讽他人的独特天性，因此，他转过身来对他说道："法恩尼亚斯啊，即使一位盲人也都可以看到；"因为，腓力天生就有这种妙语连珠的特殊本领。（5）接着，腓力再一次地转向亚历山大说道："亚历山大，你质问我，为什么我吞并了利西马基亚。（6）我的理由就是，为了避免它因为你们的疏忽以至于遭到色雷斯人的破坏，从而使它的人口减少，而这确实也已经发生了；因为，当前这场战争逼迫我撤走我的军队，但他们完全不是你所说的那种敌对性守军，相反，他们是保卫者。（7）至于希厄斯人，并不是我对他们进行开战，而是在普鲁西亚（Prusias）同他们开战时，我协助他征服他们而已，而且，所有这些也都是你们自己的过错。（8）因为，我和其他希腊人一再向你们派出使节，以要求你们废除那条准许你们从战利品中拿走战利品的法律，你们的回答却是，你们宁愿将埃托利亚从埃托利亚中移除，也不愿意废除这条法律。"①

　　[5]（1）当弗拉米尼努斯说自己对他所说的这句话感到迷惑时，国王向他解释道，埃托利亚人的习惯是，他们不仅劫掠那些与自己开战的民族及其国土，（2）而且，对于任何其他正在开战的民族，即使交战的双方都是埃托利亚人的朋友和盟友，即使在没有任何公开的法令的情况下，埃托利亚人同样可以援助交战双方，也可以劫掠交战双方的领土；（3）因此，埃托利亚人对友谊和敌对没有准确的界限，相反，他们可以对任何存在争议的国家毫不迟疑地以敌国对待，并进行开战。（4）他继续说道："当我是埃托利亚人的朋友和普鲁西亚的盟友期间，我同希厄斯人开战以支援我的盟友，这何错之有？（5）然而，最让人不能容忍的是，他们竟然将自己置于

---

① 正如十八世纪时期众多的欧洲国家准许私掠船一样，针对那些并未正式宣战的国家，埃托利亚人准许自己的公民可以采取独立的敌对行动。

同罗马人的同等地位来要求马其顿人撤出整个希腊。（6）这样的语言实在太过盛气凌人，但是，如果这种语言出自于罗马人之口，我们或许可以忍受，然而，出自于埃托利亚人之口，我们却孰不可忍。"（7）他继续说道："你要求我撤出希腊，那么，你究竟怎样界定希腊呢？（8）因为，大部分埃托利亚人都不是希腊人，阿格拉埃人（Agraae）①、阿波多塔人（Apodotae）②和安菲洛基亚人（Amphilochians）也都不是希腊人。③（9）难道你们允许我继续留在这些国家吗？"

[6]（1）弗拉米尼努斯在听到这番话后禁不住挖苦地笑了起来，腓力则继续说道："这就是我要向埃托利亚人所说的所有话，然而，对于罗德岛人和阿塔鲁斯，我必须要说，任何一位公正的裁判者都会认为，他们向我归还所俘获的舰船及其船员，比我向他们归还舰船及其船员要更公平。（2）因为，首先发动侵略行动的人是阿塔鲁斯和罗德岛人，而不是我，这也是所有人都承认的事实。（3）然而，既然你提出了要求，我就将佩拉亚（Peraea）归还给罗德岛人，并将仍然幸存的舰船及其船员归还给阿塔鲁斯。（4）至于尼塞弗利乌姆和阿芙洛狄忒神庙的损毁，我没有修复它们的能力，但是，我将送去植物和园丁以栽培这个地方，并照看那些惨遭砍倒的树木的生长。"（5）弗拉米尼努斯再一次地挖苦地笑了起来，而腓力现在则转到了亚该亚人的问题上来。他首先列举了他们从安提柯④和从他本人那里所获得的所有恩惠；（6）其次，他叙述了他们赠予给马其顿君主的巨大荣誉；（7）最后，他朗读了一条他们放弃腓力和转而投靠罗马的法令，他也由此利用这个场合大做文章，以大肆宣扬亚该亚人的反复无常和忘恩负义。（8）然而，他说道，他会将阿尔戈斯归还给他们，但对于科林斯，他仍要同弗拉米尼努斯进

---

① [中译按]Agraae 亦写作 Agrai。
② [中译按]Apodotae 亦写作 Apodoti。
③ 姑且承认马其顿人的说法，不过，修昔底德确实认为，生活在安布拉西亚海湾（Ambracian Gulf）东端的安菲洛基亚人（Amphilochians）是野蛮人。
④ [中译按]即安提柯三世。

行磋商。

[7](1)在结束了对其他使节的演说后,他说道,他现在要讨论的是他自己与罗马人之间的事情,他问弗拉米尼努斯,他是从他先前在希腊征服的那些城镇和地方撤出,还是要进一步地从他的先祖们所继承而来的那些地方撤出。(2)弗拉米尼努斯没有说话,但是,亚该亚一方的阿里斯塔努斯和埃托利亚一方的法恩尼亚斯则立即准备回答。(3)然而,天色现在已经就要黑下来,由于时间的关系,他们没有进行发言;腓力要求他们应该向他提供一份写有和平条款的书面文件。(4)因为,他只有一个人,没有人可以商量,因此,他希望仔细地思考他们所提出的要求。(5)对于腓力的戏谑,弗拉米尼努斯没有感到任何的不快,而且,他也不希望别人认为他心生不快,因此,他转而讽刺地说道:"(6)腓力,你当然只有一个人,因为,你杀掉了所有那些可以向你提供最好建议的朋友们。"这位马其顿君主只冷笑了一下,没有说任何话。

(7)在将自己的要求(这些要求同我刚刚所说的要求是一样的)进行书面化交给腓力,以及他们所有人现在约定好翌日在尼西亚进行第二次会谈后,他们就离开了。(8)翌日早上,弗拉米尼努斯和其他所有人准时地出现在了约定的地方,但腓力并未现身。

[8](1)然而,就在这一天的白昼行将结束和弗拉米尼努斯几乎就要放弃所有希望之时,在同一批人的陪伴下,腓力在黄昏时分现身了;(2)他自己解释说,由于他们向他所提出的条件的苛刻,因此,他花费了整个白天的时间来进行仔细地思考,但是,在其他人看来,他的目的是通过压缩时间,以避免亚该亚人和埃托利亚人的指控。(3)因为,前一日在他离开之时,他注意到有两位使节正要跃跃欲试地向自己开炮,并发泄他们的不满。(4)因此,当他现在到达后,他要求罗马将军与自己私下商讨局势,他们的目的不是双方之间你来我往的唇枪舌剑,而是解决争议。(5)腓力反反复复地坚持这个要求,因此,弗拉米尼努斯询问在场的那些人自己应该如何行事。(6)他们敦促弗拉米尼努斯前去会见腓力和聆听他到底要说些什么,弗拉米尼努斯于是就带上了军事保民官阿庇乌斯·

克劳狄（Appius Claudius）一同前往，他让其他人往海岸后退一段距离后留在那里，接着，他邀请腓力上岸。（7）国王在阿波罗多鲁斯和德莫斯提尼的陪同下离开了舰船，并同弗拉米尼努斯会谈了很长的时间。（8）很难说他们各自在那个场合说了什么，但是，在腓力离开后，弗拉米尼努斯向其他人解释了国王的提议；（9）弗拉米尼努斯说道，腓力会向埃托利亚人归还法萨卢斯和拉里萨，但底比斯除外；他会向罗德岛人归还佩拉亚，但他不会撤出埃亚苏斯和巴基利亚；他会向亚该亚人归还科林斯和阿尔戈斯。（10）他会向罗马人让出他在伊利里亚的财富，并归还所有的战俘，同时，他也会向阿塔鲁斯归还在海战中所俘获的舰船及其幸存的船员。

[9]（1）在场的所有人都对这些条件深表不满，并要求腓力首先要满足他们共同的要求——亦即撤出整个希腊，否则，这些让步也是荒唐而无用的——腓力注意到他们正在进行的讨论，他担心他们一同起来对抗自己；（2）因此，他要求弗拉米尼努斯将会议延期到次日，因为天色已晚，他说，届时他要么说服他们接受这些条件，要么他自己接受他们正义的要求。（3）弗拉米尼努斯同意了他的这个要求，当约定好第二天在特洛尼乌姆（Thronium）①附近的海滩进行会谈后，他们就离开了；第二天，他们所有人都按时抵达了约定的地方。（4）腓力现在向他们所有人，特别是向弗拉米尼努斯发表了一个简短的演讲，以恳请他们在大部分问题仍在解决之时不要中断会谈，如果可能，他们之间对所争议的问题都可以达成和解。（5）然而，如果没有这种可能，那么，他将派遣一个使团到元老院，以说服元老院接受这些争议或者服从元老院对他下达的任何命令。②（6）当他一说完这个提议，其他所有人立即说道，他们不会接受这个提议，而是会继续进行战争。（7）然而，这位罗马将军却说

---

① ［中译按］Thronium 亦写作 Thronion。
② 这是一个史无前例的提议，因为，到当时为止，在同现场负责整个事务的罗马将军达成初步协议后，这样的提议才会提交到元老院和征询元老院的意见。弗拉米尼努斯希望自己在希腊的统帅权能够得到延长，即使这个目的不能实现，他仍希望元老院将和平的缔结权委任给自己。

道,他非常清楚地知道腓力不可能听从他们的任何要求;(8)但是,由于腓力的请求肯定不会干扰他们的行动,因此,他们最好接受它。(9)事实上,在没有征询元老院意见的情况下,他们现在所说的所有提议没有一个会得到批准;除了确认元老院的意见以外,现在这个季节也非常地有利。(10)因为现在是冬季时节,所以整个军队都无法采取任何行动,因此,他们利用这个时间来征询元老院的决议非但不会有损任何人的利益,相反,它对他们所有人都有好处。

[10](1)当他们看到弗拉米尼努斯明显乐意将问题提交到元老院时,他们所有人马上就表示了同意;(2)他们所作的决议是同意腓力派遣使节到罗马,他们各自也会派出自己的使节到元老院那里进行陈述和控告腓力。

(3)这场会议正合弗拉米尼努斯的预料和他原先的算计,①他立即着手搭建自身计划的架构,他利用自身的优势,丝毫不让腓力攫取任何的好处。(4)尽管他授予了腓力为期两个月的休战期,但是,他规定腓力在这个时间内完成向罗马派遣使节的行动,并立即撤走弗西斯和洛克里斯(Locris)的驻军。(5)为了维护自己盟友的利益,他也采取积极的措施以防止马其顿人在此期间对他们造成任何伤害。(6)在把这些关于腓力的条件书面记录下来后,他立即就埋头实施起了自己的计划。(7)他立即派遣阿米南德(Amynander)②到罗马,因为,他知道自己的性格随和,以至于很容易遵从自己在城内的朋友们所选择的任何行动方向进行行动,而且,腓力的国王头衔将会增添场面的恢弘气势和唤起民众见到他的渴望。③(8)接着,他派出了自己妻子的甥侄昆图斯·费边(Quintus Fabius)、昆图斯·弗维乌斯(Quintus Fulvius)和阿庇乌斯·克劳狄·尼禄(Appius Claudius Nero)作为自己个人的代表。(9)埃托利亚的使节代表是埃西亚的亚历山大(Alexander the Isian)、卡莱顿的达谟克

---

① 这表明,派遣使节的提议可能是弗拉米尼努斯自己设计出来的。
② [中译按]Amynander 亦写作 Amynandrus。
③ 腓力是第一位造访罗马的国王。

利特（Damocritus of Calydon）、特里克奥尼乌姆的迪卡亚基亚（Dicaearchus of Trichonium）、阿尔西诺的波勒马科斯（Polemarchus of Arsinoë）、安布拉西亚的拉米乌斯（Lamius of Ambracia）、阿卡纳尼亚的尼科马克斯（Nicomachus of Acarnania）——（10）尼科马克斯是先前从塞利乌姆（Thurium）放逐的那些人当中的一员，现在则生活在安布拉西亚——以及菲拉埃的提奥多图（Theodotus of Pherae）——提奥多图先前从色萨利流亡，现在则生活在斯特拉图斯（Stratus）；（11）亚该亚人的使节代表是埃基乌姆的色诺芬（Xenophon of Aegae①），阿塔鲁斯的使节代表则只有亚历山大一人，而雅典人的使节代表则是塞菲索多鲁斯（Cephisodorus）。②

　　[11]（1）当这些使节抵达罗马时，元老院尚未决定是派遣担任这一年度的两位执政官都去高卢，还是只派遣其中一位执政官去对付腓力。（2）然而，当弗拉米尼努斯的朋友们确信，由于凯尔特人的威胁，两位执政官都将留在意大利时，所有的使节都现身元老院，并直言不讳地控诉起腓力来。（3）他们所作的指控同他们之前对腓力本人的那些指控大体相同，（4）但是，他们竭尽全力地向元老院强调，只要迦尔西（Chalcis）、科林斯和德米特里亚斯仍然留在马其顿人手上，希腊人就不可能奢望任何的自由。（5）因为，用腓力自己的话来说，这些地方就是"希腊的脚镣"（fetters of Greece），他们说，腓力的这种看法确实一针见血。（6）因为，假如国王的军队驻守在科林斯，那么，伯罗奔尼撒人就不能自由地呼吸；假如腓力攫取了迦尔西和埃维厄（Euboea）的其他部分，那么，洛克里斯人、波奥提亚人和弗西斯人就不会拥有任何的信心；（7）当马其顿人控制德米特里亚斯时，色萨利人和梅格尼西亚人也不可能享有任何自由。（8）因此，腓力从其他地方撤离只不过是出于摆脱当前困局的一种让步性姿态，假如他仍然控制上述这些地方，那么，他就可以随心所欲地在任何一天轻易地征服希腊。（9）因此，他们敦促元老

---

① ［中译按］Aegae 亦写作 Aegium。
② 塞菲索多鲁斯（Cephisodorus）当时是雅典的一位重要政治家。

257

院,要么强迫腓力撤出这些城镇,要么严守他们最初缔结的条约和一同全力地对腓力进行作战。(10)事实上,这场战争的最艰苦阶段已经过去了,马其顿人现在已经惨遭了两次败绩,也已经消耗了他们大部分的陆上资源。

(11)在说完这番话后,他们恳求元老院既不要辜负希腊人对自由的渴望,也不要玷污罗马人自身的高贵名声。①(12)希腊人的使节们所说的话就是这些或者类似这些。腓力的使节们已经准备了一个冗长的演说来作为回应,但是,他们立即就一言不发了。(13)因为,当问到他们是否会放弃迦尔西、科林斯和德米特里亚斯时,他们回答说,他们对这个问题事先没有得到任何的指示。

(14)因而,他们的演说就这样惨遭元老院的打断,以至于他们终止了自己的演说。

[12](1)正如我在前面所说,元老院现在派遣两位执政官到高卢,并投票表决继续同腓力进行作战,同时,他们任命弗拉米努斯②全权负责整个希腊的事务。(2)这个消息很快就传到了希腊,现在整个事件都已向弗拉米努斯所预想的方向发展,对于这个结果,命运女神几乎没有向他提供任何帮助,相反,这个结果几乎全都是源于他自己在处理问题时的审慎和远见所致。(3)这位将军展现出的睿智不亚于任何一位罗马将军;(4)无论是对于公共事务的经营,还是对于他自身私人事务的处置,③他精湛的技巧和强悍的理智都是别人无法超越的,尽管他当时仍非常年轻,尚未超过三十岁。(5)他是第一位率军跨海到达希腊的罗马人……

论背叛

[13](1)在许多情形下,我常常都会对人们所犯下的诸多错

---

① 亦即罗马人作为希腊的拯救者。
② [中译按]亦即提图斯·弗拉米努斯。
③ 亦即他在背后派遣使节到罗马的计划。

258

误,尤其是叛徒问题感到惊奇。（2）因此,就在与我正在书写的这个时代相契合的地方,我希望对这个问题说上三言两语;（3）尽管我非常清楚,一个人即使只是前去调查和界定它,都不是一件容易的事情。因为,我们应该将哪种人认定为真正的叛徒,这绝非易事。（4）我们不能将那些主动起来与一些国王或者君主共同行动的人认定是叛徒;①（5）也不能将那些在危急时刻舍弃自己国家的原有盟友,而转向其他盟友的人认定为叛徒。（6）事实远非如此;这种人实际上恰恰是对他们自己的国家造福最多之人。（7）我无需从遥远的过去寻找例证,因为,当前的情形就可以足够清晰地表明我所要传达的涵义。（8）假如阿里斯塔努斯（Aristaenus）没有及时让亚该亚人抛弃同腓力的同盟,转而与罗马结盟的话,那么,整个亚该亚民族都将遭受灭顶之灾。（9）事实上,他这个人和他的这个行动不仅让亚该亚同盟的所有盟邦都度过了当前的危机并获得了安全,而且,这对整个亚该亚同盟的势力增长也助益其大。（10）因此,所有人都认为他不是叛徒,相反,所有人都把他尊称为国家的拯救者和维护者。（11）对于那些根据局势的改变而采用相似的行动策略的其他人,这个原则也同样适用。

[14]（1）出于这个原因,尽管在诸多事情上我们确实都应该对德莫斯提尼赞誉有加,但是,在一件事情上,我们必须对他进行谴责,因为他非常不明智地严厉指责那些最杰出的希腊人。（2）他指责说,阿卡迪亚的塞尔西达斯（Cercidas）、希罗尼穆斯（Hieronymus）和埃康庇达斯（Eucampidas）是希腊的叛徒,因为他们倒向了腓力;（3）他也同样指责说,美塞尼亚的菲利亚达斯（Philiadas）的两个儿子尼安（Neon）和色拉叙洛克斯（Thrasylochus）;阿尔戈斯的米尔提斯（Myrtis）、提勒达穆斯（Teledamus）和纳塞亚斯（Mnaseas）;（4）色萨利的达奥克斯（Daochus）和希纳亚斯（Cineas）;波奥提亚的提奥基顿（Theogeiton）和提莫拉斯（Timolas）以及其他城邦的其他一

---

① 这指的是伯罗奔尼撒人同腓力二世相互协作,但德莫斯提尼（Demosthenes）谴责他们是叛徒。

些人也都是叛徒。（5）然而，事实上，上面所说的所有这些人全都是在清晰而有力地捍卫自身的国家利益，特别是阿卡迪亚和美塞尼亚的那些人。①（6）正是由于这些人成功地劝说腓力进军了伯罗奔尼撒和打败了斯巴达人，伯罗奔尼撒的所有居民方才首先能够呼吸自由的空气和怀抱自由的信念；（7）其次，通过收回斯巴达人在其强盛时期从美塞尼亚人、梅格洛波利斯人、提基亚人和阿尔戈斯人那里所夺取的领土和城镇，他们无疑扩大了他们自己本邦的实力。②（8）出于这样一个目标，他们的职责非但不是同腓力作战，而是要尽可能地采取一切措施来增进他的荣耀和威望。（9）假如他们在这样行事时，他们允许腓力进驻他们自己的城镇，或者废除他们自己的法律和取消公民的行动自由与言论自由，以服务于他们自己个人的野心和权力，那么，他们将无愧于叛徒之名。（10）但是，假如他们一直都是在坚定地维护自己城邦的利益，只不过他们在局势的判断上存在分歧，以至于认为他们自己城邦的利益并不等同于雅典的利益，那么，在我看来，德莫斯提尼根本就不应该把他们称作为叛徒。（11）只用自己城邦的利益来衡量一切，以至于认为整个希腊都应该将自己的眼睛投注到雅典上，假如有人不这样进行行事，那么，就称呼他们是叛徒，在我看来，德莫斯提尼无疑大错特错，而且也完全不符合事实真相；（12）事实上，发生在希腊人身上的事情特别清楚地证明了埃康庇达斯、希罗尼穆斯、塞尔西达斯和菲利亚达斯的两个儿子的正确远见，而不是他的正确远

---

① 德莫斯提尼（Demosthenes）：《论王冠》（de Corona），第四十三卷第 48 章第 295 节（§§ 43，48，295）。

② 在凯洛尼亚战役（Battle of Chaeronea）之后，公元前 338 年。参见塞尔沃尔（Thirlwall），第六卷第 77 节；格劳特（Grote），第二卷第 315 节（第 90 章）；《论王冠》（de Corona），肯尼迪译本（Kennedy's translation），附录六。当然，波利比乌斯的论据是一种事后性的（ex post facto）论据。不过，有人仍然坚持认为，假如遵从了德莫斯提尼（Demosthenes）的建议，那么，也许这些国家既可以从斯巴达的暴政中解放出来，也可以摆脱马其顿国王的征服。

见。^①（13）因为,雅典人对抗腓力的结果最终只是以损失惨重的凯洛尼亚战役（Battle of Chaeronea）的战败收场。^②（14）假如不是腓力国王的宽宏大量和珍视自己的荣誉,雅典人必将遭受更严重的灾难,而所有这一切都因为德莫斯提尼的政策所致。（15）然而,由于我先前所提到的这些人,阿卡迪亚和美塞尼亚这两座城邦让自己城邦的国家安全得到了保障,也让自己的城邦免除了来自斯巴达的进攻威胁,而且,他们自己城邦的公民也由此获得了诸多的个人好处。

[15]（1）因此,对于谁是真正的叛徒,我们很难准确地进行确认。（2）但是,那些深陷巨大险境——出于他们自身的安全和利益,或者出于他们同敌对派系的分歧——以至于将自己的城市置于敌人手上的人们最适合于叛徒的本来面目;（3）或者接受外国的驻军和利用外来的援助,以进一步地强化他们个人的目标和意向,以至于将自己的国家置于外来势力的控制之下的人们更无愧于叛徒的真正涵义。（4）所有作出这种举动的人都可以无可争议地认作叛徒。（5）正如所有人都承认的那样,这些人的背叛行径从未给他们自己带来真正的利益或者好处,相反,实际上正与之背道而驰。（6）这不禁让我们惊叹,他们最初的动机是什么? 他们是在何种目的或者算计的支配下轻率地冲进这种灾难之中? （7）因为,对于那些背叛自己城市、军队或者要塞的人,他们没有一个是不会被发现的,即使当时未被发现,随着时间的流逝,他们最终也会被发现。（8）一旦被发现,这些人就不可能过上幸福的生活,相反,他们大部分人都会遭到他们费尽心机地进行讨好之人的惩罚。（9）因为,将军和国王经常利用叛徒来扩大自己的利益,但是,当他们毫无利用价值时,正如德莫斯提尼所说,^③他们之后就会把他们视作

---

① 在这个地方,波利比乌斯完全是以后见之明和成败输赢而非原则本身来评判德莫斯提尼所实施的政策。
② 即公元前338年。
③ 参见德莫斯提尼（Demosthenes）:《论王冠》（de Corona）,第四十七节（§47）。

叛徒；（10）他们会自然而然地认为，一个向敌人背叛自己国家和自己原来朋友的人，也不可能向他们自己保持忠诚或者信守信义。（11）即使他们可以逃脱他们的雇主之手的惩罚，他们也很难逃脱他们所背叛的那些人的报复。（12）然而，即使他们都能够逃脱这两方面的惩罚，他们的恶名仍然会在其他人中间伴随他们的整个一生，这会助长和怂恿所有那些对他们心怀不满之人，以至于没日没夜地让他们产生不计其数臆想的忧虑和恐怖或者真实的忧虑和恐怖；最终，即使在睡觉时，他们也不会让他们忘记他们自己所犯下的罪恶。①（13）相反，他们会迫使他们梦见各种阴谋诡计和命悬一线，因为，他们可以明显地感知到所有人对自己的疏远和普遍憎恨。（14）然而，尽管所有这些全都千真万确，但是，在需要时，除了极少数例外，人们从来都不会找不到叛徒。（15）所有这些都向我们明白无误地表明，人类被认为是最聪明的物种，但我们也有充足的理由认为他们是最愚蠢的物种。（16）因为，其他物种只是它们自身身体需要的奴隶，它们只会因为这种原因而身陷各种不幸和灾难之中，然而，尽管有理性的指引，但由于缺乏思考，人类仍然会犯下像因为身体需要而误入歧途那样的错误。（17）对于这个问题，我已经说得够多了。

阿塔鲁斯在西西昂

[16]②（1）国王阿塔鲁斯先前得到了西西昂人的特别荣誉，因为他花费了巨资来为他们赎回了阿波罗的圣地；（2）作为回报，他们在市场内的阿波罗神庙附近矗立了一座他的巨大的塑像——这座塑像高达十肘尺（cubits）。（3）当他现在再一次地给予了他们十泰伦的金钱和一万米迪（medimni）的小麦后，他受欢迎的程度增加

---

① 对照莎士比亚的《理查三世》(Richard III)第一幕第四景：克拉伦斯(Clarence)的梦境。

② 公元前198年，阿塔鲁斯在西西昂(Sicyon)。

了四倍，而且，他们投票表决塑造了一座他的金制塑像和通过了一项每年向他进行献祭的法律。（4）在接受这些荣誉后，阿塔鲁斯离开了塞恩克里亚（Cenchreae）①……

纳比斯的妻子在阿尔戈斯的残暴行径

[17]（1）僭主纳比斯——他让佩勒内的提莫克拉底（Timocrates of Pellene）负责镇守阿尔戈斯，因为纳比斯最信任他，所以安排他负责自己最为重要的事务——回到了斯巴达；（2）几天后，他派遣自己的妻子②前往阿尔戈斯，并命令她在阿尔戈斯筹集金钱。（3）她一抵达阿尔戈斯，她的残暴程度就远远超过了纳比斯。（4）她一召集妇女——其中有一些妇女是单独进行召集，有一些妇女则是连同她们的家人一起进行召集——她就向她们施予了各种酷刑和虐待，（5）直到她榨干了她们几乎所有的东西，不仅她们的金银首饰，而且就连她们最价值连城的衣服也不能幸免……

（6）③阿塔鲁斯向他们发表了一通详尽的演说，以提醒他们的祖先一直以来的英勇善战……

在色萨利的弗拉米尼努斯之战和希诺塞法莱之战④

[18]（1）弗拉米尼努斯没能找到敌人驻扎的确切地方，但他确定敌人肯定在色萨利，他命令所有的士兵随身携带可以用作栅栏

---

① 阿塔鲁斯在埃基纳（Aegina）度过了公元前 198 年—前 197 年的冬季，在这个期间内，他可能访问了西西昂。

② ［中译按］纳比斯妻子的名字是阿佩加（Apega）。

③ 公元前 197 年，阿塔鲁斯国王在波奥提亚民众面前发表演说，参见李维第三十三卷第 2 章。

④ ［中译按］在剑桥本中，英译者将"在色萨利的弗拉米尼努斯之战和希诺塞法莱（Cynoscephalae）之战"这个标题写作"第一次马其顿战争的结束"。

的木桩,以备任何不时之需。①（2）对于希腊人的惯常做法而言,这看起来是不可能的,但对于罗马人的体制而言,这却是非常地简单。（3）因为,希腊人在进军时即使手持长枪都困难重重,更不要说忍受它们的重负所带来的疲惫了;（4）然而,罗马人则用皮带将他们长长的盾牌悬挂在肩上,而且,他们手里只握有标枪,因此,他们可以携带额外的木桩。（5）此外,罗马人所使用的木桩也与希腊人大相径庭。（6）希腊人认为,最好的木桩是主干周围生长出最多数量且最粗壮的分枝;（7）然而,罗马人的木桩却只有两三根,最多四根分枝,而且,所有这些分枝都在同一侧,而不是交替分布。（8）因此,它们搬运起来就非常方便（因为一个人可以将三四根木桩捆起来一起进行搬运）,而且,在使用它们时,它们也可以有效地确保栅栏的安全。（9）希腊人的木桩在营地周围矗立时,它们首先很容易被拔起来;（10）因为,它们只有一根木桩紧紧地固定在地底下,此外,从它那里所生出的分枝数量繁多且块头庞大,因此,两三个人握住同一根木桩的不同分枝,它就很容易被拔出来。（11）由于它的型号庞大,以至于一旦拔出来就可以立即破开一个入口,而且,紧靠它的木桩也会松动,因为,这种栅栏的木桩只在几处地方是交织缠绕在一起的。（12）这与罗马人的木桩完全不一样;因为,一旦木桩被固定好,他们就会让它们相互交织在一起,以至于人们很难看出哪根分枝埋在地下,也看不到分枝属于哪根主干。（13）由于这些分枝彼此之间紧密地连结和附着在一起,而且,它们的尖头非常尖锐,因此,手很难伸进去,也很难握住木桩,即使有人握住了它,他也很难把它拔起来。（14）因为,首先所有的木桩都牢牢地固定在地下;（15）其次,由于它们相互之间牢牢地缠绕在一起,因此,假如一个人要抬起一根分枝,那么,他就必须同时用力地抬起其他众多的分枝,而两三个人同时握住同一根木桩的情形也并不多见。（16）即使有人天生神力地将其中一两根木桩成功地拔起来,它的缺口也几乎看不出来。（17）鉴于这种栅栏的优势非常明

---

① 公元前 197 年的初春,参见李维第三十三卷第 1 章。

显——这种木桩非常容易寻找,也非常容易携带,而且,一旦用这种木桩建造成栅栏,它整体的安全性和持久性会更加突出——(18)因此,依我的浅陋之见,罗马人的任何一项军事行动都值得我们大加效仿和采用。

[19](1)现在我们回到原来的叙述上来,在准备好这些以应不时之需的木桩后,弗拉米尼努斯率领自己的整个军队缓慢地进军,他将营地驻扎在距离菲拉埃(Pherae)大约五十斯塔德的地方。① (2)第二天破晓时,他派出侦察兵侦察敌军的方位和动向。(3)几乎与此同时,腓力也听说了罗马人驻扎在底比斯附近的消息,因此,他就率领自己的整个军队离开了拉里萨和向菲拉埃方向进军。(4)当他行军到距离这座城镇三十斯塔德的地方时,他就驻扎在了那里,当时天色仍早,他命令自己所有的士兵作好第二天清晨的行动准备。(5)第二天破晓时,他就叫醒自己的士兵,像往常那样提前派遣那些先于主力部队的军队穿过菲拉埃上方的山脊,他自己则率领其余的军队从营地出发。(6)两军的前锋部队正好在山脊的隘路上相遇了;(7)先前昏暗的天色阻碍了他们的视线,直到距离很近之时,他们方才相互看见对方;两军都停下了脚步,并立即派人到各自的统帅那里通报情况和询问下一步的行动指示。(8)两军的统帅决定继续留在营地,并召回前锋部队。(9)第二天两军的统帅各自派出了大约三百名骑兵和轻步兵前去侦察。其中弗拉米尼努斯一方则有埃托利亚人的两个骑兵中队,因为,他们对这个地方的地形非常熟悉。(10)这两支军队在通往拉里萨方向的菲拉埃一侧的道路附近相互遭遇了,一场你死我活的厮杀也随之激烈地展开了。(11)由于埃托利亚人欧波勒穆斯(Eupolemus)所指挥的士兵作战非常英勇,而且,他同时也敦促意大利人进行英勇作战,因此,马其顿人深陷困境。(12)在经过了长时间的厮杀后,两军鸣金收兵和撤回了各自的营地。

[20](1)由于对菲拉埃周围的地形全都不甚满意——因为这

---

① 弗拉米尼努斯向色萨利的菲拉埃(Pherae)进军。

个地方树林密布,而且布满了墙垒和花园——第二天,两军就撤退了。(2)腓力开始向斯科图萨(Scotussa)方向行军,因为他希望从这座城镇获取补给,在得到了充分的补给后,他发现这个地方非常适合自己的军队驻扎。(3)然而,对他的意图心存疑虑的弗拉米尼努斯也同时率领自己的军队追赶腓力,因为,他希望在自己的对手腓力摧毁斯科图萨地区的玉米之前可以赶到那里。① (4)由于在两军进军的道路上横贯着高高的山丘,因此,罗马人看不到马其顿人进军的方位,马其顿人也看不到罗马人进军的方位。(5)在进军了整整一天的时间后,弗拉米尼努斯进军到了弗西奥提斯(Phthiotis)的埃利特里亚(Eretria),腓力则进军到了安基斯图斯河(River Onchestus),他们分别在这两个地方驻扎了下来,他们双方都互不知道对方所驻扎的地方。(6)第二天,他们重新进军并扎营,腓力驻扎在了斯科图萨地区的米兰比乌姆(Melambium),弗拉米尼努斯则驻扎在了法萨鲁斯的塞提斯(Thetis),他们双方仍然互不知道对方所驻扎的地方。(7)当天晚上下起了巨大的雷雨,第二天早上,密布的乌云仍然从天空直抵地面,以至于昏暗的天色让人伸手不见五指。(8)然而,急于实现自身目标的腓力仍然坚持拔营,他让自己的整个军队继续向前进军;(9)但是,由于浓浓的雾色,在前进了非常短的一段路程后,他就发现自己进退两难,因此,他再一次地驻扎了下来,而且,他派遣了一支掩护部队前去攻占横贯在自己与敌军之间的山顶。②

[21](1)弗拉米尼努斯仍然驻扎在塞提斯神殿周围,由于不知道敌人的确切位置,因此,他派出了十个骑兵中队的骑兵和大约一千名轻步兵,让他们谨慎地侦察这个地方。(2)当他们翻越山脊后,由于光线昏暗,他们意想不到地遭遇了马其顿的掩护部队。(3)双

---

① 公元前 197 年秋季。

② 也即是希诺塞法莱(Cynoscephalae)的山岭,*Supergressi tumulos qui Cynoscephalae vocantur*,*relicta ibi statione firma peditum equitumque*,*posuerunt castra*,参见李维第三十三卷第 7 章。

方的军队都陷入了短暂的混乱，不过他们很快开始相互厮杀起来，而且，他们也给各自的统帅派出信使以告诉他们所发生的事情。（4）当罗马人在战斗中开始遭遇马其顿掩护部队的严厉压制和损失惨重之后，他们就派人到自己的营地请求支援；（5）因此，弗拉米尼努斯让埃托利亚人阿基达穆斯（Archedamus）和欧波勒穆斯以及自己的两名保民官率领五百名骑兵和两千名步兵前去救援。（6）当这支救援军队加入到正在交战的己方军队后，战争的态势立即发生了根本性的逆转。（7）因为，在增援部队抵达后，罗马人愈战愈勇；（8）然而，尽管马其顿人也在英勇地抵抗，但是，他们的处境却愈加困窘，以至于他们惨遭彻底的战败，最终他们不得不逃往山顶，并派人到国王那里请求支援。

[22]（1）出于我在前面所说的原因，腓力从未想到会在这一天遭遇一场大会战，以至于他事先已经从营地派出了大批的军队前去搜集粮草。（2）现在他从信使那里听说了所发生的事情，而且，雾色现在也开始消散，他就让基尔顿的赫拉克雷德斯（Heraclides of Gyrton）统领色萨利骑兵、利奥（Leo）统领马其顿骑兵以及安塞纳格拉斯（Athenagoras）统领除了色雷斯之外的所有雇佣兵前去救援。（3）在得到这些军队的增援后，马其顿军队的实力得到了疾速的增加，这让敌人应接不暇，以至于他们转而开始迫使罗马人撤出高地。（4）然而，他们将敌人彻底打败的主要障碍仍在于埃托利亚骑兵拼死奋战的高贵精神。（5）无论是集体作战还是单兵作战，埃托利亚的骑兵都要胜过其他希腊地区的骑兵，但埃托利亚的步兵在装备上和训练上都距离大会战的要求相去甚远。（6）因此，他们现在抑制了敌人前进的步伐，以至于罗马人没有像先前那样被驱赶到平地，而是在距离平地不远的地方站稳了脚跟。（7）弗拉米尼努斯看到不仅自己的轻步兵和骑兵惨遭击溃，而且自己的整个军队也因此而慌乱不堪后，他就率领自己的所有军队出击，并将他们以战斗队形紧靠着山脉进行部署。（8）与此同时，马其顿的掩护部队派出了一个接一个的信使到腓力那里大声地喊到："国王，敌人正在逃跑；千万不要错失良机；野蛮人不可能抵挡我们；现在就是

你大显身手的机会;这是你大展宏图的时刻!"(9)结果,腓力也由此情不自禁地激起了决一死战的欲望,尽管他对地形不甚满意。我想说,前面所提到的这些山,它们的名字叫作"狗头山[希诺塞法莱]"(The Dog's Heads [Cynoscephalae]),它们全都非常地陡峭、崎岖而又高耸。(10)腓力事先就预见到了当前这个地形的不利之处,因此,他一开始根本无意在这里开战,但是,现在在这些前途似锦的报告的不断催促下,他命令自己的军队从牢固的营地倾巢而出。

[23](1)当自己的整个军队全都部署完毕之后,弗拉米尼努斯采取措施以掩护前锋部队的撤退,他一边沿着队列步行,一边向自己的士兵发表演讲以激励他们。(2)他的讲话非常简短,但非常清晰和易懂。他一边用手指向敌人(现在敌人已尽收眼底),一边向自己的军队说道:

(3)这些不就是——尽管他们占领了通向埃奥达亚(Eordaea)的通道——你们在苏比修斯(Sulpicius)的统领下在野战中击溃了他们,而且屠杀了他们许多人,并迫使他们撤向了山地的马其顿人吗?(4)这些不就是——尽管他们占领了伊庇鲁斯的津关险塞之地——你们的英勇果敢迫使他们丢盔卸甲、奔命逃亡,直到一路逃回马其顿老家的马其顿人吗?(5)你们现在所面对的仍然是马其顿人,你们还有什么理由害怕呢?为什么要害怕重蹈过去的危险,而不是从过去的记忆中汲取信心呢?(6)因此,我的士兵们,你们彼此之间要全力以赴、齐心协力地共同对敌。在神明的护佑下,我深信,这场战役必将像过去的那些战役一样完美收场!

(7)讲完这番话后,他命令右翼的那些士兵连同他们前面的战象继续留在原地,他自己则率领左翼的军队英勇地向敌人进军。(8)在后面的军团步兵的护卫下,在战场上的罗马军队现在转身进攻起敌人来。

[24](1)腓力看到自己的主力军队全都部署在壕沟外面，因此，这时他就率领轻盾兵和方阵的右翼疾速地攀爬通向山丘的缓坡，(2)并且，他命令尼卡诺尔（Nicanor）——他的绰号是大象——照看紧跟在自己后面的其他军队。(3)当领头的队伍抵达隘路的顶部后，他就转向了左边和占领了上面的高地；当马其顿的前锋部队把罗马人逼到山对面相当远的距离时，他发现这些山脊是敌人主动抛弃不要的。(4)当他仍在部署右翼的军队时，他的雇佣军已遭到了罗马人的猛烈追击。(5)因为，正如我刚刚所说，当罗马人的轻装步兵在作战中有重装步兵的支持和护卫，他们就大规模地利用自身的额外军力猛然地压向敌人，并杀死了他们很多人。(6)当刚刚赶到的国王看到轻装步兵正在距离敌营不远的地方交战时，他兴奋异常；(7)但是，当他现在看到自己的士兵纷纷退却和亟需支援后，尽管当时大部分的方阵部队仍在向前行进和正要接近山丘，但是，他被迫前去支援他们，因而，这一时的冲动也决定了这一整天的全部命运。(8)在将那些正在同敌人交战的士兵接纳进自己的队伍后，他将他们所有人（无论是骑兵还是步兵）全都部署在右翼，同时，他命令自己身边的轻盾兵和部分方阵军队加倍扩大自己的纵深和靠拢右翼。(9)所有这些举措一部署完毕，敌人就向他们靠将过来了，因此，他命令方阵部队放平自己的标枪和向前发起冲锋，而轻装步兵则掩护他们的侧翼。(10)与此同时，在将自己的前锋部队接纳进步兵支队（maniples）之间的空隙后，弗拉米尼努斯也向敌人发起了进攻。

[25](1)两军就在震耳欲聋的呐喊声和杀吼声中冲锋厮杀起来，双方那些短兵相接的士兵的战吼声和那些在战场之外没有参战的士兵的助威声遥相呼应、此起彼伏，以至于当时的场面非常地恐怖和惊悚。(2)腓力的右翼在战斗中表现十分抢眼，因为，他们从高地向下俯冲，而且，他们的队形在重量上高出一筹，此外，当时他们的武器也让他们具有了决定性的优势。(3)然而，至于其他的军队而言，紧靠实际参战的那些军队根本就没有接触到敌人，而左翼的军队则只是刚刚爬上山脊和现身于山顶。(4)弗拉米尼努斯

看到自己的军队不能抵挡方阵的进攻,而且,他的左翼也正在受挫,他们当中的一些人已经殒命身亡,其他人则缓慢地向后撤退,他唯一的获胜希望就是自己的右翼了,因此,他急忙赶去指挥右翼。(5)他注意到敌军并未完全协同一致——实际作战的那些士兵消极怠战,一些士兵则正从山顶下来迎击自己,其他的士兵则在高地驻足不前——他就将自己的战象部署在前面,并让自己的军团前去进攻。(6)马其顿人现在没有人给他们下达命令,也没能组建正确的方阵队形——由于地形崎岖不平,也由于他们是刚刚手忙脚乱地抵达以及仍是行军队形、还没有形成战斗队形的士兵——(7)以至于他们甚至都没能等到同罗马人短兵相接,就已经自乱阵脚和惨遭大象的蹂躏了。

[26](1)大部分罗马士兵都在追击和杀戮那些逃亡的马其顿人;(2)但是,有一位保民官——他率领了不到二十个步兵支队,并当场作出了下一步的行动策略——对整个胜利贡献巨大。(3)因为,他注意到腓力亲自所指挥的马其顿军队已经把其他军队远远地甩到了后面,而且,他们通过自身的优势力量重重地压向了罗马人的左翼;因此,他离开了右翼(当时右翼明显已经胜利在望),并率领自己的军队直扑战场,他设法绕到马其顿人的后面,并从后面攻击他们。(4)方阵部队根本无法直接转向或者单打独斗地进行作战,他现在一路横冲直撞,把那些无法保护自己的马其顿军队杀得一败涂地,直到整个马其顿军队被迫丢弃自己的盾牌,落荒而逃;(5)那些在他们正面且先前遭受重挫的罗马军队现在也转过身来攻击他们。(6)正如我先前所说,腓力最初从自己所指挥的那部分军队的胜利推断和确信自己赢得了全胜;(7)然而,现在他却突然看到马其顿军队纷纷丢弃自己的盾牌,而且,敌人也从后面攻击他们,因此,他就率领了少部分的骑兵和步兵退到距离战场很近的地方,以观察整个战场的形势。(8)当他注意到追击自己左翼的罗马人已经抵达山顶后,他急忙尽可能地多地集结色雷斯人和马其顿人,并决定逃亡。(9)在追杀逃亡者的过程中,弗拉米尼努斯一路追到了山脊,他发现马其顿军队的左翼正在攀越山顶,当时他就怔住

了。（10）因为，敌人现在举起了自己的标枪，按照马其顿人的习俗，这是他们投降或者意图倒向敌人的标志；（11）在明白了这个举动的涵义后，他没有让自己的士兵继续前进，因为，他希望宽恕这支惨遭打败的军队。（12）然而，就在作这个决定时，一些先行进抵的罗马士兵已经从上面的高地进攻起他们，并开始屠戮起他们。他们大部分人都身首异处，只有一小部分人在丢弃自己的盾牌后成功逃脱。

［27］（1）这场战役就这样结束了，罗马人在各处都赢得了胜利，腓力则向坦普（Tempe）方向撤退。（2）第一天晚上，他就在一个名叫"亚历山大塔楼"（Alexander's Tower）的地方搭起帐篷度过了这个晚上，第二天他继续向戈尼（Gonni）进发和抵达了坦普，他就停留在了那里，因为，他希望在那里收拢自己溃逃的士兵。（3）在追击了逃亡者一段距离后，其中一些罗马人开始剥去死尸的衣服，其他人则收拢俘虏，不过他们大部分人则跑去劫掠敌营。（4）然而，他们发现埃托利亚人已经比自己先行一步，考虑到自己被剥夺了原本就属于自己的战利品，他们就开始满腹牢骚地对待埃托利亚人，他们向他们的将军抗议说，他让他们身赴险境，现在却要将战利品拱手让人。（5）不过，他们现在仍然回到了自己的营地，并在营地度过了整个晚上，第二天他们继续收拢俘虏和其他战利品，接着，他们向拉里萨方向进军。（6）罗马人大约有七百人被杀，马其顿人则大约有八千人被杀，有不少于五千人被俘。

（7）这就是罗马人和腓力在希诺塞法莱（Cynoscephalae）①所爆发的战役结局。

论方阵的优势和劣势②

［28］（1）在我的这部著作的第六卷中，我允诺说，当合适的时

---

① ［中译按］希诺塞法莱（Cynoscephalae）坐落在色萨利。
② ［中译按］在企鹅本中，英译者将"论方阵的优势和劣势"这个标题写作"论方阵"。

机出现时,我将对罗马人和马其顿人之间的军事装备与战术队形进行一番对比,以展现他们之间的好坏差异,既然现在我们已经看到了他们两者在战场上的实际表现,那么,我将努力践行自己所作的这个承诺。(2)因为,先前的事实已经证明马其顿人所使用的队形优于亚洲人和希腊人所使用的其他队形,而罗马人所使用的队形也同样优于非洲和西欧所有民族所使用的其他队形;(3)而且,在我们现在所处的这个时代,这两种队形和这两个国家的士兵已经相互厮杀了很多次,(4)这足以让我们深刻探究他们之间的这种差异以及战场上的罗马人总能够独领风骚和夺取胜利的原因;(5)因此,我们不会像那些蠢人那样不会给出任何理由,只会谈论机运和祝贺胜利者,相反,我们会给出他们值得赞赏和钦佩的理由,因为我们了解他们获胜的真正原因。

(6)我没有必要详细叙述罗马人同汉尼拔的战事和他们战事的失利;因为,他们所遭遇的失利不是因为他们的军事装备和战术队形,而是因为汉尼拔的技巧和天才。(7)在叙述这些战事时,我已经作了足够清楚的说明,而且,我所说的内容有非常充分的证据予以证明,首当其冲的证据就是这场战争的结局。(8)因为,一旦罗马人拥有一位才能堪比汉尼拔的军事统帅,那么,胜利很快就会属于罗马人。(9)第二个证据就是汉尼拔自己,当他赢得第一次战役的胜利后,他马上就抛弃了自己原来的军事装备,并且,他立即就让自己的军队武装上了罗马人的武器,而且,这些军事装备一直沿用到战争的结束。①(10)至于皮洛士,他不仅使用意大利人的武器,而且他也使用意大利人的军队,在同罗马人作战时,他交替使用意大利的步兵支队和自己方阵的步兵连队。(11)然而,即使这样,他也没能赢得胜利,而且,他们之间所进行的战役全都不是决定性的战役。②

(12)在进行比较之前,我有必要先提及这些问题,以确保我的

---

① 参见第三卷第 87 章。
② 这种论断对皮洛士有失公允。皮洛士在赫拉克雷亚(Heracleia,公元前 280 年)和奥斯库鲁姆(Ausculum,公元前 279 年)打败了罗马人,尽管他自己也损失惨重。

叙述不会有任何自相矛盾的地方。现在我就继续进行比较。

[29](1)当方阵保持自己独特的队形和冲力时，没有任何东西可以抵挡它正面的进攻或者正面的冲锋，对此，我们很容易在很多方面找到答案和进行理解。(2)当方阵收拢起来进行行动时，每一名士兵及其武器都占据了三英尺的宽度，①长枪的长度原先是十六肘尺，但后来根据需要减至十四肘尺；(3)我们必须扣除持枪之人的两只手部之间的那部分长度以及长枪后方用以平衡和夹住枪身的那部分长度——其长度总计四肘尺——(4)很明显，当他的双手握住长枪攻击敌人时，长枪会在每位重装步兵的身体前面伸出十肘尺。(5)结果，尽管第二列、第三列和第四列的长枪要比第五列的长枪伸得更远，但是，最后一排的长枪仍然要超过第一列的长枪两肘尺；当方阵正确地进行整队，并从后面与侧翼靠拢时，正如荷马在这些诗句中所说：②

> 头盔挨头盔，人挨人，只要他们一点头，
> 带缨饰的闪光头盔便会盔顶碰盔顶，
> 手中的长枪稍一抖动就会被扭弯。

(7)我的这番描述既真实又准确，因此，很明显，第一列的每一个士兵都将会有五支长枪的枪头向前伸出，每一个枪头都与后面的枪头相距两肘尺。

[30](1)我们可以用这些事实轻而易举地构想出整个方阵（十六列的纵深）在放平长枪、向前冲锋时的样貌和力度。(2)在纵深十六列的方阵中，那些在第五列之后的士兵根本无法使用自己的长枪，以至于他们在作战中无法发挥自己任何的作用。(3)因此，他们

---

① 这种队形不仅在横向上（亦即从右肩到右肩）占据了三英尺（three feet）的空间，而且在从前到后（亦即从前胸到前胸）的直向上也占据了三英尺的空间。

② 荷马：《伊利亚特》（*Iliad*），第十三卷第 131—133 行，引自考柏的译本（Cowper's translation）。荷马当然不知道方阵，因此，这几行诗句根本不是指方阵。
[中译按]此处照搬了罗念生先生和王焕生先生所译的《伊利亚特》中译本。

不会放平长枪,相反,他们会把长枪的枪身放在自己前面一列士兵的肩上,枪头则向上倾斜指向天空以保护整个方阵的前端;因为,他们密集的长枪可以挡下所有越过前端士兵的投掷物,并直接攻击那些在前端士兵的前面或者后面的敌军。(4)在冲锋的过程中,后列的士兵完全就会以自己身体的重压来极大地增加自己的前进动能,以至于他们的冲锋势不可挡,而且,前列的士兵也根本无法回头。

(5)这就是方阵部署的一般原则和详细细节,出于比较的需要,我现在不得不谈及罗马人的军事装备和战术队形的独有特征与它们两者之间的差异。(6)每一位罗马战士在全副武装时也会占据三尺宽的空间;(7)但是,当他们进行作战时,每一个战士必须要有个人移动的空间,因为,他必须要用自己的长盾牌来掩护自己的身体,他需要转身迎击所有可能的击打,而且,他需要用自己的利剑进行砍杀或者刺杀,因此,很明显这就需要一个较为宽大的空间;(8)此外,如果他们要充分地起到自身应有的作用,那么,在同一列或者前后列的每一名士兵彼此之间至少要相隔三尺的空间。(9)结果就是,每一名罗马战士必须面对方阵第一列的两名敌军士兵,换言之,他必须面对和对战十个枪头。(10)一旦两军交战起来,仅仅一个士兵根本无法越过他们所有人,也无法挡下他们的枪头,因为,无论是挡下对方的枪头还是使用自身的刀剑,位于后排的那些罗马士兵都无法支援前排的士兵。(11)因此,正如我在开头所说,我们很容易地看到,只要方阵保持自身独特的队形和冲力,那么,在冲锋时它就会所向无敌、势不可挡。

[31](1)究竟又是什么原因让罗马人赢得战争的胜利呢?也究竟又是什么因素让那些使用方阵的军队招致失败呢?(2)这是因为在战争中战事的时间和地点都充满了不确定性,然而,方阵却只有在同一个时间、在同一种地形中才能造就最佳的效果。(3)当决战来临时,假如敌人被迫在方阵所要求的时间和地形作战,那么,由于我在前面所说的那些原因,那些使用方阵的军队总能够战胜敌人;(4)但是,假如敌人可以成功地、甚至轻易地避开它的进攻,那么,它有什么值得惧怕呢?(5)再者,众所周知,方阵需要没

有任何诸如沟渠、裂洞、凹地、树丛、山脊和水道等障碍的平地；(6)因为，所有这些都足以阻碍和破坏方阵的队形。(7)所有人也都承认，除了少数例外情况，人们几乎无法找到一个毫无任何障碍而面积又达二十斯塔德或者更大的地方。(8)然而，即使我们能够找到这样的地方，但敌人却拒绝在这种地形上应战，而是去劫掠城镇或者摧毁盟友的国土，那么，这种方阵队形又有什么用处呢？(9)因为，如果它继续留在最适于自己的地形，那么，它既不能支援自己的友军，也不能确保它自身的安全。(10)因为，当敌人无可争议地控制开阔地带时，他们就很容易切断它的补给。(11)然而，如果方阵离开了适于自己的地形，进而试图采取军事行动，那么，敌人又很容易打败它。(12)再者，即使敌军决定下到平地同方阵进行开战，但是，在方阵仅有一次的进攻行动中，敌军却没有投注全部的军力，哪怕只保留了一小部分军力以作后备，那么，我们可以从罗马人现在所做的事情那里很容易地预测它最后的结果。

[32](1)对于它的可能结果，我无需再多费唇舌地进行详加说明，我只需提及一些已发生的事实即可。(2)罗马人没有将自己的阵线延伸到同方阵的阵线一样长，他们也没有将自己全部的军力投注到对付方阵的正面进攻上，而是将一部分军力留作预备，其他军力则去迎战敌军。(3)在随后的战事中，向前发起冲锋的方阵无论是击退了敌军，还是遭到敌军的击退，他们的独特队形都会被打乱。(4)因为，无论是追击撤退的敌军，还是在敌军进攻前撤退，他们都会留在己方的其他军队的后面；(5)这时敌军的预备部队就会占领方阵部队原先所把持且现在所空留的那块空间，他们可以不从正面攻击方阵部队，而是可以从侧翼和后方来进攻方阵部队。(6)因此，敌人很容易规避方阵的独特优势和有利良机，然而，方阵却根本无法阻挡敌人利用有利的时机来攻击自己，对于这两种体系之间的巨大优劣，难道这还不够一目了然吗？

(7)除此之外，那些动用方阵的统帅必须行军穿越和驻扎于各式各样的地形；他们不得不预先占据有利的地形，以进行围攻或者反围攻以及迎击敌人出其不意的进攻。(8)所有这些都只是战争的一部分,它们对最后的胜利会有重要影响,甚至会有决定性影响。(9)在所有这些情形当中,马其顿人的队形有时无甚用处,有时毫无用处,因为,方阵士兵无法以独立的分队或者独立的单兵进行作战,而罗马人的队形则灵活多变。(10)因为,每一名罗马战士一旦全副武装和投身战场,他就可以有效地适应各式各样的地形和时机,也可以应付各个方向的进攻。(11)无论是同主力部队一起作战,还是同分遣队、连队或者单兵作战,他都是作同样的准备,无需作任何改变。(12)由于罗马军队的各个部分都可以把自身的效用发挥到最佳,因此,较之于其他民族,罗马人的计划更容易赢得成功。

(13)我觉得自己有必要对这个问题进行一番详细的论述,因为,即使在马其顿人遭受战败后,许多希腊人仍然觉得难以置信,而且,较之于罗马人的武装体制,方阵存在何种劣势,许多人仍然迷惑不解。

[33](1)尽管腓力在作战时已拼尽全力,但他仍然遭遇了彻底的失败,在尽可能地收集了那些在战役中幸存的士兵后,他疾速地撤向了坦普和回到了马其顿。(2)在前一个晚上,他派遣自己手下的一名随从到拉里萨,以命令他销毁或者烧掉国王的通信,即使在深陷险境时,他也像一位真正的国王那样行事,全然没有忘记自己的职责所在。(3)因为,他深知如果这些文件落到了罗马人手上,那么,他们就会大肆地利用这些文件来针对自己和自己的朋友们。(4)其他人或许也同样如出一辙,当他们风头正劲时,他们不会审慎地使用自己的权力,然而,当他们身处困苦逆境时,他们却可以头脑清醒,行事审慎;(5)但是,这种情况尤其适用于腓力,因为,我接下来所要叙述的内容明显地证明了这一点。(6)正如我在前面所清楚地指出,他在统治初期的举措正义而适当,随着时间、理智和环境的变化,他逐渐地腐蚀败坏了;对于他的这种腐蚀败坏,我已经作了非常充分的叙述。①(7)因此,对于他在命运的挫折

---

① 参见第四卷第 77 章;第七卷第 12 章和第十卷第 26 章。

面前在心智和能力方面所展现出来的全新变化，以及直到去世，他一直都高度审慎地应对危机，我必须予以同样详细的叙述。

（8）至于弗拉米尼努斯，在这场战役结束后，他在俘虏和其他战利品问题上采取了必要的举措，接着，他就向拉里萨进军了……

[34]（1）对于埃托利亚人在战利品方面所表现出来的自私自利，弗拉米尼努斯深感愤懑；在剥夺腓力在希腊的统治权后，他不希望他们成为希腊的主人。（2）当他看到他们声称他们自己对胜利作出了同罗马人一样巨大的贡献和整个希腊都充斥了他们的英勇事迹时，他也对他们的自吹自擂深为不快。（3）因此，当他同他们进行会面时，他甚是疾言厉色，而且，他也没有对公共事务发表任何看法，而是自己独自或者通过自己的朋友们来实施自己的计划。（4）当双方之间的这种紧张关系仍在持续之时，一个由腓力派出的使团——这个使团由德莫斯提尼（Demosthenes）、希克利亚德斯（Cycliades）和利纳乌斯（Limnaeus）所组成——在战役结束几天后来到了。（5）在自己的军事保民官们的陪同下，弗拉米尼努斯同他们进行了详细的会谈，随后，弗拉米尼努斯同意与腓力立即缔结一个为期十五天的停战协定，而且，他安排他们原路返回以在停战期间同腓力商讨局势。（6）这次会谈相谈甚欢；而且，对于埃托利亚人对自己的猜忌和狐疑，弗拉米尼努斯怒火中烧。（7）由于肆虐的腐败长期以来一直都是希腊政治的常态，而且，他们也养成了没有贿赂就不办任何事的习惯，埃托利亚人可以说更是变本加厉，他们根本就不相信，弗拉米尼努斯对腓力的态度的一百八十度大转弯不是因为贿赂。（8）因为，他们不知道罗马人在这种问题上的原则和做法，相反，他们根据自己的经验出发，以至于他们认为，在当前所处的这种处境下，腓力很可能向弗拉米尼努斯贿赂了大笔的金钱，而且，弗拉米尼努斯也很可能没能抗拒这种诱惑。

[35]（1）假如我记述的是罗马的早期，那么，我会非常自信地断言，在当时所有的罗马人中间，他们没有一个人会去做这样的事情；我在这里所说的早期指的是他们在跨海发动战争之前，在此期

间他们一直坚守并保持着他们自身纯洁的原则和习惯。①（2）然
而，在当前这个时代，我就完全不敢断言所有的罗马人仍然同以前
完全如出一辙，而是只敢断言许多非比寻常的罗马人在这个问题
上仍能保持着自身的信念。（3）出于防止别人说我是在胡说八道的
目的，我会引证两个人的名字来作为自己所作的断言的铁证。
（4）第一个人就是珀耳修斯（Perseus）的战胜者和马其顿王国的征服
者卢西乌斯·埃米利乌斯·保鲁斯（Lucius Aemilius Paulus）。
（5）除了金碧辉煌的装潢陈设和其他巨额的财富之外，仅仅国库里
就发现了超过六千泰伦的金银——他不仅没有觊觎任何金银财宝，
而且，他甚至都没有看它们一眼就让别人掌管了，尽管他自己根本
就没有腰缠万贯，而是完全相反，他常常捉襟见肘。（6）至少当他
在战争结束后不久去世时，他自己的两个亲生儿子普布里乌斯·
西庇阿和昆图斯·费边·马克西姆斯（Quintus Fabius Maximus）希
望向他的妻子退还总计二十五泰伦的嫁妆，但他们却发现自己是
如此地财殚力竭，以至于他们如果不卖掉家里的家具、奴隶和一些
地产之外，他们根本无法筹措这笔金钱。（7）我所说的这些话似乎
让人难以置信，但是，他很快就会相信它们都是千真万确的事
实。（8）因为，尽管由于党派斗争和政治分歧的缘故，在众多的事
实真相方面，尤其在这个问题方面，罗马人会众说纷纭、莫衷一是，
但是，借助调查，你们仍然可以发现，对于我刚刚所作的这番陈述，
所有人都会相信这都是千真万确的事实。（9）我们再以埃米利乌
斯的亲生儿子普布里乌斯·西庇阿为例——大西庇阿后来把他收
为养孙。当他征服世界上最富裕的城市迦太基时，他绝对没有将
其中的任何东西据为己有，相反，他都是通过购买或者其他手段来
予以获取；（10）尽管他本身就不是一个非常有钱的富人，他的家产
对于一名罗马人而言非常普通。（11）然而，他不仅没有染指迦太
基的任何财富，而且，他也绝不允许任何来自非洲的财宝同自己的
个人财富相混同。（12）任何人只要认真去调查，他们都会发现，他

---

① 参见第六卷第56章和第三十二卷第11章。

在这方面所享有的声誉，所有罗马人都不会有任何争议。

[36]（1）然而，我将寻找一个更加合适的机会来对这些人进行一番更翔实的叙述。在确定了与腓力会面的具体日期后，弗拉米尼努斯立即就向自己的盟友去信，以要求他们一同出席那天的会面；数天后，他在事先约定的时间亲自来到了坦普山口。（2）当盟友们齐聚在了一起召开了一个完全由他们所组成的代表大会后，①这位罗马代执政官（proconsul）站了起来，他要求所有人各自陈述他们应该同腓力缔结何种条约。（3）在发表了一个简短而温和的讲话后，阿米南德国王（King Amynander）回到了自己的座位。（4）在讲话里他恳求他们所有人采取行动，以保护他的安全，因为，一旦罗马人离开希腊，腓力就会找他出气。他说道，由于亚萨曼尼亚人（Athamanians）的虚弱和两国之间的紧邻，以至于亚萨曼尼亚人向来都是马其顿人的口中肉。（5）当他讲完后，埃托利亚人亚历山大站了起来，他赞扬弗拉米尼努斯召集盟友们前来一起参加这次和平大会和邀请他们发表各自的看法；（6）但是，他说道，如果有人觉得通过与腓力缔结和约，从而就可以确保罗马的和平和希腊的自由，那么，他无疑是大错特错和自欺欺人。（7）这些美好的愿景都将会竹篮打水一场空；但是，如果他希望自己国家的美好愿景和自己向所有希腊人所作的承诺全都可以彻底实现，那么，唯一的方法就是同马其顿缔结和约并废黜腓力。（8）他说道，如果不让当前的机会溜走，那么，这样行事其实非常地简单易行。（9）在进一步提出论据以支持自己的观点后，他回到了自己的座位。

[37]（1）弗拉米尼努斯接着发表了讲话。他说道，无论是对于罗马的政策，还是对于自身的愿景，尤其是对于希腊的利益，亚历山大都是错误的。（2）因为，在一场单一的战争后就立即彻底摧毁对手，这不是罗马人的传统；（3）罗马人对汉尼拔和迦太基人的做法就可以证明这种传统，尽管罗马人在他们手上遭遇了重创，但是，当罗马人后来可以随心所欲地处置他们时，他们却没有施予任

---

① 公元前197年，坦普大会的召开。

何极端的惩罚举措。（4）他说道，他自己从未怀有同腓力必有一战而无任何和解希望的想法，但是，如果腓力国王同意战前所提出的那些条件，那么，他会非常高兴地同他缔结和平。他说道：

（5）因此，确实让我深感震惊的是，在参加这次和平大会后，你现在全都势不两立了起来。（6）难道是因为我们赢得了这场战争吗？但没有任何东西会比这更无情了。（7）对于勇士而言，在战斗时他们应该奋勇杀敌、同仇敌忾，在战败时他们应该百折不挠、英勇不屈，在获胜时他们应该不骄不躁、宽厚仁慈。（8）然而，你们现在对我的劝诫却与之背道而驰。事实上，马其顿应该长期地进行抑制而非摧毁是希腊人根本利益所在。

（9）因为，他说道，在那种情形下他们很快就会遭遇色雷斯人和高卢人无法无天的野蛮肆虐，因为这种情况先前就已经出现很多次了。（10）他继续说道，如果腓力同意罗马的盟友们先前所提出的所有条件，那么，他和其他罗马同僚在得到元老院批准的前提下将与他缔结和平。至于埃托利亚人，他们可以自由地按照自己的意愿采取行动。（11）当法恩尼亚斯接着试图说，迄今为止所做的一切都是徒劳的，因为，如果腓力成功地摆脱了当前的危机，那么，他将立即恢复自己的权力；（12）弗拉米努斯甚至没有从自己的座位上起身，就生气地打断了他的讲话，他大声地说道："法恩尼亚斯，你就不要再胡说八道了，因为，一旦缔结了和平，即使腓力有这种念头，他也不可能再骚扰希腊人了。"

[38]（1）那一天他们就这样分开了。第二天国王抵达了；第三天当所有的代表齐聚大会时，腓力走进了会场，他以巨大的技巧和机智转移了他们所有人对他的敌意。（2）因为，他说道，他会服从和执行罗马人及其盟友先前所提出的所有条件，而且，他也会遵从元老院所作出的其他所有决议。（3）当他这样说完后，其他所有代表都沉默不语了，只有埃托利亚代表法恩尼亚斯说道："腓力，为什么

你不向我们归还拉里萨-克利马斯特（Larisa Cremaste）、法萨鲁斯、弗西奥提克-底比斯（Phthiotic Thebes）和埃基努斯（Echinus）？"（4）腓力告诉他去把它们全部接管，但是，弗拉米尼努斯却说道，除了弗西奥提克-底比斯之外，他禁止埃托利亚人接管任何其他的城镇。（5）因为，当他率领自己的军队接近这座城市时，他要求底比斯人向罗马投降，但底比斯却予以了拒绝。现在他们在战争中落到了自己手上，因此，他就有权决定他对他们所作的任何安排。（6）法恩尼亚斯对此愤愤不平，他抗议说，首先，埃托利亚人与罗马人并肩作战，他们有权收回原先属于埃托利亚盟邦的那些城镇；（7）其次，按照他们最初的结盟条约的规定，在战争中所俘获的财产归罗马人，而在战争中所占领的城镇则归埃托利亚人，对此，弗拉米尼努斯则说道他们存在两方面的误解。（8）因为，当他们离弃罗马人和同腓力缔结和约时，他们同罗马人所缔结的和约就已经被废除了；（9）即使他们主张这个条约仍然有效，他们也无权收回或者接管那些自愿置于罗马人保护之下的城镇，色萨利所有的城市现在都是主动选择的投降，他们没有一座城市是通过武力强行攻占的。①

[39]②（1）对于弗拉米尼努斯所说的这番话，其他所有代表都感到非常地高兴，但埃托利亚人却感到愤愤不平，我们可以说这催生了众多罪恶。（2）因为，这番争吵的火花点燃了同埃托利亚人和安条克的战争。（3）弗拉米尼努斯匆忙地缔结和约的首要原因是，他接到了安条克从叙利亚率领一支军队出海征战欧洲的消息。（4）他担心腓力会抓住这个机会，以至于在城内坚守不出、拖延战事，同时他也担心另一位执政官会前来取代自己，以至于自己的辉煌战功将白白流逝和惨遭别人抢走。（5）因此，他同意了腓力国王的要求和应允了为期四个月的停战协定。腓力立即向弗拉米尼努斯

---

① 李维（第三十三卷第 13 章）误解了波利比乌斯的这个段落的涵义：亦即这段落所提出的埃托利亚人与弗拉米尼努斯关于底比斯归属问题的争吵——事实上，这是唯一一座没有任何争议的城镇。

② 公元前 197 年冬季，他们缔结了和约。

支付了两百泰伦的金钱,并把自己的儿子德米特里以及自己的其他一些朋友派作人质,并且,他也派人到罗马将整个和议问题提交元老院裁定。(6)弗拉米尼努斯和腓力相互交换了关于整个和议问题的保证——亦即如果和约最终没有缔结成功,那么,弗拉米尼努斯将返还腓力所送出的两百泰伦金钱和人质——接着,他们就分开了。(7)当各方的使节都抵达罗马后,其中一些使节在为和约的缔结而积极奔走,而其他使节则在为和约的流产而到处活动……

[40]①(1)究竟是什么原因,让我们一而再、再而三地被同样的事和同样的人欺骗,但却不能停止自己的愚蠢呢?(2)因为,这种欺骗实际上司空见惯。(3)对于其他那些步人后尘之人,我们或许不会那么感到惊奇,然而,对于那些受到这种欺骗仍然故我的始作俑者,我们确实会深感诧异。(4)不过,在我看来,其原因就在于我们没有将埃庇卡穆斯(Epicharmus)的那句金玉良言铭记于心,"我们要对轻信时刻保持清醒和警惕;因为这是智慧的源泉。"

II. 亚洲的局势

以弗所的有利位置

[40a]②他们竭力地阻止安条克沿着他们的海岸航行,这不是出于对他的敌意,而是他们怀疑他对腓力的支持会让他成为希腊人追寻自由的障碍③……

由于以弗所扼守要津,因此,安条克国王非常渴望占领以弗所,可以说,对于任何一位对爱奥尼亚(Ionia)和赫勒斯滂诸城邦心怀抱负的人来说,无论是海路还是陆路,它都是一座堡垒,而且,它也一直都是亚洲国王远征欧洲的一个最佳基地……

---

① 愚蠢的轻信,参见第13章和第三十一卷第21章。
② 即公元前197年。
③ [中译按]这句话译自剑桥本,洛布本缺失了这句话。

阿塔鲁斯的性格

[41](1)阿塔鲁斯现在去世了；①就像先前我对其他人所做的那样，我觉得，我也应该对他的去世说一些合乎时宜的话。（2）除了金钱之外，一开始他并没有其他合适的品质来统治那些身处王室成员之外的人；（3）如果可以运用才智和勇敢来处理问题，那么，这对所有的事情都会助益甚大，但是，如果这些品质都缺漏匮乏，那么，这无疑会引发灾难和毁灭。（4）它会催生妒忌和阴谋，而且，它比任何其他东西都要更加腐蚀败坏人的灵魂和肉身。几乎没有人可以仅仅通过财富的力量来抵制这种恶果的发生。（5）这位国王的崇高心灵值得我们崇敬，因为，除了在王位的获取（没有任何事情会比它更伟大或者更重要）上，他从未在其他事情上使用自己的巨额财富。（6）通过向自己的朋友慷慨地给予恩惠和赢得他们的爱戴以及在战争中赢得胜利，他为自己的宏图大业奠定了根基。（7）在征服了当时小亚细亚最令人望而生畏而又最富有战斗力的高卢人后，他就缔造了这个根基，而且，随后他首先将自己变成了一位真正的国王。（8）在接受了这个尊贵的头衔后，他一直活到了七十二岁，统治了四十二年，他的整个一生都是一位非常具有德行且非常严格的丈夫和父亲；（9）他从未背叛自己的朋友和盟友，最后，为争取希腊的自由，他在一场最为光荣的战役中去世了。（10）除此之外，最非同寻常的就是他有四位成年的儿子，他把自己王国的身后事安排得井井有条，以至于他将王冠一代代地传了下去，没有引发一场继承争议……

---

① 在希诺塞法莱战役之前，阿塔鲁斯国王就在底比斯生病了；公元前197年秋季，当他被带回国后，他就在帕加马去世了，参见李维第三十三卷第21章。

III. 意大利的局势

派到元老院的使节

[42](1)当克劳狄·马塞鲁斯就任执政官后,腓力的使节以及弗拉米尼努斯和盟友的使节一同抵达了罗马,以商讨和平问题。(2)在经过了详细的讨论后,元老院决定确认这个和约。①(3)但是,当元老院的决议(senatus-consultum)提交到民众面前时,由于马尔库斯(Marcus)自己渴望跨海挥军希腊,因此,马尔库斯声言反对这个决议,而且,他竭尽全力地中断这个和谈。(4)然而,尽管遭遇了这样的阻力,但是,民众仍然遵从了弗拉米尼努斯的愿望和批准了这个和约。(5)一旦缔结了和约,元老院立即任命了十位最杰出的元老,同弗拉米尼努斯一起处理希腊事务和确保希腊的自由。(6)就与罗马的联盟问题,埃基乌姆的达莫塞努斯(Damoxenus of Aegae)——他是亚该亚人的使节——在元老院发表了看法。(7)然而,由于当时提出了一些反对意见——因为,埃利亚人就特里菲利亚(Triphylia)的归属问题而向亚该亚人提出了异议,美塞尼亚人(当时他们是罗马的盟友)就亚辛(Asine)和普鲁斯(Pylus)的归属问题,以及埃托利亚人就赫拉利亚(Heraea)的归属问题也向亚该亚人提出了异议——因此,决议被提交到了十人委员会。(8)这就是元老院的会议进程……

---

① 公元前196年的执政官是弗尼乌斯·普普利奥(L. Funius Purpureo)和克劳狄·马塞鲁斯(M. Claudius Marcellus)。同腓力的和平协议得到了元老院的确认。

Ⅳ. 希腊的局势

波奥提亚人的行动

[43]（1）当希诺塞法莱战役结束后，弗拉米尼努斯正在埃拉提亚（Elatea）冬营时，①由于波奥提亚人渴望接回先前在腓力的军队中效力的同胞，因此，他们派遣了一个使节到弗拉米尼努斯那里，以恳求他确保他们的安全。（2）由于预见到了安条克的到来和希望确保波奥提亚人的忠诚，弗拉米尼努斯欣然应允了他们的请求。（3）马其顿人立即就归还了这些人，其中包括布拉基勒斯（Brachylles），接着，波奥提亚人立即把布拉基勒斯任命为波奥提亚的最高长官（Boeotarch），②而且，他们继续像以前那样重用和尊敬其他那些被人们认为是马其顿王室的朋友的人。（4）他们也向腓力派遣了一个使团以感谢后者归还了这些战士，他们开始贬低起弗拉米尼努斯对他们的恩惠。（5）当宙希普斯（Zeuxippus）、庇西特拉图（Pisistratus）和所有亲罗马的那些人看到这种情况后，他们甚为不快，因为，他们非常清楚地预见到了这样下去所造成的后果，他们非常担心起自己和亲人的安危来。③（6）他们非常清楚地知道，如果罗马人撤出希腊，而腓力继续留在他们的侧翼的话，那么，腓力的力量和他们的政治对手的力量就会继续增长，这无疑会对参与波奥提亚公共事务的他们构成巨大的安全威胁。（7）因此，他们齐聚在了一起，并派遣了一个使团到埃拉提亚的弗拉米尼努斯那里。（8）一与他会面，他们就使用了大量的论据，以指明当前的民众对他们的恶意相向和大众的忘恩负义；（9）最后，他们大胆地断

---

① 即公元前 196 年。

② ［中译按］波奥提亚最高长官（Boeotarch）是波奥提亚同盟（Boeotian Confederacy）的最高官员（the chief officers），这个官职是在公元前 379 年设立的。

③ 公元前 196 年，亲罗马的头头宙希普斯（Zeuxippus）和庇西特拉图（Pisistratus）决心清除布拉基勒斯（Brachylles）。

言,除非他们杀死布拉基勒斯以震慑民众,否则,一旦罗马军团离开,亲罗马的那些人将不会有任何安全可言。(10)在听完他们所说的这番话后,弗拉米尼努斯说道,他自己不会参与这种事,但是,他也不会阻止那些希望这样行事的人。(11)他建议他们把整件事情都报告给埃托利亚将军亚勒克米努斯(Alexamenus)。(12)当宙希普斯和其他人按照这个建议行事和报告这件事情时,亚勒克米努斯立即就被说服了,他完全赞同他们的说法,他安排了三名埃托利亚战士和三名意大利战士前去刺杀布拉基勒斯……

(13)我们所有人的心中都没有驻存这样恐怖的见证者或者这样可怕的控告者①……

在希腊的弗拉米尼努斯和罗马专员

[44](1)就在这时,手握希腊生死之权的十人委员会的专员已经抵达了,他们从罗马带来了元老院有关与腓力之和平协议的决议。(2)这个决议的主要内容如下:亚洲和欧洲的所有希腊人都是自由的,他们遵从他们自己的法律;(3)在地峡运动会(Isthmian Games)②举行之前,腓力要把那些臣服于他的希腊人和他进驻军队所占领的城市交还给罗马人;(4)他要将自己的卫戍部队撤出埃乌洛姆斯、佩达萨(Pedasa)、巴基利亚(Bargylia)、埃亚苏斯、阿比都斯、萨索斯、米利纳(Myrina)和佩林萨斯(Perinthus)等城镇,以恢复它们的自由;(5)根据元老院关于恢复希厄斯(Cius)自由的决议,弗拉米尼努斯去信给了普鲁西亚;③(6)腓力要在相同期限内归还罗马人的所有战俘和逃兵,除了五艘轻型舰船(vessels)和一艘十

---

① 宙希普斯受到了自己良心的谴责,参见李维第三十三卷第28章。

② 在泛希腊的运动庆典(Pan-Hellenic Festivals)中,地峡运动会名列第三——它位居奥林匹亚(Olympian)和德尔菲(Pythian)之后,并于每两年的六七月举行——波利比乌斯在这里所提到的这场地峡运动会是公元前196年6月所举行的地峡运动会。

③ [中译按]即比提尼亚的普鲁西亚一世(Prusias I of Bithynia)。

六排桨（sixteen banks of oars）的大型旗舰船之外，他要向罗马人交出自己的所有战船；（7）他要向罗马人支付一千泰伦的金钱，其中一半立即交付，另一半则在十年内分期交付。

[45]（1）当元老院的这个决议在希腊传开后，除了埃托利亚人，其他所有人都深受鼓舞，欣喜万分。这个决议没有让埃托利亚人得到他们所期望的东西，以至于他们深感愤懑，他们贬损这个决议说，它不过是言辞游戏，根本就没有解决实际的问题。（2）他们甚至从决议的实际条款演绎出各种可能的涵义，以混淆那些聆听它们之人的心智。（3）他们说道，关于腓力驻军的城市存在两个不同的决议，其中一个决议是命令他撤走驻军和向罗马人交出众城镇，另一个决议是命令他撤走驻军和让众城镇获得自由。（4）这些将要获得自由的众城镇事先已经确定了，它们就是那些坐落在亚洲的城镇；（5）然而，那些移交给罗马的城镇则都坐落在欧洲，它们也即是奥勒乌姆（Oreum）、埃利特里亚、迦尔西、德米特里亚斯和科林斯。① （6）任何人都可以从中轻易地看出，罗马人从腓力手上接管了所谓的"希腊的枷锁"（Fetters of Greece），希腊人并没有得到自由，他们只是换了一个主人而已。

（7）这就是埃托利亚人令人作呕的（ad nauseam）说辞。但是，与此同时，弗拉米尼努斯和十人委员会从埃拉提亚下到了安提希拉（Anticyra），并立即渡海抵达了科林斯。一到科林斯，他立即坐下来同十人委员会进行磋商，以对整个局势作出安排。（8）随着埃托利亚的诽谤性中伤越来越广地流传和一些人的信以为真，他感到自己有必要会同自己的同僚详细地商讨决议的条款；（9）他向他们指出，假如他们希望赢得希腊人毫无保留的称赞，让所有人都相信罗马人最初渡海而来不是出于他们自身的利益，而是出于希腊的自由，那么，他们必须撤出所有地方，并让腓力现在所驻军的所有城市全都享有自由。（10）然而，会议中那些专员们悬而未决的争议焦点就在此。因为，对于其他所有问题，元老院都已经向十人

---

① 关于最后这三座城镇的重要性，参见第十八卷第11章。

委员会下达了明确的命令;但是,对于迦尔西、德米特里亚斯和科林斯问题,由于安条克的缘故,元老院允许他们拥有自行决定的权力,让他们根据时事的实际变化自行采取他们觉得最好的行动举措。(11)因为,很明显,安条克一直都在蠢蠢欲动地等待时机以干涉希腊的时局。(12)然而,弗拉米尼努斯成功地说服了自己的同僚,立即让科林斯获得了自由,并按照最初的规定把它移交给了亚该亚人,但他继续保留了自己对亚克洛科林斯(Acrocorinth)、德米特里亚斯和迦尔西的控制权。

[46]①(1)当这些决议达成时,地峡运动会也即将来临;由于对即将发生之事的翘首盼望,因此,几乎整个世界最为著名的人物都齐聚在此,在整个节日庆典期间,各种各样的流言在到处流传。(2)一些人说,罗马人根本不可能放弃某些地方和城市,其他人则断言,罗马人会放弃那些名闻遐迩的地方,不过会保留那些对自己作用甚大但却又不显眼的地方;(3)这些人甚至竞相发挥自己的丰富想象力,凭空地杜撰了一些相关的地方。(4)当人们处于这种不确定的状态和人群聚集在体育场观看比赛时,有一名号角手吹响起要求大家保持安静的号角声,接着,一名传令官走向前宣读起了下面这份声明:

(5)罗马元老院和代执政官提图斯・昆提乌斯(Titus Quintius)——他在战场上战胜了腓力国王和马其顿人——让下列民族安享自由,他们不会有驻军,也无需缴付贡赋,他们将充分享受自己祖先的法律,他们就是弗西奥提克-亚该亚人(Phthiotic Achaeans)、梅格尼西亚人(Magnesians)、色萨利人和佩尔比亚人(Perrhaebians)。

(6)就在这宣布之时,突然有一道巨大的吼声响起,一些人根本就没有听到这份声明,其他人则希望再重听一遍。(7)然而,大部分人都不敢相信自己的耳朵,他们觉得自己是在梦境中听到这

---

① 公元前196年7月举行了地峡运动会。

些话语,因为这太出乎意料了。(8)每个人都被不同的冲动驱使,他们大声地要求道,传令官和号角手前往到体育场的中央,并再一次宣读这份声明,在我看来,他们不仅希望听到宣读者的声音,而且希望看到宣读者本人,因为他的这个宣告太令人难以置信了。(9)但是,当号角手再一次地吹响起让大家安静的号角声,而且传令官也走到体育场的中央和宣读起这份相同的声明时,人群当中响起了巨大的欢呼声,以至于那些今天只能以书面阅读来感受它的读者根本无法想象当时的场景。(10)当欢呼声最终消退后,再也没有任何人去理会运动员了,相反,所有人都在与旁边的人交谈或者喃喃自语,他们几乎发狂了一般。(11)在比赛结束时,他们高兴得太过忘乎所以,以至于在表达自己的谢意时,他们几乎将弗拉米尼努斯杀死。(12)因为,其中有一些人渴望看到他的脸和欢呼他为救主,其他人则渴望抓住他的手,更多的人则将花冠和头饰抛向他,他们几乎将他撕成碎片。(13)但是,他们的感激无论看起来有多么过分,一个人仍然可以充满信心地说,它都远远赶不上这件事本身的重要性。(14)因为,这是一个非常伟大的行动,首先,罗马人和他们的将军弗拉米尼努斯竟然会甘冒巨大的风险和不惜沉重的花费来确保希腊的自由;同样非常伟大的是,他们投注了足够的军力来实施这个计划;(15)最为重要的是,没有发生阻碍他们这个计划的任何不幸或者厄运,相反,当宣布生活在亚洲和欧洲的所有希腊人都将安享自由、没有驻军和无需贡赋的生活以及保全自己的法律时,所有的事情全都无一例外地同时推向了这个巅峰时刻。

[47](1)当地峡运动庆典结束后,罗马专员们首先会见了安条克的使节。他们命令他们道,他们的主公安条克不允许染指那些自治型的亚洲城市,也不允许同它们任何一座城市进行开战,而且,他必须从那些先前属于托勒密和腓力,而现在却被他刚刚占领的城市当中撤离。(2)同时,他们禁止他率领军队进抵欧洲,因为,希腊人今后都不再受任何人的军事进攻或者奴役。(3)最后,他们笼统地说道,他们当中的一些人将会访问安条克。(4)在接到这个

答复后,赫基西亚纳克斯(Hegesianax)和利希亚斯(Lysias)就立即回去了。(5)接着,他们召见了各个国家和城市的所有代表,并向他们解释了委员会所作的决定。(6)至于马其顿,他们授予了一个名叫奥勒斯塔(Orestae)的部落以自治权(因为在战争期间他们倒向了罗马),而且,他们让佩尔比亚人、多洛佩斯人(Dolopes)和梅格尼西亚人获得自由。(7)至于色萨利人,除了授予他们自由之外,他们还将弗西奥提克-亚该亚人(Phthiotic Achaeans)①分给了色萨利,不过,他们也从他们手上划走了弗西奥提克-底比斯和法萨鲁斯。(8)至于埃托利亚人气势汹汹地索要法萨鲁斯和利乌卡斯(Leucas)的主张——理由是按照他们原先所缔结的条约的规定,这是他们的应有权利——(9)委员会的专员们迟迟地拒绝进行讨论,直到埃托利亚人可以把这个议题提交元老院,但他们允许埃托利亚人像以前那样把弗西斯和洛克里斯保留在后者的同盟内。(10)他们把科林斯、特里菲利亚和赫拉利亚授予给了亚该亚人,而且,大多数专员都赞成把奥勒乌姆和埃利特里亚授予给尤米尼斯国王(King Eumenes)。(11)但是,当弗拉米尼努斯就这个议题向委员会发表了讲话后,这个提议没有得到批准,因此,不久之后,元老院就让这些城镇和卡利斯托(Carystus)获得了自由。(12)他们把利克尼斯(Lychnis)和帕萨斯(Parthus)——它们原本是伊利里亚人的城镇,但后来置于腓力的统治之下——分给了普勒拉图斯;(13)而且,他们允许阿米南德保留在战争期间他从腓力手上抢走的所有要塞。

[48](1)在做好这些安排后,他们就各自离开了。(2)普布里乌斯·伦图鲁斯(Publius Lentulus)航行到了巴基利亚和宣布了巴基利亚获得自由,卢西乌斯·斯特提尼乌斯(Lucius Stertinius)也基于同一目的而抵达了赫法斯提亚(Hephaestia)、萨索斯和色雷斯人的众城邦。(3)普布里乌斯·维利乌斯(Publius Villius)和卢西乌斯·特伦提乌斯(Lucius Terentius)前往到安条克国王那里,而格纳

---

① [中译按]Phthiotic Achaeans 亦写作 Phiotid Achaeans。

乌斯·科内利乌斯（Gnaeus Cornelius）则前往到腓力国王那里。（4）他在坦普附近遇到了腓力国王，因而，他随即就向腓力传达了关于后者的其他指令，并建议腓力派遣一个使团到罗马以要求进行结盟，从而避免人们怀疑他正伺机等待机会和期望安条克的到来。（5）国王一接受这个建议，科内利乌斯立即就离开了他和前往到了塞马埃（Thermae）——塞马埃当时正在举行埃托利亚同盟大会。（6）当他走进大会，他就长篇累牍地劝说起埃托利亚人遵守他们原先所定下的政策和维持他们同罗马的友谊。（7）许多人纷纷站起来进行答复，一些人礼貌而婉转地批驳道，罗马人没有充分地利用自己的好运来促进他们的共同利益或者遵守他们原有的条约；（8）然而，其他人则猛烈地抨击道，如果不借助埃托利亚人，罗马人肯定不可能登陆希腊或者征服腓力；（9）科内利乌斯没有对这些各式各样的指责进行一一地回复，而是建议他们向罗马派出一个使团，因为他们会在元老院获得完全的正义。（10）这就是同腓力的战争结束时的局势……

V. 亚洲的局势

［49］①（1）正如谚语所言，如果他们濒临绝境、奄奄一息，那么，他们就要寻求罗马人的庇护，把自己和自己的城市都交到罗马人手上②……

安条克和罗马使节

（2）安条克的计划正按照他自己所希望的那样进行，当他在色雷斯时，③卢西乌斯·科内利乌斯（Lucius Cornelius）通过海路抵达

---

① 即公元前196年。
② 参见李维第三十三卷第38章。
③ 公元前196年，安条克在克森尼苏斯（Chersonesus）和色雷斯。

了塞林布里亚（Selymbria）。（3）卢西乌斯·科内利乌斯是元老院派出的使节，以致力于在安条克和托勒密之间缔结和平……

[50]（1）与此同时，十人委员会当中的三名专员也抵达了那里，他们亦即是从巴基利亚赶来的普布里乌斯·伦图鲁斯、从萨索斯赶来的卢西乌斯·特伦提乌斯和普布里乌斯·维利乌斯。（2）他们到来的消息立即被报告给了国王，几天后他们全都齐聚在利西马基亚。（3）先前派到弗拉米努斯那里的使节西亚纳克斯和利希亚斯也同时抵达了。（4）国王与罗马人之间的非官方性会面简单而又友好，但是，随后就一般性的局势问题所举行的正式会谈却完全变成了另一幅模样。（5）因为，卢西乌斯·科内利乌斯要求安条克，对于所有先前属于托勒密，而现在却被他所占领的亚洲城市，他都要从中撤出，然而，对于先前属于腓力的那些城市，他也要求他立即从中撤出。（6）因为，他说道，安条克螳螂捕蝉黄雀在后地摘取了罗马人战胜腓力后的胜利果实，这是非常荒诞的一件事情。（7）他也警告他不要染指那些自治型城市。（8）此外，他进一步地补充说道，对于安条克国王为什么要率领这样一支庞大的军队和舰队到达欧洲，他也深感困惑；（9）因为，所有心智健全之人都会理所当然地推断，如果不是出于与罗马开战的目的，那么，他还可以找到其他更加合理的理由吗？这位罗马使节就以这番话结束了自己的讲话。

[51]（1）国王回答说，首先，他自己也不明白为什么罗马人会对自己占领那些亚洲城市心怀异议；他们是世界上有权这样行事的最后一个民族。（2）其次，他要求他们不要卷入任何亚洲事务；因为，他自己也从未干涉任何意大利的事务。（3）他说道，他率领自己的军队前来欧洲，其目的完全是出于收复克森尼塞（Chersonese）和色雷斯地区的诸城的需要，因为，他比任何人都更有权统治这些地方。（4）它们原本就属于利西马科斯国王的国土，但是，当塞琉古同利西马科斯国王开战，并在战争中战胜后者后，利西马科斯的

整个王国就因为惨遭征服而转移到了塞琉古手上。①（5）但是，随着时间的流逝，他的祖先把注意力转移到了其他地方，以至于首先是托勒密，接着是腓力劫掠和攫取了这些地方。（6）现在他没有乘腓力深陷困境之机而侵吞它们，而是行使自己无可置疑的权利和权威来收回它们。（7）至于利西马基亚人——他们先前出乎意料地被色雷斯人驱逐出自己的家园——他现在重新恢复他们的家园和重新安置他们，这对罗马毫无损害；（8）因为，他之所以这样做，不是因为他意图对抗罗马，而是因为他希望为塞琉古②寻找一个栖身之地。（9）至于亚洲的那些自治型城邦，他们必须通过他们自身的行动，而不是借助罗马的禁令来获得自由。（10）至于他同托勒密的关系，他将会同他友善地处置所有的问题，因为，他不仅决定同他建立友谊，而且他还决定同他进行联姻性的结盟。

[52]③（1）卢西乌斯和他的同僚一决定召见斯米纳（Smyrna）与兰萨库斯（Lampsacus）的使节和给予他们听审的权利，这件事立即就付诸行动了。（2）兰萨库斯人（Lampsacenes）所派出的使节是帕米尼安（Parmenion）④和皮索多鲁斯（Pythodorus），而斯米纳人（Smyrnaeans）所派出的使节是克拉努斯（Coeranus）。（3）当这些使节自由地发表自己的意见时，由于安条克国王在罗马人的法庭上为自己遭到辩驳深感恼怒，因此，他打断帕米尼安道："（4）你就不要长篇大论地说个不停了；我希望我们之间的分歧提交到罗德岛人的法庭，而非罗马人的法庭。"（5）因此，他们就这样不欢而散地结束了会议……

---

① 公元前 281 年，塞琉古·尼卡诺尔（Seleucus Nicanor）战胜了利西马科斯，两军之间的战斗发生在弗里基亚（Phrygia）的科恩平原（Plain of Corn），参见查士丁（Justin）第十七卷第 1—2 章；阿庇安（Appian）：《叙利亚战争》（*Syr.*），第 62 章。
② ［中译按］塞琉古是安条克国王的儿子。
③ 安条克拒绝承认罗马人的仲裁者地位。
④ ［中译按］Parmenion 亦写作 Parmenio。

VI. 埃及的局势

在亚历山大里亚的斯科帕斯和其他埃托利亚人

[53]①(1)许多人都向往光荣而卓越的伟业,但真正付诸实施的人却少之又少。(2)然而,在面对危险时,相较于克里奥米尼斯,斯科帕斯手上握有更加优越的资源,因而,行动也本应更加果敢。(3)因为,除了得到自己的仆人和朋友的支持之外,后者没能得到任何其他的支持,然而,尽管他抢先实施了自己的计划,但他却没有放弃任何一线生机,而是竭尽全力地实施各式各样的行动,因为,他更加看重自己死得其所,而不是苟且偷生。(4)相反,斯科帕斯则拥有众多的支持者,而且,由于国王不过是一位孩童,因此,他拥有先发制人的极好良机,但他却一再地延误和错失良机。(5)在获悉他把自己的支持者聚集在家里进行商讨后,阿里斯托米尼斯(Aristomenes)就派去了一些军官,以让他们召唤他到御前会议。(6)然而,他这时已经全然不知所措,以至于他既不敢实施自己的计划,最糟糕的是,他甚至也不敢遵从国王的召唤;(7)最终,阿里斯托米尼斯察觉出了他的六神无主,于是就派出了士兵和战象来包围了他的房屋。(8)接着,他们让尤米尼斯之子托勒密率领一些士兵前去带他出屋;如果他服从命令,那再好不过,但是,如果他不服从命令,那就强行地架他出来。(9)当托勒密走进他的房屋和向斯科帕斯宣布国王要召见他时,他最初根本就没有作任何理会,而是久久地直直地盯着托勒密,就好像是他要用自己的威势来震慑和吓退他一样。(10)但是,当托勒密大胆地走到他的面前和抓住他的披风后,他就呼叫起自己身旁的那些人来帮助自己。(11)然而,由于进屋的士兵数量太多,而且,有人告诉他屋外已经全部被

---

① 公元前196年斯科帕斯之死,参见前引书(*supra.*),第十三卷第2章;第十六卷第18章。

包围,因此,他最终被迫选择了屈从,并在自己朋友的陪同下一路跟在托勒密的后面。

[54](1)当斯科帕斯走进议事厅,国王首先简要地对他进行了一番指责,接着,刚刚从塞浦路斯回来的波利克拉底也对他进行了一番指责,最后,阿里斯托米尼斯亦对他进行了一番指责。(2)除了同他的朋友们进行开会商议和拒绝服从国王的召唤之外,其他所有这些指责都与我刚刚所说的那些指责大同小异。(3)出于这些原因,他不仅受到了御前会议的那些大臣的指责,而且也受到了当时在场的那些外国使节的指责。(4)当阿里斯托米尼斯准备开始对斯科帕斯进行控告时,他从希腊带来了许多支持自己的杰出之士,此外,他还把前来进行和谈的其中一位埃托利亚使节——亦即尼科斯特拉图斯之子多利马克——也带来了。(5)当这些指控者讲完这些指责时,斯科帕斯试图作自我辩护,但是,由于场面混乱,以至于根本没有任何人理会他,最终,他和他的朋友们都被送进了监狱。(6)入夜后,阿里斯托米尼斯用毒药杀死了斯科帕斯和他所有的朋友;(7)不过,在杀死迪卡亚基亚之前,他先对后者进行了一番严刑拷打,他代表所有希腊人,让他接受了其罪有应得的惩罚。(8)因为,当迪卡亚基亚决心叛变和进攻西克拉迪(Cyclades)与赫勒斯滂诸城邦时,腓力当时正任命他指挥自己所有的舰队和整个军事行动。(9)他就这样被派去实施了一个臭名昭著的邪恶行动,然而,他不仅觉得自己没有犯下任何大逆不道的邪恶之举,而且,他异乎寻常的蛮横傲慢连诸神和凡人都会感到震惊。(10)因为,他的舰船无论停泊在何地,他都要建造两座祭坛,一座是亵渎(Impiety)的祭坛,另一座则是无法无天(Lawlessness)的祭坛,而且,他要对这些祭坛进行献祭并像对待神明一样进行敬拜。(11)因此,他必须同时接受来自神明和凡人的应得惩罚;因为,他完全背离自然法则,他的最终结局自然就会以横死收场。①(12)对于其他那些想要动身回国的埃托利亚人,国王允许他们所有人都

① [中译按]亦即不以善始,无以善终。

可以带上自己的财产离开。

[55](1)即使在斯科帕斯还活着的时候,斯科帕斯的贪婪就早已臭名远扬——他的贪婪成性远远要超过其他任何人——但是,他的死亡让他的贪婪更加声名远扬,因为人们在他家里发现了不计其数的金银和其他财宝。(2)在残暴野蛮和醉酒熏天的卡利莫图斯(Charimortus)的协助下,他就像一名强盗那样彻底洗劫了王宫。

(3)当王宫的官员们处置完埃托利亚人的问题后,朝臣们立即开始庆祝起国王的亲政(Anacleteria)。① 尽管他没有达到亲政所要求的年龄,但是,他们认为,如果国王现在就赋予完全的权威,那么,这将有助于王国的稳定和繁荣。(4)他们做了非常充分的准备,以让他们的庆典完全配得上一个大国应有的尊贵,而波利克拉底对庆典的准备工作贡献最大。(5)在国王的父亲统治期间,尽管波利克拉底当时仍相当年轻,但是,人们就认为波利克拉底在王宫中的忠诚度和本领度就已经无出其右,而且,他的这个名声一直维持到现任国王。(6)在受托于治理塞浦路斯及其财税问题期间,尽管塞浦路斯当时的局势危险而又复杂,但是,他却不仅为国王保住了这座岛屿,而且,他还筹集了一大笔金钱;现在他刚刚带着这笔金钱来到了国王面前,并把塞浦路斯的统治权移交到了梅格洛波利斯的托勒密(Ptolemaeus of Megalopolis)手上。(7)由于这个缘故,在接下来的岁月里他获得了大笔的赏赐,但是,随着他年岁的变老,他的放纵和堕落彻底摧毁了他的良好名声。(8)亚基萨克斯之子托勒密晚年的名声也与波利克拉底如出一辙。(9)对于这些人,等到时机合适之时,我会毫不犹豫地揭露他们不光彩的权力生涯……

---

① 公元前 196 年,托勒密·俄皮法尼斯(Ptolemy Epiphanes)亲政,参见亚特利乌斯(Aet.),第十四卷。
[中译按]Aet. 是 Aethlius 的缩写。

第十九卷（残篇）^①

　　我们现在拥有的波利比乌斯第十九卷仅有的残篇就是普鲁塔克所援引的马尔库斯·波西乌斯·加图（M. Porcius Cato）^②所说的内容，其大意是，按照他的命令，巴提斯（Baetis）^③北部所有的西班牙城市的城墙都在同一天拆除。公元前195年，加图在西班牙。弗洛恩提努斯（Frontinus）所撰写的《论战略》（*Strateg.*）第一卷第1章第1节也记载了他拆毁城防的这个举措。

　　因此，我们遗失了公元前195年、前194年和前193年的历史，也遗失了公元前192年和前191年的大部分历史（公元前192年和前191年的历史涵括在第二十卷的早期部分，现在只保留了一些残篇）。然而，李维（Livy）所撰写的这些年份的历史明显地迻译自波利比乌斯，而且，对发生在希腊地区的事件作些简单摘要，可以有助于强化读者对这篇残卷的兴趣。

公元前195年的执政官卢西乌斯·瓦里里乌斯·弗拉库斯（Lucius Valerius Flaccus）和马尔库斯·波西乌斯·加图

　　由于安条克和纳比斯的威胁，弗拉米尼努斯的统治权（imperium）延长到这年。由于仍然心存不满，因此，埃托利亚人仍

---

① ［中译按］第十九卷全部译自于剑桥本，洛布本完全遗缺了第十九卷。
② ［中译按］M. Porcius Cato 即 Marcus Porcius Cato，也即是老加图（Cato the Elder）。
③ ［中译按］Baetis 亦写作 Boetis。

要求法萨鲁斯和利乌卡斯,不过元老院将他们的要求重新踢回给了弗拉米尼努斯。弗拉米尼努斯召集科林斯地区的希腊城邦开会,他们颁布了同纳比斯开战的法令,然而,埃托利亚人仍然对罗马人的干涉表达自己的不满。军队已经征调完毕;阿尔戈斯已经从纳比斯手里解放了出来;斯巴达全境也已全部沦陷;纳比斯被迫缔结最屈辱的条约;埃托利亚人再一次地抗议他——不管他借用何种理由——继续留在斯巴达。同年,安条克的使节也访问了弗拉米努努斯,但涉及到了元老院。

公元前 194 年的执政官普布里乌斯·科内利乌斯·西庇阿(Publius Cornelius Scipio II.)和提比略·塞姆普洛尼乌斯·洛古斯(Tiberius Sempronius Longus)

在向聚集在科林斯的盟友发表了一番演讲,以建议他们维持内部的和平并保持对罗马的忠诚后,弗拉米尼努斯离开了希腊并凯旋回到了罗马。这个时期的希腊都比较平静。

公元前 193 年的执政官卢西乌斯·科内利乌斯·梅鲁拉(L. Cornelius Merula)和昆图斯·米努基乌斯·色姆斯(Q. Minucius Thermus)

安条克派来的使节得到的最后答案是,如果国王坚持进军欧洲,那么,罗马人就将从他手上解放那些位于亚洲的希腊城邦。罗马人向他派出了使节普布里乌斯·苏比修斯(P. Sulpicius)、普布里乌斯·维利乌斯(P. Villius)和普布里乌斯·埃利乌斯(P. Aelius)。汉尼拔抵达了安条克的王宫,他鼓动后者起来对抗罗马;而且,埃托利亚人也在同样煽动纳比斯和马其顿的腓力起来同罗马作对。因此,安条克没有给罗马使节任何满意的答复。

公元前 192 年的执政官卢西乌斯·昆提乌斯·弗拉米尼努

斯（L. Quintius Flamininus）和格纳乌斯·多米提乌斯·阿赫诺巴布斯（Cn. Domitius Ahenobarbus）

因此，罗马人在积极备战。法务官阿提里乌斯（The Praetor Atilius）指挥一支舰队前去对付纳比斯；这年的初期，昆提乌斯·弗拉米尼努斯（T. Quintius Famininius）、盖乌斯·奥克塔维乌斯（C. Octavius）、格纳乌斯·塞维利乌斯（Cn. Servilius）和普布里乌斯·维利乌斯等专员们出使了希腊；马尔库斯·巴庇乌斯（M. Baebius）则指挥军队在布林迪西待命。帕加马的阿塔鲁斯（Attalus of Pergamum）——阿塔鲁斯是尤米尼斯国王的兄弟——把安条克渡过赫勒斯滂和埃托利亚人倒向他的消息带到了罗马。因此，巴庇乌斯受命把军队运送至阿波罗尼亚（Apollonia）。

同时，纳比斯利用安条克所提供的警报作了相应的军事行动。他围攻了基斯乌姆（Gythium）和劫掠了亚该亚人的国土。在斐洛波曼的领导下，亚该亚同盟向他进行了宣战，在遭遇了一场无足轻重的海战失利后，亚该亚同盟在陆上决定性地击败了他，并把他围困在了斯巴达。

埃托利亚人现在正式投票呼吁安条克，"解放希腊并在他们与罗马之间作出仲裁。"他们占领了德米特里亚斯，并通过计谋杀死了纳比斯。因此，斐洛波曼把斯巴达兼并进了亚该亚同盟。在这年的末期，安条克在色萨利的拉米亚刚好遇到了埃托利亚人因为选任将军（Strategus）而召开的代表大会；在徒劳地安抚了亚该亚人后，他占领了迦尔西，接着，他就在那里过冬并迎娶了一位年轻的妻子。

公元前 191 年的执政官普布利乌斯科内利乌斯·西庇阿·纳西卡（P. Cornelius Scipio Nasica）和马尔库斯·阿西利乌斯·格拉布里奥（M. Acilius Glabrio）

罗马人宣布同安条克开战。曼尼乌斯·阿西利乌斯（Manius

Acilius)被选任到希腊,以接管和统率巴庇乌斯的军队,在攻占了色萨利的许多城镇后,他在温泉关遭遇并打败了安条克;埃托利亚同盟根本就没有向安条克国王提供任何协助,他们撤退到了以弗所。

参见李维第三十四卷第 43 章至第三十六卷第 21 章。同时参见普鲁塔克:《斐洛波曼》(*Philopoemen*)和《弗拉米尼努斯》(*Flamininus*);阿庇安:《叙利亚战争》(*Syriacae*),第 6—21 章。

第二十卷（残篇）

I. 希腊的局势

（《苏达辞书》[Suid.];①对照李维第三十五卷第48章第2节）

[1]埃托利亚人任命了一个由三十人所组成的阿波克勒提（Apocleti）②前去同安条克国王磋商③……

因此,他召集阿波克勒提进行开会以同他们商讨国是……

安条克和波奥提亚

（对照李维第三十五卷第50章第5节）

---

① [中译按]Suid. 是 Suidas 的缩写,中译作"苏达辞书"(Suidas),《苏达辞书》是一部关于古地中海世界的辞书,卷帙浩繁。它是公元十世纪用希腊语写成的一部百科全书式辞书,共有三万个词条,其中许多词条都是从古代文献中摘录的。

② 阿波克勒提(Apocleti)是一个专门委员会(a *select* council)。参见李维第三十五卷第34章第2节。——洛布本注
对于阿波克勒提的成员数量,我们不得而知,它是一个咨询性的元老院,以为埃托利亚大会提供行动建议。参见弗里曼(Freeman):《联邦史》(*History of Federal Government*),335页;同时参见李维第三十五卷第34章第2节——剑桥本注。

③ 公元前192年秋季,安条克大帝(Antiochus the Great)在拉米亚会见了埃托利亚人,参见李维第三十五卷第43—46章。

301

[2]当安条克①派遣使节到波奥提亚人那里时,他们回答使节道,他们不会考虑他的提议,除非国王本人亲自前来……

伊庇鲁斯和埃利斯派到安条克的使节

（对照李维第三十六卷第 5 章第 1—8 节）

[3](1)初冬,当安条克在伽尔西时,②伊庇鲁斯的使节卡洛普斯(Charops)和埃利斯(Elis)的使节卡利斯特拉图斯(Callistratus)前去拜访了安条克。(2)伊庇鲁斯人恳请他不要让他们卷进同罗马的战争,因为,他们是直接暴露在意大利人面前的希腊人。(3)如果他确实能够确保伊庇鲁斯的安全并派兵守卫伊庇鲁斯人的边境,他们说,他们将很乐意地接纳他进入他们的城市和港口;(4)但是,如果他现在决定不这样行事,那么,要是他们惧怕同罗马开战,他们请求他宽恕他们。(5)埃利斯人(Eleans)恳请他向他们的城邦派遣援兵,因为,亚该亚人已经投票决定要同他们开战,他们担心亚该亚人的军队会进攻自己。(6)国王回复伊庇鲁斯人说,就他们之间的共同利益问题,他会派遣使节同他们进行磋商;(7)但是,他向埃利斯派去了由克里特人尤法尼斯(Cretan Euphanes)所统率的一千名步兵……

波奥提亚的衰落

（对照李维第三十六卷第 6 章）

[4](1)波奥提亚许多年以来一直都萧条不振,这与他们国家先前的繁荣和声誉形成了强烈的对比。(2)在留克特拉战役后,波

---

① 摘录者错误地把腓力(Philp)当作了安条克(Antiochus)。
② 安条克在伽尔西度过了公元前 192 年—前 191 年的冬季。

奥提亚人获得了巨大的声望和权力,然而,也就在这个时期,①在阿巴奥克利图斯将军(The Strategus Abaeocritus)②的领导下,出于种种原因,他们不断地失去了这种声望和权力;(3)此外,在接下来的几年中,他们衰落的趋势不仅没有停止,而且他们的性格也完全改变了,他们竭力地掩盖他们先前的名声。(4)当亚该亚人成功地促使他们同埃托利亚人开战时,他们站在前者一边,并同他们结盟,此后他们就不断地与埃托利亚人进行开战。(5)有一次埃托利亚人入侵波奥提亚,他们全速地进军,没有等待亚该亚人到来——亚该亚人已经集结了自己的军队并准备前去支援他们——就同埃托利亚人开打了。③(6)当他们遭遇战败后,他们的士气非常低落,以至于他们此后从未振作起来,也从未参与其他希腊人的任何行动或者作战。(7)相反,他们完全沉醉于醉生梦死和声色犬马,他们的灵魂和肉身都已萎靡不堪。

[5](1)简而言之,波奥提亚人所犯的主要错误——这些主要错误反过来又导致了众多较小的错误——如下。(2)在遭遇我刚刚所提到的那场战败后,他们立即抛弃了亚该亚人和倒向了埃托利亚人。④(3)不久之后,当埃托利亚人同腓力的父亲德米特里⑤开战时,波奥提亚人再一次地抛弃了埃托利亚人;当德米特里率领自己的军队进抵波奥提亚时,他们没有作任何的抵抗就直接投降了马其顿。(4)然而,他们祖先的光荣仍然残存在他们的体内,以至于对于他们当前的局面和他们对马其顿俯首帖耳,一些人心生不满。(5)因此,他们激烈地反对阿斯康达斯(Ascondas)和尼安(Neon)——他们分别是布拉基勒斯的祖父和父亲——他们当时是

---

① 亦即公元前 371 年至公元前 361 年。

② [中译按]Abaeocritus 亦写作 Amaeocritus。

③ 即公元前 245 年,参见普鲁塔克:《阿拉图斯》(*Arat.*),第 16 章。

④ προσένειμαν Αιτώλοις τὸ ἔθνος,对照第二卷第 43 章。一些人认为,它所要传达的涵义应该是指同埃托利亚人的常规性政治联合,但是,根据叙述本来所要传达的涵义,它似乎指的是联盟。

⑤ 即德米特里二世,公元前 239 年—前 229 年在位。

亲马其顿派的领袖。（6）然而，由于下面这个事件，阿斯康达斯和尼安最终占据了上风。（7）由于公事的原因，安提柯①——在德米特里去世后，安提柯成为了腓力的监护人——正沿着波奥提亚海岸航行；但是，在离开拉林纳（Larymna）时，由于海水退潮，他的舰船搁浅在了海岸。（8）由于这时正好到处都在流传安提柯准备劫掠乡村的传言，因此，正率领整个波奥提亚骑兵前去保护乡村的尼安——当时他是骑兵长官（Hipparch）——意外地发现了由于意外事故，而正处于焦躁不安和进退失据的安提柯。（9）尽管他尽可能地重创了马其顿人，但是，出乎他们意料之外的是，他决定宽恕他们。（10）其他的波奥提亚人赞同他的这个举动，但是，底比斯人却对他的这个举动深为不满。（11）当海水再一次涨潮，他的舰船也随之漂浮起来后，他非常感激尼安没有乘此机会来进攻自己；现在他继续向自己原先的目的地亚洲航行。（12）因此，当他后期战胜了斯巴达的克里奥米尼斯和成为了斯巴达的主人后，②他就让布拉基勒斯负责管理这座城镇，以报答布拉基勒斯的父亲尼安对自己的善意。（13）这对布拉基勒斯和他的家族帮助极大；安提柯对他所作的帮助远不止这些，安提柯和腓力后来继续向他提供金钱并强化他的地位，因此，这个家族很快在底比斯粉碎了那些与自己作对的政治对手，并迫使所有的公民（除了少数例外）倒向了马其顿。

（14）这就是尼安家族效忠马其顿和尼安家族飞黄腾达的历史源头。

[6]（1）然而，波奥提亚的公共事务已经失序了将近二十五年的时间，以至于司法活动——不管是民事还是刑事——全都停止了运转；（2）地方官员通过发布命令来进行治理，其中一些命令用于派遣驻军，其他一些命令则用于指挥战事，他们总是在想方设法地废除法定程序。（3）一些将军（Strategi）甚至动用国库的金钱向穷人支付津贴，因此，民众要学会向那些帮助自己逃脱刑事法律制裁和债务的掌权官员大献殷勤和钱财，甚至从官员那里不时地侵吞一些公

---

① ［中译按］即安提柯·多森（Antigonus Doson）。
② 即公元前 222 年。

款。（4）这些恶行的主要教唆者是奥菲塔斯（Opheltas），他总是会不停地想出一些明显对民众暂时有利、但最终却肯定会摧毁所有人的计划。除此之外，他们还深陷于一种非常不幸的魔怔之中。（5）因为，当那些无儿无女的人去世后，按照当地的习俗，他们不会把自己的财产留给自己最亲的亲属，而是会把它们用作对他人的宴请和欢饮，让自己的朋友们共同地分享它们。（6）甚至许多生养了孩子的那些人，也会把自己的大部分财富留给自己的宴饮伙伴，以至于许多波奥提亚人每个月所安排的宴饮次数比日历上的天数都要更多。

麦加拉叛离波奥提亚同盟

（7）因此，麦加拉人（Megarians）憎恶这种习俗，他们对自己先前的盟友亚该亚人念念不忘，以至于他们再一次地倒向了亚该亚人及其政策。（8）从安提柯·戈纳塔斯①时代起，麦加拉人就一直是亚该亚同盟的成员国，但是，当克里奥米尼斯封锁了地峡后，他们与亚该亚人隔绝开来了，在亚该亚人的同意下，他们倒向了波奥提亚同盟。（9）然而，就在我现在所说的这个时间的前不久，由于他们不满意波奥提亚人的政制，因此，他们再一次地倒向了亚该亚人。（10）因此，恼羞成怒的波奥提亚人率领自己的全部军队进军麦加拉（Megara）；（11）当麦加拉人根本就对他们的到来不当回事后，他们就开始愤怒地围攻起麦加拉。（12）然而，由于传来斐洛波曼已经率领亚该亚人抵达的消息，他们惊慌失措地丢下攻城云梯，狼狈不堪地逃回了自己的国家。

[7]（1）这就是波奥提亚的政治局势，他们很幸运地通过这样或那样的手段成功地渡过了腓力和安条克时期的各种危险。（2）然而，在接下来的时期，他们却没有同样的好运了；相反，正如我将在后面所说的那样，命运女神似乎有意地让他们加倍偿还他们过去所得到的好运……

——————————

① 安提柯·戈纳塔斯（Antigonus Gonatas）死于公元前 239 年。

（对照李维第三十六卷第 6 章）

（3）出于布拉基勒斯被暗杀的原因，①大部分波奥提亚人仍敌视罗马人；由于罗马人在路上惨遭频繁地谋杀，弗拉米尼努斯远征了克洛尼亚（Coronea）。②（4）但是，真正的原因在于他们心智的癫狂（对于他们癫狂的原因，我们先前已经提及了）。（5）因为，当安条克国王近在咫尺时，那些掌权的波奥提亚官员前去迎见他，在进行了友好的会谈后，他们把他引入了底比斯③……

安条克的婚礼

（摘录自亚特纳乌斯，第十卷，439E，F.）

[8]（1）正如波利比乌斯在其第二十卷中告诉我们说，绰号"大帝"（The Great）的安条克（他被罗马人赶下台）来到了埃维厄的迦尔西④来庆祝自己的婚礼。当时他已经五十岁了，而且，正如他自己所说，他的身上肩负了两个非常艰巨的任务，其中一个是解放希腊，另一个则是同罗马开战。（2）然而，就在开战期间，他却恋上了迦尔西的一位年轻少女，而且，他非常希望娶她为妻，此外，他对美酒也欲罢不能，常常喝得烂醉如泥。（3）这位少女是出身高贵的克里奥托勒穆斯（Cleoptolemus）的女儿，而且，她的美貌无与伦比。（4）整个冬季，他都留在迦尔西庆祝自己的婚礼，根本不管前线的紧张局势。（5）他给这位女孩取名作埃维厄（Euboea），当他遭到战

---

① 公元前 196 年——当时布拉基勒斯正担任波奥提亚最高长官（Boeotarch）——布拉基勒斯在宴会结束后回家的路上遭到了六个人的暗杀——其中三人是意大利人，另外三人是埃托利亚人。参见第十八卷第 43 章和李维第三十三卷第 28 章。

② 参见李维第三十三章第 29 章。

③ 公元前 192 年，安条克迎进了底比斯。

④ 公元前 192 年-前 191 年，安条克在迦尔西过冬。

败后，①他带着自己的新娘逃到了以弗所……

温泉关战役

（李维第三十六卷第 19 章第 11 节）

（6）波利比乌斯告诉我们说，在整个军队中，安条克国王只带走了五百名士兵逃走，而安条克当初率领了多达一万名的士兵来到希腊……

亚该亚人的媾和

（对照李维第三十六卷第 27 章）

[9]（1）在赫拉克里亚落到罗马人手上后，②埃托利亚的将军法恩尼亚斯看到了埃托利亚所面对的四面八方的危险和认识到了其他的城镇将会遭遇的事情，因此，他决定派遣使节到曼尼乌斯·阿西利乌斯·格拉布里奥（Manius Acilius Glabrio）那里乞求缔结停战协议与和平条约。（2）在作出这个决定后，他派出了阿基达穆斯（Archedamus）、潘塔里安（Pantaleon）和卡勒普斯（Chalepus）。（3）一会见罗马将军，他们就意图同他进行长谈，但是，他们却在会面的中途惨遭打断，以至于长谈也化作泡影。（4）因为，格拉布里奥告诉他们说，他现在没有时间，因为他要忙于处置赫拉克里亚的战利品；（5）但是，他允诺他们十天的停战期，他说道，他会把卢西乌斯·瓦里里乌斯·弗拉库斯派来同他们一起进行协商，而且，他

---

① 即安条克在温泉关（Thermopylae）遭遇了战败，在这次战役中，李维说道（第三十六卷第 19 章），按照波利比乌斯的说法，公元前 191 年，安条克只率领了五百名士兵（总计一万士兵）逃离了希腊。——剑桥本注

② 公元前 191 年，在温泉关战役后，阿西利乌斯（Acilius）攻占了赫拉克里亚-特拉基尼亚（Heracleia Trachinia）。

会指示他如何进行协商。(6)停战协定就这样缔结了,而且,弗拉库斯也来到了希帕塔(Hypata)同他们进行会面,他们在那里就局势问题进行了详细的讨论。(7)在作阐述时,埃托利亚人回到了原点,他们再一次地复述了他们先前对罗马人的所有善举。(8)然而,弗拉库斯打断了他们滔滔不绝的复述,他说道,这种说辞不适合于当前这个场合;因为,破坏过去他们之间的友好关系之人正是他们自己,而且,当前他们之间的敌意也完全是他们自己所造成的,先前的善举对当前没有任何益处。(9)因此,他们必须放弃所有的辩护念头,而且,他们必须以百般哀求的语言来乞求执政官宽恕自己的僭越。(10)在进行了长时间的详谈后,埃托利亚人最终决定把所有一切都提交给格拉布里奥,而且,他们会毫无保留地保持对罗马人的"忠诚"(to the faith①)。(11)他们根本就不知道"忠诚"(faith)这个词语的真正涵义,相反,他们遭到"忠诚"(faith)这个词语的误导,因为,他们认为这会让罗马人更彻底地宽恕他们。(12)然而,罗马人所说的"保持忠诚"(to commit himself to their good faith)实际上就等同于"无条件投降"(surrendering unconditionally)。

[10](1)然而,在作出这个决定后,他们派遣法恩尼亚斯和其他人一起陪同弗拉库斯,以把这个决定立即传送给格拉布里奥。(2)一见到罗马将军,他们再一次地为自己的行径进行了辩护,接着,他们以埃托利亚人决定保持对罗马的忠诚而结束了自己的陈述。(3)对此,格拉布里奥立即接过他们的话头说道:"埃托利亚人真的会这样做吗?"(4)当他们予以了肯定的答复后,他说道:"那好吧!首先,你们所有人(不管是个人还是集体)都不允许横渡到亚洲;(5)其次,你们必须交出伊庇鲁斯的迪卡亚基亚和米尼斯特拉图斯(Menestratus)"——当时米尼斯特拉图斯刚刚来到诺帕克图斯支援埃托利亚人——"同时,你们也要交出倒向你们的阿米南德国王和跟随阿米南德国王一起的所有亚萨曼尼亚人。"(6)法

---

① 也即是 *fides*。

恩尼亚斯立即打断他道：“噢，将军，你的这些要求既不公正，也不符合希腊人的习惯。”（7）对此，格拉布里奥——与其说他在生气，倒不如说他希望让他们认识到自己的真实处境和切实威胁——说道：“噢，在无条件投降后，难道你们还要显摆什么希腊人的架子和谈论什么公正与习惯吗？”（8）在说完这番话后，他命令手下给他们所有人都加上铁链和套上颈枷。（9）法恩尼亚斯和其他人全都吓了一跳，所有人都目瞪口呆地站在那里，这突如其来的一幕让他们的身体和灵魂似乎都彻底瘫痪了一样。（10）然而，在场的弗拉库斯和其他的一些军事保民官都恳求格拉布里奥不要过分严厉地对待这些人，因为，他们都是使节。（11）当他表示同意后，法恩尼亚斯方才打破沉默地说话了。他说道，他和阿波克勒提（Apocleti）会按照格拉布里奥的命令行事，不过，如果要执行命令，则需要人民的同意。（12）格拉布里奥对此予以了赞同，因此，他同意了对方所提出的再续订为期十天的停战期的要求，（13）一到希帕塔，使节们就告诉了阿波克勒提所发生的事情和所说的话语；在听完这一切后，埃托利亚人方才意识到自己所犯下的错误和他们现在身上所施予的限制。（14）因此，他们决定去信给各个城邦，以召开大会一同商议罗马人施予在他们身上的命令。（15）当罗马人所作的答复传开后，埃托利亚人民是如此地群情激愤，以至于甚至都没有一个人前来参加会议和商讨问题。（16）因此，他们根本不可能进行讨论；尼卡德尔（Nicander）这时也恰好从小亚细亚抵达了米洛斯海湾的法拉拉（Phalara），①他告诉他们说，安条克国王热情地接待了自己，而且，国王允诺在未来提供援助，这让他们更加忘乎所以起来。（17）因此，他们对缔结和平完全无动于衷。结果，在停战期限结束后，埃托利亚人仍然像以前一样同罗马人处于战争状态（in statu belli）。

[11]（1）对于后来降临在尼卡德尔身上的不幸遭遇，我肯定不能略而不谈。（2）从以弗所启航第十二天后，他抵达了法拉

---

① 法拉拉（Phalara）也即是色萨利的拉米亚海港（The harbor of Lamia）。

拉。(3)他发现,罗马人仍然在赫拉克里亚附近作战,而马其顿人已经撤离了拉米亚,不过他们仍驻扎在距离这座城镇不远的地方;(4)因此,他出人意料地把自己的金钱运到了拉米亚,他自己则试图连夜从两军之间逃往希帕塔。(5)但是,他却落到了马其顿的哨兵手上,接着,他被带到了正在宴饮兴头的腓力面前,当时他心想自己会遭遇愤怒的国王所施予的最坏结果或者会被移交到罗马人的手上。(6)但是,当事情报告给腓力后,他立即命令主管官吏好生地照料尼卡德尔的个人需要并周到友善地对待他。(7)没过多久,他就从宴会的桌子上站了起来,亲自前去探访了尼卡德尔。他严厉地责备了埃托利亚人所铸下的错误,因为,他们首先将罗马人引入希腊,接着他们又将安条克引入希腊,然而,即使如此,他仍然敦促他们要忘记过去,并保持同自己的友好关系,同时也不要利用对方的困境来进行趁火打劫。(8)他恳请他把这个消息传达给埃托利亚人的主要领袖,在告诫尼卡德尔要牢记自己对他的恩惠后,他派遣了一支足够数量的护卫军队一路护送尼卡德尔安全地返回希帕塔。(9)这个结果远远地超过了尼卡德尔的意料或者想象。现在他回到了自己的亲人身边,从此之后,他一直维持了同马其顿王室的友好关系。(10)即使后来到了珀耳修斯时期,他仍然对此心生感激,他不愿意反对珀耳修斯的计划,以至于自己深陷他人的猜疑和谩骂,最终,他被召到了罗马,并死在了那里……

斐洛波曼在斯巴达

(对照普鲁塔克:《斐洛波曼》第十五卷)

[12]①(1)斯巴达人希望在自己的城邦当中,找到一位能够就这个问题可以向斐洛波曼自然而然地说得上话的公民。虽然在大

---

① 斯巴达人希望向斐洛波曼提供纳比斯的宫殿,以作为保卫他们的自由的奖赏和激励,参见普鲁塔克:《斐洛波曼》第十五卷。

部分情况下,许多有野心的阴谋家愿意提供这样的奖赏,以至于他们会首先把它们当作一个自我推销和建立友谊的手段,但是,对于斐洛波曼而言,他们却根本找不到任何一个愿意向他呈送这种奖赏的公民。（2）最终,在万般无奈之下,他们投票选出了提莫劳斯(Timolaus)来做这事,因为,他是斐洛波曼的世交故友,而且,他同斐洛波曼的关系长期以来一直都非常地亲近。出于这个目的,提莫劳斯两次前往至梅格洛波利斯,但他没能鼓起勇气向他提及这件事,直到他下定决心和第三次前往那里时,他方才大胆地向他提到了礼物的问题。（3）当斐洛波曼出乎意料地礼貌接受了这个提议后,提莫劳斯深感高兴,因为,他觉得自己已经实现了自己的目的,而且,斐洛波曼说他将在数天后前往斯巴达,因为,他希望为这个奖赏向所有的官员表示感谢。（4）随后,他就前往那里,而且,他受邀出席元老院,他说道,他长久以来就认识到了斯巴达人对自己的厚爱,现在他们的赞美和提供的荣誉让他更加确信了他们的这份厚爱。（5）因此,他说道,他非常感激他们的好意,但是,他对他们所呈现出的这种方式感到有些拘束。（6）因为,他们不应该把这样的荣誉和奖赏授予给自己的朋友——因为这会深深地腐蚀那些接受它们的人——而应该授予给自己的敌人。（7）当提议援助斯巴达人时,他们的朋友可能会得到亚该亚人的信任,他们会保留自己的发言权,而他们的敌人——他们已经吞下了诱惑——则可能被迫支持这个提议或者不得不沉默不语,他们不会去做任何有损他们利益的事情……

II. ①一个残篇断章

（它所处的确切位置不得而知）

---

① 李维第三十六卷第41—45章记载了发生在这同一年里罗马人与安条克开战的其他事件。马尔库斯·阿西利乌斯·格拉布里奥(M. Acilius Glabrio)围攻了诺帕克图斯两个月的时间,而盖乌斯·利维乌斯(Gaius Livius)所指挥的罗马舰队打败了由海军统帅波利森达斯(Polyxenidas)所指挥的安条克舰队。

　　从道听途说者和从见证者那里来判断一件事情完全不是一回事，它们之间的差异非常巨大。在所有事情当中，眼见为实向来都具有非常巨大的优势……

第二十一卷（残篇）

I. 意大利的局势

派往罗马的斯巴达使节

[1]（1）这时，派往罗马的斯巴达使节垂头丧气地回来了。①（2）因为，派去的这些使节的目标无非是人质和村庄；（3）但是，至于村庄，元老院答复说，他们会给他们正在出使的使节下达命令，至于人质，他们必须进行进一步的协商。（4）然而，至于以前的那些流亡者，他们说，他们想问为什么斯巴达人自己不召他们回家，现在斯巴达已经是自由之身……

埃托利亚的使者

[2]（1）海军获胜②的消息一传到罗马，罗马人就立即命令民众遵守为期九天的安息节日。③（2）这是一个公共节日，他们会在这个节日里献祭，以感谢诸神护佑他们胜利。（3）接着，他们把埃托

---

① 即公元前 191 年－前 190 年。
② 亦即罗马人的舰队在弗卡埃亚（Phocaea）战胜安条克的舰队，参见李维第三十六卷第 43 章。
③ 这是一种公共崇拜（A supplicatio）。

313

利亚的使节和格拉布里奥的代表引到元老院。（4）在两方的使节和代表都向元老院发表了一番详尽的阐述后，元老院决定给埃托利亚人两种选择，他们要么把所有的问题无条件地移交到元老院裁决，要么立即支付一千泰伦的金钱和同罗马缔结攻守同盟。（5）当埃托利亚人要求元老院进一步地明确和区分以决定将哪些问题移交元老院裁决时，元老院立即予以了拒绝。①（6）因此，罗马人和埃托利亚人仍然处于战争状态……

腓力的使节

[3]（1）大约与此同时，元老院也对腓力的使节们进行了听审；（2）腓力之所以派出这个使团，是因为他希望让大家注意到，在同安条克的战争中，他对罗马人所展现出的善意和热忱。（3）在听审了使节们所作的申言后，元老院立即释放了腓力的儿子德米特里——德米特里当时在罗马作人质——同时，元老院进一步地允诺免除他的一些偿付款项，如果他将来继续保持对罗马的忠诚的话。（4）除了纳比斯之子阿米纳斯（Armenas）之外——他不久就患病去世了——他们同样也释放了斯巴达的人质……

II. 希腊的局势

尤米尼斯和亚该亚

[3b]（1）在希腊，当国王尤米尼斯的使节抵达亚该亚，并提出结盟的请求后，亚该亚人在所召开的大会上投票决定结盟和派出士兵。（2）他们派出了由梅格洛波利斯的迪奥法尼斯（Diophanes of Megalopolis）所统率的一千名步兵和一百名骑兵……

----

① 参见李维第三十六卷第 34—35 章；第三十七卷第 1 章。

埃托利亚人和罗马总督

[4]（1）当罗马将军格拉布里奥正在围攻阿姆菲萨（Amphissa）时，雅典人听说了阿姆菲萨人的困境和普布里乌斯·西庇阿的到来；（2）因此，他们派出了一个以埃基德穆斯（Echedemus）为首的使团，他们指示使团向卢西乌斯与普布里乌斯·西庇阿致意，同时指示使团尝试同埃托利亚人缔结和约。（3）对于他们的到来，普布里乌斯非常地高兴和看重，因为，他看到他们在自己所设计的计划中对自己助益甚大。（4）因为，这位罗马将军希望解决埃托利亚人问题，即使埃托利亚人拒绝屈从，他也决定先不顾一切地把他们弃置一旁和横渡至亚洲；（5）因为，他非常清楚，这场战争和整个远征的目的不是征服埃托利亚同盟，而是战胜安条克，从而成为亚洲的主人。（6）因此，一旦雅典人提及和平，他会欣然接受这个提议，并嘱咐他们也前去试探一下埃托利亚人的态度。（7）埃基德穆斯先向希帕塔派去了代表团，其后他方才亲自前往希帕塔，并就和平问题与埃托利亚当局进行了讨论。（8）他们也乐于倾听，因此，他们任命了一个代表团前去迎接罗马人。（9）他们发现，普布里乌斯到达后驻扎在距离阿姆菲萨六十斯塔德的地方，他们就在那里同他详谈了一番他们对罗马人所展现的所有善意。（10）西庇阿以一种温和与友善的语气同他们进行交谈，他叙述了自己在西班牙和非洲的行动，并解释了自己怎样对待那些信赖自己的他国民众；最后，他说道，他们最好把自己置于他手上并信赖他；（11）当时在场的所有人一开始都非常乐观地认为，和平马上就近在咫尺了。（12）然而，当埃托利亚人询问他们会以何种条件缔结和平时，卢西乌斯·西庇阿告诉他们有两种不同的选择，要么他们把所有事项全都无条件地移交给罗马裁决，要么立即支付一千泰伦的金钱并同罗马缔结攻守同盟；（13）在场的埃托利亚人异常痛苦地发现，西庇阿所说的这个选择同他们先前的谈话完全不相一致。（14）不过，他们最后仍说道，他们会把这个和平条件移交给埃托利亚人民决定。

[5](1)随后,这些埃托利亚使节返回家乡去讨论这件事情了,埃基德穆斯也参加了阿波克勒提会议,以一同商讨这件事情。(2)由于所要求的金钱数额过于庞大,因此,其中一个条件肯定不可行;(3)由于先前所遭遇的那次经历——他们当时同意无条件地向罗马人投降,但他们却差一点被铐在了锁链里——因此,另一个条件也让他们惊恐不安。①(3)因此,在纠葛和痛苦中,他们再一次地派遣了同一批使团前去乞求罗马人降低金钱的数额,以让他们有能力支付,或者,乞求罗马人把他们的政治人物和他们的妇女排除在整个投降条件之外。(5)一见到普布里乌斯及其兄弟,使节们就向他们传达了埃托利亚人就这个问题所作出的指示;(6)但是,当卢西乌斯·西庇阿说他先前所说的条件全都是由元老院提出来的之后,他们再一次地返回了埃托利亚,埃基德穆斯也跟着他们一起回到了希帕塔。(7)既然当前媾和存在障碍,因此,埃基德穆斯就建议埃托利亚人请求缔结停战协定;此外,出于暂时延缓当前危机的目的,他们应该派遣使节前往元老院。(8)如果他们的请求得到了应允,那么,一切都好说;但是,如果没有得到应允,那么,他们就必须密切注意时局的变化。(9)因为,他们的处境不可能比现在更糟糕,不过,他们仍有很多举措来改善他们的处境。(10)他们觉得埃基德穆斯的建议非常不错,因此,他们决定派遣使节前去请求缔结停战协定。(11)他们因而来到卢西乌斯·西庇阿那里,以请求他同意缔结为期六个月的停战协定,他们要派遣使节到元老院。(12)长期以来一直渴望在亚洲事务上发挥作用的普布里乌斯·西庇阿很快就说服了自己的兄弟接受这个请求。(13)他们一缔结这个协定,阿西利乌斯·格拉布里奥立即就解除了围攻,并把自己的整个军队和物资储备全都移交给了卢西乌斯·西庇阿,接着,他带着自己的军事保民官启程前往罗马……

---

① 参见第二十卷第10章。

III. 亚洲的局势

弗卡埃亚的局势

（《苏达辞书》；李维第三十七卷第9章第1节）

[6]（1）部分是因为罗马人离船驻扎在他们那里，部分是因为他们对强征的贡赋心持异议，以至于有一些弗卡埃亚人（Phocaeans）开始心生怨恨。①

（2）同时，由于粮食的匮乏和安条克支持者的四处鼓动，弗卡埃亚（Phocaea）的官员们担心群情激昂的民众会走向失控，因此，他们派遣使节前往到塞琉古（塞琉古当时就在他们的边境上）②那里，恳求他不要靠近他们的城镇；（3）因为，他们的意图是保持沉默和等待问题的解决，接着他们会服从下达给他们的命令。（4）在这些使节中，亚里斯塔克斯（Aristarchus）、卡山德（Cassander）和洛顿（Rhodon）偏向于安条克一边，而赫基亚斯（Hegias）和格利亚斯（Gelias）则倾向于罗马人一边。（5）当他们一抵达，塞琉古立即同前三人热络起来，完全对赫基亚斯和格利亚斯不管不顾。（6）然而，当他听说民众的激昂情绪和粮食的匮乏后，他没有同使团进行任何进一步的磋商就立即向这座城镇进军了……

（《苏达辞书》；李维第三十七卷第11章第7节）

（7）③两名加利（Galli）④或者西布利祭司（Priests of

---

① 公元前190年，有一些弗卡埃亚人希望倒向安条克，参见李维第三十七卷第9节。

② 这位塞琉古是安条克大帝的儿子，也即是后来的国王塞琉古四世。

③ 罗马舰队停泊在塞斯图斯（Sestos）。加利（Galli）或者西布利祭司（Priests of Cybele）前去求情和调停，参见李维第三十七卷第9章。——剑桥本注

④ [中译按]Galli的单数形式是Gallus。

Cybele①）——他们的胸脯上佩戴有画像——走出城镇,他们恳求他们不要用极端举措来与这座城镇为敌……

海军事务

（《苏达辞书》）

[7]（1）罗德岛海军统帅保希斯特拉图斯（Pausistratus）用来发射炮火的装置是漏斗状的。（2）两侧套有绳索的船首固定在船体内部,船体内部则装有伸向海洋的柱杆。（3）悬系在两端的锁链可以把这些漏斗状的容器填满炮火;（4）因此,在进攻或者穿过敌船时,炮火可以发射到敌人的舰船上,但是,由于柱杆的倾斜,炮火仍然会距离自己的舰船较远……

（对照《苏达辞书》）

（5）人们认为,较之于保希斯特拉图斯,罗德岛海军统帅潘菲利达斯（Pamphilidas）在能力上更胜一筹,因为,他生性聪明、沉稳而不鲁莽。（6）对于大部分人而言,他们都是从事情的结果而不是从事情的推理来判断好坏的。（7）他们之所以选任保希斯特拉图斯,正是因为他精力充沛而又英勇果敢,但是,由于他遭到了惨败,因此,他们立即就彻底改变了自己的看法②……

（对照李维第三十七卷第 18 章第 10 节）

---

① ［中译按］西布利（Cybele）是古代亚细亚地区弗里基亚人（Phrygians）所崇拜的一位自然女神。
② 国王的海军统帅波利森达斯（Polyxenidas）大败保希斯特拉图斯（Pausistratus）,参见李维第三十七卷第 10 章第 11 节。

[8](1)就在这时,卢西乌斯·西庇阿(执政官)和普布里乌斯·西庇阿的一封信件送到了身在萨摩斯的卢西乌斯·埃米利乌斯·利基鲁斯(Lucius Aemilius Regillus)和尤米尼斯手上;(2)在这封信件里,他们告诉了后者要同埃托利亚人缔结停战协定和罗马军队进攻赫勒斯滂的消息。(3)埃托利亚人也把这个消息传送给了安条克和塞琉古……

梅格洛波利斯的迪奥法尼斯

　　[尤米尼斯国王的使节抵达了亚该亚,并提出了结盟的请求,亚该亚人召开了民众大会并批准了他的这个请求,而且,他们还向他派出了由梅格洛波利斯的迪奥法尼斯统率的一千名步兵和一百名骑兵①……]②

[9](1)梅格洛波利斯的迪奥法尼斯具有丰富的战争经验,因为,在同纳比斯于梅格洛波利斯附近进行交战的漫长战争中,他一直在斐洛波曼手下效力,因而,在作战方法上他获得了丰富的实战经验。(2)除此之外,他的外形和体魄都非常令人印象深刻。(3)最为重要的是,他是一位英勇武士,而且特别擅长使用武器……

安条克的媾和

(对照李维第三十七卷第 18 章第 6 节)

[10](1)安条克国王已经进入到了帕加马的国土;但是,当他在那里听说了尤米尼斯已近在咫尺并看到了陆海军正前往支援那

---

① 参见李维第三十七卷第 20 章。
② [中译按]中括号里面的内容译自于剑桥本。

位国王后,他渴望同时向罗马人、尤米尼斯和罗德岛人提出媾和的提议。(2)因而,他把自己的全部军队全都移至埃拉亚(Elaea),并占领了这座城镇对面的一个高地,接着,他把步兵驻扎在这个高地上面,并把人数超过六千的骑兵驻扎在城下。(3)他自己则安营在步兵与骑兵之间,并向城内的卢西乌斯·埃米利乌斯派出信使以提议媾和。(4)罗马将军召集尤米尼斯和罗德岛人前来同自己一起商议,他希望他们就局势问题畅所欲言。(5)埃乌达姆斯(Eudamus)和潘菲利达斯对媾和没有异议;然而,尤米尼斯国王却说道,当前进行媾和,这既不符合他们的尊贵地位,也毫无可能性。他说道:

(6)如果我们被围在城内就进行媾和,那么,我们怎样才不会有损于自己的尊严呢?(7)当前怎么会有这种可能呢?除非等到执政官级别的将军到来,因为,如果没有他的同意,我们怎么可能让这些协议生效呢?(8)除此之外,即使我们最终设法与安条克达成了某些协议,我几乎可以肯定地认为,你们的海军和陆军也不可能回到家乡,除非罗马元老院和罗马人民批准了你们所达成的协议。(9)因而,你们所要做的所有事情就是在这里度过这个冬季和静静地等待他们的指示,其他任何事情你们都不要去做,只需安心地享用你们的盟友所提供的储备和物资即可。(10)如果元老院没有批准你们的媾和,你们将不得不再一次地重启战端,即使错过了眼前这个机会,我们也可以在神明的眷顾下圆满地终结这整个战事。①

(11)这就是尤米尼斯国王所发表的意见。埃米利乌斯接受了他所提出的建议,他答复安条克道,在代执政官到来前,任何媾和都是不可能的。(12)在听到这个答复后,安条克立即开始劫掠起埃拉亚的国土。(13)接着,当塞琉古继续留在这个地区时,安条克

---

① 出于荣誉和审慎的理由,尤米尼斯国王反对媾和。

不断地侵袭所谓的提比平原（Plain of Thebe）；（14）他入侵的这个地区异常地肥沃，物产极其丰富，他就用所劫掠的各种战利品来充分地补给自己的军队……

安条克笼络普鲁西亚

（对照李维第三十七卷第 25 章第 4 节）

[11]（1）从我所描述的这次远征一回到萨尔迪斯（Sardis），安条克国王立即就派人到普鲁西亚①那里，以邀请他同自己进行结盟。（2）普鲁西亚先前不愿意倒向安条克，因为，他非常担心罗马人会横渡到亚洲，进而废除那里的所有国王。（3）然而，当他接到一封发自普布里乌斯·西庇阿和卢西乌斯·西庇阿两兄弟的信件后，他就深深地摇摆不定起来了；（4）他颇为准确地预见到即将发生的事情，因为，在他们的书信中，西庇阿使用了许多清晰无误的论据来支持他们自身的主张。（5）他们不仅对自己所采取的具体性政策辩护，而且也对罗马所采取的整体性政策辩护；（6）他们指出，罗马人不仅先前从未剥夺他的王国任何一位国王的王位，而且，他们自己甚至创设了一些新型的王国并强化了其他国王的权力，让他们的疆土比之前更加地广袤。（7）他们引证了西班牙的安多巴勒斯和克利克亚斯的事例、非洲的马西尼萨和伊利里亚的普勒拉图斯的事例；他们说，他们让所有这些人从一个个无足轻重、不值一提的幼小王子变成了一个个名副其实而又举世公认的国王。（8）同时，他们也列举引证了希腊的腓力和纳比斯的事例。（9）对于腓力，当他们在战争中战胜他后，他们就让他提供了人质并支付了贡赋，但是，当他们一接到他所释放的轻微善意后，他们立即就归还了他的儿子德米特里和陪同德米特里一起作人质的其他青年；他们免除了他的贡赋，并向他归还了在战争中所占领的众

_____

① ［中译按］比提尼亚国王普鲁西亚。

多城镇。(10)对于纳比斯,尽管他们原本可以彻底摧毁纳比斯,但是,他们却没有这样做,相反,在接到他所作出的一般保证后,他们就宽恕了他,虽然他是一名僭主。(11)有鉴于此,他们在信里催促普鲁西亚根本不要担心自己王国的安危问题,相反,他要毫不犹豫地站在罗马一方,因为这将是他最正确的选择。(12)在读完这封信后,普鲁西亚改变了自己的看法;此外,盖乌斯·利维乌斯所派遣的使节也抵达了他那里,在同他们进行会晤后,他彻底放弃了自己对安条克的所有幻想。(13)因此,深受挫败的安条克撤回到了以弗所,他盘算,阻止敌军渡海和防止敌军染指亚洲的唯一方法就是取得制海权,因此,他决定在海上同敌人一决雌雄……

同海盗的战斗

(《苏达辞书》;李维第三十七卷第 27 章第 5 节)

[12](1)当海盗看到罗马舰队向自己开来后,他们就转身逃跑了①……

安条克意欲媾和

[公元前 190 年初,罗马人的舰队和安条克的舰队在米安尼苏斯海角(Promontories Myonnesus)和科利库姆(Corycum)之间的提奥斯海湾(Bay of Teos)爆发了海战,在这次海战中安条克遭遇了战败,他损失了四十二艘舰船。参见李维第三十七卷第 30 章。]②

———————————

① 在从萨摩斯到提奥斯(Teos)的航线上,罗马舰队看到了一些海盗船,参见李维第三十七卷第 27 章。
② [中译按]中括号里面的内容译自于剑桥本。

(李维第三十七卷第 34—36 章)

[13](1)在这次海上作战遭遇战败后，①安条克继续留在了萨尔迪斯，他没有利用自己身边的各种机会，也没有对所进行的战事采取任何行动。(2)当他听到敌军已经横渡到亚洲后，他的战斗意志已经彻底击垮，他放弃了所有的希望，他决定派遣使节到西庇阿那里乞求媾和。(3)因此，他挑选了拜占庭的赫拉克雷德斯(Heracleides of Byzantium)来完成这个使命，他指示后者道，他会交出兰萨库斯、斯米纳和亚历山大里亚‐特洛亚(Alexandria Troas)——这些城镇也是战争爆发的起因；(4)他也会交出那些位于埃奥利斯(Aeolis)和爱奥尼亚的其他城镇，他们在当前这场战争中选择站在罗马人一方。(5)除此之外，他也会赔偿他们与自己开战所耗费的一半费用。(6)这就是使节受命在公开场合中向西庇阿提供的条件，然而，除此之外，他还受命在私下里向西庇阿提供其他的条件，对此，我会在后面予以详细地提及。(7)赫拉克雷德斯一到赫勒斯滂，他就发现，罗马人仍然驻扎在他们渡海后所直接建造的营地里；(8)一开始他对此深感高兴，因为，他觉得敌人仍然留在原地，他们还没有采取任何进一步的行动，这将对他的谈判大有裨益。(9)然而，当他了解到普布里乌斯·西庇阿仍留在海水的另一边后，他就深深地担心起来，因为，这次谈判的结果主要取决于西庇阿的态度。(10)事实上，军队仍留在第一座营地和西庇阿没有留在军队的真正原因是西庇阿是其中一名萨里(Salii)。②(11)正如我在论述罗马政体的那一卷中所说，这些人是三种祭司团体的其中一种祭司，他们的职责就是在罗马向诸神提供最重要的献祭；(12)无论他们当时恰巧身在何处，在献祭期间他们在三十

---

① 这次海战发生在提奥斯海湾(Bay of Teos)，参见李维第三十七卷第 30 章。——洛布本注

② [中译按]萨里(Salii)是马尔斯的舞蹈祭司(leaping priests)。

天内严禁改变自己的住所。① （13）西庇阿现在就属于这种情况；因为，就在他的军队渡海过去之时，他恰好赶上了这个日期，以至于他没有改变自己的住所。（14）结果，他同自己的军队分开了，他仍然驻留在欧洲这边，而军团则在渡海过去后仍然按兵不动，他们没有开展任何的军事行动，因为，他们都在等待西庇阿的到来。

[14]（1）当几天后西庇阿抵达后，赫拉克雷德斯被叫过来参加军前会议（Army Council），并向他们宣讲自己所负有的指示；（2）他说道，安条克会撤出兰萨库斯、斯米纳和亚历山大里亚，也会撤出同罗马结盟而位于埃奥利斯和爱奥尼亚的其他城镇；（3）除此之外，他也会赔偿他们在这场战争中所耗费的一半费用。（4）他对这个问题进行了相当长的发言，以劝说罗马人首先不要忘记，他们不过是凡人，不要太过仰赖运气；（5）其次，他们不要无限地扩大自己的帝国，而是要把他们的帝国维持在一定的范围之内，如果可能，最好维持在欧洲的范围之内，因为，先前没有任何一个民族赢得了如此广袤无垠且史无前例的国土。（6）但是，如果他们决心不顾一切地攫取一些亚洲地区，那么，就请他们明说，因为，国王愿意出让手中的任何地方。（7）当他说完这番话后，军前会议决定执政官应该这样义正言辞地回答他，那就是，安条克不是赔偿一半的费用，而是赔偿全部的费用，因为，战争从一开始就完全是因为他而不是他们所起。（8）他不仅必须交出埃奥利斯和爱奥尼亚的众城镇，而且也必须撤出塔乌鲁斯山这侧的所有领土。（9）一听到军前会议所作的这个答复，这位使节没有说一句话就从众人中退出来，转而致力于发展同普布里乌斯·西庇阿的关系了，因为，他们的要求远

---

① *Dies forte, quibus Ancilia moventur; religiosi ad iter inciderant.*（他们在行军期间刚好碰上抬着安基利亚盾牌游行的圣日）。参见李维第三十七卷第33章。马尔斯节庆（The Festival of Mars）的日期是三月一日及接下来的几天，节庆期间可携游安基利亚盾牌（*ancilia*）。因此，假如这个事件发生在公元前190年春末或者夏季，那么，这个罗马历（Roman Calendar）肯定非常离谱。
[中译按]安西利亚盾牌（*ancilia*）是古罗马时期保存在马尔斯神庙的十二圣盾（twelve sacred shields）。

远超过了他事先得到的指示。

[15](1)合适的机会一经出现,他立即就按照事先的指示游说西庇阿。(2)他告诉西庇阿,国王首先会无赎金地归还他的儿子——(3)西庇阿的儿子在战争初期恰好落到了安条克手上。(4)其次,现在他就可以支付西庇阿所开出的任何数量的金钱,之后他还可以与他一同分享自己整个王国的财富,如果西庇阿现在帮助安条克国王缔结他所提出的和约的话。(5)西庇阿回答道,他接受国王所作出的关于他儿子的允诺,如果国王能够兑现,那么,他将感激不尽;(6)但是,至于其他的条件,不管是这次同自己的私下会晤,还是先前那次在军前会议前的公开会面,他都犯下了巨大的错误,而且,他也完全没有认识到国王的真正利益所在。(7)因为,如果他仍在握有利西马基亚和进军克森尼塞时提出这些条件,那么,他立即就会得到他所要求的这些媾和条件。(8)抑或,即使在撤出这些地方后,如果他率领自己的军队进军赫勒斯滂和表现出他将阻止我们渡海,接着再派遣使节前来提出同样的条件,那么,他甚至仍然可能得到这些媾和条件。(9)"但是,"他说道,"现在我已经让自己的军队渡海登陆亚洲,此外,我自己不仅已经给战马套上马勒,而且也已经跨上了战马,但他却仍以相同的条件前来向我们乞求媾和,他自然无法得偿所愿。(10)因此,对于目前所处的处境,我建议他采取更为明智的建议和直面眼前的现实。(11)作为安条克对我的儿子的允诺,我会给他一条与他提供的恩惠具有同等价值的建议,那就是,他可以随心所欲地做任何事,但要不惜一切代价地避免同罗马开战。"(12)听完这番话后,赫拉克雷德斯就回去了;一见到国王,他就把所有事情全都报告给了他。(13)然而,安条克认为,即使自己遭到了战败,那也没有比当前施加在自己身上更为严厉的条款了,因此,他彻底停止了媾和,转而开始竭尽全力地积极备战和调用自己所有的资源来作军事准备……

梅格尼西亚战役后西庇阿所强加的条件

（对照李维第三十七卷第 45 章第 3 节）

[安条克放回了西庇阿的儿子。公元前 190 年秋末，两军在锡亚提拉附近爆发了决战，罗马人赢得了决定性的胜利。参见李维第三十七卷第 38—44 章。]①

[16]（1）在赢得了对安条克②的军事胜利后，罗马人占领了萨尔迪斯及其卫城，安条克则派穆塞乌斯（Musaeus）送来了休战旗。（2）他得到了西庇阿的礼貌接待，他向西庇阿说道，安条克希望派遣使节来商议整个局势。（3）因此，他渴望西庇阿可以给予这项任务一个安全的通行权。（4）在得到西庇阿的应允后，他就回去了，几天后，国王的使团就到了；他们是吕底亚（Lydia）前总督宙克西斯和国王的甥侄安提帕特。（5）他们首先想要同尤米尼斯国王会面，因为，他们担心，他会因为先前的摩擦而针对他们使坏。（6）然而，当他们找到他，出乎他们意料的是，他非常地理性与宽和，他们立即就获得了一个在军前会议公开发表讲话的机会。（7）一传唤到军前会议，他们首先向罗马人发表了一个长长的讲话，以劝告他们温和而宽大地利用自己的胜利；（8）而且，他们说道，这与其说是出于安条克的利益，不如说是出于罗马人自己的利益，现在命运女神已经让他们成为了整个世界的统治者和征服者。（9）最后，他们问道："他们要怎么做才能获得罗马的和平与友谊？"（10）军前会议的成员们以前也考虑过这个问题，他们现在恳求西庇阿发布他们的决定。

[17]（1）西庇阿说道，胜利从未让罗马人更加苛刻，失败也从未让罗马人更少要求；（2）因此，使节们将会得到与他们先前在战

---

① [中译按]中括号里面的内容译自于剑桥本。
② [中译按]即安条克三世大帝（Antiochus III the Great）。

役开启前他们来到赫勒斯滂时一样的答案。（3）他们必须撤出欧洲和塔乌鲁斯山这侧的整个亚洲地区；（4）安条克必须向罗马人支付一万五千埃维厄泰伦（Euboean talent）的战争赔偿，其中五百埃维厄泰伦要立即支付，两千五百泰伦则在罗马人民批准和约时支付，其余的赔偿则在十二年里每年分期支付一千泰伦；（6）同时，他也必须向尤米尼斯支付他所欠后者的四百泰伦金钱，并且，按照同他的父亲阿塔鲁斯所缔结的条约的规定，他还必须向尤米尼斯支付他所要交付的谷物。（7）此外，他还要交出迦太基的汉尼拔、埃托利亚的托亚斯（Thoas）、阿卡纳尼亚的马西洛克斯（Mnasilochus）以及迦尔西的腓力与尤布利达斯（Eubulidas）。（8）作为担保，安条克立即交出名单上所列举的二十名人质。（9）这就是西庇阿以整个军前会议的名义所宣布的决定。当安提帕特和宙克西斯表示会接受这个条款后，所有人一致同意把使节们派往罗马，以恳求元老院和人民批准这个和约，于是，安条克的使节们就带着这个协议启程前往了罗马。（10）在接下来的几天时间里，罗马统帅把他们的军队分派到了他们的冬季营地。（11）当数天后，人质抵达了以弗所，尤米尼斯和安条克的使节们也开始启程驶往罗马；（12）此外，罗德岛、斯米纳以及塔乌鲁斯这侧的几乎所有民族和城邦的使节们也启航驶向罗马……

IV. 意大利的局势

在罗马的使节们

（对照李维第三十七卷第 52—56 章）

[18][1](1)在罗马人战胜安条克后的那个初夏，[2]尤米尼斯国王

---

[1]　斯克魏格哈乌塞（Schweighaeuser）和其他人把这一卷的余下章节放在了第二十二卷第 1—27 章。

[2]　即公元前 190 年－前 189 年。

和安条克、罗德岛与其他地方的使节们抵达了罗马；①（2）这场战役一结束，小亚细亚几乎所有的国家全都立即派遣了使节到罗马，因为，他们所有人的全部未来全都寄托在元老院身上。（3）元老院礼貌地接待了所有的到访者，不过，元老院以最声势浩大的巨大排场——无论是接待他们的庞大规模，还是赠予他们的丰厚礼物——接待了尤米尼斯国王，紧随其后的则是罗德岛人。（4）当会面的日期到来后，他们首先把这位国王喊来，并恳请他直言不讳地说出他希望元老院可以为他所做何事。（5）尤米尼斯说道，如果他希望得到其他民族的善意和好感，那么，他就应该接受罗马人的建议，这样的话，他就不会滋生任何过度的欲望，也不会提出任何过分的要求；（6）然而，由于现在自己本身就要苦苦相求于罗马人，因此，他觉得最好是把自己和自己的兄弟毫无保留地交到他们手上。（7）其中一位元老站起来打断了他，并嘱咐他不要有所顾忌，而是要畅所欲言，因为，元老院决定在自己的能力范围内授予他任何东西，不过尤米尼斯仍然坚持了自己原来的看法。（8）过了一段时间，国王就离开了，而元老院则仍然留了下来，以继续讨论接下来的行动方案。②（9）最终，他们颁布了一个决议，以让尤米尼斯单独现身和指示他开诚布公地向他们说出自己此次来访的目的；因为，他比任何人都更清楚自己的利益和亚洲的局势。（10）在作出这个决议后，他再一次地被叫了过来，其中一位元老向他出示了这个决议，因而，他被迫就这个问题发表自己的看法。

　　[19]（1）因此，他说道，对于自己的个人利益，他没有什么要说的，他仍然坚持自己原来的决定，那就是，让元老院全权决定所有这一切。（2）然而，有一个问题让他很是担心，那就是罗德岛人的行动；这也是促使他现在就局势问题发表看法的原因所在。他

---

① 公元前189年的执政官是格纳乌斯·曼利乌斯·维乌索（Cn. Manlius Vulso）和马尔库斯·弗维乌斯·诺比利奥（M. Fulvius Nobilior）。

② ［中译按］在剑桥本中，英译者将其译作：元老院则仍然留在库里亚大会（Curia），以继续讨论接下来的行动方案。

说道：

（3）罗德岛人来到罗马是为了促进自己国家的利益，这与我在面对当前危机时前去促进自己国家的利益完全一样。（4）但是，他们所说的话语同他们的真实意图完全南辕北辙，对此，你们可以很容易地发现。（5）当他们走进这座元老院议事厅时，他们会说，他们此番前来的目的既不是向你们恳求任何东西，也不是希翼对尤米尼斯造成任何伤害，相反，他们这次派遣使节前来的目的是为了让小亚细亚的希腊人获得自由。（6）他们会说，这与其是对他们自己的恩惠，倒不如说是你们罗马人义不容辞的责任，而且，这也与你们罗马人已经取得的成就相得益彰。（7）这将是他们呈现给你们的似是而非的说辞，但是，你们会发现，事实的真相却完全与之南辕北辙。（8）假如这些城镇获得了自由，那么，他们在亚洲的力量就会立即得到强化，而我的力量将或多或少地遭到摧毁。（9）自由和自治这种美好的借口——你们现在明显决定这样行事——不仅会让现在那些倒向我这边的城镇，而且也会让先前那些倒向我这边的城镇完全脱离我的控制，并且，它们还会全部倒向罗德岛人的统治。（10）这是自然而然的事情；因为，他们会觉得自己能获得自由要归功于罗德岛人，因此，他们名义上将会变成罗德岛人的盟友，但是，实际上他们会完全听命于后者，因为，他们从罗德岛人那里得到巨大的恩惠而会深深地感激他们。（11）因此，元老们，我恳求你们在这方面保持警惕，以免你们无意中强化了你们的一些朋友，而同时又不明智地削弱了你们的其他一些朋友；（12）或者，甚至向你们的敌人授予恩惠，却忽略和轻视你们真正的朋友的利益。

[20]（1）至于我自己，在其他所有问题上，我都会毫无保留地向我的邻国作出任何必要的让步，但是，在我向你们表示善意和友谊方面，只要我能够对你们提供帮助，我不会屈从于任何一位活着的人。（2）我觉得，如果我的父亲仍然活着的

话,那么,他肯定也会说出同样的话。(3)在所有的亚洲人和希腊人中,他是你们的第一个朋友和盟友,而且,直到他生命的最后一天,无论在思想上还是在行动上,他一直都对你们忠心耿耿。(4)他参与了你们在希腊的所有军事行动,同时,在这些军事行动中,他也向你们提供了比你们其他任何一位盟友都要更加庞大的陆海军;此外,他向你们提供了最大份额的物资,而且,他也遭遇了最大的危险。(5)最后,就在他同腓力的战争中结束自己的战场生活时,他仍在劝说波奥提亚人成为你们的朋友和盟友。(6)一继任王位,我就坚定不移地坚持我父亲所践行的原则——这些原则不可能有任何超越的可能了,但是,在把它们付诸实践方面,我仍然超越了他;(7)因为,当前的时代让我遭受了比他更激烈的考验。(8)安条克希望我与他的女儿联姻,以及在各个方面巩固我与他之间的联盟,并且,他会立即归还他先前从我手上夺走的所有城镇;其次,他向我允诺说,如果我倒向他一边,并且起兵对抗你们,那么,他可以为我做任何事。(9)然而,我没有接受任何这些提议,相反,我坚定地站在你们一边对抗安条克,而且,在你们所有的盟友当中,我向你们提供了最为庞大的海军和陆军数量,此外,在你们最危难之时,我也向你们提供了最大份额的物资。(10)我毫不犹豫地与你们的将军同生死共患难,最后,为了坚持自己对你们人民的忠诚,我自己苦苦地困守于帕加马,并甘冒自己性命与王冠陨落的危险。

[21](1)罗马人啊,你们许多人都亲眼看到和切身了解到,我所说的这些话全都是真实无误的,因此,你们也应该切实地考虑一下我的福祉。(2)仅仅只是因为在同迦太基的战争中保持了对你们的忠诚,你们就让马西尼萨成为利比亚大部分地区的国王,尽管他先前一直都是你们的敌人,直到最后,他方才在一些骑兵的陪同下投奔到你们这边。(3)相形之下,难道这不会让我心生悲凉吗?(4)你们让普勒拉图斯成为伊利里亚地区最大的国王,尽管他除了维持对你们的忠诚,其他

什么也没有做；但是，你们现在却要弃我于不顾，然而，从我的父亲时代起，我们家族就在你们那场最伟大和最辉煌的行动中同你们并肩作战。（5）那么，我能乞求你们什么呢？我又能要求你们为我做什么呢？（6）既然你们要我陈述自己的真实想法，那么，我就直言不讳地告诉你们。（7）如果你们决定继续占领塔乌鲁斯山这侧的亚洲地区——它们先前是安条克的领土——那么，我会非常高兴地乐见其成。（8）因为，在我看来，如果有你们在我的边境上，我的王国将会更加安全，而且，我也可以一同分享你们的威势。（9）然而，如果你们决定不这样行事，而是彻底撤出亚洲的话，那么，我觉得，没有人会比我更有资格得到你们所放弃的战争奖品。（10）但是，肯定有人会告诉你们，让那些受奴役的人享受自由是一件好事。（11）哦，即使他们都没敢同你们一起对付安条克。然而，既然他们这样地自作自受，那么，把一个表达你们感激之情的适当礼物送给自己的真正朋友，总比把恩惠授予给你们的敌人要远远更好吧。

[22]（1）在这样铿锵有力地说完这番话后，尤米尼斯就退出来了。元老院对国王本人和他的讲话均作出了友善的回应，他们愿意竭尽全力地满足他的任何要求。（2）接着，他们希望把罗德岛人叫进来，但是，由于其中一位代表没有及时出现，他们就把斯米纳的使节们喊了进来。（3）就自己在之前的战争中如何热忱而又善意地帮助罗马人，斯米纳的使节们发表了一番长篇大论的演说。（4）然而，由于在亚洲所有的自治型国家中，他们是罗马最积极的支持者——他们因而也得到了元老院无可争议的认可——因此，我觉得没有必要详述他们的发言。（5）接着，罗德岛人进来了；在简短地提到了他们对罗马的独特作用后，他们很快就把话题转到了他们自己的国家身上。（6）他们说道，在这次出使活动中，他们非常不幸地遇到了一件让他们与一位国王相互敌对的难堪事情，而这位国王无论在公共生活方面，还是在私人生活方面，与他

们的关系都非常密切而友好。(7)在他们国家看来,罗马人最高贵、最光荣的行动就是让亚洲的希腊人都取得自由和获得自治——这也是所有人心里都最为珍贵的财富。(8)但是,这却完全不符合尤米尼斯及其兄弟的利益;因为,所有的君主都天生地憎恨平等,他们竭尽全力地使所有人或者至少让尽可能多的人臣服于或者服从于自己。(9)虽然事实如此,但是,他们说道,他们仍然有信心实现自己的目标,这不是因为他们对罗马人的影响力会超过尤米尼斯,而是因为他们的请求确实更公正,而且也确实更有利于每一个人。(10)如果罗马人回报尤米尼斯的唯一办法就是将自治城市交给他,那么,问题仍然会悬而未决;(11)因为,他们要么忽视一位真正的朋友,要么根本就不理会荣誉和职责的召唤,以至于彻底玷污和败坏他们自身的伟大目标和神圣荣誉。

他接着说道:

(12)然而,这两个目标可以同时都得到满足,那么,为什么仍要犹豫不决呢?(13)然而,正如一场琼筵盛宴一样,所有人都有足够享用的东西。(14)利卡奥尼亚(Lycaonia)、赫勒斯滂的弗里基亚(Hellespontic Phrygia)、皮西迪亚(Pisidia)、克森尼塞和毗连它的欧洲地区全都在你们罗马人的控制之下,你们可以随心所欲地把它们赠送出去。(15)其中任何一个地方并入到尤米尼斯的王国,他都将拥有比现在大十倍的国土,然而,如果把它们全部或者大部都并入到他的王国,那么,他将不会比任何其他一位国王逊色。

[23](1)罗马人哪,这就是你们所享有的巨大权力,这种权力可以在丝毫不会减损你们自身地位的情况下,就能够急剧地强化你们朋友的力量。(2)你们在战争中所提出的目标同其他民族大不一样。(3)世界上其他民族从事战争的动力无非是赢得权力和吞并城镇、财富或者舰船。(4)但是,诸神已经让整个世界都置于你们的统治之下,以至于对你们而言,这些东西已显得多余。(5)那么,你们真正想要的东西是什么?

你们最应该采取什么样的手段来获得呢?(6)很明显,人们中间的赞美和荣誉是很难获得的,然而,当你们拥有它们后,保全它们则是最困难的。我们会努力地进行阐明。我们同腓力的战争就非常明显地证明了这点。(7)为了希腊的自由,你们同腓力进行了开战,并作出了巨大的牺牲。你们的目的就是解放希腊,而这也是你们赢得那场战争的唯一奖赏,全然没有掺杂任何其他的杂念。(8)相较于你们通过对迦太基征索贡赋所得到的荣誉,你们通过它所得到的荣誉要更加巨大。(9)因为,金钱是所有人共有的财产,但是,荣誉、赞美和光荣只属于诸神和那些在本性上最接近诸神的人。(10)因此,你们最高贵的成就就是希腊的解放,如果你们现在再锦上添花,那么,你们的光辉记录将功德圆满;但是,如果你们不这样行事,那么,你们已经获得的荣誉也将会受损。(11)罗马人啊,我们一直都是你们事业的坚定支持者,也一直九死一生地与你们同生死共患难,我们现在不会放弃自己身为你们的朋友的这种身份;(12)但是,我们也毫不犹豫地坦率提醒你们,我们根本没有掺杂任何不可告人的心眼,相反,我们完全是出于你们自身的荣誉和利益来进行考虑的,而且,我们也是一心一意地把它们当作自己的最高职责来进行操办的。

(13)在元老院的全体元老看来,罗德岛人所作的这番演讲温和而又公正。

[24](1)接着,他们把安条克的使节安提帕特和宙克西斯喊了进来。·(2)当他们用恳求和怜悯的语气发完言后,元老院投票批准了西庇阿在亚洲同他们所缔结的和约。(3)几天后,罗马人民也批准了这个和约,安提帕特和他的同僚交换了遵守和约的誓言。(4)接着,来自亚洲的另一个使团也被引进了元老院,但是,在简短地进行了听证后,元老院以同样的答案回复了所有人。(5)那就是,他们会派出十名特使前去解决城镇之间的所有争议。(6)在作出这个答复后,他们任命了十名特使,让后者全权负责所有的细节

问题；而他们自己则决定接下来的总体方案。① （7）除了米安德（Meander）南部的利西亚（Lycia）和卡里亚属于罗德岛人之外，生活在塔乌鲁斯这侧的亚洲居民——他们先前臣服于安条克的统治——全都分配给了尤米尼斯；（8）先前向阿塔鲁斯缴纳贡赋的那些希腊城邦现在转而向尤米尼斯缴纳相同数额的贡赋，只有先前向安条克缴纳贡赋的城邦方才可以豁免缴纳贡赋。（9）对亚洲的统治秩序制定了这些总体方案后，他们派遣了十名特使前往亚洲，以同代执政官格纳乌斯·曼利乌斯·维乌索（Gnaeus Manlius Vulso）进行合会。（10）在完成这些安排后，出于代表西里西亚的索利人（People of Soli）的利益，罗德岛人再一次地来到了元老院；（11）他们声称自己是这座城邦的亲属，因此，他们有责任襄助他们，因为，同罗德岛人一样，索利人是阿尔戈斯的拓殖民。（12）因此，这两者就成为了姊妹般的关系，以至于索利人只能通过罗德岛人的恩泽来从罗马那里获取自己的自由。（13）在听完他们的陈述后，元老院把安条克的使节们召唤进来，元老院首先命令安条克撤出整个西里西亚；然而，使节们却予以了拒绝，因为这与他们之间所缔结的和约背道而驰，于是，元老院再一次地单独讨论了索利人的情况。（14）但是，当安条克的使节们仍然予以坚决地拒绝后，元老院就打发他们离开了，接着，元老院把罗德岛人喊了进来，并把安提帕特及其同僚的答复告诉了罗德岛人，而且，元老院补充说，如果罗德岛人仍然坚持自己的主张，那么，元老院愿意在这件事上采取任何行动。（15）然而，罗德岛的使节们对元老院所展现出的热忱深感高兴，他们说道，他们不会再提出任何进一步的要求，因此，这个问题仍然保持原样。

（16）当普布里乌斯·西庇阿、卢西乌斯·西庇阿和卢西乌斯·埃米利乌斯——他们在海战中打败了安条克——抵达布林迪西时，十名特使和其他大使正准备启程离开；②（17）几天后，他们三

---

① 即公元前189年。
② 即公元前189年夏季。

人进入了罗马，并举行了凯旋仪式……

V. 希腊的局势

埃托利亚和希腊西部的局势

（对照李维第三十八卷第3章）

[阿米南德（Amynandrus）回到了亚萨曼尼亚王国——腓力的军队先前占领了亚萨曼尼亚王国——在埃托利亚人的帮助下，阿米南德当时进军至安菲洛基亚（Amphilochia）和多洛佩斯（Dolopes）。马尔库斯·弗维乌斯·诺比利奥（M. Fulvius Nobilior）围攻安布拉西亚（Ambracia），从而开启了埃托利亚战争。参见李维第三十八卷第1—11章。]①

[25]（1）亚萨曼尼亚国王阿米南德认为，他现在已经毫无疑问地恢复了自己的王国，因此，他向罗马和亚洲的西庇阿兄弟（他们当时正在以弗所附近）都派遣了使节，（2）以恳求他们的原谅——因为，他在埃托利亚人的帮助下回到了亚萨曼尼亚——同时也指控腓力，但主要是恳求他们再一次地接纳他为罗马的盟友。（3）然而，埃托利亚人却认为，这是一个兼并安菲洛基亚和亚佩兰提亚（Aperantia）的有利时机，以至于他们决定远征这两个地区；（4）他们的将军尼卡德尔一集结他们的全部军队，他们就入侵了安菲洛基亚。（5）当大部分安菲洛基亚人自愿倒向他们后，他们继续向亚佩兰提亚进军，而且，当亚佩兰提亚人也自愿倒向他们后，他们继续向多洛皮亚（Dolopia）进军。（6）多洛皮亚人进行了短暂的抵抗；②但是，考虑到活生生在他们眼前所发生的亚萨曼尼亚人的

---

① ［中译按］中括号里的内容译自于剑桥本。
② 多洛皮亚人当时仍然效忠于腓力。

335

命运和腓力的逃亡,他们很快就改变了主意和倒向了埃托利亚人。(7)在连续取得这一系列胜利后,尼卡德尔率领军队回到了自己的国家,在他看来,通过对上述国家和民族的兼并,埃托利亚可以有效地防止来自任何方向的进攻了。(8)然而,紧接着这些事件,当埃托利亚人仍沉浸在胜利的喜悦当中时,他们获悉了在亚洲所发生的战争的消息,当他们了解到安条克遭遇惨败后,他们的心情再一次地跌到了谷底。① (9)达莫特勒斯(Damoteles)现在从罗马赶来和宣布说,战争状态仍在继续,并且,马尔库斯·弗维乌斯·诺比利奥(Marcus Fulvius Nobilior)率领自己的军队正赶来进攻他们,他们全都陷入了歇斯底里的绝望,而且,他们绞尽脑汁地盘算怎样化解这个即将来临的危险。② (10)因而,他们决定派人到雅典和罗德岛,以恳求他们派遣使节到罗马去抚慰罗马人的愤怒和通过一些手段来化解埃托利亚所面临的危险。(11)同时,他们自己也向罗马派去了两名使节,亦即埃西亚人亚历山大和法恩尼亚斯,他们在卡勒普斯、安布拉西亚的阿利普斯(Alypus of Ambracia)和利克普斯(Lycopus)的陪同下……

(对照李维第三十八卷第 3 章第 9 节)

[26](1)当伊庇鲁斯的使节们访问罗马执政官时,他听取了他们关于远征埃托利亚的建议。③ (2)这些使节建议他进军安布拉西亚,因为,安布拉西亚当时是埃托利亚同盟的成员国。(3)他们声称,如果埃托利亚人有意在战场上迎击他的军团,那么,安布拉西亚周围的地区非常有利于军团作战。(4)但是,如果埃托利亚人拒绝作战,那么,这座城市本身的位置又非常有利于围攻,因为,这个地区盛产建造围城工事的木料,而且,阿拉萨斯河(River Aratthus)

---

① 即公元前 190 年秋末。
② 即公元前 189 年春季。
③ 马尔库斯·弗维乌斯·诺比利奥(M. Fulvius Nobilior)在阿波罗尼亚(Apollonia)。

在其城墙下面流淌而过，这既有助于向他的军队提供充足的水源（因为现在正好是夏季），也可以保卫他们的工事。（5）罗马执政官认为这个建议非常不错，因此，他就率领自己的军队穿过了伊庇鲁斯，以进攻安布拉西亚。（6）当他抵达那里后，由于埃托利亚人没敢迎击他，因此，他就环绕这座城市进行勘察，并积极地展开围城的准备工作。

（7）与此同时，佩特拉乌斯的希布特斯（Syburtes of Petra）① ——当时他正在离开塞法里尼亚（Cephallenia）的路上——看见和扣留了埃托利亚人先前派到罗马的使节，而且，他把他们带到了卡拉多鲁斯（Charadrus）。（8）伊庇鲁斯人最初决定把他们暂时安排在布赫图斯（Buchetus）居住，并加以严密的看守，但是，几天后他们就向他们要求赎金，因为，他们正同埃托利亚人开战。（9）亚历山大恰好是希腊最有钱的富人，其他人也不穷，但要比他穷很多。（10）一开始伊庇鲁斯人要求每人支付五泰伦的赎金，其他人并不是完全不愿意支付赎金，相反，他们非常乐意这样做，因为他们把自己的安全看得比其他任何事情都更加重要。（11）然而，亚历山大说道，他不会听从他们的要求，因为这笔赎金太过庞大，如果他不得不支付五泰伦的赎金，那么，他会天天夜不能寐地悲叹自己的不幸。（12）事实上，伊庇鲁斯人预见到了所将发生的事情，他们非常担心罗马人知道他们扣留了前往罗马的使节，以至于罗马人可能会来信要求要释放他们，因此，他们就把赎金降低为每人三泰伦。（13）其他人非常高兴地予以了接受，在提供担保后，他们被允许离开，但是，亚历山大说道，他不会支付超过一泰伦的赎金，他甚至觉得一泰伦都显得过多了。（14）最后，他放弃了所有的自救念头，并继续留在了监狱，虽然他当时是一位年迈的老人，而且他的身家超过了两百泰伦。（15）在我看来，他宁愿死也不愿意支付三泰伦的赎金，因为，一些人把金钱看得实在太重了。（16）在这个

---

① ［中译按］Syburtes of Petra（佩特拉乌斯的希布特斯）亦写作 Sibyrtus son of Petraeus（佩特拉乌斯之子希布特斯）。

事例中,命运女神助长了他的贪欲,以至于最终的结果让这种愚蠢的贪婪行径得到了普遍的赞扬和认可。(17)因为,几天后,发自罗马的一封信件就命令他们释放这些使节,而且,唯独他不要支付赎金。(18)当埃托利亚人获悉发生在他身上的不幸遭遇后,他们就重新任命了达莫特勒斯作为派往罗马的使节;(19)但是,在驶至利乌卡斯时,他们听到了马尔库斯·弗维乌斯已经率领军队穿过了伊庇鲁斯,进抵至安布拉西亚了,因此,他就放弃了自己的这个使命,并返回了埃托利亚……

围攻安布拉西亚

(赫洛的《论攻城术》[Hero's *Treatise on Sieges*];①对照李维第三十八卷第5章)

[27](1)被罗马执政官马尔库斯·弗维乌斯围困在安布拉西亚的埃托利亚人,英勇地抵挡攻城槌和其他器械的进攻。(2)在确保自己营地的安全后,执政官开始了大规模的围攻行动。他带着三台器械穿过平原,并把它们彼此间隔地平行部署在皮尔赫乌姆(Pyrrheium)附近,第四台器械部署在埃斯库拉皮乌姆(Aesculapium),②第五台器械则部署在亚克洛波利斯(Acropolis)。③(3)罗马人在这些地方同时展开了猛烈的进攻,以至于被围者都对前途感到心惊胆战。(4)当攻城槌继续撞击城墙和镰刀型的长抓钩捣垮城垛时,城内的守军则英勇地用反制型的器械来对付它们,他们用起重机把重物、石块和树桩放落到攻城槌上;(5)此外,他们用铁钩把镰刀钩住,接着再把它们拖到城墙内,以至于城垛和镰刀都

---

① [中译按]Hero(赫洛)亦写作 Hero Mechanicus(机械师赫洛),他撰有《论攻城术》(*Treatise on Sieges*)一书。

② [中译按]Aesculapium(埃斯库拉皮乌姆)亦写作 Temple of Asclepius(阿斯克里庇乌斯神殿)。

③ [中译按]亚克洛波利斯(Acropolis)即卫城。

会留在他们自己手上。（6）他们也常常进行突围,有时在夜里偷偷地攻击那些在器械上睡觉的围城士兵,有时则在白天公开地攻击那些围城士兵,通过这些手段,他们成功地拖延了围城的进程……

（摘自赫洛;对照李维第三十八卷第5—6章）

（7）在罗马人的防线外面徘徊的尼卡德尔把五百名骑兵派进城里,这些骑兵是通过突破敌人的壕沟而强行入城的。（8）他事先已经命令他们在约定好的某一天进行突围和进攻罗马人的工事,他会在那一天支援他们……（9）然而,尽管他们英勇地冲出了城外和进行了殊死的战斗,但是,由于尼卡德尔迟迟没有出现——这可能是因为他害怕会出现危险,或者可能是因为他觉得自己正忙于更为紧迫的任务——以至于这个计划终究以失败告终①……

（摘自赫洛;对照李维第三十八卷第7章第4节）

[28]（1）罗马人继续不停地用攻城槌来摧毁城墙,但是,他们无法成功地强行突破缺口。（2）因为,守军不断针锋相对地筑起反制的城墙,而且,他们在废墟上英勇地作战。（3）因此,作为最后的希望,他们挖掘和开采起了地道。（4）在把他们先前放在这个地方的三台器械当中的中间那台器械固定好,并用枝条制成的屏障仔细地掩护好后,他们在它前面建造了一座一百码（yards）②长,且同城墙平行的掩护性柱廊;（5）他们就从这个地方夜以继日地轮班开挖。（6）在许多天里,守军都没有发现他们通过地下隧道运送泥土;（7）但是,当土堆日益明显而难以向城内的军民隐藏后,守军的统帅也开始在城内大力地挖掘一条同城墙和塔楼前面的柱廊相平行的壕沟。（8）当开挖到足够的深度时,他们在最靠近城墙的壕沟

---

① 这段残篇错位（dislocated）严重。
② [中译按]一百码（yards）大约是两百英尺（feet）。

一侧放置了一些非常薄的黄铜片;当他们一边用耳朵紧贴着这些黄铜片,一边沿着这条壕沟前进时,他们就可以听到城墙外面的开挖者所制造的响动了。(9)当他们通过黄铜片的回响探测出确切的位置后,他们就开始从里面开挖另一条地下隧道,这条地下隧道同壕沟成直角,且一直通到城墙下面,他们这样做的目的是,希望他们自己所开挖的地下隧道,可以恰好衔接上敌人所开挖的地下隧道。(10)他们很快就成功地做到了,因为,罗马人的隧道不仅挖到了城墙下面,而且,他们还在隧道两侧对城墙进行了相当长度的加固。(11)一经遭遇,他们一开始用长枪在隧道里进行战斗,但是,当他们发现此举效果甚微后——因为双方都使用了盾牌和荆条进行防护——(12)有人就建议守军说,在他们面前放置一个同壕沟的宽度相契合的巨大坛罐。(13)他们在坛罐的底部挖了一个洞,并把一根与坛罐的深度相同长度的铁管嵌入其间;接着,他们再用羽毛把整个坛罐填装满,并把大量燃烧的木炭放在坛罐的四周;(14)他们现在把一个可以盖满洞口的铁盖子盖在坛罐口,随后,他们再把整个坛罐小心翼翼地放到隧道里面,并把坛罐口对准敌人。(15)当他们靠近守军时,整个坛罐完全挡住了他们的去路,坛罐只留有两个洞孔(一边一个洞孔),因此,守军就可以通过这两个洞孔刺出长枪和阻止敌人靠近坛罐。(16)接着,他们拿来一副铁匠用的风箱,并把它安装到铁管上,随后他们向坛罐口周围那些燃烧的木炭用力地吹气,随着羽毛的燃烧,他们再逐步地撤走铁管。(17)当所有这些指令全都执行完毕后,大量的烟雾,尤其是刺鼻的烟雾(由于羽毛燃烧所致)全都灌到了敌人的隧道里面,以至于罗马人发现自己处于异常痛苦而又困窘的境地,因为,他们既不能阻止隧道里的烟雾,也不能忍受隧道里的烟雾。①(18)围城行动就这样拖延了下来,埃托

---

① 向隧道里的敌人熏烟是一种常见的对抗手段,参见埃涅阿斯·塔克提库斯(Aen. Tact.)第三十七卷。这有可能是表明工匠在银矿里采取了不法手段来激恼对手,因为我们发现雅典人有一个专门针对它的法律,参见德莫斯提尼(Demosth.):《驳潘塔恩》(in Pantaen),第38章。

[中译按]Aen. Tact. 是 Aeneas Tacticus 的缩写。

利亚的将军决定派遣使节到罗马执政官那里……

同埃托利亚媾和

（对照李维第三十八卷第 9 节）

[29]（1）就在这时,雅典和罗德岛的使节抵达了罗马军营,以协助媾和。（2）希望安布拉西亚人（Ambraciots）从危险的处境中解放出来的亚萨曼尼亚国王阿米南德也抵达了,马尔库斯·弗维乌斯利用这个机会让他得到了安全通行保证;（3）因为,这位国王同安布拉西亚人关系良好,在流放期间,他在他们的城市生活了很长时间。① （4）几天后,一些阿卡纳尼亚人也带着达莫特勒斯和其他使节抵达了;（5）因为,在获悉他们的不幸处境后,弗维乌斯去信给了塞利乌姆人（People of Thyrrheium②）,让他们派人到他这里来。（6）因而,所有这些人都聚集在一起,他们都在积极地推动和平谈判。（7）就阿米南德而言,他急切地建议安布拉西亚人自己拯救自己,因为,除非他们接受更为明智的建议,否则他们很快就会遭遇毁灭的危险。（8）在他一次又一次地走到城墙边和向他们喊话后,安布拉西亚人最后终于决定邀请他进城。（9）在得到执政官的应允后,他进城同安布拉西亚人就局势问题进行商讨。与此同时,雅典人和罗德岛人的使节私下接近执政官,他们努力地用各种各样的理由来减缓他的愤怒。（10）一些人也建议达莫特勒斯和法恩尼亚斯向盖乌斯·瓦里里乌斯说情并赢得同他的友谊。（11）盖乌斯·瓦里里乌斯是马尔库斯·瓦里里乌斯·拉维努斯（Marcus

---

① 我们对弗维乌斯的这段流放生活（this exile of Fulvius）几乎一无所知,公元前191 年,他因为在西班牙的胜利而受到了热烈欢迎。然而,他与加图（Cato）相互对立,在加图众多的控告中,可能有一个针对他的控告。——剑桥本注
  [中译按]剑桥本所作的这个注释似乎有误,因为,这里所说的遭受流放之人指的是亚萨曼尼亚国王阿米南德,而不是弗维乌斯。

② [中译按]Thyrrheium 亦写作 Thyreum。

Valerius Laevinus)的儿子,而马尔库斯·瓦里里乌斯·拉维努斯则是第一个同埃托利亚人结盟之人,而且,盖乌斯·瓦里里乌斯是现任执政官马尔库斯·弗维乌斯同母异父的兄弟,并且,由于他是一名充满活力的年轻人,以至于他尤其受到这位执政官的信赖。(12)达莫特勒斯及其同僚请求他进行斡旋,他们认为,他有责任和热情去充当埃托利亚人的保护人,他使出了自己的浑身解数以使这个国家从巨大的危险中拯救出来。(13)因此,在各方的积极推动下,这件事最终圆满完成了。(14)安布拉西亚人听从了国王的建议,他们向罗马执政官投降并交出这座城镇,条件是允许埃托利亚守军可以打着休战旗离城而去。(15)这是他们从他手上获得的第一个条件,以让他们对他们的盟友保持信心。

[30](1)执政官弗维乌斯接下来以以下列条件同埃托利亚人达成了和约。(2)他们立即缴付两百埃维厄泰伦的金钱和分期六年(每年缴付五十泰伦)缴付三百泰伦的金钱;(3)在无需任何赎金的情况下,他们要在六个月的时间里向罗马人交还他们手上的所有俘房和所有逃兵;(4)他们的任何一座城市都不能继续留在他们的同盟内,而且,对于自卢西乌斯·科内利乌斯·西庇阿渡海而来后罗马人所占领的城市或者所结盟的城市,他们未来也不能予以接纳;(5)整个塞法里尼亚被排除在这个条约之外。

(6)这就是所达成的这个条约的主要内容。它们首先获得了埃托利亚人民的批准,接着,它们再提交到了罗马。(7)雅典和罗德岛的使节仍然留在原地,以等待埃托利亚人的决定,而达莫特勒斯和法恩尼亚斯则返回了家乡以解释所达成的和约。(8)总的来说,民众对他们较为满意,因为,这比他们原先所预想的要好;但是,对于先前属于他们同盟的那些城市,他们犹豫了一些时间,不过他们最终还是同意了这个提议。(9)因此,弗维乌斯接管了安布拉西亚,并允许埃托利亚守军打着休战旗离开;但他运走了所有的塑像和图画,由于安布拉西亚城先前是皮洛士的王室住地,因而,它拥有大批诸如塑像和图画这种装饰性的物体。(10)一件重达一百五十泰伦的王冠（crown）①也呈送到了他的面前。（11）把所有事情都安排妥当后，他进军到了埃托利亚内部，让他深感惊奇的是，他没有接到埃托利亚人的回应。（12）一抵达安菲洛基亚的阿尔戈斯（Amphilochians Argos）②——它距离安布拉西亚一百八十斯塔德——他就驻扎在了那里。（13）他在那里会见了达莫特勒斯，后者告诉他，埃托利亚人已经批准了他们原先所缔结的条约；他们接着就分开了，埃托利亚人返回了家乡，而弗维乌斯则向安布拉西亚进发。（14）当他抵达安布拉西亚后，他就在为率军远渡塞法里尼亚做各种准备；（15）就和平问题，埃托利亚人任命了法恩尼亚斯和尼卡德尔作为使节以派往罗马；（16）因为，如果没有罗马人民的批准，他们所缔结的任何条约都是无效的。

[31]（1）这些使节连同那些来自雅典和罗德岛的使节怀着相同的使命一同启程了。（2）弗维乌斯也派遣盖乌斯·瓦里里乌斯·拉维努斯（Gaius Valerius Laevinus）和其他一些人前往罗马，以促成条约的批准。（3）然而，当他们抵达罗马后，他们发现，腓力国王已经点燃了罗马人民对埃托利亚的愤怒；因为，他认为埃托利亚人不公正地从他手上夺走了亚萨曼尼亚和多洛皮亚，因而，他去信给自己在罗马的朋友们，以恳求他们分担自己的义愤并拒绝接受这个和约。（4）结果，当埃托利亚人抵达后，元老院根本就不理睬他们；（5）但是，当后来罗德岛人和雅典人进行斡旋后，他们才转变自己的态度和倾听起他们讲话来。（6）人们认为，基克希亚斯（Kichesias）的儿子列奥（Leon）所作的演讲——他紧接达蒙（Damon）发表了演讲——总体上都讲得无懈可击，而且，他在演讲中使用了同当前情况相得益彰的一个比喻。（7）他说道，他们对埃托利亚人心怀怒气是有道理的；因为，在得到罗马人众多的恩惠后，他们非

---

① 毫无疑问，这个地方的"王冠"（crown）指的是礼物。——洛布本注
或者是"一种致意"（a compliment）。στέφανος这个希腊词语用来表示对胜利者的礼物，第三十四章和其他地方也同样是这种用法。——剑桥本注
② ［中译按］在古希腊，安菲洛基亚的阿尔戈斯（Amphilochians Argos）是安菲洛基亚最重要的一座城市，它坐落在安布拉西亚海湾（Ambracian Gulf）。

但没有表示任何的感激，相反，通过挑起同安条克的战争，他们严重地危及到罗马的霸权。（8）然而，在有一点上元老院也犯有错误，那就是，他们同民众一样怒不可遏。（9）因为，发生在一国民众身上的事情同发生在海洋上的事情一模一样。（10）就其固有本性而言，大海一直都是平静安祥的，这种本性通常都不会对那些接近它或者利用它的人造成任何伤害；（11）但是，当狂风降临和袭来，迫使它背离自己的本性移动时，那么，没有任何东西会比海洋更加让人恐惧而惊骇了。他说道："这种事情恰好就发生在埃托利亚人身上。（12）只要没有人影响他们，他们是所有希腊人中你们最热忱和最值得信赖的支持者。（13）然而，当托亚斯和迪卡亚基亚以及蒙斯塔斯（Menestas）①和达谟克利特分别从亚洲和欧洲吹来搅动埃托利亚民众的风暴，迫使他们背弃自己的本性后，无论是在语言上还是在行动上，他们都变得无所顾忌起来；（14）接着，埃托利亚人愚蠢地意图对你们作恶，但是，他们却把灾祸引到了他们自己头上。（15）因此，你们绝不应该饶恕那些怂恿他们的人，但却应该怜悯他们，并同他们和睦相处，因为众所周知，当没有人影响他们时，他们会再一次地感激你们的保全之恩，而且，他们也将会是所有希腊人中最拥护你们的人。"（16）通过这番话，雅典使节成功地说服了元老院同埃托利亚人缔结和平。

　　[32]（1）因此，元老院通过了一项元老院决议，而且，人民也投票批准了这项决议，这个条约因而就正式生效了。② 这个条约的具体条款如下：

　　（2）埃托利亚人民必须真心实意地维护罗马人民的帝国和主权；（3）他们不得让任何一支同罗马人或者同罗马人的盟友和朋友对抗的军队通过他们的领土，也不得用国库的钱款来支援这样的军队；（4）罗马人民的敌人也必须是他们的敌人，无论罗马人同谁进行开战，埃托利亚人民也必须同样同它进行开

---

① ［中译按］Menestas 亦写作 Mnestas。
② 公元前 189 年，罗马同埃托利亚缔结了条约。

战；(5)除了在开战期间被俘后回到自己国家，但后来却又重新被捕获的那些战俘，或者，在埃托利亚人与罗马人开战期间同罗马为敌的那些人之外，埃托利亚人必须交出罗马人及其盟友的所有逃兵、逃奴和俘虏；(6)上述所提到的所有这些人必须在条约宣誓缔结后的一百天之内，全部移交到科西拉(Corcyra)的最高行政长官手上；(7)但是，如果其中一些人在那个日期之内仍然没有被找到，那么，无论他们何时被找到，埃托利亚人都必须把他们移交出来，不得弄虚作假，而且，在条约宣誓缔结后，这些人不允许返回埃托利亚；(8)埃托利亚人必须以品质不低于阿提卡货币的银币，向当时仍在希腊的罗马执政官立即支付两百埃维厄泰伦的金钱，如果他们愿意，他们也可以用一米纳(mina)金币相当于十米纳(minae)银币的比例来代替支付其中三分之一的银币；(9)在条约最终缔结后的前六年里，每年支付五十泰伦的金钱，而且，这笔钱必须送交到罗马；(10)埃托利亚人必须向执政官交付年龄在十二岁以上、四十岁以下的四十名人质，而且，他们要充当为期六年的人质，除了将军、骑兵长官、部长(public secretary)或者先前做过人质的人员之外，罗马人也可以任意挑选任何人作人质；(11)这些人质也必须送交到罗马，如果他们中有人去世，那么，埃托利亚人必须送交其他人质来进行代替；(12)塞法里尼亚不涵括在这个条约之内；(13)对于先前属于埃托利亚、但后来在卢西乌斯·昆提乌斯·弗拉米尼努斯(Lucius Quintius Flamininus)和格纳乌斯·多米提乌斯·阿赫诺巴布斯(Gnaeus Domitius Ahenobarbus)[①]担任执政官期间，或者卸任执政官之后被罗马人占领的那些城镇、乡村和人员，埃托利亚人不得进行任何吞并；(14)奥尼亚达的城镇和领土必须归属于阿卡纳尼亚。

(15)在进行庄严的宣誓后，这个条约就以这些条件予以了正式缔结，埃托利亚和希腊其他地区的战事最终就这样结束了……

---

① 卢西乌斯·昆提乌斯·弗拉米尼努斯(Lucius Quintius Flamininus)和格纳乌斯·多米提乌斯·阿赫诺巴布斯(Gnaeus Domitius Ahenobarbus)担任了公元前192年的执政官。

弗维乌斯占领了塞法里尼亚卫城

（参见《苏达辞书》；李维第三十八卷第29章第10节）

[32b]（1）通过秘密协议，弗维乌斯在夜间占领了部分卫城，而且，他还把罗马人引入其间①……

斐洛波曼的智慧

（李维第三十八卷第30章）

[32c]（1）良善的东西和有好处的东西几乎不能兼得，几乎也没有人能够同时兼具这两者，他们只能对这两者进行相互地调试。（2）确实，我们所有人都知道，大部分有直接好处的东西都是与良善相冲突的，反之亦然。（3）然而，斐洛波曼却以此来作为自己的目标，并且实现了自己的目标。因为，把那些身为俘虏的斯巴达流亡者归还给他们的国家是一件良善的举动，而且，通过摧毁僭主们的卫星国来重挫斯巴达城邦的锐气，这也是一件有好处的事情。（4）作为一名天生具有健全常识的人和一名真正的领袖，他看到金钱是所有王权重建的根本，他尽其所能地阻止他们收到款项……

VI. 亚洲的局势

曼利乌斯和高卢战争（Gallic War）②

（对照李维第三十八卷第12章第1节）

---

① 即公元前192年。

② ［中译按］在剑桥本中，英译者将"曼利乌斯和高卢战争"这个标题写作"与亚洲的高卢人开战"。

[33]（1）当使节们在罗马就与安条克的和平问题和小亚细亚的命运问题展开协商,以及同埃托利亚同盟的战争仍在希腊继续上演时,同高卢人的战争也在亚洲开启和终结了,我现在就对它进行叙述……

（《苏达辞书》;李维第三十八卷第 12 章第 7 节）

（2）曼利乌斯对阿塔鲁斯这个年轻人印象很好,就在这次会谈期间,他欣然允诺他前往帕加马……

（对照李维第三十八卷第 14 章第 3 节）

[34]（1）莫亚基特斯（Moagetes）是西比拉（Cibyra）的僭主。（2）他是一位残暴而又狡诈的人,他的生平值得简要地提及……

（对照李维第三十八卷第 14 章第 4 节）

（3）罗马执政官格纳乌斯·曼利乌斯·维乌索①向西比拉进发,并派遣赫尔维乌斯（Helvius）前去试探莫亚基特斯的意图,莫亚基特斯通过使节恳求赫尔维乌斯不要洗劫他的国家,因为他是罗马人的朋友,而且,他也愿意做他们所吩咐的任何事情。（4）与此同时,他还向赫尔维乌斯提供了一件重达十五泰伦的王冠（crown）。②（5）在听完使节的陈情后,赫尔维乌斯答应宽恕他的国家,但是,莫亚基特斯必须向罗马执政官提交一个总体的解决方案;他说道,曼利乌斯率领大军马上就要开到了。（6）一准备停当,莫亚基特斯立即就向曼利乌斯派去了自己的兄弟和其他使节,曼利乌斯在行

---

① 公元前 189 年的执政官是格纳乌斯·曼利乌斯·维乌索（Gnaeus Manlius Vulso）和马尔库斯·弗维乌斯·诺比利奥（M. Fulvius Nobilior）。

② ［中译按］参见第二十一卷第 30 章第 10 节的注释。

军的途中会见了他们,而且,他以威胁而又严厉的语气同他们谈话;(7)曼利乌斯说道,莫亚基特斯对罗马人的敌意不仅超过了其他任何一位亚洲国王,而且,他还不遗余力地破坏罗马人的统治,因此,他应该受到谴责和惩罚而不是获得友谊。① (8)莫亚基特斯的使节们被曼利乌斯气势汹汹的愤怒吓坏了,以至于他们甚至完全遗弃了自己先前所接受的指示,而是恳求他同莫亚基特斯当面会谈。(9)当他同意这个要求后,他们就返回了西比拉;(10)第二天,在自己的朋友们的陪同下,这位僭主身穿最朴素的衣服,以最谦卑的姿态出城同曼利乌斯进行会面,他以最低声下气的语言来悲恸地表达自己的无助和自己所统治的这些城镇的贫瘠——除了西比拉城之外,他还统治了塞雷乌姆(Syleium)和那座名叫湖心岛的城镇;(11)最后,他恳求曼利乌斯接受这十五泰伦的金钱。(12)对他的厚颜无耻深感震惊的曼利乌斯没有作任何的答复,而是说道,如果他不交出五百泰伦的金钱并感激自己所作的这番安排,那么,不仅他的国土会受到洗劫,而且就连这座城镇本身也会受到围攻和摧毁。(13)因此,惊恐万状的莫亚基特斯哀求他不要这样行事;莫亚基特斯逐渐地提高自己的出价,直到最后他才成功地说服曼利乌斯接受一百泰伦的金钱和一万米迪的小麦,并接受自己加入到他的联盟②……

(对照李维第三十八卷第 15 章第 3 节)

[35](1)就在曼利乌斯横渡克洛巴图斯河(River Colobatus)时,埃西恩达(Isinda)③的使节来到他身边来恳求支援。(2)因为,喊来斐洛米卢斯(Philomelus)前来帮忙的提米西亚人(Termessians)摧

---

① 这句话的希腊语原文存在错误。它的涵义取自于李维第三十八卷第 14 章。
② 莫亚基特斯的王朝一直延续到米特拉达梯战争(Mithridatic Wars)时期。这个王朝最后被穆拉纳(Muraena)废黜,当时西比拉倒向了利西亚(Lycia),参见斯特拉波第十三卷第 4 章第 71 节。
③ [中译按]Isinda 亦写作 Sinda,它坐落在皮西迪亚(Pisidia)。

毁了他们的国土并洗劫了他们的城市，而且，提米西亚人现在正在围攻他们全体公民连同他们的妻儿所避难的城堡。（3）在听完他们的请求后，曼利乌斯说自己非常乐意去帮助他们；把这次机会视作一个天赐良机的曼利乌斯开始向帕姆菲利亚（Pamphylia）进军。

（4）一到提米西亚（Termessus），他就接受了五十泰伦的金钱，并把提米西亚人接纳为自己的盟友，而且，他也让阿斯皮恩都斯人（Aspendians）作了同样的事情。（5）在接见了帕姆菲利亚人（Pamphylian）的其他城市的使节，以及让听众面前的他们所有人留下了我在前面所描述的那番印象后，他首先解除了埃西恩达的围城，接着，他重新开始向高卢人进军……

（对照李维第三十八卷第 15 章第 7 节）

[36]（1）在占领了希尔马萨城（Cyrmasa）①和俘获了大批战利品后，曼利乌斯继续向前进军。（2）当他们沿着湖岸进军时，莱希诺（Lysinoë）的使节前来向他宣布了投降；（3）在接受了他们的投降后，他进军到了萨加拉西亚（Sagalassus）的国土并抢走了大批战利品，接着，他就静静地等待城内民众的反应。（4）当他们的使节过来后，他接见了他们；在接受了一件五十泰伦的王冠（crown）②、两万米迪的大麦和两万米迪的小麦后，他允许他们加入到罗马人的联盟……

（对照李维第三十八卷第 18 章第 1—3 节）

[37]（1）罗马执政官曼利乌斯派遣使节到高卢人埃波索纳图斯（Eposognatus）那里，以要求后者向加拉提亚诸王（The Galatian Princes）派遣使节。（2）结果，埃波索纳图斯向曼利乌斯派遣使节，

---

① ［中译按］希尔马萨城（Cyrmasa）坐落在皮西迪亚（Pisidia）。
② ［中译按］参见第二十一卷第 30 章第 10 节的注释。

以恳求他不要去主动进攻托利斯托波基的加拉提亚人（The Galatian Tolistobogii）；（3）因为，他会同他们的国王联系，并建议他们同罗马结盟，而且，他确信他们会接受任何合理的条款……

（《苏达辞书》；李维第三十八卷第 18 章第 7 节）

（4）在穿越亚洲的途中，罗马执政官曼利乌斯在萨恩加利厄斯河（River Sangarius）上架起了一座桥梁——萨恩加利厄斯河非常深险，也非常难以渡过。（5）当他把军队驻扎在河岸后，有两名加利（Galli）①来到了他那里——这两名加利是由阿提斯（Attis）和巴塔库斯（Battacus）派来的，他们是佩希努斯（Pessinus）的诸神之母（Mother of the Gods）的祭司，而且，他们在自己的胸脯上佩戴有画像——他们向他宣布说，女神已经预言了他的胜利。（7）曼利乌斯礼貌地接待了他们……

（对照李维第三十八卷第 18 章第 10 节）

（8）当曼利乌斯快要抵达小城戈尔迪乌姆（Gordium）时，埃波索纳图斯的使节前来告诉他说，自己已经亲自前往到加拉提亚诸王那里进行了游说，但是，他们拒绝了任何友好的提议；（9）而且，他们把自己的女人和小孩全都集结在了奥林匹斯山（Mount Olympus），他们正在积极地进行备战……

（摘自普鲁塔克：《妇女的德行》（*The Virtuous Deeds of Women*），第二十二卷；对照李维第三十八卷第 24 章第 2 节）

［李维第三十八卷第 19—23 章记载了罗马人在奥林匹斯山的托利斯托波基的获胜；在第三十八卷第 24—27 章记载了

---

① 参见第二十一卷第 6 章。

罗马人在提克托萨基斯（Tectosages）——提克托萨基斯距离安希拉（Ancyra）数里——的获胜。第二次战役发生在公元前189年中秋；结果是高卢人在以弗所投降了，而且，他们被迫停止了自己劫掠性的征程，并把自身的活动限定在了自己的边境之内。李维第三十八卷第27章和第40章。]①

[38]②（1）在曼利乌斯所统率的罗马军队赢得了对亚洲高卢人（Asiatic Gauls）的胜利中，他们俘获了奥提亚贡（Ortiagon）③的妻子基奥马拉（Chiomara）和其他妇女。（2）当她落在罗马人手上时，一名百夫长以一种士兵惯常的那种方式野蛮地强暴了她。（3）这个人确实是一位粗俗不堪的家伙，他完全是金钱和欲望的奴隶，不过相对而言，他更喜爱的最终仍是金钱；由于奥提亚贡向他允诺说会为这个女人支付一大笔赎金，因此，他就把她带到了一个地方进行移交，移交她的这个地方有一条河流，他和对方的信使们就分隔在这条河的两岸。（4）当高卢人渡过河流，并把基奥马拉的赎金交付给他后，她示意他们其中的一人去攻击这位向她热情告别的罗马百夫长。（5）这个人遵照她的示意，砍掉了他的头颅，她拿起衣服，把头颅裹起来，接着就驾车走了。（6）当她来到自己的丈夫面前，把这位百夫长的头颅扔到他的脚下时，她的丈夫深感震惊，他说道："啊，我的妻子，保持忠诚是一件好事。"她回答道："是的，但是，更好的事情是只有一个人活着与我同床共枕。"（7）波利比乌斯告诉我们说，他在萨尔迪斯遇到过这位女人，也同她交谈过，他非常钦佩她的风度和智慧……

（对照李维第三十八卷第25章）

---

① ［中译按］中括号里面的内容译自剑桥本。
② 高卢人的首领奥提亚贡（Ortiago）的妻子基奥马拉（Chiomara）的复仇，参见李维第三十八卷第24章。
③ ［中译按］Ortiagon亦写作Ortiago。

　　[39](1)在战胜高卢人后,罗马人驻扎在了安希拉附近,执政官曼利乌斯则准备继续向前进发;(2)就在这时,提克托萨基斯的使节们前来恳求他率军离营,并于第二天亲自前往两军营地之间的空地以商议和平问题,他们说,他们的国王们也会前往那里同他商议和平问题。(3)然而,曼利乌斯答应了他们,并在五百名骑兵的陪同下遵照约定出现在那里后,国王们却没有出现;(4)但是,在他回到自己的营地后,使节们再一次地前来替国王们陈情,他们恳求他再一次地前往那里,因为,他们会派出自己的一些头面人物来对整个局势进行磋商。(5)曼利乌斯答应了他们的请求;但是,他自己将留在自己的营地,不过他会派遣阿塔鲁斯和一些军事保民官率领一支三百人的骑兵部队前往那里。(6)高卢人的代表们按照约定出现了,而且,他们讨论了时局问题;但是,他们最后却说道,他们无法达成最后的协定或者批准他们所商定的事情。(7)然而,他们保证道,如果第二天执政官曼利乌斯亲自前来会见他们,那么,国王们就将同意这些条款,并最终缔结这个条约。(8)阿塔鲁斯接着允诺道曼利乌斯会亲自前去会见他们,在达成这个条件后,他们就分开了。(9)高卢人的目的是故意地拖延和逗耍罗马人,因为,他们希望能有时间把自己的一些家属和财产运送到哈利斯河(River Halys)对岸;不过,他们的首要目的是希望俘获罗马执政官(如果可能的话),或者至少可以杀死他。(10)在这个目的的驱使下,他们次日就在那里等待罗马人的到来,而且,他们准备了大约一千名骑兵来执行这个任务。(11)当曼利乌斯听完阿塔鲁斯所作的汇报后,他认为国王们这次应该会前来会面,因此,曼利乌斯就像往常那样在五百名骑兵的护送下从营地出发了。(12)然而,恰好就在这次会面的前几天,那些出营前去搜集木材和粮草的罗马士兵也往这个方向进发了,因为,在这个方向上他们有前往会谈的骑兵的掩护。(13)同样的事情恰好就发生在了同一天,搜集木材和粮草的罗马士兵人数众多,保民官就命令骑兵向这个方向进发,以像往常那样保护他们。(14)所作的这种安排完全是出于偶然,因为,他们采取了充足的举措来保卫执政官的安全……

VII. 亚洲的局势

同曼利乌斯的进一步会谈和同安条克的和约

（对照李维第三十八卷第 38 章）

[40]①（1）当罗马执政官格纳乌斯·曼利乌斯正在以弗所过冬时，②亚洲的希腊诸邦和许多其他地方的使节们在这届奥林匹亚运动会的最后一年向他授予了王冠，以祝贺他赢得对高卢人的战争。（2）因为，对于安条克的战败，塔乌鲁斯山这侧的所有亚洲居民都不甚高兴，对于他们当中的一些人憧憬解除贡赋和其他一些人希望解除驻军或者王室的其他所有控制，他们也不甚喜欢，因为，他们已经从野蛮人的恐惧中解脱了出来，而且，他们也已经从这些部落无法无天的暴虐中解放了出来。（3）安条克的代表穆塞乌斯和高卢人的一些代表都希望找到可以同罗马达成和解的条件，卡帕多西亚国王阿里阿拉特（Ariarathes）的代表也同样如此；（4）因为，卡帕多西亚国王阿里阿拉特先前站在安条克一边，而且，他与安条克一同参加了对罗马人的作战，他现在对降临在自己身上的命运感到由衷的恐惧和焦虑。（5）因此，他不断地派遣使节前去探听自己将功赎罪的条件。（6）在礼貌地感激和盛情地款待了来自众多城镇的所有使节后，执政官就解散了他们；而且，他答复高卢人道，在等到尤米尼斯国王到来之前，他不会同他们缔结任何和约。（7）至于阿里阿拉特的那些使节，他告诉他们说，阿里阿拉特需要支付两百泰伦的金钱来换取和平。（8）他安排安条克的使节同自己的军队一起到帕姆菲利亚的边境去接收——按照卢西乌斯·西庇阿同他所缔结的条约的规定——两千五百泰伦的金钱

---

① ［中译按］剑桥本英译者把这一章（洛布本第 40 章）编排成了第 43 章。
② 即公元前 189 年－前 188 年。

和安条克在缔结条约前必须给罗马士兵所提供的谷物。(9)接着，他检阅了自己的军队；随着军事行动季节的到来，①他同阿塔鲁斯一起启程离开了以弗所，经过了八天的行程，他抵达了阿帕米亚(Apamea)，他在那里停留了三天，第四天时，他离开了这座城镇，并一路进行强行军。(10)当他在第三天抵达同安条克事先所约定的地方后，他就驻扎在了那里。(11)前来会见他的穆塞乌斯恳求他耐心等待，因为运送谷物和金钱的车队和驮畜在路上耽搁了，他同意等待，而且，他一连等待了三天的时间。(12)当物资到来后，后者把谷物分给了自己的士兵，而且，他把金钱移交给了自己的其中一位保民官，并让后者把金钱运回到阿帕米亚。

[41](1)当曼利乌斯现在听到安条克所任命的佩尔盖(Perga)的守军统帅不仅没有撤走守军，而且他自己也没有离开这座城镇后，他就率领自己的军队开向了这个地方。(2)当曼利乌斯进军到它附近时，这位守军统帅出来会见了他，而且，他恳求曼利乌斯不要不予倾听就责备他；因为，他是在尽自己的职责。(3)他受安条克之托来统领这座城市，他一直都在坚守这座城市，直到自己的主公重新命令自己接下来该如何行事，但是，直到现在他都没有接到这方面的任何命令。(4)因此，他要求三十天的宽限期，以便他派人去询问国王，自己应该如何行事。(5)由于看到守军统帅在所有其他方面都忠于自己的职责，因此，曼利乌斯允许他派人去询问国王，几天后，他接到了答复并交出了这座城镇。

(6)十名特使和尤米尼斯国王通过海路，在初夏抵达了以弗所，②在那里休整了两天，以从旅途中恢复过来后，他们继续向阿帕米亚进发。(7)听到他们到来的消息后，曼利乌斯派遣自己的兄弟卢西乌斯率领四千人到奥洛安达(Oroanda)，③以外柔内刚地接收那里的民众根据条约的规定所需要缴纳的金钱；(8)他自己则率领

---

① 即公元前188年春季。
② 公元前188年夏天，十名罗马特使抵达亚洲，参见第24章。
③ [中译按]奥洛安达(Oroanda)坐落在皮西迪亚(Pisidia)。

自己的军队全速进军,因为,他渴望见到尤米尼斯。(9)一到阿帕米亚和看到尤米尼斯与十名特使,他立即就同他们召开会议以商讨局势。(10)这次会议首先批准了同安条克的条约,对于这个条约的具体条款,我无需作任何进一步的评论,但我会引用这个条约实际的文本内容。这个条约的具体内容如下:

[42](1)如果安条克履行了条约所规定的条件,那么,安条克与罗马人之间的友谊将永久保持;(2)安条克国王及其臣属严禁让任何进攻罗马及其盟友的军队过境其领土,或者向他们提供任何物资;(3)罗马人及其盟友也严禁让任何进攻安条克及其盟友的军队过境其领土,或者向他们提供任何物资;(4)安条克不得同欧洲或者欧洲岛屿的任何居民开战;(5)他必须撤出塔乌鲁斯山这侧直至哈利斯河的所有城市、岛屿、村庄和城堡,而且,他必须撤出塔乌鲁斯山谷和山脊之间并一直下到利卡奥尼亚的所有地区;①(6)除了自己的士兵所携带的武器之外,他不得从所有这些地方带走任何东西,如果有任何东西被带走,那么,必须物归原主;(7)他不得接受来自尤米尼斯王国的任何士兵或者其他人员;(8)如果安条克军队中的士兵来自罗马所接管的城市,那么,他必须将他们移交到阿帕米亚;(9)如果安条克的王国里生活有罗马人或者罗马人的盟友,那么,他们可以凭自己的喜好继续居住或者离开;(10)安条克及其臣属必须交出罗马人及其盟友的奴隶,不管这些奴隶是在战争中俘获的奴隶,还是逃亡的奴隶,而且,安条克也必须交出其俘获的所有战俘;(11)如果力所能及,安条克必须交出迦太基人哈米尔卡之子汉尼拔、阿卡纳尼亚人马西洛克斯、埃托利亚人托亚斯、迦尔西人尤布利达斯与腓力以及所有担任公职的埃托利亚人;(12)安条克必须立即在阿帕米亚交出所有的战象,而且以后也不得保留任何战象;(13)安条克必须交出自己带有装置和器具的长船(long ships),未来也不得拥有超过十艘甲板战船,而且,他不得拥有超过三十名划桨手的大帆船,也不得拥有任何一艘用作侵略战争的独桨座战船(moneres);②(14)除非运送贡金、使节或者人质,否则他的舰船不得驶过卡利卡德努斯(Calycadnus)和萨皮多尼亚海角(Sarpedonian Promontory);(15)安条

---

① 我从李维那里补充了波利比乌斯的文本里所佚失的内容,参见李维第三十八卷第38章。

② 独桨座战船(moneres)是一种只有一排桨的舰船(a ship with one bank of oars)。

克不得从臣服于罗马人统治的土地上雇佣和招募士兵或者接收逃兵；(16)在安条克统治时期，所有属于罗德岛人及其盟友的房屋必须像开战前那样继续属于罗德岛人及其盟友；(17)同样地，如果有欠他们金钱，那么，所欠的这些钱必须予以归还，如果从他们那里拿走了东西，那么，这些东西也必须找到并归还；罗德岛人必须像战前那样免于贡赋；(18)对于安条克所送出去的城邑，那么，他也必须从这些城邑中撤走自己的驻军和人员；(19)如果有任何一座城市后来希望倒向他，那么，他也不得接受它们；安条克必须向罗马人支付一万两千泰伦质地最好的阿提卡银币——他必须在十二年里每年分期支付一千泰伦，而且，一泰伦的重量不得低于八十罗马磅（Roman pounds）——以及五十四万米迪的谷物；(20)安条克必须在接下来的五年时间里，向尤米尼斯国王支付总计三百五十泰伦（每年分期支付七十泰伦）的金钱，同时，根据安条克自己所作的估价，他也可以用金钱来代替谷物——(21)一百二十七泰伦的谷物作价两百零八德拉克马（drachmas）的金钱，这个数额也是尤米尼斯同意接受并感到满意的数额；(22)安条克必须交出二十名人质，而且，这些人质必须每三年进行替换，并且，这些人质的年龄必须在十八岁至四十岁之间；(23)如果他每年分期支付的金钱数额同上述所规定的金钱数额不相符，那么，他必须在下一年里进行补足；(24)如果有任何一个城邦或者国家——按照这个条约，安条克禁止向这些城邦或者国家开战——首先发动对安条克的战争的话，那么，安条克可以合法地同他们进行开战——(25)不过前提是，他不得对它们行使主权或者把它们纳入到自己的同盟；(26)双方之间的所有不满均应提交到特别法庭进行审理；(27)如果双方日后希望在这个条约中增加或者移除一些条款，那么，他们有权这样行事。

[43]（1）这个条约一宣誓完毕，这位代执政官立即派遣昆图斯·米努基乌斯·色姆斯（Quintus Minucius Thermus）和自己的兄弟卢西乌斯·曼利乌斯（Lucius Manlius）——他们刚刚从奥洛安达带着钱回来——前往到叙利亚，以要求安条克发下誓言并确保这个条约得到细致的实施。（3）接着，他派人去命令舰队统帅昆图斯·费边·拉比奥（Quintus Fabius Labeo）返航回到帕塔拉（Patara），接管并烧毁那里的船只……

《苏达辞书》；李维第三十八卷第 39 章第 6 节）

[44]（1）从阿里阿拉特①那里索取了三百泰伦的金钱后，代执政官曼利乌斯将其接纳为罗马的盟友……

小亚细亚问题的最终解决②

（对照李维第三十八卷第 39 章第 7—17 节）

[45]（1）在阿帕米亚听完所有请求者的发言后，对于领土、金钱或者其他财产存在争议的情况，十位特使和代执政官曼利乌斯指定了一些双方都一致认可的城邦来裁断他们的争议。他们拟定了如下的一般方案。（2）对于先前向安条克纳贡但现在仍然效忠罗马的所有自治型城邦，他们将免于纳贡；先前向阿塔鲁斯纳贡的所有城邦要向他的继任者尤米尼斯缴纳同等数量的贡赋；（3）所有在战争中背弃罗马同盟和倒向安条克的城邦要向尤米尼斯支付他们先前向安条克缴纳的同等数量的贡赋。（4）他们免除了克洛弗人、诺提乌姆人（Notium）、希梅埃人（Cymae）和米拉萨人所有的贡赋；除此之外，他们把那座名叫德利穆萨（Drymussa）的岛屿送给了克拉索姆人（Clazomenae），③并把圣地（the holy district）——由于战争的缘故，米利都人撤出了那个地方——归还给了米利都人。（6）对于希俄斯人、斯米纳人和厄利特拉人，除了荣誉之外，他们还把他们当时索要了多次的那块土地分配给了他们，他们认为这是他们应有的权利，因为，他们在战争中对罗马人表现出了巨大的忠诚和热忱；（7）而且，他们也恢复了弗卡埃亚的古老宪制和它先前的领土。（8）接着，他们处置了罗德岛人提出的要求，他们把米安

---

① 亦即卡帕多西亚国王阿里阿拉特五世（Ariarathes V King of Cappadocia）。
② 公元前 188 年秋季。
③ [中译按]Clazomenae 亦写作 Clazomenians。

德（the Maeander）南边的利西亚和卡里亚——除了提尔米苏斯（Telmessus）①之外——全都给了罗德岛人。②（9）至于尤米尼斯国王和他的兄弟们，他们在他们同安条克的条约中已经给他们作了一切可能的准备，他们现在又把下列地区分配给了他们：欧洲的克森尼塞、利西马基亚和毗连的城堡与领土；（10）亚洲的赫勒斯滂的弗里基亚（Hellespontic Phrygia）、大弗里基亚（Greater Phrygia）、米西亚（Mysia）的一部（亦即普鲁西亚先前从尤米尼斯手上所夺走的那部分）、利卡奥尼亚、米利亚斯（Milyas）、吕底亚、特拉利斯（Tralles）、以弗所和提尔米苏斯。（11）这些就是他们送给尤米尼斯的礼物。至于帕姆菲利亚，由于尤米尼斯声称它位于塔乌鲁斯这侧，而安条克的使节则认为它位于塔乌鲁斯那侧，他们疑虑重重，因此，他们决定把它提交到元老院裁决。（12）在以这样的方式解决了几乎所有最为重要的问题后，他们离开了阿帕米亚，并向赫勒斯滂进发，他们打算在途中解决加拉提亚（Galatia）的问题……

---

① ［中译按］Telmessus 亦写作 Telmissus。

② ［中译按］亦即他们把利西亚和卡里亚一直到米安德河边（up to the river Maeander）——除了提尔米苏斯（Telmessus）之外——全都给了罗德岛。

第二十二卷(残篇)

[在148届奥林匹亚大会(公元前188年—前184年)期间,腓力和毗连马其顿的诸部落所派出的使节抵达了罗马。元老院作出了关于他们的法令。在希腊,就腓力自与安条克的战争发生以来就一直占领的色萨利人和佩尔比亚人的城市的问题,腓力同色萨利人和佩尔比亚人发生了争吵。昆图斯·卡西利乌斯(Q. Caecilius)在神殿前作出关于他们的一个决议——卡西利乌斯决议。腓力同尤米尼斯的使节的分歧和马洛尼亚(Maroneia)的流放者。色萨洛尼卡(Thessalonica)在这些问题上所作的请求(pleading)和卡西利乌斯所作的决议。国王腓力在马洛尼亚(Maroneia)煽动了一场屠杀。罗马使节抵达并作出了他们的决议。罗马人和珀耳修斯之间开启战端的原因。托勒密国王、尤米尼斯国王和塞琉古国王抵达了伯罗奔尼撒。亚该亚人决定同托勒密结盟,而且,他们向这些国王提供了礼物。卡西利乌斯的抵达和他对斯巴达所采取的措施的不满。阿利乌斯(Areus)和亚西比德(Alcibiades)——斯巴达早先把这两个人放逐出了斯巴达——的使节抵达了罗马,并指控起斐洛波曼与亚该亚人。罗马的使节来到了克莱托(Cleitor),在那里有一个亚该亚大会。双方都发表了演讲,亚该亚人就斯巴达的这件事作出了一个决议。]①

---

① 这是赫尔茨(Hultsch)对第二十二卷第1章和第2章所作的概述。在斯克魏格哈乌塞所编辑的《通史》版本(Schweighaeuser's text)中,它似乎是对第(转下页)

I. 希腊的局势

斐洛波曼和斯巴达

[3](1)在康帕西乌姆(Compasium)屠杀了这些人后,①一些斯巴达人——他们对所发生的这件事情由衷地不满,而且,他们认为斐洛波曼摧毁了斯巴达的权力和尊严——来到了罗马并指控起斐洛波曼所实施的屠杀来。(2)最终他们从当时的执政官②和未来的大祭司(Pontifex Maximus)马尔库斯·雷必达(Marcus Lepidus)那里收到了一封信;(3)在这封写给亚该亚人的信里,他说道,他们在斯巴达的行事是不正当的。(4)当这个代表团仍然在罗马时,斐洛波曼立即把代表自己的使节埃利斯的尼科德穆斯(Nicodemus of Elis)派去了那里。

托勒密·俄皮法尼斯和亚该亚人

(5)大约与此同时,雅典的德米特里(Demetrius of Athens)——托勒密的代表——也前来续订托勒密国王与亚该亚同盟之间的现

(接上页)二十三卷第 4 章和第 5 章所作的概述。

[中译按]中括号里面的内容译自于剑桥本。

① 即公元前 189 年—前 188 年。作为对谋杀亚该亚人的惩罚,斐洛波曼在康帕西乌姆处决了八十名斯巴达人。——洛布本注

公元前 191 年,斐洛波曼确立了斯巴达对亚该亚同盟的拥护,但是,斯巴达人从未众志成城地忠诚于亚该亚同盟,在斐洛波曼担任将军的那一年(公元前 189 年),作为对斯巴达国内的亚该亚同情者被屠杀的惩罚,他在拉科尼亚边境的康帕西乌姆(Compasium)处决了八十名斯巴达人。普鲁塔克所记载的这个人数出自于波利比乌斯的记载,不过,另一种说法则认为,这个人数是三百五十人,参见普鲁塔克:《斐洛波曼》,第 16 章。——剑桥本注

② 公元前 187 年的执政官是马尔库斯·埃米利乌斯·雷必达(M. Aemilius Lepidus)和盖乌斯·弗拉米尼努斯(C. Flamininus)。

有盟约。（6）他们对此表示欣然同意，本书作者①的父亲利科塔斯（Lycortas）、提奥多利达斯（Theodoridas）和西西昂的洛希特勒斯（Rositeles of Sicyon）被任命为派往托勒密的使节，以代表亚该亚人进行发誓和接受国王的发誓。（7）这时也发生了一些可能不太重要、但却值得一提的事情。在联盟顺利地续订完毕后，斐洛波曼代表亚该亚人招待了国王的使节。（8）当这名使节在宴会上提到这位国王时，他对国王大加赞扬，而且，他还引证了国王在技能上的一些事例和在打猎上的果敢；（9）随后，他提到了国王在骑术上和武器使用上的专长和训练，为此，他列举了一个例证来作结，那就是国王在马背上用一支标枪刺中了一头公牛……

波奥提亚的纷争以及罗马人与亚该亚人的行动

[4]（1）在罗马人与安条克之间缔结和约后，在波奥提亚，整个革命派的全部希望全都被摧毁了；因此，政治开始呈现一种全新的面貌。（2）尽管他们中间的正义进程因而也停滞了将近二十年的时间，但是，各个城邦的民众现在所普遍谈论的问题都是公民之间的所有争端必须予以最终解决。（3）然而，问题仍然悬而未决，因为，穷人的人数要比富人更多，当时出现了一个有利于维持秩序的一方的情况。（4）提图斯·弗拉米尼努斯在罗马热情地奔走了很长时间，以确保宙希普斯（Zeuxippus）回到波奥提亚，因为，在同腓力与安条克的战争期间，他一直都在大力地帮助自己；（5）在这关键时刻，他成功地让元老院去信给波奥提亚人，以命令他们必须召回宙希普斯和陪他一起流放的其他同伴。（6）当这个消息传递到他们手上后，由于担心这些流放者回国可能会导致他们与马其顿联盟破裂，因此，波奥提亚人成立了一个特别法庭，其目的是就他们先前对宙西普斯所提出的控告作出一个公开的判决；（7）他们用这种方式指控他犯有两项罪行，一是他亵渎性地剥去了宙斯圣餐台上的镀银，

---

① ［中译按］即波利比乌斯。

二是谋杀了布拉基勒斯。(8)在作出这种安排后,他们就再也没有去理睬元老院的那封信了,相反,他们派遣卡里克利图斯(Callicritus)出使到罗马和辩解说他们不可能把自己法庭所作的判决弃之不顾。(9)宙希普斯自己这时也派遣使节到元老院陈述案情,接着,罗马人就去信给埃托利亚人和亚该亚人(罗马人在这封信里向他们通报了波奥提亚人所持的态度),并命令他们到希普斯的家乡去帮助他回国。(10)亚该亚人没有派遣军队强行这样行事,而是决定派遣使节去劝说波奥提亚人遵从罗马人的请求,而且,他们还恳求波奥提亚人像他们自己法律诉讼中所做的那样,了结他们与亚该亚人之间的法律争端;(11)因为,波奥提亚人与亚该亚人之间的诉讼争端已经拖延了很长时间没有解决。(12)一听完这些恳求,波奥提亚人——当时他们的将军是希皮亚斯(Hippias)——立即就答应了他们,但是,他们很快又忘到九霄云外了。(13)因此,在亚塞塔斯(Alcetas)继任了希皮亚斯的将军之位后,斐洛波曼授予了所有人在边境上报复波奥提亚人的权利,这引发了这两个国家之间的严重争端。(14)米利克斯(Myrrichus)和西蒙(Simon)的牲畜被抢引发了一场武装冲突,这原本只是公民与公民之间的争端,却引发了国家与国家之间的敌意和憎恨,以至于最终拉开了战争的序幕。(15)如果元老院当时继续坚持让宙希普斯归国的话,战争会一触即发;(16)但是,元老院现在却沉默不语,而且,麦加拉人亦提出了停止争端的请求;(17)波奥提亚人也通过使节接受其请求,并会见了要求进行法律诉讼的亚该亚人……

罗德岛与利西亚之间的争端

[5](1)利西亚人(Lycians)和罗德岛人之间的争端是因为下述原因而爆发的。(2)当十名特使正忙于处置亚洲的事务时,来自罗德岛的两名使节提亚德图斯(Theaedetus)和斐洛弗洛恩(Philophron)前来拜访了他们,并要求将利西亚和卡里亚归还给罗德岛,作为对他们的善意以及在罗马人与安条克的战争中他们的热忱支援的回

报。（3）与此同时，来自埃利乌姆（Ilium）的两名使节希帕克斯（Hipparchus）和萨提鲁斯（Satyrus）也前来请求说，出于对埃利乌姆人与利西亚人之间的亲属关系的考虑，利西亚人的僭越举动应该予以宽恕。（4）在听完这两国使节所作的请求后，十名特使希望尽其所能地同时满足这两国的要求。因为，为了让埃利乌姆满意，他们没有对利西亚人采取严厉的措施；但是，作为对罗德岛人的感激，他们把利西亚作为一件礼物送给了罗德岛人。（5）然而，罗马人所作的这个安排却成为了利西亚人和罗德岛人之间严重分歧的根源。（6）因为，埃利乌姆的代表在出访利西亚人的城市时宣布说，他们已经成功地平息了罗马人的愤怒，而且，利西亚人仍然享有自己以前那样的自由。（7）然而，提亚德图斯及其同僚却在罗德岛宣布说，罗马人已经把米安德南部的利西亚和卡里亚作为礼物送给了罗德岛。（8）不久，利西亚的使节来到了罗德岛，并提出了结盟的请求，但是，罗德岛人选任了一些自己的公民前往利西亚和卡里亚的众城市，并向他们下达了他们应该怎样行事的命令。（9）双方之间的误解越来越大，而他们之间的分歧却不是每一个人都能看得清楚通透。（10）然而，就在利西亚人的使节出席罗德岛大会（Rhodian Assembly）并开始谈论结盟，以及罗德岛人的执政官（The Rhodian prytanis）波提安（Pothion）随后起身和解释两国之间就这个问题所怀有的不同看法，进而严厉地斥责起利西亚人时，利西亚人的使节说道，他们宁愿遵从任何人的命令，也不会遵从罗德岛人的命令……

II. 意大利的局势

提交到元老院面前的色雷斯事务

（对照李维第三十九卷第 24 章第 6 节）

[6]①（1）同时，尤米尼斯国王的使节们也来到罗马，他们告诉

---

① 公元前 185 年，使节们在罗马提出对腓力的各种控告。

罗马人说,腓力已经侵吞了色雷斯人的城市。^①(2)马洛尼亚(Maronea)的流亡者也前来指控腓力是造成他们流亡的罪魁祸首,亚萨曼尼亚人、佩尔比亚人和色萨利人的代表与他们一同要求:(3)他们应该夺回腓力在与安条克的战争中从他们手上所抢走的那些城镇。(4)腓力也派遣使节前去反驳所有这些指控并进行自我辩护。(5)对这些使节与腓力的使节所作的控告与反驳进行了多次讨论后,元老院决定立即任命了一个调查团前去调查腓力的行动,并且,他们对所有希望前去陈述意见和当面质问腓力的人都授予了安全通行权。(6)这个调查团的成员是昆图斯·卡西利乌斯·梅特鲁斯(Quintus Caecilius Metellus)、马尔库斯·巴庇乌斯·塔菲鲁斯(Marcus Baebius Tamphilus)和提比略·克劳狄·尼禄(Tiberius Claudius Nero)^②……

《苏达辞书》

(7)埃纳斯人(Aenus)^③彼此之间的内部纷争已经爆发了很长时间,其中一方支持尤米尼斯,另一方则支持马其顿。

III. 希腊的局势

亚该亚同盟与诸国王

[7](1)我已经叙述了在斐洛波曼仍在担任将军期间,^④亚该亚

---

① 即公元前188年—前187年。——洛布本注

② 李维认为,这个调查团的成员是昆图斯·卡西利乌斯·梅特鲁斯(Q. Caecilius Metellus)、马尔库斯·巴庇乌斯·塔菲鲁斯(M. Baebius Tamphilus)和提比略·塞姆普洛尼乌斯(Ti. Sempronius)。

③ 埃纳斯(Aenus)坐落在色雷斯。

④ 从公元前189年5月到公元前188年5月,斐洛波曼连续两年担任了亚该亚将军。

同盟就斯巴达问题派遣了一个使团到罗马，并且，亚该亚同盟也向托勒密国王派遣了另一个使团，以延长他们现存的同盟关系。（2）在阿里斯塔努斯①担任亚该亚将军的这一年，托勒密的使节在亚该亚同盟大会于梅格洛波利斯召开期间抵达了。（3）尤米尼斯国王也向亚该亚人派出了使节，而且，他答应送给亚该亚人一百二十泰伦的金钱——他们也可以用这笔钱进行投资，而且，他们也可以用这笔钱的利息支付亚该亚同盟大会召开期间成员国的花销。（4）塞琉古国王②也派来了使节以延长自己同他们的同盟关系，而且，他答应送给亚该亚人一支由十艘战舰所组成的舰队。（5）当大会召开后，埃利斯的尼科德穆斯首先走上前去发言，他向亚该亚人复述了自己与自己的同僚就斯巴达问题而在罗马元老院所作的发言，而且，他朗读了元老院的答复；（6）人们可以从中轻易地推断出，元老院对摧毁城墙和发生在康帕西乌姆的屠戮心生不快，但他们并没有撤销他们先前所作的决定。（7）由于既没有支持也没有反对，这个问题就搁置了。

（8）接着，尤米尼斯的使节们走上前去发言。他们延长了尤米尼斯国王同亚该亚人的传统同盟关系，而且，他们告诉大会尤米尼斯国王答应向他们赠送金钱。（9）他们就这两个主题发表了长篇演说，接着，在代表国王向亚该亚同盟表达了巨大的善意和感情后，他们退了下来。

［8］（1）当他们都结束了自己的发言后，西西昂的阿波罗尼达斯（Apollonidas of Sicyon）站起身来。（2）他说道，作为礼物，尤米尼斯所提供的这笔金钱数量当然值得亚该亚人接受，但是，如果考虑到送礼者的意图及其所要达到的目的，那么，没有任何东西会比这更具侮辱性和非法性了。（3）因为，法律禁止任何个人或者官员接受来自某位国王的礼物，不管他有何种理由；因为，如果他们接受了

---

① ［中译按］阿里斯塔努斯紧随其后地继任了斐洛波曼的将军之职。
② 公元前187年，塞琉古·斐洛佩托（Seleucus Philopator）继任了自己的父亲安条克大帝（Antiochus the Great）的王位。

这笔金钱,那么,他们每个人未来都可以明目张胆地接受贿赂,这既是最严重的违法行为,也是最深重的个人耻辱。(4)因为,大会每年本应从尤米尼斯那里得到酬金,然而,在吞下这样一个诱饵后,他们接着开会商讨联盟的利益,这明显非常可耻而又有害。(5)现在给你们送钱的是尤米尼斯,接着就将是普鲁西亚,再接着就将是塞琉古。(6)他说道:"民主国家的利益与诸国王的利益自然是完全相反的,大部分的辩论,同时也是最重要的辩论都是涉及我们与诸国王之间的分歧,很明显,我们必然会面对下列那种没有其他选择余地的二择其一之事——(7)要么诸国王的利益优先于我们自己的利益,要么,如果不这样行事,那么,我们每个人就是在对我们自己的施主行忘恩负义之举。"(8)因此,他劝说亚该亚人不仅要拒绝这个礼物,而且,一想到他赠送这个礼物的目的,就要燃起自己对尤米尼斯的憎恶。

(9)接下来发言的是埃基纳的卡山德(Cassander of Aegina),他提醒亚该亚人道,埃基纳人(Aeginetans)之所以会遭遇困苦,全是因为他们是亚该亚同盟的成员国,以至于普布利乌斯·苏比修斯·加尔巴(Publius Sulpicius Galba)率领罗马舰队前来进攻埃基纳,并把所有不幸的埃基纳人卖作了奴隶;(10)对于这个主题,我在前一卷叙述埃托利亚人怎样通过他们与罗马所缔结的条约而占领了埃基纳城,并以三十斯塔德的价钱把它卖给阿塔鲁斯时就讲述过了。(11)在把这些事实摆在亚该亚人面前后,卡山德恳求尤米尼斯不要用这些优惠性的金钱来试图赢得他们的爱戴,而是应该通过归还埃基纳城以无可争议地赢得他们彻底的忠诚。(12)同时,他也劝说亚该亚人不要接受这份礼物,因为,这份礼物明显会将他们置于一种摧毁埃基纳人未来所有复国希望的处境。

(13)人群都被这番讲话深深地打动了,以至于没有一个人胆敢站出来为国王说话,相反,所有人全都众口一词地大声拒绝这份礼物,尽管这笔数目庞大的金钱的诱惑力似乎无法抗拒。

[9](1)在上述争论结束后,他们接着就讨论起了托勒密国王的问题。(2)亚该亚人先前派到托勒密的使节们被召唤上前,因

此,利科塔斯及其同僚就走上前来进行发言,他们首先报告了他们与托勒密交换盟约誓言的过程;(3)接着,他们陈述了他们从托勒密国王那里给亚该亚人带来了轻盾兵所用的六千副青铜盾牌和两百泰伦重的铸铜。(4)在向国王表达了谢意,并简短地提及了国王对亚该亚同盟的情谊后,他继续自己的演讲。(5)亚该亚将军阿里斯塔努斯现在起身询问起托勒密的使节和被亚该亚人派来延长盟约的那些人,他们现在选择延长哪一个盟约。(6)对此,没有人进行回答,但是,所有的使节们都开始在彼此之间进行商议,整个议事厅都茫然不知所措。(7)他们之所以会茫然不知所措,其原因在于亚该亚人与托勒密之间缔结有数个盟约,而且,由于缔结盟约时的环境相差巨大,以至于这数个盟约之间的条款因而也相差巨大。(8)然而,在延长他们之间的盟约时,托勒密的使节却没有进行任何的区分——而只是就这个问题进行了泛泛而谈——亚该亚的使节也同样如此;(9)不过,他们同国王交换了誓言,就好像他们之间先前只存在一个盟约一样。(10)结果,当这位将军一一展示了所有的结盟条约,并一一指出了它们之间所存在的差异(这种差异非常明显)时,大会要求知道他们所要延长的盟约究竟是哪一个。(11)当斐洛波曼(这个盟约是在他担任将军之职时延长的)和利科塔斯及其同僚(他们先前被派到了亚历山大里亚)都没有作任何解释时,他们就认定,这是以一种敷衍了事的态度所缔结的盟约;但是,作为唯一一个知道自己正在说什么的人,阿里斯塔努斯获得了巨大的声誉。(12)最后,由于我所说的这些茫然和困惑,他没有让大会批准这个盟约,而是休会暂停了对它的表决。(13)接着,塞琉古的使节走进了议事厅,亚该亚人投票延长了同塞琉古国王的盟约,但是,他们现在拒绝了这支作为礼物的舰船。(14)在这些问题全都商讨完毕之后,大会就解散了,各成员国也都回到了它们各自的城邦。

[10](1)随后,当尼米亚节(Nemean festival)正在高涨地进行时,昆图斯·卡西利乌斯·梅特鲁斯从马其顿(当时他正从腓力那里出使回来)赶来了。(2)阿里斯塔努斯将军召集亚该亚同盟的官

员在阿尔戈斯进行开会,卡西利乌斯出席了会议,并指责他们过度严厉而残忍地对待斯巴达人;而且,他苦口婆心地劝说他们纠正过去所犯下的错误。(3)阿里斯塔努斯默不作声,他的缄默充分表明他并不赞同卡西利乌斯对这个地方的事情的处置行动,也不同意卡西利乌斯所说的这番话。(4)梅格洛波利斯的迪奥法尼斯——与其说他是一名政治家,倒不如说他更像一名军人——现在起身进行了发言,不过,他不但没有对亚该亚人进行任何辩护,(5)相反,由于他与斐洛波曼的紧张关系,他建议阿里斯塔努斯对亚该亚同盟施予另一个指控。(6)因为,他说道,斯巴达人不是唯一一个惨遭残忍对待的民族,美塞尼亚人(Messenians)也同样惨遭他们的残忍对待,他提到了美塞尼亚人自身就弗拉米尼努斯的法令与斐洛波曼对法令的干扰这一问题所爆发的一些争执。(7)结果,由于卡西利乌斯觉得有一些亚该亚人支持自己的意见,以至于他对没有遵从自己要求的与会同盟官员更加心生恼怒。(8)在斐洛波曼、利科塔斯和阿克安(Archon)进行了长时间的发言,并利用各种论据来精心地证明他们对斯巴达事务的处理并无不当,反而对斯巴达人非常有利,而且,在不背离人间的正义和对诸神的虔敬的情况下,他们根本无法对现有的安排作出任何改变;(9)因此,会议决定维持原来所作的决议,而且,他们把这个决定通报给了使节。(10)当看到这次会议所作出的这种安排后,卡西利乌斯要求召开民众大会(the popular assembly);(11)但是,亚该亚的官员们要求他向自己出示元老院就这个问题所下达的命令;当他没有进行作答后,他们就拒绝召开民众大会;(12)因为,他们的法律不允许这样行事,除非元老院下达了一个明文的命令要求他们把问题提交到民众大会。(13)对于他们这种强硬对抗自己命令的举动,卡西利乌斯非常地愤怒,以至于他甚至拒绝接受官员们对自己所作的答复,因此,在没有作任何答复的情况下,他就径直离开了。(14)亚该亚人把马尔库斯·弗维乌斯先前的那次来访和卡西利乌斯现在的这次来访都归咎于阿里斯塔努斯和迪奥法尼斯,其理由是,他们两个人因为同斐洛波曼存在政治分歧而招致了他们前来,因此,民众对这两个人心存某种疑虑。（15）这就是伯罗奔尼撒的局势。

IV. 意大利的局势

元老院对希腊事务的处置

（对照李维第三十九卷第33章）

[11]（1）在卡西利乌斯其他特使离开了希腊和向元老院报告了马其顿与伯罗奔尼撒的事务后，^①来到罗马的使节们因为这些事务而被引入元老院。（2）首先引入元老院的是腓力和尤米尼斯的使节以及埃纳斯与马洛尼亚的流亡者；（3）当他们陈述了他们在色萨洛尼卡对卡西利乌斯所说的相同说辞后，元老院决定向腓力重新派遣使节，以首先查看他是否会撤出色萨利和佩尔比亚（Perrhaebia）的诸城，（4）因为，这都是他向卡西利乌斯所作的允诺；（5）其次命令他撤走埃纳斯与马洛尼亚的驻军，总之，他要放弃色雷斯沿海所有的城堡、地方和城市。（6）其次引入元老院的是伯罗奔尼撒的使节——亚该亚人先前派出了西西昂的阿波罗尼达斯来证明自己反对卡西利乌斯（卡西利乌斯没有收到他们的任何答复）是有理的，而且，他就斯巴达的事务作了一般性的陈述——阿利乌斯和亚西比德是斯巴达的代表。（7）这两个人都属于先前的那些流亡者——他们直到最近才被斐洛波曼和亚该亚人送回他们自己的国家。（8）这尤其激起了亚该亚人的愤怒，因为，在向流亡者施予了如此之多和如此之近的恩惠后，他们却公然恩将仇报地派遣使团来向掌权者控告自己，并指责那些出乎意料地挽救他们与护送他们回到自己国家的恩人。

[12]（1）在元老院的同意下，双方都在库里亚大会（Curia）相互

---

① 即公元前187年－前186年。——洛布本注
公元前185年－前184年，腓力和亚该亚的使节们听取卡西利乌斯在元老院所作的报告。——剑桥本注

争辩了起来。（2）西西昂的阿波罗尼达斯说，斯巴达的事务不可能会比亚该亚人和斐洛波曼的处理要更好；然而，阿利乌斯及其同僚则努力证明相反的结果，他们说道，首先，城邦的力量已经被民众的强制驱离所完全摧毁，其次，仍然留下来的那些人既没有安全保障，也没有言论自由——（3）没有安全保障，是因为他们人数太少，而且，他们的城墙也已经惨遭摧毁；没有言论自由，是因为他们不仅不得不遵从亚该亚人的公共法令，而且，作为个人，他们也不得不随时听命于所任命的那些官员们的呼来唤去。（4）在听取双方所作的发言后，元老院决定就这个问题下达相同的使节指令，他们任命了一个派往到马其顿和希腊，并由阿庇乌斯·克劳狄·普尔克尔（Appius Claudius Pulcher）为首的委员会。

　　（5）亚该亚的使节也在元老院对他们的官员们反对卡西利乌斯的举动进行辩护，他们说道，对于官员们拒绝召集大会的举动，他们没有做错或者应受谴责；（6）因为，亚该亚的法律规定，除非需要决定战争与和平问题或者接到来自元老院的信件，否则，就不得召开民众大会。（7）因此，他们的官员们在那个场合所作的那个决定是正确的；因为，即使他们希望召集亚该亚人参加大会，他们也会受阻于法律，因为卡西利乌斯手上既没有元老院的任何信件，也没有向他们的官员们展示任何书面的命令。（8）他们的讲话一结束，卡西利乌斯就立即起身从整体上控诉起斐洛波曼、利科塔斯和亚该亚人来，谴责他们对斯巴达事务的错误处置。（9）在听完这些发言后，元老院对亚该亚人作出了如下的答复。（10）他们会派遣一个调查团前去调查斯巴达的事务，而且，他们建议亚该亚人充分重视并正确地接待他们所派出的所有使节，就像罗马人对待所有抵达罗马的使节那样……

V. 马其顿的事务

马洛尼亚的大屠杀

（对照李维第三十九卷第 34—35 章）

[13]（1）通过自己在罗马的使节所发来的信件，国王腓力获悉了自己不得不被迫撤出色雷斯地区的诸城，他对此感到异常地愤怒；（2）因为，他认为自己的王国四面都受到了缩减，以至于他把自己的愤怒都发泄在了不幸的马洛尼亚人身上。^①（3）通过向色雷斯总督奥诺马斯图斯（Onomastus）派去信使，腓力向他传达了自己的意图。（4）奥诺马斯图斯一回来，腓力就立即把卡山德派往到马洛尼亚；卡山德对马洛尼亚人非常熟悉，因为，他在那里居住了很长时间——（5）腓力长期以来的习惯做法就是把自己的宫廷成员安置在这些城市，让当地居民习惯于他们的逗留。（6）几天后，在夜色的掩护下，卡山德把已做好准备的色雷斯人引入城内，一场大屠杀就这样发生了，许多马洛尼亚人就这样死于非命。（7）在这样严惩了自己的敌人和满足了自己的报复欲望后，腓力就等候着罗马使节的到来，他相信，出于对自己的惧怕，没有人胆敢再控告自己了。（8）然而，不久就抵达的阿庇乌斯及其同僚很快就听说了发生在马洛尼亚的事件，因此，他们对他的行为进行了严厉的责备。（9）腓力试图通过陈述自己根本没有参与这种暴行来为自己进行开脱，但是，马洛尼亚人却分成了两派，对于发生在他们身上的这场灾难，一派倾向于尤米尼斯，一派则倾向于他自己；（10）除此之外，他还邀请那些控告自己的人前来与自己进行对质。（11）他之所以这样行事，是因为他确信没有人胆敢前来与自己进行对质，因为，所有人都认为腓力会立即向自己的敌人展开报复，而罗马人的帮助则鞭长莫及。（12）然而，罗马调查团却说，"他的任何辩护都是多余，因为，他们非常清楚整个事情的来龙去脉及其始作俑者"，（13）腓力对此茫然地不知所措起来，以至于他都不知道该怎么进行回答。

[14]（1）这时第一次会谈就以这样的方式结束了，第二天调查团命令腓力立即把奥诺马斯图斯和卡山德送到罗马。（2）腓力对

---

① 公元前184年初，腓力对马洛尼亚人进行了报复，参见李维第三十九卷第33章。——剑桥本注

此大吃一惊,在犹豫了很长时间后,他最终说道,他会按照他们所说的那样把这场大屠杀事件的主犯卡山德送到罗马,以让元老院从他那里了解整个事件的真相。(3)但是,在这次会谈与接下来同调查团的会谈中,腓力都竭力地为奥诺马斯图斯进行开罪,其理由是,在大屠杀发生之时,他不仅没有在马洛尼亚现场,而且,他甚至都没有在马洛尼亚临近的地区;(4)事实上,腓力担心这位参与过诸多事件的官员一旦到达罗马,他就不仅有可能把发生在马洛尼亚的这场事件告诉罗马人,而且也有可能把其他事件也告诉罗马人。(5)最终,他成功地为奥诺马斯图斯进行了开罪;他在调查团离开后送走了卡山德,而且,他让护送者一路护送他到伊庇鲁斯时就下毒杀死了他。①(6)然而,在宣判了腓力对马洛尼亚人的暴行和对罗马人的敌意后,阿庇乌斯和其他使节就带着对他的这种观感离开了。

(7)在调查团离开后,他同自己的朋友阿庇勒斯(Apelles)和斐洛克勒斯(Philocles)进行了秘密交流,他清楚地认识到了自己与罗马的分歧已经非常严重,而且,这种分歧不可能掩盖得住,相反,它在世界大多数人中间已经闹得沸沸扬扬。(8)因此,他现在全力以赴地采取自卫和反制措施。但是,由于自己的一些计划仍未准备妥当,因此,他就想方设法地拖延时间以赢得备战时间。(9)因此,他决定将自己最年轻的儿子德米特里送到罗马,其目的是首先对控告自己的那些指控进行辩护,其次是寻求宽恕,如果自己确实在无意间犯下了冒犯之罪的话。(10)他深信,他可以通过这位年轻的王子让元老院接受自己所提出的任何提议,因为自己这位年轻的儿子在作人质期间赢得了巨大的影响力。(11)一想出这个计划,他就立即将德米特及陪同他一起完成这项使命的朋友们送往罗马;(12)同时,他也答应帮助拜占庭人,然而,此举的目的与其说是关心他们,倒不如说是希望以此为幌子来对普洛滂提斯北部的

---

① 李维(第三十九卷第 34 章)更为审慎地说道:据信是被毒死的(*veneno creditur sublatus*)。这样的指控很容易作出,而且也不容易进行证实或者遭到诘难。

色雷斯众首领发动袭击，从而进一步推进自己的计划……

VI. 希腊的局势

戈提纳（Gortyna）与诺索斯（Cnosus）的争执

[15]（1）在克里特，当安塔克勒斯（Antalces）之子希达斯（Cydas）在戈提纳担任科莫斯之职（the office of Cosmos）①时，戈提纳人（Gortynians）竭力地用各种方式压制诺索斯人（Cnosians），他们剥夺了后者手中一块名叫利卡斯提乌姆（Lycastium）的领土，并把它分给了利豪库斯（Rhaucus），①而且，他们还把另一块名叫迪亚托尼乌姆（Diatonium）的领土分给了利图斯（Lyttus）。②（2）就在这时，阿庇乌斯·克劳狄和其他特使从罗马抵达了克里特，他们的目的是处理这座岛上所存在的争议。当他们在戈提纳与诺索斯就这个问题发表意见后，克里特人倾听了他们的意见，并把对他们的争议交给了阿庇乌斯进行处置。（3）因此，阿庇乌斯下令把他们的领土还给诺索斯；西顿尼亚人（Cydoniats）可以接回他们先前留在卡尔米安手上（Charmion'hands）的人质，并原封不动地交出法拉萨纳（Phalasarna）。（4）至于整座岛上共同的法庭，如果他们愿意，阿庇乌斯允许他们进入，如果他们不愿意，阿庇乌斯也允许他们拒绝进入；（5）不过，对于后一种情形，其条件是他们不得进入克里特岛的其他地区。（6）他们以及那些从法拉萨纳流亡到外面的那些流亡者谋杀了他们最杰出的公民米诺提乌斯（Menoetius）和其他一些人……

---

① 克里特的科斯米由十人组成（the ten Cosmi of Crete），参见亚里士多德：《政治学》（Pol.），第二卷第 10 章；以及穆勒的《多利安人》（Müller's Dorians），第二卷第 133 页以下。同时参见《通史》第十二卷第 16 章。
[中译按]Cosmos 亦写作 Cosmus。
① [中译按]Rhaucus 亦写作 Rhaucii。
② [中译按]Lyttus 亦写作 Lyctii。

VII. 埃及的局势①

[16]②(2)所有人都钦佩腓力二世(King Philip the Second)对雅典的宽宏大量;③因为,尽管雅典人先前在语言和行动上都伤害过他,但是,当他在凯洛尼亚战役(Battle of Chaeronea)中打败他们后,他非但没有利用自己的胜利去打击报复自己的对手,相反,他用得体的仪式埋葬了那些阵亡的雅典人,并且,他让俘虏们身穿新衣,而且在没有索取任何赎金的情况下就把他们全都送回到了他们的亲人手上。(3)然而,尽管人们都纷纷赞扬他的举动,但却没有人效仿他;相反,他们都会疯狂而严厉地争相报复那些同自己开战的敌人。(4)托勒密就是其中一例,他把敌人赤裸地系在战车上,并疾速地将他们拖行在后面,接着再残忍地虐杀他们④……

[17](1)当埃及国王托勒密围攻利科波利斯城(Lycopolis)⑤时,惊恐不定的埃及贵族们决定向国王无条件投降。⑥(2)他残忍地对待他们,以至于招致了巨大的危险。(3)同样的事情也发生在了波利克拉底(Polycrates)镇压叛乱之时。(4)因为,仍然幸存下来的那些贵族阿蒂尼斯(Athinis)、帕乌希拉斯(Pausiras)、克苏弗斯(Chesufus)和埃洛巴斯图斯(Irobastus)迫于形势来到萨伊斯城(Sais),以向国王无条件投降。(5)然而,托勒密却背弃自己的誓言,他把他们赤裸地系在战车上,并在街上拖行他们,接着再将他

---

① [中译按]在剑桥本中,英译者将"埃及的局势"(Affairs of Egypt)这个标题写作"阿里斯托米尼斯去世后托勒密治下的埃及"(Egypt Under Ptolemy After The Death of Aristomenes)。

② [中译按]在剑桥本中,英译者把洛布本第二十二卷第16—18章安排成第二十二卷第6—8章。

③ 波利比乌斯把马其顿的腓力二世在公元前338年所作的行动与托勒密在公元前186年—前185年所作的行动进行了对比。

④ 即公元前186年—前185年。

⑤ 公元前186年—前185年镇压下埃及的叛乱。

⑥ 利科波利斯城(Lycopolis)坐落在底比斯(Thebaid)。

们残忍地折磨至死。（6）随后,他率领自己的军队继续向前进军到了纳乌克拉提斯（Naucratis）,当他在那里接收了阿里斯托尼库斯（Aristonicus）在希腊所征募的雇佣军后,他率领他们驶往了亚历山大里亚;（7）由于接受了波利克拉底的阴险建议,他没有在战争中采取任何行动,尽管他当时已经二十五岁了……

VIII. 马其顿与希腊的局势

（对照李维第三十九卷第 23 章第 5 节）

[18]（1）马其顿王室的致命性祸根就是从这个时刻种下了。①（2）我不是没有意识到,一些撰写关于罗马人与珀耳修斯之间的战争史的历史学家们在探寻这场战争的起因时,他们认为,阿布鲁波利斯（Abrupolis）②被驱逐出自己的王国是首要原因——其借口是阿布鲁波利斯在腓力死后洗劫了潘加埃厄斯山（Mount Pangaeus）的矿井,③前来保护他们的珀耳修斯彻底击败了他,并像我在前面所说的那样把他驱逐出了自己的王国。（4）这些历史学家给出的第二个原因是珀耳修斯入侵了多洛皮亚以及他前往到了德尔菲,并在那里密谋反对尤米尼斯国王和谋杀了波奥提亚的使节。④（5）他们认为,这些事件就是罗马人与珀耳修斯之间爆发战争的原因。（6）然而,我却认为,无论是对于历史学家还是对于他们的读者,最重要的是要知道所有事件产生和发展的原因;但是,大部分的历史学家却在这个问题上一团浆糊,因为,他们没有注意到战争的借口与战争的原因之间的区别,也没有注意到战争的开端与战

---

① 即公元前 185 年—前 184 年。
② 参见李维第四十二卷第 13 章第 5 节。——洛布本注
   阿布鲁波利斯（Abrupolis）是色雷斯地区的一位国王,同时也是罗马人的朋友,参见李维第四十二卷第 13 章第 40 节。
③ 腓力死于公元前 179 年。
④ 即公元前 176 年—前 172 年。

争的起因之间的区别。（7）当前的这些事件让我想起了我以前说的话，以至于我不得不进行重新复述一番。（8）因为，在我刚刚所提到的这些事件中，前面所提到的事件都是借口，但后面所提到的事件——亦即密谋反对尤米尼斯、谋杀使节以及这同一时期所发生的其他事件——则明显是罗马人与珀耳修斯之间爆发战争的开端（beginnings），而且也是摧毁马其顿王国的开端；但是，它们没有一个是这些事件的起因（cause）。（9）我将用事例来进行说明。（10）正如我刚刚所说的阿米塔斯之子腓力构想和计划同波斯进行开战一样，然而，真正把他的计划付诸实施的是亚历山大；①所以我现在认为，德米特里之子腓力首先就构想了这最后一次与罗马的战争，而且，他也为此准备好了所有的东西，然而，当他一去世，珀耳修斯就成为了这个计划的执行者。（11）如果这是真的，那么，下面的错误也就一目了然了：战争的起因不可能发生在恰恰构想与计划这场战争的腓力去世之后（而这恰恰是其他历史学家所主张的）；因为，他们所提到的所有事情全都发生在腓力去世之后……

[19]（1）斐洛波曼同将军阿克安进行了言语上的激烈争辩。当时他的反驳获得了大家的赞扬，但后来他却对自己的反驳感到后悔，而且，他对阿克安进行了热情的赞扬，因为他能够根据当时的情况机敏而灵活地采取行动。（2）然而，我自己（我当时恰巧就在现场）既不赞同他当时所说的话——他对一个人既进行了高度的赞扬同时又进行了批驳——也不认为我自己现在到了更加成熟的年纪。（3）因为，在我看来，就像一个机敏的人与一个狡猾的人之间存在巨大的差异一样，一个强有力的人与一个不择手段的人，他们之间的性格也存在巨大的相异之处。（4）一种品质可能在一个地方会是一种最好的品质，在另一个地方却可能会是完全相反的品质。然而，由于我们今天的人们普遍缺乏明智的判断力，以至于这两种东西（它们几乎没有任何共同之处）往往会得到一样的赞许和钦佩……

---

① 参见第三卷第 6 章。

IX. 亚洲的局势

[20]（1）阿塔鲁斯（尤米尼斯国王的父亲）的妻子阿波罗尼斯（Apollonis）是一名土生土长的希兹库斯人（Cyzicus），她在很多方面都是一位非常杰出和非常值得赞扬的女人。（2）因为，尽管她出身于一个平凡之家，但她却变成了王后，并且，在没有使用任何诱人而妖艳的手段的情况下，直到生命的终结，她一直都维持了自己的尊贵地位，她在生活上一贯庄重有矩、严于律己，而且举止彬彬有礼，她的这些品质都值得为人称道。（3）除此之外，她生育了四个儿子，而且，直到生命结束之前，她一直都在最深地关爱和呵护他们，尽管她的丈夫很早就去世了。（4）当阿塔鲁斯的儿子们来到希兹库斯这座城镇时，他们对自己的母亲表达了应有的敬意和感激。（5）在随从的陪护下，他们将她置于自己中间，并拉着她的双手一起巡游了神庙和城镇。（6）目睹这幕场景的人们无不赞美和尊敬这些年轻王子的此番举动，王子们的此番举动让人们想起了克利奥比斯（Cleobis）和比顿（Biton）的故事，①人们纷纷地把王子们的行动与他们的行动进行对比——（7）尽管这些年轻王子所展现出的挚爱可能没有达到后者那样的程度，但是，由于他们的尊贵地位，以至于他们也显得非常惹人注目。（8）所有这一切都是发生在希兹库斯，而且是发生在同普鲁西亚国王缔结和约之后……

（《苏达辞书》）

[21]（1）奥提亚贡（Ortiagon）——他是加拉提亚人（Galatian）②的其中一位国王——想出了一个把整个加拉提亚（Galatia）全都置于自己统治之下的计划；（2）而且，他具有诸多先天的和后天的优

---

① 参见希罗多德第一卷第 31 节。

② ［中译按］加拉提亚人（Galatian）亦即亚洲的高卢人（The Gauls of Asia）。

势。(3)因为,他为人慷慨大方而又宽宏大量,而且,他的谈话魅力四射而又机智聪颖;(4)最为重要的是,在加拉提亚人眼中,他在作战上英勇无畏而又足智多谋……

X. 埃及的局势

(《苏达辞书》)

[22](1)阿里斯托尼库斯是侍奉埃及国王托勒密的一名宦官,但是,从孩提时代起他就一直是国王的亲密伙伴。(2)随着年龄的渐长,他越来越表现出一种一般宦官所没有的英勇气概和性格。[①](3)他是一名天生的战士,而且,他的大部分时间都与军人们一起度过和花费在了军事问题的研究上。(4)他也能言善辩,思想开明豁达;(5)除此之外,他天生就仁慈向善……

---

① 阿里斯托尼库斯的性格,参见第二十二卷第17章。

第二十三卷（残篇）

I. 意大利的局势

希腊派往罗马的使节

（对照李维第三十九卷第 46 章第 6 节）

[1]（1）在第 149 届奥林匹亚大会期间，^①大批来自希腊的使节齐聚罗马，^②其规模之大可能史无前例。（2）因为，由于腓力现在被迫严格地遵从法庭按照条约的规定就与邻国的争端所作出的裁决，也由于所有人都知道罗马人已经准备接受针对腓力的控告，并且，罗马人也会确保那些与腓力存有争端之国的安全；^③（3）以至于生活在马其顿边境上的所有人——一些人是自己独自前来，一些人则是由众城邦或者整个部落派将过来——全都来到罗马指控起腓力来。（4）尤米尼斯也派来了使节和自己的兄弟亚特纳乌斯（Athenaeus），他们带头控告起腓力征服色雷斯人的城市和向普鲁西亚提供援助。（5）在阿庇勒斯和斐洛克勒斯（他们是腓力最好的

① 即公元前 184 年—前 180 年。——剑桥本注
② 即公元前 184 年—前 183 年。——洛布本注
③ 公元前 184 年的执政官是普布里乌斯·克劳狄·普尔克尔（P. Claudius Pulcher）和卢西乌斯·波西乌斯·李锡努斯（L. Porcius Licinus）。

379

朋友)的陪同下,针对上面所提出的所有控告,腓力的儿子德米特
里也前来为自己的父亲一一地进行了辩护。(6)斯巴达国内的各
个不同派系也派来了使节。(7)元老院首先把亚特纳乌斯召唤进
来,在接受了一万五千斯塔特(staters)金币的礼物后,元老院非常
感谢尤米尼斯及其兄弟所作的答复,并告诫他们继续保持同样的
态度。(8)接下来,执政官们把德米特里引入元老院,①并让所有控
告腓力的使节们一一地走向前。(9)由于这些使节的人数众多,以
至于他们的入场都花费了三天的时间,元老院对如何处理所有这
些案件深感困惑。(10)色萨利派来了一名代表全体色萨利人的使
节,而色萨利的各个城镇也分别派来了各自的使节,佩尔比亚、亚
萨曼尼亚、伊庇鲁斯和伊利里亚也同样如此;(11)他们当中的一些
人主张领土,一些人主张奴隶和牲畜,其他人则控诉自己在追回钱
财的行动中遭受了不公,他们声称在一些案件中他们不可能得到
所授权的法庭的判决,因为腓力阻挠了司法审判;(12)然而,其他人
则认为判决本身就是不公正的,因为腓力贿赂了裁判的法官。
(13)因此,各种五花八门的控告最终导致场面混乱不堪,而且一团
乱麻。

　　[2](1)在这种情况之下,元老院感到自己无法清晰地作出决
断,他们以为,德米特里不应该被迫回答所有这些指控;②(2)他们
对他心存巨大的好感,而且,他们看到他太过年轻以至于根本无法
应对这种错综复杂的局面;(3)他们非常不希望听到德米特里的发
言,但他们需要明确腓力的意向。(4)因此,元老院免除了这位年
轻人的辩护,而是询问他和他身边的朋友们是否有国王就所有这
些问题所写下的书面记录。(5)对此,德米特里予以了肯定的回
答,而且,他拿出了一本小笔记本,于是元老院嘱咐他向他们概括
出其中的要点,以此来作为对所有指控的回答。(6)他从中所概括

---

① 公元前 183 年的执政官是马尔库斯·克劳狄·马塞鲁斯(M. Claudius Marcellus)
　　和昆图斯·费边·拉比奥(Q. Fabius Labeo)。
② 德米特里在元老院,参见李维第三十九卷第 47 章。

的要点是,对于所有的案件,腓力要么声称,他已经执行了罗马人的命令,要么声称,如果他没有这样做,那么,责任全在于那些控告者身上。(7)他在自己所作的陈述主体中补充了这样的话:"尽管卡西利乌斯和其他使节在这个案件中没有公平地对待我们,"抑或"尽管我们在这个案件中遭受了不公正的对待。"(8)这就是腓力所作的所有陈述的基调,在听完那些来到罗马的使节们所作的报告后,元老院决定对所有问题作出裁定。(9)他们通过法务官向德米特里提供了热诚而华丽的接待,而且,他们以勉励性的语言激励他,对于德米特里所提及的一切问题或者他父亲的笔记所涉及的一切问题,他们这样回答他道,元老院完全相信他的说辞,完满的正义要么已经实现,要么正在实现。(10)但是,为了让腓力认识到元老院向德米特里所授予的这个恩惠,他们说,元老院将会派遣一个使团前去查看一切是否根据元老院的意志进行了照办,并同时告诉国王,他之所以能够得到这种照顾,完全是因为他的儿子德米特里的缘故。(11)这就是对这个问题的安排情况。

[3](1)接着步入元老院的是尤米尼斯的使节。他们的指控涉及到腓力武装支援普鲁西亚以及他在色雷斯的行动,他们声称他甚至没有从这些城镇撤走自己的驻军。(2)然而,当斐洛克勒斯希望就这些问题提出辩护时——因为,他先前出使过普鲁西亚,而且,他现在就这个问题被腓力派往到了元老院——元老院没有听很长时间就对他作出了下列答复。(3)如果罗马人的使节发现他们所有的愿望没有全部实现或者所有的城市没有全部交还到尤米尼斯手上,那么,元老院将不再容忍他在这个问题上的抗命或者拖延。

(4)腓力与元老院之间的冲突已经变得非常尖锐了,尽管德米特里在罗马竭力地遏制和弥合这种冲突。(5)然而,这位年轻王子出使罗马却对马其顿王室的最终覆灭起到了不小的作用。(6)因为,通过向德米特里授予巨大恩惠,元老院在某种程度上改变了这位年轻人的想法,同时也严重地触怒了珀耳修斯与腓力——他们认为,罗马人之所以向他们施恩,完全是出于德米特里而非他们自己的缘故。（7）通过与这位年轻人建立信任和进行推心置腹的交流，弗拉米尼努斯对促成这一结果同样也贡献不小；（8）因为，弗拉米尼努斯的奉承让他怀有罗马人有意让他立即继任王位的想法，同时弗拉米尼努斯也惹恼了腓力，因为，他向腓力去信以命令国王立即把德米特里及其最得力的朋友们尽可能多地派到罗马。（9）事实上，珀耳修斯不久就利用这个理由说服自己的父亲处死德米特里。（10）对此，我会在后面予以详尽的叙述。

[4]（1）接下来引入元老院的是斯巴达的使节；他们这些使节分成了四个不同的派系。（2）利希斯（Lysis）①及其同僚——他们代表先前的那些老流亡者（the old exiles）——坚持主张，他们必须追回他们在第一次流放时所拥有的所有财产；（3）相反，阿利乌斯和亚西比德则主张，他们可以从自己原先的财产中追回价值一泰伦的东西，剩余的财产则在拥有公民权的那些人中间分配。（4）塞利普斯（Serippus）主张，事情应该与他们先前属于亚该亚同盟时一样保持不变；（5）然而，卡埃洛恩（Chaeron）②及其同僚——他们代表了先前被亚该亚人表决处死或者流放的那些人的利益——则要求回归或者恢复宪制……（6）这就是他们根据自身的态度而对亚该亚人所提出的不同要求。（7）元老院无法对这些具体的争议作出一个清晰的判断，因此，他们就任命了一个由弗拉米尼努斯、昆图斯·卡西利乌斯和阿庇乌斯·克劳狄③这三人——他们这三人先前就是罗马人派往伯罗奔尼撒调查这些问题的使节——所组成的调查委员会。（8）在听取了各种论据后，他们一致同意让那些流亡者和那些被处死之人的遗体归国，至于斯巴达，他们仍决定让它继续作为亚该亚同盟的成员国；（9）然而，对于财产问题——究竟是流亡者从他自己的财产中挑回价值一泰伦的东西，[还是归还他们

---

① 利希斯（Lysis）是被纳比斯（Nabis）放逐的。

② 卡埃洛恩（Chaeron）是新近的流亡者（the recent exiles）。

③ 这些名字在文本中出现了佚失。第二十二卷第 16 章中的一个希腊使团提到了最后一个人的名字。参见索引。李维在第三十九卷第 41 章中说这三人委员会根本无关紧要（nothing of this committee of three）。

全部的东西]——他们仍旧继续争吵不休。（10）然而，为了避免整个问题从头讨论，对于没有争议的问题，他们拟就了一个书面协议，而且，各方也都在它上面加盖了自己的印章。（11）弗拉米尼努斯及其同僚——他们希望把亚该亚人也涵括在这份协议中——邀请了塞纳克斯（Xenarchus）及其同僚（当时他们是亚该亚人派来的使节）前来会面，这一方面是为了延长亚该亚与罗马之间的盟友关系，一方面是为了观察他们同斯巴达人的争执情况。（12）与他的预期相反，当问到他们是否同意这份书面协议时，他们出于某种原因而犹豫不决。（13）一方面，对于那些流亡者和那些被处死之人的遗体归国的问题，他们不甚满意，因为，这与铭刻在石柱上的亚该亚的法令存在冲突；（14）但是，他们在整体上感到满意，因为，这份书面协议规定斯巴达仍是他们亚该亚的成员。（15）然而，部分出于对这个安排的无能为力，部分出于对弗拉米尼努斯及其同僚的惧怕，他们最终盖上了自己的印章。（16）因此，元老院现在任命昆图斯·马西乌斯·菲利普斯（Quintus Marcius Philippus）作为处理马其顿和伯罗奔尼撒事务的使节……

美塞尼亚的德诺克里特

（对照李维第三十九卷第 51 章）

[5]（1）当美塞尼亚的德诺克里特（Deinocrates of Messene）从自己国家出使到罗马，并了解到弗拉米尼努斯已经被元老院任命为前往普鲁西亚和塞琉古的使节时，他感到非常地高兴；（2）因为，他觉得，弗拉米尼努斯抵达希腊后会完全遵从自己的愿望来处置美塞尼亚事务，因为弗拉米尼努斯与他私交甚笃（他们在拉科尼亚战争期间就已经熟识），而且他与斐洛波曼矛盾重重。（3）因此，他全神贯注地留意弗拉米尼努斯的一举一动，并把自己的所有希望都寄托在他身上，全然不顾其他。

（4）美塞尼亚的德诺克里特不仅在实践上，而且天生就是一名战士和廷臣。(5)他让人产生一种能力卓群的印象,但实际上却华而不实。(6)因为,首先,他在战争中素以勇猛闻名,而且在单兵作战中,他也英勇无畏;(7)此外,他的讲话落落大方,富有魅力,在社交场合,他多才多艺,彬彬有礼,也喜欢调情纵欲。(8)然而,在公共事务或者政治事务方面,他根本无法集中注意力,对未来亦无清晰的洞察力,也无法准备和发表周全得体的演讲。(9)就在他对自己的国家开启了一系列严重的灾难之时,他却根本不自知,相反,他继续像往常那样生活,完全没有预见到所要发生的事情,而是日复一日地沉溺在儿女情长、醉生梦死和莺歌燕舞之中不能自拔。(10)然而,弗拉米尼努斯迫使他认识到他所处的危险;(11)因为,当他有一次看到他穿着长袍跳舞时,他当时什么也没有说,但当第二天德诺克里特因为美塞尼亚的事情而前来求见他时,(12)他说道:"德诺克里特啊,我会尽力而为,但是,让我深感震惊的是,就在希腊出现如此之大的麻烦之时,你却可以心安理得地酩酊大醉和载歌载舞。"(13)这让他恢复了一些清醒的意识,他意识到自己以不正确的方式背离了自己的天性和品格。

(14)然而,他与弗拉米尼努斯现在一同来到希腊,他非常自信地认为,只要自己露面,美塞尼亚的事务就会按照自己的意愿进行解决。(15)然而,斐洛波曼清楚地知道元老院在希腊事务方面没有对弗拉米尼努斯下达任何指示,因此,他就一直静静地等待弗拉米尼努斯的到来。(16)一登陆诺帕克图斯,弗拉米尼努斯就去信给亚该亚的将军(Strategus)和达米乌基斯(Damiurges),①以命令他们召开亚该亚大会,他们回信说,对于他希望向亚该亚人发表讲话的要求,他们会按照他的要求进行照做;(17)因为,他们的法律规定了官员们的权限。(18)由于弗拉米尼努斯没有进行回复,以至

---

① 达米乌基斯(damiurges)亦即亚该亚同盟的十位官员(the ten magistrates of the league),这十位官员是亚该亚将军委员会(the council of strategus)的组成人员。波利比乌斯没有在其他地方使用过这个头衔,不过,李维在第三十二卷第22章也使用了这个头衔。
　　[中译按]Damiurges亦写作Demiurgi。

于弗拉米努斯的到来让德诺克里特和所谓的"老流亡者"（the old exiles）——然而，这些所谓的"老流亡者"不过是最近刚被驱逐出斯巴达的——的希望全都落了空……

II. 希腊的局势

斯巴达人的使节

[6]（1）大约在同一时间，斯巴达流亡者所派遣的使节——其中包括阿塞西劳斯（Arcesilaus）和亚基西波利斯（Agesipolis），亚基西波利斯当时是一名小男孩，而且是斯巴达国王——也抵达了罗马。① （2）他们两人在海上被海盗抓住杀死了；（3）但是，他们的同僚则安全地抵达了罗马……

III. 希腊的局势

（对照李维第三十九卷第53章）

[7]（1）德米特里从罗马回到了马其顿，他从罗马带回了正式的答复，在这份答复中，罗马人把自己所施予的所有恩惠和信任都归功于这位王子，他们说道，他们所做的一切或者将要所做的一切都是出于德米特里的缘故。（2）马其顿人热情地迎接德米特里，因为，他们认为自己已经从巨大的危险和恐惧中解放了出来——（3）因为，他们原以为由于腓力与罗马之间的摩擦而导致与罗马的战争会一触即发。（4）但是，腓力与珀耳修斯却没有用赞赏的眼光来看待所有这一切，因为，他们对罗马人对他们的无视以及罗马人向他们所施予的所有恩惠全都归功于德米特里而心生怨怒。（5）然而，腓力却继续隐藏了自己的不快；但是，珀耳修斯却没有掩饰

———————————

① 参见第四卷第35章。

自己的巨大愤怒,因为,他不像自己的兄弟德米特里那样对罗马心存好感,而且,他在其他所有方面——无论是先天的能力还是后天的训练——都要远低于德米特里。(6)他最主要的恐惧是自己能否继承王位,因为,他非常担心自己会由于上述原因而被排除在王位继承者之外,尽管他是长子。(7)因此,他开始贿赂德米特里的朋友……

(对照李维,同上)

[李维第四十卷第5—24章描述了兄弟间的这种嫉妒的终结。一封来自弗拉米尼努斯的伪造信件,让腓力认为自己的儿子德米特里已经叛向了罗马,因此,他下令处死了德米特里;公元前181年,在毒药和暴力的作用下,德米特里在赫拉克雷亚(Heracleia)殒命身亡。]①

[8](1)昆图斯·马西乌斯和其他罗马使节一抵达马其顿,腓力完全撤离了色雷斯地区的希腊城镇,而且,他也撤走了自己的守军,尽管他内心非常怨恨和百般不情愿。②(2)他也把罗马人指示他的其他所有事情全部拨乱反正,因为,他不愿意表露对罗马人的任何敌意,从而为自己的备战赢得时间。(3)他继续推行自己的计划,他率领一支军队远征野蛮人。(4)在进军通过色雷斯的中央腹地时,他入侵了奥德利塞人(Odrysians)、贝希人(Bessi)和德恩特勒提人(Dentheleti)的领土。(5)他一到菲利波波利斯(Philippopolis),当地居民立即就逃到了山上,因此,他不费吹灰之力就占领了这座城市。(6)接着,他洗劫了整个平原,③在摧毁了一些村庄的土地和接受了其他村庄的投降,并在菲利波波利

---

① [中译按]中括号里面的内容译自于剑桥本。

② 公元前183年,腓力假装臣服于罗马。

③ 亦即希布鲁斯平原(The Plain of The Hebrus)。

斯留下了一支卫戍部队后，他就率军回家了；(7)不久，奥德利塞人就背弃了自己对国王所许下的誓言，他们将这支守军驱逐了……

IV. 意大利的局势

在罗马的希腊使节；马西乌斯的报告

（对照李维第四十卷第 2 章第 6 节）

[9](1)在这届奥林匹亚大会①的第二年，②尤米尼斯、法纳西斯(Pharnaces)、腓力、亚该亚同盟和流亡的斯巴达人③以及实际占领斯巴达这座城市的那些人的使节们全都抵达了罗马，元老院全都一一进行了接见。(2)接着，就希诺佩(Sinope)所发生的灾难问题，罗德岛的使节也来到了罗马。(3)对于罗德岛的使节以及尤米尼斯与法纳西斯的使节，元老院答复说，他们会派出使团前去调查希诺佩的问题以及这两位国王之间的争议。(4)昆图斯·马西乌斯最近刚刚从希腊回来，当他向元老院报告了马其顿和伯罗奔尼撒的事态后，元老院没有再要求进一步的听证；(5)元老院而是召集伯罗奔尼撒和马其顿的使节过来，并听取他们所作的报告，不过，元老院没有按照他们所提出的论据而是根据马西乌斯所作的报告对他们进行了答复。(6)关于腓力，马西乌斯报告说，他已经执行了罗马人的命令，但他的执行仍非常勉强；而且，一旦他拥有机会，他就会伺机起来对抗罗马。(7)因此，元老院答复腓力的使节道，他们感谢腓力所做的一切，同时他们也警告他未来不要采取任何手段来对抗罗马。(8)至于伯罗奔尼撒的事态，马西乌斯报告

---

① 即第 149 届奥林匹亚大会。
② 即公元前 183 年－前 182 年。——洛布本注
　即公元前 183 年中秋之后。——剑桥本注
③ 这些流亡的斯巴达人显然是因为公元前 183 年年末所发生的一些新的骚乱而导致的。参见斯特拉汉-戴维森(Strachan-Davidson)，第 495 页。

说,由于亚该亚人不愿意把任何问题提交给元老院,他们自视甚高,而且,他们企图按照自己的想法来处理所有问题;(9)因此,如果元老院拒绝他们当前的请求或者哪怕表示出一星半点的不满,斯巴达很快将会与美塞尼亚达成和解;(10)接着,亚该亚人就将非常高兴地寻求罗马人的保护。(11)因此,他们答复斯巴达的代表塞利普斯及其同僚道,他们希望搁置这座城市的问题,他们已经为斯巴达人竭尽所能,但现在他们并不觉得这个问题涉及到了他们。(12)对于亚该亚人恳求罗马人看在自己与罗马人是同盟关系的份上,让罗马人派遣一支军队(如果可能的话)来帮助他们镇压美塞尼亚人的请求,①或者至少采取防范措施以防止任何武器或者粮食从意大利运入美塞尼亚的请求,元老院统统予以了拒绝;(13)而且,元老院答复他们说,如果元老院认为问题没有涉及到他们,那么,即使斯巴达人、科林斯人或者阿尔戈斯人抛弃了同盟,亚该亚人也不要大惊小怪。(14)元老院所作的这个公开答复无异于表明了这样一种态度,那就是,对于任何希望抛弃亚该亚同盟之人,元老院都不会进行干涉;他们继续让使节们留在罗马,以坐看亚该亚人与美塞尼亚人之间的争议将会得到怎样的处置。(15)这就是意大利的局势。

V. 马其顿的局势

(对照李维第四十卷第 3 章第 3 节)

[10](1)这一年,一个可怕的不幸事件降临到了国王腓力和整个马其顿,这个事件非常值得关注和记录。(2)好像命运女神有意在同一时间惩罚他一生所犯下的所有邪恶与罪孽行径,她现在派来了大量愤怒、痛苦和复仇的幽灵来不断地缠扰他,这些幽灵日夜

---

① 公元前 183 年,美塞尼亚人起来对抗同盟,在随后的作战中,斐洛波曼惨遭他们的埋伏和俘虏,而且,他们处死了斐洛波曼。参见第十二章。

不停地缠绕在他身上，（3）直至生命的最后一刻他都深受折磨，以至于所有人都不得不承认"正义有眼"（Justice has an eye）这句谚语的准确性，我们凡人决不可藐视她。（4）因为，首先，正义女神让他催生出了与罗马开战的想法，他将那些生活在重要城市和海滨沿岸的头面人物及其妻儿，全部迁移和安置到一座现在称之为埃马西亚（Emathia）——以前则被称之为帕奥尼亚（Paeonia）——的村庄；（5）接着，他再将那些忠诚于自己的色雷斯人和野蛮人填补到这些城市，因为，当危险来临时，他们肯定会更加忠诚。（6）这个计划的实施以及这些人的迁移引发了如此之大的痛苦和混乱，以至于人们说整个国家都国将不国了。（7）结果，人们对国王的诅咒和谩骂已不再是秘密，而是公开的举动。（8）其次，为了剪灭自己王国内的敌意和不满，他写信给这些城市的主政官员，命令他们寻找自己所杀死或者所囚禁的那些马其顿人的儿女——（9）他主要指的是阿德米图斯（Admetus）、皮尔赫克斯（Pyrrhichus）、萨姆斯（Samus）①和同时被处死的那些人，（10）而且也包括被国王下令处死的其他人，他引用人们常说的那句谚语：②

愚人杀死大人留下小孩。

（11）由于这些年轻人大部分都出身高贵——因为他们的父亲地位显赫——以至于他们的不幸引起了人们巨大的关注和普遍的同情。（12）命运女神施加的第三个悲剧是在他的儿子们身上。（13）年轻的王子们彼此密谋反对对方；由于他们之间的争吵已经涉及到了他，以至于他不得不在杀死自己的儿子与自己余生的安全之间作出选择，以免自己在晚年反被他们所戕害，这种想法没日没夜地在困扰和折磨着他。（14）精神上的这种焦虑、痛苦和不安，让他不得不作自我省思，由于自己过去的罪孽，上天的愤怒已经降

---

① 参见第五卷第 9 章。
② 斯塔西努斯残篇（Stasinus *fr.*）。

临在自己的晚年。(15)从下面的内容看,这一点更加明显。

在处死了许多马其顿人后,马其顿的腓力还杀死了他们的儿子,①他引用人们常说的那句谚语:

愚人杀死大人留下小孩。

(16)……就在他的心绪几乎被这种想法弄得快要发疯时,自己儿子们之间的争吵同时也在熊熊燃烧,命运女神好像故意把他们的不幸一次性地同时带上舞台……

《苏达辞书》

(17)马其顿人向克桑萨斯(Xanthus)献祭,并用全副武装的战马给他制作了一个赎罪的祭品②……

腓力对自己的儿子所作的讲话(残篇)

(对照李维第四十卷第 8 章)

[11](1)你们应该不仅读过悲剧、神话和故事,而且应该深刻领悟和沉思它们。(2)我们可以在它们当中看到,凡是那些彼此之间争斗不断、手足相残的兄弟,最终不仅会造成他们自己之间的毁灭,而且也会造成他们自己的财富、家庭和城市的毁灭;(3)而那些彼此之间相亲相爱、容忍对方错误的兄弟,他们不仅是所有这些东西的保全者,而且他们自己也生活在巨大的名望和荣耀之中。(4)我不是常常让你们关注斯巴达诸王的事例吗? 我向你们明白无误

---

① 关于其后续部分,参见李维第四十卷第 5—24 章。

② 残篇涉及公元前 182 年珀耳修斯与德米特里之间在军事上的战斗演习(sham fight),参见李维第四十卷第 6 章。

地指出,他们是怎样让自己的国家称霸希腊(因为他们服从于斯巴达的监察官,好像后者就是自己的父母一样)和满足于共享王权;(5)然而,一旦他们爆发了争吵,把自己的宪制改为单王制,他们就造成了斯巴达无穷无尽的灾难。(6)最后,我常常以我们同时代的尤米尼斯和阿塔鲁斯作为例证来有力地向你们证明和展示,(7)尽管他们只继承了一个狭小而微不足道的王国,但是,仅仅由于他们彼此之间的和睦、互让和相互尊重,他们就把它扩展到如此广袤,以至于现在比其他任何王国它都毫不逊色。(8)你们对所有这些本应牢记在心,但是,你们却只把它们当成耳旁风,你们甚至南辕北辙地彼此恶语相向……

V. 希腊的局势

斐洛波曼①

(《苏达辞书》)

[12](1)尽管在疾病②和年岁的重负下背如弯弓——他现在已经七十岁了——但是,斐洛波曼仍起身前进……(2)然而,一病愈,他就恢复了自己先前的活力,并在一天内从阿尔戈斯抵达了梅格洛波利斯……

(3)亚该亚将军斐洛波曼被美塞尼亚人俘获并毒杀了。③ 相较于自己的前人,他的德行无人能及,但是,他最终不得不受制于命运女神,尽管他先前的整个生活一直被认为受到了命运女神的垂青。(4)然而,在我看来,正如一句流行的谚语所说的那样,一个人

---

① 至少根据波利比乌斯的说法,汉尼拔和西庇阿在这一年见证了斐洛波曼的死亡。波利比乌斯中止了对他们的比较。对照李维第三十九卷第50章第10节。

② 斐洛波曼当时患病发热,参见普鲁塔克:《斐洛波曼》第18章。

③ 斐洛波曼死于公元前183年,或者可能死于公元前182年。参见李维第三十九卷第49—50章。

可能暂时是幸运的,但他不可能永远是幸运的。(5)因此,我们应该把我们的一些前人看作是有福之人,这是因为他们不是一直都享受好运——(6)因为,通过毫无意义的虚假赞美来奉承命运女神有什么必要呢?(7)但是,对于人生中大部分时间都享受到命运女神眷顾的那些人,当命运女神离弃他们时,他们只会遭遇温和的不幸……

(8)利科塔斯继任了斐洛波曼的职位①……在一个由各种元素所组成的民主国家里,斐洛波曼在公共领域中接连活跃了四十年时间,然而,他却没有招致民众的任何嫉妒或者敌意;(9)尽管在处理事务时,他通常都不去讨好别人,而是说出自己的真实想法,我们几乎找不到这样一件事情……

汉尼拔

(《苏达辞书》)

[13]②(1)有一个非常明显而又有力的证据来证明汉尼拔天生就是一位领袖,他的政治才能要远远高于其他任何人;(2)这个证据就是,尽管他在战场上征战了十七年,尽管他穿越了如此之多的野蛮人部落,也尽管他雇佣了不计其数不同民族和不同语言的人来从事一个绝望而冒险的事业,但是,他却没有遭到他们任何人的密谋反对,也没有遭到那些加入自己队伍或者置于自己指挥之人的离弃……

---

① 在第三十九卷第 50 章中,李维在斐洛波曼去世时提到利科塔斯是亚该亚同盟的另一个将军(*alter imperator Achaeorum*)。如果他是次将(Ιύποστρατηγος),那么,我们就知道,在将军刚去世之时,他不是按照法律来继任将军之位的。普鲁塔克在《斐洛波曼》第 21 章中似乎说道,[亚该亚人]立即进行了选举,但是,亚该亚人所举行的选举不是普通民众选举(the ordinary popular election)。

② 公元前 183 年,汉尼拔自己在普鲁西亚王宫喝下毒药自杀了,参见第三十九卷第 1 章。

西庇阿

（对照《苏达辞书》）

[14]①(1)活跃在一个贵族制国家的普布利乌斯·西庇阿赢得了人民的全部厚爱和元老院的全部信任,(2)当有人试图按照罗马人的习惯做法在人民面前审判他,并对他进行诸多严厉的指控时,他走上前去为自己进行辩护,但他却没有说任何其他东西,(3)他只是说道,罗马人民听证任何针对普布利乌斯·科内利乌斯·西庇阿(Publius Cornelius Scipio)的控告都是不合时宜的,因为,他的控告者们有权言说任何东西。(4)当听到这番话后,所有民众立即全部散开了,只留下了控告者孤零零地站在那里……

(5)普布利乌斯·西庇阿有一次在元老院要求对一件紧急要务拨付一笔资金,由于法律的原因,法务官拒绝在那天打开国库,西庇阿于是就说道,他将自己去拿钥匙打开国库,因为国库被关完全是因为他。(6)另一次,当一位元老在元老院要求他提供他向自己的军队所支付的金钱的账本(这些金钱是和平缔结前他从安条克那里所得到的)时,他说道,他有账本,但他没有义务向任何人提供账本。(7)但是,这位元老仍然继续坚持和催促他出示账本,于是他就吩咐自己的兄弟去取这个账本。(8)当这个账本送过来后,他把它拿到自己前面,并当着所有人的面将它一一撕碎,他告诉要求提供账本的那位元老从这些碎片中自己去找账本。(9)同时,他质问在座的其他元老,为什么他们要求他解释这三千泰伦的金钱是怎样花掉的以及经谁之手花掉的,(10)但却不去调查他们从安条克那里所得到并进入国库的一万五千泰伦的

---

① 波利比乌斯认为,普布利乌斯·科内利乌斯·西庇阿(Publius Cornelius Scipio)在这一年去世了,但是,按照李维的记载,波利比乌斯的这种说法是错误的,李维认为,西庇阿在前一年就去世了。参见李维第三十九卷第52章。

金钱是怎样花掉的以及经谁之手花掉的,也不调查他们是怎样成为亚洲、非洲和西班牙的主宰者的。(11)因此,这番质问不仅让所有元老倍感尴尬,而且也让那位要求他进行解释的元老无言以对。

(12)我记述这些轶事完全是为了记怀这位逝者的美名和激励未来的人们去追求崇高的荣誉……

[15](1)我从来都不赞同那些人的看法——这些人认为,对那些反对自己的本族同胞应进行严厉的报复——因为,这不仅会剥夺敌人一年的收成,而且也会毁坏树木和农具,以至于没有任何补救的余地。(2)与之相反,在我看来,这样行事的人无疑愚蠢之极。(3)因为,他们越想通过摧毁他们的国家和剥夺他们当前与未来获得生活必需品的生存手段来恐吓敌人,他们就越会激起人们的野蛮敌意,以至于仅仅惩治一项犯罪就能激起经久不息的仇恨……

美塞尼亚向亚该亚人投降

(对照李维第三十九卷第 50 章第 9 节)

[16](1)亚该亚将军利科塔斯通过战争恐吓美塞尼亚人①……(2)美塞尼亚人长期以来一直都对监管自己的官员们惊恐不已,但现在依靠敌人的保护,他们当中的一些人终于鼓起勇气地打破了沉默,他们建议派遣一个使团前去媾和。(3)德诺克里特和其他的当权人物不再敢面对人民,因为他们被危险包围,迫于形势,他们退回到了自己的住地。(4)在长者们,尤其在波奥提亚使节埃帕尼图斯(Epaenetus)和阿波罗多鲁斯(Appollodorus)的建议下,(5)民众现在——他们当时恰好在美塞尼亚,因为他们在提出媾和前就抵达了那里——任命并派遣使节前去恳求原谅自己先前的逾

---

① 公元前 183 年—前 182 年,斐洛波曼的继任者利科塔斯迫使美塞尼亚人提出媾和。

越之举。（6）在召集自己的同僚①一起听取了使节们所作的陈述后，亚该亚将军回答他们说，（7）美塞尼亚人与亚该亚同盟的媾和条件只有一个，那就是，美塞尼亚人立即向他交出他们叛乱的头目和谋杀斐洛波曼的凶手，并将其他所有事务都置于亚该亚人的全权处置之下，同时允许他把部队派驻到他们的城堡。（8）当这些条件向美塞尼亚民众宣布后，一直以来都对这场战争的那些发动者心怀敌意的那些人立即准备去抓捕并交出这些人，而所有深信他们将不会受到亚该亚人严厉对待的那些人则都欣然同意无条件投降；（9）因为，最为关键的是，除了无条件接受这个条件，他们别无其他选择。（10）因此，这位亚该亚将军立即占领了这座城堡，并把自己的轻盾兵引入了这座城堡；（11）接着，在一些精锐士兵的陪同下，他进入了这座城市，把民众召集起来后，他向他们发表了合乎时宜的讲话，并承诺道，他们将永远不会后悔把自己的未来寄托在他身上。（12）他将整个问题提交到亚该亚同盟——正好当时亚该亚人似乎正出于这个目的而在梅格洛波利斯举行了第二次大会②——（13）但是，对于那些有罪的美塞尼亚人（亦即参与谋杀斐洛波曼的那些人），他下令立即处死他们③……

[17]（1）美塞尼亚人由于自身的愚蠢而深陷毁灭的边缘，但是，由于利科塔斯和亚该亚人的慷慨大度，他们恢复了自己在同盟中原有的地位。（2）阿比亚（Abia）、图里亚（Thurea）和法拉（Pharae）在这时从美塞尼亚分离了出来，而且，它们各自通过单独的协议获得了它们在同盟内的成员资格。

（3）在听到美塞尼亚人的叛乱以有利于亚该亚人的方式结束后，罗马人完全不顾自己先前所作的声明，而是对这些相同的使节作出了另一个答复——罗马人告诉这些使节说，他们规定任何人都

---

① 这里的同僚（colleagues）指的是十名达米乌基斯（the ten Demiurgi）。
[中译按]关于达米乌基斯（Demiurgi），参见第二十三卷第5章注释。
② 这年所举行的第二次大会似乎不是为了在下一年选举将军之事而召开，下一年的大会在五月十二日举行，而这次第二次常规性大会则是在八月举行。
③ 公元前182年夏季。

不得从意大利运送武器和粮食到美塞尼亚。(4)罗马人通过这个答复向所有人明白无误地表明,他们非但没有逃避和忽视国外事务,相反,如果有任何事务不遵从他们或者不按照他们的意志行事,那么,他们都会感到恼怒。

准许斯巴达加入亚该亚同盟

(5)当使节从罗马带着答复回到斯巴达,亚该亚将军在处置完美塞尼亚的事务后立即在西西昂召开了大会。(6)大会一举行,他就提议将斯巴达纳入同盟;(7)他说道,一方面,罗马人已经解除了他们先前对这座城市所负轭的约定,因为他们回答说斯巴达事务已经与他们无关,另一方面,斯巴达当前的统治者希望加入同盟。(8)因此,他建议他们允许这座城市加入同盟;因为,他说道,这有两方面的好处;(9)首先,这是因为,如果允许他们加入同盟,这可以让那些已加入同盟的国家继续保持对同盟的忠诚;(10)其次,这是因为,他们可以不让先前的那些老流亡者(the old exiles)——先前的这些老流亡者对他们太过忘恩负义和不敬——成为同盟的成员和分享他们的特权;相反,由于这些老流亡者先前就已经被别人驱逐出这座城市,因此,通过批准后者所作的决定,他们是在神明的旨意之下报答后者本来就应得的感谢。(11)这些就是利科塔斯对亚该亚人建议把斯巴达接纳进同盟时所作的劝告。(12)然而,迪奥法尼斯(Diophanes)和其他人却试图站在流亡者一边,他们恳求亚该亚人不要加入到对这些流亡者的迫害行列,也不要受少数人的影响以至于为虎作伥地把他们非法而邪恶地驱逐出自己的国家。这就是各方各自所持的论据。

[18](1)在听取了双方所作的陈述后,亚该亚人决定接纳这座城市,因此,在把协议刻在一块石碑上后,斯巴达成为了亚该亚同盟的一个成员国;而对于那些已经对同盟不再怀有敌意的老流亡者,城内的那些公民也已同意进行接收。

(3)在批准了这项举措后,亚该亚人派遣阿尔戈斯的比普斯（Bippus of Argos）出使罗马，以向元老院解释这整个事件。（4）斯巴达人也任命了卡埃洛恩（Chaeron）和其他人作为使节；然而，出于维护自身利益的目的，流亡者克勒提斯·迪亚克托利乌斯（Cletis Diactorius）①也派出了一个使团，以对抗在元老院的亚该亚使节。

---

① 克勒提斯·迪亚克托利乌斯（Cletis Diactorius）看起来像是一个本地人名字（a local name），但是，我们却找不到任何一个与它相对应的地方。希罗多德在第六卷第 127 节提到了"斯巴达的迪亚克托利德斯"（a Diactorides of Sparta）；或许，正如赫尔茨（Hultsch）所建议的那样，我们其实应该把它读作"克勒提斯与迪亚克托利乌斯"（Cletis and Diactorius）。

第二十四卷（残篇）

I. 意大利的局势

在罗马的众多使节

（对照李维第四十卷第 20 章）

[1]（1）斯巴达人、斯巴达流亡者、亚该亚人、尤米尼斯、①阿里阿拉特国王②和法纳西斯③的使节们一到罗马，④元老院首先谒见了法纳西斯的使节。（2）就在不久前，先前派去调查尤米尼斯与法纳西斯之间战事情况的马尔库斯⑤和其他使节递交了自己的报告，他们在报告中指出了尤米尼斯在所有问题上的节制以及法纳西斯的贪婪与蛮横。（3）在听完特使们所作的报告后，元老院没有对这个问题进行详细的讨论，而是回答说，他们会再一次派遣使节前去调

---

① 这位尤米尼斯是帕加马的尤米尼斯（Eumenes of Pergamus）。
② 卡帕多西亚国王（King of Cappadocia）。
③ 本都国王（King of Pontus）。
④ 即公元前 182 年－前 181 年。
⑤ 第二十三卷第 9 章提到了出使尤米尼斯和法纳西斯的罗马使团，但没有提到使节的姓名；记载这个使团的李维（第四十卷第 20 节）也没有提到这些使节的名字。对于这位马尔库斯（Marcus）具体是指何人，我们并不能十分确定；一些编者认为，这位马尔库斯（Marcus）其实就是昆图斯·马西乌斯·菲利普斯（Q. Marcius Philippus）——他先前被派往到了马其顿——他们认为他执行了这两次出使行动。

查这两个国王之间的争议。（4）接着进来的是斯巴达的流亡者，以及斯巴达城内的那些公民们的使节；（5）在对他们进行了长时间的听证后，元老院没有对斯巴达市民们的所作所为表达出任何不满，不过他们向流亡者允诺说，他们会就流亡者回到自己母国的问题写信给亚该亚人。（6）几天后，阿尔戈斯的比普斯及其同僚——他们由亚该亚人所派遣——走进了元老院，并就美塞尼亚的秩序恢复问题作出了解释；（7）元老院没有对他们所作的这个安排表示任何不满，而是礼貌地接待了他们……

II. 希腊的局势

[2]（1）当斯巴达流亡者的使节们手持一封来自元老院的信件抵达伯罗奔尼撒，以要求亚该亚人采取相关措施让他们安全地回到自己的母国后，亚该亚人决定推迟讨论这个问题，直到他们自己的使节也从罗马返回。（2）在对流亡者作出这个答复后，他们拟定了一个刻在石块上的铭文，这个铭文记录了他们同美塞尼亚人之间的协议和授予了他们三年的免税优惠以及其他好处，（3）以等价性弥补亚该亚人对美塞尼亚人领土所造成的破坏。（4）但是，当比普斯及其同僚从罗马回来，并报告说，元老院关于流亡者问题所写下的那封信件不是出于元老院的利益，而是出于流亡者自身的强求（importunity）后，（5）亚该亚人决定不采取任何举措……

[3]①（1）如果有人谈起克里特的麻烦的开端，那么，这一年无疑就是克里特巨大麻烦的开端之年。因为，由于克里特人内战频仍以及他们彼此之间的赶尽杀绝，以至于在克里特开端和结局其实是同一回事，在一些人看来，这简直是不可思议的事情，但在那里却每天都在上演……

[4]②（1）哈姆斯山（Mount Haemus）③靠近本都，它是色雷斯地

---

① 公元前182年的克里特，参见第二十二卷第19章。
② ［中译按］这章译自于剑桥本。
③ 关于哈姆斯山（Mount Haemus），参见李维第四十六卷第21章。

区最广袤和最高耸的山脉,它几乎把色雷斯平分成了两部分,我们从中可以看到两个海洋①……

III. 意大利的局势

尤米尼斯的兄弟在罗马

[5](1)当法纳西斯、阿塔鲁斯和其他人之间相互缔结和约后,他们所有人都带着自己的军队回家了。②(2)尤米尼斯这时已经从疾病中恢复过来,他生活在帕加马;当他的兄弟前来告诉他已作出的安排后,他对后者的安排非常满意,而且,他决定把自己所有的兄弟都派往罗马;(3)因为,他希望通过这次出使来结束自己与法纳西斯之间的战争,同时,他也希望把自己的兄弟们正式地引荐给自己在罗马的私人朋友和元老院。(4)阿塔鲁斯和其他人欣然同意并准备起这趟旅程。(5)他们一到罗马,他们的朋友们全都纷纷地把这些年轻人迎接到自己家里——因为,当罗马人在亚洲开启战事期间,他们之间就已经形成了非常亲密的关系——(6)除此之外,元老院也在他们抵达时向他们表达了隆重的致意,而且,元老院向他们慷慨地赠送了大量礼物,并在正式接见时对他们作了最令人满意的答复。(7)阿塔鲁斯和他的兄弟们一走进库里亚(Curia)③就详细地发表了一个关于延长他们与罗马之间的古老友谊的演讲,并严厉地指控了法纳西斯,他们恳求元老院采取措施以使他受到应有的惩罚。(8)在礼貌地对他们进行了听证后,元老院回答道,他们会派遣使节前去,以竭尽全力地结束这场战争。这就是意大利的事态……

---

① 斯特拉波(第七卷第 5 章第 13 节)补充说道:"但事实并非如此,因为,距离亚德里亚海非常遥远,而且有许多障碍挡住了视线。"

② 即公元前 181—前 180 年。

③ [中译按]剑桥本英译者将这里的"库里亚"(Curia)译作"元老院"(Senate)。

IV. 希腊的局势

托勒密和亚该亚人

[6]（1）在同一时期，希望讨好亚该亚同盟的托勒密国王派遣了一个使节到他们那里，并答应给他们十艘全副武装的五桨座战船。（2）亚该亚人很高兴地接受了这份礼物，这主要是因为他们觉得这份礼物确实是一份厚礼——它的价值不少于十泰伦。（3）在作出这个决定后，他们任命利科塔斯、波利比乌斯和阿拉图斯（西西昂的大阿拉图斯[the great of Aratus of Sicyon]之子）作为使节派往到这位国王那里，①以感谢他先前所提供的武器与铸币，以及接收这支舰船和安排它们的调度事宜。②（4）他们之所以任命利科塔斯作为使节，是因为在托勒密延长同盟期限时——当时他是将军——他尽自己所能地照顾国王的利益；（5）他们之所以任命波利比乌斯——尽管他没有达到担任使节的法定年龄③——是因为他的父亲先前被任命为派往托勒密的使节以延长同盟期限，并把作为礼物的武器和金钱带回到了亚该亚。（6）阿拉图斯之所以被任命为使节，则同样是因为他的父亲同国王之间的关系。（7）然而，由于托勒密恰好在这个时间死去，④因此，这个使团根本就没有成行……

斯巴达的卡埃洛恩

（对照《苏达辞书》）

---

① 即公元前181年。
② 参见第二十二卷第12章。
③ 从事政治事务的法定年龄可能是三十岁。参见第二十九卷第24章。
④ 公元前181年，托勒密·俄皮法尼斯（Ptolemy Epiphanes）被毒杀。

[7](1)恰好在同一时间,斯巴达有一位名叫卡埃洛恩(Chaeron)的人,在前一年他作为其中的一名使节成员被派到了罗马,他是一个精明能干之人,不过他非常年轻,并且地位卑微,而且,他也没有接受任何正规的教育。(2)通过讨好民众和敢于尝试别人都不敢尝试的新事物,这个人很快就在民众中间赢得了一些名声。(3)他利用权力所做的第一件事情就是没收流亡者们留给自己的姊妹、妻子、母亲、和儿女们的财产(这些财产是僭主们授予给他们的),并随心所欲地把这些财产任意分配给穷人。(4)接着,他开始使用国库里的金钱,就好像这些钱是他自己的一样,而且,在没有法律、公开判决或者官员授权的情况下,他就把这些公款全部挥霍殆尽了。(5)一些公民对他的这些举动愤怒异常,因此,他们按照法律的规定任命了国库稽核员。(6)在看到他们所作的这种举动和意识到自己滥用国库的公款后,卡埃洛恩派人在光天化日之下杀死了阿波罗尼达斯(Apollonidas)——阿波罗尼达斯是一名最杰出的稽核员,同时也是一名最有能力曝光他滥用国库公款的稽核员——当时他正在从澡堂回家的路上。(7)当这个消息传到亚该亚后,亚该亚人深感气愤,亚该亚将军立即前往至斯巴达;他在斯巴达对卡埃洛恩谋杀阿波罗尼达斯的罪行进行了审判,他判决后者有罪,并把他投入了监狱。(8)同时,他鼓励其他的稽核员严肃地调查国库的用度,并让他们把卡埃洛恩最近从流亡者的亲人手上所劫掠的财产归还给流亡者的亲人们……

亚该亚人和罗马

[8](1)在同一年,①当亚该亚将军赫佩巴图斯(Hyperbatus)把如何应对罗马人所写的那封关于斯巴达流亡者回国问题的信件提交到亚该亚大会(the Achaeans' Assembly)时,利科塔斯建议他们不要采取任何行动;(2)因为,倾听那些被剥夺权利之人所作的合

---

① 即公元前 180 年。

理请求是罗马人自身应尽的义务之一；(3)但是，如果有人向他们指出，其中一些请求是不可能答应的，而其他请求则会对他们的朋友带来巨大的伤害和耻辱，那么，在这些问题上他们通常都不会一意孤行或者要求强制执行。(4)"因此，"他说道，"如果现在向他们指出，我们亚该亚人遵从他们在信件上所作的那些要求会违背我们的誓言、我们的法律以及铭刻在石碑上的协定（这些协定让我们同盟紧紧地团结在一起），(5)那么，他们将会撤销他们的要求，并赞同我们的迟疑不决和原谅我们的不服从举动。"(6)这就是利科塔斯当时所说的话；但是，赫佩巴图斯和卡利克拉底(Callicrates)倾向于遵从罗马人在信件上所作的要求，他们说，无论是法律，还是所谓的铭刻在石碑上的协定或者其他任何东西都比不上罗马人的意志重要。(7)这就是当时存在的两派意见；亚该亚人决定派遣使节到元老院，以把利科塔斯和其他人所说的那些话讲给元老院听；(8)而且，他们立即就任命了利安提乌姆的卡利克拉底(Callicrates of Leontium)、梅格洛波利斯的利迪亚德斯(Lydiadas of Megalopolis)和西西昂的阿拉图斯(Aratus of Sicyon)作为这次出使罗马的使节，并指示他们按照我先前所记述的那些话进行行事。(9)当他们抵达罗马后，卡利克拉底走进元老院，然而，他没有按照自己先前所受的指示来发表自己的讲话，相反，他不仅恶意地控告起自己的政治对手，而且，他甚至斥责起元老院来。

[9](1)因为，他说道，正是由于罗马人的错误，以至于希腊人只按照自己的意愿，而不是遵从罗马人的信件和命令行事。(2)他说道，今天所有的民主国家都有两派，一派主张罗马人的书面要求应该得到执行，他们认为，无论是法律，还是所谓的铭刻在石碑上的协定或者其他任何东西都比不上罗马人的意志重要；(3)然而，另一派则诉诸法律、发誓遵守的协定以及铭刻在石碑上的铭文，他们恳求民众不要轻易就违反这些东西。(4)他说道，后一种观点在亚该亚大受欢迎，而且，这种观点在民众中间也颇具影响力；(5)结果就是，亲罗马一派不断地暴露在民众的唾弃和中伤之中，而他们的对手们则不断地得到完全与之相反的待遇。(6)如果元老院现

在表明自己的不满,那么,他们的政治领袖很快就会倒向罗马一边,民众也会出于恐惧而追随他们。(7)但是,倘若元老院不这样行事,那么,人们普遍都会转向和支持后一派的做法——在民众眼中,后一派的做法更加高贵和光荣。(8)"即使现在,"他说道,"一些人在主张上毫无特别之处,但是,他们却在他们自己各自的国家获得了巨大的荣誉,其原因只是因为他们出于所谓的维护他们自己的法律和法令的效力而出来反对你们元老院的命令而已。(9)如果你们对希腊人是否服从你们或者你们的命令无动于衷的话,那么,你们就继续这样行事吧;(10)但是,如果你们希望你们的命令得到执行以及你们的信件不会遭到任何人的漠视,那么,你们就应该严肃地对待这件事情。(11)因为,你们非常清楚,如果你们不这样行事,那么,与你们的愿望背道而驰的事情肯定就会发生,事实上情况已然如此。(12)在最近的美塞尼亚动荡中,尽管昆图斯·马西乌斯已经竭尽全力地采取了许多预防措施,以防止亚该人在没有罗马人同意的情况下就对美塞尼亚人采取行动,但是,他们却根本就不理会他;(13)相反,他们自行投票表决以开启战端,他们不仅不公正地摧毁了整个美塞尼亚,而且还流放了他们当中的一些最杰出的公民,并且,对于落到他们手上的其他公民,他们则在各种严刑拷打后处死了后者,其原因只是后者呼吁罗马来裁断争议。(14)有一段时间,你们就斯巴达流亡者的归国问题一直不断地写信给他们,但他们却根本没有遵从,相反,他们与实际占领斯巴达这座城市的那派人马缔结了一个铭刻在石碑上的庄严协定——他们一同发誓不让这些流亡者归国。"(15)有鉴于此,他因而恳求元老院对未来采取防范措施。

[10](1)在说完这些话或者相似的这些话后,卡利克拉底退出了元老院。(2)接着进入元老院的是那些流亡者的代表,在简要陈述了自己的案情和呼呼了元老院的普遍同情后,他们也退出了元老院。(3)元老院认为卡利克拉底所说的这些话契合罗马人的利益,他们从中明白了这样一个道理,那就是,他们应该提升那些支持自己命令的人和贬抑那些反对自己的人;(4)因此,他们现在开

始采用这样一种政策,那就是:他们首先弱化众城邦中那些所谓的爱国者力量,并强化众城邦中那些诉诸罗马权威的亲罗马力量,根本不管这种亲罗马力量本身的是非曲直问题。(5)结果,随着时间的推移,元老院仍然拥有大批的谄媚者,但真正的朋友却非常稀少。(6)事实上,元老院现在不仅就流亡者归国的问题去信给亚该亚人,以敦促后者设法强化这些人的地位,而且,元老院也去信给埃托利亚人、伊庇鲁斯人、雅典人、波奥提亚人和阿卡纳尼亚人,在信里他们称呼他们所有人为见证者,就好像他们就是要摧毁亚该亚人的势力一样。(7)除此之外,在自己所作的官方答复中,元老院这样提及卡利克拉底(元老院只提及了卡利克拉底,完全无视其他使节):众城邦的民众要是人人都像卡利克拉底就好了。(8)卡利克拉底现在满心欢喜地带着这个答复回到了希腊,他根本不知道自己已经成为了所有希腊人,尤其是亚该亚人的巨大灾难的始作俑者。(9)即使在这个时期,亚该亚人仍有可能与罗马缔结相对平等的条约,因为,他们一直都对罗马忠贞不渝,即使是在罗马处于最危险的时刻——我指的是罗马人同腓力和安条克的战争——(10)亚该亚同盟现在变得比以前所记载的任何时期都更加强大和繁荣,然而,卡利克拉底的这种厚颜无耻却是亚该亚同盟所有这一切急转直下的开端……(11)罗马人也是人,他们的高贵性格和高尚原则会怜悯所有遭遇不幸和向他们寻求保护之人;(12)但是,如果有人以自己忠诚于他们之间的结盟而向他们主张自己的权利时,无论他是谁,他们通常都会退到一边,并尽可能地纠正自己。(13)被派到罗马,本来应该为亚该亚人辩护的卡利克拉底却完全吃里爬外,他把美塞尼亚问题——罗马人对美塞尼亚问题根本就没有任何不满——带回亚该亚,并用罗马人的不满来威胁民众。(14)通过自己的报告,他恐吓和重挫了民众的士气,民众根本就不知道他在元老院到底说了些什么话。(15)他首先被选举为将军,并且,除了行事不当之外,他还公开地收受贿赂;① 其次,一担任公职,他就让斯

_____

① 即公元前 180 年—前 179 年。

巴达人和美塞尼亚的流亡者回来了①……

斐洛波曼与阿里斯塔努斯之间的对比

（对照《苏达辞书》）

[11]（1）无论是在性格上，还是在政治上，作为亚该亚人的斐洛波曼与阿里斯塔努斯都大相径庭。（2）在战场上——无论是在体力上还是在心智上——斐洛波曼出类拔萃，阿里斯塔努斯则在政治上卓尔不群；他们两人在政治上的差异则如下。（3）在同腓力与安条克的战争期间，罗马人在希腊事务上无可争议的支配地位就已经显而易见了，在处理国家事务时，阿里斯塔努斯非常乐意遵从罗马人的命令，有时他甚至可以预料到他们的命令；（4）然而，他在表面上仍尽心尽力地遵守自己的法律，事实上，他竭尽全力地让自己获得一个遵守自己法律的名声，不过，一旦任何法律与罗马人的指令存在明显冲突之处，他马上就会进行让步。（5）另一方面，斐洛波曼心甘情愿地接受、毫无异议地执行与自己的法律和结盟的条约相一致的所有的罗马指令；（6）然而，如果罗马的指令超过了这个界限，那么，他完全无法让自己诚心实意地遵从这些指令；（7）相反，他会首先提出其合法性的问题，其后才会把它视作正式的请求。（8）然而，如果这种方式不起作用，那么，他最终会在抗议下让步和执行命令……

[12]（1）阿里斯塔努斯习惯以下面这样的论据来向亚该亚人辩护自己的政策。他说道，我们根本不可能一边手握利剑一边手持橄榄枝②来维持与罗马的友谊。他说道，"如果我们决心面对他们和强大到足以这样行事，那么，这无疑会非常好；但是，如果斐洛波曼自己都不敢这样主张③……我们为什么要牺牲那些可能之事

---

① 参见希克斯的《希腊铭文》（Hicks's *Greek Inscriptions*），第 330 页。

② 直译作"利剑和使者的权杖"（The spear and the herald's staff）。

③ 这个地方的文字有所佚失。

而去力争那些不可能的事情呢?"(2)他说道,所有的政策无非就两个目的,那就是荣誉和利益。对于那些有力量获得荣誉的人而言,正确的政策就是要瞄准这个目标;但是,对于那些没有力量获得荣誉的人而言,正确的政策就是要瞄准自己的利益。(3)然而,这两个目标都无法获得则无疑是无能的最佳证明;这种结果明显是那些表面上没有提出任何异议,但实际上却又心不甘情不愿地实施这些命令的人所导致的。(4)"因此,"他说道,"我们要么必须展示出我们强大到足以拒绝听从所有的命令,要么必须展示出我们欣然地服从所有的命令,如果没有人胆敢这样说的话。"

[13](1)然而,斐洛波曼则回答道,他们不应该认为他愚蠢不堪,以至于完全无法理解罗马与亚该亚这两个国家之间的差异以及罗马人的霸权地位。他继续说道:

(2)强者总是自然倾向于向弱者施加压迫,然而,难道在所有方面我们都毫无保留地遵从我们的主宰者的突发奇想,哪怕是最残暴的命令,这就符合我们的利益了吗? 如果我们不竭尽全力地对他们提出任何异议,难道我们不会在弹指之间就发现其最严厉的命令加诸到我们身上吗? 我们竭尽所能地同他们进行斗争,直至我们彻底筋疲力尽,难道这不是更好一些吗?(3)假如他们发布了非法的命令,但如果通过我们对他们的提醒,我们可以制止他们的专制行径的话,我们至少可以在一定程度上减缓他们的严厉统治,尤其是您阿里斯塔努斯自己也承认,罗马人非常看重同对盟友所许下的誓言、条约和承诺。(4)但是,如果我们自己忽视我们自己的权利,立即像战俘那样毫无异议地卑躬屈膝于下达给我们的任何命令,那么,亚该亚人同西西里人或者卡普亚人——他们长期以来都被认为是罗马的奴隶——又有什么区别呢?

(5)因此,他说道,要么我们承认罗马人的正义是扯蛋的,要么(即使我们不走到如此之远)我们必须坚定地坚持自己的权利,丝毫不放弃自己的立场,尤其是因为在罗马人眼里,他们的地位异常强大和光荣。(6)他说道:"我非常清楚地知道,希腊人不得不彻底臣服于罗马的时代必将来临;但问题的关键是,我们是希望这个时代尽可能快地来临还是尽可能晚地来临? 答案当然是越晚越好。"(7)因此,就这个意义上而言,他说道,阿里斯塔努斯的政策与自己的政策迥然有别。阿里斯塔努斯渴望看到这种不可避免的结局尽快地到来,甚至促成它的到来;但是,他自己却竭尽所能地阻止和避免它的到来。

(8)我认为,我们可以从这些演说非常清楚地看到,斐洛波曼的政策是光荣的,阿里斯塔努斯的政策则是合理的,但他们两者都是基于安全的考量。(9)结果就是,尽管在同腓力与安条克的战争中,希腊人和罗马人都面临着巨大的威胁,但是,在面对罗马人时,这两位政治家都在一同维护亚该亚的权利,以维持其权利的完整性。(10)然而,流传下来的传闻是,阿里斯塔努斯比斐洛波曼更倾向于罗马人……

V. 亚洲的局势

尤米尼斯与法纳西斯之间的战争

[14](1)在亚洲,法纳西斯国王再一次地公然违抗了罗马人的裁定,他在冬季期间①让列奥克里图斯(Leocritus)率领一支一万人的军队洗劫了加拉提亚;(2)而他自己则在春季开始后集结自己的军队,以期入侵卡帕多西亚。(3)在听到这个消息后,尤米尼斯怒火中烧,因为,法纳西斯违反了他们所缔结的条约的所有条款,以至于他也不得不被迫奋起反击。(4)当他集结好自己的军队后,阿塔鲁斯和他的兄弟从罗马回来了。(5)在一起会面和商议后,这三兄弟立即率领自己的军队出发了。(6)但是,当他们到达加拉提亚后,他们却发现,列奥克里图斯没有在那里,而卡西格纳图斯(Cassignatus)和加萨托利克斯(Gaezatorix)②——他们一年之前站

---

① 公元前181年—前180年的冬季。
② 卡西格纳图斯(Cassignatus)和加萨托利克斯(Gaezatorix)是加拉提亚人的两位首领。

在法纳西斯一边——却派人前来请求保护，而且，他们承诺服从他们所下达的所有命令。(7)由于这两位首领先前的不忠举动，他们拒绝了这些示好，而是率领自己的全部军队向法纳西斯进军。(8)四天后，他们从卡皮图斯(Calpitus)①抵达了哈利斯河(Halys)；(9)第二天，他们前往到帕纳萨斯(Parnassus)，②并在那里同卡帕多西亚国王阿里阿特进行了会合，接着他们从那里向莫西塞斯人(Mocissians)③的领土进军。(10)在他们刚刚驻扎下来后，就有消息向他们报告说，前来商议和平的罗马的使节已经抵达。(11)一听到这个消息，尤米尼斯国王立即派遣自己的兄弟阿塔鲁斯前去迎接他们，而他自己则加倍地武装自己的军队，并大力地训练他们；这既是为了应付实际的紧急情况，也是为了向罗马人表明自己可以在没有任何帮助的情况下抵御法纳西斯的进攻，并在战争中击败他。

[15](1)当罗马使节抵达和催促国王们结束战争后，尤米尼斯和阿里阿特说道，他们非常愿意遵从罗马使节的这个要求或者其他要求；(2)但是，他们询问罗马人是否能安排他们与法纳西斯之间进行一场会面，以便他们可以从他所说的话语来观察他的不忠和残忍。(3)然而，如果这种会面无法安排，那么，他们恳求使节自己来公正地裁判争议。(4)使节们表示自己会竭尽所能地进行处理，不过他们要求国王们把自己的军队先撤出这个国家；(5)因为，他们说道，当他在斡旋和平时，战争行动却仍在大肆上演，而且相互之间的杀戮仍然此起彼伏，那么，这实在有反常态。(6)尤米尼斯表示同意，第二天他就和阿里阿特率军拔营，并开向了加拉提亚。(7)罗马人首先会见了法纳西斯，并要求他与尤米尼斯进行会面，因为这是处置事态最可靠的一个方法。(8)当他提出反对并最终予以拒绝后，罗马人立即就看出他明显自觉理亏，而且，他

---

① 卡皮图斯(Calpitus)位于加拉提亚。
② 帕纳萨斯(Parnassus)是哈利斯(Halys)河畔的一座城镇。
③ 莫西塞斯城(Mocissus)坐落在哈利斯河的北边。

在这个问题上对自己也没有信心；(9)但是，由于他们希望尽可能地结束这场战争，因此，他们继续坚持自己的要求，直到他同意通过海路派遣全权代表到帕加马，以协商和缔结使节们所规定的和平条款。(10)当全权代表们抵达后，罗马人和尤米尼斯前去迎接了他们。他们愿意对和平作出让步。(11)但是，由于法纳西斯的使节们在所有问题上都与他们存在分歧，他们甚至连之前同意的条件都不接受，相反，他们不断地提出新的要求，以至于罗马人很快就发现自己的所有努力都付诸东流，因为，法纳西斯根本无意缔结和平。(12)由于会谈毫无结果，因此，罗马人的使节们离开了帕加马，法纳西斯的使节也回到了自己的国家，而战争则仍在无休无止地进行，尤米尼斯及其盟友继续积极地备战。(13)然而，就在这时，罗德岛人竭力地要求尤米尼斯前来支援自己，因此，他赶紧向他们伸出援助之手以同利西亚人开战①……

①　罗德岛人当时正忙于镇压利西亚人的起义(rising)，参见第二十二卷第5章。

第二十五卷（残篇）

I. 亚洲的局势

前面这场战争的结束

[1]①（1）提比略·格拉古（Tiberius Gracchus）②摧毁了凯尔特伊比利亚人（Celtiberes）三百座城市③……

[2]（1）在遭受突然的军事进攻后，④法纳西斯考虑准备接受任何条款，他向尤米尼斯和阿里阿拉特派遣了使节。⑤（2）在听完他所提出的好友提议后，尤米尼斯和阿里阿拉特派这两位国王也向法纳西斯派出了使节，在双方使节听过了反复数次的往来谈判后，

---

① ［中译按］第二十五卷第 1 章译自于剑桥本。
② 公元前 179 年，执政官是昆图斯·弗维乌斯（Q. Fulvius）和卢西乌斯·曼利乌斯（L. Manlius）；前法务官（the ex-praetors）提比略·塞姆普洛尼乌斯·格拉古（Ti. Sempronius Gracchus）和卢西乌斯·波斯图米乌斯（L. Postumius）仍然在西班牙，从公元前 182 年以来，他们就一直在那里，参见李维第四十卷第 1 章第 40 节。
③ 摘自斯特拉波第三卷第 4 章，斯特拉波引用波塞多尼乌斯（Poseidonius）的话来批评这个说法：波利比乌斯必须把每一座塔楼（tower）都算作一座城市。
　　［中译按］波塞多尼乌斯（Poseidonius，公元前 135 年－前 51 年）是一位古希腊哲学家。
④ 关于尤米尼斯与阿里阿拉特重新恢复同法纳西斯的战争，参见第二十四卷第 8 章第 9 节。
⑤ 即公元前 180 年－前 179 年。

和约最终以下列条款的形式缔结了。

（3）尤米尼斯、普鲁西亚和阿里阿拉特与法纳西斯和米特拉达梯（Mithridates）之间永远保持和平；（4）法纳西斯不得以任何借口入侵加拉提亚；法纳西斯与加拉提亚人之间先前所缔结的协议都予以废除；（5）法纳西斯必须撤出帕弗拉戈尼亚（Paphlagonia），并恢复他先前所驱逐的当地居民的家园，同时归还所有的武器、标枪和其他军事装备；（6）他必须将阿里阿拉特归还他从后者手上所夺取的所有领土，包括领土上的所有财产，而且，他必须归还人质；他也必须将本土归还提乌姆（Tium）——（7）尤米尼斯不久后就慷慨地把提乌姆这座城市送给了索要它的普鲁西亚；（8）法纳西斯必须无赎金地归还所有的战俘和所有的逃兵。（9）对于他从莫茨乌斯（Morzius）和阿里阿拉特那里所抢走的金钱和财宝，他必须向他们支付九百泰伦的金钱以作偿还，除此之外，他必须向尤米尼斯支付三百泰伦的金钱以作战争费用的赔偿。（10）亚美尼亚总督（The Satrap of Armenia）米特拉达梯也必须要支付三百泰伦的金钱，（11）因为，他违背了自己同尤米尼斯所缔结的协议，以至于同阿拉阿拉特进行了开战。（12）亚洲地区的阿塔西亚斯（Artaxias）王公——他是亚美尼亚大部分地区的统治者——以及阿库西洛克（Acusilochus）也涵括在这个条约之内；欧洲地区的萨马提亚人加塔鲁斯（Gatalus the Sarmatian）也涵括在这个条约之内；（13）下列这些自由城邦——赫拉克里亚（Heraclia）、米塞布里亚（Mesembria）、克森尼塞（Chersonese）和希兹库斯（Cyzicus）——也涵括在这个条约之内。

（14）和约的最后一个条款涉及了法纳西斯所要归还的人质的具体数量及其身体素质。（15）人质一回来，军队立即就撤走了；尤米尼斯和阿拉阿拉特与法纳西斯之间的战争就这样结束了。

II. 马其顿的局势

珀耳修斯统治的开始

（对照《苏达辞书》）

　　[公元前 179 年底，腓力五世在安菲波利斯（Amphipolis）去世。在他最后的岁月里，他对自己的儿子德米特里的死亡深感懊悔和自责，因为德米特里完全是清白无辜的。腓力希望把自己的王位留给安提柯（Antigonus）——安提柯是埃克格拉底（Echecrates）的儿子，同时也是安提柯·多森（Antigonus Doson）的侄儿——以惩罚自己的长子珀耳修斯，因为他的阴谋诡计导致了德米特里的死亡。然而，腓力还未来得及行动就突然去世了，以至于珀耳修斯毫无争议地继承了王位。参见李维第四十卷第 55—57 章。]①

　　[3]（1）在与罗马续订盟约后，②珀耳修斯立即就开始在希腊大搞阴谋活动，他把那些因为负债而亡命天下的人，以及那些被法庭判为有罪或者被控背叛国王而遭到驱逐的人，一起叫回马其顿。（2）他在提洛（Delos）、德尔菲（Delphi）和埃托尼亚的雅典娜神庙（the temple of Itonian Athena）③都对这些人张贴了一份通告：④如果他们回来，那么，他答应他们，他不仅会确保他们的安全，而且他也会归还他们在流亡期

---

① [中译按]中括号里面的内容译自于剑桥本。
② 即公元前 179 年－前 178 年。
③ 埃托尼亚的雅典娜神庙（the temple of Itonian Athena）是色萨利地区一座著名的圣所（sanctuary）。
④ 这份通告所张贴的这三个地方每年都有大批的朝圣客前来朝圣。

间所失去的财产。(3)在马其顿,他免除了所有那些对王室负有债务之人的债务,并且,他也释放了那些因为被控反对王室而深陷囹圄的人。(4)通过这些行动,他唤起了很多人的期待,因为,他被认为是整个希腊的希望所在。(5)在生活和习惯方面,他也并不缺少王室的尊贵。(6)因为,他的外表看起来精明强干,而且,他拥有成为一名政治家所必需的各种身体条件;在行为举止方面,他也拥有与其年龄不相称的庄重严肃和镇定自若。(7)同时,他也避免了重蹈自己的父亲在妇女和饮酒问题上毫无节制的覆辙,他不仅在独自饮酒时非常自律,而且在与自己的朋友们共同进餐时也非常克制。(8)这就是珀耳修斯在其统治的开端时的性格……

逆境中的腓力五世

(9)当国王腓力在希腊变得越发强大和称雄后,他比任何人都更加藐视信仰和法律,但是,当他的好运每况愈下后,他却变成了一个非常温和的人。(10)当他最终遭遇彻底的战败后,他竭尽所能地调整自己以适应各种意外事故,并通过各种手段来重新强化自己的王国……

III. 意大利的局势

利西亚的使节

(对照李维第四十一卷第 6 章第 8 节)

[4](1)在派遣执政官提比略·塞姆普洛尼乌斯·格拉古(Tiberius Sempronius Gracchus)和盖乌斯·克劳狄·普尔克尔

(Gaius Claudius Pulcher)①率军进攻伊斯特里(Istri)②和亚格里(Agrii)后,③元老院在这个夏季行将结束之际接见了利西亚的使节;(2)利西亚的这些使节直到利西亚被完全占领后方才赶到了罗马,尽管他们很早就出发了。(3)因为,就在战争行将开始之际,克桑萨斯人(Xanthians)④派遣了尼科斯特拉图斯(Nicostratus)和其他人出使了亚该亚和罗马。(4)他们现在抵达了罗马,接着,他们就把罗德岛人的压迫和他们自己所受到的直接威胁一一呈现给了元老院,⑤以至于这唤起了很多元老的同情。(5)最终,他们成功地说服了元老院派遣使节到罗德岛以向罗德岛人宣布道,"在查看了十名特使(当时这十名特使正安排处置安条克的事务)在亚洲所拟定的协议后,他们发现,利西亚人不是作为礼物送给罗德岛人的,而是要像朋友和盟友一样进行对待的"。(6)这个条款的实施让很多罗德岛人不甚满意。(7)因为,罗马人似乎有意地在让罗德岛与利西亚相互对抗,以意图消耗罗德岛人的财富和储备,(8)因为,他们听说罗德岛人最近刚把珀耳修斯的新娘载送回家,并整修了他们的舰船。

(9)确实,就在不久之前,整个罗德岛海军都进行了浩大而精心的整修。(10)因为,珀耳修斯向他们赠送了大量造船用的木材,而且,他还向一路上护送自己的新娘拉奥狄克(Laodice)⑥的大帆船里的每一个水手赠送了一顶金制的冕状头饰⑦……

---

① 提比略·塞姆普洛尼乌斯·格拉古(Tiberius Sempronius Gracchus)和盖乌斯·克劳狄·普尔克尔(Gaius Claudius Pulcher)是公元前 177 年的执政官。

② 李维第四十一卷第 8—11 章记载了罗马人在伊斯特里(Istri)的战争以及军队爆发了对执政官曼利乌斯(Manlius)的军事哗变。

③ 即公元前 178 年—前 177 年。

④ [中译按]克桑萨斯(Xanthus)是古代利西亚的一座城市,它就坐落在克桑萨斯河畔(位于今天的土耳其的安塔利亚省[Antalya Province])。

⑤ 关于利西亚的使节反对罗德岛的问题,参见第二十四卷第 9 章。

⑥ 拉奥狄克(Laodice)是塞琉古四世的女儿,参见李维第四十二卷第 12 章。

⑦ 除了与叙利亚的塞琉古有联系(这肯定让罗马人深感不快)之外,珀耳修斯同时也把自己的妹妹送给了罗马与尤米尼斯的另一位敌人普鲁西亚,参见李维第四十二卷第 12 章。

Ⅳ. 罗德岛的局势

[5]（1）当来自罗马的使节抵达罗德岛后，使节向他们告知了元老院所作的这个决定，然而，这个决定却在罗德岛上引起了巨大的混乱，同时也引起了这座岛上政治界的巨大骚动；因为，罗马人所作的这个决定是：利西亚人不是作为他们的礼物，而是作为他们的盟友来赠送给他们的。（2）因为，他们原以为自己刚刚把利西亚的事情圆满地办理妥当了，但他们现在却看到了一系列麻烦的开始。（3）因为，一旦罗马人抵达罗德岛和向罗德岛人宣布了这个通告，利西亚人立即就会掀起叛乱，并为争取独立和自由而奋力抗争。（4）然而，当听完罗马使节的讲话后，罗德岛人认为罗马人被利西亚人蒙骗了，因而，他们立即就任命了利科弗隆（Lycophron）作为自己的使节，以向元老院解释这个事情。（5）这就是当时的局势，利西亚人显然又要重新起来叛乱了……

Ⅴ. 意大利的局势

（对照李维第四十一卷第 19 章）

[6]（1）当罗德岛的使节抵达罗马后，元老院听取了他们的报告，不过元老院推迟了自己的答复。① （2）与此同时，达达尼亚人的（Dardanians）使节也抵达了罗马，他们向罗马人报告了巴斯塔奈人（Bastarnae）的情况，其中包括巴斯塔奈人的人员数量、巨大规模及其战士在战场上的英勇程度，同时他们也向罗马人指出了珀耳修斯与加拉提亚人同这个部落的结盟。（3）他们说道，比起巴斯塔奈人，他们更恐惧珀耳修斯，因此，他们请求罗马人给予帮助。（4）来自色萨利的使节也抵达了罗马，他们向罗马人确认了达达尼亚人的说法，而且，他

---

① 公元前 177 年—前 176 年。

们也请求罗马人给予帮助。① (5)对此,元老院决定派遣一些使节前去现场调查这些报告的真实性问题;(6)元老院立即任命了奥鲁斯·波斯图米乌斯(Aulus Postumius)和一些年轻人作为使节……

---

① 关于珀耳修斯图谋不轨的报告,参见李维第四十一卷第 19 章,公元前 176 年-前 175 年。

第二十六卷（残篇）

I. 安条克·俄皮法尼斯的事务

（摘录自亚特纳乌斯第十卷 439a；对照李维第四十一卷第20章）

　　[塞琉古·斐洛佩托（Seleucus Philopator）是我们最后听说的叙利亚国王，在其统治的第十二年，他被自己的其中一位贵族——赫利奥多鲁斯（Heliodorus）——给暗杀了。他的弟弟安条克在罗马作人质，按照协议，公元前175年他与斐洛佩托的儿子德米特里进行互换后，他就回到了叙利亚。在雅典——当时他正在返家的途中——他听说了塞琉古的死亡以及赫利奥多鲁斯密谋攫取王国。在尤米尼斯的帮助下，赫利奥多鲁斯被驱逐出境，而安条克则接任了王位，这让人民很是满意，他们起初就给他起了一个名叫"神选者"（Epiphanes）的绰号。他就是安条克·俄皮法尼斯（Antiochus Epiphanes），马加比诸篇（the books of the Maccabees）记载了他的残暴行径。公元前164年，他在波斯的塔巴埃（Tabae）发疯去世，参见第三十一卷第11章。下述选段保存在亚特纳乌斯的著作里，参见李维的译本（translation of Livy），第四十一卷第19章。]①

---

① ［中译按］中括号里面的内容译自于剑桥本。

[1a]（1）在第二十六卷中，由于他的所作所为，波利比乌斯称呼他为俄皮马尼斯（Epimanes）——其涵义是"疯子"（Madman）——而非俄皮法尼斯（Epiphanes）。① 因为，他不仅屈尊与普通民众交谈，而且他甚至与访问安提阿（Antioch）的那些最低贱的外国人交谈。（2）每当他听到年轻人在举办宴会，不管在任何地方，他都会带着一支横笛和其他乐器前往参加，以至于大部分客人都会惊愕地起身跑掉。除此之外，他常常会脱下自己的王室长袍，穿上一件托加（toga），并在市场内进行巡回演出。

（同上，第五卷 193d）

[1]（1）由于他的所作所为，绰号"神选者"（Epiphanes）的安条克②获得了"俄皮马尼斯"（Epimanes）之名。波利比乌斯告诉我们，他会避开自己的侍从，偷偷地溜出王宫，人们经常可以看到他带着一两位伙伴在整座城市里晃荡。（2）他主要出没于银匠和金匠的工场，不知疲倦地同模具师和其他工匠讨论技术问题。（3）他也常常屈尊与自己所遇到的任何普通民众交谈，并且，他常常与访问安提阿（Antioch）的那些最低贱的外国人一起饮酒。（4）每当他听到年轻人在举办宴会，不管在任何地方，他都会带着一支横笛和一队音乐家前往参加，以至于大部分客人都会惊愕地起身离开。（5）他常常会脱下自己的王室长袍，穿上一件白色的托加（toga），③并像竞选公职的候选人那样在市场内来回走动，同各种人握手和拥抱，以请求他们投票支持自己竞选公职——有时是营造官（aedile）的公职，有时则是保民官（tribune）的公职。（6）一旦当选，他就会按照罗马人的习俗那样坐在象牙椅上听审法律案件，并认真而又饶有兴趣地裁判案件。（7）结果，所有的体面人都对他困惑不解，一些

---

① 即公元前 174 年—前 172 年。
② 安条克·俄皮法尼斯（Antiochus Epiphanes），公元前 175 年—164 年在位。
③ 参见第十卷第 4 章。

人把他看作一位简简单单的普通人，另一些人则认为他是疯子。在他所赠送的礼物方面，他的行为也与其非常相似。（8）对于其中一些人，他常常会赠送一些羚羊的指关节骨，对于另一些人，他会赠送一些海枣，对于其他一些人，他则会赠送金钱。（9）他甚至会出其不意地向那些自己偶尔遇到、但之前从未见过面的人送出礼物。（10）但是，在向城邦献祭和向诸神献祭方面，他超越了自己所有的前任国王；（11）因为，我们从雅典的奥林匹亚宙斯神殿（The Temple of Olympian Zeus）和提洛的祭坛旁边的塑像中就可以清楚地看出来。（12）在公共澡堂挤满了普通的民众之时，他也常常会去公共澡堂里洗浴，而这些公共澡堂都盛装着他带来的一罐罐最珍贵的香膏；有一次有人对他说道："你们这些国王真是命好呀，所用的都是这种芳香四溢的东西！"（13）他当时没有作任何回答，但是，第二天，当这个人在洗浴时，他也接着进入澡堂，并把一大罐最珍贵的香膏——这种香膏名叫香料（stacte）——倾倒在这个人头上，以至于所有的洗浴者全都在里面跳起来，并左摇右晃起来；（14）当他们由于这种香膏的粘滑性而全都摔倒时，国王自己前俯后仰地大笑起来……

第二十七卷（残篇）

I. 与珀耳修斯的战争

发生在波奥提亚的事件

（对照李维第四十二卷第43章第4节）

〔第二十七卷所描述的公元前174年、前173年和前172年所发生的事件逐步地导致了对珀耳修斯的战争，这些事件简要概述如下。

公元前174年，珀耳修斯逼迫多洛佩斯人（Dolopes）——他们求助罗马对抗珀耳修斯——服从于自己的权威。在这次胜利的远征后，他进军到了中部希腊和北部希腊，并访问了德尔菲（他在那里停留了三天）、弗提奥提德-亚该亚（Phthiotid Achaia）和色萨利。在通过这些地区时，他严格地禁止对它们造成任何损害，而且，他努力地争取不同国家对自己的信赖。在同一年，通过提出归还他们的逃亡奴隶，他向亚该亚人示好——亚该亚人禁止任何斯巴达人进入他们的领土。然而，尽管亚该亚将军塞纳克斯（Xenarchus the Strategus）竭力地促成此事，但是，亚该亚人仍然拒绝作任何的改变（李维第四十一卷第22—24章）。

在同一年，埃托利亚也出现了混乱，不过五位罗马使节妥善地予以了解决；克里特也出现了关于利西亚人的原有地位问题。昆图斯·米努基乌斯(Q. Minucius)也被派去解决这个问题(李维第四十一卷第 25 章)。

公元前 173 年,珀耳修斯在希腊更加积极地进行各种阴谋活动,尽管有关他的暴政的丑闻屡闻不鲜,但是,他仍然在埃托利亚、色萨利和佩尔比亚获得了强有力的支持。因此,元老院派遣马塞鲁斯到埃托利亚和亚该亚,并派遣阿庇乌斯·克劳狄(App. Claudius)到色萨利,以调查事情的真假;而且,元老院也派遣了由五人所组成的一个委员会前往马其顿,接着他们再前往亚历山大里亚(李维第四十二卷第 5—6 章)。

公元前 172 年,尤米尼斯国王访问了罗马,他催促元老院及时采取措施以阻止珀耳修斯的蠢蠢欲动;他警告他们说,珀耳修斯已经赢得了波奥提亚人和埃托利亚人强有力的支持,而且,他可以在色雷斯源源不断地招兵买马。他已经把各地的亲罗马派逼得死的死、逃的逃,而且,他武装践踏了色萨利和佩尔比亚(李维第四十二卷第 11—13 章)。

元老院已经倾向于听从这些使节,不过,他们这样行事更是因为珀耳修斯国王的使节哈帕鲁斯(Harpalus)的挑衅口吻;在他回家的路途上,珀耳修斯的密使试图在德尔菲暗杀尤米尼斯;元老院接到了盖乌斯·瓦里里乌斯(C. Valerius)发自希腊的报告,这份报告证实了尤米尼斯的发言;最后,布林迪西有一位名叫卢西乌斯·拉米乌斯(L. Rammius)的人供认说,他曾被命令毒害一些罗马使节,而这些罗马使节都是从马其顿与希腊回来,并在旅程的路途中习惯暂住在他家里的(李维第四十二卷第 15—17 章)。

战争确定在第二年进行,而且,法务官下令征召军队。尤米尼斯现在也从暗杀所造成的伤口中恢复过来,他也在积极地参与到这场战争中(李维第四十二卷第 18—27 章)。

公元前 171 年,新军团已经征召完毕,一万六千名步兵和八百名骑兵被派到了马其顿,珀耳修斯的使节则对此要求罗马作出解释。元老院没有允许他们进入波莫利乌姆(Pomoerium),

但允许在贝洛纳神殿（the temple of Bellona）内接见他们；在听完卡维利乌斯（Sp. Cavilius）所作的报告（珀耳修斯采取了敌对行动，他已经占领了色萨利的城邦和武装进入了佩尔比亚）后，元老院对马其顿使节回复道，他们即使有任何不满，也必须向执政官普布利乌斯·李锡尼（P. Licinius）——李锡尼马上就要抵达马其顿——进行申诉，而且他们不得再来意大利了（李维第四十二卷第 36 章）。

几天之后，五名使节被派到了希腊，这五名使节对自己所要调查的地区进行了分配：塞维乌斯（Servius）、普布利乌斯·伦图鲁斯（Publius Lentulus）和卢西乌斯·德西米乌斯（Lucius Decimius）前往塞法里尼亚、伯罗奔尼撒和西海岸，昆图斯·马西乌斯和奥鲁斯·阿提里乌斯（Aulus Atilius）前往伊庇鲁斯、埃托利亚、色萨利、波奥提亚和埃维厄，接着，他们一起在伦图利（Lentuli）会合。与此同时，珀耳修斯送来一封信件，信上要求解释他们前来马其顿的原因以及军队出现在马其顿的理由，不过他们没有答复。在访问分配给他们的那些地区的过程中，马西乌斯和阿提里乌斯在佩尼厄斯河（River Peneus）遇到了珀耳修斯，他们同意后者派遣使节到罗马以缔结停战协定（马西乌斯非常清楚地知道罗马人还没有完全准备好战争①），在结束了对分配给他们的那些地区的访问后，这些使节们抵达了他们位于迦尔西的目的地，在那里发生了下述摘录中所描述的早期事件（李维第四十二卷第 36—43 章）。]②

[1]③（1）就在这时，④来自特斯皮亚（Thespiae）的使节拉塞

---

① 回到罗马后，马西乌斯颇以欺骗这位国王为豪，因为他为罗马赢得了备战时间，但是，他的行动却被元老院拒绝承认，参见李维第四十二卷第 47 章。
② ［中译按］中括号里面的内容译自于剑桥本。
③ 公元前 171 年的罗马执政官是普布利乌斯·李锡尼·克拉苏（P. Licinius Crassus）和盖乌斯·卡西乌斯·洛恩努斯（C. Cassius Longinus）。
④ 即公元前 172 年—前 171 年。

斯(Lases)和卡利亚斯(Calleas)以及来自尼安(Nion)①的使节埃斯米尼亚斯(Ismenias)②也抵达了罗马;拉塞斯及其同僚提出将自己的城邦完全地交给罗马人,而埃斯米尼亚斯则提出将波奥提亚的所有城市一并交由罗马使节全权处置。(2)埃斯米尼亚斯的这个提议与马西乌斯以及其他使节原来所希望的完全相反,与他们的目的最相契合的是把波奥提亚分成不同的城邦。(3)因此,他们非常高兴地接受拉塞斯,而且对他非常重视,同时,他们也非常高兴地接受了来自凯洛尼亚(Chaeronea)、利巴德亚(Lebadea)和其他不同城邦的所有使节;(4)但是,对于埃斯米尼亚斯,他们却非常忽视,甚至对他百般羞辱和鄙视。(5)有一次,一些流亡者攻击了埃斯米尼亚斯,他们非常近距离地向他投掷石头,以意图击杀他;(6)如果不是他躲避到了罗马使团的柱廊下面的话,他早就死于非命了。(7)就在这同一时期,底比斯发生了争斗和混乱,一派认为他们应该把这座城市全权地交给罗马;(8)但是,逃亡到底比斯的克洛尼亚人(Coroneans)和哈利亚提人(Haliartians)要求参与到事态的进程之中,他们坚决主张他们应该保持与珀耳修斯的联盟。(9)敌对双方维持了一段时间的平衡;但是,当克洛尼亚的奥林匹克斯(Olympichus of Coronea)开始转变立场和建议倒向罗马人后,双方之间的平衡立即就改变了。(10)首先,他们逼迫迪塞塔斯(Dicetas)出使马西乌斯,以请求罗马人原谅他们与珀耳修斯的结盟。(11)其次,他们驱逐了尼安和希皮亚斯,他们聚集到他们的家里,并命令他们前往辩护自己所缔结的条款,因为正是他们安排了结盟。(12)当尼安和希皮亚斯离城后,他们立即集合起来召开了

---

① 尼安(Nion)可能是布拉基勒斯(Brachylles)的儿子。他是波奥提亚亲马其顿一派的一位领袖。——洛布本注
   我们并不知道尼安(Nion)具体是谁,但是,我们在下一章中发现,他是底比斯亲马其顿一派的一位领袖,而且他可能是布拉基勒斯(Brachylles)的儿子(参见第二十卷第5章)。公元前167年,他被罗马人俘虏,并被罗马人处死(李维第四十五卷第31章)。——剑桥本注
② 埃斯米尼亚斯当时正好当选为波奥提亚的将军。

一次正式的会议，而且，他们首先投票将荣誉和礼物授予罗马人，接着，他们命令自己的官员赶紧采取措施结盟；（13）最后，他们任命了使节，以将这座城市交到罗马人手上和将他们的流亡者带回国。

[2]（1）当底比斯的这些事情正在发生之时，迦尔西的流亡者任命溥皮德斯（Pompides）作为自己的代表，以控告埃斯米尼亚斯、尼安和迪塞塔斯。（2）由于这三个人的罪行已经被明确证实，而且，罗马人支持这些流亡者，（3）希皮亚斯及其朋友就处于最后阶段的煎熬之中，他们的性命甚至受到了民众的暴力威胁，直到罗马人通过制止暴民的袭击行动，从而在一定程度上确保了他们的安全。（4）当底比斯的使节抵达后，我先前所提到的法令的传达者通知了荣誉的授予，所有事情的反应都非常地快速，因为各个城市彼此之间相隔非常近。（5）当马西乌斯及其同僚接见底比斯人的使节时，他们赞美了他们的这座城镇，并建议他们允许流亡者回国；（6）同时，他们要求诸城镇各自立即分别派遣使节到罗马，并毫无保留地请求罗马人的保护。（7）所有人都按照他们所要求的一切进行行事——他们的目的是解散波奥提亚同盟和破坏马其顿王室的声望——（8）使节们派人从阿尔戈斯去请塞维乌斯·科内利乌斯·伦图鲁斯（Servius Cornelius Lentulus），他们让他负责处理迦尔西的事务，并继续前往伯罗奔尼撒，但是，几天后，尼安回到了马其顿。（9）埃斯米尼亚斯和迪塞塔斯现在被投进了监狱，而且，他们很快就命丧黄泉了。（10）因而，在多年地忠诚于自己的盟友和多次奇迹般地逃离各种危险后，波奥提亚人——他们轻率而有失周全地倒向了珀耳修斯，他们让位于孩子气和无理智的冲动——散落在他们的数座城市中间，彻底地分崩离析了。①

（11）昆图斯·马西乌斯和奥鲁斯·阿提里乌斯抵达了阿尔戈斯，在与亚该亚同盟的官员们一起进行开会商讨后，他们要求阿克安将军派遣一千名士兵到迦尔西，以保卫这座城市的安全直至罗

---

① 公元前171年，波奥提亚同盟解散了。

马人到来,而阿克安将军则对此欣然表示遵从。(12)当这个冬季在希腊处理完这些事务后,这些使节同普布利乌斯·科内利乌斯·伦图鲁斯(Publius Cornelius Lentulus)以及他的两位同僚进行了会合,并乘船返回了罗马……

罗德岛人支持罗马

(对照李维第四十二卷第 45 章)

[3](1)与此同时,提比略·克劳狄、奥鲁斯·波斯图米乌斯和马尔库斯·尤尼乌斯正忙于访问诸岛屿与位于亚洲的希腊城邦,他们劝诫民众站到罗马一边。(2)他们在所有地方都花费了不少时间,不过,他们在罗德岛花费的时间最长,尽管罗德岛人在当时不需要这样的劝诫。(3)因为,罗德岛人的执政官(prytanis)赫基希洛克斯(Hegesilochus)是一位拥有非常巨大影响力的人物(他先前作为他们的使节出使过罗马),甚至在使节到来之前——由于他非常清楚罗马人有意与珀耳修斯开战——他就劝说民众倒向罗马,并建议武装四十艘舰船;(4)因此,如果局势一旦需要他们的帮助,他们就不会在罗马人需要时仍未做好准备,而是在任何条件下他们都可以随时处于整装待发的状态以便立即展开行动。(5)通过向罗马使节陈述这些事实和向他们展示自己所作的积极准备,他让他们带着对罗德岛的高度满意回到了罗马……

珀耳修斯和罗德岛

(对照李维第四十二卷第 46 章)

[4](1)在同罗马使节进行会谈后,珀耳修斯向希腊的不同国家发出了写有同样内容的信件,在信中他起草了一份关于所有问题的声明,并引用了双方的论点;(2)其目的有两个,一个是表明自

身的优势地位,另一个则是检测一下这几个国家的态度。(3)他也让信使们把这封信件送给了其他国家;但是,对于罗德岛,他则派去了安特诺尔(Antenor)和菲利普斯(Philippus)。(4)当他们抵达罗德岛后,他们就把这封信件交给了罗德岛的官员,几天后,他们走进罗德岛元老院,并催促罗德岛人"对现在所发生和所看到的事件保持沉默;(5)但是,如果罗马人违背协议地进攻起珀耳修斯和马其顿人,他们要进行调停。(6)因为,这符合所有人的利益;不过,罗德岛人是最适合承担这项任务的民族。(7)因为,他们比其他任何人都更加强烈地捍卫平等和言论自由——他们不仅是他们自身自由的捍卫者,而且也是希腊其他地区自由的捍卫者——因此,他们应该竭尽全力地与违反这些原则的人进行斗争。"(8)使节们所说的这番话和类似的话让所有罗德岛人都深感高兴;(9)然而,由于他们先前就与罗马人关系良好,以至于他们采纳了更好的建议,因此,尽管他们友好地接待了马其顿的使节,但是,他们在正式的答复中仍要求珀耳修斯不要采取任何可能引起罗马不满的措施。(10)因此,安特诺尔和菲利普斯没有得到自己所希望的答复,在感谢了罗德岛人对自己在其他方面的善意举动后,他们启航返回了马其顿……

珀耳修斯和波奥提亚

(对照李维第四十二卷第 46 章第 7 节)

[5](1)在得知波奥提亚人的一些城市仍然支持自己后,珀耳修斯就派遣亚历山大之子安提柯出使那里。(2)当他抵达波奥提亚后,他没有访问其他城市,因为,他发现自己没有前往其他城市的任何借口;(3)不过,他访问了克洛尼亚、提斯贝埃(Thisbae)和哈利亚提(Haliartus),他恳求他们倒向马其顿一边。(4)他们热情地接受了他的提议,而且,他们投票决定派遣使节到马其顿;亚历山大因而就乘船回国了,接着,他向国王报告了波奥提亚的局势。(5)不久

使节们就抵达了,他们恳求国王派兵支援那些站到马其顿一边的城镇;(6)由于他们没有同意他们支持罗马的缘故,以至于底比斯人(Thebans)严厉地压迫他们,这让他们不堪其扰。(7)在听完他们的陈述后,珀耳修斯回答道,由于他与罗马缔结有停战协定,①因此,他不可能派遣军队去支援任何人;(8)不过,他仍建议他们竭尽全力地抵挡底比斯人,但不要同罗马人开战,而是要保持中立……

[6](1)当罗马人的使节从亚洲回到罗马后,罗马人听取了他们关于罗德岛的事态和其他城邦的事态的报告,接着,元老院召见了珀耳修斯的使节梭伦(Solon)和希皮亚斯。(2)他们对整个问题竭力地进行争辩,并竭力地抚慰元老院,但是,他们大部分的讲话都是在围绕着针对尤米尼斯的密谋②进行辩护。(3)当他们所作的辩护结束后,已经决定开战的元老院命令他们立即离开罗马,同时,他们也命令其他所有马其顿人在三十天之内限期离开意大利。(4)接着,元老院召见了执政官,并催促他们不要耽误时间,并立即着手行动……

罗德岛的态度

(对照李维第四十二卷第48章第8节;第五十六卷第6章)

[7](1)正停泊在塞法里尼亚的盖乌斯·卢克莱修(Gaius Lucretius)③写信给罗德岛人,以要求他们派遣一些舰船,而且,他

---

① 公元前171年,与昆图斯·马西乌斯(Q. Marcius)缔结有停战协定,参见李维第四十二卷第43章。

② 亦即公元前172年在德尔菲针对尤米尼斯的暗杀行动,参见李维第四十二卷第16章。

③ 公元前181年,盖乌斯·卢克莱修(Gaius Lucretius)作为海军的海军两人委员会(*duumvir navalis*)服役于利古里亚(Liguria)海岸,参见李维第四十卷第26章。他现在(公元前171年)则是法务官——当时他的职务(*prcvincia*)是在舰船上担任的,而且,他指挥了四十艘五桨座战船,同上第四十二卷第48章。

把这封信件托付给了一位名叫苏格拉底（Socrates）的体操教练。（2）当这封信件送抵罗德岛时，斯特拉托克勒斯（Stratocles）正在担任下半年的执政官（prytanis）；（3）当这个问题被提出来讨论时，亚加萨基图斯（Agathagetus）、霍多弗安（Rhodophon）、阿斯提米德斯（Astymedes）和其他许多人支持派遣舰船，并立即毫不迟疑地参与这场战争。①（4）然而，德诺恩（Deinon）和波利亚拉图斯（Polyaratus）则对支持罗马不满，因此，他们现在就以对尤米尼斯个人的不满作为幌子来试图动摇民众的决心。②（5）因为，首先，自从与法纳西斯开战以来——当时尤米尼斯将自己的舰队驻扎在赫勒斯滂进出口（The Mouth of the Hellespont）以阻止舰船驶入欧克西涅海，不过罗德岛人阻扰和挫败了这位国王的这种盘算——罗德岛人就对尤米尼斯心存疑虑和敌视。（6）就在不久前，由于一些城堡和罗德岛人的佩拉亚（The Rhodian Peraea）边境上一条带状的领土争议（尤米尼斯的副手一直在不停地骚扰这片领土），利西亚问题又重启争端。（7）所有这些事件加在一起，以至于只要是针对这位国王的话，罗德岛人都乐意听从；（8）利用他们自己的这种偏见，德诺恩和其他人现在就对这封信进行了造谣中伤：它不是来自罗马，而是来自尤米尼斯，因为，尤米尼斯不顾一切地希望将他们拖入战争，并把不必要的费用和痛苦强加在人民身上。（9）作为对自己所说的这番话的证据，他们就引证道，前来送信的这个信差地位低贱卑微，他们声称罗马人不习惯雇佣这样的信差，相反，罗马人在送信这样的问题上都非常地审慎和严肃。（10）当他们这样说时，他们非常清楚这封信其实就是卢克莱修的手笔，但是，他们的目的是为了说服罗德岛人民不要为罗马人做任何事，并在两个国家之间无事生非地制造摩擦，从而在两国之间激起不满和敌意的情绪。（11）因为，他们的目标是离间罗德岛与罗马之间的关系，并竭尽全力地劝说人民倒向珀耳修斯。（12）这些人之所以是珀耳修斯

---

① 这是亲罗马派。
② 这是亲马其顿派。

429

的支持者,是因为,波利亚拉图斯债台高筑而又爱慕虚荣,而德诺恩则贪得无厌而又不择手段,一直以来他们都倾向于从诸国王和诸王子那里寻求好处。(13)当他们讲完这些话后,执政官斯特拉托克勒斯(Stratocles the prytanis)站了起来,在详尽地陈述了许多反对珀耳修斯和支持罗马人的话后,他劝说人民批准那条关于派遣舰船的法令。(14)在立即装备了六艘四桨座战船后,他们向迦尔西派去了其中五艘——这五艘四桨座战船由提马格拉斯(Timagoras)指挥;他们向提内多斯(Tenedos)派去了其中一艘——这艘四桨座战船由尼卡格拉斯(Nicagoras)指挥。(15)尼卡格拉斯在提内多斯发现了珀耳修斯派往安条克的使节迪奥法尼斯(Diophanes),他没能抓获他,不过抓获了他的全体船员。(16)对于从海路前来支援的所有盟国,卢克莱修热情地表示感谢,但是,他免除了他们的效力,因为,他说罗马无需这样的海上支援……

珀耳修斯提出议和

(对照李维第四十二卷第 58 章第 62 节)

　　〔珀耳修斯现在在西提乌姆(Citium)集结了一支庞大的军队——三万九千名步兵和四千名骑兵——他率领这支军队穿过了色萨利北部,并攻占了许多城镇,最后,他驻扎在了奥萨山(Mount Ossa)山脚下的西西利乌姆(Sicyrium)。罗马执政官普布利乌斯·李锡尼(P. Licinius)从西南边穿过了戈姆菲(Gomphi),并从戈姆菲进军到拉里萨,接着,他从那里渡过了佩尼厄斯河。在经过了几次骑兵的小规模战斗后——在这几次小规模战斗中,这位国王通常都占据了上风——珀耳修斯愈来愈向罗马人的营地靠近,而他也打了一场更加重要的战役,不过,这位国王在这场战役中率领自己的骑兵和轻装军队再一次获得大胜。罗马人有两百名骑兵被杀以及两百名骑兵和两千名步兵被俘,而珀耳修斯只有二十名骑兵和四十名步兵被杀。然而,他没有乘胜追击以重创罗马军队;尽管执政官撤退到了佩尼厄斯河南部,但是,在经过了几天的沉思后,珀耳修斯提出议和。参见李维第四十二卷第51—62章。公元前171年(夏季)。]①

[8](1)在马其顿人获得了胜利后,珀耳修斯召开了御前会议,在御前会议上,他的一些朋友建议他派遣一个使团到这位罗马将军那里,以向他表示他仍然愿意像自己的父亲在遭受战败时那样给罗马支付相同的贡金和撤退到相同的地方。(2)因为,他们说道,如果罗马人接受了这些条款,那么,当他在战场上获胜后,战争将会以有利于国王的方式结束;(3)在经历了马其顿人的英勇战斗后,罗马人在不公正地对待马其顿或者严厉地要求马其顿时,他们会更加审慎。(4)但是,如果罗马人出于对所发生的事情恼羞成怒而不予接受,那么,他们将会招致天神的愤怒;而国王则会因为自己的克制而赢得诸神与凡人们的支持。(5)这就是他大部分朋友的观点;当珀耳修斯对此表示同意后,巴拉克鲁斯(Balacrus)之子潘塔乌克斯(Pantauchus)和贝洛亚的米顿(Midon of Beroea)立即作为使节被派往到了李锡尼那里。(6)当他们抵达李锡尼的营地后,李锡尼立即召开了一个军前会议。(7)当使节们根据自己事先所接受的指令进行解释后,罗马人要求潘塔乌克斯及其同僚退出去,接着,他们对事情进行了商议。(8)他们一致决定对他们进行尽可能严厉的答复,因为,罗马人一直以来的传统习惯就是,在战败后他们就越表现出专横和苛刻,而在胜利后他们却越表现出宽宏大量。(9)所有人都会承认这是一种非常高贵的行动,但是,在某些情况下,它是否可行是值得怀疑的。(10)对于当前这个情况,他们的答复如下。(11)他们命令珀耳修斯无条件投降,并让元老院对马其顿事务全权决定他们自以为合适的举措。(12)在接到这个答复后,使节们就回去了,而且,他们向珀耳修斯及其朋友进行了报

---

① [中译按]中括号里面的内容译自于剑桥本。

告；他们当中的一些人对罗马人的傲慢深感震惊和愤怒，他们建议
国王再也不要派遣任何使节或者派送任何信件。（13）但是，珀耳
修斯没有像这样进行行事，而是三番四次地派人到李锡尼那里，并
答应提供一大笔金钱。（14）然而，他没有取得任何的进展，而且，
他的大部分朋友也批评他，他们对他说道，他现在是胜利者，但他
却好像是战败者，甚至是彻彻底底的战败者一样；（15）最终，他不
得不放弃派遣使节的做法，并把自己的营地再一次地移回到了西
西利乌姆（Sycyrium）。① 这就是当时那里的局势……

珀耳修斯在希腊的地位

（对照李维第四十二卷第 63 章第 1 节）

[9]（1）当珀耳修斯的骑兵获胜的消息传遍希腊后，民众——
他们大部分人先前似乎一直隐藏了自己的真实情感，现在却像燃
烧的火焰一样瞬间爆发——纷纷倒向珀耳修斯。（2）在我看来，他
们的情感状态就像下面那样。这种现象与我们在运动会上所看到
的拳击比赛非常相像。（3）因为，当一位名不见经传且相差悬殊的
挑战者与一位声名远扬且看似不可战胜的运动员进行比赛对抗
时，人们的同情立即就会给予这位相差悬殊的挑战者。（4）他们会
热情地向他欢呼和鼓劲；如果他碰到了自己对手的脸部，并予以了
用力的一击且让对手留下了伤痕，那么，他们所有人立即就会兴奋
异常。（5）他们有时甚至会嘲笑他的对手，这不是出于对他的厌恶
或者轻视，而是出于一种奇特的同情和倾向弱者的自然本能。
（6）然而，如果有人在适当的时机提醒他们注意自己的错误，那么，
他们很快就会改变自己的想法和纠正自己的错误。（7）据说，这种
情况就出现在克里托马克斯（Clitomachus）②身上。他被认为是一

---

① ［中译按］Sycyrium 亦写作 Sicyrium。
② ［中译按］Clitomachus 亦写作 Cleitomachus。

位不可战胜的拳击手，而且，他的名声传遍了整个世界，而托勒密国王则雄心勃勃地要毁掉他的名声，因此，他派出了拳击手阿里斯托尼库斯——阿里斯托尼库斯在这项运动上接受了异常严格的训练，而且，他在这方面也非常富有天赋。（8）当这位阿里斯托尼库斯抵达希腊，并出现在奥林匹亚运动会以挑战克里托马克斯时，人群立即倒向了前者，他们纷纷为他欢呼呐喊，因为，他们非常高兴地看到有人有勇气去冒险挑战克里托马克斯。（9）当战斗进行时，阿里斯托尼库斯似乎成为了与他势均力敌的对手，而且，有一两次他甚至给予了对手有力的打击，人群为他鼓起了巨大的掌声，他们兴奋得发狂，以至于他们纷纷为阿里斯托尼库斯喝彩加油。（10）就在这时，他们看到克里托马克斯退到一旁以恢复自己的气息，他转而面对人群，并询问他们为什么对阿里斯托尼库斯欢呼呐喊，并竭力地支持他。（11）难道他们认为他没有进行公平地战斗，或者，难道他们没有意识到克里托马克斯现在正在为希腊的荣誉而战，而阿里斯托尼库斯则正在为托勒密国王的荣誉而战吗？（12）难道他们更愿意看到一名埃及人通过战胜希腊人而赢得奥林匹亚王冠，或者，难道他们更愿意听到一名底比斯人和波奥提亚人在拳击比赛中被传令官宣布为胜利者吗？（13）当克里托马克斯说完这番话后，他们说，人群的这种情感变化现在已经完全逆转了过来，阿里斯托尼库斯完全是被人群打败的，而不是被克里托马克斯打败的。

[10]（1）这与民众对珀耳修斯当前的情感非常地相像。（2）因为，如果有人引起他们的注意力，并坦率地询问他们是否真地希望看到最高权力绝对性地落到一个人身上和体验一位完全不负责任的暴君的统治，我想，他们立即就会回过神来，他们会改变自己的态度，并彻底扭转自己的情感。（3）如果有人稍稍地提醒他们回忆马其顿王室对希腊所造成的所有困苦和希腊从罗马人的统治中所获取的所有好处，那么，我想，他们立即就会彻底逆转自己的想法。（4）当他们现在第一次深陷这种鲁莽的热情时，人们对这个消息的欢喜是显而易见的，因为，他们非常高兴地突然看到有一个能

够与罗马一决雌雄的人出现。（5）我之所以这样详尽地提及这个问题，是为了防止有人因为对内在的人性缺乏认识，以至于对希腊人当时所表现出的这种心态而不公正地谴责他们忘恩负义……

塞斯特鲁斯（Cestrus）和色塞特鲁斯弗恩多尼（Cestrosphendone）

（《苏达辞书》；对照李维第四十二卷第 65 章第 9 节）

[11]（1）塞斯特鲁斯（Cestrus）①是珀耳修斯战争期间的一个新发明。② 这种投射物的形状如下：（2）它长两肘尺，它的管身与管尖一样长；（3）管身装有一根长度达一跨尺（a span）③和厚度达一指尺的木轴；（4）木轴中间则牢牢地装有三根相当短的翼型木杆。（5）吊索上有长度不一的皮带，而这些皮带是用来发射投掷物的，投掷物可以很便利地被嵌入到它们之间的环圈里面；（6）当吊索就飞快地旋转和绷紧时，投掷物会保持不动；（7）但是，在发射投掷物的那刻，其中一个吊索就会松开，投掷物就会离开环圈，而且，它会像一颗铅弹一样从吊索上发射出去，它的撞击力量非常巨大，因此，它会给敌方造成非常严重的杀伤④……

奥德利塞（Odrysae）的国王科提斯（Cotys）

（《苏达辞书》；对照李维第四十二卷第 67 章第 3 节）

---

① ［中译按］Cestrus 亦写作 Cestros。
② 塞斯特鲁斯（Cestrus）是珀耳修斯军队所使用的一种新型的投掷物。
③ ［中译按］跨尺（span）是古代的一个单位长度，一跨尺（a span）指的是手掌张开时拇指尖与小指尖的距离，一跨尺大约是 23 公分或者 9 英寸。
④ 在翻译（translate）这个段落时，李维称呼这种投掷物（the missile）是一种色塞特鲁斯弗恩多尼（Cestrosphendone），参见李维第四十二卷第 65 章。

[12]①(1)无论是在外在的相貌上，还是在军事的技能上，科提斯都非常地出类拔萃，而且，在性格上，他也完全不像一名色雷斯人。(2)因为，他非常地清醒冷静；(3)而且，人们可以注意到，他具有一种绅士般的特有风度和坚毅……

II. 埃及的局势

[13](1)塞浦路斯的埃及统帅托勒密完全不像一位埃及人，相反，他拥有非常良好的判断能力和行政能力。②(2)因为，当埃及国王仍是婴儿时，他就接管了这座岛屿，勤勉地征调税收，而且，他没有向任何人支付一个子儿，尽管王室的总管们经常向他要钱；即使他遭受了严厉的对待，他也没有打开自己的腰包。(3)当国王成年后，他已经集结了一大笔金钱，而且，他把它送到了亚历山大里亚；(4)以至于国王和王宫大臣现在都表示赞同他以前的吝啬，并决定不参与任何金钱……

II. 与珀耳修斯的战争

[珀耳修斯接下来进行了其他一些无关紧要的战事；最后，珀耳修斯回到了马其顿，罗马人则去到了色萨利的众城镇过冬，双方都没有受到决定性的打击，公元前171年—前170年冬季，李维第四十二卷第64—67章。]③

[14](1)当珀耳修斯从与罗马的战争中退出时，他所派出的使节安特诺尔——以协商迪奥法尼斯以及那些与迪奥法尼斯在同一

---

① 珀耳修斯的盟友、奥德利塞(Odrysae)的国王科提斯(Cotys)的性格。
② 塞浦路斯总督的审慎，参见同上，第十八卷第55章。
③ [中译按]中括号里面的内容译自于剑桥本。

艘船上的俘虏的赎金——抵达了罗德岛,①因而,公众对于采取何种策略产生了巨大的争议。(2)斐洛弗洛恩和提亚德图斯非常拒斥这样的协商,而德诺恩和波利亚拉图斯则支持这样的协商。最终,他们与珀耳修斯达成了关于俘虏的赎金的协议……

伊庇鲁斯的政治家前往至珀耳修斯那里

[15]②(1)塞法鲁斯(Cephalus)现在从伊庇鲁斯抵达了[佩拉],他先前就与马其顿王室保持着密切关系,现在则由于形势所迫而站到了珀耳修斯一边,其原因如下。(2)有一位名叫卡洛普斯(Charops)的伊庇鲁斯人,他是一位原则性很强的人,同时,他也是罗马人的朋友。当腓力占据通往伊庇鲁斯的关隘时,正是因为他的缘故,以至于国王不得不放弃了伊庇鲁斯,而且,也正是因为他的缘故,以至于提图斯·弗拉米尼努斯征服了伊庇鲁斯和马其顿。(3)他有一个儿子名叫马查塔斯(Machatas),而马查塔斯有一个儿子也名叫卡洛普斯。(4)当他的父亲马查塔斯去世后,老卡洛普斯将自己的孙子卡洛普斯——当时他仍是一名小男孩——以及一名契合其身份地位的随从送到了罗马,以学习用拉丁语说话和写作。(5)经过一段时间后,当这位小男孩回国时,他认识了很多人。(6)老卡洛普斯很快就去世了;这位年轻人——他天生就是一位野心勃勃和满肚子各种阴谋诡计之人——开始变得自以为是,而且,他企图密谋攻击国内的其他主要人物。(7)最初没有人注意到他,安提柯和其他人——他们在年龄和名声上都要高于他——按照他们认为最好的方式处理公共事务。(8)但是,当与珀耳修斯的战争爆发后,利用他们先前与马其顿王室的亲密关系,这位年轻人立即开始向罗马人诋毁这些政治人物;(9)他现在通过仔细观察他们的一举一动和用对他们最不利的方式来解释他们所说的或者所做

---

① 即公元前171年-前170年冬季,参见第7章。
② 伊庇鲁斯的主要人物倒向珀耳修斯的原因。

的一切,并故意地对一些事情进行添油加醋或者隐瞒不说,他成功地让自己对他们的指控被人信以为真。(10)塞法鲁斯是一位聪明而又坚定的人,他采取了一种非常智慧的方式来处理这场危机。(11)最初,他向神明祈祷不要有任何的战争,也不要有任何的战争决断问题;(12)然而,当战争实际已然开启后,他希望按照他们与罗马之间的同盟条约进行行事,但除此之外,他不希望因为任何不值一提的行动而冒犯罗马人,也不希望过度地屈从罗马人。(13)当卡洛普斯继续肆无忌惮地指控塞法鲁斯,并把所有违背罗马意愿的事情都描绘成塞法鲁斯蓄意为之的结果,塞法鲁斯一开始对此不以为意,因为,他没有意识到自己的所作所为对罗马有任何不利;(14)但是,当他看到希波洛克斯(Hippolochus)、尼卡德尔和埃托利亚人洛查古斯(Lochagus)在一次无缘无故的骑兵行动后悉数遭到逮捕并被送到罗马,而且,他看到利西斯库斯——在伊庇鲁斯,他同卡洛普斯一样追随埃托利亚——对他们的错误指控也被弄成既成事实,因而,他就预见到了即将发生的事情,于是就防范起了自己的安全来。(15)因此,对于卡洛普斯无中生有的指控,他决心采取一切措施,以确保自己不会在没有进行审判的情况下就惨遭逮捕押往罗马。(16)这就是塞法鲁斯为什么会背离自己原先的信念,以至于被迫倒向珀耳修斯……

企图抓住执政官

[16](1)所有人都认为,提奥多图(Theodotus)和斐洛斯特拉图斯犯有邪恶与背叛的罪行。① (2)他们获悉罗马执政官奥鲁斯·霍斯提利乌斯(Aulus Hostilius)②现在正在伊庇鲁斯——亦即前往自己在色萨利的军队的路途上;他们认为,如果他们把奥鲁斯递解

---

① 莫洛提人(Molossians)的两位头领企图抓获执政官。
② 公元前 170 年的执政官是奥鲁斯·霍斯提利乌斯·曼西努斯(A. Hostilius Mancinus)和奥鲁斯·阿提里乌斯·塞拉努斯(A. Atilius Serranus)。

给珀耳修斯,那么,这无疑会向国王证明自己的忠诚,而且,这也会对罗马人造成重创,他们反反复复地向珀耳修斯去信催促他赶紧到来。(3)国王希望立即前往,并与他们进行会合;但是,由于莫洛提人(Molossians)①已经占领了奥斯河(Aoüs)上的那座桥,因此,他的计划被迫受阻,而且,他不得不首先与这个部落进行作战。(4)霍斯提利乌斯这时正好抵达了法纳塔(Phanata),②而且,他与克洛皮亚人尼斯托尔(Nestor the Cropian)③就停留暂住在那里,因而,这给予了敌人一个绝佳的机会;如果不是他自己运气好的话,我想他肯定是逃脱不了的。(5)但是,尼斯托尔以某种神秘的方式占卜到了他们正在进行的密谋,因此,他让他立即连夜前往到了基塔纳(Gitana)。(7)他放弃了从陆路穿过伊庇鲁斯的计划,而是坐上乘船到了安提希拉,④接着,他再从安提希拉抵达了色萨利……

III. 亚洲的局势

本都国王法纳西斯

[17](1)在藐视法律方面,法纳西斯超过了自己先前所有的国王……

---

① [中译按]Molotti(莫洛提)亦写作 Molossi。

② 法纳塔(Phanata)坐落在弗西斯(Phocis)。Phanata(法纳塔)也有其他诸如 Phanoteis、Phanote 和 Phanota 等不同的名称。参见拜占庭的斯提芬努斯(Steph. Byz.)。

③ 斯克魏格哈乌塞(Schweighaeuser)似乎认为这是第二个名称。但是,希腊人很少这样做,它更有可能是一个未知地方的名称。有一个阿提卡市区(an Attic deme)名叫克洛皮亚(Cropia),因此,这是一个为大家所认识的(recognised)名称(参见拜占庭的斯提芬努斯)。格洛诺维乌斯(Gronovius)猜测,Ωρωπίῳ是"奥洛普斯"(of Oropus)。

④ 很明显,安提希拉(Anticyra)坐落在斯佩基厄斯(Sperchius),它在亚该亚-弗西奥提斯(Achaia Phthiotis)边境。

阿塔鲁斯和尤米尼斯

[18](1)阿塔鲁斯正在埃拉提亚①过冬,他非常清楚地知道自己的兄弟尤米尼斯异常受伤,因为伯罗奔尼撒人在一项公开法令中取消了所有授予他兄弟的光辉荣誉,不过他兄弟向所有人隐瞒了自己的真实感受;(2)他决定向亚该亚人传递一个消息,其目的是通过自己的行动,以不仅要恢复自己兄弟的雕像,而且也要恢复自己兄弟的荣誉性铭文。(3)他之所以这样行事,是因为他坚信,这不仅可以有力地帮助到自己的兄弟,而且,这也是向希腊人明白无误地展现自己的兄弟之情和高尚情感②……

托勒密与安条克之间的战争

[19](1)当安条克看到亚历山大里亚当局正在为争夺科利-叙利亚(Coele-Syria)③而公开进行备战后,他就派遣米利亚基尔(Meleager)作为自己的使节前往罗马;(2)他让后者告诉元老院事实真相并抗议托勒密正毫无正当理由地攻击自己……

[20](1)在人类所有的事务中,我们可能都应该通过时机(opportunity)来规制我们所有的行动,因为,时机比任何其他东西都更强有力;(2)在战争中,这尤其如此,因为,天平很容易从一端突然间滑向另一端。遗漏这一点无疑是最致命的错

---

① 埃拉提亚(Elatea)坐落在弗西斯(Phocis)。
② 因此,阿塔鲁斯获得了"菲拉德弗斯"(Philadelphus)的称号。第二十八卷第7章提及了尤米尼斯在伯罗奔尼撒丧失了声望,不过没有充分地记述其原因。他在罗马所作的演讲在提及亚该亚时并不友好(李维第四十二卷第12章),而且,我们将看到他被怀疑与珀耳修斯一起进行了密谋;但是,如果这个段落的位置是正确的话,亚该亚人几乎不可能因为后一个理由而拒斥他。
③ 托勒密六世·斐洛米托(Ptolemy Philometor)的大臣们准备进攻科利-叙利亚。

误……

（3）许多人都渴望获得荣誉，但是，只有少数人敢于尝试它；而在那些敢于尝试它的人中间，很少人有坚持到底的决心……

第二十八卷（残篇）

I. 意大利的局势

安条克和托勒密的使节

[1]（1）安条克①和托勒密②之间为争夺科利-叙利亚的战争已经开启了，③使节们抵达了罗马，安条克一方的使节是米利亚基尔（Meleager）、索西法尼斯（Sosiphanes）和赫拉克勒德斯（Heracledes），而托勒密一方的使节是提莫特乌斯（Timotheus）和达蒙（Damon）。（2）这时，安条克已经占领了科利-叙利亚和腓尼基（Phoenicia）。（3）自从这位安条克国王的父亲在帕尼乌姆（Panium）战役中打败了托勒密的将军后，④上述所有地区都臣服于叙利亚国王之下。（4）安条克认为，武力占领是最可靠的和最有利的，因此，他现在竭力地把这些地方当作自己的领土来保卫；（5）然而，托勒密则认为，已故的那位安条克国王利用自己的父亲仍是婴儿的幼小年纪而不公正地从他那里获取好处，乃至抢走了科利-叙

---

① 即安条克四世·俄皮法尼斯（Antiochus IV. Epiphanes），公元前175年—前164年在位。
② 即托勒密六世·斐洛米托（Ptolemy VI. Philometor），公元前181年—前146年在位。
③ 即公元前170年—前169年。
④ 参见第十六卷第18章。

利亚的众城镇，因此，他不愿意把这些地方拱手让给安条克。（6）因此，米利亚基尔及其同僚受命前来向元老院抗议说，托勒密完全无视公义，首先发起了武力进攻；（7）而提莫特乌斯和达蒙则受命续订与罗马的友好关系和结束同珀耳修斯的战争，不过，他们最为重要的是听取米利亚基尔所作的发言。（8）对于与安条克缔结和平协议的问题，他们遵照马尔库斯·埃米利乌斯·雷必达（Marcus Aemilius Lepidus）的建议没有进行提及；但是，在续订了托勒密与罗马之间的友好关系和得到了一个有利的答复后，他们返回了亚历山大里亚。（9）元老院答复米利亚基尔及其同僚道，他们会让昆图斯·马西乌斯就这个问题写信给托勒密，因为，他认为这最符合罗马的利益和他自身的荣誉。这个问题当时就以这个方式得到了解决……

罗德岛的使节

[2]（1）在这个时间的夏末，哈基希洛克斯（Hagesilochus）、尼卡格拉斯和尼卡德尔作为罗德岛的使节也抵达了罗马；（2）他们的目的是续订罗德岛与罗马的友好关系、从罗马的疆域获得粮食进口的许可权和保护他们的国家免受非法的指控。（3）罗德岛当时爆发了尖锐的内部纷争，亚加萨基图斯、斐洛弗洛恩、霍多弗安和提亚德图斯将自己所有的希望都寄托在了罗马，而德诺恩和波利亚拉图斯则将自己所有的希望寄托在了珀耳修斯和马其顿。（4）结果，他们常常就他们的公共事务争吵不休；由于他们争吵的时间如此之长，因此，这让那些希望造谣反对城邦的人拥有了充足的素材。（5）然而，元老院现在却假装全然不知道此事，尽管他们非常清楚罗德岛的整个事态；（6）不过，他们允许罗德岛人从西西里进口十万米迪的粮食。（7）在单独处置完罗德岛使节的事情后，就同一主题的问题，元老院向希腊其他地区的所有使节以类似的措辞一同进行了答复。（8）这就是意大利的局势……

II. 与珀耳修斯的战争

罗马人在亚该亚、埃托利亚和阿卡纳尼亚的军事行动

（对照李维第四十三卷第 17 章）

[3]（1）代执政官奥鲁斯·霍斯提利乌斯·曼西努斯（Aulus Hostilius Mancinus）——他当时正在色萨利过冬——将盖乌斯·波皮利乌斯（Gaius Popilius）和格纳乌斯·奥克塔维乌斯（Gnaeus Octavius）作为使节派到希腊。（2）他们首先来到了底比斯，在底比斯，他们感谢了底比斯人，并敦促他们保持对罗马的忠诚。（3）接着，他们访问了伯罗奔尼撒地区的诸城市，通过引证元老院最近所颁布的法令，①他们试图让当地居民相信元老院的宽大和友善；（4）他们也在自己的演讲中表示，对于每座城市谁对公共事务退缩和懈怠，谁对公共事务活跃和热情，元老院其实一清二楚。（5）对于前者，他们像对自己公开的敌人那样非常不满；（6）结果，对于人们应该怎样让自己的言行高度地契合于当前的环境，他们在思想上造成了一种普遍的焦虑和怀疑。（7）据说，在亚该亚大会召开期间，波皮利乌斯及其同僚决定在大会前控告利科塔斯、阿克安和波利比乌斯，并指明他们是亲罗马派的敌人；（8）他们现在没有行动，不是因为他们真心希望这样行事，而是因为他们正在观察事态的发展和等待一个有利的行动时机。（9）然而，他们没有冒险这样行事，因为，他们没有一个合理的借口去攻击上述这些政治人物。（10）因此，当亚该亚议事会（the council）②

---

① 李维第四十三卷第 17 章提到了这项法令。"任何人不得向罗马官员提供任何军事物资，但元老院已作规定的除外。"这是从元老院那里所选取的法令，因为，在过去两年里，其他民族在罗马对罗马军官的野蛮敲诈提出了强烈的控诉。

② 波利比乌斯似乎指的是更为小型的会议（the smaller council），而不是指亚该亚大会（the public assembly），而李维（第四十三卷第 47 章）则明确地把它理解为后者。——剑桥本注
[中译按]在洛布本，英译者将其译作"亚该亚元老院"（the Achaean senate）。

在埃基乌姆召开时,他们只是对他们说了一些亲切的问候的话,接着,他们就乘船驶往了埃托利亚。

[4](1)当埃托利亚大会在塞尔姆(Thermum)召开时,他们出席了大会,并再一次地以一种友善亲切和鼓舞人心的方式发表了讲话;(2)然而,他们讲话的最重要部分却是要求埃托利亚人向他们提供人质。(3)当他们从讲台那里下来后,普洛安德鲁斯(Proandrus)站起身来,他表达了希望提及他对罗马人所作的帮忙,并谴责了那些诋毁他的人。(4)波皮利乌斯现在再一次地起身,尽管他非常清楚这个人是与罗马为敌的,但是,他仍然感谢了他,并赞同他所说的一切。(5)接下来上前发言的人是利西斯库斯,他没有指名道姓地指控任何人,但他含沙射影地猜疑了许多人。(6)因为,他说道,罗马人逮捕元凶(指的是欧波勒穆斯、尼卡德尔和其他人)和把他们押解到罗马是完全正确的;(7)但是,他们的支持者和教唆者仍然留在了埃托利亚,他们这些人其实应该得到同等的对待,除非他们把自己的小孩交给罗马以作人质。(8)他的这番话尤其指向了阿基达穆斯和潘塔里安。(9)因此,当他从讲台上下来后,潘塔里安就站起身来,他简要地责备了利西斯库斯卑躬屈膝而又卑鄙无耻地谄媚掌权者;(10)接着,他将话锋转到了托亚斯身上,他认为,相较于对阿基达穆斯的指控,他对托亚斯的指控更能让人相信,因为,他们之间没有发生过任何的争吵。(11)他提醒他们在与安条克战争期间所发生的事情,接着,他谴责了托亚斯的忘恩负义;因为,当他被移交到罗马人手里后,正是由于自己和尼卡德尔的介入,他才意外地被救了出来;(12)最后,他鼓动民众不仅要在托亚斯讲话时把他轰走,而且要齐心协力地用石头砸向他。(13)当这件事发生之时,波皮利乌斯在简短地斥责了埃托利亚民众用石头石击托亚斯后,没有再提及人质的事情,而是立即与自己的同僚一起前往了阿卡纳尼亚;然而,埃托利亚仍然一片混乱,彼此之间猜疑不断。

[5](1)在阿卡纳尼亚,当他们的大会在塞利乌姆(Thyreum)举行时,亲罗马派的埃斯克里安(Aeschrion)、格劳库斯(Glaucus)和克

里马斯(Chremas)恳求波皮利乌斯及其同僚在阿卡纳尼亚驻守一支军队；(2)因为，他们中间有一些人要把这个国家交给珀耳修斯和马其顿手里。(3)然而，迪奥根尼的建议却完全相反。他说道，任何城市都不应该引入驻军；因为，这种待遇专属于罗马的敌人，而且专属于罗马所征服的敌人；(4)但是，阿卡纳尼亚人没有做错任何事情，因此，他们无论如何都不应该被迫接受驻军。(5)他说道，格劳库斯和克里马斯渴望建立自己的权力，因此，他们虚假地指控他们的政治对手，并希望引入一支驻军以帮助他们实现他们野心勃勃的计划。(6)在这些讲话结束后，使节们看到民众并不欢迎这种驻军的提议，而他们自己也希望遵循元老院所制定的政策，因此，他们就接受了迪奥根尼的建议；对阿卡纳尼亚人表示了一番感谢后，他们前往了拉里萨以同那位代执政官进行会合……

亚该亚人的政策

[6](1)希腊人(原文如此)①认为，这个使团非常值得关注。(2)因此，他们与大体上同情他们政策的那些人来往联络起来——这些人就是梅格洛波利斯的阿塞西劳斯和阿里斯顿(Ariston)、特里塔埃亚的斯特雷提乌斯(Stratius of Tritaea)、帕特拉的西农(Xenon of Patrae)和西西昂的阿波罗尼达斯(Apollonidas of Sicyon)——他们一起讨论了局势。(3)然而，利科塔斯坚持自己原先的观点，他认为，无论是对于珀耳修斯，还是对于罗马人，他们既不应该进行支持，也不应该进行反对。(4)因为，他认为，帮助罗马人会对全体希腊人不利，因为他预见到这场战争的胜利者将会无比强大；(5)然而，他也认为，反对罗马将会是一个非常危险的举动，因为，在先前一个时期，他们在国家事务上就已经与许多最为杰出的罗马人相互对立起来了。(6)阿波罗尼达斯和斯特雷提乌斯认为他们不应该对罗马采取任何敌对行动，不过他也说道，对于那些争先恐后和

---

① 摘录者(Epitomator)应该把它写成"他的同党利科塔斯"(Lycortas, his party.)。

希望通过国家行动来讨好罗马,以维护自己的私人利益,以至于完全违背法律和彻底背弃公共利益的亚该亚人,他们应该予以英勇的阻止和反对。(7)阿克安建议他们根据实际的情况行事,既不给敌人任何指责他们的借口,也不允许他们自己遭遇尼卡德尔那样的命运——尼卡德尔不久前刚刚领教了罗马人的巨大威力,他遭遇了巨大的灾难。(8)波利比乌斯、阿塞西劳斯、阿里斯顿和西农均赞同这种看法。(9)因此,他们决定让阿克安立即承担起作为将军的职责,而波利比乌斯则立即承担起骑兵长官的职责。

[7](1)就在这个决定刚刚作出之后,以及当阿克安明确决定亚该亚人必须与罗马人及其朋友一起行动之时,阿塔鲁斯恰巧向他进行了提议,而且,他发现他欣然接受这个提议;(2)阿克安非常高兴地允诺支持阿塔鲁斯的这个要求。(3)当他派出的使节出现在大会的第一次会议上,并向亚该亚人发表了关于恢复授予尤米尼斯的荣誉的演讲,恳求他们看在阿塔鲁斯的面子上进行这样行动时,当时民众的态度并不明朗;(4)但是,出于诸多理由,许多人都起身发言反对这个动议。(5)首先,废止这些荣誉的那些始作俑者都渴望证明自己看法的正确性;然而,对这位国王心怀不满的其他那些人认为这是表达自己怨恨的一个绝佳机会;也有一些人则仅仅出于对他的支持者的憎恨而竭尽全力地去挫败阿塔鲁斯的这个要求。(6)然而,阿克安却起身支持使节,因为,现在的局势已经到了需要将军发表看法了;(7)但是,在发表了相当简短的演讲后,他就离开了,因为,他担心人们会认为他是出于个人利益而给出的建议,因为他在担任公职期间花费了大量金钱。(8)现在大家都犹豫不决;这时波利比乌斯起身发表了一个详细的演讲,出于对大多数人的意见的支持,他引证了亚该亚人关于荣誉的那条原初法令,而这条法令规定不正当的和非法的荣誉应该被撤销,但绝不应该撤销全部的荣誉。(9)但是,他说道,那时的裁判者索西基尼斯(Sosigenes)和迪奥佩特斯(Diopeithes)与尤米尼斯存在私人分歧,他们就利用这个机会撤销了授予这位国王所有的荣誉;(10)这种做法违背了亚该亚人的法律,他们滥用了赋予他们的权威,最为重要的是,这种做法违背了

正义和公道。（11）亚该亚人没有因为尤米尼斯伤害过他们而决定撤销他的荣誉，而是对他所要求的超出其服务价值更高的荣誉感到气愤，以至于他们投票决定剥夺所有那些过分的荣誉。（12）因而，他说道，当时的裁判者撤销了所有的荣誉，这明显是将自己的私人恩怨置于亚该亚人的尊严之上；因此，亚该亚人现在必须把自己的责任和行为的适当性作为最为重要的事情来进行考虑，他们必须纠正裁判者所造成的错误和对尤米尼斯所造成的无理侮辱；（13）尤其是因为，如果这样行事的话，那么，他们不是把这种特别的恩惠授予给尤米尼斯，而是授予给他的兄弟阿塔鲁斯。（14）民众赞同他的这个讲话，他们颁布了一个法令，这个法令规定恢复授予给尤米尼斯国王所有的荣誉，不过，与亚该亚同盟的名誉相冲突或者与亚该亚同盟的法律相背离的那些荣誉除外。（15）在伯罗奔尼撒，在他的兄弟尤米尼斯由于所授予的荣誉一事而受到侮辱的问题上，阿塔鲁斯这时就通过这种方式进行了纠正……

珀耳修斯与格恩提乌斯（Genthius）进行商谈

（对照李维第四十三卷第19章第12节—第20章第4节）

[8]（1）珀耳修斯让庇护在自己王宫的伊利里亚人普勒拉图斯（Pleuratus the Illyrian）和贝洛亚的亚达乌斯（Adaeus of Beroea）作为使节派遣到国王格恩提乌斯（King Genthius）那里，①以告诉后者，他先前与罗马人和达达尼亚人作战时所取得的军事成就，以及目前与伊庇鲁斯人和伊利里亚人作战时所取得的军事进展；（2）而且，他鼓动他与自己和马其顿人进行结盟。（3）在穿过了斯卡迪斯

---

① 公元前169年初，在占领伊利里亚的希斯卡纳（Hyscana）后，珀耳修斯进军到斯图贝拉（Stubera），他就从那里派遣使节到停留在利苏斯（Lissus）的格恩提乌斯国王那里，参见李维第四十三卷第19章。珀耳修斯远征伊利里亚（Illyricum）明显发生在公元前179年后期和公元前169年1月，参见李维第四十三卷第18—20章。

山（Mount Scardus）后，这些使节行进到了所谓的伊利里亚沙漠（Desert Illyria）——这是几年前马其顿人有意地使其人口锐减的一个地区，以给达达尼亚人对伊利里亚和马其顿的入侵制造困难。（4）在穿越了这个地区和历经了千难万险后，他们抵达了斯科德拉（Scodra）；在获悉格恩提乌斯正停留在利苏斯后，他们就派人向他传递了一个消息。（5）格恩提乌斯立即对他们作出了回应，他们按照事先所接受的指示与他进行了商谈。（6）格恩提乌斯似乎并不反对与珀耳修斯交好；但是，由于缺乏资源，而且，他也不可能在没有金钱的情况下发动对罗马的战争，因此，他请求他们体谅自己不能立即遵从他们的要求。（7）在得到这个答复后，亚达乌斯及其同僚就回国了。（8）与此同时，当珀耳修斯抵达斯提贝拉（Styberra）后，他就卖掉了战利品，并让自己的军队进行休整直到使节回来。（9）当这些使节到达，并从他们那里听到了格恩提乌斯所作的答复后，他再一次地让亚达乌斯、格劳西亚斯（Glaucias）——作为亚达乌斯的侍卫——以及普勒拉图斯（因为他懂伊利里亚人的语言）根据上次那样的指示进行出使；（10）其原因是，格恩提乌斯没有明确地表明自己所想要的东西以及何种条件可以让他同意自己所提出的要求。（11）当他们离开后，国王就率领自己的军队离开并向希斯卡纳①进军了……

（对照李维第四十三卷第 23 章第 8 节）

［9］（1）就在这时，派到格恩提乌斯的使节回来了，他们与第一次出使一样没有取得任何成果，而且，他们也没有收到任何进一步的报告；（2）因为，格恩提乌斯仍然秉持相同的态度，亦即他愿意在战争中倒向珀耳修斯，但他声称自己缺少金钱。（3）珀耳修斯对此根本毫不为意，现在他再一次地派遣希皮亚斯前去达成一个明确

① Hyscana(希斯卡纳)，或者写作 Uscana，是伊利里亚人佩尼斯塔部落（tribe Penestae)的一座城镇。

的协议，但是，他却遗漏了最为重要的要点，而是说道，如果他……，那么，他可以让格恩提乌斯做自己想要做的任何事情。（4）是将这种行为归咎于单纯的愚蠢还是将其归咎于精神错乱，这并不容易决定。在我看来，这可能更属于精神错乱，因为，他们热衷冒险和甘冒生命危险，但是，他们却遗漏了自己计划中最为重要的要点，尽管他们对它看得一清二楚，而且，他们也有能力进行处置。（5）因为，如果当时珀耳修斯愿意把钱财整个地送给诸国家，或者单独地送给诸国王和政治人物——我不是在夸大其词，相反，我其实说得很温和，因为他的财富可以让他这样行事——（6）我认为，没有一个聪明人会否认，所有的希腊人和所有的国王，或者至少他们当中的大部分人，没有一个人能够抵得住这种诱惑。（7）他没有走这条路，如果他完全胜利了，他将赢得一个辉煌的帝国，如果他失败了，他将和很多人一起毁灭；（8）相反，他走了一条相反的路，因为，当行动的时间到来时，许多希腊人都盘算错了……

珀耳修斯指责自己的将军

（对照李维第四十四卷第 7 章）

［珀耳修斯现在从斯图贝拉（Stubera）回到了希斯卡纳（Hyscana），在对埃托利亚的斯特拉图斯（Stratus）进行了一番徒劳的尝试后，他退到了马其顿以度过余下的冬天。公元前169 年初春，昆图斯·马西乌斯·菲利普斯开始从佩尔比亚的永久营地出发和向马其顿进军。珀耳修斯安排了阿斯克勒皮奥多图斯（Asclepiodotus）和希皮亚斯来保卫卡姆布尼亚山脉（Cambunian Mountains）的两条通道，而他自己则占领了迪乌姆，它控制着从色萨利到马其顿的沿海通道。然而，在与希皮亚斯的轻装军队进行了一场相当严重的小规模冲突后，马西乌斯就打通山脉的通道，并下到了迪乌姆。国王大吃一惊；他没有守住坦普的关隘，否则罗马人就无法撤退；现在他急忙退到了

皮得纳(Pydna)。昆图斯·马西乌斯占领了迪乌姆,但是,在短暂的停留后,他就撤到了菲拉(Phila),以获取补给和确保沿海通道的安全。因此,珀耳修斯重新占领了迪乌姆,并打算一直待在这里直到夏末。昆图斯·马西乌斯占领了菲拉与迪乌姆之间的赫拉克利乌姆(Heracleum),并准备第二次进军迪乌姆。但是,这个冬季(公元前169—前168年)马上就要来临,而且,他心满意足地看到用于运送补给而穿过色萨利的道路现在状态甚佳。李维第四十三卷第19—23章;第四十四卷第1—9章。]①

[10](1)在抵御罗马人入侵马其顿遭遇彻底失败后,珀耳修斯指责起了希皮亚斯。② 然而,在我看来,指责他人和找出他们的错误都是一件非常容易的事情,但是,世界上最难的事情无疑就是做任何自己可以做的事情和了解自己的处境;在这方面,珀耳修斯肯定是一个失败的范例……

特斯图多(The Testudo)

(《苏达辞书》;对照李维第四十四卷第9章第8节)

[11](1)赫拉克利乌姆(Heracleium)以一种特别的方式沦陷了。这座城镇的一侧有一段不长且低矮的城墙;罗马人动用了三个精锐步兵支队来进攻这段城墙。(2)第一队士兵手持自己的盾牌一个个严丝合缝地放在头顶上,这些盾牌紧紧地靠在一起,以至于它的形状看起来就像一个瓦屋顶。其他两队依次……
罗马人在作战演习中也采用这种方法……

---

① [中译按]中括号里面的内容译自于剑桥本。
② 参见第四十四卷第8章。

III. 希腊的局势

波利比乌斯出使至执政官

［当法务官盖乌斯·马西乌斯·菲古鲁斯（C. Marcius Figulus）正在卡尔西迪塞（Chalcidice）交战时，昆图斯·马西乌斯（Q. Marcius）派遣马尔库斯·波皮利乌斯（M. Popilius）围攻梅格尼西亚（Magnesia）的米利波亚（Meliboea）。珀耳修斯派遣埃乌弗兰诺尔（Euphranor）率军前去解围，如果解围成功，他率军开进德米特里亚斯。他就这样行动了，而且，波皮利乌斯和尤米尼斯没有进攻后一个地方——有流言说尤米尼斯正与珀耳修斯秘密通信。李维第四十四卷第10—13章，公元前169年。］①

[12]（1）当珀耳修斯决定率军开进色萨利时，所有人都期待一场决定性的战役，阿克安这次决心以积极的行动来驳斥罗马人的怀疑和指责。（2）因此，他们在亚该亚大会上颁布了一项法令，这项法令规定他们应该率领同盟的全部军队进军色萨利并毫无保留地与罗马人会合。（3）在这项法令通过后，亚该亚人又颁布了另一项法令，这项法令规定，阿克安负责集结他们的军队和准备远征，而且，他们决定派遣使节前往至色萨利的执政官那里，以告诉后者他们所通过的法令的内容以及询问他们的军队在何时、何地与他进行会合。（4）他们立即任命了波利比乌斯和其他人作为使节，他们明确地命令波利比乌斯，如果执政官同意军队与他进行会合，那么，他们请求他立即派遣信使前来告诉他们，以免他们延误行程；（5）与此同时，他们命令波利比乌斯留意军队所要通过的所有城镇的市场，以免士兵缺少补给。（6）因此，使节们就身负这些指

---

① ［中译按］中括号里面的内容译自于剑桥本。

示离开了。(7)他们也任命特洛克利图斯(Telocritus)作为出使阿塔鲁斯的使节,以告诉后者他们已经通过了一项关于恢复尤米尼斯荣誉的法令;(8)当他们接到这个消息时,托勒密国王正在庆祝自己的亲政(*Anacleteria*)——这是国王到了成年年纪时的一种常规仪式——(9)他们投票决定派遣使节到他那里,以重申亚该亚同盟与埃及王国之间的友好关系,而且,他们任命阿尔希萨斯(Alcithus)和帕希亚达斯(Pasiadas)作为这次出使的使节。

[13](1)波利比乌斯及其同僚发现罗马人已经离开了色萨利,并驻扎在了亚佐利乌姆(Azorium)与多利基(Doliche)之间的佩尔比亚;①由于当时局势危急,他们就推迟了与执政官的会面,因为他们面临马其顿入侵的危险。(2)但是,当罗马军队最终下到赫拉克利乌姆地区后,他们觉得会面的时机终于来临了,因为,这位将军似乎已经完成了自身任务的主要部分;②(3)当时机出现后,他们立即将这个法令呈送给了马西乌斯,而且,他们告诉马西乌斯,亚该亚人已经决定派遣他们全部的军队同他一起并肩战斗和共赴战争危险。(4)除此之外,他们向他指出,在当前这场战争期间,罗马人发给亚该亚人的所有命令——不管这些命令是通过信件传递还是通过信使传递——他们都会及时遵从。(5)对于亚该亚人的这个提议,马西乌斯非常高兴,因为这可以减轻自己的负担和花费,但是,在当前的情况下,他不需要盟友的援助。(6)因此,其他的使节们都回国了;(7)但是,波利比乌斯却留了下来,并参加了军事作战,直到马西乌斯听到阿庇乌斯·森托(Appius Cento)要求亚该亚人派遣五千名士兵到伊庇鲁斯的消息后,③他就把波利比乌斯派遣出去,指示他阻止亚该亚人提供这样的士兵和这样无用的花费,因为阿庇乌斯毫无理由下达这样的命令。(8)他这样行事到底是出

---

① 即公元前 169 年夏季。

② 即公元前 169 年秋季。

③ 公元前 170 年,阿庇乌斯·克劳狄·森托(Appius Claudius Cento)在希斯卡纳遭遇了战败,参见李维第四十三卷第 10 章。

于对亚该亚人的考虑,还是出于对阻止阿庇乌斯获胜的考虑,我们很难进行判断。(9)不管怎样,波利比乌斯回到了伯罗奔尼撒,他发现伊庇鲁斯的信件已经送到了,而且,不久之后,亚该亚大会就在西西昂举行,因而,他面临一个非常困窘的局面。(10)因为,当森托的士兵的要求被提交到大会时,他认为,公开马西乌斯对自己所作的私下指示无论如何都是不妥当的;另一方面,没有清晰的借口就公开反对派遣援助的提议又是非常危险的。(11)在这种困窘而微妙的处境之下,他吁请求助于当前的这个元老院作出决议,这个决议规定任何人都不得服从统帅们所作出的要求,除非他们的要求符合元老院的法令,然而,阿庇乌斯的这封信件根本就没有提到这样一个法令。(13)因此,他设法将这个问题提交给执政官,通过后者的干预,他让同盟免除了这个开支——这个开支总计足足超过一百二十泰伦。(14)不过,他给那些希望向阿庇乌斯控告自己的人提供了一个很好的借口,因为他阻止了援助计划的实施……

克里特的局势

[14](1)西顿尼亚人(Cydonia)这时犯下了一个令人震惊而又饱受谴责的背叛举动。(2)尽管这样的事情以前在克里特经常上演,但是,这次事件远远超过了以往惯常发生的所有事件。[①](3)因为,他们不仅是阿波罗尼亚人的朋友,而且与他们联结在同一个共同体当中,并与他们一起分享人类所享有的所有权利;(4)尽管他们发誓遵守的条约保存在埃达的宙斯神殿(The Temple of Idaean Zeus)里,但是,他们仍背信弃义地攻占了阿波罗尼亚这座城市,杀死了它的居民,劫掠了所有的财产,分配了妇女与儿童以及领土与城市……

[15](1)由于惧怕戈提纳人——因为,在前一年他们由于诺索克拉底(Nothocrates)所发动的进攻而几乎失去了自己的城邦——

---

① 西顿尼亚人(Cydonians)进攻并占领了克诺西亚(Cnossus)附近的阿波罗尼亚。

因此,在克里特的西顿尼亚人现在派遣使节到尤米尼斯那里,以请求尤米尼斯按照他们之间所缔结的同盟条约而向他们提供帮助。(2)国王挑选了列奥(Leon)和三百名士兵,并立即将他们派往到克里特。(3)当他们抵达后,西顿尼亚人把城门钥匙交给了列奥,并把自己的城市全部移交到他手上……

罗德岛的局势

[16]①(1)在罗德岛,派系斗争已愈演愈烈。(2)当他们听说了元老院在这个决议——元老院在这个决议中指示他们不要再理会罗马将军的命令,而只需遵从元老院的命令——以及当大多数人都赞同元老院的这个明智行动后,(3)斐洛弗洛恩和提亚德图斯就利用这个机会推行自己的政策,这两人说道,他们应该派遣使节到元老院、执政官昆图斯·马西乌斯·菲利普斯和舰队统帅盖乌斯·马西乌斯·菲古鲁斯那里;(4)因为,这时所有人都知道哪些罗马官员将会被派到希腊。(5)这个提议得到了大家的高声欢呼,尽管有一些人表示反对这个提议。(6)在这个夏初,②有三名使节被派到了罗马,他们分别是哈基希亚斯(Hagesias)之子哈基希洛克斯、尼卡格拉斯和尼卡德尔;(7)另外三名使节则被派到了执政官和舰队统帅那里,他们分别是哈基波利斯(Hagepolis)、阿里斯顿和帕希克拉底(Pasicrates),他们受命延长与罗马的友好关系,并对一些指控罗德岛的声音进行辩护;(8)而哈基希洛克斯及其同僚则受命从罗马的疆土内获准出口谷物的许可。(9)在专门讨论意大利局势的章节中,③我就已经提到了这些使节在元老院所作的讲话以及元老院对他们所作的回答;而且,我也提到了在受到了最友好的接待后他们是如何返回的。(10)对于这个问题,我常常提醒我的读者

① 公元前170年,罗德岛决定派遣一个使团前往罗马。
② 即公元前169年。
③ 参见前引书(*supra.*),第2章。

予以注意,正如我自己实际上所努力做的那样,在记过使节的任命和派遣情况之前,我常常不得不先记述使节的会谈和进程。(11)因为,在记述每一年几个国家同时期所发生的事件时,我努力地将那年在每个国家所发生的事件列在不同的标题之下,很明显,这在我的史撰中肯定时有发生。

[17](1)哈基波利斯及其同僚抵达昆图斯·马西乌斯那里时,他们发现他在马其顿的赫拉克利乌姆附近扎营,按照事先的指示他们与他进行了会谈。(2)当听完他们的讲话后,他回答道,他不仅毫不理会这样的指控,而且还建议他们不要听信任何对罗马说三道四的人;(3)除此之外,他用了许多善意的表达,甚至写信给罗德岛人。(4)他的整个回复让哈基波利斯深为高兴和触动;接着,马西乌斯就把他拉到一边,并对他说道,他非常想知道为什么罗德岛人不结束当前安条克与罗德岛之间的这场战争,这样做难道不是对他们特别有利吗?(5)现在的问题就在于,这位执政官这样做,是否是因为他对安条克心存疑虑,以及他担心安条克如果征服了亚历山大里亚,那么,安条克可能就会成为一个新的可怕对手——(6)因为,争夺科利-叙利亚的战争已经爆发——假如与珀耳修斯的战争旷日持久的话;(7)还是因为他看到与珀耳修斯的战争几乎胜负已定——因为,罗马军团已经驻扎在了马其顿,而且他对战争的结果充满信心;(8)因此,他希望鼓动罗德岛人对这场战争进行调停,而且,他希望通过这种行动,让罗马人有一个合理的借口去采取一种他们觉得合适的举措来处置他们。(9)很难说清楚他究竟是具体出于哪一个原因,但是,从不久之后罗德岛所发生的事件来看,我倾向于认为是后一个原因。(10)然而,哈基波利斯及其同僚接着立即前去与盖乌斯·马西乌斯进行会面,他们从他那里得到了比从昆图斯·马西乌斯那里更加异常友好地的接待,接着,他们就赶紧回到了罗德岛。(11)当罗德岛人听取了使节们对这次出使所作的报告,以及了解到这两位统帅在所用的语言的善意和允诺让利的方面彼此之间在暗中较劲后,所有罗德岛人的期待都被大大地提升了;但是,需要强调的是,并非所有人的态度全

都相同。(12)那些理智的人对罗马人的善意感到非常高兴；但是，那些鼓动者和好事者却认为，这种过分的仁慈表明罗马人对自己所面对的危险感到害怕，而且，事情也没有像他们所预期的那样发展。(13)当哈基波利斯偶然向自己的一些密友透漏，他已经从马西乌斯那里得到了让罗德岛元老院结束这场战争（在叙利亚）的私下指示后，德诺恩及其同党接着就明确地得出结论说，罗马人已经处于生死关头。(15)罗德岛人现在派遣一个使团到亚历山大里亚，意图结束安条克①与托勒密②之间的这场战争……

IV. 安条克四世与托勒密六世之间的战争

[托勒密·俄皮法尼斯于公元前 181 年去世，他与自己的妻子、安条克·俄皮法尼斯的妹妹克里奥佩特拉（Cleopatra）生育了两个儿子托勒密·斐洛米托（Ptolemy Philometor）与托勒密·菲斯康（Ptolemy Physcon）以及一个女儿克里奥佩特拉。在托勒密的母亲克里奥佩特拉去世后，他的大臣埃乌拉乌斯（Eulaeus）和利纳埃乌斯（Lenaeus）为收复科利-叙利亚和腓尼基而与安条克开战，科利-叙利亚和腓尼基是被安条克大帝（Antiochus the Great）夺走的，他们声称它们是已故的克里奥佩特拉的嫁妆。他们所发动的战争遭遇了异常的惨败。安条克·俄皮法尼斯在佩鲁西乌姆打败了他们的军队，而且，他俘虏了年轻的托勒密·斐洛米托，并一直进军至孟菲斯（Memphis）。因而，托勒密·菲斯康作为乌基特斯二世（Euergetes II）在亚历山大里亚称王，而且，他向孟菲斯的安条克派遣了使节。然而，安条克对托勒密·斐洛米托非常仁慈，他在孟菲斯立后者为王，而且，他继续向纳乌克拉提斯进军，

① ［中译按］亦即安条克·俄皮法尼斯（Antiochus Epiphanes）。
② ［中译按］亦即托勒密·菲斯康（Ptolemy Physcon）。

并从纳乌克拉提斯向亚历山大里亚进军——他以斐洛米托的
复位为借口围攻亚历山大里亚。公元前 171 年。参见第二十
九卷第 23 章以下。]①

[18]（1）安条克国王具有卓越的军事才能，而且他的军事计划
大胆果敢，除了在佩鲁西乌姆的军事调遣之外，他都无愧于王室的
尊贵……

[19]（1）当安条克部分性地占领埃及后，科马努斯（Comanus）
和希纳亚斯（Cineas）与托勒密国王②进行了讨论协商，他们决定召
集那些最杰出的埃及贵族，以一同开会商讨局势。③（2）这次开会
所作的第一个决定是派遣当时身在亚历山大里亚的希腊使节到安条
克那里以缔结和平。（3）亚该亚人当时派来了两个使团，其中一个使
团是由埃基乌姆的阿尔希萨斯（Alcithus of Aegium）——他是色诺芬
的儿子——以及帕希亚达斯所组成，他们出使的目的是重申埃及与
亚该亚之间的友好关系，另一个使团出使的目的则是出席为纪念安
提柯•多森（Antigonus Doson）而举行的运动。（4）当时还有一个来
自雅典的使团，这个使团以达马拉图斯（Damaratus）为首，而且，这个
使团有两个神圣的使命，其中一个使命是关于泛雅典娜节（the
Panathenaean games），搏击手卡利亚斯（Callias the pancratiast）是它
的主持者，另一个使命则是关于秘仪，克里奥斯特拉图斯
（Cleostratus）是它的经理人和发言人。（5）除此之外，来自米利都的
埃乌德穆斯（Eudemus）和赫塞希乌斯（Hicesius）以及来自克拉索
姆（Clazomenae）的阿波罗尼德斯（Apollonides）和阿波罗尼乌斯
（Apollonius）也到达了。（6）同时，托勒密国王也派来了自己的代表
特勒波勒穆斯和修辞学家托勒密（Ptolemaeus the rhetorician）。
（7）所有这些人都逆流而上以迎接安条克……

---

① ［中译按］中括号里面的内容译自于剑桥本。
② ［中译按］亦即托勒密•菲斯康（Ptolemy Physcon）。
③ 即公元前 169 年。

[20](1)就在安条克占领埃及之时，①那些从希腊派来求和的使节与他进行了接洽。(2)他热情地接待了他们，第一天他就给予了他们热情的招待，第二天他正式地接见了他们，并嘱咐他们要开诚布公地向自己转达他们母国的指示。(3)第一个发言的是来自亚该亚的使节，第二个则是来自雅典的德马拉图斯(Demaratus)，其后则是米利都的埃乌德穆斯(Eudemus of Miletus)。(4)由于他们所有人针对的是同样的情况和同样的主题，因此，他们所有人的发言都大同小异。(5)他们所有人把一切责任都归咎于埃乌拉乌斯，他们以托勒密是他的亲戚和托勒密的年轻来求情，以抚慰安条克的怒气。(6)安条克国王接受了所有这些求情，甚至比他们更重视这些请求，但是，接着他就开始为自己的原始权利进行辩护；(7)他试图让他们相信科利-叙利亚地区是属于叙利亚国王的领土，他特别强调了叙利亚王国的创立者安提柯对这个地区行使主权的事实，而且，他也提到了塞琉古②在安提柯去世后将其割让给了马其顿国王的事实。(8)接着，他讲到了自己的父亲安条克是这个地区的最后占领者；(9)最后，他否认了在亚历山大里亚的那些人所声称的自己已故的父亲与最近刚刚去世的托勒密之间缔结有协议的说法，在托勒密迎娶现任国王的母亲克里奥佩特拉时，托勒密就已经把科利-叙利亚当作彩礼了。(10)他所说的这番话不仅让他自己相信，而且也让他的听众们相信他是正义的，接着，他航行到了纳乌克拉提斯。(11)在向那里的民众展示了自己的善意和向每一位生活在那里的希腊人制作了相当于一斯塔特金币的礼物后，他就向亚历山大里亚进发了。(12)他告诉使节们，阿里斯特德斯(Aristeides)和塞里斯(Theris)一回来，他就立即向托勒密派遣使团；(13)他说道，他希望希腊的使节们对所有事情都有充分的认知，并成为所有事情的见证者……

[21](1)宦官埃乌拉乌斯说服托勒密把自己的王国让给敌人，

---

① 参见第二十七卷第 19 章；第十八卷第 1 章第 17 节。
② 即塞琉古·尼卡诺尔(Seleucus Nicanor)，公元前 306 年—前 280 年。

并带上自己所有的金钱撤退到萨莫特拉塞（Samothrace）。（2）任何一个有思考能力的人都不会不承认，同伴的邪恶会对人造成巨大的伤害。（3）一个远离危险和敌人的君主没有采取任何行动以挽救自己的荣誉，尤其是当他掌握了如此庞大的资源和统治了如此广袤的国家与巨大的人口，但却没有作任何努力就把这么一个繁荣而辉煌的国度拱手让出，难道这不是太过娇弱和太过败坏的真实写照吗？（4）如果这是托勒密的自然本性，那么，我们就应该谴责自然本性本身，而不应该对他有任何指责。（5）但是，自然本性已经通过他后来的行动——亦即通过在危难时刻来表明托勒密是一个相当坚定和勇敢的人——表明了自身，很明显，我们应该把他这一次的怯懦和急匆匆地向萨莫特拉塞的撤退全都归咎于这位宦官以及他与这位宦官之间的密切关系⋯⋯

［22］①（1）在放弃了对亚历山大里亚的围攻后，安条克派向罗马派出了使节。（2）这些使节的名字是米利亚基尔、索西法尼斯和赫拉克雷德斯。（3）安条克募集了一百五十泰伦的金钱，其中五十泰伦是送给罗马人的礼物，其余的金钱则是送给一些希腊城邦的礼物⋯⋯

［23］（1）在这些天里，普拉克安（Praxon）和其他使节从罗德岛抵达了亚历山大里亚，他们此番前来的目的是缔结和平；几天后他们进发到了安条克的营地。（2）在会见时，他们发表了一番长篇讲话，他们声称他们自己的国家对这两个王国都非常友好，而且，这两位国王之间存在亲戚关系，和平的缔结对双方也都有好处。（3）但是，在他们讲话的过程中，国王打断了他们，他告诉他们，现在无需多言；（4）因为，王国属于老托勒密，他与老托勒密很久之前就达成了和约，而且，老托勒密也是他的朋友。因此，如果亚历山大里亚的民众现在希望召回老托勒密，那么，安条克不会进行阻止。（5）事实上，他也说到做到了⋯⋯

---

① 安条克离开了亚历山大里亚一段时间，而且，他与一些罗马使节进行了会面，参见第二十九卷第 25 章。

第二十九卷（残篇）

I. 意大利的局势

埃米利乌斯·保鲁斯（Aemilius Paullus）的演讲

（对照李维第四十四卷第 22 章第 8 节）

[1]①(1)埃米利乌斯②说道，当他们在马其顿指挥战事时，有一些人无论是在散步闲谈中还是在社交聚会上，他们唯一的消遣就是静静地坐在罗马，时而对军事指挥官的所作所为进行吹毛求疵，时而对军事指挥官没有完成的事情进行添油加醋；③(2)所有这一切都对公众利益毫无用处，相反，它在很多方面都往往会贻害无穷。军事指挥官们也会被这些不合时宜而又喋喋不休的啰嗦话而深受牵累和重创。(3)因为，所有的诋毁都有尖锐和挑选的成分，而且它们传播迅速，根本不会停歇，以至于民众完全会被这种没完没了的无用絮叨所感染，我们的将军也因而会遭到敌人的鄙夷……

---

① 这是卢西乌斯·埃米利乌斯·保鲁斯（L. Aemilius Paullus）对马其顿人所发表的一个讲话（不过只有残篇保留下来），参见第四十四卷第 22 章。
② 公元前 168 年的执政官是卢西乌斯·埃米利乌斯·保鲁斯（L. Aemilius Paullus）和李锡尼·克拉苏（Licinius Crassus）。
③ 即公元前 169 年—前 163 年。

元老院向安条克派遣使节

[2]①(1)当元老院听说安条克已经成为了埃及的主人和几乎就要夺取亚历山大里亚后,(2)他们认为,安条克国王实力的增强会影响到他们自身;(3)因此,他们任命盖乌斯·波皮利乌斯作为自己的使节,以前去结束战争和观察事态进展。(4)这就是意大利的局势……

II. 与珀耳修斯的战争

格恩提乌斯倒向珀耳修斯

（对照李维第四十四卷第 23 章）

[3](1)珀耳修斯派去格恩提乌斯那里以缔结和约的使节希皮亚斯在冬季之前就回来了;(2)希皮亚斯向珀耳修斯报告说,格恩提乌斯愿意与罗马开战,如果他得到三百泰伦的金钱和合适的担保的话;(3)在听到这个信息后,珀耳修斯认为,与格恩提乌斯的合作是当务之急,因此,他任命自己的其中一位"最早的朋友"(first friends)潘塔乌克斯作为自己的使节,他首先指示潘塔乌克斯同意向格恩提乌斯提供金钱,随后再交换进行结盟的誓言。(4)其次,格恩提乌斯立即派出了潘塔乌克斯所挑选的人质,而格恩提乌斯也接收了按照自己所列举的名单而从珀耳修斯那里所派来的人质。最后,潘塔乌克斯安排运来了三百泰伦的金钱。(5)潘塔乌克斯立即动身了,他在拉贝亚提斯(Labeatis)地区的米提安(Meteon)与格恩提乌斯进行了会面,他很快就让这位年轻君主倒向了珀耳修斯一边。(6)在对结盟进行宣誓,并对条约进行书面化后,格恩

---

① 参见李维第四十四卷第 19 章。

提乌斯立即按照名单向潘塔乌克斯派出了人质;接着,他让奥林皮安(Olympion)同他们一道去接受珀耳修斯的誓言和人质,同时,他也派出了负责接收这笔金钱的其他人。(7)除了我所说的这些之外,潘塔乌克斯劝说格恩提乌斯也派遣一些使节与珀耳修斯所派来的一些使节一起前往罗德岛进行访问,以协商三国之间的相互结盟。(8)因为,如果这件事做成了,并且,罗德岛人也同意参加战争的话,那么,他保证后者可以很容易地战胜罗马人。(9)格恩提乌斯按照潘塔乌克斯所劝说的那样进行行事,他任命帕米尼安和莫尔库斯(Morcus)作为自己的使节进行此次出使,并指示他们,一旦珀耳修斯发下誓言和在金钱方面达成协议,他们就向罗德岛进发。

[4](1)所有这些人现在都出发前往马其顿,但是,潘塔乌克斯则仍然留在这位年轻的国王身后,以提醒和催促国王不要在备战进度上行动迟缓,而是要做好全方位的准备,并有效地确保地方、城镇和盟友的安全。(2)他尤其要求国王做好海战准备,因为,罗马人在伊庇鲁斯和伊利里亚海岸毫无防备,国王几乎可以不费吹灰之力地通过自己或者自己的军官实现任何自己所希望的海上目标。(3)格恩提乌斯相信了这些说辞,以至于他积极地在陆地和海洋积极备战。(4)格恩提乌斯的使节和人质一到马其顿,珀耳修斯立即率领自己所有的骑兵从自己在埃尔佩厄斯河(River Elpeius)①附近的营地出发,以前去迪乌姆迎接他们。(5)首先,他在所有骑兵面前对结盟进行了发誓,因为,他特别渴望马其顿人知道格恩提乌斯对自己的支持,他认为,这支额外的军事力量可以提升他们的信心。(6)其次,他接收了他们的人质,并将自己的人质移交给了奥林皮安。在他所移交的人质中,最著名的有波勒莫克拉底(Polemocrates)之子利纳乌斯和潘塔乌克斯之子巴拉克鲁斯。(7)接着,珀耳修斯把那些前来接收金钱的人送到了佩拉,他对他

---

① 李维(第四十四卷第8章)称呼它为埃尼佩厄斯河[Enipeus(*Fersaliti*)],它是佩尼厄斯河(Peneus)的一条支流。

们说他们将会在那里收到金钱；除此之外，他任命了一个前往罗德岛的使团，以让他们在色萨洛尼卡（Thessalonica）迎接米特洛多鲁斯，而且，他命令他们做好登船准备。这个使团成功地说服了罗德岛人加入了战争。（8）在完成这件事后，他派遣赫洛弗安（Herophon）作为自己的使节——他先前就担任过这种角色——出使尤米尼斯，而且，他派遣了克里特人特勒纳斯图斯（Telemnastus）出使安条克，（9）以催促后者"不要错失这次机会，也不要认为珀耳修斯是唯一一个被罗马人压迫和欺凌之人；（10）而是要清楚地认识到，如果他现在不通过结束战争的手段（这是最好的办法）来帮助珀耳修斯，或者不在战争中援助珀尔修斯，他很快就会遭受同样的命运。"……

珀耳修斯与尤米尼斯的阴谋

（对照李维第四十四卷第 24 章第 9 节）

[5]（1）在记述珀耳修斯与尤米尼斯的阴谋时，我自己感觉颇为尴尬。因为，准确而充分地记述这两位国王之间的秘密谈判，在我看来，这很容易招致诸多的批评，同时也是异常的冒险。（2）对那些在战争中起决定作用的事件——而且，它们也可以让我们有效地解释之后那些很难进行解释的事件——完全视而不见，在我看来，这无疑是一种不作为，同时也是缺乏进取心的表现。（3）然而，我决定以一种简要的方式来陈述自己的看法，以及驱使我形成这种看法的各种猜测和可能性；事实上，对当时所发生的一切，我比其他任何人都记忆深刻……

[6]（1）我已经陈述了克里特的希达斯（Cydas of Crete）①——他在尤米尼斯的军队效力，而且备受尤米尼斯的器重——首先来到了安菲波利斯，并与效力于珀耳修斯军队的克里特士兵基马鲁

_____

① 这一卷的先前一部分已佚失，参见李维第四十四卷第 25 章。

斯(Cheimarus)进行了联络;接着,他走进了德米特里亚斯——实际上是在城墙边——并首先与米尼克拉底(Menecrates)进行了会谈,接着则与安提马科斯(Antimachus)进行了会谈。(2)珀耳修斯接着两次派遣赫洛弗安出使尤米尼斯,结果,大部分罗马人都不无根据地怀疑起尤米尼斯国王,这可以从他们对待阿塔鲁斯的方式上就能够清楚地看出来。(3)因为,他们允许阿塔鲁斯从布林迪西前往罗马,并允许他可以随心所欲地选择任何主题以向元老院发表演讲,最后,他们对他作出了非常礼貌的答复,尽管他在先前或者在与珀耳修斯的战争中没有对他们作出任何较大的贡献;(4)但是,对于先前向他们作出最大贡献,或者在与安条克和珀耳修斯的战争中对他们作出最大贡献的尤米尼斯,他们不仅阻止他前来罗马,而且命令他在规定的日期内离开意大利,尽管当时正值隆冬。(5)从中可以很明显地看出,珀耳修斯与尤米尼斯之间的一些密谋引发了罗马人对尤米尼斯的疏离。(6)至于他们究竟是什么,以及它们进展至多远,这需要我们进行探究。

[7](1)我们可以很容易地看到,尤米尼斯根本就不希望珀耳修斯赢得战争和成为希腊的绝对统治者。(2)因为,除了先前一直所遗留下来的厌恶和敌意之外,他们对同一民族施予统治,这足以引起他们之间的猜疑、嫉妒和最强烈的憎恨。(3)他们唯一的目标就是通过密谋进行相互欺骗和要弄花招,而他们双方现在就在做此事。(4)因为,当尤米尼斯看到珀耳修斯处境不妙,四面楚歌,而且,为了结束战争和获取和平,后者愿意接受任何条约(出于这个目的,后者每年都向罗马派遣使节)之时;(5)当罗马人处于异常困难之际,因为直到埃米利乌斯·保鲁斯接管指挥权时,罗马人在战场上仍然毫无进展;以及当埃托利亚人正处于不稳定之际;(6)尤米尼斯就认为,罗马人绝不可能结束战争和缔结和平;(7)而且他还认为,他自己是斡旋此事,同时也是让这两位对手达成和解的最合适人选。(8)从这些考量出发,他在前一年就通过克里特的希达斯打探珀耳修斯到底愿意为此付出多大的代价。

[8]①(1)在我看来，这就是他们相互之间进行联络的根本原因。(2)这就是这两位国王之间的争斗，其中一位以最不讲原则著称，另一位则以最极端著称，以至于这场斗争显得非常荒谬。(3)尤米尼斯没有错失任何机会，他用各种各样的诱饵来诱惑珀耳修斯，他相信自己可以通过这样的承诺来让后者上钩；(4)然而，虽然珀耳修斯远远地假装急于接受这些提议和达成协议，但是，他从未吞下任何诱饵，以至于在金钱方面也没有作出任何牺牲。(5)他们之间的这两种斗争以如下方式进行。在战争的第四年，尤米尼斯要求五百泰伦以换取自己按兵不动以及在海陆两线均不支持罗马人，以及要求一千五百泰伦以换取结束战争。对于这两个要求，他都答应立即交出人质和担保。(6)珀耳修斯接受了人质的提议，包括人质送达的方式、送达时间以及人质如何由诺索斯人进行监管。(7)至于金钱，他说道，关于那五百泰伦金钱的问题，对于这笔金钱的提供者来说，他们是耻辱的，不过，对于这笔金钱的接受者而言，他们会更加耻辱，因为，他们会被认为是因为金钱的收买而保持中立的；但是，他说道，他会让波勒莫克拉底带着一千五百泰伦的金钱到萨莫特拉塞，并把这笔钱储存在那里，萨莫特拉塞当时是他自己的领土。(8)但是，尤米尼斯就像是一位恶劣的医生，比起最终费用，他更关心预付定金，当他发现自己的诡诈无法与珀耳修斯相匹敌时，他最终放弃了这种尝试；(9)因此，他们两人都没有因为贪婪而赢得奖品，他们就像两位优秀的摔跤运动员一样打了一个平局。(10)其中一些事实当时被泄漏出去了，而其他事实则很快就被珀耳修斯的密友们流传出去了，这让我充分地认识到，贪婪实际上是所有邪恶的弦钮（tuning-peg）。

[9](1)我进一步地扪心自问道：贪婪是不是也会让我们愚蠢不堪呢？(2)因为，谁能说这两位贪婪的国王愚蠢不堪呢？(3)一方面，他们之间的条约是如此地疏离，因此，尤米尼斯怎么可能得到信任呢？另一方面，万一他没有履行自己的承诺，那么，他也不

———————

① 尤米尼斯与珀耳修斯之间的讨价还价。

能给珀耳修斯任何适当的担保来进行恢复,因此,他怎么可能得到这么一笔庞大的金钱呢?(4)如果当时不这样做,他们以后就会这样做。(5)因此,作为对赠予自己的这笔金钱的回报,他必须要估计到与罗马的争执,而与罗马的争执不仅会导致自己所接受的这笔金钱的丧失,而且也会导致自己王国的丧失,甚至可能导致自身的殒命,如果他一旦被宣布为罗马的敌人的话。(6)即使他什么也没有做,仅仅只是想要这样做,那么,这也会让他陷入极度的危险之中,如果他先前的计划成功地予以实施,那么,他会招致怎样的命运呢?(7)再者,至于珀耳修斯,每一个人都好奇地想知道,为什么他想不到,给尤米尼斯送钱,让尤米尼斯上钩,是对他自己最有利和最重要的事情呢?(8)如果尤米尼斯按照自己所承诺的那样帮助珀耳修斯结束战争,那么,他送出的这个礼物可以说是物有所值的;(9)但是,如果他的这个期望落空了,那么,他至少肯定可以让尤米尼斯与罗马产生嫌隙,因为他完全可以公开他们之间的交易。(10)当我们念及于此时,我们可以很容易地看到,这对珀耳修斯何等地重要,无论他是否会赢得这场战争。(11)因为,他会把尤米尼斯视为自己所有不幸的罪魁祸首,而且,相较于把尤米尼斯变成罗马的敌人这种报复,珀耳修斯的其他任何报复无疑都相形见绌。(12)那么,双方这种显而易见的愚蠢的根源是什么?除了贪婪,无它!因为,为了得到这份哪怕是丢人的礼物,其中一位国王竟然完全不考虑其他,以至于愿意做任何肮脏的事情;然而,为了节省这份礼物,另一位国王则愿意忍受任何灾难,以至于对所有后果都视而不见。(13)对于加拉提亚人和格恩提乌斯,珀耳修斯也以同样的方式进行行事①……

罗德岛人的行动

[10](1)当这个问题在罗德岛进行投票表决时,大多数人都赞

---

① 参见普鲁塔克:《埃米利乌斯》(Aemilius),第十二章。

同派遣使节前去协商与缔结和平。（2）这个表决决定了罗德岛对立党派的相对实力——（3）其中有一派支持珀耳修斯，他们反对那些希望保全自己国家和法律的人。（4）因此，执政团（Prytaneis）立即派出使节以期结束这场战争，他们派遣了哈基波利斯、迪奥克勒斯（Diocles）和克里诺布洛图斯（Clinombrotus）到罗马那里，而且，他们也派遣了达蒙、尼科斯特拉图斯、哈基希洛克斯和特勒弗斯（Telephus）到罗马执政官和珀耳修斯那里。（5）他们后来就按照这种想法进行行事，甚至更具攻击性，以至于最终使他们的过错变得完全不可原谅。（6）因为，他们立即向克里特派遣使节以重申与克里特人的友好关系，并催促他们说，鉴于他们所处的环境和危险，他们应该同罗德岛人结盟，并把他们的敌人当作自己的敌人以及把他们的朋友当作自己的朋友。（7）他们对其他城邦也进行了同样地劝说……

（对照李维第四十四卷第 29 章第 6 节）

[11]（1）当格恩提乌斯的使节帕米尼安和莫尔库斯在米特洛多鲁斯的陪同下抵达了罗德岛后，罗德岛元老院接见了他们；（2）这次会见剑拔弩张，德诺恩和波利亚拉图斯现在公开为珀耳修斯说话，而提亚德图斯及其朋友们则对所发生的这一切深感失望。（3）因为，伊利里亚人的大帆船的出现、罗马骑兵的重创和格恩提乌斯态度的改变，让他们的底气大为不足。（4）这次会见就以上面我所描述的那样结束了。（5）因为，罗德岛人下令礼貌地回复这两位国王，并告诉这两位国王说，他们已经决定缔结和约，而且，他们恳求这两位国王也缔结和约。（6）他们在公共的圣坛或者普利塔尼乌姆（Prytaneum）也热情地款待了格恩提乌斯的使节……

关于撰史方法的题外话

[12]（1）其他的历史学家们对叙利亚战争再一次作出了［夸大

其辞的记述]。其原因就是我先前所常常提到的那些原因。(2)在处理一个简单而非复杂化的主题时,他们是以其自身所完成的著作的庞大数量,而非其著作的质量来谋求历史学家的名声和声望的;(3)因此,为了给人留下我所描述的那种印象,他们不得不被迫无限放大细枝末节,不厌其烦地阐述和润饰那些简单的事件,并把那些相当偶然而又无足轻重的事件龙飞凤舞地说成是举足轻重的事件或者行动,以至于他们甚至有时会把一场仅仅损失十名步兵(或者损失更多一些步兵)和更少数量骑兵的战役描述成一场大战或者激战。(4)至于围城、地点的描述以及其他诸如此类的事项,由于缺乏真实性的根基,以至于他们之中没有一个人能够充分地进行描述。(5)但是,撰写普遍史的史学家与他们完全相反。(6)因此,对于其他历史学家进行详加描述的事件,我有时却予以了遗漏,有时则进行简要地记述,在这些事件上的含糊其辞,我不应该受到责难;但是,我会对每一个事件作出恰如其分的记述。(7)当那些历史学家在他们的著作中描述围攻——例如对法诺提亚(Phanotea)、克洛尼亚或者哈利亚提的围攻——时,他们不得不向读者展示围城的所有装置、所有大胆的进攻和所有其他的形态;(8)除此之外,在描述塔林敦(Tarentum)的沦陷,以及在描述对科林斯、萨尔迪斯、加沙、巴克特拉(Bactra)和最为重要的迦太基的围攻时,他们不得不进行胡编乱造;当我原原本本而毫不掺假地记述这些事件时,他们却对我进行百般指摘。(9)同样的评语也适用于他们对战争的描述、对演讲的记录以及对历史的其他部分的记载。(10)在所有这些方面——也包括我的著作的后续部分——如果有人发现我对故事的内容、对事实的处理或者语言的风格有不一致之处,那么,我应该得到原谅;(11)除此之外,如果我在山脉与河流的名称,或者在地区特征的表述方面出现错误,那么,这也情有可原。(12)因为,在所有这些方面,我的这部大部头的著作本身就是一个充分的托词,但是,如果我有意地作出虚假陈述或者出于利益而作出虚假陈述,那么,我就是不可原谅的了;因为,在谈及这个主题时,我已经在这部著作中说过很多次了……

伊利里亚的格恩提乌斯

（摘录自亚特纳乌斯第十卷第 440a；对照李维第四十四卷第 30 章第 2 节）

[13]（1）在其第二十九卷中，波利比乌斯也说道，由于放纵自己的恶习，伊利里亚国王格恩提乌斯犯下了许多荒淫的罪行，而且，他日夜不停地无度纵酒。（2）在处死了即将迎娶莫努尼乌斯（Monunius）的女儿的普拉托（Plator）后——普拉托是他的兄弟——他自己迎娶了这位姑娘，而且，他暴虐地对待自己的臣民……

对珀耳修斯的战役

（摘录自普鲁塔克的《埃米利乌斯的生平》[*Lift of Aemilius*] 第 15 章）

[公元前 168 年春季，格恩提乌斯被迫向法务官卢西乌斯·阿尼希乌斯·加鲁斯（L. Anicius Gallus）投降（李维第四十四卷第 30－31 章）。执政官卢西乌斯·埃米利乌斯·保鲁斯（L. Aemilius Paulus）在马其顿的埃尼佩厄斯河左岸发现了珀耳修斯，这是一个非常有利的位置，但是，由于纳西卡和昆图斯·费边·马克西姆斯（Q. Fabius Maximus）的英勇行动——他们率领了一支相当庞大的军队翻越了山岭——他们到达了珀耳修斯的后方。李维第四十四卷第 30－35 章；普鲁塔克《埃米利乌斯》（Aemil.）第 15 章。]①

———————

① ［中译按］中括号里面的内容译自于剑桥本。

[14]①(1)第一位自愿率领军队包抄敌人侧翼的军官是西庇阿·纳西卡(Scipio Nasica),他是阿非利加(Africanus)的女婿,而且,他后来在元老院权势显赫;②(2)接着,埃米利乌斯③的长子费边·马克西姆斯④——他当时非常年轻——站了起来,并愿意一同前往。(3)这让埃米利乌斯甚是高兴,他拨给他们的士兵数量没有像波利比乌斯说的那样多,而是像纳西卡自己就这项英勇行动而给其中一位国王写信时所说的那样多⑤……

（《苏达辞书》;对照李维第四十四卷第 35 章第 19 节）

(4)在自身的目标以及利古里亚人的盾牌的支撑下,罗马人进行了强有力的抵抗⑥……

（摘录自普鲁塔克的《埃米利乌斯·保鲁斯的生平》[*Lift of Aemilius Paullus*]第 16 章）

---

① 纳西卡、费边和其他志愿者穿过基塞乌姆(Gytheum)、翻山越岭,最终进入了马其顿。

② 绰号"小心"的普布利乌斯·科内利乌斯·西庇阿·纳西卡(P. Cornelius Scipio Nasica Corculum)后来成为了罗马的大祭司(Pontifex Maximus),公元前 150 年。参见西塞罗(Cic.),《论老年》(*de Sen.*)第三卷第 50 章。

③ [中译按]这位埃米利乌斯指的是执政官埃米利乌斯·保鲁斯(Aemilius Paulus)。

④ 这位费边·马克西姆斯是埃米利乌斯的两位最年长的儿子之一,较大的一位被昆图斯·费边·马克西姆斯(Quintus Fabius Maximus)所收养,第二位则被其舅舅普布利乌斯·科内利乌斯·西庇阿(P. Cornelius Scipio)——普布利乌斯·科内利乌斯·西庇阿是阿非利加的长子——所收养。

⑤ 在《埃米利乌斯》第 15 章中,普鲁塔克补充说,根据李维的判断(第四十四卷第 35 章),波利比乌斯所记载的参加这次军事行动的士兵数量——波利比乌斯可能认为这些士兵的人数是五千人——是错误的。普鲁塔克从现存的纳西卡的一封信件中校正了这个数字——八千名罗马步兵、一百二十名罗马骑兵以及两百名色雷斯人和克里特人。——剑桥本注

⑥ 在埃尼佩厄斯河床的厮杀,参见李维第四十四卷第 35 章。

[15]（1）珀耳修斯看到埃米利乌斯仍然留在原地没有动弹，而且，他对所发生的事情也没有产生怀疑，这时有一位克里特逃兵离开罗马人的行军队列，并前往告诉他罗马人正从他后面过来的消息。（2）这位国王深感不安；但是，他没有让自己的军队出动，而是让米洛（Milo）统率了一万名外国雇佣军和两千名马其顿士兵，命令他率领这些士兵疾速地进军和占领高地。（3）波利比乌斯告诉我们，当时仍在睡梦中的罗马人对此大吃一惊，不过，纳西卡确认在高地发生了一场激烈的厮杀……

（《苏达辞书》；对照普鲁塔克《埃米利乌斯》第 16 章）

[16]（1）马其顿的珀耳修斯统治期间出现了月食，而马其顿当时到处都流传了这样一个人人都深信不疑的传说，那就是，月食预示了一位国王的陨落。（2）这无疑提升了罗马人的勇气，同时也打击了马其顿人的士气。（3）这正如一句谚语所言："战争中存在许多毫无由头的恐惧。"①……

（《苏达辞书》；对照李维第四十四卷第 41 章第 1 节）

[在发现自己的侧翼正在被包围后，珀耳修斯撤退到了皮得纳——埃米利乌斯·保鲁斯距离它不远——在耽搁了相当漫长的时间后，大约在仲夏时，珀耳修斯遭受了致命的失败。珀耳修斯逃到了安菲波利斯，接着，他从安菲波利斯逃到了萨莫特拉塞，他在那里被保鲁斯所俘获，并被押往到罗马，后来他被允许独自一个人生活在阿尔巴（Alba）。这就是马其顿王

---

① 由于以精通希腊文学和天文学而闻名的盖乌斯·苏比修斯·加鲁斯（Gaius Sulpicius Gallus）预言了月食，因此，罗马人没有因为出现月食现象而受到惊吓。在讲解马塞鲁斯从叙拉古所带回来的那台天象仪（sphaera）时，西塞罗对他作了描述。他是公元前 166 年的执政官。李维第四十四卷第 37 章；西塞罗：《布鲁图斯》（Brut.），第 78 节；《论共和国》（de Repub.），第一章第 21 节。

国的结局。参见李维第四十四卷第36—43章,第四十五卷第
1—8章;普鲁塔克:《埃米利乌斯》,第16—23章。]①

[17](1)在与珀耳修斯的这场战争之前,执政官埃米利乌斯从
未见过方阵,后来他常常向罗马的一些人坦承说,他从未见过比马
其顿方阵更恐怖和可怕的东西了,尽管他亲眼见证和亲自指挥的
战役不比任何人少……

(对照李维第四十四卷第41章第4节)

(2)许多发明看起来似乎是可信的,而且也是可行的;但是,当
它们置于实际的验证时,它们就会像质地低劣的硬币暴露在火焰
中一样,根本就不符合我们对它们的最初构想……

(《苏达辞书》;对照李维第四十四卷第42章第1节)

(3)珀耳修斯的决定就是要么胜利要么死亡;但是,他的勇气现
在已经坍塌了,他就像一名骑兵的哨兵那样调转缰绳逃跑了……

(《苏达辞书》;对照李维同上)

(4)就像一名在糟糕状态下的运动员的斗志一样,珀耳修斯的
勇气被劳累和时间给耗尽了。因为,当危险迫近,而且他也有责任
进行一场决战时,他的勇气却溃散了……

(摘录自普鲁塔克:《埃米利乌斯·保鲁斯》,第19章)

[18](1)正如波利比乌斯告诉我们说,这位马其顿国王在战役

———————————

① [中译按]中括号里面的内容译自于剑桥本。

刚刚开启之时就调转了缰绳并骑向了城内，他假装自己正要去向赫拉克勒斯（Heracles）献祭，而赫拉克勒斯却是一位既不接受懦夫的献祭，也不会让不正当的祷告应验的神明……

（对照李维第四十五卷第 3 章第 3 节）

[19]（1）就在珀耳修斯被打败和逃亡之时，元老院决定召见罗德岛的使节，以希望结束同珀耳修斯的战争。（2）命运女神就好像有意地把罗德岛人的愚蠢呈现在舞台上一样——倘若我们说"罗德岛人的愚蠢"，而不是说"当时在罗德岛抛头露面的那些人的愚蠢"。（3）亚基西波利斯（Agesipolis）①及其同僚一走进元老院，他们就说道，他们是来结束战争的；因为，罗德岛人看到了这场战争仍然久拖不决，同时也注意到这场战争对所有希腊人都不利，而且，由于开销巨大，这场战争对罗马人自身也不利，因此，他们决定前来缔结和平；但是，现在这场战争已经结束了，罗德岛人的愿望也已经实现了，因此，他们此番前来只是前来祝贺罗马人。（4）这样简要地说完后，他们就离开了。（5）但是，元老院利用这个机会和希望将罗德岛人树立为典型，因此，他们就作了一个答复；（6）而这个答复的主旨则是，他们认为，罗德岛人这次派遣使节前来不是为了希腊人或者罗德岛人自己的利益，而是为了珀耳修斯的利益。（7）因为，如果这些使节是为了希腊人的利益，那么，罗德岛人派遣使节的最好时机无疑就是在珀耳修斯驻扎在色萨利将近两年的时间期间，以及珀耳修斯正在希腊的土地和城市劫掠期间；（8）但是，他们那时却由于疏漏而没有前来，现在罗马军团已经驻扎在了马其顿，珀耳修斯也已经被包围，而且他几乎已经插翅难飞；（8）因而，任何有健全常识之人都可以清楚地看出，罗德岛人这次派遣使节前来不是希望结束战争，而是在竭尽所能地救援和解救珀耳修斯。（10）元老院说道，正是出于这个原因，现在他们不配

① ［中译按］Agesipolis 亦写作 Agepolis。

得到罗马人的迁就或者得到任何有利的答复。（11）这就是元老院对罗德岛使节所作的答复……

埃米利乌斯·保鲁斯的演讲

（对照李维第四十五卷第 7 章第 4 节）

[20]①(1)埃米利乌斯现在用拉丁语进行演讲，以劝说那些出席会议的人员注意他们现在所看到的东西——他指向了现场的珀耳修斯——绝不要过分夸耀自己的成就，也不要妄自尊大、冷酷无情地对待任何人，更不要过度依赖当前的好运。(2)他说道："相反，就在我们自己或者我们国家最辉煌的时刻，我们恰恰应该思考的是完全逆转的命运；(3)因为，只有这样，我们才能表明即使在拥有好运之际，我们仍然是节制的，尽管要做到这一点本身就困难重重。"(4)他继续说道："愚者和智者的区别就在于此，前者只能从自身的不幸中汲取教训，而后者却可以从别人的不幸中汲取教训……"

对珀耳修斯失败的反思

（对照李维第四十五卷第 9 章第 2 节）

[21]②(1)对于珀耳修斯的遭遇，有人常常会苦涩地回想起法勒鲁姆的德米特里（Demetrius of Phalerum）所说的那些话。③(2)在他对命运女神的论述中，他希望给人们留下一个关于她的善

---

① 作为俘虏，珀耳修斯被带到埃米利乌斯·保鲁斯及其与会的人员面前，珀耳修斯拒绝回答他所提出的问题。保鲁斯在希腊向这位国王发表了讲话，接着，他用拉丁语向与会人员发表了讲话，参见李维第四十五卷第 8 章。
② 法勒鲁姆的德米特里（Demetrius of Phalerum）论命运女神的善变性。
③ 按照摘录者（Epitomator）所提供的内容，这个句子的主题似乎是关于珀耳修斯的，尽管这个思考实质上是波利比乌斯自己所作出的。

变性的生动实例——他主要关注亚历山大时代（亚历山大当时摧毁
了波斯帝国）——他像下面那样说道：

（3）即使你不考虑无限远去的年代或者连绵流长的世代，只考虑这最近五
十年，你就会从中明白命运女神的残酷无情。（4）对于波斯人和波斯国王或者
马其顿人和马其顿国王，如果五十年前某位神明向他们预言说，波斯人的显赫
声名（波斯人几乎是整个世界的统治者）将会彻底陨灭，而马其顿人（马其顿人
先前籍籍无名）将会成为世界的主宰，你觉得他们会相信吗？（5）然而，尽管
这位命运女神从未与生活紧密相连，但是，她总是以一种意想不到的方式打乱
我们的如意算盘；（6）她通过挫败我们的期望来展示她自己的力量，在我看
来，即使现在她将波斯人的整个财富全都赐予马其顿人，这其实也是让所有人
明白，她不过是将这些好运暂借给他们而已，迟早有一天她也会截然不同地对
待他们。

（7）这种事情现在就发生在了珀耳修斯身上。确实，就好像借
助了某位神明之口一样，德米特里说出了这些预言。（8）当我在记
撰和思考马其顿王国的覆亡之际，我觉得，对它不作任何评论就跳
过不问，这完全是错误的，尤其是在我亲眼见证了这件事的情况
下；相反，我认为，我应该说一些与这样一个场合相契合的话和回
忆德米特里所说的这番话。（9）在我看来，他的这番话所展示的绝
不仅仅只是人类的智慧。因为，几乎在一百五十年前，他就准确地
预言了后来所发生的事情……

III. 帕加马的局势

［22］（1）当珀耳修斯与罗马人之间的战役结束后，帕加马国王
尤米尼斯发现自己陷入了如人们所说的一种非同寻常的麻烦之
中；但是，考虑到人类事务本身的性质，这其实也并没有异常之
处。（2）因为，通过意想不到的手段，命运女神可以完全摧毁任何
理性的计算；即使她青睐一个人，并让天平向他的那一端倾斜，那

她仍然可能会转身反对他,并在转瞬之间摧毁他所有的一切成就,就好像她反悔一样。(3)这种情形现在就发生在尤米尼斯身上。(4)他原本以为,既然珀耳修斯和马其顿王国已经被彻底摧毁,那么,自己的王国现在终于可以安然无恙了,而且未来自己也必将安享太平时光;然而,就在这时,亚洲的高卢人抓住时机对他发动了出其不意的进攻,以至于让他深陷绝境……

IV. 安条克与托勒密两兄弟之间的战争

[在孟菲斯统治了一段时间后,托勒密与自己的兄弟和妹妹缔结了和约,接着,他回到了亚历山大里亚;安条克把他们三个人全部包围在那里。参见同上第二十八卷第18章。]①

[23](1)在冬季仍未结束前,②两位国王③派来请求帮助的使团抵达了伯罗奔尼撒,这引发了他们反复多次的激烈讨论。(2)卡利克拉底、迪奥法尼斯和赫佩巴图斯不赞同向这两位国王提供帮助,但是,阿克安、利科塔斯和波利比乌斯则同意按照现存的条约向这两位国王提供帮助。(4)由于形势危急,民众④已经宣布年轻的这位托勒密为国王,而年长的那位托勒密后来则从孟菲斯下来,并与自己的兄弟一同分享了王权;(5)由于他们需要各方面的帮助,因此,他们就派遣尤米尼斯和迪奥尼索多鲁斯出使亚该亚,以恳求亚该亚人支援一千名步兵和两百名骑兵,步兵由利科塔斯进行统率,骑兵则由波利比乌斯进行统率。(6)他们也给西西昂的提奥多利达斯(Theodoridas of Sicyon)送去一封信,以恳求他招募一千名雇

---

① [中译按]中括号里面的内容译自于剑桥本。
② 公元前 169 年。
③ [中译按]这两位国王亦即托勒密·斐洛米托(Ptolemy Philometor)和托勒密·菲斯康(Ptolemy Physcon)。
④ [中译按]亦即亚历山大里亚的民众。

佣军。(7)由于我在前面所记述的那些情形,国王们同这些人都特别熟络。(8)当使节抵达时,亚该亚大会正在科林斯召开;在重申了亚该亚人与国王们的友好关系(他们之间的关系非常紧密)后,他们向亚该亚人描述了国王们所处的危险,并恳求亚该亚人提供帮助。(9)亚该亚人愿意提供帮助,他们不仅会为这两位国王——这两位国王都头戴王冠,并行使着王室权威——派遣一部分军队,而且,如有必要,他们甚至会征调所有军队。(10)然而,卡利克拉底和其他人却予以反对,他们说道,他们根本就不应该干预这样的问题,现在尤其不应该干预这样的问题,而是应该全心全意地为罗马的事业进行效力。(11)由于昆图斯·菲利普斯(Quintus Philippus)就驻扎在马其顿的冬季营地,以至于当时普遍期待一场决战的到来。

[24](1)民众现在在游移不定,他们害怕不能取悦于罗马人,因此,利科塔斯和波利比乌斯依次站起身来,并提出了自己的意见;(2)他们说道,当前一年亚该亚人投票决定全身性地倒向罗马人,并派遣波利比乌斯作为自己的使节去宣布这个决定,在感谢了他们的热情支持后,昆图斯·马西乌斯告诉他们说,他无需他们所提供的帮忙,因为他已经控制了通向马其顿的通道。(3)他们接着说道,这表明罗马人需要他们的帮助可能只是一个借口,其目的是阻止他们向亚历山大里亚的这两位国王提供支援。(4)因此,在向亚该亚人指出了埃及王国所面临的近在咫尺的危险后,他们恳求亚该亚人不要错失这次机会,而是要牢记自己的协议与自己所得到的好处,尤其要牢记自己所发下的誓言,以履行他们所缔结的条约。(5)亚该亚大会现在倾向于派出支援,卡利克拉底和其他人这时百般地阻扰决议的通过,他们胁迫官员们说法律没有授权他们在民众大会(the popular assembly)上讨论派遣武装支援这种议题。(6)不久之后,西西昂举行了一次会议,这次会议不仅有亚该亚元老院的出席,而且也有所有超过三十岁的公民出席,并发表了数个演讲;(7)波利比乌斯首先就对罗马人根本无需他们任何帮助的事实进行了特别的强调——他的这个说法绝对不是在信口开河,

因为,他与昆图斯·菲利普斯一起在马其顿度过了去年的整个夏天——(8)接着他说道,如果罗马人真地需要他们的支援,派遣这两百名骑兵和一千名步兵派到亚历山大里亚也不可能让亚该亚人丧失失去支援罗马人的能力;因为,他们可以有效地集结一支三万人或者四万人的队伍来投入战场。(9)他的讲话得到了与会的大多数人的赞同,民众现在决定派兵前去支援。(10)按照法律的规定,那些提出法案的人必须要提出自己的动议,因此,第二天,利科塔斯和波利比乌斯就提出了派遣前去支援的部队的动议;卡利克拉底则提出了派遣使节以对这两位埃及国王与安条克进行斡旋的动议。(11)这两个动议一经提出就再一次地爆发了激烈的讨论;但是,利科塔斯及其党派占据了绝对上风。(12)因为,这两个王国之间的差异非常巨大;(13)因为,对于安条克与希腊之间的紧密关系,人们只能找到稀少的几个相关实例,至少以前就是这样——因为现在这位国王对希腊人表现得非常慷慨大方——(14)但是,亚该亚人从埃及王国所得到的恩惠是如此巨大和频繁,以至于没有任何亚该亚人会期望从埃及人那里得到更多的恩惠了。(15)通过这样的争论,利科塔斯给人留下了深刻的印象,因为,这两个王国在这方面的差异确实大相径庭。(16)因为,他们很难一一列举出亚历山大里亚的国王们所提供的恩惠,但是,他们却很难找到安条克王朝对亚该亚人任何一个值得称道的友好行动……

[25](1)对于媾和问题,安德洛尼达斯(Andronidas)和卡利克拉底不停地讲了一段时间;但是,没有任何人理会他们,因此,他们不得不转而使用诡计。(2)这时,一名信使——他手持有一封来自昆图斯·马西乌斯的信件——刚刚到达了剧院(举行会议的地方),在这封信件中,他敦促亚该亚人遵从罗马人在诸国王之间进行斡旋的政策。(3)元老院现在就派遣了以提图斯·努米希乌斯(Titus Numisius)为首的使团前去做这件事;(4)但是,实际的结果并不是这样,因为,提图斯发现根本不可能达成和平,以至于他已经一无所获地回到了罗马。(5)然而,出于对马西乌斯的尊重,波利比乌斯不希望反对这封信,因此,他退出了讨论;(6)国王们寻

求帮助的希望就以这样的方式落空了；亚该亚人决定派遣使节前去商讨和平问题，因而，他们就挑选了亚基埃拉的阿克安（Archon of Aegeira）、阿塞西劳斯和梅格洛波利斯的阿里斯顿（Ariston of Megalopolis）前去执行这个任务。（7）因此，托勒密的使节——他们对这次寻求武装帮助的希望遭到落空而深感失望——将一封国王们的信件交给了官员们，在这封信中，他们要求亚该亚人派遣利科塔斯和波利比乌斯前去帮助他们作战……

[26]（1）忘记了他所写的和所说的一切，安条克正在准备与托勒密的战争，①这正如希莫尼德斯（Simonides）所言："要做好人是很难的（It is hard to be good）。"（2）确实，光明磊落地行事，甚至在一定程度上进行坚持，这是比较容易的，但是，在任何条件下都一直坚持这样行事，把正义和荣誉看得比其他任何东西都更加重要，这是非常困难的……

[27]（1）当安条克前去进攻托勒密以意图攻占佩鲁西乌姆时，他遇到了罗马统帅盖乌斯·波皮利乌斯·拉埃纳斯（Caius Popilius Laenas）；②安条克远远地向他进行了致意，接着他向他伸出了自己的右手；波皮利乌斯把自己随身携带的元老院决议的信函副本交给了这位国王，并告诉安条克首先就去读它——在我看来，在他知道他对他致意的意图是友好还是敌意之前，不要认为作出惯常的友好手势就是合适的。（4）然而，在阅读完毕之后，这位国王说道，他想同自己的朋友们商讨一下局势，这时波皮利乌斯却做了一件被认为是非常冒犯和异常傲慢的事情。（5）当时他手上碰巧正拿着一根藤条，他用这根藤条围绕安条克划了一个圆圈，并告诉安条克说，在安条克对这封信的内容想好如何进行回答之前，安条克都必须待在这个圆圈内。（6）这位国王对这种傲慢的做法深感震惊，但是，在经过了一番犹豫之后，他说道他会按照罗马人的全部要求予以一一照办。（7）对此，波皮利乌斯及其同僚全都握住他的手，

---

① 即公元前 168 年。
② 参见李维第四十五卷第 12 章。

并热情地迎接他。这封信件的内容是命令安条克立即结束与托勒密的战争。(8)因此,他按照他们所规定的天数率领自己的军队回到了叙利亚,尽管他受到了深深的伤害且不停地进行抱怨,但是,他当时仍然予以了服从。(9)波皮利乌斯对亚历山大里亚的事务一一进行了安排,而且,他劝说这两位国王彼此之间要和平共处,同时,他还命令他们将波利亚拉图斯派到罗马,接着,波皮利乌斯就启航前往了塞浦路斯,因为,他希望尽快地驱逐这座岛上的叙利亚军队。(10)当他们抵达后,他们就发现托勒密的将军已经败北,而且,塞浦路斯岛上的整个局势杂乱无章,他们很快就把叙利亚的军队驱逐出这个国家,并一直守候在那里直到部队乘船前往叙利亚。(11)通过这种方式,罗马人把托勒密的王国几乎从毁灭的边缘中拯救了出来。(12)命运女神牢牢地控制着珀耳修斯和马其顿的事务,以至于当亚历山大里亚和整个埃及的局势都几乎要命悬一线之际,仅仅由于珀耳修斯的命运已经注定,所有的一切又重新恢复了正常。(13)如果那些事情没有发生,如果安条克不是心意已决,那么,我认为,安条克将永远不会服从罗马人的命令。

第三十卷（残篇）

I. 意大利的局势

阿塔鲁斯在罗马；罗德岛的使节

（对照李维第四十五卷第 19 章）

[1]①(1)这时阿塔鲁斯被自己的兄弟尤米尼斯国王派到了罗马；②(2)他此番出使的借口是，即使没有加拉提亚人对王国的重创，他仍然会前来祝贺元老院，并希望得到一些关注，因为他们先前与罗马人并肩战斗、同舟共济。(3)然而，他实际上是因为加拉提亚人的威胁而被迫来到罗马的。(4)他得到了各方非常热情的接待，因为，他们先前与他一起并肩战斗，以至于他们之间非常地熟络，而且他们认为他是一名亲罗马派；由于热情的接待超过了自己原有的预期，完全不知道他们热情地接待自己的真正原因，以至于他开始心生起奢望来。(5)结果，他差一点就摧毁了他自己和他的兄弟以及他们整个王国的命脉。(6)因为，对于大部分罗马人而言，他们已经对尤米尼斯心生隔阂，而且，他们认为他在战争中两

---

① 公元前 167 年的执政官是昆图斯·埃利乌斯·帕图斯（Q. Aelius Paetus）和马尔库斯·尤尼乌斯·佩努斯（M. Junius Pennus）。
② 即公元前 168 年—前 167 年。

面下注,因为他与珀耳修斯联系热络,并在一旁静候罗马人运气的逆转;(7)他们当中的一些杰出之士私下会见阿塔鲁斯,他们建议他将这次代表自己兄弟的出使使命抛诸脑后,转而为自己积极奔走。(8)因为,他们说道,元老院希望为他建立一个独立的王国。(9)阿塔鲁斯的雄心壮志由此点燃,在私下的会谈中,他表示接受那些催促他进行这样行事之人的建议。(10)最后,他甚至与一些重要人物缔结了一份协议,那就是,他们将安排他前往元老院,并就这个议题发表一番演讲。

[2](1)这就是阿塔鲁斯当时的想法;然而,对此心生预感的尤米尼斯国王派遣了自己的医生斯特雷提乌斯(Stratius)到了罗马;(2)这位国王对他非常地信任,国王半是建议半是命令地让他不惜采取一切手段,以阻止阿塔鲁斯听从那些希望摧毁自己王国之人的建议。(3)一到罗马,他就与阿塔鲁斯进行了私下会谈,并用各种各样的论据对后者进行百般劝说,因为,他是一位非常理智而善辩的人。(4)特雷提乌斯最终费尽周折地实现了自己的目的,让阿塔鲁斯放弃了他那个愚蠢的计划,特雷提乌斯对他说道,现在他与自己的兄弟一起共享王权,他们之间只有一个不同,那就是,他没有戴王冠,也没有国王的头衔,除此之外,他们之间完全平等,而且,他实际上拥有完全相同的权力;(5)至于未来,他是无可争议的王位继承者,而且,他继承王位的希望可能不要多久就会实现,因为,国王由于身体羸弱而一直认为自己将不久于人世,而且,由于国王无儿无女,因此,即使国王自己别有想法,国王也不可能把自己的王国留给其他任何人——(6)实际上,国王生有一个儿子,而且,他的这个儿子后来还继承了王位,只不过他当时不知道而已。(7)特雷提乌斯说道,让他最为震惊的是,阿塔鲁斯在当前的情境下却做了一件如此有害的事情。(8)他们应该对所有神明表示深深的感谢,如果他们可以精诚团结并携手行动,以至于彻底清除加拉提亚人的威胁以及他们所面临的其他威胁。(9)但是,如果阿塔鲁斯继续与自己的兄弟争吵不休,那么,很明显,他将摧毁整个王国,同时,这也会让他失去他当前的权力和他未来所希望的权

力，与此同时，这也会让他的其他兄弟们失去他们的王国以及他们所拥有的权力。（10）通过这样的论证或者相似的论证，斯特雷提乌斯成功地说服了阿塔鲁斯搁置了所有的行动。

[3]（1）因此，当阿塔鲁斯一走进库里亚（the Curia），他首先就所发生的所有事情向元老院进行了祝贺，而且，他恳求他们的支持，以作为在与珀耳修斯的战争中自己对罗马人的忠诚和帮忙的回报。（2）同时，他也竭力地恳求元老院派遣使节，前去制止加拉提亚人铤而走险的叛乱和恢复边境地区的安宁状态。（3）除此之外，他也提到了埃纳斯（Aenus）和马洛尼亚，他要求将这些城镇免费地赠予给自己。（4）至于外面传言他所说的反对尤米尼斯和主张王国分裂的那些话，他其实一句都没有说过。（5）考虑到他将来会再一次出现，并就这些问题发表特别的演讲，元老院答应派遣使节跟他一同前往，并投票决定习惯性地向他慷慨地赠予礼物；除此之外，他们也答应将他所说的这两座城镇赠送给他。（6）但是，当他接受了所有这些好意后，在没有做他们所期望的任何事情的情况下，他就离开了罗马，对此深感失望的元老院没有采取任何进一步的行动；（7）但是，在他离开意大利之前，他们宣布埃纳斯和马洛尼亚是自由城邦——这明显背弃了他们所作的承诺——不过，他们把普布利乌斯·李锡尼·克拉苏（Publius Licinius Crassus）为首的使团作为自己的使节派往到了加拉提亚。（8）我们很难说清楚他们对这个使团所下达的指示，但是，从后来所发生的事情来看，我们很容易猜出他们所下达的指示；（9）因为，当我叙述这些事件时，这些全都会不言自明。

[4]（1）罗德岛也派来了使团，第一个使团以斐洛克拉底（Philocrates）为首，第二个使团则以斐洛弗洛恩和阿斯提米德斯为首。① （2）皮得纳战役一结束，罗德岛人就收到了给使节哈基波利斯所作的答复，他们因而立即就明白了元老院对他们的不满态度

---

① 公元前167年，罗德岛重新派出了使团。

和愤怒情绪,因此,罗德岛立即派出了这两批使团。① (3)从公开或者私下对自己的接待当中,阿斯提米德斯和斐洛弗洛恩注意到罗马人对自己的猜疑和敌意,这让他们深感沮丧和无助。(4)当其中一位法务官登上讲台和催促人民宣布对罗德岛的战争时,由于自己的国家所面临的巨大危险,以至于他们完全不知所措。(5)他们是如此痛苦,以至于他们甚至穿上了丧服,而且,他们不再以规劝或者要求的语气来寻求朋友们的帮助,而是以眼泪来哀求他们不要对罗德岛采取极端措施。(6)当几天后保民官安东尼(Antonius)——在法务官鼓动民众发动对罗德岛的战争时,这位保民官将他从讲台上拖了下来——将他们引入元老院后,斐洛弗洛恩第一个发表了演讲,接着,阿斯提米德斯也发表了演讲。(7)在当场唱了那首"垂死的天鹅之歌"(the dying swan's song)之后,正如谚语所言,他们得到了一个免于战争威胁的答复;(8)但是,元老院在这个答复中也对他们多次的冒犯举动进行了严厉而无情的谴责。(9)元老院所作的这个答复是,如果不是有一些人是他们的朋友,特别是,如果不是因为他们自己的行动,那么,他们很清楚自己将会得到什么样的对待。(10)阿斯提米德斯(在他自己看来)对自己的国家作了很好的辩护,但是,他的演讲根本没有取悦生活在罗马的希腊人,也没有取悦生活在希腊本土的希腊人。(11)因为,他后来撰写并出版了自己的辩护辞,而绝大部分研读它的人都认为,这份辩护辞相当怪异,而且也非常不可信;(12)因为,在撰写它时,他没有把自己的辩护放在国家的是非曲直上,而是放在了对别人的指控上。(13)在对比和评判了罗马人所提供的好处和帮助的相对值后,一方面,他极力地否认和贬低其他国家所提供的恩惠,另一方面,他同时又尽可能地夸大罗德岛人所提供的恩惠。(14)相反,在罪行的问题上,他以一种刻薄和敌意的精神来谴责其他人,但对罗德岛的罪行却进行百般地掩饰,以至于相形之下,罗德岛的罪行似乎是不值一提,而且也是完全可以原谅的;(15)然而,罗德岛的邻国们所犯下

---

① 参见第二十九卷第 27 章。

的罪行却罄竹难书,而且也是不可原谅的,尽管按照他的说法,所有的罪行都是可以原谅的。(16)在我看来,这样的辩护无论如何都不能视作是一位政治家的辩护——就拿一同参与秘密计划的那些人为例,我们肯定不会赞扬那些因为恐惧或者金钱而成为告密者和泄密者之人,而是会赞扬那些宁愿忍受任何酷刑和惩罚,也不让自己的同伴也沦为到与自己相同境遇之人,而且,我们会将他们这种行动视作是一种高贵的行动。(17)对于那些对它有所耳闻的人,他们怎么会赞同一个人因为惧怕不确定的危险,而向统治阶级泄密或者公开其他人所犯下的且他们的统治者已经遗忘了的所有错误的这种做法呢?

[5](1)一收到上述答复,斐洛克拉底立即启程回国了,但是,斐洛弗洛恩和阿斯提米德斯仍然留下守候,因此,没有任何反对他们国家的传闻或者言辞能逃过他们的耳朵。①(2)当元老院所作的这个答复在罗德岛传开后,民众认为这个答复已经免除了自己最大的恐惧,亦即战争的威胁,至于其他的要求,尽管也非常不利,但他们却不以为意。(3)确实,我们原先预估的恐惧越大,我们就越容易忘记自己更轻的不幸。(4)因此,他们立即投票决定向罗马赠送一顶价值一万枚金币(gold pieces)的王冠,而且,他们任命了提亚德图斯作为使节和舰队统帅,让他在霍多弗安的陪同下于初夏带着王冠到罗马,并让他们使出浑身解数地与罗马进行结盟。(5)他们之所以这样行事,是因为他们使节的这次出使如果因为罗马人的不利答复而招致失利,②那么,这次出使失利不是在民众通过正式法令的情况下发生的,而仅仅只是海军统帅自己的个人行动;因为,按照他们的法律规定,海军统帅对于这样的问题有权进行自由处置。(6)由于罗德岛人的政策几乎不会受到情感的支配,尽管这个国家在将近一百四十年的时间里参与了罗马人最辉煌和最荣耀的行动,但是,他们从未与罗马人结盟。(7)对于罗德岛人为什么

---

① 参见李维第四十五卷第 25 章。

② 文本中的这句话存在错误,不过,英译者根据文本内容给出了其正确的涵义。

会采取这种政策,其原因不容我有所遗漏。其原因如下。(8)由于他们希望任何一位国王和君主都有获得他们的帮助与结盟的希望,因此,他们没有与罗马进行立誓和缔结条约以使自己的行动不会受到限制,相反,他们宁愿选择不予表态的方式,从而能够赢得各方的好处。(9)但是,现在他们却急不可耐地希望获得与罗马的这种殊荣,这不是因为他们迫切地需要结盟,也不是因为他们惧怕罗马以外的任何其他势力,(10)而是因为他们希望通过自己对这个计划的重视,从而清除那些对自己城邦心存敌意之人的疑虑。(11)当提亚德图斯返回罗德岛后不久,卡乌厄斯人(Caunians)①就掀起了叛乱,米拉萨人(Mylassians)②占领了埃乌洛姆斯地区的诸城市。(12)与此同时,元老院发布了一个宣布元老院决议,这个决议宣布所有的卡里亚人和利西亚人全都拥有自由③——在与安条克战争期间,卡里亚和利西亚这两个地区被划给了罗德岛。(13)至于卡乌厄斯人和米拉萨人的叛乱,罗德岛人很快就予以了镇压。(14)通过派遣利科恩(Lycon)④率领一支军队,他们迫使卡乌厄斯人再一次地忠诚于自己,尽管他们有西比拉人的支援;(15)而且,通过远征埃乌洛姆斯地区的城市,他们征服了米拉萨人和阿拉班达人(Alabandians),这两个民族一起率领军队进军到了奥索西亚(Orthosia)。(16)但是,当他们听到元老院关于利西亚和卡里亚所作的那份决议后,他们再一次惊恐起来,因为,他们担心自己所赠送的王冠会毫无用处,同时也担心自己结盟的希望会完全落空……

---

① 卡乌厄斯(Caunus)坐落在佩拉亚(Peraea)。
② 米拉萨(Mylasa)坐落在卡里亚(Caria)。
③ 参见第二十二卷第5章。
④ [中译按]Lycon亦写作 Lycus。

II. 希腊的局势

三种反罗马的政治家

（对照李维第四十五卷第 31 章第 4 节；第 26 章第 5 节）

[6]（1）首先，我要求我的读者关注德诺恩和波利亚拉图斯的政策。（2）因为，当时不仅是罗德岛，而且是几乎所有的国家都处在巨大的危险和剧烈的动荡之中；（3）在我看来，重新审视各国国家政治人物所采取的政策，并弄清楚他们当中谁行事理性，谁没有正确地履行自己的职责；（4）以便在这些可以引以为鉴的范例的指引下，他们的继任者可以在相似的环境下，能够毫不迟疑地追求那种可行的举措并避免走上那种相反的道路，进而在他们生命的最后时刻因为没有看到荣誉之路的方向，以至于让他们先前所取得的所有成就都蒙上了耻辱。（5）在与珀耳修斯的战争中，有三种人由于自己的行为而受到指责。（6）第一种人是那些不希望看到这场斗争的最后决定权和整个世界的控制权落入一个国家之手的人，但他们既不以任何方式支持罗马人，也不以任何方式反对罗马人，而是完完全全地让命运女神进行最后的安排。（7）第二种人是那些乐于看到事态得到解决，并希望珀耳修斯获胜的人，但他们无法把自己的见解强加于自己的民众和同胞。（8）最后一种人则是那些可以改变自己国家的看法，并让国民与珀耳修斯进行结盟的人。

[7]（1）我现在的目标就是要探究这三种人是怎样分别应对他们各自的局势的。（2）安提诺乌斯（Antinous）、提奥多图和塞法鲁斯成功地说服了莫洛提人（The Molottians）①倒向了珀耳修斯；（3）当结果以一种与他们的计划完全背道而驰的方式出现时，当他

---

① ［中译按］Molottians 亦写作 Molossians，参见第二十七卷第 16 章。

们面临迫在眉睫的危险,并且惨遭报复的日子即将到来时,他们所有人全都选择英勇地面对,并高贵地战死沙场。(4)因此,这些人非常值得我们的赞扬,因为,他们没有放弃自己的原则,而且,他们不允许自己以一种与自己先前的生活相冲突的原则行事。(5)再如,亚该亚、色萨利和佩尔比亚的众多人物则因为自身保持中立而遭到了谴责,因为,他们都在等待时局的发展并倾向于珀耳修斯;(6)但是,对于相关的任何议题,他们从未向国外透露任何一个字,也从未在送往珀耳修斯的信件或者消息中发现这样的信息,他们的审慎性无懈可击。(7)因此,在面对法庭审判时,他们完全有充足的辩护理由,并运用一切手段来拯救自己;(8)当一个人明知自己根本就没有犯罪,但出于政治对手的威胁或者出于对征服者的权力的恐惧,他就选择结束自己的生命,这就像是牺牲荣誉以苟且偷生,无疑是一种怯懦的表现。

(9)但是,在罗德岛、科斯和其他几座城邦,也有人支持珀耳修斯一方,并在自己的城邦勇敢地为马其顿说话,他们谴责罗马人,并建议在行动上与珀耳修斯保持一致,不过他们无法说服自己的国家与这位国王进行结盟。(10)在科斯,他们这些人当中最为著名的人物是希波克里图斯(Hippocritus)和迪奥米顿(Diomedon)兄弟,在罗德岛,则是德诺恩和波利亚拉图斯。

[8](1)对于这些人的政策,没有任何人能够逃脱谴责。首先,他们所有的同胞都知道他们所作的和所说的一切;(2)其次,罗马人截获和公布了珀耳修斯写给他们的信件和他们写给珀耳修斯的信件,以及落到罗马人手上的双方往来的使节;但是,他们无法下定决心屈服于事实和甘心让自己听候发落,而是仍然继续争辩不休。(3)因此,面对这种绝望的处境,固执地苟延残喘的结果就是他们毁灭了他们勇敢和冒险的声名,以至于他们没有为后代留下丝毫怜悯和宽恕他们的理由。(4)面对他们自己的笔记和他们自己的使节惨遭定罪,这与其说是不幸,倒不如是无耻。(5)事实上,有一个名叫托亚斯的船长就因为受这些人的委托而频繁地驶往马其顿。(6)当形势发生剧变时,这位托亚斯清楚地

意识到了自己先前所作所为的严重后果，因此，他就退到了克尼多斯。（7）不过，克尼多斯人（Cnidians）却将他关进了监狱，当罗德岛人要求引渡他后，他来到了罗德岛；当他在那里遭受了酷刑时，他完全承认了自己的所有罪行，而且，对于所截获的通信和珀耳修斯写给德诺恩与波利亚拉图斯的信件以及他们写给珀耳修斯的信件，他愿意对它们所使用的全部密码进行解码。（8）这让人好奇的是，德诺恩苟且偷生和忍受这种曝光究竟是出于何种想法。

[9]（1）然而，在蠢行和怯懦方面，波利亚拉图斯却超过了德诺恩。（2）因为，当波皮利乌斯命令托勒密国王将波利亚拉图斯派往罗马时，出于对波利亚拉图斯自身以及自己国家的双重考虑，这位国王认为将他派往到罗马并不合适，而是根据波利亚拉图斯自己的要求，国王决定将他派往到罗德岛。（3）在准备了一艘大帆船，并将他交给了德米特里（德米特里是国王的朋友）后，国王就将他派遣了出去，而且，国王事先已经向罗德岛人去信和通报了这个事实。（4）当这艘船在航行中途停靠在法塞利斯（Phaselis）时，我不知道他的头脑中到底在想些什么，波利亚拉图斯拿起了代表求救的树枝，并寻求这座城邦共同的祭坛的庇护。（5）在我看来，如果有任何人询问他这样行事的目的是什么，他不可能说出自己的真实意图。（6）因为，如果他想要去自己的国家，那么，他为什么要用代表求救的树枝呢？难道他不是他们派遣过来的吗？（7）如果他想要去罗马，那么，即使他自己不愿意，他也必定会送去罗马。当他在那里找不到可以安全接收他的任何其他地方时，他在那里还有其他对方可去吗？（8）然而，当法塞利特斯（Phaselites）被派到罗德岛，并请求罗德岛人接波利亚拉图斯和将他带到他们手上时，罗德岛人非常审慎地派遣了一艘无甲板舰船前去接送他；（9）但是，他们却禁止船长将他带上舰船，因为，亚历山大里亚人已经下令把这个人带往罗马。（10）当这艘舰船抵达法塞利斯和船长埃皮卡利斯（Epichares）拒绝将波利亚拉图斯接上舰船，而德米特里——国王委派他负责运送波利亚拉图斯——则催促波利亚拉图斯离开祭坛

和继续自己的航程之时,以及当法塞利斯人也对他的这个要求表示了支持(因为法塞利斯人担心自己可能因为这件事而招致罗马的责备)之时,(11)对自己的危险处境深感恐慌的波利亚拉图斯,这时再一次登上了德米特里的大帆船。(12)但是,在航行的途中,他抓住了一个登岸的合理借口,因而,他再一次地在卡乌厄斯(Caunus)寻求起庇护来,在那里他同样恳求卡乌厄斯人(Caunians)帮助自己。(13)卡乌厄斯人对他再一次地予以了拒绝——因为他们是罗德岛人疆土的一部分——他就派遣使节到西比拉人那里,以恳求他们接收自己进入他们的城邦,并向自己派遣一支护卫队前来——(14)这座城邦对他负有义务,因为,他们的僭主帕恩克拉底(Pancrates)的儿子们就是在他家里养大的——他们同意了他的请求,并按照他所要求的那样进行了安排。(15)但是,当他到达西比拉后,他就将自己和西比拉人置于一个比他先前在法塞利斯时更加尴尬的境地。(16)因为,他们既不敢将他留在城邦内,因为对罗马的恐惧;也不能将他送往罗马,因为他们是纯粹的内陆民族,以至于他们对航海一窍不通。(17)因此,他们被迫派遣一个使团到罗德岛,并派遣另一个使团到位于马其顿的罗马代执政官那里,以恳求他们带走这个人。(18)埃米利乌斯①去信给西比拉人,以命令他们将波利亚拉图斯严格地监管起来,并将他带到罗德岛;同时,埃米利乌斯也命令罗德岛人从海上对他进行全程的护送,以便他可以被安全地送到罗马境内;(19)他们对这两个要求都一一进行了照办,波利亚拉图斯就以这种方式抵达了罗马,他将自己的蠢行和怯懦暴露得淋漓尽致;由于他自己的蠢行,他不仅被托勒密国王所抛弃,而且也被法塞利特斯、西比拉人和罗德岛人所抛弃。

(20)如果有人问,为什么我要如此不厌其烦地记述波利亚拉图斯和德诺恩的故事,我的目的当然不是对他们的不幸幸灾乐祸,因为,这无疑是一种非常可耻的做法;(21)相反,我的目的是,通过

---

① 〔中译按〕亦即卢西乌斯·埃米利乌斯(Lucius Aemilius)。

清晰地展示他们的愚蠢，以让那些处在相似环境下的人们可以更明智和更审慎地进行相应的行动……

（对照李维第四十五卷第 27 章第 7 节）

[10]（1）当一个人自以为自己毋庸置疑地在为自己的利益和目标而苦苦奋战时，他突然发现自己实际上是在为敌人做嫁衣，从这些事例中，我们可以清楚地看到命运女神的善变和任性。（2）卢西乌斯·埃米利乌斯发现珀耳修斯正在建造的纪念柱没有完工，因而，他接着继续进行建造直至完工，并在上面立了自己的塑像①……

埃米利乌斯在伯罗奔尼撒

（《苏达辞书》；对照李维第四十五卷第 28 章第 2 节）

（3）他羡慕科林斯的地理环境以及科林斯城堡的有利位置，因为，它控制着地峡（Isthmus）的内外两面……

（《苏达辞书》；对照李维第四十五卷第 28 章第 3 节）

（4）在注意强化了西西昂的防御工事和阿尔戈斯这座城邦的力量后，他来到了埃皮达鲁斯（Epidaurus）……

（《苏达辞书》；对照李维第四十五卷第 28 章第 4 节）

（5）他现在急忙访问了奥林匹亚，这是他一直以来都十分向往的地方……

---

① 珀耳修斯在德尔菲为自己所建造的纪念柱被埃米利乌斯所利用，公元前 167 年秋季，参见李维第四十五卷第 27 章。

（《苏达辞书》；对照李维第四十五卷第 28 章第 5 节）

（6）卢西乌斯·埃米利乌斯访问了位于奥林匹亚的神庙，当看到宙斯的塑像时，他深感敬畏，不过他却只是简单地说道，在他看来，菲迪亚斯（Pheidias）可能是唯一一位能够制作荷马的宙斯塑像的艺术家了；尽管他自己原本就是怀着高度的期待来到奥林匹亚的，但是，实际的情况远超自己原来的预期……

埃托利亚的局势

（对照李维第四十五卷第 28 章第 6 节）

[11]（1）埃托利亚人习惯于以抢劫以及诸如此类的无法无天的行径为生。（2）只要他们有能力袭击和劫掠希腊人，他们就可以从后者身上获得自己所想要的一切，而且，他们把每一个国家都视作敌人。（3）但是，后来在罗马人的统治下，他们从外部获取补给的通道已经受阻，因此，他们不得不自己相互攻伐起来。（4）在先前的内战时期，他们犯下的恐怖暴行不计其数；（5）不久之前，他们就在阿尔西诺（Arsinoë）的领地中刚刚品尝到了相互屠杀的血腥滋味，①他们准备无所顾忌，乃至怒气冲天，以至于他们甚至不允许他们的主要人物开会商讨。（6）因此，整个埃托利亚都充满了动

---

① 在之前的第四卷第 64 章和第五卷第 6 章中，波利比乌斯称呼它为科诺佩（Conope）。它更名为阿尔西诺（Arsinoë），是因为阿尔西诺（Arsinoë）——她是托勒密·菲拉德弗斯（Ptolemy Philadelphus）的姊妹兼妻子——对它进行了重建和扩展，参见斯特拉波第十卷第 2 章第 22 节。它坐落在阿克洛厄斯河（the Achelous）东岸。它的现代名称是安基洛卡斯特罗（Angelokastro）。对于这个地方所间接提到的埃托利亚内战，李维在第四十一卷第 25 章（公元前 174 年）也进行了提及。这场特别的大屠杀发生在公元前 168 年—前 167 年。李维记载道（第四十五卷第 28 章），埃米利乌斯在希腊旅行期间遇到了一群穷困潦倒的埃托利亚人，他们告诉他说，除了众多人物惨遭流放和许多货物惨遭没收之外，利西斯库斯（Lyciscus）和提西普斯（Tisippus）还屠杀了 550 名埃托利亚贵族。

荡、暴行和流血；他们所有的行动全都不是深思熟虑和有意为之的结果，相反，都是在偶然碰巧和随心所欲当中进行的，就好像一股旋风突然袭向他们……

伊庇鲁斯的局势

[12][①](1)伊庇鲁斯人的表现非常地相似。（2）因为，尽管大多数民众比埃托利亚人更为有序，但是，他们的主要官员却比其他任何人都要更加藐视神法和人定法。（3）在我看来，就残忍和邪恶程度而言，没有任何一个人能比得上卡洛普斯（Charops）……

前来表示恭贺的使节

（对照李维第四十五卷第 31 章第 6 节）

[13]（1）在珀耳修斯垮台后，事态现在终于彻底明朗起来，各地的使节纷纷就这件事前去罗马恭贺元老院。（2）既然事态已经完全倒向了罗马人，在各个城邦，那些被认为是亲罗马派的人由于局势使然而走上了前台，而且，他们纷纷被任命作使节或者其他职务。（3）结果，聚集到马其顿的那些人有亚该亚的卡利克拉底、阿里斯托达穆斯（Aristodamus）、埃基希亚斯（Agesias）、菲利普斯；阿卡纳尼亚的克里马斯；伊庇鲁斯的卡洛普斯和尼西阿斯；以及埃托利亚的利西斯库斯和提西普斯（Tisippus）。（5）所有这些人全都齐聚在一起，他们为同一个目标而争相竞争，而且他们没有遇到任何阻碍——因为，他们所有的政治对手全都已经向时局低头，并全部退出了政治领域——因此，他们毫无困难地实现了自己的目标。（6）借助将军（the strategi）之口，十位特使向其他城邦和国家间的同盟发布了哪些使节将要前往罗马的命令；（7）除了

---

① 关于伊庇鲁斯的局势，参见第二十七卷第 15 章。

原先就是从事这项工作的一些人之外,这些人大部分都是特使们自己在他们自己的名单中所提名的那些人。(8)然而,这些特使们派出了两名最杰出的成员盖乌斯·克劳狄·普尔克尔和格纳乌斯·多米提乌斯·阿赫诺巴布斯(Gnaeus Domitius Ahenobarbus)到亚该亚同盟那里,他们之所以这样做,是出于两个原因。(9)首先是因为,他们非常担心亚该亚人会拒绝遵从他们的书面指示,同时也担心卡利克拉底及其同僚会铤而走险,因为,人们都在流传他们捏造了针对所有希腊人的虚假指控——事实上,他们也确实捏造了这个指控;(10)其次是因为,在所截获的通信中,没有找到任何明显针对亚该亚人的证据。(11)代执政官后来就这个问题送来了信件和使节,尽管他个人并不赞同对利西斯库斯和卡利克拉底的这个指控,正如后来所发生的事情所表明的那样……

埃米利乌斯的格言

(对照李维第四十五卷第 32 章第 11 节)

[14](1)一位有头脑的人,他可以对比赛运动进行很好的安排,并井井有条地配上奢华的款待和宴会,同样,他也可以运用统帅的才能集结自己的军队以迎击敌军……

(摘录自斯特拉波第七卷第 7 章第 3 节;对照李维第四十五卷第 34 章第 6 节)

[15](1)波利比乌斯说道,在珀耳修斯垮台后,埃米利乌斯·保鲁斯摧毁了马其顿地区的七十座城市,其中大部分城市都属于

莫洛提（Molotti），①而且，他将十五万人卖作奴隶……

III. 埃及的局势

[16]（1）当埃及从与安条克的战争中解放出来后，国王们首先派遣了努米尼乌斯（Numenius）——他是王室的一名朋友——出使罗马，以感谢他们对自己的恩惠。（2）他们也释放了拉栖代蒙的米纳希达斯（Menalcidas of Lacedaemon）②——他先前积极地利用王国的危机来谋取复辟。（3）正是盖乌斯·波皮利乌斯要求他们释放米纳希达斯的，以作为对自己的个人恩惠……

IV. 意大利的局势

科提斯的使节

（对照李维第四十五卷第 42 章第 6 节）

[17]（1）这时，奥德利塞国王科提斯派遣使节到罗马，以恳求罗马人将自己的儿子送还回来，同时也对自己倒向珀耳修斯的行动作辩护。（2）罗马人考虑到自己的主要目标已经达到，因为与珀耳修斯的战争现在已经以有利于自己的局面结束了，而且，他们也没有任何必要与科提斯结下梁子；（3）因此，他们就允许他将自己的儿子接回到马其顿——他的儿子先前是人质，而且，他的儿子先前是与珀耳修斯的儿女们一起俘获的——（4）他们希望以此来展示自己的仁慈和宽厚，同时，他们也希望通过这种手段将科提斯拉

---

① ［中译按］剑桥本英译者将其英译作：在战胜珀耳修斯和马其顿人后，埃米利乌斯·保鲁斯占领了伊庇鲁斯地区的七十座城市，其中大部分城市属于莫洛提（Molossi）。

② 米纳希达斯是一名亲罗马派。公元前 153 年，他是同盟的将军（保萨尼阿斯第七卷第 11 章第 7 节）；公元前 148－147 年，由于没能从同盟中夺回斯巴达，他因而出于绝望而自杀身亡。

拢到自己一边……

普鲁西亚在罗马；未获接见的尤米尼斯

（对照李维第四十五卷第 44 章第 19 节）

[18]（1）大约与此同时，普鲁西亚国王也来到罗马恭贺元老院和将军们所取得的成就。（2）我们可以非常轻易地从下述事实中看出，这位普鲁西亚根本就不配享有国王的尊贵。（3）当一些罗马特使首次来到他的王宫时，他剪光了头发，并戴着一顶白色的帽子、穿着一件托加和一双鞋子前去迎接他们，而这正是罗马那些刚刚解放的奴隶，或者罗马人称之为"自由人"（liberti）所穿戴的装束。（4）"在我身上，"他说道，"你们可以看到你们的自由民愿意在一切事情上都听从你们和效仿你们；"这简直是一种难以想象的粗鄙措辞。（5）当他现在走进元老院大厅时，他在面对众元老的门口停了下来，放下双手，低下头颅，并向门槛与就坐的元老们表示敬意，接着他大声地说道"救世主们万岁"，在怯懦性、女人气和奴才性方面，没有任何人能够超越他。（6）在会面期间，他的行为举止与走进元老院大厅时不相上下，他所做的事情甚至都令人难以启齿。（7）然而，他这种令人不齿的表现却让他得到了一个有利的答复。

[19]（1）就在普鲁西亚接到这个答复时，有消息传来说，尤米尼斯已经正在前往罗马的路上了。（2）这个消息让元老院倍感尴尬；因为，他们已经和他发生过争吵，而且，他们对他的看法仍未改变，所以他们根本就不希望发布任何声明。（3）因为，他们先前向整个世界宣布，这位国王是他们最重要和最伟大的朋友，如果他们现在允许他前来会见自己和作自我辩护，而如果他们却以自己对他的真实看法来答复他的话，那么，他们无疑会引起别人的耻笑，因为他们先前已经向这个人授予了巨大了荣誉；（4）但是，如果他们完全无视这些，并给予他一个有利的答复，那么，他们无疑是在漠视事实真相和他们国家的真正利益。（5）因此，无论他们决定采

用哪一种方案，他们都会处于一种左右为难的境地，结果，他们想出了下述这个解决办法。（6）他们颁布了一项禁止任何国王前来罗马的法令，理由是他们不喜欢国王们的来访；（7）当他们随后听到尤米尼斯已经抵达了布林迪西后，他们就派去了一位财务官，以前去向尤米尼斯宣告这个法令，并命令他告诉尤米尼斯道，如果后者想从元老院得到什么，那么就请他直接转告他即可；（8）如果这位国王什么东西都不想要，那么，他就命令国王尽快离开意大利。（9）尤米尼斯一会见这位财务官，他立即就明白了元老院的意图，并说道自己什么东西都不想要，接着他就彻底沉默了。（10）元老院就通过这种方式阻止了这位国王前往至罗马。（11）但是，这不是这项法令的唯一重要成果。（12）因为，由于帕加马王国当时正受到高卢人的严重威胁，所以很明显，通过这种回绝的方式，这位国王所有的盟友都将受到羞辱，而高卢人则会以更加强健的气势推进战争。（13）正是出于对尤米尼斯进行彻底羞辱的考虑，元老院方才采取了这个举措。（14）这件事情发生在这年的初冬，①接着，元老院对其他所有来到罗马的使团都一一地进行了处置。（15）当时没有一座城邦，没有一位国王或者君主不派遣使团前去祝贺他们。（16）对于所有这些使团，除了罗德岛之外——他们对罗德岛的使节，而且，对于罗德岛人的未来，他们也以模棱两可的声明来进行答复——他们全都以合适和友好的条件来答复他们。（17）他们也推迟了对雅典人的答复……

---

① 即公元前 167－166 年冬季。

雅典的使节

[20](1)雅典人的使节首先恳求宽恕哈利亚提人；①(2)但是，当这个要求遭到拒绝后，他们改变了自己的诉求，而且，他们谈及了提洛、勒莫斯(Lemnos)和哈利亚提的领土，恳求占有这些地方，因为他们接受了两套指示。(3)我们不能责怪他们要求提洛和勒莫斯，因为，他们先前就对这些岛屿提出了领土主张；不过，至于哈利亚提的领土，我们就有理由指责他们了。(4)因为，哈利亚提几乎是波奥提亚最古老的城邦，尽管它遭遇了严重的不幸，但是，他们不是千方百计地去重建它，而是背道而驰地从地图上彻底地抹掉它，完全剥夺了其不幸的居民对未来的所有希望，(5)对于任何一个希腊国家来说，尤其是对于雅典来说，这明显是一种卑鄙无耻的行径。(6)现在他们把自己的国家变成所有那些希望成为该国公民之人的共同避难所，但是，摧毁其他人的国家绝对不符合他们国家的传统。(7)然而，元老院却将提洛、勒莫斯以及哈利亚提的领土授予给了他们。这就是元老院对希腊所作的决定……

(8)占有了提洛和勒莫斯就相当于谚语所说的"抓住了狼的两只耳朵"(taking the wolf by the ears)。(9)他们与提洛人(Delians)的争执引发了许多不利的后果，他们从哈利亚提的领土上所收获的不是利益，而是耻辱②……

罗德岛人的事务

[21](1)与此同时，提亚德图斯出现在元老院面前，而且，他就

① 公元前171年，法务官卢西乌斯·卢克莱修·加鲁斯(L. Lucretius Gallus)占领了哈利亚提(Haliartus)，它的居民被卖作奴隶，而且，它的房屋和城墙惨遭彻底摧毁。它的罪行在于倒向了珀耳修斯一边。参见李维第四十二卷第63章；前引书(supra)第二十七卷第5章，第二十九卷第12章。
② 对这些地方的占有对雅典造成了不幸，参见第三十二卷第17章。

结盟问题发表了演讲；(2)然而，元老院推迟了自己的决定，同时，提亚德图斯也自然死亡了，因为，他当时就已经有八十多岁了。①(3)卡乌厄斯和斯特拉托尼塞亚(Stratonicea)②的流亡者那时也抵达了罗马和来到了元老院面前，元老院则通过了一项法令，这个法令命令罗德岛人从这些城邦中撤走自己的驻军。(4)一接到这个答复，斐洛弗洛恩和阿斯提米德斯立即就乘船返回了家乡；(5)因为，他们担心罗德岛人会拒绝遵守那项关于撤走驻军的命令，从而引发新的争端……

卢西乌斯·阿尼希乌斯对格恩提乌斯的胜利

（摘录自亚特纳乌斯第十四卷第615页；对照李维第四十五卷第43章第1节）

[22]③(1)罗马法务官卢西乌斯·阿尼希乌斯战胜了伊利里亚人，④并把伊利里亚国王格恩提乌斯及其儿女作为俘虏带回到了罗马，在庆祝自己凯旋的活动中，正如波利比乌斯在其第三十卷中告诉我们的那样，他的表现相当怪诞。(2)因为，他从希腊送来了一批最著名的舞台艺术家，而且，他在竞技场建造了一座巨大的舞台，他首先把所有的长笛演奏家带上舞台。(3)他们就是波奥提亚的提奥多鲁斯(Theodorus of Boeotia)、塞奥波普斯、赫米普斯(Hermippus)和利西马科斯，他们的名气在当时都如日中天。

---

① 罗德岛的提亚德图斯(Theaetetus of Rhodes)去世了。
② 卡乌厄斯和斯特拉托尼塞亚(Stratonicea)坐落在卡里亚(Caria)。
③ 这似乎是波利比乌斯对罗马人粗鄙的娱乐活动的一种批评。戏剧中的这种狂暴和喧嚣的场景会让希腊人觉得很是野蛮和心生反感，而且，这也可能提醒我们，在普劳图斯(Plautus)和特伦斯(Terence)的开场表演中，我们可以发现，他们的演员常常抱怨嘈杂声和干扰声。尽管这个段落的句子无疑取自于波利比乌斯，但是，亚特纳乌斯显然用自己的语言讲述了这则趣闻。
④ 公元前167年2月17日，卢西乌斯·阿尼希乌斯在昆利纳里亚(Quirinalia)战胜了伊利里亚人。

（4）他以合唱团的形式安排他们到舞台上，并让他们所有人同时进行演奏。（5）当他们正在以合适的节拍进行演奏时，他派人告诉他们说，他们的演奏不到位，并命令他们以更加兴奋的律动进行演奏。（6）他们一开始对他所说的这番话一脸茫然，直到其中一位扈从解释说，他们应该转过身来并相互进行攻击，就像是在战斗中一样。（7）演奏者就立即明白了他的想法，他们采用了一种适合于他们自身喜好的狂野做法，以至于这造成了非常巨大的混乱。（8）他们让团体中间的舞者面向外面的那些舞者，长笛演奏者高声地吹着难以理解的嘈杂音符，他们的长笛就这样转来转去，接着再依次向对方前进；（9）他们的舞者则一边拍着自己的双手一边一起登上舞台，他们攻击自己对面的人，然后他们依次转过身来和退将下来。（10）当其中一位舞者突然束紧自己的长袍，并转身以拳击那样的姿势举起自己的双手，来面对那些正向自己走来的长笛演奏者时，观众中间响起了巨大的掌声和欢呼声。（11）当他们正以这样的方式进行激战时，两名舞者与音乐家们一起被引入到乐团，而且，四名职业拳击手在吹鼓手和号角手的陪同下登上舞台，所有这些人全都在一起搏斗，场面难以形容。（12）至于悲剧演员，波利比乌斯说道，"如果我对他们进行描述，那么，有的人会以为我在取笑我的读者……"

V. 希腊的局势

克里特人和罗德岛人的事务

[23]（1）这时，诺索斯人和戈提纳人结束了与利豪库斯（Rhaucus）的战争，先前他们彼此之间达成了一份协议，也即是在攻占利豪库斯之前，他们不会停止战争。（2）一接到关于卡乌厄斯的这个消息和看到罗马人的不满仍未减弱（他们完全遵从罗马人对自己所作的答复），罗德岛人立即任命和派遣了亚里士多德（Aristoteles）和其他使节到罗马，而且，他们指示后者要再一次尝试去获得结盟。（3）他们在盛夏时节抵达了罗马，当他们一走进元

老院大厅,他们立即就告诉元老院,他们的人民已经完全遵从了所有的命令,而且,他们非常渴望进行结盟,并且他们使用了众多的论据来进行证明。(4)元老院对此作出了一个答复,在这个答复中,他们完全没有提到友谊,相反,他们说道,在结盟方面,他们觉得目前给予罗德岛人这种恩惠的时机仍未到来……

[24]①(1)佩拉亚的民众就像奴隶一样,意想不到地从锁链中解放了出来。(2)他们几乎无法相信自己现在的这个好运,他们觉得,其间的变化太大而显得不太自然;他们认为,他们所遇见的那些人根本不知道,也完全不能看到他们现在真的自由了,除非他们的表现与其他人完全不同或者有些怪异……

VI. 亚洲的局势

安条克四世举行运动会

（摘录自亚特纳乌斯第五卷第 194 节和第十卷第 439 节）

[25](1)当这位国王②听说罗马将军埃米利乌斯·保鲁斯③要在马其顿举行运动会后,雄心勃勃地希望在壮观方面超过保鲁斯的安条克就派遣使节到众多城邦,以向他们通报道,他即将在达弗尼(Daphne)④举行运动会,因此,希腊人民当时都非常地渴望访问安提阿(Antioch)。(2)开启这场运动会的游行队伍,其组成如下。(3)首先,五千名正值壮年且以罗马人的样式进行武装的男子行走在最前面,他们全部身穿由铁环制成的铠甲。(4)接着出现的是五千名米西亚人(Mysians),紧跟在他们身后的是三千名以轻装步兵的方式进行武装和头戴金制王冠的西西里人。(5)接着出现

---

① 对于罗马人让自己从罗德岛人手上解放出来,佩拉亚人高兴异常。
② 即安条克·俄皮法尼斯。
③ [中译按]埃米利乌斯·保鲁斯当时担任代执政官。
④ 达弗尼(Daphne)位于安提阿的城郊。

的是三千名色雷斯人和五千名高卢人。在他们后面的是两万名马
其顿人,其中一万人手持金制盾牌,五千人手持铜制盾牌,其余的
人则手持银制盾牌。(6)接着的是两百五十对角斗士,在角斗士身
后的是一千名来自尼萨(Nisa)的骑兵和三千名来自安提阿的骑兵,
其中大部分骑兵都戴有金冠和其他金制饰物,其余的骑兵则佩戴银
制的饰物。(7)在这些人旁边的是所谓的"近卫骑兵"(companion
cavalry),其人数是一千,他们所有人都佩戴金制的饰物;紧跟在他
们后面的是所谓的"王室之友"(royal friends)的兵团,他们的人数
和装备都相同。(8)接着的是一千名精锐骑兵,跟在他们后面的是
所谓的"埃基马"(agema),①这些"埃基马"也被视为精锐的骑兵部
队,其人数大约是一千。(9)行进在最后的是所谓的"甲胄骑
兵"(the cataphract horse)或者装甲骑兵,这种骑兵的士兵和战马就
像其名字那样全都以甲胄进行武装。他们的人数大约也是一千五
百人。(10)上述所有这些人都身穿紫色的外套,在许多情况下,这
些外套绣有金色和纹章图案。(11)接着出现的是一百辆由六匹马
拉的战车和四十辆由四匹马拉的战车;接着的是由四头大象拉的
一辆战车和由一对大象拉的一辆战车,最后则是排成一列的三十
六头大象及其象轿。

(12)对游行队伍的其他部分进行描述是一件非常困难的事
情,但是,我必须简要地概述其主要的特征。它由大约八百名头戴
金冠的年轻人、大约一百头健壮的公牛、将近三百头被用作神圣献
祭的肉牛②和八百副象牙组成。(13)诸神的塑像则不计其数;因
为,人们所敬拜或者所提到的所有神灵、半神或者英雄的塑像都被
带过来了,其中一些塑像镀上了黄金,其他的塑像则穿上了绣有黄
金的长袍;(14)而且,它们用昂贵的材料来表现传统的神话叙

---

① [中译按]"埃基马"(agema)是一个用来描述军事分遣队的专门术语,它一般从
　事特殊的用途,例如保护较高价值的目标等等。由于其独特的性质,"埃基马"
　一般都是由精锐部队所组成的。

② [中译按]剑桥本英译者将"将近三百头被用作神圣献祭的肉牛"英译作"将近三
　百名外国代表"。

事。（15）在它们后面出现的是白日与黑夜（Night and Day）的塑像、大地与天空（Earth and Heaven）的塑像和黎明与正午（Dawn and Midday）的塑像。（16）金盘和银盘的数量可以从下面的内容进行估算。（17）国王有一位朋友名叫狄奥尼索斯（Dionysius）——他是一位奴隶，同时也是国王的私人秘书——他有一千名男孩在队伍中间行进，而且，每一名男孩手持的银盘的重量都不少于一千德拉克马，①国王的六百名年轻奴隶则手持金盘在他们旁边行进。（18）接着的是从金缸里向人群洒香水的大约两百名妇女，在她们后面的则是坐在金腿的轿舆里的八十名妇女，以及坐在银腿的轿舆里的五百名妇女，她们所有人穿扮得雍容华贵。（19）这就是这个游行队伍的显著特征。

[26]（1）这场运动会，包括角斗士表演和斗兽表演等壮观景象，一直持续了三十天的时间。在随后的前五天期间，体育馆里的每一个人都可以从金坛中随意地给自己涂抹藏红花膏，而且，这样的金坛有十五个；除此之外，装有肉桂膏和甘松膏的金坛也有十五个。（2）在接下来的几天时间里，装有胡芦巴膏、马郁兰膏和鸢尾草膏的其他金坛也一一被送了进来，所有这些药膏的香气都沁人心脾。（3）宴会时的桌子有时摆设了一千张，有时摆设了一千五百张，而且，所有的桌子上都配有非常昂贵的食物。

（4）所有的安排都是由这位国王亲自安排的。他骑着一匹劣等的小矮马沿着游行队伍骑行，以视情况而命令游行队伍前进或者停下；因此，如果他的王冠被摘掉，那么，没有人相信他会是国王和所有人的主人，因为，他的外表与一名普通的仆人没有任何区别。（5）在宴会上，他也站在门口，领着一些客人进来或者招待其他人就坐，甚至他自己像仆人那样亲自端着餐盘招待客人。（6）他在客人中间走来走去，有时他会坐下来，有时他会斜躺下来；有时他会放下刚到嘴边的食物或者杯子跳将起来并换个位置，而且，他会在宴会上四处走动，时而接受这个人或者那个人的祝酒词，时而

---

① 一德拉克马相当于七分之一到六分之一盎司（ounce）之间。

要笑那些音乐表演。(7)最后,当宴会进行了很长时间,而且,很多客人已经离席后,这位国王仍然完全沉浸其间,他被哑剧演员们抬了进来并放到地上,就好像他自己就是他们当中的一员。(8)接着,在音乐声中,他现在站了起来,并和那些滑稽演员一起进行跳舞和表演,以至于所有的客人都觉得甚是窘迫,离开了宴席。(9)上述所有的展示和花费是他用自己在埃及所劫掠而来的巨额财富来进行支付的——当时他背信弃义地攻击了仍是小孩的斐洛米托国王——部分是用自己朋友的捐助来支付的;他也亵渎性地劫掠了大部分神庙……

[27](1)在这场运动会结束后不久,提比略·格拉古和其他使节就抵达了,^①他们是罗马委派过来调查叙利亚事务的。(2)然而,安条克是如此机智而谦恭地迎接他们,以至于提比略及其其他同僚完全没有对他产生任何怀疑,也没有发现他对亚历山大里亚所发生的事情的陈述存在任何不当;由于受到了异常友好的接待,以至于他们甚至不相信那些说出这种话的人。(3)因为,除了提供其他的恩惠之外,这位国王甚至将自己的王宫让给了他们,而且,他几乎将自己的王冠也让给了他们;尽管他内心真实的情感完全不是这样,也尽管他对罗马人深恶痛绝……

VII. 意大利的局势

对加拉提亚的处置

[28]^②(1)他们国家的自治权是由元老院授予给加拉提亚人的使节的,条件是他们仍要留在自己的聚居地,不要武装越过他们的边境……

---

① 亦即抵达了安提阿。
② 即公元前166年—前165年。

VIII. 希腊的局势

对卡利克拉底的切齿痛恨

[29]（1）在伯罗奔尼撒，当使节们回来和报告了自己从罗马所接到的答复时，他们没有发生任何的骚动，而是不加掩饰地对卡利克拉底及其同党恨之入骨①……

（2）人们可以从下面的这个例子中推测出他们对卡利克拉底、安德洛尼达斯及其其他的同党的刻骨仇恨。（3）在西西昂庆祝安提戈尼亚节（The festival of the Antigoneia）②时，所有的公共浴室都提供有公用的大澡盆和文雅之士独自使用的小澡盆；（4）如果卡利克拉底和安德洛尼达斯一伙当中有任何一个人走进公共澡堂，那些等候在他们后面洗澡的人，没有一个人会跟在他们后面去触碰这些水，直到里面的水全部流净和注进了新鲜的水为止。（5）他们之所以这样行事，是因为，他们觉得自己一旦碰触到这些人所用过的水，他们就会被玷污。（6）在公共节日期间，如果有人试图宣布这些人中的任何一人为胜利者时，人群就爆发嘘嘘声和倒彩声，这种场景很难进行描述。（6）甚至大街上的小孩子在从学校回家的路上，也敢迎面称呼他们是叛徒。这就是民众对他们的深切敌意和憎恨……

---

① 参见前引书（supra）第 13 章。

② ［中译按］Antigoneia 亦写作 Antigonia 或者 Antigoneia。安提戈尼亚（Antigoneia）是凯奥尼亚（Chaonia）地区的一座古希腊城邦，同时也是古代凯奥尼亚人（Chaonians）主要的内陆城市。公元前三世纪，它由伊庇鲁斯的皮洛士（Pyrrhus of Epirus）进行兴建，它之所以被命名作 Antigoneia（安提戈尼亚），是为了纪念皮洛士的其中一位妻子、贝勒尼斯一世（Berenice I）的女儿，同时也是埃及托勒密一世的继女安提戈涅（Antigone）。

意大利的局势

普鲁西亚、罗德岛和亚该亚的使节

[30](1)许多其他地方的使节也在这一年抵达了罗马,①其中主要的使节有罗德岛的阿斯提米德斯、亚该亚的埃乌利亚斯(Eureas)、亚利克达穆斯(Anaxidamus)和萨提鲁斯(Satyrus)以及普鲁西亚的皮特安(Python)。元老院全都一一接见了他们。(2)普鲁西亚的使节对尤米尼斯国王进行了控告,他们说道,他已经兼并了比提尼亚人的一些土地,而且,他根本就没有停止插手加拉提亚的事务;(3)他非但不服从元老院的法令,甚至反而继续强化自己在那里的党羽势力,并不遗余力地弱化那些倒向罗马一方和希望根据元老院的命令进行行事的势力。(4)一些来自亚洲的使节也对尤米尼斯进行了控告,这些使节强调尤米尼斯与安条克暗中勾连。(5)在听完这些控告后,元老院既没有驳斥他们的控告,也没有公开表明自己的态度,而是谨慎行事,也不再信任尤米尼斯和安条克。(6)至于加拉提亚人,他们继续扩大并进一步确保他们的自由。(7)提比略及其同僚刚刚出使回来,他们就像自己离开罗马时那样,仍然没有对尤米尼斯和安条克形成清晰的看法,也没有对元老院陈述任何进一步的意见。(8)国王的热情接待非常成功地蒙蔽了他们。

[31](1)接着,元老院将罗德岛人喊了进来,并听取了他们的陈述。(2)在走进元老院后,阿斯提米德斯采用了比自己的上一任使节更加温和与更加有效的论据。(3)因为,他没有提出控告,相反,他以受到重罚之人的谦卑语气来恳求原谅,并宣称自己的国家已经受到了足够的惩罚,而且,他们所受到的这个惩罚本身就已经远远超出了他们的罪行所应得的惩罚。(4)接着,他进一步列举了罗德岛所受到的损失,他首先提到他们损失了利西亚和卡里亚——

---

① 即公元前 165 年—前 164 年。

他们从一开始就在这些地方花费了巨额的金钱，而且，他们被迫与它们发生了三次战争，但现在他们失去了这些地方，这让他们损失了先前从它们那里所得到的巨额收入。他进一步地说道：

（5）不过，在这方面你们也许是公正的；因为，确实是你们把这些地方作为恩惠和善意而授予给我们民族的，在我们招致你们的怀疑和敌意的情况下，你们现在收回了你们先前送给我们的这份礼物，从你们的角度出发，这无疑是正确的。（6）但是，对于卡乌尼斯，你们自己也承认，它是我们以两百泰伦的金钱为代价而从托勒密的将军那里买来的；而且，斯特拉托尼塞亚（Stratoniceia）①也是塞琉古之子安条克所送给我们的一个大礼物。（7）我们国家每年可以从这两座城镇获得一百二十泰伦的收入。（8）如果我们同意遵从你们的命令，那么，我们就会失去这所有的收入。（9）从中你们可以看到，相较于你们一直以来的敌人马其顿人，你们罗马人已经对罗德岛人征收了一个更加严重的贡赋，而这一切只是源于罗德岛人所犯下的一个小小的愚蠢行径。但是，对我们国家最严重的灾难却是下面这个。（10）由于你们将提洛岛变成了一个自由港，以至于这让我们港口的收入打了水漂，除此之外，你们实际上也剥夺了我们民族的自由，因为，我们的港口利益和我们城邦的所有其他利益是维持我们自身体面尊严的根基所在。②（11）要让你们相信这件事所言不虚并不难；（12）因为，以前我们港口的应收款是一百万德拉克马，你们现在从中拿走了十五万，因此，罗马人啊，你们的不满确实严重地影响到了这个国家的命脉。（13）如果对你们的错误和疏远是我们全体罗德岛人犯下的，那么，你们或许有理由一直心存这种怨恨而拒绝原谅我们；但是，如果这种错误的罪魁祸首是一小撮人，而且，他们已经被这个国家所处死——你们对此也非常清楚——（15）那么，为什么你们仍然拒绝与这些无辜的人和好呢？你们不是被所有其他民族视为最慷慨大度和最宽宏大量的人吗？（16）因此，先生们，罗德岛人民——他们已经失去了自己的收入、自己的自由和自己的平等，他们也愿意为自己过去所犯下的错误承受任何的痛苦，而且，他们现在也已经受到了足够的惩罚——（17）恳求你们所有人消除自己的愤怒，并选择与我们和好与

---

① ［中译按］Stratoniceia 亦写作 Stratonicea。
② 他的意思是，他们再也不能独立于罗马人而自主地决定商业事务了，这座港口的声望（προστασία）和名气都被摧毁了。

结盟,以向全世界清楚无误地表明,你们现在已经抛弃了对罗德岛人愤怒,并恢复你们对罗德岛人最初的感情和友谊;因为,我们国家现在所需要的正是这个东西,而不是盟友的武器和士兵。

(18)阿斯提米德斯就以这些或者类似的措辞向元老院发表了讲话;人们认为,他所作的这个演讲非常契合局势。(19)然而,对罗德岛人的结盟帮助最大的一件事情却是提比略·格拉古和其他使节的新近返回。(20)因为,他首先作证说,罗德岛人遵守了元老院所有的法令;其次,所有引发罗马人不满的那些罪魁祸首全都已经被罗德岛人处死了。他的这种作证压倒了所有的反对意见,以至于罗马与罗德岛最终缔结了同盟……

亚该亚的使节

[32]①(1)随后进来的是亚该亚人的使节,他们根据自己原先所接受的指示发表了演讲,而元老院则对他们刚刚所作的演讲进行了答复。(2)这个答复的大意是,让元老院深感惊讶的是,亚该亚人竟然要求元老院对已经作出的事项进行重新审查。(3)不过,这位埃乌利亚斯及其同僚对此现在立即站出来解释说,同盟既没有听到这些人质的辩护,也没有听到任何对他们所作的判决;(4)他们现在恳求元老院对这些人采取措施,让他们接受审判,不要让他们未经审判就殒命在外。(5)他们恳求说,如果可能的话,元老院应该自己去调查和宣布谁有罪;但是,如果其他的事务缠住了元老院的手脚,那么,元老院可以把这件事委托给亚该亚人负责,因为,亚该亚人对这些人所犯下的罪行是不会心慈手软的。(6)在听完使节们按照他们的指示所说的话后,元老院发现自

---

① 公元前165年,亚该亚使节要求对亚该亚的人质(The Achaean *détenus*)——这些人质的人数是一千人,而且,这些人质是公元前167年被传唤到了意大利的——进行审判或者释放。参见第三十卷第13章;保萨尼阿斯(Pausan.)第七卷第10章第11节。

己左右为难起来，因为他们面临着所有各方的反对。（7）他们认为，审判这些人并不是自己的职责所在，然而，如果未经审判就释放这些人，那么，这无疑会摧毁自己真正的朋友。（8）因此，元老院迫于形势的压力，同时也是希冀斩断亚该亚民众对归还这些被扣留者的希望，以让他们毫无怨言地听命于亚该亚的卡利克拉底以及在其他国家中那些站在罗马一边之人，于是，元老院就作出如下的书面答复："（9）我们认为，这些人回国既不符合罗马的利益，也不符合你们国家的利益。"（10）这个答复的公布不仅让那些被传唤到意大利的亚该亚人深感绝望和无助，而且，它也让所有在罗马的希腊人感到痛楚不已，因为，这个答复似乎剥夺了那些不幸之人所有的回国希望。（11）当这个答复在希腊进行宣布后，民众的精神立即就崩溃了，一种绝望的情绪弥漫在了所有人的头脑当中。（12）但是，卡洛普斯和卡利克拉底以及他们政策的那些支持者的精神再一次地振奋了起来……

第三十一卷（残篇）

I. 意大利的局势

（对照李维第四十六卷摘要）

[1]（1）部分出于武力，部分出于劝说，提比略·塞姆普洛尼乌斯·格拉古让加马尼人（The Gammani）①臣服于罗马人②……

尤米尼斯的使节

（2）在这一年大批的使节抵达了罗马，元老院对以阿塔鲁斯和亚特纳乌斯为首的使团进行了答复。（3）普鲁西亚不满足于自己独自一人对尤米尼斯和安条克的控告，而且，他还鼓动加拉提亚人、塞尔盖人（Selgians）③和其他亚洲民族一起进行控告。（4）因此，这位尤米尼斯国王就派遣了自己的两个兄弟前来进行辩护和驳斥这些指控。（5）他们就这样出现在了元老院，人们认为，他们已经对所有的控告者作出了令人满意的辩护，最后，他们不仅让尤

---

① 加马尼人（The Gammani）是一个亚洲民族（an Asiatic people），加马尼坐落在卡帕多西亚（Cappadocia）。
② 即公元前 164 年—前 163 年。
③ 塞尔盖城（Selge）坐落在皮西迪亚（Pisidia）。

米尼斯从这些控告中解救了出来，而且，他们还带着罗马人所授予的特殊荣誉标志返回了亚洲。（6）然而，元老院并没有停止对尤米尼斯和安条克的怀疑，而是任命和派遣了盖乌斯·苏比修斯（Gaius Sulpicius）和曼尼乌斯·塞基乌斯（Manius Sergius）作为使节，以观察希腊的事态进程；（7）并决定梅格洛波利斯人与拉栖代蒙人之间的领土争端；（8）不过，他们的主要目的是努力地调查清楚安条克与尤米尼斯之间的事态进展，以防备他们对罗马的进攻或者联合起来对抗罗马……

对叙利亚、马其顿和埃及所采取的措施

　　[安条克·俄皮法尼斯留下了一个儿子和一个女儿，他的这个儿子名叫安条克·埃乌帕托（Antiochus Eupator），当时只有九岁，他继承了王位，利希亚斯则是他的监护人。他的堂兄德米特里——德米特里是塞琉古·斐洛佩托（Seleucus Philopator）的儿子，当时他正在罗马代替去世的安条克·俄皮法尼斯作人质——努力说服元老院立自己而不是这位小男孩为叙利亚国王。]①

　　[2]（1）塞琉古之子德米特里②现在已经在罗马做了很多年的人质，人们一直认为，他的被扣是不公正的；（2）因为，作为自己信义的保证，他是被自己的父亲塞琉古送过来当人质的，现在安条克③继承了王位，那么，他就不应该再作为塞琉古儿子的人质。（3）然而，他先前一直都没有采取行动，因为，他仍只是一名男孩，缺乏基本的行动能力。（4）但是，他现在已经完全达到了成年的年

---

① ［中译按］中括号里面的内容译自于剑桥本。
② 这位德米特里是塞琉古的儿子、安条克大帝的孙子，他希望恢复自己在叙利亚王国的王位。
③ 即安条克·俄皮法尼斯。

龄,因此,他就走进了元老院,并对他们发表了演讲,他恳求他们护送他回国并恢复王位,他声称自己比安条克的儿子更有资格继承王位。(5)他对此进行了一番长篇累牍的论证,他尤其向自己的听众强调,罗马是自己的祖国和保姆,元老的儿子就像是自己的兄弟,元老自己则像是自己的父亲,因为,在来到罗马时,自己仍相当幼小,而现在自己却已经二十三岁了。① (6)所有的听众都深受触动,但是,元老院公开的决定却仍然是让德米特里继续留在罗马和帮助安条克四世幸存下来的那个儿子登上王位。(7)在我看来,元老院之所以这样行事,是因为他们对一位像德米特里那样年轻力壮的国王心怀猜疑,他们认为,继承王位的这位幼小而软弱的男孩会更符合自己的利益。(8)后来所发生的事情可以非常明显地证明这一点。(9)因为,他们立即任命了格纳乌斯·奥克塔维乌斯、斯普利乌斯·卢克莱修(Spurius Lucretius)和卢西乌斯·奥勒利乌斯(Lucius Aurelius)作为使节,并把他们派遣到叙利亚以根据元老院的意志来安排王国的事务;(10)而且,没有人会出来反对他们的命令,因为国王仍是小孩子,而贵族们也对政府没有交到德米特里的手上感到喜出望外,因为他们觉得这是最值得高兴的事情。(11)奥克塔维乌斯及其同僚随后就按照命令展开了行动,他们首先下令烧毁了甲板战船,其次他们下令割断了战象的脚筋,总之他们尽可能地消弱王国的权力。(12)他们也奉命监管马其顿的事务;因为,不习惯民主政治和国会政治的马其顿人彼此之间会争吵不休。② (13)使节们也必须报

---

① 公元前175年,也就是七年前,德米特里被用来换回了自己的叔叔安条克·俄皮法尼斯。

② 李维第四十五卷第29章记载道,关于马其顿的元老院决议(The Senatus Consultum de Macedonibus)宣布,所有的马其顿人都享有自由;每一座城市都可以享有自己的法令和选举自己的年度官员,而且,他们也必须向罗马支付贡赋——他们所支付的贡赋数额是他们先前支付给国王的一半。马其顿被分成了四个地区,每个地区都有自己的首都——它们是安菲波利斯、色萨洛尼卡、佩拉和佩拉戈尼亚(Pelagonia)——每个地区也都可以举行地区议会(concilia)、征集地区税收和选举地区官员;各个地区之间不得进行相互通婚或者拥有共同的财产权利。

告加拉提亚和阿里阿拉特王国的情况；(14)不久之后，他们收到了元老院的一封信件，这封信件命令他们竭尽全力地调和亚历山大里亚的两位国王之间的关系……

阿里阿拉特的使节

[在这次出使后不久，阿里阿拉特就去世了，他的儿子阿里阿拉特·斐洛佩托（Ariarathes Philopator）继承了王位，公元前164年，李维第四十六卷摘要。][1]①

[3](1)与此同时，最近继承卡帕多西亚王位的阿里阿拉特也派来了使节，以续订自己与罗马之间先前所缔结的同盟关系；(2)而且，他们恳求元老院接受国王对罗马国家和所有罗马公民所怀有的善意和友谊。(3)在听完了他们所作的演讲后，元老院续订了他们之间的同盟关系，并非常礼貌地答复他，元老院大体上赞同国王的提议。(4)元老院这样热情的原因主要是提比略和其他使节的报告，因为，他们被派去调查了卡帕多西亚的情况，而且，他们一回来就对这位已故的国王以及他的王国普遍地赞誉有加。(5)依据这份报告，元老院礼貌地接受了使节并同意了国王的提议……

II. 希腊的局势

罗德岛与卡里亚

[4](1)为了从困境中解脱出来，现在可以自由呼吸的罗德岛人派遣了克里亚格拉斯（Cleagoras）率领一个使团出使罗马，(2)以恳求将卡林达（Calynda）割让给他们，(3)并请求元老院允许他们在

---

① [中译按]中括号里面的内容译自于剑桥本。

利西亚和卡里亚拥有财产的那些公民能够像以前一样继续拥有财产。① (4)他们也投票决定在雅典娜神庙中建造一座罗马人民的巨型塑像,其高度高达三十肘尺……

〔5〕(1)卡林达一从卡乌厄斯分离出来,卡乌厄斯人立即就围攻起了这座城市,接着,卡林达人(Calyndians)首先向克尼多斯人(Cnidians)请求了支援。(2)在克尼多斯人的帮助下,他们挡住了敌人一段时间;(3)但是,出于对未来的担心,他们决定派遣一个使团到罗德岛,以将自己的城市交到罗德岛人的手上。(4)罗德岛人派遣了海军和陆军前来进行解围,最终,他们成功地解除了卡乌厄斯的围攻,并占领了这座城市;(5)这座城市的财产得到了元老院的保护……

III. 亚洲的局势

〔6〕(1)除了我刚刚所提到的轻率行径之外,在抵达亚洲后,盖乌斯·苏比修斯·加鲁斯在主要城镇张贴了告示,(2)以命令所有希望指控尤米尼斯国王的人在规定的日期前往萨尔迪斯。(3)接着,他自己亲自前往到萨尔迪斯,他在体育馆内落坐了大约十天的时间,以聆听控告者的指控;(4)他允许他们对这位国王的任何斥责和谩骂,不过,总的来说,他对每一个事实和每一个指控都非常地重视;(5)因为,他的精神已经癫狂,而且,他非常痛恨尤米尼斯,并以与尤米尼斯的争吵为荣……

卡帕多西亚的阿里阿拉特

〔7〕(1)在自己派往罗马的使节回来后,根据所收到的答复,卡帕多西亚国王的阿里阿拉特认为,自己的王国现在已经安全无虞,

---

① 罗德岛要求卡里亚的卡林达(Calynda),并要求保留他们在卡里亚与利西亚的私人财产。

因为他已经成功地赢得了罗马人的善意，于是他向诸神献祭以示感谢并宴请了自己的贵族。（2）接着，他派遣使节到了安提阿的利希亚斯①那里，因为他非常想找回自己姐姐和母亲的尸骨。（3）他觉得，最好不要对利希亚斯的任何罪行进行谴责，因为，他不希望惹恼利希亚斯以免自己的目的落空，尽管他实际上早就怒火中烧；因此，他指示使节向利希亚斯只提这一个要求。（4）利希亚斯同意了这个请求；尸骨一回到卡帕多西亚，他就盛大地迎接它们，并恭恭敬敬地把它们安葬在自己父亲的陵寝旁边②……

[8]（1）大约就在这时，从罗马过来的第一批使节抵达了，这批使节以马尔库斯·尤尼乌斯为首，他们此番前来的目的是要解决加拉提亚人与阿里阿拉特国王之间的争端。（2）特洛米人（The Trocmi）③发现，在没有外援的情况下，自己根本就无法兼并卡帕多西亚的任何一部分，但是，当他们的冒险行动立即遭到应有的惩罚时，他们就向罗马求助，并对阿里阿拉特进行百般的诋毁。（3）这正是尤尼乌斯被派到卡帕多西亚的原因所在。国王向他们作了一个让他们非常满意的报告，而且，在其他所有方面他也都表现得恭敬有礼；在国王送走他们时，他们对国王深表感谢。（4）当第二批使节格纳乌斯·奥克塔维乌斯和斯普利乌斯·卢克莱修抵达后，就他与加拉提亚人之间的争端问题，他们再一次地对阿里阿拉特发表了讲话；（5）在简单地触及这个问题，并说道自己将遵从他们的

---

① 利希亚斯（Lysias）是安条克·埃乌帕托（Antiochus Eupator）的大臣。

② 老阿里阿拉特与安条克大帝进行了结盟，而且，他把自己的其中一位女儿嫁给了安条克大帝；她的母亲一路护送她到了安提阿，由于安条克·埃乌帕托（Antiochus Eupator）手下的大臣利希亚斯（Lysias）的妒忌，她们两人在安提阿殒命身亡了。参见第二十一卷第43章。

③ [中译按]Trocmi亦写作Trocmii，特洛米人（The Trocmi）是小亚细亚中部的加拉提亚人三个最古老的部落之一——另外两个部落则是托利斯托波基人（The Tolistobogii）和提克托萨基斯人（The Tectosages）——他们可能是公元前三世纪初期从马其顿移居小亚细亚的高卢人部落。公元前189年，罗马代执政官格纳乌斯·曼利乌斯·维乌索（Gnaeus Manlius Vulso）在奥林匹斯山（Mt. Olympus）战役和马加巴山（Mt. Magaba）战役中打败了这三个部落。

决定后,这位国王转而谈及了叙利亚的事务,因为他知道奥克塔维乌斯及其同僚正要前往那里。(6)他请他们注意这个王国的不安定状态及其统治者的卑鄙性格;除此之外,他提议派遣一支军队护送他们,而且,他也会一直密切地注意时局的变化,直到他们从叙利亚安全地返回。(7)在对国王的善意和热情表示感谢后,使节们说道,他们当前不需要任何护送的军队;(8)不过,如果将来他们需要这样的护送,他们会毫不犹豫地告知他,因为他们已经把他视为罗马的一位真正朋友……

安条克·俄皮法尼斯的去世

[9](1)在叙利亚,希望增加自身财富的安条克国王决定远征埃利马尔斯(Elymals)的阿耳忒弥斯圣所。(2)一到这个地方,他的希望就惨遭挫败,因为,生活在附近的蛮族部落都在英勇地抵抗他的暴行;(3)在撤退时,他死在了波斯的塔巴埃;①(4)正如一些人所说,由于他企图在上面的那座圣所中施予这种暴行,这引发了神明的不快,以至于他最终发了疯……

IV. 意大利的局势

两位相互敌对的托勒密

[埃及的两位国王——托勒密六世斐洛米托与乌基特斯二世菲斯康(或者叫作托勒密七世)——发生了争端。前者被后者驱逐,并避难于塞浦路斯;不过,公元前164年,由于一场有利于他的民众运动的爆发,以及在罗马所派来的使节的权威下,他复位了(李维第四十六卷摘要;迪奥多鲁斯·西库鲁

---

① 公元前164年,安条克·俄皮法尼斯在从苏西亚纳(Susiana)的回程途中去世了,参见第二十六卷第1章。

斯（Diod. Sic.）第十一卷残篇）。然而,他们之间再一次地爆发了争端,在这次争端的过程中,托勒密六世重创了菲斯康（迪奥多鲁斯·西库鲁斯第三十一卷残篇）,最终,一个被安排统治埃及,①另一个则被安排统治西兰尼(Cyrene)。② 公元前162年。参见李维:《罗马史摘要》,第四十七章。]③

[10]（1)当两位托勒密瓜分了这整个王国后,④年轻的弟弟小托勒密抵达了罗马,他希望取消自己与自己的兄长之间的瓜分协议;（2）他说道,他之所以同意这份协议不是出于自愿,而是出于环境的压力而被迫同意的。（3）他恳求元老院将塞浦路斯划给自己,因为,即算上它,他的份额也比不上自己兄长的份额。⑤（4）卡努雷乌斯(Canuleius)和昆图斯(Quintus)作证支持兄长的使节米尼鲁斯(Menyllus),他们说道,年轻的弟弟小托勒密所拥有的西兰尼以及他自己本身的性命都要归功于他们的行动,因为,普通民众对他满怀敌意,而且对他深恶痛绝;⑥（5）因此,他非常高兴地接受了与自己原来的期望或者希望背道而驰的西兰尼的统治权,并与自己的兄长像惯常那样用祭品庄严地交换了誓言。（6）对于这所有一切,年轻的小托勒密全部予以否认,元老院认为,这种瓜分非常不公平,而且他们希望自己对这个王国进行一个有效的分割,因此,他们就同意了小托勒密的请求,而且,这同时也符合他们自身的利益。（7）他们现在就是这样行事的,这种举措在罗马人中间非常司空见惯:通过利用别人所犯下的错误,他们有效地扩张和强化他们

---

① ［中译按]兄长大托勒密统治了埃及。
② ［中译按]弟弟小托勒密统治了西兰尼。
③ ［中译按]中括号里面的内容译自于剑桥本。
④ 即公元前163年-前162年。
⑤ 公元前162年,占有了西兰尼的乌基特斯二世索要塞浦路斯。
⑥ 亚历山大里亚人对托勒密·菲斯康深恶痛绝的确切原因不得而知,不过,其原因也许是因为提莫特乌斯(Timotheus)的死亡,提莫特乌斯是托勒密·斐洛米托派驻罗马的使节,参见第二十八卷第1章,迪奥多鲁斯·西库鲁斯第十一卷残篇。

自己的权力,同时,他们也会给这些犯错者授予一些恩惠和好处。(8)他们看到了埃及王国的巨大规模,而且,他们非常担心它一旦落到了年富力强的统治者手上,那么,他可能就会自命不凡起来,甚至会调转枪头来对付自己;(9)因此,他们任命了提图斯·托奎图斯(Titus Torquatus)和格纳乌斯·梅鲁拉(Gnaeus Merula)作为使节,让他们一起陪同托勒密到塞浦路斯,以实现国王和他们自己的目标。(10)元老院命令他们立即出发,并指示他们调和这两兄弟之间的矛盾,同时在不发动战争的情况下确立小托勒密在塞浦路斯的统治……

德米特里逃离罗马

[当罗马使节抵达了叙利亚(参见第12章)后,他们开始执行自己的命令——亦即击沉舰船和杀死大象——这引起民众的巨大愤怒;而且,格纳乌斯·奥克塔维乌斯也在拉奥迪塞亚(Laodicea)的一座体育馆内被一位名叫利布提尼(Leptines)的人暗杀了。通过给奥克塔维乌斯举行体面的葬礼和派遣使节到罗马来证明自己清白等方式,利希亚斯竭尽全力地安抚罗马人的愤怒。参见阿庇安(Appian),《叙利亚战争》(Syr.),第四十六卷。][1]

[11](1)就在格纳乌斯·奥克塔维乌斯遇害以及怎样遇害的消息传来时,利希亚斯所派来的代表安条克国王的使节也抵达了,他们斩钉截铁地保证说,国王的朋友根本没有参与这次事件;[2](2)但是,元老院根本没有理会这些使节,他们不希望对这个事件公开宣布任何决定,也不想公开表达他们的任何意见。(3)然而,德米特里却对这个消息兴奋异常,他立即派遣去请波利比乌斯前来会

---

① [中译按]中括号里面的内容译自于剑桥本。
② 即公元前162年。

面，并向后者请教自己是否应该就自己的处境问题再一次向元老院发表演讲。（4）波利比乌斯建议他不要在同一块石头上绊倒两次，而是要相信自己，并采取一些与国王相称的大胆行动；（5）因为，他说道，现在的局势给他提供了许多的行动机会。（6）德米特里明白了这个建议，不过他当时什么都没有说；但是，不久之后他就与自己的一位名叫阿波罗尼乌斯的密友商量并讨论了这件事情。（7）阿波罗尼乌斯这个人头脑简单，而且相当年轻，他建议德米特里在元老院再尝试一次，因为他确信，由于他们已经不公正地剥夺了他的王国，因而他们至少会解除他的人质身份；（8）因为，在安条克这位年轻人继任了叙利亚的国王之位后，德米特里应该就是为他作人质，这就显得非常不合常理。（9）在阿波罗尼乌斯这番论证的影响下，德米特里再一次来到元老院，并恳求他们至少解除自己的人质身份，因为，他们已经决定让安条克继承王位。（10）尽管他用了很多的论据为自己申辩，但是，正如所料，元老院仍然坚持了自己最初的决议。（11）因为，他们上次决定让这位小男孩继位，不是因为德米特里的主张不公正，而是因为这样安排符合罗马的利益。（12）由于现在的情况仍然没有变化，因此，元老院的决策继续维持不变，这完全是自然而然的事情。

[12]（1）德米特里徒劳地唱了一首"天鹅之歌"，他对自己的所作所为深感后悔，因为，他认识到了波利比乌斯所说的不要在同一块石头上绊倒两次的建议的无比正确；（2）但是，他天生就意气风发，而且，他也有足够的勇气去完成自己的计划，因此，他立即喊来了刚刚从叙利亚过来的迪奥多鲁斯，并向后者透露了自己的处境。（3）迪奥多鲁斯（Diodorus）是德米特里的养父，同时也是一位能力卓群之人，而且，他仔细地研究了叙利亚的局势；（4）他现在向德米特里指出，由于奥克塔维乌斯的遇害，现在的局势相当混乱，民众彼此之间也相互不信任，而元老院则深信自己的使节所遭遇的暴行其实就是国王的朋友们所为，因此，现在是德米特里出其不意地露面的有利时机。（5）因为，叙利亚人会立即将王位移交给他，即使他只是在一位奴隶的陪伴下出现；而元老院则不会在利希

亚斯作出这番可恶的行径之后仍然继续支持或者协助利希亚斯。(6)剩下来的问题就是,他要在任何人都不知道他的意图的情况下秘密地逃出罗马。(7)作出这个决定后,德米特里派人去请来了波利比乌斯,并将自己的这个计划告诉了后者,而且,他恳求后者帮助自己,并与自己一起计划最可行的逃跑方法。(8)恰好那时有一位名叫阿拉班达的米尼鲁斯(Menyllus of Alabanda)的人出现在了罗马,他是奉大托勒密之命出使到这里的,以意在对抗和回应小托勒密在元老院的讲话。(9)一直以来波利比乌斯都是这位米尼鲁斯的密友,而且,前者对他信任有加。(10)波利比乌斯认为,他是从事当前这项任务的最佳人选,因此,波利比乌斯把他引介给了德米特里,并非常诚挚而又热情地推荐了他。(11)米尼鲁斯同意参与这项计划,他答应提供一艘船只,并准备航行所需要的其他一切东西。(12)他发现有一艘迦太基船只——船上装载有神圣的祭品——停泊在台伯河口,因而,他就雇佣了它。这种船只是迦太基特别挑选出来的,以用来把它们作为传统祭品的初熟之果运送到位于推罗的祖先神明那里。(13)米尼鲁斯公开地租用了它,以在回程时将自己运送回去;因此,在没有引起任何怀疑的情况下,他就将一个月的补给先运送上船,而且,他公开地与水手进行交谈,并与他们一起安排事情。

[13](1)当船长把一切全都安排妥当,只剩德米特里自己作安排时,他首先把自己的养父派到叙利亚,以观察那里的局势和打探民众的态度。(2)他的养兄弟阿波罗尼乌斯从一开始就参与了这项计划,而且,他也向阿波罗尼乌斯的两位兄弟米利亚基尔和梅尼斯特乌斯(Menestheus)透露了这个秘密,除此之外,他没有让自己的其他随从知道这个秘密,尽管他的随从非常多。(3)这三兄弟确实都是在塞琉古王宫中占据高位的阿波罗尼乌斯的儿子,不过,在安条克①继承王位时,②阿波罗尼乌斯就移居到了米利都。(4)与船

---

① [中译按]即安条克·俄皮法尼斯。
② 即公元前 175 年。

上的水手事先约定好的日子现在到来了，所以必须要有德米特里的其中一位朋友出面安排一场宴会，以作为德米特里出门的幌子；(5)他无法在自己的家里举行宴会，因为，他一直以来的审慎习惯都是邀请自己所有的随从一起进餐。(6)那些参与这项密谋的人都在家里吃晚饭，接着再上船，他们每一个人只带一名奴隶，他们其余的奴隶则被送到了亚纳格尼亚（Anagneia），并告诉他们说，第二天他们的主人会在那里与他们会合。(7)波利比乌斯那时恰好卧病在床，但他知道当时所发生的一切，因为，米尼鲁斯一直不断地与他进行联络。(8)因此，波利比乌斯非常担心，如果宴会延长过久，那么，德米特里可能就会因为酒醉而无法脱身，因为，德米特里天生就贪杯好酒而又年轻气盛。(9)所以，波利比乌斯就写下了一个简短的信笺，并封进了信封；接着，他让自己的一名奴隶在天黑后立即将它送出去；他指示这名奴隶把德米特里的斟酒人叫出来，并将这个信笺交给他，而且，波利比乌斯嘱咐他不要说自己是谁，也不要告诉他信笺来自何处，而是吩咐他把这个信笺立即交给德米特里，并让德米特里立即阅读。(10)一切都按照指示的那样行事，德米特里收到了这个信笺，也读到了这个信笺。(11)这个信笺包含有下列警句格言：

> (12) 行动派赢走了懒汉所有的奖品。①
> 　　　夜晚对谁都一视同仁，但最喜勇者。②
> (13) 要勇敢地面对危险，现在就行动，无论输赢；
> 　　　可以去做任何事，但不要丢掉自己。③
> (14) 要保持冷静和牢记怀疑；
> 　　　这是智慧的源泉。④

---

① 出处不明。
② 欧里庇得斯（Euripides）：《腓尼基妇女》（Phoen.），第 633 行。——洛布本注
　　欧里庇得斯（Euripides）：《腓尼基妇女》（Phoenissae），第 726 行。——企鹅本注
③ 出处不明。
④ 这句话是埃庇卡穆斯（Epicharmus）写下的。对照第十八卷第 40 章。

[14](1)德米特里一读到这个信笺,他立即就明白了它的意旨,也明白了它出自谁手,因此,他立即假装生病,并在朋友的护送下离开了。(2)一到自己的住所,他立即就把那些不适合随行的奴隶派往到亚纳格尼亚,并命令他们带着狩网和猎狗与自己在塞西利(Cerceii)会合;(3)因为,他过去经常去那里狩猎野猪,事实上,这也是他和波利比乌斯建立亲密友谊的开端。(4)接着,他向尼卡诺尔及其朋友透露了自己的计划,并恳求他们与自己同生死,共存亡。(5)当他们所有人全都欣然答应后,他要求他们立即回到他们自己的住处,并命令他们的奴隶在清晨前往亚纳格尼亚,接着再与猎人在塞西利进行会合。(6)他们自己穿上旅行的衣服,然后回来找他,同时,他们告诉自己的奴隶说他们要去请德米特里,而且,第二天会和他们在塞西利会合。(7)所有一切都按照我所说的那样进行,他和他的朋友们乘着夜色到达了台伯河河口奥斯提亚(Ostia)。(8)米尼鲁斯先于他们抵达,并与船上的水手进行接洽;他告诉他们说,他已经从托勒密国王那里接到一个指示,亦即他现在必须留在罗马,但是,他必须向国王派遣一些最值得信赖的年轻士兵,以向他通报关于他兄弟的所有消息。(9)因此,他说道,他自己不会登船,但是,乘船的士兵大概会在半夜抵达。(10)船上的水手根本不关心这种事,因为,约定的船费现在已经预先付清,而且,他们很早就已经做好了航行的一切准备。(11)德米特里和跟随他的那些人在夜间三更结束之时抵达了,他们的人数总计八人,外加五名成年奴隶和三名少年奴隶。(12)米尼鲁斯与他们进行了交谈,而且,他向他们展示了这次航行所准备的补给,并热情地向船长和船员们引荐了他们。(13)接着,他们登上了船只,天亮时船长起锚开船了,他根本不知道整件事的事实真相,而是认为自己不过是将米尼鲁斯的一些士兵运送到托勒密国王那里而已。

[15](1)在罗马,不可能有任何人在第二天去寻找德米特里或者与他一起离开的那些人。(2)因为,留在他家里的那些人认为,他已经前往到了塞西利,然而,身在亚纳格尼亚并准备与他会面的那些人则认为,他将会前来那里。(3)结果就是,这次逃亡完全神

不知鬼不觉，直到有一位奴隶恰好在亚纳格尼亚惨遭鞭刑后逃到了塞西利，他以为自己会在那里见到德米特里；（4）当他没有见到德米特里后，他再一次地跑到了罗马，他以为自己可以在路上遇到他。（5）但是，他在任何地方都没有见到德米特里，因此，他就告诉了德米特里在罗马的朋友和那些仍然留在德米特里家里的家人。（6）在德米特里离开四天后，人们开始寻找德米特里，直到这时他们方才起了疑心；（7）等到第五天，那时德米特里已经驶过了墨西拿海峡（Straits of Messina），元老院就这件事情召开了一次特别会议。（8）元老院放弃了所有的追捕想法，这一方面是因为，他们认为德米特里已经航行很远了（因为风向对他有利）；另一方面是因为，他们看到，即使他们希望阻止他，他们也已经来不及了。（9）几天后，他们任命了提比略·格拉古、卢西乌斯·伦图鲁斯（Lucius Lentulus）和塞维利乌斯·格劳西亚（Servilius Glaucia）等三位特使，[①]以首先去调查希腊的事态；（10）接着再航行到亚洲，以观察德米特里意欲何为并察看其他国王的态度，以及裁决这些国王与加拉提亚人之间的纷争。（11）他们之所以任命格拉古作特使，是因为他对所有这些事项全都有一种特别的知识。（12）这就是意大利当时的局势。[②]

（《苏达辞书》）

（13）德米特里焦急地等待着派往到他这里的那位特使的到来……

---

① 即公元前 162 年。
② 德米特里一世的赌注获得了成功。他在叙利亚受到了热烈的欢迎，接着，他掌握了国家大权，并处死了年轻的安条克五世及其摄政利希亚斯，而且，他从公元前 162 年一直统治到公元前 150 年。不过，他后来被一位名叫亚历山大·巴拉斯（Alexander Balas）的篡位者打败并杀死。

V. 亚洲的局势

[16]①(1)阿塔西亚斯希望杀死……但是,在阿里阿拉特的建议下,阿塔西亚斯反而授予了他比以前更高的荣誉。(2)正义的力量、观念的力量和义人的建议不仅常常可以让我们的朋友获救,而且也常常可以让我们的敌人获救,并让他们的品性也因此变好……

(3)帅气比任何一封信都更能起到敲门砖的作用……

VI. 非洲的局势

[17](1)接着,年轻的小托勒密随罗马使节一起抵达了希腊,他集结了一支非常强大的雇佣军;(2)这支雇佣军中就包括了马其顿人达马西普斯(Damasippus the Macedonian),他在杀死了法库斯(Phacus)的内阁大员后携带自己的妻子和家人逃离了马其顿。(3)在抵达了罗德岛的佩拉亚(the Rhodian Peraea)②后,这位国王得到了那里的民众的热情接待,而且,他提议启航前往塞浦路斯。(4)托奎图斯及其同僚看到他集结了这样一支强大的雇佣军后,就提醒他注意他们的指示,(5)那就是,他无需发动任何战争就可以收回塞浦路斯,最终,他们说服了他进军塞德(Side),③他在那里解散了这支雇佣军,而且,他也放弃了入侵塞浦路斯的想法,并在西兰尼边境迎接了他们。(6)他们说道,他们自己会驶往亚历山大里亚,在说服这位国王遵从元老院的要求后,他们将带上他的兄弟一起在边境上迎接他。(7)年轻的小托勒密被这些话说服了,他放弃了进攻塞浦路斯的念头并解散了自己的雇佣军,④而且,他在达

---

① 亚美尼亚的义人阿塔西亚斯(Artaxias of Armenia)的影响,参见第二十五卷第 2 章。

② [中译按]在剑桥本中,英译者将"罗德岛的佩拉亚"(the Rhodian Peraea)英译作"罗德岛对面的佩拉亚"(Peraea, opposite Rhodes)。

③ 塞德(Side)坐落在帕姆菲利亚(Pamphylia)。

④ 即公元前 162 年。

马西普斯和其中一位使节格纳乌斯·梅鲁拉(Gnaeus Merula)的陪同下首先乘船到了克里特。(8)在克里特集结了一支大约一千名士兵的军队后，他启航出发和抵达了非洲，并登陆在了阿皮斯(Apis)。

[18](1)与此同时，托奎图斯和其他使节抵达了亚历山大里亚，以试图说服年长的大托勒密与自己的弟弟和解，并把塞浦路斯让给自己的弟弟。(2)当这位国王交替地应允和拒绝，因而浪费了不少时间时，按照之前的协议，他的弟弟率领一千名克里特士兵仍然驻扎在非洲的阿皮斯附近；(3)由于没有接到任何音信而倍感恼怒，他的弟弟首先将格纳乌斯·梅鲁拉派到亚历山大里亚，以希望后者将托奎图斯和其他使节带到与自己会面的地方。(4)但是，格纳乌斯像其他人一样行事消极，时间就这样被拖延了，以至于在四十天的时间之内他的弟弟都没有接到任何消息，以至于完全不知道整个事情的进展情况。(5)年长的大托勒密国王就是通过各种讨好手段赢得了使节的欢心，他就这样背离了他们的初衷而把他们留在了自己身边。(6)就在这时，西兰尼人发动叛乱的消息传到了年轻的小托勒密国王的耳朵，众城镇都同情他们，而且，有一位名叫托勒密·西姆佩特希斯(Ptolemy Sympetesis)的埃及人——(7)在其前往罗马期间，这位国王安排托勒密·西姆佩特希斯负责处理整个国家的事务——也一同参与了叛乱。(8)当他接到这个消息，以及当他不久后听说西兰尼人在野外扎营后，他担心，尽管自己一心希望兼并塞浦路斯，但是，自己也可能会失去西兰尼，因此，他将其他所有问题都看作是次要问题，并立即向西兰尼进军。(9)一到所谓的大缓坡(The Great Slope)，他就发现利比亚人和西兰尼人已经占领了关隘。(10)托勒密对此深感震惊，他命令将自己的一半军队登上舰船，驶过关隘并从后面进攻敌人，而他自己则率领另一半军队直接进攻位于正面上方的敌方军队。(11)在前后夹攻下，利比亚人纷纷逃亡和放弃了自己的阵地，托勒密不仅占领了关隘，而且占领了关隘下面的所谓的"四塔"(Four

Towers),①那个地方有丰沛的水源。（12）从那里出发，经过六天的行军，他穿过了沙漠。（13）莫基利努斯（Mochyrinus）所统率的军队则沿着海岸与他平行进军，直到他们发现西兰尼人驻扎了八千名步兵和五百名骑兵。（14）因为，西兰尼人已经从托勒密在亚历山大里亚的所作所为中了解到他的性格，他们看到，他的统治和他的整体政策是一名僭主所为，而非一名国王所为；（15）他们非常不愿意服从他的统治，而是以自由计而决心不惜一切代价。（16）因此，他一开将过来，他们立即就应战了，不过他们最后遭遇了惨败……

[19]（1）这时格纳乌斯·梅鲁拉也从亚历山大里亚赶来了，而且，他告诉托勒密说，他的兄长没有同意他所提出的所有要求，而是坚持他们必须遵从原来的协议。（2）一听到这个消息，这位国王立即任命了科马努斯和托勒密②两兄弟作为自己的使节，让他们与格纳乌斯一起前往罗马，以告诉元老院自己兄长的贪婪成性以及他对元老院法令的蔑视。（3）与此同时，一无所获的大托勒密则送走了提图斯·托奎图斯。（4）这就是亚历山大里亚和西兰尼的局势……

VII. 意大利的局势

托勒密的使节

[20]（1）在这一年，③科马努斯和他的兄弟从年轻的小托勒密那里出发抵达了罗马，而阿拉班达的米尼鲁斯则从年长的大托勒密那里出发抵达了罗马。（2）他们所有人一同步入了元老院大厅，在那里进行了你来我往的剧烈而漫长的争吵；（3）但是，当托奎图

---

① ［中译按］Four Towers 亦写作 Tetrapyrgia。
② 在第二十八卷第 19 章中，他亦被叫作"演说家托勒密"（Ptolemy the Orator）。
③ 即公元前 162 年—前 161 年。

斯和梅鲁拉证实了小托勒密的陈述,并热忱地支持他后,元老院命令米尼鲁斯及其同僚必须在五天之内离开罗马,而且,他们与大托勒密之间的盟友关系也将终结,同时,他们会向小托勒密派遣使节,以向他通报他们所作的这个决定。① (4)普布利乌斯·阿普斯提乌斯(Publius Apustius)和盖乌斯·伦图鲁斯(Caius Lentulus)一经任命就立即启航前往西兰尼,以向托勒密通报这个重要决定。(5)这位国王对这个消息深感高兴,他立即开始集结自己的军队,而且,他把自己所有的注意力和精气神全都倾注在了如何占领塞浦路斯上。(6)这就是意大利当时的局势……

VIII. 非洲的事务

马西尼萨和迦太基

[21](1)在非洲,马西尼萨看到建造在小塞提斯(Lesser Syrtis)海岸的众多城市和他们称之为恩波里亚(Emporia)的国家的富饶程度后,他就将妒忌的目光投注到了这些地方巨额的收入上面;(2)在此之前的几年,他就试图从迦太基人手上抢走它们。② (3)由于迦太基人一直以来都不喜欢武备士兵,而且,长期的和平让当时的他们彻底丧失了武德,因此,他很容易就占领了空旷的乡村。(4)然而,他无法占领那些城镇,因为,迦太基人对它们进行了严密的防守。(5)就他们之间的分歧问题,双方都诉诸元老院,双方就这个问题都派出了大批的使节,但是,迦太基人总是会得到罗马人对他们所作的最不利的判决;(6)这不是因为他们不占理,而是因为裁判者认为,对他们作出不利的判决才最符合自己的利益。(7)他们

---

① 公元前161年,元老院中断了与托勒密·斐洛米托的盟友关系,并支持了托勒密·菲斯康对塞浦路斯的领土主张。

② 在第二次布匿战争和第三次布匿战争之间的时期,马西尼萨不断地蚕食迦太基人的领土,双方就此问题诉诸罗马。

的要求显然是无可非议的；例如，在此之前的前几年，马西尼萨率领一支军队追击反叛自己的阿弗塞尔（Aphther）时，他恳求迦太基人允许自己通过这个地区，但他们认为他无权这样主张而予以了拒绝。① (8)然而，由于当时我所记述的元老院所作的那个决定，以至于迦太基人最终处于一个非常不利的困境——他们不仅失去了乡村和城镇，而且，他们还不得不因为这个纷争而额外支付了五百泰伦的金钱②……

IX. 意大利的局势

埃米利乌斯·保鲁斯和西庇阿

[22] (1)卢西乌斯·埃米利乌斯·保鲁斯的正直品性最有力和最光荣的证据是在他去世后才全部显现出来；③ (2)因为，他生前所享有的相同显赫声名在他去世后仍然继续留存；我们可以说，这是对其德性最好的证明。(3)这个人从西班牙带回罗马的黄金没有任何同时代的人能够比得上他，他在马其顿掌握着巨额的财富，而且，他可以随心所欲地自由支配所有这些财富，但是，他去世时却如此穷困，以至于在不变卖一些地产的情况下，他的儿子们都无法从动产中支付他们的守寡母亲所应分得的财产。(4)事实上，我已经详细地讲过了这些。④ (5)我们可以说，在这方面拥有最令人艳羡的名声的那些古希腊人也会相形见绌。(6)拒绝赠予者为谋取自身利益而提供的金钱，这是一件令人钦佩的事情，雅典的阿里斯特德斯（Aristeides of Athens）和底比斯的埃帕米农达

---

① 即公元前 193 年；对照李维第三十四卷第 62 章。
② 阿庇安对迦太基人与马西尼萨之间的纷争——他们之间的纷争是由罗马人鼓动和挑拨起来的——作了更加详细的描述，参见阿庇安《布匿事件》（Res Punicae），第 67 章以下（67 sq.）。
③ 即公元前 161 年—前 160 年。
④ 参见第十八卷第 35 章。

(Epaminondas of Thebes)据说就是这样行事的；(7)然而，如果一个人成为整个王国的主宰并拥有绝对的权威，但却分文不取，难道这不是更加令人钦佩吗？(8)如果有人觉得这难以置信，那么，我就恳请他想一想，当前这位历史学家完全知道，这部著作尤其会被罗马人阅读，因为它记载了他们最辉煌的成就；(9)因此，他们不可能不知道这些事实，也不可能宽恕那些偏离这些事实的人。(10)没有人愿意让自己遭受这种怀疑和蔑视。(11)在这整部著作中，如果我对罗马人作了任何耸人听闻的陈述，那么，肯定会有人会牢记在心。

[23](1)既然我所记述的进度和年代已经倾注到这个家庭，那么，我希望满足读者的好奇心，以践行我在之前的卷节中所作出、但却仍未践行的承诺；(2)那时我承诺说，我将讲述西庇阿是怎样以及为什么会在罗马声名鹊起和赢得如此光辉灿烂的成就的；(3)同时，我也将讲述他是怎样与本书的作者波利比乌斯建立亲密友谊的，以至于关于他们之间的友谊的传闻不仅传遍了意大利和希腊，而且，他们之间的交往和友谊甚至让更加遥远的国度的人们所熟知。(4)我现在已经解释了他们之间相识的起因是对一些书籍的借阅以及对这些书籍所进行的交谈。(5)但是，当那些作为人质的亚该亚人正准备被分送到不同的偏远城镇时，由于他们之间的友谊渐长，因此，卢西乌斯·埃米利乌斯·保鲁斯的两位儿子费边和西庇阿①急切地恳求法务官，以让波利比乌斯继续留在罗马。(6)这个要求得到了应允；现在他们的交往愈发密切了，后来发生了这样一件事情。(7)有一次，他们三人从费边家里一起出来，费边恰好转弯去了广场，而波利比乌斯和西庇阿则往另一方向一起同行。(8)就在他们一起漫步闲逛时，微微涨红脸的西庇阿低

---

① "拖延者"昆图斯·费边·马克西姆斯（Quintus Fabius Maximus Cunctator）收养了保鲁斯的大儿子，普布利乌斯·科内利乌斯·西庇阿（Publius Cornelius Scipio）——普布利乌斯·科内利乌斯·西庇阿是赢得扎马之战的大西庇阿的儿子——则收养了保鲁斯的小儿子。

声而又温和地对波利比乌斯说道：

（9）波利比乌斯啊，我们两兄弟坐在一起时，为什么你一直不停地与我的兄弟说话，向他陈述你所有的问题，表达你所有的意见，但对我却视而不见呢？（10）很明显，你对我的看法也与我所听到的这座城市的其他人的看法一样。（11）因为，据我所知，所有人都认为我是一位安静而懒散之人，没有惯常的罗马人的那种冲劲，因为我不喜欢在法庭上发言。（12）他们说，我出身的家庭根本不需要我这种类型的人，而是需要恰恰相反的那些类型的人，这让我感到异常的烦闷。

［24］（1）对于这位年轻人这样敞开心扉，波利比乌斯深感惊讶；因为，他当时只有十八岁而已。他说道：

（2）西庇阿啊，神明在上，你切不可这样说，也不要让任何这样的念头侵入你的脑海。我向你保证，我没有与你说话，不是因为我看轻你或者无视你，而是因为你的兄弟比你年长而已，所以我就以他来开始和结束我的谈话；至于我所作的解释和建议，那是因为我觉得你也持同样的看法。（4）不过，当听到你说，你痛苦地认为自己比这个家庭的其他成员要更加温和时，我却由衷地钦佩你；因为，这表明你有一颗高贵的灵魂。（5）我自己愿意竭尽全力地帮助你以一种无愧于你祖先的方式进行言说与行动。（6）至于现在那些让你心生兴趣和热情的学问，你将发现会有许多人来帮助你们兄弟；（7）这些人如过江之鲫，我看到他们现在正蜂拥从希腊而来。（8）但是，至于你刚刚所说的、让你深受困扰的那件事情，我认为，你再也找不到一个比我更加合适的人来帮助你了。

（9）波利比乌斯还未说完，西庇阿就用自己的双手抓住他的右手，并亲切地握住说："我只希望自己能够看到，你将注意力倾注到我身上以及我的生命与你的生命牢牢地结合在一起的那天；（10）

因为，那时我立刻就会觉得自己将无愧于自己的家族和自己的祖先。"（11）一方面，波利比乌斯非常高兴地看到这位年轻人的巨大热情和厚重情感，不过，另一方面，当他想到这个家族的高贵地位以及这个家族成员的巨大财富时，他也感到局促不安。（12）然而，当这种互相信任建立起来的那个时刻起，这位年轻人就再也没有离开他左右，他对西庇阿的陪伴超过了其他任何人。

[25]（1）从那时起，他们就不断地在实际生活中相互给予对方情感上的慰藉，他们之间的感情就像是父子关系或者是近亲关系。

（2）西庇阿雄心勃勃地追求一种高贵的生活，而这种高贵生活的首要动力是他希望赢得节制的名声，而且，他要在这方面超过其他所有同龄的年轻人。（3）这确实是一个高贵而又很难获得的东西，但是，这在当时的罗马却不难获得，因为，大部分年轻人在道德上都已堕落成性。（4）他们当中的一些人将光阴虚掷在与男孩的恋爱上面，其他人则耗费在情妇身上，许多人纵情于宴饮和歌舞，奢侈腐化，以至于彻底沉溺其中而不能自拔，因为，在与珀耳修斯的战争中，他们很快就学会了希腊人在这方面的奢靡做派。（5）事实上，年轻人的这种放荡行径已经达到了相当令人震惊的地步，以至于许多人愿意为一名年轻的男宠支付一泰伦的金钱，而且，也有许多人为一罐鱼子酱支付三百德拉克马的金钱。（5a）这激起了加图的愤怒，他在一次公开演讲中说道，当一名漂亮男孩的售价超过了一块良田，一罐鱼子酱的售价超过了一名农夫时，这无疑是共和国堕落的最佳证明。① （6）这种奢靡做派正是在这个时期悄然成风的，其原因首先是因为，他们认为，在马其顿王国覆灭后，他们的普世统治现在已经无可撼动了；（7）其次是因为，在马其顿的财富运至罗马后，无论是公共场合还是私人场合，都在大肆地炫耀财富。（8）然而，西庇阿却让自己反其道而行之，他与自己所有的欲

---

① 在他担任监察官（Censorship）期间（公元前184年），对二十岁以下且售价超过十塞斯特提亚（ten sestertia）的奴隶，加图征收了一种税。参见李维第三十九卷第44节。

望进行斗争,让自己生活的各个方面都始终如一、条理分明,在前五年他就广泛地赢得了节制和自律的名声。

(9)接着,他在金钱方面培养了一种高尚的情操,让自己在金钱问题上以慷慨和清廉著称。(10)在这方面,他与自己的生父①共同生活的那部分岁月为其奠定了一个非常良好的基础,而且,他天生就有迈向光明大道的内在动力;不过,机运也在这方面对他助益甚多。

[26](1)他在这方面第一次崭露头角的场合是自己养父的母亲的去世;②她是自己的生父卢西乌斯·埃米利乌斯·保鲁斯的妹妹,同时也是自己的养祖父大西庇阿的妻子。(2)他继承了她的一大笔遗产,而他处置这笔遗产的方式第一次展现了他的高尚原则。(3)这位夫人的名字是埃米利娅(Aemilia),每当她离家参加妇女们的游行队伍,她总是习惯于以盛大的排场出场,以作为对大西庇阿在其人生巅峰时期的好运的分享。(4)除了她华丽的衣服和马车之外,所有的祭篮、祭杯和献祭用的其他器皿全都是由金银打造的,而且,在所有这样严肃的场合,所有这些东西都装载在她车上;(5)而随侍的女仆和男仆的数量相应地也非常庞大。(6)埃米利娅的葬礼一结束,西庇阿立即就将所有这些华丽的东西全部交给了自己的生母,③她在很多年前就与自己的生父卢西乌斯离婚,而她现有的财富无法充足地维持其体面的尊贵身份。(7)在这种场合,她过去一直待在家里,现在恰巧举行了一场庄严的公共献祭,她就以埃米利娅先前所有的奢华排场现身,除此之外,她也用了与原先完全相同的那辆马车、两头骡子和赶骡人;(8)所有看到

---

① 即卢西乌斯·埃米利乌斯·保鲁斯(Lucius Aemilius Paulus)。

② 即埃米利娅(Aemilia),埃米利娅于公元前162年去世。埃米利娅是大西庇阿(The Great Scipio)的妻子,同时也是普布利乌斯·科内利乌斯·西庇阿·阿非利加(Publius Cornelius Scipio Africanus)的母亲,她收养了自己的远亲卢西乌斯·埃米利乌斯·保鲁斯的儿子。

③ 西庇阿母亲的名字是帕皮利娅(Papiria),她是盖乌斯·帕皮利乌斯·卡尔波(C. Papirius Carbo)——盖乌斯·帕皮利乌斯·卡尔波是公元前231年的执政官——的女儿。

这番场景的妇女都被西庇阿的善意和慷慨深深地折服，她们纷纷举起自己的双手，祈祷神明赐福给他。（9）确实，这样的行动在任何地方都会被视作一种光荣的举动，不过，在罗马则被视作是一种奇迹；因为，如果不是万不得已，没有人会将自己的私人财产馈赠给他人。（10）这就是西庇阿高贵品格的名声的开端，而且很快就众所周知，因为女人都喜欢说短道长，一旦她们开启了某个话题，她们就会唧唧喳喳，永远没完没了。

[27]（1）接着，他向大西庇阿的女儿们，同时也是自己养父的姊妹们必须支付一半的嫁妆。（2）她们的父亲答应给自己的每位女儿五十泰伦的金钱，她们的母亲已经在她们成婚时向她们的丈夫们支付了其中的一半；（3）但是，在她过世时，尚有一半仍未支付。（4）因而，西庇阿必须向自己父亲的姊妹们支付这笔款项。（5）按照罗马人的法律规定，应支付的嫁妆必须在三年内支付完毕，按照罗马人的习惯做法，个人财产（the personal property）①要在十个月之内进行首次交付。（6）然而，西庇阿却立即命令自己的理财人（banker）在十个月之内向她们每一个人支付整整二十五泰伦的金钱。（7）当十个月的时间过去之后，提比略·格拉古②和西庇阿·纳西卡——他们是这些女士的丈夫——叫来了这位理财人，询问他是否从西庇阿那里接到关于这笔钱的指示；当这位理财人告诉他们说，他们两个人可以一次性地接受这笔款项，并进行这笔每人二十五泰伦的过户事宜时，他们说道他肯定弄错了。（8）因为，按照法律的规定，他们不应该一次性地接受这整笔款项，而是只接受其中的三分之一。（9）然而，当他告诉他们说这正是西庇阿的指示后，他们仍然无法相信自己的耳朵，因此，他们接着拜会了这位年轻人，以确认其是否有误。（10）确实，他们有这样的反应是很自然的；因为，在罗马，非但没有人会预先三年支付五十泰伦的金钱，

---

① 新娘的这种个人财产（ornamenta）由衣服、珠宝、奴隶和其他个人财产所组成。

② 在这两位女儿当中，更小的那位女儿是提比略·格拉古和盖乌斯·格拉古两兄弟的母亲，他们是民主派的领袖，而且，他们都死于下一个世代的政治动乱。

甚至没有人会提前一天支付哪怕是一泰伦的金钱。(11)他们对金钱的准确数额及其每时每刻的获利性太过极端化和普遍化了。(12)然而,当他们喊来了西庇阿,并询问了他对理财人作出了何种指示时,他告诉他们说,他已经指示理财人向这两姊妹支付全部的款项,他们却说他错了,同时他们也坚持说他们是基于他的利益来进行考量的;(13)因为,他毕竟对这笔款项尚有相当长的合法使用权限。(14)西庇阿回答说,他本人对此非常清楚,对于陌生人,他无疑会遵守法律所作的这种规定,但是,对于自己的亲人和朋友,他会尽自己所能地以非正式和宽松的方式来进行对待。(15)因此,他恳求他们从理财人那里接受这整笔款项。(16)一听到这个答复,提比略和纳西卡没有作任何回答就离开了,他们对西庇阿的慷慨深感震惊,同时也对自己的吝啬深感错愕,尽管他们的高贵品格在罗马无出其右。

[28](1)两年之后,当他自己的生父卢西乌斯·埃米利乌斯去世,他和他的兄弟费边共同继承其父的遗产时,他再一次地以值得称道的方式来进行行事。(2)埃米利乌斯没有儿女,因为,他已经将自己的儿子送给其他家族收养,而他自己所抚养的继承人也已经去世,①因此,他就把自己的财产留给了西庇阿和费边进行继承。(3)西庇阿知道自己兄弟的条件不如自己,因此,他就放弃了所有的遗产——其价值估计超过六十泰伦——以让费边拥有与自己一样多的财产。(4)这成为了大家众所周知的事情,而且,不久后他又再一次地展示了自己的慷慨大方。(5)他的兄弟希望在自己父亲的葬礼上举办一个角斗士表演,但他无法承担这笔巨大的开销,因此,西庇阿就用自己的财产支付了其中一半的金额。(6)这整笔花费总计不少于三十泰伦,如果它是以一种庞大的规模来举行的话。(7)当他的慷慨事迹仍未消退之际,他的生母去世

---

① 埃米利乌斯的两位幼子:公元前167年,其中一名幼子在埃米利乌斯的马其顿凯旋仪式的五天前过世,另一位幼子则在凯旋仪式三天后过世。参见李维第四十五卷第40章。

了；（8）但是，西庇阿非但没有取回我前述所提及的任何礼物，相反，他将这整个礼物以及自己母亲的其他所有剩余的财产全都转给了自己的姊妹们，①尽管在法律上她们对它根本没有任何主张的权利。（9）因此，他的姊妹们又拥有了埃米利娅在游行时所用的整套东西和全部随从，而西庇阿慷慨大方和重视亲情的名声再一次为人们所铭记。

（10）因此，普布利乌斯·西庇阿在其早年就奠定了基础，他一直都在孜孜不倦地追求这种节制的美德和高贵的品格。（11）通过花费大约六十泰伦——因为这笔钱是他从自己的财产中拿出来的——他的慷慨名声就这样牢固地树立了起来；然而，他的这种慷慨名声与其说是取决于金钱的多少，倒不如说是取决于慷慨馈赠礼物的适时性和方式性。（12）至于节制的名声，他则没有花费任何金钱，而是通过摒弃各式各样的诸多快活享受，他赢得了让其终生受益的身体的健康与活力；（13）通过牺牲眼前的快活，他最终收获了众多的快乐以及由此而带来的充分奖赏。

[29]（1）他仍需要赢得勇敢的名声，这几乎是所有国家，尤其是罗马最为重要的德性；因此，他肯定会全神贯注地在这方面倾注心血。（2）然而，他在这方面也得到了命运女神的青睐。（3）马其顿的王室成员一向热衷于狩猎，而且，马其顿人将那些最适合狩猎的地区保留了起来。（4）在战争期间，这些地区像以前一样得到了精心的保护，但是，由于时局的动荡，整整四年来它们都从未进行狩猎，以至于里面充斥了大批各种各样的大型动物。（5）当战争结束后，埃米利乌斯认为，狩猎是年轻人最好的训练和娱乐，因此，他就将王室猎人交给了西庇阿负责，并让他全权控制这些狩猎区。（6）西庇阿接受了这项任务，他把自己视作一位准国王，因此，只要

---

① 这两姊妹的名字都叫作埃米利娅（Aemilia）；年长的姐姐嫁给了昆图斯·埃利乌斯·图贝洛（Q. Aelius Tubero），年轻的妹妹则嫁给了这位监察官（the Censor）的长子马尔库斯·波西乌斯·加图（M. Porcius Cato）。沃科尼亚法律（the lex Voconia）——它是公元前174年通过的——禁止女儿继承母亲的遗产。

军队在皮得纳战役后仍然留在马其顿,他就把所有的时间都倾注在这项运动上;(7)他是一位具有充沛热情的运动健将——对于这项运动而言,当时他正值年富力强的最佳年纪和健硕体格——他就像一只训练有素的猎犬一样,终生都对狩猎偏爱有加。(8)因此,当他抵达罗马和发现波利比乌斯也同样热衷于这项狩猎运动后,他就没有像其他年轻人那样把时间花费在法律事务和拜访致意①上,这些年轻人整整一天都耗费在广场上,以试图讨好民众;(9)相反,西庇阿则将时间全都倾注在狩猎上,而且,通过光辉璀璨的业绩和不可磨灭的事功,他赢得了比其他任何人都更高的声望。(10)除非去伤害自己的一些同胞,否则,其他那些人无法赢得褒奖,因为这是这些法律诉讼的通常结果。(11)在没有伤害任何一人的情况下,西庇阿就在勇敢方面赢得了普遍的声誉,他以自己的行动来抗衡他们的言辞。(12)结果,他在非常短的时间内就超越了自己的同辈人,他的光辉事迹没有任何一位罗马人能与之比肩,尽管与所有依据罗马传统与习惯进行行事的其他人相比,他追求荣耀的道路完全大相径庭。

[30](1)从西庇阿的早年开始,我已经花费了相当的篇幅来记载西庇阿的品格,这部分是因为,在我看来,无论是对于年长的读者还是年轻的读者,这个故事都非常地有用和适宜;(2)但主要是因为,我希望读者在后面的诸卷中看到我对他所作的记载时,他们会觉得这完全是值得信服的,以至于我的读者会毫不犹豫地相信,西庇阿后来那些看似不可思议的事情其实完全是确实无疑的;(3)同时,我的读者也不会错误地认为,他的辉煌成就纯粹归诸运气,而完全无视他应有的功绩——我们或许可以将少数的几个例外归诸好运和机运。②

---

① 时间亦即从破晓到大约十点或者十一点。早上先是去贵族家进行拜访致意,法律事务则安排在第三个小时(the third hour)。
② 因此,西庇阿后来的成就是其早期行为(his early conduct)的自然结果,而不是好运的结果。

（4）这番离题话已经岔开很远了，我现在必须回到自己原来的正常叙述上来……

X. 希腊的局势

罗德岛人和尤米尼斯

[31]①（1）在我看来，尽管罗德岛人在其他方面维护自己国家的尊严，但是，他们这时已经有所轻微偏离了，因为他们接受了尤米尼斯所提供的二十八万米迪的谷物，其目的是进行投资，并用利息来支付他们儿子们的教师和导师的薪水。（2）如果个人经济困窘，那么，他可能会接受这样的礼物，以免自己的小孩由于贫穷而无法接受教育；但是，如果他经济宽裕，那么，即使走投无路，他也不会让自己的朋友来支付教师的薪水。（3）作为国家，它应该比个人持有更强烈的自豪感，相较于私人活动，公共活动也更应该遵守严格的行为规范，考虑到罗德岛人的财富以及他们强烈的尊严感，罗德岛人尤其要这样行事……

XI. 亚洲的事务

[32]（1）在亚洲，普鲁西亚和加拉提亚人派遣了使节到罗马以控告尤米尼斯；（2）尤米尼斯则派遣自己的兄弟阿塔鲁斯来驳斥这些控告。②（3）阿里阿特给罗马的女神送去了一顶价值一千金币的"王冠"（crown），而且，他派来了使节以向元老院通报自己对提比略·格拉古的答复，他恳求他们向他明示他们对自己的具体要求，因为，他愿意遵从罗马人的任何指令……

---

① 公元前162年，罗德岛人接受了尤米尼斯支付给自己的教师的金钱。

② 普鲁西亚和高卢人对尤米尼斯进一步的控告，参见第三十一卷第4章，公元前161年。

德米特里的就范

[33](1)米诺卡勒斯(Menochares)抵达了德米特里所在的安提阿,并告诉了这位国王①自己与提比略·格拉古在卡帕多西亚的会面情况;(2)这位国王认为,现在最为急迫的事情是尽可能地与提比略进行谈判,他把其他所有事情都放在次要地位;(3)而且,他给提比略派去信使——首先是向帕姆菲利亚派去信使,接着是向罗德岛派去信使——他表示自己愿意完全听命于罗马,最后,他成功地让他们承认自己是国王。(4)提比略确实非常喜欢德米特里,而且,他对德米特里的行动和登上王位贡献甚多。(5)德米特里因而就这样实现了自己的目标,接着,他立即派遣使节到罗马,以把一顶作为礼物的"王冠"和杀害格纳乌斯·奥克塔维乌斯的凶手以及批评家伊索克拉底(Isocrates the critic)一同送往罗马……

---

① 德米特里现在是国王。一逃离罗马——参见第三十一卷第 20—23 章的叙述——他就在叙利亚得到了热烈的欢迎,他攫取了最高权力,并处死了年轻的安条克及其大臣利希亚斯;这次事件发生在公元前 162 年。参见阿庇安:《叙利亚》(*Syriac.*),第 47 章。

第三十二卷（残篇）

I. 意大利的局势

阿里阿拉特和阿塔鲁斯的使节

[1](1)这时,阿里阿拉特的使节们带着价值一万金币的"王冠"抵达了罗马,并向元老院通报了国王对罗马的友好态度。① (2)为此他们诉诸于提比略的证词;(3)当提比略证实了他们所说的话后,元老院万分感激地接受了王冠,作为回报,他们也向他送去了代表他们最荣耀的礼物——一根权杖和一把象牙椅。(4)在冬天到来之前,元老院立即就让这些使节回去了;(5)接着抵达的使节是阿塔鲁斯,当时新执政官已经就任了。(6)普鲁西亚派来的加拉提亚人和来自亚洲的其他使节也过来指控起阿塔鲁斯来,对他们所有人进行听证后,元老院不仅驳回了这些控告,而且,他们还满怀善意地把阿塔鲁斯送了回去。(7)一方面,他们对尤米尼斯越来越疏离和仇视,另一方面,他们却对阿塔鲁斯越来越友好,也越来越强化他的权力……

德米特里的使节

[2](1)德米特里国王派来的以米诺卡勒斯为首的使节也抵达

---

① 即公元前 160 年—前 159 年。

了,他们将一项价值一万金币的"王冠"礼物带到了罗马,同时,他们也将杀害格纳乌斯·奥克塔维乌斯的凶手押到了罗马。(2)对于如何处理这个问题,元老院很长时间都举棋不定;(3)最终,他们接受了这顶王冠并接纳了这些使节,但是,他们没有接受他们押来的那些人。(4)但德米特里不仅送来了杀害格纳乌斯的凶手利布提尼,而且也送来了伊索克拉底。(5)伊索克拉底是一位公开发表演说的语法学家,他天生就是一位摇唇鼓舌、夸夸其谈而又惹人生厌之辈,他在希腊也惹出了事端,阿尔卡乌斯(Alcaeus)①常常在自己的论著中机智地抨击和嘲笑他;(6)当他来到叙利亚后,他对叙利亚人百般蔑视,但他对这些主题进行长篇大论仍感到不满足,因此,他对政治进行发声;(7)他说道,格纳乌斯实属活该,其他使节也活该被杀,这样的话就不会留下任何活口向罗马人报告这件事了,因而也就不会有罗马人的傲慢命令以及罗马人所施加的无边权力了。(8)他说的这些轻率话让他落入到上述我所提到的麻烦当中。

[3](1)这两个人的遭遇值得一提。(2)在谋杀了格纳乌斯后,利布提尼立即在拉奥迪塞亚公开活动,并说自己行事正当,而且自己是按照神明的意旨行事的。(3)德米特里一登基,他就去见这位国王,并恳求国王不要因为格纳乌斯的被杀而心生恐惧,也不要对拉奥迪塞亚人采取任何激烈的举措。他说道,"因为,我自己将前往罗马,而且,我会让元老院相信,我是根据神明的意旨而执行的这个行动。"(5)由于他自己愿意,甚至欣然前往,最终,在没有戴上枷锁和安排看守的情况下他就被带到了罗马。(6)然而,伊索克拉底一旦发现自己遭遇控告,他立即就吓得魂不附体起来,在脖子上套上项圈和锁链后,他就几乎没有进食,彻底放弃了对自己身体的看顾。(7)因此,当他抵达罗马时,他成为了一道奇特的景观;当人们看到他后,他们不得不承认,没有任何东西会比一个人失去人

---

① 阿尔卡乌斯(Alcaeus)可能是一名伊比鸠鲁派哲学家(an Epicurean philosopher)和作家。

性（肉身和灵魂都一样）更加可怕了。（8）他的相貌出奇的可怕,就像野兽一样,因为,他已经超过一年没有清洗身体,也没有修剪指甲和头发;（9）他发狂的表情和转动的眼睛可以看出他的神智错乱,以至于人们会留下这种恐怖的印象,那就是,任何看到他的人宁愿去接近野兽,也不愿接近他。（10）然而,利布提尼却保持了自己原初的态度,他准备出席元老院,而且,他向与自己交谈的那些人坦率地承认了自己的罪行,同时声称罗马人不会严厉地对待自己。事实证明他完全是对的。（11）在我看来,元老院考虑到,如果那些犯有谋杀罪行的凶手得以交出和接受惩罚,那么,民众会认为谋杀罪行已经得到了伸张,因此,他们很可能就不会接受这些使节;（12）因而,他们就保留了指控,这样的话,他们就可以随时进行控告。（13）因此,他们对德米特里的答复是,如果德米特里在其统治期间能够满足元老院的要求,那么,他将得到元老院的支持。

（14）亚该亚也派来了由西农（Xenon）和提勒克勒斯（Telecles）为首的使团,①以为那些作为人质的亚该亚人求情,尤其是为波利比乌斯和斯特雷提乌斯求情;（15）因为,随着时间的推移,他们大部分人,至少是那些著名人物,都已经不在人世了。（16）受命而来的使节们只提出了一个请求,以避免与元老院发生任何争执。（17）他们现身元老院,并用合适的语言进行了演讲,但是,即使这样,他们也没有取得任何结果,元老院决心维持原来的决定……

II. 希腊的局势

利西斯库斯死亡后的埃托利亚

[4]（1）埃托利亚人利西斯库斯是一位惹是生非、喧闹嘈杂的人,当他被杀后,只是因为这个人遭到清除,埃托利亚人从此之后就安享和睦安宁的生活。（2）人的这种品性的力量是如此之大,以

---

① 即公元前 160 年。

至于不仅军队和城邦,而且就连国家间的联盟,乃至构成整个世界的各个民族,仅仅只是因为一个人品性的好坏,它们有时就可以安享繁荣,有时却会遭遇惨烈的厄运……

(3)利西斯库斯是一个彻头彻尾的无耻之徒,但他却高贵地结束了自己的生命,以至于大部分人都有理由去谴责命运女神,因为,她有时会让最坏的恶棍享受好人才配享有的好死……

伊庇鲁斯的卡洛普斯的生涯

[5](1)当他们的内部纷争由于利西斯库斯的死亡而结束后,埃托利亚的局势立即就好转了起来;(2)当克洛尼亚的纳西普斯(Mnasippus of Coronea)死亡后,波奥提亚的局势也好转了起来,同样地,当克里马斯遭到清除后,①阿卡纳尼亚的局势也产生了相同的结果。(3)我们几乎可以说,通过清除那些可恶的国家公害,希腊得到了净化。(4)伊庇鲁斯的卡洛普斯(Charops of Epirus)恰巧在这一年死于布林迪西。②(5)然而,伊庇鲁斯与前些年一样,仍然处于动荡不安和混乱不堪的状态,这一切都是因为卡洛普斯自结束了与珀耳修斯的战争以来所实施的残忍暴行和专横统治导致的。③(6)因为,卢西乌斯·阿尼希乌斯(Lucius Anicius)和卢西乌斯·埃米利乌斯将这个国家的一些主要人物处死,(7)并将那些哪怕是遭到一点点猜疑的其他所有人全部送到了罗马,以至于卡洛普斯现在就可以为所欲为地行事,因此,卡洛普斯本人和他的朋友们犯下了各种各样不计其数的罪行;(8)由于他自己就是一位非常年轻的年轻人,以至于他的身边因而很快就聚集了一批邪恶不堪、毫无原则的恶棍,以期从别人那里攫取和争抢财富。(9)他要让人

---

① 克里马斯(Chremas)死于公元前157年。
② 即公元前157年。
③ 在皮得纳战役结束后,卡洛普斯在公元前168年—前157年期间对伊庇鲁斯进行了僭主统治。

们相信,他所做的一切都是有正当理由的,而且,他是在罗马人的首肯下进行行事的,因为,他先前与罗马人关系密切,并且,他与老者米尔顿(Myrton)以及米尔顿的儿子尼卡诺尔关系良好——他们两人的品格都非常高尚,而且,他们也都是罗马人的朋友。(10)他们先前没有犯有任何不义的举动,但是,出于种种原因,他们现在完全支持并参与到卡洛普斯的罪恶活动。(11)卡洛普斯在市场内公开谋杀了一些公民,而且,他在他们自己家里公开谋杀了其他一些公民,同时,他也派遣杀手将其他人暗杀在了他们自己的乡间别墅和路上,并且,他没收了所有这些死难者的财产;(12)除此之外,他发明了一种新的手段,这种新手段规定和判决所有富人(不仅包括男人,而且包括他们的妻子)流亡国外。[①] (13)在这种恐吓之下,他接着继续通过自己的母亲斐洛提斯(Philotis)向这些男人和女人勒索金钱;(14)因为,这个女人非常擅长这项工作,可以说,在运用强力方面,她比任何女人都更能帮助到他。

[6](1)他和他的母亲使出自己的浑身解数去榨取所有人(包括男人和女人)的钱财,但是,他们依然将所有这些人带到民众大会前。(2)在卡洛普斯半是引诱半是恐吓之下,大部分腓尼基人都控告这些人是罗马的敌人,以至于他们都被判处死刑而非流放。(3)然而,乘卡洛普斯现在前往罗马之际——他带上了大量的金钱和米尔顿前去谈判,以期获得元老院对自己残暴行径的原谅——这些人全都逃走了。(4)这一次罗马人对自己的高贵原则树立了一个非常光荣的范例,他们向生活在罗马的希腊人,尤其是在罗马作人质的希腊人完美地展现自己的高贵品性。(5)当身为大祭司(Pontifex Maximus)和首席元老(Princeps Senatus)[②]的马尔库斯·埃米利乌斯·雷必达以及战胜了珀耳修斯和赢得了空前声望与影响力的卢西乌斯·埃米利乌斯·保鲁斯听说了卡洛普斯在伊庇鲁斯的所作所为后,他们就禁止他踏入元老院。(6)当这个消息

---

① 在流放的威胁下,他从富人那里勒索钱财。
② [中译按]Princeps Senatus(首席元老/第一元老)亦称作"坐象牙圈椅的元老"。

传到国外,所有的希腊人都欣喜若狂,他们非常高兴地看到罗马人对不公的憎恶。(7)不过,元老院后来允许卡洛普斯在元老院现身,但是,元老院即没有同意他的要求,也没有对他作出一个明确的回答;(8)相反,他们说道,他们将派遣使节去调查事情的真相。(9)然而,卡洛普斯在回家后完全压制了元老院所作的这个答复,而且,他撰写并公开发表了一封与自己相适宜的信件,以表明罗马人赞同自己的行动……

III. 意大利的局势

[7](1)雅典的使节以及代表提洛人的亚该亚使节塞亚利达斯(Thearidas)和斯特法努斯(Stephanus)抵达了。① (2)因为,在提洛割让给雅典后,遵照罗马使节的命令,提洛人撤出了这座岛屿;(3)不过,他们带走了自己所有的财产移居到了亚该亚;在成为亚该亚公民后,他们声称,他们对雅典人提起的法律诉讼应该同样适用于雅典与亚该亚人之间所缔结的国际公约。② (4)当雅典人拒绝承认这个公约以任何方式适用于他们后,提洛人主张自己有权对雅典人施行报复。(5)这就是他们派遣使节到罗马的原因,他们接到的答复是,亚该亚人根据自己的法律对提洛人所作的所有决定都有效……

IV. 帕加马的局势

[8]③(1)尤米尼斯国王的身体已经彻底行将就木了,但他的心智和精神依然矍铄。(2)在大多数事务上上,他都不亚于同时代的任何国王,但是,在那些最重要和最荣耀的事务上,他比他们所有

---

① 即公元前159年—前158年。
② 参见第三十卷第21章。
③ 尤米尼斯的去世和性格,公元前159年。

人都要更加伟大和辉煌。（3）首先，当他从自己父亲那里继承王位时，这个王国只局限在几座可怜的小城，但他却把自己的这个王国提升到了足以与同时代最伟大的国家相匹敌的程度；（4）在大多数情况下，这些成就的取得不是命运女神帮助的结果或者局势突然变化的结果，而是他自己的敏锐、勤奋并运作的结果。（5）其次，他最渴望赢得声望，因此，他授予希腊城邦的好处比同时代的任何其他国王都要更多，而且，他也给很多个人授予了很多好处。（6）第三，他有三个兄弟，他们的年龄与活跃度与自己不相上下，但他却让他们所有人紧紧地团结在自己周围并守护自己的王位；（7）这是一件很少人可以办到的事情……

V. 意大利的局势

法尼乌斯出使达马提亚

［9］（1）埃萨人（Issa）常常派遣使节到罗马控诉达马提亚人（Dalmatians）不断地洗劫他们的国土和与他们结盟的城邦埃佩提乌姆（Epetium）和特拉基利乌姆（Tragyrium）；①（2）道尔希（Daorsi）也提出了相似的控告；（3）元老院派遣了一个以盖乌斯·法尼乌斯（Gaius Fannius）为首的使团前去调查伊利里亚的事务，尤其去调查达马提亚人的所作所为。（4）只要普勒拉图斯仍然活着，达马提亚人就会遵从他，但是，当他去世以及格恩提乌斯继任王位后，他们就发动了叛乱，他们占领了边境并征服了临近的部族，其中一些部族甚至向他们进贡牛羊。（5）这就是法尼乌斯这次出使的使命……

［10］（1）阿里阿拉特国王在夏季时抵达了罗马；②（2）在塞克斯

---

① 即公元前158年－前157年。——洛布本注
　　公元前157年，达马尔提亚劫掠了埃萨岛（Issa）。——剑桥本注
② 公元前158年夏季，阿里阿拉特抵达了罗马。

图斯·尤利乌斯·凯撒(Sextus Julius Caesar)和卢西乌斯·奥勒利乌斯·俄瑞斯忒斯(Lucius Aurelius Orestes)就任执政官后,①他一直都在忙于私人会面,而且,在会面时他让自己的衣着和随从以一种处于悲惨处境的面目示人。(3)德米特里的使节米提亚德(Miltiades)也抵达了罗马,他准备完成两项职责;因为,他一是准备驳斥阿里阿拉特和为德米特里进行辩护,二是以最激烈的方式控告阿里阿拉特。(4)奥洛弗尼斯(Orophernes)也派出了使节提莫特乌斯和迪奥根尼,他让他们带着一顶王冠献给罗马,并要求重新恢复卡帕多西亚与罗马之间的盟友关系,但主要是直面阿里阿拉特,以为自己辩护并控告阿里阿拉特。(5)在私人会面中,迪奥根尼和米提亚德以及他们的同事给人们留下了一个深刻的印象,因为,他们在唇枪舌剑的争论中多人对战一人,而且,他们良好的个人仪表也与阿里阿拉特国王的痛苦表情形成了鲜明的反差。(6)相对阿里阿拉特国王而言,在陈述事实时,他们也具有明显的优势;(7)因为,他们无所畏惧地断言任何事情并面对各种各样的争论,由于没有人起来驳斥他们,以至于他们完全不顾事实的真相,对自己所说的话的真实性也毫不关心。(8)因此,那一天他们的谎言轻易就占据了上风,而且,他们以为事情会像自己所希望的那样发展……

VI. 亚洲的局势

[11](1)不少人因为对金钱的贪欲而失去了自己的财产,乃至性命,卡帕多西亚国王奥洛弗尼斯就属于这种人,他成为了这种激情的牺牲品,以至于他不仅丢掉了自己的性命,而且还丢掉了自己的王国。(2)在简要记述了阿里阿拉特的复位后,现在我要将自己的叙述继续接续到这整部著作一直所贯穿的常规轨道上来。

---

① 公元前157年,塞克斯图斯·尤利乌斯·凯撒(Sextus Julius Caesar)和卢西乌斯·奥勒利乌斯·俄瑞斯忒斯(Lucius Aurelius Orestes)担任了执政官。

（3）因为，在目前的这种情况下，我没有叙述希腊的事务，反而补记了那些与卡帕多西亚相关的亚洲事务，因为，我发现，我根本找不到一个合理的方法将阿里阿拉特启航离开意大利与其复位掌权①区别开来。（4）因此，我现在将往回追溯到希腊同一时期所发生的事件。（5）在这些事件中，发生在奥洛普斯（Oropus）城邦的那个事件就特别奇特和怪异。②（6）我会对这整个事件作一个简明的叙述，部分是再现过去，部分是展望未来，它的单个细节完全没有异乎寻常之处，而且，我自己也不会将不同时期的事件放在一起进行叙述，以至于让我的整个叙述看起来晦涩不明而又无关紧要。（7）当整个事件看起来不值得读者注意时，怎么可以让不同时期的那些不连贯的散落细节成为一名初学者的研究对象呢……

（8）在大部分情况下，当事情进展顺利时，人们会相处得甚好，但是，当事情进展糟糕时，他们就会因此而变得烦躁不堪，因而，他们对朋友也会变得易怒而又急躁。（9）这种情况就发生在奥洛弗尼斯身上，当事情的进展变得不利于他和提奥提穆斯（Theotimus）时，他们就相互地指责……

（摘录自亚特纳乌斯第十卷第 440b 页）

（10）波利比乌斯说，奥洛弗尼斯统治了卡帕多西亚很短的时间，他蔑视他们的传统习俗，引进了爱奥尼亚的放荡淫逸做派。

[12]（1）在继任自己兄弟的王位后，通过让阿里阿拉特复国的方式，阿塔鲁斯给自己的原则和政策树立了第一个范例③……

———————

① 奥洛弗尼斯（Orophernes）很快就被废黜了，阿里阿拉特五世复位了，但是，我们不能确定这件事所发生的时间，参见第三卷第 5 章。

② 关于这个事件的一些记述，参见保萨尼阿斯（Pausanias）第七卷第 11 章第 4—7 节。

③ 阿里阿拉特五世被德米特里驱逐出了自己的王国，在一千泰伦的酬谢下，德米特里帮助了他那位著名的兄弟奥洛弗尼斯——他的妻子诓骗了阿里阿拉特四世——取代他。在最终上诉到元老院后，元老院决定这两兄弟一同分享这个王国。参见李维，《罗马史摘要》（*Ep.*），第 47 章；阿庇安，《叙利亚》（*Syr.*），第 47 章。

VII. 意大利的局势

决心与达马提亚人开战

[13]①(1)盖乌斯·法尼乌斯和其他使节从伊利里亚一回国,②他们立即就报告说,达马提亚人非但没有对那些声称遭到他们错误对待的人们给予任何补偿,他们甚至也根本拒绝听从使节所作的任何指令,他们声称他们与罗马人无关。(2)同时,他们也报告说,达马提亚人既没有给他们提供住所,也没有给他们提供食物,此外,达马提亚人甚至强行抢走了他们从另一座城镇购买来的马匹;(3)如果他们不是迫于局势而静静地离开的话,达马提亚人准备对他们施予毒手。(4)元老院专注地听取他们的报告,他们对达马提亚人的粗暴和顽固异常恼怒;(5)不过,他们采取行动的最主要动机是,他们觉得现在是与达马提亚人开战的合适时机。③(6)首先,自从他们驱逐了法洛斯的德米特里(Demetrius of Pharos)以来,他们从未踏足亚德里亚海对面的伊利里亚的任何地区;(7)其次,他们根本不希望意大利人因为长期的和平而变得文弱不堪,自从与珀耳修斯的战争和马其顿的战事以来,时间已经过去十二年了。④(8)因此,他们决定对达马提亚人发动一场战争,以重新建立自己军队的好战精神和热情,并通过对达马提亚人的征服来恐吓伊利里亚人服从自己的命令。(9)这些就是罗马人与达马提亚人开战的原因,但他们向全世界公开宣布,他们决定开战的原因是他们的使节受到了侮辱……

[14](1)这时,来自伊庇鲁斯的使节们抵达了,这些使节是占

---

① 公元前 157 年,盖乌斯·法尼乌斯及其同僚遭到了达马提亚人的粗暴对待。
② 即公元前 157 年—前 156 年。
③ 元老院决定向达马提亚人宣战。
④ 即公元前 168 年至公元前 157 年。

领腓尼基的那些人和从腓尼基流亡在外的那些人派来的。（2）双方都面对面地彼此在元老院发表了讲话，元老院则答复道，他们会就这个问题向正要出使伊利里亚的使节盖乌斯·马西乌斯①作出指示②……

VIII. 普鲁西亚与阿塔鲁斯的战争

[15]（1）在打败了阿塔鲁斯后，普鲁西亚进军到了帕加马，他准备了一份盛大的祭品，并将这份祭品带到了阿斯克里庇乌斯神庙（Temple of Asclepius）；③（2）当他献祭了一头公牛，并得到了一个有利的征兆后，他当天就回到了自己的营地。（3）但是，当第二天他率领自己的军队进军到尼塞弗利乌姆时，他摧毁了所有的神庙和圣所，并抢走了青铜雕像和大理石雕像；（4）最后，他移动并运走了阿斯克里庇乌斯塑像，这是一件由菲洛马科斯（Phyromachus）制作的精美艺术品——（5）前一天他刚刚向阿斯克里庇乌斯这位神祇进行了祭酒、献祭和祷告，以恳求祂以各种方式保佑和宽恕自己。（6）上一次在说到腓力时，我就记述了这种疯子一般的举动。④（7）因为，一面对神明进行虔诚献祭和百般安抚——以最虔敬的态度向神圣的桌台和祭坛进行献祭和敬拜，普鲁西亚自己就是这样屈膝拜倒和匍匐在地的；（8）一面又大肆地毁坏这些神圣的物体和骇然地摧毁神明的神圣，除了精神错乱和心智发疯之外，我们还能把这种行径归类成其他东西吗？普鲁西亚就是属于这种情况。（9）因为，在攻打帕加马这座城镇时，他根本没有表现出男子

---

① 公元前 156 的执政官是科内利乌斯·伦图鲁斯（Cornelius Lentulus）和盖乌斯·马西乌斯·菲古鲁斯（C. Marcius Figulus）。

② *C. Marcius consul adversus Dalmatas parum prospere primum, posiea feliciter pugnavit*。这场战争持续到第二年（公元前 155 年），而且，当时征服达马提亚人的是执政官普布利乌斯·科内利乌斯·西庇阿·纳西卡（P. Cornelius Scipio Nasica）。

③ 在古希腊神话中，阿斯克里庇乌斯（Asclepius）是一位医药神。

④ 参见第五卷第 11 章。

汉的英勇气概,相反,在对神明和凡人做出种种怯懦和软弱的举动后,他就率领军队撤到了埃拉亚。(10)他企图攻占埃拉亚,但他的进攻毫无成效,因为,国王的养母索桑德尔(Sosander)率领了一支军队进入了这座城镇,挫败了他的企图;(11)接着,他撤向了提亚特拉(Thyateira),在撤军的途中,他进攻并劫掠了圣地科米(Hiera Come)的阿耳忒弥斯神庙。(12)同样地,他不仅进行了劫掠,而且,他甚至将特姆努斯(Temnus)①附近的阿波罗-希内乌斯神庙(Temple of Apollo Cynneius)②烧成了平地;(13)在作出这些"光辉功绩"后,他回到了自己的国家,他不仅与凡人开战,而且还与神明开战。(14)不过,在撤退的过程中,他的步兵也遭遇了严重的饥饿和痢疾困扰,因此,上天似乎立即就对他的这些罪恶行径进行了报复③……

[16](1)被普鲁西亚打败后,阿塔鲁斯任命了自己的兄弟亚特纳乌斯作为自己的使节,让他与普布里乌斯·伦图鲁斯一同前往罗马,以告诉元老院整个事情的来龙去脉。(2)因为,当阿塔鲁斯的信使安德洛尼库斯(Andronicus)先前抵达了罗马,并向元老院通报了敌人最初发动入侵的消息时,他们根本就没有理会他;(3)相反,元老院怀疑这是阿塔鲁斯制造的一个借口,恶人先告状,因为阿塔鲁斯一直都意图进攻普鲁西亚。(4)当尼科米迪斯和普鲁西

---

① 特姆努斯(Temnus)坐落在米西亚(Mysia)境内,赫尔穆斯河(The River Hermus)以南。

② 希内乌斯(Cynneius)和希内乌斯-阿波罗(Cynneius Apollo)似乎指的是阿波罗的牧羊犬的守护者(Apollo guardian of the shepherd dogs)。按照《苏达辞书》(Suidas)的记载,雅典有一座阿波罗神庙就用了这个名称,据说这座神庙是阿波罗之子希尼斯(Cynnis)和仙女帕尼西亚(Parnethia)建造的。

③ 按照罗马使节霍提恩西乌斯(Hortensius)和奥伦库雷乌斯(Arunculeius)所作的安排,阿塔鲁斯在边境正恭候普鲁西亚(当时他只有一些骑兵护送),但是,阿塔鲁斯却背信弃义地对他发动了进攻——据说普鲁西亚正是在这个地方战胜了阿塔鲁斯。罗马使节甚至都不得不飞奔逃命。阿庇安:《米特拉达梯》(Mithridates),第3章。

亚的使节安提菲鲁斯（Antiphilus）①向元老院保证说这是一份完全虚假的陈述时，元老院仍然没有减少对这份关于普鲁西亚的报告的怀疑。（5）不久又传来了相同内容的消息，但是，元老院仍然心存怀疑，因此，他们就派遣了使节卢西乌斯·亚普雷乌斯（Lucius Apuleius）和盖乌斯·佩特洛尼乌斯（Gaius Petronius）前去调查这两位国王之间的关系……

---

① 普鲁西亚派遣了自己的儿子尼科米迪斯和一些使节前往罗马。

第三十三卷（残篇）

I. 意大利的局势

普鲁西亚和阿塔鲁斯之间的战争

[1]（1）仍是冬季之时，^①元老院就已经听到了普布利乌斯·伦图鲁斯及其同僚所作的关于普鲁西亚国王的报告——因为这个使团刚刚从亚洲回来——他们现在也叫来了阿塔鲁斯国王的兄弟亚特纳乌斯。（2）然而，元老院并没有要求他多言，相反，他们立即任命了盖乌斯·克劳狄·森托（Gaius Claudius Cento）、卢西乌斯·霍提恩西乌斯（Lucius Hortensius）和盖乌斯·奥伦库雷乌斯（Gaius Aurunculeius）作为自己的使节，让他们陪同亚特纳乌斯回国，并指示他们阻止普鲁西亚与阿塔鲁斯开战。

亚该亚流亡者的使节

（3）亚该亚人也派来了由埃基乌姆的西农（Xenon of Aegium）和亚基埃拉的提勒克勒斯（Telecles of Aegeira）所组成的使团，以为那些亚该亚人质进行开脱。（4）当他们在元老院发言完毕后，元老院就这个问题进行了投票表决，表决的结果是元老院只以非常微

―――――――――

① 即公元前156年—前155年。

552

弱的多数票拒绝释放这些亚该亚人质。（5）真正阻止这些人质释放的责任人实际是奥鲁斯·波斯图米乌斯·阿庇努斯（Aulus Postumius Albinus），当时他是法务官，因而他主持了元老院会议。（6）有三个可供选择的方案，一是释放，二是拒绝释放，三是暂缓释放，大部分人赞成释放；（7）奥鲁斯完全没有提及第三个方案，而是直接对前两个方案，亦即释放或者拒绝释放进行了表决。（8）因此，原先支持暂缓释放的那些人倒向了拒绝释放的那些人一边，以至于拒绝释放成了多数派。这些事就是这样……

雅典的使节

（摘录自奥鲁斯·格利乌斯[Aulus Gellius]，①《阿提卡夜话》(N. A.)②第六卷/第七卷第 14 章第 8—10 节）

[2]（1）雅典人派往罗马作为出使元老院的使节是三位著名的不同派别的哲学家，以豁免因为对奥洛普斯的劫掠而惨遭元老院强征的罚款——这笔罚款的金额大约是五百泰伦。（2）学园派的卡尼亚德斯（Carneades of the Academy）、斯多葛派的迪奥根尼（Diogenes the Stoic）和逍遥学派的克里托劳斯（Critolaus the Peripatetic）。被引入元老院后，他们雇佣了元老盖乌斯·阿西利乌斯（Gaius Acilius）作为他们的翻译，他们三人先前都在庞大的人群面前进行过演讲，可以说他们每个人的演讲技能都出类拔萃。（3）鲁提利乌斯（Rutilius）和波利比乌斯告诉我们说，每一位哲学家都有一种让人艳羡的独特的雄辩术。他们说道："卡尼亚德斯的演讲热烈而迅捷，克里托劳斯娴熟而流畅，迪奥根尼则节制而谦逊。"

---

① [中译按]奥鲁斯·格利乌斯（Aulus Gellius），公元 125 年—公元 180 年，一位拉丁语作家和语法学家。
② [中译按]这本书的全名写作 *Attic Nights*，拉丁语写作 *Noctes Atticae*。

亚该亚的流亡者

[3](1)当使节从罗马回到亚该亚,并报告说所有的人质差一点就可以回来时,民众变得希望满怀、兴高采烈起来,他们立即派遣了梅格洛波利斯的提勒克勒斯和亚利克达穆斯再一次地出使。这就是伯罗奔尼撒的事态……

II. 罗德岛的局势

[4](1)罗德岛将军阿里斯托克里特斯(Aristocrates)外表看起来堂堂正正、威风凛凛,罗德岛人据此认为自己拥有一位才能超群的军事统帅和指挥官。(2)然而,他们的希望却落了空。(3)因为,当他在接受实际行动的检验时,就像劣币遭遇炉火试炼一样,他的表现完全成了另一幅样子。(4)这已经为实际的事实所证明……

III. 塞浦路斯的局势

(《苏达辞书》)

[5](1)如果他将塞浦路斯交给自己,那么,德米特里会给阿基亚斯(Archias)①五百泰伦的金钱,同时,德米特里也会给他其他的好处和荣誉,如果他愿意为自己效劳的话……

(《苏达辞书》)

(2a)当阿基亚斯已经抵达的消息传到托勒密耳中……

---

① 阿基亚斯(Archias)是托勒密统治下的塞浦路斯总督。

（对照《苏达辞书》）

（2）阿基亚斯打算将塞浦路斯交给德米特里，但是，他的打算被人发现了，结果他被逮捕了，在审判时，他从门口的门帘上取下了一根绳子上吊身亡。（3）诚然，正如谚语所言，由于贪婪，"枉费心机的头脑让计划也会枉费心机"（vain heads make vain plans）。（4）他想着自己能得到这五百泰伦，结果，他既丢掉了自己所有的金钱，也丢掉了自己的身家性命。

IV. 阿里阿拉特的事务

[6]（1）大约就在这时，一场意想不到的灾难降临到了普利尼人（Priene）身上。（2）在奥洛弗尼斯掌权当政时，奥洛弗尼斯在他们那里存下了一笔四百泰伦的金钱，后来当阿里阿拉特恢复了自己的统治时，他就要求他们归还这笔钱。（3）在我看来，普利尼人（Prienians）的做法是正确的，因为，在奥洛弗尼斯有生之年，除了交给寄存人之外，他们拒绝向任何人交出这笔金钱；（4）许多人认为，阿里阿拉特要求归还这笔不是他的存款超出了他的权限范围。（5）然而，在某种程度上人们可以原谅他的这种算盘，因为，他认为这笔钱本身就是他自己王国的钱；但是，在愤怒和决意的驱使下，他把自己的举措推向了极端，以至于在我看来这就毫无道理了。（6）我指的是那时他派遣了一支军队去摧毁普利尼人的国土，这也得到了阿塔鲁斯的激励和鼓舞，因为这位国王与普利尼人存在私怨。（7）他们损失了大批的奴隶和牲口，而且，这座城市周围的一些建筑也惨遭摧毁，普利尼人根本无法保护自己，因此，他们首先向罗德岛派遣使节以恳求罗马人的保护，不过罗马人根本没有理会他们的要求。（8）普利尼人寄厚望于自己所掌握的那笔巨额金钱，但结果却完全事与愿违。（9）因为，他们将这笔存款归还给了奥洛弗尼斯，由于这笔

存款的缘故,阿里阿拉特国王不公正地给他们造成了巨大的损失⋯⋯

V. 意大利的局势

阿塔鲁斯和普鲁西亚

[7](1)霍提恩西乌斯和奥伦库雷乌斯一从帕加马回来,①他们立即就报告了普鲁西亚怎样对元老院的命令置若罔闻;(2)以及他怎样背信弃义地将他们和阿塔鲁斯围困在帕加马②和他犯下的种种暴行与罪恶。(3)对于他的所作所为,元老院深感愤懑和冒犯;(4)因此,他们立即任命了以卢西乌斯·阿尼希乌斯、盖乌斯·法尼乌斯和昆图斯·费边·马克西姆斯为首的十名特使,让他们立即前去下令停止战争,并迫使普鲁西亚对阿塔鲁斯在战争期间所造成的损失作出赔偿⋯⋯

利古里亚战争

[8]③(1)大约就在这时,马赛人(Marseilles)的使节也抵达了,他们长期遭受利古里亚人的侵袭,而且,他们现在遭到了利古里亚人的重重包围,安提比斯城邦(Antibes)和尼塞城邦(Nice)也遭到了围城。(2)因此,他们立即派遣了使节到罗马,以向元老院通报这个消息和恳求帮助。(3)当他们一出现在元老院,元老院就立即决定派遣使节以亲眼看看所发生的事情,并企图通过劝说的方式来纠正野蛮人的不端行径⋯⋯

---

① 即公元前 155 年—前 154 年。
② 参见第三十二卷第 27 章注释。
③ 公元前 155 年,利古里亚人侵袭了马赛,围攻了安提比斯城邦(Antibes)与尼塞城邦(Nice)。

[9](1)马赛人（Massaliots）一派遣一个使团到罗马控诉利古里亚人的所作所为,元老院立即就任命了弗拉米尼努斯·波皮利乌斯·拉埃纳斯（Flaminius Popilius Laenas）和卢西乌斯·普皮乌斯（Lucius Pupius）作为他们的使节。(2)在马赛人的陪同下,他们停靠在了一座名叫埃基特纳（Aegitna）的城镇,这座城镇位于奥克西比（Oxybii）的国土上。(3)当听说他们正在前来命令自己解除围攻后,利古里亚人在他们将船只进行抛锚泊船时就阻止他们下船登岸;(4)但是,当利古里亚人发现弗拉米尼努斯已经登陆上岸并偷偷运走了自己的行李后,他们首先命令他离开这个地方,当他予以拒绝后,他们就开始劫掠他的行李。(5)当他的奴隶和自由民试图护住行李并阻止他们抢夺时,他们强迫他们离开并攻击他们;(6)当弗拉米尼努斯现在过来帮助自己人时,他们击伤了他,并打到了他的两名仆从,而且,他们将其他人一路赶到了船上,以至于弗拉米尼努斯只好割断绳索和锚链以逃离危险。(7)他乘船驶回了马赛,并在那里安心养伤;(8)一听说这个事故,元老院就立即让其中一位执政官昆图斯·奥皮米乌斯（Quintus Opimius）率领一支军队与奥克西比和德西埃塔（Decietae）①进行开战。②

[10](1)奥皮米乌斯在皮亚森扎（Piacenza）③集结了军队,在穿过了亚平宁山脉（Apennines）后,④他抵达了奥克西比。(2)在将营地驻扎在阿波洛河（River Apro）后,他就在那里等候敌人的到来,随后,他就听说敌人正集结军队,并准备与自己进行开战。(3)接着,他率领自己的军队进军埃基特纳——这座城内的使节遭到了背信弃义的攻击——他攻占了这座城镇,将它的居民卖作了奴隶,并将元凶押解到了罗马。(4)在赢得了这次胜利后,他继续迎击敌

---

① 奥克西比和德西埃塔（Decietae）属于利古里亚人的部落,这两个部落位于尼塞（Nice）和马赛（Marseilles）之间。参见普林尼：《自然史》（N. H.）,第三卷第47节。

② 即公元前154年。

③ [中译按]Piacenza（皮亚森扎）亦写作 Placentia（普拉森提亚）。

④ 奥皮米乌斯命令军队在普拉森提亚（Placentia）会合,并向高卢挺进。

人。(5)奥克西比认为他们对使节犯下的罪行是不可饶恕的,他们精神高涨,斗志旺盛,在德西埃塔会合前,他们集结了一支大约四千人的军队,并向敌人发动了猛扑。(6)看到野蛮人英勇地进攻自己,奥皮米乌斯对他们视死如归的勇气深感震惊;但是,在看到他们混乱无序的进攻后,他信心倍增,因为他是一名实战经验丰富的战士,同时也是一名异常睿智的统帅。(7)因此,他将自己的军队拉出来,并用合乎适宜的话激励他们,接着,他就缓慢地率领军队迎击敌人。(8)他的反击非常英勇,很快他就战胜了敌人,他杀死了他们许多人,并迫使其他人掉头逃跑。(9)德西埃塔的全部军队现在抵达了,他们意图与奥克西比并肩战斗,但是,这时的战斗已经结束了,他们就将那些逃亡者接收进了自己的队伍;(10)他们很快就向罗马人发起了英勇而猛烈地进攻;(11)但是,当他们一败涂地后,他们就立即让自己和自己的城市向罗马人无条件地投降了。(12)在战胜了这些部落后,奥皮米乌斯将他们的大批领土割让给了马赛人,并迫使利古里亚人在将来的特定期限内向马赛人提交人质。(13)在解除了敌人的武装,并将自己的军队分送到不同的城市后,他自己就前往利古里亚过冬了。①(14)这次战役就是以这样的方式迅速地爆发和结束了②……

两位相互敌对的托勒密

[11](1)就在元老院派遣奥皮米乌斯与奥克西比开战时,年轻的小托勒密来到了罗马和出现在了元老院,(2)以控告自己的兄弟大托勒密,他说道大托勒密正密谋反对自己。③(3)他展示了自己的伤口留下来的伤疤,并在自己的演讲中强调了大托勒密的残忍

---

① 公元前154—153年,奥皮米乌斯在高卢过冬。

② 公元前154年,执政官奥皮米乌斯武力征服了一个利古里亚部落奥克西比,参见李维:《罗马史摘要》(*Ep.*),第47章。

③ 公元前154年的执政官是昆图斯·奥皮米乌斯(Q. Opimius)和卢西乌斯·波斯图米乌斯·阿比努斯(L. Postumius Albinus)。

暴行，接着，他请求予元老院的怜悯。（4）年长的大托勒密也派来了使节尼奥拉德斯（Neolaïdes）和安德洛马克（Andromachus），以驳斥这些指控并进行自我辩护；（5）但是，元老院甚至听都没有听他们的辩护，他们对年轻的小托勒密的指控已经先入为主了。（6）他们立即命令这些使节离开罗马，接着，他们任命了以格纳乌斯·梅鲁拉（Gnaeus Merula）和卢西乌斯·色姆斯（Lucius Thermus）为首的五名使节前去支持年轻的小托勒密，而且，他们向每一位使节提供了一艘五桨座战船，并命令他们恢复托勒密在塞浦路斯的统治；（7）同时，他们也给自己在希腊和亚洲的盟友去信，以让他们支持托勒密恢复统治……

VI. 帕加马的局势

[12]（1）在亚洲，阿塔鲁斯早在去年冬季就开始集结大批军队，阿里阿拉特和米特拉达梯根据他们的结盟条款向他派遣了一支由骑兵和步兵所组成的军队，这支军队由阿里阿拉特之子德米特里指挥。（2）当他正忙于这些备战工作时，从罗马来的这十名使节抵达了。① （3）在卡迪（Cadi）附近遇到了他，并就时局问题与他交谈后，启程访问了普鲁西亚；他们一遇到他，他们立即就以一种威胁的语气向他传达了元老院的指令。（4）对于其中一些指令，普鲁西亚立即予以遵从，但对于其中大部分指令，他却拒绝遵从。（5）因此，罗马人选择与他决裂，他们宣布放弃与他的友谊和结盟，他们所有人立即离开并前往与阿塔鲁斯会合。（6）普鲁西亚现在又后悔了，他一直跟在他们后面一段距离以恳求他们，但这丝毫不起作用后，他就离开了他们，现在他都不知道该怎么办了。（7）罗马使节命阿塔鲁斯将自己的军队部署到边境，同时，他们指示他不要首先开战，而是要确保自己的城镇和村庄的安全。（8）他们现在分开了，他们其中一些人疾速向元老院通报普鲁

---

① 公元前154年初，使节们访问了阿塔鲁斯和普鲁西亚。

西亚的拒不服从,其他一些人则去往爱奥尼亚各地,另外一些人则去到赫勒斯滂和拜占庭附近,他们所有人的目的都是同一个,那就是呼吁民众放弃与普鲁西亚的结盟,并尽可能地劝说他们支持阿塔鲁斯的事业以及与他进行结盟……

[13](1)大约与此同时,亚特纳乌斯率领八十艘甲板舰船抵达了;(2)其中有五艘是罗德岛人的四桨座战船,有二十艘是希兹库斯(Cyzicene)①的舰船,有二十七艘是阿塔鲁斯的舰船,其余的则都是其他盟友的舰船。②(3)在驶向赫勒斯滂和抵达忠于普鲁西亚的城城邦后,他频繁地进行登陆,严重地扰袭了他们的国土。(4)在听取了从普鲁西亚那里回来的使节们所作的报告后,元老院立即派遣了另外三人阿庇乌斯·克劳狄、卢西乌斯·奥庇乌斯(Lucius Oppius)和奥鲁斯·波斯图米乌斯前往亚洲,(5)以让这两位国王缔结和约和结束战争;(6)这个和约的条款是让普鲁西亚立即向阿塔鲁斯移交二十艘甲板舰船,并在二十年内支付五百泰伦的金钱,(7)而且,双方的领土范围都要恢复到战争爆发前的状态。(8)普鲁西亚也要赔偿他对米提姆纳人(Methymna)、埃基乌姆人、库迈人(Cyme)和赫拉克雷亚人(Heracleia)的国土所造成的损害,他需要向这些城邦支付一百泰伦。(9)这个和约就以这样的条款拟就了,阿塔鲁斯将自己的海陆军队都撤回了自己的国家。(10)这就是阿塔鲁斯和普鲁西亚之间的争端和结局……

VII. 意大利的局势

亚该亚的流亡者

[14](1)在这年,③亚该亚的使节再一次来到罗马并现身元老

---

① [中译按]Cyzicene 亦写作 Cyzicus。
② 公元前 154 年夏季,阿塔鲁斯的兄弟亚特纳乌斯袭扰了普鲁西亚王国的海岸。
③ 即公元前 154 年—前 153 年。

院,恳求元老院释放亚该亚人质,但元老院仍然维持了自己原来的决定……

[15](1)盛夏,赫拉克雷德斯带着拉奥狄克和亚历山大①来到了罗马。(2)他在那里逗留了很长的时间,而且,他要尽各种阴险的诡计和卑鄙的伎俩以期赢得元老院的支持……

(3)罗德岛的阿斯提米德斯(Astymedes of Rhodes)——他同时担任了海军统帅和特使的职务——抵达后立即就他们与克里特人的战争问题向元老院发表了演讲。(4)在认真地听完他的演讲后,元老院立即派遣了一个以昆图斯为首的使团前去结束战争……

VIII. 罗德岛与克里特之间的战争

[16](1)这时,克里特人向亚该亚人派出了使节安提法塔斯(Antiphatas)——他是戈提纳的特勒纳斯图斯(Telemnastus of Gortyna)的儿子——前来寻求帮助,罗德岛人则派出了提奥法尼斯(Theophanes)前来寻求帮助。(2)这年的亚该亚大会在科林斯举行,当双方的使节就这个的问题发表了演讲后,(3)出于对这座城邦的尊重以及对罗德岛的政治人物及其公民的一般品格的尊重,大多数人都更倾向于支持罗德岛人。(4)安提法塔斯注意到了这种情况,他表达了自己希望对他们发表第二次演讲的要求,在得到了将军的应允后,他发表了一个比通常的克里特人更加有分量、同时也更加严肃的演讲。(5)事实上,就性格而言,这位年轻人根本就算不上克里特人,相反,他没有染上克里特人的粗鄙陋性。(6)因此,亚该亚人就支持他进行畅所欲言地演讲,不过,更为重要的原因是,在他们与纳比斯的战争中,他的父亲特勒纳斯图斯率领五百名克里亚士兵前来支援他们,而且,他自己也在作战中表现得非常英勇。(7)然而,尽管他们听完了他的演讲,但是,大多数

---

① 这位亚历山大亦即亚历山大·巴拉斯(Alexander Balas),他谎称自己是安条克·俄皮法尼斯的儿子。

人仍然倾向于支持罗德岛人,直到利安提乌姆的卡利克拉底站起来说道,在罗马人没有作出首肯前,他们不应该与任何人开战或者支援任何人。(8)出于这个原因,他们最终没有采取任何步骤……

[17](1)对事态的变化不甚满意的罗德岛人采取了一种怪异的解决办法和权宜之计,这让他们患上了一种那些慢性病患者的相似病症。(2)因为,在一丝不苟地遵从所有的治疗措施并小心翼翼地遵照医生所下达的所有医嘱后,这些人发现没有自己没有取得任何疗效,以至于他们就会对治疗结果心生不满,乃至放弃所有的治疗措施,他们当中的一些人因而会转而接受祭司和占卜者的建议,其他人则会诉诸所有各式各样的护身符和驱邪物。(3)同样的事情就发生在罗德岛人身上。因为,当所有事情都与他们的愿望背道而驰时,他们必然就会去听取各种各样的建议,并去抓住任何一线生机或者救命稻草。(4)这是非常自然的;因为,当所有的理性行动都没有取得成效时,我们仍然会去做一些事情,这就使我们转而诉诸非理性的事务。(5)因此,深陷这种困境的罗德岛人就采取了人们在这种情况下所常常采取的那种行动,他们挑选了自己先前拒绝的执政官(archon),而且,他们在其他方面也采取了非理性的行动……

IX. 意大利的局势

年轻的阿塔鲁斯、德米特里和亚历山大·巴拉斯的到访

[18](1)诸多不同国家的使节抵达了罗马,①元老院首先传召了尤米尼斯②国王之子阿塔鲁斯;③(2)来到罗马的阿塔鲁斯当时仍

---

① 即公元前154年—前153年。——洛布本注
公元前152年,年轻的阿塔鲁斯——他是已故的尤米尼斯国王之子——到访罗马。——剑桥本注
② [中译按]即尤米尼斯一世(Eumenes I)。
③ 这位阿塔鲁斯绰号"爱母者"(Philometor)。公元前138年,他继任了自己的叔父/伯父阿塔鲁斯·菲拉德弗斯(Attalus Philadelphus)的王位;当他在公元前133年去世时,他将自己的王国留给了罗马人。

然只是一位小男孩,被引入元老院后,他亲自重申了自己父亲与罗马的古老友谊与良好关系。(3)他得到了元老院和自己父亲的朋友们的友好接待,而且,他也得到了自己所想要的答复以及与其年龄相符的荣誉;(4)他在几天后就回国了,他所经过的所有希腊城邦都热情而慷慨地接待了他。(5)德米特里①——他当时仍是一名小男孩——也在这时抵达了罗马,在得到了热情的接待后,他也回国了。(6)在罗马度过了一些时日后,在拉奥狄克和亚历山大的陪同下,②赫拉克雷德斯也出现在了元老院的面前。(7)这位年纪轻轻的亚历山大首先向元老院进行了发言,他的发言非常理性,他恳请罗马人铭记他们与自己父亲安条克之间的友谊和结盟,如果可能,他恳请他们帮助自己复国;(8)但是,如果他们无法做到,那么,他恳请他们至少允许自己回国,而且不要阻扰愿意帮助自己赢回自己父亲王位的那些人。(9)接着,赫拉克雷德斯向元老院发表了演讲,他对安条克作了一个长篇的颂辞,并对德米特里进行了控告,最后他坚持说道,他们只有让这位年轻的王子和拉奥狄克回国才符合真正的正义,因为他们是安条克国王真正的孩子。(10)这番说辞根本骗不了头脑冷静之人,因为他们对各种阴谋诡计心知肚明,他们丝毫没有掩饰对赫拉克雷德斯的厌恶;(11)但是,在赫拉克雷德斯的蛊惑诱骗下,大多数人就这样通过了一个决议,这个决议的内容如下。(12)"国王的儿女亚历山大和拉奥狄克是我们的朋友和盟友,他们来到了元老院,并发表了演讲。(13)因此,元老院授予他们回国以收回自己父亲王位的权力,并决定答应他们的要求而向他们提供帮助。"(14)利用元老院的这种授权,赫拉克雷德斯现在立即就开始征召雇佣军,并召集了大批杰出之士前来帮助自己。因此,一到以弗所,他就一心忙于备战扩军③……

---

① 阿里阿拉特六世之子德米特里。

② 关于拉奥狄克和亚历山大,参见第 15 章。

③ 亚历山大·巴拉斯是一名出身低微的冒名顶替者,赫拉克雷德斯将他冒充成安条克·俄皮法尼斯的儿子。公元前 152 年,他进入叙利亚;公元前 150 年,他击败和杀死了德米特里;公元前 146 年,在托勒密的儿子的帮助下,托勒密·斐洛米托击败了他,不久之后他就遭到了谋杀。李维:《罗马史摘要》(*Ep.*),第 52 (转下页)

X. 叙利亚的局势

（亚特纳乌斯第十卷第 440b 页）

[19](1)波利比乌斯在其第三十三卷告诉我们,从罗马逃出来的德米特里——当时他是一名人质——成为了叙利亚国王,他酗酒成性,一天的大部分时间都喝得烂醉如泥⋯⋯

没有确定位置的残篇

[20](1)一旦民众过度地爱戴或者憎恨一个人,那么,对他们而言,任何一个借口都足以实施他们的计划⋯⋯

[21](1)然而,"究竟是向公山羊挤奶的人更愚蠢,还是手拿筛子去接奶的人更愚蠢?"这个众所周知的谚语恐怕也会让我自己陷入无所适从的境地。在我看来,详尽地驳斥一个众所周知的谎言无疑愚蠢至极。(2)谈论这种问题完全是在浪费时间,除非一个人确实希望记录梦想或者睁大眼睛凝视自己的梦想⋯⋯

（接上页）章;阿庇安（Appian）:《叙利亚》（*Syr.*）,第 67 章;约瑟夫斯（Joseph.）:《犹太古史》（*Antiq.*）,第十三卷第 2 章第 4 节。

第三十四卷（残篇）

主要来自斯特拉波的希腊语残篇

I. 一些总体性的评论；本卷的主题

（斯特拉波第八卷第 1 章第 1 节，C 332.）

[1]（1）诸如埃弗鲁斯和波利比乌斯那些历史学家，（2）他们各自对大陆的地理进行了一种通史性地记述。

（同上，第十卷第 3 章第 5 节，C 465.）

（3）波利比乌斯说道，在他们撰写的希腊史中，对于城邦的缔造、宗谱世系、人口的迁徙和殖民地的建立等这些问题，欧多克索斯（Eudoxus）已经作了相当细致的描述，不过，埃弗鲁斯所作的描述要更加地细致；（4）他补充道："但是，我将对国家的实际位置和实际距离作出描述；（5）在地理学中，这是最为重要的事情。"（6）然而，正是你波利比乌斯不仅对希腊以外的地区之间的路程，而且也对希腊本身的地区之间的路程作了普遍存在的错误记述。

（摘录自格米努斯[Geminus]：《天文学的基本原理》[*Elements of Astronomy*]，C 16.）

（7）历史学家波利比乌斯撰写了一卷题名作《论天体赤道下方的那部分地球》（*On the parts of the globe under the Celestial Equator*）——亦即在热带的中间——的著作。（8）他说道，相较于生活在热带尽头的那些人，生活在这个地区的人们拥有更加温和的气候。一方面，他引用了那些实际访问这个地区的史学家们所作的记述，并且可以证明事实，另一方面，他从太阳运行的规律方面进行了论证。（9）在至日，无论是在太阳接近它们，还是在太阳离开它们，太阳会都在热带圈附近停留很长时间，因此，我们实际上可以看到它在它们周边停留大约四十天的时间；由于这个原因，一天的长度大约会有四十天的时间大致保持相同。（10）因此，由于它在热带圈下面停留的时间长度的缘故，这个地区会被烧毁，因为过度的炎热，这个地区也不适合居住。然而，太阳会迅速地从赤道或者天体赤道离开，因此，一天的长度会在春分或者秋分节点后迅速地增加或者减少。（11）我们有理由认为，位于赤道下方的气候要更加的温和，因为，太阳不会在极点（the extreme point）附近延长停留的时间，而是会迅速地离开。（12）所有生活在两个热带圈（the two tropic circles）之间的人，会同等地暴露在太阳所经过的行程上；但是，相较于那些真正生活在热带地区（the actual tropics）的人而言，他们在时间上要更长一些。（13）因此，相较于位于热带圈下方的热带尽头的那些地区，位于赤道下方的热带中间地区的气候要更加温和。

（斯特拉波第二卷第 3 章第 1 节, C 96）

（14）波利比乌斯将地带总共划分为六个，其中两个位于北极圈下面，两个位于北极圈和热带圈之间，另外两个则位于热带圈和赤道或者天体赤道之间。

（同上，第二卷第 3 章第 2 节, C 97）

（15）根据北极圈所确定的一些地带——亦即有两个地带直接位于北极圈下面，有两个地带则位于北极圈和热带圈之间——波利比乌斯的划分无疑是错误的。

（同上）

（16）然而，正如埃拉斯托斯提尼斯（Eratosthenes）所说，如果根据波利比乌斯的说法，那么，赤道下面的地带是温带——波利比乌斯补充说，它非常的高，因而它有降雨，在季风季节期间，北方的云层会大规模地被高地阻隔——相较于这个地方所提出的热带圈下面的两个地带，认为存在另一个狭小的温带的看法要更适宜。

（同上）

（17）波塞多尼乌斯（Poseidonius）对波利比乌斯认为赤道下面的地区非常高的看法心怀异议。

（摘录自阿基勒斯［Achilles］，《法恩诺米纳导言》［Introduction to the Phaenomena］，C 31）

（18）对于地带（the zones）的数量，在阿拉图斯之后的那些人完全不赞同。一些人像波利比乌斯和波塞多尼乌斯那样说道，将热带分成两个，有六个地带。

II. 奥德修斯的航行，尤其在西西里附近的航行

（斯特拉波，第一卷第 2 章第 9 节，C 20）

［2］（1）它不像荷马那样建立在一个空无（empty）的叙述之上，充满了各种毫无真实根据的奇迹。（2）事实上，如果一个人将一些

事实与谎言混合在一起,那么,他自然就可以让谎言更加可信;(3)当他在讲述奥德修斯(Odysseus)①漂泊的故事时,波利比乌斯就是这样说的……

(同上,第一卷第 2 章第 15—17 节,C 23—25)

(4)对奥德修斯的漂泊,波利比乌斯的见解是正确的。(5)例如,他说道,风神埃俄鲁斯(Aeolus)是在海峡附近给人指路的神明——海峡两岸暗流涌动,而且,由于存在潮汐,因而它一般都很难通过——祂被视作是风的主宰者和分配者;(6)这正如在阿尔戈斯首次教人们怎样进行储水的达纳俄斯(Danaus)和发现了太阳的旋转方向与天空的旋转方向完全相反的阿特勒俄斯(Atreus)都被视作先知和祭司国王(priest-kings)一样;(7)通过一些特殊的科学,埃及人、迦勒底人(Chaldaeans)和马基人(Magi)②的祭司与其他人迥然区别开来,他们在早期享有特殊的地位和荣誉;(8)正如每一位神明都被尊为某些有用的东西的发明人一样。(9)出于他所作的这种既定安排,他不允许我们将风神埃俄鲁斯和奥德修斯的整个漂泊完全视作神话,相反,他说道,尽管一些神话元素确实被添加了进来,例如特洛伊战争,但是,这位诗人关于西西里的主要叙述同其他历史学家关于意大利与西西里的地方史的叙述是一致的。(11)因此,他不赞同埃拉斯托斯提尼斯的看法,"当我们找到缝补风袋的鞋匠时,我们就可以发现奥德修斯去了哪里。"(12)他说道,当荷马在描述斯库拉(Scylla)③时,他对斯库拉岩石(Scyllaean rock)以及对捕猎剑鱼的方法是相当一致的:

---

① [中译按]Odysseus(奥德修斯)亦写作 Ulysses(尤利西斯)。
② [中译按]Magi(马基人)是古波斯拜火教(Zoroastrianism)的祭司,它的单数形式是 magus。
③ [中译按]在希腊神话中,斯库拉(Scylla)是生活在狭窄水道一侧的海怪,生活在狭窄水道另一则的则是卡律布迪斯(Charybdis)。斯库拉生活在一块大岩石下面。

（13）它把身体缩在空阔的洞穴中央，

把头昂出洞外，悬于可怖的深渊，

不断地四处窥探搜寻，

伺机捕捉海豚、海豹和其他较大的海中怪物，

它们数目众多，由安菲特里泰抚养。①

（14）因为，当金枪鱼沿着意大利海岸的浅滩游行时，如果它们偏离了自己的航线，那么，它们就无法到达西西里海岸，它们会成为海豚、鲨鱼和其他大型海洋怪兽的猎物。（15）通过捕猎它们，剑鱼（galeotae）——它们亦被称作箭鱼（xiphiae）和海狗（seadogs）——长得全身肥腴。（16）同样的事情也发生在尼罗河和其他河流的上涨期，就像森林发生火灾，野生动物逃出大火或者洪水而聚在一起，以至于遭到更强大的动物的吞噬。

[3]（1）接着，他进一步地描述了在锡拉人的岩石附近捕猎剑鱼的方法。（2）由小划船组成的整个船队只有一个瞭望员。（3）在每一艘船上，每当瞭望员发出剑鱼出现（这种鱼三分之二的身体会露出水面游行）的信号，一个人划船，另一个人则手持一支鱼叉站在船头。（4）当船只靠近它后，这个人会近距离地刺向它，接着，他从它身上拔出矛柄，并将鱼叉留在鱼的身体内，这种鱼叉装有倒刺，而且，它特意松散地固定在矛柄上，并有一根长绳系在它上面。（5）然后，他们给这条受伤的鱼松开绳子，直到它因为挣扎和逃跑而精疲力竭。（6）接着，他们会将它拖到岸上或者拉到船上，除非它过于巨大。（7）如果矛柄碰巧掉落海里，那它也不会丢失，因为它是由橡木和松木制成，因此，当它的橡木部分因为重量而下沉时，其余部分仍然会浮出水面，所以它很容易被追踪。（8）但有时也会发生这样的情况，那就是，划桨手会被这种鱼

---

① 荷马：《奥德赛》（*Od.*），第十二卷第 95—97 行。

　　[中译按]荷马：《奥德赛》，罗念生、王焕生译，人民文学出版社 1997 年版。

的长剑弄伤,因为,它会像野猪一样横冲直撞和进行猎杀。

(9)他说道,我们从中可以推测,荷马当时所描述的奥德修斯的漂泊发生在西西里附近,因为,他认为"斯库拉"(Scylla)是一种捕鱼方法,尤其是"斯库拉岩石"(Scyllaean rock)附近的当地人所使用的一种捕鱼方法;(10)同时也是因为,他对卡律布迪斯(Charybdis)①的描述与海峡里所发生的事情是一致的。(11)而且,"海怪每天把海水三次吞进吐出",②而不是"每天两次",这与其说是一种事实上的错误,不如说是一种文本上的错误。③(12)发生在米尼克斯岛(Meninx)④的事情与对洛图斯-伊特尔斯岛(Lotus-eaters)⑤的描述是相当一致的。

［4］(1)如果有任何东西与现实不符,我们必须把责任归咎于历史、细节和神话相混合的无知、错误或者诗意的纵横。(2)历史的目的是真相,我们发现,这位诗人在"船队名录"(The Catalogue of Ships)⑥中描述了每一个地方独特的特征,他称呼其中一座城市为"石头城市"(rocky),称呼另一些城市为"边境城市"(on the border)、"多鸽城市"(with many doves)或者"海滨城市"(by the sea);(3)细节的目的是生动,就像他亲临战场一样,而神话的目的则是给人欢乐或者唤起人的惊奇。(4)然而,一个完全虚构的叙述既不会产生幻象,也不会是荷马式的;因为,所有人都认为他的诗歌是一种哲理著作,而且不要遵从埃拉斯托斯提尼斯的建议——他告诫我们不要以诗歌的严肃意义或者在诗歌当中寻求历史来判断诗歌。(5)波利比乌斯再一次说道,相较于理解他乘着顺风驶入海

---

① ［中译按］在希腊神话中,卡律布迪斯(Charybdis)是一种海怪,人们认为,卡律布迪斯海怪生活在狭窄水道一侧的一块小岩石下面。
② 荷马:《奥德赛》(*Od.*),第十二卷第 105 行。
③ ［中译按］剑桥本英译者将其译作:这种错误归罪于抄写员或者地理学家。
④ 米尼克斯岛(Meninx)距离小塞提斯(The Lesser Syrtis)不远,参见第一卷第 39 章。
⑤ ［中译按］Lotus-eaters 亦写作 Lotophagi。
⑥ ［中译按］在《伊利亚特》第二卷第 494－759 行中,荷马列举了开往特洛伊的一支亚该亚分遣队的船队名录。

洋，"从那之后的九天，狂风继续在大海上凛冽我们"①更可以让我们理解为短途航行，因为，狂风不会让我们直线航行。（6）马里亚海角（Cape Malea）到赫拉克勒斯之柱（Pillars of Hercules）的路程大约是两万两千斯塔德，他说道，如果在九天内以相同的速度航行，那么，他每天必须航行两千五百斯塔德。（7）谁现在听说过有人在两天内从利西亚或者罗德岛航行到亚历山大里亚（这段路程相距四千斯塔德）？（8）至于那些对奥德修斯的航行心存疑惑的人——虽然他三次航行到西西里，但他却没有经过墨西拿海峡——他的回答是后来所有的水手也避开了这条航线。这就是他说的内容……

III. 波利比乌斯对先前的地理学家的批评

（同上，第二卷第 4 章第 1—3 节，C 104）

[5]（1）在他关于欧洲地理的记述中，波利比乌斯说道，他对先前的地理学家完全不予考虑；（2）不过，他会严格审视最新的那些地理学家迪卡亚基亚（Dicaearchus）和埃拉斯托斯提尼斯以及误导众人的皮提亚斯（Pytheas）——他声称，他步行穿越了整个不列颠，并且，这座岛的海岸线是四万斯塔德。（3）除此之外，他也告诉了我们关于图勒（Thule）②及其周围国家的故事，他说道，那些地方没有严格意义上的陆地、海洋和空气，而是一种这三者的复合物，它就像一只水母，陆地、海洋和其他所有东西悬浮了起来，但却相互形成了一个有机的整体，人们既不能在其中行走，也不能其中航行。（4）他说，他自己就看见过这种水母状的物体，但是，其他的东西都来源于传闻。（5）这就是皮提亚斯所作的记述，而且，他告诉我们说，他从那里回来，接着，他穿越了从加迪斯（Cadiz）③到塔纳斯

---

① 荷马：《奥德赛》，第九卷第 82 行。
② ［中译按］图勒（Thule）：极北之地；古人相信它是存在于世界北端的国家。
③ ［中译按］Cadiz 亦写作 Gades。

河的整个海岸。(6)波利比乌斯接着说道,独自一个人,而且是一个穷人竟然通过航行或者步行穿越了这么远的路程,这本身就让人难以置信;(7)然而,虽然埃拉斯托斯提尼斯对此仍心存怀疑,但是,埃拉斯托斯提尼斯仍然相信他关于不列颠、加迪斯和西班牙的记述。(8)但是,波利比乌斯却说道,他自己宁愿相信美塞尼亚人欧赫米鲁斯(The Messenian Euhemerus),①也不会相信皮提亚斯;(9)因为,欧赫米鲁斯说他只航行到了一个他称之为潘卡亚(Panchaia)②的国家,但是,皮提亚斯却说他亲自探访了整个欧洲北部海岸,直至世界的尽头,如果他这样告诉我们,我们甚至不会相信赫尔墨斯本人(Hermes himself)。(10)然而,他说道,埃拉斯托斯提尼斯称欧赫米鲁斯是一名贝尔加人(Bergaean),③但是,他相信连迪卡亚基亚④都不相信的皮提亚斯。(11)现在说"连迪卡亚基亚都不相信的人"(whom not even Dicaearchus believed)是荒谬的,就好像我们应该以他作为标准,波利比乌斯自己就在他的著作中发现了非常多的错误。(12)埃拉斯托斯提尼斯关于欧洲西部和欧洲北部的见解是错误的,对此我在前面已经进行了提及。(13)尽管我们可以原谅从未见过这些地区的他和迪卡亚基亚,但是,我们怎能原谅波利比乌斯和波塞多尼乌斯?(14)除了波利比乌斯,在这种情形下,谁会将它看作他们关于路程的陈述,以及在其他情形中将它看作许多常见的错误陈述呢,然而,在他驳斥他们的地方,他甚至都没有进行纠正。

---

① 美塞尼亚人欧赫米鲁斯(The Messenian Euhemerus)是著名的理性主义者,他谎称自己在一座名叫潘卡亚(Panchaia)的岛上发现了他关于神的陈述的证据。

② Panchaia 亦写作 Panchēa,它是在红海或者阿拉伯湾的一座传说中的岛屿或者国家;欧赫米鲁斯声称,他在潘卡亚发现了可以证明所说的那位神明(the reputed gods)是著名的将军或者国王的铭文。普鲁塔克(Plutarch):*Is. et Osir.* 23;迪奥多鲁斯(Diodor.):残篇,第六卷第 1 章。古罗马的诗人们通常将这个词等同作"阿拉伯人"(Arabian),参见维格(Verg.):《地理学》(*Georg.*),第二卷第 139 节。

③ 贝尔加人(Bergaean)也即是"像贝尔加的安提法尼斯一样的大骗子"(as great a liar as Antiphanes of Berga),他是一名旅行者,而且讲述了许多神奇的故事。

④ 斯特拉波在这个地方认为,迪卡亚基亚没有提供真正的地理事实。

[6]（1）迪卡亚基亚说道，从伯罗奔尼撒到赫拉克勒斯之柱的路程是一万斯塔德，而且，从伯罗奔尼撒到亚德里亚海上端的路程则更远；从伯罗奔尼撒到海峡（The Straits）①的路程是三千斯塔德，因此，从海峡到赫拉克勒斯之柱（Pillars）余下的路程是七千斯塔德。（2）波利比乌斯在这个地方说道，无论迪卡亚基亚所估计的这三千斯塔德正确与否，他都完全不予考虑；但是，无论我们是沿着海岸进发还是直线穿过海洋，迪卡亚基亚所说的这七千斯塔德则肯定是错误的。（3）因为，这条海岸线呈一个钝角形，两条边分别是海峡和赫拉克勒斯之柱；（4）顶点则是纳波（Narbo），因此，这形成了一个三角形，这个三角形的底部是横穿海洋的直线，而这个三角形的两条边则形成了上述这个钝角。（5）对于这个三角形的两条边，其中一条从海峡到纳波超过了一万零两百斯塔德，另一条从纳波到赫拉克勒斯之柱则稍少于八千斯塔德。（6）从欧洲到非洲的最远路程——经由伊特鲁里亚海（Tyrrhenian Sea）②——没有超过三千斯塔德；经由萨丁海（Sardinian Sea），它的路程会更短一些；但是，他说道，让我们就将它算作三千斯塔德。（7）除此之外，如果我们假设纳波湾（Gulf of Narbo）的纵深，亦即让我们将从这个钝角三角形的顶点到底部的垂直距离算作两千斯塔德；（8）那么，他说道，只要一个学童就可以证明，从海峡到赫拉克勒斯之柱的整个海岸要比直线横渡海洋长将近五百斯塔德。（9）如果我们再加上从伯罗奔尼撒到海峡的三千斯塔德，那么，即使这条直线的整个路程也将是迪卡亚基亚所估计的路程的两倍；（10）按照他的说法，我们必须把到亚德里亚海上端的路程也估算进来，那么，这就会使整个路程更远了。

（11）然而，有人可能会说，"亲爱的波利比乌斯，你自己的陈述已经清楚地证明了这一切陈述都是错误的；（12）包括从伯罗奔尼撒到利乌卡斯的路程是七百斯塔德，从利乌卡斯到科西拉的路程

---

① ［中译按］亦即西西里海峡。

② Tyrrhenian Sea（伊特鲁里亚海）亦写作 Tuscan Sea（托斯卡纳海）。

也是七百斯塔德,从科西拉到塞洛尼亚山脉（Ceraunian Mountains）仍然是七百斯塔德,从塞洛尼亚山脉到埃帕迪亚（Iapydia）的整个伊利里亚右侧海岸的长度是六千一百五十斯塔德。（13）因此,上述所有说法和陈述都是错误的,包括迪卡亚基亚所说从海峡到赫拉克勒斯之柱的七千斯塔德路程以及你已经证实的那七千斯塔德路程。（14）因为,几乎所有人都赞同,海路直线路程总计是一万两千斯塔德。"

（15）他告诉我们,埃拉斯托斯提尼斯的荒谬性甚至超过了贝尔加的安提法尼斯（Antiphanes of Berga）,那么,我们怎样避免埃拉斯托斯提尼斯的那种荒谬性呢,以及我们怎样避免后世所有的历史学家像他那样荒谬呢?

（斯特拉波第二卷第 4 章第 4 节,C 106）

[7]（1）接着,波利比乌斯对埃拉斯托斯提尼斯进行了纠正,他的纠正有一些是正确的,但有的纠正却错谬得更加离谱。（2）埃拉斯托斯提尼斯说从伊萨卡（Ithaca）到科西拉的路程是三百斯塔德,波利比乌斯则说它超过九百斯塔德;埃拉斯托斯提尼斯说埃皮达尼亚（Epidamnus）到色萨洛尼卡（Thessalonica）的路程是九百斯塔德,波利比乌斯则说它超过了两千斯塔德。（3）在这两个例子中,他是正确的,但是,当埃拉斯托斯提尼斯说从马赛到赫拉克勒斯之柱的路程是七千斯塔德,从比利牛斯到赫拉克勒斯之柱的路程是六千斯塔德,波利比乌斯则错谬百出地认为,前者的路程是九千斯塔德,后者的路程是八千斯塔德,埃拉斯托斯提尼斯的陈述要更加准确。（4）因为,现在人们普遍认为,从比利牛斯到西班牙西海岸的整个西班牙宽度就如同乌鸦飞行的路程,它的路程不超过六千斯塔德。（5）但是,波利比乌斯说道,塔古斯河从其源头到其河口的长度是八千斯塔德,我认为这没有把它蜿蜒的地方计算进来——这种做法在地理上是不正确的——而指的是其直线路程。（6）并且,从比利牛斯到塔古斯河源头的路程超过了一千斯塔德。（7）同

样，他正确地指出了埃拉斯托斯提尼斯对西班牙的错误陈述，但是，在一些情形下，他自己又明显作了自相矛盾的陈述。（8）例如，埃拉斯托斯提尼斯说过，西班牙西海岸直至加迪斯（Gades）生活的都是高卢人，这意味着欧洲西侧直至加迪斯都被高卢人充斥，然后，他全然忘记了自己所说过的话，在对整个西班牙进行详细描述时，他完全没有提到高卢人。（9）除此之外，当他说欧洲的长度小于非洲和亚洲长度的总和时，他作了一个错误的对比；（10）因为，他说赫拉克勒斯之柱之间的海峡位于正西方，而塔纳斯河则从东南方向流出……

（同上，第二卷第 4 章第 8 节，C 108）

（11）有几座半岛从欧洲伸了出来，相较于埃拉斯托斯提尼斯，波利比乌斯对它们作了一个更加详细的描述。（12）埃拉斯托斯提尼斯说有三座半岛，其中一座半岛一直延伸到赫拉克勒斯之柱，另一座半岛就是西班牙自身，第三座半岛则止于马里亚海角，它上面的居民则由生活在亚德里亚海、欧克西涅海和塔纳斯河之间的居民组成。（13）波利比乌斯赞同对前两座半岛的描述，但是，第三座半岛——止于马里亚海角和苏尼乌姆（Sunium）——包括了整个希腊、伊利里亚和色雷斯部分地区；（4）第四座半岛是色雷斯人的克森尼塞（Thracian Chersonese），这座半岛以塞斯图斯和阿比都斯之间的海峡为界，第五座半岛则是以西米里人的博斯普鲁斯（Cimmerian Bosporus）和帕鲁斯-梅奥提斯的河口为界……

IV. 鲁西塔尼亚

（摘录自亚特纳乌斯第七卷第 302e 页）

[8]（1）在其《通史》（*Histories*）第三十四卷中，当提及伊比利亚的鲁西塔尼亚时，梅格洛波利斯的波利比乌斯说道，鲁西塔尼亚

海域生长有橡树,它的果实可以投喂和养肥金枪鱼(tunnies)。
(2)因此,我们称呼金枪鱼为海猪也没有什么错误。

(斯特拉波第三卷第 2 章第 7 节,C 145)

(3)波利比乌斯说,这些橡子会被洋流携带至拉丁姆(Latium)海岸,并被冲上岸,除非——他补充说——萨丁岛或者临近岛屿也出产橡子……

(摘录自亚特纳乌斯第八卷第 330c 页)

(4)在其《通史》第三十四卷中,当提及鲁西塔尼亚——伊比利亚或者西班牙(罗马人现在称呼它为西班牙)的一个地区——的自然资源时,波利比乌斯告诉我们,由于气候适宜,那里的人和动物都非常多产,而且,土地也非常富饶。(5)玫瑰、白紫罗兰、芦笋和相似的植物只在三个月内停止开花;(6)至于海鱼,无论是数量、品质,还是漂亮程度都要远远优于我们自己的海域。(7)一西西里米迪大麦的售价是一德拉克马,一西西里米迪小麦的售价是九亚历山大里亚奥布(Alexandrian obols),一梅特雷塔(metreta)酒的售价是一德拉克马,一只较大的山羊或者野兔的售价是一奥布。(8)一头羊羔的售价是三奥布或者四奥布,一头重达一百米纳(minae)的肥猪的售价是五德拉克马,一头羊的售价是两德拉克马。(9)重达一泰伦的无花果的售价是三奥布,一头牛犊的售价是五德拉克马,一头耕牛的售价是十德拉克马。(10)野生动物的肉类则几乎不值得定价,人们无偿地将其送人或者彼此之间进行交换……

V. 西班牙

(斯特拉波第三卷第 1 章第 6 节,C 139)

[9]（1）那里的居民被称作图尔德塔尼人（Turdetani）或者图尔
都利人（Turduli），一些人认为他们是相同的一群人，一些人则认为
他们不是同一群人。（2）波利比乌斯就属于后者，他说道，图尔都
利人生活在图尔德塔尼人的北边……

（同上，第三卷第 2 章第 15 节，C 151）

（3）由于他们非常接近，以至于他们国家的富饶影响到了图尔
德塔尼人和凯尔特人，或者，正如波利比乌斯所说，由于他们具有
亲缘关系，因此，他们都具有安静而有序的性格……

（同上，第三卷第 5 章第 5 节，C 170）

（5）迪卡亚基亚、埃拉斯托斯提尼斯、波利比乌斯和大部分希
腊人都认为，支柱（Pillars）在海峡一侧……

（同上，第三卷第 5 章第 7 节，C 172）

（5）波利比乌斯说，加迪斯的赫拉克勒斯神庙（Temple of
Hercules）①有一口泉水，只要走几步就可以下到水边，而且，水是可
饮用的。这口泉水的涨落与海潮完全相反，在海水涨潮时，这口泉水
正好处于低潮，在海水低潮时，这口泉水正好处于高潮。（6）他说道，
其原因是从地球内部到地球表面，当泉水随着海水的涨潮而覆没时，
从地球内部到地球表面的空气就会受阻于其天然出口，因而，它会再
一次地回到了地球内部，从而堵住泉水的地下通道，造成水流的消
失；（7）但是，当泉水没有遭到覆没时，空气会再一次寻找易行的出
口，因而，泉水的脉路会再一次地畅通，水流也会汩汩流动起来。

---

① ［中译按]Hercules 亦写作 Heracleum。

（同上，第三卷第 2 章第 10 节，C 147）

（8）在提及新迦太基附近的银矿时，波利比乌斯说道，这些银矿非常巨大，它们距离这座城镇大约二十斯塔德，而且，它们呈圆形向外延伸了四百斯塔德。（9）有四万矿工在那里工作，他们当时每天为罗马政府生产两万五千德拉克马。（10）对于诸如银矿操作等其他方面，我将根本不予提及——因为这是一个很长的故事——不过我仍然会提及一些东西，含有银矿石的冲积土首先被捣碎，然后再用水进行过滤；接着沉积物再次被捣碎，再用水进行过滤，随后再进行第三次捣碎。（11）这要做五次，在铅被排光后，第五次沉淀就可以生产出纯银……

（同上，第三卷第 2 章第 11 节，C 148）

（12）波利比乌斯说，这条河流（巴提斯）和阿纳斯河（Anas）都发源于凯尔特-伊比利亚（Celtiberia），这两条河流相距大约九百斯塔德……

（同上，第三卷第 4 章第 13 节，C 62；亚特纳乌斯第一卷第 16c 页）

（13）在列举帕卡埃人（Paccaei）①和凯尔特-伊比利亚人的部落和城镇时，波利比乌斯将它们计算作塞基萨马（Segesama）和因提卡提亚（Intercatia）……

（亚特纳乌斯第一卷第 16c 页）

————————

① ［中译按］Paccaei 亦写作 Vaccaei 或者 Vaccei。帕卡埃人是一个生活在西班牙且亲罗马的凯尔特部族，他们居住在杜伊洛山谷（Duero Valley）的沉积平原上。

（14）荷马对富丽堂皇的米尼劳斯王宫（House of Menelaus）的描述，①让人想起了波利比乌斯对一位西班牙国王的王宫的描述；（15）波利比乌斯说道，西班牙国王的王宫可以与法亚希人（Phaeacians）的王宫相媲美，除了王宫里面由金银打造的器皿全都盛满了大麦酒之外……

VI. 高卢

（同上，第八卷第 332a 页）

［10］（1）在其《通史》第三十四卷中，波利比乌斯说道，从比利牛斯山一直到纳波河是一个平原，平原上流淌着埃勒比利斯河（Illeberis）和洛斯希努斯河（Roscynus），这两条河流从与它们同名的城镇中穿流而过，城内生活着凯尔特人。（2）在这个平原上发现了所谓的地下鱼；平原上的土壤是轻质土，上面大量地种植着一种名叫“阿基洛斯提斯”（agrostis）的农作物。（3）这种植物下面的泥土是由两三肘尺深的沙子所构成的，洪水时期河水会浸渗其间；（4）借助于这种洪水的作用，一些鱼就会下潜到土壤下面觅食——因为它们非常喜欢吃阿基洛斯提斯的根部——以至于整个平原到处都充斥了这种地下鱼，人们可以将它们挖出来带走……

（斯特拉波第四卷第 1 章第 8 节，C 183）

（5）至于罗纳河（Rhone）的河口，波利比乌斯指出了提麦奥斯的错误地方；他说道，罗纳河没有五个河口，而是只有两个河口……

（同上，第四卷第 2 章第 1 节，C 190）

---

① 荷马：《奥德赛》，第八卷第 248 行。

（6）卢瓦尔河（Loire）注入了皮克洛尼斯（Piclones）和纳姆尼塔埃（Namnitae）之间的海洋。这条河上先前有一座名叫科尔比洛（Corbilo）的贸易港口,波利比乌斯在谈及皮提亚斯的错误地方时提到过它。（7）他说道,在西庇阿①所遇到的那些马赛人、纳波人和科尔比洛人（科尔比洛是那个地区中最为重要的一座城市）中间,当西庇阿询问他们时,没有任何人向他提供有关不列颠的任何有用信息;但是,皮提亚斯却胆大妄为地对它予以了如此之多的错误记述……

（同上,第四卷第 6 章第 10 节,C 207）

（8）波利比乌斯说道,阿尔卑斯上有一种特别的动物,②除了脖子和皮毛之外——它的脖子和皮毛像一头野猪——它的外形像一头鹿。（9）它的下颚下面长着一个长约一跨尺的坚硬赘物,赘物末端长着大约与小雄马的尾巴一样浓密的毛发……

（同上,第四卷第 6 章第 12 节,C 208）

（10）波利比乌斯说,在他所生活的那个时代,距离阿奎莱亚（Aquileia）——阿奎莱亚属于诺里克-塔乌利斯希人（Noric Taurisci）的领土——不远的地方发现了一座金矿,这个金矿是如此容易挖掘,以至于当地表的泥土挖掉两英尺（feet）深时,挖掘者立即就可以找到金子。（11）金矿沉积层的深度不超过十五英尺。（12）有一部分金矿石是豆子或者羽扇豆一样大小的天然金块,只要冶炼掉八分之一就是纯金,有一部分金矿石则需要复杂的冶炼,不过回报仍然非常丰厚。（13）当意大利人和当地人一起开采两个月后,整个意大利的金价立即下降了三分之一。（14）但是,当塔乌

---

① 这位西庇阿是科内利乌斯氏族（the Cornelian gens）的哪一位成员,我们不得而知。
② 亦即麋鹿。

利斯希人(Taurisci)意识到这点后,他们就驱逐了意大利人,独自垄断了这个金矿……

（同上）

（15）在谈到阿尔卑斯山的大小和高度时,波利比乌斯也将它与希腊最大的那些山脉塔基图斯山（Taygetus）、利卡乌姆山（Lycaeum）、帕纳萨斯山（Parnassus）、奥林匹斯山（Olympus）、佩利安山（Pelion）和奥萨山（Ossa）以及色雷斯最大的那些山脉哈姆斯山（Haemus）、洛多佩山（Rhodope）和都纳克斯山（Dunax）进行了对比。（16）他说道,对于所有这些山脉,旅行者如果要登上其中任何一座山都需要花费大约一天的时间,如果要绕行这些山也需要花费大约一天的时间;（17）如果登上阿尔卑斯山则至少需要五天的时间,从平原到隆起的山脉的距离是两千两百斯塔德。（18）他只提到了四条通道,其中一条最靠近伊特鲁里亚海,这条通道通往利古里亚;第二条通道通向塔乌里尼(Taurini),汉尼拔所走的就是这条通道;第三条通道通向萨拉希(Salassi);第四条通道则通向哈提亚（Rhaetia）,①这四条通道全都非常陡峭。②（19）他说道,山上有好几个湖泊,其中有三个湖泊非常巨大,第一个湖泊是巴纳库斯湖（Banacus[Garda]）,它长达五百斯塔德,宽达三十斯塔德,米恩希厄斯河（Mincius）就发源于这个湖泊。（20）第二个湖泊是拉利厄斯湖（Larius[Como]）,这个湖泊长达四百斯塔德,它的宽度则比上一个湖泊稍微要狭窄一点,亚达河（Adda）发源于这个湖泊。（21）第三个湖泊是维尔巴努斯湖（Verbanus[Maggiore]）,它长达三百斯塔德,宽达三十斯塔德,提希努斯(Ticinus)这条大河发源于这个湖泊。所有这些河流都注入了波河……

---

① ［中译按]Rhaetia 亦写作 Rhaeti。
② 瓦罗（*Serv. ad Aen.* 10,13)补充了经由格拉安-阿尔卑斯山（Graian Alps)——亦即小圣伯纳德(Little St. Bernard)——的第五条通道。

VII. 意大利

（亚特纳乌斯第一卷第31d页）

[11]（1）波利比乌斯说道，卡普亚用格状藤蔓（trellises vines）酿造出了一种非常优质的美酒，①没有任何美酒能与之相比……

（斯特拉波第五卷第1章第3节,C 211）

（2）波利比乌斯说道，从陆路计算，从埃普基亚到海峡的海岸长度是三千斯塔德,西西里海流经这个海岸。从海路计算,它的海岸长度少于五百斯塔德……

（同上,第五卷第2章第5节,C 222）

（3）他们说,从鲁纳（Luna）到奥斯提亚（Ostia）的伊特鲁里亚海岸,其最大长度是两千五百斯塔德,靠近山岭的最大宽度不到其长度的一半。从鲁纳到比萨（Pisa）的长度要超过四百斯塔德,从比萨到沃拉提拉（Volaterra）的长度是两百八十斯塔德,从沃拉提拉到波普洛尼亚（Populonia）的长度是两百七十斯塔德。从波普洛尼亚到科萨（Cosa）的长度是将近八百斯塔德,也有人说是六百斯塔德。波利比乌斯错误地将整个长度定为一千三百三十斯塔德。

---

① ［中译按］剑桥本英译者将其英译作：卡普亚酿造出了一种名叫"安纳登德利提斯"（*Anadendrites*）的美酒,或者名叫"藤蔓酒"（wine of the climbing vine）。

拜占庭的斯提芬努斯（Steph. Byzantius）①

（4）亚萨勒岛（Aethale）距离伊特鲁里亚不远。在其第三十四卷中，波利比乌斯说道，勒莫斯（Lemnos）亦称作亚萨雷亚（Aethaleia）……

（斯特拉波第五卷第 4 章第 3 节，C 242）

（5）他们将由米森乌姆（Misenum）和密涅瓦神庙（The Temple of Minerva）这两个海角所形成的这个海湾称作"克里特"（Crater）。②整个坎帕尼亚（Campania）就位于这个海岸之上，它是这个地区所有的平原中最肥沃的一个平原。（6）安条克说道，奥皮希人（Opici）——他们亦被称作奥索尼斯人（Ausones）——生活在这个地区。（7）然而，波利比乌斯明显将他们视作两个不同的民族，因为，他说道，奥皮希人和奥索尼斯人生活在克里特附近这个地区……

（同上，第六卷第 3 章第 10 节，C 285）

（8）波利比乌斯说道，埃普基亚的道路标有里程碑。它到希拉（Sila）③的距离是五百六十英里（miles），从希拉到阿奎莱亚的距离是一百七十八英里……

---

① ［中译按］Steph. Byzantius 亦写作 Stephenus of Byzantium（拜占庭的斯提芬努斯）或者 Stephan of Byzantium（拜占庭的斯提芬），拉丁语写作 *Stephanus Byzantinus*，他生活在公元六世纪，而且，他是一部名为 *Ethnica* 的地理学词典的作者，这是一部非常重要的词典，然而，这部词典却只有非常少量的残篇留存下来。

② 亦即那不勒斯海湾（The Bay of Naples）。

③ 抑或到塞纳（Sena）。

（同上，第六卷第 1 章第 4 节，C 261）

（9）拉西尼亚（Lacinium）在这些海角后面，朱诺神庙（Temple of Juno）一度非常富有，而且拥有不计其数的祭品。（10）波利比乌斯对距离的叙述并不准确。（11）然而，波利比乌斯粗略地说，从海峡到拉西尼亚的距离是一千三百斯塔德，从拉西尼亚到埃普基亚海角的距离是七百斯塔德……

（同上，第六卷第 2 章第 10 节，C 276）

（12）波利比乌斯说，火神圣岛（Holy Island of Vulcan）有三座火山口，其中一座火山口已经部分塌陷，另两座则已经完全塌陷。（13）最大的那座火山口的洞口是圆形的，它的周长是五斯塔德。（14）但是，现在它逐渐地缩小到直径五十英尺。（15）从这个地方到大海的垂直高度是一斯塔德，因此，人们在风平浪静的天气可以看到大海。（16）当南风即将吹起时，整座岛上都会聚集起一层厚厚的雾气，以至于甚至连西西里都看不到；但是，当北风即将吹起时，火山口就会喷出高高的明火，并发出比平常更大的轰隆声。西风则预示了这两种现象的一起到来。（17）其他两座火山口的形状也与其类似，但是，它们的喷射力度会小一些。（18）他说道，从轰隆声、火山喷发、雾气和火焰的不同，人们就能预测出三天后会刮什么风向的风。（19）他说道，至少利帕拉群岛（Lipara Islands）上的一些民众在因为天气而受阻时，他们就能够预测会刮什么风，而且屡试不爽。（20）因此，似乎在我们看来，荷马最具神话色彩的叙述——亦即他称呼埃俄鲁斯（Aeolus）①是"风的管家"（steward of the winds）——不完全是一个毫无根据的故事，而是寓言性地揭示了事情的真相……

---

① 这座群岛（The islands）亦称作"维尔卡尼亚"（*Vulcaniae*）或者"爱奥利亚"（*Aeoliae*）。

VIII. 色雷斯、马其顿和希腊

（斯特拉波第七卷第 5 章第 9 节, C 317）

[12]（1）对于其他那些不可能发生的事情,塞奥波普斯说道,爱奥尼亚海（Ionian Sea）和亚德里亚海在地下是相通的,在纳洛（Naro）发现了希俄斯人（Chian）和萨索斯人的陶器;同样地,从某一座山上可以看到这两个海洋,利布尼亚群岛（Liburnian islands）的周长是五百斯塔德,多瑙河（Danube）的其中一个入海口注入了亚德里亚海。（2）正如波利比乌斯在提到他和其他历史学家时说道,埃拉斯托斯提尼斯所作的这些陈述和其他陈述只不过是粗俗的错误……

（同上,第七卷第 7 章第 4 节, C 322）

（2a）从阿波罗尼亚经东边到马其顿的那条道路被称作"埃格纳提亚大道"（Via Egnatia）。这条大道直至希普塞拉（Cypsela）和赫布鲁斯河（River Hebrus）都标有可以测量其路程的里程碑,其路程是五百三十五英里。（3）如果我们像大多数人那样将一英里算作八斯塔德,那么,这就是四千二百八十斯塔德,①但是,如果我们像波利比乌斯那样将一英里算作八斯塔德零两普里（plethra）,亦即三分之一斯塔德,那么,我们必须增加六百七十八斯塔德,亦即三分之一的英里数目。（5）无论旅行者是从阿波罗尼亚出发,还是从埃皮达尼亚出发,距离都是一样的。（6）整条道路被称作埃格纳提亚大

---

① 斯特拉波将一里算作 8 斯塔德,因而算出了 4280 斯塔德。波利比乌斯的计算结果则是 4458⅓斯塔德。罗马人的一里（mile）等于五千尺（feet）;因此,按照斯特拉波的计算方法,一斯塔德是 625 尺,按照波利比乌斯的计算方法,一斯塔德则是 600 尺。

道,第一段大道经过了利基尼都斯城(Lychnidus)和皮隆(Pylon)——大道上的皮隆是伊利里亚和马其顿的分界点——它的名字源于伊利里亚一座名叫坎达维亚(Candavia)的山。(7)从那里沿着巴努斯山(Mt. Barnus)向前行走,途径赫拉克里亚、林塞斯提斯(Lyncestis)和埃奥迪亚(Eordea),进而可以抵达埃德萨(Edessa)和佩拉(Pella),也最终可以并抵达色萨洛尼卡。(8)根据波利比乌斯的计算,这部分的长度是两百六十七英里。

(斯特拉波,第七卷第 57 章)

(9)按照阿特米多鲁斯(Artemidorus)的计算,从佩林萨斯到拜占庭的路程是六百三十斯塔德,从赫布鲁斯和希普塞拉到拜占庭,直至希亚尼亚岩石(The Cyanean Rocks)的路程是三千一百斯塔德;(10)从阿波罗尼亚的爱奥尼亚海湾(Ionian Gulf)到拜占庭的整个路程是七千三百二十斯塔德,波利比乌斯则另加了一百八十斯塔德,因为他将一英里(the mile)计算作 $8\frac{1}{3}$ 斯塔德……

(同上,第八卷第 21 章,C 335)

(11)按照波利比乌斯的计算,伯罗奔尼撒(Peloponnesus)的周长(从海角航行至海角)是四千斯塔德……

(同上,第八卷第 8 章第 5 节,C 335)

(12)波利比乌斯说道,从马里亚海角到多瑙河的正北距离大约是一千斯塔德,但是,阿特米多鲁斯对他进行了纠正,而且,这也不足为奇。按照阿特米乌鲁斯的计算,从多瑙河到马里亚海角的距离是六千五百斯塔德。两者出现差异的原因在于波利比乌斯没有以直线距离进行计算,而是根据偶尔航行的航线进行计算的……

IX. 亚洲

（同上，第十四卷第 2 章第 29 节，C 663）

[13]（1）在估计幼发拉底河到印度的直接距离时，阿特米多鲁斯赞同埃拉斯托斯提尼斯的看法。波利比乌斯说道，关于印度的情况，我们应主要依赖阿特米多鲁斯……

X. 亚历山大里亚

（同上，第十七卷第 1 章第 12 节，C 797）

[14]（1）至少参观这座城市的波利比乌斯对当时这座城市的情况感到厌恶。（2）他说道，那里居住着三种人，首先是土生的埃及人，他们是一群非常敏锐和高度文明的人。（3）其次是雇佣兵，他们是一群人数众多、行为粗鄙、缺乏教养的人——雇佣和维持一支外国军队是那里的一个古老习俗，由于国王们性格的软弱，这些雇佣军已经学会了统治而非服从。（4）第三则是亚历山大里亚人自己，出于同样的原因，他们也不是一群真正文明的人；（5）不过他们仍然要好于雇佣兵，因为，他们是有希腊血统的混种人，而且，他们也没有忘记希腊人的习俗。（6）然而，就在这第三种人几乎将要消灭时，主要是因为乌基特斯·菲斯康（Euergetes Physcon）的缘故（波利比乌斯就是在他的统治时期来到亚历山大里亚的）——（7）因为，这位国王经常受到叛乱的困扰，以至于民众常常暴露在士兵的攻击和摧毁之下——（8）这座城市沦落到了荷马在其诗歌中所真切传达的那种状态，"到埃及的路途异常地遥远而艰险"。①

---

① 荷马：《奥德赛》，第四卷第 485 行。

B. 拉丁语残篇

（普林尼,《自然史》,第四卷第 121 节）

[15]（1）波利比乌斯说道,欧洲从意大利到海洋（the Ocean）的宽度是一千一百五十英里,真实的距离当时并未确定。因为,就像我以前说过的那样,从意大利到阿尔卑斯山的长度是一千一百二十英里,从阿尔卑斯山途经里昂（Lyons）到不列颠（British）的莫里尼（Morini）港口的距离是一千一百六十九英里（这似乎是波利比乌斯自己测算的距离）。

（同上,第六卷第 206 节）

（2）波利比乌斯说道,从加迪斯海峡到帕鲁斯-梅奥提斯的出入口的距离是三千四百三十七英里,从这同一点到西西里东面的直线距离是一千二百五十英里,从西西里到克里特的距离是三百七十五英里,从克里特到罗德岛的距离是一百八十七英里,从罗德岛到基利多尼亚群岛（The Chelidonian islands）的距离同样是一百八十七英里,从基利多尼亚群岛到塞浦路斯的距离是二百二十五英里,从塞浦路斯到叙利亚的塞琉西亚-皮埃利亚（Seleucia Pieria）的距离是一百一十五英里,整个距离总计两千三百四十英里。

（同上,第四卷第 119 节）

（3）距离巴埃提卡（Baetica）不远,在海峡出入口二十五英里的地方是加迪斯岛,按照波利比乌斯的测算,这座岛长十二英里,宽三英里。它距离大陆最近的地方不超过七百英尺,其大部分距离均超过了七英里。

（同上,第三卷第 75 节）

（4）波利比乌斯将西西里那一边到萨伦提尼（Salentini）的海洋称作奥索尼亚海（Ausonian Sea）。

（同上，第四卷第 77 节）

（5）按照波利比乌斯的测算，两博斯普鲁斯（the two Bospori）——亦即色雷斯的博斯普鲁斯和西米里的（Cimmerian）博斯普鲁斯——之间的距离是五百英里。

（普林尼，《自然史》，第五卷第 40 节）

（6）阿格里帕（Agrippa）认为，从大西洋——包括下埃及（Lower Egypt）——到非洲的整个长度是三千零五十英里。以谨慎著称的波利比乌斯和埃拉斯托斯提尼斯认为，从海洋到迦太基的距离是一千一百英里，从迦太基到最西边的尼罗河口卡诺巴斯（Canopus）的距离是一千六百二十八英里。

（同上，第五卷第 9 节）

（7）当西庇阿·埃米利安努斯（Scipio Aemilianus）在非洲指挥战事时，出于探索那块陆地的目的，在一个中队的陪护下，历史学家波利比乌斯对它进行了走访；他告诉我们，从阿特拉斯山（Mt. Atlas）到西部，直至阿纳提斯河（River Anatis）的距离是四百九十六英里，那里长着树林，树林里面到处都是非洲所出产的野兽。

（同上，第五卷第 26 节）

（8）按照波利比乌斯的测算，从迦太基到小塞提斯的距离是三百英里，塞提斯距离海岸一百英里，它的周长是三百英里。

（同上，第六卷第 199 节）

（9）波利比乌斯说道，塞尼（Cerne）是毛里塔尼亚（Mauretania）尽头的一座岛屿，它与阿特拉斯山相对，而且距离海岸八英里。

（同上，第八卷第 47 节）

[16]（1）象牙主要在神庙里可以看到，但是，在与埃塞俄比亚（Aethiopia）接壤的非洲最偏远地区，它们被用作房屋的门柱，而且，房屋周围的围栏和马厩也是用象牙建造的，这是波利比乌斯告诉我们关于非洲国王古鲁萨（Gulusa）的权威时所说的内容。

（普林尼，《自然史》，第八卷第 47 节）

（2）陪伴在西庇阿·埃米利安努斯身边的波利比乌斯告诉我们说，年老的狮子会攻击人类，因为它们不再有足够的力量猎捕野兽。它们出没在城镇附近，由于这个原因，他和西庇阿看到几头狮子被绞死在刑架上，以阻止其他的狮子出于对这种惩罚的恐惧而去伤害人类。

（同上，第三十一卷第 131 节）

（3）特洛古斯（Trogus）告诉我们，利西亚附近有一种非常柔软的小型海绵（small sponges），它们生长在人们可以进行采摘的海底。波利比乌斯说道，如果把它们挂在病人上面，那么，他在晚上就会很安静……

第三十五卷（残篇）

I. 凯尔特-伊比利亚战争

（《苏达辞书》）

〔自第二次布匿战争以来，西班牙东部和南部地区——罗马人以军事占领而非常规的行省方式统治这些地区——就一直处于混乱状态，这一部分是因为众部落突然起义反对罗马当局，一部分是因为众多匪徒团伙的出没，他们占领了坚固的要塞或者设防的城镇，并掠夺这些中心区。因此，正如我们从公元前195年加图和其他人所作的记述中所了解到的那样，罗马法务官和执政官的政策是坚决摧毁堡垒和城墙。公元前177年，提比略·塞姆普洛尼乌斯·格拉古数次重挫了凯尔特人，而且，他在这个国家建造了定居点，因此，这个国家数年来都保持了相当程度的平静和安宁。但是，公元前154年，鲁西塔尼（Lusitani）爆发了一场针对卢西乌斯·穆米乌斯（Lucius Mummius）所领导的罗马军队的巨大灾难；当执政官昆图斯·弗维乌斯·诺比利奥（Q. Fulvius Nobilior）于公元前153年抵达时，他发现这场战争已经蔓延到了凯尔特部落、贝利人（Belli）和提提人（Titthi），①他们企图修建塞基达（Segeda）的城

---

① 〔中译按〕Titthi亦写作 Titti。

591

墙。按照格拉古的解决方案,诺比利奥命令他们立即停止,他们当中的大部分人在短暂抵抗后就服从了,不过,他们当中也有一些人逃到了阿勒瓦卡(Arevacae)①——阿勒瓦卡靠近多乌洛河(Douro)和塔古斯河的源头。在打败罗马军队后,这个强大的部落在努曼提亚(Numantia)安营扎寨起来,在其城墙下,诺比利奥遭受了进一步的损失。公元前152年,马尔库斯·克劳狄·马塞鲁斯(Marcus Claudius Marcellus)接替了诺比利奥,部分通过自身的策略,部分通过管理技能和安抚手段,他让罗马人的运气得到了好转。贝利人和提提人成为了罗马人的盟友,阿勒瓦卡人认为至少有必要要求停战,从而让自己可以派遣使节到罗马去达成和平。——阿庇安,《希斯潘》(Hispan),第44—50章。]②

[1](1)罗马人与凯尔特-伊比利亚人之间的战争被称为"热战"(fiery war),③这场战争的显著特征就是无间断性。(2)因为,希腊和亚洲的战争通常都是一场战役就可以决定胜负的,由两场战役来决定胜负的情况都非常罕见;而且,战役本身也是由耗时短暂的第一次进攻或者冲锋的结果来决定的。(3)然而,这场战争却与之完全相反。(4)一般来说,战斗只有在夜幕降临时才会停止,交战的士兵们既不会灰心丧气,也不会屈服于身体的疲劳,而是会重新集结、恢复信心并再一次投入战斗。(5)只有冬季让整个战争进程中止了一段时间和打断了常规战争的连续性;(6)因此,我们很难想象会有一场战争能够比这场战争更接近于我们所说的"热战"(fiery war)。

[2](1)在凯尔特-伊比利亚人与罗马统帅马尔库斯·克劳狄·马塞鲁斯缔结停战协定后,他们就向罗马派出了使节,被动地

---

① [中译按]Arevacae亦写作Aravacae。
② [中译按]中括号里面的内容译自于剑桥本。
③ 即公元前152年—前151年。

等待元老院的决定。（2）与此同时，马尔库斯远征了鲁西塔尼亚，他攻占了那里的内尔科布里卡城（Nercobrica），接着他就撤到了科尔多瓦（Cordova）的冬季营地。① （3）当使节们抵达罗马后，对于那些来自贝利人和提提人（他们站在罗马人一边）的使节，罗马人允许他们入城；（4）但是，对于那些来自阿勒瓦卡的使节，由于他们是敌人，因此，罗马人命令他们暂住在台伯河的另一边，直到元老院对整个问题作出决议。（5）当会面的时间到来时，②内事法务官（Praetor Urbanus）首先介绍了盟友的使节。（6）尽管他们是野蛮人，但是，他们仍然作了一个详细的演讲，并努力地在元老院面前解释他们所有争端的原因；（7）他们指出，如果那些拿起武器的人没有得到应有的惩罚，他们立即就会因叛变的借口而惨遭报复；（8）如果那些人先前的过错没有受到惩罚，那么，这很快就会重新引起动荡，以至于整个西班牙都会爆发叛乱，因为那些人会认为自己能够对付罗马人。（9）因此，他们要求要么军团继续留在西班牙，要么每年派遣一名执政官到这里，③以保护盟友和制止阿勒瓦卡的劫掠行径；（10）或者，如果元老院决定撤走自己的军队，那么，阿勒瓦卡的叛乱就应该以杀一儆百的方式得到惩戒，以至于没有人胆敢再起来发动叛乱。（11）这就是罗马人的盟友贝利人和提提人所演讲的主要内容。（12）接着，敌对部落的使节也予以了介绍。（13）阿拉瓦卡人在演讲时表现出谦逊和顺从的态度，但很明显，他们内心既不愿意完全屈服，也不愿意接受失败。（14）因为，他们不止一次地暗示命运女神的反复无常，而且，在谈及那些酣战激烈的战事时，他们给人留下这样一种印象，那就是，他们要比罗马人打得更加英勇。（15）他们所作的这个演讲的主旨是，如果他们因自己的过错而得到一种明确的惩罚，他们会同意接受这种处

---

① 即公元前 152 年－前 151 年。

② 可能是二月，因为，元老院通常在这个月来专门处理全体使节的问题。

③ 从公元前 195 年到公元前 154 年，西班牙的两个军团（two division）被委任给了法务官。

罚;但是,当他们履行了这个惩罚后,他们要求罗马人恢复在提比略·格拉古时代元老院与他们所缔结的条款。

[3](1)在元老院听完了双方所作的演讲后,马塞鲁斯的使节被喊了进来。(2)元老院看到马塞鲁斯的使节也倾向于和平,而且,这位将军自己也比盟友更倾向于支持敌人;(3)因此,他们就向阿勒瓦卡人和盟友答复道,马塞鲁斯将会向在西班牙的双方宣布元老院的决定。(4)然而,他们自己心底的看法是,盟友所作的那些陈述是正确的,而且也符合罗马的利益,同时,阿勒瓦卡人仍然自视甚高,而他们自己的将军却恐惧战争;(5)因此,他们秘密指示马塞鲁斯的使节,促使马塞鲁斯继续英勇果敢地作战,并以此来捍卫自己国家的荣誉。(6)因而,他们决定继续作战,首先,由于不信任马塞鲁斯,他们决定派遣另一位将军前往西班牙——(7)因为,新当选的执政官奥鲁斯·波斯图米乌斯·阿比努斯和卢西乌斯·李锡尼·卢库鲁斯(Lucius Licinius Lucullus)①已经走马上任了——(8)接着,他们就开始对战事进行积极的准备,他们认为西班牙的未来就取决于这场战事。(9)因为,他们认为,如果他们征服了这批敌人,那么,其他所有人都将服从他们的权威;但是,如果敌人能够逃脱现在的惩罚,那么,这不仅会激励阿勒瓦卡人,而且也会鼓舞其他所有部落。

[4](1)然而,元老院越是渴望进行战争,他们却发现事态越是危急。(2)因为,前一年②他们在西班牙的统帅昆图斯·弗维乌斯·诺比利奥(Quintus Fulvius Nobilior)及其军队的成员向罗马大肆地报告了连续不断的激战、罗马人所遭遇的严重损失以及凯尔特人的英勇果敢;(3)再加上马塞鲁斯明显害怕继续进行作战,以至于这在新兵中间引发了巨大的恐慌,他们的老兵说他们先前从未经历过这样的恐慌。(4)这样的恐慌在一定程度上已经消失了,

---

① 公元前151年的执政官是奥鲁斯·波斯图米乌斯·阿比努斯和卢西乌斯·李锡尼·卢库鲁斯(Lucius Licinius Lucullus)。

② 即公元前153年。

但仍没有称职的军官前去担任军事保民官，这些职位因而没有全部填满，然而，先前不愿意担任这些职位的军官比这更多；(5)也没有特使(legates)①——这些特使由执政官任命，并陪同在将军身边——愿意前往效力。(6)最为糟糕的是，这些年轻人逃脱征兵，而且，他们甚至为自己提出了一些不光彩的借口，这些借口既不能进行得体的拷问，也难以进行驳斥。(7)最后，当元老院和官员们都对年轻人这种无耻行径的目的满头雾水（因为他们甚至都无法对它进行描述）时——(8)普布利乌斯·科内利乌斯·西庇阿（当时他非常年轻，而且，他也支持继续进行战争）现在以行为高尚和生活节制而获得了无可置疑的声誉，不过他渴望赢得勇敢的名声——(9)面对元老院所面临的这种困境，他站了起来，并要求自己以军事保民官或者特使的身份派往西班牙，因为他愿意以这两种身份中的任何一种身份服役。(10)他说道，尽管就其个人而言，前往马其顿会更加安全，也更加合适——(11)因为，当时马其顿人特别地邀请他前往马其顿以处理其国内的纷争——(12)但是，在这关键时刻，对于所有真正热爱荣誉的人而言，前往更为急迫的西班牙无疑是最佳去处。(13)由于西庇阿的年轻和谨慎，以至于所有人都对这个提议感到震惊，因此，他当时立即就受到了大家的欢迎，而且，在后来的岁月里他受到了大家更大的欢迎。(14)先前逃避自身责任的那些人现在羞于将自己的行为与他的行为进行对照，以至于他们当中的一些人开始自愿担任特使的职位，而其他人也成群结队地征召入伍……

（《苏达辞书》；对照李维，《罗马史摘要》，第四十八卷）

［公元前151年，执政官卢西乌斯·李锡尼·卢库鲁斯被派往西班牙，西庇阿·埃米利安努斯则作为他的特使也一起被派到了西班牙。他们发现阿勒瓦卡已经向马塞鲁斯投降了；虽

---

① ［中译按]legate亦写作 *legati* 或者 *legatus*，这些特使是罗马军队的高级军官。

然缺钱,但卢库鲁斯仍然决心开战。因此,借口他们伤害了卡佩塔尼(Carpetani),他进攻了临近的部落瓦卡依人(Vaccaei),这个部落生活在塔古斯河对岸。就像法务官塞维乌斯·苏比修斯·加尔巴(Servius Sulpicius Galba)在鲁西塔尼(Lusitani)所进行的战事一样,接下来的这场战争以卢库鲁斯的残忍暴行和背叛行径著称。阿庇安,《希斯潘》(Hisp.),第49—55章。][①]

[5](1)西庇阿的脑海里正在作一场思想斗争,他犹豫自己是否应该与野蛮人来一场一对一的决斗[②]……

(《苏达辞书》)

(2)西庇阿的战马深受重创,但没有完全倒下,因此,在失去自己的坐骑时,西庇阿设法用自己的双脚进行支撑……

II. 亚该亚流亡者的释放

(摘录自普鲁塔克,《老加图》(Cato Maj.),第9章)

[6](1)通过波利比乌斯的影响,西庇阿代表亚该亚流亡者与加图进行了磋商,元老院对此进行了漫长的辩论,一些人支持这些亚该亚流亡者回国,另一些人则反对他们回国;(2)对此,加图站起来说道:"就好像我们无事可做一样,我们坐在这里一整天,就为讨论一些该死的希腊糟老头子应该由意大利的殡葬员埋葬,还是应该由亚该亚的殡葬员埋葬。"(3)元老院对亚该亚流亡者的回国问题进行了表决,几天后,波利比乌斯意图再一次走进元老院,要求

---

① [中译按]中括号里面的内容译自于剑桥本。
② 李维,《罗马史摘要》,第48章。*Provocatorem barbarum tribunus militumi occidit*。

他们恢复亚该亚流亡者先前在亚该亚所享有的荣誉。① （4）然而，当他询问加图的建议时，加图却笑着说道，波利比乌斯就像奥德修斯一样，希望再一次走进独眼巨人的洞穴（the cave of the Cyclops），因为，他已经忘记了自己的帽子和腰带……

---

① 公元前 161 年，罗马人允许亚该亚人质回国。

第三十六卷（残篇）

I. 第三次布匿战争

[1](1)也许有人会问，既然我记述的是一个如此重要而又如此重大的主题，①(2)那么，为什么我不展示自己的才能，并按照呈现在我们面前的大多数历史学家那样的风格(这些历史学家都会记述双方所使用的合理论据)来记载那些独特的演讲呢？(3)从这部著作的众多章节中可以明显地看到我并没有完全拒绝这种做法，因为，在这些章节中我既引用了政治家们的演讲，也引用了他们的作品；但是，我现在要明白无误地申明，每一次都这样做不是我的原则。(4)因为，要找到一个比现在更引人注目的主题并不容易，也不容易找到更充足的材料来进行对比；(5)对我自己而言，再也没有事情会比这种做法更容易的了。(6)不过，一方面，我确实认为，没有必要对政治家辩论的每一个主题都进行毫无区别地呈现和阐释，而是要让他们的演讲与具体环境相得益彰；(7)另一方面，我也确实认为，历史学家对自己的读者践行和展示自己的这种能力并不合适，而是要通过自己的辛勤探究去发现和记录他们实际所说过的话，即使是这些话，也只是针对最重要和最有必要的那些话……

[2](1)他们很早就决定这样行事，但是，他们正在寻找一个合

---

① 即公元前 150 年—前 149 年。

适的机会和借口，以向世界证明自己这样行事的正当性。① （2）因为，罗马人非常重视这个问题。（3）因为，正如德米特里（Demetrius）所说，如果战争的理由是正当的，那么，这可以增加胜利的把握和减少失败的风险；如果开战的理由是可耻的、错误的，那么，这就会引起相反的效果。（4）因此，这一次他们自己内部对外国舆论影响的看法存在着分歧，以至于他们几乎要放弃战争……

[在第三十二卷第 2 章中，波利比乌斯提到了罗马人在非洲的政策是不断地支持马西尼萨对抗迦太基的做法。这位努米迪亚国王的抗议源源不断地送达罗马，据传迦太基人正在招募一支军队，为背弃所缔结的条约作准备。公元前 154 年，在加图（他在迦太基受到了粗暴地对待）的建议下，元老院向迦太基派遣了特使；公元前 151 年，当马西尼萨派遣自己的儿子古鲁萨（Gulussa）向罗马提出相似的控告时，加图催促立即开战。然而，元老院再一次地向迦太基派出了特使——其中就包括加图自己——以调查这个问题。他们报告说，迦太基人拥有一支陆军和海军。因此，元老院发出了一个最后通牒，要么这支陆军和海军在一年之内解散，要么下一任执政官将战争问题提交元老院（公元前 150 年）。就在这场危机期间，乌提卡（Utica）与迦太基交恶，他们将自己置于罗马人的保护之下。李维，《罗马史摘要》，第 48 章；阿庇安，《布匿战争》（Pun.），第75 章。]②

[3]（1）迦太基人一直在争论自己应该怎样答复罗马人，在乌提卡人现在已经抢先将自己的城市拱手让给了罗马人后，③他们完全不知道自己应该如何行事。（2）他们唯一的安全希望是赢得罗

---

① 罗马人非常重视开战的借口问题。
② ［中译按］中括号里面的内容译自于剑桥本。
③ 公元前 149 年，乌提卡将自己置于罗马人的保护之下。

马人的青睐;(3)因为,他们认为,即使是在最危险的情况下,哪怕是在他们遭遇惨败和敌人兵临城下,他们也没有将自己的国家交由敌人任意处置。(4)然而,现在这个计划的果实已经被乌提卡人抢先攫取了;(5)因为,即使迦太基人效仿了乌提卡人,那么,在罗马人眼里,这也不再是什么引人注目或者意想不到的事情了。(6)然而,现在他们只有两种苦果可以选择,要么英勇地接受战争,要么将自己交由罗马处置;(7)在元老院进行了长时间的秘密讨论之后,他们任命了全权代表,并将后者派到罗马,他们指示后者在目前的情况下可以做任何后者认为符合本国利益的事情。(8)这些全权代表的名字是基斯康·斯特利塔努斯(Giscon Strytanus)、哈米尔卡(Hamilcar)、米斯德斯(Misdes)、基利马斯(Gillimas)和梅格(Mago)。(9)然而,当这些全权代表从迦太基抵达罗马时,他们却发现战争已经定下来了,而且,将军们也已经率领自己的军队开赴前线了,由于局势已经别无选择,因此,他们决定让迦太基忠诚于罗马。①

[4](1)我先前已经说过了这个短语(献身信仰[*dedere se in fidem*])的涵义,②但在这里我有必要简要地提醒我的读者注意它的涵义。(2)那些决定让迦太基忠诚于罗马的人将他们所有的领土和领土上所有的城邑,连同领土和城邑上所有的男人和女人,以及河流、港口、神庙和陵墓全都移交了出去;(3)因此,罗马人占有了所有的一切,而那些投降的人却什么东西都没有留下。(4)当迦太基人投降后不久,他们被召至元老院,在那里,法务官向他们传达了元老院所作的决定,"由于他们很明智,因此,元老院准许他们享有自由和保有自身法律的权利,除此之外,元老院还准许他们保有他们整个的领土和其他所有财产(无论是公共财产还是私人财产)"。(5)当听到这个消息时,迦太基的全权代表们松了一口气,

---

① [中译按]对于"他们决定让迦太基忠诚于罗马(the faith of Rome)"这句话,剑桥本英译者将其英译作"他们就将迦太基无条件地交给罗马"。

② 参见第二十卷第 9—10 章。

他们认为，对于这两种必择其一的苦果，他们已经得到了元老院很好的对待，因为，在最重要和最必要的事情上元老院对他们予以了让步。（6）然而，当法务官接着告诉他们说，如果他们在三十天之内派遣三百名人质（这些人质必须是元老的儿子或者元老自身）到利利巴乌姆（Lilybaeum），他们将获得这些好处；（7）并且，他们必须要遵从执政官的命令。（8）这让他们有点不知所措，因为他们根本不知道执政官会对他们下达什么样的命令；然而，他们立即急不可耐地向自己的同胞报告所发生的一切。（9）一听到这些报告，他们所有人都觉得这些全权代表们整体上赢得了一个满意的结果，不过，没有提到这座城市这一事实也让他们深感焦虑和担忧。

[5]（1）就在这时，他们说，布鲁提人梅格（Mago the Bruttian）发表了一个具有男人气概和政治家气概的演讲。（2）他说道，对于他们自己和他们自己的国家，迦太基人有两个机会，而其中一个机会已经溜走了。（3）因为，询问执政官会给他们下达什么样的命令以及为什么元老院没有提到他们的城市，现在当然不是好时机，因为他们在投降时就应该这样做。（4）他们一旦这样做了，就应该清楚地意识到他们必须接受任何命令，除非这些命令的压迫性完全难以忍受或者彻底超出预期。（5）在后一种情况下，他们必须再一次考虑他们是否愿意直面战争及其可能造成的所有后果，或者惧怕敌人的进攻，以至于毫不抵抗地接受强加在他们身上的每一个命令。（6）然而，由于战争的迫在眉睫和未来的不确定性，他们所有人都倾向于服从这些命令，因此，他们决定将人质送到利利巴乌姆；（7）他们立即挑选了三百名年轻人，满脸悲伤和痛苦地送走了这些年轻人，这些年轻人每一个人都有亲朋好友的陪同，而女人们的悲恸则格外地触目惊心。（8）一到利利巴乌姆，执政官立即将这些人质移交给了昆图斯·费边·马克西姆斯，当时后者正是西西里的统帅；（9）昆图斯·费边·马克西姆斯将他们安全地运抵了罗马，而且，他们所有人都限制在一艘十六排桨的大型舰船的船坞里面。

[6]（1）在这些人质被送到罗马后，罗马统帅在乌提卡角（Cape

of Utica)登陆上岸了。① (2)这个消息一传到迦太基,整座城市立即就沸腾和恐惧起来,因为他们不知道接下来会发生什么。(3)然而,他们决定派遣使节去执政官那里,以询问自己应该如何行事,同时告诉后者所有的命令自己都愿意接受。(4)当他们到达罗马军营后,罗马将军召集了一个会议,使节们按照他们的指示进行了发言。(5)在赞扬了他们所作的决定和顺服态度后,这两位执政官中较年长的那位执政官命令他们交出所有的武器和弹药,而且不得进行欺骗或者弄虚作假。(6)使节们说道,他们会遵从命令,不过他们也恳求罗马人考虑,如果他们交出自己所有的武器,罗马人进而带走这些武器,并将这些武器运离这个国家,那么,他们会怎么样? 然而,尽管他们交出了武器……

(《苏达辞书》)

(7)很明显,这座城市拥有非常庞大的力量,因为,他们向罗马人交出了超过二十万套铠甲和两千座石弩……

(《苏达辞书》)

[随后,执政官发布了第二道命令,迦太基城所有的民众都要搬到一个距离海边不少于十英里(ten miles)的地方以及在那里建造一座新城。李维,《罗马史摘要》,第49章。]②

[7](1)民众完全不知道等待自己的将会是何种命运;(2)但是,从使节们的表情上,他们就猜到了结果,以至于所有的悲痛和哀嚎立刻就倾泻而出……

----

① 公元前149年,执政官卢西乌斯·马西乌斯·森索利努斯(L. Marcius Censorinus)和马尔库斯·马尼利乌斯(M. Manilius)在非洲登陆上岸。
② [中译按]中括号里面的内容译自于剑桥本。

（《苏达辞书》）

（3）巨大的哀哭声过后，所有的元老仍然没有说话的力气。① （4）但是，当这个消息迅速在民众中间传开后，民众沸腾了起来，其中一些人将怒气撒在了使节们身上，就好像所有的不幸都是他们铸下的一样；（5）然而，其他人则攻击仍滞留在城内的意大利人，以在他们身上发泄自己的不满，而且，其他人纷纷涌向城门……

（《苏达辞书》）

［迦太基人决心奋起反抗，而执政官们则气定神闲，因为，他们认为手无寸铁的民众不可能起来反抗。当他们靠近迦太基时，他们发现迦太基人正在准备强有力的抵抗。对于执政官宣布命令后所发生的场景以及围城时期所发生的景象，我们主要从阿庇安那里进行获悉。参见阿庇安，《布匿战争》，第 91 章以下；李维，《罗马史摘要》，第 49 章。公元前 149 年—前 148 年，西庇阿以军事保民官的身份进行服役；公元前 147 年，西庇阿则以执政官的身份进行服役。］②

［8］（1）迦太基的将军哈米尔卡·法米亚斯（Hamilcar Phameas）③ 正值盛年，精力旺盛，最为重要的是他在战场上的表现非常出色，而且，他也是一位出色而勇敢的骑兵④……

---

① 使节们首先将消息报告给了元老院。参见阿庇安，《布匿战争》，第 91 章。
② ［中译按］中括号里面的内容译自于剑桥本。
③ 哈米尔卡·法米亚斯（Hamilcar Phameas）后来在马西尼萨的劝说下倒向了罗马人，参见李维，《罗马史摘要》，第 50 章。
④ 迦太基的骑兵统帅哈米尔卡·法米亚斯（Hamilcar Phameas），参见阿庇安，《布匿战争》，第 100 章。

《苏达辞书》

（2）其他一些极度嫉妒西庇阿的人试图贬低他的成就……

《苏达辞书》

（3）在看到先头部队的强大实力后，法米亚斯常常避开与西庇阿进行任何交战，虽然他毫不畏惧；当他有一次接近罗马人的后备部队时，他掩护到一座陡峭的山脊后面，并在那里停留了很长时间……

《苏达辞书》

（4）罗马支队逃到了一座山顶，而且，在所有人都纷纷各抒己见时，西庇阿说道："（5）当人们对一个新出现的紧急情况考虑对策时，他们必须谨慎地避免灾难，而非如何重创敌人……"[①]

《苏达辞书》

（6）如果有人说我对西庇阿表现出特别地兴趣，而且，我详细地记述了他所有的讲话，那么，我觉得这不应该让人感到惊讶……

（7）当马西乌斯·波西乌斯·加图（Marcius Porcius Cato）在罗马听到西庇阿所取得的光辉成就时，他语出典故地评论他道："你

---

① 阿庇安在其《布匿战争》第 103 章（Punica，103）中提到了这次事件。通过骑兵快速而大胆的行动，西庇阿解救了这群被围困在山上的士兵。

听到了什么？他只有智慧的气息，其余人则不过是飘忽的魅影。"①

II. 希腊的局势

[9]（1）无论是关于迦太基人的事情（罗马人征服迦太基人时期），②还是关于伪腓力的事情，希腊世界流传着许多种不同的说法，首先是关于罗马对迦太基的行动问题，其次是关于他们对伪腓力的处置问题。（2）关于前者，在希腊世界流传的看法和意见完全南辕北辙。（3）一些人赞扬罗马人的行动，他们认为，罗马人在捍卫自己的帝国方面采取了非常明智而又有政治家气派的举措。（4）因为，他们摧毁这个永久的威胁无疑是明智而远见之人的举动，因为，这座城市一直都在不断地与他们争夺世界的霸权，而且，如果它获得了自己国家的统治权，那么，它有朝一日仍有能力争夺这个世界的霸权。

（5）其他人则持完全相反的看法，他们认为，罗马人没有坚持自己赖以赢得世界霸权的原则，相反，他们逐渐地抛弃了这种原则，他们像雅典和斯巴达那样痴迷这种霸权，虽然罗马比这两个国家起步要晚，但是，所有的迹象无疑都指向了这同一个目的。（6）罗马人过去对任何民族的作战，只要他们赢得了胜利或者对手承认了自己会服从他们和执行他们的命令，那么，他们立即就会戛然而止。（7）然而，他们对珀耳修斯的行动——亦即彻底摧毁马其顿王国——是他们政策的第一次改弦更张，而他们对迦太基的举措

---

① 荷马：《奥德赛》第二十卷第 495 行（*Odyssey*，20，495）。加图一直反对西庇阿，不过，李维似乎将他先前对小阿非利加（the younger Africanus）的批评归因于他一贯的轻蔑尖刻性格（*vir promptioris ad vituperandum lingua*），而且，我们都知道，他的大儿子迎娶了保鲁斯（Paulus）的女儿，而后者则是小阿非利加的妹妹/姐姐。
　　［中译按］第三十六卷第 8 章第 7 节译自于剑桥本。除此之外，《奥德赛》第二十卷没有第 495 行，这里存在印刷错误。它应该指的是第十卷第 495 行，其原文是：珀耳塞福涅让他死后仍保持智慧，能够思考，其他人则成为飘忽的魅影。
② 亦即第三次同时也是最后一次布匿战争。

则是他们这种政策的最高峰。(8)因为,迦太基人没有对罗马犯下任何无可挽回的暴行,但是,罗马人却对迦太基作出了无可挽回的严厉举措,尽管迦太基人接受了罗马人所提出的所有条件并同意服从罗马人的所有命令。

(9)其他人则说道,一般而言,罗马人是一个文明的民族,他们自己引以为豪的民族特性就是他们以一种简单而高贵的方式进行战争,他们既不进行夜袭也不进行伏击,他们鄙视任何形式的瞒骗和欺诈,他们认为公开而直接的战斗是唯一一种与自己的民族特性相称的战斗形式。①(10)但是,就这件事而言,在他们与迦太基交涉的整个过程中,他们使用了瞒骗和欺诈的手段,他们每次只提出一些要求,对其他要求却秘而不宣,直到他们剥夺了这座城市从自己盟友那里获取协助的所有希望。(11)他们说道,这更像是暴君所惯用的阴谋手段和做法,而非像罗马这样的文明国家所采取的原则,因此,这只能描述成类似背叛和邪恶之类的行径。(12)同样,也有人持与其完全相反的立场。他们认为,假如在迦太基人投降罗马之前,罗马人以这种方式行事,亦即每次只提出一些要求,然后再逐渐地透露其他的要求,那么,他们无疑犯下了他们惨遭指控的这种罪行。(13)但是,事实上,假如是迦太基人自己先自愿投降罗马和交由罗马人任意宰割,那么,罗马人就有权以任何他们自认为最好的方式来展开行动;因而,罗马人后来对迦太基人下达命令和强加自己已经决定的条款,那么,这种行动就与邪恶和背叛完全风牛马不相及。(14)有人说,这甚至没有任何不公正的元素;因为,任何一种罪行本质上必然属于这三种罪行的其中一种,罗马人的所作所为不属于这三种罪行中的任何一种。(15)因为,邪恶是对神明、父母或者死者的一种背离行径;背叛是对誓言或者书面协议的一种背离行径;不公正则是对法律和习俗的一种背离行径。(16)对于这三种罪行,就当前这种情况而言,罗马人没有犯下

---

① 西庇阿火攻西法克斯(参见第十四卷第4章)的做法与罗马人的这种战斗形式完全不相称。

其中任何一种。他们既没有冒犯神明、父母或者死者,也没有背弃任何宣誓过的协议或者条约;恰恰相反,他们指控迦太基人犯下了这些罪行。(17)同样地,他们也没有破坏任何法律、习俗或者个人的诚信;因为,他们从一个自愿交出权力且交由自己任意宰割的民族那里接受了投降,因而,当这个民族拒绝服从自己的命令时,他们最终诉诸了武力。

[10](1)这就是关于罗马人与迦太基人的种种看法。至于伪腓力,①最初这个故事似乎完全不值得考虑。(2)腓力就好像从天上掉下来一样突然出现在马其顿,他不仅对马其顿人满不在乎,而且对罗马人也满不在乎,但他却没有任何合理的理由来证明自己的雄伟蓝图;(3)因为,所有人都知道,真正的腓力就在其大约十八岁的年纪时——珀耳修斯死后两年——死于意大利的阿尔巴。(4)然而,三四个月后就有人流传说,在斯特利蒙河(Strymon)那边的奥多曼提(Odomanti)地区,他在一场战斗中打败了马其顿人,一些人认为这个消息是真实的,不过大多数人仍然不相信。(5)但不久又有消息说,他在斯特利蒙河这边打败了马其顿人,并成为了整个马其顿的统治者;当色萨利人向亚该亚人去信,并派去使节恳求他们的帮助时——因为他们当时正处于危险之中——整个事情看起来就显得非常奇特和费解。(6)因为,这样的事情先前几乎就不可能发生或者根本就不值得考虑。(7)这就是对这些事情的看法……

[11](1)有一封马尼利乌斯(Manilius)②写给亚该亚人的信件送达到了伯罗奔尼撒,这封信件上说,他们最好将梅格洛波利斯的波利比乌斯立即派到利利巴乌姆以从事公务,因此,亚该亚人决定按照这位执政官的要求派遣他前往。③(2)出于许多原因,我自己也认为我应该遵从罗马人,因此,我将其他所有事情都放在一边,

---

① 伪腓力(The Pseudo-Philip)指的是公元前149年有人假冒珀耳修斯的儿子腓力。

② 这位马尼利乌斯(Manilius)亦即曼尼乌斯·马尼利乌斯(Manius Manilius)。

③ 公元前149年,波利比乌斯被派去与迦太基谈判。

并在初夏时启航。(3)一到科西拉,我就在那里发现了一封执政官写给科西拉人的信件,在这封信件中,执政官告诉他们说,迦太基人已经将人质交给了他们,并愿意遵从他们所有的命令。①(4)我因而认为,战争已经结束了,他们也不再需要我的效劳了,因此,我立即就乘船返回了伯罗奔尼撒⋯⋯

〔12〕(1)在提及自己时,有时我会用真名来指称自己,有时我则会用诸如"当我说"抑或"当我赞同"等这些常用的表达方式,这没有什么可惊讶的。(2)因为,我大多亲自参与了我自己现在正在记录的这些事件,以至于在提及自己时我不得不改变措辞,因此,我就不会因为频繁地重复自己的名字而让人感到不快,也不会因为不断地说"当我说"或者"对于我"而不知不觉地陷入一种矫揉造作的说话习惯。(3)在不断地谈及自己的地方,我希望在合适的地方交替地使用这种表达方式,以尽可能地避免引发别人的不适;(4)这种言说方式自然是不受欢迎的,但是,这往往又是不可避免的,因为,如果没有它们,事情就不能清楚地得到说明。(5)幸运的是,在这个问题上,我机缘巧合地得到了一些助推,因为,据我所知,一直到我自己所生活的这个时代,没有任何人与我同名②⋯⋯

〔13〕(1)碰巧在同一天,卡利克拉底③的塑像在夜色中被运了进来,而利科塔斯的塑像则在大白天中被抬了出去,以占据它们原来的位置;(2)对于这种巧合,所有人都说,任何人都不应该滥用自己的胜利去迫害其他人,因为,他应该知道命运女神的独特功能就是立法者自己所制定和通过的法律反过来会加诸到他们自己身上⋯⋯

---

① 参见李维,《罗马史摘要》(EP.),第49章。

② 波利比乌斯似乎忘记了在第十一卷第15章中与他同名的那个人。

③ 卡利克拉底(Callicrates)是亲罗马政策的策划者,参见第二十六卷第1—3章。斯巴达流亡者在奥林匹亚(Olympia)矗立了一座他的塑像,而且,这座塑像的底座已经找到了,参见希克斯(Hick):《希腊铭文》(Greek Inscriptions),第330页。这段残篇的指向并不清楚,但明显与反斯巴达的群众运动有关,以及与斐洛波曼的政策(以利科塔斯为代表)的复现有关,这最终导致了罗马人的复仇。

（3）人类对创新的热爱是所有变化的动因……

III. 比提尼亚（Bithynia）的局势

（对照李维，《罗马史摘要》，第五十章）

[14]（1）罗马人派遣使节前去制止尼科米迪斯的好战性和阻止阿塔鲁斯与普鲁西亚开战。①（2）他们是马尔库斯·李锡尼（Marcus Licinius）——他患有严重的痛风性腿疾；奥鲁斯·曼西努斯（Aulus Mancinus）——由于一块瓦片掉在了他头上，以至于他的头部受到了严重的创伤，但他却奇迹般地活了下来；以及卢西乌斯·马利奥鲁斯（Lucius Malleolus）——他被认为是最愚蠢的一位罗马人。（3）由于这件事要求迅速而大胆的行动，因此，对于这项任务而言，他们选任的这些使节被认为是最不合适的。（4）正是因为这个原因，他们说道，马尔库斯·波西乌斯·加图在元老院发言说，在他们到达之前，不仅普鲁西亚会殒命身亡，而且尼科米迪斯也会老死于自己的王宫；（5）因为，这个使团不可能迅速地行动起来，即使他们快速地行动了起来，那么，他们也会毫无结果，因为他们既无战舰，又无头脑，也没有智慧……

[15]（1）这位普鲁西亚②国王是一位其貌不扬之人，尽管他拥有相当不错的推理能力，但是，在外表上他只能算半个男人，而且，他的军事能力并不比女人强多少。（2）他不仅怯懦不堪，而且厌恶一切艰难困苦；（3）一言以蔽之，无论是在身体上还是在思想上，他都是一位被阉割的男人，对于国王的这种缺陷，没有任何一个人，尤其是比提尼亚人会不心生憎恶。（4）除此之外，他在肉体感官方面也非常放荡；（5）他对文学、哲学和其他所有这样的知识根本一窍不通，对什么是善与美也完全一无所

---

① 即公元前148年。
② ［中译按］亦即普鲁西亚二世。

知;(6)但他日日夜夜地过着像萨达纳帕鲁斯(Sardanapallus)①那样的野蛮生活。(7)因此,在看到他最不可能成功的那刻,他所有的臣民都义无反顾地决定要抛弃对国王的忠诚,而且要对他进行报复②……

IV. 第三次布匿战争

[16](1)非洲的努米迪亚国王马西尼萨是我们时代所有国王中最优秀的,同时也是最幸运的一位国王;(2)他统治了超过六十年的时间,他的身体异常健康,而且,他非常长寿,因为他活到了九十岁。③(3)除此之外,他是同时代体力最强健的人,因为,当他有必要站立时,他可以在同一个地方一动不动地站立一整天,当他需要坐立时,他也可以一动不动地一直坐在那里。(4)而且,他也不会因为日日夜夜连续不停地坐在马鞍上而感到痛苦;下面这个证据非常能够证明他的体力。(5)当他九十岁去世时,他留下了一个四岁的儿子——他的这个儿子名叫斯特姆巴努斯(Sthembanus),后来由米希普塞斯(Micipses)收养——以及另外九个儿子。(6)由于情谊深厚,在他的整个一生,他们都其乐融融地生活在一起,没有遭受任何阴谋和国内纷争的困扰。(7)然而,他最伟大和最神圣的成就则是:(8)努米迪亚先前是一个不毛之地,人们认为它无法种植作物,他是第一个,同时也是唯一一个证明了它可以像其他国家那样种植各种作物之人,他为自己的每一个儿子全都分别建造了一万普里(plethra)可以出产各种作物的农场。(9)对他的去世,这是唯一恰当而公正的致敬方式。(10)西庇阿在这位国王去世两天后抵达了希塔(Cirta),而且,他井井有条地将所有的事情全都安排

---

① [中译按]萨达纳帕鲁斯(Sardanapallus)是亚述的末代国王,其生活以骄奢淫逸和放浪形骸著称。

② 在阿塔鲁斯的默许下,尼科米迪斯(Nicomedes)在帕加马杀死了自己的父亲普鲁西亚,参见李维,《罗马史摘要》,第50章。

③ 公元前148年,马西尼萨去世。

妥当①……

（摘录自普鲁塔克，《论老年人能否治理国家》(*An seni sit gerenda respublica*)，第 791 页以下）

（11）波利比乌斯告诉我们，马西尼萨在九十岁去世时留下了一个四岁大的儿子。（12）在自己去世前不久，他在一场大战中打败了迦太基人，第二天，他在帐篷前吃了一块脏面包，对于看到这番情景深感惊奇的那些人，他说道②……

V. 马其顿战争③

[17]（1）波利比乌斯说，既然我自己对那些将公共事件和私人事件全都归咎于命运和机运的人持一种批评态度，那么，我现在希望在一部严肃的历史著作中就这个问题尽可能地陈述自己的看法。（2）对于凡人难以理解或者无法理解其原因的事物——例如，异常严重而又无休无止的大雨和大雪，或者异常严峻的干旱和霜冻，或者一直持续不停的瘟疫和其他难以找到原因的类似事情——在没有任何其他解释的情况下，我们也许可以将它们归咎于神明

---

① 在预感到自己即将死亡时，马西尼萨要求西庇阿来到自己身边。他要求自己的儿子们严格地遵从西庇阿对继承的安排和王国的分配。参见阿庇安：《布匿战争》，第 105 章；李维：《罗马史摘要》，第 50 章。李维采用了波利比乌斯关于马西尼萨去世时的年龄的叙述；西塞罗《论老年》第 34 章）让加图采用了同样的计算，这可能也来自波利比乌斯。然而，这与李维自己所作的另一个陈述（第二十四卷第 49 章）不一致，李维在公元前 213 年提到他时，说他当时是十七岁，按照这样的计算，那么，他在公元前 148 年就是八十二岁。然而，有人认为李维在这个段落中的"十七"应该读作"二十七"。
② 在提到这场胜利时，李维说道，马西尼萨九十二岁了，在没有用任何调味品的情况下，他不亦乐乎地享用了一块面包。参见李维：《罗马史摘要》，第 48 章。
③ ［中译按］企鹅本英译者将"马其顿战争"（The Macedonian War）这个标题写作"论命运与机运"（On Fate and Chance）。

或者运气。(3)在这样的事情上,由于我们无法弄明白它们发生的原因,因此,我们自然会遵从大众的意见,也会试图通过祈祷和献祭来安抚上天,也会派人去询问神明我们应该说些什么和做些什么,以让事情好转起来和让折磨我们的邪恶停息下来。(4)然而,对于那些我们可以找到其起源和原因的事情,在我看来,我们不应该将它们归咎于神明的作为。例如,我现在就列举一例。(5)在我们自己所生活的这个时代,整个希腊的人口出生率都非常低下,人口也在普遍减少,这是因为一些城市逐渐地遭到荒废,土地也不再结出果实,虽然它既没有长期持续不断的战争,也没有严重的瘟疫。(6)如果有人建议我们就此派人去探究神明和询问我们应该说些什么或者做些什么,以增加我们的人口数量和弥补我们的城市人口,这难道不荒谬吗?因为,造成这种局面的原因是相当明了的,而其解决措施就掌控在我们自己手上。(7)当人们堕落到这样一种自命不凡、贪婪成性和好逸恶劳的状态时,他们就不愿意结婚,或者,即使他们结婚了,他们也不愿意生养小孩,或者他们大部分人最多愿意生养一两个小孩,以至于他们可以挥霍自己的财产和过着舒坦的日子,恶果最终在不知不觉中疾速地向前推进。(8)因为,当小孩只有一两个时,如果战争夺走了其中一个,而疾病夺走了另外一个,那么,很明显,家庭就会没有继承人而空下来,城市就会像蜂群一样逐渐地枯竭而衰落起来。(9)在这个问题上去向神明拜求解救之道完全是毫无用处的;(10)因为,任何一位普通人都会告诉你,最有效的解救之道是人类自身的行动,那就是转向其他的目标,如果做不到,那么就制定法律以强制生养小孩。(11)对于这种情形,任何预言家或者魔法师都全无用处,这同样适用于其他所有类似的事情。(12)然而,对于那些无法确定原因或者难以确定原因的事情,这个答案仍会有疑问;马其顿的历史就是其中一例。(13)马其顿人从罗马人那里得到了许多重要的恩惠;整个国家从专制者的统治和独裁者的暴敛中解放了出来,正如所有人所承认的那样,他们现在享有自由而非奴役,而且,数个城市也因为罗马的仁慈举动而摆脱了内战的纷争和内部的屠杀①……但现在他们在很短的时间内就亲眼目睹了自己的同胞惨遭伪腓力的流放、酷刑和谋杀，其人数要超过他们先前的任何一位国王……（14）然而，当他们为德米特里②和珀耳修斯③作战时，他们惨遭罗马人击败，但现在当他们为一个令人厌恶的人作战时，他们展现出了巨大的勇气来保卫他的王位，而且，罗马人惨遭他们击败。④（15）这样的事情怎能不会让人感到困惑呢？因为，我们很难找出其中的原因。因此，在这些事情或者相似的事情上，我们可以说，这是一种从天而降的蛊惑，神明的愤怒降临在了所有的马其顿人身上，下述事实就清楚地表明了这一点……

---

① 这个地方有相当长的篇幅佚失了。

② 亦即安提柯·戈纳塔斯（Antigonus Gonatas）之子德米特里二世。

③ 公元前 168 年，珀耳修斯在皮得纳战役中惨败于罗马人。

④ 将法务官尤文提乌斯（Juventius）所率领的一个罗马军团彻底击溃后，公元前 148 年，伪腓力（Pseudophilippus）遭到了昆图斯·卡西利乌斯·梅特鲁斯（Q. Caecilius Metellus）的击败和俘获。参见李维：《罗马史摘要》，第 50 章；欧特洛普（Eutrop.），第四卷第 6 章。

第三十八卷(残篇)

I. 导言

[1](1)第三十八卷记载了希腊所遭受的灾难的最终结局。①(2)尽管无论是作为整体的希腊还是作为各个部分的希腊,她常常都会遭遇灾难,但是,相较于我们自己现在所处的这个时代,她以前所遭遇的那些失败没有一次可以名实相符地冠之以灾难之名。(3)希腊人的苦难不仅激发了我们的同情心,而且,当我们详细了解事件的真相后,我们不得不认为他们的所作所为对他们而言仍是灾难性的。(4)迦太基的毁灭确实被认为是最严重的灾难,但是,当我们想到它时,希腊的灾难同样恐怖,在某些方面甚至要更加恐怖。(5)因为,迦太基人至少给后世留下了一些捍卫自身事业的理由,不管这种理由多么微不足道,但是,即使是对支持他们这样行事和为他们的错误开脱的那些人,希腊人都没有留下任何貌似合理的借口。(6)再者,由于降临在迦太基人身上的灾难将迦太基人彻底摧毁了,因而他们后来对灾难已经没有任何知觉了,然而,希腊人则亲眼目睹了灾难,他们将自己的不幸记忆父死子继地进行了代代相传。(7)因此,当我们认为那些仍然活着而遭受痛苦的人比那些在不幸中殒命的人更值得同情时,我们应该认为降临在希腊的灾难比降临在迦太基的灾难更值得同情;(8)除非我们抛

---

① 即公元前 147 年—前 146 年。

弃了所有高贵和荣誉的观念，只将眼睛盯在物质利益上。（9）如果人们回想起降临在希腊的那场最大的灾难，并将它与我现在的记述进行对比，那么，每一个人都会承认我所说的是事实。

[2]（1）命运（fortune）带给希腊的最大恐怖是薛西斯（Xerxes）挥师欧洲。①（2）因为那时我们所有人都处于危险之中，但实际上只有极少数人遭受了灾难；（3）首当其冲的受害者是雅典人，他们聪明地预见到了即将发生的事情，因而，他们带着自己的妻儿放弃了自己的城市。（4）他们那时无疑遭受了严重的损失，因为，野蛮人成为了雅典的主人并无情地摧毁了雅典城。（5）然而，他们却没有招致任何责备或者耻辱，相反，人们一致认为他们的行动是最光荣的，因为不管他们自己会遭遇什么，他们都决定与其他希腊国家同生死共存亡。（6）通过这种坚定的决心，结果，他们不仅立即收复了自己的家乡和祖国，而且很快就与斯巴达争夺起希腊的霸权。（7）后来，他们在与斯巴达的战争中遭遇惨败，②以至于他们被迫拆毁了自己城市的城墙；但必须指出的是，即使是这一次的责任也不在雅典人身上，而在斯巴达人身上，因为他们滥用了命运女神赋予他们的权力。（8）接着，斯巴达人惨遭底比斯人的战败，③以至于他们再一次地失去了希腊的霸权，从此他们就放弃了征服异族的所有计划，只将自己局限在拉科尼亚之内。（9）如果在争夺最高奖荣誉的过程中遭遇战败，以至于他们不得不被迫重新撤退到他们祖先的领地，这有什么可耻的呢？（10）因此，所有这些事情都可以说成是不幸，但无论如何都不能算作灾难。（11）当斯巴达人散落、分离和居住在他们的村庄时，曼提尼亚人（Mantineans）同样不得不被迫放弃自己的城市。④（12）然而，在这种情况下，所有人都谴责斯巴达人愚蠢不堪而非曼提尼亚人。（13）底比斯人后来不久亲眼目

---

① 公元前 480 年，波斯人入侵欧洲。
② 公元前 405 年，雅典人在伊戈斯波塔米（Aegospotami）遭遇战败。
③ 公元前 371 年，斯巴达人在留克特拉（Leuctra）遭遇战败。
④ 公元前 362 年，曼提尼亚惨遭摧毁。

睹了自己城市的彻底毁灭,当时正打算横渡亚洲的亚历山大认为,通过惩罚底比斯人,他可以达到震慑其他城市的效果,但他的注意力转移到了其他的事情上。(14)但当时所有人都同情底比斯所遭受的残酷而不公正的对待,没有任何人试图为亚历山大的这个行动辩护。

[3](1)因此,他们在很短的时间内就获得了一些帮助,以至于他们恢复了自己的城市,并再一次安全地定居其间。(2)因为,对于那些遭受不公厄运的人来说,其他人的同情所起的作用并不小;我们常常可以看到,人们的同情会随着命运女神的变化而变化,而且,那些位高权重之人自己也会对自己的行为感到后悔,并且他们会去补偿因为自身不合公正的行动而造成的灾难。(3)有一段时间,由于它们所处的枢纽性位置,迦尔西、科林斯和其他一些城市也不得不服从马其顿诸王和接受强加在自己身上的驻军;(4)然而,当他们在遭受这种奴役时,所有人都在竭尽全力地将他们从奴役中解放出来,并对那些奴役他们的人满怀深深的怨恨和持久的敌意。(5)一般来说,它们是单一的城市或者城市群,它们之所以在过去遭受这种不幸,是因为其中一些是由于争夺霸权和帝国所致,而其他一些则是由于遭到僭主和国王的背叛性攻击所致。(6)因此,他们所遭受的厄运非但没有遭到任何的责难,甚至连不幸者都称不上。(7)因为,我们会认为,所有遭受巨大灾难的国家或者个人都是受害者,但是,只有那些因为自身的愚蠢而招致灾难的国家或者个人才是不幸者。(8)我所说的这种常见的不幸指的是伯罗奔尼撒人、波奥提亚人、弗西斯人、埃维厄人、洛克里斯人、爱奥尼亚海湾的一些城邦以及紧靠他们的马其顿人所遭遇的那种不幸……(9)这不只是因为它们遭受了众多的损失,更是因为他们的整个行为给自己带来了不幸;(10)然而,这是一种既可耻又丢人的灾难。(11)因为,他们既无信用,又无勇气,以至于给自己带来了一系列的耻辱……(12)因此,他们失去了所有的荣誉,出于各种原因,他们同意接纳罗马扈从到自己的城市,由于自身的冒犯行径,他们异常惊恐不安。(13)因为,我宁愿认为无知的民众受到了诱惑而偏离了正确的道路,但是,作出这种错误行径的那些人无疑

是真正的罪魁祸首。

[4](1)如果我放弃了常见的那种历史叙事风格,而是以一种更加清晰和更加详尽的方式进行表达,那么,这应该不是一件令人惊讶的事情。(2)然而,一些人可能会指责我的叙述带有过度的恶意,因为,我的首要职责应是对希腊人的罪行蒙上一层面纱。(3)我不会将那些害怕说出自己心里话的人看作真正的朋友,(4)也不会将那些因为害怕对某些人造成冒犯而偏离正确道路的人看作为好公民。(5)作为一名政治史作者,除了真相之外,我们要彻底拒斥任何个体的偏好。(6)因为,随着文字记录的数量越来越多,以及它们保存的时间也更加长久,以至于它们要比偶然的言辞更能到达人们的耳朵,因此,作者应该将真相看作最高的价值,并且,他的读者也应该毫无保留地支持他的这种原则。(7)在危难时刻,希腊人确实应该尽可能地帮助希腊人,例如,他们可以通过积极地支持他们、掩盖他们所犯下的错误或者平息统治阶层的愤怒来对他们提供帮助,就像我自己在事件发生时所做的那样。(8)然而,对事件的书面记录应避免任何虚假性的瑕疵,因为,这些记录是要传给后世子孙的;因此,读者不应该只满足于愉悦的故事,而是应该从中汲取教训,以防止将来类似错误的重复发生。(9)我对这个主题已经说得够多了……

[5](1)我完全意识到,一些人会指责这部著作,理由是我对事件的叙述不完整且不连贯。(2)例如,在叙述迦太基被围时,我半途而废地中断了自己的叙述进程,并立即转移到了希腊事务上面,接着又转移到了马其顿、叙利亚和其他国家的事务上面;然而,研读者却渴望接续原先的叙述,并希望了解我最初所记述的问题;(3)因为,他们会说,如果这样的话,那么,一路跟随我的那些人就可以一举两得地从中收获乐趣,也可以从中获得教益。(4)然而,我却反其道而行之。我将诉诸于自然(Nature)本身来作为证明,因为,她从未在任何一种感官上一直一成不变地对同样的事物感到心满意足,相反,她一直喜欢变化,即使她对同样的事物感到心满意足,她也希望它们可以在不同环境和不同时间里进行呈

现。(5)这首先可以从听觉上进行阐明,在旋律或者朗诵方面,从来没有人愿意翻来覆去地一直听同一个曲调;(6)相反,人们会被多样性的风格和那种具有断裂性变化与显著性变化的不连贯事物所触动。(7)我们再以味觉为例。你会发现一个人根本无法一直享用同一种食物,不管这种食物有多么昂贵,相反,他会对它心生厌恶,他喜欢不同的食物,相较于那种一成不变的昂贵食物,他常常宁愿选择那种简单的食物,因为人们都喜欢不同的口味。(8)对于视觉也同样如出一辙。因为,一个人的视线根本无法一直固定在同一个物体上,而是需要不同的物体来刺激它。(9)然而,在智力方面更是如此。因为,不停用脑的人会发现自己所关注和学习的对象的变化可以缓解大脑的疲倦,从而让自己得到休息。

[6](1)在我看来,这就是为什么最具思想性的古代史学家习惯于按照我所说的方式让自己的读者休息的原因所在,那就是,他们当中的一些人会离题性地记述神话或者故事,而另一些人则会离题性地记述历史事实问题;这样一来,他们不仅可以将场景从希腊的某个地方转移到另一个地方,而且也可以论及国外的历史问题。(2)例如,在记述色萨利人的历史和菲拉埃的亚历山大(Alexander of Pherae)的功绩时,他们中断了自己原来的叙述转而告诉我们斯巴达人在伯罗奔尼撒的计划,或者雅典人的计划,或者马其顿和伊利里亚所发生的事件,在这样愉悦我们后,他们接着告诉我们伊菲克拉底(Iphicrates)远征埃及的故事和克里亚克斯(Clearchus)在本都所犯下的邪恶罪行。(3)因此,你会发现所有的历史学家都诉诸这种手段,只不过他们毫无规律可言,而我自己则有规律地利用了这种手段。(4)例如,对于我所提及的这些历史学家,在讲述了伊利里亚国王巴迪利斯(Bardyllis)和色雷斯国王塞索布勒普提斯(Cersobleptes)如何建立自己的王朝后,他们没有继续讲述下去,也没有在间歇一段时间后接续下去,而是像诗歌中穿插了一个片段那样,他们又回到了自己原来的主题。(5)然而,我自己对世界上所有重要地区及其所发生的所有事件都进行了仔细的区划,并一以贯之地对所有的事件都以一种统一的概念来进行了

安排,除此之外,我对每一年各个国家同时期所发生的事件都一一作出了完整的记述;(6)因此,这可以充分地让研读者自由地回到原来的叙述和接续我所中断的叙述,以至于那些如饥似渴的求知者就会觉得我所记述的任何事件不存在任何不足和缺损。(7)这就是我对这个主题所想要说的全部内容……

II. 第三次布匿战争

[7]①(1)迦太基将军哈斯德鲁巴是一位虚荣浮夸之人,远不是一位称职的政治家和将军。(2)这里有很多关于他缺乏判断力的证据。首先,与努米迪亚国王格洛塞斯(Golosses)会面时,他身穿一套完整的铠甲现身,这套铠甲上面系有一件海紫色披风,而且他身旁配有十名手持短剑的随从。(3)接着,他与这十名随从保持大约二十英尺的距离一直前行到壕沟和栅栏处,随后他就站在壕沟和栅栏后面示意国王走向自己,然而,这本应该是他自己做的事情。(4)然而,身具努米迪亚式淳朴的格洛塞斯在没有任何陪护的情况下走向了他,当格洛塞斯靠近他时,格洛塞斯问他道,他这样全副武装地前来,究竟是在害怕谁?(5)哈斯德鲁巴回答说:"害怕罗马人。"格洛塞斯则说道:"但是,如果你自己在城内都对自己的安全没有信心,那么,你完全没有必要前来。不过,你想要什么?你的要求是什么?"(6)哈斯德鲁巴回答说:"我恳求你担任我们派往罗马统帅的特使,我们保证遵守所有的条款,如果他们宽恕这座不幸的城市的话。"(7)格洛塞斯说道:"我亲爱的朋友,在我看来,你提出了一个非常幼稚的要求。(8)现在你们已经完全被海陆包围,你们几乎也已经没有了任何安全希望,你怎么还期望说服罗马人向你们提供他们先前拒绝你们的要求呢?要知道他们当时还驻扎在

---

① 公元前147年,执政官普布利乌斯·科内利乌斯·西庇阿·阿非利加·埃米利安努斯(P. Cornelius Scipio Africanus Aemilianus)和盖乌斯·利维乌斯·多恩苏斯(C. Livius Donsus)围攻迦太基。

乌提卡,而且当时你们的军事力量仍然保持完好。"(9)哈斯德鲁巴说道:"你错了,因为,我们仍有外国盟友援助我们的巨大希望。"——因为,哈斯德鲁巴当时还没有听说摩尔人(Moors)的遭遇,也没有听闻他自己的部队在战场上的遭遇①——此外,他补充道:"我们没有对自己的安全完全绝望,因为,最为重要的是,我们拥有诸神的支持,我们相信诸神的保佑。(10)祂们肯定不会对我们见死不救,而是会向我们提供诸多的拯救手段。"(11)因此,他恳请格洛塞斯向罗马统帅求情,让罗马统帅考虑一下诸神和命运女神,并宽恕这座城市;他可以肯定,如果他们的这个请求得不到满足,那么,他们宁愿玉石俱焚,也不愿交出这座城市。(12)就这样交谈结束后,他们就分开了,他们约定在三天后再一次进行会面。

　　[8](1)当格洛塞斯将谈话内容转告给西庇阿后,西庇阿大笑地说道:"当你们以非常残忍的方式对待我们的俘虏时,②我就猜出你们将要提出这种要求;在如此严重地践踏了人间的律法后,你们现在却无耻地希望从诸神那里得到帮助。"③(2)主要是出于希望尽快将事情予以了结的考虑,这位国王提醒西庇阿再好好地考虑一番;(3)因为,除了事情本身的不确定性之外,新一任的执政官选举现在也近在咫尺,对此他应该要有所考虑,否则,当冬季接替他职位的新统帅上任时,后者就会坐享其成地将他所有的努力都据为己有;(4)西庇阿仔细地听完了格洛塞斯所说的这番话,因而,西庇阿让格洛塞斯转告哈斯德鲁巴,他会保证他本人、他的妻儿和他亲友的十个家庭的安全,除此之外,他可以允许他从自己的个人财产中保留十泰伦金钱,而且,他也可以允许他带走他所挑选的一百名

---

① 公元前147年,征服这个国家的任务委任给了代执政官库普尼乌斯·皮索(Culpurnius Piso),而西庇阿则完成了对迦太基的包围。参见阿庇安:《布匿战争》,第113—126章。

② 在西庇阿攻陷了迦太基郊区的麦加拉(Megara)后,哈斯德鲁巴撤退到了拜尔萨(Byrsa)和成为了统帅;而且,他将所有的罗马俘虏带到城垛,并以一种最可怕残忍的方式将他们一一处死。参见阿庇安:《布匿战争》,第118章。

③ 西庇阿对这个提议不屑一顾,公元前147年。

奴隶。（5）因此，第三天，格洛塞斯就将这些话转告给了哈斯德鲁巴。（6）这位迦太基人再一次趾高气扬地缓慢走向前去迎接他，他身穿上次那套铠甲和紫色披风，他的这种装模作样甚至连悲剧中的暴君都会相形见绌。（7）他天生就非常肥胖，现在更是大腹便便，而且，他的脸色现在不自然地红了起来，以至于他看上去就像一头生活在节日里的肥牛，完全不像是一位遭遇难以用语言形容的悲惨境遇之人。（8）然而，当他与这位国王会面和听取西庇阿的提议时，他不停地拍打自己的大腿，并呼唤诸神与命运女神，他说道，哈斯德鲁巴同时看到太阳和自己的家乡惨遭大火吞噬的这一天将永远不会到来；（9）因为，对于正直之士而言，最高贵的葬礼就是葬身在自己的家乡和她的大火之中。（10）因此，当我们看他说的话语时，我们会钦佩这个人和他高贵的言辞，但是，当我们转而看他做的实际行动时，我们却会被他的卑鄙和怯懦所震惊。（11）因为，首先，当自己的同胞在遭遇严重饥荒而奄奄一息时，他大摆宴席，向自己的客人提供了奢华的第二道菜，他自己的欢愉与民众的痛苦形成了鲜明的对比。（12）因为，死亡人数无比庞大，每天因饥荒而惨遭遗弃的人数也无比庞大。（13）其次，通过怒斥、施暴和处决等手段，他震慑了民众，并在一个饱受灾难的国家里维持了自己的权威，而僭主在一个繁荣的城邦里是很难享受到这种权威的。（14）因此，在我看来，我完全有理由认为，比起当时那些支配希腊和迦太基命运的领袖，我们要找到彼此之间更相像的这两位领袖是不容易的。（15）当我谈及前者，并将他们与这个人进行比较时，这会更加明显……

III. 亚该亚战争

［公元前150年秋季，迪亚乌斯（Diaeus）接替了腐败堕落的斯巴达人米纳基达斯（Menalchidas of Sparta）的亚该亚将军之职，出于掩饰自己参与米纳基达斯的腐败行动，迪亚乌斯诱

使同盟在斯巴达一些存在争议的主张上采取行动,这完全背离了罗马元老院的决定。斯巴达人希望再一次地向罗马提出上诉;因而,亚该亚人制定和通过了一个法律,这个法律禁止各个城邦提出这种上诉,而只允许同盟提出这种上诉。斯巴达人拿起了武器;迪亚乌斯声称同盟不是与亚该亚开战,而是与这个城邦的某些好战的公民开战,而且,他确定了四位需要驱逐的首领。他们逃到了罗马,罗马元老院命令他们复归其位。从亚该亚和斯巴达派往罗马的使节各自陈述了自己的意见;他们一回来就作了虚假报告——迪亚乌斯向亚该亚人保证,元老院已经命令斯巴达人服从同盟;米纳基达斯则告诉斯巴达人,罗马人已经解除了他们与同盟的所有联系。公元前148年,战争再一次地爆发了。梅特鲁斯(Metellus)——当时他正在马其顿处理伪腓力的事务——派遣使节到亚该亚人那里,以禁止他们武装对抗斯巴达,并同时宣布特使会疾速从罗马赶来处理争端。但是,达谟克利特将军(the Strategus Damocritus)已经集结了军队,而且,斯巴达人似乎强迫他们战斗。斯巴达人遭受了巨大的损失;当达谟克利特阻止了追击和斯巴达的陷落后,亚该亚人将他视作叛徒,并对他罚款五十泰伦。迪亚乌斯接替了他的将军之位(公元前148年秋季—前147年),而且,迪亚乌斯答应梅特鲁斯等待罗马特使的到来。但是,斯巴达人现在从他们那里获得了自由,而且,他们选举了米纳基达斯(Menalchidas)作为自己的将军;由于米纳基达基攻占了拉科尼亚边境上的伊阿索斯(Iasos)城镇,因此,他重新引发了战争。他绝望地抵抗亚该亚人的进攻,而且惨遭自己同胞的拒斥,于是他服下了毒药。公元前147年,以卢西乌斯·奥勒利乌斯·俄瑞斯忒斯(L. Aurelius Orestes)为首的罗马特使抵达了,他们将亚该亚众城镇的官员和迪亚乌斯将军召集到了科林斯,并宣读了元老院的决定——斯巴达、科林斯、阿尔戈斯、埃特(Aete)附近的赫拉克里亚和阿卡迪亚的奥科美纳斯(Orchomenus)从同盟中分离出来,因为,它们没有血缘上的联系，它们只是后来人为添加进去的。官员们没有作任何答复就匆匆地召集了同盟大会。一听到罗马人的决定，民众洗劫了居住在科林斯的斯巴达人的房屋，并野蛮地攻击了所有长得像斯巴达人的人。罗马特使努力地平息民众的愤怒。但他们的处置方式本身也有些粗暴；他们没能说服民众释放所逮捕的斯巴达人；尽管他们放走了其他所有人，而且也派遣了一个使团到罗马，然而，这个使团在路上遇到了正要回国的前一个使团，在得知根本无法得到罗马的支持后，他们就回国了。在下一个片段中提到了这件事的发生。参见保萨尼阿斯（Pausanias）第七卷第 12－14 章；李维：《罗马史摘要》，第 51 章。］①

[9]（1）当奥勒利乌斯·俄瑞斯忒斯和其他特使从伯罗奔尼撒回到罗马后，他们向元老院报告了发生在自己身上的事情以及他们几乎要命丧黄泉的遭遇，他们无疑对事实有所夸大和编造——（2）他们没有将自己所遭遇的危险描绘成偶然发生的危险，而是谎称这些危险是亚该亚人对他们有意为之的结果——（3）对于这次事件，元老院比以往任何时候都要更加愤怒，他们立即任命了一个以塞克斯图斯·尤利乌斯·凯撒（Sextus Julius Caesar）为首的使团，并指示他们对所发生的事件只进行温和的谴责；（4）同时告诫亚该亚人未来不要听从那些劝说他们走上邪路或者引诱他们与罗马为敌的意见：（5）而是要重新纠正自己的错误，并将责任真正地算在犯下这些罪行的元凶身上。（6）这很明显地表明，根据他们对奥勒利乌斯所作的指示，他们不希望解散同盟，而是意在警告亚该亚人和阻止他们以一种傲慢或者敌意的方式行事。（7）确实，有一些人认为罗马人在玩假，因为，迦太基的命运当时仍然未定。（8）然而，事实并非如此；相反，他们长期以来一直都对亚该亚同盟心怀感谢，而且，他们认为亚该亚同盟是希腊诸力量中最忠诚

---

① ［中译按］中括号里面的内容译自于剑桥本。

的一个力量,尽管他们认为有必要警告亚该亚人和遏制后者的过度傲慢,但是,他们绝不希望与后者开战或者与后者决裂。

[10](1)塞克斯图斯·尤利乌斯·凯撒及其同僚从罗马前往伯罗奔尼撒的路上遇到了以塞亚利达斯(Thearidas)为首的使团;(2)这个使团是亚该亚人派去为自己辩解,并向元老院解释自己在奥勒利乌斯和其他特使的问题上所犯下的无礼行径的。(3)塞克斯图斯及其同僚一遇到亚该亚使节,他们就劝说使节们返回亚该亚,因为,他们自己就是受命前来与亚该亚人商讨这整个问题的。(4)一到伯罗奔尼撒,他们就用最客气的语言在埃基乌姆与亚该亚人进行交谈;(5)他们既没有提及特使所受到的粗暴对待,也没有要求亚该亚人为自己的行为提供任何正当理由,相反,他们对所发生的事情采用了一种比亚该亚人自己都更加宽宏大量的看法,他们只是劝告亚该亚人不要对罗马人和斯巴达人再有任何冒犯举动。(6)对此,那些头脑较为清醒之人都乐于接受这个建议,因为,他们意识到了自己所犯错误的严重性,而且,他们也亲眼目睹了与罗马作对之人的下场;(7)然而,大多数人仍然心存不满、情绪低落,尽管他们对塞克斯图斯所下达的禁令的公正性问题没有反驳一句话和不得不保持沉默。(8)迪亚乌斯和克里托劳斯(Critolaus)以及所有与他们持相同看法的人不仅如谚语所言,他们左手拿着罗马人用右手所给的东西,而且,他们的计算也是完全错误的——可以说,他们都是各个城邦中精心挑选出来的最败坏的、最受神明唾弃的和一国最邪恶的人。(9)因为,他们认为,由于罗马人在非洲和西班牙两线作战,因此,罗马人害怕与亚该亚人开战,以至于罗马人愿意容忍任何事情和言辞。(10)所以,他们认为自己是局势的主宰者,他们礼貌地答复了使节,但他们坚持要将塞亚利达斯及其同僚派到元老院;(11)他们自己也会陪同使节到提基亚,他们会在那里与斯巴达人一起商讨问题,并试图找到一种与他们达成协议和结束战争的解决办法。(12)作出了这个答复后,在未来的行动上,他们让这个不幸的国家采用了他们所定下的错误政策。(13)当那些当权者无知而邪恶时,其他人还能有别的什么指

望呢？

[11](1)这场灾难是以下列方式结束的。(2)当塞克斯图斯和其他使节抵达提基亚后，他们邀请了斯巴达人前来出席，以便他们可以对亚该亚人采取一致行动，包括对过去冒犯行径的惩戒和搁置敌意，直到罗马派遣特使来处理整个局势为止。(3)克里托劳斯及其同伙现在举行了一次会议，这次会议决定，除了克里托劳斯前往提基亚与罗马人进行会面之外，其他所有人都应拒绝与罗马人进行会面。(4)就在塞克斯图斯及其同僚几乎对他的到来不抱任何希望时，克里托劳斯抵达了提基亚；(5)在与斯巴达人进行会面时，他拒绝作出任何让步，他声称，在没有人民同意的情况下，他自己无权作出任何安排。(6)因此，塞克斯图斯及其同僚认识到克里托劳斯在有意地进行阻碍，他们对他所作的这个回答深感气愤，以至于他们就让斯巴达人返回了自己家乡，而他们自己也回到了意大利，他们认为克里托劳斯就像一个疯子，行事完全冥顽不灵。(7)在他们离开后，克里托劳斯在这个冬季期间①访问了不同的城市，并与他们一起进行开会，其借口是他想要告诉他们他在提基亚对斯巴达人和罗马使节所说过的话；(8)但实际上他的目的是指责罗马人，并对他们所说的所有话都有意进行了不怀好意的解读——(9)他所使用的手段就是激起民众的敌意和憎恨。(10)与此同时，他建议官员们不要向债务人索要款项，不要收监那些因债务而被抓的人员，也不要将强征的税收一直开征到战争结束。(11)他对乌合之众所作的这种呼吁得到了他们的热烈欢迎，而且，民众也愿意接受他所下达的任何命令，因为，他们对未来没有任何思考的能力，当前的恩惠和安逸已经将他们彻底俘获。

[12](1)当昆图斯·卡西利乌斯在马其顿听说了所有这一切以及伯罗奔尼撒所发生的愚蠢骚动与混乱后，他将使节格纳乌斯·帕皮利乌斯(Gnaeus Papirius)、小波皮利乌斯·拉埃纳斯(the younger Popilius Laenas)、奥鲁斯·加比尼乌斯(Aulus Gabinius)和

---

① 公元前147年—前146年冬季，克里托劳斯宣扬自己的反罗马观点。

盖乌斯·法尼乌斯（Gaius Fannius）派去了那里。（2）当亚该亚大会在科林斯举行时，他们恰巧抵达了；当他们被引到民众面前后，他们向后者发表了一个安抚性的长篇演讲，这个演讲与塞克斯图斯及其同僚先前的基调是一样的；（3）其目的是竭尽全力地阻止亚该亚人不要因为与斯巴达存在矛盾或者因为憎恶罗马人而向罗马进行挑衅。（4）然而，对于他们所作的这个演讲，民众并没有听进去，相反，民众对他们进行百般的嘲笑，以至于他们不得不在一片喧嚣、谩骂和催促声中离开了大会。（5）事实上，这个地方先前从未像现在这样聚集过这样一群工匠和手艺人。所有城镇确实都会喋喋不休地瞎扯个不停，但这种痼疾在科林斯最为普遍，也最为严重。（6）然而，仍有一些人对使节们所作的这个演讲感到特别的满意。（7）但是，克里托劳斯认为自己已经达到了自己的目的，而且，他已经点燃了听众的热情，他们已经发狂了，他们开始攻击官员、谩骂自己的政治对手，并公然违抗罗马使节；（8）他说道，他渴望成为罗马人的朋友，但他一点不想让罗马成为自己的主人。（9）他煽风点火地说道，如果他们像男人一样行事，那么，他们就不会缺少盟友；但是，如果他们像女人那样行事，那么，他们就会有很多主人和头领。（10）通过其他许多这种相同效果的说辞，他继续煽动并激怒民众。（11）他非常坚定地坚持自己的政策完全不是任性为之的结果，恰恰相反，一些国王和国家也实施了与自己一样的政策。

[13]（1）当一些元老希望制止他，让他不要使用这种语言时，他违抗了他们，他命令身边的士兵退下，并且，他站到自己的对手们面前，挑衅性地让他们靠近自己，甚至让他们对自己的披风动手。（2）他说自己已经自我克制很长时间了，但他现在再也忍受不下去了，他必须要说出自己所有的感受。他说道："我们不应该像我们当中与敌人合作的那些人那样，过于害怕斯巴达人或者罗马人。确实，一些人更关心罗马人和斯巴达人，而非我们自己的利益。"（4）他甚至提供了证据来进行证明，他说道，埃基乌姆的埃瓦格拉斯（Euagoras of Aegium）和特里塔埃亚的斯特雷提乌斯（Stratius of Tritaea）将当局所作的所有决定全都出卖给了格纳乌斯。（5）斯

特雷提乌斯承认了自己与使节存在联络关系，并说他仍会继续这样行事，因为他们是朋友和盟友，但他发誓他从未将当局会议上的内容出卖给他们，一些人相信了他说的话，但是，大部分人则认为指控是真实的。（6）通过对这些人的指控，克里托劳斯成功地将民众煽动了起来，他说服了亚该亚人再次投票决定开战，尽管名义上是与斯巴达人开战，但实际上是与罗马开战。（7）接着，他又颁布了另一个违宪法令，这个法令规定他们选举出的将军拥有绝对权力，因此，通过这种手段，他获得了一种专制性权力。

（8）在采取了这些举措后，克里托劳斯开始密谋针对和攻击罗马人，他制定的计划完全不遵从理性，而是公然地践踏诸神和人类的法则。（9）至于那些使节，格纳乌斯继续向雅典前进，接着从雅典到斯巴达以等待事件的进展情况，而奥鲁斯则前往到了诺帕克图斯，另外两人则留在了雅典以等待卡西利乌斯的到来。这就是伯罗奔尼撒当时的局势……

[在拒绝了梅特鲁斯所传达的命令后（第三十八卷第11章），以与斯巴达开战为借口，克里托劳斯在科林斯集结了亚该亚的军力；不过，他很快就诱使亚该亚同盟宣布与罗马公开地开战。他得到了波奥提亚最高长官皮提亚斯（The Boeotarch Pytheas）和迦尔西人（the Chalcidians）的鼓励。底比斯人更愿意倒向他，因为，作为争端仲裁者的梅特鲁斯命令他们向腓尼基人、埃维厄人和阿姆菲萨人（Amphissians）支付罚金。公元前146年春季，这些事件的消息传到了罗马，穆米乌斯（Mummius）奉命率领了一支舰队和军队前去讨伐亚该亚。但是，身在马其顿的梅特鲁斯希望自己成为解决这个问题的功臣，因此，他派遣使节到亚该亚，以命令他们将元老院所指定的那些城镇——亦即斯巴达、科林斯、阿尔戈斯、赫拉克雷亚和阿卡迪亚的奥科美纳斯——从同盟中脱离出来，而且，他率领自己的军队从马其顿出发，沿着海岸边的道路穿过了色萨利和绕过了希纳斯—马利亚库斯（Sinus Maliacus）。克里托劳斯正

在围攻赫拉克里亚-奥提亚（Heraclea Oetea），以迫使它重新服从同盟；当他的侦察兵向他报告了梅特鲁斯到来的消息后，他就撤向了位于洛克里斯海岸、温泉关以南数英里的斯卡菲亚（Scarphea）。但是，在他进入斯卡菲亚之前，梅特鲁斯就追上了他，而且，梅特鲁斯杀死了他大批士兵和俘获了他一千名士兵。克里托劳斯自己消失不见了；保萨尼阿斯似乎认为他淹死在了海岸边的盐沼里，不过李维则认为他自己毒死了自己。保萨尼阿斯第七卷第 14 章第 15 节；李维：《罗马史摘要》，第52 章；奥罗修斯（Orosius）第五卷第 3 节。]①

[14]（1）皮提亚斯是长跑员阿卡斯提德斯（Acastides）的兄弟、克里奥纳斯图斯（Cleomnastus）的儿子。他过着邪恶的生活，据说他早年尤其放荡堕落。（2）他在公共生活中也非常鲁莽和贪婪，而且，出于我上面所说的原因，他得到了尤米尼斯和菲勒塔鲁斯（Philetaerus）的支持……

（奥罗修斯第五卷第 3 节）

（3）亚该亚人波利比乌斯当时虽然在非洲与西庇阿在一起，但是，由于他对自己国家所遭遇的灾难不是一无所知，因此，他告诉我们，亚该亚只发生了一场战役（这场战役由克里托劳斯所指挥）。然而，他补充说，从阿卡迪亚派来增援的迪亚乌斯也同样惨遭法务官梅特鲁斯击败。

[15]（1）亚该亚将军克里托劳斯现在已经不在人世了；（2）按照法律的规定，现任将军一旦出事，那么，他的继任者就要接替他的职位一直到例行的亚该亚大会召开，因而，亚该亚同盟的权力和职权移

---

① ［中译按］中括号里面的内容译自于剑桥本。

交给了迪亚乌斯。①（3）因此，迪亚乌斯向麦加拉派去了一些军队，②而他自己则亲自前往到阿尔戈斯，他在阿尔戈斯向所有的城邦去信，以命令他们释放那些正值壮年的一万两千名家养奴隶，同时命令他们武装好这些奴隶，其后再将这些奴隶送到科林斯。（4）但是，就像他在其他问题上的一贯做法那样，他对每个城邦应提供的奴隶人数随意地进行分配，完全不考虑公平性问题。（5）如果他们没有足够数量的家养奴隶，那么，他们就必须用其他奴隶来进行充数。（6）当他看到他们的公共财政因为与斯巴达的战争而困窘不堪后，他就强迫那些更富裕的居民——不管他们是男人还是女人——作出金钱上的特别承诺和提供捐款。（7）同时，他命令所有能够携带武器的公民到科林斯集结。（8）结果，所有的城邦都充满了混乱、骚动和绝望。（9）他们赞扬那些在战场上殒命之人和同情那些开赴战争前线之人，除此之外，所有人都在不停地流泪，就好像他们预见了未来。（10）他们对那些行为粗鲁和举止无礼的奴隶甚为恼火，因为，其中一些奴隶刚刚获得了解放，而其他一些奴隶则对自由的前景感到兴奋。（11）同时，男人们不得不被迫违心地捐出自己所拥有的财产，女人们也不得不将自己身上和小孩身上的珠宝摘下来捐献出去，以有意地成立一个只能给自己带来毁灭的基金。

[16]（1）所有这一切都在同一时间发生，每天的挫败和困苦所造成的沮丧让人们无法进行周全而审慎的思考，他们无法预见到他们所有人连同自己的妻儿明显都走在毁灭的道路上。（2）因此，就好像被洪流裹挟一样，他们任由自己疯狂而乖张的领袖利用和使唤。（3）埃利斯人（Eleians）③和美塞尼亚人（Messenians）确实待在家里等着罗马舰队的攻击，如果风暴不是像原初所预想的那样出现在地平线上，那么，任何东西都拯救不了他们。（4）帕特拉人

---

① 公元前146年春季，克里托劳斯去世，迪亚乌斯继任了将军之职。
② 阿卡米尼斯（Alcamenes）率领了四千名士兵前往，参见保萨尼阿斯第七卷第15章第8节。
③ [中译按]The Eleians亦写作The people of Elis。

以及与他们一起提供援助的那些人不久前在弗西斯遭遇了灾难,①他们的情况要比他们在伯罗奔尼撒的盟友悲惨许多;(5)城内的恐慌无处不在,他们中的一些人绝望地结束了自己的性命,其他人穿过乡村逃离出城,一直向前逃到某个特定的地方。(6)一些人将其他人抓捕起来交给敌人,因为他们犯有反罗马的罪行;另一些人则匆忙地提供情报和提出控告,尽管目前没有任何人要求他们这样行事。也有一些人则对罗马人苦苦哀求,他们承认自己的背叛行径,并要求受到应有的惩罚,尽管没有任何人要求他们对这类行为作出解释。(7)事实上,整个国家都遭遇了一种前所未有的精神疾病的发作,人们不是在跳下深井就是在跃入悬崖,正如谚语所言,希腊的灾难甚至会引起敌人的怜悯,如果他亲眼看到了的话。(8)在先前的时代,不管是出于自身内部的纷争还是出于外部的僭主背叛,他们确实犯下了严重的错误,有时甚至是非常严重的灾难;(9)但在目前的情况下,正是由于他们领袖的愚蠢和他们自身的无知,以至于他们遭遇了一个异常严重的灾难。(10)底比斯人甚至集体抛弃了自己的城市,留下了一座彻底的空城;皮提亚斯就是这些人当中的一员,他带着自己的妻子和小孩逃到了伯罗奔尼撒,并在那里到处游荡②……

(11)敌人的答复让迪亚乌斯感到震惊;但是,在我看来,正如谚语所言,"愚蠢的头脑造就愚蠢的想法"(Empty heads have empty notions)。因此,这种人自然觉得这种显而易见的事情让人感到震惊……

(12)他(迪亚乌斯)开始构筑回家的计划,他的表现就像是一位不会游泳但却即将要跳入大海之人;他没有任何犹豫就纵身一跃,但是,一跳进水里,他就开始考虑如何游回岸边……

---

① 与梅特鲁斯在斯卡菲亚(Scarphea)的交战。

② 相反,保萨尼阿斯却说道,皮提亚斯在波奥提亚被抓,并且梅特鲁斯对其进行了定罪,参见保萨尼阿斯第七卷第15章第10节。

　　[在赢得了波奥提亚后，梅特鲁斯继续向麦加拉进军，迪亚乌斯让亚该亚人阿卡米尼斯（Alcamenes）在那里部署了五千人。阿卡米尼斯匆忙地撤离了麦加拉，并在科林斯与迪亚乌斯会合；与此同时，后者重新当选为将军。参见保萨尼阿斯第七卷第 15 章第 10 节。][①]

　　[17][②]（1）在迪亚乌斯抵达科林斯后不久，民众投票任命他为将军，安德洛尼达斯及其同僚从卡西利乌斯那里出使回来了。（2）对于这些人，他先前就到处散播说，他们已经与敌人结盟，现在他要将他们交给暴民；（3）因此，他们惨遭武装逮捕，并身负枷锁地被投进了监狱。（4）色萨利的斐洛（Philo of Thessaly）这时也带信给了亚该亚人，他将许多友好的提议转告了他们；在听完这些提议后，一些亚该亚人表示予以支持，其中包括斯特雷提乌斯——他的年纪现在已经非常老迈——他拥抱并哀求迪亚乌斯，以求他接受卡西利乌斯的提议。（5）但是，他和他的同党根本就不理会斐洛的哀求，因为，他们并不认为所有人都可以得到赦免，[③]而是认为斐洛这样说是出于他自己的利益，他的主要目的是为了他自己和他的朋友们的安全。（6）因此，他们就在这种观念的支配下讨论了整个局势，虽然他们自己本身就错谬百出。（7）因为，他们相当清晰地知道自己所犯下的罪恶，而且，他们根本就不相信罗马人会怜悯自己。（8）他们从未想过为了国家的利益和人民的安全而勇敢地作出牺牲，然而，任何珍视自身荣誉和自称为希腊领袖之人都会将它们视作自己义不容辞的责任。（9）但是，身为中枢会议成员的迪亚乌斯和达谟克利特（Damocritus）——由于局势动荡，直到最近他们方才与阿卡米尼斯、提奥德克提斯（Theodectes）和阿基克拉底（Archicrates）一起被召回国——怎么可能展现出这样崇高的精神

---

① ［中译按］中括号里面的内容译自于剑桥本。
② 公元前 146 年 8 月，迪亚乌斯在科林斯拒绝了梅特鲁斯所有的提议。
③ 他和他的同党并不认为自己会和其他人一样可以得到赦免。

呢?(10)对于后面所提到的这三个人,我先前就已经详细地记述了他们是什么人,同时也对他们的性格、原则和生平进行了描述。

[18](1)这就是中枢会议成员所作的决定,他们所作的决定与他们的性格毫无违和。(2)他们不仅监禁了安德洛尼达斯和拉基乌斯(Lagius),而且也监禁了次将索西克拉底(the under-strategus① Sosicrates),因为,他们声称他主持了上一个中枢会议,在这个会议上他决定向卡西利乌斯·梅特鲁斯派出一个使团,事实上,这也是他们所有不幸的主要原因。(3)第二天,他们选任了一个特别法庭,这个特别法庭判处索西克拉底死刑,接着,他们将他绑到刑架上继续折磨他,直到他死在刑架下面,但他仍没有作出任何他们所期待的供状。(4)至于拉基乌斯、安德洛尼达斯和阿基普斯(Archippus),他们则释放了他们,这部分是因为他们对索西比乌斯骇人的不公处置引起了民众的侧目,部分是因为迪亚乌斯从安德洛尼达斯那里得到了一泰伦的金钱和从阿基普斯那里得到四十米纳(minae)的金钱。(5)因为,正如俗语所言,即使身处绝境,迪亚乌斯也没有弃绝自己一贯无耻而又非法的要求。(6)不久前,他对科林斯的菲利努斯(Philinus of Corinth)也采取了同样残忍的行动。由于指控他与米纳希达斯②存在联络,并且是一位亲罗马分子,因此,他就不断地鞭打和折磨菲利努斯和他的儿子们——他让他们彼此之间眼睁睁地看着他折磨自己的亲人——直到菲利努斯和他的儿子们全都命丧黄泉。(7)既然所有人都犯下了这种愚蠢行径和败坏举动——即使在野蛮人中间,这种愚蠢行径和败坏举动也不容易找到——那么,有人自然就会问,为什么整个国家没有彻底毁灭呢?(8)就我而言,我认为,命运女神的足智多谋阻止了政治领袖们的愚蠢和疯狂——(9)虽然政治领袖们愚蠢至极地不惜采取一切可能和手段来驱逐她,但她仍不惜万难地决心拯救亚该亚,她像一位技能高超的摔跤手一样只采用了诡诈的手段,希腊人就迅速

---

① [中译按]the under-strategus 亦写作 the sub-strategus。

② 关于米纳希达斯(Menalcidas),参见第三十卷第 16 章注释。

地溃败和垮台了，正如她事实上所做的那样。（10）正因为如此，罗马人的不满和愤怒仍没有激发出来，他们也没有从非洲向希腊调遣军队过来，以至于我所描述的这些政治领袖没有机会向自己的同胞充分展现自己的邪恶本性。（11）因为，如果他们有机会赢得胜利，那么，从他们以前的行为就可以非常明显地推断出，他们会怎样对待对待自己的人民。（12）事实上，当时每个人都把这句谚语挂在嘴边："我们若不速速死去，我们将永远不会得救（Had we not perished so soon we would never have been saved.）。"①……

V. 迦太基的陷落

（摘录自普鲁塔克：《箴言集》（*Apophthegmata*），第 200 页。）

[19]②(1)当西庇阿抵达城墙时，迦太基人仍在坚守自己的城堡，西庇阿发现他们之间的海洋不是很深，波利比乌斯建议他在其间设置铁蒺藜或者安插尖木桩，以防止敌人渡过海洋和攻击防波提（the mole），③"但是，"西庇阿说道，"我们现在已经攻破了城墙，而且我们也已经身在城内，我们采取措施以避免我们与敌人进行交战，这不是很荒诞吗……"

[20](1)当迦太基统帅哈斯德鲁巴向西庇阿屈膝哀求时，这位将军转过身来对自己身边的那些人说道："看啊，我的朋友们，命运女神对轻率之人树立了一个多么好的范例啊。（2）这位就是最近刚刚拒绝我对他所提出的众多好友提议的哈斯德鲁巴，他说，自己的家乡和家乡的大火是自己最高贵的葬礼；现在他在这里用树枝哀求我饶恕他，把他的一切希望都寄托在我身上。（3）哪位亲眼目

---

① 这句谚语参见普鲁塔克：*Themist.* 29；*de Alex. L'rirt.* 5；*de Exil.* 7。

② 公元前 146 年（春季），迦太基陷落。

③ 防波提（the mole）是用大批巨石建造的，以堵塞海湾的出入口（the mouth of the harbour）。

睹这番场景的人会不明白,一个凡人绝不应该自以为是地这样行事或者说话吗?"(4)一些逃亡者现在走到屋顶的边缘,恳求前排的袭击者暂停一会;(5)当西庇阿下达了暂停的命令后,他们开始辱骂哈斯德鲁巴,其中一些人是因为他背弃了誓言,他们声称他背弃了自己在祭坛一次次地庄严发下的永不背弃他们的誓言,另一些人则是因为他的怯懦和卑鄙。(6)他们用最无礼、最粗鄙和最尖刻的语言来嘲讽他。

(7)就在这时,哈斯德鲁巴的妻子看到了哈斯德鲁巴与西庇阿一起坐在敌人的前面,她就从这群逃亡者中走了出来,她穿得非常高贵庄重,不过手上牵着自己的两个小孩,小孩只穿了罩衫,她的两只手各牵着他们,并将他们裹在自己的披风里。(8)起初她用哈斯德鲁巴的名字呼唤他,但当他沉默不语,把目光投向地面时,她先是呼唤诸神,接着她向西庇阿表达了最深切的谢意,因为他不仅宽恕了她自己,而且也宽恕了她的孩子。① (9)一阵沉默后,她质问哈斯德鲁巴为什么没有对自己说一句话就抛弃了他们所有人,并投靠了罗马将军以确保自己的安全;为什么他无耻地抛弃了信任他的国家和公民,秘密地跑到了敌人那里;(10)为什么他现在有脸手握代表哀求的树枝和坐在敌人旁边呢,他不是常常向敌人吹嘘说,太阳永远看不到哈斯德鲁巴苟延活着和自己家乡熊熊燃烧的那一天来临吗……

[最后,哈斯德鲁巴的妻子及其小孩从城堡纵身跳进了熊熊燃烧的大街。与西庇阿会面(他在这次会面中受到了非常友好的接待)后,哈斯德鲁巴希望离开这座城市。参见李维,《罗马史摘要》,第 51 章。]②

---

① 根据李维的记载,她试图劝说自己的丈夫接受在第三十八卷第 2 章所记述的提议。参见李维:《罗马史摘要》,第 51 章。
② [中译按]中括号里面的内容译自于剑桥本。

[21]（1）［当他下令放火烧毁这座城市时］西庇阿立即转过身来，握住我的手说："波利比乌斯啊，这是一个光荣的时刻；但是，我有一种可怕的预感，那就是，我的祖国罗马将来有一天也会遭受同样的命运。"（2）我们很难找到比这更具政治家风范和更明智练达的一句话了。（3）因为，即使在自己赢得最辉煌的胜利和敌人遭遇最惨重的失败的时刻，仍去反思自身的境况和可能发生的逆转，换言之，即使在人生巅峰也牢记不忘命运女神的善变无常，这无疑是一种伟人和完人的品格，完全值得永世铭记……

（摘录自阿庇安，《布匿战争》（*Punica*），第 132 章）

[22]（1）当西庇阿看到这座城市在大火中熊熊燃烧和正惨遭灭顶之灾时，他不禁悲从中来，甚至公然地为敌人潸然泪下。（2）长期以来的思考让他认识到，所有的城邦、民族和王朝都会像我们每一个人那样灭亡；一度非常强大的埃利乌姆（Ilium）城邦，以及在它们时代最强大的亚述帝国、米底帝国和波斯帝国，以及近来威震天下的马其顿帝国都遭遇了同样的命运，他有意无意地吟诵了这句诗：

神圣的特洛伊必有毁灭的一天，
普里阿摩斯和他那持戟挥矛的人民也必有屠戮的一天。①

（3）当波利比乌斯随性地（with freedom）②询问他（因为波利比

---

① 参见荷马：《伊利亚特》，第六卷第 448－449 行。
　　［中译按］在洛布本中，英译者将这句诗英译作：A day will come when sacred Troy shall perish /And Priam and his people shall be slain。在剑桥本中，英译者将这句诗英译作：The day shall be when holy Troy shall fall /And Priam, lord of spears, and Priam's folk。在《伊利亚特》中译本中，罗念生和王焕生将其中译作：有朝一日，这神圣的特洛亚和普里阿摩斯/还有普里阿摩斯挥舞长矛的人民将要灭亡，特洛亚人日后将会遭受苦难。
② 在这里，with freedom 亦可译作"不经意地"。

乌斯是他的老师）这句诗的涵义时，他直言不讳地直指自己的祖国罗马，因为，当他看到人间万物全都挣脱不了这种命运时，他由衷地感到恐惧。事实上，波利比乌斯听到了他当时吟诵了这句诗，而且，在撰写自己的这部史撰时回想起了它。

第三十九卷（残篇）

Ⅰ. 希腊的局势

[1]（1）出于下列原因，奥鲁斯·波斯图米乌斯①在这里需要特别地提及一番。②（2）他出生在一个第一等级的氏族家庭，但他天生就是一位夸夸其谈、拖泥带水而又爱慕虚荣之人。（3）从孩提时代起，他就醉心于学习希腊文化和希腊语言，他在这两方面都造诣颇深，以至于对希腊的这种仰慕让那些更年长和更著名的罗马人心生反感，在一定程度上这是他的过错。（4）他甚至试图用希腊语撰写一首诗歌和一部严肃的历史，在序言中他希望读者原谅自己，如果他因为自己是罗马人而没能完全地掌握希腊人的语言以及他对这种主题的处理方式的话。（5）就这个问题，马尔库斯·波西乌斯·加图对他作了一个非常恰当的回答。因为，加图说自己想知道他为什么作这个辩解。（6）如果他是在近邻同盟会议（Amphictyonic Council）的要求下撰写一部历史，那么，他提出这样的说辞和借口或许是合理的；（7）但是，他是在自愿而非强迫的情况下撰写历史，接着他就恳求原谅自己的野蛮行径，这显然非常可笑，而且也根本起不到什么作用；（8）这就像一个人报名参加了拳击比赛或者角斗比赛，轮到他比赛时，他一走进赛场就立即恳请观众原谅自己，如

---

① ［中译按］亦即奥鲁斯·波斯图米乌斯·阿比努斯（Aulus Postumius Albinus）。
② 即公元前146年—前145年。

果他不能支撑这场格斗或者肉搏的话。(9)很明显,这样的人肯定会受到嘲笑和惩罚;这样的历史学家也应该受到同样的对待,以防止他们无所畏惧地无视规矩。(10)在其余的方面,这个人也同样效仿了希腊人最糟糕的恶习;因为,他是一位贪图享乐和厌恶劳苦之人,这从实际事实中就可以很明显地看出来。(11)他在希腊世界的第一次出现是发生在弗西斯的战役,当时他佯装身体不适,并撤到了底比斯以避免参加战斗;(12)当战役结束后,他第一个向元老院去信以通报这次胜利,而且,他补充了大量的细节,就好像他亲自参与了这场战役一样……

科林斯的陷落

(摘录自斯特拉波第八卷第 6 章第 28 节)

[执政官穆米乌斯一抵达,①梅特鲁斯就被派回了马其顿。在卢西乌斯·奥勒利乌斯·俄瑞斯忒斯的陪同下——他在科林斯的暴乱中差一点就被谋杀,②而且,他将营地驻扎在地峡——穆米乌斯与盟友进行了会合,盟友当时征召了三千五百名骑兵和两万六千名步兵。亚该亚人对他们发动了突然袭击,并赢得了一场微小的胜利,几天后他们遭遇了报复性的大败。迪亚乌斯没有撤退到科林斯,也没有在那座要塞与穆米乌斯达成协议,相反,他逃到了梅格洛波利斯,在那里他先杀死了自己的妻子,接着就服毒自杀身亡。遭遇战败的其他亚该亚军队逃到了科林斯,在与迪亚乌斯开战后的第三天,穆米乌斯占领并烧毁了科林斯。接着,罗马派来了特使以处理整个希腊的问题。保萨尼阿斯第七卷第 16—17 章;李维,《罗马史摘要》,第

---

① 公元前 146 年的执政官是卢西乌斯·穆米乌斯(L. Mummius)和格纳乌斯·科内利乌斯·伦图鲁斯(Cn. Cornelius Lentulus)。
② 参见第三十八卷第 7 章。

52章。]①

[2](1)在叙述科林斯的沦陷时,波利比乌斯诉诸于我们的怜悯之情,除此之外,他也提到了士兵对艺术品和祭品的鄙夷。②(2)他说,他当时就在现场,他亲眼看到那些艺术画作被扔到了地上,士兵们就在它们上面玩掷骰游戏。(3)其中有一副画作是阿里斯特德斯(Aristeides)所画的狄奥尼索斯画像,有人对此给出了"对狄奥尼索斯来说什么都无关紧要"(Nothing to the Dionysus)这句习语的由来,而赫拉克勒斯则惨遭德伊亚尼拉的束腰上衣(the tunic of Deianeira)的折磨······

[3](1)由于人民对斐洛波曼长期以来都心存爱戴,以至于他的塑像在一些城镇得到了保留。因此,在我看来,每一种真正的德行都会在那些受益者心中产生一种难以抹去的感情······

(2)因此,我们可以理所当然地借用这句俗语:"他不是在门口受挫,而是在路上受挫。"······

(摘录自普鲁塔克,《斐洛波曼》,第21章)

(3)众多城市都矗立有或者颁布有纪念他的许多塑像和法令;在希腊的至暗时刻——当时科林斯惨遭毁灭——有一位罗马人试图将他所有的塑像全都予以拆除,并将他从这个国家中彻底除名,就好像他仍然是一位对罗马怀有敌意和仇恨的在世之人一样。然而,在进行讨论时,波利比乌斯驳斥了这种主张,无论是穆米乌斯还是其他特使都不赞同摧毁这位著名人物的荣誉······

(4)波利比乌斯决心向特使们讲述关于斐洛波曼的整全信息,而我所讲述的这些信息与我最初对这位政治家的描述是一致

---

① [中译按]中括号里面的内容译自于剑桥本。
② 公元前146年9月,科林斯的艺术品惨遭毁灭。

的。（5）那就是，在命令的问题上，斐洛波曼这个人确实常常与罗马人的意见相左，但他也只局限于提出相左意见，以便在有争议的问题上向他们提供相关的信息和建议，而且，这些相左意见向来都是经过深思熟虑的。（6）波利比乌斯说，关于他的态度的一个真正证据是，在与安条克与腓力的战争中，他确实如俗语所言将他们从火中拯救了出来。（7）由于他个人的权力和亚该亚同盟的权力，他当时因而是希腊最有影响力的人物，他以最坚定的态度维持了与罗马的友谊；（8）除此之外，他也协助执行亚该亚同盟的法令——在罗马人跨海挥军希腊的四个月前，亚该亚人制定了一个从亚该亚征兵以同安条克和埃托利亚人进行开战的法令，而当时几乎其他所有的希腊人都对罗马怀有敌意。（9）在认真听取了这番讲话后，这十位特使对这位演讲者的看法深表赞同，因此，他们同意各个城镇所建造的那些纪念斐洛波曼的塑像保持原状。（10）利用罗马人所作的这个让步，波利比乌斯向执政官请求归还塑像——我指的是阿卡乌斯（Achaeus）、阿拉图斯和斐洛波曼的塑像——尽管罗马人已经将这些塑像从伯罗奔尼撒运到了阿卡纳尼亚。（11）人民非常感激波利比乌斯在这件事上所作的行动，以至于他们竖立了一座他的大理石塑像……

[4]（1）当这十位特使在亚该亚住下来后，这些特使就命令法务官暂停出售迪亚乌斯的财产，以让波利比乌斯随便挑走他所钟意的任何物品，接着再将所剩余的其他东西卖给竞价人。（2）波利比乌斯非但没有接受任何这样的礼物，反而恳求自己的朋友不要垂涎法务官在各地所出售的任何东西；（3）法务官现在要访问不同的城市，以出售所有先前倒向迪亚乌斯一边的那些人和被定罪的那些人的财产，但有小孩或者父母的那些人除外。（4）他的一些朋友毫不理会他的建议，但那些遵从其建议的人得到了自己同胞的高度赞扬。

[5]（1）在六个月内解决完这些问题后，这十位特使在春季启航返回了意大利，他们给罗马对整个希腊的政策留下了一个非常良好的范例。（2）在离开波利比乌斯时，他们嘱咐他到各城访问，

并向民众心存疑虑的问题全都一一解释清楚，直到他们逐渐地习惯宪制和法律；①（3）经过了一段时间，他成功地让民众接受了授予他们的宪制，并确保与法律有关的所有争议问题（不管是公共的争议问题还是私人的争议问题）全都予以解决。（4）因此，民众——他们一直以来都非常钦佩和尊重波利比乌斯——对我刚刚在前面所描述的、他在晚年所作的那些行动和管理活动都非常满意，每一座城市现在都以最崇高的敬意授予他在生前和死后享有最高的荣誉。（5）人们普遍认为，民众所作的这种评判非常合乎事实；因为，如果他没有就司法问题制定和完善相关法律，那么，所有事情都将处于悬而未决和极度混乱的状态。（6）因此，在我所提到的所有成就中，我们应该把它看作波利比乌斯最辉煌的成就……

[6]（1）在特使们离开亚该亚后，罗马将军修复了地峡的航道，并装饰了德尔菲和奥林匹亚的神庙，在接下来的几天时间里，他访问了各个城邦，而且，他在每一座城邦都得到了崇高的荣誉和慷慨的感激。（2）事实上，他本来就应该受到公共和个人的尊敬。（3）因为，他行事公正、克制而清廉，而且，他非常温和地行使自己的权力，虽然他在希腊拥有众多的机会和巨大的权威。（4）事实上，如果有人认为他在自身的职责上有所偏离，那么，我至少认为这不是出于他自己的意愿，而是出于与他一起生活的那些朋友们的缘故。（5）最著名的就是他处死迦尔西骑兵（the Chalcidian horsemen）的那个例子②……

---

① 公元前 145 年春季，特使们返回了意大利，他们命令波利比乌斯留下来，以向民众解释新宪制。

② Thebae quoque et Chalcis, quae auxilio fuerant, dirutae. Ipse L. Mummius abstinentissimam virum egit；nee quidquam ex iis opibus ornamentisque, quae praedives Corinthus habuit, in domum ejus pervenit. Livy, Ep. 52.

II. 埃及的局势

[7]（1）叙利亚（Syria）①国王托勒密死于战争中的创伤。（2）在一些人看来，他值得高度赞扬和永远铭记，然而，一些人却持完全相反的看法。（3）确实，他比以前任何一位国王都要高尚和仁慈。（4）最有力的证据是，首先，他的确从未将受控告的自己的任何一位朋友处死；我确实也不相信有哪位亚历山大里亚人因他而死。（5）再者，尽管他惨遭自己兄弟的废黜，但是，首先，当他在亚历山大里亚得到了一个复仇的机会时，他却选择了赦免自己的兄弟；（6）接着，当自己的兄弟再次密谋夺占塞浦路斯，而他本人却牢牢地控制了拉佩萨斯（Lapethus）的方方面面时，他非但没有将自己的兄弟当作敌人来进行惩罚，反而通过缔结条约将先前属于自己的东西赠送给了后者，并答应后者迎娶自己的女儿。（7）然而，一连串的好运和胜利让他的思想懈怠和弱化了，而且，他染上了埃及人的放荡虚掷和懒散怯懦的恶习。这些恶习给他带来了非常严重的灾难……

III. 结语

[8]（1）波利比乌斯在其著作的结尾处说道：“因此，在完成这些事情后，我从罗马回到了家乡。②可以说，我有能力利用自己先前的政治行动的成果，这也是我效忠罗马所应得的回报。（2）因此，我向所有的神明祷告，我的整个余生仍然可以保持同样的条件和同样的状态，正如我所看到的，命运女神是多么容易妒忌凡人，

---

① 出于区别，埃及国王托勒密·斐洛米托（Ptolemy Philometor）亦称作“叙利亚国王”，因为，这个头衔是在其最后一次远征叙利亚时，安提阿人民（the people of Antioch）授予给他的。参见约瑟夫斯：《犹太古史》（*Ant.*），第十三卷第 3 节；《马加比一书》（*1 Maccabees*），第十一章第 1—13 节。
② 即公元前 145 年—前 144 年。

在我们认为我们的生活是最幸福和最有成果之时，她最会展示自己的巨大作用。

（3）结果也确实如此；现在我已经到了自己整个工作的终点，我想先让读者回顾我撰写这部史撰的起点和自己最初的计划①——它们是这整部史撰的根基——然后我对整个主题作一个总结，在开端与结尾之间建立一种总体性与个体性的联系。（4）因此，我在开头就解释说，我将从提麦奥斯搁笔的地方开始撰写我的导论性的章节，接着对意大利、西西里和非洲的事务作了简要的回顾——因为提麦奥斯只记载了那些地方的历史——（5）在叙述到汉尼拔接管迦太基军队、德米特里之子腓力②继任马其顿的王权、斯巴达的克里奥米尼斯被逐出希腊、安条克③继任叙利亚的王权和托勒密·斐洛佩托④继任埃及的王权时，我允诺以这个时间（亦即第 139 届奥林匹亚大会）来作为自己全新的起点；（6）我以这个时间为开端来记述整个世界的普遍历史，我用奥林匹亚来标记时间，再细分为年，并通过对每个国家的平行叙述来比较各个国家的历史，一直到迦太基陷落、亚该亚人与罗马人在地峡⑤的交战及其后来对希腊事务的安排。（7）正如我先前所说，通过这种方法，研习者将获得最佳和最有益的结果，也即是他们可以清楚地了解，通过何种方法和何种政体，以至于整个世界都臣服在罗马单一的统治之下——这是一个史无前例的事件。（8）既然我已经完成了自己先前所作的所有承诺，那么，除了——指明涵括在历史之中的时期和——罗列这整部著作的一系列卷章与内容之外，我已无事可做。"

---

① 参见第一卷第 3 章和第三卷第 4 章。
② ［中译按］亦即德米特里二世之子腓力五世。
③ ［中译按］亦即安条克三世。
④ ［中译按］亦即"爱父者"托勒密四世。
⑤ ［中译按］亦即科林斯地峡。

索 引

第九卷（残篇）至第十五卷（残篇）

647

第十六卷（残篇）至第二十七卷（残篇）

665

第二十八卷（残篇）至第三十九卷（残篇）

译后记

本书以洛布古典丛书本（The Loeb Classical Library Edition，帕顿［W. R. Paton］英译，简称洛布本）为底本，同时参照了牛津世界古典丛书本（Oxford World's Classics，罗宾·沃特菲尔德［Robin Waterfield］英译，简称牛津本）、企鹅古典丛书本（Penguin Classics，埃安·斯科特－基尔维特［Ian Scott-Kilvert］英译，简称企鹅本）和剑桥本（剑桥大学出版社出版，埃维林·萨克伯格［Evelyn S. Shuckburgh］英译，简称剑桥本）。

其中，洛布本和剑桥本是全译本，牛津本和企鹅本则是节译本。就原文的忠实度而言，洛布本和剑桥本最佳（不分伯仲），企鹅本其次，牛津本则最次。就阅读的流畅度而言，企鹅本最佳，剑桥本其次，洛布本再次，牛津本则最次。对于本书的迻译，中译者在一些地方也同时参考了台湾成功大学历史系教授翁嘉声先生根据企鹅本所译的《罗马帝国的崛起》（节译本，社会科学文献出版社2013 年版）。

对于本书的书名，其希腊语原文的书名是Ἰστορίαι，其拉丁语的书名是 *Historiae*。Ἰστορίαι这个希腊语词的涵义是"对知识的探索与叙述"——它的动词形式是ἱστορέω，其涵义是"探究、询问和叙述"——希罗多德首次将Ἰστορίαι这个词语用作自己著作的书名，取其"探究与叙述"之意，因此，我们可以将希罗多德的那部传世名作Ἰστορίαι中译作《历史》或者《原史》。洛布本、牛津本和剑桥本的英译者都将本书的书名英译作 *The Histories*，中译作《通史》或者《历史》;企鹅本的英译者则将本书的书名英译作 *The Rise of the Roman Empire*,中译作《罗马帝国的崛起》。

对于本书的注释,除了本书中译者以[中译按]的形式所标注的注释之外,其余的所有注释都来自于上述四种英译本。在有的地方,这四种英译本都标注了注释,不过,它们所标注的这些注释存在一些差异,甚至存在一些相互矛盾之处(例如,对于其中一些事件所发生的年份,这四种英译本所标注出的年份就存在相互矛盾的地方)。对于这些有所差异或者相互矛盾的注释,为了方便读者自行取舍、判断和阅读,同时也为了以示区别,中译者将这些注释所出自何种英译本也一并标注了出来。在一些地方,这四种英译本所作的英译存在一些差异,对此,中译者以注释的方式将这几种英译本的英文也标注了出来,以便读者自行判断。

对于本书的一些专属名词的迻译,中译者着实苦思冥想、费尽周折,一些专属名词,国内学术界并无统一的译法,因此,选择和确定一个合适的译名,这肯定不是一件无关紧要的小事。例如,Praetor 一词的迻译就遭遇了这种困境,在汉语世界当中,Praetor 译作"副执政官""行政长官""裁判官"或者"大法官",等等,不一而足,它的中译名一直未作统一。譬如,在王以铸先生所译的《古代罗马史》(科瓦略夫著,上海书店出版社 2007 年版)中,Praetor 就译作"行政长官";在晏绍祥先生所译的《罗马共和国政制》(安德鲁·林托特著,商务印书馆 2016 年版)中,Praetor 就译作"副执政官"。面对这诸多译法,中译者自己也难以取决,最后决定以"法务官"译之。相应地,由于 Praetor 的涵义是"法务官",因此,*praetorium* 可以直译作"法务官行营",但是,由于 praetor 本身就属于"执政官"系列当中的一个职位,包括后补执政官,所以,我们也可以将 *praetorium* 译作"执政官行营"。

再举一例,第六卷当中的 monarchy 和 kingship 译法殊为关键,可以说,这关系到整个第六卷,乃至全书迻译的成败。在一般情况下,monarchy 和 kingship 都译作"君主制",或者,monarchy 和 kingship 分别译作"君主制"与"王制"。但是,波利比乌斯明显对这两个词作了区分，如果都译作"君主制"，那么，这显然是差之毫厘谬以千里。然而，如果我们将 monarchy 和 kingship 分别译作"君主制"与"王制"，那么，这也会存在相应的问题。例如，在第六卷第 4 章第 7 节中，波利比乌斯说道："在这些政体当中，首先出现的是准君主制（μοναρχία，monarchy），这是无需外力就自然形成的一种政体；随后出现的是君主制（βασιλεία，kingship），通过技术性的作用和缺陷性的修正，准君主制（monarchy）会发展成君主制（kingship）。"在第六卷第 5 章第 9 节中，波利比乌斯说道："人类在起始阶段很可能也以这样的方式生活，他们像野兽那样群居，追随最强者和最勇敢者的领导，力量是决定统治者统治的唯一因素，因而，我们应该把这种统治称作一人之治（μοναρχίαν，monarchy）。"在这两个地方，波利比乌斯明显将"准君主制"（μοναρχίαν，monarchy）当成一种预备性或者过渡性的政体，而不是将它当成一种诸如君主制、僭主制、贵族制、寡头制、民主制和暴民制那样六种典型形态的政体。然而，在第六卷第 8 章第 1 和 2 节中，波利比乌斯说道："基于我在前面所说的原因，现在拥有自己的领袖的民众将联合他们一起反对自己的统治者，君主制（βασιλείας，kingship）和僭主制（μοναρχίας，monarchy）都将会被彻底废除，而贵族制则将开始生成。仿佛出于对废除一人之治（μονάρχους，monarchy）之人的亏欠，民众就会让他们作自己的领袖，并将自己的命运委任给他们。"在这个地方，波利比乌斯明显认为，"一人之治"或者"一人统治"（μοναρχία，monarchy）涵括了君主制和僭主制，因为，君主制和僭主制的统治者人数都是一人。因此，从统治者人数而言，"一人之治"或者"一人统治"（μοναρχία，monarchy）涵括了三种政体形态：一是向君主制过渡的那种准君主制（一人统治）；二是常态或者正宗的君主制；三是君主制的败坏形态，亦即僭主制。根据第六卷所传达的内涵，波利比乌斯将政体分成了两种类型，第一种类型是一人统治（一人之治）、少数人统治（少数人之治）和多数人统治（多数人之治），这种类型是按照统治者人数的多寡来进行划分的；另一种类型是君主制、僭主制、贵族制、寡头制、民主制和暴民制,这种类型是按照常态政体与变态政体来进行划分的。因此,我们要根据具体的语境来确定 monarchy 和 kingship 这两个词语的具体译名。所以,中译者有时将 monarchy 译作"一人之治"(monarchy 一词的本义就是"一人之治"或者"一人统治"),有时将其译作"准君主制",有时将其译作"僭主制";对于 kingship,中译者则将其译作"君主制"。

本书的迻译得到了诸多师友的有力帮助,其中,本书的古希腊语和古拉丁语由海南大学社会科学研究中心的程志敏教授、中山大学中国语言文学系(珠海)的叶然博士和西南政法大学行政法学院的蔡乐钊博士译出。对于在迻译过程中所出现的一些疑难问题,中译者请教了复旦大学国际关系与公共事务学院的任军锋教授、华东师范大学政治学系的林国华教授、西南政法大学行政法学院的王恒教授,以及前面所提到的程志敏教授、叶然博士和蔡乐钊博士等众多师友,在此,中译者一并表示感谢。首都师范大学历史学院的晏绍祥教授和北京大学历史系的张新刚博士通读了部分译稿,并提出了宝贵的修改建议,对此,中译者深为感谢。同时,中译者也非常感谢导师宋立宏教授的悉心指导。此外,中译者亦非常感谢上海交通大学凯原法学院的高全喜教授在百忙之中为本书所撰写的隽永序言。

需要强调的是,中译者尤其要感谢林国华教授和程志敏教授,他们详尽地解答了中译者众多的疑难不解之处,在一些地方,程志敏教授甚至查对了希腊语原文,他们深厚的学识,让人深为感佩。例如,在第三卷第 42 章第 1 节中,其中有一个名为 where the stream is single(在这个地方,四种英译本的英译者均作了相同或者近乎相同的英译)的短语,对于这个短语的涵义,中译者着实百思不得其解。在程志敏教授热情地查照了希腊语原文后,中译者方才明白是"在水流和缓的地方"的涵义。一言以蔽之,没有他们所有人(包括那些没有在译后记中具名的众多师友)的热忱帮忙,中译者肯定完成不了这部传世名作的迻译工作。不过,文责自负,对于本书中译本中所有的错误，这都由本书中译者全部自行承担和负责。

译事不易，尤其是迻译这样一本传世名作，中译者更是诚惶诚恐、如履薄冰，而又艰难万分，以至于有时甚至有寸步难行之感，生怕一不小心，自己会犯下一些显而易见的错误，从而成为众人茶余饭后的笑谈。况且，波利比乌斯素来享有"历史学家中的历史学家"之美誉，罗马史巨擘蒙森称赞《通史》是"罗马史领域的太阳"，而自己身为一名 80 后年轻学人，无论是学识还是阅历，都根本无法与波利比乌斯相提并论，却不知天高地厚地执意迻译，这本身就超出了许多人的意料和想象。因此，为了不留明显缺憾地做好这份迻译，自 2017 年 1 月初迻译完成约瑟夫斯（Josephus）的《犹太战争》（*Jewish War*）后，中译者立即马不停蹄地展开了这部著作的迻译工作；自迻译工作展开以来，中译者虽不至于通宵达旦或是废寝忘食，但也是全神贯注、心无旁骛、责无旁贷，乃至于一日三餐，甚至夜半寝寐时都在牵肠挂肚、魂牵梦绕，可谓为伊消得人憔悴。

一位友人曾戏虐而又不失严肃地对我言道，你年纪轻轻就不自量力地迻译这种皇皇巨著和传世名作，要么出于无知无畏，要么出于狂妄自大，你不是流芳百世，就是遗臭万年了。对此，我的回答是，心随我动，无关风月。我只想按照自己的方式浮沉，而不想生活在他人言说的世界当中。

孔子曾说自己"述而不作"，那么，我就斗胆效法圣贤，"译而不作"吧！

本书的迻译，难免有挂一漏万和顾此失彼的地方，再加上中译者才疏学浅、力有不逮，因此，种种谬误就不可避免，如有错误和缺陷，敬请各位方家不吝批评指正，以便中译者及时更正，从而避免谬误继续流毒于世人，乃至贻误于后世，中译者的电子邮箱是 yangzhihan2008@163.com，是为译后记。

2019 年 4 月于南京大学哲学系

上海三联人文经典书库

已出书目

1. 《世界文化史》（上、下） ［美］林恩·桑戴克 著 陈廷璠 译

2. 《希腊帝国主义》 ［美］威廉·弗格森 著 晏绍祥 译

3. 《古代埃及宗教》 ［美］亨利·富兰克弗特 著 郭子林 李凤伟 译

4. 《进步的观念》 ［英］约翰·伯瑞 著 范祥涛 译

5. 《文明的冲突：战争与欧洲国家体制的形成》 ［美］维克多·李·伯克 著 王晋新 译

6. 《君士坦丁大帝时代》 ［瑞士］雅各布·布克哈特 著 宋立宏 熊莹 卢彦名 译

7. 《语言与心智》 ［俄］科列索夫 著 杨明天 译

8. 《修昔底德：神话与历史之间》 ［英］弗朗西斯·康福德 著 孙艳萍 译

9. 《舍勒的心灵》 ［美］曼弗雷德·弗林斯 著 张志平 张任之 译

10. 《诺斯替宗教：异乡神的信息与基督教的开端》 ［美］汉斯·约纳斯 著 张新樟 译

11. 《来临中的上帝：基督教的终末论》 ［德］于尔根·莫尔特曼 著 曾念粤 译

12. 《基督教神学原理》 ［英］约翰·麦奎利 著 何光沪 译

13. 《亚洲问题及其对国际政治的影响》 ［美］阿尔弗雷德·马汉 著 范祥涛 译

14. 《王权与神祇：作为自然与社会结合体的古代近东宗教研

33. 《追寻人类的过去》 ［美］路易斯·宾福德 著 陈胜前 译

34. 《古代哲学史》 ［德］文德尔班 著 詹文杰 译

35. 《自由精神哲学》 ［俄］尼古拉·别尔嘉耶夫 著 石衡潭 译

36. 《波斯帝国史》 ［美］A.T.奥姆斯特德 著 李铁匠等 译

37. 《战争的技艺》 ［意］尼科洛·马基雅维里 著 崔树义 译 冯克利 校

38. 《民族主义:走向现代的五条道路》 ［美］里亚·格林菲尔德 著 王春华等 译 刘北成 校

39. 《性格与文化:论东方与西方》 ［美］欧文·白璧德 著 孙宜学 译

40. 《骑士制度》 ［英］埃德加·普雷斯蒂奇 编 林中泽 等译

41. 《光荣属于希腊》 ［英］J.C.斯托巴特 著 史国荣 译

42. 《伟大属于罗马》 ［英］J.C.斯托巴特 著 王三义 译

43. 《图像学研究》 ［美］欧文·潘诺夫斯基 著 戚印平 范景中 译

44. 《霍布斯与共和主义自由》 ［英］昆廷·斯金纳 著 管可秾 译

45. 《爱之道与爱之力:道德转变的类型、因素与技术》 ［美］皮蒂里姆·A.索罗金 著 陈雪飞 译

46. 《法国革命的思想起源》 ［法］达尼埃尔·莫尔内 著 黄艳红 译

47. 《穆罕默德和查理曼》 ［比］亨利·皮朗 著 王晋新 译

48. 《16世纪的不信教问题:拉伯雷的宗教》 ［法］吕西安·费弗尔 著 赖国栋 译

49. 《大地与人类演进:地理学视野下的史学引论》 ［法］吕西安·费弗尔 著 高福进 等译 ［即出］

50. 《法国文艺复兴时期的生活》 ［法］吕西安·费弗尔 著 施诚 译

51. 《希腊化文明与犹太人》 ［以］维克多·切利科夫 著 石敏敏 译

52. 《古代东方的艺术与建筑》 ［美］亨利·富兰克弗特 著 郝

海迪　袁指挥　译

53.《欧洲的宗教与虔诚：1215—1515》　［英］罗伯特·诺布尔·斯旺森　著　龙秀清　张日元　译

54.《中世纪的思维：思想情感发展史》　［美］亨利·奥斯本·泰勒　著　赵立行　周光发　译

55.《论成为人：神学人类学专论》　［美］雷·S.安德森　著　叶汀　译

56.《自律的发明：近代道德哲学史》　［美］J.B.施尼温德　著　张志平　译

57.《城市人：环境及其影响》　［美］爱德华·克鲁帕特　著　陆伟芳　译

58.《历史与信仰：个人的探询》　［英］科林·布朗　著　查常平　译

59.《以色列的先知及其历史地位》　［英］威廉·史密斯　著　孙增霖　译

60.《欧洲民族思想变迁：一部文化史》　［荷］叶普·列尔森普　著　周明圣　骆海辉　译

61.《有限性的悲剧：狄尔泰的生命释义学》　［荷］约斯·德·穆尔　著　吕和应　译

62.《希腊史》　［古希腊］色诺芬　著　徐松岩　译注

63.《罗马经济史》　［美］腾尼·弗兰克　著　王桂玲　杨金龙　译

64.《修辞学与文学讲义》　［英］亚当·斯密　著　朱卫红　译

65.《从宗教到哲学：西方思想起源研究》　［英］康福德　著　曾琼　王涛　译

66.《中世纪的人们》　［英］艾琳·帕瓦　著　苏圣捷　译

67.《世界戏剧史》　［美］G.布罗凯特　J.希尔蒂　著　周靖波　译

68.《20世纪文化百科词典》　［俄］瓦季姆·鲁德涅夫　著　杨明天　陈瑞静　译

69.《英语文学与圣经传统大词典》　［美］戴维·莱尔·杰弗里（谢大卫）主编　刘光耀　章智源等　译

70.《刘松龄——旧耶稣会在京最后一位伟大的天文学家》　［美］斯坦尼斯拉夫·叶茨尼克　著　周萍萍　译

107.《十九世纪德国史(第一卷):帝国的覆灭》 [英]海因里希·
     冯·特赖奇克 著 李 娟 译
108.《通史》 [古希腊]波利比乌斯 著 杨之涵 译

欢迎广大读者垂询,垂询电话:021—22895540

图书在版编目（CIP）数据

通史/（古希腊）波利比乌斯著；杨之涵译. —上海：上海三
联书店，2021.7
（上海三联人文经典书库）
ISBN 978-7-5426-6738-0

Ⅰ.①通…　Ⅱ.①波…②杨…　Ⅲ.①古罗马-历史
Ⅳ.①K126

中国版本图书馆 CIP 数据核字（2019）第 172094 号

通史

著　　者 / [古希腊]波利比乌斯（Polybius）
译　　者 / 杨之涵

责任编辑 / 殷亚平
特约编辑 / 吕晓彤
装帧设计 / 徐　徐
监　　制 / 姚　军
责任校对 / 张大伟　王凌霄

出版发行 / 上海三联书店
　　　　　　（200030）中国上海市漕溪北路 331 号 A 座 6 楼
邮购电话 / 021-22895540
印　　刷 / 上海展强印刷有限公司

版　　次 / 2021 年 7 月第 1 版
印　　次 / 2021 年 7 月第 1 次印刷
开　　本 / 640×960　1/16
字　　数 / 1050 千字
印　　张 / 82.75
书　　号 / ISBN 978-7-5426-6738-0/K·541
定　　价 / 298.00 元

敬启读者，如发现本书有印装质量问题，请与印刷厂联系 021-66366565